Ex Libris
Ronny Vollandt

Sönke Lorenz / Ulrich Köpf / Joseph S. Freedman /
Dieter R. Bauer (Hg.)

Die Universität Tübingen
zwischen Scholastik und Humanismus

Tübinger Bausteine zur Landesgeschichte

Im Dienste des

Vereins der Freunde und Förderer
des Instituts für Geschichtliche Landeskunde
an der Universität Tübingen e. V.
und Historische Hilfswissenschaften

herausgegeben von
Sönke Lorenz, Volker Schäfer und Wilfried Setzler

20

Die Universität Tübingen
zwischen Scholastik und Humanismus

Herausgegeben von
Sönke Lorenz, Ulrich Köpf, Joseph S. Freedman
und Dieter R. Bauer

in Verbindung mit

dem Institut für Geschichtliche Landeskunde
und Historische Hilfswissenschaften der Universität Tübingen
und der Akademie der Diözese Rottenburg-Stuttgart

Redaktion: Oliver Haller, Friedrich Seck

Jan Thorbecke Verlag
2012

Gedruckt mit freundlicher Unterstützung von:

Max-Cramer-Stiftung

Forschungsstiftung für Spätmittelalter und Reformation
der Universität Tübingen

Vereinigung der Freunde der Eberhard Karls Universität Tübingen e.V.
(Universitätsbund)

Verein der Freunde und Förderer des Instituts
für Geschichtliche Landeskunde und Historische Hilfswissenschaften
an der Universität Tübingen e.V.

ISBN 978-3-7995-5520-3

Gedruckt auf säurefreiem, alterungsbeständigem Papier

© 2012 by Verein der Freunde und Förderer des Instituts für Geschichtliche Landeskunde
und Historische Hilfswissenschaften an der Universität Tübingen e.V.
Kommissionsverlag: Jan Thorbecke Verlag, Ostfildern
Alle Rechte vorbehalten

Umschlaggestaltung: Cornelia Fritsch, Filderstadt

Gesetzt aus der Quadraat mit den TUSTEP-Satzprogrammen
Satz: Dr. Friedrich Seck, Tübingen
Druck und Einband: Laupp & Göbel GmbH, Nehren
Printed in Germany

Abbildung auf dem Umschlag: Jacob Schegk gen. Degen, aus:
Erhard Cellius, Imagines Professorum Tubingensium, Tübingen 1596

Klaus Schreiner
octogenario

Inhalt

Vorwort
Sönke Lorenz, Ulrich Köpf, Joseph S. Freedman, Dieter R. Bauer 9

Scholastik und Humanismus. Zur Genese der Fachprofessur an der Tübinger Artistenfakultät (1477–1568): Eine Einführung
Sönke Lorenz 11

Konrad Summenharts „Physikkommentar"
Reinhold Rieger 95

Geldtheorie an der Universität Tübingen um 1500: Die Traktate De potestate et utilitate monetarum des Gabriel Biel (nach 1488/89) und des Johannes Adler gen. Aquila (1516)
Stefan Kötz 117

Christian Hebraism at the University of Tübingen from Reuchlin to Schickard
Stephen G. Burnett 161

Die Auswirkungen der Reformation auf Lehre und Wissenschaft an der Tübinger Juristenfakultät
Oliver Haller 173

Die Anfänge einer evangelischen Dogmatik in Tübingen: Zugleich ein Beitrag zur Wirkungsgeschichte der theologischen Loci Philipp Melanchthons
Ulrich Köpf 191

Der Gegenstand der Metaphysik: Jakob Schegks Begründung der Einheit und Allgemeinheit der Metaphysik
Günter Frank 221

Aristoteles und die Scholastik: Die Logik bei Jakob Schegk
Walter Redmond 237

Georg Liebler's Textbook on Physics (1561) in the Context of His Academic Career
Joseph S. Freedman 251

The Teaching of Moral Philosophy in Sixteenth-Century: Protestant Universities and Aristotle's Nicomachean Ethics: The Case of Tübingen
Marco Toste 299

Musik an der Universität Tübingen um 1600: Reichard Mangons wieder aufgefundene Gratulatio ad Pulcheriam Augustam im bildungsgeschichtlichen Kontext
Joachim Kremer 337

… ein Schatz der nit allweg zubekhommen: Überlegungen zur Rekonstruktion
der Bibliothek des Ludwig Gremp von Freudenstein
Silke Schöttle, Gerd Brinkhus 389

Die Matrikel der Medizinischen Fakultät der Universität Tübingen von der
Reformation bis zum Ende des Dreißigjährigen Kriegs (1539–1646)
Stefan Kötz, unter Mitarbeit von Miriam Eberlein 403

Personen- und Ortsindex 491

Vorwort

Dieser Band enthält die von den Referenten für den Druck überarbeiteten Vorträge einer wissenschaftlichen Fachtagung, die vom 12. bis zum 14. März 2010 in Weingarten (Oberschwaben) stattfand, veranstaltet von der Akademie der Diözese Rottenburg-Stuttgart und dem Institut für Geschichtliche Landeskunde und Historische Hilfswissenschaften der Universität Tübingen. Die Leitung lag bei den vier unterzeichneten Herausgebern. Es war das dritte Symposion in einer Tagungsreihe, die der Geschichte der Universität Tübingen gewidmet ist. Das erste Symposion, 2006 ebenfalls in Weingarten ausgerichtet, hatte die Zeit von der Gründung der Hochschule im Jahr 1477 bis zu den gravierenden Einschnitten im Blickfeld, die 1534 mit der Rückeroberung Württembergs durch Herzog Ulrich einsetzten. Die Ergebnisse gingen 2008 unter dem Titel „Tübingen in Forschung und Lehre um 1500" als Band 9 der „Tübinger Bausteine zur Landesgeschichte" in den Druck. Das zweite Symposion konzentrierte sich auf den Zeitrahmen zwischen Reformation und Dreißigjährigem Krieg. Dabei standen mehr oder weniger die drei „höheren Fakultäten" im Zentrum, ganz besonders aber die Theologische Fakultät und ihre Repräsentanten, unter denen Jakob Andreae eine beherrschende Rolle einnahm. Der Tagungsband erschien 2010 unter dem Titel „Die Universität Tübingen zwischen Reformation und Dreißigjährigem Krieg" als Band 14 der „Tübinger Bausteine zur Landesgeschichte". Das dritte Symposion gehörte vorrangig der Philosophischen Fakultät, wie man seit dem 16. Jahrhundert immer häufiger statt „Facultas artium" zu sagen begann, und ihren Lehrkräften. Die Fakultätsgeschichte ist zwar mittlerweile organisatorisch bis 1601 ausgeleuchtet, aber die Leistungen ihrer Repräsentanten sind – soweit sie nicht wie bei Melanchthon, Crusius und Frischlin im Fokus der Humanismusforschung stehen – kaum bekannt und eher vergessen. Dabei haben Namen wie Konrad Summenhart, Gabriel Biel, Joachim Camerarius, Jakob Schegk, Samuel Heiland und Georg Liebler – um nur einige Namen zu nennen – in der Philosophiegeschichte durchaus ihren Klang. Neben dem Bemühen, diesem Defizit wenigstens streckenweise abzuhelfen, galt die Tagung aber auch den drei höheren Fakultäten. Das Programm konnte noch durch zwei Beiträge ergänzt werden. Cand. phil. Stefan Kötz setzt seine im ersten Tagungsband begonnene Edition der Matrikel der Medizinischen Fakultät von 1480 bis 1535 über die Jahre von 1539 bis 1646 fort. Und im Beitrag von Frau Silke Schöttle und Dr. Gerd Brinkhus geht es um die Rekonstruktion der 1583 testamentarisch der Universität Tübingen vermachten Bibliothek des Juristen Ludwig Gremp von Freudenstein.

Der Band ist unserem verehrten Kollegen Klaus Schreiner zugeeignet. Seine wissenschaftliche Laufbahn begann im Tübinger Institut für Geschichtliche Landeskunde und Historische Hilfswissenschaften. Hier hat er unter anderem grundlegende Beiträge zur württembergischen Bildungsgeschichte, zur Bibliotheksgeschichte und zur Geschichte der Universität Tübingen erarbeitet. Sein Buch über „Disziplinierte Wissenschaftsfreiheit" (1981) stellt die Geschichte freien Forschens, Lehrens und Lernens wie ihrer Behinderung von den Anfängen unserer Universität bis zur Mitte des 20. Jahrhunderts dar. Von 1975 bis zu seiner Emeritierung 1996 wirkte Klaus Schreiner als Professor für Allgemeine Geschichte und Geschichte des Mittelalters an der jungen Universität Bielefeld. Auch seine dort unter neuen Herausforderungen und Anregungen betriebenen und im Ruhestand in München bis heute fortgeführten Forschungen, die von der Spätantike bis in die jüngste Vergangenheit reichen und sich weit über die Geschichte von Politik und Gesellschaft hinaus auf die Kirchen-, Frömmigkeits- und Geistesgeschichte erstrecken, handeln immer wieder von Themen, die für die südwestdeutsche Landesgeschichte und die Tübinger Universitätsgeschichte von großer Bedeutung sind.

Der Dank der Herausgeber gilt in erster Linie allen Autoren für ihre Beiträge, nicht zuletzt aber auch allen, die mitgeholfen haben, den Band in seiner vorliegenden Gestalt zu präsentieren, so stud. phil. Frederik Menke, ganz besonders aber cand. phil. Oliver Haller und Dr. Friedrich Seck für die Redaktion. Letzterem sind wir zudem in herzlicher Dankbarkeit für Satz und Register sowie manche Anregung und Hilfe verbunden. Bei der Bildbeschaffung halfen uns die Herzog-August-Bibliothek Wolfenbüttel, die Universitätsbibliotheken Freiburg und Tübingen, das Universitätsachiv Tübingen und das Landesmedienzentrum Baden-Württemberg. Neben den Sponsoren, mit deren finanzieller Hilfe der Band erscheinen konnte, gilt unser Dank abschließend der ehrwürdigen und wie stets verläßlichen Offizin Laupp & Göbel für den sauberen und zeitnahen Druck.

Tübingen, 24. Januar 2012
Sönke Lorenz, Ulrich Köpf, Joseph S. Freedman, Dieter R. Bauer

Scholastik und Humanismus. Zur Genese der Fachprofessur an der Tübinger Artistenfakultät (1477–1568)

Eine Einführung

Sönke Lorenz

Im 13. Jahrhundert entstand am Studium generale in Paris ein Lehrplan, der rasch zur Grundlage des Wissenschaftsbetriebes der zentraleuropäischen Artistenfakultäten avancierte. Er war nicht mehr allein und ausschließlich auf die *septem artes liberales* bezogen, sondern mit anhaltender Zeit immer stärker am Corpus der in lateinischer Sprache übersetzten Werke von Aristoteles orientiert. Dieser Vorgang steht in engstem Zusammenhang mit jenem einschneidenden, das geistige Leben des 13. Jahrhunderts beherrschenden historischen Ereignis: das in verschiedenen aufeinanderfolgenden Wellen in der Zeit von der Mitte des 12. Jahrhunderts bis zum Ende des 13. Jahrhunderts sich vollziehende Eindringen einer Flut wissenschaftlicher und philosophischer Literatur griechischen, arabischen und jüdischen Ursprungs ins Abendland. Zum ersten Mal sehen sich die abendländischen Denker vor das Gesamtwerk des Aristoteles gestellt – vor einen gewaltigen philosophischen und wissenschaftlichen Gesamtentwurf empirischer und naturalistischer Prägung, der zudem in mehreren Punkten mit der christlichen Weltsicht unvereinbar ist. Die Bücher des Aristoteles vermitteln ihnen einen Schatz an Wissen, von dessen Neuheit, Reichtum, logischer Strenge und Harmonie sie überwältigt sind. An den Schulen der *artes liberales* geht nunmehr der Wissensdurst der Meister und Schüler weit über den alten Studienrahmen hinaus.[1] Dies gilt zuerst für die Dialektik: hatte man bisher lediglich die *logica vetus* behandelt, so wurde bereits im 12. Jahrhundert das ganze Organon aufgenommen.[2] Auf die logischen Schriften folgten im 13. Jahrhundert nach und nach die Libri naturales, die Metaphysik, die Ethik, pseudoaristotelische Werke und die übrigen bekannten akroamatischen Schriften des Stagiriten.[3] Zu erwähnen bleibt, daß Aristoteles darüber hinaus von einem zahlreichen Gefolge arabischer und jüdischer Philosophen umgeben war, wie – um einige Namen zu nennen – Avicenna, Avicebron, Maimonides und Averroes, und daß ferner, wenn auch weniger durch direkte Quellen, der Einfluß des

---

[1] Fernand VAN STEENBERGHEN, Die Philosophie im 13. Jahrhundert, hrsg. von Max A. ROESLE, München u. a. 1977, S. 83 f. u. 482.

[2] Statt vieler: Bernard G. DOD, Aristoteles latinus, in: The Cambridge History of Later Medieval Philosophy. From the Rediscovery of Aristotle to the Disintegration of Scholasticism, 1100–1600, Editors: Norman KRETZMANN, Anthony KENNY, Jan PINBORG, Cambridge 1982, S. 45–79, hier S. 46 u. 69.

[3] DOD, Aristoteles latinus (wie Anm. 2), S. 46–49 u. 74–79; Palomon GLORIEUX, La faculté des arts et ses maîtres au XIIIe siècle (Études de philosophie médiévale, 59), Paris 1971, S. 38–42.

Platonismus und besonders des Neuplatonismus auf die Entwicklung der abendländischen Philosophie von großer Bedeutung wurde.[4]

Die geistige Auseinandersetzung des 13. Jahrhunderts führte auch und gerade zu neuen Konzeptionen über die Struktur des Wissens und die Hierarchie der Wissenschaften. Die damit verbundenen Reflexionen über die Methode und das Formalobjekt haben sich als besonders fruchtbar erwiesen. Im 13. Jahrhundert begann man, sich der grundlegenden Differenzen bewußt zu werden, die die heute geläufig gewordene Unterscheidung zwischen Theologie, Philosophie und den positiven Wissenschaften rechtfertigten. Nun erst erhielt die Philosophie als Ganzes einen festen Platz in der Unterrichtsorganisation.[5] Es konnte zudem nicht ausbleiben, daß die Frage der Klassifizierung[6] der Wissenschaften erneut aufgegriffen wurde und daß man sich dabei sowohl auf die von Aristoteles als auch auf die Platon zugeschriebene Einteilung der Philosophie stützte. Eine von Martin Grabmann aufgefundene Handschrift,[7] die in Paris zwischen 1230 und 1240 von einem Magister der Artistenfakultät verfaßt sein dürfte, zeigt, wie man sich eine Einteilung der Philosophia vorstellte: der anonyme Verfasser verbindet das aristotelische Schema mit dem platonischen und läßt darin die „alten" sieben freien Künste aufgehen.[8] Dieser Versuch der Klassifizierung, vornehmlich aber die Verbindung der drei Systeme, spiegelt sich auch in den Statuten der mitteleuropäischen Artistenfakultät wieder; so erscheint in den Statuten der Wiener Artistenfakultät von 1389 folgende fünfgliedrige Einteilung: Logica, Metaphysica, Philosophia naturalis, Philosophia moralis und Mathematica.[9]

Dieses Schema begegnet auch in den älteren Erfurter Statuten[10] von 1412 und läßt sich in den Prager Statuten[11] von 1390 und denen der Löwener Artistenfakultät[12] von

---

4 GLORIEUX, La faculté des arts (wie Anm. 3), S. 43 u. 45–48; vgl. David C. LINDBERG, The Transmission of Greek and Arabic Learning to the West, in: Science in the Middle Ages, ed. by DEMS., Chicago u. London 1978, S. 52–90.
5 VAN STEENBERGHEN, Die Philosophie im 13. Jahrhundert (wie Anm. 1), S. 489.
6 Vgl. James A. WEISHEIPL, Classification of the Sciences in Medieval Thought, in: Mediaeval Studies 27 (1965), S. 54–90; DERS., The Nature, Scope, and Classification of the Sciences, in: LINDBERG, Science in the Middle Ages (wie Anm. 4), S. 461–482.
7 Martin GRABMANN, Eine für Examenszwecke abgefaßte Quaestionensammlung der Pariser Artistenfakultät aus der ersten Hälfte des 13. Jahrhunderts, in: DERS., Mittelalterliches Geistesleben. Abhandlungen zur Geschichte der Scholastik und Mystik, Bd. 2, München 1936, S. 183–199; vgl. DERS., Gesammelte Akademieabhandlungen, Halbbd. 2, Paderborn 1979, S. 1558–1562.
8 Vgl. VAN STEENBERGHEN, Die Philosophie im 13. Jahrhundert (wie Anm. 1), S. 118–125, besonders S. 123 f.
9 Rudolf KINK, Geschichte der kaiserlichen Universität zu Wien, Bd. 2: Statutenbuch der Universität, Wien 1854, S. 170–226, hier S. 214.
10 Acten der Erfurter Universität, bearbeitet von Joh. Chr. Hermann WEISSENBORN, Teil 2 (Geschichtsquellen der Provinz Sachsen und angrenzender Gebiete, Bd. 8/2), Halle 1884 (Ndr. Nendeln 1976), S. 138.
11 Monumenta historica universitatis Carolo-Ferdinandeae Pragensis (Liber decanorum facultatis philosophicae universitatis Pragensis ab anno Christi 1367 usque ad annum 1585 e codice membranaceo illius aetatis nunc primum luce donatus), Bd. I, Pars 1, Prag 1830, S. 75 u. 91 f.
12 E. REUSENS, Statuts primitifs de la Faculté des Arts de Louvain, in: Compte rendu des séances de la Commission Royale d'histoire, 3ème série, tom. 9 (1867), S. 147–206, hier S. 154 u. 176 f.;

1427 und 1429 nachweisen. Die Statuten dieser drei Fakultäten nennen überdies noch bei einzelnen Teilen des Schemas die zugehörigen Bücher. Es zeigt sich, daß man zur Philosophia moralis Ethik, Ökonomie und Politik rechnete, während unter Mathematica Arithmetik, Musik, Geometrie, Optik und Astronomie begriffen wurden.

Erkennt man in der Mathematik deutlich das alte Quadrivium, so findet sich, bedingt durch die große Bedeutung der aristotelischen Logik im mittelalterlichen Wissenschaftsbetrieb, das Schema des Triviums nur noch in verzerrter Form.[13] Infolge der Rezeption des gesamten Organons dissoziieren Dialektik und Logik, die Dialektik wird hinfort als Teil der Logik verstanden – erst der Rückgriff der Humanisten auf Cicero hat dann wieder zu einer Gleichsetzung der beiden Begriffe geführt.[14] Für die Rhetorik bleibt in der Nachbarschaft des Organons wenig Platz, ihre einschlägigen Lehrbücher verschwinden für lange Zeit fast vollständig aus dem Kanon der libri ordinarie legendi.[15] Die Grammatik[16] hingegen gerät in den Sog der Logik und wird zur Sprachlogik umgestaltet. Wie Grabmann schreibt, stand noch im 12. und teilweise im 13. Jahrhundert der Grammatikunterricht in inniger Fühlung mit der Lektüre lateinischer Klassiker und Schriftsteller, das Sprachenstudium hatte einen ausgesprochen klassischen, humanistischen Einschlag. Zentren dieser klassischen Studien waren vor allem Orléans und Chartres, anfangs auch noch Paris. Mit dem Bekanntwerden des ganzen aristotelischen Schrifttums, umgeben von den Werken arabischer und jüdischer Philosophen, wird die humanistische Richtung jedoch mehr und mehr verdrängt. Ein Prozeß, der wiederum mit dem Namen der Pariser Artistenfakultät verknüpft ist, wo „die humanistische Orientierung der Grammatik gar bald dem Übergewicht der Logik und überhaupt der Philosophie weichen" mußte.[17] Bedingt durch

---

    für Köln vgl. Franz Joseph von BIANCO, Die alte Universität Köln und die späteren Gelehrten-Schulen dieser Stadt, Bd. I,2 (Anlagen), Köln 1855, S. 63: in logica aut philosophia naturali, morale mechanica aut mathematica.

13 Vgl. James A. WEISHEIPL, The Place of the liberal Arts in the University Curriculum during the XIVth and XVth Centuries, in: Arts libéraux et philosophie au moyen âge. Actes du quatrième congrès international de philosophie médiévale (Université de Montréal, Canada, 27 août – 2 septembre 1967), Montréal/Paris 1969, S. 209–213.

14 Ludger OEING-HANHOFF, Art. „Dialektik III", in: Historisches Wörterbuch der Philosophie, hrsg. von Joachim RITTER, Bd. 2, Darmstadt 1972, S. 175–184, hier S. 177f.; vgl. Eleonore STUMP, Dialectic, in: The Seven Liberal Arts in the Middle Ages, ed. by David L. WAGNER, Bloomington 1983, S. 125–146.

15 Sönke LORENZ, Libri ordinarie legendi. Eine Skizze zum Lehrplan der mitteleuropäischen Artistenfakultät um die Wende vom 14. zum 15. Jahrhundert. In: Argumente und Zeugnisse, hrsg. von Wolfram HOGREBE (Studia Philosophica et Historica, Bd. 5), Frankfurt a.M. u. a. 1985, S. 204–258, hier S. 218f.

16 Vgl. Heinrich ROOS, Die Stellung der Grammatik im Lehrbetrieb des 13. Jahrhunderts, in: Artes liberales. Von der antiken Bildung zur Wissenschaft des Mittelalters, hrsg. von Josef KOCH (Studien und Texte zur Geistesgeschichte des Mittelalters, Bd. 5), Leiden/Köln 1959, S. 94–106; DERS., Art. „Grammatik", in: Historisches Wörterbuch der Philosophie, hrsg. von Joachim RITTER, Bd. 3, Darmstadt 1974, S. 846–849; Jeffrey F. HUNTSMAN, Grammar, in: The Seven Liberal Arts (wie Anm. 14), S. 58–95.

17 Martin GRABMANN, Die Entwicklung der mittelalterlichen Sprachlogik (Tractatus de modis significandi), in: DERS., Mittelalterliches Geistesleben. Abhandlungen zur Geschichte der Scholastik und Mystik, Bd. 1, München 1926, S. 104–146, hier 114; vgl. VAN STEENBERGHEN, Die Philosophie im 13. Jahrhundert (wie Anm. 1), S. 494f.

die Vormachtstellung der Pariser Universität, konnte sich die neue Richtung rasch anderwärts ebenso durchsetzen.[18] Wie sehr diese Auseinandersetzung bei den Zeitgenossen Beachtung fand, zeigt das gegen Mitte des 13. Jahrhunderts entstandene allegorische Gedicht „La Bataille des VII Arts" des Troubadours Henri d'Andeli:[19] angespornt und ermutigt von den Klassikern und humanistischen Schriftstellern zieht die in Orléans beheimatete Grammatik (ihr gehört auch die Sympathie des Autors) in den Kampf gegen die in Paris herrschende Logik – und unterliegt in der Schlacht.[20] Zwar verschwanden nicht die seit dem frühen Mittelalter verwendeten Lehrbücher der Grammatik von Priscianus[21] (um die Wende vom 5. zum 6. Jahrhundert) und Aelius Donatus[22] (4. Jahrhundert), doch für etwa 300 Jahre beherrschend wurde schließlich das in Verse gehaltene Doctrinale (Speculum puerorum) des Alexander de Villa Dei[23] aus der Zeit um 1200, „das Lehrbuch schlechthin für den lateinischen Unterricht".[24]

Mit dieser an den zentraleuropäischen Universitäten vorherrschenden Situation sahen sich all jene konfrontiert, die im Rahmen jener großen, von uns heute als Renaissance bezeichneten kulturellen Bewegung nach einer Erneuerung trachteten,

---

18 Vgl. Sönke LORENZ, Studium generale Erfordense, Zum Erfurter Schulleben im 13. und 14. Jahrhundert (Monographien zur Geschichte des Mittelalters, Bd. 34), Stuttgart 1989, S. 66–77, 102–116 und öfter; DERS., Libri ordinarie legendi (wie Anm. 15), S. 227 f.; Jürgen SARNOWSKY, Die *artes* im Lehrplan der Universitäten, in: Ursula SCHAEFER (Hrsg.), Artes im Mittelalter, Berlin 1999, S. 68–82, hier S. 69 ff.

19 The battle of the seven arts. A French poem by Henri d'Andeli, trouvère of the thirteenth cent, ed. and translated, with introduction and notes, by Louis John Paetow (Memoirs of the University of California, vol. 4, no. 1), Berkeley 1914.

20 Philippe DELHAYE, La place des arts libéraux dans les programmes scolaires du XIIIe siècle, in: Arts libéraux (wie Anm. 13), S. 161–173, hier S. 164–167.

21 Vgl. Geschichte der römischen Litteratur bis zum Gesetzgebungswerk des Kaisers Justinian, Teil 4: Die römische Litteratur des fünften und sechsten Jahrhunderts, von Martin SCHANZ, Carl HOSIUS u. Gustav KRÜGER (Handbuch der Altertumswissenschaft, Bd. 8), München 1920, S. 221–231.

22 Vgl. Louis HOLTZ, Donat et la tradition de l'enseignement grammatical. Étude sur l'Ars Donati et sa diffusion (IVe-IXe siècle) et édition critique, Paris 1981; Axel SCHÖNBERGER, Die Ars minor des Aelius Donatus. Lateinischer Text und kommentierte deutsche Übersetzung einer antiken Elementargrammatik aus dem 4. Jahrhundert nach Christus (Bibliotheca Romanica et Latina, Bd. 6), Frankfurt am Main 2008; DERS., Die Ars maior des Aelius Donatus: lateinischer Text und kommentierte deutsche Übersetzung einer antiken Lateingrammatik des 4. Jahrhunderts für den fortgeschrittenen Anfängerunterricht (Bibliotheca Romanica et Latina, Bd. 7), Frankfurt am Main 2009.

23 Dietrich REICHLING, Das Doctrinale des Alexander de Villa-Dei. Kritisch-exegetische Ausgabe mit Einleitung, Verzeichnis der Handschriften und Drucke, nebst Registern (Monumenta Germaniae Paedagogica, Bd. 12), Berlin 1893, S. i-cxviii (Einleitung); Christine WULF, Art. „Alexander de Villa Dei", in: Die deutsche Literatur des Mittelalters: Verfasserlexikon, begründet von Wolfgang Stammler, fortgeführt von Karl Langosch. Zweite, völlig neu bearbeitete Auflage unter Mitarbeit zahlreicher Fachgelehrter hrsg. von Kurt RUH [Bd. 1–8] u. Burghart WACHINGER [Bd. 9–14], Bd. 1–14, Berlin/New York 1978–2008, hier Bd. 11 (Nachträge und Korrekturen, 2004), S. 59 ff.

24 Reinhold F. GLEI, Alexander de Villa Dei (ca. 1170–1250), *Doctrinale*, in: Lateinische Lehrer Europas. Fünfzehn Portraits von Varro bis Erasmus von Rotterdam, hrsg. von Wolfram AX, Köln u. a. 2005, S. 291–312, hier S. 292.

gerichtet auf die einzelnen Bereiche klassischer Latinität, der Gelehrsamkeit oder der Wissenschaften. Das Bewußtsein dieser Erneuerung der literarischen Kultur und der bildenden Kunst prägte sich in Italien bereits im 14. Jahrhundert deutlich aus im Bezug auf das als vorbildlich geltende Altertum und in Gegensatz und Abwehr des davon unterschiedenen, aber weiterhin fortdauernden ‚dunklen' Mittelalters und einer erhofften oder schon beginnenden neuen Zeit.[25] Unter Rückgriff auf Cicero, der die *humanitas* zum Bildungsziel proklamiert und die dahin führenden Studien *studia humanitatis* genannt hatte, wird von den Vertretern der neuen Bewegung die Bildung als Selbstzweck und nicht mehr als Vorbereitung auf die transzendente Sinnerfüllung des irdischen Lebens verstanden – mit anderen Worten: Für diese von uns als Humanisten bezeichneten Repräsentanten stellte der gebildete Mensch als solcher das Bildungsziel dar. Durch die Bildung wird der Mensch gleichsam ein zweites Mal erschaffen. Die Bildung macht den Menschen erst zum Menschen, erzieht ihn zur vollendeten Gesittung, zur *humanitas*. Dabei geht die humanistische Bewegung von einem ästhetischen Bedürfnis aus: „von dem Bedürfnis nach Wiederherstellung der *nobilissima lingua*, des Lateins als der schönen Sprache schlechthin, in der zugleich alles andere, unser Wissen, unsere Moral, unsere gesamte *humanitas* beschlossen liegt".[26] So tragen die Humanisten ein ungebrochenes Vertrauen in die universale Macht der Bildung zur Schau.[27] Das auf dem Glauben an die menschenformende Macht der antiken Autoren beruhende humanistische Bildungsprogramm stellte eine grundsätzliche Positionsveränderung von Bildung dar.[28] Coluccio Salutati (1331–1406) gebrauchte 1403 oder wenig später[29] den Begriff *studia humanitatis*, in den er die *studia litterarum* eingehen ließ.[30] Die Vertreter der *studia humanitatis*, später auch einfach *humaniora* genannt,[31]

---

25 Horst GÜNTHER, Art. „Renaissance", in: Historisches Wörterbuch der Philosophie, hrsg. von Joachim RITTER (†) u. Karlfried GRÜNDER, Bd. 8, Darmstadt 1992, S. 783–790, hier S. 784.
26 Ulrich MUHLACK, Die humanistische Historiographie. Umfang, Bedeutung, Probleme, in: Deutsche Landesgeschichtsschreibung im Zeichen des Humanismus, hrsg. von Franz BRENDLE, Dieter MERTENS u. a. (Contubernium, Bd. 56), Stuttgart 2001, S. 3–18, hier S. 4 [erneut abgedruckt in: Ulrich MUHLACK, Staatensystem und Geschichtsschreibung. Ausgewählte Aufsätze zu Humanismus und Historismus, Absolutismus und Aufklärung, hrsg. von Notker HAMMERSTEIN u. Gerrit WALTHER (Historische Forschungen, Bd. 83), Berlin 2006, S. 124–141, hier S. 125]; DERS., Humanistische Historiographie, in: Diffusion des Humanismus. Studien zur nationalen Geschichtsschreibung europäischer Humanisten, hrsg. von Johannes HELMRATH, Ulrich MUHLACK u. Gerrit WALTHER, Göttingen 2002, S. 30–34, hier S. 30f.
27 Ulrich MUHLACK, Geschichtswissenschaft im Humanismus und in der Aufklärung. Die Vorgeschichte des Historismus, München 1991, S. 34.
28 August BUCK, Humanismus. Seine europäische Entwicklung in Dokumenten und Darstellungen (Orbis academicus, Bd. I/16), Freiburg i. Br., München 1987, S. 154.
29 Vgl. August BUCK, Die „studia humanitatis" im italienischen Humanismus, in: Humanismus im Bildungswesen des 15. und 16. Jahrhunderts, hrsg. von Wolfgang REINHARD (Deutsche Forschungsgemeinschaft, Mitteilung XII der Kommission für Humanismusforschung), Weinheim 1984, S. 11–24, hier S. 11, Anm. 1, u. S. 12.
30 BUCK, Humanismus (wie Anm. 28), S. 155.
31 Laetitia BOEHM, Humanistische Bildungsbewegung und mittelalterliche Universitätsverfassung: Aspekte zur frühneuzeitlichen Reformgeschichte der deutschen Universitäten, in: The Universities in the Late Middle Ages, ed. by Jozef IJSEWIJN and Jacques PAQUET (Mediaevalia Lovaniensia, ser. I, studia VI), Leuven 1978, S. 315–346, hier S. 319.

insofern sie sich als Bildungsreformer verstanden, gingen von der Überzeugung aus, daß die aus dem Mittelalter überlieferte Bildung überholt sei und durch eine neue ersetzt werden müsse. Von Petrarca (1304–1374) angefangen, kritisieren die Humanisten den zeitgenössischen Wissenschaftsbetrieb, den wir heute mit dem Begriff der Scholastik zu verbinden pflegen,[32] vor allem den Rückgang des Studiums der Grammatik und Rhetorik mit der daraus resultierenden Entartung des Lateins, sowie das Ausufern der sich in einem unfruchtbaren Spiel mit Definitionen, Distinktionen und Syllogismen erschöpfenden Dialektik, die unter der Bezeichnung Logica den spätmittelalterlichen Wissenschaftsbetrieb eindeutig dominierte. So konzentrierte sich die humanistische Studienreform auf die Grammatik und die Rhetorik, während die Dialektik mehr oder weniger beiseite geschoben wurde.[33] Der auf der Grammatik aufbauenden Rhetorik fällt die Schlüsselrolle zu, als die Aneignung des Bildungsgutes über das hochgeformte Wort erfolgt. Zudem hatte die von den Humanisten ausgehende Intensivierung des Studiums der Grammatik und der Rhetorik zur Folge, daß man innerhalb der beiden Disziplinen gewisse Unterrichtsgegenstände stärker differenzierte und schließlich als neue Disziplinen ausgliederte: Poetik, Geschichte und Moralphilosophie.[34]

Seit der Mitte des 15. Jahrhunderts erhoben auch nördlich der Alpen immer mehr Gelehrte ihre Stimme und forderten, den Sprachunterricht zu verbessern. Immer häufiger boten einzelne Magister der Artistenfakultäten Lehrveranstaltungen an, mit dem Ziel, das Niveau der Sprach- und Literaturkenntnis anzuheben. Peter Luder[35] (um 1415–1472), der von 1456 bis 1460 in Heidelberg Vorlesungen über die *studia humanitatis* hielt, war 1456 der erste in Deutschland, der diesen Begriff verwendete.[36] Johannes Reuchlin[37] (1455–1522) hat 1518 rückblickend auf seine Zeit an der Universität Basel[38] –

---

32 Vgl. Heinrich M. SCHMIDINGER, Art. „Scholastik", in: Historisches Wörterbuch der Philosophie 8 (wie Anm. 25), S. 1332–1342, hier S. 1332 u. 1336 ff.
33 BUCK, Studia humanitatis (wie Anm. 29), S. 15.
34 BUCK, Studia humanitatis (wie Anm. 29), S. 17; DERS., Humanismus (wie Anm. 28), S. 167 ff.
35 Vgl. Rudolf KETTEMANN, Peter Luder (um 1415–1472), in: Humanismus im deutschen Südwesten. Biographische Profile, hrsg. von Paul Gerhard SCHMIDT, Sigmaringen 1993, S. 13–34.
36 Wilfried BARNER, „Studia toto amplectenda pectore". Peter Luders Heidelberger Programmrede vom Jahre 1456, in: DERS., Pioniere, Schulen, Pluralismus. Studien zu Geschichte und Theorie der Literaturwissenschaft, Tübingen 1997, S. 3–21; Dieter MERTENS, Eberhard im Bart und der Humanismus, in: Eberhard und Mechthild. Untersuchungen zu Politik und Kultur im ausgehenden Mittelalter, hrsg. von Hans-Martin MAURER (Lebendige Vergangenheit 17), Stuttgart 1994, S. 35–81, hier S. 42; Ludwig BERTALOT, Humanistische Vorlesungsankündigungen in Deutschland im 15. Jahrhundert, in: Zeitschrift für Geschichte der Erziehung und des Unterrichts 5 (1915), S. 1–24, hier S. 3, Nr. 1: [...] *studia humanitatis id est poetarum oratorum ac hystoriographorum libros publice legi* [...]; zum Eintritt des Humanismus ins deutsche Universitätsleben: Johannes HELMRATH, Humanismus und Scholastik und die deutschen Universitäten, in: Zeitschrift für Historische Forschung 15 (1988), S. 187–203, hier S. 190 f.
37 Statt vieler: Gerald DÖRNER, Art. „Reuchlin, Johannes", in: Deutscher Humanismus 1480–1520, Verfasserlexikon, hrsg. von Franz Josef WORSTBROCK [zitiert als VLDH], Bd. 1: A-K, Berlin/New York 2008, Bd. 2, Lieferung 1–2, Berlin/New York 2009–2011, hier 2,2, S. 579–633.
38 Reinhold RAU, Der Beitrag der Basler Hochschule zu den Anfängen der Universität Tübingen, in: Basler Zeitschrift für Geschichte und Altertumskunde 52 (1953), S. 14–36, hier S. 24.

1474–1477 – in einem Vorwort festgehalten, er habe dort, während er noch die grobe und ungebildete Philosophie (philosophia) des vorigen Jahrhunderts studierte, sich bereits auf die gelehrte und feine Form der lateinischen Rede in Prosa und Poesie konzentriert. „Damit auch ich mein Scherflein beitrüge zur Wiederherstellung der Literatur (literae), habe ich dann als einer der ersten Professoren extra ordinem öffentlich Schriftsteller und Dichter gelesen. Zunächst mit dem Ziel, vor allem für grammatisch richtig und erst in zweiter Linie für elegant gehalten zu werden. Denn was hätte man mehr von Leuten erwarten sollen, die schon seit über 300 Jahren nichts anderes anstrebten als barbarisch zu sein, so daß zusammen mit dem Fehlen der Rhetorik die Lust am Stammeln sich festgesetzt hatte."[39] Damit hat Reuchlin die Schwierigkeiten teils beschrieben, teils angedeutet, die einer einfachen Lösung des Problems im Wege standen. Lehrveranstaltungen zu und mit solchen Texten, die auf die Studia humaniora zugeschnitten waren, mußten extra ordinem erfolgen und gehörten damit nicht zu bei der Zulassung zu den Examen nachweisbaren Texten. So beherrschten im Rahmen der Grammatik zumeist weiterhin solche Werke wie das Doctrinale des Alexander de Villa Dei den Unterricht.[40] Änderungen hätten in der Regel die Zustimmung der Universitätsleitung erfordert und sich in Statutenrevisionen niederschlagen müssen. Schwer wog auch das die Artistenfakultät beherrschende Regenzsystem, das nicht nur jeden frisch promovierten Magister nötigte, noch zwei Jahre seiner Hochschule als Lehrer zu dienen, sondern auch in einem bestimmten Turnus allen beteiligten Magistern das gesamte Lehrprogramm abnötigte.[41] Mit anderen Worten, ein Magister, der eben noch Grammatik unterrichtet hatte, war beispielsweise im nächsten Semester gehalten, im Rahmen der Logik oder der Philosophia naturalis Lehrveranstaltungen anzubieten. Man erwartete folglich, daß jeder an der Lehre beteiligte Magister in der Lage war, den gesamten Stoff des Curriculums und damit alle Libri ordinarie legendi zu unterrichten. Diese Magister bestritten zudem bis auf wenige Ausnahmen ihren Lebensunter-

---

39 Johann Reuchlins Briefwechsel, gesammelt und hrsg. von Ludwig GEIGER (Bibliothek des litterariscen Vereins in Stuttart, Bd. 126), Tübingen 1875 (Ndr. Hildesheim 1962), S. 283; Übersetzung nach: Stefan RHEIN, Johannes Reuchlin (1455–1522). Ein deutscher „uomo universale", in: SCHMIDT, Humanismus im deutschen Südwesten (wie Anm. 35), S. 59–75, hier S. 61; vgl. jetzt auch: Johannes Reuchlin Briefwechsel, Bd. 4: 1518–1522, Leseausgabe in deutscher Übersetzung von Georg BURKARD †, hrsg. von Matthias DALL'ASTA, Stuttgart-Bad Cannstatt 2011, S. 27–43, Nr. 325 (an Kardinal Adriano Castellesi), hier S. 29.
40 Vgl. Franz Josef WORSTBROCK, Niccolò Perottis ‚Rudimenta grammatices'. Über Konzeption und Methode einer humanistischen Grammatik, in: Von Eleganz und Barbarei. Lateinische Grammatik und Stilistik in Renaissance und Barock, hrsg. von Wolfram AX (Wolfenbütteler Forschungen, Bd. 95), Wiesbaden 2001, S. 59–78, hier S. 59ff.
41 Für Tübingen vgl. „A. Statuta facultatis artisticae, 1477–88", in: Rudolf von ROTH, Urkunden zur Geschichte der Universität Tübingen aus den Jahren 1476 bis 1550, Tübingen 1877 (Ndr. Aalen 1973), S. 322–375, hier S. 331–334, Nr. 18; zur Datierung der Statuten sind unbedingt die kritischen Hinweise von Johannes HALLER, Die Anfänge der Universität Tübingen 1477–1537, [Teil 1: Text] Stuttgart 1927, Teil 2: Nachweise und Erläuterungen, Stuttgart 1929, hier 2, S. 18*, zu beachten, der „die früheste Form" der Statuten, die schon am 9. Oktober 1477 erwähnt wird, als verloren betrachtet und die von Roth mit A bezeichnete „älteste erhaltene Fassung" zeitlich vor 1488 ansetzt, während er die Fassung „B. Statuta", von Roth parallel zu A ediert und in das Jahr 1505 gesetzt, „nicht vor 1514/5" entstanden sieht.

halt nicht durch eine feste Besoldung, sondern konnten sich allein auf die zu erhebenden Gebühren für die Lehrveranstaltungen sowie diverse Emolumente stützen. Auch war die scholastische Studienverfassung geprägt durch die zentrale Stellung der Theologie und die funktionale Verklammerung der Philosophie mit ihr im mittelalterlichen Wissenschaftssystem,[42] während eine konsequente Verwirklichung des humanistischen Lehrprogramms zu einer Auflösung der scholastischen Lehrverfassung hätte führen müssen.

In dieser von Spannungen und grundlegenden Problemen bestimmten Phase erfolgte die Gründung der Universität Tübingen, wie sie Graf Eberhard im Bart[43] (1445–1496) erkennbar seit 1476 betrieb.[44] Nicht zuletzt gesteuert von Johannes Vergenhans (1425/30–1510),[45] gräzisiert Naucler, seit 1482 Kanzler der Hochschule, trug die vom Landesherrn betriebene Personalpolitik nach manchen Schwierigkeiten in den 1480er Jahren beachtliche Früchte. Der Lehrkörper stabilisierte sich und gewann immer mehr Profil und Reputation. Eberhard konnte jetzt gestandene Persönlichkeiten und aufstrebende Talente gewinnen, wie Gabriel Biel[46] (ca. 1410–1495), Walter van Werve[47] († 1497), Wendelin Steinbach[48] (1454–1519), Reuchlin, Ulrich Krafft[49] († 1516), Hier-

---

42 BOEHM, Bildungsbewegung (wie Anm. 31), S. 329f.
43 Statt vieler: Dieter MERTENS, Art. „Eberhard V./I. im Bart", in: Sönke LORENZ / Dieter MERTENS / Volker PRESS (†)(Hrsg.), Das Haus Württemberg, Stuttgart 1997, S. 92–95 u. 447.
44 Noch immer grundlegend HALLER, Anfänge (wie Anm. 41); Dieter MERTENS, Eberhard im Bart als Stifter der Universität Tübingen, in: Sönke LORENZ (Hrsg.), Attempto – oder wie stiftet man eine Universität? Die Universitätsgründungen der sogenannten zweiten Gründungswelle im Vergleich (Contubernium, Bd. 50), Stuttgart 1999, S. 157–173; Sönke LORENZ, Eberhard im Bart und seine Universität. Eine Einführung, in: Tübingen in Lehre und Forschung um 1500. Zur Geschichte der Eberhard Karls Universität, Festgabe für Ulrich Köpf, hrsg. von Sönke LORENZ, Dieter R. BAUER u. Oliver AUGE (Tübinger Bausteine zur Landesgeschichte, Bd. 9), Ostfildern 2008, S. 1–59.
45 Vgl. Oliver AUGE, Stiftsbiographien. Die Kleriker des Stuttgarter Heilig-Kreuz-Stifts (1250–1552) (Schriften zur südwestdeutschen Landeskunde, Bd. 38), Leinfelden-Echterdingen 2002, S. 419–440, Nr. 226; Die Professoren der Tübinger Juristenfakultät (1477–1535), bearbeitet von Karl Konrad FINKE im Auftrag des Instituts für Geschichtliche Landeskunde und Historische Hilfswissenschaften der Eberhard Karls Universität Tübingen (Tübinger Professorenkatalog, Bd. 1,2), Ostfildern 2011, S. 322–343; Thomas LEHR, Art. „Nauclerus (Verge, Vergenhans), Johannes", in: VLDH (wie Anm. 37) 2/2, S. 401–408.
46 Statt vieler: Irene CRUSIUS, Gabriel Biel – eine Karriere zwischen vita contemplativa und vita activa, in: Ulrich KÖPF / Sönke LORENZ (Hrsg.), Gabriel Biel und die Brüder vom gemeinsamen Leben, Beiträge aus Anlaß des 500. Todestages des Tübinger Theologen (Contubernium, Bd. 47), Stuttgart 1998, S. 1–23; Gerhard FAIX, Gabriel Biel und die Brüder vom Gemeinsamen Leben, Quellen und Untersuchungen zu Verfassung und Selbstverständnis des Oberdeutschen Generalkapitels (Spätmittelalter und Reformation, Neue Reihe, Bd. 11), Tübingen 1999, S. 33 ff.
47 LORENZ, Eberhard im Bart und seine Universität (wie Anm. 44), S. 40ff.; Olga WEIJERS, Le travail intellectuel à la Faculté des arts de Paris: textes et maîtres (ca. 1200–1500), III. Répertoire des noms commençant par G (Studia Artistarum, Etudes sur la Faculté des arts dans les Universités médiévales, 6), Turnhout 1998, S. 64f.; Charles Henry LOHR, Medieval Latin Aristotle Commentaries, in: Traditio 24 (1968), S. 149–245, hier S. 188f. (mit Werkverzeichnis).
48 Helmut FELD, Art. „Steinbach, Wendelin", in: Verfasserlexikon (wie Anm. 23) 9 (1995), S. 249–255; DERS., Art. „Steinbach, Wendelin", in: Biographisch-Bibliographisches Kirchen-

onymus de Croaria⁵⁰ († 1527), Martin Prenninger⁵¹ († 1501) und Johannes Widmann genannt Möchinger⁵² († 1524). Die beiden oberen Fakultäten von Theologie und Jurisprudenz gewannen bald ein nicht geringes Ansehen. Besonders die Artistenfakultät erwies sich von Anfang an als ein lebendiger Aktivposten und bildete schon allein über die Zahl ihrer in den beiden unter einem Dach vereinigten Bursen lebenden Mitglieder Herz und Motor der Universität. Unter ihren Magistern findet man etliche, die später in Tübingen oder andernorts Karriere machten, wie Konrad Summenhart⁵³ († 1502), Konrad Vessler⁵⁴ († nach 1508), Martin Plantsch⁵⁵ († 1533), Gregor Lamparter⁵⁶ († 1523), Johannes Lupfdich⁵⁷ († 1518), Johannes Gentner alias Adler⁵⁸ († 1518) und Gregor Northofer⁵⁹ († 1509). Die Werke der Genannten sind trotz solch grundlegender Editionen und Untersuchungen, wie sie für Biel und Summenhart durch Wilfrid Werbeck und Helmut Feld vorliegen, unter nicht wenigen Fragestellungen erst noch zu analysieren. So geht es in diesem Band erneut um Summenhart,⁶⁰ diesmal um seine posthum erschienenen *Commentaria in Summam physice Alberti Magni*,⁶¹ eine Einführung

---

lexikon 10 (1995), S. 1289–1292; Heinrich HERMELINK, Die theologische Fakultät in Tübingen vor der Reformation 1477–1534, Tübingen 1906, S. 195 ff., Nr. 7.

49 FINKE, Professoren der Juristenfakultät (wie Anm. 45), S. 177–187.

50 FINKE, Professoren der Juristenfakultät (wie Anm. 45), S. 98–115.

51 Statt vieler: FINKE, Professoren der Juristenfakultät (wie Anm. 45), S. 236–262.

52 Miriam ZITTER, Die Leibärzte der württembergischen Grafen im 15. Jahrhundert (1397–1496). Zur Medizin an den Höfen von Eberhard dem Milden bis zu Eberhard im Bart (Tübinger Bausteine zur Landesgeschichte, Bd. 1), Leinfelden-Echterdingen 2000, S. 111–117.

53 Zu Leben und Werk Helmut FELD, Konrad Summenhart. Theologe der kirchlichen Reform vor der Reformation, in: Rottenburger Jahrbuch für Kirchengeschichte 11 (1992) S. 85–116; Conradi Summenhart Opera omnia, Bd. 1: Tractatus theologici et canonistici, ed. Helmut FELD (Veröffentlichungen des Instituts für europäische Geschichte Mainz, Abt. für abendländische Religionsgeschichte, Bd. 199), Mainz 2004, S. IX–XIII; Helmut FELD, Konrad Summenhart (um 1458–1502). Der Phoenix unter Deutschlands Gelehrten, in: Tubingensia. Impulse zur Stadt- und Universitätsgeschichte, Festschrift für Wilfried Setzler zum 65. Geburtstag, hrsg. von Sönke LORENZ und Volker SCHÄFER (Tübinger Bausteine zur Landesgeschichte, Bd. 10), Ostfildern 2008, S. 151–164; HERMELINK, Theologische Fakultät (wie Anm. 48), S. 194 f., Nr. 6; Olga WEIJERS, Le travail intellectuel à la Faculté des arts de Paris: textes et maîtres (ca. 1200–1500), II. Répertoire des noms commençant par C-F (Studia Artistarum, Etudes sur la Faculté des arts dans les Universités médiévales, 3), Turnhout 1996, S. 42 f.

54 FINKE, Professoren der Juristenfakultät (wie Anm. 45), S. 344–352.

55 Vgl. Arno MENTZEL-REUTERS, „Notanda reliquit doctor Martinus Plantsch". Leben und Werk eines Tübinger Theologen (ca. 1460–1533), in: Bausteine zur Tübinger Universitätsgeschichte, hrsg. von Volker SCHÄFER, Folge 7, Tübingen 1995, S. 7–44.

56 FINKE, Professoren der Juristenfakultät (wie Anm. 45), S. 191–207.

57 FINKE, Professoren der Juristenfakultät (wie Anm. 45), S. 208–224.

58 FINKE, Professoren der Juristenfakultät (wie Anm. 45), S. 126–134.

59 Sönke LORENZ, Der Aufbau der *via antiqua* an der Freiburger Artistenfakultät durch Tübinger Skotisten in den Jahren nach 1486, in: ZGO 159 (2011), S. 249–284, passim.

60 Knut Wolfgang NÖRR, „Ein Muster damaliger Gelehrsamkeit". Kanonistische Bemerkungen zu zwei Abhandlungen Konrad Summenharts zum Thema der Simonie, in: LORENZ/ BAUER/AUGE, Tübingen in Lehre und Forschung um 1500 (wie Anm. 44), S. 207–218.

61 Verzeichnis der im deutschen Sprachbereich erschienenen Drucke des XVI. Jahrhunderts [im Folgenden: VD 16] ZV 312: Commentaria in Summam physice Alberti Magni, Hagenau 1507,

in die aristotelische *Philosophia naturalis*, die nicht nur im Lehrbetrieb von Tübingen und Freiburg eine Rolle spielte. Bei dem umfangreichen Werk, das noch zwei weitere Auflagen erfuhr,[62] handelt es sich um einen Kommentar zu der heute meist dem Dominikaner Albert von Orlamünde zugeschriebenen *Summa naturalium*.[63] Das Werk steht im Zentrum des Beitrags von Reinhold Rieger.[64] Stefan Kötz wiederum untersucht in seinem Beitrag zur „Geldtheorie an der Universität Tübingen um 1500" die einschlägigen Traktate von Biel und Gentner alias Adler.[65] In Lehre und Forschung zwar noch immer weitgehend der Scholastik verpflichtet, geben gleichwohl etliche aus dem genannten Personenkreis eine Affinität zum Humanismus zu erkennen, die sich wie z. B. im Fall von Reuchlin und Prenninger in mehr als Sympathie widerspiegeln konnte.

Die Hochschulen insgesamt sahen sich mit zunehmender Zeit immer dringlicher vor die Aufgabe gestellt, das stetig wachsende Interesse an den Studia humaniora irgendwie zu bedienen. Es entstand der Gedanke einer besonderen Lektur, vorrangig dem humanistischen Anliegen verpflichtet.[66] Wie es scheint, gingen die Versuche in zwei sehr verschiedene Richtungen. Dieter Mertens konnte am Beispiel von Freiburg herausarbeiten, daß die Humanistenlektur entweder von angehenden Juristen versehen wurde und dem Erwerb der Institutionenlektur voranging oder mit ihr in Personalunion verbunden wurde, oder aber sie wurde von „überzeugten" Poeten vertreten,

---

Digitalisat: urn:nbn:de:bvb:12-bsb00015478-4 (9.11.2011); zum Werk vgl. Franz Xaver LINSENMANN, Konrad Summenhart. Ein Culturbild aus den Anfängen der Universität Tübingen (Zur vierten Säcularfeier der Universität Tübingen im Sommer 1877. Festprogramm der katholisch-theologischen Facultät), Tübingen 1877, passim; Wolfgang URBAN, Vom Astrolabium, dem Vacuum und der Vielzahl der Welten. Paul Scriptoris und Konrad Summenhart, Zwei Gelehrte zwischen Scholastik und Humanismus, in: Attempto. Nachrichten für die Freunde der Tübinger Universität 69 (1983) S. 49–55, hier S. 53–55; LORENZ, Der Aufbau der via antiqua (wie Anm. 59), S. 274f.

62 VD16 ZV 313: Leipzig 1513; VD16 ZV 314: Hagenau 1517.
63 Vgl. Martin GRABMANN, Die Philosophia pauperum und ihr Verfasser Albert von Orlamünde. Ein Beitrag zur Geschichte des philosophischen Unterrichtes an den deutschen Stadtschulen des ausgehenden Mittelalters (Beiträge zur Geschichte des Mittelalters, Texte und Untersuchungen, Bd. 20,2), Münster 1918, S. 54; Bernhard GEYER, Die Albert dem Grossen zugeschriebene *Summa naturalium* (*Philosophia pauperum*). Texte und Untersuchungen (Beiträge zur Geschichte der Philosophie und Theologie des Mittelalters, Bd. 35,1), Münster 1938, S. 44–47; Charles Henry LOHR, Commentateurs d'Aristotle au Moyen-Âge Latin. Bibliographie de la littérature secondaire récente (Vestigia. Études et Documents de Philosophie antique et médiévale Bd. 2), Fribourg/Paris 1988, S. 17; Albert FRIES, Art. „Albertus Magnus", in: Verfasserlexikon (wie Anm. 23) 1 (1978), Sp. 124–135.
64 Reinhold RIEGER, Konrad Summenharts „Physikkommentar", in diesem Band S. 95–116.
65 Stefan KÖTZ, Geldtheorie an der Universität Tübingen um 1500: Die Traktate *De potestate et utilitate monetarum* des Gabriel Biel (nach 1488/89) und des Johannes Adler gen. Aquila (1516), in diesem Band S. 117–160.
66 Vgl. Matthias ASCHE, Frequenzeinbrüche und Reformen – Die deutschen Universitäten in den 1520er bis 1560er Jahren zwischen Reformation und humanistischem Neuanfang, in: Die Musen im Reformationszeitalter, hrsg. von Walther LUDWIG im Auftrag der Stiftung Luthergedenkstätten in Sachsen-Anhalt (Schriften der Stiftung Luthergedenkstätten in Sachsen-Anhalt, Bd. 1), Leipzig 2001, S. 53–96, hier S. 61f.

die ihre Tätigkeit als *poeta* als eine Aufgabe sui generis begriffen, welche nicht dem Übergang in die höhere, juristische Fakultät diente, und die womöglich sogar die Graduierung in der Artistenfakultät verweigerten und den Titel eines *poeta laureatus* als die einzig angemessene Promotion erachteten.[67] Vor diesem Hintergrund und bedingt durch den Mangel an geeigneten Nachrichten gestaltet sich die Suche nach einer Antwort auf die Frage, wer in Tübingen die erstmals am 23. April 1481 erwähnte, mit 30 Gulden Jahresgehalt ausgestattete Lektur „in Oratorien",[68] also eine dem Humanismus verpflichtete Lektur, erhalten hat, mehr als schwierig. Bisher war bekannt, daß 1492 Jacobus Locher Philomusus[69] († 1528) ihr Inhaber war und sie seit 1496 von Heinrich Bebel[70] († 1518) vertreten wurde. Indizien deuten nun dahin, daß Johannes Reuchlin 1481 die Lektur erhielt.[71] Anders als Locher und Bebel, den nicht mit einem Magistergrad ausgestatteten Poeten, gehörte Reuchlin der ersten Kategorie an, die nach Mertens die Humanistenlektur von angehenden Juristen versehen sieht. Als man 1492 die Lektur Jakob Locher übertrug, hatte sich die Universitätsleitung für ein anderes Modell bei der Wahrnehmung der Studia humaniora entschieden. Dies deutet vielleicht schon Graf Eberhards 1491 erlassene zweite Universitätsordnung an, in der die Aufgaben des Poeten im Sinne der typisch humanistischen Kombination von Rhetorik, Poetik und Morallehre mit „in oratoria moralibus oder poetrij" umschrieben werden, wenn sie ihm statt 30 nur noch 20 Gulden jährlich vorbehält.[72] Locher, in Basel Schüler von Sebastian Brant[73] (1457–1521), in Ingolstadt von Konrad Celtis[74] (1459–1508) und durch keine akademischen Grade ausgewiesen, blieb nur für drei Monate als *poeta* in Tübingen; doch 1497 empfing er in Freiburg im Auftrag König Maximilians die Dichterkrone.[75] Dies gilt auch für Bebel, der in Krakau bei dem Celtis-

---

67 Dieter MERTENS, Die Anfänge der Freiburger Humanistenlektur, in: Hermann SCHÄFER (Hrsg.), Geschichte in Verantwortung. Festschrift für Hugo Ott zum 65. Geburtstag, Frankfurt a. M. 1996, S. 93–107, hier S. 103 f.

68 „Erste Ordnung Graf Eberhards" von 1481, in: ROTH, Urkunden (wie Anm. 41), S. 70–75, hier S. 71: „[...] und ainem der in Oratorien lyset dryssig guldin".

69 Dieter MERTENS, Jacobus Locher Philomusus als humanistischer Lehrer der Universität Tübingen, in: Bausteine zur Tübinger Universitätsgeschichte, hrsg. von Volker Schäfer, Folge 3, Tübingen 1987, S. 11–38; vgl. Bernhard COPPEL, Jakob Locher Philomusus (1471–1528). Musenliebe als Maxime, in: SCHMIDT, Humanismus im deutschen Südwesten (wie Anm. 35), S. 151–178, hier S. 155; Wilhelm KÜHLMANN / Rüdiger NIEHL, Art. „Locher (Philomusus), Jakob", in: VLDH (wie Anm. 37) 2,1, S. 62–86, hier S. 63.

70 Grundlegend jetzt Dieter MERTENS, Art. „Bebel, Heinrich", in: VLDH (wie Anm. 37) 1, S. 142–163.

71 Sönke LORENZ, Johannes Reuchlin und die Universität Tübingen, in: ZWLG 68 (2009), S. 139–155, hier S. 143–151; FINKE, Professoren der Juristenfakultät (wie Anm. 45), S. 271 f.

72 „Zweite Ordnung Eberhards" von 1491, in: ROTH, Urkunden (wie Anm. 41), S. 82–93, hier S. 85: das Gehalt für den Professor der Institutionen wurde jetzt statt mit 30 Gulden mit 30 bis 40 Gulden festgesetzt.

73 Joachim KNAPE, Art. „Brant (Titio), Sebastian", in: VLDH (wie Anm. 37) 1, S. 247–283.

74 Jörg ROBERT, Art. „Celtis (Bickel, Pickel), Konrad (Conradus Celtis Protucius)", in: VLDH (wie Anm. 37) 1, S. 375–427.

75 Dieter MERTENS, Die Universität, die Humanisten, der Hof und der Reichstag zu Freiburg 1497/98, in: Der Kaiser in seiner Stadt. Maximilian I. und der Reichstag zu Freiburg 1498, hrsg. von Hans SCHADEK (Schau ins Land, H. 117), Freiburg 1998, S. 315–331, hier S. 317–320.

Schüler Laurentius Corvinus[76] (ca. 1465–1527) studierte und dort 1494, bevor er nach Basel wechselte, zum *baccalaureus artium* promoviert wurde.[77] Er erstrebte zwar nicht den Magistergrad, wohl aber die Krönung zum *poeta laureatus*, die 1501 durch Maximilian in Innsbruck vollzogen wurde. Von 1496 bis zu seinem Tod 1518 wirkte er als Rhetoriker in Tübingen und konnte so als erster eine länger dauernde Wirksamkeit entfalten und der Lektur Profil geben. Bebel wirkte aber nicht nur als Theoretiker der Rhetorik, sondern vornehmlich als ihr Lehrer. In seinen gedruckten Werken und in seinem Unterricht hat er der Grammatik breiten Raum gegeben, galt ihm doch die grammatische Arbeit als unerläßliche Grundlage für die Wiedergewinnung einer an der Antike orientierten Rhetorik.[78] Gleichwohl, der Inhaber der Tübinger Humanistenlektur wurde von der Universität besoldet, nicht aber in die Artistenfakultät und unter ihr Lehrpersonal aufgenommen.[79] Der Gegenstand der Lektur, das Selbstverständnis des der neuen Bildungsbewegung verpflichteten *poeta*, der Lehrplan der Artistenfakultät und das Korporationsdenken der Artistenmagister wirkten noch für kurze Zeit einer Integration in die Fakultät entgegen. Dies gilt im übrigen ebenso für den Lektor der mathematischen Disziplinen, als welcher erstmals 1510 in Tübingen[80] der dort 1507 immatrikulierte[81] Johannes Stöffler[82] (1452–1531) faßbar wird. Die Ma-

---

76 Gernot Michael MÜLLER, Art. „Corvinus (Rabe), Laurentius", in: VLDH (wie Anm. 37) 1, S. 496–505.

77 Księga promocji Wydziału Sztuk Uniwersytetu Krakowskiego z XV wieku (Liber promotionum Facultatis Artium in Universitate Cracoviensi saeculi decimi quinti), wydał Antoni GĄSIOROWSKI, Kraków 2000. S. 92, Nr. 36: *Henricus de Bevinden*.

78 Dieter MERTENS, Der humanistische Rhetoriker Heinrich Bebel (1472–1518), in: Joachim KNAPE (Hrsg.), 500 Jahre Tübinger Rhetorik. 30 Jahre Rhetorisches Seminar, Katalog zur Ausstellung im Bonatzbau der Universitätsbibliothek vom 12. Mai bis 31. Juli 1997, Tübingen 1997, S. 16–19, hier S. 18.

79 Vgl. Dieter MERTENS, Heiko A. Oberman und der „Mythos des Tübinger Humanismus", in: LORENZ/BAUER/AUGE, Tübingen in Lehre und Forschung um 1500 (wie Anm. 44), S. 241–254, hier S. 245.

80 Elisabeth ZEITLER, Der „Liber conductionum", das älteste Anstellungsbuch der Universität Tübingen, 1503–1588. Edition und Kommentar (Werkschriften des Universitätsarchivs Tübingen, Reihe 1: Quellen und Studien, H. 5), Tübingen 1978, S. 10, Nr. 8.

81 Die Matrikeln der Universität Tübingen, hrsg. von Heinrich HERMELINK, Bd. 1: Die Matrikeln von 1477–1600 [zitiert als: MUT 1], Stuttgart 1906, S. 160, Nr. 18: M. Johannes Stöffler plebanus Justingensis.

82 Vgl. Christoph SCHÖNER, Mathematik und Astronomie an der Universität Ingolstadt im 15. und 16. Jahrhundert (Münchener Universitätsschriften, Ludovico Maximilianea, Forschungen und Quellen, Forschungen, Bd. 13), Berlin 1994, S. 191–194; Gerhard BETSCH, Praxis geometrica und Kartographie an der Universität Tübingen im 16. und frühen 17. Jahrhundert, in: Zum 400. Geburtstag von Wilhelm Schickard. Zweites Tübinger Schickard-Symposion, 25. bis 27. Juni 1992, hrsg. von Friedrich SECK (Contubernium, Bd. 41), Sigmaringen 1995, S. 185–226, hier S. 203–206; DERS., Die Anfänge der mathematischen Wissenschaften an der Universität Tübingen. Johannes Stöffler und Philipp Imsser, in: LORENZ/BAUER/AUGE, Tübingen in Lehre und Forschung um 1500 (wie Anm. 44), S. 127–158; Karin REICH, Johannes Stöffler – Melanchthons Tübinger Lehrer in Mathematik und Astronomie, in: Vom Schüler der Burse zum „Lehrer Deutschlands". Philipp Melanchthon in Tübingen, hrsg. von Sönke LORENZ, Reinhold RIEGER, Karlheinz WIEGMANN u. Ernst SEIDL (Tübinger Kataloge. Nr. 88. = Veröffentlichungen des Alemannischen Instituts Freiburg i. Br. Nr. 78), Tübingen 2010,

thematik hatte sich bereits im 14. Jahrhundert zu einem Spezialfach entwickelt, dessen beste Vertreter schon seit längerem ausschließlich dem Quadrivium verpflichtet waren. Zwar hatten die Artistenmagister das Quadrivium zu behandeln, doch man kann erkennen, auch in Tübingen,[83] wie sie mit der Zeit diese Aufgabe nur noch sehr eingeschränkt wahrzunehmen verstanden.

Zeitlich parallel zur Etablierung von Speziallekturen im Geiste der humanistischen Bildungsreform befand sich in Tübingen die Artistenfakultät auf dem Weg von der Regenz- zur Ordinarienverfassung. So hatte die Fakultät bereits 1488 in einer Übereinkunft mit Graf Eberhard im Bart erreicht, daß nur noch 18 über Amt und Funktion beschriebene Magister den Fakultätsrat bildeten, aus dem ausschließlich die Prüfer für die beiden Examen zum Baccalaureus und Magister artium zu bestellen waren, *et nulli alii*.[84] Die Artistenfakultät war seit der Universitätsgründung auf beide Wege festgelegt, ihre 18 Magister also gleichmäßig auf *via antiqua* und *via moderna* verteilt. Vier fungierten als mit 25 Gulden jährlich besoldete Kollegiaten, also als Mitglieder des in der Münzgasse befindlichen Collegiums, in dem sie wohnten und Unterricht erteilten – bei gleichzeitigem Studium an einer der drei höheren Fakultäten.[85] Die 14 übrigen Magister verteilten sich auf die beiden Konvente in der Burse, also je sieben bei den Realisten und bei den Nominalisten.[86] Von den sieben Magistern eines jeden der beiden Konvente fungierte einer als *Paedagogista* für die noch nicht sprachlich sattelfesten Anfänger, fünf – als *Conuentores* bezeichnet – für die Vermittlung des vom Curriculum vorgesehenen Lehrstoffs und einer als *Resumptor* mit der Aufgabe von Wiederholungskursen für die Magistranden. Auch von den fünf Konventoren wurde erwartet, daß sie sich an einer der höheren Fakultäten weiterbildeten: zwei als Theologen, zwei als Juristen und einer als Mediziner.[87]

Laut den „Verordnungen von 1488" oblag es den fünf Konventoren, in der *bursa* fünf Übungen (*exercicia*) abzuhalten:[88] Einer mußte die Logica (antiquorum) vertreten, also die am Organon ausgerichteten Texte einüben, ein zweiter war für die Logica moder-

---

S. 139–151; Ilse GUENTHER, Art. „Johann Stöffler", in: Peter G. BIETENHOLZ a. Thomas Brian DEUTSCHER (Hrsg.), Contemporaries of Erasmus. A Biographical Register of the Renaissance and Reformation, Bd. 1: A-E, Toronto 1985, Bd. 2: F-M, Toronto 1986, Bd. 3: N-Z, Toronto 1987, hier Bd. 3, S. 288 f.; Die lateinischen Handschriften der Universitätsbibliothek Tübingen. Teil 1: Signaturen Mc 1 bis Mc 150, beschrieben von Hedwig RÖCKELEIN (Handschriftenkataloge der Universitätsbibliothek Tübingen, Bd. 1), Wiesbaden 1991, S. 22.

83 Universitätsarchiv Tübingen 15/17, eine Handschrift mit Beschlüssen und Statuten der Artistenfakultät aus den Jahrzehnten um 1500, bietet fol. 35ʳ den Hinweis, daß auch in Tübingen die Sphaera materialis und der Computus chirometralis *vel Nurnberga* zum Lehrstoff gehörten.

84 „Verordnungen von 1488", in: ROTH, Urkunden (wie Anm. 41), S. 375–381, hier S. 378: *De consilio facultatis*; Norbert HOFMANN, Die Artistenfakultät an der Universität Tübingen 1534–1601 (Contubernium, Bd. 28), Tübingen 1982, S. 50 f.

85 „Verordnungen von 1488" (wie Anm. 84), S. 378: *De collegiatis*.

86 Vgl. „Verordnungen von 1488" (wie Anm. 84), S. 376 f.: *De numero Conuentorum Bursarum et eorundem electione actiua et passiua*.

87 „Verordnungen von 1488" (wie Anm. 84), S. 376.

88 „Verordnungen von 1488" (wie Anm. 84), S. 377 – statt *tractatibus peri herminias* ist *tractatibus petri hispani* Petrus Hispanus zu lesen (Z. 8 f.), statt *priorum logicalium* muß es *parvorum logicalium* heißen (Z. 11 f.).

norum zuständig, also für die Summulae locicales (Tractatus) von Petrus Hispanus[89] und die Parva logicalia, ein dritter hatte sich auf die Grammatik und ebenfalls die Parva logicalia zu konzentrieren, dem vierten oblagen die Ethica und von den Libri naturales die Physica und De generatione et corruptione, der fünfte schließlich mußte die restlichen vier Libri naturales des Stagiriten zum Gegenstand von Übungen machen. Zudem galt es, die meisten Texte noch in Vorlesungen (*lectiones*) zu behandeln[90] und zum Gegenstand der obligatorischen Disputationen und Examen zu erheben. Die Aufteilung des Stoffes auf die fünf Konventoren war aber nicht dauerhaft, sondern galt lediglich für maximal ein Studienjahr. Anschließend wurden die Lehrveranstaltungen im Rotationsverfahren neu verteilt.[91]

Den entscheidenden Übergang zur inhaltlich fest bestimmten Professur markiert allerorts die Beobachtung, daß die Lehrveranstaltungen nicht mehr im Wechsel unter dem Lehrpersonal rotierten, sondern daß einzelne Texte nur noch einem Magister vorbehalten blieben. Wann genau diese Entwicklung in Tübingen einsetzte, läßt sich in Ermangelung geeigneter Quellen lediglich vermuten. Auch die Bestimmungen für den Unterricht der vier fest besoldeten Kollegiaten gehen noch von einer Rotation aus.[92] Diese als *leges pro collegiatis* bezeichnete Verordnung datiert Roth in das Jahr 1508 „oder kurz darauf",[93] während Haller sie nicht vor 1514/15 entstanden sieht.[94] Pro Semester hatten wechselweise von den vier Kollegiaten immer zwei Vorlesungen zu halten.[95] Im Sommersemester war der erste Kollegiat zuständig für die im Unterricht verwertbaren Texte der Logik,[96] der zweite sollte sich auf die Philosophia naturalis

---

89 Vgl. Peter of Spain (Petrus Hispanus Portugalensis), Tractatus, called afterwards Summule logicales, First Critical Edition from the Manuscripts with an Introduction by Lambert M. DE RIJK, Assen 1972, S. LXXXVIII–C; Ekkehard EGGS, Art. „Logik", in: Historisches Wörterbuch der Rhetorik, hrsg. von Gert UEDING, Bd. 5: L-Musi, Tübingen 2001, S. 414–614, hier S. 508–524; zum nicht mit Papst Johannes XXI. (1276–1277) identischen Autor: Angel D'ORS, Petrus Hispanus O.P., Auctor Summularum, in: Vivarium 35 (1997), S. 21–71; Gyula KLIMA, Peter of Spain, in: A Companion to Philosophy in the Middle Ages, ed. by Jorge J. E. GRACIA a. Timothy B. NOONE, Oxford 2003, S. 526–531, hier S. 526.

90 „B. Statuta" (wie Anm. 41), S. 331 f.: *De lectionibus et exerciciis in bursis pro vtroque gradu*, genannt werden Logica maior, Parva naturalia, Petrus Hispanus, Parva logicalia, Physica, Ethica, De anima, Grammatica; dementsprechend hatte der Resumptor magistrandorum folgende Titel zu repetieren: Logica Aristotelis sowie Physica, und zwar im einzelnen Ars vetus, Analytica priorum, Analytica posteriorum, Physica (lib. I–IV), De anima und Parva naturalia, ebd., S. 333 – zur Frage der Datierung siehe Anm. 41.

91 Siehe Anm. 41.

92 Der Text ist zweifach überliefert: 1. ROTH, Urkunden (wie Anm. 41), S. 378 ff. (UAT 6/21, S. 87ʳ–88ᵛ); 2. ZEITLER, Liber conductionum (wie Anm. 80), S. 11–13: Sequuntur leges pro collegiatis (UAT 5/13, S. 6ᵛ–7ᵛ).

93 ROTH, Urkunden (wie Anm. 41), S. 378, Anm. 1.

94 HALLER, Anfänge (wie Anm. 41) 2, S. 18.

95 ROTH, Urkunden (wie Anm. 41), S. 379: *Item tantum duo collegiati tenentur legere per mutationem, vnus pro baccalauriis et alius pro scolaribus, prout infra ad legendi ordinationem.* [...]; ZEITLER, Liber conductionum (wie Anm. 80), S. 12 mit Abweichungen.

96 ROTH, Urkunden (wie Anm. 41), S. 379: *Sequuntur libri per collegiatos legendi. Inprimis legat primus collegiatus totam logicam resecando et amittendo inutilia.* [...]; ZEITLER, Liber conductionum (wie Anm. 80), S. 12: *Sequuntur libri per collegiatos tempore estivali legendi.* [...].

konzentrieren, namentlich auf die Physica (ohne Buch VI), De generatione et corruptione und De caelo et mundo.[97] Im Wintersemester lasen der dritte Kollegiat über die ersten sieben Bücher der Ethica und der vierte über die letzten drei Bücher dieses zur Philosophia moralis zählenden Werkes sowie über die sechs Bücher der Metaphysica.[98] Da sich die vier Kollegiaten gleichmäßig auf beide Wege verteilen sollten (*Et semper sint duo in via moderna et duo in via antiqua*),[99] darf man annehmen, daß die Vorlesungen nach jedem zweiten Semester unter den Vertetern der beiden Wege getauscht wurden.[100] Im Rahmen eines acht Semester umfassenden Turnus hätte dann jeder der vier Kollegiaten den genannten Kanon der Vorlesungen einmal durchlaufen.[101] Kann man den normativen Quellen trauen, dann oblag der anspruchsvolle Text der Metaphysik nicht den Bursenmagistern, sondern wurde lediglich von den Kollegiaten gelesen.[102] Wer von den 18 Mitgliedern des Fakultätsrates die Oeconomica vortrug, ein – wie die Politica, von der in Tübingen überhaupt keine Rede ist – auch andernorts nicht immer behandeltes Werk,[103] ist eine offene Frage. Man kann jedenfalls den Eindruck gewinnen, daß diese Texte der Philosophia moralis anders als die Ethica in Tübingen keine oder nur eine untergeordnete Rolle gespielt haben. Die Vorlesungen über die Ethica hingegen – blickt man rückwärts – scheinen bereits auf jenes überraschende Phänomen hinzudeuten, das sich in einer „Neuen Ordnung der Universität zu Tübingen" von 1522 offenbart.[104]

---

97 ROTH, Urkunden (wie Anm. 41), S. 379: *Item 2° secundus legat philosophiam naturalem, scilicet septem libros physicorum pretereundo sextum librum. Item libros de generatione, de anima et celo et mundo*; ZEITLER, Liber conductionum (wie Anm. 80), S. 12: 2us *theologus legat* [...].
98 ROTH, Urkunden (wie Anm. 41), S. 379: *In mutatione hyemali. Item tertius collegiatus legat septem libros Ethicorum et quartus sex libros Metaphysices et tres vltimos Ethicorum.* [...]; ZEITLER, Liber conductionum (wie Anm. 80), S. 12 mit Abweichungen.
99 „Verordnungen von 1488" (wie Anm. 84), S. 378.
100 ROTH, Urkunden (wie Anm. 41), S. 379: *Item si collegiati discordarent in electione librorum, tunc fiat electio huiusmodi per sortem*; meines Erachtens missverstanden von Christoph SCHÖNER, Die „magistri regentes" der Artistenfakultät 1472–1526, in: Biographisches Lexikon der Ludwig-Maximilians-Universität München, hrsg. von Laetitia BOEHM, Winfried MÜLLER, Wolfgang J. SMOLKA u. Helmut ZEDELMAIER, Teil I: Ingolstadt-Landshut 1472–1826 (Münchener Universitätsschriften, Universitätsarchiv; Ludovico Maximilianea, Forschungen und Quellen, Forschungen, Bd. 18), Berlin 1998, S. 507–579, hier S. 514.
101 Das könnte nach folgendem Schema abgelaufen sein:

		via antiqua	via moderna
SS	1.	Logica	2. Phil. naturalis
WS	3.	Ethica	4. Ethica, Metaphysica
SS	1.	Phil. naturalis	2. Logica
WS	3.	Ethica, Metaphysica	4. Ethica
SS	1.	Ethica	2. Ethica, Metaphysica
WS	3.	Logica	4. Phil. naturalis
SS	1.	Ethica, Metaphysica	2. Ethica
WS	3.	Phil. naturalis	4. Logica

102 Vgl. Gerhard RITTER, Die Heidelberger Universität, Ein Stück deutscher Geschichte, Bd. 1: Das Mittelalter (1386–1508), Heidelberg 1936, S. 170f.
103 Vgl. LORENZ, Libri ordinarie legendi (wie Anm. 15), S. 231 (Wien), S. 232 mit Anm. 209 (Heidelberg), S. 233 (Köln), S. 236 (Löwen).

Bekanntlich hatte die Herrschaft Herzog Ulrichs von Württemberg 1519 durch das Eingreifen des Schwäbischen Bundes ein Ende gefunden. Das Herzogtum war schließlich an das Erzhaus Habsburg gefallen, das sich fortan in Württemberg bis zur Rückeroberung durch Ulrich 1534 um die Verteidigung des alten Glaubens und die Geschicke der Universität bemühte. Ulrich hatte 1517 die Chorherrenstifte der Brüder vom gemeinsamen Leben weitgehend aufheben und ihr Vermögen einziehen lassen, um damit fortan seine Hofkapelle zu finanzieren. Karl V. überließ nun diesen Titel Anfang 1522 der Universität Tübingen mit der Auflage, die anfallenden Gelder sollten den bisher einzig und allein im Tübinger Lehrkörper noch ohne feste Besoldung agierenden zehn Bursenkonventoren zukommen.[105] Dafür mußten die Konventoren fortan die Baccalaureanden und Magistranden unentgeltlich unterrichten. Die Universität hat das Ergebnis, daß fortan in Tübingen „die Schuler on ussgebung ainich gelts besonder umb sunst" studieren können sollten, umgehend mit Hilfe sowohl in deutscher als auch in lateinischer Sprache gedruckter Flugblätter[106] bekannt gemacht und damit um Besucher geworben.[107] An der Spitze des von beiden Flugblättern beschriebenen Lehrkörpers stehen vier Theologen, sechs Juristen und zwei Mediziner. Dann folgen zwei Kollegiaten, zuständig für die Philosophia moralis, zwei „maister", so der deutsche Text, „in wolreden vnd schreyben als Poetica vnd Oratoria", sowie zehn auf die beiden Bursen verteilte Magister, denen die Vertretung der Philosophia naturalis und der Philosophia rationalis oblag. Zum Schluß des Werbungsschreibens werden zwei Lehrer als einzige namentlich genannt und gefeiert: Johannes Stöffler „in mathematica" und Johannes Reuchlin, der „die hailigen hebraischen vnd gute griechische Sprachen leren sölle". Der Text der beiden Flugblätter macht einiges deutlich: Der besoldete Personalbestand der drei oberen Fakultäten ist seit 1477 unverändert geblieben. Dies gilt mehr oder weniger auch für die Artistenfakultät. Verschoben haben sich die Aufgaben: den beiden[108] Kollegiaten oblag jetzt alleine die Vorlesung über die Ethica – und möglicherweise auch über die Oeconomica und Politica. Die Bursenkonventoren hatten die Libri naturales und das Organon zu behandeln. Unerwähnt bleiben die Grammatik und der Paedagogus – vielleicht weil mittlerweile der Unterricht im Paedagogium dem Besuch der Universität vorauszugehen hatte. Auch vom Resumptor

---

104 „Bekanntmachung der Universität unentgeltlichen Unterricht betreffend 1522", in: ROTH, Urkunden (wie Anm. 41), S. 130–134; vgl. HALLER, Anfänge (wie Anm. 41) 1, S. 299 f. u. 312 f., u. 2, S. 122.

105 „Kaiser Karl V stiftet zehen Stipendien für Magister", in: ROTH, Urkunden (wie Anm. 41), S. 128 ff.; zur allgemeinen Entwicklung: Arno SEIFERT, Der Humanismus an den Artistenfakultäten des katholischen Deutschland, in: Humanismus im Bildungswesen des 15. und 16. Jahrhunderts, hrsg. von Wolfgang Reinhard (Deutsche Forschungsgemeinschaft, Mitteilung 12 der Kommission für Humanismusforschung), Weinheim 1984, S. 135–154, hier S. 145 f.

106 Karl STEIFF, Der erste Buchdruck in Tübingen (1498–1534). Ein Beitrag zur Geschichte der Universität, Tübingen 1881 (Ndr. Nieuwkoop 1963), S. 246 f.

107 Vgl. ROTH, Urkunden (wie Anm. 41), S. 134.

108 Das Anstellungsbuch führt unter dem Datum vom 29. Oktober 1522 vier Kollegiaten namentlich auf, ZEITLER, Liber conductionum (wie Anm. 80), S. 36, Nr. 87; wenn hier nur von zwei Kollegiaten gesprochen wird, dann wohl wegen der Regelung, daß von den vier Kollegiaten im Semester immer nur zwei unterrichten sollten.

ist keine Rede mehr. Während Stöffler weiterhin als Lektor für das Quadrivium zuständig ist, wird die Humanistenlektur jetzt von zwei Magistern vertreten, und – die Sensation – Reuchlin fungiert als Hebraist und Gräzist. Die Zahl der Lekturen hat sich also innerhalb kurzer Zeit von zwei auf vier verdoppelt. Diese Entwicklung deutete sich schon seit geraumer Zeit an, war doch die Universität nachweislich seit 1512 bemüht, wie Stephen G. Burnett in einem Überblick zur Geschichte der Hebraistik in Tübingen im 16. und frühen 17. Jahrhundert ausführt, auf Dauer einen Hebraisten zu gewinnen.[109] So sind solch bekannte Namen wie Matthaeus Adriani,[110] Sebastian Münster[111] und Johannes Cellarius[112] (Kellner/Gnostopolitanus, †1542) mit einem frühen Bemühen um das Studium des Hebräischen in Tübingen verbunden. Seit dem Von Reuchlin gesteuerten Umzug der Offizin von Thomas Anshelm von Pforzheim nach Tübingen 1511, in deren Windschatten sich Georg Simler[113] († 1536), Johannes Hiltebrant[114] († 1514/15) und Philipp Melanchthon hier einfanden,[115] rückte besonders das Studium des Griechischen immer stärker ins Blickfeld, nicht zuletzt unter aktiver Beteiligung der Konventoren der Realistenburse Simmler und Melanchthon – dieser folgte bezeichnenderweise 1518 einem Ruf auf die Griechisch-Lektur nach Wittenberg. Mit Reuchlin, 1521 vor der Pest aus Ingolstadt nach Stuttgart geflüchtet, gewann die Universität Tübingen einen gefeierten Gelehrten,[116] der sein Leben lang dem Studium sowohl des Griechischen als auch des Hebräischen angehangen hatte. Die Kenntnis der beiden Sprachen sollte durch Reuchlins Vorlesungen sowie durch regelmäßige Übungen in beiden Bursen gefestigt werden.[117] Nach Reuchlins plötzlichem Tod am

---

109 Stephen G. BURNETT, Christian Hebraism at the University of Tübingen from Reuchlin to Schickard, in diesem Band S. 161–172, hier S. 162f.; Sönke LORENZ, Heinrich Bebel, die Tübinger Artistenfakultät, die Bursa modernorum und die Sodales Necarani, in: ZWLG 70 (2011), S. 139–191, hier S. 179f.; immer noch zu beachten: Christian Friedrich SCHNURRER, Biographische und litterarische Nachrichten von ehemaligen Lehrern der hebräischen Litteratur in Tübingen, Ulm 1792.
110 Johannes Reuchlin Briefwechsel, Bd. 2: 1506–1513, bearbeitet von Matthias DALL'ASTA und Gerald DÖRNER, Stuttgart-Bad Cannstatt 2003, S. 363, Anm. 3; Melanchthons Briefwechsel, Bd. 11: Personen A–E, bearbeitet von Heinz SCHEIBLE unter Mitwirkung von Corinna SCHNEIDER, Stuttgart-Bad Cannstatt 2003, S. 36f.
111 Karl Heinz BURMEISTER, Sebastian Münster. Versuch eines biographischen Gesamtbildes (Basler Beiträge zur Geschichtswissenschaft, Bd. 91), 2. Aufl., Basel u. Stuttgart 1969, S. 27ff.; das Schaffen von Münster beleuchtet eindringlich Frank HIERONYMUS, 1488 Petri-Schwabe 1988. Eine traditionsreiche Basler Offizin im Spiegel ihrer frühen Drucke, Halbbd. 1 u. 2, Basel 1997, hier 1, 448–670 u. 745–764.
112 Melanchthons Briefwechsel, Bd. 11 (wie Anm. 110), S. 278f.
113 FINKE, Professoren der Juristenfakultät (wie Anm. 45), S. 298–308.
114 Dieter MERTENS, Art. „Hiltebrant (Hiltebrand), Johannes", in: VLDH (wie Anm. 37) 1, S. 1122–1126
115 Sönke LORENZ, Melanchthon in Tübingen (1512–1518), in: LORENZ/RIEGER/WIEGMANN/ SEIDL, Vom Schüler der Burse zum „Lehrer Deutschlands" (wie Anm. 82), S. 83–103, hier S. 87–92.
116 Johannes Reuchlin Briefwechsel 4 (wie Anm. 39), Nr. 401, S. 202–205, hier S. 203f.; HALLER, Anfänge (wie Anm. 41) 1, S. 310–313; Friedrich PAULSEN, Geschichte des gelehrten Unterrichts auf den deutschen Schulen und Universitäten vom Ausgang des Mittelalters bis zur Gegenwart, 3., erweiterte Aufl. hrsg. von Rudolf LEHMANN, Bd. 1, Leipzig 1919, S. 143f.
117 Johannes Reuchlin Briefwechsel 4 (wie Anm. 39), Nr. 403, S. 207f., hier S. 207.

30. Juni 1522 reagierte die Universität rasch und gewann bereits wenige Wochen später den Engländer Robert Wakefield[118] († 1537) für das stattliche Gehalt von 104 Gulden als Lektor für Hebräisch und Griechisch.[119] Seit 1519 Fellow am St. John's College in Cambridge, mußte er jedoch nach kaum einem Jahr auf Druck König Heinrichs VIII. nach England zurückkehren. Wakefield war der Universität von Anshelm empfohlen worden, der 1516 seine Druckerei von Tübingen nach Hagenau verlegt hatte. Erst 1523 konnte man mit der Offizin von Ulrich Morhart d. Ä.[120] († 1554) die Lücke wieder schließen – von nun an war Tübingen nicht mehr ohne Drucker-Verleger. Wakefield blieb geraume Zeit ohne einen geeigneten Nachfolger. Der getaufte Jude Werner Einhorn (Moneceras) von Bacharach, am 21. Februar 1523 immatrikuliert,[121] den Luther 1519 als Hebraisten für Wittenberg gewinnen wollte, zog nach Ingolstadt weiter,[122] wohl, weil Wakefield noch amtierte. Man behalf sich 1523 für das Griechische mit dem Ende 1518 zum Magister promovierten Kaspar Kurrer,[123] der 30 Gulden erhalten sollte. Anders als sein Lehrer Melanchthon war Kurrer nicht in der Lage, Hebräisch zu unterrichten. Erst 1526 gelang es mit Jakob Jonas[124] (1500–1558) aus Feldkirch, einen geeigneten Vertreter für die Lektur der lingua hebrea zu gewinnen. Als man ihm wenig später auch die Griechisch-Lektur übertrug, verlor Kurrer seine Anstellung.[125] Jonas

---

118 Richard SHARPE, A Handlist of the Latin writers of Great Britain and Ireland before 1540 (Publications of the Journal of Medieval Latin 1), Turnhout 1997, S. 575 f., Nr. 1526.
119 HALLER, Anfänge (wie Anm. 41) 1, S. 313 u. 2, S. 122; KUHN (wie Anm. 128), Nr. 3607; ZEITLER, Liber conductionum (wie Anm. 80), S. 107, Nr. 94; SCHNURRER, Lehrer (wie Anm. 109), S. 67–70.
120 Vgl. Hans WIDMANN, Tübingen als Verlagsstadt (Contubernium, Bd. 1), Tübingen 1971, S. 46–59; Christoph RESKE, Die Buchdrucker des 16. und 17. Jahrhunderts im deutschen Sprachgebiet. Auf der Grundlage des gleichnamigen Werkes von Josef Benzing (Beiträge zum Buch- und Bibliothekswesen, Bd. 51), Wiesbaden 2007, S. 924 f.
121 MUT 1 (wie Anm. 81), S. 244, Nr. 80,36.
122 Christoph SCHÖNER, Art. „Moneceras (Ainhorn, von Bacharach), Werner", in: Biographisches Lexikon der Universität München (wie Anm. 100), S. 284.
123 Christoph SCHÖNER, Art. „Currer (Churrer, Kurrer, Thurrerius), Caspar", in: Biographisches Lexikon der Universität München (wie Anm. 100), S. 76 f.; EBERLEIN/LANG, Matrikel (wie Anm. 128), S. 105, Nr. 681; KUHN (wie Anm. 128), Nr. 889; HALLER, Anfänge (wie Anm. 41) 1, S. 313; SCHNURRER, Lehrer (wie Anm. 109), S. 88 f.; ROTH, Urkunden (wie Anm. 41), S. 166 f.; ZEITLER, Liber conductionum (wie Anm. 80), S. 39, Nr. 97, u. 97 (Register); Irene PILL-RADEMACHER, „... zu nutz und gutem der loblichen universitet". Visitationen an der Universität Tübingen, Studien zur Interaktion zwischen Landesherr und Landesuniversität im 16. Jahrhundert (Werkschriften des Universitätsarchivs Tübingen, Reihe 1, Bd. 18), Tübingen 1993, S. 499; Melanchthons Briefwechsel, Bd. 11 (wie Anm. 110), S. 285 f.
124 Karl Heinz BURMEISTER, Art. „Jonas, Jakob", in: NDB 10 (1974), S. 539; Melanchthons Briefwechsel, Bd. 12: Personen F-K, bearbeitet von Heinz SCHEIBLE unter Mitwirkung von Corinna SCHNEIDER, Stuttgart-Bad Cannstatt 2005, S. 366; August Friedrich BÖK, Geschichte der herzoglich Würtenbergischen Eberhard Carls Universität zu Tübingen im Grundrisse, Tübingen 1774, S. 95 mit Anm. b; SCHNURRER, Lehrer (wie Anm. 109), S. 71–87; HOFMANN, Artistenfakultät (wie Anm. 84), S. 132; PILL-RADEMACHER, Visitationen (wie Anm. 123), S. 494 f.; HALLER, Anfänge (wie Anm. 41) 1, S. 313 f.; ZEITLER, Liber conductionum (wie Anm. 80), S. 41, Nr. 101, u. S. 94 (Register); http://de.wikipedia.org/wiki/Jakob_von_Jonas (11.03.2011).
125 Siehe auch PILL-RADEMACHER, Visitationen (wie Anm. 123), S. 390, Nr. 7, u. S. 393, Nr. 9.

hatte in Wittenberg studiert und sah sich deshalb Angriffen des Universitätskanzlers Ambrosius Widmann[126] († 1561) ausgesetzt, als er 1527 in Tübingen zum Magister promovieren wollte. Auf Klage der Artistenfakultät befahl die Regierung in Stuttgart dem Kanzler jedoch, Jonas *ad gradum magisterii* zuzulassen.[127] 1531 zum Doktor der Rechte promoviert, versah Jonas für 50 Gulden jährlich die Doppellektur bis Anfang Februar 1533.

Nach Bebels Tod 1518 wechselten in rascher Folge die Inhaber der Latein-Lektur. Die Universität überging das Talent Johann Alexander Brassikan[128] (1500–1539), 1517 in Tübingen zum Magister artium promoviert, Anfang 1518 von Maximilian zum Dichter gekrönt,[129] der über römische Dichter las und wohl auch Griechisch unterrichtete,[130] und entschied sich 1519 für den Magister Markus Scherer/Tonsor aus Tübingen, dem man für ein Jahr die *lectura poetica* übertrug.[131] Brassikan, zwischenzeitlich im Dienste der Habsburger Diplomatie und damit im habsburgischen Württemberg nicht ohne einflußreiche Patrone,[132] wurde 1521 zusammen mit Magister Johannes Butzbach[133] († 1530) aus Wimpfen zum Lektor *in poesi et oratoria* bestellt.[134] Von Reuchlin noch wenige Monate vor seinem Tod gelobt,[135] verließ der *poeta* jedoch schon 1522 die

---

126 FINKE, Professoren der Juristenfakultät (wie Anm. 45), S. 361–369; Wolfram ANGERBAUER, Das Kanzleramt an der Universität Tübingen und seine Inhaber 1590–1817 (Contubernium, Bd. 4), Tübingen 1972, S. 2 f.; PILL-RADEMACHER, Visitationen (wie Anm. 123), S. 530 f.

127 Wolfram ANGERBAUER, Das Kanzleramt an der Universität Tübingen, in: Attempto. Nachrichten für die Freunde der Tübinger Universität 33/34 (1969), S. 105–119, hier S. 107.

128 Reinhold RAU, Die Tübinger Jahre des Humanisten Johannes Alexander Brassicanus, in: ZWLG 19 (1960), S. 89–127; Die Matrikel der Magister und Bakkalare der Artistenfakultät (1477–1535), bearbeitet von Miriam EBERLEIN und Stefan LANG (Tübinger Professorenkatalog, Bd. 1,1), Ostfildern 2006, S. 103, Nr. 664; Franz Josef WORSTBROCK, Art. „Brassicanus (Köhl, Kohlberger), Johannes Alexander", in: Biographisches Lexikon der Universität München (wie Anm. 100), S. 48 f.; teilweise überholt: Nachträge zum dritten Band von Joseph Ritter von Aschbach's Geschichte der Wiener Universität. Die Wiener Universität und ihre Gelehrten 1520–1565, von Wenzel HARTL u. Karl SCHRAUF, Bd. 1, 1. Hälfte, Wien 1898, S. 43–101; Melanchthons Briefwechsel, Bd. 11 (wie Anm. 110), S. 201; Werner KUHN, Die Studenten der Universität Tübingen zwischen 1477 und 1534. Ihr Studium und ihre spätere Lebensstellung (Göppinger Akademische Beiträge, Nr. 37/38), Göppingen 1971, Nr. 774; zum verwandtschaftlichen Hintergrund: Thilo DINKEL / Günther SCHWEIZER, Vorfahren und Familie des Dichters Friedrich Schiller. Eine genealogische Bestandsaufnahme (Südwestdeutsche Ahnenlisten und Ahnentafeln 4), Stuttgart 2005, S. 88 ff.

129 RAU, Brassicanus (wie Anm. 128), S. 96; Albert SCHIRRMEISTER, Triumph des Dichters. Gekrönte Intellektuelle im 16. Jahrhundert (Frühneuzeitstudien, N. F. Bd. 4), Köln u. a. 2003, S. 56 u. 143.

130 RAU, Brassicanus (wie Anm. 128), S. 100 f.

131 Vgl. EBERLEIN/LANG, Matrikel (wie Anm. 128), S. 103, Nr. 654; KUHN (wie Anm. 128), Nr. 966; ZEITLER, Liber conductionum (wie Anm. 80), S. 34, Nr. 81; HALLER, Anfänge (wie Anm. 41) 1, S. 307; RAU, Brassicanus (wie Anm. 128), S. 104.

132 Vgl. SCHIRRMEISTER, Triumph des Dichters (wie Anm. 129), S. 43 f.; RAU, Brassicanus (wie Anm. 128), S. 105 f. u. 110–115.

133 EBERLEIN/LANG, Matrikel (wie Anm. 128), S. 103, Nr. 658; KUHN (wie Anm. 128), Nr. 510; Melanchthons Briefwechsel, Bd. 11 (wie Anm. 110), S. 248.

134 HOFMANN, Artistenfakultät (wie Anm. 84), S. 128; vgl. RAU, Brassicanus (wie Anm. 128), S. 119–122.

Universität Tübingen auf immer.[136] Als *magistri legentes in poesi et oratoria* werden jetzt für ein Jahr die Tübinger Magister Johannes Stoll[137] aus Rottenburg und Kaspar Volland[138] (†1554) aus Markgröningen bestellt.[139] Volland versah die Lektur bis um 1532 und gelangte schließlich über eine Stelle als Tübinger Stadtschreiber auf einen Lehrstuhl an der Juristenfakultät.[140] Neben Volland haben die Latein-Lektur zeitweilig noch weitere Artistenmagister wahrgenommen, so seit 1526 Georg Hipp[141] aus Remmingsheim oder Tübingen, 1524 zum Magister artium promoviert und 1529 unter die Kollegiaten eingereiht. Damit wird sichtbar, daß die Lektoren nicht mehr außerhalb der Artistenfakultät agierten, wie noch der Bakkalar Bebel, sondern mittlerweile als promovierte Magister im Wechsel zwischen *lectura* und *collegiatura* eine besoldete Anstellung fanden. Mit anderen Worten: Die Humanistenlektur war in der Fakultät angekommen. Dies zeigt sich auch für die zeitlich folgenden Vertreter der *lectio oratoria* wie Michael Vay[142]

---

135 Johannes Reuchlin Briefwechsel 4 (wie Anm. 39), Nr. 403, S. 207f., hier S. 208; für ein besonderes Verhältnis der beiden sprechen auch die von Brassikan verfaßten elegischen Distichen auf dem Epitaph für Reuchlin in der Stuttgarter Leonhardkirche, Walther LUDWIG, Nachlese zur Biographie und Genealogie von Johannes Reuchlin, in: Südwestdeutsche Blätter für Familien- und Wappenkunde 21 (1996), S. 437–445, hier S. 438ff.

136 RAU, Brassicanus (wie Anm. 128), S. 120f.; HALLER, Anfänge (wie Anm. 41) 2, S. 120f.; ZEITLER, Liber conductionum (wie Anm. 80), S. 35, Nr. 85 u. 86.

137 EBERLEIN/LANG, Matrikel (wie Anm. 128), S. 95, Nr. 554; KUHN (wie Anm. 128), Nr. 3526; Stefan KÖTZ, Die vorreformatorischen Matrikeln der Theologischen Fakultät (1480–1534) und der Medizinischen Fakultät (1497–1535) der Universität Tübingen, in: LORENZ/BAUER/AUGE, Tübingen in Lehre und Forschung um 1500 (wie Anm. 44), S. 255–294, hier S. 289, Nr. 13.

138 EBERLEIN/LANG, Matrikel (wie Anm. 128), S. 106, Nr. 692; KUHN (wie Anm. 128), Nr. 1382; RAU, Brassicanus (wie Anm. 128), S. 102, 103, 116, 121, Anm. 96, u. S. 122; PILL-RADEMACHER, Visitationen (wie Anm. 123), S. 529f.; Walther LUDWIG, Joachim Münsinger und der Humanismus in Stuttgart, in: ZWLG 52 (1993), S. 91–135, hier S. 109: zwei Distichen, 1532.

139 ZEITLER, Liber conductionum (wie Anm. 80), S. 35, Nr. 86; HOFMANN, Artistenfakultät (wie Anm. 84), S. 128.

140 ZEITLER, Liber conductionum (wie Anm. 80), S. 107 (Register); Hans VOLZ, Luthers und Melanchthons Beteiligung an der Tübinger Universitätsreform im Jahre 1538, in: Theologen und Theologie an der Universität Tübingen. Beiträge zur Geschichte der Evangelisch-Theologischen Fakultät, hrsg. von Martin BRECHT (Contubernium, Bd. 15), Tübingen 1977, S. 65–95, hier S. 86f.; HALLER, Anfänge (wie Anm. 41) 2, S. 121; Karl Konrad FINKE, Die Tübinger Juristenfakultät 1477–1534. Rechtslehrer und Rechtsunterricht von der Gründung der Universität bis zur Einführung der Reformation (Contubernium, Bd. 2), Tübingen 1972, S. 253; Oliver HALLER, Die Tübinger Juristenfakultät 1534–1601. Charakteristika der Organisation, des Rechtsunterrichts und des Lehrkörpers von der Reformation des Herzogtums Württemberg bis zur Neuordnung der Universität durch Herzog Friedrich I., Zulassungsarbeit masch. Tübingen 2007, S. 58f.

141 EBERLEIN/LANG, Matrikel (wie Anm. 128), S. 111, Nr. 752; KUHN (wie Anm. 128), Nr. 1890; HALLER, Anfänge (wie Anm. 41) 2, S. 121; ZEITLER, Liber conductionum (wie Anm. 80), S. 93 (Register).

142 Walter BERNHARDT, Die Zentralbehörden des Herzogtums Württemberg und ihre Beamten 1520–1629, Bd. 1–2 (Veröffentlichungen der Kommission für geschichtliche Landeskunde in Baden-Württemberg, B, Bd. 70 u. 71), Stuttgart 1973, hier 2, S. 693f. u. 754; HOFMANN, Artistenfakultät (wie Anm. 84), S. 8, 12, 35, 109–111, 128, 219, Anm. 262, S. 229, 237, 238, 239, 243; EBERLEIN/LANG, Matrikel (wie Anm. 128), S. 111, Nr. 751; KUHN (wie Anm. 128), Nr. 1257; HALLER, Anfänge (wie Anm. 41) 2, S. 121; ROTH, Urkunden (wie Anm. 41), S. 167;

(1504–1555) aus Brackenheim und Michael Schweicker[143] (1506–1562) aus Cannstatt. Vay, 1524 zum Magister promoviert, erhielt erstmals 1529 die Lektur, Schweicker, Ende 1525 promoviert und 1530 zum *conventor viae modernae* bestellt, wurde 1532 zusammen mit Vay für ein weiteres Jahr *in lectione oratoria* bestätigt: *Sic conventores ita iuraverunt.*[144] Beide fügten sich in die 1534 einsetzende Neuordnung der Universität und wurden schließlich zu Professoren neuen Typs an der Artistenfakultät.[145] Die das Leben der Universität regelnden Vorgaben von 1522 mit ihren Verfügungen hinsichtlich einer fortan dem gesamten Lehrkörper der Artistenfakultät zukommenden jährlichen Besoldung und der Zuweisung von bestimmten Teilen des Fächerkanons an bestimmte Magister sowie die Erweiterung der Zahl der Lekturen von zwei auf vier bzw. fünf lassen folglich bereits einen Zug hin zur artistisch-philosophischen Spezialprofessur, der die Zukunft gehören sollte, erkennen. Auch in Tübingen nahm 1522 jene Entwicklung Fahrt auf, die die Artistenfakultät in ihrer Struktur den drei höheren Fakultäten anglich, deren Professoren ja von Anfang an besoldet oder bepfründet und folglich nicht auf Hörgeldeinkünfte angewiesen waren.[146]

Es waren nicht nur die institutionellen Rahmenbedingungen, die eine Änderung erfuhren, sondern auch die Inhalte und Methoden des Lehrbetriebs der Artistenfakultät begannen sich weiter zu verschieben. Die Reform der Besoldung zog eine zweite nach sich, nämlich die Zusammenfassung der Libri ordinarie zu größeren Stoffkomplexen.[147] Die Umwälzungen deuten sich in der „Reformatio studii Tubingensis" an, mit der eine maßgeblich von Jakob Spiegel[148] (1483–1547) geführte Kommission 1525 im Namen des Landesherrn, König Ferdinands I., auf den Tübinger Lehrbetrieb gestaltend Einfluß zu nehmen suchte.[149] Spiegel, Wimpfelings Neffe und Pflegesohn,

---

ZEITLER, Liber conductionum (wie Anm. 80), S. 107 (Register); PILL-RADEMACHER, Visitationen (wie Anm. 123), S. 528 f.; zu seinen Kindern vgl. Das älteste Tübinger Ehebuch, 1553–1614. Textedition und Register, hrsg. von Siegwalt SCHIEK (†) u. Wilfried SETZLER in Zusammenarbeit mit Christopher BLUM (Beiträge zur Tübinger Geschichte, Bd. 11), Stuttgart 2000, Nr. 529, 986 u. 1091.

143 BERNHARDT, Zentralbehörden (wie Anm. 142) 2, S. 635 ff. u. 754; HOFMANN, Artistenfakultät (wie Anm. 84), S. 229, 236, 243, 246, 247 und öfter; MUT 1 (wie Anm. 81), S. 238, Nr. 78,71; EBERLEIN/LANG, Matrikel (wie Anm. 128), S. 113, Nr. 775; KUHN (wie Anm. 128), Nr. 3422; HALLER, Anfänge (wie Anm. 41) 2, S. 121; ROTH, Urkunden (wie Anm. 41), S. 167; ZEITLER, Liber conductionum (wie Anm. 80), S. 103 (Register); PILL-RADEMACHER, Visitationen (wie Anm. 123), S. 516 f.; zu seinen Kindern vgl. SCHIEK/SETZLER, Ehebuch (wie Anm. 142), Nr. 1272, 1552 u. 2226.

144 ZEITLER, Liber conductionum (wie Anm. 80), S. 55, Nr. 145.

145 PILL-RADEMACHER, Visitationen (wie Anm. 123), S. 402: […] *3. Professor oratorum Vayh. 4. Professor poeticus Schweicker;* HOFMANN, Artistenfakultät (wie Anm. 84), S. 128 f.

146 SEIFERT, Humanismus an den Artistenfakultäten (wie Anm. 105), S. 146.

147 Vgl. SEIFERT, Humanismus an den Artistenfakultäten (wie Anm. 105), S. 146–149.

148 Johannes Reuchlin Briefwechsel 2 (wie Anm. 110), S. 447, Anm. 2; Miriam U. CHRISMAN, Art. Jakob Spiegel", in: BIETENHOLZ/DEUTSCHER, Contemporaries (wie Anm. 82) 3, S. 270 ff.; Jakob Wimpfeling: Briefwechsel, Teilband 1 u.2, Eingeleitet, kommentiert und hrsg. von Otto HERDING u. Dieter MERTENS (Jacobi Wimpfelingi opera selecta III/1 u. 2), München 1990, S. 718, Anm. 1; Thomas BURGER, Jakob Spiegel. Ein humanistischer Jurist des 16. Jahrhunderts, jur. Diss. Freiburg i. Br. 1973.

149 Grundlegend PILL-RADEMACHER, Visitationen (wie Anm. 123), S. 61–67; Edition: „Ordinatio

hatte 1511/12 in Tübingen studiert und sich dabei an Anshelms Tübinger Drucken literarisch beteiligt. Der die Artistenfakultät betreffende Abschnitt „In liberalibus studiis" spricht den Lehrkörper mit *Professores Philosophiae Collegiorumque Magistri, quos Bursarum conuentores appellare consueuerunt* an. Ins Auge springen die deutlichen Warnungen zum Wegestreit, dem man unbedingt alle Schärfe nehmen will.[150] Von den Kollegiaten und Konventoren wird verlangt, daß sie zum Unterricht von *Philosophia siue rationalis siue naturalis siue moralis* niemanden zulassen, der kein *Grammaticus* ist – also der nicht Latein kann. Die Lehrer sollten die überkommenen Aristoteles-Übersetzungen meiden, deren schlechte Qualität mittlerweile überall beklagt wurde und die den jungen Melanchthon noch in Tübingen, wie er 1518 schreibt, dazu bewogen hatten, eine Neuausgabe des lateinischen Corpus Aristotelicum zu planen.[151] Zwar gab es mittlerweile eine griechische Ausgabe der Werke von Aristoteles,[152] doch die Mehrheit der Scholaren verfügte über keine genügenden Griechischkenntnisse. Man behalf sich daher seit einiger Zeit mit neuen lateinischen Übersetzungen aus dem Griechischen[153] solcher Gelehrter wie z. B. Georgios Trapezuntios[154] (1395–1472/84), von dem in

---

Regis Ferdinandi 1525", in: ROTH, Urkunden (wie Anm. 41), S. 141–152; vgl. HALLER, Anfänge (wie Anm. 41) I, S. 314 f.; PAULSEN, Geschichte des gelehrten Unterrichts (wie Anm. 116), S. 144 f.; Julius WAGNER, Die Zeit des Humanismus vor der Reformation, in: Geschichte des humanistischen Schulwesens in Württemberg, hrsg. von der Württembergischen Kommission für Landesgeschichte, Bd. 1: bis 1559, Stuttgart 1912, S. 257–467, hier S. 295 ff.; SEIFERT, Humanismus an den Artistenfakultäten (wie Anm. 105), S. 140–144.

150 „Ordinatio Regis Ferdinandi 1525" (wie Anm. 149), S. 147.

151 Vgl. Sönke LORENZ, Zwischen Corpus Aristotelicum und Studia humaniora: Melanchthon in Tübingen (1512–1518), in: Was sich nicht sagen läßt. Das Nicht-Begriffliche in Wissenschaft, Kunst und Religion, hrsg. von Joachim BROMAND u. Guido KREIS, Berlin 2010, S. 725–747, hier S. 741–747.

152 In fünf Bänden zwischen 1495 und 1498 bei Aldus Manutius (1449–1515) in Venedig erschienen, vgl. Martin SICHERL, Griechische Erstausgaben des Aldus Manutius. Druckvorlagen, Stellenwert, kultureller Hintergrund (Studien zur Geschichte und Kultur des Altertums, N. F., Reihe 1: Monographien, Bd. 10), Paderborn 1997, S. 31–113; M. J. C. LEWRY, Art. „Aldo Manuzio", in: BIETENHOLZ/DEUTSCHER, Contemporaries (wie Anm. 82) 2, S. 376–380.

153 Vgl. Brian P. COPENHAVER, Translation, terminology and style in philosophical discourse, in: Charles B. SCHMITT, Quentin SKINNER, Eckhard KESSLER, Jill KRAYE (Hrsg.), The Cambridge History of Renaissance Philosophy, Cambridge 1988, S. 77–110, hier S. 77–83 und öfter; E. Jennifer ASHWORTH, Development in the Fifteenth and Sixteenth Centuries, in: Handbook of the History of Logic. Vol. 2: Mediaeval and Renaissance Logic, ed. by Dov M. GABBAY and John WOODS, Amsterdam 2008, S. 609–643, hier S. 614 ff.; Günter FRANK, Philipp Melanchthon und die europäische Kulturgeschichte, in: Fragmenta Melanchthoniana, Bd. 2: Gedenken und Rezeption – 100 Jahre Melanchthonhaus, hrsg. von Günter FRANK u. Sebastian LALLA, Ubstadt-Weiher 2003, S. 133–146, hier S. 136 ff.

154 Vgl. John MONFASANI, George of Trebizond: A biography and a study of his rhetoric and logic (Columbia studies in the classical tradition 1), Leiden 1976, S. 300–317 u. 328–337; Collectanea Trapezuntiana: Texts, Documents, and Bibliographies of George of Trebizond, ed. by John MONFASANI (Medieval and Renaissance texts and studies 25 = Renaissance texts series 8), Binghamton (N. Y.) 1984, S. 473–477; Judith Rice HENDERSON, Art. „George of Trebizond", in: BIETENHOLZ/DEUTSCHER, Contemporaries (wie Anm. 82) 3, S. 340–343; Manfred HINZ, Systemgeschichte, Frühe Neuzeit, in: Rhetorik, Begriff – Geschichte – Internationalität, hrsg. von Gert UEDING, Darmstadt 2005, S. 118–131, hier S. 118 ff.; Graecogermania.

Ferdinands „Reformatio studii Tubingensis" die Rede ist. Das Schwergewicht legte Spiegel aber auf die Paraphrasen von Jacobus Faber Stapulensis / Jacques Lefèvre d'Étaples[155] († 1536). Faber hatte in seiner Aristoteles-Ausgabe die gesamte Kommentarliteratur des Mittelalters kurzerhand als barbarisch beiseitegeschoben und nur mehr den philologisch annotierten und elegant paraphrasierten Text selbst gelten gelassen.[156] So sollten in Tübingen fortan seine Bearbeitung des Organons (Paraphrases et annotationes in libros logicorum)[157] und der Philosophia naturalis (Totius philosophiae naturalis paraphrases)[158] den Unterricht bestimmen.[159] Die Einführung in die Logik sollte mit Hilfe von Fabers Introductiones logicales[160] geschehen und auch – falls die *auditores* es nicht ablehnten – auf der Grundlage der Traktate von Petrus Hispanus, ersatzweise aber konnten die erstmals 1515 gedruckte Dialectica[161] von

---

Griechischstudien deutscher Humanisten, Die Editionstätigkeit der Griechen in der italienischen Renaissance (1469–1523), hrsg. von Dieter HARLFINGER (Ausstellungskatalog der Herzog August Bibliothek, Nr. 59), Weinheim 1989, S. 10 f.

155 The Prefatory Epistles of Jacques Lefèvre d'Etaples and Related Texts, ed. by Eugene F. RICE, JR., New York a. London 1972, S. xi–xxv u. S. 552; Henry HELLER, Art. „Jacques Lefèvre d'Etaples", in: BIETENHOLZ/DEUTSCHER, Contemporaries (wie Anm. 82) 2, S. 315–318; Charles Henry LOHR, Renaissance Latin Aristotle Commentaries: Authors D–F, in: Renaissance Quarterly 29 (1976), S. 714–745, hier S. 726–732; COPENHAVER, Translation (wie Anm. 153), S. 83 f.; E. Jennifer ASHWORTH, Language and Logic in the Post-Medieval Period (Synthese historical library 12), Dordrecht 1974, S. 10; Jeanne VEYRIN-FORRER, Simon de Colines, imprimeur de Lefèvre d'Etaples, in: Jacques Lefèvre d'Etaples (1450?–1536), Actes du colloque d'Etaples les 7 et 8 novembre 1992, sous la direction de Jean-François PERNOT (Colloques, congrès et conférences sur la Renaissance 5), S. 97–117, hier S. 98 ; David A. LINES, Lefèvre and French Aristotelianism on the Eve of the Sixteenth Century, in: Der Aristotelismus in der Frühen Neuzeit – Kontinuität oder Wiederaneignung?, hrsg. von Günter FRANK u. Andreas SPEER (Wolfenbütteler Forschungen, Bd. 115), Wiesbaden 2007, S. 273–289.

156 SEIFERT, Humanismus an den Artistenfakultäten (wie Anm. 105), S. 139.

157 LOHR, Renaissance Latin Aristotle Commentaries (wie Anm. 155), S. 728, Nr. 2.

158 LOHR, Renaissance Latin Aristotle Commentaries (wie Anm. 155), S. 728, Nr. 3.

159 „Ordinatio Regis Ferdinandi 1525" (wie Anm. 149), S. 147: *Docebunt inprimis Paraphrasticam Iacobi Fabri Stapulensis in Dialectica Aristotelis interpretationem et eiusdem Paraphrasim in Physica Aristotelis, ex quo Auditores ob Aristotelem barbare uersum fastidiunt ueterem translationem, interpretaturi et declaraturi eandem Paraphrasim ex veteribus Autoribus, qui minus inculcarunt superuacanea et sophistica*; zum Begriffswandel von Dialektik statt vieler: OEING-HANHOFF, Dialektik III (wie Anm. 14), S. 178; Franz-Hubert ROBLING, Art. „Dialektik B III", in: Historisches Wörterbuch der Rhetorik, hrsg. von Gert UEDING, Bd. 2: Bie-Eul, Tübingen 1994, S. 576–580.

160 LOHR, Renaissance Latin Aristotle Commentaries (wie Anm. 155), S. 728, Nr. 1.

161 Zum 1480 geschriebenen, aber erst 1515 gedruckten Werk (De inventione dialectica libri tres) eingehend EGGS, Logica (wie Anm. 89), S. 553–565; Lisa JARDINE, Humanism and the teaching of logic, in: The Cambridge History of Later Medieval Philosophy (wie Anm. 2), S. 797–807, hier S. 800 f.; DIES., Humanistic logic, in: The Cambridge History of Renaissance Philosophy (wie Anm. 153), S. 173–198, hier S. 181–184 und öfter; Anthony GRAFTON a. Lisa JARDINE, From humanism to the humanities. Education and the liberal arts in the fifteenth- and sixteenth-century Europe, London 1986, S. 125–137; HINZ, Systemgeschichte (wie Anm. 154), S. 119 ff.; ASHWORTH, Language and Logic (wie Anm. 155), S. 10–14; Lothar MUNDT, Agricolas *De inventione dialectica* – Konzeption, historische Bedeutung und Wirkung, in: Rudolf Agricola 1444–1485. Protagonist des nordeuropäischen Humanismus zum 550. Geburtstag, hrsg. von Wilhelm KÜHLMANN (Memoria), Bern u. a. 1994, S. 83–146.

Rudolf Agricola[162] (1444–1485) und die von Faber lancierte und von Beatus Rhenanus[163] (1485–1547) 1509 in Straßburg zum Druck gebrachte kleine Dialectica des Georg von Trapezunt[164] verwendet werden.[165] Dieses den Konventoren im Rahmen von Philosophia rationalis und naturalis vorbehaltene Lehrangebot wurde ergänzt durch das der beiden Kollegiaten. Sie sollten die Philosophia moralis am Text des Aristoteles vortragen, und zwar mit Hilfe von verbesserten Übersetzungen und den Bearbeitungen von Faber[166] – *et non obiter ut hactenus tradant*.[167] Den Abschluß macht die Ermahnung, die Scholaren am Text zu unterrichten, nicht aber anhand der Spitzfindigkeiten der Glossen und *quaestiunculae*.[168] Überschaut man die Vorgaben der Reformatio, dann gibt sich eindeutig das Bemühen zu erkennen, es beim überkommenen Lehrplan zu belassen, allerdings auf wesentlich verbesserter Textgrundlage und mehr oder weniger ohne die Kommentare. Mehr oder weniger, denn zur Erklärung des auf neuer sprachlicher Grundlage betrachteten Aristoteles dürfen gleichwohl die *veteres Autores* beigezogen werden.[169] Als solche gelten *inter Arabes* Averroes (Ibn Rushd), Avicenna (Ibn Sīnā), Algazali (Al-Ghazālī), *de Graecis* Themistius (Themistios), Simplicius (Simplikios), Alexander (Alexandros von Aphrodisias), Theophrastus (Theophrastos), *ex Latinis* Robert Grosseteste, Albertus Magnus, Thomas von Aquin, Johannes Duns Scotus, Wilhelm von Ockham, Aegidius Romanus, Gaetanus von Thiene – nicht aber Johannes von Mirecourt und Johannes von Jandun. Man sieht: Scholastik im Fahrwasser des Humanismus. Gleichwohl, die erneut fixierte Aufteilung des Lehrstoffs zwischen den Konventoren und den Kollegiaten zeugt vom Fortschreiten des Prozesses in Richtung auf fest nominierte Lehrstühle.

Dies gilt um so mehr, als die vier Tübinger Lekturen in der Reformatio von 1525 keine Erwähnung finden. Sie stehen nicht zur Disposition, sondern sind für den Fortgang der Entwicklung von entscheidender Bedeutung. Ohne die intensive Vermittlung von Griechisch und Hebräisch war das anspruchsvolle Programm neuer Zugänge zu den im Mittelpunkt von Philosophie und Theologie stehenden Texten nicht zu leisten. Ohne Hebraistik und Gräzistik kam die Theologie bald nicht mehr aus, wie die

---

162 Vgl. Peter MACK, Art. „Agricola, Rudolphus", in: Die Deutsche Literatur, Biographisches und bibliographisches Lexikon, Reihe II: Die deutsche Literatur zwischen 1450 und 1620, hrsg. v. Hans-Gert ROLOFF, Abtlg. A: Autorenlexikon, Bd. 2, Bern 1991, S. 582–731, hier S. 588 ff. u. 592–598; C. G. van LEIJENHORST, Art. „Rodolphus Agricola", in: BIETENHOLZ/DEUTSCHER, Contemporaries (wie Anm. 82) I, S. 15 ff.

163 Ulrich MUHLACK, Beatus Rhenanus (1485–1547). Vom Humanismus zur Philologie, in: SCHMIDT, Humanismus im deutschen Südwesten (wie Anm. 35), S. 195–220.

164 SEIFERT, Humanismus an den Artistenfakultäten (wie Anm. 105), S. 142.

165 „Ordinatio Regis Ferdinandi 1525" (wie Anm. 149), S. 147 f.; vgl. HALLER, Anfänge (wie Anm. 41) I, S. 315; Arno SEIFERT, Logik zwischen Scholastik und Humanismus. Das Kommentarwerk Johann Ecks (Humanistische Bibliothek, Reihe I: Abhandlungen, Bd. 31), München 1978, S. 75; MUNDT, Agricolas De inventione dialectica (wie Anm. 161), S. III.

166 Vgl. LOHR, Renaissance Latin Aristotle Commentaries (wie Anm. 155), S. 730 f., Nr. 10 u. 11 – falls die „Reformatio studii Tubingensis" auch an die Oeconomica und Politica gedacht haben sollte, siehe ebd., S. 731 f., Nr. 13, 14 u. 15.

167 „Ordinatio Regis Ferdinandi 1525" (wie Anm. 149), S. 148.

168 „Ordinatio Regis Ferdinandi 1525" (wie Anm. 149), S. 148.

169 Siehe Anm. 159.

Entwicklung in Tübingen seit Einführung der Reformation 1534/35 beispielhaft belegt, und ohne eine Beherrschung der griechischen Sprache war das Problem der überkommenen unzulänglichen Übersetzungen des Corpus Aristotelicum ins Lateinische nicht zu lösen. Faber Stapulensis hatte für seine Paraphrasen oft noch die älteren Textzeugen und weniger die griechische Aldus-Edition benutzt, doch immer mehr sollte die direkte Auseinandersetzung mit dem griechischen Text wegweisend werden. Damit war das Studium der Gräzistik im Rahmen der zweiten, der frühneuzeitlichen Welle der Wiederaneignung von Aristoteles' Werken, die an Umfang und Intensität ihre mittelalterliche Vorgängerin bei weitem übertrifft,[170] von herausragender Bedeutung: ohne Griechisch-Lektur keine Aristoteles-Rezeption. In dem Bedürfnis nach einem authentischen Verständnis der Texte, das sowohl eine Wiederherstellung des originalen Wortlauts wie eine angemessene Wort- und Sachkommentierung erfordert, entwickelte die humanistische Philologie eine historische Textkritik, die durch chronologische Klassifizierung der Handschriften jeweils zur ältesten Überlieferung vorzudringen suchte, und eine historische Textinterpretation, die bei der Erklärung jeweils nach der Entstehungszeit und dem allgemeinen historischen Kontext fragte.[171] So stand die textkritisch gereingte und historisch kommentierte Ausgabe einzelner Autoren schon früh im Zentrum der philologischen Betrachtung. Von Melanchthons großem Plan von 1518, gemeinsam mit Reuchlin und anderen eine Neuausgabe des lateinischen Aristoteles zu besorgen, war schon kurz die Rede. Wie sehr es einen Bedarf für solch eine neue und wissenschaftlich fundierte Übersetzung gab, zeigt das Leipziger Vorlesungsverzeichnis von 1519 mit seinen Vorgaben für die Artistenfakultät.[172] Nicht die Kommentare, sondern die lateinischen Übersetzungen des griechischen Aristoteles von solchen namentlich genannten Spezialisten wie Johannes Argyropulos[173] († 1487), Agostino Nifo / Augustinus Nypho[174] (ca. 1470 bis ca. 1546),

---

170 Vgl. Günter FRANK, Die zweite Welle der Wiederaneignung des „Corpus Aristotelicum" in der frühen Neuzeit, die ethische und politische Tradition – ein Forschungsbericht, in: Bulletin de philosophie médiévale 44 (2002), S. 141–154; DERS. u. Andreas SPEER, Einleitung: Der Aristotelismus in der frühen Neuzeit, in: FRANK/SPEER, Der Aristotelismus in der Frühen Neuzeit (wie Anm. 155), S. 8–16.

171 Ulrich MUHLACK, Klassische Philologie zwischen Humanismus und Neuhumanismus, in: Wissenschaften im Zeitalter der Aufklärung. Aus Anlaß des 250jährigen Bestehens des Verlages Vandenhoeck & Ruprecht hrsg. von Rudolf VIERHAUS, Göttingen 1985, S. 93–119, hier S. 95 f.

172 Otto CLEMEN, Das Vorlesungsverzeichnis der Leipziger Universität vom Jahre 1519, in: Neue Jahrbücher für das klassische Altertum, Geschichte, deutsche Literatur und für Pädagogik 10 (1907), S. 112–124, zitiert nach dem Wiederabdruck in: DERS., Kleine Schriften zur Reformationsgeschichte (1897–1944), hrsg. von Ernst KOCH, Bd. 3 (1907–1911), Leipzig 1983, S. 28–40, hier S. 36–39.

173 Vgl. Charles B. SCHMITT, Art. „Johannes Argyropulos", in: BIETENHOLZ/DEUTSCHER, Contemporaries (wie Anm. 82) 1, S. 70 f.; Charles Henry LOHR, Medieval Latin Aristotle Commentaries, in: Traditio 26 (1970), S. 135–210, hier S. 153; Michael J. WILMOTT a. Charles B. SCHMITT, Bibliographies, in: The Cambridge History of Renaissance Philosophy (wie Anm. 153), S. 805–841, hier S. 808; Graecogermania (wie Anm. 154), S. 29 f.; Melanchthons Briefwechsel, Bd. 11 (wie Anm. 110), S. 87 f.

174 Statt vieler: Ennio DE BELLIS, Bibliografia di Agostino Nifo (Quaderni di „Rinascimento" 40), Firenze 2005.

Hermolaus Barbarus[175] (1454–1493) und Theodorus Gaza/Gazes[176] (um 1400–1475) sollten ebenso wie die einschlägigen Arbeiten von Kardinal Bessarion[177] (1403–1472) und Lorenzo Valla[178] (1407–1457) die Grundlage des Unterrichts bilden.[179] Auch in Erfurt wollte man 1519 von den Kommentaren nichts mehr wissen.[180] Dies gilt ebenso für Heidelberg und Rostock. Während die Heidelberger Magister der Artistenfakultät 1520 eine Neuausgabe auf der Grundlage der Texte von Argyropulos planten,[181] griffen ihre Rostocker Kollegen im gleichen Jahr nach den *grecae linguae peritissimi*,[182] namentlich Argyropulos, Franziskus Vatablis[183] († 1547) und Leonardus Brunus Aretinus [184] (ca. 1370–1444). Wenige Jahre später galt es nunmehr auch in Mainz, Aristoteles *pure et dilucide* zu lesen.[185] Und während in Ingolstadt der umtriebige Johannes Eck noch neue Aristoteleskommentare erarbeitete und in den Druck gehen ließ, die 1519 obligato-

---

175 Vgl. M. J. C. LOWRY, Art. „Ermolao (I) Barbaro", in: BIETENHOLZ/DEUTSCHER, Contemporaries (wie Anm. 82) 1, S. 91 f.; WILMOTT/SCHMITT, Bibliographies (wie Anm. 173), S. 808 f.; LOHR, Medieval Latin Aristotle Commentaries (wie Anm. 47), in: Traditio 24, S. 236 f.; Melanchthons Briefwechsel, Bd. 11 (wie Anm. 110), S. 112 f.

176 Statt vieler: Charles B. SCHMITT, Art. „Theodorus Gaza", in: BIETENHOLZ/DEUTSCHER, Contemporaries (wie Anm. 82) 2, S. 80.

177 Melanchthons Briefwechsel, Bd. 11 (wie Anm. 110), S. 150; Graecogermania (wie Anm. 154), S. 19–28.

178 Dirk HOEGES, Art. „Valla, Lorenzo", in: LexMA 8, Sp. 1392 f.; Eckhard KESSLER, Die Transformation des aristotelischen Organon durch Lorenzo Valla, in Aristotelismus und Renaissance. In memoriam Charles B. Schmitt, hrsg. von Eckhard KESSLER, Charles H. LOHR u. Walter SPARN (Wolfenbütteler Forschungen, Bd. 40), Wiesbaden 1988, S. 53–74.

179 CLEMEN, Vorlesungsverzeichnis (wie Anm. 172), S. 36–40.

180 Erich KLEINEIDAM, Universitas studii Erffordensis. Überblick über die Geschichte der Universität Erfurt, Teil 2: Spätscholastik, Humanismus und Reformation 1461–1521 (Erfurter theologische Studien, Bd. 22), 2., erweiterte Auflage, Leipzig 1992, S. 236 ff.; DERS., Universitas studii Erffordensis. Überblick über die Geschichte der Universität Erfurt, Teil 3: Die Zeit der Reformation und Gegenreformation 1521–1632 (Erfurter theologische Studien, Bd. 42), Leipzig 1983, S. 236 ff.; der nur die Artistenfakultät betreffende Text, mitgeteilt von Georg OERGEL, Die Studienreform der Universität Erfurt im Jahre 1519, in: Jahrbücher der königlichen Akademie gemeinnütziger Wissenschaften zu Erfurt, N. F., H. 25, Erfurt 1899, S. 81–96, hier S. 89–92, läßt zwar das Eindringen der Studia humaniora in den Lehrplan erkennen, nicht aber explizit die Abschaffung der Kommentare zum Corpus Aristotelicum.

181 Eduard WINKELMANN (Hrsg.), Urkundenbuch der Universität Heidelberg, Bd. 1: Urkunden, Heidelberg 1886, S. 213, Nr. 160 (1520 September 15).

182 Otto KRABBE, Die Universität Rostock im fünfzehnten und sechzehnten Jahrhundert, Teil 1, Rostock 1854, S. 343–351; Observantia lectionum in universitate Rostochiensi (1520). Das älteste gedruckte Vorlesungsprogramm der Universität Rostock, hrsg. von Wolfgang Eric WAGNER, Hamburg 2011, S. 28–34.

183 Vgl. COPENHAVER, Translation (wie Anm. 153), S. 83 f.; Henry HELLER, Art. „François Vatable", in: BIETENHOLZ/DEUTSCHER, Contemporaries (wie Anm. 82) 3, S. 379.

184 Vgl. Olga WEIJERS, Le travail intellectuel à la Faculté des arts de Paris: textes et maîtres (ca. 1200–1500), VI. Répertoire des noms commençant par L-M-N-O (Studia Artistarum, Etudes sur la Faculté des arts dans les Universités médiévales, 13), Turnhout 2005, S. 61–65; WILMOTT/SCHMITT, Bibliographies (wie Anm. 173), S. 810.

185 Jürgen STEINER, Die Artistenfakultät der Universität Mainz, 1477–1562, Ein Beitrag zur vergleichenden Universitätsgeschichte (Beiträge zur Geschichte der Universität Mainz, Bd. 14), Stuttgart 1989, S. 392 u. 463.

risch wurden,[186] forderten 1525 in Köln, der Hochburg der Scholastik, die Studenten sogar, die Kommentare von Thomas von Aquin und Albertus Magnus abzuschaffen.[187] Auch in Wittenberg, wo Luther seit 1517 seiner Verachtung des Aristoteles immer häufiger Ausdruck verlieh, sah man sich zu einem Verzicht auf die Kommentare bereit, nicht aber auf den lateinischen Aristoteles, wie ihn die neuen Translationen anboten.[188] Ähnlich entwickelten sich die Verhältnisse in Freiburg, wie aus den neuen Statuten der Artistenfakultät von 1527/28 zu erschließen ist.[189] Gleichwohl, zu einer lateinischen Neuausgabe des Corpus Aristotelicum ist es nirgends gekommen.

Ferdinands „Reformatio studii Tubingensis" sollte versuchsweise für drei Jahre gelten. Haller hat an ihrem Erfolg gezweifelt und gefragt, „ob die Ordnung überhaupt in Kraft getreten ist?".[190] Als man 1531 in Tübingen die Bursen der beiden Wege visitierte, lasen die *Reales* noch Petrus Hispanus, während die *Moderni* mit Hilfe von Agricolas Dialectica in die Logik einführten.[191] Nach Herzog Ulrichs Rückkehr und der Einführung der Reformation in Württemberg, dessen Bevölkerung bereits zum großen Teil den neuen Glaubensvorstellungen anhing,[192] begann umgehend der schwierige und langwierige Prozess der von humanistischen Vorstellungen mitgeprägten Reform der Universität.[193] Er sollte im Detail zwar noch Jahrzehnte in Anspruch nehmen, aber die Weichen in Richtung einer der Entwicklung fortan radikal angepaßten Studienreform wurden sofort gestellt und in ihren wesentlichen Punkten auch umgesetzt – wie die nunmehr binnen weniger Jahre definitiv festgeschriebene Spezial- bzw. Fachprofessur an der Artistenfakultät.

---

186 LOHR, Renaissance Latin Aristotle Commentaries (wie Anm. 155), S. 722f.; Johann Peter WURM, Art. „Eck (von, Eccius, Eckius, Maier, -or, yer), Johannes", in: VLDH (wie Anm. 37) I, S. 576–589, hier S. 586; SEIFERT, Logik zwischen Scholastik und Humanismus (wie Anm. 165), S. 7f. u. 13; DERS., Statuten- und Verfassungsgeschichte der Universität Ingolstadt (1472–1586) (Ludovico Maximilianea, Forschungen und Quellen, Forschungen, Bd. 1), Berlin 1971, S. 158f.

187 Erich MEUTHEN, Die alte Universität (Kölner Universitätsgeschichte, Bd. 1), Wien 1988, S. 231–235, besonders S. 234.

188 Ausführlich Heinz KATHE, Die Wittenberger Philosophische Fakultät 1502–1817 (Mitteldeutsche Forschungen, Bd. 117), Köln 2002, S. 50–71; ferner Heinz SCHEIBLE, Aristoteles und die Wittenberger Universitätsreform. Zum Quellenwert von Lutherbriefen, in: DERS., Aufsätze zu Melanchthon (Spätmittelalter, Humanismus, Reformation. Studies in the Late Middle Ages, Humanism and the Reformation, Bd. 49), Tübingen 2010, S. 125–151, hier S. 132–136.

189 Vgl. Horst RUTH, Das Personen- und Ämtergefüge der Universität Freiburg (1520–1620), I: Darstellung, II: Biogramme, III: Anhang, Diss. phil. Freiburg i. Br. 2001 (Digitalisat: http://www.freidok.uni-freiburg.de/volltexte/299/pdf/dissruth.pdf), S. 80–83.

190 HALLER, Anfänge (wie Anm. 41) 1, S. 315.

191 HALLER, Anfänge (wie Anm. 41) 2, S. 182, Nr. 9a: *Discrimen est in bursis in prelegenda Dialectica. Reales prelegunt Hispanum et Moderni Agricolam*; ebd., Nr. 9b: [...] *ut loco Agricolae Dialectica Hispani praelegatur*.

192 Grundlegend Martin BRECHT / Hermann EHMER, Südwestdeutsche Reformationsgeschichte. Zur Einführung der Reformation im Herzogtum Württemberg 1534, Stuttgart 1984, S. 195–266 und öfter; Werner-Ulrich DEETJEN, Studien zur Württembergischen Kirchenordnung Herzog Ulrichs 1534–1550 (Quellen und Forschungen zur württembergischen Kirchengeschichte, Bd. 7), Stuttgart 1981.

193 Grundlegend HOFMANN, Artistenfakultät (wie Anm. 84); PILL-RADEMACHER, Visitationen (wie Anm. 123).

Für die Durchsetzung der Reformation im südlichen Teil des Herzogtums, in dem auch Tübingen lag, war Ambrosius Blarer[194] (1492–1564) zuständig, 1513 in Tübingen zum Magister artium promoviert.[195] Er stieß auf den starken Widerstand der Professorenschaft, so daß man zu seiner Unterstützung, nachdem Melanchthon ablehnen mußte, Simon Grynäus[196] (1493–1541) berief,[197] in Basel Lektor für Griechisch und Theologieprofessor. Damit agierten zwei Vertreter der oberdeutsch-schweizerischen Glaubensrichtung als Visitatoren und Reformatoren der Universität[198] – gegen ihren zähen und hinhaltenden Widerstand. Ihre Vorstellungen und Pläne haben Blarer und Grynäus Mitte Dezember 1534 in einem Gutachten dargelegt.[199] Das Gutachten, in seiner Einleitung kommt die Bedeutung der humanistischen Wissenschaften und des Glaubens zum Ausdruck,[200] geht direkt auf die mangelhaften Zustände an der Artistenfakultät ein. Die Verbesserungsvorschläge richten sich auf Änderungen der Lehrinhalte, bei Betonung von Katechismus, Neuem und Altem Testament, den engagierten Unterricht von Latein, Griechisch und Hebräisch sowie das Ziel, anstelle der Kommentare die Originaltexte zur Hand nehmen zu können.[201] Zwischenzeitlich solle man sich mit der Dialectica von Johannes Caesarius[202] († 1550) und den Paraphrasen von

---

194 Mit Blick auf Tübingen: Friedrich HELD, Die Tätigkeit des Ambrosius Blarer im Herzogtum Württemberg in den Jahren 1534–1538. Dargestellt nach seinem Briefwechsel, in: Blätter für württembergische Kirchengeschichte 65 (1965), S. 150–206, hier S. 180–192; BRECHT/EHMER, Südwestdeutsche Reformationsgeschichte (wie Anm. 192), S. 255–258; PILL-RADEMACHER, Visitationen (wie Anm. 123), S. 477 f.; Melanchthons Briefwechsel, Bd. 11 (wie Anm. 110), S. 165 f.

195 EBERLEIN/LANG, Matrikel (wie Anm. 128), S. 97, Nr. 580.

196 Simon Grynaeus (1493–1541): Briefe. Ausgewählt, übersetzt und hrsg. von Herbert RÄDLE, in: Basler Zeitschrift für Geschichte und Altertumskunde 90 (1990), S. 35–118, hier S. 35 f.; J. V. POLLET, Martin Bucer. Études sur la Correspondance, Bd. 2, Paris 1962, S. 381–389; Melanchthons Briefwechsel, Bd. 12 (wie Anm. 124), S. 192 f.; PILL-RADEMACHER, Visitationen (wie Anm. 123), S. 490.

197 Briefwechsel der Brüder Ambrosius und Thomas Blaurer 1509–1548, bearbeitet von Traugott SCHIESS, Bd. 1: 1509-Juni 1538, Freiburg 1908, S. 554, Nr. 462; RÄDLE, Simon Grynaeus (wie Anm. 196), S. 60, Nr. 18; vgl. Karl GAUSS, Die Berufung des Simon Grynaeus nach Tübingen 1534/35, in: Basler Jahrbuch 1911, S. 88–130; HELD, Blarer im Herzogtum Württemberg (wie Anm. 194), S. 183 f.; Bernd MOELLER, Neue Nachträge zum Blarer-Briefwechsel. Zur Reformation der Universität Tübingen 1534–1535, in: Blätter für württembergische Kirchengeschichte 68/69 (1968/1969), S. 60–80, hier S. 61–64.

198 Ulrich KÖPF, Johannes Brenz in Tübingen, oder: Wie reformiert man eine Universität? in: Blätter für württembergische Kirchengeschichte 100 (2000), S. 282–296, hier S. 288; PILL-RADEMACHER, Visitationen (wie Anm. 123), S. 113 f.

199 PILL-RADEMACHER, Visitationen (wie Anm. 123), S. 116–120 u. 397–408, Nr. 13; HOFMANN, Artistenfakultät (wie Anm. 84), S. 5–9; Charlotte METHUEN, Kepler's Tübingen. Stimulus to a theological mathematics (St Andrews Studies in Reformation History), Aldershot/Brookfield 1998, S. 34 ff.

200 PILL-RADEMACHER, Visitationen (wie Anm. 123), S. 398.

201 PILL-RADEMACHER, Visitationen (wie Anm. 123), S. 399.

202 Götz-Rüdiger TEWES, Art. „Caesarius (Cesareus, -ris), Johannes", in: VLDH (wie Anm. 37) 1, S. 349–360; MEUTHEN, Die alte Universität (wie Anm. 187), S. 246 f.; Ilse GUENTHER, Art. „Johannes Caesarius", in: BIETENHOLZ/DEUTSCHER, Contemporaries (wie Anm. 82) 1, S. 238 f.; Melanchthons Briefwechsel, Bd. 11 (wie Anm. 110), S. 249; JARDINE, Humanism and

Faber Stapulensis behelfen. Die beiden Bursen sollten unter dem Namen Contubernium, der sich noch vor der Reformation eingebürgert hatte, zu einer zusammengefaßt werden. Ethica und Politica wurden ganz aus dem Lehrplan der Artistenfakultät entfernt.[203] Das Gutachten zeigt auch, daß die Fronten und Dämme zwischen den Konventoren und Kollegiaten der Artistenfakultät und den außerhalb von ihr agierenden Lektoren zu verschwinden begannen: Der philosophische Fachprofessor hatte nach einigen Jahren der Unsicherheit bald auch in Tübingen die Bühne für sich alleine – die ihm zugewachsenen Lehraufgaben jedoch beruhten neben den aus den Studia humaniora erwachsenen Philologien und der Mathematik weiterhin auf dem Corpus Aristotelicum – das es nunmehr im Lichte der griechischen Sprache zu behandeln galt.[204] So blieb Tübingen auch fortan überwiegend „an Aristotelian university".[205]

Gegen wesentliche Punkte des Gutachtens von Blarer und Grynäus bezog die Universität Stellung.[206] Doch ihre Bedenken wurden von der Regierung in Stuttgart mehr oder weniger beiseite geschoben, wie die von Herzog Ulrich am 30. Januar 1535 erlassene „Reformation und newe Ordnung der Universitet zu Tüwingen"[207] zu erkennen gibt.[208] Aus den beiden Bursen, „darinn in der Philosophy zwen weg gelert vnd gehalten sein sollen", ist eine zu machen.[209] Die Dialectica ist auf Latein den Bakkalaren vorzutragen, „mit verglichung der griechischen Text".[210] Einem sprachlich Ausgewiesenen ist die „Aristotelis phisica" zu übertragen, „mit rechter vnd wahrhaffter der griechischen Sprach vergleichung".[211] Zwischen die als „Trivialis" bezeichnete Tübinger Lateinschule und der Universität, „academia oder hohe schule" genannt, ist ein „pedagogium" einzuschalten,[212] unterzubringen in der Burse und zukünftig entweder

---

    the teaching of logic (wie Anm. 161), S. 801 f.; MUNDT, Agricolas *De inventione dialectica* (wie Anm. 161), S. 100 ff.; Corien BARY, De Dialectica van Johannes Caesarius (ca. 1468–1550), Doctoraalscriptie, Faculteit der Letteren, Katholieke Universiteit Nijmegen 2004; James H. OVERFIELD, Humanism and Scholasticism in Late Medieval Germany, Princeton, New Jersey 1984, S. 307 f.; ASHWORTH, Language and Logic (wie Anm. 155), S. 14; zu Tübingen: HOFMANN, Artistenfakultät (wie Anm. 84), S. 123.

203 PILL-RADEMACHER, Visitationen (wie Anm. 123), S. 402; HOFMANN, Artistenfakultät (wie Anm. 84), S. 124; KÖPF, Johannes Brenz in Tübingen (wie Anm. 198), S. 288.
204 Vgl. Charlotte METHUEN, The teaching of Aristotle in late sixteenth-century Tübingen, in: Philosophy in the Sixteenth and Seventeenth Centuries, ed. by Constance BLACKWELL a. Sachiko KUSUKAWA, Aldershot 1999, S. 189–205, hier S. 191–194 u. 204 f.
205 METHUEN, Teaching of Aristotle (wie Anm. 204), S. 204.
206 PILL-RADEMACHER, Visitationen (wie Anm. 123), S. 403 f.
207 „Reformation und newe Ordnung", in: ROTH, Urkunden (wie Anm. 41), S. 176–185.
208 PILL-RADEMACHER, Visitationen (wie Anm. 123), S. 125; METHUEN, Kepler's Tübingen (wie Anm. 199), S. 36 f.
209 „Reformation und newe Ordnung" (wie Anm. 207), S. 177.
210 „Reformation und newe Ordnung" (wie Anm. 207), S. 178.
211 „Reformation und newe Ordnung" (wie Anm. 207), S. 178.
212 „Reformation und newe Ordnung" (wie Anm. 207), S. 179 f.; vgl. HOFMANN, Artistenfakultät (wie Anm. 84), S. 11 u. 107–110; PILL-RADEMACHER, Visitationen (wie Anm. 123), S. 124–127; Wolfram HAUER, Lokale Schulentwicklung und städtisches Leben. Das Schulwesen in Tübingen von seinen Anfängen im Spätmittelalter bis 1806 (Contubernium, Bd. 57), Stuttgart 2003, S. 72–75; Ludwig ZIEMSSEN, Das württembergische Partikularschulwesen 1534–1559, in: Geschichte des humanistischen Schulwesens in Württemberg (wie Anm. 149), S. 468–601, hier

im Kloster der Augustiner-Eremiten (heute: Evangelisches Stift) oder der Franziskaner (heute: Wilhelmsstift). Das Paedagogium, aufgeteilt in Klassen, soll von einem Paedagogarcha und drei weiteren Magistern betreut werden, die Grammatik, Terenz, Vergil, Ciceros oder Plinius' Briefe, „Schemata Rethorices vnd Grammatices", die Colloquia familiaria von Erasmus, ein lateindidaktisches Gesprächsbuch für Schüler,[213] ferner „Copiam Verborum et Rerum vnd Parabolas etc." zu lehren haben. Auch sollen die „knaben" neben Latein „zu den Rudimentis vnd Bericht Grece Lingue gezogen vnd underwisen werden", um sie bestens auf den Übergang in die Universität vorzubereiten. Zudem sollen sie zu der *musica* angehalten werden.[214] „Vnd dise all söllen auch immatriculiert vnd wie andere der Universitet Glider yngelybt vnd zugethan sein."[215]

Es folgt ein Stundenplan der Artistenfakultät, orientiert an dreierlei Formen von täglichen Vorlesungen: 1. Lectiones communes, für alle, die Bakkalar und Magister werden wollen, 2. Lectiones propriae, das sind „sonderliche lectiones für die so Baccalaurei" bzw. „Magistri in artibus werden wöllen", und 3. „Liberae oder publicae vnd frye lectiones", also Vorlesungen, deren Besuch nicht verbindlich vorgegeben war.[216] Die Lectiones communes finden in der 1. und 2. Stunde statt und betreffen Ciceros Officia und die Mathematica. Die Baccalaureanden hatten in der 6. Stunde „Principia dialectices" zu hören, auf der Grundlage der einschlägigen Texte von Johannes Caesarius oder Melanchthon, in der 7. Stunde „Rethoricae" und in der 8. oder 2. das Neue und Alte Testament „auch latine mit vergleichung beider Sprachen", also des griechischen und hebräischen Textes, in der 4. Stunde abwechselnd mit den Theologen „in scola dialectica" griechische Grammatik, Lukian oder einen anderen Autor. Die Vorlesungen für die Magistranden betreffen in der 6. Stunde die „Dialectica Aristotelis cum collatione grecanica", in der 7. Stunde die Physica, ebenfalls im Vergleich mit dem griechischen Text, und in der 8. oder 2. Stunde durch einen Theologen das Alte Testament „mit Conferierung der hebreischen Sprach", ebenso das Neue Testament. Lectiones liberae fanden in der 3. und 12. Stunde statt und betrafen „Poeticae oder Oratoria" bzw. Hebräisch, „die grammatic vnd ain buch vß der Bibel". Für die Hebraistik wollte man Konrad Pellikan[217] (1478–1556) oder Luthers Helfer Bernhard

---

S. 593 f.; Boris EMHART / Daniel GEBÜHR, Die Tübinger Rhetorik im 16. Jahrhundert, in: KNAPE, 500 Jahre Tübinger Rhetorik (wie Anm. 78), S. 39–43, hier S. 39 f. u. 43.
213 Franz Josef WORSTBROCK, Art. „Erasmus von Rotterdam. E. Literarisches Werk", in: VLDH (wie Anm. 37) 1, S. 712–732, hier S. 723–727; GRAFTON/JARDINE, From humanism to the humanities (wie Anm. 161), S. 145.
214 „Reformation und newe Ordnung" (wie Anm. 207), S. 179; Georg STOLL, Zur Musikgeschichte Tübingens (1477–1600), in: Württembergische Vierteljahrshefte für Landesgeschichte 37 (1931), S. 308–328, hier S. 316 f.
215 „Reformation und newe Ordnung" (wie Anm. 207), S. 180.
216 „Reformation und newe Ordnung" (wie Anm. 207), S. 180 f.
217 Walter RÖLL, Art. „Pellikan (Kürsner, Pellicanus), Konrad", in: VLDH (wie Anm. 37) 2,2, S. 421–434; vgl. Thomas WILLI, Christliche Hebraistik aus jüdischen Quellen. Beobachtungen zu den Anfängen einer christlichen Hebraistik, in: Gottes Sprache in der philologischen Werkstatt. Hebraistik vom 15. bis zum 19. Jahrhundert, hrsg. von Giuseppe VELTRI u. Gerold NECKER (Studies in European Judaism, Bd. 11), Leiden 2004, S. 25–48, hier S. 31–43; Graecogermania (wie Anm. 154), S. 309 f.

Ziegler[218] (1496–1552) einstellen,[219] doch keiner von beiden konnte für Tübingen gewonnen werden.[220] Ebenfalls ohne Erfolg war ferner Michael Roting[221] (1494–1588) im Gespräch,[222] Professor an der Nürnberger „oberen Schule"[223] und wie sein Kollege Joachim Camerarius zum Freundes- und Schülerkreis von Melanchthon gehörend. Die Ordnung vergißt nicht, ausführlich darzulegen, warum man im letzten Punkt nicht den Vorgaben der Reformatoren gefolgt und die Lectio hebraica nicht „ordinarie gemacht, sonder fry gelassen ist": Nicht alle Studenten, sondern lediglich die angehenden Theologen bedürften dieser Sprache, nicht aber die zukünftigen Juristen und Mediziner wie auch keinesfalls jene, die das Studium mit dem Magister artium abzuschließen gedächten. Gleichwohl zeigt sich die Ordnung auf besondere Weise dem Anliegen von Blarer und Grynäus verhaftet, rasch und zügig ein Personal auszubilden, das sich als Seelsorger und Kirchendiener den aus der Reformation erwachsenen neuen Aufgaben verpflichtet weiß. Diese Grundeinstellung gibt der abschließende Hinweis auf die umstrittene Vermittlung des Katechismus zu erkennen, den die Ordnung gegen die Bedenken der Universität für alle, „so in Artibus complieren", festschreibt, vorzutragen an Sonn- und Feiertagen „im publico Lectorio" durch einen Theologen.[224] Aus der Hinwendung zum Humanismus, zur Reformation und damit zu Lehrveranstaltungen zur Bibel und zum Katechismus wird gemeinhin das über einen längeren Zeitraum völlige Verschwinden der Metaphysik aus dem frühneuzeitlichen Curriculum nicht nur der Tübinger Artistenfakultät, sondern fast aller protestantischer Hochschulen hergeleitet.[225] Nach Melanchthons Kritik der scholastischen

---

218 Vgl. Hermann JORDAN, Reformation und gelehrte Bildung in der Markgrafschaft Ansbach-Bayreuth. Eine Vorgeschichte der Universität Erlangen. Teil 1 (bis gegen 1560) (Quellen und Forschungen zur bayerischen Kirchengeschichte, Bd. 1/1), Leipzig 1917, S. 133–176 und öfter; Markus HEIN / Helmar JUNGHANS (Hrsg.), Die Professoren und Dozenten der Theologischen Fakultät der Universität Leipzig von 1409 bis 2009 (Beiträge zur Leipziger Universitäts- und Wissenschaftsgeschichte, Reihe A, Bd. 8), Leipzig 2009, S. 290; Günther WARTENBERG, Landesherrschaft und Reformation. Moritz von Sachsen und die albertinische Kirchenpolitik bis 1546 (Quellen und Forschungen zur Reformationsgeschichte, Bd. 55), Gütersloh 1988, S. 185 f., Anm. 64; Herbert HELBIG, Die Reformation der Universität Leipzig im 16. Jahrhundert (Schriften des Vereins für Reformationsgeschichte, Nr. 171, Jg. 60, H. 1/2), Gütersloh 1953, S. 63.
219 „Reformation und newe Ordnung" (wie Anm. 207), S. 181.
220 Christoph ZÜRCHER, Konrad Pellikans Wirken in Zürich 1526–1556 (Zürcher Beiträge zur Reformationsgeschichte, Bd. 4), Zürich 1975, S. 50–56; HELD, Blarer im Herzogtum Württemberg (wie Anm. 194), S. 186 f.; HOFMANN, Artistenfakultät (wie Anm. 84), S. 10.
221 Stephan KUNKLER, Zwischen Humanismus und Reformation. Der Humanist Joachim Camerarius (1500–1574) im Wechselspiel von pädagogischem Pathos und theologischem Ethos (Theologische Texte und Studien, Bd. 8), Hildesheim 2000, S. 97 f., 100 f., 135 und öfter; Wolfgang MÄHRLE, Academica Norica. Wissenschaft und Bildung an der Nürnberger Hohen Schule in Altdorf (1575–1623) (Contubernium, Bd. 54), Stuttgart 2000, S. 53 u. 55.
222 SCHIESS, Briefwechsel der Brüder Blaurer (wie Anm. 197), S. 703, Nr. 596; HELD, Blarer im Herzogtum Württemberg (wie Anm. 194), S. 188; RÄDLE, Simon Grynaeus (wie Anm. 196), S. 65, Nr. 22.
223 Vgl. KUNKLER, Zwischen Humanismus und Reformation (wie Anm. 221), S. 94–136.
224 „Reformation und newe Ordnung" (wie Anm. 207), S. 182.
225 Vgl. Max WUNDT, Die deutsche Schulmetaphysik des 17. Jahrhunderts (Heidelberger Abhand-

Metaphysik ob ihres illegitimen Zugriffs auf die göttlichen Mysterien[226] sollte es allerdings nicht allzulange dauern, bis sich das Fach im evangelischen Lager wieder in Erinnerung brachte.

Am Schluß der Ordnung Ulrichs vom 30. Januar 1535 findet sich ein knappes Personaltableau. Es führt als „ordinarie Personen, so von der Vniuersitet ietz anfangs zulesen verordnet vnd besoldet werden söllen" auf: zwei Theologen, sechs Juristen, zwei Mediziner und sieben „Artisten", zu denen noch zwei „publici professores als Hebreus vnd poeta oder orator" hinzukommen, sowie „vier personen" für das Paedagogium.[227] Aber wie schon das Gutachten von Blarer und Grynäus, so gibt auch die Ordnung deutlich die ausgeprägte Personalnot zu erkennen. Nach dem Fortgang von Jonas 1533 war die Doppellektur für Hebräisch und Griechisch wieder geteilt worden: Kurrer hatte erneut das Griechische, der Adelberger Prämonstratenser Wilhelm Uelin[228] die Hebraistik übernommen. Beide, Kurrer[229] und Uelin, haben im Laufe der Einführung der Reformation Tübingen den Rücken gekehrt und eine neue Aufgabe als Lektoren an der altgläubigen Universität Ingolstadt gefunden. Verlassen wurde Tübingen 1535 zudem von Philipp Imsser[230] († 1570), Schüler und seit 1531 Nachfolger von Stöffler. Er sollte die *lectio astronomica* in der Burse halten. Imsser, aus Straßburg, im Sommer 1526 in Tübingen immatrikuliert, hatte anscheinend nicht den Grad eines

---

lungen zur Philosophie und ihrer Geschichte 29), Tübingen 1939, S. 34 ff. u. 46–62; Joseph S. FREEDMAN, Philosophy instruction within the institutional framework of Central European schools and universities during the reformation era, in: History of Universities 5 (1985), S. 117–166, hier S. 124 f. mit Anm. 97; unbedingt zu beachten aber: Günter FRANK, Die Vernunft des Gottesgedankens. Religionsphilosophische Studien zur frühen Neuzeit (Quaestiones. Themen und Gestalten der Philosophie, Bd. 13), Stuttgart 2003, S. 87–128.

226 Vgl. FRANK, Die Vernunft des Gottesgedankens (wie Anm. 225), S. 52 ff.; Wilhelm SCHMIDT-BIGGEMANN, Aristoteles im Barock. Über den Wandel der Wissenschaften, in: Res Publica Litteraria. Die Institutionen der Gelehrsamkeit in der frühen Neuzeit, hrsg. von Sebastian NEUMEISTER u. Conrad WIEDEMANN, Teil 1 (Wolfenbütteler Arbeiten zur Barockforschung, Bd. 14), Wiesbaden 1987, S. 281–298, hier S. 284 f. u. 288 f.

227 „Reformation und newe Ordnung" (wie Anm. 207), S. 185.

228 Christoph SCHÖNER, Art. „Vlinus (Uelin, Uli, Ulin), Wilhelm", in: Biographisches Lexikon der Universität München (wie Anm. 100), S. 457 f.; SCHNURRER, Lehrer (wie Anm. 109), S. 89 ff.; MUT 1 (wie Anm. 81), S. 265, Nr. 94,1; KUHN (wie Anm. 128), Nr. 3579; HALLER, Anfänge (wie Anm. 41) 1, S. 314, u. 2, S. 123; ROTH, Urkunden (wie Anm. 41), S. 167; ZEITLER, Liber conductionum (wie Anm. 80), S. 56, Nr. 147, u. S. 60, Nr. 159; PILL-RADEMACHER, Visitationen (wie Anm. 123), S. 495; HOFMANN, Artistenfakultät (wie Anm. 84), S. 9 f.

229 Vgl. RÄDLE, Simon Grynaeus (wie Anm. 196), S. 58 f., Nr. 16; Kurrer taucht in den Rechnungen der Universität noch einmal zu Angaria Luciae 1537 und Angaria Cinerum 1538 unter den Lehrkräften auf, gering besoldet, um fortan nicht mehr zu erscheinen, UAT 6/7a,1, S. 73^v u. 76^v.

230 Vgl. BETSCH, Praxis geometrica (wie Anm. 82), S. 206; DERS., Die Anfänge der mathematischen Wissenschaften (wie Anm. 82), S. 138; HOFMANN, Artistenfakultät (wie Anm. 84), S. 130 f. mit Anm. 181 u. S. 246; H. STAIGMÜLLER, Württembergische Mathematiker, in: Württembergische Vierteljahrshefte für Landesgeschichte N. F. 12 (1903), S. 227–256, hier S. 241 f.; Melanchthons Briefwechsel, Bd. 12 (wie Anm. 124), S. 348; RÖCKELEIN, Die lateinischen Handschriften (wie Anm. 82), S. 22 f.; LUDWIG, Joachim Münsinger (wie Anm. 138), S. 114; ZEITLER, Liber conductionum (wie Anm. 80), S. 94 (Register); MUT 1 (wie Anm. 81), S. 255, Nr. 87,14.

Magisters erworben,²³¹ sondern sich ausschließlich den mathematischen Disziplinen verschrieben. Er repräsentierte damit noch den Typ des reinen Mathematik-Lektors. Im Gutachten werden *Mathematicus* und *Hebraeus* erwähnt, aber ohne eine namentliche Zuweisung. In Ulrichs Ordnung ist von dem Mathematicus überhaupt keine Rede, um einen Hebraisten wollte man sich bemühen. Der Abgang von Imsser und Uelin war also noch nicht wettgemacht. Personalvorschläge wurden hier wie dort reichlich erwogen, so sollten aus Heidelberg die Lektoren Jakob Micyllus²³² (1503–1558) für Griechisch und Thomas Reiner²³³ († 1546) für Latein berufen werden²³⁴ – was nicht gelang. Als Mathematicus dachte Blarer den in Wien lehrenden und auch von Melanchthon geschätzten Heidelberger Magister Johannes Vögelin²³⁵ († 1549) zu gewinnen.²³⁶ Magister Gebhard Brastberger²³⁷ (ca. 1503-ca. 1561), im Juli 1534 zum Kollegiaten bestellt, und Magister Georg Kämmerlin/Kimerlin,²³⁸ 1533 zum Konventor der Realistenburse gewählt, sollten so lange abwechselnd die Dialectica unterrichten, bis

---

231 Das gesamte amtliche Schrifttum der Universität führt Imsser stets ohne Magistertitel an, während es sonst die akademischen Grade des erfaßten Lehrkörpers genau verzeichnet, so auch „Die Türkensteuerliste der Universitätsverwandten von 1544", in: Die ältesten Tübinger Steuerlisten, hrsg. von Reinhold RAU (Veröffentlichungen des Stadtarchivs Tübingen, Bd. 4), Tübingen 1970, S. 52–56, hier S. 53: *Philippus Imser astronomus*.

232 Dagmar DRÜLL, Heidelberger Gelehrtenlexikon, 1386–1651, Berlin 2002, S. 389 f.; Renate KLAUSER, Aus der Geschichte der Philosophischen Fakultät Heidelberg, in: Aus der Geschichte der Universität Heidelberg und ihrer Fakultäten, hrsg. von Gerhard HINZ (Ruperto-Carola, Sonderband), Heidelberg 1961, S. 235–336, hier S. 257–263; PILL-RADEMACHER, Visitationen (wie Anm. 123), S. 501; Frank HIERONYMUS, Griechischer Geist aus Basler Pressen. [Ausstellung] Universitätsbibliothek Basel, 4. Juli bis 22. August 1992 (Publikationen der Universitätsbibliothek Basel, Nr. 15), Basel 1992, Nr. 169, S. 256.

233 DRÜLL, Heidelberger Gelehrtenlexikon (wie Anm. 232), S. 470.

234 PILL-RADEMACHER, Visitationen (wie Anm. 123), S. 399.

235 http://de.wikipedia.org/wiki/Johannes_Vögelin (01.05.2011); Siegmund GÜNTHER, Art. „Vögelin, Johannes", in: ADB 40 (1896), S. 142 f.; KINK, Wien 2 (wie Anm. 9), S. 353 u. 357 (1537); Franz GRAF-STUHLHOFER, Das Weiterbestehen des Wiener Poetenkollegs nach dem Tod Konrad Celtis' (1508). Eine humanistische Pioniereinrichtung und ihr Wirkungsumfeld, in: Zeitschrift für historische Forschung 26 (1999), S. 393–407, hier S. 399, 403 u. 406; zur Situation am Wiener Collegium ducale 1537: Kurt MÜHLBERGER, Wiener Studentenbursen und Kodreien im Wandel vom 15. zum 16. Jahrhundert, in: Aspekte der Bildungs- und Universitätsgeschichte. 16. bis 19. Jahrhundert, hrsg. von Kurt MÜHLBERGER u. Thomas MAISEL (Schriftenreihe des Universitätsarchivs, Bd. 7), Wien 1993, S. 129–190, hier S. 142 u. 163.

236 SCHIESS, Briefwechsel der Brüder Blaurer (wie Anm. 197), S. 560, Nr. 466.

237 ZEITLER, Liber conductionum (wie Anm. 80), S. 87 (Register); PILL-RADEMACHER, Visitationen (wie Anm. 123), S. 478; HALLER, Die Tübinger Juristenfakultät 1534–1601 (wie Anm. 140), S. 59 f.; ROTH, Urkunden (wie Anm. 41), S. 166; EBERLEIN/LANG, Matrikel (wie Anm. 128), S. 109, Nr. 731; KUHN (wie Anm. 128), Nr. 420; im Ehebuch unter dem 13. April 1561 noch nicht als verstorben bezeichnet, SCHIEK/SETZLER, Ehebuch (wie Anm. 142), Nr. 432, erhielt er zu Angaria Luciae 1560 das letzte Mal sein Gehalt ausgezahlt (*ultimum salarium*), UAT 6/8, S. 66ʳ, zu Angaria Cinerum 1561 steht er nicht mehr im Sold der Universität, ebd., S. 67ᵛ.

238 Otto SCHMOLLER, Die Anfänge des Theologischen Stipendiums („Stifts") in Tübingen unter Herzog Ulrich 1536 bis 1550 (Geschichte des Theologischen Stipendiums oder Stifts in Tübingen 1), Stuttgart 1893, S. 20 ff.; ZEITLER, Liber conductionum (wie Anm. 80), S. 94 (Register); PILL-RADEMACHER, Visitationen (wie Anm. 123), S. 496; EBERLEIN/LANG, Matrikel (wie Anm. 128), S. 117, Nr. 812; KUHN (wie Anm. 128), Nr. 668.

es der Kenntnisstand der Schüler (*discipuli*) Magister Jakob Degen genannt Schegk[239] (1511–1587) ermöglichen würde, das Organon auf Griechisch zu behandeln.[240] Schegk, 1532 zum Konventor der Realistenburse ernannt, sollte zudem griechische Grammatik unterrichten und, so lange, bis der *Graecus lector* eintraf, Lukian behandeln.[241] Die lateinische Grammatik oblag dem Ende 1529 zum Magister promovierten Konrad Schott[242] (1506–1550), die Physica Magister Johannes Zinck[243] († 1545), 1533 zum Konventor bestellt, Terenz dem noch zu berufenden Wittenberger Magister Johannes Benignus/Boninger[244] († 1553), Ciceros De officiis dem 1529 zum Konventor gewähl-

---

239 ZEITLER, Liber conductionum (wie Anm. 80), S. 89 (unter „Degen" im Register); EBERLEIN/ LANG, Matrikel (wie Anm. 128), S. 116, Nr. 809; KUHN (wie Anm. 128), Nr. 3335; in den Tagebüchern von Crusius finden sich einige Hinweise und Bemerkungen zu Schegk: Diarium Martini Crusii 1596–1597, hrsg. von Wilhelm GÖZ u. Ernst CONRAD, Tübingen 1927 [1], Diarium Martini Crusii 1598–1597, hrsg. von Wilhelm GÖZ u. Ernst CONRAD, Tübingen 1931 [2], Diarium Martini Crusii 1600–1605, unter Mitwirkung von Reinhold RAU u. Hans WIDMANN hrsg. von Reinhold STAHLECKER † u. Eugen STAIGER, Tübingen 1958 [3], Diarium Martini Crusii. Gesamtregister, bearbeitet von Eugen STAIGER, Tübingen 1961, zusammengestellt im Gesamtregister, S. 161; Horst SCHMIDT-GRAVE, Leichenreden und Leichenpredigten Tübinger Professoren (1550–1750) (Contubernium, Bd. 6), Tübingen 1974, S. 121, Nr. 117; RÖCKELEIN, Die lateinischen Handschriften (wie Anm. 82), S. 23; Charles Henry LOHR, Renaissance Latin Aristotle Commentaries: Authors Pi-Sm, in: Renaissance Quarterly 33 (1980), S. 623–734, hier S. 718 ff.; HIERONYMUS, Griechischer Geist aus Basler Pressen (wie Anm. 232), Nr. 140 u. 185; Christoph SIGWART, Jacob Schegk, Professor der Philosophie und Medicin, in: DERS., Kleine Schriften, Reihe 1: Zur Geschichte der Philosophie. Biographische Darstellungen, zweite, berichtigte und vermehrte Ausgabe, Freiburg i. Br. 1889, S. 256–291; Gudrun EMBERGER, Ein Professorenleben im 16. Jahrhundert: Jakob Schegk gen. Degen aus Schorndorf, in: Heimatblätter. Jahrbuch für Schorndorf und Umgebung 5 (1987), S. 16–28; DIES., Biographische und genealogische Notizen zu den Angehörigen des Lehrkörpers der Universität Tübingen, die Erhard Cellius in seinem Werk abgebildet hat, in: Erhard CELLIUS, Imagines professorum Tubingensium 1596, hrsg. von Hansmartin DECKER-HAUFF u. Wilfried SETZLER, Bd. 2: Kommentare und Text in Übersetzung, Sigmaringen 1981, S. 127–157, hier S. 134 f.; SCHIEK/SETZLER, Ehebuch (wie Anm. 142), Nr. 482 u. 721; PILL-RADEMACHER, Visitationen (wie Anm. 123), S. 512; Miriam EBERLEIN, Leonhart Fuchs' Erben. Die Medizinische Fakultät im späten 16. Jahrhundert, in: LORENZ/BAUER/AUGE, Tübingen in Lehre und Forschung um 1500 (wie Anm. 44), S. 249–298, hier S. 252–256; Sachiko KUSUKAWA, The transformation of natural philosophy. The case of Philipp Melanchthon, Cambridge 1995, S. 112 ff.; DIES., Lutheran uses of Aristotle: a comparison between Jacob Schegk and Philip Melanchthon, in: BLACKWELL/KUSUKAWA, Philosophy in the Sixteenth and Seventeenth Centuries (wie Anm. 204), S. 169–188, besonders S. 169–182; FRANK, Die Vernunft des Gottesgedankens (wie Anm. 225), S. 89 ff.
240 PILL-RADEMACHER, Visitationen (wie Anm. 123), S. 401.
241 PILL-RADEMACHER, Visitationen (wie Anm. 123), S. 402.
242 BERNHARDT, Zentralbehörden (wie Anm. 142) 2, S. 624 f.; PILL-RADEMACHER, Visitationen (wie Anm. 123), S. 516; ZEITLER, Liber conductionum (wie Anm. 80), S. 102 (Register); MUT 1 (wie Anm. 81), S. 244, Nr. 80, 31; EBERLEIN/LANG, Matrikel (wie Anm. 128), S. 116, Nr. 811; KUHN (wie Anm. 128), Nr. 3337.
243 PILL-RADEMACHER, Visitationen (wie Anm. 123), S. 534; HOFMANN, Artistenfakultät (wie Anm. 84), S. 7, 9 u. 246; ZEITLER, Liber conductionum (wie Anm. 80), S. 57, Nr. 152; EBERLEIN/LANG, Matrikel (wie Anm. 128), S. 114, Nr. 790; LUDWIG, Joachim Münsinger (wie Anm. 138), S. 113, Anm. 75; ROTH, Urkunden (wie Anm. 41), S. 170; KUHN (wie Anm. 128), Nr. 3917.

ten und derzeitigen Dekan Gabriel Sattler.[245] Als *Professor oratorum* fungierte Vay, als *Professor poeticus* Schweicker.[246]

Der Personalnotstand war nicht rasch zu beheben, verließen doch auch Zinck und der 1532 zum Konventor der Bursa moderna gewählte Magister Sebastian Linck[247] († 1548) Tübingen, um in Freiburg eine Anstellung zu finden, der eine als Lektor der Dialectica, der andere als Lektor für Grammatik und Rhetorik. Nach Freiburg war schon im Oktober 1534 Magister Johann Gaudens Anhauser[248] († 1542) gewechselt, im März 1534 in Tübingen noch zum Baccalaureus biblicus promoviert.[249] Auch der 1530 zum Konventor der Realistenburse gewählte Joachim Kegel[250] (um 1507–nach 1556), noch 1533/34 Dekan der Fakultät, stand nicht mehr zur Verfügung, hatte er doch Anfang Juli 1534 an der Juristenfakultät die Institutionen-Professur übernommen. Benignus kam erst Mitte 1535 und für Zinck fand sich Ende Mai der Pariser Magister Guillaume Bigot[251] ein, alsbald für die Vertretung der Physica angestellt, bei 100 Gul-

---

244 PILL-RADEMACHER, Visitationen (wie Anm. 123), S. 476f.; ZEITLER, Liber conductionum (wie Anm. 80), S. 86 (Register); EBERLEIN/LANG, Matrikel (wie Anm. 128), S. 120, Nr. 844; HOFMANN, Artistenfakultät (wie Anm. 84), S. 8 u. 12; KUHN (wie Anm. 128), Nr. 396; SCHIEK/SETZLER, Ehebuch (wie Anm. 142), Nr. 1140.

245 PILL-RADEMACHER, Visitationen (wie Anm. 123), S. 511f.; Mitteilungen aus dem F. Fürstenbergischen Archive, Bd. 1, bearbeitet von Franz Ludwig BAUMANN, Tübingen 1894, S. 199f., Nr. 271 (1531 Dez. 14): Empfehlung für Sattler, eine gute Zeit Konventor, auf die Pfarrei Löffingen, die er bereits 1532 wieder resigniert; 1537 amtierte Sattler als Notar der Universität, Akten des Reichskammergerichts im Hauptstaatsarchiv Stuttgart: I–M, Inventar des Bestands C 3, bearbeitet von Alexander BRUNOTTE u. Raimund J. WEBER (Veröffentlichungen der staatlichen Archivverwaltung Baden-Württemberg, Bd. 46/4), Stuttgart 2000, S. 438; Akten des Reichskammergerichts im Hauptstaatsarchiv Stuttgart: U–Z, Inventar des Bestands C 3, bearbeitet von Alexander BRUNOTTE u. Raimund J. WEBER (Veröffentlichungen der staatlichen Archivverwaltung Baden-Württemberg, Bd. 46/7), Stuttgart 2005, S. 60; HOFMANN, Artistenfakultät (wie Anm. 84), S. 8f., 12, 14, 89, Anm. 172, S. 109, 207, Anm. 166, S. 229 u. 238; ZEITLER, Liber conductionum (wie Anm. 80), S. 102 (Register); EBERLEIN/LANG, Matrikel (wie Anm. 128), S. 114, Nr. 789; KUHN (wie Anm. 128), Nr. 2945; Ende 1557 wird Gabriel Sattler als verstorben bezeichnet, SCHIEK/SETZLER, Ehebuch (wie Anm. 142), Nr. 269 – ebenso Nr. 556 zu 1563.

246 PILL-RADEMACHER, Visitationen (wie Anm. 123), S. 402.

247 EBERLEIN/LANG, Matrikel (wie Anm. 128), S. 116, Nr. 803; ZEITLER, Liber conductionum (wie Anm. 80), S. 55, Nr. 144; HOFMANN, Artistenfakultät (wie Anm. 84), S. 7 u. 9; KUHN (wie Anm. 128), Nr. 2187; LUDWIG, Joachim Münsinger (wie Anm. 138), S. 110–113, mit Hinweis in Anm. 65 auf ein Empfehlungsgedicht Lincks; Doris WITTMANN, Art. „Linck (Link, Sutoris), Sebastian", in: Biographisches Lexikon der Universität München (wie Anm. 100), S. 244f.

248 EBERLEIN/LANG, Matrikel (wie Anm. 128), S. 116, Nr. 801; LUDWIG, Joachim Münsinger (wie Anm. 138), S. 113; KUHN (wie Anm. 128), Nr. 1510.

249 KÖTZ, Vorreformatorische Matrikeln (wie Anm. 137), S. 285, Nr. 58.

250 EBERLEIN/LANG, Matrikel (wie Anm. 128), S. 111, Nr. 749; ZEITLER, Liber conductionum (wie Anm. 80), S. 95 (Register); HOFMANN, Artistenfakultät (wie Anm. 84), S. 7, 9 u. 229; KUHN (wie Anm. 128), Nr. 617; FINKE, Professoren der Juristenfakultät (wie Anm. 45), S. 160f.; DERS., Juristenfakultät (wie Anm. 140), S. 213; Siegfried FREY, Das württembergische Hofgericht (1460–1618) (Veröffentlichungen der Kommission für geschichtliche Landeskunde in Baden-Württemberg, Reihe B, Bd. 113), Stuttgart 1989, S. 185; HALLER, Die Tübinger Juristenfakultät 1534–1601 (wie Anm. 140), S. 62.

den Gehalt, freier Kost und Wohnung in der Burse. Daneben standen anscheinend folgende Lehrkräfte noch zur Verfügung: Jakob Denger,[252] im August 1534 als Konventor in der Bursa moderna genannt, ebenso wie Magister Christoph Röser[253] († 1547) als Konventor in der Realistenburse, ferner Magister Kaspar Beer[254] (1513–1557), Ende Oktober 1534 zum Konventor bestellt. Vielleicht amtierte noch Magister Johannes Stürmlin[255] († 1565) genannt Bietigheimer, 1529 zum Konventor *viae modernae* 1565) genannt Bietigheimer, 1529 zum Konventor *viae modernae* bestellt und 1534 als *Rector bursae modernorum* bezeugt. Bis zu seinem Übetritt in die Medizinische Fakultät im April 1535 wirkte wohl ebenfalls noch Johannes Reminger/Reninger[256] († 1539) an der Artistenfakultät. Er begegnet in den Quellen schon im März 1512 als Konventor der Realistenburse,[257] promovierte 1518 zum Doktor der Medizin und wurde 1533 zum Kollegiaten ernannt. Von ihm haben sich – mehr oder weniger einzigartig in der vorreformatorischen Tübinger Universitätsgeschichte – Produkte seiner Lehrtätigkeit in der Realistenburse aus den Jahren 1527 und 1528 erhalten: Vorlesungsmitschriften zur Meteora und zu De caelo et mundo.[258]

---

251 ZEITLER, Liber conductionum (wie Anm. 80), S. 62, Nr. 168; HOFMANN, Artistenfakultät (wie Anm. 84), S. 9, 12, 212 u. 246; Melanchthons Briefwechsel, Bd. 11 (wie Anm. 110), S. 159; KUSUKAWA, The transformation of natural philosophy (wie Anm. 239), S. 110f.; DIES., Lutheran uses of Aristotle (wie Anm. 239), S. 170f.; http://fr.wikipedia.org/wiki/Guillaume_Bigot (17.03.2011).

252 EBERLEIN/LANG, Matrikel (wie Anm. 128), S. 116, Nr. 804; KUHN (wie Anm. 128), Nr. 946; ZEITLER, Liber conductionum (wie Anm. 80), S. 61, Nr. 163; HOFMANN, Artistenfakultät (wie Anm. 84), S. 7f.

253 EBERLEIN/LANG, Matrikel (wie Anm. 128), S. 117, Nr. 815; KUHN (wie Anm. 128), Nr. 2817; ZEITLER, Liber conductionum (wie Anm. 80), S. 61, Nr. 163, u. S. 76f., Nr. 208; HOFMANN, Artistenfakultät (wie Anm. 84), S. 7f.; HALLER, Die Tübinger Juristenfakultät 1534–1601 (wie Anm. 140), S. 85; SCHIEK/SETZLER, Ehebuch (wie Anm. 142), Nr. 340.

254 BERNHARDT, Zentralbehörden (wie Anm. 142) I, S. 147f; PILL-RADEMACHER, Visitationen (wie Anm. 123), S. 476; EBERLEIN/LANG, Matrikel (wie Anm. 128), S. 118, Nr. 830; KUHN (wie Anm. 128), Nr. 206; ZEITLER, Liber conductionum (wie Anm. 80), S. 61, Nr. 164; HOFMANN, Artistenfakultät (wie Anm. 84), S. 7f., 112 u. 211; SCHIEK/SETZLER, Ehebuch (wie Anm. 142), Nr. 623 u. 989.

255 EBERLEIN/LANG, Matrikel (wie Anm. 128), S. 102, Nr. 647; KUHN (wie Anm. 128), Nr. 3513; ZEITLER, Liber conductionum (wie Anm. 80), S. 105 (Register); HOFMANN, Artistenfakultät (wie Anm. 84), S. 7; FREY, Hofgericht (wie Anm. 250), S. 209.

256 KÖTZ, Vorreformatorische Matrikeln (wie Anm. 137), S. 288, Nr. 9; ZEITLER, Liber conductionum (wie Anm. 80), S. 57, Nr. 151; KUHN (wie Anm. 128), Nr. 2864; PILL-RADEMACHER, Visitationen (wie Anm. 123), S. 508; HOFMANN, Artistenfakultät (wie Anm. 84), S. 7f. mit Anm. 36; SCHIEK/SETZLER, Ehebuch (wie Anm. 142), Nr. 16.

257 Sönke LORENZ, Melanchthon in Tübingen. Zwischen Studia humaniora, Buchdruck und Burse, in: Friedrich SCHWEITZER / Sönke LORENZ / Ernst SEIDEL (Hrsg.), Philipp Melanchthon. Seine Bedeutung für Kirche und Theologie, Bildung und Wissenschaft (Theologie Interdisziplinär, Bd. 8), Neukirchen-Vluyn 2010, S. 27–57, hier S. 33 f.

258 LOHR, Renaissance Latin Aristotle Commentaries (wie Anm. 239), S. 686 f.: Paris BN, Cod. lat. 6744, fol. 1ʳ–28ᵛ, *Collectanea super I librum Meteororum Aristotelis collecta a me Reinhardo de Haussen A. D. 1527 praelegente eximio dom. doctore Johanne Reninger in Bursa Realium medicinae artis expertissimo*, fol. 29ʳ–47ᵛ, *In Aristotelis De caelo et mundo collectanea ab eximio doctore Johanne Reninger praelecta Tubingae anno 1528*, fol. 49ʳ–67ᵛ, *Eximii doctoris Johannes Reningensis medicinae professoris*

Ende Juni 1535 mußte Grynäus nach Basel zurückkehren,[259] für ihn kam von Basel Paul Constantin Phrygio[260] (1483–1543) nach Tübingen, als Professor der Theologie und bis Oktober 1536 – neben Blarer – ständiger Universitätskommissar.[261] Folgenreich für die Universität und die Artistenfakultät erwies sich die auf Empfehlung von Melanchthon und Grynäus erfolgte Berufung von Joachim Camerarius[262] (1500–1574). Am 30. Juni 1535 wurde er als Gräzist angestellt,[263] besoldet mit 200 Gulden jährlich, und bald auch zum ständigen Kommissar der Stuttgarter Regierung bestimmt.[264] Mit ihm gewann ein Vertrauter Melanchthons und Anhänger der Wittenberger Richtung der Reformation entscheidenden Einfluß auf das Geschehen an der Universität. So zeichnete Camerarius sowohl verantwortlich[265] für die neuen Statuten der Tübinger Artistenfakultät[266] wie auch des Contuberniums,[267] beide von 1536. Wenn Hofmann und Pill-Rademacher richtig sehen,[268] datieren die Fakultätsstatuten auf den 3. No-

---

facile praecipui in Aristotelis Meteoron dicta quaedam iuxta philosophos generalia; zum Schreiber der Bearbeitungen: KUHN (wie Anm. 128), Nr. 2012.

259 MOELLER, Neue Nachträge (wie Anm. 197), S. 65; RÄDLE, Simon Grynaeus (wie Anm. 196), S. 60 f., Nr. 19, mit Anm. 3; PILL-RADEMACHER, Visitationen (wie Anm. 123), S. 131 ff.

260 Sabine HOLTZ, Art. „Phrygio, Paul Constantinus", in: Biographisch-Bibliographisches Kirchenlexikon 7 (1994), S. 559 ff.; Benjamin STEINER, Die Ordnung der Geschichte. Historische Tabellenwerke in der Frühen Neuzeit (Norm und Struktur, Bd. 34), Köln u. a. 2008, S. 87–97 und öfter; Stefan KÖTZ, Die Matrikel der Theologischen Fakultät der Universität Tübingen von der Reformation bis zum Ende des 17. Jahrhunderts (1536–1683/94), in: Die Universität Tübingen zwischen Reformation und Dreißigjährigem Krieg. Festgabe für Dieter Mertens zum 70. Geburtstag, hrsg. von Ulrich KÖPF, Sönke LORENZ u. Dieter R. BAUER (Tübinger Bausteine zur Landesgeschichte, Bd. 14), Ostfildern 2010, S. 387–472, hier S. 417, Nr. 59 f.; MOELLER, Neue Nachträge (wie Anm. 197), S. 71 f., Nr. 3, Anm. 7; PILL-RADEMACHER, Visitationen (wie Anm. 123), S. 506 f.; Reinhold RAU, Die Bücherei des D. Paul Phrygio, in: Blätter für württembergische Kirchengeschichte 49 (1949), S. 70–85.

261 Vgl. PILL-RADEMACHER, Visitationen (wie Anm. 123), S. 134 f. u. 148 ff.; HELD, Blarer im Herzogtum Württemberg (wie Anm. 194), S. 187.

262 Statt vieler: KUNKLER, Zwischen Humanismus und Reformation (wie Anm. 221); DERS., der Humanist Joachim Camerarius d. Ä. und sein pädagogisches System, in: Rainer KÖSSLING / Günther WARTENBERG (Hrsg.), Joachim Camerarius (Leipziger Studien zur klassischen Philologie 1), Tübingen 2003, S. 263–285; WIDMANN, Tübingen als Verlagsstadt (wie Anm. 120), S. 52; Frank BARON a. Michael H. SHAW, The Publications of Joachim Camerarius, in: Joachim Camerarius (1500–1574). Beiträge zur Geschichte des Humanismus im Zeitalter der Reformation, hrsg. und eingeleitet von Frank BARON (Humanistische Bibliothek, Reihe I: Abhandlungen, Bd. 24), München 1978, S. 231–251; Melanchthons Briefwechsel, Bd. 11 (wie Anm. 110), S. 253–257.

263 ZEITLER, Liber conductionum (wie Anm. 80), S. 63, Nr. 169a; vgl. RÄDLE, Simon Grynaeus (wie Anm. 196), S. 62–70, Nr. 20–24; KUNKLER, Zwischen Humanismus und Reformation (wie Anm. 221), S. 134 f.

264 PILL-RADEMACHER, Visitationen (wie Anm. 123), S. 133 f.; Fritz ERNST, Die wirtschaftliche Ausstattung der Universität Tübingen in ihren ersten Jahrzehnten (1477–1537) (Darstellungen aus der Württembergischen Geschichte, Bd. 20), Stuttgart 1929, S. 86; RÄDLE, Simon Grynaeus (wie Anm. 196), S. 66, Nr. 22.

265 Vgl. HOFMANN, Artistenfakultät (wie Anm. 84), S. 58–63; PILL-RADEMACHER, Visitationen (wie Anm. 123), S. 141; ROTH, Urkunden (wie Anm. 41), S. 381 u. 425 f.

266 „Statuten von 1536", in: ROTH, Urkunden (wie Anm. 41), S. 381–401.

267 „Statuten des Contuberniums 1536", in: ROTH, Urkunden (wie Anm. 41), S. 425–448.

vember 1536 und sind im Zusammenwirken von Camerarius mit Melanchthon entstanden, der Ende September 1536 in Tübingen eintraf und rund drei Wochen lang bei Camerarius wohnte. Auf Ersuchen der württembergischen Regierung beschäftigte er sich mit der Reform und Reformation der Hochschule.[269] Melanchthons Bildungskonzeption ist bekannt,[270] er hatte ihre pädagogisch-didaktischen Unterrichtsprinzipien in Wittenberg weiterentwickelt und ihnen wohl bereits 1527 bei der Gründung von Marburg zur Anwendung verhelfen können.[271] Auf Melanchthons Empfehlung hin wurde Johannes Brenz[272] (1499–1570), Prediger in Hall, als Universitätskommissar und Theologieprofessor[273] gewonnen, wenn auch nur für ein Jahr.[274]

Unter dem Titel *De doctrina studii bonarum artium* halten die neuen Fakultätsstatuten von 1536 einen Stundenplan fest, der vor der Mittagszeit für die Baccalaureanden entsprechend der Ordnung von Januar 1535 in der 6. Stunde *praecepta Dialecticae* und in der 7. Stunde *Rhetorica* vorsieht.[275] Die Magistranden hatten in der 7. Stunde die Veranstaltung zur Physica und in der 8. zur Ethica zu besuchen.[276] Die aristotelische Ethik war folglich wieder in den Lehrplan zurückgekehrt – entgegen der im Gutachten von Blarer und Grynäus geäußerten Auffassung.[277] Die 11. Stunde gehörte Euklid, in der 1. Stunde ging es um die *lingua graeca*, in der 3. um die *lingua latina* anhand bewährter *authores*, in der 4. um *Philosophia aristotelica*, und zwar *ordine ac uia conueniente*, vermutlich ging es um die Schriften des Stagiriten zur Philosophia naturalis. In der 12. Stunde standen die *hebraicae literae* auf dem Lehrplan. Auch hatte man Veranstaltungen zu besuchen, in denen es um die Auslegung der Heiligen Schrift ging.[278] Die Fächer werden noch einmal zusammengefaßt im Rahmen der Zulassungsbestimmungen aufgezählt: Die angehenden Bakkalare hatten den Besuch von Lehrveranstaltungen zu Dialectica, Rhetorica, Euklid, *Philosophia aristotelica*, Latein, Griechisch und der Heiligen Schrift nachzuweisen, die angehenden Magister zu Physica und Ethica.[279] Die Schüler im Paedagogium hatten sich in der 12. Stunde mit der lateinischen Grammatik

---

268 HOFMANN, Artistenfakultät (wie Anm. 84), S. 58; PILL-RADEMACHER, Visitationen (wie Anm. 123), S. 152.
269 Ausführlich PILL-RADEMACHER, Visitationen (wie Anm. 123), S. 141–148.
270 Statt vieler: ASCHE, Frequenzeinbrüche und Reformen (wie Anm. 66), S. 72–79.
271 Barbara BAUER, Melanchthon in Marburg, in: Barbara BAUER (Hrsg.), Melanchthon und die Marburger Professoren (1527–1627), Bd. 1, Marburg 1999, S. 1–29, hier S. 2f., 14, 16 u. 20f.
272 Statt vieler: Melanchthons Briefwechsel, Bd. 11 (wie Anm. 110), S. 214ff.
273 Nicht in der Matrikel verzeichnet: KÖTZ, Die Matrikel der Theologischen Fakultät (wie Anm. 260), S. 417; vgl. Christian BINDER, Wirtembergs Kirchen- und Lehrämter [1], Tübingen 1798, S. 351 mit Anm. *; Christian Friedrich SCHNURRER, Erläuterungen der Würtembergischen Kirchen-, Reformations- und Gelehrten-Geschichte, Tübingen 1798, S. 376f.: *mehr Commissarius als Lehrer*.
274 Vgl. KÖPF, Johannes Brenz in Tübingen (wie Anm. 198), S. 292–295.
275 „Statuten von 1536" (wie Anm. 266), S. 386; so auch „Statuten des Contuberniums 1536" (wie Anm. 267), S. 444.
276 „Statuten von 1536" (wie Anm. 266), S. 387.
277 HOFMANN, Artistenfakultät (wie Anm. 84), S. 124.
278 „Statuten von 1536" (wie Anm. 266), S. 387.
279 „Statuten von 1536" (wie Anm. 266), S. 391; siehe auch den Titel *Examinationum modus et obseruatio*, ebd., S. 397f.

auseinanderzusetzen, in der 8. und 9. Stunde lateinische Redewendungen und das Schreiben zu üben, in der 11. Stunde standen Epistolae aut Officia aut similem libellum Ciceronis auf dem Plan, und in der 3. ging es um Terenz.[280] Überdeutlich zeigt sich die Aufgabe des Paedagogiums, die Schüler zu sattelfesten Lateinern auszubilden. Die Statuten für das Contubernium kennen einen als Rector contubernii bezeichneten Magister, der dem collegium der an der Burse beschäftigten Magister vorsteht.[281]

Mit Kollegium ist nicht mehr jene gleichnamige Einrichtung gemeint, beherbergt in der Münzgasse,[282] die seit der Gründung 1477 vier besoldete Kollegiaten, collegiati, umfaßte, sondern der Lehrkörper der Burse. Das jetzt als Collegium magistrorum in Contubernio bezeichnete Gremium soll ausdrücklich an die Stelle der älteren Organisationsform der Konventoren und Kollegiaten[283] treten.[284] Alle, die im Rahmen der artes bonae unterrichten und als Angestellte ein Gehalt von der Universität beziehen, gehören dem neuen Collegium an.[285] Diese Bestimmung scheint aber nicht ganz unproblematisch gewesen zu sein, wie man der am 3. November im selben Jahr 1536 im Namen Herzog Ulrichs erlassenen „Confirmatio Priuilegiorum Vniuersitatis"[286] entnehmen kann. So wird der Fall besprochen, daß die „lectores der lateinischen vnd griechischen sprach der facultati Artium nit eingeleibt" wären. Mit anderen Worten, die Ordnung rechnet damit, daß nicht alle Lektoren der Artistenfakultät – gemeint ist wohl der Fakultätsrat – angehören. Da nun aber die Aufgaben der beiden Lekturen von der Artistenfakultät „gar nit zu scheiden", sollen ihre Inhaber sich gleichwohl den Interessen der Fakultät in allem verpflichtet zeigen.[287] In den neuen Statuten von 1536 wird der Fakultätsrat mit Consilium communitatis umschrieben, dem neben dem Dekan die Magistri contubernalis collegii sowie die Magistri paedagogii angehören,[288] also alle in der Burse und im Paedagogium angestellten Magister. Dieser Passus steht im Gegensatz zu einem Senatsbeschluß vom 18. Februar 1535, laut dem in Zukunft neben den fünf Konventoren und den zwei Magistern am Paedagogium die professores für Griechisch, Hebräisch, Astronomie (astronomus), Rhetorik (orator) und Poetik (poeta) zum consilium facultatis gehören sollten, sofern sie Magister waren.[289] Laut der gründlichen

---

280 „Statuten von 1536" (wie Anm. 266), S. 387; HOFMANN, Artistenfakultät (wie Anm. 84), S. 109.
281 „Statuten des Contuberniums 1536" (wie Anm. 267), S. 431: Conuentores quondam et collegiatos sui seculi nominibus aliquos magistros dixere. Hoc collegium accipiendum eorum magistrorum, qui quoque tempore conducti fuerint stipendiis Vniuersitatis huius scholae ad bonas artes in Contubernio docendas.
282 Das Gebäude wurde 1536 von der Regierung der Universität zur freien Verfügung überlassen, „Herzog Ulrichs zweite Ordnung", in: ROTH, Urkunden (wie Anm. 41), S. 185–198, hier S. 195 (14).
283 Von den Kollegiaten heißt es im selben Jahr 1536, sie seien „abgegangen", „Herzog Ulrichs zweite Ordnung" (wie Anm. 282), S. 195.
284 „Statuten des Contuberniums 1536" (wie Anm. 267), S. 443: Conuentorum et collegiatorum prioris seculi appellatio emendata est Collegii Magistrorum in Contubernio nomine. – Siehe auch Anm. 281.
285 „Statuten des Contuberniums 1536" (wie Anm. 267), S. 443: Vnam enim omnium, qui conducti stipendiis ab vniuersitate scolæ huius bonas artes docent, rationem esse putandum.- Siehe auch Anm. 281.
286 „Herzog Ulrichs zweite Ordnung" (wie Anm. 282); PILL-RADEMACHER, Visitationen (wie Anm. 123), S. 146 u. 150 ff.
287 „Herzog Ulrichs zweite Ordnung" (wie Anm. 282), S. 191.
288 „Statuten von 1536" (wie Anm. 266), S. 386.
289 HOFMANN, Artistenfakultät (wie Anm. 84), S. 51 unter Verweis auf UAT 6/25, Nr. 2a, S. 7ᵛ.

Untersuchung von Norbert Hofmann änderte die Verfügung der Fakultätsstatuten an den vom Senatsbeschluß intendierten Vorgaben nur wenig. Bis zur grundlegenden Neuordnung von 1544 gehörten lediglich die Lektoren für Griechisch, Hebräisch und Astronomie nicht mehr zum Fakultätsrat.[290]

Als Ausstattung des Lehrkörpers nennt die sogenannte „zweite Ordnung" Ulrichs neben jetzt drei Theologen, statt zwei wie in der Ordnung von 1535, sechs Juristen, zwei Mediziner, „vier Lectiones in artibus", „eine besundere Aristotelis", eine Stelle für Mathematik, einen Lektor für Latein, einen für Griechisch, einen Hebraisten und einen als Paedagogarcha bezeichneten Leiter des Paedagogiums nebst diesem „zugeordnete Magistri".[291] Das entspricht den Vorstellungen der Ordnung von Anfang 1535, wo von sieben „Artisten", einem Hebraisten und einem Gräzisten nebst vier Magistern am Paedagogium die Rede war. Diesem Personenkreis oblag es, den Baccalaureanden *Dialectica* und *Rethorica* zu vermitteln, „alles lut irer der Artisten reformierten Statuten".[292] Konform mit den Statuten von 1536 gingen auch die Verpflichtungen der Magistranden, die Physik und Ethik zu hören hatten. Überhaupt sollten alle Promovenden in Astronomie, Arithmetik, Geometrie,[293] *Philosophia Aristotelis* und Griechisch unterrichtet werden, ferner Latein, „sonderlich Poetarum". Hebräisch sollten alle lernen, die zukünftig Theologie studieren wollten. In Camerarius' Vorgehen kann man ein Abrücken vom stark religiös ausgerichteten Konzept von Blarer und Grynäus erkennen. „Es ist deutlich zu sehen, wie es bereits 1536 wieder zu jenem Überwiegen der *doctrina* über die *pietas* kam, das die Männer der ersten Stunde so sehr gegeißelt hatten."[294]

Festzuhalten ist, daß nach der militärischen Rückgewinnung Württembergs durch Herzog Ulrich 1534 und der umgehenden Einführung der Reformation der Universität Tübingen völlig neue Aufgaben und Rahmenbedingungen vermittelt worden waren. In Ulrichs zwei Ordnungen schlug sich die Universitätsreform nieder. In ihr verbanden sich, wie in der reformatorischen Neuordnung des Universitätswesens im allgemeinen, humanistische und religiöse Elemente miteinander. Das religiöse Anliegen kam direkt und klar zum Ausdruck, wenn der Herzog 1535 und mit ähnlichen Worten 1536 verlangte, daß alle, die jetzt zu Professoren bestellt wurden, und zwar in allen Fakultäten, gelehrte und zugleich christliche Männer sein sollten, und daß jene, die sich der wahren evangelischen Lehre widersetzten, entlassen werden sollten.[295] Damit war für die Professoren aller Fakultäten der evangelische Glaube zur Bedingung gemacht.[296]

---

290 HOFMANN, Artistenfakultät (wie Anm. 84), S. 51.
291 „Herzog Ulrichs zweite Ordnung" (wie Anm. 282), S. 187.
292 „Herzog Ulrichs zweite Ordnung" (wie Anm. 282), S. 189f.
293 [...] denen so in Artibus promouiern wöllen, Sphäram vnd Elementa Arithmeticä vnd Geometriä, [...] doch das Mathemata vßgenommen, obenuermelter Biecher Sphärä vnd Elementorum Geometriä vnd die hebraischen *Lectio frey* vnd dartzu keiner verbunden sei, „Herzog Ulrichs zweite Ordnung" (wie Anm. 282), S. 190.
294 HOFMANN, Artistenfakultät (wie Anm. 84), S. 124.
295 „Reformation und newe Ordnung" (wie Anm. 207), S. 184; „Herzog Ulrichs zweite Ordnung" (wie Anm. 282), S. 193.
296 Ulrich KÖPF, Die Verfassung der Universität Tübingen zwischen Reformation und Dreißigjährigem Krieg, in: DERS./LORENZ/BAUER, Die Universität Tübingen zwischen Reformation und Dreißigjährigem Krieg (wie Anm. 260), S. 23–39, hier S. 26f.

Auch zwei humanistische Grundforderungen wurden umgesetzt. Die eine betraf die für die herkömmliche Scholastik grundlegenden Schulrichtungen. So wurde 1535 die Vereinigung der beiden Bursen, in denen bisher nach via antiqua und via moderna getrennt gelehrt worden war, zu einer einzigen Einrichtung angeordnet, in der die Philosophie „pur vnd luter gelert vnd den Jungen fürgetragen" werden solle,[297] also auf der Grundlage der antiken Texte und nicht mehr anhand der scholastischen Kommentare. Damit hing die zweite Forderung zusammen: die philosophischen Texte bei den Artisten wie die biblischen bei den Theologen nicht mehr auf Grund der lateinischen Übersetzungen, sondern auf Grund der griechischen und hebräischen Originale auszulegen.[298] So galt als wichtigste Voraussetzung für einen Lehrbetrieb im humanistischen Sinn die solide Kenntnis der drei alten Sprachen. Für sie wurde im Herzogtum Württemberg dadurch gesorgt, daß man die Universität in ein dreigestuftes Schulsystem mit genauem Lehrplan einfügte. Dem eigentlichen akademischen Studium schickte man als erstes eine Trivialschule voraus, in deren Mittelpunkt das Latein stand. Die zweite Schule bildete das in der Tübinger Burse angesiedelte Paedagogium. Es lieferte den Unterbau für die immatrikulierten Anfänger an der Artistenfakultät, vergleichbar einem Gymnasium, und sollte als Bindeglied zwischen Lateinschule und Universität fungieren. Mit Hilfe des Paedagogiums wollte man gewährleisten, daß zukünftig in den Baccalaureats-Kursen keine Studenten mehr angetroffen werden sollten, die nicht über eine ausreichende Vorbildung verfügten. Unterteilt in Klassen und betreut von drei Magistern und einem Paedagogarchen, der dem Lehrpersonal vorstand, galt es, den Studenten neben vertiefter Kenntnis der lateinischen Sprache und Literatur auch bereits die Anfangsgründe der griechischen Sprache zu vermitteln. Als dritte Stufe schließlich sollte die Universität an ihrer Artistenfakultät gründliche Kenntnisse des Griechischen und freiwillig – für die künftigen Theologen – des Hebräischen vermitteln.[299]

War damit bereits die Richtung vorgegeben, so bedeutete die im Februar 1536 nach dem Marburger Vorbild erfolgte Gründung des Herzoglichen Stipendiums in Tübingen[300] zur Sicherstellung vornehmlich des geistlichen Nachwuchses für den Kirchen- und Schuldienst einen weiteren Schritt auf dem Weg zu einer erfolgreichen Reformation. Damals noch nicht absehbar, sollte sich das nach seinem 1547 bezogenen Wohnort, dem umgebauten Kloster der Augustiner-Eremiten, als „Stift" bezeichnete Stipendium[301] rasch und auf Dauer zu einer der erfolgreichsten und wirksamsten Einrichtungen im Schul- und Geistesleben Württembergs entwickeln.[302] Gegründet aus der

---

297 „Reformation und newe Ordnung" (wie Anm. 207), S. 177.
298 KÖPF, Die Verfassung (wie Anm. 296), S. 27.
299 KÖPF, Die Verfassung (wie Anm. 296), S. 28.
300 Vgl. SCHMOLLER, Anfänge (wie Anm. 238); HAUER, Lokale Schulentwicklung (wie Anm. 212), S. 76 ff.
301 Werner-Ulrich DEETJEN, Vom Stift zu Tübingen. Assoziationen zu seinen Anfängen, in: In Wahrheit und Freiheit. 450 Jahre Evangelisches Stift in Tübingen, hrsg. von Friedrich HERTEL (Quellen und Forschungen zur württembergischen Kirchengeschichte, Bd. 8), Stuttgart 1986, S. 15–28, hier S. 24.
302 Martin BRECHT, Konzeptionen der Theologenausbildung, in: HERTEL, In Wahrheit und Frei-

Notlage heraus, möglichst schnell die Heranbildung einer evangelischen Pfarrerschaft sicherzustellen, brachte man im Frühjahr 1537 zunächst 14 Stipendiaten im westlichen Teil der Burse unter.[303] Schon bald reichte der Platz in der Burse für die wachsende Zahl der Stipendiaten nicht mehr aus, so daß sich die Universität seit 1540 beim Herzog um das Kloster der Augustiner-Eremiten bemühte, an dem die Universität gewisse Rechte besaß. 1547 endlich wurde das Kloster an der Tübinger Neckarfront förmlich zur Aufnahme der mittlerweile 42 Stipendiaten bestimmt.[304] 1551 waren es bereits 70 Stipendiaten,[305] deren Zahl die Ordination des Stipendiums von 1557 auf 100 aufstockte, bevor sie Herzog Christoph 1565, nachdem es zwischen 1557 und 1560 zu Um- und Erweiterungsbauten gekommen war, nochmals auf 150 erhöhte.[306] Damit war das Stift zu einer maßgeblichen Einrichtung geworden, die über die obligate Ausbildung ihrer Zöglinge zu Magistern auch den Alltag der Artistenfakultät mitbestimmte. Allerdings: Das Stift insgesamt als ein Wohn- und Studienheim, maßgeblich vor allem für württembergische Studenten der Theologie, unterstand dem 1553 geschaffenen Kirchenrat in Stuttgart.[307] Der Kirchenrat stand an der Spitze der kirchlichen Behördenorganisation Württembergs und bestand aus einem politisch-ökonomischen und einem theologischen Ressort, dem Konsistorium. Seine Zuständigkeit umfaßte die gesamte Personalverwaltung und Stellenbesetzung in Kirche und Schule. Die Kosten des Stifts trugen im wesentlichen die Ämter des Herzogtums Württemberg, die damit für die Ausbildung ihrer zukünftigen Seelsorger in die Pflicht genommen wurden. Das Stipendium bestand in der Gewährung von Kost, Wohnung und Arbeitsmöglichkeiten. Die Stipendiaten mußten sich verpflichten, in den württembergischen Kirchen- und Schuldienst einzutreten. Die Stipendiaten studierten – und studieren – an sich an der Universität, gehören aber gleichzeitig der Wohn- und Lebensgemeinschaft des Stifts an. Ihr Studium wurde – und wird noch immer – zusätzlich gefördert und begleitet durch besondere Übungen und durch wissenschaftliche und persönliche Be-

---

heit (wie Anm. 301), S. 29–46, hier S. 29; BRECHT/EHMER, Südwestdeutsche Reformationsgeschichte (wie Anm. 192), S. 253 ff.; DEETJEN, Vom Stift zu Tübingen (wie Anm. 301), S. 22 ff.; PILL-RADEMACHER, Visitationen (wie Anm. 123), S. 136–141 u. 333–337; Martin LEUBE, Geschichte des Tübinger Stifts, Teil 1: 16. und 17. Jahrhundert, Stuttgart 1921, S. 8–13.

303 Vgl. HOFMANN, Artistenfakultät (wie Anm. 84), S. 147 ff.; KÖPF, Die Verfassung (wie Anm. 296), S. 28 f.

304 SCHNURRER, Erläuterungen (wie Anm. 273), S. 443; LEUBE, Stift 1 (wie Anm. 302), S. 12 u. 21; die „Türkensteuerliste der Universitätsverwandten von 1544" führt 40 Namen „gemeyner stipendiaten so noch nicht magistri seyen" auf: RAU, Die ältesten Tübinger Steuerlisten (wie Anm. 231), S. 55 f.

305 SCHNURRER, Erläuterungen (wie Anm. 273), S. 448; LEUBE, Stift 1 (wie Anm. 302), S. 14.

306 SCHNURRER, Erläuterungen (wie Anm. 273), S. 457; LEUBE, Stift 1 (wie Anm. 302), S. 17 u. 20.

307 Martin BRECHT, Kirchenordnung und Kirchenzucht in Württemberg vom 16. bis zum 18. Jahrhundert (Quellen und Forschungen zur württembergischen Kirchengeschichte, Bd. 1), Stuttgart 1967, S. 34 f.; Sabine HOLTZ, Württembergische Landeskirche und territoriale Identität, in: Kirche und Regionalbewusstsein in der Frühen Neuzeit. Konfessionell bestimmte Identifikationsprozesse in den Territorien, hrsg. von Irene DINGEL u. Günther WARTENBERG (Leucoreastudien zur Geschichte der Reformation und der Lutherischen Orthodoxie, Bd. 10), Leipzig 2009, S. 129–139, hier S. 134.

ratung. „So ist das Stift zwar auf das engste mit der Tübinger Universität verbunden, aber dennoch eine selbständige Einrichtung mit einer eigenen Geschichte."[308]

Die Personalpolitik der Universität geriet Ende 1536 in Bewegung, wie der Liber conductionum aufzeigt. Nach einer Pause von rund eineinhalb Jahren wurden am 6. und 8. Dezember von der Hochschule wieder Anstellungen für den Bereich der Artistenfakultät vergeben. Benignus erhielt für ein Jahr die Aufgabe, poetica vel rhetorica zu lesen, gegen ein Gehalt von 70 Gulden.[309] Schegk übertrug man für ein halbes Jahr die publica lectionis Aristotelis, für ein Gehalt von 35 Gulden.[310] Brastberger sollte dialectica lesen, für ein halbes Jahr und 20 Gulden,[311] ebenso Schweicker rhetorica,[312] Kämmerlin physica[313] – Bigot war nach Basel weitergezogen[314] – und Schott ethica.[315] Vay wurde für ein halbes Jahr und 30 Gulden als Paedagogarcha angestellt[316] und Sattler erhielt ebenfalls eine Aufgabe im Paedagogium, für 20 Gulden.[317] Mit dem Straßburger Johannes Hyltebrant[318] († 1568) war endlich ein Hebraist gewonnen, für ein halbes Jahr und 20 Gulden, der zudem zwischenzeitlich extraordinarie elementa arithmetices et geometria unterrichten sollte, für weitere fünf Gulden. Hyltebrant, auf Vermittlung von Grynäus und Blarer Anfang Juli 1535 aus Straßburg gekommen,[319] war noch nicht zum Magister promoviert, falls er den Grad erwarb, wollte man ihn bei der Besetzung der lectio mathematices bedenken.[320] Im Juni 1537 folgte noch doctor Imsser, für ein ganzes Jahr und 80 Gulden, ad lectionem mathematices.[321] Der anerkannte und wie sein Gehalt zeigt begehrte Astronom hatte folglich nach rund zwei Jahren den Weg von Freiburg zurück nach Tübingen gefunden. So besaß die Fakultät um die Mitte 1537 folgendes Gesicht: Benignus las poetica und rethorica, Schweicker rethorica, Camerarius fungierte als Gräzist, Hyltebrant als Hebraist, Imsser als Mathematicus, Brastberger las dialectica, Kämmerlin physica, Schott ethica, und Schegk hatte die Aristoteles-Vorlesung inne. Am Paedagogium wirkten Vay und Sattler. Man kann folglich immer noch die fünf alten Lekturen erkennen sowie vier Professuren für das Corpus Aristotelicum und zwei

---

308 Martin BRECHT, Evangelisches Stift, in: Der Landkreis Tübingen, Amtliche Kreisbeschreibung, hrsg. von der Staatlichen Archivverwaltung Baden-Württemberg in Verbindung mit dem Landkreis Tübingen, Bd. 3, Stuttgart 1974, S. 217–222, hier S. 217.
309 ZEITLER, Liber conductionum (wie Anm. 80), S. 65, Nr. 172.
310 ZEITLER, Liber conductionum (wie Anm. 80), S. 65, Nr. 173.
311 ZEITLER, Liber conductionum (wie Anm. 80), S. 65, Nr. 174.
312 ZEITLER, Liber conductionum (wie Anm. 80), S. 65, Nr. 175.
313 ZEITLER, Liber conductionum (wie Anm. 80), S. 66, Nr. 176.
314 HOFMANN, Artistenfakultät (wie Anm. 84), S. 12; HELD, Blarer im Herzogtum Württemberg (wie Anm. 194), S. 188.
315 ZEITLER, Liber conductionum (wie Anm. 80), S. 66, Nr. 177.
316 ZEITLER, Liber conductionum (wie Anm. 80), S. 66, Nr. 178.
317 ZEITLER, Liber conductionum (wie Anm. 80), S. 66, Nr. 180.
318 MUT I (wie Anm. 81), S. 279, Nr. 105,19; SCHNURRER, Lehrer (wie Anm. 109), S. 92–95; MOELLER, Neue Nachträge (wie Anm. 197), S. 74, Anm. 3.
319 MOELLER, Neue Nachträge (wie Anm. 197), S. 73 ff., Nr. 4, u. S. 76–79, Nr. 6, hier S. 77.
320 ZEITLER, Liber conductionum (wie Anm. 80), S. 66 f., Nr. 180; HOFMANN, Artistenfakultät (wie Anm. 84), S. 10, 12 f., 14 u. 131.
321 ZEITLER, Liber conductionum (wie Anm. 80), S. 71, Nr. 190; HOFMANN, Artistenfakultät (wie Anm. 84), S. 14 u. 131.

Paedagogista. Die erhaltenen Rechnungsbücher der Universität Tübingen beginnen mit 1537. Sie enthalten stets die vierteljährlichen Abrechnungen von Angaria Crucis bis Angaria Pentecostes. Lediglich im ersten Rechnungsjahr 1537 fehlen die Angaben zu Angaria Crucis 1536, um erst mit Angaria Luciae 1536 einzusetzen. Zu diesem Termin erhielten acht als *conventores* bezeichnete Lehrkräfte der Artistenfakultät ein Gehalt:[322] Schegk, Brastberger, Schott, Benignus, Kämmerlin, Schweicker, Sattler und Hyltebrant. Vay erscheint nicht und Camerarius ist wie stets unter den Lehrern der drei höheren Fakultäten aufgeführt.[323] Der nächste Termin, Angaria Cinerum 1537, nennt denselben Personenkreis einschließlich Vay,[324] ebenso Angaria Pentecostes 1537 – es stehen also zehn Lehrkräfte zur Verfügung. Im neuen Rechnungsjahr 1538 sind es dann beginnend mit Angaria Crucis 1537 insgesamt elf Personen. Während Sattler den Dienst verläßt, erscheinen jetzt erstmals Hauenreuter und Imsser unter den vierteljährlichen Gehaltsempfängern.[325]

Das Ergebnis steht im Einklang mit den Vorstellungen von Melanchthon, der anläßlich seines Besuches bemerkt hatte, „das die zal der magistrorum, in der burs leerend, etwas gemindert wurde". Dies ist dem Visitationsrezeß vom 11. April 1537 zu entnehmen,[326] hatte doch die Regierung in Stuttgart die beträchtlichen Schwierigkeiten bei der Durchführung von Reform und Reformation in Tübingen nicht aus den Augen verloren und ihre Umsetzung durch eine Visitation kontrollieren lassen. Als Begründung habe der Praeceptor Germaniae zu erkennen gegeben, „sonderlich dieweil etlich unter denselbigen ganntz unutz und zu leeren zu dieser zeit nit tougenlich, darzu dem gotzwort gantz widerwertig wern".[327] Die Empfehlungsliste, die Melanchthon der Universität übergeben hatte, ist nicht erhalten, lediglich sein vergeblicher Wunsch, den berühmten „poet" Micyllus zu gewinnen, ist bezeugt.[328] Amtlich bestallt wurde im Juni 1537 Magister Sebald Hauenreuter[329] († 1589), für ein halbes Jahr und 20 Gulden *ad lectionem aethices*. Hauenreuter war bereits im Juni 1535 als Wittenberger Magister in das Tübinger *collegium magistrorum* aufgenommen worden. Im September

---

322 UAT 6/7a,1, S. 20ᵛ.
323 UAT 6/7a,1, S. 20ʳ.
324 UAT 6/7a,1, S. 22ᵛ.
325 UAT 6/7a,1, S. 70ᵛ; ERNST, Wirtschaftliche Ausstattung (wie Anm. 264), S. 86.
326 PILL-RADEMACHER, Visitationen (wie Anm. 123), S. 412–418; ROTH, Urkunden (wie Anm. 41), S. 199–204.
327 PILL-RADEMACHER, Visitationen (wie Anm. 123), S. 416; ROTH, Urkunden (wie Anm. 41), S. 202.
328 PILL-RADEMACHER, Visitationen (wie Anm. 123), S. 416 mit Anm. 161, S. 417 u. 501; HOFMANN, Artistenfakultät (wie Anm. 84), S. 12 ff.
329 MUT 1 (wie Anm. 81), S. 280, Nr. 105,42; ZEITLER, Liber conductionum (wie Anm. 80), S. 71, Nr. 190; erstmals zu Angaria Crucis 1537 besoldet, UAT 6/7a,1, S. 70ᵛ, letzmals zu Angaria Pentecostes 1540, UAT 6/7a,2, S. 177ᵛ; Melanchthons Briefwechsel, Bd. 12 (wie Anm. 124), S. 237 f.; HOFMANN, Artistenfakultät (wie Anm. 84), S. 14; Hauenreuters Tübinger Edition der Commentarii in universam physicam Aristotelis von Johannes Bernhardi/Velcurio († 1534) wurde zwischen 1539 und 1599 19mal gedruckt, so KUSUKAWA, The transformation of natural philosophy (wie Anm. 239), S. 112 f.; im VD 16 konnten lediglich 15 Ausgaben gezählt werden: B 2024–2035, B 2039, ZV 18525, ZV 1334; vgl. Jakob FRANCK, Art. „Havenreuter, Sebald", in: ADB 11 (1880), S. 44.

1539 zum Doktor der Medizin promoviert, wirkte er seit 1540 als Stadtarzt und Professor in Straßburg.[330] So kam es in Ermangelung geeigneter Lehrkräfte lediglich, wie von Hofmann beschrieben, zu Rochaden unter den bereits angestellten Magistern.[331] Hauenreuter löste Schott ab, der seinerseits die lectio paedagogica des ausscheidenden Sattlers erhielt.[332] Schweicker übernahm die lectio poetica, und Benignus, der sie bis dahin versehen hatte, ging zurück an die Burse und las Rhetorik.[333] Schweicker erhielt die Zusicherung, falls man einen neuen „Poeten" anstelle, ihn anderweitig zu berücksichtigen.[334] Der im Senat gemachte Vorschlag, den Heidelberger Magister und Leiter des Stuttgarter Paedagogiums, Alexander Merkling/Märklin/Marcoleon[335] (um 1500–1554), zu gewinnen, blieb unausgeführt.[336] Auf Vorschlag von Camerarius berief man unter Vermittlung Melanchthons als professor poetices Latinae Matthias Garbitius Illyricus[337] († 1559), Schüler Melanchthons, 1534 in Wittenberg zum Magister promoviert und Gräzist, der im November 1537 nach Tübingen kam.[338] Von seiner wissenschaftlichen Bedeutung zeugen drei Frühdrucke. Im Februar des Jahres 1559, seinem Todesjahr, erschienen in Basel die von Garbitius herausgegebenen „Werke und Tage" Hesiods mit einer eigenen wörtlichen Prosaübersetzung und einem ausführlichen Kommentar[339] sowie noch im selben Monat die erste zweisprachige Ausgabe und damit erste Übersetzung des Prometheus des Aeschylus.[340] Seine Übersetzung des sogenannten Aristeas-Briefs erschien 1561 posthum.[341] Garbitius übergab 1537 ein

---

330 Anton SCHINDLING, Humanistische Hochschule und freie Reichsstadt. Gymnasium und Akademie in Strassburg 1538–1621 (Veröffentlichungen des Instituts für Europäische Geschichte Mainz, Bd. 77), Wiesbaden 1977, S. 323 u. 329 ff.
331 HOFMANN, Artistenfakultät (wie Anm. 84), S. 14 f.
332 UAT 2/1a, S. 110ᵛ; HOFMANN, Artistenfakultät (wie Anm. 84), S. 14, Anm. 92.
333 HOFMANN, Artistenfakultät (wie Anm. 84), S. 14.
334 UAT 2/1a, S. 109ᵛ u. 110ᵛ; HOFMANN, Artistenfakultät (wie Anm. 84), S. 14, Anm. 93.
335 LUDWIG, Joachim Münsinger (wie Anm. 138), S. 106 und öfter; KUHN (wie Anm. 128), Nr. 2399; ZIEMSSEN, Partikularschulwesen (wie Anm. 212), S. 574–581.
336 UAT 2/1a, S. 117ʳ; HOFMANN, Artistenfakultät (wie Anm. 84), S. 14 u. 109 – verwechselt Merkling mit Johann Alexander Brassican.
337 Luka ILIĆ, Praeceptor Humanissimus et duo Illyri. Garbitius und Flacius, in: Philipp Melanchthon. Lehrer Deutschlands, Reformator Europas, hrsg. von Irene DINGEL u. Armin KOHNLE (Leucorea-Studien zur Geschichte der Reformation und der Lutherischen Orthodoxie, Bd. 13), Leipzig 2011, S. 65–79, hier S. 65–69 u. 77 ff.; Melanchthons Briefwechsel, Bd. 12 (wie Anm. 124), S. 118; PILL-RADEMACHER, Visitationen (wie Anm. 123), S. 487; Theodor ELZE, Die Universität Tübingen und die Studenten aus Krain. Festschrift zur vierten Säcularfeier der Eberhard-Karls-Universität, Tübingen 1877 (Ndr. München 1977 in der Reihe: Geschichte, Kultur und Geisteswelt der Slowenen, Bd. 14), S. 3 f.; SCHMIDT-GRAVE, Leichenreden (wie Anm. 239), S. 43 u. 100, Nr. 40; SCHIEK/SETZLER, Ehebuch (wie Anm. 142), Nr. 371.
338 UAT 2/1a, S. 117ʳ u. 117ᵛ; erstmals Angaria Luciae 1537 mit 20 Gulden hoch besoldet, UAT 6/7a,1, S. 73ᵛ; HOFMANN, Artistenfakultät (wie Anm. 84), S. 14, Anm. 95; Melanchthon hatte sich auch in Frankfurt/Oder für ihn verwendet, Michael HÖHLE, Universität und Reformation. Die Universität Frankfurt (Oder) von 1506–1550 (Bonner Beiträge zur Kirchengeschichte, Bd. 25), Köln/Weimar/Wien 2002, S. 483.
339 VD 16 H 2714; HIERONYMUS, Griechischer Geist aus Basler Pressen (wie Anm. 232), Nr. 180.
340 VD 16 A 408, Digitalisat: urn:nbn:de:bvb:12-bsb00014658-9 (09.12.2011); HIERONYMUS, Griechischer Geist aus Basler Pressen (wie Anm. 232), Nr. 202.
341 VD 16 A 3259; HIERONYMUS, Griechischer Geist aus Basler Pressen (wie Anm. 232), Nr. 469.

Schreiben Melanchthons, das empfahl, ihm die lectio Graecae linguae des Camerarius zu übertragen, diesem dagegen die schwierigere, weil mehr Takt und Vorsicht verlangende poetica Latina anzuvertrauen.[342] Der Senat stimmte zu und Schweicker mußte die ihm erst jüngst übertragene lectio poetica Camerarius überlassen, erneut mit Versprechungen auf die Zukunft vertröstet.[343] Damit hatte Camerarius das Gesicht der Fakultät für einige Jahre gestaltet, nicht ohne Erfolg, aber in Ermangelung geeigneter Räumlichkeiten – die besonders dem Ausbau des Paedagogiums hinderlich waren[344] – und der nötigen Geldmittel[345] für weitergehende Berufungen mit Abstrichen.

Als am 9. und 12. Dezember 1538 wieder einmal die Verträge der Lehrkräfte verlängert wurden, ergibt sich ein wenig abweichendes Bild. Dekan Schott erhielt für 20 Gulden die lectio libri officiorum Marci Tulii Ciceronis,[346] Vay für 35 Gulden das Paedagogium,[347] Schweicker für 20 Gulden eine lectio extraordinaria,[348] Schegk für 40 Gulden den Aristoteles in Griechisch,[349] Benignus für 35 Gulden die professio rhetoricae,[350] Kämmerlin für 20 Gulden die Vorlesung zur Physica,[351] Hauenreuter für 20 Gulden die lectio aethices,[352] Brastberger 20 Gulden für die Dialectica-Vorlesung,[353] Hyltebrant für 25 Gulden die Griechisch-Professur und die Vorlesung über Euklid,[354] und Imsser schließlich 80 Gulden für die lectio mathematices,[355] die man ihm ganzjährig übertrug, während alle anderen nur für die Dauer eines halben Jahres verpflichtet wurden. Garbitius wurde für 80 Gulden die Leitung des Martinianum übertragen, ganzjährig.[356] Diese Gehaltsregelungen spiegeln sich in den Rechnungsbüchern wieder, so erhielten die elf Lehrer zu Angaria Cinerum 1539 folgende auf drei Monate bezogene Gehälter in Gulden ausgezahlt:[357] Vay 18, Imsser 20, Benignus 18, Kämmerlin 10, Hyltebrant 13, Schweicker 10, Hauenreuter 10, Schott 10, Garbitius 20, Brastberger 10 und Schegk 20. Camerarius als zwölfte Lehrkraft, vierteljährlich mit 50 Gulden besoldet, findet bei der Verlängerung keine Erwähnung, mit seiner dauerhaften Anstellung waren sowohl die Aufgaben eines Lektors, die Leitung der Burse und des Paedagogiums als auch die

---

342 Melanchthons Briefwechsel, Bd. T 7: Texte 1684–1979 (1536–1537), bearbeitet von Christine MUNDHENK, Stuttgart-Bad Cannstatt 2006, Nr. 1951, S. 529–533 siehe auch Nr. 1953, S. 535 ff., u. Nr. 1955 f., S. 539–541; UAT 15/1, Nr. 9a, hier S. [4 f.]; HOFMANN, Artistenfakultät (wie Anm. 84), S. 14, Anm. 97.
343 UAT 2/1a, S. 123ʳ; HOFMANN, Artistenfakultät (wie Anm. 84), S. 14, Anm. 98; PILL-RADEMACHER, Visitationen (wie Anm. 123), S. 496 u. 517.
344 Vgl. ROTH, Urkunden (wie Anm. 41), S. 191, 201, 233 u. 251.
345 Vgl. HOFMANN, Artistenfakultät (wie Anm. 84), S. 87 f.
346 ZEITLER, Liber conductionum (wie Anm. 80), S. 72, Nr. 193.
347 ZEITLER, Liber conductionum (wie Anm. 80), S. 72, Nr. 194.
348 ZEITLER, Liber conductionum (wie Anm. 80), S. 72, Nr. 195.
349 ZEITLER, Liber conductionum (wie Anm. 80), S. 72, Nr. 196.
350 ZEITLER, Liber conductionum (wie Anm. 80), S. 73, Nr. 197.
351 ZEITLER, Liber conductionum (wie Anm. 80), S. 73, Nr. 198.
352 ZEITLER, Liber conductionum (wie Anm. 80), S. 73, Nr. 199.
353 ZEITLER, Liber conductionum (wie Anm. 80), S. 73, Nr. 200.
354 ZEITLER, Liber conductionum (wie Anm. 80), S. 73 f., Nr. 201.
355 ZEITLER, Liber conductionum (wie Anm. 80), S. 74, Nr. 202.
356 ZEITLER, Liber conductionum (wie Anm. 80), S. 74, Nr. 203.
357 UAT 6/7a,2, S. 135ʳ u. 135ᵛ.

Funktion eines herzoglichen Kommissars für die Universität verbunden, auch hatte man ihm mehr oder weniger die ganze Personalpolitik der Artistenfakultät überlassen.[358] Im Liber conductionum wird hingegen der streitbare und von Melanchthon als für ein solches Amt ungeeignete Lutheraner Johannes Forster[359] (1495–1556) angeführt, der am 15. Oktober 1538 für die Dauer eines Jahres und 200 Gulden eine lectio theologica sowie eine lectio hebraica übertragen erhielt.[360] Die Bedeutung der Hebraistik besonders für das Studium der Theologie hatte dieser Lösung das Wort geredet.

Wenn, wie 1538 erkennbar, das Studium an der Artistenfakultät mittlerweile in geordneten Bahnen verlief, so darf man dieses Verdienst Camerarius zuschreiben, der bei aller Belastung weiterhin Zeit zur wissenschaftlichen Arbeit fand, wie seine Beteiligung am Neudruck von Johannes Herwagens Homerausgabe (1541) zeigt.[361] Wie fragil jedoch die Situation in Tübingen war, zeigt das seit 1540 faßbare Aufbegehren der Fakultät gegen die Bevormundung von seiten des Senats. Als es Camerarius nicht gelang, die Situation zum Vorteil der Artisten zu gestalten, und zudem sein Protegé Forster ob seines streitbaren Wesens, vornehmlich seiner Kontroverse mit Phrygio, 1541 entlassen wurde, nahm er seinen Abschied und folgte einem Ruf nach Leipzig.[362] Dort hat er umgehend und bald gestützt auf die von ihm 1542 mitentworfene Besoldungsordnung der Universität die Leipziger Artistenfakultät entsprechend den Verhältnisse in Tübingen umgestaltet: Gehaltsmäßig am höchsten stand mit 300 Gulden in Person von Camerarius selbst der Lektor für Griechisch und Latein, gefolgt vom philosophus grecus und dem mathematicus mit 150 bzw. 140 Gulden. Philosophus moralis, phisicus, der leser poetices und der leser Quintiliani erhielten jeweils 50 Gulden. Zur nie-

---

358 HOFMANN, Artistenfakultät (wie Anm. 84), S. 13 ff.
359 KÖTZ, Die Matrikel der Theologischen Fakultät (wie Anm. 260), S. 417 f., Nr. 60 u. 61; Melanchthons Briefwechsel, Bd. 12 (wie Anm. 124), S. 76 f.; VOLZ, Luthers und Melanchthons Beteiligung (wie Anm. 140), S. 83 ff.; vgl. SCHNURRER, Lehrer (wie Anm. 109), S. 96–112; Ludwig GEIGER, Das Studium der hebräischen Sprache in Deutschland vom Ende des XV. bis zur Mitte des XVI. Jahrhunderts, Breslau 1870, S. 97–102.
360 ZEITLER, Liber conductionum (wie Anm. 80), S. 74 f., Nr. 204; HOFMANN, Artistenfakultät (wie Anm. 84), S. 132.
361 HIERONYMUS, Griechischer Geist aus Basler Pressen (wie Anm. 232), Nr. 169.
362 Vgl. HELBIG, Die Reformation der Universität Leipzig (wie Anm. 218), S. 63–70, 94 und öfter; Manfred RUDERSDORF, Weichenstellung für die Neuzeit. Die Universität Leipzig zwischen Reformation und Dreißigjährigem Krieg, 1539–1648/1660, in: Geschichte der Universität Leipzig 1409–2009, Bd. 1: Spätes Mittelalter und Frühe Neuzeit 1409–1830/31, von Enno BÜNZ, Manfred RUDERSDORF u. Detlef DÖRING, Leipzig 2009, S. 327–515, hier S. 361–364, 382, 386 ff. und öfter; Günther WARTENBERG, Melanchthon und die reformatorisch-humanistische Reform der Leipziger Universität, in: Humanismus und Wittenberger Reformation. Festgabe anläßlich des 500. Geburtstages des Praeceptor Germaniae, Philipp Melanchthon, am 16. Februar 1997, hrsg. von Michael BEYER u. Günther WARTENBERG, Leipzig 1996, S. 409–415, hier S. 412–415; Rainer KÖSSLING, Joachim Camerarius und die studia humanitatis an der Leipziger Universität – Tradition und Neubeginn, in: Die Musen im Reformationszeitalter, hrsg. von Walther LUDWIG im Auftrag der Stiftung Luthergedenkstätten in Sachsen-Anhalt (Schriften der Stiftung Luthergedenkstätten in Sachsen-Anhalt, Bd. 1), Leipzig 2001, S. 305–314; DERS., Caspar Borners Beitrag zur Pflege der studia humanitatis an der Leipziger Universität, in: Pirckheimer Jahrbuch 2008, S. 43–56, hier S. 50–53; PILL-RADEMACHER, Visitationen (wie Anm. 123), S. 171 ff.; HOFMANN, Artistenfakultät (wie Anm. 84), S. 15 ff. u. 22.

drigsten Soldgruppe mit je 30 Gulden gehörten die Lektoren der einführenden Vorlesungen in Mathematik (*leser in mathematicis*), Physik (*rudimenta phisica*), Rhetorik (*rudimenta rethorica*), Dialektik (*leser rudimentorum dialecticorum*), Griechisch (*leser rudimentorum Grecorum*) und Grammatik (*grammaticus*).[363] Der Leipziger Versuch, aus Tübingen Schegk für die Professur des „griechischen Philosophen" abzuwerben, schlug fehl.[364] Der Lehrkörper der Leipziger Artistenfakultät umfaßte folglich 13 Personen[365] (bevor er 1558 auf neun reduziert wurde) – während es in Tübingen zwölf waren.

Die Ausstattung der Artistenfakultät mit rund zwölf Lehrkräften läßt sich auch andernorts beobachten und scheint gegen Mitte des 16. Jahrhunderts mehr oder weniger den allgemeinen Zuständen im Reich zu entsprechen. Der Privilegienbrief des hessischen Landgrafen von 1529 für die Neugründung Marburg sah ein „Maximalprogramm" von zehn Lehrstühlen vor: Neben einem *Hebraeus*, einem *Graecus*, zwei *Oratores* im Lateinischen, einem *Dialecticus*, einem *Philosophus*, einem *Poeta*, einem *Mathematicus* und einem *Grammaticus* erscheint hier auch ein *Historicus*.[366] Im Wittenberg Melanchthons waren es 1536 ebenfalls zehn Lehrkräfte, allerdings ohne die am Paedagogium wirkenden Magister.[367] An Melanchthon orientierte man sich auch in Frankfurt an der Oder, als die Universität infolge des Konfessionswechsels von Kurfürst Joachim II. reformiert wurde und ab 1540 neue Strukturen erhielt. Es lassen sich zwölf Lektionen nachweisen, zu denen noch die für das Paedagogium vorgesehene Musik-Vorlesung hinzukam. In Vorlesungen zu behandeln waren Dialektik, Philosophia naturalis, Philosophia moralis, hebräische Sprache und Lektüre, griechische Sprache und Lektüre zweifach, lateinische Grammatik und Lektüre zweifach, Poetik, Rhetorik zweifach, Mathematik und Musik.[368] Vergleichbares läßt sich 1537 in der Reform König Ferdinands I. für Wien erkennen.[369] Die Artistenfakultät sollte über zwölf besoldete

---

363 Urkundenbuch der Universität Leipzig von 1409 bis 1555, bearbeitet von Bruno STÜBEL (Codex diplomaticus Saxoniae regiae II, Bd. 11), Leipzig 1879, Nr. 420, S. 546–549, hier S. 548; HELBIG, Die Reformation der Universität Leipzig (wie Anm. 218), S. 70.

364 HELBIG, Die Reformation der Universität Leipzig (wie Anm. 218), S. 94.

365 Vgl. Torsten WOITKOWITZ, Der Landvermesser, Kartograph, Astronom und Mechaniker Johannes Hummelius (1518–1562) und die Leipziger Universität um die Mitte des 16. Jahrhunderts, in: Sudhoffs Archiv 92 (2008), S. 65–97, hier S. 67 f. u. 69.

366 Urkundensammlung über die Verfassung und Verwaltung der Universität Marburg unter Philipp dem Grossmütigen, hrsg. von Bruno HILDEBRAND, Marburg 1848, S. 10 f.; Heinrich HERMELINK, Die Universität Marburg von 1527–1645, in: Heinrich HERMELINK / Siegfried A. KAEHLER, Die Philipps-Universität zu Marburg, 1527–1927. Fünf Kapitel aus ihrer Geschichte (1527–1866), Die Universität Marburg seit 1866 in Einzeldarstellungen, Marburg 1927, S. 1–224, hier S. 60 ff.; Erich MEUTHEN, Humanismus und Geschichtsunterricht, in: Humanismus und Historiographie. Rundgespräche und Kolloquien, hrsg. von August BUCK, Weinheim 1991, S. 5–50, hier S. 33 ff.; vgl. KATHE, Wittenberg (wie Anm. 188), S. 68 f.

367 KATHE, Wittenberg (wie Anm. 188), S. 82 ff.; MEUTHEN, Humanismus und Historiographie (wie Anm. 366), S. 36 f.

368 Vgl. HÖHLE, Universität und Reformation (wie Anm. 338), S. 447 f., 458 u. 474–495.

369 KINK, Wien 2 (wie Anm. 9), S. 342–368, Nr. 58, über die Kollegiaten S. 352–359; Franz GRAF-STUHLHOFER, Humanismus zwischen Hof und Universität. Georg Tannstetter (Collimitius) und sein wissenschaftliches Umfeld im Wien des frühen 16. Jahrhunderts (Schriftenreihe des Universitätsarchivs, Bd. 8), Wien 1996, S. 67 f.; Kurt MÜHLBERGER, Poetenkolleg

Professuren verfügen, die sich auf Latein (*Grammaticus Latinus*), Griechisch (*Grammaticus grecus*), Hebräisch (*Grammaticus Hebreus*), Dialektik (*Dialecticus*), Rhetorik (*Rethor*), Historie (*Historicus*), Poetik (*Poeta*), Mathematik mit Musik (*Primus Mathematicus*), Astronomie (*der annder Mathematicus*), Philosophia naturalis (zwei *Naturlich Philosophei Professores*) und Philosophia moralis verteilten.[370] In Mainz, wo die Artistenfakultät 1535 neue Statuten erhielt, die acht Lektoralkanoniker bedachte, änderte man 1537 die Besoldungsstruktur. Fortan existierten acht fest besoldete *magistri regentes*, neben denen vier *magistri paedagogiorum* ihren Unterricht abhielten.[371] In Greifswald sahen die von Melanchthon bestimmten neuen Universitätsstatuten von 1545 für die *facultas artium et philosophiae* neun Lehrkräfte vor: *Grammatices professor, Dialectices professor, Rhetorices et ethices professor, Graecae linguae professor, Poetices et historices professor, Physices professor*, zwei *Mathematum professores* und einen *Musicus*.[372] Die Hebraistik lag in den Händen der Theologen.[373] Melanchthons über viele Jahre zu beobachtende Bemühungen um Einfluß auf die Reformation der Universität Rostock scheiterten vornehmlich an den Positionskämpfen zwischen Stadt und Landesherren, den Universitätspatronen[374] – erst Melanchthons Schüler David Chytraeus (1530–1600), 1544 in Tübingen zum Magister artium promoviert,[375] hatte schließlich Erfolg.[376] Immerhin gibt ein Stellenplan von 1551 zu erkennen, daß man auch in Rostock eine klare Vorstellung vom Umfang des zu schaffenden Lehrkörpers besaß: zehn Artistenmagister sowie „etliche Magistri in Pädagogio, welckes nödig antorichten vor de junge Studenten".[377]

---

und Dichterkrönung in Wien, in: Rainer A. MÜLLER (Hrsg.), Bilder – Daten – Promotionen. Studien zum Promotionswesen an deutschen Universitäten der frühen Neuzeit, bearb. von Hans-Christoph LIESS u. Rüdiger vom BRUCH (Pallas Athene. Beiträge zur Universitäts- und Wissenschaftsgeschichte, Bd. 24), Stuttgart 2007, S.84–119, hier S. 106 f.

370 KINK, Wien 2 (wie Anm. 9), S. 352–359; Franz GRAF-STUHLHOFER, Humanismus zwischen Hof und Universität. Georg Tannstetter (Collimitius) und sein wissenschaftliches Umfeld im Wien des frühen 16. Jahrhunderts (Schriftenreihe des Universitätsarchivs, Bd. 8), Wien 1996, S. 67 f.; Kurt MÜHLBERGER, Poetenkolleg und Dichterkrönung in Wien, in: MÜLLER, Bilder – Daten – Promotionen (wie Anm. 369), S. 84–119, hier S. 106 f.

371 Vgl. STEINER, Artistenfakultät Mainz (wie Anm. 185), S. 348–354.

372 Quellen zur Verfassungsgeschichte der Universität Greifswald, hrsg. von Dirk ALVERMANN u. Karl-Heinz SPIESS, bearbeitet von Benjamin MÜSEGADES u. Sabine-Maria WEITZEL (Beiträge zur Geschichte der Universität Greifswald, Bd. 10.1), Stuttgart 2011, Nr. 9, S. 91–150, hier S. 118–129; Johann Gottfried Ludwig KOSEGARTEN, Geschichte der Universität Greifswald mit urkundlichen Beilagen, Teil 1–2, Greifswald 1857 (Ndr. Aalen 1986), hier 1, S. 193 u. 197 ff.

373 MÜSEGADES/WEITZEL, Quellen Greifswald (wie Anm. 372), S. 111.

374 Vgl. Marko A. PLUNS, Die Universität Rostock 1418–1563. Eine Hochschule im Spannungsfeld zwischen Stadt, Landesherren und wendischen Hansestädten (Quellen und Darstellungen zur Hansischen Geschichte, N. F., Bd. 58), Köln 2007, S. 197–203, 234 f., 238, 269–277, 281, 320–327, 350 ff., 361–365, 375 ff., 393 f., 396–403 u. 457.

375 MUT 1 (wie Anm. 81), S. 296, Nr. 113,15; Melanchthons Briefwechsel, Bd. 11 (wie Anm. 110), S. 286 f.

376 Matthias ASCHE, Von der reichen hansischen Bürgeruniversität zur armen mecklenburgischen Landeshochschule. Das regionale und soziale Besucherprofil der Universitäten Rostock und Bützow in der Frühen Neuzeit (1500–1800) (Contubernium, Bd. 52), Stuttgart 2000, S. 58 f. u. 124 f.

377 PLUNS, Universität Rostock (wie Anm. 374), S. 409, Anm. 1400.

Die Reformation Ottheinrichs von 1558 für Heidelberg sah einen zwölfköpfigen Fakultätsrat vor, dem ausdrücklich die fünf *professores publici* und die vier Regenten der Burse angehören sollten.[378] Die Professuren verteilten sich auf Griechisch, Ethik, Physik, Mathematik und *poetica und oratoria* (bzw. *poësis und historia*).[379] Die vier Regenten hingegen sollten im Contubernium „grammatic, dialectic und rethoric" unterrichten.[380] Die Hebraistik wurde den Theologen überlassen,[381] doch Ottheinrichs Nachfolger Ludwig VI. mußte in seiner „Reformation" von 1580 die Lektur wieder den Artisten zusprechen.[382] Zu diesem Zeitpunkt gab es nicht mehr fünf, sondern sieben *publici professores*: *rhetor, graecus, poëta, logicus* (*organum Aristotelis*), *physicus* (*graeci Aristotelis libri physici*), *ethicus* (*Aristotelis graeci libri ethici ad Nicomachum*) und *mathematicus*.[383] Rhetorik und Logik waren hinzugekommen.[384]

In Tübingen stellte erst 1544/45 die herzogliche Autorität unter Abänderung einiger von Camerarius getroffenen Bestimmungen den Frieden zwischen den drei oberen Fakultäten und den Artisten wieder her. Eine Visitation führte zu einer von Herzog Ulrich am 20. Juli 1544 gegen den Willen der Universität erlassenen Ordnung der Artistenfakultät,[385] die ihr weitgehende Selbständigkeit in der Verwaltung ihrer Ämter und Lektionen gewährte. So sollten fortan die Angehörigen der „Artistenfacultet zu Tüwingen" „ire ämpter, Lectiones vnd was Inen zuuerwalten beuolhen, one ainichen zwang oder trang der Herrn oder Doctorn der obern Faculteten, mit höchstem vleiß vnd ernst versehen, ordnen, setzen vnd bestellen".[386] Das Paedagogium sollte in „classes" unterteilt werden,[387] orientiert am Vorbild des Straßburger Gymnasiums und geleitet von Vay und Johannes Sechel[388] (1520–1580). Vay erhielt 60 Gulden jährlich,

---

378 Statuten und Reformationen der Universität Heidelberg vom 16. bis 18. Jahrhundert, bearbeitet von August THORBECKE, Leipzig 1891, S. 1–156, hier S. 92f., § 102; vgl. KLAUSER, Philosophische Fakultät Heidelberg (wie Anm. 232), S. 259–262; Liselotte MUGDAN, Die Reformierung der Universität, in: Ottheinrich. Gedenkschrift zur vierhundertjährigen Wiederkehr seiner Kurfürstenzeit in der Pfalz (1556–1559), hrsg. von Georg POENSGEN (Ruperto Carola, Sonderbd.), Heidelberg 1956, S. 207–222, hier S. 220f.
379 THORBECKE, Statuten (wie Anm. 378), S. 96, § 107, u. S. 98ff., § 108.
380 THORBECKE, Statuten (wie Anm. 378), S. 97, § 107, u. S. 100–103, § 108.
381 THORBECKE, Statuten (wie Anm. 378), S. 96, § 107.
382 THORBECKE, Statuten (wie Anm. 378), S. 157–216, hier S. 198, § 114, u. S. 201, § 115; für Wittenberg vgl. Gianfranco MILETTO, Hebraistik und Orientalistik in Wittenberg (1502–1817), in: Orient als Grenzbereich? Rabbinisches und ausserrabbinisches Judentum, hrsg. von Annelies KUYT u. Gerold NECKER (Abhandlungen für die Kunde des Morgenlandes, Bd. 60), Wiesbaden 2007, S. 193–200, hier S. 197.
383 THORBECKE, Statuten (wie Anm. 378), S. 195, § 108, 198, § 114, u. S. 199f., § 115.
384 KLAUSER, Philosophische Fakultät Heidelberg (wie Anm. 232), S. 264 mit Anm. 38.
385 „H. Ulrichs Ordnung der Artisten Facultät", in: ROTH, Urkunden (wie Anm. 41), S. 232–241; Hans-Wolf THÜMMEL, Die Tübinger Universitätsverfassung im Zeitalter des Absolutismus (Contubernium, Bd. 7), Tübingen 1975, S. 236f.; HOFMANN, Artistenfakultät (wie Anm. 84), S. 17.
386 „H. Ulrichs Ordnung der Artisten Facultät" (wie Anm. 385), S. 233; wörtlich wiederholt in Herzog Ulrichs „Declaration der Ordnung der Artisten" vom 25. Februar 1545, in: ROTH, Urkunden (wie Anm. 41), S. 243–246, hier S. 244.
387 Vgl. ZIEMSSEN, Partikularschulwesen (wie Anm. 212), S. 597f.
388 FREY, Hofgericht (wie Anm. 250), S. 206; BERNHARDT, Zentralbehörden (wie Anm. 142) 2, S. 638ff.

Sechel, 1540 zum Magister artium promoviert,[389] Ende September 1543 mit der *lectio ethices* beauftragt[390] und spätestens 1544 an die Stelle des inzwischen zum Doktor der Rechte promovierten Schott getreten,[391] bekam 40 Gulden jährlich zugesprochen. Die *dialecticae Professio* ging an Magister Johannes Mendlin[392] (Coriarius, †1577) unter Beibehaltung seiner bisherigen Bezüge.[393] Er hatte die *lectio dialectices* bereits 1540 für ein Jahr und 40 Gulden jährlich übertragen erhalten.[394] Mendlin sollte „eine Dialectic lesen", nach Vorgabe der Fakultät. Im Contubernium war ein Kompendium zur Physik zu lesen, ebenfalls nach Verordnung der Fakultät, und zwar von Schweicker.[395] Der hatte im Dezember 1540 nach dem Abgang von Kämmerlin[396] die *lectio physices* erhalten, die er – 1544 zum Doktor der Rechte promoviert – bis zu seinem Ausscheiden 1546 versah.[397] Die Ethik-Lektur hatte als Nachfolger von Hauenreuter von 1540 bis 1543 Kilian Vogler[398] (1516–1585) inne.[399] Die Ordnung wies die Ethica Garbitius zu, der überdies die „Griechisch Lektion" übernehmen sollte, unter Verwendung solcher Autoren „als Homerum, Hesiodum, Euripidem, Sophoclem, Demostenem, Isocratem, etliche Büchlin Plutarchii vnd Xenophontis". Sein Gehalt für beide Lektionen betrug

---

389 MUT I (wie Anm. 81), S. 278, Nr. 105,7.
390 ZEITLER, Liber conductionum (wie Anm. 80), S. 77, Nr. 210; erstmals zu Angaria Luciae 1543 mit 10 Gulden besoldet, UAT 6/7b, S. 15ᵛ.
391 HOFMANN, Artistenfakultät (wie Anm. 84), S. 110 mit Anm. 31 u. S. 239 mit den Anmerkungen 22 und 23; Schott erscheint in den vierteljährlichen Rechnungen letztmals zu Angaria Luciae 1544, UAT 6/7b, S. 50ʳ.
392 MUT I (wie Anm. 81), S. 246, Nr. 81,44; UAT 15/11, fol. 31ᵛ; PILL-RADEMACHER, Visitationen (wie Anm. 123), S. 500f.; EMBERGER, Biographische und genealogische Notizen (wie Anm. 239), S. 148; EBERLEIN/LANG, Matrikel (wie Anm. 128), S. 281, Nr. 2335; KUHN (wie Anm. 128), Nr. 785.
393 „H. Ulrichs Ordnung der Artisten Facultät" (wie Anm. 385), S. 234.
394 ZEITLER, Liber conductionum (wie Anm. 80), S. 77, Nr. 209; erstmals zu Angaria Crucis 1540 mit 10 Gulden besoldet, UAT 6/7a,2, S. 206ᵛ.
395 „H. Ulrichs Ordnung der Artisten Facultät" (wie Anm. 385), S. 234; SCHMOLLER, Anfänge (wie Anm. 238), S. 61.
396 Zum letzten Mal zu Angaria Luciae 1544 mit 10 Gulden besoldet, UAT 6/7b, S. 50ʳ.
397 HOFMANN, Artistenfakultät (wie Anm. 84), S. 129 u. 246; zum letzten Mal zu Angaria Crucis 1546 mit 10 Gulden besoldet, UAT 6/7b, S. 110ᵛ.
398 EMBERGER, Biographische und genealogische Notizen (wie Anm. 239), S. 155 f.; SCHMIDT-GRAVE, Leichenreden (wie Anm. 239), S. 125, Nr. 134; Bibliographie zur Geschichte der Universität Tübingen, bearbeitet von Friedrich SECK, Gisela KRAUSE u. Ernestine STÖHR (Contubernium, Bd. 27), Tübingen 1980, S. 525; KUHN (wie Anm. 128), Nr. 1368; HALLER, Die Tübinger Juristenfakultät 1534–1601 (wie Anm. 140), S. 70 f.; RAU, Die ältesten Tübinger Steuerlisten (wie Anm. 231), S. 54; SCHIEK/SETZLER, Ehebuch (wie Anm. 142), Nr. 676, 1182 u. 1940; Volker SCHÄFER, Die Unterschriften unter das Konkordienbuch an der Universität Tübingen (1582–1781). Zweiter Teil: Edition, in: KÖPF/LORENZ/BAUER, Die Universität Tübingen zwischen Reformation und Dreißigjährigem Krieg (wie Anm. 260), S. 51–99, hier S. 61, Nr. 13; Barbara MAHLMANN-BAUER, Philipp Apians Berufung auf sein Gewissen, in: ebd., S. 299–345, passim.
399 Zum ersten Mal zu Angaria Cinerum 1541 mit 10 Gulden besoldet, UAT 6/7a,2, S. 209ᵛ, zum letzten Mal zu Angaria Crucis 1543 mit 10 Gulden, UAT 6/7b, S. 14ʳ; PILL-RADEMACHER, Visitationen (wie Anm. 123), S. 529; HOFMANN, Artistenfakultät (wie Anm. 84), S. 217, 236 u. 245.

150 Gulden jährlich.⁴⁰⁰ „Rhetorica vnd Oratoria" erhielt Benignus für 100 Gulden jährlich.⁴⁰¹ Imsser sollte unter Beibehaltung seiner Bezüge die „Mathematica" vertreten, „auch im Rat der Artisten Facultet gezogen vnd gebraucht werden".⁴⁰² Damit wurde dem „Nur"-Mathematiker Imsser ein Sitz im Fakultätsrat zugewiesen, obwohl er nicht Magister war. Hyltebrant sollte für 70 Gulden, neben einem *declamandi exercio*, weiterhin die „Hebräisch sprach" lesen⁴⁰³ – wie er das schon bis 1539 und seit 1541 getan hatte, unterbrochen von Forsters Tätigkeit als Hebraist.⁴⁰⁴ Melchior Volmar Rot genannt Rufus⁴⁰⁵ (1497–1561), Doktor beider Rechte und in Bourges Lehrer von Calvin und Beza, war 1535 als Professor an die Tübinger Juristenfakultät berufen worden. Als man sein von Andreas Alciatus ausgestelltes Doktordiplom anzweifelte, wechselte er 1543 in die Artistenfakultät.⁴⁰⁶ Ihm übertrug die Ordnung die *lectio publica* für Latein und die Griechisch-Vorlesung im Contubernium unter Beibehaltung seiner Bezüge (von 200 Gulden jährlich),⁴⁰⁷ außerdem wurde ihm ein Sitz im Fakultätsrat zugewiesen.⁴⁰⁸ Volmar hatte 1525 in Paris die griechische Grammatik von Demetrios Chalkondylas (1424–1511) herausgegeben.⁴⁰⁹ Als die Grammatik 1546 zu Basel ein Neuauflage erfuhr,⁴¹⁰ umfaßte der Druck auch eine lange *epistola nuncupatoria* Volmars, gerichtet an Ambrosius Blarer, in der er ausführlich über seine Tübinger Lehrtätigkeit Auskunft

---

400 „H. Ulrichs Ordnung der Artisten Facultät" (wie Anm. 385), S. 235.
401 „H. Ulrichs Ordnung der Artisten Facultät" (wie Anm. 385), S. 235.
402 „H. Ulrichs Ordnung der Artisten Facultät" (wie Anm. 385), S. 235 f.
403 „H. Ulrichs Ordnung der Artisten Facultät" (wie Anm. 385), S. 236; ab Angaria Luciae 1543 18 Gulden pro Quartal, UAT 6/7b, S. 15ᵛ, ab Angaria Luciae 1544 sogar 25 Gulden, ebd. S. 50ʳ.
404 Hyltebrant erhielt erstmals Angaria Luciae 1536 ein Gehalt von 20 Gulden, UAT 6/7a, 1, S. 20ᵛ, ab Angaria Crucis 1537 dann 13 Gulden, ebd., S. 22ᵛ, bis Angaria Pentecostes 1539, UAT 6/7a, 2, S. 137ᵛ, ab Angaria Crucis 1539, ebd., S. 171ʳ, bis Angaria Crucis 1543, UAT 6/7b, S. 14ʳ, waren es nur noch 10 Gulden; vgl. HOFMANN, Artistenfakultät (wie Anm. 84), S. 29 mit Anm. 5, S. 30 u. 132.
405 D.-J. de GROOT, Melchior Volmar. Ses relations avec les réformateurs français et suisses, in: Bulletin de la société de l'histoire du protestantisme français 83, Paris 1934, S. 416–439; Barbara ZELLER-LORENZ, Melchior Volmar Rot (1497–1560), in: Ferdinandina. Festschrift für Ferdinand Elsener, hrsg. durch Friedrich EBEL u. a., 2., erweiterte Aufl. Tübingen 1973, S. 142–158; HALLER, Die Tübinger Juristenfakultät 1534–1601 (wie Anm. 140), S. 64 ff.; MOELLER, Neue Nachträge (wie Anm. 197), S. 78 f., Nr. 6, Anm. 12; RÄDLE, Simon Grynaeus (wie Anm. 196), S. 67, Nr. 22, Anm. 7; PILL-RADEMACHER, Visitationen (wie Anm. 123), S. 510; HOFMANN, Artistenfakultät (wie Anm. 84), S. 30; SCHNURRER, Erläuterungen (wie Anm. 273), S. 361–367; KUHN (wie Anm. 128), Nr. 1391; EBERLEIN/LANG, Matrikel (wie Anm. 128), S. 255, Nr. 1944; MUT 1 (wie Anm. 81), S. 315, Nr. 121,29.
406 In den Rechnungsbüchern unter den Lehrkräften an der Artistenfakultät erstmals zu Angaria Crucis 1548 faßbar, mit 50 Gulden besoldet, UAT 6/7b, S. 163ᵛ.
407 HOFMANN, Artistenfakultät (wie Anm. 84), S. 30; ZELLER-LORENZ, Melchior Volmar (wie Anm. 405), S. 155 mit Anm. 78; vgl. ERNST, Wirtschaftliche Ausstattung (wie Anm. 264), S. 86; RÄDLE, Simon Grynaeus (wie Anm. 196), S. 66, Nr. 22.
408 „H. Ulrichs Ordnung der Artisten Facultät" (wie Anm. 385), S. 236; vgl. Martin CRUSIUS, Annales suevici, Bd. 2, Frankfurt a. M. 1596 (VD 16 C 6103), S. 655.
409 HIERONYMUS, Griechischer Geist aus Basler Pressen (wie Anm. 232), Nr. 38; http://www.ub.unibas.ch/cmsdata/spezialkataloge/gg/higg0038.html (09.12.2011).
410 VD 16 C 2004, Digitalisat: urn:nbn:de:bvb:12-bsb00015584-3 (09.12.2012); HIERONYMUS, Griechischer Geist aus Basler Pressen (wie Anm. 232), Nr. 38.

gibt.⁴¹¹ Neben einer kritischen Geschichte des Griechischunterrichts seiner Zeit bietet das Schreiben umfassenden Einblick in Volmars pädagogisches Vorgehen und in die Interna Tübingens, „der weitaus besten Universität Deutschlands".⁴¹² Hier unterrichten neben ihm nicht weniger als zehn ausgezeichnete Lehrer *philosophia ac bonae artes*.⁴¹³ Man erfährt, daß Volmar als Nachfolger von Camerarius, der aber nur Latein gelehrt habe, beide klassischen Sprachen unterrichtet. Volmar muß täglich zwei Stunden öffentlich lehren: die eine gelte Livius und der Aeneis, die andere Aeschines und Demosthenes sowie der Ilias. Zudem habe es viele Griechischanfänger, für die man besonders Sorge tragen müsse. Mit Hesiod und Horaz sei ein guter Anfang zu machen.⁴¹⁴ Die Anfangsgründe biete er nach den besten Grammatiken. Genannt werden Manuel Chrysoloras (†1415), Theodorus Gaza,⁴¹⁵ Konstantinos Laskaris (†1501) und Urbanus Valerianus Bolzanus⁴¹⁶ (†1524). Von besonderem Wert erweist sich die Grammatik des Chalkondylas: bei diesem Anfängerunterricht brauche man nichts zu streichen und nichts hinzuzufügen. Nicht erst nach der vollständigen Beherrschung der Grammatik, sondern schon zu Beginn müsse man einen Autor reinen und leichten Stils dem Unterricht beifügen, beispielsweise einen der Dialoge Lukians. Zwar mache es nicht viel aus, ob man die Regeln auf griechisch oder lateinisch lerne, doch eine griechisch verfaßte Grammatik bringe zugleich den Nutzen, daß man die Begriffe dabei lerne. Weiter sei von Vorteil, einen Lehrer zu haben, der mit lebendiger Stimme vortrage. Auch muß der Unteticht mit den Rednern, nicht mit den Dichtern beginnen.

Die Ordnung von 1544 übertrug Schegk weiterhin die *lectio Aristotelica Physica*, bei gleichbleibender Besoldung⁴¹⁷ (von 80 Gulden jährlich). Ferner sollten Verhandlungen mit Magister Johannes Scheubel⁴¹⁸ (1494–1570) geführt werden, den man gegen eine bestimmte Besoldung für die Euklid-Vorlesung sowie *Arithmetices vnd Geometrie* gewinnen wollte.⁴¹⁹ Dies war bereits im Dezember 1543 gelungen, seither vertrat Scheubel als Nachfolger von Hyltebrant die Lectio Euclidis arithmeticae et geometriae bis zu seinem Tod.⁴²⁰ Die Ordnung sah zudem vor, mit dem „jungen Stipendiaten von Nürn-

---

411 VD 16 C 2004, Digitalisat, S. [6]–[33].
412 VD 16 C 2004, Digitalisat, S. [13]: [...] *in hac Tubingensi totius Germaniae longeprincipe Academia firmissima*; HIERONYMUS, Griechischer Geist aus Basler Pressen (wie Anm. 232), Nr. 38, S. 62.
413 VD 16 C 2004, Digitalisat, S. [12].
414 VD 16 C 2004, Digitalisat, S. [10].
415 Siehe Anm. 176.
416 Vgl. HIERONYMUS, Griechischer Geist aus Basler Pressen (wie Anm. 232), Nr. 7.
417 „H. Ulrichs Ordnung der Artisten Facultät" (wie Anm. 385), S. 236.
418 MUT 1 (wie Anm. 81), S. 277, Nr. 104,20; Ulrich REICH, Johann Scheubel und die älteste Landkarte von Württemberg 1559 (Karlsruher geowissenschaftliche Schriften, Reihe C: Alte Karten, Bd. 14), Karlsruhe 2000; DERS., Art. „Scheubel", in: NDB 22, Berlin 2005, S. 709 f.; Graecogermania (wie Anm. 154), S. 252 f., Nr. 130; BETSCH, Praxis geometrica (wie Anm. 82), S. 206 f.; WIDMANN, Tübingen als Verlagsstadt (wie Anm. 120), S. 59 f.; HOFMANN, Artistenfakultät (wie Anm. 84), S. 92, 145, Anm. 24, S. 146 u. 249; STAIGMÜLLER, Württembergische Mathematiker (wie Anm. 230), S. 242 f.
419 „H. Ulrichs Ordnung der Artisten Facultät" (wie Anm. 385), S. 236 f.
420 Erstmals zu Angaria Cinerum 1544 in den Rechnungsbüchern verzeichnet, UAT 6/7b, S. 17ʳ; UAT 2/1b, S. 107ʳ (13. Dezember 1543); HOFMANN, Artistenfakultät (wie Anm. 84), S. 249.

berg" zu verhandeln, der „die Music nach ordnung vnd rath der Facultet lesen welle".[421] Ob damit Johannes Nürnberger[422] aus Schorndorf gemeint ist, der von Angaria Luciae 1536 bis Angaria Crucis 1538 in den erhaltenen Rechnungsbüchern der Universität als Stipendiatus mit vierteljährlich drei Gulden Unterstützung geführt wird,[423] gilt als fraglich. Der erste in den Quellen nachweisbare Inhaber der *professio musicae* am Paedagogium ist Johannes Krapner[424] aus Frontenhausen, den man im April 1546 einstellte.[425] Er versah das Fach bis 1549 und nochmals von 1559 bis 1563. Von 1559 bis zu seinem altersbedingten Ausscheiden 1577 leitete Krapner die Tübinger Lateinschule. Der Leipziger Magister Gregor Faber[426] wurde 1549 sein bemerkenswerter Nachfolger, ließ er doch 1553 zu Basel einen heute viel beachteten Musiktraktat in den Druck geben: *Musices practicae erotematum libri duo*.[427] Im Titel dieses 1552

---

[421] „H. Ulrichs Ordnung der Artisten Facultät" (wie Anm. 385), S. 237; Gustav BOSSERT, Die Hofkapelle unter Eberhard III. Die Zeit des Niedergangs, der Auflösung und der ersten Versuche der Wiederherstellung, in: Württembergische Vierteljahrshefte für Landesgeschichte 21 (1912), S. 69–137, hier S. 112 f.; STOLL, Musikgeschichte (wie Anm. 214), S. 317 u. 318 f.

[422] Immatrikuliert am 8. April 1534 als *Joannes Creber Nurmberger de Shorndorf*, Anfang 1542 zum Magister und am 11. Mai 1511 zum Doktor beider Rechte promoviert, MUT 1 (wie Anm. 81), S. 276, Nr. 102,27.

[423] UAT 6/7a,1, S. 21ʳ – letztmalig UAT 6/7a,2, S. 131ʳ; HOFMANN, Artistenfakultät (wie Anm. 84), S. 135 mit Anm. 222, scheint sich gegen Johannes Nürnberger als Kandidaten für die Musik-Vertretung auszusprechen, weil er 1544 bereits Magister war, doch existieren in den Rechnungsbüchern gleich etliche bereits zum Magister artium promovierte Stipendiaten.

[424] UAT 15/11, S. 35ᵛ: *Hoc anno [1546] Johannes Krapner receptus est ad professorem mucicae salario viginti florenorum [...]*; eine nachträglich angelegte Professorenliste verzeichnet ihn als ersten unter den Tübinger *Musici Professores*, UAT 6/3, S. 3; CRUSIUS, Annales 2 (wie Anm. 408), S. 658; MUT 1 (wie Anm. 81), S. 313, Nr. 120,48 (u. S. 353, Nr. 136,50); SCHIEK/SETZLER, Ehebuch (wie Anm. 142), Nr. 1163 u. 1418; HOFMANN, Artistenfakultät (wie Anm. 84), S. 134 ff. u. 249; STOLL, Musikgeschichte (wie Anm. 214), S. 319 f.; HAUER, Lokale Schulentwicklung (wie Anm. 212), S. 72, 75, 89, Anm. 330, S. 351 u. 354; Reinhold STAHLECKER, Beiträge zur Geschichte des höheren Schulwesens in Tübingen (Beilage zu den Nachrichten über das Gymnasium zu Tübingen vom Schuljahr 1904/05), Stuttgart 1905, S. 26; BOSSERT, Die Hofkapelle (wie Anm. 421), S. 113 f.

[425] In den Rechnungsbüchern erstmals zu Angaria Pentecostes 1546 mit der über die Jahrzehnte festgeschriebenen Besoldung von vierteljährlich 5 Gulden verzeichnet, UAT 6/7b, S. 84ʳ.

[426] Die Matrikel der Universität Leipzig, hrsg. von Georg ERLER, Bd. 1: Die Immatrikulationen von 1409–1559 (Codex diplomaticus Saxoniae regiae II, Bd. 16), Leipzig 1895, S. 655, Nr. 26; Die Matrikel der Universität Leipzig, hrsg. von Georg ERLER, Bd. 2: Die Promotionen von 1409–1559 (Codex diplomaticus Saxoniae regiae II, Bd. 17), Leipzig 1897, S. 686 u. 702; MUT 1 (wie Anm. 81), S. 343, Nr. 132,47; erstmals UAT 6/7b, S. 193ʳ; BOSSERT, Die Hofkapelle (wie Anm. 421), S. 114 f.; STOLL, Musikgeschichte (wie Anm. 214), S. 320; HOFMANN, Artistenfakultät (wie Anm. 84), S. 135 f. u. 249; Lothar HOFFMANN-ERBRECHT, Zahlensymbolik in frühen Kompositionen von Thomas Stoltzer, in: Von Isaac bis Bach. Studien zur älteren deutschen Musikgeschichte, Festschrift Martin Just zum 60. Geburtstag, hrsg. von Frank HEIDLBERGER, Wolfgang OSTHOFF u. Reinhard WIESEND, Kassel u. a. 1991, S. 85–104, hier S. 85 f. u. 89; Michael ZYWIETZ, Faber, Gregor, in: Ludwig FINSCHER (Hrsg.), Die Musik in Geschichte und Gegenwart. Allgemeine Enzyklopädie der Musik, 2., neubearbeitete Ausg., Personenteil, Bd. 6: E-Fra, Kassel 2001, Sp. 616.

[427] VD 16 F 55, Digitalisat: http://books.google.de/books?id=bVc8AAAAcAAJ&printsec=frontcover&source=gbs_ge_summary_r&cad=0#v=onepage&q&f=false (24.06.2011); HIERONYMUS, Petri-Schwabe (wie Anm. 111) 2, S. 920 f.

fertiggestellten Werkes nennt er sich in Academia Tubingensi Musices Professor ordinarius. Faber gab seine Stelle 1552 auf, um sich dem Studium der Medizin zuzuwenden, das er 1554 mit der Promotion zum Doktor abschloß.[428] Joachim Kremer ist in seinem grundlegenden Beitrag zur Geschichte der Musik an der Tübinger Universität der Entwicklung des Faches nachgegangen.[429]

Ulrichs Ordnung für die Artisten von 1544 läßt erkennen, daß es zwei Arten von Lehrveranstaltungen gab: die einen fanden im Contubernium statt, die anderen *publice in aula maiori*.[430] Lediglich in der Burse zu unterrichten hatten – wie weiterhin noch die Lehrer des Paedagogiums – Mendlin und Schweicker sowie Volmar, der hier Griechisch lehrte. Öffentlich in der Aula sollten folgende „Professores Artium" ihre Vorlesungen und Übungen abhalten: Garbitius um sechs Uhr morgens und um ein Uhr nachmittags, Benignus um sieben, Imsser um zwölf, Hyltebrant ebenfalls um zwölf, Volmar ohne Zeitangabe – um drei Uhr laut einer anderen Quelle[431] – und Schegk um vier Uhr. Der elfköpfige Lehrkörper der Artistenfakultät begegnet ebenfalls in der von Reinhold Rau edierten „Türkensteuerliste der Universitätsverwandten von 1544". Sechel, Garbitius, Mendlin, Imsser, Vay, Scheubel, Benignus, Volmar, Schegk, Hyltebrant und Schweicker hatten, in unterschiedlicher Höhe, die Reichssteuer zu entrichten.[432]

Die Stuttgarter Regierung sah sich auf Widerspruch der Universität gehalten, die Ordnung in einer „Declaration"[433] vom 25. Februar 1545 zu verteidigen. Dabei wird auch sichtbar, daß nicht alle „Professores Artium" dem Fakultätsrat angehörten: außerhalb standen jene „de pedagogio vnd Regentia".[434] Das heißt, die Magister, die im Paedagogium und im Contubernium ihren Dienst versahen, hatten keinen Sitz im Fakultätsrat. Der Fakultätsrat beschloß unter Leitung von Dekan Garbitius am 3. Juni 1546 die Neuordnung des Unterrichts am Paedagogium,[435] dabei wurde die Grammatik auf drei Lehrer verteilt: Vay sollte Etymologie unterrichten, Sechel Orthographie und Prosodie und Paul Calwer/Kalber[436] (1522–1583) – seit Frühjahr 1545 zum Lehr-

---

428 KÖTZ, Die Matrikel der Theologischen Fakultät (wie Anm. 260), S. 421, Nr. 66; Gerhard FICHTNER, Disput mit Leonhart Fuchs. Die frühesten medizinischen Thesendrucke in Tübingen, in: Medizinhistorisches Journal 36 (2001), S. 111–183, hier S. 122–127 (Nr. 2).

429 Joachim KREMER, Musik an der Universität Tübingen um 1600: Reichard Mangons wieder aufgefundene *Gratulatio ad Pulcheriam Augustam* im bildungsgeschichtlichen Kontext, in diesem Band S. 337–388.

430 „H. Ulrichs Ordnung der Artisten Facultät" (wie Anm. 385), S. 234 f.

431 ZELLER-LORENZ, Melchior Volmar (wie Anm. 405), S. 156, Anm. 82: laut der Conductio vom 4. Juli 1543 – UAT 15/1, Nr. 10b: 4. Juni 1543 – las Volmar täglich um drei Uhr in der Aula Latein publice und um vier Uhr griechische Grammatik in der Burse.

432 RAU, Die ältesten Tübinger Steuerlisten (wie Anm. 231), S. 52 ff.

433 „Declaration der Ordnung der Artisten" (wie Anm. 386).

434 „Declaration der Ordnung der Artisten" (wie Anm. 386), S. 244.

435 UAT 15/17, S. 86^r – statt Paul Calwer ist hier und später, S. 92^r, von Jacobus Kalber die Rede.

436 HOFMANN, Artistenfakultät (wie Anm. 84), S. 102 f., 111 f., 213 f. und öfter; Reinhold RAU, Ein Magisterschicksal zu Herzog Christophs Zeiten, in: Heimatkundliche Blätter für den Kreis Tübingen N. F., Nr. 45 (1971), S. 1–2; DERS., Elsässische evangelische Geistliche der Tübinger Hochschule im 16. bis 18. Jahrhundert, in: Alemannisches Jahrbuch 1962/63, S. 303–309, hier S. 306; SCHINDLING, Humanistische Hochschule (wie Anm. 330), S. 269; PILL-RADEMACHER, Visitationen (wie Anm. 123), S. 483 und öfter; SCHIEK/SETZLER, Ehebuch (wie Anm. 142), Nr. 632 u. 2390.

körper gehörig[437] – Syntax. Den nicht im Fakultätsrat präsenten Professoren untersagte die herzogliche Ordnung zudem, „in den Oberen Faculteten zu complieren", also an den drei höheren Fakultäten zu studieren und zu promovieren.[438] Auch sollte ihre Besoldung nicht durch „wein vnd korn vnd vffwechsel" ergänzt werden, wie bei den Mitgliedern des Fakultätsrates.[439] So stellt sich die Frage, wer denn dem Fakultätsrat angehörte bzw. angehören sollte und wer nicht. Keinen Zutritt besaßen 1545 die Paedagogen Vay[440] und Sechel und die Bursenmagister Mendlin und Schweicker. Hofmann hat in den Formulierungen der Ordnung von 1544 eine Reduktion des Fakultätsrates auf die „Professoren für Organon, Ethik, Physik, Astronomie und Dialektik" gesehen.[441] Die Ordnung befahl jedoch nur in zwei Fällen ausdrücklich die Aufnahme in das Consilium, beim Mathematiker Imsser, der in der Aula maior las, also öffentlich, und bei Volmar, zuständig für Latein, öffentlich gelesen, und Griechisch, in der Burse behandelt.[442] So wird man die weiteren Mitglieder des Fakultätsrates ebenfalls unter den Professoren suchen dürfen, die „publice" lasen.[443] Das waren Garbitius für die Ethik und Griechisch, Benignus für die Rhetorik, Hyltebrant für Hebräisch, Schegk für die Physik und Scheubel für Arithmetik und Geometrie. Falls diese Annahme zutrifft, hätte der Fakultätsrat 1544 sieben Mitglieder umfaßt. Mit der Zeit pendelte sich die Zahl der Ratsmitglieder auf sechs ein.[444] Als 1601 Herzog Friedrich der Universität Tübingen eine neue Verfassung aufzwang,[445] wurde dieser Umfang in den neuen Statuten der Artistenfakultät auf Dauer festgeschrieben: *Consilium Communitatis sex Professores Philosophiae et artium constituunto*, und zwar vier, die Vorlesungen für die Magistranden hielten, nebst zwei weiteren.[446] Insgesamt sollte der Lehrkörper der Artistenfakultät 1601 „zuem wenigsten zwölff" Professoren umfassen, während die

---

437 Angaria Pentecostes 1545, UAT 6/7b, S. 53ʳ.
438 HOFMANN, Artistenfakultät (wie Anm. 84), S. 46 u. 54.
439 „Declaration der Ordnung der Artisten" (wie Anm. 386), S. 245 f.
440 Als 1550 Herzog Ulrich Vay für eine Professur an der Juristenfakultät vorschlug, lehnte die Universität dies unter Hinweis auf dessen Krankheit ab, empfahl jedoch wegen seiner Verdienste die Aufnahme *ad consilium facultatis artium*, PILL-RADEMACHER, Visitationen (wie Anm. 123), S. 423.
441 HOFMANN, Artistenfakultät (wie Anm. 84), S. 51.
442 Nicht in der Ordnung belegt ist die Aufnahme von Garbitius, wie HOFMANN, Artistenfakultät (wie Anm. 84), S. 51, angibt.
443 Vgl. HOFMANN, Artistenfakultät (wie Anm. 84), S. 55.
444 HOFMANN, Artistenfakultät (wie Anm. 84), S. 51.
445 Vgl. KÖPF, Die Verfassung (wie Anm. 296), S. 35–39; HOFMANN, Artistenfakultät (wie Anm. 84), S. 64–68; Sabine HOLTZ, Universität und Landesherrschaft. Die württembergische Landesuniversität Tübingen im 17. Jahrhundert, in: Daniela SIEBE (Hrsg.) unter Mitarbeit von Stefan WALLENTIN, „Orte der Gelahrtheit". Personen, Prozesse und Reformen an protestantischen Universitäten des Alten Reiches (Contubernium, Bd. 66), Stuttgart 2008, S. 207–220, hier S. 210 f.
446 „Nova Statuta Facultatis bonarum artium vom 15. August 1601", in: Theodor EISENLOHR, Sammlung der württembergischen Schul-Geseze. Dritte Abtheilung, enthaltend die Universitäts-Gesetze bis zum Jahr 1843 (= August Ludwig REYSCHER [Hrsg.], Vollständige, historisch und kritisch bearbeitete Sammlung der württembergischen Geseze, Bd. 11, Abt. 3), Tübingen 1843, S. 344–363, Nr. 45, hier S. 346; vgl. THÜMMEL, Universitätsverfassung (wie Anm. 385), S. 240 f.

Theologie durch vier, die Jurisprudenz durch sechs und die Medizin durch drei Lehrkräfte zu vertreten war.[447]

An der Universität Tübingen gerieten die Bemühungen zur Durchsetzung der Reformation auf Grund von Württembergs Verwicklung in die Niederlage des Schmalkaldischen Bundes ins Stocken. Herzog Ulrich mußte sich den Bedingungen des Kaisers beugen und das Interim einführen, das wesentlich die Position der Altgläubigen stärkte.[448] Das blieb nicht ohne Auswirkungen auf die Universität, besonders der seit längerem in Rottenburg residierende altgläubige Kanzler Widmann profitierte davon. Etlichen vom Interim betroffenen lutherischen Geistlichen bot die Zwangspause Gelegenheit, in Tübingen ihre Studien zu vervollkommnen. So besuchten Jakob Heerbrand (1521–1600), Jakob Andreae (1528–1590), Dietrich Schnepf[449] und Jakob Dachtler d. J.[450] den Hebräisch-Unterricht[451] von Erasmus Oswald Schreckenfuchs[452] (1511–1575), einem der bedeutendsten Hebraisten und Mathematiker des 16. Jahrhunderts, der jedoch nicht zu dem von der Universität besoldeten Lehrkörper gehörte[453] und 1552 Tübingen verließ, um in Freiburg zu reüssieren. Schreckenfuchs war ein Schüler

---

447 „Herzog Friedrichs Ordination der Universität vom 18. Februar 1601", in: EISENLOHR, Sammlung (wie Anm. 446), S. 216–271, Nr. 40, hier S. 224.
448 BRECHT/EHMER, Südwestdeutsche Reformationsgeschichte (wie Anm. 192), S. 293–299; Herzogtum Württemberg, bearbeitet von Sabine AREND, Markgrafschaft Baden, Grafschaft Limpurg, Herrschaft Kinzigtal, Herrschaft Neckarbischofsheim, bearbeitet von Thomas BERGHOLZ (Die evangelischen Kirchenordnungen des XVI. Jahrhunderts, begründet von Emil SEHLING, hrsg. von Gottfried SEEBASS u. Eike WOLGAST, Bd. 16: Baden-Württemberg 2), Tübingen 2004, S. 32 f.; Gustav BOSSERT, Das Interim in Württemberg, Halle 1895, passim; PILL-RADEMACHER, Visitationen (wie Anm. 123), S. 180–186.
449 Siehe Anm. 477.
450 Siehe Anm. 480.
451 Siegfried RAEDER, Jakob Heerbrand, in: HERTEL, In Wahrheit und Freiheit (wie Anm. 301), S. 81–98, hier S. 85; BOSSERT, Interim (wie Anm. 448), S. 65.
452 MUT 1 (wie Anm. 81), S. 346, Nr. 133,30; HIERONYMUS, Petri-Schwabe (wie Anm. 111) 1, S. 735 f. (Anm. 14) – ferner S. 492, 552 f., 745–751, 762 ff., 814; 2, S. 1009, 1064, 1072–1090, 1348 f. u. 1371; Karl Heinz BURMEISTER, Sebastian Münster. Eine Bibliographie mit 22 Abbildungen, Wiesbaden 1964, S. 26–31, Br. 11–16, u. S. 111 f., Nr. 146; vgl. Siegmund GÜNTHER, Art. „Schreckenfuchs, Erasmus Oswald", in: ADB 32 (1891), S. 467 f.; Jürgen BÜKKING, Die Weihbischöfe von Basel Marcus Tettinger (1567–1599) und Franz Beer (1599–1611), in: Zeitschrift für schweizerische Kirchengeschichte 62/63 (1968), S. 121–141, hier S. 126; laut dem im großen und ganzen zuverlässigen BINDER, Wirtembergs Kirchen- und Lehrämter [1] (wie Anm. 273), S. 354, Nr. 22, u. S. 361, war der ohne Magister-Titel aufgeführte Schreckenfuchs von 1549 bis 1552 Mitglied des Lehrkörpers der Artistenfakultät; BÖK, Geschichte Universität Tübingen (wie Anm. 124), S. 95 mit Anm. d; SCHNURRER, Lehrer (wie Anm. 109), S. 94 u. 113–122; Ernst CONRAD, Die Lehrstühle der Universität Tübingen und ihre Inhaber (1477–1927), Diss. phil. Tübingen 1960 [masch.], S. 164; PILL-RADEMACHER, Visitationen (wie Anm. 123), S. 516; Theodor SCHOTT, Art. „Heerbrand, Jakob", in: ADB 11 (1880), S. 242 ff.; Gustav WERTHEIM, Die Arithmetik des Elia Misrachi. Ein Beitrag zur Geschichte der Mathematik, in: Programm der Realschule der israelitischen Gemeinde (Philanthropin) zu Frankfurt a. M., Frankfurt a. M. 1893, S. 3–42, hier S. 5 f.; WOITKOWITZ, Johannes Hummelius (wie Anm. 365), S. 71 f.
453 In den Rechnungsbüchern der Universität – UAT 6/7b und 6/7c – erscheint er nicht; Crusius führt ihn unter den *Professores* auf: Crusius, Diarium (wie Anm. 239) 2, S. 142.

und Freund von Sebastian Münster, dem er bei dessen großartigem Bemühen um die Drucklegung epochaler Werke in Basel zur Seite stand. Als Martin Crusius[454] 1551 in Tübingen weilte, als Hofmeister zweier adliger Studenten, notierte er folgenden elfköpfigen Lehrkörper der Artistenfakultät:[455] Schegk las über die Physica, Garbitius fungierte als Graezist und war zuständig für die Ethica, Benignus unterrichtete Quintilian und Ciceros Orationes, Georg Liebler[456] (1524–1600), seit 1549 Lehrer am Paedagogium, behandelte Ovids Metamorphosen, Ciceros Officia und die erstmals 1522 publizierte griechische Grammatik von Jacob Ceporinus[457] (Wiesendanger, 1499/1500–1525), Mendlin las über Melanchthons Dialectica, Volmar war zuständig für Latein und Griechisch, Vay behandelte Terenz und die lateinische Grammatik nach Melanchthon oder Thomas Linacre/Lynaker[458] (ca. 1460–1524), Calwer traktierte *elementa Rhetorices* und Ciceros Briefe, Imsser war zuständig für die Astronomie und Scheubel für die Arithmetik und Euclid, während Hyltebrant als Hebraist fungierte.

Der durch den Abfall des Kurfürsten Moritz von Sachsen erzwungene Passauer Vertrag von 1552 und der sogenannte Augsburger Religionsfrieden von 1555 schufen schließlich einen Rahmen, der es Ulrichs Sohn und Nachfolger erlaubte, die Reformation entschieden und dauerhaft zu sichern und die württembergische Kirche so zu organisieren, daß sie zum bestgeordneten lutherischen Kirchentum im Reich wurde, vorbildlich und maßgebend für viele andere lutherische Kirchenordnungen.[459] So

---

454 Siehe Anm. 571.
455 CRUSIUS, Annales 2 (wie Anm. 408), S. 679.
456 EMBERGER, Biographische und genealogische Notizen (wie Anm. 239), S. 146; HOFMANN, Artistenfakultät (wie Anm. 84), S. 111, 117f., 120f., 140ff., 166, 169, 198, 211f., 219, 230–236, 237f., 239, 243, 245f. und öfter; METZGER, Ein Lebensbild aus dem 16. Jahrhundert, in: Staats-Anzeiger für Württemberg, Literarische Beilage, Stuttgart 1916, S. 108–112; SCHMIDT-GRAVE, Leichenreden (wie Anm. 239), S. 111, Nr. 80; RÖCKELEIN, Die lateinischen Handschriften (wie Anm. 82), S. 23; SCHÄFER, Die Unterschriften (wie Anm. 398), S. 64, Nr. 34: *philosophiae naturalis professor* (1582); im Diarium von Crusius finden sich zahlreiche Hinweise und Bemerkungen zu Liebler: Crusius, Diarium (wie Anm. 239) Gesamtregister, S. 118.
457 Christoph RIEDWEG, Ein Philologe an Zwinglis Seite. Zum 500. Geburtstag des Zürcher Humanisten Jacob Wiesendanger, gen. Ceporinus (1500–1525), in: Museum Helveticum 57 (2000), S. 201–219, hier S. 213–217 bibliographische und inhaltliche Angaben zu Ceporins Grammatik; vgl. HIERONYMUS, Griechischer Geist aus Basler Pressen (wie Anm. 232), Nr. 34 u. 208; http://www.hls-dhs-dss.ch/textes/d/D10566.php (24.11.2011).
458 SHARPE, Handlist (wie Anm. 118), S. 664; VD16 L 1780: Rudimenta grammatices Thomae Linacri ex anglico sermone in Latinum uersa, interprete Georgio Buchanano Scoto, Basel 1542; Digitalisat: urn:nbn:de:bvb:12-bsb00017370-7 (5.05.2011); zuerst: Paris 1533, Digitalisat: http://visualiseur.bnf.fr/Visualiseur?Destination=Gallica&O=NUMM-052365 (4.05.2011); zu George Buchanan (1506–1582): SHARPE, Handlist (wie Anm. 118), S. 130; vgl. Lawrence D. GREEN, *Grammatica movet*: Renaissance grammar books and *elocutio*, in: Rhetorica movet. Studies in Historical and Modern Rhetoric in Honour of Heinrich F. Plett, ed. by Peter L. OESTERREICH a. Thomas O. SLOANE (Symbola et Emblemata, Vol. 9), Leiden 1999, S. 73–115, hier S. 84–92.
459 BRECHT, Kirchenordnung und Kirchenzucht (wie Anm. 307), S. 32; BRECHT/EHMER, Südwestdeutsche Reformationsgeschichte (wie Anm. 192), S. 317–362; AREND, Herzogtum Württemberg (wie Anm. 448), S. 39–42; PILL-RADEMACHER, Visitationen (wie Anm. 123), S. 191–197.

nahm sich 1556 die Regierung Herzog Christophs (reg. 1550–1568) ebenfalls der steckengebliebenen Universitätsreform an.⁴⁶⁰ 1556 und 1557 stand die Stuttgarter Regierung in intensivem Kontakt mit der von der Pest gebeutelten Hochschule, wie nicht nur drei Visitationen belegen. Dabei ging es hinsichtlich der Artistenfakultät besonders um das Paedagogium und den Personalbestand. Der Regierung war besonders an einer Beschäftigung von Michael Schütz genannt Toxites⁴⁶¹ (1514–1581) gelegen, einem Mitarbeiter des Straßburger Reformpädagogen Johannes Sturm⁴⁶² (1509–1589). Toxites, vielfach gedruckter Autor und Beiträger,⁴⁶³ sollte die Gräzistik-Professur von Garbitius übernehmen und gleichzeitig als Paedagogarch die Aufsicht über die württembergischen Trivialschulen ausüben.⁴⁶⁴ Doch die Universität verweigerte sich diesen Plänen entschieden. Erst auf massiven Druck gelang es, ihn zum Leiter des Paedagogiums und 1557 in der Rhetorikprofessur zum Nachfolger von Calwer zu bestellen. Calwer hatte man im August 1556 wegen schwerer Tätlichkeiten entlassen.⁴⁶⁵ Den altersschwachen Melchior Volmar bewog man zur Resignation.⁴⁶⁶ Dessen *Lectio poetices Latinae et historiae* konnte 1557 auf nachhaltigen Druck der Regierung der Dichter und frühere Wittenberger Student Johannes Seckerwitz⁴⁶⁷ († 1583) als *Professor, tam in Oratoriis quam poesi* übernehmen, der sich Herzog Christoph durch eine Widmung in seinem 1556 zu Basel gedruckten „Jesus Sirach" empfohlen hatte.⁴⁶⁸ Da die Universität nicht sofort den Wünschen des Herzogs entsprechen mochte, fand

---

460 Vgl. Reinhold RAU, Herzog Christophs Universitätsreform, in: Attempto. Nachrichten für die Freunde der Tübinger Universität 31/32 (1969), S. 98–106; PILL-RADEMACHER, Visitationen (wie Anm. 123), S. 208–239.
461 PILL-RADEMACHER, Visitationen (wie Anm. 123), S. 220f., 229ff., 238 u. 522f.; vgl. Charles SCHMIDT, Michael Schütz genannt Toxites. Leben eines Humanisten und Arztes aus dem 16. Jahrhundert, Straßburg 1888, S. 67–79.
462 Statt vieler: SCHINDLING, Humanistische Hochschule (wie Anm. 330), S. 30–36.
463 Siehe die Nachweise im VD 16 – mit Bezug zu Tübingen: VD 16 T 1763 u. T 1770; HIERONYMUS, Petri-Schwabe (wie Anm. 111) 2, S. 1008 u. 1067.
464 Der Frühparacelsismus, hrsg. und erläutert von Wilhelm KÜHLMANN u. Joachim TELLE, Bd. 2, Tübingen 2004 (Corpus Paracelsisticum, Bd. 2: Dokumente frühneuzeitlicher Naturphilosophie in Deutschland), Tübingen 2004, S. 41–528, besonders 41–66 u. 524–528; HOFMANN, Artistenfakultät (wie Anm. 84), S. 111–118; PILL-RADEMACHER, Visitationen (wie Anm. 123), S. 522f.; HAUER, Lokale Schulentwicklung (wie Anm. 212), S. 107–113.
465 HOFMANN, Artistenfakultät (wie Anm. 84), S. 102f.; RAU, Ein Magisterschicksal (wie Anm. 436).
466 PILL-RADEMACHER, Visitationen (wie Anm. 123), S. 217, 219, 229, 440f.; HOFMANN, Artistenfakultät (wie Anm. 84), S. 210f.; CRUSIUS, Annales 2 (wie Anm. 408), S. 697.
467 Album Academiae Viteberegensis, ab a. Ch. 1502 ad a. 1560, ex autographo edidit Karl Eduard Foerstemann, Leipzig 1841 (Ndr. Tübingen 1976), S. 239b, Nr. 1 (2. Mai 1548); PILL-RADEMACHER, Visitationen (wie Anm. 123), S. 226, 248f., 510 u. 517; HOFMANN, Artistenfakultät (wie Anm. 84), S. 35, 160, 177, 190 mit Anm. 14, 199, 201, 214f., 241 u. 247; SCHIEK/SETZLER, Ehebuch (wie Anm. 142), Nr. 230; KNAPE, 500 Jahre Tübinger Rhetorik (wie Anm. 78), S. 57, Nr. 32; Siegfried TREICHEL, Leben und Werke des Johannes Seccervitius, Diss. phil. Greifswald 1928, S. 18–29; Hermann WIEGAND, Johannes Seckerwitz als neulateinischer Dichter, in: Pommern in der Frühen Neuzeit. Literatur und Kultur in Stadt und Region, hrsg. von Wilhelm KÜHLMANN u. Horst LANGER (Frühe Neuzeit, Bd. 19), Tübingen 1994, S. 125–144..
468 TREICHEL, Seccervitius (wie Anm. 467), S. 18f.; VD 16 B 4053, S 5213.

Seckerwitz – der noch nicht zum Magister artium promoviert worden war[469] – 1556 über eine Stelle als Repetent im Herzoglichen Stipendium, dem „Stift", Eingang in den Hochschulbetrieb.[470] Seine Antrittsvorlesung als *Poeticae Professor* ging 1557 bei Ulrich Morharts Witwe[471] in den Druck.[472] Doch bereits 1558 zwang man ihn wegen Trunkenheit zur Resignation der *lectio poëseos*. Er erhielt bis zu seinem Ausscheiden 1560 das *exercitium rhetoricum*. Dringlich erschien die Frage nach der Hebraistik, die nach dem Willen der Visitatoren nicht mehr von Hyltebrant wahrgenommen werden sollte,[473] den man 1556 auf den Posten des Universitätsnotars abzuschieben gedachte.[474] Man schlug der Universität vor, Schreckenfuchs aus Freiburg zurückzuholen und zwischenzeitlich dem als Magister im Herzoglichen Stipendium beschäftigten Samuel Heiland[475] (1533–1592) die Hebraistik-Lektur zu übergeben.[476] Die Universität entschied sich jedoch gegen Schreckenfuchs, der kein Theologe sei, für den dritten Tübinger Theologie-Professor Dietrich Schnepf[477] (1525–1586) als Hebraisten.[478] Schnepf versah die Lektur jedoch nur bis 1558, dann kam sie wieder an Hyltebrant, der sie bis zu seinem

---

469 Die amtlichen Tübinger Quellen versagen Seckerwitz den Magistertitel, die Matrikel bezeichnet ihn als *poeta*, MUT 1 (wie Anm. 81), S. 385, Nr. 25; siehe auch UAT 6/3, S. 3.

470 MUT 1 (wie Anm. 81), S. 385, Nr. 25.

471 RESKE, Buchdrucker (wie Anm. 120), S. 924f.

472 TREICHEL, Seccervitius (wie Anm. 467), S. 22f. mit Anm. 32: Orationes publice in celeberrima Tubingensi Academia a Professoribus publicis per hoc trimestre habitae, Tubingae ex officina typographica viduae Ulrici Morhardi. Anno MDLVII., S. 126–145: Titel: Oratio habita a Iohanne Secceruitio, Poeticae Professore, in auspitio lectionis Virgilianae; VD16 T 1770, Digitalisat: http://reader.digitale-sammlungen.de/resolve/display/bsb10586194.html (16.11.2011); laut TREICHEL, S. 95, auch in der UB Tübingen vorhanden.

473 PILL-RADEMACHER, Visitationen (wie Anm. 123), S. 434, 446 u. 451.

474 RAU, Herzog Christophs Universitätsreform (wie Anm. 460), S. 100.

475 Julius August WAGENMANN, Art. „Heiland, Samuel", in: ADB 11 (1880), S. 310f.; MUT 1 (wie Anm. 81), S. 353, Nr. 136,49; EMBERGER, Biographische und genealogische Notizen (wie Anm. 239), S. 142; PILL-RADEMACHER, Visitationen (wie Anm. 123), S. 491f.; HOFMANN, Artistenfakultät (wie Anm. 84), S. 53, Anm. 16, S. 127, 230–235 u. 245; LEUBE, Stift 1 (wie Anm. 302), S. 16, 22, 214, 215, Anm. 2; BINDER, Wirtembergs Kirchen- und Lehrämter [1] (wie Anm. 273), S. 366, Nr. 9: von 1554 bis 1556 Adjunkt, von 1556 bis 1592 Magister domus; SCHNURRER, Erläuterungen (wie Anm. 273), S. 461–465; im Diarium von Crusius finden sich einige Heiland betreffende Bemerkungen: Crusius, Diarium (wie Anm. 239) Gesamtregister, S. 96; SCHMIDT-GRAVE, Leichenreden (wie Anm. 239), S. 106, Nr. 63 u. 64; RÖCKELEIN, Die lateinischen Handschriften (wie Anm. 82), S. 24; SCHÄFER, Die Unterschriften (wie Anm. 398), S. 64, Nr. 36: *professor Ethices*.

476 PILL-RADEMACHER, Visitationen (wie Anm. 123), S. 225 u. 446.

477 KÖTZ, Die Matrikel der Theologischen Fakultät (wie Anm. 260), S. 423, Nr. 69 – siehe auch S. 420ff., Nr. 66; von Angaria Luciae 1541 bis Angaria Crucis 1548 mit 3 Gulden pro Quartal unterstützter Stipendiat der Universität, UAT 6/7a,3, S. 238ʳ, UAT 6/7b, S. 164ʳ; SCHMIDT-GRAVE, Leichenreden (wie Anm. 239), S. 48 u. 122, Nr. 122 u. 123; RÖCKELEIN, Die lateinischen Handschriften (wie Anm. 82), S. 26f.; SCHÄFER, Die Unterschriften (wie Anm. 398), S. 60, Nr. 2; SCHNURRER, Lehrer (wie Anm. 109), S. 123–131; EMBERGER, Biographische und genealogische Notizen (wie Anm. 239), S. 151f.; PILL-RADEMACHER, Visitationen (wie Anm. 123), S. 515.

478 PILL-RADEMACHER, Visitationen (wie Anm. 123), S. 220f. u. 451.

Tod 1568 innehatte[479] – gefolgt von dem aus Wiesensteig vertriebenen Reformator Jakob Dachtler d. J.[480] (1525–1598), der als Hebraist der Artistenfakultät bis 1575 zur Verfügung stand,[481] wie Hyltebrant mit 100 Gulden jährlich besoldet.[482]

Nach langwierigen Vorberatungen wurde schließlich am 15. Mai 1557 Herzog Christophs „Ordinatio nova" der Universität Tübingen erlassen.[483] Bezüglich der Artistenfakultät geht es eingangs und „zuuorderst um die Jungen *Scolares* vnd angehenden *studiosi* Jnn denn *fundamentis Artium et Linguarum*", wie sie mit Hilfe des Paedagogiums „zue denn höheren *studijs et facultatibus praeparirt* vnnd angefuert werdenn möchten".[484] Das Paedagogium soll vier Klassen umfassen.[485] In der ersten Klasse bildet Melanchthons Grammatik die Grundlage des Unterrichts. Als Texte waren *Libelli Ciceronis de Amicitia et senectute*, Vergils Bucolica, Terenz sowie *graeca grammatica* und „etwas aus dem Xenophonte" vorgesehen. Auch in der zweiten Klasse ging es zuerst um die griechische Grammatik und Xenophon sowie um eine Reihe von Werken Ciceros. Zudem sollten die Scholaren die Vergil-Vorlesung besuchen. Als Lehrbuch wurde die Grammatik von Linacre vorgeschrieben. Die dritte Klasse stand im Zeichen von Melanchthons Dialectica und Rhetorica. Zudem ging es um „etliche Orationes Ciceronis", auch waren die öffentlichen Vorlesungen des Gräzisten und zu Vergil zu besuchen. In der abschließenden vierten Klasse sollten die Scholaren die „Lectiones hören", und zwar zum Organon oder zu Agricolas Dialectica sowie zur Mathematik. Außerdem waren die öffentlichen Vorlesungen zu *Rhetorica et orationes Ciceronis* sowie erneut die des Gräzisten und zu Vergil zu besuchen. „Welche dann also durch obbestimmte Vier Classes des Pedagogij kommen, vnnd nun derselbenn erlasenn sind, Die megen allsdann Baccalaurei werdenn, wenn sie wollenn".[486] Mit anderen Worten: Am Ende des Studiums im Paedagogium stand das Examen zum Baccalaureus artium, war also

---

479 HOFMANN, Artistenfakultät (wie Anm. 84), S. 132 f. u. 248; Crusius, Diarium (wie Anm. 239) 2, S. 142.
480 KÖTZ, Die Matrikel der Theologischen Fakultät (wie Anm. 260), S. 423, Nr. 70; von Angaria Luciae 1543 bis Angaria Luciae 1545 und noch einmal zu Angaria Crucis 1546 mit 3 Gulden pro Quartal unterstützter Stipendiat der Universität, UAT 6/7b, S. 16^r, 81^v u. 111^r; Crusius, Diarium (wie Anm. 239) 2, S. 141 f.; SCHMIDT-GRAVE, Leichenreden (wie Anm. 239), S. 46; SCHÄFER, Die Unterschriften (wie Anm. 398), S. 61, Nr. 8; HOFMANN, Artistenfakultät (wie Anm. 84), S. 201 f., 220 u. 248; BINDER, Wirtembergs Kirchen- und Lehrämter [1] (wie Anm. 273), S. 355, Nr. 41, u. S. 361: von 1568 bis 1575 Mitglied des Lehrkörpers der Artistenfakultät als Hebraist; SCHNURRER, Lehrer (wie Anm. 109), S. 132–135; http://de.wikipedia.org/wiki/Jakob_Dachtler_der_Jüngere (10.05.2011).
481 HOFMANN, Artistenfakultät (wie Anm. 84), S. 248; Erhard CELLIUS, Imagines professorum Tubingensium 1596, hrsg. von Hansmartin DECKER-HAUFF u. Wilfried SETZLER, Bd. 1: Faksimile, Sigmaringen 1981, S. 128.
482 UAT 6/9, S. 2^v, 4^r, 5^v, 7^r.
483 Druck: EISENLOHR, Sammlung (wie Anm. 446), S. 127–141, Nr. 22; vgl. PILL-RADEMACHER, Visitationen (wie Anm. 123), S. 239–244; HOFMANN, Artistenfakultät (wie Anm. 84), S. 113 ff.; RAU, Herzog Christophs Universitätsreform (wie Anm. 460), S. 104 f.
484 EISENLOHR, Sammlung (wie Anm. 446), S. 132.
485 Vgl. HOFMANN, Artistenfakultät (wie Anm. 84), S. 114.
486 EISENLOHR, Sammlung (wie Anm. 446), S. 135; HOFMANN, Artistenfakultät (wie Anm. 84), S. 114 f. u. 124.

nach vier Semestern erfolgreichen Lernens der erste Abschnitt im Curriculum der Artistenfakultät absolviert – und konnte begonnen werden, „den gradum magisterij zuerlangen".[487] Dazu sah das Lehrprogramm von 1557 den Besuch folgender Vorlesungen vor: „Dialectica Rudolphi aut organum Aristotelis, Ethica aristotelis, Phisica aristotelis, Spherica et Theoricas planetarum".[488] Die Magistranden hatten folglich erneut die Logik-Vorlesung zu besuchen und sich zudem außer mit Ethik und Physik auch mit Astronomie zu beschäftigen. Die Physik wurde jetzt nur noch nach Aristoteles gelesen, die Vorlesung mit Hilfe eines Kompendiums hingegen entfiel fortan.[489] Auf welcher Textgrundlage dieses Fach 1557 unterrichtet wurde, bleibt offen. Mit der Sphaera materialis von Johannes de Sacrobosco (John Holywood) und der Theorica planetarum nennt das Vorlesungsprogramm zwei das ganze Spätmittelalter dominante Lehrbücher vornehmlich der Astronomie.[490] Die Sphaera, um 1233 verfaßt, blieb bis gegen 1700 im Gebrauch und erfuhr Hunderte von Auflagen und Bearbeitungen, so 1531 auch durch Melanchthon.[491] Für die Planetentheorie wurde um die Wende vom 15. zum 16. Jahrhundert die erstmals 1473 in Nürnberg gedruckte Theoricae novae planetarum maßgeblich. Sie geht auf eine von Johannes Regiomontanus[492] (1436–1476) überarbeitete Wiener Vorlesung von Georg Peuerbach[493] (1423–1461) zurück, von der bis zur Mitte des 17. Jahrhunderts über 50 Auflagen und Kommentare in den Druck gingen.[494] 1557 dürfte man in Tübingen auf die 1556 in Basel gedruckte Bearbeitung von Schreckenfuchs mit Zusätzen von Imsser zurückgegriffen haben.[495] Freigestellt

---

487 EISENLOHR, Sammlung (wie Anm. 446), S. 135.

488 EISENLOHR, Sammlung (wie Anm. 446), S. 135.

489 Vgl. HOFMANN, Artistenfakultät (wie Anm. 84), S. 138 u. 140.

490 Vgl. LORENZ, Libri ordinarie legendi (wie Anm. 15), S. 222 f.; Christoph SCHÖNER, Arithmetik, Geometrie und Astronomie an den Universitäten des Alten Reiches: Propädeutik, Hilfswissenschaften der Medizin und praktische Lebenshilfe, in: Artisten und Philosophen, Wissenschafts- und Wirkungsgeschichte einer Fakultät vom 13. bis zum 19. Jahrhundert, hrsg. von Rainer Christoph SCHWINGES (Veröffentlichungen der Gesellschaft für Universitäts- und Wissenschaftsgeschichte, Bd. 1), Basel 1999, S. 83–104, hier S. 86.

491 Karin REICH, Melanchthon und die Mathematik seiner Zeit, in: Melanchthon und die Naturwissenschaften seiner Zeit, hrsg. von Günther FRANK u. Stefan RHEIN (Melanchthon-Schriften der Stadt Bretten, Bd. 4), Sigmaringen 1998, S. 105–121, hier S. 110 u. 116; Uta LINDGREN, Philipp Melanchthon und die Geographie, in: ebd., S. 239–252, hier S. 247 f.; Claudia BROSSEDER, Im Bann der Sterne. Caspar Peucer, Philipp Melanchthon und andere Wittenberger Astrologen, Berlin 2004, S. 138.

492 Vgl. Ernst ZINNER, Leben und Wirken des Joh. Müller von Königsberg, genannt Regiomontanus, Zweite, vom Verfasser verbesserte und erweiterte Aufl. (Milliaria, Bd. X,1), Osnabrück 1968 – Übersetzung ins Englische: Ernst ZINNER, Regiomontanus: His Life and Work, translated by Ezra BROWN (Studies in the History and Philosophy of Mathematics, Vol. 1), Amsterdam u. a. 1990; mehrere Beiträge in: Regiomontanus-Studien, hrsg. von Günther HAMANN (Österreichische Akademie der Wissenschaften, Philosophisch-historische Klasse, Sitzungsberichte, Bd. 364; Veröffentlichungen der Kommission für Geschichte der Mathematik, Naturwissenschaften und Medizin, Hefte 28–30), Wien 1980; Rudolf METT, Regiomontanus. Wegbereiter des neuen Weltbildes, Stuttgart/Leipzig 1996.

493 Statt vieler: Friedrich SAMHABER, Die Zeitzither. Georg von Peuerbach und das helle Mittelalter, Raab 2000.

494 BETSCH, Die Anfänge der mathematischen Wissenschaften (wie Anm. 82), S. 148.

hingegen war den Magistranden die Teilnahme an der für die Studenten der Theologie obligatorischen Hebräisch-Vorlesung. Auch stand es im Belieben des einzelnen, theologische, juristische und medizinische Vorlesungen zu besuchen, wie es ihm ferner überlassen blieb, solche zu Euklid, Rhetorik und Griechisch zu hören.[496] Dies galt auch für die *Musica*, doch forderte die Ordination von der Universität, die Musik, „als der siben freien kunsten aine", nicht auszuschließen noch zu unterlassen, sondern einen „geschickhten und dieser kunst wolberichten Musicus" zu halten. Diesem oblag es, *publice* zu lesen und im herzoglichen Stipendium eine Übung zu versehen.[497]

Damit ist eine Doppelfunktion angesprochen, die es nicht immer leichtmacht, den Lehrkörper zutreffend zu ermitteln und zu beschreiben, diente der einzelne doch oft nicht allein der Artistenfakultät, sondern war er überdies dem Stift verpflichtet. Zudem, das zeigt die Stelle auch auf, trug die Regierung in Stuttgart keine Bedenken, gegebenenfalls auf eine scharfe Trennlinie zwischen Universität und Stipendium zu verzichten.[498] Die Aufsicht über das Stift lag laut Christophs „zweiter Ordination" von 1561 seither bei zwei Superattendenten, die zugleich dem Lehrkörper der Theologischen Fakultät angehören sollten.[499] Die faktische Leitung des Stifts oblag dem dort lebenden und ganztägig präsenten Magister domus[500] (seit 1750 Ephorus Stipendii genannt).[501] Wie schon in der Großen Kirchenordnung von 1559 festgeschrieben,[502] sollte er von sechs Magistern unterstützt werden, die als Repetenten agierten. Sie hatten den an der Universität gelehrten Stoff mit den Stipendiaten zu „repetieren" und einzuprägen.[503] Über ihre Funktion auch wirtschaftlich abgesichert, gewannen die

---

495 VD 16 P 2063, Digitalisat: http://www.e-rara.ch/doi/10.3931/e-rara-521 (15.11.2011); HIERONYMUS, Petri-Schwabe (wie Anm. 111) 2, S. 1072–1078, Nr. 375; BETSCH, Die Anfänge der mathematischen Wissenschaften (wie Anm. 82), S. 157; Adam MOSLEY, Objects of Knowledge: Mathematics and Models in Sixteenth-Century Cosmology and Astronomy, in: Transmitting knowledge. Words, Images, and Instruments in Early Modern Europe, ed. by Sachiko KUSUKAWA a. Ian MACLEAN, Oxford 2006, S. 193–216, hier S. 199f.

496 EISENLOHR, Sammlung (wie Anm. 446), S. 135.

497 EISENLOHR, Sammlung (wie Anm. 446), S. 136; Carl HIRZEL (Hrsg.), Sammlung der württembergischen Schulgesetze. Zweite Abtheilung, enthaltend die Gesetze für die Mittel- und Fachschulen bis zum Jahr 1846 (= August Ludwig REYSCHER [HRSG.], Vollständige, historisch und kritisch bearbeitete Sammlung der württembergischen Geseze, Bd. 11, Abt. 2), Tübingen 1847, S. 98; vgl. STOLL, Musikgeschichte (wie Anm. 214), S. 317 f.; HOFMANN, Artistenfakultät (wie Anm. 84), S. 136 u. 207.

498 Vgl. SCHMOLLER, Anfänge (wie Anm. 238), S. 18–24.

499 „Herzog Christophs zweite Ordination der Universität, vom 16. September 1561", in: EISENLOHR, Sammlung (wie Anm. 446), S. 143–168, hier S. 149, 150, 152 ff.; LEUBE, Stift 1 (wie Anm. 302), S. 23; Hans MAYER, „... cum patria statque caditque sua" – Das Evangelische Stift als württembergisch-kirchliche Bildungseinrichtung, in: Das Evangelische Stift in Tübingen. Geschichte und Gegenwart – Zwischen Weltgeist und Frömmigkeit, hrsg. von Joachim HAHN u. Hans MAYER, Stuttgart 1985, S. 11–102, hier S. 20 ff.

500 EISENLOHR, Sammlung (wie Anm. 446), S. 153.

501 LEUBE, Stift 1 (wie Anm. 302), S. 10 u. 50 f.; MAYER, Das evangelische Stift (wie Anm. 499), S. 21 f.

502 HIRZEL, Sammlung (wie Anm. 497), S. 97 f.; LEUBE, Stift 1 (wie Anm. 302), S. 67 f.

503 SCHNURRER, Erläuterungen (wie Anm. 273), S. 459: „[...] die 6 Magistri, samt dem Magistro domus, repetieren Grammaticam, Rhetoricam, Dialecticam, Physicam, Ethicam, linguam he-

Magistri repetentes die Möglichkeit zur eigenen Fortbildung. Damit bot das Repetenteninstitut noch eine zusätzliche Bildungsmöglichkeit für den Führungsnachwuchs der württembergischen Kirche.[504] Zudem bot es der Stuttgarter Regierung eine Grundlage, Gelehrte für eine gewisse Zeit über das Stift zu versorgen, wie beispielsweise den Dichter Seckerwitz und den Hebraisten Heiland. Ob man unter diesen Repetenten, deren Namen uns für die Frühzeit des Stifts nur lückenhaft überliefert sind, vielleicht auch den Hebraisten Schreckenfuchs und den Grammatiker Sigismund Wölffelin/Lupulus[505] zu suchen hat, bedarf der Klärung. Kämmerlin wirkte seit 1539 als erster von der Regierung bestellter Lehrer am Stift,[506] 1541 wurde Hieronymus Gerhard[507] (1518–1574) als Magister domus angestellt,[508] als Präzeptor unterrichtete neben ihm Magister Jakob Braun/Bruno.[509] 1546 wurde Hyltebrant Magister domus[510] und Dietrich Schnepf an Brauns Stelle Präzeptor und bald Magister domus.[511] Auch der während des Interims aus Ulm vertriebene Theologe Martin Frecht[512] (†1556) fand 1550/51

---

braicam und graecam"; Hans MAYER, „zu mehrem Fleiß eifrig erinnern und excitieren" – Lehren und Lernen im Evangelischen Stift, in: HAHN/MAYER, Das Evangelische Stift in Tübingen (wie Anm. 499), S. 103–160, hier S. 106.

504 BRECHT, Evangelisches Stift (wie Anm. 308), S. 217.

505 KUHN (wie Anm. 128), Nr. 3859; EBERLEIN/LANG, Matrikel (wie Anm. 128), S. 267, Nr. 2136: Sigismundus Wölfflin, Baccalaureus artium (19.–22. September 1520); MUT I (wie Anm. 81), S. 229, Nr. 76,6: Sigismundus Welfflin de Rotenburg (9. Mai 1520); S. 304, Nr. 116,25: Sigismundus Lupulus Rotenbergensis (13. Januar 1541); CRUSIUS, Annales 2 (wie Anm. 408), S. 642, zum Jahr 1540: *Inscripti, [...] Sigismundus Lupulus Rotenburgens. Erat hic Grammaticae Professor Tybingae, cuius et Grammatica edita, mihi propter quaestiones grata erat;* laut BINDER, Wirtembergs Kirchen- und Lehrämter [I] (wie Anm. 273), S. 354, Nr. 17, war der ohne Magister-Titel aufgeführte Lupulus von 1541 bis 1555 Mitglied des Lehrkörpers der Artistenfakultät; RAU, Elsässische evangelische Geistliche (wie Anm. 424), S. 309: „1541–1553 Professor in Tübingen"; CONRAD, Lehrstühle (wie Anm. 452), S. 131; den unbefriedigenden Forschungsstand zu Leben und Werk markiert, soweit ich sehe, Helmut PUFF, „Von dem Schlüssel aller Künsten / nemblich der Grammatica". Deutsch im lateinischen Grammatikunterricht 1480–1560 (Basler Studien zur deutschen Sprache und Literatur, Bd. 70), Tübingen/Basel 1995, S. 277 mit Anm. 151 u. 152 u. S. 369ff.

506 SCHMOLLER, Anfänge (wie Anm. 238), S. 20ff.; LEUBE, Stift I (wie Anm. 302), S. 10; SCHNURRER, Erläuterungen (wie Anm. 273), S. 430ff.

507 BERNHARDT, Zentralbehörden (wie Anm. 142) I, S. 314ff.; Paul Friedrich STÄLIN, Art. „Gerhard, Hieronymus", in: ADB 8 (1878), S. 767.

508 SCHMOLLER, Anfänge (wie Anm. 238), S. 24 und öfter; LEUBE, Stift I (wie Anm. 302), S. 10 u. 12; HIRZEL, Sammlung (wie Anm. 497), S. 14; SCHNURRER, Erläuterungen (wie Anm. 273), S. 435.

509 MUT I (wie Anm. 81), S. 276, Nr. 103,1; SCHMOLLER, Anfänge (wie Anm. 238), S. 24; LEUBE, Stift I (wie Anm. 302), S. 10; HIRZEL, Sammlung (wie Anm. 497), S. 14; BINDER, Wirtembergs Kirchen- und Lehrämter [I] (wie Anm. 273), S. 366, Nr. 2: Ephorus; SCHNURRER, Erläuterungen (wie Anm. 273), S. 435 u. 446.

510 SCHMOLLER, Anfänge (wie Anm. 238), S. 32 und öfter; LEUBE, Stift I (wie Anm. 302), S. 12.

511 SCHMOLLER, Anfänge (wie Anm. 238), S. 33 und öfter; LEUBE, Stift I (wie Anm. 302), S. 12; SCHNURRER, Erläuterungen (wie Anm. 273), S. 446; PILL-RADEMACHER, Visitationen (wie Anm. 123), S. 515.

512 Hans-Martin KIRN, Martin Frecht und die Reformation in Ulm, in: Siegfried HERMLE (Hrsg.), Reformationsgeschichte Württembergs in Porträts, Holzgerlingen 1999, S. 111–142, hier S. 140f.; KÖTZ, Die Matrikel der Theologischen Fakultät (wie Anm. 260), S. 419, Nr. 64,

seinen Einstand in Tübingen als Magister domus, bevor er 1552 die dritte ordentliche Theologieprofessur erhielt.[513] 1552 wurde Jakob Dachtler d. J. Präzeptor,[514] der aber bereits 1553 Tübingen verließ, um als Prediger nach Biberach zu gehen. Sein Nachfolger war Samuel Brodhag,[515] der 1553 zum Doktor der Rechte promovierte. 1552 übernahm Liebler das Amt des Magister domus.[516] Ihm folgte 1556/57 der bisherige Präzeptor Heiland,[517] der bis zu seinem Tod 1592 Magister domus blieb, seit 1559 neben seiner Funktion als Ethik-Professor.[518] Bei der Visitation des Stipendiums im Jahr 1554 werden sechs Magistri repetentes aufgeführt:[519] Liebler für Physik, Heiland für Musik,[520] Brodhag für Ethik, Bartholomäus Hettler[521] († 1600) für Grammatik, Eusebius Taurus[522] für Rhetorik und Dialektik sowie Heinrich Renz[523] (1529–1601) für den Katechismus. Von diesem Personenkreis erscheinen einige in der Türkensteuerliste von 1544, so die Magister Hieronymus Gerhard, Jakob Braun und Dietrich Schnepf sowie noch unter den Stipendiaten Magister Georg Liebler und Samuel Brodhag.[524]

Als der altgläubige Kanzler der Universität 1561 starb, sah die Regierung die Gelegenheit gekommen, die Universitätsverfassung im fürstlichen Sinne neu zu regeln. In der zweiten Ordnung Herzog Christophs für die Universität, im September 1561 präsentiert, 1562 zur Gültigkeit gelangt, wurden das Kanzleramt umstrukturiert und

---

S. 421 f., Nr. 66, u. S. 422, Nr. 68; Melanchthons Briefwechsel, Bd. 12 (wie Anm. 124), S. 88 f.; http://de.wikipedia.org/wiki/Martin_Frecht (10.05.2011).

513 LEUBE, Stift 1 (wie Anm. 302), S. 14; BOSSERT, Interim (wie Anm. 448), S. 129; PILL-RADEMACHER, Visitationen (wie Anm. 123), S. 515.

514 LEUBE, Stift 1 (wie Anm. 302), S. 14 u. 215, Anm. 2; BINDER, Wirtembergs Kirchen- und Lehrämter [1] (wie Anm. 273), S. 366, Nr. 7: Adjunkt von 1552 bis 1553; SCHNURRER, Erläuterungen (wie Anm. 273), S. 449.

515 MUT 1 (wie Anm. 81), S. 311, Nr. 119,11; SCHMOLLER, Anfänge (wie Anm. 238), S. 66; LEUBE, Stift 1 (wie Anm. 302), S. 14, 68 u. 215, Anm. 2; BINDER, Wirtembergs Kirchen- und Lehrämter [1] (wie Anm. 273), S. 366, Nr. 8: Adjunkt von 1553 bis 1554; SCHNURRER, Erläuterungen (wie Anm. 273), S. 449.

516 SCHMOLLER, Anfänge (wie Anm. 238), S. 55; LEUBE, Stift 1 (wie Anm. 302), S. 14 f.

517 Siehe Anm. 475.

518 UAT 6/8, S. 49ʳ.

519 LEUBE, Stift 1 (wie Anm. 302), S. 68.

520 LEUBE, Stift 1 (wie Anm. 302), S. 86.

521 HOFMANN, Artistenfakultät (wie Anm. 84), S. 119 f., 219, 239, 240, 241 u. 242; CRUSIUS, Annales 2 (wie Anm. 408), S. 752; Crusius, Diarium (wie Anm. 239) 3, S. 147 (Tod) – zudem finden sich im Diarium zahlreiche weitere Hinweise und Bemerkungen zu Hettler: Crusius, Diarium (wie Anm. 239) Gesamtregister, S. 104; SCHMOLLER, Anfänge (wie Anm. 238), S. 77.

522 MUT 1 (wie Anm. 81), S. 324, Nr. 125,43.

523 BINDER, Wirtembergs Kirchen- und Lehrämter [1] (wie Anm. 273), S. 72: von 1567 bis 1599 evangelischer Abt von St. Georgen, S. 367, Nr. 2: Repetent von 1551 bis 1554; Crusius, Diarium (wie Anm. 239) 2, S. 333; Ahnengeschichte Hölderlins, von †Hanns Wolfgang RATH u. †Else RATH-HÖRING, aus dem Nachlaß übertragen und mit neuen Forschungen ergänzt von Hanns-Wolfgang KRESS (Forschungen zur deutschen Ahnenkultur 2), Limburg a. d. Lahn 1989, S. 64 f.; MUT 1 (wie Anm. 81), S. 327, Nr. 126,31; SCHMOLLER, Anfänge (wie Anm. 238), S. 72.

524 RAU, Die ältesten Tübinger Steuerlisten (wie Anm. 231), S. 52–56.

die drei theologischen Professuren mit württembergischen Kirchenämtern verquickt – und damit der Einfluß der Landesherrschaft auf Struktur und Verwaltung der Hochschule in besonderer Weise gesteigert.[525] Bezüglich der Artistenfakultät beklagte die Ordination den Mangel an „berühmten Professoren", wie sie einst in Person von Camerarius, Volmar, Benignus, Vay und Garbitius der Universität „Zier vnnd wolstanndt, vnnd aufgang gewesen".[526] Besonders werde im Paedagogium „die Dialectica, vnnd das Organum Aristotelis mit wenig frucht gelesen".[527] Um der abträglichen Entwicklung gegenzusteuern, empfahl der Herzog der Universität, geeignete Professoren zu gewinnen, möglichst aus dem eigenen Nachwuchs, die auch außerhalb des Landes Ansehen genießen – besonders für Dialektik, Rhetorik, das Organon und die Leitung des Paedagogiums. Während Mendlin, wegen ungenügender Lehre im Fach Dialektik kritisiert, durch einen anderen zu ersetzen sei, solle man Schegk, „als ein weit hochberuembter Phisicus", die zeitweilige Vertretung des Organons antragen, damit seine Lehrtätigkeit der Fakultät rasch zu geeigneten Lehrkräften für dieses Fach verhelfen möge. Die Universität scheint das Urteil über Mendlin nicht geteilt zu haben, er vertrat noch bis zu seinem Tod im Jahr 1577 die Lectio dialectices Melanchthonis.[528] Schegk galt über Tübingen hinaus als eine Lichtgestalt, wie beispielsweise 1574 die Leitung der Universität Ingolstadt festhielt.[529] Dem trägt dieser Tagungsband Rechnung, stehen doch Schegks Rang und Leistungen im Zentrum der Beiträge von Walter Redmond,[530] Günter Frank[531] und Marco Toste.[532] 1535 angefangen als Gräzist und kurzzeitiger Rektor der Burse,[533] vertrat er von 1536 bis 1552 die Lectio philosophiae sive physices Aristotelis,[534] von 1546 bis 1552 auch die mit Hilfe eines Lehrbuchs durchgeführte Lectio zur Physica[535] und – 1539 zum Doktor der Medizin promoviert und 1552 zum Professor an der medizinischen Fakultät aufgestiegen[536] – von 1564 bis

---

525 Vgl. PILL-RADEMACHER, Visitationen (wie Anm. 123), S. 266–277; Manfred RUDERSDORF, Tübingen als Modell? Die Bedeutung Württembergs für die Vorgeschichte der kursächsischen Universitätsreform von 1580, in: Zwischen Wissenschaft und Politik. Studien zur deutschen Universitätsgeschichte, Festschrift für Eike Wolgast zum 65. Geburtstag, hrsg. von Armin KOHNLE u. Frank ENGEHAUSEN, Stuttgart 2001, S. 67–84, hier S. 78f.
526 „Herzog Christophs zweite Ordination" (wie Anm. 499), S. 161f.
527 „Herzog Christophs zweite Ordination" (wie Anm. 499), S. 162.
528 HOFMANN, Artistenfakultät (wie Anm. 84), S. 245.
529 Die Universität Ingolstadt im 15. und 16. Jahrhundert, Texte und Regesten, bearbeitet von Arno SEIFERT (Ludovico Maximilianea, Forschungen und Quellen, Quellen Bd. 1), Berlin 1973, S. 325f.
530 Walter REDMOND, Aristoteles und die Scholastik: Die Logik bei Jakob Schegk, in diesem Band, S. 237–249.
531 Günter FRANK, Der Gegenstand der Metaphysik: Jakob Schegks Begründung der Einheit und Allgemeinheit der Metaphysik, in diesem Band, S. 221–236.
532 Marco TOSTE, The Teaching of Moral Philosophy in Sixteenth-Century Protestant Universities and Aristotle's *Nicomachean Ethics*: The Case of Tübingen, in diesem Band, S. 299–335, hier S. 312–316.
533 HOFMANN, Artistenfakultät (wie Anm. 84), S. 248 u. 236.
534 HOFMANN, Artistenfakultät (wie Anm. 84), S. 140 u. 246.
535 HOFMANN, Artistenfakultät (wie Anm. 84), S. 246.
536 EBERLEIN, Leonhart Fuchs' Erben (wie Anm. 239), S. 251 u. 252f.

1577 die Vorlesung zum Organon,[537] gemäß dem herzoglichen Wunsche. Seither übernahm er neben seiner mit 180 Gulden jährlich besoldeten Medizinprofessur noch die *lectio organi aristotelici* an der Artistenfakultät – für weitere 150 Gulden jährlich.[538] Ohne die Leistungen der von der Regierung namentlich herausgestellten Professoren in jedem Fall beschreiben oder gar beurteilen zu können, scheint die Qualität des Lehrkörpers der Artistenfakultät um 1561 doch nicht ersichtlich schlechter einstufbar als die ihrer genannten Vorgänger. Ganz abgesehen von dem sicher kaum zu Unrecht gerühmten Schegk, gab es durchaus weitere Größen von besonderem *Ingenium* unter den Tübinger Professoren der zweiten Hälfte des 16. Jahrhunderts. Überblickt man den Lehrkörper der Artistenfakultät, wie er sich 1561 präsentiert,[539] dann gelangt man nicht unbedingt zu dem negativen Urteil der Stuttgarter Regierung.

Neben Hyltebrant, mit 100 Gulden jährlich besoldet, dem gescholtenen Mendlin, dem 72 Gulden zustanden, Scheubel, ebenfalls 72 Gulden, Heiland, 52 Gulden, und dem Musicus Krapner, 20 Gulden, agierten noch Eisenmenger, 96 Gulden, Liebler, 120 Gulden, Hizler, 140 Gulden, Crusius,[540] 120 Gulden,[541] Culingius,[542] 80 Gulden, Stahel,[543] 52 Gulden, Monster,[544] 52 Gulden, sowie die Nachwuchskräfte Hamberger,[545] 32 Gulden, Kleber,[546] Thaler[547] und Thoner[548] mit jeweils 26 Gulden jährlich. Der 1567 ob seiner Sympathien für die Theologie von Kaspar Schwenckfeld entlassene Samuel Siderocrates/Eisenmenger[549] (1534–1585), seit 1558 als Nachfolger Imssers

---

537 HOFMANN, Artistenfakultät (wie Anm. 84), S. 139 u. 245.
538 UAT 6/8, S. 122ʳ u. 123ᵛ.
539 UAT 6/8, S. 68ʳ.
540 Siehe Anm. 571.
541 UAT 6/8, S. 68ʳ: Crusius [!] pro lectione poëtices a 27 Augusti usque ad Natalitia Domini ex decreto senatus 27 fl.
542 Siehe Anm. 589.
543 Siehe Anm. 631.
544 Siehe Anm. 633.
545 Siehe Anm. 617
546 Siehe Anm. 619.
547 Siehe Anm. 626.
548 Siehe Anm. 628.
549 Stefan RHEIN, Die *Cyclopaedia Paracelsica Christiana* und ihr Herausgeber Samuel Siderocrates: Enzyklopädie als anti-humanistische Kampfschrift, in: Enzyklopädien der Frühen Neuzeit. Beiträge zu ihrer Erforschung, hrsg. von Franz M. EYBL u. a., Tübingen 1995, S. 81–97, hier S. 82–86; MUT 1 (wie Anm. 81), S. 361, Nr. 139,26; HOFMANN, Artistenfakultät (wie Anm. 84), S. 52, Anm. 9, S. 195, 209 f., 230, 232, 234, 247; nach Imssers Tod hatte kurzzeitig Hyltebrant die Professur inne, UAT 6/7c, S. 221ʳ u. 6/8, S. 11ᵛ, bevor sie dann an Eisenmenger überging, erstmalig zu Angaria Cinerum 1558 in den Rechnungsbüchern faßbar, UAT 6/8, S. 14ᵛ; CRUSIUS, Annales 2 (wie Anm. 408), S. 701, zu 1558: *In Collegium Philosophicum recepti sunt. 1. M. Georgius Hizler Giengensis, Argentorato huc vocatus, vbi plures annos docuerat, mense Aprili. 2. M. Samuel Isenmænger: ille, Graeca et Latina: hic Mathematica docentes;* STAIGMÜLLER, Württembergische Mathematiker (wie Anm. 230), S. 243; BETSCH, Praxis geometrica (wie Anm. 82), S. 207 f.; Barbara BAUER, Nicodemus Frischlin und die Astronomie an der Tübinger Universität, in: Nicodemus Frischlin (1547–1590). Poetische und prosaische Praxis unter den Bedingungen des konfessionellen Zeitalters, Tübinger Vorträge, hrsg. von Sabine HOLTZ u. Dieter MERTENS (Arbeiten und Editionen zur Mittleren Deutschen Literatur, N. F., Bd. 1), Stuttgart-

mathematum professor publicus, war in Wittenberg von Melanchthon gefördert worden, bevor er 1554 in Tübingen zum Magister artium promovierte. 1563 erwarb Siderocrates in Tübingen den Grad eines Doktors der Medizin. Von ihm erschienen hier 1562 ein Libellus geographicus[550] und 1563 eine Oratio de utilitate astronomiae.[551] Schegks Schüler und Nachfolger auf dem Physik-Lehrstuhl, Georg Liebler, einer der ersten Stipendiaten des Stifts und seit 1552 *Professor Physices* – so nennt er sich auf dem Titelblatt seiner erstmals 1561 in Basel gedruckten Epitome philosophiae naturalis,[552] während er 1582 die Konkordienformel mit *philosophiae naturalis professor* unterschrieb[553] – gilt als ein ausgewiesener Vertreter des frühneuzeitlichen Aristotelismus, wie Joseph S. Freedman in seinem Beitrag deutlich macht.

Georg Hizler[554] (1528–1591), der seit 1547 am Straßburger Gymnasium unterrichtete, kam 1558 nach Tübingen – mit 140 Gulden als ausnehmend gut besoldeter Pädagoge,[555] anscheinend mit dem Ziel, Reformimpulse zu vermitteln.[556] Als Adjunkt

---

Bad Cannstatt 1999, S. 323–364, hier S. 324 f.; bisher nicht zu belegen ist die in der Literatur behauptete Tübinger Mathematikprofessur von Nikolaus Prugener/Pruckner/Pontanus von 1553 bis zu dessen Tod 1557, Ludwig KELLER, Art. „Prugner, Nicolaus", in: ADB 26 (1888), S. 674 f.; SCHMIDT, Toxites (wie Anm. 461), S. 67; gesichert ist lediglich seine Immatrikulation im Oktober 1553, MUT 1 (wie Anm. 81), S. 369, Nr. 141,6: Nicolaus Brucknerus mathematicus; vgl. Ludolf von MACKENSEN, Der Astronom im Porträt – Nicolaus Prugner ein Zeitgenosse des Apian und sein identifiziertes Gelehrtenbildnis, in: Karl RÖTTEL (Hrsg.), Peter Apian – Astronomie, Kosmographie und Mathematik am Beginn der Neuzeit, Buxheim-Eichstätt 1995, S. 127–132; Elisabeth M. KLOOSTERHUIS, Erasmusjünger als politische Reformer. Humanismusideal und Herrschaftspraxis am Niederrhein im 16. Jahrhundert (Rheinisches Archiv, Bd. 148), Köln/Weimar/Wien 2006, 125, 126 u. 555.

550 VD16 E 865: Libellus geographicus, locorum numerandi intervalla rationem in lineis rectis et sphaericis complectens: in Academia inclyta Tubingensi collectus et dictatus à M. Samuele Siderocrate Brettano, Mathematum ibidem Professore publico, Digitalisat: urn:nbn:de:bvb:12-bsb00021894-5 (23.01.2012); vgl. BETSCH, Praxis geometrica (wie Anm. 82), S. 207.

551 VD16 E 869: De usu partium coeli oratio. In laudem summi boni, patris aeterni, mentis aeternae, filij eius, et spiritus sancti, utriusque amoris substantialis et aeterni: ac Astronomiae commendationem, habita Tubingae in solenni collegij facultatis Philosophicae festo, Anno à Christo 1563. à Samuele Siderocrate, Digitalisat: urn:nbn:de:bvb:12-bsb00021004-1 (23.01.2012).

552 VD16 L 1643: Epitome philosophiae naturalis, ex Aristotelis summi Philosophi libris ita excerpta, ut eorum summas breviter et dilucidè explicet, Digitalisat: http://www.mdz-nbn-resolving.de/urn/resolver.pl?urn=urn:nbn:de:bvb:12-bsb10192377-7 (12.05.2011); Charles Henry LOHR, Renaissance Latin Aristotle Commentaries: Authors L–M, in: Renaissance Quarterly 31 (1978), S. 532–603, hier S. 541 f.

553 Siehe Anm. 456.

554 HOFMANN, Artistenfakultät (wie Anm. 84), S. 117 f., 160, 195, 202, 219, 230–235, 238, Anm. 18, S. 241, 243, 244, 245; EMBERGER, Biographische und genealogische Notizen (wie Anm. 239), S. 140 f.; im Diarium von Crusius finden sich einige Hinweise zu Hizler: Crusius, Diarium (wie Anm. 239) Gesamtregister, S. 105; SCHMIDT-GRAVE, Leichenreden (wie Anm. 239), S. 106, Nr. 65; SCHÄFER, Die Unterschriften (wie Anm. 398), S. 64, Nr. 35; außer seiner Leichenrede auf Leonhart Fuchs, VD16 H 3981, SCHMIDT-GRAVE, Leichenreden (wie Anm. 239), S. 100, Nr. 39, verzeichnet ihn das VD16 noch mehrfach als Beiträger in den Werken seiner Kollegen Liebler und Fuchs.

555 UAT 6/8, S. 16ʳ; CRUSIUS, Annales 2 (wie Anm. 408), S. 701, zu 1558: *In Collegium Philosophicum*

M. GEORG. HIZLER, ORATOR. ET GRAEC. LING. IN ACAD. TVBING. PROFESSOR; AÕ ÆTAT. 63.
1588

Georg Hizler. Ölgemälde, 1588. Universität Tübingen, Professorengalerie

des Paedagogarchen unterrichtete er 1558 in der Prima und Sekunda Xenophon und griechische Grammatik, übernahm kurzzeitig die Lectio rhetorices Melanchthonis und lehrte von 1559 bis zu seinem durch Erblindung erzwungenen Ausscheiden in der Tertia Demosthenes' Reden und griechische Grammatik sowie in der Quarta Ciceros Reden und Melanchthons Rhetorik. Das Konkordienbuch unterschrieb er 1582 als *vtriusque linguae professor*. Cellius bezeichnet ihn 1596 in seinen Imagines Professorum Tubingensium als *graecae linguae et oratoriae Professor*.[557] Joseph Hirnbach/Hürnbach,[558] 1552 zum Magister artium promoviert und 1555 der Pest erlegen, kam 1553 als Professor musices in den Tübinger Lehrkörper, um 1554 die Lectio compendii physices zu übernehmen. Nur kurze Zeit, von 1553 bis 1554, wirkte Christoph Ehem/Oheim[559] (1528–1592) in Tübingen, der in Antwerpen, Straßburg und Padua studiert hatte. In Tübingen vertrat er die Lectio dialectices Melanchthonis, ob auch die Lectio physices, ist fraglich, da er sich gegenüber der Universität weigerte, anstelle des Aristoteles-Textes ein Kompendium zu verwenden. 1554 in Padua zum Doktor beider Rechte promoviert, erhielt er 1556 von Kurfürst Ottheinrich einen Ruf nach Heidelberg auf den Institutionen-Lehrstuhl. Er war 1558 maßgeblich an der Ausarbeitung der neuen Heidelberger Universitätsstatuten beteiligt und diente der Kurpfalz bis an sein Lebensende in wichtigen Funktionen. Hochangesehen, nicht nur in Tübingen, war der *Professor Ethicorum* Heiland.[560] Seine Bearbeitung der Nikomachischen Ethik, auf die Marco Toste in seinem Beitrag näher eingeht,[561] erfuhr wenigstens 15 Auflagen.[562] Nach Eisenmengers 1567 erzwungenem Abgang sprang kurzzeitig Hyltebrant ein.[563] Nach dessen Tod besaß Johannes Bloss[564] (1545–1632) als Stellvertreter von Juli 1568 bis

---

recepti sunt. 1. M. Georgius Hizler Giengensis, Argentorato huc vocatus, vbi plures annos docuerat, mense Aprili. [...].

556 SCHINDLING, Humanistische Hochschule (wie Anm. 330), S. 111.
557 Erhard CELLIUS, Imagines professorum Tubingensium 1 (wie Anm. 481), S. 118.
558 MUT 1 (wie Anm. 81), S. 351, Nr. 136,8; STOLL, Musikgeschichte (wie Anm. 214), S. 320; HOFMANN, Artistenfakultät (wie Anm. 84), S. 136, Anm. 229, S. 140, 246 u. 249.
559 DRÜLL, Heidelberger Gelehrtenlexikon (wie Anm. 232), S. 131 ff.; HOFMANN, Artistenfakultät (wie Anm. 84), S. 50, 116, Anm. 69, S. 138, 140, 217, 218, 244 u. 246.
560 Siehe Anm. 475.
561 Siehe Anm. 532.
562 VD 16 H 1389: Aristotelis Ethicorum ad Nicomachum libri decem, in gratiam, et usum Studiosorum, breuiter et perspicuè, per quaestiones expositi, Tübingen 1579; weitere Auflagen: VD 16 ZV 7562 (Tübingen 1580), H 1390 (Tübingen 1585), ZV 7563 (Tübingen 1588), H 1391 (Leipzig 1590), H 1392 (Leipzig 1591), H 1393 (Tübingen 1592), H 1394 (Leipzig 1594), VD 17 23:136953Z (Leipzig 1601); Joseph S. Freedman und Marco Toste verdanke ich die Hinweise auf zwei Londoner Ausgaben von 1581 und 1590 (Tübingen UB: Cd 2553 c), eine weitere Tübinger Ausgabe von 1605 und eine Bearbeitung durch Vitus Müller (1561–1626), die 1613 in Tübingen gedruckt wurde (Tübingen UB: Cd 2553 d); Toste nennt noch eine Ausgabe Lübeck 1601; vgl. TOSTE, The Case of Tübingen (wie Anm. 532), S. 308, Anm. 31; Charles Henry LOHR, Renaissance Latin Aristotle Commentaries: Authors G-K, in: Renaissance Quarterly 30 (1977), S. 681–741, hier S. 716.
563 UAT 6/8, S. 162ʳ: pro lectione mathematices 27,5 Gulden.
564 MUT 1 (wie Anm. 81), S. 415, Nr. 154,19, u. S. 482, Nr. 169,70; HOFMANN, Artistenfakultät (wie Anm. 84), S. 247; METHUEN, Kepler's Tübingen (wie Anm. 199), S. 226; Nachrichten von Gelehrten, Künstlern und anderen merkwürdigen Personen aus Ulm, hrsg. von Albrecht

September 1569 die Lectio astronomiae.⁵⁶⁵ Er gelangte über eine Präzeptorenstelle in Maulbronn 1574 als Professor der Mathematik an das Gymnasium in Lauingen und von dort nach Ulm. Kepler widmete Bloss 1597 ein Exemplar seines Erstlingswerks, des Mysterium Cosmographicum.⁵⁶⁶ Mit Philipp Apian⁵⁶⁷ (1531–1589) gewann Tübingen 1570 wieder einen Großen des Faches⁵⁶⁸ – besoldet mit 220 Gulden jährlich.⁵⁶⁹ Auch die Lectio Euclidis arithmeticae et geometriae war zur Zeit von Herzog Christoph mit Scheubel nicht schlecht besetzt, wie seine Publikationen zu Arithmetik und Geometrie nahelegen.⁵⁷⁰

Noch ein weiterer Gelehrter von Rang fand schließlich den Weg nach Tübingen: Martin Crusius⁵⁷¹ (1529–1607). Unter dem Jahr 1559 berichtet er in seinen Annales suevici nicht nur von seiner Immatrikulation und der Übernahme als *Professor Latinae et Graecae linguae atque Rhetoricae* in Tübingen, sondern stellt sich auch als solcher im Kreise seiner Kollegen vor, betreut mit Veranstaltungen zu Basilius, Sophocles, *postea* Homer, *item* Ciceros Orationes und Melanchthons Rhetorica.⁵⁷² Ihn umgaben elf

---

WEYERMANN, Ulm 1798, S. 20 u. 78; Kurt HAWLITSCHEK, Johann Faulhaber 1580–1635. Eine Blütezeit der mathematischen Wissenschaften in Ulm (Veröffentlichungen der Stadtbibliothek Ulm, Bd. 18), Ulm 1995, S. 245.

565 UAT 6/9, S. 12ʳ: *Item Magistro Joanni Bloss propter lectionem Matheseos ex decreto senatus dedi 30 fl.*; UAT 6/9, S. 29ʳ: *Item M. Joanni Blossio ob lectiones mathematum publice habitas solvi ex decreto senatus 4. Non. aprilis Anno 70 – 70 fl.*

566 Dokumente zu Leben und Werk, bearbeitet von Martha LIST (Johannes Kepler. Gesammelte Werke, hrsg. [...] von der Kepler-Kommission der Bayerischen Akademie der Wissenschaften, Bd. 19), München 1975, S. 325, Nr. 7,24; siehe auch ebd., S. 377, Nr. 118; Bibliographia Kepleriana. Verzeichnis der gedruckten Schriften von und über Johannes Kepler, Ergänzungsbd. zur zweiten Auflage, besorgt von Jürgen HAMEL, München 1998, S. 5: Caspar 6 Nr. 68 (StB Ulm).

567 Statt vieler: Christoph SCHÖNER, Art. „Apian, Philipp", in: Biographisches Lexikon der Universität München (wie Anm. 100), S. 16 ff.

568 HOFMANN, Artistenfakultät (wie Anm. 84), passim; EMBERGER, Biographische und genealogische Notizen (wie Anm. 239), S. 128 f.; BAUER, Nicodemus Frischlin und die Astronomie (wie Anm. 549), S. 326 ff.; RESKE, Buchdrucker (wie Anm. 120), S. 391 u. 926; SCHMIDT-GRAVE, Leichenreden (wie Anm. 239), S. 91, Nr. 3.

569 UAT 6/9, S. 23ᵛ – Angaria pentecostes.

570 VD 16 S 2767, S 2768, S 2769, S 2770, E 4145, E 4168, L 954; HIERONYMUS, Griechischer Geist aus Basler Pressen (wie Anm. 232), Nr. 285 – siehe auch Anm. 430.

571 Hubert CANCIK, Crusius contra Frischlinum. Geschichte einer Feindschaft, in: HOLTZ/MERTENS, Nicodemus Frischlin (wie Anm. 549), S. 261–285; Melanchthons Briefwechsel, Bd. 11 (wie Anm. 110), S. 323; EMBERGER, Biographische und genealogische Notizen (wie Anm. 239), S. 133 f.; Gerhard Philipp WOLF, Martin Crusius (1526–1607). Philhellene und Universitätsprofessor, in: Fränkische Lebensbilder, Bd. 22, hrsg. von Erich SCHNEIDER (Veröffentlichungen der Gesellschaft für Fränkische Geschichte, Reihe VII A, Bd. 22), Würzburg 2009, S. 103–119; Egidius SCHMALZRIEDT, Martin Crusius (1526–1607. Philologe und Rhetoriker, in: KNAPE, 500 Jahre Tübinger Rhetorik (wie Anm. 78), S. 44–50; HOFMANN, Artistenfakultät (wie Anm. 84), passim; CRUSIUS, Annales 2 (wie Anm. 408), S. 703; SCHMIDT-GRAVE, Leichenreden (wie Anm. 239), S. 97 f., Nr. 29 u. 30; RÖCKELEIN, Die lateinischen Handschriften (wie Anm. 82), S. 24 f.; SCHÄFER, Die Unterschriften (wie Anm. 398), S. 64, Nr. 33: *Graecae et latinae linguae Profeßor*.

572 CRUSIUS, Annales 2 (wie Anm. 408), S. 703.

Kollegen: Mendlin mit Melanchthons Dialectica, Hyltebrant mit Agricolas Dialectica und dem Organon, Hizler mit Rhetorica, Grammatica graeca und Demosthenes, Wilhelm Bidembach[573] mit Melanchthons oder Linacres lateinischer Grammatik sowie Ciceros De officiis, Scheubel mit Arithmetica und Euklid, Eisenmenger mit Sphaera und Theorica planetarum, Heiland mit Ethica, Liebler mit Phisica, Seckerwitz mit Vergils Aeneis. Zu diesem Kreise traten noch die beiden im Paedagogium unterrichtenden Magister hinzu: Jacob Stahel[574] mit Terenz und Elementa graecae und Melchior Monster[575] mit Melanchthons lateinischer Grammatik. Abschließend erwähnt Crusius noch den *Rector contubernii* Georg Hamberger.[576] Neben der Lectio linguae Graecae sive poetices Graecae[577] versah Crusius zeitweilig noch weitere Aufgaben, so von 1559 bis 1569 die Lectio rhetorices Melanchthonis,[578] im Paedagogium in der Tertia von 1562 bis 1587 Ciceros Reden,[579] in der Quarta von 1584 bis zu seinem Tod Ciceros Reden und Melanchthons Rhetorik[580] und kurzzeitig auch *aliquoties Virgilianam Aeneida*.[581] Schon bald war er – abgesehen von Schegk – der bestbesoldete Professor unter den Tübinger Artisten: Eingestiegen mit 100 Gulden, erhielt er ab 1560 bereits 120 und ab 1562 sogar 170 Gulden jährlich.[582] Die Fülle der von Crusius in den Druck gegebenen Texte, ihre Neuauflagen und seine Beiträge zu anderen Werken sind nicht leicht zu überschauen,[583] auch wenn jetzt im Internet mit VD 16 und VD 17 zwei nicht mehr wegzudenkende Hilfsmittel zur Verfügung stehen. Schon als Student am Straßburger Gymnasium bei Johannes Sturm, 1545 bis 1551, und ebenso seit 1554 als Memminger Schulmeister, bediente er sich der Druckerpresse. Seine 1556 in Straßburg[584] und 1558 in Basel[585] erschienene Grammatik des Griechischen und Lateinischen fand Aufnahme im Unterricht an den württembergischen Schulen und ebnete ihm den Weg an die Universität.[586] Als klassischer Philologe und besonders ob seinem Interesse an Geschichte hat Crusius eine wesentlich breitere Beachtung in den Geisteswissenschaften gefunden als seine dem Corpus Aristotelicum und der Mathematik verpflichteten Fakultätskollegen. Gleichwohl: „Eine genaue Analyse der Werke von Crusius ist ebenso

---

573 Siehe Anm. 609.
574 Siehe Anm. 631.
575 Siehe Anm. 633.
576 Siehe Anm. 617.
577 HOFMANN, Artistenfakultät (wie Anm. 84), S. 248.
578 HOFMANN, Artistenfakultät (wie Anm. 84), S. 243.
579 HOFMANN, Artistenfakultät (wie Anm. 84), S. 244.
580 HOFMANN, Artistenfakultät (wie Anm. 84), S. 245.
581 HOFMANN, Artistenfakultät (wie Anm. 84), S. 247, Anm. 64.
582 UAT 6/8, S. 49^r, 50^v, 66^v, 95^r u. 96^v.
583 Eine Aufstellung bietet: Die griechischen Handschriften der Universitätsbibliothek Tübingen. Sonderband Martin Crusius, Handschriftenverzeichnis und Bibliographie, bearbeitet von Thomas WILHELMI (Handschriftenkataloge der Universitätsbibliothek Tübingen, Bd. 2), Wiesbaden 2002, S. 223–260.
584 VD 16 ZV 17888: Martini Crusii puerilis in lingua latina institutionis, pars prima (pars secunda), pro scholae Memmingensis classe quarta (classe tertia).
585 BVB-Nummer: VD0015185.
586 Vgl. ZIEMSSEN, Partikularschulwesen (wie Anm. 212), S. 509 ff.; HOFMANN, Artistenfakultät (wie Anm. 84), S. 145.

wie eine Biographie des Tübinger Professors nach wie vor ein Desiderat der Forschung".[587] Joachim Kremer widmet sich in seinem Beitrag der Leistung von Crusius als Förderer der Musik.[588] Stephan Culingius[589] kam 1561 von Jena nach Tübingen, ausgestattet mit 80 Gulden Jahresgehalt,[590] wo er 1562 zum Doktor beider Rechte promoviert wurde. Er wirkte von 1561 bis 1567 als geschätzter Professor poetices Latinae. So stieg sein Gehalt schon 1562 auf 100 Gulden und betrug ab 1564 sogar 120 Gulden jährlich.[591] Das VD16 verzeichnet ihn 17mal als Beiträger, oft zu den Werken seiner Tübinger Kollegen. Und noch zu Lebzeiten von Herzog Christoph begann schließlich auch die akademische Laufbahn von Nikodemus Frischlin[592] (1547–1590), seit April 1567 zuständig für die Lectio poetices Latinae et historiae.[593] Sein Anfangsgehalt betrug 80 Gulden jährlich, um 1570 auf 100 Gulden erhöht zu werden.[594] Dieser begnadete Poet stürzte 1582 über eine kritische Schrift über den Landadel.

Vor dem Hintergrund dieses Personaltableaus erscheint die 1561 formulierte Klage der Stuttgarter Regierung über den Mangel an qualifizierten und wissenschaftlich ausgewiesenen Lehrkräften an der Artistenfakultät nur wenig nachvollziehbar. Zudem wirkte in den fünfziger und sechziger Jahren noch eine nicht geringe Zahl weiterer Magister, zumeist als classici, als mit dem Unterricht in den vier Klassen des Paedagogiums beauftragte und besoldete Lehrkräfte, deren späterer Werdegang insgesamt doch den Eindruck erwecken kann, daß es sich bei ihnen kaum um ein ganz unbedeutendes und seinen Aufgaben nicht gewachsenes Personal handelte. Johannes Hochmann[595] (1527–1603), seit 1549 Magister artium und ab 1553 unter den besoldeten Professoren der Artistenfakultät zu finden,[596] anfangs wie bei den classici üblich

---

587 Franz BRENDLE, Martin Crusius. Humanistische Bildung, schwäbisches Luthertum und Griechenlandbegeisterung, in: BRENDLE U.A., Deutsche Landesgeschichtsschreibung (wie Anm. 26), S. 145–163, hier S. 146; CANCIK, Crusius contra Frischlinum (wie Anm. 571), S. 279 ff.
588 Siehe Anm. 429.
589 MUT 1 (wie Anm. 81), S. 417, Nr. 154,70; KÖTZ, Die Matrikel der Theologischen Fakultät (wie Anm. 260), S. 425, Nr. 73, u. S. 427, Nr. 76; HOFMANN, Artistenfakultät (wie Anm. 84), S. 130, Anm. 174, S. 210 u. 247; CRUSIUS, Annales 2 (wie Anm. 408), S. 710; Andreas Christoph ZELLER, Ausführliche Merckwürdigkeiten, der Hochfürstl. Württembergischen Universitaet und Stadt Tübingen, Tübingen 1743, S. 500.
590 UAT 6/8, S. 68ʳ.
591 UAT 6/8, S. 84ʳ u. 114ʳ.
592 „Literatur über Nikodemus Frischlin", in: Thomas WILHELMI, Friedrich SECK, Nikodemus Frischlin (1547–1590). Bibliographie (Tübinger Bausteine zur Landesgeschichte, Bd. 4), Leinfelden-Echterdingen 2004, S. 131–162.
593 HOFMANN, Artistenfakultät (wie Anm. 84), S. 248; in den Rechnungsbüchern der Universität erscheint Frischlin erstmals 1568 zu Angaria Crucis, besoldet mit 15 Gulden, UAT 6/9, S. 2ᵛ, nebst dem Zusatz: Eidem pro 14 diebus quibus ante Angariam praesentem docuit 2 fl.
594 UAT 6/9, S. 4ʳ, 5ᵛ, 7ʳ, 19ʳ, 20ᵛ, 22ʳ, 23ᵛ, erhöht auf 25 Gulden pro Angaria: ebd., S. 34ʳ.
595 MUT 1 (wie Anm. 81), S. 331, Nr. 128,21; HALLER, Die Tübinger Juristenfakultät 1534–1601 (wie Anm. 140), S. 60 ff.; EMBERGER, Biographische und genealogische Notizen (wie Anm. 239), S. 144 f.; HOFMANN, Artistenfakultät (wie Anm. 84), S. 29, Anm. 6, S. 120, 140, 216, 239 u. 240; SCHMIDT-GRAVE, Leichenreden (wie Anm. 239), S. 107, Nr. 66 u. 67; SCHÄFER, Die Unterschriften (wie Anm. 398), S. 61, Nr. 14.
596 Erstmals UAT 6/7ᶜ, S. 108ʳ, letztmalig UAT 6/8, S. 11ᵛ.

mit 40 Gulden und schließlich mit 52 Gulden jährlich besoldet, studierte die Rechte und unterrichtete gleichzeitig in der Prima Latein und Ciceros De officiis (Buch I). Die Übernahme der Physik-Vorlesung mit Hilfe eines Kompendiums scheint er abgelehnt zu haben. Als er 1557 zum Doktor beider Rechte promoviert worden war, kündigte er an der Artistenfakultät, um fortan eine Karriere an der Juristenfakultät einzuschlagen. German Aernlin/Ernlin,[597] 1548 zum Magister promoviert, ging 1550 nach Wien und soll dort als Professor poëseos gewirkt haben. 1553 kam er zurück, von 1554 bis 1558 amtierte er als Classicus für Griechisch und Xenophon in Prima und Sekunda. Er erhielt nur ein Jahresgehalt von 32 Gulden.[598] 1557 zum Doktor beider Rechte promoviert, nahm er 1558 seinen Abschied, um in Memmingen als Stadtschreiber zu agieren. In diversen Akten des Reichskammergerichts stößt man auf seinen Namen.[599] Paul Schnepf[600] († 1580) kam 1551 als Bakkalar von Leipzig nach Tübingen, wurde 1552 Magister und als solcher bis 1553 für die *professio musices* bezahlt[601] – mit dem über die Jahrzehnte gleichbleibenden Jahresgehalt des Musicus von 20 Gulden. Von 1553 bis 1558 übernahm er die Leitung der Burse und unterrichtete in der Sekunda die Bücher II und III von Ciceros De officiis. Fortan erhielt er 40 Gulden jährlich, ab 1557 waren es 52 Gulden.[602] Auch Schnepf scheint die Rechte studiert zu haben, denn er amtierte später als Syndicus der Stadt Freiburg.[603] Johannes Brenzlin[604] promovierte 1552 zum Magister artium und 1562 zum Doktor beider Rechte. Er unterrichtete von 1554 bis 1558 als Classicus Terenz in der Prima. Wie Aernlin über mehrere Jahre lediglich mit 32 Gulden besoldet, erhielt er schließlich 52 Gulden Jahresgehalt.[605] Später agierte er am Reichskammergericht als Advokat und Prokurator. Andreas Laubmaier[606] (1538–

---

597 MUT 1 (wie Anm. 81), S. 322, Nr. 124,46 u. S. 365, Nr. 140,16; Die Matrikel der Universität Wien, Bd. 3: 1518/II–1579/I, bearbeitet von Franz GALL u. Willy SZAIVERT (Publikationen des Instituts für Österreichische Geschichtsforschung, Reihe 6: Quellen zur Geschichte der Universität Wien, 1. Abtlg. Die Matrikel der Universität Wien), Wien/Köln/Graz 1971, S. 92; HOFMANN, Artistenfakultät (wie Anm. 84), S. 111, 216, 218 u. 241.

598 UAT 6/7ᶜ, S. 138ʳ u. 6/8, S. 32ʳ.

599 Den Eintrag seiner Promotion zum Magister artium 1547 hat eine spätere Hand ergänzt: JCtus, *Camerae imperialis advocatus*, UAT 15/11, S. 35ᵛ.

600 MUT 1 (wie Anm. 81), S. 353, Nr. 136,50; STOLL, Musikgeschichte (wie Anm. 214), S. 320; Gerhard PIETZSCH, Zur Pflege der Musik an den deutschen Universitäten bis zur Mitte des 16. Jahrhunderts [Leipzig], in: Archiv für Musikforschung 3 (1938), S. 302–330, hier S. 303 u. 326; HOFMANN, Artistenfakultät (wie Anm. 84), S. 29, Anm. 6, S. 111, 136, Anm. 229, S. 236, 238, 242 u. 249.

601 UAT 6/7ᶜ, S. 105ʳ.

602 UAT 6/7ᶜ, S. 135ʳ u. UAT 6/8, S. 11ᵛ.

603 Heinrich SCHREIBER, Geschichte der Stadt Freiburg im Breisgau, Teil 3: Von der Selbstübergabe Freiburgs an das Haus Oestreich bis zum dreißigjährigen Krieg, Freiburg i. Br. 1857, S. 312.

604 MUT 1 (wie Anm. 81), S. 323, Nr. 125,3; HOFMANN, Artistenfakultät (wie Anm. 84), S. 111, 217, 238 u. 240.

605 UAT 6/7ᶜ, S. 138ʳ u. UAT 6/8, S. 11ᵛ.

606 BERNHARDT, Zentralbehörden (wie Anm. 142) 1, S. 461; HALLER, Die Tübinger Juristenfakultät 1534–1601 (wie Anm. 140), S. 78 f.; HOFMANN, Artistenfakultät (wie Anm. 84), S. 217, 236, 239 u. 240; EMBERGER, Biographische und genealogische Notizen (wie Anm. 239), S. 145; im Diarium von Crusius finden sich etliche Hinweise zu Laubmaier: Crusius, Diarium

1604), 1559 zum Magister promoviert, wurde 1561 Rektor des Contuberniums und unterrichtete in der Prima Latein und Ciceros De officiis (Buch I). Anfangs mit 32 Gulden jährlich besoldet,[607] erhielt er letztmals zu Angaria Pentecostes 1562 einen Abschlag in Höhe von 20 Gulden,[608] was für ein neues Jahresgehalt in Höhe von 80 Gulden und damit für eine erfolgreiche Arbeit als Lehrer spricht. Doch noch im selben Jahr schied er als Professor der Artistenfakultät aus dem Dienst und übernahm die Erziehung der württembergischen Prinzen Ludwig (1554–1593) und (1557–1608) – Friedrich – der nachmaligen Herzöge Ludwig und Friedrich. Laubmaier begann 1571 mit dem Studium der Rechte, um schließlich zum Ordinarius an der Tübinger Juristenfakultät aufzusteigen. Vor seiner steilen Karriere im württembergischen Kirchendienst wirkte auch Wilhelm Bidembach[609] (1538–1571) an der Tübinger Artistenfakultät. 1556 zum Magister promoviert und seit 1557 mit drei Gulden vierteljährlich unterstützter Stipendiat der Universität,[610] übernahm er 1558 für wenige Monate die Lectio musices, um bis 1560 – besoldet mit 52 Gulden jährlich[611] – in der Sekunda aus Ciceros De officiis die Bücher II und III sowie Lynakers Grammatik zu unterrichten.

Nur wenig ist über Bernhard Mettelin[612] bekannt, den späteren Leibarzt Herzog Johann Friedrichs von Pommern (1542–1600) in Stettin. In Tübingen, wo er 1558 zum Doktor der Medizin promovierte, vertrat er von 1555 bis 1557 die Lectio musices,[613] anschließend wirkte er bis 1559 als Classicus mit einem Jahresgehalt von 52 Gulden.[614] In der Sekunda unterrichtete Mettelin Ciceros Briefe und Reden, in der Tertia Demosthenes' Reden und griechische Grammatik sowie in der Quarta Ciceros Reden und Melanchthons Rhetorik. Nikolaus Mögling/Megling[615] (um 1535–1576), Tübinger Bäckersohn und 1554 zum Magister promoviert, gehörte von 1557 bis 1558 zu den *Professores bonarum artium* und unterrichtete Latein in der Prima, ausgestattet lediglich

---

(wie Anm. 239) Gesamtregister, S. 116; SCHMIDT-GRAVE, Leichenreden (wie Anm. 239), S. 110, Nr. 77; SCHÄFER, Die Unterschriften (wie Anm. 398), S. 62, Nr. 15.

607 UAT 6/8, S. 81^r.

608 UAT 6/8, S. 84^r.

609 HOFMANN, Artistenfakultät (wie Anm. 84), S. 136, 195, Anm. 44 u. 47, S. 202, Anm. 117, S. 217f., 242, 243 u. 249; KÖTZ, Die Matrikel der Theologischen Fakultät (wie Anm. 260), S. 425, Nr. 73, u. S. 427, Nr. 76; VD16 B 5369 – 6 Bl. umfassender Gelegenheitsdruck von 1557; Julian KÜMMERLE, Luthertum, humanistische Bildung und württembergischer Territorialstaat. Die Gelehrtenfamilie Bidembach vom 16. bis zum 18. Jahrhundert (Veröffentlichungen der Kommission für geschichtliche Landeskunde in Baden-Württemberg, Reihe B, Bd. 170), Stuttgart 2008, S. XV, 37f., 40f., 115ff., 127–141 und öfter, hier besonders S. 144f.

610 UAT 6/8, S. 13^v – letztmals Angaria Crucis 1558, UAT 6/8, S. 32^v

611 UAT 6/8, S. 32^r, 33^r, 35^r, 36^r, 49^r, 50^v, 52^r, und – letztmalig zu Angaria Pentecostes 1560 mit dem Zusatz *discesserit* – 53^v.

612 MUT 1 (wie Anm. 81), S. 349, Nr. 135,26, u. S. 380, Nr. 144,3 mit Anm.; STOLL, Musikgeschichte (wie Anm. 214), S. 321; HOFMANN, Artistenfakultät (wie Anm. 84), S. 136, Anm. 229, S. 191, Anm. 20, S. 242, 244, 245 u. 249.

613 Erstmals UAT 6/7^c, S. 166^v, zum letzten Mal S. 221^r – stets mit 20 Gulden jährlich besoldet.

614 UAT 6/8, S. 11^v, letztmalig S. 35^r u. 36^v: *Joanni Seccervuitio nomine D. Metteli pro dimidia Angaria hac, qua dimissus est D. Mettelus.*

615 MUT 1 (wie Anm. 81), S. 328, Nr. 127,19; HOFMANN, Artistenfakultät (wie Anm. 84), S. 217, 239 u. 240, Anm. 30.

mit einer vierteljährlichen Besoldung von 6 Gulden und 10 Batzen.[616] Seit 1562 Doktor der Medizin, amtierte er an diversen Orten als Physicus, zuletzt in Reutlingen. Georg Hamberger[617] (1536–1599), von 1558 bis 1562 unter den Professoren, wie schon erwähnt mit 32 Gulden jährlich besoldet,[618] Rektor des Contuberniums und zeitweilig für Vergils Bucolica in der Prima und möglicherweise auch für Ciceros Reden in der Tertia zuständig, schloß sein Studium der Medizin 1562 mit dem Doktorgrad ab, um nach einer Tätigkeit als Stadtarzt in Rothenburg ob der Tauber 1568 als Professor der Medizin nach Tübingen zurückzukehren.

Toxites, der 1560 infolge der Widerstände gegen seine Reformversuche den Abschied nahm, wurde 1559 von Theophilus Cleber/Kleber[619] in der Lectio Virgiliana vertreten. Von 1560 bis 1563 amtierte Kleber als Classicus, besoldet mit dem geringen Gehalt von 25 Gulden[620] und betraut mit der Vermittlung von Ciceros De officiis. Später findet man ihn als Pfarrer in Heimerdingen.[621] Weitgehend im Dunkel liegt das Wirken von Erhard Volland,[622] einem Sohn des Juristen Kaspar Volland. Ohne in den vierteljährlichen Gehaltsabrechnungen der Universität aufzutauchen, war er von 1562 bis 1563 Rektor der Burse und dürfte folglich mit Lehrveranstaltungen betraut gewesen sein. Leonhard Engelhard[623] (1526–1602) war anscheinend kein unbedeutender Lehrer, wie sein Anfangsgehalt von 110 Gulden jährlich nahelegt, das die Universität bereits 1563 auf 140 Gulden erhöhte.[624] Er kam über Stationen als Schulmeister in

---

616 UAT 6/8, S. 13^r u. 14^v.
617 HOFMANN, Artistenfakultät (wie Anm. 84), S. 217, 236 u. 241; EBERLEIN, Leonhart Fuchs' Erben (wie Anm. 239); EMBERGER, Biographische und genealogische Notizen (wie Anm. 239), S. 144; im Diarium von Crusius finden sich zahlreiche Hinweise und Bemerkungen zu Hamberger: Crusius, Diarium (wie Anm. 239) Gesamtregister, S. 97f.; SCHMIDT-GRAVE, Leichenreden (wie Anm. 239), S. 45 ff.; SCHÄFER, Die Unterschriften (wie Anm. 398), S. 62, Nr. 22.
618 UAT 6/8, S. 32^r, 33^v, 35^r, 36^v, 49^r, 50^v, 52^r, 53^v, 65^r, 66^v, 68^r, 69^r, 79^v, 81^r, 82^v u. 84^r.
619 MUT 1 (wie Anm. 81), S. 381, Nr. 144,18; HOFMANN, Artistenfakultät (wie Anm. 84), S. 32, Anm. 28, S. 161, Anm. 39, S. 201, S. 241 u. 242.
620 UAT 6/8, S. 65^r, 66^v, 68^r, 69^r, 79^v, 81^r, 82^v, 84^r, 95^r, 96^v, 98^r u. 99^v.
621 Gustav BOSSERT, Zur Geschichte des Buchhandels in Stuttgart unter Herzog Christoph und in den ersten Jahren des Herzogs Ludwig, in: Württembergische Vierteljahrshefte für Landesgeschichte 7 (1898), S. 246–252, hier S. 247: „Ganz verschollen scheint […] die Auslegung des ersten Petribriefs von M. Theophil Kleber, Pfarrer in Heimerdingen, […] wohl aus dem Jahr 1571".
622 MUT 1 (wie Anm. 81), S. 337, Nr. 130,33, u. S. 385, Nr. 146,10; HOFMANN, Artistenfakultät (wie Anm. 84), S. 236 u. 261 (Register); UAT 6/8, S. 102^v: *Erhardo Rectori contubernii filio DD. Vollandii undecima die maii nuptias celebranti 3 fl.*; Gustav BOSSERT, Die Kirche in Gemmrigheim OA. Besigheim und ihre Baumeister, in: Württembergische Jahrbücher für Statistik und Landeskunde, Jg. 1915, Stuttgart 1916, S. 238–249, hier S. 240: 1566 noch „Universitätsverwandter".
623 MUT 1 (wie Anm. 81), S. 431, Nr. 158,4; ZELLER, Merckwürdigkeiten (wie Anm. 589), S. 499f.; HOFMANN, Artistenfakultät (wie Anm. 84), S. 145, 161, 174, Anm. 29, S. 217, Anm. 248, S. 218, 239 u. 240; SCHMIDT-GRAVE, Leichenreden (wie Anm. 239), S. 47, 49 u. 99, Nr. 34a; im Diarium von Crusius finden sich zahlreiche Hinweise und Bemerkungen zu Engelhard: Crusius, Diarium (wie Anm. 239) Gesamtregister, S. 71f.
624 UAT 6/8, S. 95^r, 96^v, 98^r, 99^v, 109^v, 111^r, 112^v, 114^r, 122^v, 124^r, 125^v, 127^r, 135^v, 137^r, 138^v, 139a^r, 147^r, 148^r, 149^r, 150^r, 159^r, 160^r, 161^r u. 162^r.

Schwäbisch Hall und Eppingen 1562 nach Tübingen, um bis 1574 in der Prima Latein und das erste Buch von Ciceros De officiis zu unterrichten. 1574 wurde er als Schulleiter und Paedagogarch nach Stuttgart berufen. Das VD 16 weist ihn als vielfachen Beiträger aus, zumeist in Werken seiner Tübinger Kollegen.[625] Bernhard Thaler[626] war von 1560 bis 1562 Classicus, in der Sekunda zuständig für Ciceros Briefe und Reden. Sein Gehalt betrug lediglich 25 Gulden jährlich.[627] David Thoner/Doner,[628] von 1559 bis 1564 mit einem jährlichen den Theologen vorbehaltenen Stipendium von 12 Gulden durch die Universität bedacht[629] und 1560 zum Magister promoviert, unterrichtete von 1560 bis 1564 in der Prima Vergils Bucolica. Sein Professorengehalt betrug anfangs 25 Gulden, seit 1561 schwankte es zwischen 30 und 32 Gulden jährlich.[630] Dem 1550 zum Magister promovierten Jakob Stahel[631] oblagen von 1558 bis 1561 als Classicus Terenz in der Prima und Xenophon und griechische Grammatik in Prima und Sekunda. Man zahlte ihm anfangs ein Jahresgehalt von 40 Gulden, um es 1561 auf 52 Gulden zu erhöhen.[632] Melchior Monster/Münster,[633] 1557 zum Magister promoviert, las von 1557 bis 1561 in der Prima Buch I von Ciceros De officiis, von 1558 bis 1561 oblag ihm zudem der Lateinunterricht in dieser Klasse. Kurzzeitig auf 25 Gulden jährlich veranschlagt, bekam er bald ein Jahresgehalt von 52 Gulden.[634] Georg Burgkhart/Burckhard[635] (1539–1607), 1560 Magister artium, wurde 1561 mit dem beachtli-

---

625 Zu den 1569 in Basel gedruckten Monumenta S. Patrum Orthodoxographa des Johann Jakob Grynaeus (1540–1617) trugt Engelhard ein kleines Gedicht bei, HIERONYMUS, Petri-Schwabe (wie Anm. 111) 2, S. 962.
626 MUT 1 (wie Anm. 81), S. 372, Nr. 141,85, u. S. 407, Nr. 152,14; HOFMANN, Artistenfakultät (wie Anm. 84), S. 242.
627 UAT 6/8, S. 65^r, 66^v, 68^r, 69^r, 79^v, 81^r, 82^v, 84^r u. 95^r.
628 MUT 1 (wie Anm. 81), S. 394, Nr. 149,2; HOFMANN, Artistenfakultät (wie Anm. 84), S. 241 u. 247, Anm. 64.
629 UAT 6/8, S. 35^r, 37^r, 48^v, 51^r, 52^v, 53^r, 65^v, 67^r, 68^v, 70^r, 80^r, 81^v, 83^r, 84^v, 95^r, 97^r, 100^r, 110^r, 111^v, 113^r.
630 UAT 6/8, S. 65^v, 66^v, 68^r, erhöht auf 8 Gulden pro Angaria: S. 69^r, 79^v, 81^r, 82^v, 84^r, 95^r, 96^v, 98^r, 99^v, 109^v, 111^r, 112^v, 114^r.
631 MUT 1 (wie Anm. 81), S. 326, Nr. 125,81; HOFMANN, Artistenfakultät (wie Anm. 84), S. 240 u. 241; Archiv der Freiherren von Ow. Überlieferung in den Familienarchiven Wachendorf und Piesing und im Staatsarchiv Sigmaringen, Akten, Amtsbücher, Handschriften (1356–) 1444–1994, bearbeitet von Rudolf SEIGEL (Inventare der nichtstaatlichen Archive in Baden-Württemberg, Bd. 31/2), Stuttgart 2004, S. 31: „Jakob Stahel von Leonberg, Mag. art., päpstl. und ksl. Notar", Januar 1557.
632 UAT 6/8, S. 32^r, 33^r, 35^r, 36^v, 49^r, 50^v, 52^r, erhöht auf 13 Gulden pro Angaria: S. 53^v, 65^r, 66^v, 68^r, 69^r, 79^v, 81^r.
633 MUT 1 (wie Anm. 81), S. 378, Nr. 143,13; HOFMANN, Artistenfakultät (wie Anm. 84), S. 239 u. 240; BINDER, Wirtembergs Kirchen- und Lehrämter [1] (wie Anm. 273), S. 355, Nr. 32: von 1559 bis 1561.
634 UAT 6/8, S. 13^r, 14^v, erhöht auf 13 Gulden pro Angaria: S. 16^r, 32^r, 33^v, 35^r, 36^v, 49^r, 50^v, 52^r, 53^v, 65^r, 66^v, 68^r, 69^r, 79^v.
635 HOFMANN, Artistenfakultät (wie Anm. 84), S. 26, 93 ff., 118 f., 127, 139, 141, 166, 194, Anm. 38, S. 195 ff., 202, 211 f., 231–236, 238, 241, 242, 243 u. 245 ; MUT 1 (wie Anm. 81), S. 391, Nr. 148,7, u. S. 567, Nr. 188,107; im Diarium von Crusius finden sich zahlreiche Hinweise und Bemerkungen zu „Burckhart": Crusius, Diarium (wie Anm. 239) Gesamtregister, S. 18 f.; SCHMIDT-GRAVE, Leichenreden (wie Anm. 239), S. 95, Nr. 19 u. 29; EMBERGER,

chen Jahresgehalt von 100 Gulden eingestellt. Bereits ein Jahr später erhielt er 120 Gulden jährlich, ab 1564 sogar 150 Gulden.[636] Damit empfing er die gleiche Besoldung wie Schegk für seinen Unterricht an der Artistenfakultät. Nur Crusius erhielt mit 170 Gulden ein höheres Gehalt. Burgkhart übernahm in Prima und Sekunda die Vermittlung von Xenophon und der griechischen Grammatik bis 1569 und von 1581 bis 1594, von 1564 bis nachweislich 1570 in der Prima Vergils Bucolica, sowie von 1562 bis 1569 in der Sekunda Ciceros Briefe und Reden. 1569 gewann er die Lectio rhetorices Melanchthonis, die er bis 1575 vertrat, als er für drei Jahre als Schulrektor nach Rothenburg ob der Tauber ging. 1578 zurückgekehrt, amtierte er bis zu seinem Tod als Lektor für Melanchthons Dialektik. Zudem wirkte er seit 1592 bis 1607 als Paedagogarch und Visitator scholarum – und seit 1593/94 als erster Universitätsbibliothekar. Das Konkordienbuch unterschrieb er 1582 als *Professor Dialecticus*. Cellius nennt ihn 1596 *dialecticae et rhetoricae Professor, Paedagogarcha württembergensis ac Bibliothecarius academicus*.[637] Schließlich bleibt noch ein Schulmann zu nennen, der seit 1568 sein Leben in Tübingen als Bursrektor und Classicus fristete, Erhard Cellius[638] (1546–1606). Zu Angaria Luciae 1569 erstmals besoldet, mit einem Betrag von 60 Gulden,[639] stieg sein Gehalt nicht weiter, so daß er noch 1577 abgesehen vom Musicus der am schlechtesten besoldete Lehrer der Artistenfakultät war.[640] Nach Frischlins Abgang 1582 übernahm er dessen Professur und verbesserte damit seine finanzielle Situation. So konnte er 1596 eine Druckerei erwerben[641] und mit der Herausgabe der Imagines Professorum Tubingensium dem Lehrkörper ein Denkmal setzen, das die Jahrhunderte überdauerte.[642]

Biographische und genealogische Notizen (wie Anm. 239), S. 131 f.; RÖCKELEIN, Die lateinischen Handschriften (wie Anm. 82), S. 25; SCHÄFER, Die Unterschriften (wie Anm. 398), S. 64, Nr. 37; vgl. Ludwig ZOEPF, Magister Georg Burckhard. Ein Tübinger Zeitbild aus der 2. Hälfte des 16. Jahrhunderts, Tübingen 1935; DERS., Georg Burckhardt. Professor der Beredsamkeit, 1539–1607, in: Schwäbische Lebensbilder, Bd. 1, Stuttgart 1940, S. 54–61.

636 UAT 6/8, S. 81^r, 82^v, 84^r, 95^r, erhöht auf 30 Gulden pro Angaria: 96^v, 109^v, 111^r, 112^v, 114^r, erhöht auf 37,5 Gulden pro Angaria: 122^v, 124^r, 125^v, 127^r, 135^v, 137^r, 138^v, 139a^t, 147^r, 148^r, 149^r, 150^r, 159^r, 160^r, 161^r, 162^r; 6/9, S. 2^v, 4^r, 5^v, 7^r, 19^r, 20^v, 22^r, erniedrigt auf 25 Gulden seit Angaria Pentecostes 1570: S. 23^v.

637 Erhard CELLIUS, Imagines professorum Tubingensium 1 (wie Anm. 481), S. 82.

638 Wilfried SETZLER, Die Universität Tübingen am Ende des 16. Jahrhunderts – zur Zeit von Erhard Cellius, in: Erhard CELLIUS, Imagines professorum Tubingensium 2 (wie Anm. 239), S. 9–19, hier S. 18 f.; EMBERGER, Biographische und genealogische Notizen (wie Anm. 239), S. 132; HOFMANN, Artistenfakultät (wie Anm. 84), S. 237: Bursrektor 1568 bis 1588, S. 241: Vergils Bucolica in der Prima, 1582 bis 1606, S. 242: Ciceros De officiis Buch II und III in der Sekunda, 1569 bis 1582, S. 242: Ciceros Briefe und Reden in der Sekunda, 1569 bis 1582, S. 248: Lectio poetices Latinae et historiae, 1582 bis 1606; SCHÄFER, Die Unterschriften (wie Anm. 398), S. 64, Nr. 39: *Rector Contubernij, et Latinae Linguae Professor*; SCHMIDT-GRAVE, Leichenreden (wie Anm. 239), S. 97, Nr. 27 u. 28; im Diarium von Crusius findet sich eine Fülle von Hinweisen und Nachrichten zu Cellius: Crusius, Diarium (wie Anm. 239) Gesamtregister, S. 23 f.

639 UAT 6/9, S. 20^v.

640 SETZLER, Die Universität Tübingen am Ende des 16. Jahrhunderts (wie Anm. 638), S. 15 f., Anm. 23.

641 RESKE, Buchdrucker (wie Anm. 120), S. 927.

642 Erhard CELLIUS, Imagines professorum Tubingensium 1 (wie Anm. 481); vgl. Werner

Nach allem kann man das Verdikt der Regierung von 1561 bezweifeln und statt dessen kaum grundlos der Hochschule doch eher bescheinigen dürfen, daß der Lehrkörper der Artistenfakultät, seien es die mit den öffentlichen Vorlesungen beauftragten Professoren oder die im Paedagogium wirkenden Classici, zur Zeit von Herzog Christoph gut aufgestellt und bis auf die eine oder andere unrühmliche Ausnahme[643] seinen Aufgaben zumindest intellektuell gewachsen war.

Als Indikator für die positive Entwicklung des Lehrbetriebs an der Tübinger Artistenfakultät darf man wohl auch den Zuwachs an Immatrikulationen werten, der sich seit Beginn der 1550er Jahre bemerkbar macht. Aber 1524 hatte die Frequenz im Zusammenhang mit der aufkommenden Reformationsbewegung einzubrechen begonnen,[644] um bis 1534 auf niedrigstem Niveau zu stagnieren. Pro Semester immatrikulierten sich nunmehr nur noch zwischen 15 und 35 Studierende, während die Zahlen in den Jahren davor zwischen 30 und 100 pro Semester pendelten. Von diesem Einbruch erholte sich die Universität bis zur Einführung der Reformation in Württemberg nur sehr langsam. Die Zahlen schwankten jetzt zwischen 20 und 40. Seit 1535 folgte eine nur von den Pestepidemien beeinträchtigte positive Entwicklung.[645] Die Immatrikulationen wuchsen langsam, aber stetig auf Werte zwischen 50 und 80 an. Seit den frühen 1550er Jahren stiegen sie pro Semester immer häufiger sogar auf über 100 an, mit Spitzen von 157 und 172 im Wintersemester 1568/69 bzw. Sommersemester 1569. Aus diesen Zahlen kann man aber nicht die genaue Verweildauer des einzelnen in Tübingen erschließen, sondern – da nur über die 150 im Stift lebenden Stipendiaten Näheres bekannt ist – lediglich zu Annäherungswerten gelangen.[646] Eulenburg hat die Tübinger Frequenz für den Zeitraum 1540 bis 1620 auf durchschnittlich 376 Studierende pro Jahr berechnet.[647] In den Jahren 1566/70 sollen es sogar 502 gewesen sein, die sich pro Jahr in Tübingen aufhielten.[648]

FLEISCHHAUER, Die „Imagines Professorum Tubingensium". Entstehungsgeschichte und Bildnisse, in: Erhard CELLIUS, Imagines professorum Tubingensium 2 (wie Anm. 239), S. 21–32.

643 Ein Beispiel aus etwas späterer Zeit bei HOFMANN, Artistenfakultät (wie Anm. 84), S. 119 f.

644 Vgl. allgemein Beat IMMENHAUSER, Universitätsbesuch zur Reformationszeit. Überlegungen zum Rückgang der Immatrikulationen nach 1521, in: Jahrbuch für Universitätsgeschichte 6 (2003), S. 69–88.

645 ASCHE, Frequenzeinbrüche und Reformen (wie Anm. 66), S. 79, konstatiert für die protestantischen Universitäten eine Konsolidierung der Frequenz in den 1540er Jahren.

646 Volker SCHÄFER, Universität und Stadt Tübingen zur Zeit Frischlins, in: HOLTZ/MERTENS, Nicodemus Frischlin (wie Anm. 549), S. 105–142, hier S. 112 f. [erneut abgedruckt in: Aus dem „Brunnen des Lebens". Gesammelte Beiträge zur Geschichte der Universität Tübingen von Volker SCHÄFER, Festgabe zum 70. Geburtstag, hrsg. von Sönke LORENZ u. Wilfried SETZLER, Ostfildern 2005, S. 66–92, hier S. 72.]

647 Franz EULENBURG, Die Frequenz der deutschen Universitäten von ihrer Gründung bis zur Gegenwart (Abhandlungen der Philologisch-Historischen Klasse der Königlich-Sächsischen Gesellschaft der Wissenschaften 24,2), Leipzig 1906, S. 84 (Figur 4), S. 260 (Tabelle VII), S. 102 (Tabelle 4).

648 EULENBURG, Frequenz (wie Anm. 647), S. 76.

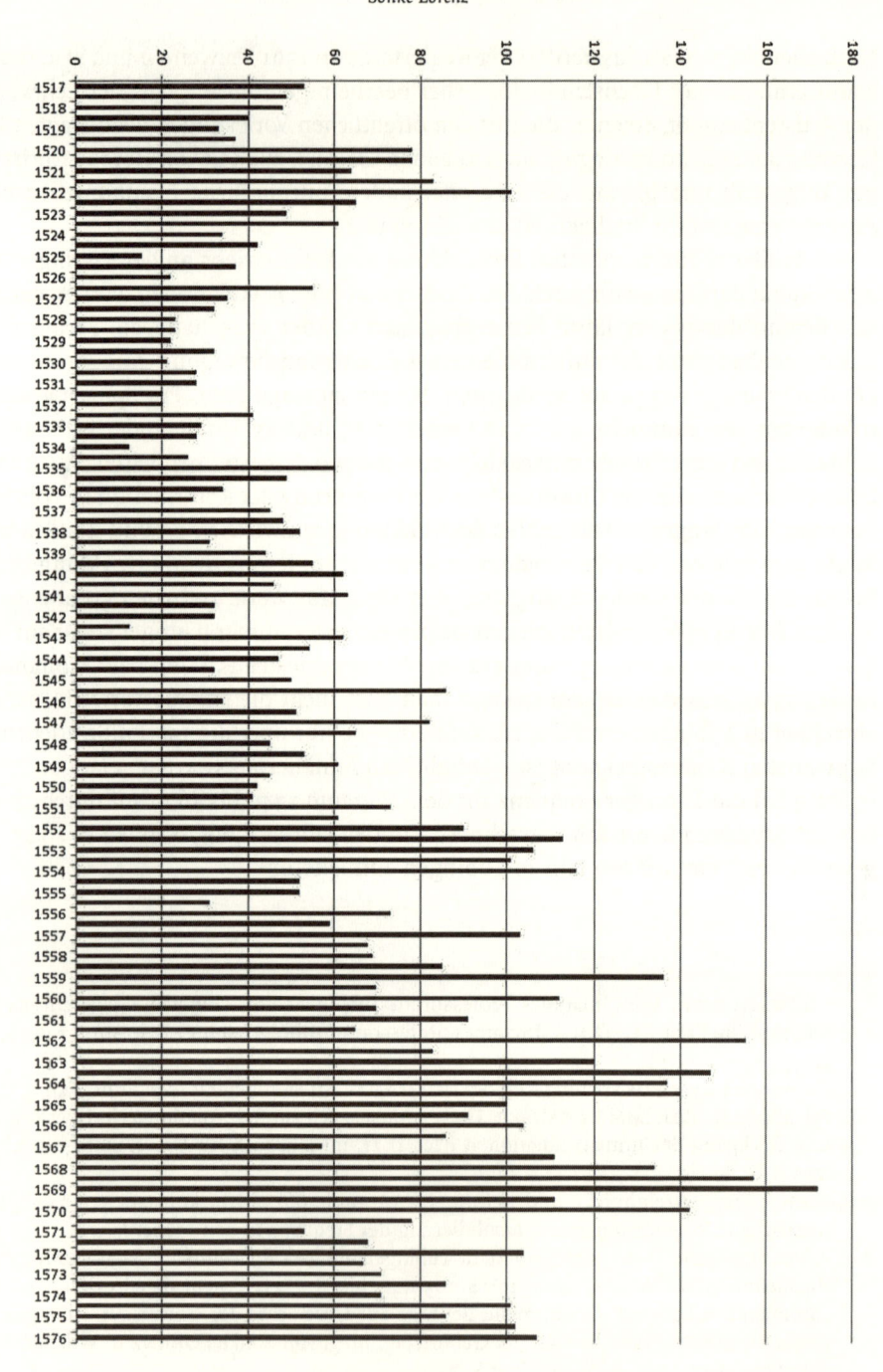

Frequenz Tübingen - 1517-1576

Zusammenfassend kann man festhalten: Der 1477 noch im Rahmen scholastischen Wissenschafts- und Bildungsverständnisses eingerichteten Universität Tübingen war von Anfang an eine Affinität zum Humanismus eigen – vermittelt über die den Vorgang der Gründung steuernden Kräfte im Umkreis von Eberhard im Bart, über der neuen Bildungsbewegung mehr oder weniger verpflichtete Hochschullehrer und nicht zuletzt über ein aufgeschlossenes Interesse der Scholaren. Die Einrichtung von Lekturen, in denen sich das Interesse an antiker Literatur und Sprache sowie am Quadrivium bündelte, ergänzte nicht nur den von Aristoteles dominierten Fächerkanon der Libri ordinarie legendi, sondern schuf auch eine oft spannungsgeladene Konkurrenzsituation. Hinzu traten weiterführende Bemühungen um die Aneignung von Griechisch und Hebräisch, wie sie sich in Tübingen seit dem von Reuchlin gesteuerten Umzug der Offizin Anshelm nach Tübingen, 1511, gut beobachten lassen. So waren es in den zwanziger Jahren bereits vier Lekturen, deren Inhaber immer noch nicht zum Lehrpersonal der Artistenfakultät rechneten. Den Artistenmagistern wiederum gelang schon früh der Ausstieg aus der für den scholastischen Lehrbetrieb typischen Regenzverfassung und schließlich, in den frühen zwanziger Jahren, der Durchbruch zu einer lediglich noch temporär eingegrenzten Festbesoldung durch die Universität, wie sie für die Lehrkräfte an den drei höheren Fakultäten schon lange üblich war. Damit war zugleich die bisherige Sonderstellung von vier im Collegium der Universität residierenden und fest besoldeten Magistern, den Collegiates, untergraben. Nach der von Herzog Ulrich 1534 eingeleiteten Reformation von Land und Universität verschwanden sie rasch aus der überkommenen Struktur des Lehrkörpers.

Die Reformation, durchgeführt von Kräften, die neben der neuen Lehre auch dem Humanismus verpflichtet waren, brachte umgehend ein neues Curriculum, dessen Einzelheiten schon zur Tübinger Zeit von Joachim Camerarius mehr oder weniger festgeschrieben waren. Es entstand ein Lehrplan, in dem gegenüber früher das Quadrivium einen festen Platz fand. Zugleich war er in besonderer Weise den Sprachen Latein und Griechisch und der zugehörigen antiken Literatur sowie dem Studium des Hebräischen verbunden. Damit gelangte in Tübingen nach rund dreißig Jahren eine vom Humanismus inspirierte Entwicklung zu einem definitiven Abschluß. Zugleich brachte die Reformation dem Herzogtum eine neue Schulverfassung. Ein Übergang von den Lateinschulen des Landes auf die Universität sollte über das in Klassen eingeteilte Paedagogium erfolgen, das den Unterbau der Artistenfakultät bildete. Hier fand nach Herzog Christophs Universitätsordnung von 1557 das Grundstudium statt, das mit dem Erwerb des Baccalaureats enden sollte. An Melanchthons Grammatik und diversen Autoren, besonders Cicero, orientierte sich der Lateinunterricht. Für das Griechische bevorzugte man Lynakers Grammatik. Als Einführungen bzw. Lehrbücher fanden zudem Melanchthons Rhetorica und Dialectica sowie Agricolas Dialectica Verwendung. Abschließend ging es aber nicht nur um das Organon, sondern auch um Mathematik. Im Studienabschnitt der Magistranden behielten die Logik und Texte zum Quadrivium weiterhin ihren Platz. Zudem standen nunmehr die Philosophia naturalis, vornehmlich die Physik, und die Ethik im Zentrum der Vorlesungen. Die Teilnahme am Unterricht des Hebraisten war nur für die angehenden Theologen verbindlich, wie denn ebenfalls der Besuch der Veranstaltungen des Musicus freiwillig blieb. Die humanistische Vorgabe allerdings, Aristoteles auf Griechisch zu lesen, blieb rasch im Ansatz stecken und verkam zur Theorie. Schegk und andere benutzten zwar einen griechischen Text, aber sie kommentierten ihn unter Einschluß griechischer Begrifflichkeiten auf Lateinisch. Ebenso gründeten ihre Kompendien in dieser noch immer vorrangigen Wissenschaftsprache. So blieb die Hoffnung auf ein neues Direktstudium des Aristoteles eine große Illusion. Überall in Deutschland ging man in der Mitte des 16. Jahrhunderts wieder zu Kompendien über.[649] Allerdings unterschieden sich Aufbau und Vorgehensweise dieser Kommentarwerke ganz wesentlich von ihren scholastischen Vorgängern – nicht nur in ihrer dem Humanismus verpflichteten philologischen Ausrichtung.[650] Gleichwohl stand das Corpus Aristotelicum weiterhin im Zentrum des Curriculums der Tübinger Artistenfakultät.[651] Damit entsprach das nicht zuletzt an Melanchthons Vorgaben ausgerichtete Tübinger Ergebnis der allgemeinen Entwicklung: „Der scholastische Bildungskanon war an den europäischen Universitäten nicht beseitigt, sondern nur humanistisch ergänzt und modernisiert. Die humanistisch aufpolierte Scholastik und die humanistische Philologie fanden sich auf diese Weise allmählich miteinander ab."[652] Die von den Humanisten erwartete Wirkung ihrer Bildungsreform aber befand sich nicht erst seit 1534 kaum noch in Übereinstimmung mit den von den Konfessionen immer deutlicher formulierten Zielen ihrer Bildungsvorstellungen. In Württemberg orientierten sich die Erwartungen vor allem an einer das Territorium dauerhaft stabilisierenden Durchsetzung eines bestimmten Glaubensbekenntnisses – dem war alles andere unterzuordnen. So lief die humanistische Bewegung aus, als das von ihr verfochtene Bildungskonzept sich zwar, äußerlich gesehen, endgültig durchgesetzt hatte, welches sie aber dabei in jene, das konfessionelle Zeitalter kennzeichnenden strukturellen Abhängigkeitsverhältnisse geraten ließ. So ist mit Muhlack zu fragen, ob man wie bisher nach 1550 oder gar nach 1600 überhaupt noch von Humanismus reden kann.[653] Während der Humanismus als selbständige Bewegung für eine Weltanschauung stand, die auf die Wiederbelebung des Altertums und damit auf ein Konzept weltlich-nichttheologischer Bildung zentriert ist, führte das Zeitalter der Glaubenskämpfe eine neue Lage herbei. Im Zeichen von Reformation und Gegenreformation, so Muhlack weiter, verlor der Humanismus seine Selbständigkeit: „Eine neue Suprematie theologischen Denkens kennt keinen Freiraum für weltlich nichttheologische Bildung im humanistischen Sinne, zwingt sie vielmehr in ein Abhängigkeitsverhältnis."[654]

---

649 MEUTHEN, Die alte Universität (wie Anm. 187), S. 234.
650 Vgl. KUSUKAWA, Lutheran uses of Aristotle (wie Anm. 239), S. 171–189; FRANK/SPEER, Einleitung (wie Anm. 170), S. 15 f.; MUHLACK, Klassische Philologie (wie Anm. 171), S. 94–97.
651 METHUEN, Teaching of Aristotle (wie Anm. 204), S. 191.
652 MEUTHEN, Die alte Universität (wie Anm. 187), S. 235.
653 MUHLACK, Humanistische Historiographie (wie Anm. 26), S. 5 f. [MUHLACK, Staatensystem und Geschichtsschreibung (wie Anm. 26), S. 127]; vgl. DERS., Der Tacitismus – ein späthumanistisches Phänomen?, in: Späthumanismus. Studien über das Ende einer kulturhistorischen Epoche, hrsg. von Notker HAMMERSTEIN u. Gerrit WALTHER, Göttingen 2000, S. 160–182, besonders S. 176–182.
654 Ulrich MUHLACK, Beatus Rhenanus und der Tacitismus, in: Beatus Rhenanus (1485–1547). Lecteur et éditeur des textes anciens, Actes du Colloque International tenu à Strasbourg et à

Gravierend war die Entwicklung im Personalbereich des Lehrkörpers. Erhielten doch nicht nur alle Lehrer seit den zwanziger Jahren ein festes Gehalt, sondern engte sich ihr Aufgabenbereich, wie schon bei den Lekturen, auf ein relativ klar umrissenes Fach ein. Zudem bezeichneten sie sich seit den vierziger Jahren mit dem lateinischen Titel „Professor", der fortan nivellierend für alle Lehrenden Verwendung fand, die man vorher als Lektoren, Konventoren oder Regenten eingestuft hatte. Gravierende Unterschiede bestanden bei der zwischen zehn und zwölf Köpfen schwankenden Professorenschaft der Tübinger Artistenfakultät jedoch in zwei Punkten. Ging es um die Besoldung, so hatte sich der Professor musices mit jährlich 20 Gulden zu begnügen, während die Spitzenkräfte unter den Professoren wie Garbitius, Imsser und Schegk für ihre mit Vorlesungen verbundenen Fächer jährlich 150 Gulden und mehr erhielten.[655] Die Lehrkräfte aber, die als *classici* am Paedagogium unterrichteten, standen gehaltsmäßig unter den mit *lectiones publici* betrauten Professoren und gelangten zudem lediglich in Ausnahmefällen in den Fakultätsrat. Dieser, schließlich auf sechs Mitglieder begrenzt, blieb in aller Regel den zu Vorlesungen verpflichteten Lehrkräften vorbehalten, vorzüglich im Bereich von Organon, Physik, Ethik und Mathematik sowie – in Sprache und Literatur – Latein und Griechisch.

Sélestat du 13 au 15 novembre 1998, Actes édités par James HIRSTEIN, Turnhout 2000, S. 457–469, hier S. 468.
655 Vgl. HOFMANN, Artistenfakultät (wie Anm. 84), S. 28–40; SETZLER, Die Universität Tübingen am Ende des 16. Jahrhunderts (wie Anm. 638), S. 15 f.

Konrad Summenharts „Physikkommentar"

Reinhold Rieger

1. Der Autor

Konrad Summenhart wurde um 1458 in Sommenhardt bei Calw geboren, studierte seit 1472 in Heidelberg, wo er schon ein Jahr später Baccalaureus artium wurde. An der Universität in Paris schloss er sich Johannes Heynlin von Stein an, der zusammen mit Wilhelm Fichet den Buchdruck einführte, um humanistische Drucke zu veranstalten, und 1473 die via antiqua gegen die via moderna durchsetzte.[1] 1478 wurde Summenhart in Paris Magister artium. Kurz nach Heynlin wurde Summenhart 1478 nach Tübingen berufen und lehrte dort zuerst die Artes liberales, bevor er 1484 Baccalaureus biblicus, 1485 Baccalaureus sententiarum und 1489 Magister bzw. Doktor der Theologie wurde, Letzterer zusammen mit Wendelin Steinbach und Walter von Werve. Theologischer Ordinarius der via antiqua wurde er 1492 oder erst 1497. Er war viermal Rektor der Universität: 1484, 1491, 1496, 1500.[2] Zu seinen Schülern gehörten der Lehrer und Ordensvorgesetzte Luthers Johann von Staupitz und der Gegner Luthers Johannes Eck. Summenhart starb vermutlich an der Pest 1502.

Heinrich Bebel, der Tübinger poeta laureatus, verfasste eine Grabinschrift für ihn: „Nosces, quis gelida hac contumuletur humo. / Suevorum SUMMENHART jacet hic, laus, gloria, fama: / Grande Tubingensis Gymnasii decus: / Cujus non simile novit Germania tota, / Ille Theologiae namque Monarcha fuit. / Phoenix doctorum; sceleris quoque purus iniqui: / Et vitae et morum cum probitate sacer. / …".[3]

Neben dem auf Summenharts Lehre in der Artistenfakultät zu Tübingen zurückgehenden Physikkommentar verfasste er Schriften zur Kirchenreform, wie den Traktat über den Kirchenzehnten (De decimis, 1497), den Traktat über die Simonie (Epithoma tractatus De simonia, 1490–1500), das Werk über die Verträge (Septipertitum opus de contractibus, 1500), zur monastischen Reform, wie den Traktat über die zehn Mängel der Mönche (Tractatulus exhortatorius ad attendendum super decem defectibus virorum monachorum, [1498]) und den Traktat über die Simonie bei der Aufnahme von Nonnen (Tractatulus pro monialibus ad vitandam symoniam in recepcione novitiarum, 1496), zum Totenkult im Traktat über die Unterstützung für Verstorbene (De suffragiis defunctorum), zum Ablass (De indulgenciis), außerdem Universitätsreden und Predigten, von denen aus zwei Weihnachtspredigten 1494/95 ein Traktat über die Menschwerdung Gottes (Tractatus bipartitus in quo quod deus homo fieri voluerit, [1498]) wurde.[4]

---

[1] Heinrich HERMELINK, Die theologische Fakultät in Tübingen vor der Reformation 1477–1534, Tübingen 1906, S. 152–155.
[2] Helmut FELD, Konrad Summenhart. Theologe der kirchlichen Reform vor der Reformation, in: Rottenburger Jahrbuch für Kirchengeschichte 11 (1992), S. 85–116, hier S. 86 f.
[3] FELD, Summenhart (wie Anm. 2), S. 87, Anm. 13.

2. Summenharts philosophische Position und Methode

Summenhart war als Schüler Heynlins Realist, Angehöriger der via antiqua, aber auch durch diesen mit humanistischen Bestrebungen vertraut. Heynlin hatte, nachdem er in Basel neben dem neuen Weg auch den alten etablieren konnte, bewirkt, dass in Tübingen beide Wege gleichberechtigt nebeneinander bestanden und Summenhart als Realist zusammen mit Wendelin Steinbach, der als Schüler Gabriel Biels dem neuen Weg anhing, an derselben Fakultät lehren konnte.[5] Dass Steinbach Schriften Summenharts abschrieb und etwa von seinem Traktat über Simonie eine Epitome erstellte, zeigt, dass der Gegensatz zwischen den Wegen in Tübingen nicht so groß war, um eine Zusammenarbeit zu verhindern.[6] Auch die Realisten waren teilweise für den humanistischen Rückgriff auf die Antike, die Quellen der Wissenschaft, aufgeschlossen.[7] Die Verbindung von via antiqua und Humanismus hatte einen Wandel des Realismus von einer ontologischen Theorie über die Existenz der Allgemeinbegriffe, Universalien, zu einer erkenntnistheoretischen Auffassung zur Folge, die davon ausging, die Erkenntnis müsse bei den Dingen (res) selbst, nicht bei Begriffen (nomina) ansetzen. Dieser erkenntnistheoretische Realismus trat in einen neuen Gegensatz zum Nominalismus, der via moderna, jetzt nicht mehr wegen einer unterschiedlichen Universalienlehre, sondern wegen des Bestrebens, hinter die scholastische Begrifflichkeit auf die Sachen selbst zurückzugehen (ad res).[8] Dem Rückgriff auf die Dinge selbst entsprach die humanistische Methode, zu den Quellen vorzudringen (ad fontes), hatte aber zunächst weder die philologischen Konsequenzen des Humanismus noch empirische Züge an sich. Da der Nominalismus, obwohl erkenntnistheoretisch auf Sprach- und Begriffsanalyse konzentriert, wiederum aus ontologischen Gründen teilweise (besonders in England) schon früher den Zugang zur Empirie fand, da er die Einzeldinge als die allein existierenden ansah, konnte der Wegestreit zwischen via antiqua und via moderna überwunden werden, weil beide Richtungen, aus unterschiedlichen Gründen, sich der Erfahrung annäherten und sie wissenschaftlich fruchtbar werden ließen.

---

4 FELD, Summenhart (wie Anm. 2), S. 92–115; HERMELINK, Theologische Fakultät (wie Anm. 1), S. 157f.; Franz Xaver LINSENMANN, Konrad Summenhart. Ein Culturbild aus den Anfängen der Universität Tübingen, Tübingen 1877, S. 21–26.

5 Johannes HALLER, Die Anfänge der Universität Tübingen 1477 bis 1437, Stuttgart 1927, S. 81.

6 Wolfgang URBAN, Vom Astrolabium, dem Vacuum und der Vielzahl der Welten. Paul Scriptoris und Konrad Summenhart: zwei Gelehrte zwischen Scholastik und Humanismus, in: Attempto (69) 1983, S. 49–55, hier S. 52.

7 LINSENMANN, Konrad Summenhart (wie Anm. 4), S. 9; HERMELINK, Theologische Fakultät (wie Anm. 1), S. 154–156. Skeptisch: Gerhard RITTER, Via antiqua und via moderna auf den deutschen Universitäten des XV. Jahrhunderts, Darmstadt 1975, S. 82–87.

8 Nach der Devise: Nos imus ad res, de terminis non curamus. Vgl. RITTER, Via antiqua und via moderna (wie Anm. 7), S. 133; Astrik L. GABRIEL, ‚Via antiqua' and ‚via moderna' and the Migration of Paris Students and Masters to the German Universities in the Fifteenth Century, in: Albert ZIMMERMANN (Hrsg.), Antiqui und moderni. Traditionsbewußtsein und Fortschrittsbewußtsein im späten Mittelalter (Miscellanea mediaevalia, Bd. 9), Berlin/New York 1954, S. 439–483, hier S. 443f.

Summenhart blieb noch vor einer solchen Vereinigung der Wege stehen und konnte deshalb keine empirische Methode der Naturwissenschaft ausbilden und anwenden, wie sie besonders in England seit Roger Bacon, der ontologisch einen intrinsischen relativen Realismus vertrat, entstand und schon bei seinem Tübinger Fachkollegen, dem Guardian des Franziskanerklosters Paul Scriptoris, der auch der Pariser via antiqua entstammte, in Ansätzen gepflegt wurde.[9] So blieb ihm die Kommentierung einer maßgeblichen autoritativen Darstellung der Naturwissenschaft. Aber auch die humanistische Methode der Auslegung der Schriften der antiken Autoren in der Originalsprache war ihm aufgrund mangelnder Sprachkenntnisse nicht zugänglich.[10]

Allerdings finden sich bei Summenhart Spuren des Humanismus in der Hochschätzung Platons, vom dem er sagt, es sei zweifelhaft, ob er, wie ihm Aristoteles vorwerfe, die Existenz von der Materie abgetrennter Formen behauptet habe, denn Platon und seinen Anhängern sei oft zu Unrecht Falsches vorgeworfen worden. Es sei schwierig, den Geist Platons aus seinen Worten zu erfassen, wenn er über erhabene Dinge rede, wie schon Augustin festgestellt habe.[11]

Ebenso bleibt die Empirie bei Summenhart nicht völlig unbeachtet. So bezieht er sich bei der Frage, ob es ein Vakuum geben könne, auf die empirische Beobachtung, dass der Raum, der leer zu sein scheint, doch einen Körper enthalten müsse, da eine nur mit Luft gefüllte Blase nicht zusammengedrückt werden könne.[12] Allerdings ist das zweite Argument gegen die Möglichkeit eines Vakuums ein metaphysisches, da die Natur das Leere nicht vertrage (*natura abhorret vacuum*). Aber auch hierzu weist er auf eine empirische Beobachtung an der Wasseruhr hin, aus der, wenn das obere Loch geschlossen wird, das Wasser nicht aus dem unteren entweiche, obwohl es von Natur aus nach unten fließen müsste. Auch wenn die Natur von sich aus kein Vakuum zulasse, so wäre es doch durch die Macht Gottes möglich, da es nicht widersprüchlich wäre, wenn Gott alle Dinge in einem Raum vernichtete.[13] Auch das empirische Argument, das in einem geschlossenen Glas befindliche Wasser müsste bei Kälte gefrieren und einen kleineren Raum einnehmen als zuvor, also ein Vakuum entstehen, sei falsch, da unter diesen Bedingungen Wasser nicht gefriere oder das Glas zerbreche, um Luftzufuhr zu erhalten, die das Gefrieren ermögliche. Dies zeige sich der Erfahrung, wenn im Winter mit Rosenwasser gefüllte, hermetisch abgeschlossene Gläser zersprängen.[14] Seine naturwissenschaftliche Methode enthält also sowohl metaphysische Voraussetzungen als auch empirische Beobachtungen.

Der philosophische Standpunkt Summenharts, seine spezifische Variante des Realismus, war durch Johannes Duns Scotus bestimmt, er war also Scotist. Die Scotisten

---

9 HERMELINK, Theologische Fakultät (wie Anm. 1), S. 160.
10 HERMELINK, Theologische Fakultät (wie Anm. 1), S. 160.
11 Konrad SUMMENHART, Commentaria in summam physice, Hagenau 1507, Tr. I, c. V, diff. 20, Fol. d4a. Vgl. URBAN, Scriptoris und Summenhart (wie Anm. 6), S. 53. – Im Folgenden beziehen sich alle Stellenangaben, die keinen Verfassernamen enthalten, auf die genannte Ausgabe von Summenharts Physikkommentar.
12 Tr. I, c. VIII, diff. 7, dictum 1, Fol. e5 f.
13 Tr. I, c. VIII, diff. 7, dictum 1, Fol. e5 f.
14 Tr. I, c. VIII, diff. 7, dictum 1, Fol. e5fg.

standen in der Mitte zwischen Thomisten und Ockhamisten und konnten „bald zu den Realisten, bald zu den Nominalisten gezählt werden".[15] Die Nähe des Realisten Duns Scotus zum Nominalismus gründete in seinem Begriff der *haecceitas* des unableitbaren Einzelnen. Am Ende des 15. Jahrhunderts und Anfang des 16. Jahrhunderts verflachten die Parteigegensätze und ein Eklektizismus trat an die Stelle des Streits.[16] Allerdings war Summenhart noch nicht so weit gegangen. Für ihn ist der Scotismus noch eine Variante des Realismus. Aber er übernahm naturwissenschaftliche Einsichten der Pariser Ockhamisten.[17]

3. Der „Physikkommentar"

Der Physikkommentar geht auf Summenharts Anfänge in der Lehre der Artes liberales in Tübingen zurück, wo er 1478 mit Vorarbeiten beschäftigt war.[18] Die „Physik" war ein wichtiges Fach der Artes-Fakultäten und wurde von beiden Wegen betrieben und geschätzt.[19]

Die Frühschrift Summenharts wurde 1507 in Hagenau, erst nach seinem Tod, gedruckt. Herausgeber war Johannes Caesar, der Rektor der Universität Freiburg, ein ehemaliger Schüler Summenharts in Tübingen. Neben ihm wirkten die Humanisten Jakob Wimpfeling, Thomas Wolf Jr. und Wolfgang Capito mit.[20] Der erste dieser drei ließ ein Hexastichon und ein Epigramm auf Summenhart, den Ausleger Alberts des Großen (*Alberti magni interpres*), aufs Titelblatt setzen:

> In Conradum Summenhardum Theologum secularem Alberti
> magni interpretem Exasthycon Jacobi Uuymphelingi.
>
> > Albertus magnus germane gloria terre
> > > Nature et sophie nobile scripsit opus.
> > Quod pius interpres summenhart discutit: auget
> > > Illustrat: reserat: perficit atque polit.
> > Hec si scripta leges cupide germanica pubes
> > > Haud dubie fructus experiere nouos[21]

---

15 RITTER, Via antiqua und via moderna (wie Anm. 7), S. 72.
16 RITTER, Via antiqua und via moderna (wie Anm. 7), S. 74 f.
17 RITTER, Via antiqua und via moderna (wie Anm. 7), S. 84: „Ein ausgesprochener Vertreter der via antiqua in Tübingen, Konrad Summenhart, wendet die Lehre der Okkamisten vom impetus bewegter Körper schulgerecht auf den Fall an, offenbar ohne sich ihrer Herkunft aus dem anderen Lager überhaupt bewußt zu sein."
18 „Circa festum Bartholomei anno lxxviij. quo etiam presens opusculum colligebam" (Tr. IV, c. XI, Fol. t1a). Vgl. LINSENMANN, Konrad Summenhart (wie Anm. 4), S. 3.
19 RITTER, Via antiqua und via moderna (wie Anm. 7), S. 85.
20 FELD, Summenhart (wie Anm. 2), S. 88, Anm. 14; LINSENMANN, Konrad Summenhart (wie Anm. 4), S. 25.
21 SUMMENHART, Commentaria (wie Anm. 11), tit. Zitiert auch bei FELD, Summenhart (wie Anm. 2), S. 92, Anm. 31.

Epigramma solutum in eundem.

Quia te deus erudiuit et de lege sua
docuit: Conrade suauissime beatum
te dubitet nemo. Non enim hesi
sti literis ad pompam vel ad opes
famulantibus: sed diuine sa
pientie: sed scientie pi-
etatis concordie
et charitatis
qua sola be
a
mur[22]

Thomas Wolf Jr. schrieb ein kurzes Vorwort, Wolfgang Capito ein noch kürzeres Nachwort mit einem Hexastichon. Capito bemerkt, die Edition sei auf Grundlage eines verdorbenen Exemplars (*ex corrupto exemplari*) erfolgt.[23] Dies führte zu der Annahme, der Edition habe nicht eine Handschrift Summenharts, sondern eine Vorlesungsnachschrift, eventuell von Caesar selbst, zugrunde gelegen.[24]

Die Herausgeber nannten die Schrift Summenharts einen Kommentar zur Physik des Albertus Magnus und sahen damit die akademische Konvention am Werk, eine Wissenschaft nicht ab ovo neu begründen oder sie eigenständig entwickeln zu wollen, sondern sich auf ihre Autoritäten zu stützen, deren Schriften kommentiert werden mussten. Diese Konvention unterstellten sie der herausgegebenen Schrift und ließen sie als einen Kommentar erscheinen, nicht zu einem unbedeutenden Werk, sondern zu einer allgemein anerkannten Autorität, hier der Alberts des Großen. Dabei zeigt sich, wie die mittelalterliche scholastische Methode der Wissenschaft, die Kommentierung eines autoritativen Werkes, durch immer wieder erneute Anwendung dieser Methode, also iterative Reflexion, hochkomplexe Werke hervorgebracht hat, die mehrere, teilweise verdeckte Reflexionsebenen aufweisen. Die Schrift Summenharts ist auf der Oberfläche als Kommentar zu einer Schrift Alberts des Großen ausgewiesen, die aber gar nicht direkt von diesem stammt, sondern ein Handbuch darstellt, das ein anderer gleichen Namens, Albert von Orlamünde, aus Schriften Alberts des Großen zusammengestellt hat. Albert der Große wiederum hatte in seinen Schriften die naturphilosophischen Werke des Aristoteles rezipiert. So gibt es in Summenharts Schrift vier sich aufeinander beziehende Ebenen, von denen zwei nicht als solche zutage treten,

---

22 SUMMENHART, Commentaria (wie Anm. 11), tit. Zitiert auch bei FELD, Summenhart (wie Anm. 2), S. 92, Anm. 32.
23 Fol. ɔ5d.
24 Die Behauptung von HERMELINK, Theologische Fakultät (wie Anm. 1), S. 157, Anm. 4 – mit Hinweis auf Karl STEIFF, Der erste Buchdruck in Tübingen (1498–1534). Ein Beitrag zur Geschichte der Universität, Tübingen 1881, S. 232 –, und S. 160, und von HALLER, Anfänge Tübingen (wie Anm. 5), S. 178, der Text Summenharts sei aus der *Margarita philosophica* des Gregor Reisch von 1503 ergänzt worden, einer Schrift, die im Kommentar mehrfach erwähnt werde, ließ sich nicht belegen. Reisch wird nur einmal erwähnt.

sondern verborgen bleiben: die erste, verborgene ist der Text des Aristoteles, die zweite, offenliegende die diesen rezipierende Darstellung durch Albertus Magnus, die dritte, wiederum verborgene, die Bearbeitung durch Albert von Orlamünde, die vierte endlich der Kommentar des Summenhart. Dazu kommt als fünfte Ebene die Redaktion durch die Herausgeber, die den Text Summenharts bearbeiteten und eventuell durch andere Quellen ergänzten. Bei dieser mehrschichtigen Reflexion wechseln sich Extrapolation und Kontraktion wie Systole und Diastole miteinander ab: die Schriften Alberts des Großen extrapolierten den Text des Aristoteles, die Summa Alberts von Orlamünde kontrahierte die Schriften des Albertus Magnus, der Kommentar Summenharts wiederum extrapolierte die Summa Alberts von Orlamünde.

4. Die kommentierte Schrift

Die „Summe der Physik Alberts des Großen" ist eine nach 1245, wahrscheinlich nach 1270, entstandene[25] didaktische Kompilation aus dessen Schriften zur Physik in der Tradition des Aristoteles von Albert von Orlamünde, die unter dem Titel *Summa naturalium*, später *Philosophia pauperum*, zu den Schriften Alberts des Großen gerechnet wurde.[26] Sie wurde immer wieder kommentiert, da sie manchmal dem naturwissenschaftlichen Unterricht in Stadtschulen und an Artes-Fakultäten zugrunde lag.[27]

Während Summenhart noch Albertus Magnus im Proömium als Entstehungsursache (*causa efficiens*), also als Autor, der Summa benennt, aber schon Zweifel daran diskutiert,[28] spricht ein Kommentar zum vierten Buch der Summa aus dem 14. Jahrhundert von Albert von Orlamünde als Autor.[29] Auch im 15. Jahrhundert gab es noch die Auffassung, Albert von Orlamünde und nicht Albertus Magnus sei der Autor der Summa.[30] Albert von Orlamünde wird ein „praedicator" und ein „lector" genannt.[31] Er war im 13. Jahrhundert ein Dominikaner aus Thüringen. Die Verwechslung mit Albert dem Großen kann durch die Namensgleichheit und durch die sachliche Abhängigkeit der Summa von dessen Schriften bedingt sein.[32]

---

25 Bernhard GEYER, Die Albert dem Großen zugeschriebene Summa naturalium (Philosophia pauperum), Münster 1938, S. 46.

26 Peter SCHULTHESS / Ruedi IMBACH, Die Philosophie im lateinischen Mittelalter, Zürich 1996, S. 371. Sie findet sich als *Philosophia pauperum, sive Isagoge in libris Aristotelis Physicorum, de caelo et mundo, de generatione et corruptione, meteorum et de anima* unter den Miscellanea der Werke Alberts des Großen in Band 21 der Opera omnia, Lyon 1651.

27 Martin GRABMANN, Die Philosophia pauperum und ihr Verfasser Albert von Orlamünde, Münster 1918, S. 54.

28 Unter Hinweis auf den Bericht im vierten Buch (Fol. t3d) über die Beobachtung eines Kometen im Jahre 1270 in Sachsen (Prooemium, Fol. a2a).

29 GRABMANN, Philosophia pauperum (wie Anm. 27), S. 48.

30 GRABMANN, Philosophia pauperum (wie Anm. 27), S. 50.

31 GRABMANN, Philosophia pauperum (wie Anm. 27), S. 51; GEYER, Summa naturalium (wie Anm. 25), S. 45.

32 GRABMANN, Philosophia pauperum (wie Anm. 27), S. 52; GEYER, Summa naturalium (wie Anm. 25), S. 46f.

Neben der Summa gab es noch andere Zusammenfassungen der naturphilosophischen Schriften Alberts des Großen, schon aus dem 13. Jahrhundert, aber auch noch zu Beginn des 16. Jahrhunderts.[33] „Durch die Philosophia pauperum und in noch verdünnterer Form durch den Parvulus philosophiae naturalis ist die aristotelisch-albertinische Naturphilosophie in ihren Grundbegriffen und Hauptthesen in weite Kreise getragen worden."[34]

Von den ersten drei Büchern der Summa entlehnt nur das erste Buch größere Teile aus Alberts Schriften, besonders aus der *Summa de creaturis*. Das vierte Buch der Summa geht auf eine selbständige Schrift Alberts *De impressionibus aeris* zurück, die durch Stücke aus seinen *Meteora* ergänzt wurde. Das fünfte Buch setzt im Wesentlichen keine Schrift Alberts, wohl aber den *Tractatus de anima* von Wilhelm von Auvergne, die *Summa* des Philippus Cancellarius, den *Tractatus de divisione multiplici potentiarum animae* und die *Summa de anima* des Johannes von La Rochelle voraus.[35]

Der Verfasser der Summa verfolgte eine theologische Tendenz, die er in die aus Albert und anderen geschöpften naturphilosophischen Zusammenhänge einträgt. So beruft er sich auf die theologische Autorität des Augustin, aber auch auf Pseudo-Dionysius Areopagita und Johannes Damascenus. In den naturphilosophischen Text Alberts schiebt er theologische Überlegungen ein, etwa zu Sünde und Gnade oder zur Seele Christi und der Vollendung der Welt durch Christus, der durch seine zwei Naturen die Schöpfung mit Gott vereint.[36] Er gehörte also nicht mehr der Artistenfakultät an, sondern war Theologe augustinischer Richtung.[37]

5. Quellen des Kommentars und seiner editorischen Rekonstruktion

Summenhart bezieht sich in seinem Kommentar auf eine Vielzahl antiker und mittelalterlicher Autoren, zur Unterstützung seiner Argumentation, aber auch um sie zu widerlegen. Einige Autoren sind ihm durch den kommentierten Text vorgegeben, wie Platon, Demokrit, Leukipp, Anaxagoras, Heraklit, Parmenides, Melissos, Aristoteles, Empedokles, Plinius, Seneca, Dytalus, Avicenna, Averroes, Augustin, Boethius, Pseudo-Dionysius Areopagita, Isidor von Sevilla, Johannes Damascenus. Er nennt meist die Autoren seiner Quellen beim Namen, manchmal mit einem Übernamen, nennt die Titel der zitierten Schriften und gibt oft die Stelle darin genau an. Manchmal bezieht er sich auf nach Autoren benannte Gruppen, besonders die Albertisten, Thomisten und Scotisten. Auch kommt die Rede von Platonikern vor. Nach der Universalienlehre benannt sind die „nominales" und „reales". Er zitiert natürlich häufig Aristoteles, den er in traditioneller Weise auch „Philosophus" nennt, seltener Platon, Parmenides, Anaxagoras, Demokrit, Empedokles, Zenon, Hippokrates, Pythagoras, Leukipp, Melissos, Hesiod, Diogenes, Thales, Anaximander, Euklid, Plutarch, Galen, Ptolemaeus,

---

33 GRABMANN, Philosophia pauperum (wie Anm. 27), S. 7–12. 52f.
34 GRABMANN, Philosophia pauperum (wie Anm. 27), S. 53.
35 GEYER, Summa naturalium (wie Anm. 25), S. 16–23.
36 Tr. IV, c. I, Fol. 04c-g.
37 GEYER, Summa naturalium (wie Anm. 25), S. 28f.

Cicero, Ovid, Horaz, Vergil, Lucanus, Seneca, Dytalus,[38] Priscian, Macrobius, Solinus, Galenus, Johannitius, Philaretus, Alexander von Aphrodisias („Peripateticus"), Hermes Trismegistos, Origenes, Clemens von Alexandrien, Basilius den Großen, Eusebius von Caesarea, Leo den Großen, Gregor den Großen, Ambrosius, Hieronymus und Augustin, den spätantiken christlichen Autor, der von allen mittelalterlichen Theologen am meisten geschätzt und zitiert wurde. Auch das Symbolum Athanasianum findet Erwähnung. Von mittelalterlichen Autoren bezieht er sich am häufigsten auf Duns Scotus („doctor subtilis"), da dieser die maßgebliche Autorität der Variante der via antiqua war, der er angehörte. Auf ihn verweist er manchmal für weitere Informationen. Daneben erwähnt er Avicenna, Averroes (den „Commentator"), Alghazali, Abu Maschar („Albumasar"), Avicebron, Boethius, Pseudo-Dionysius Areopagita, Johannes von Damascus („Damascenus"), Beda Venerabilis, Johannes Scotus Eriugena, Anselm von Canterbury, Moses Maimonides („Rabbi Moyses"), Hugo von St. Viktor, Richard von St. Viktor, Gilbert von Poitiers, Innozenz III., Petrus Lombardus („Magister"), Rabanus Maurus, Wilhelm von Auvergne („Parisiensis"), Alexander von Hales, Bonaventura, Thomas von Aquin, Ägidius Romanus, Petrus Hispanus, Jakobus de Venetiis, Franciscus de Maironis, Antonius Andreae, Johannes Canonicus, Heinrich von Segusia („Hostiensis"), Petrus Aureoli („Aureolus"), Bartholomaeus Anglicus, Robert Grosseteste („Linconiensis"), Wilhelm von Ockham, Walter Burleigh, Thomas Manlevelt („anglicus"), Stephan Tempier und die Pariser Artikel von 1277, die Oxforder Verurteilungen, Nikolaus von Autrecourt, Nikolaus von Lyra, Martin von Troppau, Odo von Ourscamp, Hugo de Novo Castro, Nikolaus von Florenz, Heinrich von Gent, Gottfried von Fontaine, Johannes Gerson („cancellarius parisiensis"), Amalrich von Bena, Gerardus Odonis, Pico della Mirandola, Antonius Veronensis, Johannes de Nova Domo, Jan Hus, Hieronymus von Prag, die Dekrete des Konstanzer Konzils über die beiden Letztgenannten. Diese Autoren nennt er fast nur in den Passagen, wo er Meinungen anderer darstellt und diskutiert, kaum aber in seinen Lösungen für die Sachfragen, außer sein Schulhaupt Duns Scotus. Dies war auch in der Hochscholastik der Fall, in der die Autoren meist eine selbständige Lösung sola ratione gesucht und gefunden haben, so etwa in der *Summa theologiae* des Thomas von Aquin. Insofern kann für die Scholastik insgesamt von einer Autoritätsgläubigkeit nicht die Rede sein. Die Autoritäten dienten nur als Ausgangspunkt für die rationale Klärung von Sachfragen. Summenhart stellt oft die Meinungen der Autoritäten gegeneinander und kann manchmal die Meinung einer Autorität als lächerlich oder widersprüchlich bezeichnen. So unterstellt er zum Beispiel Aristoteles, er habe sich oft widersprochen.[39]

Allerdings wird an der häufigen Berufung auf Duns Scotus deutlich, dass die Entscheidungen und Lösungen Summenharts durch die Schulzugehörigkeit zum Scotismus bestimmt sind. Am Ende seines Kommentars bekennt Summenhart, vieles, was

---

38 Summa: „duo magni philosophi in divinis philosophorum idolorum patres, sc. Dytalus et Seneca, qui dixerunt Iovem esse causam tonitrui" (Tr. IV, c. VII, Fol. r3a); „Opinio Senece et Dytali qui fuerunt patres in cultu idolorum" (Tr. IV, c. VII, Fol. r3c).

39 „Philosophi enim multas contradictiones latentes concesserunt, ut ait Scotus" (Tr. V, c. V, diff. 4, Fol. z2d).

er in seinem Kommentar behauptet habe, gehe auf den Geist des Duns Scotus und seiner Schüler zurück. Durch diese Lehre belehrt könne sich der Verstand der Jugend leichter auf die theologischen Wahrheiten, die zu erkennen die Beschäftigung mit der Naturphilosophie bestimmt sei, richten.[40]

Viele Autoren und Schulen werden von Summenhart kritisch angeführt, auch Albertisten und Thomisten, denen er etwa einen Selbstwiderspruch vorwirft. Andere Autoren setzt er gegen seiner Meinung nach falsche Auffassungen ein, wie häufig Augustin und Duns Scotus.[41]

Durch sein Studium in Paris bedingt sein könnte Summenharts Zustimmung zu der Lehrverurteilung gegen die Philosophen, die der Pariser Bischof Stephan Tempier im Jahr 1277 ausgesprochen hatte, die er häufig als Autorität zitiert.[42]

Summenhart erwähnt auch die 1492–94 erschienenen *Disputationes adversus astrologos* von Giovanni Pico della Mirandola und zeigt damit, dass er die aktuelle humanistische Literatur kennt.[43] Humanistisches Interesse erweisen auch die Bezugnahmen auf die römischen Autoren Ovid, Vergil, Horaz, Lucanus, Seneca.

So scheint Summenhart sowohl durch die Scholastik mit ihrer kirchlichen Orientierung als auch durch den erstarkenden Humanismus beeinflusst zu sein.

Aus der Heiligen Schrift verweist Summenhart manchmal auf Gen 1. 7. 30, Ex 3, Jos 10, Ps, Hiob 24, Jes 14, Jer, Sir 1, Spr 25, Weish 9, Dan 3, Lk 16, Joh 1. 6. 17, 1 Kor 12. 15, Apg 27. Diese Bezugnahmen haben meist keine tragende, sondern nur eine unterstützende Funktion für die Argumentation.

Der Hinweis im fünften Traktat auf Gregor Reischs *Margarita Philosophica* von 1503, auf deren Figuren zur Darstellung anthropologischer Sachverhalte verwiesen wird, muss von den Herausgebern redaktionell ergänzt worden sein, da die Schrift dem 1502 verstorbenen Summenhart noch nicht bekannt gewesen sein konnte.[44]

6. Struktur, Aufbau und Methode des Physikkommentars

Der Aufbau des Kommentars richtet sich nach der Textstruktur des kommentierten Textes. Der Text Summenharts ist gegliedert in fünf Traktate, denen ein Proömium

---

40 „Secundum cuius doctoris subtilis ac suorum sequencium mentem plurima eorum que in hoc libello dicta sunt sunt posita. In cuius doctrina iuuenum intellectus instructus ad theologicas veritates (ad quas cognoscendas ordinandum est nature philosophie studium) facilius pertingere potest." (Fol. ɔ5d.)

41 „Prima opinio pro quanto est thomistarum et albertistarum contradicit sibi jpsi. ... Que ff. 9, Fol. c4d).

42 Pierre DUHEM, Le Système du Monde. Histoire des Doctrines Cosmologiques de Platon à Copernic, Tome X, Paris 1959, S. 186: Hinweis auf Fol. i3a, i4c.

43 Fol. k2c.

44 Tr. V, c. V, Fol. z4f. Es sei denn, die 1496 entstandene Schrift war Summenhart vor ihrem Erstdruck bekannt geworden. Zum Erstdruck 1503 vgl. die Einleitung von Lutz GELDSETZER, in: Gregor REISCH, Margarita Philosophica, Basel [4]1517 (Nachdruck Düsseldorf 1973), S. VIII, und Gregor REISCH, Margarita Philosophica nova, Bd. 1: Introduzione, verf. von Lucia ANDREINI (Analecta Cartusiana, Bd. 179), Salzburg 2002, S. XIf.

vorausgeschickt wird. Dieses erläutert den Titel des zu kommentierenden Textes durch Analyse mit Bezug auf die vier aristotelischen Arten von Ursachen, die Form-, Stoff-, Wirk- und Zielursache. Wenn der Titel laute: „Gesamtdarstellung der Naturphilosophie Alberts des Großen zur Einführung in die Bücher der großen Philosophie des Aristoteles" (Summa Philosophie naturalis vel naturalium Alberti magni introductoria in libros magne philosophie Aristotelis), dann sei die Form des Traktats seine Gliederung in Teile, die Form des Behandelten die Methode der Definitionen, Unterscheidungen, Beweise, Beispiele, was die Bezeichnung als Summa ausdrücke, die Materie die Natur, die Wirkursache sei der Verstand (intellectus) Alberts des Großen, der mit seiner Erkenntnis die Naturwissenschaft hervorbringe, der Zweck der Summa sei erstens ein innerer, nämlich die vollkommene Erkenntnis der Natur, und zweitens ein äußerer, der einfachere Zugang zur Philosophie des Aristoteles, was nach der Auffassung Alberts nötig gewesen sei, da Aristoteles seine Naturphilosophie an vielen Orten (diffuse) behandelt habe und da sie durch die Übersetzung aus dem Griechischen ins Lateinische so verdunkelt worden sei, dass sie die Jugend nicht leicht verstehen könne. Wegen dieses hermeneutisch-didaktischen Ziels werde Alberts Summa auch Philosophia pauperum genannt.[45]

Summenhart weist ausdrücklich darauf hin, dass der Autor der vorliegenden Summe dem Lande unserer Schwaben, deren Ruhm (gloria) überragend sei, entstamme. Wie einst die Philosophie von den Griechen zu den Lateinern gekommen ist, so sei schließlich ein Teil der Philosophie Alberts aus dem Lateinischen ins Griechische durch einen griechischen Übersetzer übertragen worden, so dass der Jordan sich zurück zu seiner Quelle gewandt habe.[46]

Summenhart zeigt ein gewisses kritisches Bewusstsein bei der Zuschreibung der Summa an Albert den Großen, wenn er bemerkt, dies sei so üblich (ut dicitur), und ausdrücklich auf diese Einschränkung eingeht, indem er darauf hinweist, dass es möglich sei, dafür zu argumentieren, Albert sei nicht der Autor dieses Buches.[47] Denn im vierten Buch erzähle der Autor, er habe im Jahr 1270 in Sachsen einen Kometen beobachtet. Auch wenn Albert damals noch gelebt habe, erscheine es als unwahrscheinlich, dass er in hohem Alter 1270 oder danach die Summa verfasst habe. Aber er könne sich damit schon seit langem befasst haben und 1270 die erwähnte Beobachtung nachgetragen haben. Außerdem kämen in der Summa einige unwahrscheinliche und mit der Lehre Alberts nicht zusammenstimmende Behauptungen vor.[48] Deshalb solle sich der Leser des vorliegenden Kommentars nicht wundern, wenn Summenhart von einigen Aussagen des kommentierten Textes, da dieser manchmal Konsistenz-

---

45 Prooemium (Fol. a2a-c).
46 „Cum olim philosophia a grecis in Latinos deriuari cepit: tandem Alberti philosophia in parte ex Greco in latinum quodam greco interprete traducta extitit. Atque ita factum est vt iordanus retrorsum conuersus: regressus sit in sui fontis exordium" (Prooemium, Fol. a2b). LINSENMANN, Konrad Summenhart (wie Anm. 4), weist darauf hin, dass gemeint sei: „ex latino in grecum ... traducta" (S. 13, Anm. 9).
47 „Argui posset forsan quod ipse non composuisset hunc libellum." (Prooemium, Fol. a2b).
48 „Preterea in ea etiam aliqua improbabilia: et Alberti magni doctrine non bene conformia ponuntur" (Prooemium, Fol. a2b.).

probleme aufweise, abweichen werde, wie es auch viele Kommentatoren großer Autoren getan hätten, selbst bei der Summula logica des Petrus Hispanus oder bei Meinungen des Aristoteles. Sogar dem Petrus Lombardus werde von seinen Auslegern nicht in allem gefolgt. Auch die Heiligen Augustin und Hieronymus und andere hätten sich selbst widersprochen, so dass der Ausleger sich für eine der gegensätzlichen Positionen entscheiden müsse.

Summenhart verfolgte, wie aus seinen Schlussbemerkungen hervorgeht, ähnlich wie schon der Kompilator der Summa eine stark theologische Tendenz, die über die Naturphilosophie des Albertus Magnus hinausgeht. Leitautorität ist ihm dafür Duns Scotus, dessen Werke dazu anleiten könnten, durch die Naturphilosophie die theologischen Wahrheiten zu erkennen.[49]

Die Methode der Kommentierung besteht bei Summenhart in scholastischer Tradition nicht nur in der Strukturanalyse des kommentierten Textes und seiner begrifflichen Erläuterung, sondern in der eigenständigen Diskussion der vom Gegenstand des Textes, nicht unbedingt vom Text selbst, aufgeworfenen Sachfragen, die durch begriffliche Klärungen und Unterscheidungen (suppositiones, distinctiones), durch Bezug auf Axiome und Präsuppositionen, durch Entfaltung und Prüfung von Folgerungen (corollaria) und durch Diskussion der Auffassungen anderer Autoritäten (opiniones) einer Lösung zugeführt werden, die in Klarstellungen (dicta) erfolgt. Allerdings nähert sich Summenhart wieder stärker der Methode des Kommentierens im eigentlichen Sinn der Texterschließung, wenn er in den Sachfragen (difficultates) häufig auf den kommentierten Text Bezug nimmt und nach dem Sinn von dessen Aussagen fragt. Dies könnte ein Einfluss des Humanismus sein, der die spekulative Methode der Scholastik kritisierte und eine Beachtung der Quellen für die Sachfragen, auch in ihrer sprachlichen Gestalt und Ausdrucksweise, verlangte. Die Frage nach dem Sinn des in der Summa Gelesenen kann aber eine doppelte sein: sie kann deskriptiv-verstehend sein, wenn sie nach dem Sinn beim Autor fragt, oder sie kann normativ-bewertend sein, wenn sie nach der Berechtigung und Geltung dieses Sinns fragt. Beide Frageweisen finden sich bei Summenhart.

Die, wenngleich textbezogene, aber doch eigenständige Diskussion von Sachfragen (difficultates) setzt zeitweilig im vierten Traktat aus, wo ab dem dritten Kapitel stattdessen die Texterläuterung ausführlicher erfolgt, setzt aber im neunten Kapitel wieder ein.

Summenhart geht, wie er im Proömium angekündigt hatte, auch mit dem Autor der Summa kritisch um. Er prüft seine Aussagen inhaltlich und logisch und stellt manchmal Irrtümer und Widersprüche fest.

Lokaler Bezug wird deutlich, wenn Summenhart etwa bei der Frage, ob es unmöglich sei, dass der Stoff frei von jeder Form sein könne, als Beispiel oder Veranschaulichung die Stadt Tübingen erwähnt.[50] An anderer Stelle berichtet Summenhart, er habe um das Bartholomäusfest herum in der Nacht um 9 Uhr in Tübingen bei Vollmond einen Regenbogen des Mondes gesehen. Dies sei im Jahre 1478 gewesen, als

---

49 Tr. V, c. VIII, Fol. ɔ5d.
50 „Unde si deus separaret omnem formam a materia civitatis Tubingensis, tunc illa materia haberet eque bene partes suas in eodem loco diffinitivo" (Tr. III, c. IV, diff. 3, Fol. m5ᵛ).

er gerade dabei war, den Physikkommentar zusammenzustellen.[51] Als Beispiel für zwei nicht identische Orte nennt Summenhart Tübingen und Paris.[52] Auch schon die Summa selbst bezieht sich auf Geographisches, wie auf das Verschwinden des Neckars bei Lauffen als Beispiel für die wasserschluckende Wirkung von Erdbeben.[53]

Im Proömium behandelt Summenhart vier grundsätzliche Probleme (*difficultates principales*), die sich bei der Naturwissenschaft stellen. Das erste ist die Frage, ob es überhaupt von der Natur eine Wissenschaft geben könne, da doch (nach Aristoteles) Wissenschaft allein vom Notwendigen, Unveränderlichen, Ewigen möglich sei, die Natur aber der Bereich des Möglichen, Veränderlichen, Zeitlichen sei. Die Beantwortung dieser Frage gibt Summenhart die Gelegenheit, eine allgemeine Ontologie und Wissenschaftstheorie unter Bezug auf Averroes, Boethius und Duns Scotus zu entwickeln. Dabei nennt er die Metaphysik „humanitas adquisita" im Unterschied zur Theologie, die „humanitas divinitus inspirata" sei,[54] und zeigt damit humanistischen Sprachgebrauch. Wissenschaft bediene sich der Wissensaussagen (*propositiones scibiles*). Eine Wissensaussage sei nach Duns Scotus eine notwendige Aussage, die noch bezweifelt werde, aber durch evidentere notwendige Aussagen in einer syllogistischen Argumentation evident gemacht würde. Summenhart definiert Wissenschaft als eine evidente Erkenntnis eines wahren und notwendigen Gegenstandes, die durch Prämissen in einer syllogistischen Argumentation begründet werden könne.[55] Nachdem die erste Frage bejaht wird, weil von der Natur eine wahre Erkenntnis erlangt werden könne, stellt sich die zweite Frage, ob es vom Veränderlichen, von dem, was entstehen und vergehen kann, da ja Veränderlichkeit Eigenschaft der Natur ist, ein Wissen geben könne. Diese Frage behandelt Summenhart ganz nach scholastischer Manier mit, wie er ausdrücklich sagt, zwei Unterscheidungen, zwei Voraussetzungen, vier Klarstellungen und einem Zusatz.[56] Ergebnis ist, dass die Natur in ihrer Veränderung nicht erkennbar, in ihrer Veränderlichkeit sehr wohl Gegenstand der Wissenschaft sein könne, da die Veränderung kontingent, die Veränderlichkeit aber ihr notwendig sei. Das dritte Problem betrifft die Erkennbarkeit des Einzelnen. Dieses sei Gegenstand der Wissenschaft als Fall von Allgemeinem, nicht hingegen in seiner Individualität. Beim vierten Problem, ob natürliche Körper Gegenstand der Wissenschaft werden könnten, führt Summenhart fünf Meinungen verschiedener Autoren an, die erste von Thomas von Aquin, die zweite von Albertus Magnus, Avicenna, Averroes, Ägidius Romanus, die dritte von Johannes Canonicus, die vierte von Thomas und Albert, dem auch die fünfte zugeschrieben wird. Die Lösung findet sich durch Unterscheidungen und besteht darin, dass die Washeit der natürlichen Körper (*quidditas* [ein scotistischer Begriff] *corporis naturalis*) Gegenstand der Naturwissenschaft sei.[57]

---

51 „Ego tamen semel vidi Tubinge iridem lune tempore plenilunij in nocte hora nona circa festum Bartholomei anno lxxviij. quo etiam presens opusculum colligebam" (Tr. IV, c. XI, Fol. t1a).
52 Tr. V, c. II, diff. 4, Fol. v5c.
53 Tr. IV, c. IX, Fol. s3c. s4a.
54 Prooemium, diff. 1, Fol. a2c.
55 „Scientia est noticia euidens obiecti veri et necessarij: nata causari per premissas applicatas ad ipsam per discursum syllogisticum." (Prooemium, diff. 1, Fol. a2d.)
56 „Duabus distinctionibus, duabus suppositionibus, quattuor dictis et uno corollario." (Prooemium, diff. 2, Fol. a3a.)

Die fünf Traktate des Kommentars sind in Kapitel und diese in Probleme (*difficultates*) unterteilt. Die Bezeichnung Problem (*difficultas*) ersetzt den Terminus Quaestio (*Frage*), die in der Scholastik ein zu klärendes Sachproblem bezeichnete und in der Spätscholastik manchmal durch Dubia (*Zweifelhaftes*) ergänzt wurde. Bei Summenhart beziehen sich die Sachfragen relativ eng auf den kommentierten Text und sind häufig Verständnisfragen. Jedes Kapitel beginnt mit einem Textausschnitt aus der Summa physice, der in einem einleitenden Abschnitt erläutert wird, bevor dann die Problemstellungen einsetzen, die dem Autor des Kommentars Gelegenheit geben, Sachfragen eigenständig zu erörtern. Die nächsten Textabschnitte aus der Summa werden in gleicher Weise behandelt. Die Sachfragen werden innerhalb eines Kapitels durchgezählt.

Der erste Traktat behandelt die Grundbegriffe der Naturphilosophie, die aus der aristotelischen Tradition stammen und bei Albert dem Großen sowie in der Summa verwendet und von Summenhart diskutiert werden.

Summenhart erläutert zu Beginn des ersten Kapitels im ersten Traktat den Aufbau der Summa physice, die in ihren fünf Traktaten den fünf Büchern zur Naturphilosophie des Aristoteles folge: der Physik, der Schrift *De coelo et mundo*, der Schrift *De generatione et corruptione*, der Schrift *De meteoris* über die Meteorologie, schließlich der Schrift *De anima*.[58] Diesem Aufbau der Summa folgt auch Summenharts Kommentar.

Der erste Traktat werde in 13 Kapitel eingeteilt, von denen das erste das dreiteilige Proömium bilde. Dieses benenne die drei Teile der Philosophie, Logik, Ethik, Physik, und nenne die Letztere den eigentlichen Gegenstand der Summa. Summenhart stellt die Frage nach der Berechtigung dieser Dreiteilung der Wissenschaft und beantwortet sie wieder mit Voraussetzungen (*suppositiones*), die die Begriffe durch Unterscheidungen klären, und Klarstellungen (*dicta*), die die eigentliche Lösung bieten.

Im Folgenden diskutiert Summenhart Alberts Versuch, den Begriff der Natur (*natura*) und des Natürlichen (*naturale*) zu bestimmen. Dabei stellt sich heraus, dass weitere Begriffsklärungen erforderlich sind, die durch Unterscheidungen gewonnen werden müssen.

Das zweite bis fünfte Kapitel behandeln die Prinzipien der Natur: Materie, Privation, Form. Das sechste und siebte Kapitel haben die Ursachen der Naturgegenstände zum Thema, das achte bis dreizehnte Kapitel die Einflüsse auf sie wie Bewegung und Ruhe und die Umstände, unter denen sie existieren, wie Raum und Zeit.

Das zweite Kapitel stellt den natürlichen Körper als den Gegenstand der Naturphilosophie vor. Er wird von Albert mit Alghazali und Avicenna definiert.

Das dritte Kapitel behandelt die Materie als das, was jedem Ding zugrunde liegt. Dabei spricht er mit der Summa von einer geistigen Materie (*materia spiritualis*), die sich von der körperlichen dadurch unterscheide, dass sie keinen Raum einnehme, wie es bei den Engeln oder der Seele der Fall sei. Summenhart erklärt, dies müsse so sein, da nur Gott eine vollkommen einfache Substanz sei, die Engel aber eine Potentialität an sich hätten und deshalb Materie besäßen.

---

57 Prooemium, diff. 4, Fol. a4a-c.
58 Tr. I, c. I, Fol. a4d.

Das fünfte Kapitel behandelt die Form als das dritte Prinzip der Natur nach Materie und Privation. Dabei ist zu unterscheiden zwischen der abstrakten Form, bei der von der Materie und ihren Bedingungen abgesehen wird und die die Metaphysik behandelt, der abstrakten Form, bei der von der Materie, aber nicht von ihren Bedingungen abgesehen wird und die die Mathematik betrachtet, und der konkreten, mit Materie verbundenen Form, die Gegenstand der Naturwissenschaft ist. Die Form ist, wie der Autor der Summa sagt, nach Aristoteles etwas Göttliches, weil sie den Dingen ihr Sein gibt, durch das sie Gott, dem Sein schlechthin, angeglichen werden. Deshalb ist die Form das höchste Prinzip der Natur. Dass alles durch das Sein Gott angeglichen wird, begründet Summenhart mit dem scotistischen Grundsatz der Univozität des Seinsbegriffs in seiner Anwendung auf Gott und die Dinge.[59]

Im sechsten Kapitel unterscheidet Summenhart Ursachen von Prinzipien und bei den Ursachen zwei innere, nämlich Form und Materie, von zwei äußeren Ursachen, Wirkung und Ziel. Er unterteilt also die vier Ursachenarten des Aristoteles in zwei Gruppen.[60] Die Unterscheidung zwischen Prinzip und Ursache komme auch in der Theologie vor, wo der Vater das Prinzip von Sohn und Geist genannt werde, nicht die Ursache.

Summenhart stellt die Frage, ob es nur diese vier Arten von Ursachen geben könne. Auch wenn es viele Arten von Ursachen der Zahl, der Arten von Dingen und der Eigenschaften gebe, so könne es doch nur vier Arten von Ursachen des Verursachens geben, zwei innere, eine, die formgebend, und eine, die formempfangend ist, und zwei äußere, eine, die bewegt und nicht bewegt wird, und eine, die bewegt und bewegt wird.[61] Diese vier Ursachen kämen aber nur bei geschaffenen Dingen vor, die körperliche Substanzen sind, bei allen anderen nur teilweise oder gar nicht, wie beim ungeschaffenen Sein.[62]

Im achten Kapitel diskutiert Summenhart die Einteilung der Bewegung in drei Arten, die natürliche Bewegung, die Bewegung der Seele und die gewaltsame Bewegung. Die beiden ersten ließen sich nach Aristoteles zusammenfassen als Bewegung aus sich selbst, die letzte ist die Bewegung durch anderes. Dies lege es nahe, die Bewegung der Seele aus ihrem inneren Antrieb zur ersten Art, der natürlichen Bewegung, zu zählen, wenn unter Natur ein inneres zusammengesetztes Prinzip verstanden wird. So könne man eine binäre Klassifikation der Bewegung aufrechterhalten und müsse nicht die Bewegung der Seele von der natürlichen abtrennen.[63]

Summenhart zeigt, dass der Unterschied bei der Bestimmung der Arten von Bewegung durch Aristoteles zwischen der Auffassung, Entstehen und Vergehen gehörten zur Bewegung, und der Auffassung, sie seien etwas anderes, nämlich Veränderungen (*mutationes*), nicht als Korrektur aufgefasst werden muss, wie es Albert tut, sondern dass der Unterschied so erklärt werden kann, dass im ersten Fall Bewegung im all-

---

59 „Etiam quelibet creatura assimilatur deo per esse pro tanto: quia creatura et creator univocantur in conceptu entitatis" (Tr. I, c. V, diff. 6, Fol. c2d).
60 Tr. I, c. VI, Fol. d5a.
61 Tr. I, c. VI, diff. 4, dictum 4, Fol. d5g.
62 Tr. I, c. VI, diff. 5, Fol. d5gh.
63 T. I, c. VIII, diff. 19, Fol. f3c.

gemeinen Sinn für jede Veränderung genommen wird, im zweiten Fall spezieller für die sukzessive passive Veränderung.[64]

Im vorletzten Kapitel des ersten Traktats kommt die Summa und mit ihr Summenhart beim Thema Zeit auf die Schöpfung und ihr Verhältnis zum Schöpfer zu sprechen wie auch auf die Ewigkeit, die allein Gott im eigentlichen Sinn zukomme. Summenhart greift den Begriff der Analogie auf, den die Summa verwendet, um das Verhältnis zwischen Schöpfer und Geschöpf hinsichtlich der Ewigkeit zu bestimmen. Er fragt, ob es wahr sei, was die Summa behauptet, dass nämlich die Ewigkeit dem Schöpfer und dem Geschöpf analog zukomme. Analogie sei nichts anderes als das Verhältnis von Früher und Später, das zwischen zweien, denen ein Gemeinsames zukomme, bestehe. Sie werde sowohl bei der Univokation als auch bei der Äquivokation angetroffen. Bei der ersten setze die Analogie eine Bedeutungsgleichheit der beiden Begriffe voraus, so dass die beiden Vergleichsgrößen unter denselben Begriff fallen, bei der zweiten, dass sie nur mit demselben Wort bezeichnet werden, nicht aber unter denselben Begriff fallen.[65] Damit folgt Summenhart dem Analogieverständnis des Duns Scotus. Er beantwortet die Frage, indem er klarstellt, dass die Ewigkeit Gott und den Geschöpfen nicht nach der Analogie der Univokation zukomme, sondern nur nach der Analogie der Äquivokation. Denn Ewigkeit komme nur Gott als dem zu, der allein nicht nicht sein könne. Wenn den Geschöpfen Ewigkeit zugeschrieben werde, so handele es sich um „aevum", das im Gegensatz zur Ewigkeit Gottes einen Anfang habe.[66] Deutlich wird an solchen Fragen, dass auch Gott als Gegenstand der Naturphilosophie betrachtet wird.

Der zweite Traktat hat die konkrete Erscheinungsweise der Natur zum Gegenstand, den beweglichen, räumlichen Körper, vor allem den Himmel. Das erste Thema ist die Frage, ob es mehrere reale Welten geben könne, was die Summa nach Aristoteles verneint. Zu ihrer Beantwortung unterscheidet Summenhart vier Begriffe von Welt, die erstens die Gesamtheit des Seienden, also Gottes, der Geister und aller Körper, sein könne, zweitens die Gesamtheit aller Geschöpfe, drittens die Gesamtheit aller Körper unter Ausschluss der Geister und Gottes, viertens die Gesamtheit der Elemente und ihrer Mischungen, wobei der dritte Begriff von Welt der für die Frage sachgemäßeste sei. Eine weitere Unterscheidung ist die der Welt als Archetyp, Makrokosmos und Mikrokosmos. Die Frage nach der Pluralität der Welten betreffe nur den Makrokosmos, da es klar sei, dass es nur einen Archetyp gebe und viele Mikrokosmen. Die Pluralität könne eine sukzessive sein, wie sie Empedokles angenommen habe, oder eine simultane. Eine simultane Pluralität von Welten könne konzentrisch oder exzentrisch gedacht werden, also mit oder ohne gemeinsames Zentrum. Schließlich müsse zwischen der Möglichkeit schlechthin, die das bedeute, was keinen Widerspruch in

---

64 „Motus accipitur uno modo generaliter pro qualibet transmutatione passiva sive sit instantanea sive successiva, sive de subiecto in subiectum, sive non ... Alio modo accipitur motus specialiter et magis proprie pro sola transmutatione passiva succesiva que fit de subiecto in subiectum" (Tr. I, c. VIII, Fol. f4a).
65 „Analogia non est aliud nisi ordo secundum prius et posterius que reperitur inter alique participantia aliquod commune eis secundum quod huiusmodi. Et analogia reperitur tam in univocatione quam in equivocatione" (Tr. I, c. 12, diff. 1, Fol. h4i).
66 Tr. I, c. 12, diff. 1, dictum 2, Fol. h4j; Tr. I, c. 13, Fol. i2b.

sich schließt, und der Möglichkeit der Natur nach, die das bedeute, was eine natürliche Wirkkraft vermag, unterschieden werden. Unter diesen begrifflichen Voraussetzungen sei es von Natur aus nicht möglich, dass es mehrere Welten gebe, da keine natürliche Wirkkraft eine andere Welt schaffen könne. Dennoch könnten an sich sehr wohl mehrere Welten bestehen, da der allgemeinen Natur die Fähigkeit zukomme, durch Individuen vervielfacht zu werden, obwohl sie oft nicht durch natürliche Ursachen vervielfältigt werden könne.[67] Entsprechend dem ersten Begriff der Möglichkeit sei eine Vielheit der Welten durchaus möglich, da dies keinen Widerspruch einschließe. Gott könne vor oder nach unserer Welt eine oder mehrere andere schaffen, seien sie konzentrisch oder exzentrisch.[68] So habe schon ein Artikel der Pariser Verurteilungen von 1277 festgestellt, es sei ein Irrtum zu sagen, die erste Ursache könne nicht mehrere Welten hervorbringen. Während die Summa nur eine rein denkerische, ideelle Pluralität von Welten einräumt, möchte Summenhart auch eine reale Pluralität nicht ausschließen.

Der dritte Traktat beschäftigt sich mit den einfachen beweglichen Körpern, die entstehen und vergehen können, den Elementen. Dabei wird die schon in der Antike umstrittene Frage diskutiert, ob es mehrere Elemente oder nur ein Element gibt. Dieser Traktat besitzt seine Hauptquelle in *De generatione et corruptione* von Aristoteles.

Der vierte Traktat behandelt die zusammengesetzten beweglichen Körper. Dabei bezieht sich die Summa vor allem auf die Meteorologie des Aristoteles. Hier geht es um Wettererscheinungen und aus ihnen abgeleitete Elemente, wie die Metalle, von denen es entsprechend den sieben Planeten sieben gibt. Auch die Körper, die weder ganz unter noch ganz über der Erde sind, wie die Pflanzen und Tiere, gehören hierher. Die Menschen werden als vernünftige Tiere (*rationalia animalia*) klassifiziert, die eine höhere Seele besitzen als die unvernünftigen Tiere. Die Menschen entstehen aus demselben Stoff wie die Tiere, da sie wie diese aus Pflanzen und Dampf hervorgehen, aber auf eine andere Weise.[69] Wie die Menschen allgemein eine höhere Seele besäßen als die Tiere, so besitze Christus eine höhere Seele als andere Menschen, allerdings nicht der Art nach. Die Summa schließt an diese Feststellung christologische Überlegungen über die Zweinaturenlehre und die Abendmahlslehre an, die so auch ihren Platz in der Naturphilosophie finden. Allerdings bemerkt hierzu Summenhart, dies sei eine Digression, da es ja eigentlich in die Theologie gehöre.[70]

Der fünfte Traktat behandelt den vollkommenen und beseelten Körper und die Seele. Er entspricht der Schrift des Aristoteles über die Seele.[71] Es geht dabei um die

---

67 „Non est possibile naturaliter plures mundos esse, quia nullum agens naturale potest alium mundum facere. Tamen bene sunt apti nati esse plures mundos, quia nature universali convenit aptitudo ut multiplicetur per individua, quamvis sepe non possit multiplicari per naturale agens" (Tr. II, c. I, diff. 1, dictum 1, Fol. i4c).

68 Tr. II, c. I, diff. 1, dictum 1, Fol. i4c. Vgl. URBAN, Scriptoris und Summenhart (wie Anm. 6), S. 54; FELD, Summenhart (wie Anm. 2), S. 90.

69 „Nam homines generantur ex eisdem ex quibus generantur bruta, quia generantur ex plantis et ita etiam ex vaporibus" (Tr. IV, c. I, Fol. o4c).

70 Tr. IV, c. II, Fol. o4j.

71 Tr. V, Fol. t4d.

Kräfte der Seele, um die Frage, ob diese fünf seien, wie Aristoteles behauptet, oder nur drei, wie es Avicenna meint, oder nur zwei, wie Johannes von Damascus behauptet.[72] Lebendigkeit, Sinnlichkeit, Geistigkeit als Eigenschaften der Seele werden erläutert und die Meinungen unterschiedlicher Autoren dazu diskutiert. Eine theologische Kontroverse entstehe bei der Frage, ob die Seligkeit in Erkenntnis bestehe. Alle stimmten mit Aristoteles und nach Joh 17 darin überein, dass Erkenntnis Seligkeit sei, aber Duns Scotus behaupte, die Seligkeit des Verstandeswesens bestehe eher in einem Akt des Willens, also im Genuss, als in einem Akt des Verstandes, wenngleich die Seligkeit des Verstandesvermögens im Akt des Verstehens bestehe.[73] Die Anthropologie führt zur Theologie bei der Frage, ob die drei oberen Vermögen der Vernunft (ratio), Gedächtnis, Wille, Verstand, ein Abbild der Trinität seien, wie es seit Augustin gesehen wird. Summenhart stellt fest, für die Summa sei schon im Gedächtnis allein eine Dreiheit als Bild der Trinität zu finden, insofern es drei Dimensionen habe, das Bewahren von sinnlichen Eigenschaften, das Bewahren von sinnlichen Arten und das Bewahren der wesenhaften Ähnlichkeit des Wahren und Guten bzw. der geistigen Arten. Für Summenhart besteht das Abbild der Trinität nicht genau in den oberen Kräften der Vernunft (ratio), da diese neben Gedächtnis und Wille stehe. Es finde sich aber im Geist (mens), wie auch Augustin in De trinitate XIII sage. So könne gesagt werden: Wie in unserem Geist diese drei, nämlich Gedächtnis, Verstand und Wille, eine Substanz und ein Wesen der Seele bilden, so sind die drei Personen ein göttliches Wesen. Jeder Aspekt des menschlichen Geistes entspreche einer göttlichen Person: das Gedächtnis dem Vater, der Verstand dem Sohn, der Wille dem Heiligen Geist.[74] Auch hiermit ist die Brücke zur Theologie geschlagen. Die Definition des freien Willens als des Vermögens der Vernunft und des Willens, das Gute zu wählen mit Unterstützung der Gnade, wie sie von der Summa vorgenommen wird, bedient sich ebenfalls eines theologischen Motivs. Summenhart nimmt das hin, kommentiert es aber nicht.[75]

7. Universalienfrage und Wegestreit

Eine grundsätzliche Problemstellung, die für die philosophische Position Summenharts aufschlussreich ist, soll herausgegriffen werden: sein Verständnis der Universalien und dessen Auswirkungen auf den Streit zwischen den ontologischen Richtungen der Zeit („Wegen").

---

72 „Aristoteles: potentia vegetativa, sensitiva, appetitiva, motiva, intellectiva. Avicenna: vegetabilis, sensibilis, rationalis. Damascenus: rationalis, irrationalis." (Tr. V, c. II, Fol. v4a.)

73 „Quod autem intellectio sit beatitudo est verum apud philosophum ut patet x. Ethicorum, quamvis apud theologos sit controversia ... doctor subtilis vult quod beatitudo nature intellectualis principalius consistat in actu voluntatis sc. in fruitione quam in actu intellectus." (Tr. V, c. VII, diff. 7, Fol. t4b.)

74 „Sicut in mente nostra hec tria sc. memoria, intelligentia et voluntas sunt una substantia vel essentia anime, sic tres persone sunt una essentia divina. Et quodlibet illorum trium in mente nostra habet in essentia divina unam personam sibi correspondentem, ut memorie correspondet pater, intelligentie filius, voluntati spiritus sanctus" (Tr. V, c. VII, diff. 11, dictum 3, Fol. ɔ2d).

75 Tr. V, c. VIII, Fol. ɔ5b.

a. Anlässlich der Unterscheidung zwischen allgemeiner und besonderer Form (*forma universalis vel particularis*) im ersten Traktat der Summa stellt Summenhart die Frage, ob es überhaupt eine allgemeine Form oder Natur gebe, also die Frage nach der Existenz der Universalien. Er diskutiert dabei ausführlich in vier Abschnitten die bisher entwickelten Universalientheorien. Für die Auffassung des Realismus, dass die Universalien existierten, führt er Anselm von Canterbury an, der die Dialektiker seiner Zeit verurteilt, die behaupteten, die universalen Substanzen seien nichts als Lufthauch der Worte. Sie seien durch die sinnlichen Eindrücke so gefangen genommen, dass ihre Vernunft nicht mehr ihrer Aufgabe gerecht werden könne. Wer aber nicht verstehe, wie viele Menschen der Art nach ein Mensch sind, der könne erst recht nicht verstehen, wie in der Trinität mehrere Personen, von denen jede vollkommen Gott ist, ein Gott sind.[76] Die Universalienfrage habe also theologische Konsequenzen. Summenhart lehnt die hyperrealistische Auffassung ab, die Universalien existierten in einer mit Gott gleich ewigen Weise, und beruft sich dafür auf die Verurteilung der Irrtümer der Realisten Jan Hus und Hieronymus von Prag durch Johannes Gerson, der festgestellt habe, dass, wenn die Universalien gleich ewig mit Gott wären, eine Schöpfung aus dem Nichts und eine Vernichtung unmöglich wären. Außerdem berichte er, dass Innozenz III. die Auffassung des Amalrich von Bena als Häresie verurteilt habe, die realen Universalien außerhalb der Seele anderswo oder anders als in Gott existierend anzunehmen. Dieser Irrtum in der Universalienlehre habe Amalrich zu einem Pantheismus geführt, zu der Behauptung, Gott sei alles, aus der Folge, dass Schöpfer und Geschöpf dasselbe wären. Ein ähnlicher Irrtum sei die Annahme, die Ideen als die Urbilder oder Erstursachen schafften und seien geschaffen, wenn sie auch nach den Heiligen, insofern sie in Gott sind, dasselbe wie Gott seien. Diese falsche Variante des Realismus sei auch von Stephan von Paris 1276 und vom Konzil von Konstanz verurteilt worden, weil dadurch die Einheit Gottes als des allein Ewigen in Frage gestellt würde.[77] Es sei zuzugeben, dass die Universalien im Verstand seien, aber nicht ihrem Sein nach, sondern sie würden dort repräsentiert.[78] Dennoch dürfe daraus nicht die Einheit des Intellekts abgeleitet werden, wie es Averroes tue. Das Universale bestehe außerhalb der Seele.[79] Summenhart beruft sich auf die Theorie des Duns Scotus von der Univozität des Seins in Bezug auf Gott und die Geschöpfe. Diese Univozität erfordere den Universalienrealismus, da sie ein gleiches Sein in Gott und in der Welt annehme.[80] Dies sei möglich, da es neben der numerischen Identität eine reale Identität gebe, die der numerischen Identität untergeordnet sei (*minor unitate numerali*) und die in numerisch verschiedenen Individuen gemeinsam vorkomme. Auf die Weise, wie im Göttlichen, in der Trinität,

---

76 Tr. I, c. V, diff. 11, dictum 1, Fol. c4f.
77 Tr. I, c. V, diff. 11, dictum 3, Fol. c4gh.
78 „Concedendum est tamen quod universalia sunt apud intellectum: non in essendo: sed in representando" (Tr. I, c. V, diff. 11, dictum 3, Fol. c4h).
79 „Universale extra animam" (Tr. I, c. V, diff. 11, dictum 3, Fol. c4h).
80 „Univocatio entis ad deum et creaturam tolerabiliter poni potest secundum theologiam et metaphysicam: si fiat sermo seu resolutio ad rationem obiectiualem entis: communem deo et creature: sicut accipi potest communis ratio obiectiualis univoca ad substantiam et accidens: et inter analoga" (Tr. I, c. V, diff. 11, dictum 3, Fol. c4h).

eine Wirklichkeit, das Gottsein, gemeinsam ist, auf diese Weise gebe es in den Dingen keine reale Einheit, denn dort sei das Gemeinsame ein Einzelnes und Individuum, weil die göttliche Natur an sich selbst dies ist, dennoch gebe es in den Dingen etwas real Gemeinsames, das aber unterhalb der numerischen Einheit anzusetzen sei.[81] Die allgemeine Form sei kein bloßes Gedankenkonstrukt (ens rationis), sondern habe eine Einheit, die jedem Akt des Verstandes vorausgehe. Die geschaffene Form oder Natur sei allgemein in einem objektiven Sein, nicht nach einem subjektiven Sein.[82] Diese scotistische Auffassung von den Universalien sei der mittlere und Königsweg (media et regia via). Sie vermeide es einerseits, dem Allgemeinen eine größere Einheit, als ihm zusteht, zuzuschreiben, eine Einheit, wie sie nur in Gott möglich sei, andererseits, eine reale Einheit mehrerer Einzeldinge zu verneinen. Nur so könne Gott in der Schöpfung erkannt werden. Summenhart ist also der Auffassung, dass nur eine korrekte Universalientheorie das Verhältnis von Vater und Sohn in der Trinität zu verstehen erlaubt. Sie ist somit eine philosophische Voraussetzung der Theologie. Dieser mittlere Weg soll also den Wegestreit zwischen Realisten und Nominalisten überwinden.

b. Summenhart kann auch einen Gegensatz zwischen Thomisten und Nominalisten einerseits und den Scotisten andererseits, also einen Gegensatz, der quer zu den Wegen verläuft, beobachten, wenn er feststellt, die Thomisten und Nominalisten behaupteten, dass jede Ganzheit real identisch mit ihren zugleich angenommenen Teilen sei, obgleich sie real unterschieden werde von jedem ihrer besonderen Teile, während die Scotisten mit Duns Scotus lehrten, dass jede wesenhafte Ganzheit real von ihren zugleich angenommenen Teilen unterschieden werde.[83] Die Ersteren nähmen an, die wesenhafte Ganzheit sei nichts anderes als die zugleich aufgefassten Teile, so wie der Mensch nichts anderes sei als eine vernünftige Seele zusammen mit dem Körper. Sie meinten, dass diese Teile zusammen nicht das Ganze verursachen, sondern dass dies jeder Teil für sich tue und so vom Ganzen unterschieden sei. Die Scotisten nähmen an, dass die wesenhafte Ganzheit etwas sei, das von Materie und Form real unterschieden sei, so dass die Menschheit nicht Seele und Körper zusammengenommen sei, sondern etwas Drittes, von den beiden real Unterschiedenes.[84] Aber Summenhart weicht hier von Duns Scotus ab und hält die gegenteilige Auffassung der Thomisten und Nominalisten in dieser Frage für zutreffender. Er unterstützt diese Abkehr durch den Hinweis auf den Scotisten Hugo von Novo Castro, der ebenfalls von dieser Meinung des Duns Scotus abgewichen sei und angenommen habe, sie stamme gar nicht von ihm selbst, sondern sei ihm unterschoben worden.[85]

c. Veranlasst durch die Unterscheidung von drei Varianten des Universalienrealismus in der Summa diskutiert Summenhart, welche von ihnen die richtige sei. Die erste ist die Auffassung Platons, der annehme, die Wesensformen würden alle von Gott

---

81 „Tamen in creaturis est aliquod commune vnum vnitate reali: minori vnitate numerali" (Tr. I, c. V, diff. 11, dictum 3, Fol. c4i).
82 „Forma vel natura create est ponenda vniversalis secundum esse obiectiuum: non secundum esse subiectiuum" (Tr. I, c. V, diff. 11, dictum 4, Fol. c4j).
83 Tr. I, c. V, diff. 13, supp. 1, Fol. d1b.
84 Tr. I, c. V, diff. 13, supp. 1, opiniones 1 et 2, Fol. d1b.
85 Tr. I, c. V, diff. 13, supp. 1, opinio 2, Fol. d1c.

geschaffen und seien von der Materie zuerst getrennt.[86] Die zweite ist die Lehre des Anaxagoras, dass keine Form der Materie von außen zukomme, sondern zuerst in der Materie verborgen sei und beim Entstehungsprozess hervortreten könne. Die dritte ist die Meinung des Aristoteles, der die Mitte zwischen den beiden anderen einnehme. Nach ihm seien die Formen der Materie teils transzendent (*ab extrinseco*), teils immanent (*ab intrinseco*). Immanent seien sie, weil sie der Materie der Möglichkeit nach innewohnten, transzendent, weil sie von einer natürlichen Ursache hervorgebracht würden.[87] Für die Richtigkeit und für die Falschheit der platonischen Auffassung führt Summenhart je zwei Meinungen an. Für die Falschheit wird argumentiert, dass substanziale Formen, außer der vernünftigen Seele, die Gott direkt geschaffen habe, nur vermittels anderer geschaffener Dinge geschaffen würden. Diese Auffassung erlaubt die Vorstellung einer natürlichen Entwicklung der Arten in der Natur (was Summenhart noch nicht bemerkt). Die Meinung des Anaxagoras werde schon von Aristoteles widerlegt, weil sie zu Absurditäten führe. Bleibe noch die Auffassung des Aristoteles, die das meiste für sich habe.[88]

d. Ein Beispiel für die Auseinandersetzung zwischen dem Realismus Summenharts, den er mit Duns Scotus teilt, und dem Nominalismus der Ockham-Schule bietet die Frage, ob es möglich sei, dass zwei Körper sich an demselben Ort zugleich befänden. Die Nominalisten antworteten darauf in gewisser Hinsicht mit Ja, insofern es sich um zwei Körper handele, von denen der eine die Vervollkommnung des anderen bilde, wie die Weiße und die Süßigkeit für die Milch. So könnten an demselben Ort zugleich die Körper der Milch, der Weiße und der Süßigkeit sich befinden. Summenhart bringt dagegen ein theologisches Argument vor: Beim Sakrament des Altars befänden sich Weiße und Kälte der konsekrierten Hostie an ein und demselben Ort, obwohl das eine nicht die Vervollkommnung des anderen sei. Deshalb sei die realistische Auffassung, zwei Körper könnten natürlicherweise nicht zugleich an demselben Ort sein, vorzuziehen. Aber durch göttliche Macht könne das vorkommen, wie die jungfräuliche Geburt Christi, das Abendmahl und die Auferstehung Christi zeigten.[89] Summenhart verweist auf die Pariser Verurteilung der Auffassung, Gott könne nicht zugleich mehrere Größen an einem Ort bestehen lassen. Also müssten die Gründe der Philosophen für sophistisch gehalten werden, wenn sie etwas der Heiligen Schrift Widersprechendes behaupteten.[90] Summenhart beruft sich also auch der realistischen Ontologie gegenüber auf die theologische Autorität, die für ihn auch in der Naturphilosophie höchsten Stellenwert hat. Allerdings meint er hier auch eine philosophische Begründung für die göttliche Macht, der es möglich wäre, die ganze Welt in ein Nadelöhr zu stecken, geben zu können. Wenn dies schon für natürliche Körper gelte, so umso mehr für die Engel, von denen mehrere zugleich an demselben Ort sein könnten.

---

86 „Hec opinio ponit omnes formas esse ab extrinseco: et non eductas de potentia materie" (Tr. I, c. V, opinio 1, Fol. d2d).
87 Tr. I, c. V, opinio 3, Fol. d2f.
88 Tr. I, c. V, diff. 20–22, Fol. d3b-d4b.
89 Tr. I, c. VIII, diff. 4, Fol. e4ab.
90 „Ideo rationes philosophorum debemus sophisticas existimare et eas tales esse ostendere que aliquid nituntur ostendere contrarium sacris litteris" (Tr. I, c. VIII, diff. 4, Fol. e4c).

e. Ein weiteres Beispiel für den Wegestreit ist die Diskussion der Frage, ob die Bewegung vom Bewegten unterschieden werden könne.[91] Dazu gebe es zwei Auffassungen, deren erste die der Nominalisten sei und laute, weder Bewegung noch Veränderung seien vom Bewegten zu unterscheiden, sondern mit ihm eins. Diese Auffassung habe ausführlich Ockham dargestellt, aber sie erscheine nicht nur der Vernunft, sondern auch der Sinneserfahrung zu widersprechen. Jeder Idiot würde doch sagen, dass ein Stein nicht sein Fallen ist, durch das er nach unten fällt, sonst wäre er, solange er Stein ist, auch Fallen und er würde immer fallen, da die, die wirklich dasselbe sind, zusammen sind und zusammen nicht sind. Unter Ausschluss des Glaubens und auf dem Standpunkt der natürlichen Vernunft und der Prinzipien der Philosophie, wie die Ockhamisten glauben, dass die Philosophie sei, und dass es ein besonderer Scharfsinn sei, auf diese Weise wenige Entitäten anzunehmen und sie nicht künstlich zu vervielfältigen, was sie fälschlich den Realisten vorwerfen, sei festzustellen, dass auf dieselbe Weise, wie sie behaupten, dass die Bewegung das Bewegte, die Form das geformte Ding sei, auch behauptet werden könnte, die Wärme sei das warme Ding und allgemein, jede sinnliche Qualität sei eine reale Substanz.[92] Auf diese Weise könne kein Accidens mehr von der Substanz unterschieden werden, aber auch die Substanzen nicht mehr untereinander, so dass schließlich alles eins wäre. Damit unterstellt Summenhart den Ockhamisten einen Widerspruch zwischen ihrem Prinzip und seiner Anwendung. Eine Folge wäre, dass auch geistige Qualitäten wie der Vorgang des Denkens, Empfindens, Wollens, Strebens nicht von dem rationalen Wesen unterschieden werden könnten, zu dem sie gehören. Dies sei einst in Paris gegen einen Zisterzienser verdammt worden. Duns Scotus habe festgestellt, ohne den Grundsatz, dass nichts mit einem anderen real identisch sei, wenn es ihm widerspreche, könne der Unterschied zwischen zwei Dingen nicht bewiesen werden.[93] Die Auffassung der Realisten könne in drei Sätzen wiedergegeben werden: Erstens unterscheide sich die Bewegung als eine vergängliche vom Bewegten, zweitens sei die Bewegung als Veränderung dieser Form real vom Bewegten und der Form unterschieden, drittens unterscheide sich die Bewegung als eine passive Veränderung real vom Bewegten. Ockham hätte den drei Sätzen nicht zustimmen können, aber teilweise Buridan.[94]

Obwohl Summenhart dem Realismus den Vorzug gibt, versucht er doch mit Motiven des Duns Scotus einen vermittelnden Standpunkt zwischen Realismus und Nominalismus einzunehmen. Sein Realismus hat die Tendenz, sich von einer ontologischen in eine gnoseologische Theorie zu verwandeln, und öffnet damit die Tür für die Empirie.

---

91 „Utrum motus distinguitur a mobili" (Tr. I, c. VIII, diff. 13, Fol. e5°). Darauf weist DUHEM, Système du Monde (wie Anm. 42), S. 184 f. hin.
92 „Quecunque qualitas sensibilis esset realiter substantia." (Tr. I, c. VIII, diff. 13, Fol. e5p.)
93 „Si ista propositio negetur Nihil est idem realiter ipsi A sine quo A potest esse: sine contradictione: non videtur reliqui vnde possit distinctio entium probari." (Tr. I, c. VIII, diff. 13, Fol. e5p.)
94 DUHEM, Système du Monde (wie Anm. 42), S. 185.

8. Vergleich mit anderen hoch- und spätmittelalterlichen Physikkommentaren

Die Physik des Aristoteles wurde seit der Antike immer wieder kommentiert. Wichtige Kommentare sind die des Simplikios, des Averroes und des Thomas von Aquin. Auch im Spätmittelalter wurden Kommentare dazu verfasst. Die formale Terminologie der Textgliederung ist darin noch die traditionelle mit Quaestiones und Articuli, während Summenhart hier von *difficultates* spricht. Der Physikkommentar Hugolins von Orvieto (ca. 1300–1373) von 1352 stellt Fragen (*Quaestiones*), die sich in ähnlicher Weise bei Summenhart wiederfinden. Sie betreffen zuerst die Naturphilosophie als eine Wissenschaft und fragen, ob ihr Gegenstand ein Wesen außerhalb des Geistes sei und ob die erste Erkenntnis eines Naturgegenstandes allgemein oder individuell sei.[95] Ähnlichen Aufbau hat der Physikkommentar des Nikolaus Oresme (ca. 1320–1382). Auch er befasst sich mit der Frage, ob die Naturerkenntnis Allgemeines oder Individuelles zum Gegenstand hat.[96] Albert von Sachsen (ca. 1316–1390) war von Nikolaus Oresme beeinflusst. Auch sein Physikkommentar setzt ein mit der Frage nach dem Gegenstand der Naturwissenschaft und nach der Art der Naturerkenntnis.[97] Die *Questiones subtilissime super octo libros phisycorum secundum nominalium viam* von Marsilius von Inghen (ca. 1340–1396) nennen schon im vielleicht sekundären Titel die Richtung, der sich der Autor zugehörig fühlte, die via moderna. Auch er setzt ein mit der wissenschaftstheoretischen Fragestellung, ob die Naturgegenstände in einer Wissenschaft behandelt werden könnten. Alle diese Kommentare des 14. Jahrhunderts folgen im Wesentlichen noch dem klassischen scholastischen Schema der Quaestiones, bei denen zuerst Argumente für die Verneinung, dann für die Bejahung und schließlich für die Widerlegung der Verneinung gebracht werden. Summenhart löst hundert Jahre später dieses Schema auf, indem er sich stärker auf den zu kommentierenden Text bezieht, den er abschnittsweise zitiert, dann erläutert, um daran als *difficultates* bezeichnete Fragen zu knüpfen, die zum Verständnis des im Text Gesagten beitragen sollen. An dieser Methode wird die humanistische Bezugnahme auf die Quellen erkennbar, die es nicht mehr erlaubt, die Autoritäten nur zum Anlass für eigene Problemstellungen zu nehmen, wie es im Spätmittelalter häufig der Fall war.

---

95 Willigis ECKERMANN, Der Physikkommentar Hugolins von Orvieto OESA. Ein Beitrag zur Erkenntnislehre des spätmittelalterlichen Augustinismus, Berlin/New York 1972, S. 13. 36.

96 Stefan KIRSCHNER, Nicolaus Oresmes Kommentar zur Physik des Aristoteles. Kommentar mit Edition der Quaestionen zu Buch 3 und 4 der aristotelischen Physik sowie von vier Quaestionen zu Buch 5, Stuttgart 1997, S. 42.

97 Jürgen SARNOWSKY, Die aristotelisch-scholastische Theorie der Bewegung. Studien zum Kommentar Alberts von Sachsen zur Physik des Aristoteles, Münster 1989, S. 38f. 61–63. 81–87.

Geldtheorie an der Universität Tübingen um 1500

Die Traktate *De potestate et utilitate monetarum* des Gabriel Biel (nach 1488/89) und des Johannes Adler gen. Aquila (1516)

Stefan Kötz

1516 erschienen in Oppenheim am Rhein in der Offizin von Jakob Köbel († 1533) zwei vergleichsweise schmale Drucke mit dem gleichlautenden Titel *De potestate et utilitate monetarum* (wörtlich: Über Macht und Nutzen der Münzen).[1] Im Programm der spätestens seit 1497 bis ca. 1529/32 tätigen und mit inzwischen über hundert nachgewiesenen Ausgaben recht produktiven Druckerei, die trotz eines breitgefächerten Themenkanons einen eindeutigen Schwerpunkt auf mathematischen und insbesondere astronomischen bzw. astrologischen Werken erkennen lässt, stehen beide Titel zunächst ziemlich isoliert. Allerdings könnte die Person Köbels selbst – neben ganz direkt mit der Universität Tübingen in Zusammenhang stehenden Beweggründen – eine Erklärung für die Aufnahme der beiden Schriften liefern. Jakob Köbel hatte seit 1480 in Heidelberg studiert und es 1491 bis zum Bakkalar in beiden Rechten gebracht; bereits während seiner Studienzeit war er in Heidelberg als Buchführer auch verlegerisch aktiv, eröffnete aber erst nach der Übersiedlung 1494 in das nahe Oppenheim bald eine eigene Verlagsdruckerei. Eingeheiratet in das angesehene Ratsgeschlecht zum Gelthuß, wurde er sogleich Stadtschreiber und nahm daneben Aufgaben etwa als Prozeßhelfer, Feldmesser, Eichbeamter und auch Rechenmeister wahr. Aus dieser praktischen Tätigkeit Köbels resultierten viele seiner eigenen Schriften zu mathematisch-geometrischen und astronomischen, aber auch juristischen und historischen Themen, und sie bestimmte maßgeblich das gesamte bildungsorientierte, volkstüm-

---

1 Zu Jakob Köbel – einem der besterforschten Buchdrucker des 16. Jahrhunderts – vgl. z. B. F. W. E. ROTH, Jakob Köbel, Verleger zu Heidelberg, Buchdrucker und Stadtschreiber zu Oppenheim a. Rh. 1489–1533, in: Neues Archiv für die Geschichte der Stadt Heidelberg und der rheinischen Pfalz 4 (1901), S. 147–179; Josef BENZING, Der Buchdruck zu Oppenheim (Jakob Köbel und Hieronymus Galler), in: Hans LICHT (Hrsg.), Oppenheim. Geschichte einer alten Reichsstadt. Eine historische Monographie, Oppenheim [1975], S. 159–167, hier S. 159–163; Richard HERGENHAHN, Jakob Köbel zu Oppenheim (1494–1533). Stadtschreiber, Feldmesser, Visierer, Schriftsteller, Verleger, Druckherr, in: Oppenheimer Hefte 11 (1995), S. 2–71; Christoph RESKE, Die Buchdrucker des 16. und 17. Jahrhunderts im deutschen Sprachgebiet. Auf der Grundlage des gleichnamigen Werkes von Josef Benzing (Beiträge zum Buch- und Bibliothekswesen, Bd. 51), Wiesbaden 2007, S. 761 f. (mit Spezialliteratur). Zum umfangreichen Druckwerk Köbels vgl. die Bibliographien von F. W. E. ROTH, Die Buchdruckerei des Jakob Köbel, Stadtschreibers zu Oppenheim, und ihre Erzeugnisse (1503–1532). Ein Beitrag zur Bibliographie des XVI. Jahrhunderts (Beihefte zum Centralblatt für Bibliothekswesen, Bd. 4,4), Leipzig 1889; aktuell Josef BENZING, Jakob Köbel zu Oppenheim 1494–1533. Bibliographie seiner Drucke und Schriften, Wiesbaden 1962.

lich-populäre, jedoch ebenso um einige Humanisten ergänzte Druckwerk. Nachhaltigste Wirkung fand sein *Rechenbüchlein* (erstmals 1514), eine alltagspraktische, wie nahezu alle seine Schriften und die Mehrzahl der Drucke auf deutsch verfasste Anleitung zum Rechnen auf der Linie mithilfe von Rechenpfennigen, die vor allem in den Nachdrucken mit umfangreichen Münzvergleichstabellen versehen wurde.² Erst neulich konnte zudem ein Einblattdruck von 1505, mit dem die Stadt Frankfurt am Main angelegentlich der bevorstehenden Herbstmesse vor umlaufenden falschen Gulden warnte – abgebildet sind die Vorder- und Rückseiten von 18 Münzen mit lateinischen Erläuterungen –, der Köbelschen Druckerei zugewiesen werden.³ Und auch eine Bearbeitung des Gedichts *Von dem Pfennig: Nun schweiget, so will ich heben an* von Heinrich dem Teichner (†1372/78) ist um 1510 laut Wappenholzschnitt auf der letzten Seite in Oppenheim in Form eines dünnen Libells von vier Blättern mit vier Holzschnitten gedruckt worden.⁴ Bedenkt man schließlich, dass Köbels Vater Nikolaus in Heidelberg nicht nur als Goldschmied und Graveur, sondern auch als pfalzgräflicher Münzbeamter tätig war, so wird eine unmittelbare Beziehung Jakob Köbels zum Thema Geld auch biographisch offenbar und die Drucklegung zweier Traktate über das Geld- bzw. Münzwesen vielleicht verständlicher.

Die Autoren der beiden gleichbetitelten Werke sind Gabriel Biel und Johannes Adler gen. Aquila, zwei Professoren an der frühen Universität Tübingen, die in Person wie Werk die gewisse zeitliche Spanne – und natürlich die inhaltliche Spannung – des Rahmenthemas des vorliegenden Tagungsbands (*Zwischen Scholastik und Humanismus*) verkörpern. Gabriel Biel, der damals wie heute weithin bekannte und geschätzte sowie in vielfacher Hinsicht bedeutende nicht nur Tübinger und nicht nur universitäre Theologe, und Johannes Adler gen. Aquila, der eher marginale nur Tübinger und fast nur universitäre Jurist, könnten dabei unterschiedlicher kaum sein. Und doch tragen beide, von ihrer Biographie, von ihren Schriften und von ihrem Wirken her, sowohl im Vergleich zueinander als auch – der eine weniger, der andere mehr – jeder jeweils für sich, eben diese geistesgeschichtliche Spannung, die maßgeblich zumal den Übergang vom Spätmittelalter zur Frühen Neuzeit markiert, in sich. Deutlich wird dies insbesondere an ihrem gemeinsamen Thema, denn beide haben sich – auf durchaus unter-

---

2 Bibliographische Nachweise: BENZING, Bibliographie (wie Anm. 1), Nr. 31, S. 25 (Erstdruck 1514), Nr. 53, S. 41 f. (1517), Nr. 57, S. 43–45 (1518), Nr. 90, S. 64 (1525), Nr. 97–107, S. 67–70 (Nachdrucke 1514–1584).

3 Vgl. Frieder SCHANZE, Der Erstdruck des „Gotteslästerermandats" König Maximilians von 1497. Zum Beginn der Druckertätigkeit Jakob Köbels in Oppenheim, in: Gutenberg-Jahrbuch 74 (1999), S. 123–130, hier S. 128. Zu diesem Druck – allerdings ohne Zuweisung – vgl. bereits Konrad HAEBLER, „Falsche Gulden"-Blätter aus der Frühzeit der Druckerkunst, in: Zeitschrift für Bücherfreunde 11 (1907/08), Tl. 1, S. 219–233, hier S. 230–232 mit Abb. 5.

4 Vgl. Ein Spruch vom Pfennig, als Faksimile hrsg. von Johannes BOLTE, Berlin 1904, dazu Johannes BOLTE, Zehn Gedichte auf den Pfennig, in: Zeitschrift für deutsches Altertum und deutsche Literatur 48 NF 36 (1906), S. 13–56, hier S. 31 (Abb. der Titelseite S. 30). Dieser Druck fehlt in den Bibliographien von ROTH, Buchdruckerei (wie Anm. 1) und BENZING, Bibliographie (wie Anm. 1), vgl. jedoch die Hinweise bei Josef BENZING, Neues vom Drucker Jakob Köbel, in: Das Antiquariat 19 (1969), S. 18 f., hier S. 19; BENZING, Oppenheim (wie Anm. 1), S. 162.

schiedliche Weise – zur Geldtheorie geäußert, Biel freilich im Rahmen eines beachtlichen und vielschichtigen Gesamtwerks, Adler dagegen in Form einer von insgesamt nur vier relativ kleinen Spezialschriften. Entsprechend der Bedeutung Biels ist dessen Traktat sowohl in der einschlägigen personen- bzw. werkgeschichtlichen und universitäts- bzw. wissenschaftsgeschichtlichen[5] als auch in der wirtschafts- und speziell geldtheoretischen Forschung[6] zwar prinzipiell bekannt und gelegentlich auch kurz behandelt worden. Auch nur annähernd erschöpfend diskutiert oder kontextualisiert, mit Blick auf den zeitgenössischen Diskurs und die zugrundeliegende Tradition ebenso wie auf die Biographie und Bibliographie Biels sowie konkret das Werk, in dem die Geldtheorie bloß einen winzigen Splitter bildet, nicht. Der Traktat Adlers wird in der relevanten Literatur kaum einmal genannt und wurde lediglich in universitäts-

---

5 Siehe die in Anm. 8 genannte personen- bzw. werkgeschichtliche Literatur mit den darin genannten einschlägigen Arbeiten, die fast alle immerhin den Titel von Biels Geldtheorie kennen und diese bestenfalls knapp würdigen; von der universitäts- bzw. wissenschaftsgeschichtlichen Literatur vgl. wegen des lokalen Tübinger Bezugs z. B. Heiko Augustinus OBERMAN, Spätscholastik und Reformation, Bd. 2: Werden und Wertung der Reformation. Vom Wegestreit zum Glaubenskampf, Tübingen ³1989, S. 165–170 (Kap. „Die Geldtheorie der Nominalisten").

6 In der älteren Nationalökonomie spielte Biels Geldtheorie, die sich – freilich stets unter ethisch-moralischem Blickwinkel und mit dezidiert theologisch-philosophischem Zugriff – in ein ganzes System von im weitesten Sinne wirtschaftstheoretischen Überlegungen einbetten lässt, nahezu immer eine mehr oder weniger zentrale Rolle bei der Darstellung des mittelalterlichen Denkens an der Schwelle zur Neuzeit, vgl. als beliebiges Handbuchbeispiel Wilhelm ROSCHER, Geschichte der National-Oekonomik in Deutschland (Geschichte der Wissenschaften in Deutschland. Neuere Zeit, Bd. 14), München 1874, S. 21–28; dazu als Spezialstudie z. B. Georg BERTHOLD, Biel, Becher und Weiss, drei pfälzische Volkswirte, in: Mitteilungen des Historischen Vereins der Pfalz 15 (1891), S. 150–242, hier S. 156–163. In speziell geldtheoretischen Handbüchern älteren wie neueren Datums kommt Biel ebenfalls eine vergleichbare Stellung zu, vgl. z. B. Arthur Eli MONROE, Monetary theory before Adam Smith (Harvard economic studies, Bd. 25), Cambridge/Mass. 1923, S. 17–42, passim; Barry GORDON, Economic analysis before Adam Smith. Hesiod to Lessius, London 1975, S. 188–193. In der modernen Forschung zur spätmittelalterlichen europäischen Geldlehre bzw. Geldpolitik erfährt Biel jedoch kaum eine Bearbeitung, vgl. z. B. Peter SPUFFORD, Monetary practice and monetary theory in Europe (12th–15th centuries), in: Moneda y monedas en la Europa medieval (siglos XII–XV) (Actas de la XXVI Semana de Estudios Medievales de Estella, 19 al 23 de julio de 1999), Pamplona 2000, S. 53–86, hier S. 79–85. Es gibt aber zumindest teils eine aktuelle Spezialstudie, die allerdings – wie natürlich auch die vorliegende Arbeit – keineswegs als abschließend zu betrachten ist und zudem für einige Detailfragen bzw. überhaupt die Werkbeurteilung ein paar Fehleinschätzungen aufweist, vgl. Hendrik MÄKELER, Nicolas Oresme und Gabriel Biel. Zur Geldtheorie im späten Mittelalter, in: Scripta Mercaturae. Zeitschrift für Wirtschafts- und Sozialgeschichte 37 (2003), S. 56–94, hier S. 79–90. Darüber hinaus hat sich in einer germanistischen Magisterarbeit kürzlich Malte Oliver Kleinjung M. A. (Frankfurt am Main / Bad Vilbel; ich danke sehr herzlich für die unkomplizierte Überlassung des Manuskripts) kontextualisierend unter anderem mit dem geldtheoretischen Werk Biels unter einem spezifisch literaturwissenschaftlichen Blickwinkel, der durchaus interessante Interpretationsansätze aufzeigt, befasst, vgl. Malte Oliver KLEINJUNG, Poetik des Geldes. Der ‚Fortunatus' im diskursiven Kontext des 16. Jahrhunderts, Mag. art. masch. Universität Frankfurt am Main 2010, S. 8–20 u. ö.

geschichtlichem Kontext einmal knapp gewürdigt;[7] als Beitrag zur Geldtheorie ist dieser bisher überhaupt nicht wahrgenommen worden. Ziel des vorliegenden Beitrags ist nun allerdings nicht bereits eine erschöpfende Bearbeitung und Diskussion des trotz aller Kürze doch recht vielaspektigen Inhalts der zwei Werke und auch nicht deren diskursiv-traditionale Einordnung. Natürlich sollen in einem zweiten Teil Gedanken und Argumentation zusammenfassend aufgezeigt werden, jedoch steht hier zunächst die biographisch-bibliographische Kontextualisierung aus einer – in einem Tagungsband zur Tübinger Universitätsgeschichte und nicht speziell zur Geldtheorie – klar Tübinger Perspektive im Mittelpunkt. Dazu ist in einem ersten Teil eine Betrachtung des vorrangig akademischen Lebens und Wirkens sowie des Werks beider Autoren notwendig; für Biel kann dies angesichts einer überreichen Forschungsliteratur recht kurz und ohne größere Quellen- und Literaturarbeit erfolgen, für Adler aber muss weiter ausgeholt werden. Herauszuarbeiten sind hier – gerade mit Blick auf die angesprochene Spannung – Gemeinsamkeiten und Unterschiede beider Personen und Werke zwischen Scholastik und Humanismus, dabei freilich immer wieder auch deren zunächst sehr rätselhafte Verknüpfung 1516 in Oppenheim.

1. Die Autoren

1.1. Gabriel Biel

Gabriel Biel[8] wurde ca. 1410/15 in Speyer geboren, studierte als Frühmesser der Speyerer Peterskirche seit 1432 in Heidelberg, legte 1435 das Bakkalars- und 1438 das

---

7 Die – freilich überaus polemische – Würdigung des Werks Adlers findet sich bei Johannes HALLER, Die Anfänge der Universität Tübingen 1477–1537, Bd. 1: [Text], Stuttgart 1927, Bd. 2: Nachweise und Erläuterungen, Stuttgart 1929, Bd. 1, S. 151 (Zitat siehe Anm. 25), zu Adler insgesamt vgl. Bd. 1, S. 150 f. mit Bd. 2, S. 53*f.; Nennungen des bloßen Werktitels gibt es natürlich auch in der einschlägigen biographischen Literatur (siehe Anm. 16). Als eines der ganz wenigen Beispiele zumindest für die Bekanntheit des Werks über den biographisch-bibliographischen Zusammenhang hinaus vgl. die Kurzerwähnungen – „in der Forschung kaum bekannt" – bei Johannes HELMRATH, Bildfunktionen der antiken Kaisermünze in der Renaissance, oder: Die Entstehung der Numismatik aus der Faszination der Serie, in: Kathrin SCHADE / Detlef RÖSSLER / Alfred SCHÄFER (Hrsg.), Zentren und Wirkungsräume der Antikerezeption. Zur Bedeutung von Raum und Kommunikation für die neuzeitliche Transformation der griechisch-römischen Antike, Münster 2007, S. 77–97, hier S. 83 mit Anm. 79 auf S. 94, ähnlich als Johannes HELMRATH, Die Aura der Kaisermünze. Bild-Text-Studien zur Historiographie der Renaissance und zur Entstehung der Numismatik als Wissenschaft, in: DERS. / Albert SCHIRRMEISTER / Stefan SCHLELEIN (Hrsg.), Medien und Sprachen humanistischer Geschichtsschreibung (Transformationen der Antike, Bd. 11), Berlin 2009, S. 99–138, hier S. 112, Anm. 51 (um was es sich bei dem in beiden Aufsätzen genannten Werk De nummis in republica percutiendis et conservandis libri duo angeblich von Gabriel Biel handelt, bleibt unklar; Helmrath, der keinen Nachweis bietet, spricht von Adlers Traktat vielleicht als einer „Kurzfassung" bzw. „Bearbeitung" dieses Biel-Texts).
8 Zur Biographie vgl. mit einschlägigen Quellenbelegen und Literaturangaben sowie mit Hinweisen zur Überlieferung und Edition der Werke Biels bes. Ulrich BUBENHEIMER, Biel, Gabriel, in: Die deutsche Literatur des Mittelalters. Verfasserlexikon, Bd. 1, Berlin / New York

Magisterexamen ab und wurde bald darauf zum Priester geweiht. Im Rahmen der artistischen Regenzverfassung widmete er sich danach sowohl dem Studium der Theologie als auch gleichzeitig der Lehre an der Artistenfakultät, wovon neben einigen akademischen Reden bzw. Predigten auch die erhaltene *Disputatio super principium veteris artis Aristotelis* vom Wintersemester 1441/42 zeugt. Um 1443 findet sich Biel zum Theologiestudium in Erfurt, wo er Ende 1457 nach zweijährigem Zwischenaufenthalt an der Universität Köln das Lizentiat erwarb; vom nominalistischen Heidelberg und Erfurt her klar der *via moderna* ockhamscher Prägung zuzuordnen, kam Biel im realistischen Köln also auch mit der thomistisch-skotistischen *via antiqua* in Berührung. Unmittelbar nach Studienabschluss bis Ende 1464 war Biel dann Domprediger in Mainz, zweifach unterbrochen, das letzte Mal wegen seiner – auch publizistisch in einem *Defensorium oboedientiae apostolicae* geäußerten – pro-päpstlichen Parteinahme 1462 im Mainzer Bistumsstreit. Aus der dortigen umfangreichen Predigttätigkeit heraus entstand wohl auch der Kontakt zur Frömmigkeitsbewegung der *devotio moderna* in Form der Brüder vom Gemeinsamen Leben, deren Verbreitung zunächst am Mittelrhein und später in Württemberg Biel durch die Gründung zahlreicher Bruderhäuser seit 1463/64 entscheidend förderte. Ab Mitte 1469 nach Jahren freier Predigttätigkeit und verschiedensten Funktionen, etwa als nassauischer Beichtvater, selbst Bruder im neugegründeten Butzbach und seit 1470 Propst, trat Biel jetzt auch organisatorisch und ideologisch für die neue Lebensform ein. Als Chefideologe durch seinen *Tractatus de communi vita clericorum* und eine *Collatio de vita communi*, als Cheforganisator durch Adaption der Kollegiatkirchenverfassung für seine Gründungen und deren Integration in ein von ihm geleitetes oberdeutsches Generalkapitel.[9] Vom reformwilligen Grafen Eberhard V.

1978, Sp. 853–858; Werner DETTLOFF, Biel, Gabriel (vor 1410–1495), in: Theologische Realenzyklopädie, Bd. 6, Berlin u. a. 1980, S. 488–491; dazu – mit Berichtigungen – Irene CRUSIUS, Gabriel Biel und die oberdeutschen Stifte der *devotio moderna*, in: DIES. (Hrsg.), Studien zum weltlichen Kollegiatstift in Deutschland (Veröffentlichungen des Max-Planck-Instituts für Geschichte, Bd. 114; Studien zur Germania Sacra, Bd. 18), Göttingen 1995, S. 298–322, hier S. 299–309; Irene CRUSIUS, Gabriel Biel – eine Karriere zwischen *vita contemplativa* und *vita activa*, in: Ulrich KÖPF / Sönke LORENZ (Hrsg.), Gabriel Biel und die Brüder vom gemeinsamen Leben. Beiträge aus Anlaß des 500. Todestages des Tübinger Theologen (Contubernium. Tübinger Beiträge zur Universitäts- und Wissenschaftsgeschichte, Bd. 47), Stuttgart 1998, S. 1–23. Zur universitären Frühzeit unter Einschluss der Tübinger Jahre vgl. auch Wolfgang Georg BAYERER, Gabrielis Biel Gratiarum actio und andere Materialien zu einer Testimonien-Biographie bezüglich seiner Universitätsjahre in Heidelberg, Erfurt, Köln (und Tübingen), in: Forschungen aus der Handschriftenabteilung der Universitätsbibliothek Gießen (Berichte und Arbeiten aus der Universitätsbibliothek Gießen, Bd. 39), Gießen 1985, S. III–VIII und 1–57 (dort S. 21 auch eine knappe Übersicht über ein paar weitere kleinere philosophisch-theologische Schriften Biels).

9 Zum diesbezüglichen Wirken Biels vgl. z. B. Wilfried SCHÖNTAG, Die Anfänge der Brüder vom gemeinsamen Leben in Württemberg. Ein Beitrag zur vorreformatorischen Kirchen- und Bildungsgeschichte, in: Archiv für Diplomatik, Schriftgeschichte, Siegel- und Wappenkunde 23 (1977), S. 459–485; CRUSIUS, Stifte (wie Anm. 8); Wilfried SCHÖNTAG, Gabriel Biel als Organisator. Der Auf- und Ausbau der württembergischen Stifte der Kanoniker vom gemeinsamen Leben, unter besonderer Berücksichtigung des Stifts Tachenhausen, in: KÖPF / LORENZ (wie Anm. 8), S. 155–177; Gerhard FAIX, Gabriel Biel und die Brüder vom Gemeinsamen Leben. Quellen und Untersuchungen zu Verfassung und Selbstverständnis des Oberdeut-

im Bart (1459–1496) nach Württemberg berufen, wirkte Biel nicht nur im Sinne der Kirchenreform 1477 an der Errichtung eines Stifts in der Residenz Urach und danach auch anderswo, sondern als Berater Eberhards ebenso am Aufbau der Universität Tübingen mit, wodurch diese von Anfang an stark von der oberdeutschen *devotio moderna* geprägt war. Ohne Doktortitel übernahm Biel am 22. November 1484 schließlich zusätzlich zur Uracher Propstei noch eine theologische Professur in Tübingen, wo durch sein Wirken die *via moderna* zum Durchbruch gegenüber der bisher dominierenden *via antiqua* gelangen sollte.[10] 1491/92 zog sich Biel allerdings zurück und wurde in hohem Alter Propst im – verfassungsmäßig wie ideologisch-spirituell durchaus speziellen – neuen Bruderhaus zum Einsiedel im Schönbuch in der Nähe Tübingens, wo er Ende 1495 starb.

Neben der kirchenpolitischen Streitschrift und dem seelsorgerlich-praktischen Predigtwerk gleichsam in Tradition der monastischen Theologie – wozu teils auch der Traktat über das Gemeinschaftsleben gehört – ist Gabriel Biel aber zugleich und vielfach miteinander verquickt auch dem akademisch-systematischen Zweig der scholastischen Theologie zuzurechnen.[11] Gerade in der Tübinger Zeit entstanden in ihrer endgültigen Form, nachweislich aus Vorlesungen an der Universität und zum Teil schon davor in den Bruderhäusern erwachsen, Biels beide Hauptwerke: 1488 seine Auslegung des Messkanons (*Canonis missae expositio*) als pastoraltheologisch-systematisches Handbuch mitsamt einer abgespeckten *Epitoma expositionis canonis missae*, und seit 1486 sein unvollendet gebliebener Sentenzenkommentar (*Collectorium circa quattuor libros Sententiarum*).[12] Diese umfangreichste aller Schriften Biels ist eine

---

schen Generalkapitels (Spätmittelalter und Reformation. Neue Reihe, Bd. 11), Tübingen 1999, dazu Gerhard FAIX, Gabriel Biel und die Brüder vom Gemeinsamen Leben in Oberdeutschland, in: Blätter für württembergische Kirchengeschichte 102 (2002), S. 35–44.

10 Zum diesbezüglichen Wirken Biels vgl. bes. OBERMAN (wie Anm. 5), S. 4–140 und 143–233, passim (Register); Heiko Augustinus OBERMAN, Via moderna – Devotio moderna: Tendenzen im Tübinger Geistesleben 1477–1516. Ecclesiastici atque catholici gymnasii fundamenta, in: Martin BRECHT (Hrsg.), Theologen und Theologie an der Universität Tübingen. Beiträge zur Geschichte der Evangelisch-Theologischen Fakultät (Contubernium. Beiträge zur Geschichte der Eberhard-Karls-Universität Tübingen, Bd. 15), Tübingen 1977, S. 1–64, passim.

11 Vgl. Wilfrid WERBECK, Gabriel Biel als spätmittelalterlicher Theologe, in: KÖPF / LORENZ (wie Anm. 8), S. 25–34. Zu Biels Theologie vgl. neben der umfangreichen Spezialliteratur zu Einzelaspekten bes. den – freilich nicht unproblematischen – Gesamtentwurf von Heiko Augustinus OBERMAN, Spätscholastik und Reformation, Bd. 1: Der Herbst der mittelalterlichen Theologie, Zürich 1965 (englische Originalausgabe: The Harvest of Medieval Theology. Gabriel Biel and Late Medieval Nominalism, Cambridge/Mass. 1963); dazu – mit ganz anderer Ausrichtung – auch Georg OTT, Recht und Gesetz bei Gabriel Biel. Ein Beitrag zur spätmittelalterlichen Rechtslehre, in: Zeitschrift der Savigny-Stiftung für Rechtsgeschichte 69 = Kanonistische Abteilung 36 (1952), S. 251–296.

12 Edition: Gabrielis Biel Collectorium circa quattuor libros Sententiarum, ed. Wilfrid WERBECK / Udo HOFMANN, Bd. 1: Prologus et Liber primus, Tübingen 1973, Bd. 2: Liber secundus, Tübingen 1984, Bd. 3: Liber tertius, Tübingen 1979, Bd. 4,1: Libri quarti pars prima (dist. 1–14), Tübingen 1975, Bd. 4,2: Libri quarti pars secunda (dist. 15–22), Tübingen 1977, Indices, bearb. von Wilfrid WERBECK, Tübingen 1992, dazu – mit ergänzenden Hinweisen und kurzer Charakterisierung – die ausführliche Rezension zu Bd. 1 und Bd. 4,1 von Ulrich BUBENHEIMER, in: Zeitschrift der Savigny-Stiftung für Rechtsgeschichte 93 = Kanonistische Abteilung 62 (1976), S. 466–474.

Bearbeitung nun jedoch nicht direkt der ursprünglichen *Quattuor libri sententiarum* des Petrus Lombardus (†1160), sondern bereits des Sentenzenkommentars in vier Büchern Wilhelms von Ockham (†1347), entstanden um 1317/19. Dieser Hauptvertreter der vom philosophisch-artistischen Universalienstreit determinierten quasi-nominalistischen Sektion der scholastischen Theologie galt Biel als prinzipielle Richtschnur; seine Theologie kann deshalb in ihrer logisch-erkenntnistheoretischen Grundlegung als ockhamistisch bezeichnet werden.[13] Biels Sentenzenkommentar ist das Standardwerk des spätmittelalterlichen Ockhamismus in seiner ganzen dogmatischen wie ethischen Breite, auf dem sich letztlich Biels Ruf als letzter Scholastiker und Vermittler der scholastischen Tradition in die Frühe Neuzeit – zumindest bis zur Reformation, nicht zuletzt aber auch direkt an Martin Luther (†1546)[14] – gründet. Ziel Biels war es, das theologisch-philosophische Wissen seiner Zeit anhand der Lehren Ockhams systematisch, aber doch prägnant auszuarbeiten; entsprechend dem Zuschnitt eines *collectorium* wurden dafür allerdings auch andere, meist freilich Ockham nahestehende, jedoch auch der *via antiqua* zugehörige Autoritäten integriert, speziell bei Themenkomplexen, wo Ockham als direkte Vorlage ausfällt. Dies ist eigentlich für das gesamte zweite bis vierte Buch der Fall, da Ockham seinen Kommentar lediglich zum ersten Sentenzenbuch des Petrus Lombardus wirklich ausformuliert hat (*Ordinatio*), so dass Biel sich hier auch ziemlich eng – teils wörtlich, aber auch stark kürzend – an Ockham anlehnen konnte. Für die übrigen drei Bücher genügte Biel Ockhams eher skizzenhafte Kommentierung (*Reportatio*) offenbar nicht, so dass er hier – nach gut scholastischer Methode ausgiebig zitierend und diskutierend – Ockham mit unpolemischer Diktion überhaupt erklärt und unter Einbeziehung auch von genuin Eigenem, teilweise durchaus im Gegensatz zu seiner Standardautorität, etwas weitgehend Neues schafft. Nachdem das erste Buch die Gottes- und Trinitätslehre bietet, der im Prolog eine theologische Erkenntnis- und Prinzipienlehre vorausgeht, und das zweite über die Schöpfung bzw. das dritte über die Erlösung handelt, setzt im vierten Buch zu den Sakramenten ab Distinktion 14 auch eine recht umfängliche Bußlehre ein. In diesem Kontext des Themenfelds Sünde, Beichte, Buße und Vergebung kommt Biel in Distinktion 15 nach Klärung eines grundsätzlicheren Problems (Q. 1) auf den Fall der zum

---

13 Für eine prägnante Charakterisierung von Biels *Collectorium* vgl. Franz Joseph BURKARD, Philosophische Lehrgehalte in Gabriel Biels Sentenzenkommentar unter besonderer Berücksichtigung seiner Erkenntnislehre (Monographien zur philosophischen Forschung, Bd. 122), Meisenheim am Glan 1974, S. 13–21.

14 Luther hat – neben zahlreichen anderen einschlägigen Texten, darunter besonders die Sentenzen des Petrus Lombardus – in einem in seinem Besitz befindlichen zusammengebundenen Druckexemplar sowohl Biels *Canonis missae expositio* als auch in bedeutenderem Umfang dessen *Collectorium circa quattuor libros Sententiarum* mit handschriftlichen Randglossen versehen, allerdings nur bei zehn ausgewählten Stellen, darunter nicht Biels Geldtheorie (Edition: Hermann DEGERING, Luthers Randbemerkungen zu Gabriel Biels „Collectorium in quattuor libros sententiarum" und zu dessen „Sacri canonis missae expositio" Lyon 1514 (Festgabe der Kommission zur Herausgabe der Werke Martin Luthers zur Feier des 450. Geburtstags Luthers am 10. November 1933), Weimar 1933, dazu kritisch Hans VOLZ, Luthers Randbemerkungen zu zwei Schriften Gabriel Biels. Kritische Anmerkungen zu Hermann Degerings Publikation, in: Zeitschrift für Kirchengeschichte 81 (1970), S. 207–219).

Schaden des Nächsten unrechtmäßig erlangten Dinge und die daraus folgende Frage der – materiellen – Wiedergutmachung (restitutio) als Grundlage für Vergebung infolge von Buße zu sprechen.¹⁵ Zunächst wird diskutiert, ob die Restitution an sich bereits als Bußleistung zu gelten habe (Q. 2), dann werden, gelegentlich mit Verweis auf das Seelenheil, sowohl allgemeine Arten der Schädigung wie Diebstahl und Raub (Q. 3), Kriegstaten (Q. 4), Betrug bei Geschäften, im Handel und bei der Arbeit (Q. 10), Zinsnahme bzw. Wucher (Q. 11), Übervorteilung (Q. 13), Ersitzen durch Verjährung (Q. 14), körperliche Verletzung (Q. 15), Nachrede (Q. 16) und seelisch-geistige Verletzung (Q. 17) als auch die Schädigung in speziellen Situationen, so durch Bedrückung eigener und fremder Untergebener (Q. 5), durch Erhebung gerichtlicher Forderungen (Q. 6), durch Einsetzung ungeeigneter Personen in verschiedene Funktionen (Q. 7), durch falsche Erlangung kirchlicher Stellen samt Vernachlässigung der Amtspflichten (Q. 8) und durch Verkauf oder Schenkung jährlicher und ewiger Zinse und Einkünfte (Q. 12), thematisiert. In Quaestio 9 führt Biel schließlich auch das Fälschen und dabei insbesondere die Münzfälschung an, und genau in diesem spezifischen Zusammenhang innerhalb des gewichtigen Collectorium circa quattuor libros Sententiarum ist Biels Geldtheorie zu finden.

1.2. Johannes Adler gen. Aquila

Johannes Adler gen. Aquila¹⁶ aus Gaildorf bzw. Münster bei Gaildorf – bei Schwäbisch Hall, wonach er sich später Hallietus = Seeadler nannte, verkürzt zu Adler bzw. latinisiert Aquila –, dessen ursprünglicher Familienname aber Gent(h)ner bzw. latinisiert Doleatoris lautete, dürfte in der ersten Hälfte der 1470er Jahre geboren worden sein. Ende 1487 immatrikulierte er sich in Heidelberg und legte Anfang 1489 das Bakkalariat in der via moderna ab; Anfang 1490 wechselte er nach Tübingen und wurde sogleich in die Artistenfakultät rezipiert, wo er bereits im Februar 1490¹⁷ den Magistergrad erwarb

---

15 Buch IV,2, Dist. 15, Summarium textus (Collectorium-Edition (wie Anm. 12), S. 1, Z. 16–17): „Qui rem alienam iniuste auferendo proximum damnificat, non potest paenitendo veniam consequi, nisi ablatum dum potest restituat." Zum Folgenden siehe die Quaestionen in Distinktion 15 (Collectorium-Edition (wie Anm. 12), S. Vf.).
16 Zur Biographie vgl. jetzt mit Diskussion aller relevanten Quellenbelege und der älteren Literatur Karl Konrad FINKE, Die Professoren der Tübinger Juristenfakultät (1477–1535) (Tübinger Professorenkatalog, Bd. 1,2), Ostfildern 2011, S. 126–134, weiterhin Karl Konrad FINKE, Die Tübinger Juristenfakultät 1477–1534. Rechtslehrer und Rechtsunterricht von der Gründung der Universität bis zur Einführung der Reformation (Contubernium. Beiträge zur Geschichte der Eberhard-Karls-Universität Tübingen, Bd. 2), Tübingen 1972, S. 172–176, 230 f.; dazu Hans KÖNIG, Menschen aus dem Limpurger Land. Lebensbilder aus fünf Jahrhunderten, Bd. 2 (Veröffentlichungen zur Ortsgeschichte und Heimatkunde in Württembergisch Franken, Bd. 23), Horb a. N. 2004, S. 10 f.
17 Das Datum des Magisterexamens („martis post Valentini") ist bei Miriam EBERLEIN / Stefan LANG (Bearb.), Die Matrikel der Magister und Bakkalare der Artistenfakultät (1477–1535) (Tübinger Professorenkatalog, Bd. 1,1), Ostfildern 2006, S. 64, Nr. 160, fälschlich zu „1490 April 16" aufgelöst worden (im Ortsregister S. 412 ist zudem die Ortsidentifikation „Münster" zu korrigieren); dem folgend FINKE, Professoren (wie Anm. 16), S. 127.

und damit sein hauptsächlich noch in Heidelberg absolviertes Artesstudium beendete. Anschließend lehrte Adler für einige Zeit selbst an der Artistenfakultät, wovon eine um 1500 (?) bei Johannes Otmar (†1516) in Tübingen (?) in Druck gegebene Schrift mit dem Titel Parva logicalia magistri Johannis Aquile perutilia zeugt, eine Bearbeitung der innerhalb des Bakkalariatsstudiums zu absolvierenden terministischen Logik.[18] Zumindest der – in der vorliegenden Form wohl erst vom Drucker zusammengestellt – erste Teil, die klassische Suppositionstheorie (De suppositione) mit den drei Ergänzungen (De ampliatione, De appellatione, De restrictione), lag anscheinend direkt Lehrveranstaltungen zugrunde;[19] für den zweiten, inhomogeneren Teil mit einigen kleineren Erweiterungstraktaten zur Konsequenzenlehre – ein Abschnitt datiert auf 1494[20] – ist dies ebenso anzunehmen. Adler behandelt hier einen Stoff, wie er ihn wahrscheinlich schon in Heidelberg gelernt hatte, und zwar unter nominalistischem Blickwinkel; und selbst wenn es erst noch zu beweisen wäre, so sollte sich die Heidelberger Logik am Ende des 15. Jahrhunderts angesichts der Tradition eines Marsilius ab Inghen (†1396) kaum allzu sehr von der Logik Gabriel Biels unterschieden haben. In Anbetracht seiner längeren Lehrtätigkeit an der Artistenfakultät dürfte Adler dem seit 1488 abgeschlossenen elitären Kreis der 18 Magister des Fakultätsrats angehört haben, zumal er im Wintersemester 1495/96 und im Sommersemester 1496 Dekan der Artisten war. Entweder wird er eine der vier besoldeten und paritätisch auf die beiden Wege verteilten Kollegiaturen innegehabt oder aber eher als fest bezahlter Bursenmagister die

---

18 Lückenhafte Beschreibung des Drucks bei Vera SACK (Bearb.), Die Inkunabeln der Universitätsbibliothek und anderer öffentlicher Sammlungen in Freiburg im Breisgau und Umgebung (Kataloge der Universitätsbibliothek Freiburg im Breisgau, Bd. 2), Wiesbaden 1985, S. 683, Nr. 2039. Dieses Werk – das wohl einzige noch erhaltene Exemplar befindet sich in der Universitätsbibliothek Freiburg i. Br. – bedarf noch einer eingehenden logikgeschichtlichen Würdigung, auch mit Blick auf den Tübinger Lehrplan (vgl. dazu Sönke LORENZ, Logik im Tübinger Curriculum, in: DERS. / Dieter R. BAUER / Oliver AUGE (Hrsg.), Tübingen in Lehre und Forschung um 1500. Zur Geschichte der Eberhard Karls Universität Tübingen. Festgabe für Ulrich Köpf (Tübinger Bausteine zur Landesgeschichte, Bd. 9), Ostfildern 2008, S. 177–206, zu Adler und dessen Parva logicalia S. 197 f.). Weil Adler zu der Zeit, als Otmar in Tübingen tätig war (von 1497/98 bis 1502, siehe Anm. 34), schon Doktor in beiden Rechten war, vermag die bloße Titulatur als Magister durchaus zu verwundern; vielleicht könnte deshalb der Druck, der offenbar nur anhand der Drucktypen Otmar zuzuweisen und selbst undatiert und unlokalisiert ist, noch aus der Zeit von dessen Reutlinger Drucktätigkeit (von 1481/82 bis 1495/96) stammen, vermutlich sogar vor dem Wintersemester 1495/96 – jedoch nach 1494 –, als Adler nachweislich nämlich bereits das Lizentiat in beiden Rechten erworben hatte (zur Offizin Otmars in Reutlingen vgl. [Karl] STEIFF, Zur Geschichte des Reutlinger Buchdrucks im ersten Jahrhundert der Buchdruckerkunst, in: Reutlinger Geschichtsblätter 1 (1890), S. 26–28, 31–36, 41–44, 55–60, bes. S. 56–60; dazu Hans WIDMANN, Vom Buchwesen der alten Reichsstadt Reutlingen, in: Reutlinger Geschichtsblätter NF 4 (1967), S. 7–42, auch in: Archiv für Geschichte des Buchwesens 9 (1968), Sp. 449–490).
19 Kolophon nach De restrictione: „Parvorum logicalium opusculum per venerabilem magistrum Johannem Aquilam ex Hallis, alias opido ex Geilndorff oriundum, in Tuwingensi gymnasio actu regentem feliciter finit."
20 Kolophon nach De officiali: „Tractatulorum distributionum sive sincathegorematum, resolubilium, exponibilium ac officialium finis per magistrum Johannem Aquilam feliciter impositus anno incarnationis ..."

Funktion eines der je fünf Konventoren, des Resumptors oder des Pädagogen wahrgenommen haben.²¹ Vorschriftsmäßig studierte Adler neben der artistischen Lehre zugleich an der Juristenfakultät – 1495/96 ist er fristgerecht als Lizentiat, 1497/98 als Doktor beider Rechte belegt –, bevor er nach vielleicht einigen Jahren in nicht ganz sicher zu rekonstruierender Anstellung 1501 entweder Extraordinarius oder Ordinarius für die *iura nova* im Kirchenrecht wurde. Als solcher heiratete er 1508 in eine Haller Bürgersfamilie ein, erhielt selbst das Bürgerrecht und war dann seit 1510 bis zu seinem Tod Anfang 1518 Ordinarius für weltliches Recht. Er betätigte sich aber auch in der Rechtspraxis, als Berater der Stadt Schwäbisch Hall seit 1501 – zwei Gutachten sind erhalten²² – und als gelehrter Assessor am württembergischen Hofgericht seit 1509; aus der praktischen Arbeit ist etwa ein *Formular- und Titularbuch* hervorgegangen.²³ Von Adlers juristisch-akademischer Lehre dagegen zeugen zwei Titel von 1516, ein Traktat über das Spielrecht (*Opusculum enchiridion appellatum Ioannis Aquilę ferme de omni ludorum genere*),²⁴ in dem er alle Arten von Spielen, besonders Glücksspiel, aber ebenso

---

21 Direkt zu belegen ist dies freilich nicht, da gerade für das Vierteljahrhundert zwischen 1484/85 und 1509/10 die für die Artistenfakultät ohnehin nicht gute Quellenlage nach Auslaufen des *Liber decanatus* und vor Einsetzen des universitären Anstellungsbuchs extrem dünn und eine auch nur annähernd vollständige Liste der fakultären Amtsträger kaum zu erstellen ist (vgl. Sönke LORENZ, Zwischen Regenz- und Ordinarien-Fakultät, in: EBERLEIN / LANG (wie Anm. 17), S. 15–24, bes. S. 20–23, um ein Kapitel zur Frühzeit der Tübinger Poetiklektur erweiterter Wiederabdruck als DERS., Die Tübinger Artistenfakultät (1477–1534/35). Zwischen Regenz- und Ordinarienverfassung, in: Norbert HAAG / Siegfried HERMLE / Sabine HOLTZ / Jörg THIERFELDER (Hrsg.), Tradition und Fortschritt. Württembergische Kirchengeschichte im Wandel. Festschrift für Hermann Ehmer zum 65. Geburtstag (Quellen und Forschungen zur Württembergischen Kirchengeschichte, Bd. 20), Epfendorf a. N. 2008, S. 15–31).
22 Ungedruckt im Stadtarchiv Schwäbisch Hall, Nachweise bei FINKE, Professoren (wie Anm. 16), S. 133.
23 Formular und Titular buch von newem practiciert, so diser zeyt einem jheden, wes Nidern Stannds der ist [...], wol mag gebraucht werden, nit minder notdurfftig dann nutzlich, jetzo unnd vormals der gleichen nye im Truck außgangen, Frankfurt am Main: Cyriacus Jacob o. J. [ca. 1539/40?, ca. 1550?], vgl. Verzeichnis der im deutschen Sprachbereich erschienenen Drucke des 16. Jahrhunderts (VD 16), Nr. G 1306. Nach Ausweis des Titels handelt es sich um einen Neudruck; FINKE, Professoren (wie Anm. 16), S. 133, vermutet die Erstausgabe „um 1510/1518, da anzunehmen ist, dass Gentner [Adler] ein solches für den praktischen Gebrauch bestimmtes Werk bereits zu seinen Lebzeiten hat drucken lassen, und zwar in seiner letzten Schaffensperiode ...". Auf der Rückseite des Titelblatts gibt sich der Autor unter der Überschrift „Zu eynem jeden Leser" per Akrostichon in einem Zehnzeiler selbst als „JOHAN ADLER" zu erkennen; der Druck enthält keinerlei Vorreden, Widmungen oder sonstige Vortexte.
24 Bibliographischer Nachweis: BENZING, Bibliographie (wie Anm. 1), Nr. 41, S. 31–33; ROTH, Buchdruckerei (wie Anm. 1), Nr. 19 (datierte Drucke); vgl. Karl STEIFF, Der erste Buchdruck in Tübingen (1498–1534). Ein Beitrag zur Geschichte der Universität, Tübingen 1881, Anhang Nr. 35, S. 239; VD 16 G 1310. Zur Datierung bzw. Lokalisierung – zu den zahlreichen Vortexten siehe Kap. 1.3 – siehe die beiden Angaben auf dem Titelblatt „IMPRESSVM | OPPEN- | HEIM." und am Ende „Impressum Oppenheim. | Anno domini. 1.5.16."; das Werk bedarf insgesamt noch einer eingehenden inhaltlichen Analyse und diskursiv-traditionalen Einordnung. Vgl. dazu die „Bewertung" bei HALLER (wie Anm. 7), Bd. 1, S. 151: „Er zeigt sich in der Ausdrucksweise, auch darin, daß er in zwei kurzen Abschnitten die Spiele der alten Völker behandelt, von

körperlich-militärische Übungen, Theater, Musik und Tanz auf deren Zulässigkeit hin überprüft und sich gegen Gewinnsucht speziell beim verbreiteten Würfelspiel wendet, und ein eigenständiger Traktat über das Geld.²⁵

1.3. Adler – Biel – Oppenheim 1516 (I)

Dass nun in Oppenheim am Rhein in der Offizin von Jakob Köbel zwei Drucke von Gabriel Biel und Johannes Adler gen. Aquila mit dem gleichlautenden Titel *De potestate et utilitate monetarum* erschienen, lässt auf eine aller Wahrscheinlichkeit nach konzertierte Aktion schließen. Zumal, da Biel zu diesem Zeitpunkt längst tot war und die Entstehung seiner geldtheoretischen Überlegungen bereits ein Vierteljahrhundert zurücklag; irgendwann nach 1488/89 hat Biel – freilich nur bis zum Beginn der 23. Distinktion – das vierte Buch seines Sentenzenkommentars geschrieben, konnte aber vielleicht auch dafür auf frühere Vorarbeiten zurückgreifen.²⁶ Adler dagegen dürfte

---

humanistischer Bildung berührt. Auch legt er seinen Urteilen durchweg das römische Recht als gültige Richtschnur zugrunde. Übrigens aber bewegt er sich ganz in den Formen der Scholastik. Behauptungen und Schlüsse werden aneinander gereiht und mit Wolken von Zitaten aus Theologen und Juristen gestützt. Man könnte den Stoff kaum schulmäßig trockener behandeln."

25 Bibliographischer Nachweis siehe Anm. 28, zum Werk insgesamt Kap. 2.3. Vgl. dazu erneut die „Bewertung" bei HALLER (wie Anm. 7), Bd. 1, S. 151: „Wohl noch weniger bedeutsam ist das Schriftchen über das Münzwesen. Es stellt die Kenntnisse des Verfassers in alter Geschichte und Literatur geflissentlich zur Schau und häuft Namen und Zitate, kann aber nicht verhehlen, daß das alles doch nur ziemlich oberflächlich zusammengelesen ist. Über das Münzwesen der eigenen Zeit wird herzlich wenig gesagt, und die Form ist so wenig ansprechend, wie nur möglich. These reiht sich an These – daß der Verfasser von ‚bases' spricht, ist eine humanistische Koketterie –, keine wird entwickelt oder logisch begründet, gehäufte Zitate aus den Rechtsbüchern und der juristischen Literatur müssen die Gedanken ersetzen. Ein anziehender Lehrer kann dieser Jurist nicht gewesen sein."

26 Nach Ausweis einiger textimmanenter Anhaltspunkte und der handschriftlichen Überlieferung, die auch die Existenz von Vorarbeiten bzw. verschiedenen Redaktionsstufen einzelner Abschnitte belegt und Aufschlüsse zu Biels Arbeitsweise gibt, hat Biel Buch 1 im Mai 1486, Buch 2 im März 1488 und Buch 3 im August 1489 fertiggestellt, während er an Buch 4 und wohl gleichzeitig an einer Korrektur der ersten drei Bücher bis zum Tod arbeitete (vgl. dazu die jeweiligen Einleitungen zur Collectorium-Edition (wie Anm. 12); BURKARD (wie Anm. 13), S. 13 f.). Sowohl Biels Gesamtautograph als auch die Textgrundlage für die Erstedition (siehe Anm. 32), deren Herausgeber nachweislich zumal redaktionelle Eingriffe in insgesamt nicht abzuschätzendem Umfang vorgenommen hat, fehlen, ebenso eine handschriftliche Vorstufe seitens Biels von Buch 4, so dass über die ursprüngliche Textgestalt auch von Biels Geldtheorie und über eventuelle Abweichungen vom Erstdruck kaum etwas ausgesagt werden kann. Zwar gibt es eine Handschrift (Stadtbibliothek Trier), die neben Schriften anderer Autoren und Biels selbst auch – und ausschließlich – den Text der kompletten 15. Distinktion von Buch 4 (*De restitutione*), innerhalb derer Biels Geldtheorie steht, enthält, doch bietet diese exakt den Text der Erstedition und ist wohl direkt aus dieser ausgezogen (vgl. dazu Collectorium-Edition (wie Anm. 12), Bd. 4,2, S. IX–XII; Friedrich STEGMÜLLER, Literaturgeschichtliches zu Gabriel Biel, in: Johann AUER / Hermann VOLK (Hrsg.), Theologie in Geschichte und Gegenwart. Michael Schmaus zum sechzigsten Geburtstag dargebracht von seinen Freunden und Schülern, Mün-

sein Werk – nachweisbar für den Spieletraktat, der ebenfalls 1516 in Oppenheim herauskam – in mehr oder weniger direktem Zeitzusammenhang mit dessen Abfassung in Druck gegeben haben.[27] Es ist daher anzunehmen, dass Adler – selbst wenn dies aus dem Druck und auch sonst nirgends hervorgeht – angelegentlich der Publikation seines eigenen Werks[28] auch als Herausgeber für Biel[29] fungierte, zumal kein anderes

---

chen 1957, S. 309–316, hier S. 312). Zur Überlieferung des *Collectorium* vgl. neben den jeweiligen Einleitungen zur Collectorium-Edition (wie Anm. 12) bes. Wilfrid WERBECK, Handschriften zum I. Buch von Gabriel Biels Collectorium, in: Heinz LIEBING / Klaus SCHOLDER (Hrsg.), Geist und Geschichte der Reformation. Festgabe Hanns Rückert zum 65. Geburtstag dargebracht von Freunden, Kollegen und Schülern (Arbeiten zur Kirchengeschichte, Bd. 38), Berlin 1966, S. 68–85; vgl. insgesamt – ohne *Collectorium* – auch Martin ELZE, Handschriften von Werken Gabriel Biels aus seinem Nachlaß in der Gießener Universitätsbibliothek, in: Zeitschrift für Kirchengeschichte 81 (1970), S. 70–91. Zum Nachlass Biels, der nach dem Tod Wendelin Steinbachs größtenteils nach Butzbach – ein kleinerer Anteil verblieb in Tübingen – und von dort in die Universitätsbibliothek Gießen kam, vgl. für Gießen Wolfgang Georg BAYERER (Bearb.), Die Handschriften des ehemaligen Fraterherrenstifts St. Markus zu Butzbach, Tl. 1: Die Handschriften aus der Nummernfolge Hs 42 bis Hs 760 (Handschriftenkataloge der Universitätsbibliothek Gießen, Bd. 4), Wiesbaden 1980, und Joachim OTT (Bearb.), Die Handschriften des ehemaligen Fraterherrenstifts St. Markus zu Butzbach, Tl. 2: Die Handschriften aus der Signaturenfolge Hs 761 bis Hs 1266, NF-Signaturen, Ink-Signaturen, Wiesbaden 2004, für Tübingen Hedwig RÖCKELEIN (Bearb.), Die lateinischen Handschriften der Universitätsbibliothek Tübingen, Tl. 1: Signaturen Mc 1 bis Mc 150 (Handschriftenkataloge der Universitätsbibliothek Tübingen, Bd. 1,1), Wiesbaden 1991, und Gerd BRINKHUS / Arno MENTZEL-REUTERS (Bearb.), Die lateinischen Handschriften der Universitätsbibliothek Tübingen, Tl. 2: Signaturen Mc 151 bis Mc 379 sowie die lateinischen Handschriften bis 1600 aus den Signaturgruppen Mh, Mk und aus dem Druckschriftenbestand (Handschriftenkataloge der Universitätsbibliothek Tübingen, Bd. 1,2), Wiesbaden 2001.

27 Ein Nachlass Adlers, etwa mit Manuskripten seiner Werke, die Hinweise zum genauen Entstehungszeitpunkt auch seiner Geldtheorie geben könnten, oder diesbezügliche textimmanente Anhaltspunkte fehlen; allerdings konnte bei Durchsicht der Personenkartei im Universitätsarchiv Tübingen ein kleiner Mosaikstein zu Adlers Bibliothek entdeckt werden. Nach einem Titel (Nr. 27) im Katalog des Stuttgarter Antiquariats Dr. Frieder Kocher-Benzing & Co. vom Herbst 1978 (Katalog Nr. 101: Dokumente der Reformation) besaß Adler eine Ausgabe der sogenannten Dunkelmännerbriefe (*Epistolae obscurorum virorum*), gedruckt zu Nürnberg bei Friedrich Peypus 1516 (VD16 E 1721) – der Verbleib des Exemplars ist unbekannt –, die er auf der Titelseite mit einem Besitzeintrag („Sum Ioannis Aquilei, qui me propter verborum vertilitatem [!] amat") und einer wohl eigenhändigen Zeichnung seines Wappens in Form eines Doppelschilds unter einem nach links blickenden Adler versehen hat (siehe Anm. 59).

28 Bibliographischer Nachweis: BENZING, Bibliographie (wie Anm. 1), Nr. 42, S. 33 (Abb. der ganzen Titelseite S. 32); ROTH, Buchdruckerei (wie Anm. 1), Nr. 20 (datierte Drucke); vgl. STEIFF (wie Anm. 24), Anhang Nr. 36, S. 240; VD16 G 1307. Das Exemplar der Württembergischen Landesbibliothek Stuttgart (Allg. G. oct. 3438) enthält eine biographisch wichtige Notiz des Tübinger Propstkanzlers Ambrosius Widmann († 1561), zitiert nach FINKE, Professoren (wie Anm. 16), S. 127, Anm. 6: „In exemplo libri, quod nunc est bibliothecae monasterii ad S. Georgium Villingae, haec sua manu scripsit Ambrosius Widmann, praepositus Tubingensis: ‚Auctor huius opusculi oriundus fuit ex Gayldorf, villagio vicino civitati Hall Suevorum. Hinc Johannes Hallis nuncupatus, Hallieti sive Aquilae nomen sibi finxit et insignia armorum suo nomini congruentia obtinuit. Est autem hallietus aquilae species sive genus. Obiit Tubingae, sepultus in ecclesia nostra collegiata iuxta altare nobilium a Fürst.'"

29 Bibliographischer Nachweis: BENZING, Bibliographie (wie Anm. 1), Nr. 51, S. 41 (Abb. der

Werk Biels in Oppenheim erstmals gedruckt oder später nachgedruckt worden ist. Damit sollte der eigentlich undatierte und unlokalisierte Druck Biels wie der explizit auf 1516 datierte und in Oppenheim – Jakob Köbel druckte zu dieser Zeit allein in der Stadt – lokalisierte Druck Adlers (am Ende: „Impressum Oppenheym. | Anno domini. 1.5.1.6.") ebenfalls auf ca. 1516 angesetzt und für Köbel in Anspruch genommen werden können. Die zwei Drucke in Quart, dem üblichen Format für derartige wissenschaftliche Schriften, verwenden zudem dieselben Drucktypen und sind sich wie der Spieletraktat auch äußerlich ganz ähnlich,[30] wobei speziell die qualitätvollen Holzschnitte für die Initialen und beide Titelbilder auffallen.[31] Adler dürfte dann auch den

---

ganzen Titelseite S. 40); ROTH, Buchdruckerei (wie Anm. 1), Nr. 9 (undatierte Drucke); vgl. STEIFF (wie Anm. 24), Anhang Nr. 37, S. 240; VD 16 B 5413 („um 1515"), B 5414 („um 1516"). Der einzige Unterschied zwischen den Ausgaben, die ansonsten exakt druckgleich sind, betrifft die Titelseite, denn VD 16 B 5414 setzt der beiden gemeinsamen, ebenfalls druckgleichen Autorangabe den bei VD 16 B 5413 offenbar schlichtweg vergessenen Titel „Tractatus de potestate et utilitate monetarum" hinzu und verschiebt den unmittelbar darunter befindlichen Holzschnitt etwas nach unten; es handelt sich also um einen Zwitterdruck, und daraus eine unterschiedliche Datierung, zumal auf zwei aufeinanderfolgende Jahre, abzuleiten, gibt es keinen Anhaltspunkt (die angebliche Ausgabe „1515" fehlt bei BENZING, Bibliographie (wie Anm. 1); ROTH, Buchdruckerei (wie Anm. 1)). Der Druck ist einmal einer Tübinger Offizin „um 1510" zugewiesen worden (vgl. STEIFF (wie Anm. 24), S. 214 (apokryphe Drucke), Nr. 21), jedoch bestand zu dieser Zeit in Tübingen gar keine Druckerei (siehe Anm. 34); der Druck fehlt in der ohnehin lückenhaften Bibliographie von FALK, Der Oppenheimer Drucker Köbel, gest. 1533, in: Korrespondenzblatt des Gesamtvereins der Deutschen Geschichts- und Alterthumsvereine 24 (1876), S. 40–42, 49–51 (S. 51 nennt in der Rubrik „Allerlei" allerdings die zwei Schriften Adlers). Die Herausgeberschaft Adlers sowie die Datierung auf ca. 1516 und die Lokalisierung in Oppenheim findet sich bereits bei STEIFF (wie Anm. 24), S. 240: „Dieser Tractat wurde sehr wahrscheinlich von Joh[annes] Aquila herausgegeben. [...] Der Druck fällt dann wohl ebenfalls ins Jahr 1516. Dass Oppenheim der Druckort ist, ergibt sich mit aller Sicherheit aus den Typen"; ROTH, Buchdruckerei (wie Anm. 1), S. 27 f.: „Durch die Ausstattung bestimmt aus Oppenheim. Wohl aus 1516"; BENZING, Bibliographie (wie Anm. 1), S. 41: „Herausgeber ist wahrscheinlich Johannes Aquila". Bei ROTH, Köbel (wie Anm. 1), S. 160, ist der Druck zwar Köbel zugewiesen, die Angabe Anm. 6, dass Johannes Virdung (†1535) der Herausgeber sei, meint aber eine andere Ausgabe (siehe Anm. 63).

30 Beide Drucke benutzen als Textschrift eine Antiqua von recht geringer Größe, als Auszeichnungsschrift stehen für den Normalfall eine fette gotische Minuskel in doppelter Grundschriftgröße – neben den beiden Titelseiten findet sich diese für fast alle Überschriften und immer für die erste Zeile bei Abschnittsbeginn mit oder ohne Initiale, gelegentlich auch innerhalb eines Abschnitts bei Absatz, den sonst ein Kapitelzeichen markieren kann –, für Sonderfälle zudem recht breite Versalien in dreifacher Grundschriftgröße (bei Biel für die Kapitelüberschrift „QVESTIO", bei Adler für die Kapitel- bzw. Abschnittsüberschriften „EPIPHOMENA PROHEMIALIS", „BASIS PRIMA", „BASIS SECVNDA", „BASIS TERTIA" und „ALTERVM CAPVT ET ...") zur Verfügung, die in normaler Schriftgröße bei Adler auch zur Binnengliederung von Abschnitten dienen. Die Schmuckinitialen in Form eines mit verschiedenem Zierrat gefüllten Kästchens kommen in fünf verschiedenen Größen vor: zwölf Textzeilen (Textbeginn bei Biel, Einleitungsbeginn bei Adler), sieben bis acht Textzeilen (Widmungsvorredenbeginn und zwei Abschnittsanfänge bei Adler), sechs Textzeilen (einige Abschnittsanfänge bei Adler), vier bis fünf Textzeilen (alle Abschnittsanfänge bei Biel, die meisten Abschnittsanfänge bei Adler) und drei Textzeilen (alle Registerbuchstaben bei Adler).

31 Zum Holzschnittwerk in den Drucken Köbels, das sowohl umfangmäßig als auch von der

Titel seines eigenen zu druckenden Werks für das herauszugebende Werk übernommen haben, denn ein Titel war bei Biel wegen der ursprünglichen Unselbständigkeit von dessen Geldtheorie natürlich nie vorhanden; der einzige Unterschied ist, dass Adlers Schrift *opusculum*, Biels *tractatus* heißt. Weshalb allerdings Adler – freilich könnte auch Köbel als Drucker der Ideengeber gewesen sein – die Herausgabe der Geldtheorie Biels, des einzigen Separatdrucks aus dem *Collectorium circa quattuor libros Sententiarum*, für notwendig erachtete, muss zunächst offenbleiben. Biels *Collectorium* war vollständig erstmals 1501 in Tübingen bei Johannes Otmar, dessen Ausgabe als Grundlage für alle weiteren Auflagen und Nachdrucke diente, gedruckt worden,[32] und auch der Separatdruck Adlers beruht – mit nicht unwesentlichen Änderungen[33] – auf einem Auszug aus dieser Erstedition. Der Herausgeber des *Collectorium*, der Tübinger Theologieprofessor und Biel-Schüler Wendelin Steinbach (†1519), der in Lehrveranstaltungen selbst die von Biel unbearbeitet gebliebenen 28 Distinktionen des vierten Sentenzenbuchs, die dessen Schüler Gallus Müller (†1546) 1521 als *Supplementum* im Druck herausgab, traktierte, wäre als Herausgeber des Bielschen Separatdrucks ohnehin wohl nicht in Frage gekommen. Ob Adler zuvor durch Biel, dessen geldtheoretische Überlegungen ihm mit Sicherheit bekannt gewesen waren, zur Beschäftigung mit dem Thema Geld angeregt wurde, oder ob es sich etwa aus dem Problemfeld seines Spieletraktats einfach so ergeben hat, ist freilich kaum mehr aufzuklären.

Über die Gründe, die Johannes Adler gen. Aquila dazu bewogen, seine beiden einzig bekannten juristischen Traktate zusammen mit der Geldtheorie Biels bei Köbel in Oppenheim und nicht – wie eventuell seine artistische Bearbeitung der *parva logicalia*, damals bei Johannes Otmar – vor Ort in Tübingen drucken zu lassen, könnte sein Tübinger Beziehungsgeflecht Auskunft geben. Höchstwahrscheinlich hätte die Offizin von Thomas Anshelm (†1523),[34] 1511 aus Pforzheim kommend und dort wie in

---

Qualität her – zumal es ziemlich früh teils im Stil der Renaissance gehalten ist und sich diesbezüglich an südwestdeutschen und speziell Straßburger Werkstätten orientiert – relativ bedeutend ist, das allerdings nicht etwa von Köbel selbst, sondern von verschiedenen, wahrscheinlich nur in einem Fall bekannten Künstlern gefertigt wurde, vgl. z. B. Gilbert R. REDGRAVE, Some early book-illustrations of the Oppenheim press, in: Transactions of the Bibliographical Society 3 (1895/96), S. 71–80; F. W. E. ROTH, Jacob Köbel, Buchdrucker zu Oppenheim, als Buchillustrator, in: Zeitschrift für Bücherfreunde 1 (1897/98), S. 443–445; BENZING, Bibliographie (wie Anm. 1), S. 10–12.

32 Bibliographischer Nachweis: STEIFF (wie Anm. 24), Nr. 15; VD16 fehlt (der Druck ist weder datiert noch lokalisiert, kann anhand der Drucktypen aber sicher der Offizin von Otmar, bei dem der Verleger Friedrich Meynberger (†1513) den Druck besorgte, zugewiesen werden; die Datierung auf 1501 anhand der Vortexte ist eindeutig); die angeblichen Ausgaben Tübingen 1495 und 1499 existieren nicht (vgl. STEIFF (wie Anm. 24), Nr. 5 (apokryphe Drucke)). Weitere Drucke: Basel 1508 und 1512 (1588 ist apokryph), Paris 1514, Lyon 1514, 1519, 1527 und 1532, Brixen 1574 (mit *Supplementum* Wendelin Steinbachs, zu dessen Erstausgabe (Paris 1521) vgl. STEIFF (wie Anm. 24), Anhang Nr. 51, S. 245 f.); faksimilierte Nachdrucke: Gabriel BIEL, Collectorium in IV libros sententiarum Guillelmi Occam, 2 Bde., Hildesheim / New York 1977 (Ausgabe Tübingen 1501); Gabriel BIEL, Epitome et collectorium ex Occamo circa quatuor sententiarum Libros, Frankfurt am Main 1965 (Ausgabe Basel 1508).

33 Siehe Kap. 2.2 mit Anm. 54.

34 Zum frühen Buchdruck in Tübingen vgl. STEIFF (wie Anm. 24), S. 3–26; Hans WIDMANN,

Tübingen als dezidierter Humanistendrucker sehr produktiv, schon vom Programm her nicht gepasst, wäre er nicht ohnehin zwischen Juli und November 1516 nach Hagenau gewechselt. Insofern stand, auch wenn Anshelm weiterhin für Tübinger Professoren und vor allem Humanisten druckte, in Tübingen zu diesem Zeitpunkt 1516 vielleicht gar keine Druckerei mehr zur Verfügung, da der nächste Drucker Ulrich Morhart (†1554) erst 1523 aus Straßburg kam. Den Kontakt zu der auch programmatisch besser passenden Offizin Köbels[35] – möglicherweise existierte bereits seit der parallelen Heidelberger Studienzeit eine Bekanntschaft Adlers mit Köbel – dürfte nun allerdings maßgeblich wohl der Tübinger Mathematik- und Astronomieprofessor Johannes Stöffler (†1531) vermittelt haben. Jedoch dürfte ebenso die Beziehung Adlers zu Georg Simler (†1536),[36] seinem Nachfolger auf dem Ordinariat für weltliches Recht, eine Rolle gespielt haben, der nicht nur – als Rektor an der Pforzheimer Lateinschule bis 1510 – für Anshelm als Korrektor und Herausgeber tätig war. Sondern von Tübingen aus, wohin er 1510 als Lehrer des Griechischen und Hebräischen und gleichzeitig Student an der Juristenfakultät ging, arbeitete Simler auch für Köbel in Oppenheim, wie sich eben anhand Adlers Spieletraktat belegen lässt. Denn Adler übergab sein dem Würzburger Bischof Lorenz von Bibra (1495–1519) und Herzog Ulrich von Württemberg (1503–1519, erneut 1534–1550) in einer Widmungsvorrede, datiert Tübingen, am 31. Juli 1514, zugeeignetes Werk[37] nach Ausweis einer zweiten Vorrede vom

---

Tübingen als Verlagsstadt (Contubernium. Beiträge zur Geschichte der Eberhard-Karls-Universität Tübingen, Bd. 1), Tübingen 1971, S. 1–45; Eine Stadt des Buches. Tübingen 1498–1998 (Tübinger Kataloge, Bd. 50), Tübingen 1998, darin: Gerd BRINKHUS, Zwischen Privilegien und Zensur. Das Verhältnis von Buchgewerbe und Universität, S. 11–20, bes. S. 11–13, und Wilfried LAGLER, Drucker, Händler und Gelehrte. Die Druckerverleger, S. 21–34, bes. S. 21–26.

35 Neben einem sehr wahrscheinlichen thematischen Interesse Köbels an den zwei geldtheoretischen Werken, das zumal anhand von dessen Biographie und eigenem Werk glaubhaft zu machen ist (siehe Einleitung), steht auch Adlers Spieletraktat im Druckprogramm nicht isoliert, da auch zwei andere Werke zur erweiterten Spielethematik aufgenommen wurden (vgl. BENZING, Bibliographie (wie Anm. 1), Nr. 69, S. 51, Nr. 72, S. 53).

36 Zu Simler vgl. jetzt mit aller einschlägigen Literatur FINKE, Professoren (wie Anm. 16), S. 298–308.

37 Während die Dedikation an Herzog Ulrich als regierendem Landesherrn keiner besonderen Erklärung bedarf, könnte sich die an den Würzburger Bischof möglicherweise mit dem Nachwirken einer biographischen Episode Adlers – er tritt in einer undatierten, aber wohl noch in sein zweites Lebensjahrzehnt zu legenden Urkunde als Zeuge in einem Haller Prozess auf, wo er „famulus decani in Würzburg" heißt (vgl. FINKE, Professoren (wie Anm. 16), S. 127 mit Anm. 12) – begründen lassen. Nach der Richtigkeit dieser Annahme sowie den genauen Gründen und Anlässen für die zwei Widmungen – Adler bezeichnet beide in ihrer Eigenschaft als Herzöge explizit als seine Herren („... suisque dominis precipuis, Ioannes Aquila, utriusque iuris doctor, sese commendat") – wäre freilich noch zu forschen. Der stark formalisierte Widmungstext („[...] Ego itaque delegi vos proceres integerrimos Francię Sueęvieque orientalis duces prestantissima mea presidia, quibus meam dedico opellam de ludis gymnicis et scęnicis deque athlętis agonibus in certaminibus et gladiatoribus in ludicris artibus. [...] Ideoque vos mea presidia optima vestras velim exoratas habere dominationes, si quod confidentius in hac re fecerim boni equique consulatis. [...] Valete mea presidia felicia nestorios ...") scheint dafür zunächst nichts herzugeben.

gleichen Datum an Simler zur Korrektur und an Köbel zum Druck („Ad Georgium Symlerum orthosynthaticum et Iacobum Kobelium calcographum, in hac arte primi nominis, Ioannes Aquila, utriusque censurę authographus humillimus").[38] Damit stand Simler also bereits vor seiner vertretungsweisen Übernahme des Extraordinariats für weltliches Recht 1515 von Johannes Lupfdich (†1518) zu Adler in Beziehung, zumindest als Korrektor („orthosynthaticus") oder auch Herausgeber für dieses eine Werk, wahrscheinlich aber überhaupt als sein Student im weltlichen Recht. Zum Spieletraktat hat auf der Titelseite übrigens Johannes Huttich (†1544), zeitweilig Korrektor Köbels, ein Hexastichon beigesteuert („Amatorem ludi litterarum studiosum hexasticho alloquitur Io. Hutichius"), Peter Günther (†1517), ständiger Korrektor, auf der Titelrückseite über dem Adlerschen Wappen ein Epigramm auf eben dieses Wappen[39] und nach dem Stichwortverzeichnis ein 21-zeiliges Gedicht („Petri Guntheri ludus in ludos Ioannis Aquilæ, philosophię atque iurium doctoris clarissimi"). Zur Beziehung Adlers zu Simler passt auch, dass letzterer in seinen 1512 bei Anshelm publizierten *Observationes de arte grammatica* nach einer Widmungsvorrede an den württembergischen Kanzler Gregor Lamparter (†1523), den Tübinger Theologieprofessor Jakob Lemp (†1532) und Lupfdich auch 28 lobpreisende Disticha eben an Adler richtete.[40] Eine Verbindungslinie gibt es aber ebenso von Simler zu Stöffler,[41] wenn ersterer

---

38 Im Text, wo Adler mit stark moralisierendem Einschlag die Beweggründe für die Abfassung seines Spieletraktats – in der Quintessenz das sündhafte Würfelspiel – darlegt, heißt es: „... ego hascę meorum studiorum ineptias ... dicavi iampridem illustribus amplissimisque viris, quae profecto haud contemnende sunt, quia ab Aquila, non omne sublime (quod homo est) pervolante, editę sunt. [...] Quapropter, mi Georgi, spicilegium istud sive enchiridion de scenicis et gymnicis ludis ad te atque Iacobum nostrum dedi, ut, si placeat nostra satio (nec pigeat sicienter [!] legere), aleam subeat his saturnalibus (ut aiunt) diebus, quibus ipse vacat calcographus alter (in calcographia a Germanis inventa) dedalus, cui omnes (modo diligentissimo) plurimum debent doctrinę cupitores et litterarum dilectores. Cum ab eo scriptorum scaturierint prius incogniti rivuli, librorum cęterorum vero copia ęmanaverit. Bene valete cursim ..." Allerdings ist Simler nur für dieses eine Werk als Korrektor bei Köbel belegt, so dass wahrscheinlich ist, dass diese Tätigkeit als Einzelfall infolge einer besonderen Beziehung zu Adler – die Anrede „mi Georgi" klingt recht persönlich, wie auch die Bezeichnung „Iacobus noster" auf eine bereits bestehende Verbindung Adlers zu Köbel hindeuten könnte – und nicht als kontinuierliche Anstellung zu verstehen ist.

39 Aus der Überschrift des Epigramms („In arma Ioannis Aquilę, studii Thubingensis legum ordinarii et iuridicę facultatis decani meritissimi, epigramma P[etri] G[untheri]") ist zu ersehen, dass Adler 1516 Dekan der Juristenfakultät war – eine für die vorreformatorische Zeit angesichts des Verlusts fast aller offiziellen Dokumente sehr willkommene Angabe (fehlt bei FINKE, Professoren (wie Anm. 16), S. 126–134); aufgrund des Quellenmangels ist leider nicht genauer festzustellen, für welches Semester dieses Dekanat gilt, so dass daraus auch nicht auf eine eventuell präzisere Abfassungs- bzw. eigentlich Druckzeit des Spieletraktats geschlossen werden kann.

40 Bibliographischer Nachweis: STEIFF (wie Anm. 24), Nr. 27, S. 84 f.; vgl. FINKE, Professoren (wie Anm. 16), S. 307, Nr. A1e. Die überaus kunstvollen Disticha – danach folgt noch eine Rede an den Leser von Johannes Hiltebrandt (†1514), und ganz am Anfang, vor der Widmungsvorrede, hat Jakob Spiegel (†1547) 20 Disticha beigetragen – sind überschrieben mit „Ioanni Haliæeto [!], prudentię civilis interpreti consultissimo, Georgius Simler".

41 Zu Stöffler vgl. Albert MOLL, Johannes Stöffler von Justingen. Ein Characterbild aus dem ersten Halbjahrhundert der Universität Tübingen, Lindau 1877; aktuell – mit relevanten Nach-

nämlich zum Druck von dessen *Tabulae astronomicae* 1514 bei Anshelm ein Tetrastichon und für die von Stöfflers Nachfolger Philipp Imser (†1570) posthum 1531/33 bei Morhart herausgebrachten *Ephemeridae* einen Einleitungsbrief an Imser schrieb.[42] Und über Stöffler auch zu Köbel, denn zu Stöfflers in Oppenheim 1512/13 erstmals erschienener und 1524 neu aufgelegter *Elucidatio fabricae ususque astrolabii* hatte Simler neben Texten des Johannes von Wirsberg (†1537), des Korrektors Günther und Philipp Melanchthons (†1560) ebenfalls zwei Epigramme vorausgeschickt.[43] Stöffler selbst war einer der bedeutendsten Autoren Köbels, wo auch sein *Calendarium Romanum* – 1518 auf Latein und vermutlich 1518, sicher 1522, in deutscher Übersetzung – gedruckt wurde,[44] wobei dieser Verlagswechsel von Tübingen nach Oppenheim wohl maßgeblich durch die gemeinsamen mathematisch-astronomischen Interessen bestimmt war.

Johannes Stöffler als Köbelscher Autor, der aber auch darüber hinaus zu Köbel offenbar enge Freundschaft, ausgedrückt in zahlreichen Briefen und Widmungen zu Beginn der jeweiligen Werke, pflegte, dürfte jetzt auch Johannes Adler gen. Aquila nach Oppenheim vermittelt haben. Denn Adler widmete seine Geldtheorie in einem langen, fünfseitigen Vorwort eben Stöffler, der seit 1507 bis zum Pesttod 1531 die Lektur für Mathematik und Astronomie in Tübingen innehatte und allein schon dadurch mit Adler bekannt gewesen sein sollte. Dass ihre Beziehung, was eine Widmung als zentrale paratextliche Aussage eines Werks voraussetzt, durchaus eine intensive und bereits langandauernde gewesen sein muss – für die es ansonsten freilich keinerlei Anhaltspunkt gibt –, zeigt nicht nur die Anrede Stöfflers („Ad Ioannem Stoff-

---

weisen – Günther OESTMANN, Schicksalsdeutung und Astronomie. Der Himmelsglobus des Johannes Stoeffler von 1493. Ausstellungskatalog Württembergisches Landesmuseum Stuttgart, Stuttgart 1993, S. 5–21, bes. S. 5–10 und 16–20; Gerhard BETSCH, M. Johannes Stöffler und die Anfänge der mathematischen Wissenschaften an der Universität Tübingen, in: Magdalena HYKŠOVÁ / Ulrich REICH (Hrsg.), Wanderschaft in der Mathematik. Tagung zur Geschichte der Mathematik in Rummelsberg bei Nürnberg (4.5. bis 8.5.2005) (Algorismus. Studien zur Geschichte der Mathematik und der Naturwissenschaften, Bd. 53), Augsburg 2006, S. 28–40 mit Werkverzeichnis S. 39; Gerhard BETSCH, Die Anfänge der mathematischen Wissenschaften an der Universität Tübingen – Johannes Stöffler und Philipp Imser, in: LORENZ / BAUER / AUGE (wie Anm. 18), S. 127–158, hier S. 128–132, 135–139 mit Werkverzeichnis S. 155–157.

42 Bibliographische Nachweise: STEIFF (wie Anm. 24), Nr. 66, S. 116f. (1514), Nr. 142, S. 180f. (1531), Nr. 149, S. 186f. (Neudruck 1533); der Hinweis darauf fehlt bei FINKE, Professoren (wie Anm. 16), S. 306–308.

43 Bibliographische Nachweise: BENZING, Bibliographie (wie Anm. 1), Nr. 27, S. 23 (1513), Nr. 89, S. 63f. (1524); ROTH, Buchdruckerei (wie Anm. 1), Nr. 8 (1512), 41 (1524) (datierte Drucke); vgl. STEIFF (wie Anm. 24), Anhang Nr. 33, S. 238f. (1513), Anhang Nr. 53, S. 247 (1524); vgl. FINKE, Professoren (wie Anm. 16), S. 307, Nr. A1f. an Vermutlich war Simler zusammen mit Imser 1533/34 auch an der Vorbereitung des letztlich infolge des Brands des Tübinger Sapienzhauses Anfang 1534 unterbliebenen Drucks von Stöfflers Ptolemäus-Kommentar, vorgesehen bei Morhart, beteiligt (vgl. STEIFF (wie Anm. 24), S. 195, Anm. 1; FINKE, Professoren (wie Anm. 16), S. 305).

44 Bibliographische Nachweise: BENZING, Bibliographie (wie Anm. 1), Nr. 58, S. 45 (1518 in Latein), Nr. 59, S. 45f. (1518 in Deutsch), Nr. 77, S. 55–57 (1522); ROTH, Buchdruckerei (wie Anm. 1), Nr. 29 (1518 in Latein), 38 (1522); vgl. STEIFF (wie Anm. 24), Anhang Nr. 39, S. 241 (1518 in Latein), Anhang Nr. 40, S. 241f. (1518 in Deutsch).

lerinum, facile omnium nostro ęvo principem mathematicorum, Ioannes Aquila, utriusque legis interpres"). Sondern dies verdeutlichen ebenfalls die sehr persönlichen Schlussworte: „Ita ... tibi, parenti meo, in mathematicis atque numeris peritissimo, ex iam dudum coita amicitia dicamus collectionis nostrę opusculum de potestate et utilitate nummismatis. [...] Ut sit nostre vicissitudinis mutuę evidens inditium et pignus, quod, si a te approbabitur, forte aliquando in lucem prodibit et bonis auctoribus (non blacteronibus) occasio ad maiora atque meliora erit", und er verabschiedet sich mit „Vale, et tuo Ioanni Aquilę (ut facis) semper fave". Der Inhalt der Widmungsvorrede – irgendwelche weiteren Vortexte gibt es nicht[45] – hat mit der eigentlichen Thematik des Traktats allerdings nichts zu tun, wie ohnehin erstaunt, dass Adler seine Geldtheorie gerade einem Mathematiker gewidmet hat, doch versucht er sich am Schluss der Vorrede selbst an einer Verknüpfung. Zunächst aber geht es um Betrachtungen zum Begriff „mathematicus" bzw. „mathemata", von wo aus er sehr schnell zum Begriff des „magus" und zu dessen magischen, also zauberischen und speziell wahrsagerischen Fähigkeiten kommt, dem er den wahren Mathematiker gegenüberstellt. Letztlich thematisiert Adler in gewisser Weise die Herausbildung der Mathematik als Wissenschaft, gerade in ihrer Verbindung, allerdings auch Abgrenzung zur Astronomie bzw. Astrologie,[46] womit er sicherlich das Interesse des Bewidmeten geweckt hat. Dann jedoch, nachdem die Dedikation quasi an seinen geistigen Vater („parenti meo") – möglicherweise hat Adler irgendwie bei Stöffler studiert – ausgesprochen worden ist, zieht Adler die Linie von der Mathematik als Zahlenwissenschaft zu seinem Traktat über das Geld: „In quo arithmetica exercetur ..."; die Arithmetik lässt er gemäß dem Zeugnis Platons als vornehmste der Wissenschaften gelten, und eben das Zählen („numerare") hätten sie beide gemeinsam.[47] In dieser Widmungsvorrede, die nicht mit Belegen vornehmlich aus der antiken, und zwar griechischen wie römischen Literatur geizt, wird nun humanistisches Gedankengut offenbar, wovon schon Adlers Latinisierung seines Namens zeugt. Sicher nicht nur über Köbel – Stöffler selbst stand etwa mit Johannes Reuchlin (†1522) in Briefkontakt, in Tübingen gab es seit 1481 eine Humanistenlektur, zur Zeit Adlers besetzt mit Heinrich Bebel (†1518) –, aber eben

---

45 Auch von einem Korrektor hört man nichts, wie ja nicht jeder Druck eines Werks eines Korrektors bedurfte; in Betracht käme natürlich Georg Simler wie bei Adlers Spieletraktat, und überträgt man die dortige Zeitspanne zwischen der Korrekturbeauftragung Mitte 1514 und dem Druck irgendwann 1516 auf Adlers geldtheoretischen Traktat, dann könnte dieser als Text vielleicht auch schon ein bis zwei Jahre vor Drucklegung entstanden sein.

46 Es ist ganz unmöglich, hier – was auch für die Behandlung der geldtheoretischen Überlegungen Biels und insbesondere Adlers insgesamt zutrifft – den genauen Inhalt und vor allem den Gedankengang der Widmungsvorrede darzustellen oder deren Quellenangaben zu verifizieren, was alles Aufgabe eines eigenständigen Aufsatzes wäre.

47 Widmungsvorrede S. 5, bei Randbuchstabe T–V: „In quo arithmetica exercetur, per numeros philosophandi institutio antiqua illa quidem, quę et a priscis theologis ... observata. Scribit enim Plato in Epimenide: inter omnes liberales artes et scientias contemplatrices precipuam maximeque divinam esse arithmeticam (non mercatoriam), sed illam divinam numerandi artem. Querens item, cur homo sapientissimum est animal; respondet, quia numerare novit. Scribit Albumasar: verbum fuisse Avenzoar Babilonii eum omnia nosse, qui noverat numerare. Opusculum predictum sit qualecunque tibi; in primis illud facimus commune."

auch über Köbel kam Adler aller Wahrscheinlichkeit nach mit dem Humanismus in Kontakt. Köbel nämlich war gerade den oberrheinischen Humanistenkreisen in Worms, Speyer und speziell Heidelberg mit seiner *Sodalitas litteraria Rhenana* eng verbunden und pflegte auch darüber hinaus Kontakte zu zahlreichen bedeutenden Humanisten.[48] Es soll hier freilich nicht behauptet werden, dass Adler diesem illustren Kreis irgendwie zuzurechnen oder gar als Exponent des frühen Tübinger Humanismus anzusehen wäre; aber es gab Berührungspunkte, wie die Vortexte zu seinem Spieletraktat belegen.[49] Adler kann damit als ein weiterer Vertreter der Tübinger Juristen – wie etwa Georg Simler, der nicht nur mit dem Humanisten-Drucker Anshelm, sondern auch direkt mit Reuchlin bzw. Melanchthon arbeitete – mit zumindest einer gewissen Aufgeschlossenheit gegenüber der neuen Geistesströmung und ihren veränderten wissenschaftlichen Inhalten gelten.

2. Die Werke

2.1. Gabriel Biel

Es sei nochmals in Erinnerung gerufen, dass Gabriel Biel mit Blick auf sein gesamtes Leben und Werk dezidiert von der Theologie herkommt, und zwar im Fall seines *Collectorium circa quattuor libros Sententiarum*, das die geldtheoretischen Überlegungen beinhaltet, von der strikt scholastisch-systematischen Theologie. Seine Geldtheorie bildet also keineswegs ein eigenständiges, in genuin geldtheoretischer Absicht verfasstes Werk, sondern ist ein kleiner – wenn auch neben vielen weiteren Inhalten gleichberechtigter – Bestandteil eines großen, ganz anders intendierten und konzeptionell austarierten Gesamtwerks. Im Folgenden ist diese deshalb zunächst ausschließlich anhand des Texts im *Collectorium* zu untersuchen;[50] der Separatdruck in Oppenheim ca. 1516 bleibt hier erst einmal außen vor, und dies gilt auch für anderweitige Äußerungen Biels zum Thema Geld im erweiterten Sinne, in anderen Werken wie gerade auch im *Collectorium* selbst.[51] Entsprechend seinem Ziel, den Sentenzen-

---

48 Zum Thema Köbel und Humanismus vgl. die Werkliste bei BENZING, Bibliographie (wie Anm. 1), Register; dazu bes. ROTH, Köbel (wie Anm. 1), passim; Ernst JUNGKENN, Fürstbischof Johann von Dalberg, der Frühdrucker Jakob Köbel und die Sodalitas litteraria Rhenana, gegr. 1491 in Mainz, in: Mainzer Kalender 1956, S. 69–82.

49 Natürlich ist nicht immer klar, ob die verschiedenen Beiträger von Vortexten direkt mit dem Autor des Werks in Beziehung standen oder aber – und vielleicht nur – zum Drucker, zum Korrektor oder zu anderen Beiträgern, so dass eine diesbezügliche Interpretation der Vortexte mit Vorsicht vorzunehmen ist. Wichtig für eine Rekonstruktion von Adlers Beziehungsnetz sind allerdings auch die Personenkreise, die sich ihrerseits über Personen ergeben, mit denen Adler nachweislich verbunden war, etwa Georg Simler und Johannes Stöffler; soweit zu erkennen, spielt die Person Adlers im Kontext des südwestdeutschen Humanismus bislang keine Rolle.

50 Die nachfolgend gegebenen Zitate entstammen daher der Collectorium-Edition (wie Anm. 12), Bd. 4,2, S. 175–189.

51 Siehe das ausführliche Register zum *Collectorium* in der Collectorium-Edition (wie Anm. 12),

kommentar Ockhams – und damit auch dessen Vorlage, die Sentenzen des Petrus Lombardus – zu erläutern, hat es sich Biel zur Aufgabe gemacht, zu seiner Vorlage „scholasticas movere quaestiones", und dieses scholastisch-dialektische Vorgehen wird schon am formalen Aufbau des Gesamtwerks ebenso wie der die Geldtheorie bietenden Quaestio 9 der 15. Distinktion des vierten Buchs deutlich. Wie für einen Sentenzenkommentar üblich, der seinerseits in Distinktionen mit meist mehreren dazugehörigen Quaestionen zerfällt, bildet den Ausgangspunkt die *quaestio*, eine Fragestellung in Anlehnung an das zu kommentierende Werk oder selbst argumentatorisch entwickelt, die daraufhin in drei *articuli* gelöst wird. Den Beginn machen *notabilia* – hier fünf –, die Begriffserklärungen und gegebenenfalls eine Konkretisierung der Fragestellung geben; danach kommen *conclusiones* – hier sieben –, in denen die Fragestellung in Form von Schlussfolgerungen durch Diskussion der jeweils unter Anwendung der gesamten scholastischen Methodik traktierten Beweismittel einer positiven oder negativen Beantwortung zugeführt wird; zuletzt folgen *dubia* – hier vier –, wo Einwände gegen die Lösung nach Möglichkeit entkräftet und manchmal weitere Spezialaspekte des Themas behandelt werden. Ockham selbst hat übrigens zum Thema Geld gar nichts beigetragen, seine *Quaestiones in librum quartum Sententiarum* beschäftigen sich zwar bis auf die letzten fünf mit den Sakramenten der Taufe (Q. 2–5), der Eucharistie (Q. 6–9) und der Buße (Q. 10–11), bezüglich letzterer aber lediglich mit den Fragen, ob Sünde auch ohne Buße nichtig werden könne und ob jedem Büßer eben durch die Buße Vergebung zuteil werde.[52] Insofern ist Biel im Kontext des Themenfelds Sünde, Beichte, Buße und Vergebung in seiner gesamten 15. Distinktion, die bekanntlich über den Fall der zum Schaden des Nächsten unrechtmäßig erlangten Dinge handelt, weitgehend selbständig. Im Rahmen der für ihn leitenden Restitutionsproblematik lautet jetzt die *quaestio*, zu der er anhand der Überlegung „Quia per simulationem et falsitatem res acquiruntur contra voluntatem (saltem condicionatam) domini rei" überleitet und unter deren Prämisse die geldtheoretischen Überlegungen Biels in ihrer Gesamtheit stehen: „Utrum falsarius acquirens aliquid per dolum falsitatis teneatur ad restitutionem taliter acquisiti damnificatis."

Registerband, S. 145–184. Dort S. 5–43 ist auch das *Inventarium generale, breve et succinctum contentorum in quattuor Collectoriis Gabrielis* aus dem Erstdruck 1501 ediert; von den darin enthaltenen Lemmata sind für Buch IV, Dist. 15, Q. 9 relevant S. 23: „Falsarius: Falsarius quis, quotuplex. Quotupliciter committitur falsitas" und S. 30: „Numisma, moneta: Numisma quare inventum. De eius condicionibus. De moneta, quis habet eam condere. De eius falsificatione, mutatione, dispensatione fraudulenta, translatione ad terram aliam, reservatione et conflatione propter lucrum. Quando princeps potest mutare monetam. Et cuius consensus ad hoc requiritur." Laut eines weiteren Eintrags in diesem *Inventarium generale* hat sich Biel in Buch IV, Dist. 15, Q. 13 auch mit dem Spielwesen befasst (S. 28: „Ludus: Ludus alearum, scacorum, si sit licitus vel de se malus. Si acquisita sint restituenda. De inspectoribus ludentium. De ministrantibus ludendi instrumenta. Ibi de ludo vadiantium et similibus. Item in genere: An ludus gratia lucri et quaestus sit de se malus"); es wäre interessant zu prüfen, inwieweit sich der Spieletraktat Adlers an den Bielschen Überlegungen orientiert oder auf eigenständiger Argumentation beruht.

52 Edition: Venerabilis inceptoris Guillelmi de Ockham Quaestiones in librum quartum Sententiarum (Reportatio), ed. Rega WOOD / Gedeon GÁL / Romualdo GREEN (Guillelmi de Ockham opera philosophica et theologica ad fidem codicum manuscriptorum edita, Abt 2: Opera theologica, Bd. 7), St. Bonaventure/N. Y. 1984.

Für den ersten *articulus* muss Biel in Notabile 1 zunächst klären, was einen „falsarius" bzw. was „falsitas" überhaupt ausmache, als deren Quintessenz er die unmittelbare oder mittelbare unrechtmäßige Täuschung („deceptio") des Nächsten definiert („... falsarius est, qui falsitatem inducit seu committit, directe vel indirecte, ad proximi deceptionem iniustam"). Als Gegenteil der Wahrheit werde eine Sache bei Falschheit vom Verstand („ab intellectu") anders wahrgenommen, als sie tatsächlich sei, etwa mit minderwertigem Metall vermengtes Gold oder mit Wasser verdünnter Wein als reines Gold bzw. reiner Wein. Zu dieser Falschheit könne es auf viererlei Weise kommen: im Kopf („in mente") – wenn man etwas schlichtweg falsch verstehe –, in der Sprache („in verbo") und in der Schrift („in scripto") – wenn man etwas falsch benenne, durch unrichtige Berichte („falsis relationibus"), Lügen („mendacibus"), Versprechungen („promissionibus"), Fallstricke („fallacibus"), Andeutungen bzw. Verschweigen („verborum cautelis loquendo vel tacendo") – und im Tun („in opere") – wenn man etwas nur vorgebe zu tun, und zwar hinsichtlich des Wesens („in substantia"), der Abmessungen („in mensura"), des Gewichts („in pondere") und der Anzahl („in numero") einer Sache oder durch Heuchelei („in pharisaica simulatione"). Da aber allein Falschheit im Kopf den Nächsten nicht täusche, da sie ihm verborgen bleibe, die anderen drei Arten jedoch sehr wohl, und weil speziell sachliche Falschheit („falsitas in rebus") oft bei Tauschhandlungen wie Verkauf und Kauf vorkomme, deren Mittel („medium") das Geld sei, geht Biel im Folgenden zur Münzfälschung („falsificatio numismatis") über. In Notabile 2 schickt er freilich knapp – und letztlich nach Aristoteles – voraus, dass der Gebrauch von Geld aus der Notwendigkeit heraus („ex necessitate") erfunden worden sei, eben diese für den Menschen lebenswichtigen Tauschhandlungen zu erleichtern. Nach Referat der Gründe, die den Direkttausch von Gütern behinderten – weite Entfernung und damit schwieriger Transport, begrenzte Haltbarkeit, verschiedene Bedürfnisse, die eine Teilbarkeit erforderten, vieles von hohem Wert aber unteilbar sei –, gibt Biel auch die Vorzüge eines kleinen und damit leicht zu handhabenden und zu transportierenden sowie hoheitlich gekennzeichneten und damit in seiner Rechtmäßigkeit allgemein akzeptierten wie in seinem Gegenwert garantierten Tauschmittels mit bestimmtem Gewicht und damit fester Wertigkeit, aus wertvollem und damit werttragendem Material und mit der Fähigkeit, in Untereinheiten geteilt zu werden, wieder. Er endet mit der Feststellung, dass Geld diese Eigenschaften sowohl aus sich heraus („ex sui natura") als auch durch Satzung der Menschen („ex hominum instituto") nach deren Bedürfnissen besitze und dementsprechend in seinem Wert als sicherer Maßstab aller Güter („certa mensura omnium commutabilium et venalium") veränderlich sei. In Notabile 3 arbeitet Biel danach drei Arten der Münzfälschung gemäß des dreifachen Wesens einer Münze („substantia monetae") heraus: im Material („materia metallata" bzw. „substantia") – wenn die festgesetzte Metallmischung („liga legitima") nicht stimme –, im Gewicht („quantitas ponderis") – wenn das festgesetzte Gewicht („legitimum pondus") nicht stimme – und in der Form („publica forma") – wenn die hoheitlichen Namen, Zeichen und Bilder nicht stimmten. Zur Gewichtsfälschung diskutiert Biel kurz die widersprüchliche Tradition und kommt zu der Auffassung („quod sic intelligo"), dass das Gewicht einer Münze prinzipiell mit dem des ungeprägten Metalls („quantitas substantiae") übereinstimmen müsse und nicht durch Befeilen bzw. Beschneiden („per rasuram") oder „subtilius" durch chemische Behandlung („per aquam artificialem corrosivam") und anderweitig verringert werden dürfe. Denn Fälschung im Gewicht bedeute dann auch einen Substanzverlust („diminutio substantiae") der Münze, weil entsprechend der Gewichtskongruenz ebenfalls der Wert („valor") des gemünzten und ungemünzten Metalls – bei Abzug nur der Herstellungs- und Arbeitskosten („saltem deductis expensis et labore") – identisch sein müsse. Zur Formfälschung sagt Biel im Anschluss an die Tradition, dass die Form einer Münze ein Garant für deren Echtheit und Rechtmäßigkeit („quaedam testificatio veritatis et iustitiae ipsius monetae") hinsichtlich Material und Gewicht sei – was er auch anhand bildsymbolischer Überlegungen absichert –, weshalb diese hoheitlich vorgegebene Form („forma praefinita") in keinster Weise verändert werden dürfe. In Notabile 4 geht es Biel um die auf verschiedene Arten erreichbare und bereits am Schluss von Notabile 3 in Verbindung mit der klassischen Etymologie von „moneta" – die aus sich heraus vor Betrug („fraus") hinsichtlich Material und Gewicht warne („monere") – angesprochene Münzveränderung („mutatio monetae"). Diese geschehe im Material („in materia") – wenn infolge Metallmangels oder -überflusses Münzen aus anderem Metall oder in anderer Legierung geprägt würden –, in der Form („in forma") – wenn Münzen mit verändertem Bild, Zeichen oder Umschrift geprägt würden –, im Wert („in valore") – wenn Münzen in Material und Gewicht verändert würden oder, falls beides gleichbleibe, ein neuer Wert festgesetzt („statuere") werde – und in der Bezeichnung („in nomine") – wenn Nebensächlichkeiten wie der Name von Münzherr und Münzstätte oder aber Hauptsächlichkeiten wie Nominalbezeichnungen mit direktem Bezug auf Gewicht und Wert verändert würden. Und diese Münzveränderungen könnten beim Münzwert während des Geldumlaufs vorgenommen werden, anderenfalls per Münzverrufung („reprobatio") und Verbot („prohibitio"), und zwar aus vernünftigen Gründen aus der Notwendigkeit heraus und zum Nutzen des Gemeinwesens („propter necessitatem aut utilitatem rei publicae") oder aus Gewinnsucht („ex cupiditate") und Hochmut („superbia") zu dessen Schaden („in damnum rei publicae"), so dass zwischen erlaubter („licite") und unerlaubter („illicete") bzw. schuldhafter („culpabiliter") Münzveränderung zu unterscheiden sei. In Notabile 5 gibt Biel noch genauere Erklärungen zu den genannten Formen von Falschheit in den Dingen („in rebus") – etwa bei Metallen („ut aurichalcum pro auro, electrum pro argento vel alchymisticum pro vero et naturali") –, hebt besonders aber auf die vielen Arten menschlicher Falschheit, also Simulation bzw. Heuchelei, ab.

Für den zweiten *articulus* verengt sich Conclusio 1 wieder auf die spezielle Münzfälschungsproblematik, und es kommt mit Blick auf seine *quaestio* mit der Frage nach Restitution, wofür die Frage Sünde oder nicht entscheidend ist, zunächst der Theologe Biel zu Wort, denn: „Falsificans monetam in substantia, forma vel pondere peccat mortaliter..." Dies begründet er damit, dass eine Münzfälschung den Tatbestand des Diebstahls („furtum"), die Wegnahme einer fremden Sache gegen den Willen ihres Besitzers, erfülle, weshalb Biel aus allgemeinen Schadens- und Bußüberlegungen heraus natürlich auch die Restitutionspflicht bejaht. Mit dem Zusatz „... si illud faciat in damnum proximi vel rei publicae" will er freilich unterschieden wissen, dass eine Münzfälschung ohne Wertveränderung nur in der Form ebenso keinen Schaden hervorrufe wie wenn eine gefälschte Münze nicht ausgegeben werde. Conclusio 2 überträgt die Situation des Schadens für das Gemeinwesen – quasi ein abstrakter „proximus" – auf die Münzveränderung: „Mutans monetam in damnum rei publicae tenetur damnum illatum restituendo compensare"; implizit ergibt sich daraus das Vorliegen von Sünde, womit auch diese schädigende Münzveränderung mit Münzfälschung gleichgesetzt wird, woraus Restitutionspflicht resultiere. Indirekt deutet Biel bereits hier an, dass für ihn nicht der Münzherr als Urheber einer Münzveränderung, sondern das Gemeinwesen die Münze besitze; zugleich untersucht er ausführlich drei Fälle für eine erlaubte Münzveränderung aus vernünftigen Gründen („ex rationabili causa"), die – da zum Nutzen des Gemeinwesens – zu keiner Restitutionspflicht führe. Erstens, wenn falsche Münzen in Form von Beischlägen („effigiare") oder Nachprägungen („contrafacere") durch fremde Herrscher oder Fälscher in boshafter („malitiose") Anlehnung an inländische Münzen umliefen, die aber als trügerisch („sophistica") wegen des geringeren Werts vom Volk („populus") nicht erkannt werden könnten, so müsse bei Versagen anderer Mittel eine neue Münze mit veränderter Form, jedoch gleichem Wert eingeführt werden. Zweitens, wenn die Münzen durch längeren Umlauf abgenutzt („peiorata") und somit wegen des verringerten Gewichts schlecht geworden seien, dann könnten die alten Münzen außer Kurs gesetzt („prohiberi") und neue mit verändertem Aussehen, aber bleibendem Gewicht geprägt werden. Drittens, wenn es infolge einer Knappheit von Münzmetall zu Preissteigerungen gekommen sei, weswegen entweder den umlaufenden Münzen ein neuer Wert zugewiesen oder andere Münzen mit geringerem Gewicht, allerdings jetzt gleichem Wert, ausgegeben werden könnten, was Biel an einem Beispiel erläutert. Letzteres sei vielleicht („forte") besser für das Gemeinwesen, indem so die Preise („pretia") für Waren oder die Beträge von Einkünften („redditus") und Zinsen („census") stabil blieben, wobei sogar die alten Münzen nicht verrufen werden müssten, wenn nur die Wertrelationen („debita proportio") unter den Nominalen und zu den Gütern gewahrt blieben. Als möglichen vierten Grund schiebt Biel noch nach, wenn Münzgewinn („lucrum") – nicht aber für den Münzherrn, sondern das Gemeinwesen – gemacht werden müsse: „Extra hos casus mutatio monetae in valore reproba est et iniusta", da sie sonst, egal auf welche Art, dem Gemeinwesen schade („rei publicae damnosa") und die Untertanen beraube („spoliativa subditorum"). Eine Münzveränderung ohne Einfluss auf den Münzwert sei freilich hinzunehmen, und sei es aus Hochmut („superbia"), Prunksucht („pompa"), Verächtlichkeit („aliorum contemptu") oder unrechtschaffenen Motiven („sinistra intentione"), was zwar keine Restitutionspflicht, aber durchaus Sünde nach sich ziehe – „Unde consilium est, quod non fiat mutatio monetae nisi ex magna et rationabili necessitate". Conclusiones 3 bis 5 bieten noch Lösungen für einige Spezialfälle beim Vorliegen einer Münzfälschung bzw. Münzveränderung an, zum einen: „Expendens scienter monetam falsam pro vera et iusta falsarius est et tenetur restituere illata damna", was Biel mit seiner eingangs gegebenen Fälscherdefinition und der Täuschung des Nächsten begründen kann. Zum anderen: „Expendens scienter monetam non currentem aut alias minus valentem pro bona et currente fraudat proximum et tenetur restituere", was also einerseits auf eine stattgefundene Münzverrufung, andererseits auf das System der regionalen Parallelität unterschiedlicher

Münzsorten mit unterschiedlichem Wert abhebt. Für beide Conclusiones differenziert Biel zwischen wissentlichem Tun („scienter") und unwissentlichem Tun („ignoranter"), welch letzteres zwar prinzipiell die Sünde aufhebe, die Restitutionspflicht aber nur während der Unwissenheit, denn bei Bekanntwerden des Schadens sei man – selbst wenn man selbst die Münzen in gutem Glauben angenommen habe, weil man dann nicht vorsichtig („caute") gewesen sei – verpflichtet. Zum letzten: „Transferens monetam de certo loco, ubi minoris valoris aestimatur, ad locum, ubi magis valet, non peccat, si non alias fraudem committat", was erneut die abweichende Bewertung regionaler Münzsorten betrifft, eine persönliche Vorteilnahme aus dieser Situation „sua industria" – nämlich ohne Schädigung des Nächsten und ohne Verfälschung der Münzen – sei jedoch nicht verboten. Conclusiones 6 und 7 beziehen sich schließlich auf Notabile 5 mit allgemeiner und menschlicher Falschheit, und Conclusio 6 stellt folglich fest: „Omnis proximum defraudans per falsitatem commissam, sive in rerum substantia, numero, qualitate, pondere vel mensura, sive in verbo aut in scripto, praeter poenas canonicas et legales, quas incidit, et peccatum mortale, quod committit, tenetur de omni damno inde secuto." Auch mit der biblischen Begründung, dass dies gegen das Gebot der Nächstenliebe („contra fraternam caritatem") gehe, leitet Biel zu Conclusio 7 über: „Recipiens aliquid occasione certae habitudinis simulatae et non existentis, alias non accepturus, fraudat donantem et tenetur ad sic accepti muneris restitutionem." In ziemlicher Ausführlichkeit widmet sich Biel diesem Problem des Vortäuschens falscher Tatsachen („simulatio"), zu dessen beispielhafter Erklärung er fünf *corollaria* – gleichsam als weitere *conclusiones* – formuliert, die neben Heuchelei hinsichtlich des Wesens bzw. der Eigenschaften einer Person besonders um den simulierenden Bettler („mendicus") und den betrügerischen Ablasshändler („quaestor") kreisen, wofür Biel zahlreiche Bibelstellen und auch Kirchenvätertexte verarbeitet.

Für den dritten *articulus* fragt dann Dubium 1: „Quis habeat cudere monetam" – nur der Kaiser („solus princeps, id est imperator") und keine nachgeordnete Gewalt („inferior potestas"), es sei denn infolge herrscherlicher Delegation („concessione principis") oder aus Gewohnheitsrecht („praescribere"). Eine „ratio principalis" argumentiert daraufhin, da die Münze zum Wohl der Gemeinschaft („pro bono communitatis") eingerichtet worden sei, müsse sie auch vom Herrn über die Gemeinschaft hergestellt und autoritativ mit dessen Zeichen versehen werden, woraus allerdings nicht folge, dass dieser Besitzrechte („dominium") über die Münze beanspruchen könne. Diese stünden allein dem Volk („populus") zu, das – da die Münze als Tauschmittel („medium permutandi") für natürliche Reichtümer („naturales divitiae") diene – eben diese Tauschgüter besitze. Deshalb dürfe auch nicht der Herrscher den Wert einer Münze („valor monetae") bzw. deren Wertverhältnis im Nominalsystem („proportio unius monetae ad aliam") festsetzen, was Biel auf willkürliche Bestimmung („secundum suam voluntatem") bezieht; denn für die Durchführung einer gerechten („iusta") und die gegebenen Wertrelationen von Gold zu Silber und Reinmetall zu Legierungsmetall berücksichtigenden Wertzuweisung sei – nach Beurteilung („discretio") seitens der Gemeinschaft – der „princeps" zuständig. Schlussfolgernd statuiert Biel: „Ex quo sequitur, quod princeps reprobans monetam aliquam valentem, ut eam remissius emat et conflet et inde aliam minus valentem fabricet, ei priorem valorem constituendo, monetam fraudat et ad restitutionem tenetur", was also das Verbot intrinsischer Wertminderung bei extrinsischer Wertgleichheit per Aufkauf guter Münzen und Umprägung in schlechte bedeutet. Denn dadurch, dass dieses Vorgehen letztlich auf eine obrigkeitliche Preissteigerung hinauslaufe – der Preis („pretium") eigentlich aber gemäß den menschlichen Bedürfnissen („humana indigentia") entstehe – und so der Herrscher sich unrechtmäßig („indebite") fremden Besitz aneigne („attrahere"), habe das Volk den Schaden, „quae utique esset iniustissima et tyrannica exactio populi". Dubium 2 fragt folgerichtig: „Utrum in aliquo casu princeps mutare possit monetam propter lucrum suum. Vel generalius: An princeps possit habere lucrum ex moneta, constituendo maiorem valorem monetae quam valeat eius materia non monetatae, deductis necessariis expensis, vel minuendo pondus aut ligam sub priore valore." Biels Antwort lautet, dass Gewinnerzielung („lucrum") aus der Münzprägung einzig und allein in dem Fall erlaubt sei, falls rasch eine größere Summe Geldes, etwa für die Landesverteidigung („pro defensione rei publicae") oder Lösegeldzahlungen für den Herrscher („pro redemptione principis"), was nämlich dem Gemeinwesen zum Nutzen („in utilitatem rei publicae") sei, benötigt werde. Wenn dann eine Münzveränderung in Material und/oder Gewicht vorgenommen werde, würden die Untertanen, die zu Unterstützungsleistungen („subsidium") verpflichtet seien, diese Belastung nicht so direkt spüren („sentire"), weil der Wert der Münzen stabil bleibe, solange die Gewinnerzielung die Notwendigkeit nicht übersteige. Biel beharrt freilich darauf, dass dies nur mit Zustimmung („consensu") der Untertanen – wie auch immer „subditi" zu definieren und die Zustimmung praktisch zu verstehen ist – als eigentlichen Besitzern der Münze geschehen dürfe, wobei lediglich das Zustimmungsausmaß strittig sei. Jedenfalls könne man über eine Münzveränderung am ehesten zu Geld kommen, da diese schnell, gerecht und kostenneutral ablaufe, alle je nach Leistungsfähigkeit („facultates") erfasse, durch ihre gewisse Indirektheit Unruhen im Volk verhindere („sine murmure et periculo rebellionis populi") und sämtliche Bevölkerungskreise bzw. -stände („generalissima") betreffe – „Verum an haec ita se habeant, committo diligenti lectori". Entscheidend sei, dass der Umlauf dieser veränderten Münze auf den jeweiligen Herrschaftsbereich beschränkt bleibe, da sonst Andere ungerecht („iniuste") Schaden erleiden würden, und dass nach Aufhören der Notwendigkeit die Münzveränderung wieder rückgängig gemacht werde. Dubium 3 fragt dann: „Utrum eligens ad partem meliores denarios ac magis ponderantes et conflari faciens peccet et ad restitutionem teneatur", womit ein Grundproblem vorindustrieller Münzprägung, dass nämlich nicht jede einzelne Münze gleich viel wiegt (*al pezzo*), sondern erst eine feste Anzahl ein bestimmtes Gewicht ergibt (Prägung *al marco*), angesprochen ist. Das Auslesen besserer („meliores"), also wegen des höheren Gewichts höherwertiger Stücke im Gegensatz zu leichteren und damit geringerwertigen Stücken sei zweifellos ein „peccatum mortale", da die Gesamtheit des Geldes („corpus pecuniae") geschädigt werde. Hätten aber alle Stücke das rechte Gewicht, einige jedoch aus Unvorsichtigkeit des Münzmeisters ein etwas höheres, so sei – und hier ist Biel sehr kritisch mit der Tradition („quod non satis intelligo") – das Auslesen eben dieser Stücke („magis ponderantes") ein „peccatum veniale", allerdings nur bei geringem Umfang ohne großen Schaden. Dubium 4 verlässt zuletzt noch einmal die Münzfälschungsthematik und erörtert einen weiteren Spezialfall von – vermeintlicher – menschlicher Täuschung, nämlich das biblische Ereignis (Gen 27), dass Jakob das Recht der Erstgeburt von seinem Vater Isaak nur dadurch erhalten habe, dass er sich als seinen Zwillingsbruder Esau ausgab, Gott aber nicht strafte, da Jakob – wie dieser, nicht aber der Vater, von seiner Mutter aus göttlicher Offenbarung wusste – dieses Recht wirklich zukam.

Biels Geldtheorie ist kein geldtheoretischer Traktat im eigentlichen Sinne, der quasi allumfassend das gesamte diesbezügliche Wissen der Zeit in systematischem Zugriff darstellen würde, sondern ist aufgrund der Integration in sein *Collectorium circa quattuor libros Sententiarum* vom Themenfeld Sünde und in diesem Kontext speziell vom Thema Falschheit („falsitas") präjudiziert. Dabei steht die Münzfälschung zwar durchaus im Zentrum der Erörterung, doch musste sich Biel für eine vollständige Diskussion der Fälschungsproblematik unabdingbar und in nicht geringem Ausmaß auch mit allgemeiner und besonders menschlicher Falschheit befassen, was bei einer Beurteilung der Gedanken Biels nicht vergessen werden darf. In dem stringenten Argumentationssystem, ob „falsitas" Sünde sei und gegebenenfalls Wiedergutmachung („restitutio") nach sich ziehe, bietet Biel selbstverständlich Elemente der allgemeinen Geldlehre, die ihm eigentlich aber nur ein definitorischer Ausgangspunkt sind. Ausgehend von der Münzfälschung konzentriert er sich zunehmend auf die Münzveränderung, aufgrund des Problems Sünde naturgemäß in einem ethisch-moralischen Grundton, was hier ausgeweitet wird auf eine Ethik des Gemeinwesens – der Beziehung bzw. des Umgangs zwischen Obrigkeit und Untertanen –, exemplifiziert am Besitz über die Münze. Biel denkt grundsätzlich theologisch und dabei abstrakt-theoretisch, was sich schon daran zeigt, dass die praktische Umsetzung der Leitfrage nach Restitution bei sündhafter Münzfälschung bzw. Münzveränderung gar nicht angesprochen wird, wie auch immer diese tatsächlich auch ausgesehen haben sollte. Streng scholastisch geht Biel zudem bei seiner Argumentationsweise vor, wenn er – zwar nicht überall explizit, aber doch stets präsent – bei der deduktiv-dialektischen Beweismittelverarbeitung nach der logischen Konsequenzenlehre urteilt. Er diskutiert ausführlich, geradezu kanonistisch versiert insbesondere die einschlägigen Stellen des *Codex iuris canonici* mit den jeweiligen Kommentatoren Hugo Pisanus (Hugguccio) (†1210), Papst Innozenz IV. (†1254), Henricus von Segusia (Hostiensis) (†1271), Johannes Andreae (†1348) und Nikolaus von Tudeschis (Panormitanus) (†1445), dazu den Legisten Bartolus von Saxoferrato (†1357), die Theologen Antoninus Florentinus (†1459) und Angelus von Clavasio (†1495) oder die Hochscholastiker Alexander von Hales (†1245) und Johannes Duns Scotus (†1308), daneben – außer für die nicht-pekuniären Abschnitte – Aristoteles (†322 v. Chr.) und Cassiodor (†um 1580). Als Standardautorität zum Thema Geld diente Biel jedoch Nikolaus Oresme (†1382) mit seinem Traktat *De mutatione monetarum* (entstanden 1357/58),[53] über den er nicht nur die aristotelische

---

53 Edition (mit deutscher Übersetzung): Nicolaus Oresme, Bischof von Lisieux (1325–1382). Traktat über Geldabwertungen, ed. Edgar SCHORER, Jena 1937; Edition (mit englischer Übersetzung): The De Moneta of Nicholas Oresme and English Mint Documents, ed. Charles JOHNSON, London u. a. 1956, S. 1–48; dazu mit einschlägiger Literatur aktuell MÄKELER (wie Anm. 6), S. 67–79, der auch einen Vergleich zwischen Oresme und Biel vornimmt.

Gelddefinition rezipiert hat, sondern an den er sich auch in zentralen Fragen, Aussagen und Argumenten anlehnte. Insofern ist nach Biels Originalität zu fragen, allerdings kann der genaue Anteil von Fremdem und Eigenem erst beurteilt werden, wenn allen zitierten bzw. paraphrastisch verarbeiteten Stellen daraufhin nachgegangen worden ist. Für die Frage der Aktualitätsbezogenheit ist zu bedenken, dass es sich bei Biel – anders als das tagespolitische Pamphlet Oresmes mit unmittelbarem Bezug auf die tatsächliche französische Geldpolitik – um scholastische Kommentierungen zum Thema Sünde ohne programmatischen Anspruch handelt. Auf Münzfälschung und damit den ganzen Komplex Münzverrufung musste Biel fast zwangsläufig aus Gründen der Systematik seines *Collectorium* kommen, selbst wenn – mit Blick auf die auch in der zweiten Hälfte des 15. Jahrhunderts realexistierende Abwertung des Silber- und Goldgelds – dieses Thema freilich virulent war. Wenn Oresme also ausgeschrieben, aber durchaus auch eigenständig weiterentwickelt wurde, wie Biel es übrigens immer tat, dann einfach auch deshalb, weil dieser eben die wichtigste Autorität – Verfasser des ersten eigenständigen Geldtraktats mit Verarbeitung der bisherigen Tradition – war. Aufgrund seines spezifischen Werkkonzepts sollte es Biel nicht um konkrete Handlungsanweisungen für seinen Landesherrn, Graf Eberhard V. im Bart von Württemberg (1459–1496), hinsichtlich dessen Geldpolitik gegangen sein, ebenso wie einzelne Gedanken – etwa die Lösegeldforderung – nicht von ganz speziellen historischen Ereignissen bedingt gewesen sein dürften.

2.2. Adler – Biel – Oppenheim 1516 (II)

Als nun höchstwahrscheinlich Johannes Adler gen. Aquila ca. 1516 im Zusammenhang mit der Drucklegung seines eigenen *Opusculum de potestate et utilitate monetarum* Gabriel Biels Geldtheorie bei Jakob Köbel in Oppenheim in einem Separatdruck herausbrachte, hat er den Text aus dessen *Collectorium* jedoch nicht einfach übernommen. Vielmehr hat er eine ganze Reihe an Veränderungen vorgenommen, die nicht nur ein bezeichnendes Licht auf Adlers Motivation für die Herausgabe werfen dürften, sondern auch bestimmend für die Nachwirkung von Biels Text waren. Mit keinem Wort geht aus dem Druck hervor, dass Biels Geldtheorie eigentlich Bestandteil eines größeren Werks – vielfach eingebettet in dessen spezifischen Themen- und vor allem Argumentationskontext – war. Überhaupt hat der Druck keinerlei Vortexte aufzuweisen, etwa eine Rede an den Leser mit irgendeiner Begründung für den vorliegenden Druck oder der Nennung des Herausgebers, vielleicht auch eine Widmung oder der Dank an den Drucker. Ebensowenig gibt der Druck, der nur anhand von bibliographisch-biographischen Erwägungen – dies zumindest sehr wahrscheinlich – Adler als Herausgeber beigelegt und nur anhand von Vergleichskriterien – dies jedoch mit Sicherheit – der Offizin Köbels zugewiesen werden kann, den Namen des Druckers, den Druckort oder das Druckjahr zu erkennen. Zwar existieren speziell in der Frühzeit des Druckgewerbes ziemlich häufig undatierte und unlokalisierte Ausgaben; dass aber sowohl der Herausgeber als auch der Drucker, der freilich auch damals schon über das Druckbild identifizierbar gewesen sein mag, ganz anonym bleiben, macht doch etwas stutzig. Stattdessen bringt Köbel auf der Titelseite unter der mit großer Zierinitiale einsetzenden und in Form eines auf der Spitze stehenden Dreiecks gestalteten Autorangabe („Integerrimi profundissimique viri magistri Gabrielis Biel ex Spira, sacratissimarum litterarum licenciati, florentissimi gymnasii Tubingensis, dum in humanis esset, ordinarii lectoris resolutissimi"), die nicht nur auf die Qualität, sondern explizit auch auf den Tod des Autors hinweist, und unter dem fetten Titel „Tractatus de potestate et utilitate monetarum" einen repräsentativen großflächigen Holzschnitt (Abb. 1). Von unbekanntem, jedenfalls nicht signierendem Künstler ist hier – oben und unten von geschmückten Architekturelementen, links und rechts von üppigen Pflanzranken umrahmt – die Situation des Geldwechselns dargestellt: Hinter einem großen Tisch in einem links offenen Raum, auf dem Wandbord steht vielleicht eine handliche Münzwaage, schiebt ein barhäuptiger Mann in vornehmer weltlicher Kleidung ein abgezähltes Münzhäufchen beiseite, während ein Anderer in weniger guter weltlicher Kleidung mit einem doppelten Lederbeutel am Gürtel gerade Münzen auf den Tisch gezählt zu haben scheint, worüber nun – wie nach den offenen Mündern und den Handgesten zu vermuten – möglicherweise ein Disput entstanden ist. Dass die Abbildung direkt auf die bei Biel behandelte Münzveränderung, infolge derer altes gegen neues Geld eingetauscht werden musste, rekurriert, ist durchaus möglich; auf jeden Fall evoziert der Holzschnitt, dessen Thematik mit dem gewählten Werktitel darüber bestens korrespondiert, einen bloßen Münzkontext für Biels Werk, der hier bereits die inhaltliche Ausrichtung des gesamten Drucks anzeigt.

Damit einher geht auch eine auf der Rückseite des Titelblatts gegebene – bei Biel ursprünglich selbstverständlich nicht vorhandene – „Summaria figuratio huius tractatus", ein ganzseitiges Schaubild zur Struktur des vorliegend gedruckten Werks (Abb. 2). Ausgehend vom Stichwort „Decisio clara et tuta", führt ein Arm zur „[Decisio] Questionis", ein anderer zur „[Decisio] Dubiorum", wovon es drei durch römische Zahlbuchstaben bezeichnete Nummern gibt; die hier größtenteils durchaus enthaltenen notabilia und conclusiones fehlen allerdings. Die quaestio lautet: „Utrum monetam falsificans, mutans, falsam pro vera vel minus valentem pro bona expendens aut de loco, ubi minus estimatur, ad locum, ubi plus valet, transferens mortaliter peccet et teneatur ad restitutionem"; die drei dubia: „Quis habeat cudere monetam", „In quo casu princeps monetam vel eius valorem pro lucro suo mutare possit", „An eligens ad partem denarios meliores eosque conflari faciens peccet et teneatur ad restitutionem". Gemäß dieser so vorgegebenen Werkstruktur beginnt der Traktat auf der gegenüberliegenden Seite mit dem erneuten Abdruck der nur in einer unbedeutenden Wortumstellung veränderten quaestio mit fettem „Utrum" und davon abgehender geschweifter Klammer, wonach dann mit einer sehr großen Schmuckinitiale einsetzend der Text folgt. Dieser bietet nun allerdings nicht den vollständigen Bestand des Collectorium, sondern nur Notabilia 2, 3 und 4, Conclusiones 1, 2, 3, 4 und 5 sowie Dubia 1, 2 und 3, während Notabilia 1 und 5, Conclusiones 6 und 7 sowie Dubium 4 komplett fehlen. Damit fehlen exakt die Abschnitte, in denen es allgemein um Falschheit (Notabilia 1 und 5, Conclusio 6) bzw. um Heuchelei (Notabile 5, Conclusio 7, Dubium 4) geht, mithin keinerlei Verbindung zum Problemfeld Münzfälschung besteht. Und da auch Biels ursprüngliche quaestio mit den zwei Einleitungssätzen davor

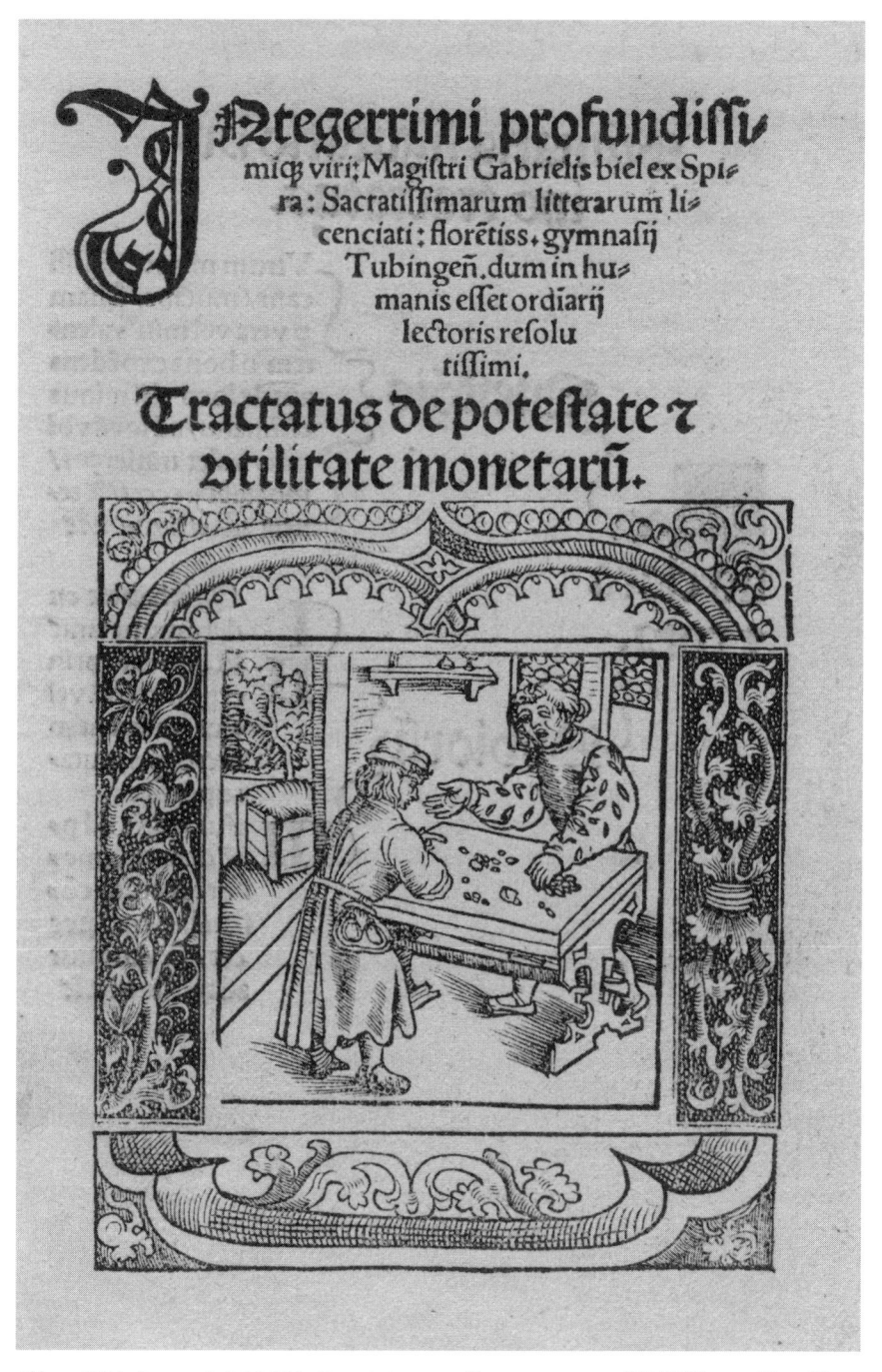

Abb. 1: Titelseite von Gabriel Biels De potestate et utilitate monetarum (UB Tübingen, Ff 77 b)

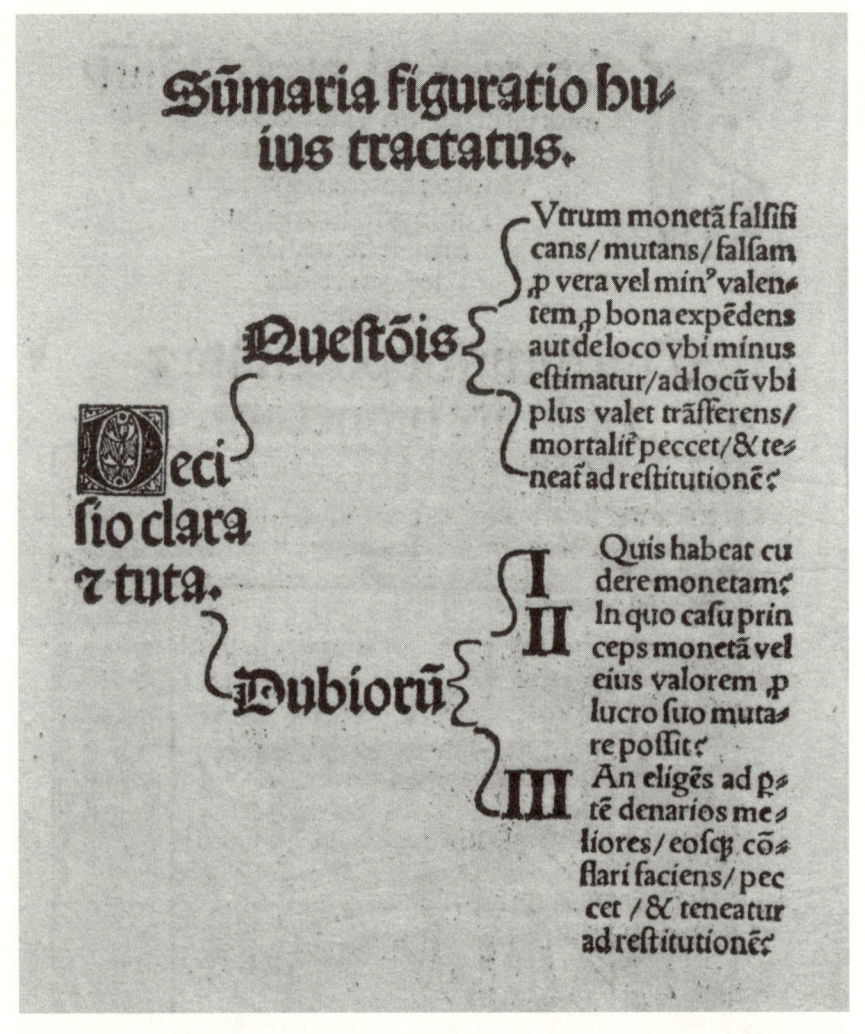

Abb. 2: Titelrückseite des Geldtraktats Biels mit Schema zur Werkstruktur (UB Tübingen, Ff 77 b)

und danach weggelassen wurde – ansonsten folgt der Text mit nur unwesentlichen Änderungen, jedoch auch einigen Fehlern dem Tübinger Erstdruck 1501[54] – und sich

---

[54] Ein Textvergleich anhand der kritischen Collectorium-Edition (wie Anm. 12), Bd. 4,2, S. 175–189 (dieser wurde dort nicht im Einzelnen durchgeführt, vgl. summarisch S. XIIf.: „Quae ‚emendando' mutavit, minimi sunt momenti; qua de causa in apparatu editionis nostrae non notantur"), ergab eine ganze Reihe an textlichen Unterschieden (Stellennachweise entsprechend den dortigen Abschnittsbuchstaben mit Zeilenzählung). Neben den im ganzen Umfang entfernten Abschnitten – die *quaestio* mit den zwei Einleitungssätzen davor und danach (A 1–8), dann Notabile 1 (A 10–40) und Notabile 5 (D 20–35), Conclusio 6 (H 7–18) und Conclusio 7 (H 19–47, I 1–26, K 1–24) sowie Dubium 4 (O 1–24) – betreffen die Änderungen insbesondere die Anpassung der Abschnittsanfänge, vor allem der Nummerierung, an die Abschnittsstreichungen ebenso wie an die Eliminierung der Gliederung der Quaestio insgesamt in drei *articuli*.

stattdessen nämlich eine neue *quaestio* findet, bekommt der Separatdruck inhaltlich eine ganz andere Ausrichtung. Es ist ein reiner Münzfälschungstraktat geworden, die

Ansonsten handelt es sich um ganz unbedeutende Ersetzungen einzelner Wörter, minimale Wortumstellungen, kleinere Variierungen grammatikalischer Konstruktionen, selten um Ergänzungen von Wörtern; die Mehrzahl an grammatikalischen Fehlern (mit [!] gekennzeichnet) wurde bereits aus der Vorlage übernommen (siehe den textkritischen Apparat der Collectorium-Edition (wie Anm. 12)) und um ein paar weitere vermehrt, die wohl infolge einer unzureichenden Korrektur des Drucks stehengeblieben sind, während ganz selten einmal Versehen der Vorlage auch verbessert wurden. Ein genauer Textabgleich Wort für Wort – nicht beachtet wurden rein orthographische Lesarten, etwa immer „nummisma" statt „numisma" – erbrachte folgende Abweichungen, zusätzlich zur Titelseite und zum Schaubild auf der Titelrückseite sowie zum Wiederabdruck der *quaestio* unter der Überschrift „QVESTIO" (in breiten Versalien als besonderer Auszeichnungsschrift), zur Zwischenüberschrift „Sequuntur tria dubia" (in fetter gotischer Minuskel als normaler Auszeichnungsschrift) und zum Schlusswort „FINIS" (zu den Marginalien siehe Anm. 55): Notabile 2: B 1 Pro quo secundo notandum] Pro dicendorum intelligentia primum omnium animadvertendum venit, B 2 Politicorum] Pollitice, B 2 Nam cum] Cum enim, B 3 et homines] homines autem, B 11 magno valore] magnum valorem [!] (alle Textzeugen), B 13 charactere] character [!]; Notabile 3: C 1 Tertio] Secundo, C 4 eodem capitulo] eiusdem capituli [!], C 12 eam] ea [!], C 15 determinatum] determinatam [!] (alle Textzeugen), C 16 determinatur] determinetur [!], C 21 visu] visi [!], C 28 aliud] aliquod, C 29 ei] fehlt; Notabile 4: D 1 Quarto] Tertio, D 9 statuatur] statura [!], D 10 quod] ut [!], D 15 possunt quandoque] quandoque possunt, D 15 currente] currenti [!], D 17 aut] et, D 17–18 quandoque ex cupiditate aut superbia in damnum rei publicae] fehlt (siehe unten). Conclusio 1: E 1 Quantum ad articulum secundum est] fehlt, E 1 prima conclusio] Conclusio prima, E 8 mortale] mortale peccatum, E 15 frequenter probata est supra] patet, E 16 et minor] minor autem; Conclusio 2: F 1 Secunda conclusio] Conclusio secunda, F 16 aut] et, F 16 foret] esset, F 24 monetati] monetate [!] (so ein Teil der Textzeugen), F 24 nunc] tunc [!], F 25 dragmam] dragma [!] (so ein Teil der Textzeugen), F 26 nunc] tunc [!], F 29 forte] forsan, F 35 dubiis] dubiis dicetur, F 38 voluntaria constitutione] voluntarie constitutionis [!] (alle Textzeugen), F 40 sine praeiudicio] sive in valore praeiudicio [!] (alle Textzeugen); Conclusio 3: G 3 prima pars] fehlt, G 6 Secunda pars patet] Quod teneatur restituere probatur, G 7 Tenet consequentia] Consequentia tenet, G 7 et] et supraallegato, G 7 Si culpa] Si culpa De iniuriis et damno dato; Conclusio 4: G 16 sciat] sciverit. Dubium 1: L 1 Quantum ad tertium articulum] Circa predicta, L 2 Respondet hic] Ad quod respondet, L 13 sua] suo [!] (so ein Teil der Textzeugen), L 30 fraudat] fraudem [!], L 34 rursum] rursus [!], L 36 maiore] maiori [!]; Dubium 2: M 1 mutare possit] possit mutare, M 10–11 minus populus] populus minus, M 13 fuerat] fuit, M 24–25 [ex]pensis colligentium tum quia videtur proportionabilior] fehlt (siehe unten), M 31 dispergeretur] dispergerentur [!] (so fast alle Textzeugen); Dubium 3: N 5 perficere] sculpere vel perficere, N 8 communitati] communitati (der Fehler aller Textzeugen communitatis fehlt), N 8 pecuniae] pecuni[a]e (der Fehler aller Textzeugen pecunia fehlt), N 10 dum remanent] dummodo remaneant, N 11 voluerint] noluerint [!], N 12 sint] sint propter hoc, N 15 excusat] excuset. Aufgrund des Vorhandenseins bzw. Fehlens bestimmter Lesarten ist sicher, dass der Separatdruck von ca. 1516 auf den Erstdruck des *Collectorium* 1501 in Tübingen und nicht auf die freilich ebenfalls auf diesem beruhenden späteren Ausgaben Basel 1508 bzw. Lyon 1514 zurückgeht. Das Fehlen des grammatikalisch in sich geschlossenen Passus in Notabile 4 (D 17–18: „quandoque ex cupiditate aut superbia in damnum rei publicae") resultiert ausweislich eines direkten Vergleichs mit dem Originaldruck von 1501 ebenso wie der fehlende Passus in Dubium 2 (M 24–25) – hier zumal mitten im Wort einsetzend und grammatikalisch in vorliegender Form unmöglich – aus einem anhand des Druckbilds leicht nachvollziehbaren Zeilensprung beim Abschreiben der Vorlage; falls allerdings absichtlich gewesen, hätte die Weglassung gerade dieser Passage durchaus inhaltliche Konsequenzen haben können, doch blieb die damit korrespondierende Passage in Conclusio 2 (F 40–42) vollständig erhalten.

Einbettung des Bielschen Texts in den umfassenden Komplex Sünde und Restitution, in Biels *quaestio* unmissverständlich ausgesprochen, ist strukturell vollständig eliminiert, selbst wenn textlich die ursprünglichen vielfachen Bezugnahmen darauf in den verbliebenen Abschnitten an keiner Stelle entfernt wurden. Und auch in der neuen *quaestio* und teils den *dubia* ist das Element Sünde und Restitution weiterhin enthalten, was durchaus inkonsequent ist und so in dieser Zusammenhanglosigkeit nur schwer verständlich erscheint. Die *dubia*, die gleichsam drei weitere *quaestiones* bilden, entsprechen genau den drei von Biel übernommenen *dubia*, wobei das erste ganz und das dritte fast wörtlich mit Biel übereinstimmen, das zweite in Anlehnung an dessen Wortwahl jedoch neu formuliert wurde. Ob absichtlich oder nicht, ist dabei aus der offenen Frage Biels, ob ein Herrscher aus einer Münzveränderung Gewinn ziehen dürfe, die grundsätzlich schon bejahte Frage, in welchem Fall dies dann geschehen dürfe, geworden. Für die *quaestio* wurde die Thematik der fünf von Biel übernommenen *conclusiones*, die freilich bereits als Entscheidungen zu seiner *quaestio* formuliert waren, in der gegebenen Reihenfolge zusammengefasst und als utrum-Frage neu formiert, dabei zuweilen sprachliche Nuancen von durchaus inhaltlicher Relevanz weglassend. Am Rand sämtlicher Abschnitte ist noch eine ganze Reihe an Stichwörtern mit Begriffen, Inhalts- bzw. Gliederungshinweisen und einigen Zentralaussagen ausgeworfen[55] – ein Register, etwa auf deren Basis, existiert nicht –, und diese Stichwörter

---

55 Weil derartige Marginalien aufgrund ihrer Schlagwortfunktion einerseits gerade auch für die Rezeption eines Drucks eine nicht unerhebliche Rolle spielen dürften und andererseits direkter Ausfluss der Arbeit des Herausgebers sind, seien die Randstichwörter zum Text von Biels Geldtheorie hier vollständig ediert (mit Bezugnahme auf die Stellennachweise entsprechend den Abschnittsbuchstaben mit Zeilenzählung in der Collectorium-Edition (wie Anm. 12), Bd. 4,2, S. 175–189): Notabile 2: zu B 1–11 „Ex necessitate nummismatis usus inventus est", zu B 11–24 „Nummisma est aptum medium et mensura commutabilium"; Notabile 3: zu C 1–39 „Moneta tripliciter falsatur", zu C 5–7 „Liga", zu C 8–13 „An moneta expensis cudentis an de publico sit cudenda", zu C 30–32 „Forma monete ad quod valeat", zu C 38–39 „Moneta dicitur"; Notabile 4: zu D 1–19 „Quadrupliciter mutatur moneta" (mit Nr. 1 bis 4). Conclusio 1: zu E 1–19 „De falsificante monetam"; Conclusio 2: zu F 1–43 „De mutante monetam", zu F 9–35 „Quattuor cause licite mutationis monete" (mit Nr. 1 bis 4), zu F 36–43 „Illicita monete mutatio"; Conclusio 3: zu G 1–7 „De expendente monetam falsam pro vera"; Conclusio 4: zu G 9–24 „De expendente monetam minus valentem pro bona", zu G 18–24 „Quod non relevet communis hominum excusatio". Dubium 1: zu L 1–43 „Dubium primum", zu L 13–15: „Moneta dispersa non est principis", zu L 16–19 „Cuius sit moneta", zu L 19–27 „Constituere valorem monete est communitatis", zu L 28–30 (zur Nota-Bene-Hand davor siehe unten) „Princeps ad lucrum suum non debet monetam valentem reprobare"; Dubium 2: zu M 1–33 „Dubium secundum", zu M 21–28 „Subtilis modus subveniendi principi capto, si sit satis tutus"; Dubium 3: zu N 1–20 „Dubium tertium". Im Erstdruck des *Collectorium* 1501 in Tübingen hatte es außer der Kapitelbezeichnung und einigen Nummern sowie einer einzigen Nota-Bene-Hand an einer inhaltlich nicht nachvollziehbaren Stelle keinerlei zusätzliche Marginalien gegeben; im Separatdruck findet sich die Nota-Bene-Hand dagegen immer vor dem sogenannten Dictum der fünf übernommenen Conclusiones, das in normaler Textschrift zudem links und rechts eingerückt gesetzt ist. Wenn genau dieselbe satztechnische Hervorhebung, die für die Conclusiones mit ihren schlagwortartig formulierten Lösungen der *quaestio* einleuchtet, auch für eine Passage aus Dubium 1 („Ex quo sequitur, quod princeps reprobans monetam aliquam valentem, ut eam remissius emat et conflet et inde aliam minus valentem fabricet ei

beziehen auch eine Textzugabe mit ein. Diese ist unter der Überschrift „Additio ex Isidori Ethimologiarum libro XVI, capitulo XVII" ein Auszug eben aus Isidors von Sevilla († 636) fundamentaler enzyklopädischer Schrift *Etymologiae* und beinhaltet einschlägige Informationen zum Thema Geld, aus denen sicherlich auch Biel geschöpft hat;[56] warum man sie aber mit abdrucken musste, bleibt unklar. Dass Biel selbst einen solchen Auszug aus seinem *Collectorium* geschaffen haben könnte, den Köbel in Adlers Auftrag dann nur nachgedruckt hätte, wobei die Urfassung verloren wäre, dürfte sehr unwahrscheinlich sein. Es handelt sich hier doch eindeutig um das Werk eines Herausgebers, der auch Titelseite, Schaubild und Marginalien verfasst hat – was insgesamt nicht nur dessen Motivation, sondern auch die Rezeptionsintention für den Separatdruck kennzeichnet –, und genau in dieser Form, teils mit dem Textzusatz, ist Biels Geldtheorie später nachgedruckt worden.[57]

2.3. Johannes Adler gen. Aquila

Es sei auch hier nochmals in Erinnerung gerufen, dass, während Gabriel Biel seine geldtheoretischen Überlegungen als versierter scholastisch-systematischer Theologe angestellt hat, Johannes Adler gen. Aquila mit Blick auf sein gesamtes Leben und Werk dezidiert von der Jurisprudenz herkommt. Natürlich war auch er vom Studium und der eigenen Lehrtätigkeit an der Artistenfakultät her scholastisch – und zwar in nominalistischer Ausrichtung wie Biel – versiert; seine Geldtheorie jedoch, ein selbständiges Werk, hat er eindeutig als Professor an der Tübinger Juristenfakultät verfasst. Die Titelseite des Oppenheimer Drucks von 1516[58] nennt zunächst, wiederum in Form eines auf der Spitze stehenden Dreiecks in fetter Auszeichnungsschrift gestaltet, neutral Autor und Werktitel („Joannis Aquile, philosophie atque iurium doctoris consultissimi, Opusculum de potestate et utilitate monetarum"), darunter gibt es ebenfalls einen repräsentativen großflächigen Holzschnitt von unbekanntem, nicht signierendem Künstler (Abb. 3). Dieser bildet unter einem Rundbogen vor einigem Gewölk das Wappen Adlers ab: Vor einem stark gefransten Wappenmantel steht auf Grasboden der

---

priorem valorem constituendo, monetam fraudem [!] [scil. fraudat] et ad restitutionem tenetur") Verwendung fand, so deutet dies zusammen mit der darauf bezogenen unmissverständlichen Randbemerkung ziemlich eindeutig die Relevanz dieser Aussage für den Herausgeber des Drucks an.

56 Edition: Isidori Hispalensis Episcopi Etymologiarum sive Originum libri XX, ed. W. M. LINDSAY, Bd. 2: Libros XI–XX continens, Oxford 1911, Buch XVI, Kapitel 18, § 3–14; die Marginalien zu dieser Textzugabe, die fast nur aus einzelnen Begriffsstichwörtern bestehen, sind – obwohl ebenfalls ein Werk des Herausgebers des Bielschen Separatdrucks – im Gegensatz zu den Marginalien zu Biels Geldtheorie hier nicht mit ediert (siehe Anm. 55).

57 Siehe Anm. 63 und Anm. 66.

58 Die Geldtheorie Adlers ist – wie seine drei anderen bisher bekannt gewordenen Werke – noch nicht modern ediert, Textgrundlage für die nachfolgend gegebenen Zitate ist deshalb der Originaldruck von 1516 (die Orthographie richtet sich nach der Vorlage, die insgesamt bloß wenige Fehler aufweist); genaue Stellenangaben werden nicht gemacht, da anhand der Abschnittsangaben ein Auffinden der Zitate leicht möglich sein sollte.

Abb. 3: Titelseite von Johannes Adlers De potestate et utilitate monetarum
(UB Freiburg i. Br./Historische Sammlungen, S 4133 f)

Wappenschild, der über einer flammenden Sonne mit freundlichem Gesicht einen nach rechts blickenden Adler mit gespreizten Krallen, ausgebreiteten Schwingen und herausgestreckter Zunge zeigt, über dem Schild hängt der Wappenhelm, auf dem eine leicht nach rechts gewandte Halbfigur in voller Rüstung und mit federgeschmücktem Helm thront, die mit der Rechten einen Szepterstab schwingt. Dieses redende Wappen Adlers – es findet sich druckgleich auch auf der Titelrückseite seines Spieletraktats – ist ihm von Kaiser Maximilian I. (1486/1508–1519) verliehen worden,[59] Ausdruck eines sozial-rechtlichen Aufstiegs, worauf auch das Epigramm Peter Günthers im Spieletraktat anspielt. Auf der Rückseite des Titelblatts kommt dann eine zweidrittelseitige Fehlerberichtigung („Que in hoc opusculo emendanda censuimus hæc sunt – In regesto: […]; opusculi: […]"), was aber nur unbedeutende Dinge betrifft, gefolgt von einem fünfseitigen alphabetischen „Regestum huius compendiosi operis literario ordine et paginarum numeris subdesignatum". Dieses Register erschließt sehr detailliert den gesamten Druck, beruht dabei allerdings nur teilweise auf am Rand ausgeworfenen Marginalien, die nämlich lediglich Gewichts- und Münzbegriffe bieten und daher allein bei sechs entsprechenden Abschnitten (den drei Bases und den Periphrases 2, 3, 6) gegeben sind, jedoch auch die Widmungsvorrede an Johannes Stöffler erfassen.[60] Danach steht eine mit einer sehr großen Schmuckinitiale beginnende und – wie die Widmungsvorrede und auch der gesamte Druck Biels, nicht aber das *Regestum* mit lateinischem „FINIS" – mit griechischem „Τελωσ" [!] endende ebenfalls fünfseitige „Epiphomena prohemialis", eine Einleitung, die mit den Worten „Incipit feliciter Iohannis Aquilę, artium atque iurium doctoris, opusculum de potestate et utilitate nummismarum [!]" einsetzt und daraufhin ausführlich den Inhalt des Werks wiedergibt. Anders als ein scholastischer Sentenzenkommentar – da ganz anders argumentierend – zerfällt diese juristische Schrift Adlers in zwei Großkapitel, einen theoretischen und einen praktischen Teil ohne spezielle Überschrift. Das eine Kapitel möchte in drei *suppositae bases* und zehn *periphrases hypothecales* „... adamussim erarii atque cudendarum monetarum potestatem breviuscule elucidantes ac succinctis circumlocutionibus describentes", folglich Elemente der allgemeinen Geldlehre erörtern. Das andere Kapitel möchte darauf aufbauend in zehn *theoremata* klären, „... quando tempore obligationis contracte erat una moneta et tempore solutionis alia, de qua solutio sit facienda", folglich Lösungen zu Problemen des Schuld- und Obligationenrechts bieten. Die Einleitung schließt mit einem erneuten Hinweis auf Stöffler („Et sic isti opusculo atque compendio de potestate et utilitate erarii ac nummismatis

---

59 Der Zeitpunkt der kaiserlichen Wappenverleihung ist unbekannt, ein Wappenbrief, wie er für zahlreiche andere derartige Nobilitierungen überliefert ist, scheint sich jedenfalls für Adler nicht erhalten zu haben; vielleicht liegt diese aber gar nicht allzu lange vor 1516 zurück, wenn Günther für den Druck von Adlers Spieletraktat aus eben diesem Jahr gewissermaßen aktuell ein Epigramm auf das Wappen verfasst hat. Die Wappenzeichnung in dem Exemplar der sogenannten Dunkelmännerbriefe aus Adlers Bibliothek (siehe Anm. 27), das ebenfalls gerade 1516 gedruckt wurde, sieht freilich ziemlich anders als auf den Holzschnitten der zwei Oppenheimer Drucke aus, selbst wenn der Inhalt der beiden Wappenschilde unter dem nach links blickenden Adler anhand der Abbildung im Antiquariatskatalog überhaupt nicht zu erkennen ist (eine Abbildung war hier leider nicht möglich).

60 Siehe Kap. 1.3.

intitulato et Ioanni Stofflerino, astronomo atque parenti nostro, dicato finem impono faustum"), der ganze Traktat: „Et sic (cum opitulamine dei omnipotentis, ad cuius laudem et studiosorum utilitatem est editum hoc qualecunque opusculum) huius bipartiti operis de potestate et utilitate nummismatis Ioannis Aquile, artium atque iurium doctoris et humillimi interpretis, felix sit finis. AMEN."

Das erste Großkapitel bietet zunächst in den drei *bases* buchstäblich Grundsätzliches, wenn in Basis 1 erst einmal stichpunktartig das griechisch-römische Gewichtssystem in seinen zahlreichen Einheiten und besonders deren Größenverhältnissen untereinander erklärt wird. In Basis 2 folgt dann ein Kurzexkurs in die Geschichte der römischen Münzprägung, und zwar zum Beginn der Silbermünzprägung im Vorfeld des ersten punischen Kriegs (264–241 v. Chr.), in dessen Verlauf wegen der hohen Kriegskosten das Pfund als Grundgewicht verringert und dementsprechend auch die Münzen in ihrem Wert verändert worden seien, wobei eben diese Wertdifferenz an den Staat gefallen sei. Danach wird relativ ausführlich die Bildlichkeit der frühesten Kupferprägung Roms in stark mythologisch-historisierendem Zugriff thematisiert, aber auch die der ersten Silbermünzen ebenso wie späterer Nominale. Basis 3 datiert daraufhin den Beginn der Goldmünzprägung und nennt erneut deren Bilder, bevor sämtliche Einheiten des altrömischen Münzsystems aus Kupfer, Silber und Gold mit ihren Wertbeziehungen knapp – und dabei wie in Basis 1 oft etymologisch erläuternd – aufgelistet werden. Im Anschluss daran zieht Adler die Verbindung zur Gegenwart, indem er den *solidus* als zeitgenössische Goldmünze prinzipiell zwar mit dem römischen *aureus* zu 72 Stück auf ein Pfund identifiziert, ein solcher in der Wirklichkeit dagegen meist geringer ausgebracht werde. Schlussfolgernd halten drei *corollaria* daher fest, dass es sich bei Erwähnungen von Goldmünzen in Gesetzestexten eben um die klassisch bewerteten, in der alltäglichen Praxis jedoch um die tatsächlich umlaufenden geringerwertigen handele. In den zehn *periphrases* erörtert Adler im Folgenden verschiedenste Elemente der allgemeinen Geldlehre, wobei zunächst unter der Überschrift „Epitome" samt Nota-Bene-Hand das Thema gegeben und dann detailliert diskutiert wird, woraufhin meist mehrere *corollaria* Ergebnisse formulieren oder Spezialaspekte klären. Periphrasis 1 handelt über das Münzrecht, das als Regal prinzipiell nur der höchsten Gewalt („supremus princeps") zustehe, weshalb auch kein „privatus" Münzen prägen dürfe, anderenfalls er Münzfälschung („pena falsi") begehe. Tatsächlich aber würden sehr viele nachgeordnete Gewalten („inferiores"), weltliche wie geistliche und kommunale, das Münzrecht ausüben, was ihnen rechtmäßig entweder aufgrund herrscherlicher Delegation („principis concessione") per Privileg („ex privilegio") oder infolge Gewohnheit („ex consuetudine") – seit unerdenklicher Zeit („immemorabili") oder durch hundertjähriges Ersitzen („centenaria prescriptione") – zukomme. Periphrasis 2 informiert über die Synonymität von Münzbezeichnungen in den Gesetzestexten und erneut deren Bezug auf den *solidus* zu 72 Stück je Pfund; zudem werden Wertrelationen des Pfunds Gold, Silber und Kupfer gegeben und die Bewertungsunterschiede bei den Münzen mit dem Gewichtspfund korreliert. Periphrasis 3 klärt einerseits über die Etymologie von „moneta" und „nummisma" bzw. „nummus" in einem mythologischen, teils auch biblisch-religiösen Kontext auf und bietet einen Exkurs zum ersten biblischen Münzmeister sowie Überlegungen speziell zum Recht der Goldmünzprägung. Andererseits werden die Formen verunechteter Münzen („falsa", „adulterina", „rasa", „tincta", „tonsa") definiert, dann die drei wesenshaften Elemente einer Münze bestimmt: Material („materia" bzw. „metallum"), Gewicht („pondus") und Form („forma"); eine Münze werde verworfen („reprobari"), falls eines dieser Elemente nicht stimme oder der Münzwert („valor") im Umlauf („cursus") nicht akzeptiert werde. Periphrasis 4 verknüpft dies – ausgehend von den Fragen, auf wessen Rechnung zu prägen sei und ob daher Metall- und Münzwert übereinstimmen müssten oder man gegebenenfalls daraus Gewinn erzielen dürfe – mit der zweifachen Güte („bonitas") einer Münze. Zum einen der innerlichen („intrinseca") aufgrund deren drei wesenshafter Elemente, zum anderen der äußerlichen („extrinseca") aufgrund des zugewiesenen Werts („valor") bzw. der tatsächlichen Kursbewertung („estimatio") im Umlauf. Periphrasis 5 gesteht grundsätzlich eine Münzveränderung („mutatio monete") bei Zustimmung der Betroffenen, deren Ausmaß erörtert wird, zu und erklärt auch, dass eine Münzveränderung seitens weltlicher oder kommunaler Gewalten nicht zulasten der Kirche gehen dürfe. Periphrasis 6 hält zunächst fest, dass mit „moneta" immer Gold- und Silbermünzen gemeint seien, was anhand von detaillierten Betrachtungen zum Begriff „pecunia" hergeleitet wird, die daraufhin ihrerseits insbesondere auf dessen genauen Inhalt in rechtlicher Hinsicht und die spezifische Anwendung bei bestimmten Rechtshandlungen abheben. Periphrases 7 bis 10 betreffen schließlich die Münzfälschung, wobei Periphrasis 7 erst einmal klarstellt, dass ein jeder – nach Wissen und Können – eine Münzfälschung anzuklagen bzw. zu verhindern habe, anderenfalls er als Münzfälscher bestraft werde. Periphrasis 8 arbeitet dann sieben „specialia" im Zusammenhang mit der Ahndung des Delikts Münzfälschung („crimen false monete") heraus, die in etwa die Themenfelder Anklage, Festsetzung, Fluchthilfe, Appellation und Mithelferschaft abdecken. Periphrasis 9 untersucht fünf Ausformungen des Delikts Münzfälschung: Prägung durch einen nicht Prägeberechtigten infolge Rechtsanmaßung, Prägung selbst durch einen Prägeberechtigten in falschem Material, falscher Form und falschem Gewicht, jedoch ebenfalls wissentliches Inumlaufsetzen falscher – auch selbst gefälschter – Münzen. Geschlussfolgert wird unter anderem, dass ein „princeps", der eine vollwertige Münze einziehe, eine geringerwertige aber belasse, um erstere neu auszuprägen und daraus Gewinn zu erzielen, Betrug („fraus") begehe. Periphrasis 10 bietet zuletzt einen regelrechten Strafenkatalog für Münzfälscher bei unterschiedlichen Tatbeständen – Fälschung der Münzen eines „princeps" oder nachgeordneter bzw. fremder Gewalten, Verfälschung von Münzen und wissentliches Ausgeben falscher Münzen; keine Strafe gebe es bei Minderjährigkeit, Einbehalten gefälschter Münzen, Ausgeben örtlich verbotener Münzen anderswo und nur versuchter Fälschung –, statuiert aber auch, dass, wer Münzen des „princeps" fälsche, ein „peccatum mortale" begehe und zur Restitution („restituere") des Schadens („damnum") verpflichtet sei.

Das zweite Großkapitel unter der Überschrift „Alterum caput et complectitur theoremata et pleraque corollaria annexa in praxi utilissima" stellt sich zu Beginn ein konkretes Problem („thema") – quasi eine *quaestio* –, das daraufhin in den zehn *theoremata* zu lösen gesucht wird, indem verschiedene Ausformungen dieses Problems zunächst präzise formuliert werden, um dann erneut in meist mehreren *corollaria*, oft auch sonstigen Unterabschnitten, beantwortet zu werden. Seit Etablierung des Münzgelds gebe es überall zahlreiche pekuniäre Verpflichtungen („obligationes") von großen Beträgen, aufgrund von Verträgen, Testamenten, allerlei Arten von Rechtssetzungen, Richter- und Schiedssprüchen, Vergehen, Vermögenshinterlegungen und -vereinigungen sowie Schenkungen. Wenn es nun aber inzwischen zu einer Münzveränderung gekommen sei – entweder eine gerechte („ex causa iusta") Münzverbesserung oder eine ungerechte („ex causa iniusta") Münzverschlechterung aus Habgier („avaritia") und Gewinnstreben („lucrum") –, so: „Iam hesitatur tempore exactionis debite obligationis, cuius sit lucrum vel damnum augmentationis vel diminutionis monetę, an creditoris vel debitoris." Theorema 1 behandelt den Fall, dass zu einem bestimmten Zeitpunkt die Goldmünze einen bestimmten Wert gehabt habe und infolge eines damals geschlossenen Vertrags eine Person – Adler nennt einen imaginären „Ticius" – verpflichtet sei, einen festen Betrag zu einem festen Termin, als aber zwischenzeitlich eine Münzveränderung stattgefunden habe, zu zahlen; die Frage sei, mit welcher wie bewerteten Münze diese Zahlung („exactio") auszuführen sei. Theorema 2 fragt, wenn zur Zeit der Aufstellung eines Testaments bzw. zum Todeszeitpunkt zwei unterschiedliche Münzen vorgelegen hätten, in welcher Münze die testamentarischen Verfügungen dann auszubezahlen seien. Theorema 3 klärt, ob ein Schuldner („debitor") seine Verpflichtung eingelöst habe, wenn er mit schlechter („reproba"), also geringerwertiger Münze, die vom Geldwechsler („campsor") jedoch für gut befunden worden sei, bezahlt habe und der Gläubiger („creditor") diese auch als gute („bona"), also höherwertige Münze angenommen habe. Theorema 4 spielt anhand des Beispiels des Abts von Bebenhausen und des von ihm bestellten Tübinger Pfarrvikars durch, in welcher Münze die jährliche „congrua portio" zu überweisen sei, falls seit Festsetzung der Summe auf Veranlassung des Papsts die lokale Münze („moneta Tubingensis") durch den „princeps" – den Herzog von Württemberg – verändert worden sei. Theorema 5 bestimmt den jeweiligen Zeitpunkt und damit die Münze, der bzw. die, wenn in einem normativen Gesetzestext von Geld oder Geldstrafen die Rede sei, bei der konkreten Beurteilung der Strafhöhe und deren Auferlegung zur Anwendung kommen müsse. Theorema 6 bezieht diese Frage auf den Streitfall, dass in einem Richter- oder Schiedsspruch jemand zu einer bestimmten Geldleistung verurteilt werde. Theorema 7 wiederum gilt der Situation, dass zwischenzeitlich eine Gewichts- und damit Münzveränderung eingetreten sei, jetzt aber infolge einer früheren Vermögenshinterlegung oder einer Geldleihe die Rückgabe anstehe. Theorema 8 widmet sich dem Scheidungsrecht, wo sich nämlich die Frage stelle, ob, wenn ein Ehemann von seinem Schwiegervater als Mitgift urkundlich eine Anzahl ordnungsgemäßer Goldmünzen erhalten habe, bei Ehescheidung ohne Kinder die Erstattung der Mitgift in Gold als Metall zu erfolgen habe oder – da gegebenenfalls wertmäßig jetzt davon abweichend – in Münzen möglich sei. Theorema 9 diskutiert, ob selbst gegen den Willen des Gläubigers Gold- und Silbermünzen prinzipiell gegeneinander austauschbar seien und ob auch verschiedene Gold- und Silbermünzen jeweils unter sich äquivalent verwendet werden dürften. Theorema 10 muss zuletzt noch den Fall beurteilen, was zu geschehen habe, wenn an einem Ort gleichzeitig zwei verschiedene Münzen umliefen, mit welchen also ein Schuldner den Gläubiger ausbezahlen müsse oder könne. All diese Fragen löst Adler einerseits natürlich mithilfe genuin juristischer Kategorien des Schuld- und Obligationenrechts, andererseits auch mithilfe der Mechanismen einer erlaubten bzw. unerlaubten Münzveränderung, so dass hier anhand dieser rechtspraktischen Erörterungen, die freilich ihrerseits relativ theoretisch bleiben, zusätzliche generelle Aspekte der Adlerschen Geldtheorie fassbar werden.

Anders als bei Gabriel Biel, wo bis auf einige akzidentielle Punkte in der logischen Beweismittelverarbeitung Gedanken und Argumentation fast vollständig referiert werden konnten, war dies bei Adler besonders für das zweite Großkapitel so nicht möglich. Die geldtheoretische Dimension des Werks ist thematisch freilich komplett erfasst, Einzelgedanken und Argumentationsgang dagegen nicht, wofür es ohnehin eines ausgewiesenen Rechtshistorikers bedürfte, da Adler seine gesamte Geldtheorie unter einem genuin juristischen Blickwinkel geschrieben hat. Schon am formalen Aufbau wird dies deutlich, zerfällt der Traktat doch in einen eher rechtstheoretischen Teil mit den Elementen der allgemeinen Geldlehre und einen eher rechtspraktischen Teil zum Schuld- und Obligationenrecht, wobei der zweite Teil einerseits natürlich definitorisch auf dem ersten aufbaut, andererseits die zwei Großkapitel aber recht unverbunden nebeneinanderstehen. Was die einzelnen Ergebnisse der Diskussion Adlers betrifft, so bietet für beide Teile die Einleitung dafür einen geradezu hervorragenden Überblick, selbst wenn diese nicht exakt der Struktur der Kapitel folgt und teils sogar die Fragestellung punktuell verändert bzw. erweitert, so dass die Einleitung als ein integrativer Bestandteil des Werks angesehen werden muss. Die allgemeine Geldlehre, enthalten in den zehn *periphrases*, ist von einem systematischen Zugriff gekennzeichnet, der viele Aspekte auch ohne inhaltlichen Bezug zum zweiten Großkapitel bringt, erscheint dadurch jedoch manchmal auch eklektisch und logisch nicht immer stringent, da Adler – im Gegensatz zu Biel – seine geldtheoretischen Überlegungen nicht im Rahmen eines spezifischen Argumentationskonzepts angestellt hat. Inhaltlich bietet er zumal kaum etwas neues, wie überhaupt in beiden Werkteilen nichts Eigenständiges vorhanden sein dürfte, sondern alles auf Autoritäten beruht, die ausführlichst zitiert, aber durchaus profund diskutiert werden. Adler denkt grundsätzlich juristisch und dabei konkret gegenwarts- bzw. praxisbezogen – Theoremata 1 und 9 nennen etwa badische und württembergische Münzen, Theorema 4 als Nominale „turonenses", „hallenses" und „pingenses" –, so auch bei der allgemeinen Geldlehre. Denn hier werden nach der geldtheoretischen Behandlung bestimmter Aspekte oft in dezidiert juristischen Einschüben die Ergebnisse sogleich auf alltägliche Rechtssituationen und Rechtshandlungen übertragen. Die Fälschungsthematik, bezogen allein auf Münzfälschung, macht zudem nur einen Teil der Adlerschen Geldlehre aus, wobei es ebenfalls vornehmlich um Strafen für Münzfälscher oder Einzelheiten des praktischen Vorgehens beim Delikt Münzfälschung geht. Das Schuld- und Obligationenrecht Adlers dagegen ist vom Thema Münzveränderung präjudiziert und entwickelt daraus ein in sich geschlossenes Lehrgebäude; die Auswirkungen von Münzveränderungen auf Verträge mit pekuniären Verpflichtungen im weitesten Sinne werden für viele Vertragsarten und Rechtsfälle in verschiedensten Konstellationen und Problemaufrissen durchgespielt. Wenn Adler dabei wie im ersten Teil nahezu alles direkt aus den Rechtskodizes des *ius commune*, teils des *ius canonicum* und deren jeweiligen

Kommentatoren, nicht jedoch über theologisch-scholastische Autoren rezipiert – und für das römische Recht etwa auch auf das Zwölftafelgesetz rekurriert –, so wird hier ein gewisser Aspekt von Adlers Neuartigkeit fassbar. Nimmt man die recht isoliert stehenden *bases*, die gleichsam den historischen, antik-römischen Background geben, die Widmungsvorrede an Johannes Stöffler mit Betrachtungen zur Entwicklung der Mathematik oder die vielen etymologisch-mythologischen Worterklärungen hinzu, so wird darüber hinaus ein dezidiertes Interesse an alter Geschichte und Literatur offenbar. Und auch wenn Adler seine Belesenheit etwas zur Schau zu stellen scheint, so zeigt dies – wie die Gliederung des Werks in quasi-juristische Kategorien oder das griechische Explizit „Τελωσ" [!] – zumindest seine humanistische Grundeinstellung, die sprachlich angesichts des unschönsten, unliterarischsten Juristenlateins freilich nicht zur Geltung kommt.

3. Zusammenfassung

Wirft man resümierend knapp einen vergleichenden Blick auf die zwei vermutlich gleichzeitig 1516 in Oppenheim bei Jakob Köbel herausgekommenen Werke mit dem gleichlautenden Titel *De potestate et utilitate monetarum*, so haben beide letztlich kaum mehr als den Titel gemeinsam. Denn nicht nur von ihrem Autor- und Werkkontext her, sondern auch in ihrem Formalaufbau, der Argumentationsstruktur, der Quellenbasis und natürlich dem Inhalt könnten beide geldtheoretischen Traktate unterschiedlicher nicht sein. Den dezidiert theologischen, eher abstrakt-theoretischen und dabei klar scholastisch arbeitenden Überlegungen des Gabriel Biel innerhalb eines spezifischen Werkzusammenhangs steht das ganz und gar juristisch-systematische, zwar auch theoretisch, insgesamt aber doch konkret-praktisch ausgerichtete Einzelwerk des Johannes Adler gen. Aquila, das zudem klar humanistische Anklänge zeigt, gegenüber. Und wie Biel im Rahmen des selbst gegebenen Problemfelds Sünde fast ausschließlich über Fälschung – jedoch eben nicht nur über Münzfälschung und damit zusammenhängend über Münzveränderungen, sondern ebenso über allgemeine und speziell menschliche Falschheit – handelte, war dies bei Adler nur Bestandteil einer allgemeinen Geldlehre umfassenderen Zugriffs, worüber hinaus das Werk eigentlich zu einem praktischen Handbuch des Schuld- und Obligationenrechts unter pekuniärem Blickwinkel wurde. Die zwei Werke – das eine von nach 1488/89, das andere von ca. 1516 – zeigen so zwei völlig unterschiedliche Ausprägungen der *potestas et utilitas* der Münzen, auch wenn die allgemeine Geldlehre letztlich auf derselben, genuin mittelalterlichen Tradition beruht. Adlers Traktat allerdings eröffnet der Geldtheorie eine Dimension, die bei Biel und davor nicht vorhanden war, während in der juristischen Literatur das Schuld- und Obligationenrecht im Rahmen des Vertragsrechts durchaus präsent war. Und so vielleicht auch an der Universität Tübingen, woraufhin das monumentale und in seiner Bedeutung kaum zu überschätzende *Opus septipartitum de contractibus* von 1495 des Theologieprofessors Konrad Summenhart († 1502), der ja stets reges juristisch-kanonistisches Interesse hatte, noch zu überprüfen wäre.[61] Es konnte hier noch nicht

---

[61] Zu Summenhart vgl. Helmut FELD, Konrad Summenhart. Theologe der kirchlichen Reform

darum gehen, die Schriften Biels und Adlers sowohl in ihren traditionalen als auch in ihren diskursiven Kontext einzuordnen, nämlich Arbeitsweisen, Denk- bzw. Argumentationsstrategien, Art und Umfang der Quellenverarbeitung und damit die Originalität der Autoren zu beurteilen und so gleichsam einen umfassenden Werkkommentar, verbunden mit weitreichenden Interpretationen und einer abschließenden Würdigung, zu geben. Ebenso war es nicht möglich, eine geldgeschichtliche Kontextualisierung vorzunehmen und dabei etwa nach historischen Gegebenheiten bzw. Entwicklungen zu suchen, die die jeweilige Thematik und den exakten Gedankengang in eben der vorliegenden Form bedingt haben könnten. Vielmehr sollte – neben einer bio-bibliographischen Kontextualisierung vor einem klar Tübinger Hintergrund – für Biel erstmals so gut wie vollständig der Inhalt referiert, insbesondere aber die Ausgangsbasis für eine Gesamtbeurteilung des Werks zurechtgerückt werden; für Adler sollte überhaupt erstmals eine Annäherung an das bislang völlig unbeachtet gebliebene Werk vollzogen werden. Zudem waren beide Autoren mit ihren Überlegungen in das Bewusstsein speziell der Tübinger Universitätsgeschichte zu rufen, denn Biel und Adler stehen damit in dieser frühen Zeit ziemlich allein, in Tübingen und der gesamten Umgebung gibt es jedenfalls nichts direkt Vergleichbares. Zwischen Scholastik und Humanismus befindet sich Biel noch im Mittelalter, Adler hingegen bereits in der Neuzeit, denn sein Traktat enthält – etwa mit der antiken Metrologie und den Exkursen zur Bildlichkeit römischer Münzen – mehrere konstitutive Elemente der gerade in der ersten Hälfte des 16. Jahrhunderts sich ausbildenden Münzwissenschaft.[62]

Weshalb die zwei Traktate – zumindest in den Oppenheimer Drucken – trotz aller Unterschiede dennoch denselben Titel tragen, dass der Separatdruck Biels aller Wahrscheinlichkeit nach auf Adler zurückgeht und dass dieser einige signifikante Veränderungen bei der Herausgabe Biels vorgenommen hat, ist in Kap. 1.3 und Kap. 2.2 („Adler – Biel – Oppenheim 1516 (I–II)") ausführlich erörtert worden. An dieser Stelle ist dem noch „Adler – Biel – Oppenheim 1516 (III)" hinzuzufügen, denn die Frage, warum eigentlich Adler Biel zum Druck gebracht hat, ist noch nicht beantwortet, und eine Erklärung dafür ist auch nicht leicht zu finden. Vielleicht wollte Adler seinem Werk durch die gleichzeitige Herausgabe Biels – wenn sich quasi schon mal jemand, noch dazu ein Tübinger, mit dem Thema Geld befasst hat, und möglicherweise hat er

---

vor der Reformation, in: Rottenburger Jahrbuch für Kirchengeschichte 11 (1992), S. 85–116; Conradi Summenhart Opera omnia, Bd. 1: Tractatus theologici et canonistici, ed. Helmut FELD (Veröffentlichungen des Instituts für europäische Geschichte Mainz, Abtl. Abendländische Religionsgeschichte, Bd. 199), Mainz 2004, Einleitung S. IX–XIII; Helmut FELD, Konrad Summenhart (um 1458–1502). Der Phönix unter Deutschlands Gelehrten, in: Sönke LORENZ / Volker SCHÄFER (Hrsg.), Tubingensia. Impulse zur Stadt- und Universitätsgeschichte. Festschrift für Wilfried Setzler zum 65. Geburtstag (Tübinger Bausteine zur Landesgeschichte, Bd. 10), Tübingen 2008, S. 151–164.

62 Für einen ersten Einstieg in die Geschichte der Münzwissenschaft vgl. hier z. B. Peter BERGHAUS, Der deutsche Anteil an der numismatischen Literatur des 16. Jahrhunderts, in: DERS. (Hrsg.), Numismatische Literatur 1500–1864. Die Entwicklung der Methoden einer Wissenschaft (Wolfenbütteler Forschungen, Bd. 64), Wiesbaden 1995, S. 11–25 (mit Angabe der wichtigsten Literatur und einer Bibliographie einschlägiger Titel, die allerdings Biel und Adler nicht kennt); HELMRATH, Bildfunktionen (wie Anm. 7); HELMRATH, Aura (wie Anm. 7).

sein *Opusculum* aus Bescheidenheit gegenüber Biels *Tractatus* so genannt und sich nicht als verantwortlich geoutet – über dessen unbestreitbare Autorität einfach mehr Geltung verschaffen. Ohnehin wären erst bei der Lektüre beider Schriften die klaren inhaltlichen Unterschiede offenbar geworden, wobei Adler auch nicht etwa auf bestimmte Gedanken Biels reagiert oder diese irgendwie weiterentwickeln würde, wie er ihn sogar nicht ein einziges Mal explizit zitiert. Spätere Nachdrucke könnten Adler in dieser Hinsicht Erfolg bescheinigen, da immerhin zweimal sein Text gemeinsam mit dem Biels herausgegeben worden ist, im Verbund mit weiteren einschlägigen Titeln der sich etablierenden Münzwissenschaft des 16. Jahrhunderts.[63] Allerdings könnte der Separatdruck Biels auch eine politische Dimension gehabt haben, zumal dies in völliger Anonymität geschehen ist, was fast den Eindruck erweckt, als ob man dadurch etwas zu befürchten gehabt hätte.[64] Vergegenwärtigt man sich, dass Biels Text, der ursprünglich auf vielfache Weise in das *Collectorium circa quattuor libros Sententiarum* eingebettet war, in Oppenheim zu einem reinen Münzfälschungstraktat geworden ist, es darin auch um Münzveränderungen und speziell die Rolle des Herrschers dabei – auch im Verhältnis zu den Untertanen – geht, so könnten sich durchaus Beziehungen zur Situation Württembergs in den 1510er Jahren herstellen lassen. Die erste Regierungsphase Herzog Ulrichs (1503–1519, erneut 1534–1550) war von einer schweren Finanzkrise gekennzeichnet, die zwar auf finanzpolitisches Unvermögen letztlich seit dem 14. Jahrhundert zurückging, durch die Territorialisierungsmaßnahmen des 15. Jahrhunderts, zuletzt auch durch Ulrichs Regierungsstil und Kriegsaktivitäten 1513/14 aber an den Rand des Staatsbankrotts führte.[65] Es ist wie schon häufiger zuvor versucht

---

63 Gemeinsame Nachdrucke sind VD 16 B 5415: De monetarum potestate simul et utilitate libellus aureus, autore Gabriele Biel. Accessit eiusdem argumenti materia ex libello Ioannis Aquilae, consultissimi iurium doctoris, quem quidem ad praxin mire utilem olim conscripsit. Item de valore numismatum priscorum secundum monetam Nurenbergensem, autore Bilibaldo Pirckeymhero. Adiecta est quoque epistola nuncupatoria de novatione monetae, Nürnberg: Johannes Petreius 1542, und VD 16 B 6870: Tractatus varii atque utiles de monetis earumque mutatione ac falsitate in gratiam studiosorum ac practicorum collecti, auctores sequens pagina indicat [...], Köln: Dietrich Baum 1574 (zu weiteren Nachdrucken Biels siehe Anm. 66); ein Nachdruck Adlers allein ist VD 16 P 4397: De re pecuniaria antiqua: sestertio, talentis, ponderibus, mensuris, stipendiis militaribus antiquis, provinciarum regumque populi Romani ac caesarum reditibus libri duo utilissimi, auctore Leonhardo Porcio Vicentino. Item Iohannis Aquilae de potestate atque utilitate monetarum opusculum his additum. Item priscae monetae ad nostram supputatio per Mameranum collecta, Köln: Heinrich Mameranus 1551. Ein Textvergleich mit den Erstdrucken wurde hier weder für Biel noch für Adler durchgeführt, vgl. aber für Adlers Text die Vorbemerkung zu VD 16 B 5415 (1542): „Omissis autem iis, quae de vocabulis quibusdam rei monetariae praemisit, cum sint notissima et a multis aliis et rectius et eruditius tractata; ea autem, quae proprie ad rem pertinent, integra subiecimus"; dies bedeutet, dass der Druck lediglich die zehn *periphrases* des ersten Großkapitels und das ganze zweite Großkapitel enthält, während die Widmungsvorrede an Johannes Stöffler und die – inhaltlich nicht unwichtige – Einleitung ebenso wie die drei *bases* fortgelassen wurden.
64 Ich danke sehr herzlich Herrn Prof. Dr. Dieter Mertens (Freiburg i. Br.), der in der Vortragsdiskussion angeregt hat, etwas genauer nach den Gründen für den Druck Biels ca. 1516 gerade in Oppenheim zu forschen.
65 Vgl. dazu aus der landesgeschichtlichen Literatur nur Hans HAMBURGER, Der Staatsbankrott des Herzogtums Wirtemberg nach Herzog Ulrichs Vertreibung und die Reorganisation des

worden, mithilfe einer allgemeinen Vermögenssteuer der Lage Herr zu werden, doch scheiterte dies ebenso wie eine Weinsteuer, während eine Fleischsteuer – verbunden mit einer Gewichtsreform, die die Reduzierung des Standards bedeutete – durchgesetzt werden konnte, die dann freilich der Auslöser für die tiefgreifenden politisch-sozialen Unruhen des Armen Konrad (1514) war. Ein anderes mögliches Mittel, schnell an Geld zu kommen, war nun auch die Abwertung der umlaufenden Münzen vermittels einer Münzveränderung, und eben Biel hatte dies – aber nur – in Ausnahmefällen bekanntlich für zulässig erklärt, dabei stets die Zustimmung der Untertanen, was nur die Stände meinen kann, einfordernd. Wenn also ca. 1516 in Oppenheim Biels Text herauskam – mit einer Titelseite, deren Holzschnitt auf die Wechselthematik infolge einer Münzverrufung hinweist, einer *quaestio*, die die Sündhaftigkeit von Münzfälschung jeglicher Art anspricht, und einem Dubium 2, das nach Situationen für die Anwendbarkeit einer Münzveränderung zum Zweck der Gewinnerzielung fragt –, so mag ein Bezug auf die aktuelle Lage vorhanden sein. Die Richtung wäre freilich ambivalent: Pro Münzveränderung als indirekter Steuer gegenüber der direkten Verbrauchssteuer mit all den von Biel genannten Vorzügen, allerdings nur unter Beteiligung der Stände – ohnehin ein wichtiges Thema, gerade bei der Bewältigung der Schuldenkrise, wo Ulrich die mittlerweile etablierten finanzpolitischen Mitspracherechte des Landtags einfach übergangen hatte –, oder generell contra Münzveränderung. Darauf würde die graphische Hervorhebung des Passus in Dubium 1 (siehe Anm. 55), der eine über eine bloße Wertneufestsetzung realisierte Münzveränderung verbietet, hindeuten; die Randbemerkung dazu, dass der Herrscher aus Gewinnstreben heraus eine Münze nicht verändern dürfe, könnte dann zusammen mit anderen einschlägigen Marginalien auch ganz allgemein als Warnung an Herzog Ulrich, seinen steten Geldbedarf nicht über eine noch mehr wirtschaftsschädigende Münzveränderung zu decken, gemeint sein. Dass man dafür die Autorität des längst toten Biel anonym instrumentalisierte, wäre als Vorsichtsmaßnahme – zumal, wenn es Adler als landesherrlich angestellter Tübinger Professor tatsächlich gewesen sein sollte – sogar verständlich, was auch den Druckort Oppenheim, weit weg von Württemberg und eben nicht in Tübingen, neben den biographisch-bibliographischen Überlegungen in Bezug auf Adler und Johannes Stöffler, erklären könnte. Die Haltbarkeit dieser Spekulation – der Druck quasi als tagespolitisches Pamphlet müsste dann nicht unbedingt erst 1516, sondern könnte auch wenige Jahre früher erschienen sein – müsste an anderer Stelle natürlich noch anhand einer exakteren zeitgeschichtlichen Kontextualisierung, die auch die reale württembergische Münzprägepolitik einzubeziehen hätte, überprüft werden. Auf jeden Fall aber bedarf der Druck von ca. 1516 einer Wirkabsicht, die mit der Motivation des Herausgebers und der von diesem dem Druck gegebenen Rezeptionsintention für Biel korreliert, wohingegen dies für Biels ursprünglichen Text – als

Finanzwesens. Ein Beitrag zur Wirtembergischen Finanzgeschichte in den Jahren 1503–1531, Schwäbisch Hall 1909, S. 1–17; Andreas SCHMAUDER, Württemberg im Aufstand. Der Arme Konrad 1514. Ein Beitrag zum bäuerlichen und städtischen Widerstand im Alten Reich und zum Territorialisierungsprozeß im Herzogtum Württemberg an der Wende zur Frühen Neuzeit (Schriften zur südwestdeutschen Landeskunde, Bd. 21), Leinfelden-Echterdingen 1998, bes. S. 30f., 41–43.

scholastische Kommentierungen zum Thema Sünde innerhalb eines spezifischen Werkzusammenhangs – nicht notwendig und auch nicht angebracht ist. Im Oppenheimer Druck gilt Biel freilich als unbestrittene Autorität in Sachen Münzveränderung, und zwar als Nachfolger einer ebenso unbestrittenen Autorität, Nikolaus Oresmes, gleichsam als zweiter, neuer Oresme. Und als solcher wurde er auf der Grundlage des aus seinem Gesamtzusammenhang gerissenen Separatdrucks von der wohlgemerkt sehr schmalen Forschung – mit all den Implikationen, speziell mit Biel als Vorkämpfer für die Partizipation der Gemeinschaft, also der Stände, an der landesherrlichen Geldpolitik – rezipiert, und so hat Biel später, angesichts der Nachdrucke,[66] auch gewirkt.

---

66 Ein gemeinsamer Nachdruck mit Oresme ist VD17 23:309503C: De re monetaria veterum Romanorum et hodierni apud Germanos imperii libri duo Marquardi Freheri, consiliarii Palatini. Accedit Nicolai Oresmii, episcopi Lexoviensis (qui fuit praeceptor Caroli V. cognomento sapientis regie Galliae), de origine et potestate nec non de mutatione monetarum liber subtilissimus. Cum succincto tractatu eiusdem argumenti Gabrielis Byel. Et notis in utrumque locupletissimis, Lyon: Gotthard Voegelinus 1605; einen weiteren Nachdruck Biels verzeichnet Collectorium-Edition (wie Anm. 12), S. XIII: De monetarum augmento, variatione et diminutione tractatus varii ... ex bibliotheca Gasparis Antonii Thesauri in hoc volumen redacti, Turin 1609 (zu weiteren Nachdrucken Biels siehe Anm. 63) (ein Textvergleich mit dem Erstdruck wurde hier nicht durchgeführt). Es ist übrigens verständlich, dass der Text Biels in der Forschung meist in Form des Oppenheimer Separatdrucks rezipiert wurde, denn nur von diesem gibt es eine alte englische Übersetzung, die kurioserweise satztechnisch sogar nach Art eines Faksimiles – samt Schaubild – gestaltet ist (vgl. Treatise on the Power and Utility of Moneys by Master Gabriel Biel of Speyer, a Very Excellent Man and Profound Thinker, Licentiate in the Most Sacred Letters, Lecturer Ordinarius with the Courage of his Convictions at the Famous University of Tübingen, while he was in the World. Lately done into English by Robert Belle BURKE for Josiah Harmar Penniman, Provost of the University of Pennsylvania [...], Philadelphia / London 1930, Übersetzung S. 17–39).

Christian Hebraism at the University of Tübingen from Reuchlin to Schickard

Stephen G. Burnett

Johannes Reuchlin and Wilhelm Schickard are the best-known Hebrew scholars who taught and worked in Tübingen during the fifteenth and early seventeenth centuries. But they are best-known for their prominence in other fields: Reuchlin was a famous jurist, a devoted scholar of Classical Greek and Latin literature as well as Hebrew, and a determined foe of Pfefferkorn and van Hoogstraaten. Schickard was an astronomer, a mathematician, and the inventor of the calculating machine. In this essay I will discuss them and other Hebrew scholars who worked and lived in Tübingen, focusing on Tübingen as a pioneering center of Hebrew learning before the Reformation, the effects that the introduction of the Reformation and ongoing confessional conflicts had upon Hebraists there, and the profile of Lutheran Hebrew scholarly activity within the university community. I will conclude by considering whether the University of Tübingen can be considered a "center" of Lutheran Hebrew scholarship between the coming of the Reformation and the death of Schickard.

1. Humanism and Tübingen Hebrew Scholarship

Johannes Reuchlin was Tübingen's most significant Hebraist author. He wrote De Rudimenttis Hebraicis (1506), the first important Hebrew grammar and dictionary as well as two widely read books on Kabbalah. He travelled regularly to Tübingen from 1502–1512 while he worked as a judge in the Swabian League court. During his decade-long controversy with Pfefferkorn and van Hoogstraaten (1510–1520), Reuchlin maintained close ties to Tübingen, then home to his printer Thomas Anshelm (1511–16) and to his younger kinsman and protégé Philipp Melanchthon (1512–18). Melanchthon regularly visited Reuchlin in Stuttgart, sometimes bringing other students with him. Reuchlin's Hebrew connections with Tübingen were at their very strongest in final year of his life when he became the first regular professor of Hebrew in 1521. The university, for its part, took unusual steps to support its distinguished new professor: university authorities made arrangements to import inexpensive (2 Gulden) Hebrew Bibles directly from Venice to ensure an ample supply for Tübingen Hebrew students.[1] Reuchlin died on June 30, 1522, less than a year after his appointment.

---

1 Rudolph von Roth (ed.), Urkunden zur Geschichte der Universität Tübingen aus den Jahren 1476–1550, Tübingen 1877 (repr. Aalen 1973), p. 131.

Reuchlin deserves the place of honor in any discussion of Hebrew in pre-Reformation Tübingen, but he was not the only Hebraist who taught and worked there. Conrad Pellican, then a Franciscan friar, began his work as a Hebraist in Tübingen. He received his first two study aids from Tübingen professors during 1499. Paul of Pfedersheim gave him a manuscript copy of the biblical books of Isaiah, Ezekiel and the Minor Prophets in Hebrew.[2] Pellican also borrowed a copy of Petrus Nigri's *Stella Messiae* from Konrad Summenhart. The latter book contained a few transcribed Hebrew phrases from the book of Isaiah. In July of 1500 Pellican visited Tübingen and met Reuchlin, who explained a few elements of the Hebrew verbal system to him. Pellican also acquired his first Hebrew Bible there from "the bookseller Friedrich" [Peypus?] in 1500, purchased by his uncle Jodocus Gallus, cathedral preacher in Speyer.[3] Using these primitive study aids, Pellican learned Hebrew and then wrote and published his first grammatical sketch of Hebrew in 1503.

Pellican's best-known Hebrew student was fellow-Franciscan Sebastian Münster. Münster met Pellican in the Franciscan convent of Rouffach/Elsass, and then followed his teacher to Pforzheim (1511–13). He taught in the Franciscan convent in Tübingen from 1515–1518.[4] At some point during these years Münster met Reuchlin in Pforzheim who allowed him to make a copy of *Sefer Nizzahon*.[5] This book was a notorious anti-Christian polemical work, one of the two books that Reuchlin named in his famous *Gutachten* as blasphemous and deserving destruction.[6] Reuchlin's manuscript of the book was destroyed during the Second World War, but Münster's extensive quotations from it in his biblical annotations (1534–35), the notes to his Hebrew translation of the Gospel of Matthew (1537), and in *Messiahs of the Christians and the Jews* (1529/1539), have preserved large parts of the text, if not the ill-tempered comments that Reuchlin wrote in the margins.[7] Martin Luther was the most famous reader of Münster's biblical annotations, since they formed part of his argument for destroying Jewish books and expelling the Jews from the Empire in his three *Judenschriften* of 1543–44.[8]

---

2 Das Chronikon des Konrad Pellikan, ed. by Bernhard RIGGENBACH, Basel 1877, p. 17.

3 Christian Friedrich SCHNURRER, Biographische und litterarische Nachrichten von ehmaligen Lehrern der hebräischen Litteratur in Tübingen, Ulm 1792, pp. 1–5. Chronikon des Pellikan (see note 2), pp. 14–20, and p. 20, note 1.

4 Karl Heinz BURMEISTER, Sebastian Münster: Versuch eines biographischen Gesamtbildes, Basel/Stuttgart 1963, pp. 26–29.

5 Sebastian MÜNSTER, Cosmographiae universalis, Basel 1554, pp. 596–597.

6 Stephen G. BURNETT, A Dialogue of the Deaf. Hebrew Pedagogy and Anti-Jewish Polemics in Sebastian Münster's Messiahs of the Christians and the Jews (1529/39), in: Archiv für Reformationsgeschichte 91 (2000), pp. 168–190, p. 176. Johannes Reuchlin. Sämtliche Werke, ed. by Widu-Wolfgang EHLERS et al., vol. 4: Schriften zum Bücherstreit, pt. 1: Reuchlins Schriften, Stuttgart-Bad Cannstatt 1999, p. 20, line 7.

7 BURNETT, Dialogue of the Deaf (see note 6), pp. 175–176. See also Karl PREISENDANZ, Eine neue Handschrift aus Johann Reuchlins Bibliothek, in: Neue Heidelberger Jahrbücher (1936), pp. 100–111.

8 Stephen G. BURNETT, Reassessing the "Basel-Wittenberg Conflict": Dimensions of the Reformation-Era Discussion of Hebrew Scholarship, in: Hebraica Veritas? Christian Hebraists and the Study of Judaism in Early Modern Europe, ed. by Allison P. COUDERT and Jeffrey S. SHOULSON, Philadelphia 2004, pp. 181–201, 190–193.

One final important Hebraist who lived and worked in Tübingen (1512–13) before the Reformation was Matthias Adrianus. Adrianus was a Spanish Jewish convert who taught Hebrew in Basel and Bruchsal before serving as the first professor of Hebrew at the Trilingual College in Louvain and later in Wittenberg. Adrianus had a poor reputation as a teacher, not only because he was a very complicated man who demanded high fees for his services, but also because he spoke a kind of Spanish "vulgar Latin" which his students found difficult to understand.[9] Yet Adrianus and Reuchlin were the most important and influential teachers of Hebraist authors before the Reformation.[10] Even before Tübingen had its first professor of Hebrew, Christian Hebraists were active there.

The University of Tübingen, like the Universities of Leipzig, Louvain, Paris, Oxford and Cambridge, appointed its first regular professor of Hebrew under Catholic auspices before the Reformation. While Hebrew scholarship was suspect in the eyes of some Catholics, most notably Reuchlin's foes such as van Hoogstraaten, the biblical humanism promoted first by Reuchlin and then by his younger contemporary Erasmus motivated princes to fund and maintain professorships of Hebrew. After Reuchlin's death in 1522 his next three successors were adherents of the old church: the Englishman Robert Wakefield (1522–23), Jacob Jonas (1526–33), and Wilhelm Uelin (1533–35). The most famous Hebraist to emerge from Tübingen in this period was Johann Albrecht Widmanstetter, the editor of the first printed Syriac New Testament (1555).[11] Widmanstetter owned the richest Hebrew and oriental book and manuscript collection in Europe by the time of his death, which remains an important part of the famous Hebraica collection of the Bayerische Staatsbibliothek to this day.[12]

2. Tübingen Hebraists and the Reformation

If Hebrew learning received a certain amount of support before the Reformation, the official introduction of Protestantism to the University of Tübingen enhanced this status still further. Protestant biblical humanists, like their Catholic counterparts, were committed to studying the Hebrew Bible text in the original language, but they had a further theological motive for such study. The Protestant principle of *sola scriptura* made Hebrew learning decisively important for them in a way that it would never be for Catholic theologians, either before or after the Council of Trent. Effectively this meant that universities in Protestant countries had to offer Hebrew regularly and therefore had to replace professors of Hebrew when they died or left the university. Between the

---

9 Die Amerbachkorrespondenz, ed. and revised by Alfred HARTMANN, vol. 1: Die Briefe aus der Zeit Johann Amerbachs: 1481–1513, Basel 1942, p. 447.
10 BURNETT, Reassessing the "Basel-Wittenberg Conflict" (see note 8), pp. 183–184.
11 Robert J. WILKINSON, Orientalism, Aramaic and Kabbalah in the Catholic Reformation. The First Printing of the Syriac New Testament, Leiden 2007, p. 137.
12 Hans STRIEDL, Die Bücherei des Orientalisten Johann Albrecht Widmanstetter, in: Serta Monacensia. Franz Babinger zum 15. Januar 1951 als Festgruss dargebracht, ed. by Hans Joachim KISSLING and Alois SCHMAUS, Leiden 1952, pp. 200–244.

introduction of Protestantism at Tübingen in 1535 and the death of Wilhelm Schickard eight different men served as professors of Hebrew. More remarkably still, the only vacancy period between appointments occurred between the departure of Wilhelm Uelin and the appointment of Johannes Hyltebrand, the year and a half between July 1535 and December 1536.[13] Normally, as soon as there was a vacancy, the position was filled, if only with a professor already teaching in one field taking on the responsibility for Hebrew as well.

The coming of the Reformation and the continuing conflicts over the boundaries of true religion affected the lives and work of Tübingen Hebraists from Reuchlin to Schickard. Reuchlin, of course, remained true to the Roman Church and became estranged from Melanchthon because the latter became an adherent of Luther. Jacob Jonas already showed Catholic sympathies in his response to the Disputation of Baden (1526), the year he was appointed at Tübingen, although he had been educated in Wittenberg. In 1533 he left Tübingen to pursue a legal career in the service of the emperor.[14] Oswald Schreckenfuchs, by contrast, crossed and recrossed confessional boundaries as if they did not even exist. Already in 1530 he was a correspondent of Sebastian Münster, and in 1546 he and Münster together published *Sphaera Mundi*, a book containing Hebrew texts on astronomy and mathematics with their Latin translation and annotations. In 1549 Schreckenfuchs sought an appointment at Tübingen but was refused.[15] In 1552, he was hired by the University of Freiburg/Breisgau. In 1556 he was considered for the Hebrew professorship in Tübingen, though Schnepf was given the position.[16] Later, in 1570, he was hired by the University of Basel to teach rhetoric. Although Schreckenfuchs, made these professional moves before the adoption of the Formula of Concord (1577) or the implementation of decrees of the Council of Trent, he must have felt few religious scruples.[17]

Confessional tensions that affected Hebraists took other more serious forms as well. Johannes Forster was forced to leave Tübingen in 1540 because he refused to acknowledge some of his colleagues as true Christians. A princely commission reported on 20 September 1540 that some Tübingen faculty (notably Forster) condemned other Protestants during their lectures to students, referring to Oecolampadius as a "godless son of Eli" [I Sa 2:12] and Ambrosius Blarer as "dross," (scoria).[18]

---

13 Norbert HOFMANN, Die Artistenfakultät an der Universität Tübingen 1534–1601 (Contubernium, vol. 28), Tübingen 1982, p. 248.
14 Karl Heinz BURMEISTER, Jonas, Jakob, in: Neue Deutsche Biographie 10 (1974), p. 593.
15 Curiously Crusius listed him as a professor of Hebrew. See Diarium Martini Crusii, 4 vols., ed. by Wilhelm GÖZ and Ernst CONRAD, Tübingen 1931, vol. 2: 1598–1599, p. 142.
16 "Sonderlich aber möchten rector und regendten bedacht sein, ob und wie Schreckhenfuchs von Freyburg alher zu diser lectur zu bringen ..." Memorial zu Belangen der Theologischen Fakultät, August 1556. Irene PILL-RADEMACHER, "... zu nutz und gutem der loblichen universitet". Visitationen an der Universität Tübingen. Studien zur Interaktion zwischen Landesherr und Landesuniversität im 16. Jahrhundert (Werkschriften des Universitätsarchivs Tübingen, ser. 1: Quellen und Studien, vol. 18), Tübingen 1993, p. 446.
17 SCHNURRER, Nachrichten (see note 3), pp. 116–118.
18 Carl von WEIZSÄCKER, Lehrer und Unterricht an der evangelisch-theologischen Facultät der Universität Tübingen von der Reformation bis zur Gegenwart, Tübingen 1877, p. 12.

Blarer had advised Herzog Ulrich on how to introduce Protestantism into Württemberg from 1534–38.[19] The commission also expressed concern that these professors refused to participate in the Lord's Supper in Tübingen, choosing instead to do so in Reutlingen, Stuttgart and other places, silently condemning their colleagues and fellow townspeople.[20] In 1548, Dietrich Schnepf was forced to leave Tübingen since he refused to accept the terms of the Augsburg Interim.[21] During the Thirty Years War Schickard feared not only for his own safety and for his family, but also for his library.[22]

Hebrew occupied an unusual place in the university curriculum after 1536, when the new university privilege was promulgated, since it was most useful to would-be theology students, but a member of the philosophical faculty usually taught it. Only two Protestant professors of theology, Johannes Forster (1539–41), and Dietrich Schnepf (1556–1558) also were appointed professors of Hebrew and drew a salary for the position.[23] While neither Matthias Hafenreffer nor Lucas Osiander the elder ever served as professors of Hebrew, both published Hebrew grammars, suggesting that they too taught Hebrew if only informally and occasionally.[24] That two professors of theology troubled themselves to write and publish Hebrew grammars is a striking indication of how important a skill they believed that Hebrew was for theology students. Curiously, the only explicit mention of a Hebrew tutor (Repetent) teaching at the Tübinger Stift was Wilhelm Schickard, who filled the position from November 1613 until September 1614. His first Hebrew grammar *Methodus Linguae Sanctae* (1614) dates from these years.[25]

While Hebrew occupied a special place in the hearts of Tübingen faculty, it is by no means clear how many of their students felt the same way. Martin Crusius boasted about the Hebrew, Greek, and Latin orations delivered by newly promoted masters of Arts in 1581, but even he admitted that the Hebrew ones were extraordinary achievements.[26] Students who had studied in the Württemberg Klosterschulen may already have had the opportunity to learn Hebrew even before arriving in Tübingen and so may have been able to avoid further instruction in it. Other arts students probably felt little

---

19 Ilse GUENTHER, Ambrosius Blarer of Constance, in: *Contemporaries of Erasmus: a Biographical Register of the Renaissance and Reformation*, 3 vols., ed. by Peter G. BIETENHOLZ, Toronto 1985–87, vol. 1, pp. 151–152.
20 SCHNURRER, Nachrichten (see note 3), pp. 104–105.
21 SCHNURRER, Nachrichten (see note 3), p. 124.
22 Friedrich SECK, Leben und Werk im Überblick, in: *Wilhelm Schickard 1592–1635. Astronom, Geograph, Orientalist, Erfinder der Rechenmaschine*, ed. by Friedrich SECK (Contubernium, vol. 25), Tübingen 1978, pp. 13–40, p. 40. Klaus SCHREINER, Württembergische Bibliotheksverluste im Dreißigjährigen Krieg, in: Archiv für Geschichte des Buchwesens 14 (1974), cols. 655–1028, col. 998.
23 Jacob Jonas (1526–33) also served in both capacities.
24 Osiander: VD 16 O 1195-O 1197 (the 1613 printing is not yet entered in VD 17); Hafenreffer: VD 17 23:282672Q and 12:128461U.
25 Friedrich SECK, Leben und Werk im Überblick, in: *Wilhelm Schickard 1592–1635* (see note 22), pp. 13–40, 17–25. Matthias SCHRAMM, Der Astronom, in: *Wilhelm Schickard 1592–1635* (see note 22), pp. 129–287, p. 162.
26 Martin LEUBE, Geschichte des Tübinger Stifts, pt. 1: 16. und 17. Jahrhundert, Stuttgart 1921, p. 75.

need to learn Hebrew, whatever the university authorities thought. In 1556, Hyltebrand offered to teach Hebrew in his own house since he had "so few students."[27] An official report in 1613 noted that tutors (Repetentes) and MA students seldom attended Hebrew lectures.[28] Lack of enthusiasm for Hebrew among students was not unique to Tübingen or other Lutheran universities. A few years earlier, in 1608, Johannes Buxtorf of Basel complained in a letter that his Hebrew classes were poorly attended. In 1617 the Basel academic senate decreed that theology students should be required to attend Hebrew lectures.[29] Small, poorly attended Hebrew classes were a painful reality for professors at Reformed universities as well.

3. Lutheran Hebrew Scholarship at Tübingen

The University of Tübingen's fame as a center of Hebrew scholarship was built upon a rather small foundation: the reputations of famous Hebraists who lived there. During the sixteenth and seventeenth centuries Christian Hebrew scholarship, in all of the major Christian confessions, would always be the work of a relatively small group of devoted writers, since the barriers to genuine expertise in the field were so high. To learn enough Hebrew to read simple biblical passages was no great challenge, thanks to the tremendous number of Hebrew grammars printed and circulated throughout Europe and the widespread availability of basic Hebrew instruction in Lutheran and Reformed universities, and to a lesser extent in Catholic ones.[30] To advance beyond basic Hebrew, however, was far more challenging. Many Christian Hebraists, though few Lutheran scholars, studied with Jewish tutors.[31] Others apparently by dint of extremely hard work were able to learn enough to read not only the Hebrew Bible text, but also the early Aramaic translations of the Bible (Targums), Jewish Bible commentaries written in Hebrew, and even more general Hebrew books on history or philosophy. Relatively few were able to master the language of the Talmud. Apart from the challenge of learning the language, very few individuals, universities or even princes owned large collections of Jewish books and manuscripts. Even Herzog August's famed collection in Wolfenbüttel had no more than seventeen Jewish books and seven Jewish manuscripts when he died in 1666.[32] The only extensive Judaica collections in

---

27 "... dieweil er nit viel Auditores habe." SCHNURRER, Nachrichten (see note 3), p. 94.
28 "... sowohl die Repetentes als vulgares magistri und Completen die Lektiones, sonderlich aber hebraicas ziemlich fahrlässig besuchen." Quoted by LEUBE, Geschichte (see note 26), p. 75.
29 Stephen G. BURNETT, From Christian Hebraism to Jewish Studies: Johannes Buxtorf (1564–1629) and Hebrew Learning in the Seventeenth Century, Leiden 1996, p. 24.
30 See appendix 2.
31 Peter T. VAN RODDEN, Theology, Biblical Scholarship and Rabbinical Studies in the Seventeenth Century. Constantijn L'Empereur (1591–1648) Professor of Hebrew and Theology at Leiden, Leiden 1989, p. 119, and p. 163, note 271.
32 I compared the Hebraica titles listed in Ms Cod. Guelf. BA I 497 with the Bible catalogue (Cod Guelf BA I 480 (1670)) and the Alphabetischer Kurztitelkatalog zum Standortkatalogs-/Akzessionsverzeichnis (Zeughaus Handbibliothek, signature KA 00–0125). On Christian Judaica libraries, see: Stephen G. BURNETT, Christian Hebraism in the Reformation Era (1500–1660): Authors, Books, and the Transmission of Jewish Learning, Leiden 2012, pp. 139–188.

German-speaking Europe in Schickard's day were the Palatine library (until 1622), the Bavarian Court Library in Munich, and the Imperial library in Vienna. Lutheran university library collections were by contrast rather small. Some of the larger ones included Strasbourg (c.1575: 45 Jewish books), Jena (1635: 1 Jewish manuscript, 14 Jewish imprints), and Altdorf (1651: 39 Jewish books).[33] Finally, both market forces and the theological needs and interests of the different confessions, Catholic, Lutheran, Reformed and Anglican, encouraged Hebraist authors to write and publish on certain topics rather than others.

Hebraists working at the University of Tübingen produced a body of published works that reflected trends throughout Lutheran Germany rather than setting them. Tübingen lacked a number of features that could have made it more central to the Lutheran discussion of Hebrew and Judaica. For example, Tübingen was never a major center of Hebrew printing; only 15 Christian Hebrew books were printed there between 1500 and 1660. By contrast 200 were printed in Wittenberg and 57 in Leipzig. Tübingen libraries contained some Hebraica and Judaica books, but did not have a major collection. The largest known collection was held neither by the Stiftsbibliothek nor the princely library in Hohentübingen, but by the Collegium Illustre (1621) with about forty Jewishbooks.[34] Neither the dukes of Württemberg, nor the lesser nobility there, were well known for their support of major Hebrew printing projects. Herzog Christoph of Württemberg received a dedication for Lucas Osiander's *Compendium Hebraicae grammaticae* (Basel, 1569), and more dubiously from Flacius for his *Clavis Scripturae Sacrae* (Basel, 1567). Herzog Ludwig received dedications from Theodor Fabricius for Matthaeus Judex's *Compendium doctrinae christianae*, ed. Michael Neander and Johann Volland (Wittenberg, 1582), and for Georg Weigenmeir's *Gan Meir* (Strasbourg, 1592; reprinted in Wittenberg, 1603). None of these books were printed in Tübingen itself, and only two of the four authors, Osiander and Weigenmeir, ever taught there.

Despite the lack of institutional support and patronage for Hebrew scholarship in Tübingen, six Lutheran Hebraica authors worked there for at least part of their careers: Johannes Forster, Georg Weigenmeir, Matthias Hafenreffer, Lucas Osiander the elder, Michael Beringer, and Wilhelm Schickard. Their published works (45 books including reprinted titles) and their university activities reflected broader trends in Hebrew learning within the German Lutheran world. In the absence of official support most printers were willing to produce specialty books such as Hebraica only if they anticipated that there would be sufficient customer demand. Nearly all of the Hebrew books written or edited by Tübingen authors were grammars of biblical Hebrew (41 of 45), and two more were dictionaries of biblical Hebrew. The importance of biblical Hebrew in both Lutheran educational theory and in practice cannot be overestimated in this

---

33 The Strasbourg library inventory has been published in: The Correspondence of Wolfgang Capito, vol. 2: 1524–1531, ed. and trans. by Erika RUMMEL with the assistance of Milton KOOISTRA, Toronto 2009, pp. 499–501; the other inventories are: Jena: Jena, University Library, Ms. Ms Prov Q 15, 5, pp. 953–1163, and Altdorf: Erlangen, University Library, signature Ms 2437, f. 323–325, supplemented by Ms 2436, 190^r–193^v.

34 This collection included sets of both the Jerusalem and Babylonian Talmuds. See SCHREINER, Württembergische Bibliotheksverluste (see note 22), pp. 904–909.

period. Basic Hebrew education was available for some students at the Latin school level, or in the case of Württemberg in the Klosterschulen, as well as at the university level. Almost all of the sixteen Lutheran universities offered Hebrew instruction between the introduction of the Reformation and the end of the Thirty Years War, the only exception being the short-lived University of Rinteln.[35]

Since Hebrew grammars were needed both for Latin school and university instruction the numbers of such imprints is understandable. That some Hebraists wrote grammars in German is more surprising. In addition to the four printings of the German language Hebrew grammar of Wilhelm Schickard (1627, 1629, 1630, 1633), Elias Hutter (1603), Paul Josephus (1613), Christoph Helwig (1619) also wrote such books.[36] These grammars may have been intended for school use although most school and university instruction took place in Latin.[37] Moreover, both Elias Hutter and Wolfgang Ratke were committed to teaching students Hebrew using the German language as a part of their pedagogical programs.[38]

In addition to his basic Hebrew grammar, Georg Weigenmeir wrote a more specialized book for students at Tübingen and elsewhere that points to a broader interest in Hebrew learning: a guide to Hebrew abbreviations. Any beginning student of Medieval Latin quickly confronts the maddening puzzle of Latin abbreviations. Medieval Hebrew authors also used abbreviations extensively, and the printed versions of their books contained them as well. Even if Lutheran Hebraists wished to learn only the language of the Bible, they could not easily avoid learning abbreviations since grammatical authors such as David Kimhi used them, and they were also used in the biblical commentaries of Rashi, Ibn Ezra, Kimhi and others that were printed in Rabbinic Bibles.

Rabbinic Bibles were massive folio-sized "study Bibles" first produced by Daniel Bomberg in 1517 and 1525.[39] They contained the Hebrew Bible text, the Targums (early Aramaic paraphrases of the Bible), a selection of biblical commentaries printed in the broad margins around the Hebrew and Aramaic passages, and finally beginning with the 1525 printing, the masoretic apparatus of notes needed to copy the biblical text

---

35 See appendix 1.
36 Elias HUTTER, S. Linguae Cubus Hebraico Germanicus, Hamburg 1603; Paul JOSEPHUS, Teutsche Dikduk oder Grammatica das ist richtige unnd kurtze Erklerung der hebreischen spraach, Altdorf 1613, VD17 39:147791G; Christoph HELWIG, Hebraeische Sprachkunst: deutsch beschrieben, Giessen 1619, VD17 14:023035K; Wilhelm SCHICKARD, Der Hebraische Trichter/ Die Sprache leicht Einzugiessen, Tübingen 1627 (not yet in VD17), Leipzig 1629, 1630, 1633, VD17 23:293103G, 12:199656P, 23:280796E. The Tübingen edition has 'Trächter" which is Swabian for "Trichter".
37 Dr. Friedrich Seck noted that other possible users of German language Hebrew grammars included educated townsmen and nobles. Friedrich Seck, e-mail message to the author, December 20, 2011.
38 See Uwe KORDES, Wolfgang Ratke (Ratichius, 1571–1635). Gesellschaft, Religiosität und Gelehrsamkeit im frühen 17. Jahrhundert (Euphorion, Beihefte, vol. 34), Heidelberg 1999, p. 167, and Wolfgang MÄHRLE, Academia Norica. Wissenschaft und Bildung an der Nürnberger Hohen Schule in Altdorf (1575–1623) (Contubernium, vol. 54), Stuttgart 2000, p. 269.
39 Jordan S. PENKOWER, Rabbinic Bible, in: Dictionary of Biblical Interpretation, ed. by John H. HAYES, 2 vols., Nashville 2004, vol. 2, pp. 361–364.

properly and accurately. At least two scholars in Luther's circle, Kaspar Cruciger, and Philipp Melanchthon, owned Rabbinic Bibles, and Lutheran scholars continued to consult such books after Luther's day.[40] The only known copy of a Rabbinic Bible that was owned by a Tübingen Hebraist that has been preserved was Schickard's copy, now held by the Württembergische Landesbibliothek.[41]

Weigenmeir and Schickard were unusual in that some of their published works reflect an interest in broader reading of Jewish literature. They also stood out from other Tübingen Hebraists in that they were interested in studying and teaching other Semitic languages related to Hebrew. Weigenmeir offered private instruction in Aramaic at the request of his students in 1584.[42] Since he also wished to learn Arabic, and had no one to teach him in Tübingen itself, he petitioned the Senat first in 1583, then again in 1598, for permission to leave the university to find instruction. On May 29, 1598, he began his journey to Italy, leaving Tübingen on foot, and also leaving behind his wife, three sons and two daughters. The Herzog had given him permission to take a leave of absence and gave him 200 Gulden for the journey.[43] He reached Italy, visiting Rome, Padua, and Venice, before he finally found a tutor in Venice. Tragically he died in Padua on March 9, 1599.[44]

In addition to his ordinary lectures, Schickard offered private instruction in Hebrew, Aramaic and Syriac according to a report dated March 8, 1627. He also offered some introduction to both Arabic and Ethiopic.[45] Schickard began to teach himself Arabic using a Qur'an manuscript that Jan Gruter gave him in 1622.[46] The interest that both Tübingen students and faculty had in learning other Semitic languages is consistent with developments in other German Lutheran universities. Jena began advertising Aramaic instruction in its twice-annual published course listings as early as 1601, followed by Wittenberg in 1632.[47] Jena offered the first formal course in Syriac in 1614. Altdorf was the first Lutheran university to offer an Arabic class in 1624, followed in 1632 by Wittenberg.[48] Lutheran Hebraists were not pioneers in the field of com-

---

40 BURNETT, Reassessing the "Basel-Wittenberg Conflict" (see note 8), p. 187.
41 Württembergische LB (Württemberg State Library), Bibl. Hebr. Fol. 1524/25.
42 SCHNURRER, Nachrichten (see note 3), pp. 138–139.
43 Diarium Martini Crusii (see note 15), vol. 2, pp. 59, 64.
44 SCHNURRER, Nachrichten (see note 3), pp. 143–145. Diarium Martini Crusii (see note 15), vol. 2, pp. 129, 155.
45 Walter W. MÜLLER, Hebräische und chaldäische Studien, in: Wilhelm Schickard 1592–1635 (see note 22), pp. 49–108, p. 107. On his preliminary study of Ethiopic, pp. 105–108.
46 Manfred ULLMANN, Arabische, türkische und persische Studien, in: Wilhelm Schickard 1592–1635 (see note 22), pp. 109–128, p. 109. Württembergische LB (Württemberg State Library), Cod. Or. Oct. 59.
47 "Malachiae Prophetae explicatione progredietur: Nec non Grammatica praecepta …" Rector Academiæ Ienensis, M. Petrvs Piscator, Hebraearvm Literarvm Professor Publicus. L. S. : Antisthenem, Philosophvm, Tanta Discendi Cvpiditate flagrasse …, in: P. P. Ienae II. Calendas Apriles, anni … 1601, Jena 1601, Jena, University Library, signature 2 Hist.lit.VI,9 (28). Prorector et Consilium Academiae Wittebergensis Publ. Civibus Academicis (1632), downloaded from VD17: 547: 637630N. The University of Altdorf hired Julius Conrad Otto to serve as a professor for Hebrew, Syriac, and Aramaic in 1603. MÄHRLE, Academia Norica (see note 38), p. 267.

parative Semitics, but they were enthusiastic consumers of such works and would become much more significant participants in the field after the end of the Thirty Years War.

The last book I would like to mention reflects another publishing interest of Lutheran Hebraists: anti-Jewish polemics. Wilhelm Schickard owned a polemical manuscript, *Sefer Ahitub we Zalman*, which he published under the title *Triumphator Vapulans* in 1623. In it the Jew Ahitub and the Christian Zalman dispute together and with a Muslim. Ahitub's arguments ultimately convince the Muslim.[49] Schickard was given the manuscript by Lucas Osiander the younger. It originally belonged to his grandfather Andreas, who had been a notable Hebraist in his day.[50] Unlike Reformed Protestant Hebraists, who were reluctant to print Jewish polemical books, let alone translate them, Schickard, his younger contemporary Theodor Hackspan, and most famously the later seventeenth century Hebraist Johann Christoph Wagenseil, did not hesitate to publish such texts to warn other Christians of Jewish blasphemy.[51] Schickard's willingness to engage in anti-Jewish polemic, a feature of his theology that seldom, if at all, appears elsewhere in his works, raises again the problem of the function of Judaism within Lutheran theology of the later sixteenth and seventeenth centuries. I do not believe that Martin Friedrich's fine study *Zwischen Abwehr und Bekehrung* (1988), or Johannes Wallmann's work on the reception of Luther's Judenschriften in later Lutheranism have fully explained this problem.[52]

---

48 MÄHRLE, Academia Norica (see note 38), p. 271. Wittenberg: Prorector et Consilium Academiae Wittebergensis (see note 47).

49 Samuel KRAUSS, The Jewish-Christian Controversy from the earliest times to 1789, vol. 1: History, ed. and rev. by William HORBURY, Tübingen 1995, pp. 226–227.

50 Wilhelm SCHICKARD, Nissahon bli näsah sive Triumphator Vapulans. Hoc est, Refutatio blasphemi et maledicentissimi cuiusdam Libri Hebraici, ultra trecentos annos inter Judæos clam habiti, nunc in apricum producti, Tübingen 1623, A2ʳ (Göttingen, State and University Library, signature 8 Rabb 342/5). While Schickard used other Jewish polemical books to prepare his printing of this book, notably Buxtorf's manuscript copy of Sefer Nizzahon, the text he printed was Ahitub we-Zalman. I compared parts of Nissahon, 10 (where the transcription begins) with Jewish Theological Seminary Ms. Cod Adler 1663, 1ʳ to confirm this. On Schickard's use of Nizzahon, see William HORBURY, The Basle Nizzahon, in: The Journal of Theological Studies new ser. 34 (1983), pp. 497–514.

51 Stephen G. BURNETT, "Spokesmen for Judaism": Medieval Jewish Polemicists and their Christian Readers in the Reformation Era, in: Reuchlin und seine Erben: Forscher, Denker, Ideologen und Spinner, ed. by Peter SCHÄFER and Irina WANDREY, Ostfildern 2005, pp. 41–51, 46–51.

52 Martin FRIEDRICH, Zwischen Abwehr und Bekehrung. Die Stellung der deutschen evangelischen Theologie zum Judentum im 17. Jahrhundert, Tübingen 1988. See also Johannes WALLMANN, The Reception of Luther's Writings on the Jews from the Reformation to the end of the 19th Century, in: Lutheran Quarterly new ser. 1 (1987), pp. 72–97, and Thomas KAUFMANN, Luther and the Jews, in: Jews, Judaism and the Reformation in Sixteenth Century Germany, ed. by Dean P. BELL and Stephen G. BURNETT, Leiden 2006, pp. 69–104, 98–102.

4. Conclusion: Was Tübingen a Center of Lutheran Hebrew Scholarship?

Was Tübingen a center of Lutheran Hebrew scholarship? Peter Miller has described early modern centers of oriental scholarship as places possessing a "critical mass of erudition." By this he meant cities that were home to learned scholars, specialty printing presses, large library collections, and sympathetic, wealthy patrons to support authors and pay printing costs. Tübingen could only boast of its learned scholars, since it lacked all of the other amenities that major centers such as Paris, Rome or Oxford could boast of. Yet Basel lacked most of these amenities as well, possessing only specialty printers and a series of energetic, learned, determined Hebraists in Sebastian Münster, and the elder and younger Buxtorf. Christian Hebrew learning was still in its early stages during the early modern period, and a scholar who owned a Rabbinic Bible, a reference grammar, a Hebrew dictionary, and perhaps one or two other books had enough information at his disposal to pursue his interests. Hebrew learning was largely a matter of individual effort and initiative among a relatively small number of authors who wrote for a steadily growing number of Christian Hebrew readers. By this standard the Hebraists of the University of Tübingen measure up rather well and they certainly contributed to the creation of a broader scholarly culture of Hebrew learning among Christians.

Appendix I: Tübingen Professors of Hebrew

Reuchlin, Johannes	1521 – †June 30, 1522
Wakefield, Robert	Aug. 14, 1522 – Spring 1523[53]
Jonas, Jacob	1526 – early 1533
Uelin (Vlinus), Wilhelm	1533 – 1535
Hyltebrand, Johannes	1536 – 1539
Forster, Johannes	1539 – 1541
Hyltebrand, Johannes	1541 – 1555
Schnepf, Dietrich	1556 – 1558
Hyltebrand, Johannes	1558 – 1568
Dachtler [Dächtler], Jacob	1568 – 1575
Bartenbach, Johannes	1575 – 1579
Weigenmeir [Weiganmeir], Georg	1579 – 1599
Beringer, Michael	1599 – 1618
Schickard, Wilhelm	1619 – 1635

Appendix II: Lutheran Universities and Hebrew

University	Hebrew Instruction Began	Years offered: 1501–1660
Altdorf	1578	79
Erfurt	1566	95
Frankfurt/O	1538	122
Gießen	1607	50
Greifswald	1605	56
Heidelberg	1521	95
Helmstedt	1578	75
Jena	1557	106
Königsberg	1546	89
Leipzig	1519	120
Marburg	1527	115
Rinteln	1622	11
Rostock	1553	107
Strasbourg	1523	137
Tübingen	1521	114
Wittenberg	1518	142

---

53 See Robert WAKEFIELD, On the Three Languages [1524], ed. and trans. by Gareth Lloyd JONES, Binghamton/New York 1989, pp. 5–7.

Die Auswirkungen der Reformation auf Lehre und Wissenschaft an der Tübinger Juristenfakultät

Oliver Haller

Die Reformation bedeutete für die Geschichte der Universitäten im deutschsprachigen Raum einen tiefgreifenden Einschnitt. Die konfessionellen Spaltungen sollten auch die Bildungsgeschichte jahrhundertelang prägen.[1] Erst in den letzten Jahren zeugten umfangreiche Publikationen von einem wachsenden Interesse der Forschung an der Frage, wie sich die Reformation auf die wissenschaftlichen Schwerpunkte und Methoden der Juristen in der Frühen Neuzeit auswirkte.[2] Diese Untersuchung soll die Folgen der Reformation für die Tübinger Juristenfakultät als Institution und Stätte der wissenschaftlichen Lehre verdeutlichen. Die Vorgänge an der Juristenfakultät sind zunächst in den Kontext der Einführung der Reformation im Herzogtum Württemberg einzuordnen. Neben der organisatorischen soll vor allem die personelle Erneuerung der Fakultät dargestellt werden. Der Blick auf einige der wichtigsten Werke der Tübinger Juristen nach der Fakultätsreform soll ein Bild der wissenschaftlichen Entwicklung vermitteln. Schließlich sind vor dem Hintergrund der fakultätsgeschichtlichen Entwicklungen bis in die 1570er-Jahre die Ergebnisse und Grenzen der Reform herauszuarbeiten.

Die Einführung der Reformation im Herzogtum Württemberg

Für die Vorgeschichte der württembergischen Reformation spielt das Jahr 1519 eine wichtige Rolle, als Herzog Ulrich infolge seiner Auseinandersetzungen mit den Habsburgern und mit dem Schwäbischen Bund die Regierung den Habsburgern überlassen

---

1 Die Unterschiede zwischen protestantischen und katholischen Universitäten vor allem im 18. Jahrhundert verdeutlichen Anton SCHINDLING, Die protestantischen Universitäten im Heiligen Römischen Reich deutscher Nation im Zeitalter der Aufklärung, in: Notker HAMMERSTEIN (Hrsg.), Universitäten und Aufklärung (Das achtzehnte Jahrhundert. Supplementa, Bd. 3), Göttingen 1995, S. 9–19, und Harald DICKERHOF, Die katholischen Universitäten im Heiligen Römischen Reich deutscher Nation des 18. Jahrhunderts, in: HAMMERSTEIN (1995, wie oben), S. 21–47.
2 Vgl. John WITTE, Jr., Law and protestantism: the legal teachings of the Lutheran Reformation, Cambridge 2002; Harold J. BERMAN, Law and revolution, Bd. 2: The Impact of the Protestant Reformations on the Western Legal Tradition, Cambridge (Massachusetts)/London 2006; Alexander HOLLERBACH, Jurisprudenz in Freiburg. Beiträge zur Geschichte der Rechtswissenschaftlichen Fakultät der Albert-Ludwigs-Universität (Freiburger Rechtswissenschaftliche Abhandlungen, Bd. 1), Tübingen 2007; Christoph STROHM, Calvinismus und Recht. Weltanschaulich-konfessionelle Aspekte im Werk reformierter Juristen in der Frühen Neuzeit (Spätmittelalter, Humanismus, Reformation. Studies in the Late Middle Ages, Humanism and the Reformation, Bd. 42), Tübingen 2008.

musste.³ Gleich nachdem er 1534 die Herrschaft zurückerobert hatte, führte er die Reformation in Württemberg ein. Entscheidend für ihren Verlauf war die Frage, ob sich die schweizerische oder die lutherische Richtung durchsetzen sollte. Herzog Ulrich berief den von den Straßburger Theologen empfohlenen Ambrosius Blarer (1492 bis 1564) als Oberdeutschen für die Visitation des südlichen Landesteils, Erhard Schnepf (1495 bis 1558) als Lutheraner, der die Reformation im nördlichen Landesteil einführen sollte.⁴ Mit der „Stuttgarter Konkordie" von 1534 wurde die Auseinandersetzung über das unterschiedliche Abendmahlsverständnis von Blarer und Schnepf notdürftig beigelegt. Sie wurde als Lösung zugunsten der lutherischen Seite gedeutet. Einen weiteren Vorteil gewannen die Lutheraner dadurch, dass auch die Haupt- und Residenzstadt Stuttgart in Schnepfs Zuständigkeitsbereich lag.

Die Reform der Tübinger Juristenfakultät 1534 bis 1539

Für die Einführung der Reformation in Tübingen war dagegen Ambrosius Blarer zuständig.⁵ Seine geringe akademische Erfahrung und der Widerstand der Professoren erschwerten sein Vorhaben. Auf der Suche nach einem Helfer gewann er die Unterstützung von Simon Grynaeus, der theologisch den Straßburgern nahestand. Grynaeus hatte 1529 in Basel den Lehrstuhl von Erasmus übernommen und wurde dort Ende 1534 für ein Jahr beurlaubt. Ein undatiertes Aktenstück aus dem Tübinger Universitätsarchiv⁶ deutet darauf hin, dass Blarer und Grynaeus bereits an der Jahres-

---

3 Zur Vorgeschichte, Einführung und Konsolidierung der Reformation in Württemberg siehe umfassend Julius RAUSCHER, Württembergische Reformationsgeschichte (Württembergische Kirchengeschichte, Bd. 3: Reformation 1500–1559), Stuttgart 1934, und Martin BRECHT / Hermann EHMER, Südwestdeutsche Reformationsgeschichte. Zur Einführung der Reformation im Herzogtum Württemberg 1534, Stuttgart 1984; speziell zur Entstehung der württembergischen Reformationskirche siehe Martin BRECHT, Reformation zwischen Politik und Bekenntnis. Grundbedingungen der württembergischen Reformation, in: Blätter für württembergische Kirchengeschichte 83/84 (1983/84), S. 5–19; zusammenfassend zum Zeitraum von 1534 bis 1550 siehe Dieter MERTENS, A. Württemberg, in: Meinrad SCHAAB / Hansmartin SCHWARZMAIER (Hrsg.), Handbuch der baden-württembergischen Geschichte, Bd. 2: Die Territorien im Alten Reich (Veröffentlichung der Kommission für geschichtliche Landeskunde in Baden-Württemberg), Stuttgart 1995, S. 1–163, Kapitel „Die Einführung der Reformation durch Herzog Ulrich" (S. 102–110); die Entstehung konfessioneller Differenzierungen analysiert Hans-Christoph RUBLACK, Lutherische, oberdeutsche und schweizerische Reformationen in Südwestdeutschland, in: Rolf-Dieter KLUGE (Hrsg.), Ein Leben zwischen Laibach und Tübingen. Primus Truber und seine Zeit. Intentionen, Verlauf und Folgen der Reformation in Württemberg und Innerösterreich (Sagners slavistische Sammlung, Bd. 24), München 1995, S. 46–55.
4 Zur theologischen Haltung von Blarer und Schnepf siehe BRECHT, Grundbedingungen (wie Anm. 3), S. 10.
5 Zur Einführung der Reformation an der Universität Tübingen siehe zusammenfassend BRECHT/EHMER, Südwestdeutsche Reformationsgeschichte (wie Anm. 3), S. 255–259, hier S. 255 f.
6 UAT 6/25, 2a, fol. 5ʳ–6ᵛ, ediert in: Irene PILL-RADEMACHER, „... zu nutz und gutem der loblichen universitet". Visitationen an der Universität Tübingen. Studien zur Interaktion zwischen Landesherr und Landesuniversität im 16. Jahrhundert (Werkschriften des Universitätsarchivs Tübingen, Reihe 1: Quellen und Studien, Bd. 18), Tübingen 1993, S. 409–411 (Nr. 14).

wende 1534/35 die Frage der künftigen Organisation der Juristenfakultät mit der Universität verhandelten.[7] Demnach teilten sie der Universität vor dem 21. Dezember 1534 die Ergebnisse ihrer Visitation mit und forderten sie dazu auf, innerhalb von drei Tagen zu erklären, wie sie mit der Kritik umgehen würde. Darauf äußerte sich die Universität nach dem 22. Dezember 1534 in mehreren Artikeln über ihre Position, die sich von der der Reformatoren nahezu völlig unterschied. Da den beiden Parteien keine Einigung gelang, schickten sie Gesandte zu Herzog Ulrich, der als Ergebnis der Verhandlungen schließlich die Universitätsordnung vom 30. Januar 1535 erließ.

Wahrscheinlich noch im Dezember 1534 fassten Blarer und Grynaeus ihre Forderungen und die der Universität in einem Gutachten zusammen.[8] Darin werden unter anderem die Auffassungen der beiden Parteien über die Frage, wie viele Professoren künftig das kanonische Recht lehren sollten, in einem besonderen Abschnitt dargelegt.[9] Die Vertreter der Universität verlangten, die Zahl der Kanonisten beizubehalten, da sie durch eine beschworene Ordnung vorgeschrieben werde, und erinnerten an den Wert ihrer Arbeit und an den außerordentlichen Nutzen der Professoren. Dem hielten die Visitatoren entgegen, dass im kanonischen Recht viel Gottloses („impia multa") enthalten sei – womöglich eine Anspielung auf Martin Luthers negative Haltung gegenüber dem kanonischen Recht. Blarer und Grynaeus hielten es für ausreichend, wenn nur vier Juristen lasen.[10] Die weiteren Ereignisse sollten zeigen, dass sie zwei Kanonisten für entbehrlich hielten.

In der Ordnung vom 30. Januar 1535[11] wurde die Auseinandersetzung um die Lehre des Kirchenrechts vorläufig geregelt. Während sich für die Professoren des weltlichen Rechts nichts änderte, sollte bei den Kanonisten nur die Stelle des Ordinarius erhalten bleiben. Dieser sollte fortan über den Prozess vor Gericht lesen.[12] Die Lehre des Prozessrechts gewann an den juristischen Fakultäten in Europa zwischen 1500 und 1700 allgemein an Bedeutung, unter anderem deshalb, weil das Prozessrecht in den Gerichtsordnungen weiterentwickelt wurde.[13] In Württemberg erließ Herzog Ulrich nach

---

7 Zum Folgenden siehe PILL-RADEMACHER, Visitationen (wie Anm. 6), S. 121f.
8 Archives municipales Strasbourg, Leges Gymnasii Praedicatorum et Wilhelmitarum, Nr. 50, fol. 147–157 (Abschrift), ediert in: PILL-RADEMACHER, Visitationen (wie Anm. 6), S. 397–408 (Nr. 13); zur Frage der Datierung und des Adressaten siehe PILL-RADEMACHER, Visitationen (wie Anm. 6), S. 116–119.
9 Leges Gymnasii 50 (wie Anm. 8), fol. 153 (S. 405). Bei PILL-RADEMACHER, Visitationen (wie Anm. 6), S. 120, wird der Abschnitt irrtümlich auf die „Vermittlung des weltlichen Rechts" bezogen.
10 Leges Gymnasii 50 (wie Anm. 8), fol. 153 (S. 405).
11 Herzog Ulrichs Ordnung vom 30. Januar 1535, abgedruckt in: Rudolf von ROTH (Hrsg.), Urkunden zur Geschichte der Universität Tübingen aus den Jahren 1476 bis 1550, Tübingen 1877 (Nachdruck Aalen 1973), S. 176–185.
12 Herzog Ulrichs Ordnung vom 30. Januar 1535, abgedruckt in: ROTH, Urkunden (wie Anm. 11), S. 176–185, hier S. 182f. König Ferdinands Ordnung der Universität von 1525 bestimmte für den kanonistischen Ordinarius, aus den beiden ersten Büchern der Dekretalen zu lesen (Ordinatio Regis Ferdinandi 1525, abgedruckt in: ROTH, Urkunden [wie Anm. 11], S. 141–152, hier S. 144).
13 Helmut COING, Erster Abschnitt. Die juristische Fakultät und ihr Lehrprogramm, in: DERS. (Hrsg.), Handbuch der Quellen und Literatur der neueren europäischen Privatrechtsge-

dem Aufstand des „Armen Konrad" im Remstal im Januar 1514 die zweite Hofgerichtsordnung, die die erste Ordnung des Hofgerichts von 1475 ablöste.[14]

Die Lehrstühle der beiden außerordentlich lesenden Kanonisten wurden mit der Universitätsordnung von 1535 abgeschafft und durch zwei Professuren für in Tübingen neuartige Lehrgebiete ersetzt. Einer der Lehrstühle war für die „Vsus feudorum" vorgesehen.[15] Damit gewann das Lehnrecht in Tübingen vergleichsweise früh eine wichtige Rolle im Lehrplan der Juristenfakultät. Das Lehnrecht wurde an den meisten anderen europäischen Juristenfakultäten im selben Zeitraum ebenfalls gelehrt, jedoch ohne dass dafür besondere Lehrstühle eingerichtet wurden.[16] Der andere Professor sollte über die „Nouissima Jura und Constitutiones græcas" lesen und dadurch erreichen, dass sich die Studenten mit dem Ursprung und Gebrauch der Rechte stärker als bisher befassten.[17] Offenbar spielten bei der Einrichtung dieser Professur auch humanistische Motive eine Rolle.

Mit der Ordnung von 1535 ließen sich nicht alle Fragen der künftigen Organisation der Universität dauerhaft klären.[18] Nach erneuten Verhandlungen im September und Oktober 1536 verkündete Herzog Ulrich am 3. November 1536 eine neue Ordnung der Universität.[19] In allen Punkten, in denen ihr die Ordnung von 1535 widersprach, wurde diese außer Kraft gesetzt.[20]

Davon waren auch die Regelungen über die juristischen Professoren betroffen. Gemäß der Ordnung von 1536 standen weiterhin fünf Lehrstühle des weltlichen Rechts einem Lehrstuhl für das Kirchenrecht gegenüber.[21] Als Lehrstoff wurden dem

---

schichte, Bd. 2: Neuere Zeit (1500–1800). Das Zeitalter des gemeinen Rechts, Teilbd. 1: Wissenschaft (Veröffentlichung des Max-Planck-Instituts für Europäische Rechtsgeschichte), München 1977, S. 3–102, hier S. 41; zum Zeitraum siehe ebd., S. 3.

14 Siegfried FREY, Das württembergische Hofgericht (1460–1618) (Veröffentlichungen der Kommission für geschichtliche Landeskunde in Baden-Württemberg, Reihe B: Forschungen, Bd. 113), Stuttgart 1989, Kapitel „Die erste Hofgerichtsordnung von 1475 und die Rechtsentwicklung bis 1513" (S. 23–32) und „Die zweite Hofgerichtsordnung von 1514" (S. 32–37).

15 Herzog Ulrichs Ordnung vom 30. Januar 1535, abgedruckt in: ROTH, Urkunden (wie Anm. 11), S. 176–185, hier S. 183.

16 COING, Lehrprogramm (wie Anm. 13), S. 40.

17 Herzog Ulrichs Ordnung vom 30. Januar 1535, abgedruckt in: ROTH, Urkunden (wie Anm. 11), S. 176–185, hier S. 183. Nach Karl KLÜPFEL, Geschichte und Beschreibung der Universität Tübingen (Geschichte und Beschreibung der Stadt und Universität Tübingen, Abteilung 2), Tübingen 1849 (Nachdruck Aalen 1977), S. 42, können die „Nouissima Jura" die Novellen bezeichnen. Womöglich kommen dafür auch alle weiteren Rechte der jüngeren Gesetzgebung infrage.

18 Vgl. PILL-RADEMACHER, Visitationen (wie Anm. 6), S. 127.

19 Herzog Ulrichs zweite Ordnung vom 3. November 1536, abgedruckt in: ROTH, Urkunden (wie Anm. 11), S. 185–198; zu den Vorgängen siehe PILL-RADEMACHER, Visitationen (wie Anm. 6), S. 143–150.

20 Herzog Ulrichs zweite Ordnung vom 3. November 1536, abgedruckt in: ROTH, Urkunden (wie Anm. 11), S. 185–198, hier S. 198.

21 Herzog Ulrichs zweite Ordnung vom 3. November 1536, abgedruckt in: ROTH, Urkunden (wie Anm. 11), S. 185–198, zu den im Folgenden erläuterten Einzelheiten S. 188 f.; vgl. dazu Herzog Ulrichs Ordnung vom 30. Januar 1535, abgedruckt in: ROTH, Urkunden (wie Anm. 11), S. 176–185, hier S. 182 f.

Kanonisten die Bücher vorgeschrieben, die der Lehre des gerichtlichen Prozesses dienten, wofür in der Ordnung von 1535 ausschließlich das zweite Buch der Dekretalen genannt worden war. Für das Zivilrecht sollten eine ordentliche Professur und vier außerordentliche Professuren eingerichtet werden. Hinsichtlich der Lehraufträge ihrer Inhaber enthielt die Ordnung keine klaren Regelungen. Einer der außerordentlichen Professoren sollte die Institutionen lehren. Außerdem sollten ständig Vorlesungen über die Pandekten und über den Kodex, die beiden wichtigsten Teile des Corpus Iuris civilis, gehalten werden. Zwei Professoren waren für wechselnde Lehraufträge vorgesehen. Je nach Bedarf konnte die Universität darüber entscheiden, über welche Gebiete aus dem weltlichen Recht oder dem Kirchenrecht sie lasen. Offensichtlich war es nicht gelungen, die Lehrstühle im Sinne der Ordnung von 1535 zu besetzen.

Die Reform der juristischen Fakultät wurde 1539 mit dem Erlass neuer Statuten[22] formal abgeschlossen. Über die Aufgaben der Rechtslehrer enthalten sie keine Regelungen. Einen aufschlussreichen Hinweis auf die tatsächlichen Verhältnisse liefert allerdings ein Abschnitt über das Lizenzexamen aus den Statuten der juristischen Fakultät von 1539. Demnach wurde eine Prüfung im Kirchenrecht von einem Ordinarius, einem außerordentlich lesenden Professor und einem Professor für die neuen Rechte abgenommen.[23] Zu den Prüfern für die Lizenz im weltlichen Recht mussten ein Ordinarius, ein Professor für die Pandekten und ein Professor für die Institutionen gehören.[24]

Bei dieser Regelung fällt auf, dass die Zusammensetzung der Prüfergremien an die Verteilung der Lehrstühle vor 1535 erinnert, als im Kirchenrecht und im weltlichen Recht jeweils ein Ordinarius, ein Extraordinarius und ein weiterer Professor lehrten.[25] Zumindest für eine Übergangszeit scheint auch nach 1535 noch mehr als ein Kanonist angestellt gewesen zu sein. Dies war zwar in der Ordnung von 1535 nicht vorgesehen, stand jedoch nicht im Widerspruch zur Ordnung der Universität von 1536, der zufolge zwei Lehrstühle nach den jeweiligen Erfordernissen besetzt werden konnten. Insgesamt lässt sich anhand der Statuten und Ordnungen nicht sicher feststellen, wie viele Personen von 1535 an jeweils über das weltliche und das geistliche Recht lasen.

---

22 Statuten von 1539. Libellus statvtorvm facvltatis ivridicae, abgedruckt in: ROTH, Urkunden (wie Anm. 11), S. 286–300.

23 Statuten von 1539. Libellus statvtorvm facvltatis ivridicae, abgedruckt in: ROTH, Urkunden (wie Anm. 11), S. 286–300, hier S. 293: „Si quod unus sit, qui dicatur ordinarie legere in Jure Canonico, et alij duo, quorum alter noua iura, alter extraordinariam Juris Canonici lectionem profiteantur."

24 Ebd., S. 293: „Par erit ratio Decernentium gradus in Jure Ciuili, vt sit unus, qui dicatur ordinarie legere, reliqui duo, qui operam praelegendis Digestis et Institutionibus impendunt [...]."

25 Vgl. die Übersicht zum Zeitraum von 1477 bis 1534 bei Karl Konrad FINKE (Bearb.), Die Professoren der Tübinger Juristenfakultät (1477–1535) (Tübinger Professorenkatalog, Bd. 1,2), Ostfildern 2011, Tabelle „Besetzung der Lehrstühle" (S. 61), und die dazugehörigen Erläuterungen ebd., S. 59.

Die personelle Erneuerung der Tübinger Juristenfakultät

Die Ordnungen der Universität von 1535 und 1536 enthielten allerdings klare Anforderungen an Professoren, die künftig an der Universität angestellt wurden. Neben ihren fachlichen Fähigkeiten wurde auch verlangt, dass sie sich zur evangelischen Glaubensrichtung bekannten.[26] An der Tübinger Juristenfakultät wurden zwischen 1535 und 1538 fünf Professoren neu angestellt. Eine Darstellung ihrer religiösen Haltung, ihrer wissenschaftlichen Interessen und ihrer Einstellung zum Humanismus soll zeigen, inwieweit an der Juristenfakultät eine personelle Erneuerung angestrebt wurde.

Als erster Neuzugang wurde Bartholomäus Amantius von Herzog Ulrich berufen und am 10. Mai 1535 an der Universität angestellt.[27] Er studierte in Tirol und Ingolstadt,[28] unterrichtete zunächst als Privatlehrer in Ingolstadt und Hall in Tirol und 1533 in Ingolstadt als Professor der Rhetorik.[29] Zusammen mit Peter Apian unternahm er eine Forschungsreise nach Italien; 1533 gab er mit ihm eine Sammlung von Inschriften[30] heraus. Mit Philipp Melanchthon war er gut bekannt.[31] Vermutlich auf dessen Empfehlung hin[32] berief ihn 1535 Herzog Ulrich nach Tübingen.[33] Neben seiner beruf-

---

26 Herzog Ulrichs Ordnung vom 30. Januar 1535, abgedruckt in: ROTH, Urkunden (wie Anm. 11), S. 176–185, hier S. 184; Herzog Ulrichs zweite Ordnung vom 3. November 1536, abgedruckt in: ROTH, Urkunden (wie Anm. 11), S. 185–198, hier S. 193.
27 Elisabeth ZEITLER (Hrsg.), Der „Liber conductionum", das älteste Anstellungsbuch der Universität Tübingen. 1503–1588. Edition und Kommentar, Tübingen 1978, S. 62, Nr. 167 (fol. 65ᵛ): „Item X die Maii anno etc. XXXV dominus Bartholomeus Amancius iuris utriusque doctor a principe illustrissimo vocatus et missus receptus est in consilium universitatis et opcio lectionis ordinarie iuris canonici aut usus feudorum et trium posteriorum librorum codicis ei oblata est […]."
28 Karl von PRANTL, Geschichte der Ludwig-Maximilians-Universität in Ingolstadt, Landshut, München. Zur Festfeier ihres vierhundertjährigen Bestehens im Auftrage des akademischen Senats verfaßt, 2 Bde., München 1872 (Nachdruck Aalen 1968), hier Bd. 2, S. 489.
29 Christian Friedrich von SCHNURRER, Erläuterungen der Würtembergischen Kirchen-, Reformations- und Gelehrten-Geschichte, Tübingen 1798, S. 348. Laut PRANTL, Ludwig-Maximilians-Universität (wie Anm. 28), Bd. 2, S. 489, soll Amantius bereits 1530 Professor in Ingolstadt gewesen sein.
30 Peter APIAN / Bartholomäus AMANTIUS, Inscriptiones sacrosanctae vetustatis. Non illae quidem Romanae sed totius fere orbis summo studio ac maximis impensis terra marique conquisitae feliciter incipiunt, Ingolstadt 1534.
31 SCHNURRER, Kirchen-, Reformations- und Gelehrten-Geschichte (wie Anm. 29), S. 349f.
32 KLÜPFEL, Universität Tübingen (wie Anm. 17), S. 34.
33 Am 10. Mai 1535 wurde er in die Matrikel eingetragen (Heinrich HERMELINK [Hrsg.], Die Matrikeln der Universität Tübingen, Bd. 1: Die Matrikeln von 1477–1600, Stuttgart 1906, Nr. 105,3) und in den Universitätsrat aufgenommen (ZEITLER, Liber conductionum [wie Anm. 27], S. 62, Nr. 169 [fol. 65ᵛ]). Nachweislich wurde sein Vertrag am 4. Januar 1537 um ein Jahr verlängert (ebd., S. 69f., Nr. 187 [fol. 70ʳ]). Bei seinem Weggang aus Ingolstadt spielten auch konfessionelle Gründe eine Rolle (Hans Erich FEINE, Ludwig Gremp von Freudenstein. 1537–1541 Professor der Rechte in Tübingen, später Advokat der Reichsstadt Straßburg. 1509–1583, in: Hermann HAERING / Otto HOHENSTATT [Hrsg.], Schwäbische Lebensbilder, Bd. 3, Stuttgart 1942, S. 199–218).

lichen Tätigkeit soll er sich für klassische Literatur interessiert haben.[34] Im Juli 1540 kam es zwischen ihm und dem Senat zu einer harten Auseinandersetzung, bei der Amantius deutlich den Wunsch äußerte, die Universität zu verlassen.[35] Bei einer Visitation im September 1540 wurde sein Unterrichtsstil thematisiert,[36] im folgenden Jahr wechselte er an die Universität Greifswald.[37] Als sein erfolgreichstes Werk erschien erstmals 1556 eine Sammlung lateinischer und griechischer Sinnsprüche, die noch bis 1645 mehrmals neu aufgelegt wurde.[38]

Der 1499 geborene Johannes Sichard wurde wie Bartholomäus Amantius von Herzog Ulrich berufen und am 30. Juni 1535 an der Universität Tübingen angestellt.[39] Zunächst erhielt er den Lehrstuhl für die Institutionen, bald aber die Kodexprofessur.[40] Er lehrte in Tübingen bis zu seinem Tod 1552.[41] Vor seiner Anstellung in Tübingen war Sichard durch seine lutherische Gesinnung und seine humanistischen Interessen hervorgetreten. Wahrscheinlich verhinderte seine religiöse Haltung, dass er Anfang der 1520er-Jahre in Freiburg eine Professur erhielt.[42] 1524 oder 1525 wurde er in Basel als Professor der Redekunst und der lateinischen Sprache[43] angestellt. Einflüsse des Kreises um Erasmus bewogen ihn, in zahlreichen Bibliotheken alte Handschriften zu suchen und zu edieren.[44] In 24 Bänden gab er insgesamt 113 verschiedene Werke heraus, von denen zwei Drittel noch nie erschienen waren. Besonders bekannt wurde die irrtümlich als „Codicis Theodosiani libri XVI" bezeichnete Ausgabe der Lex Romana Visigothorum[45] und die Ausgabe der ribuarischen, alemannischen und bajuwarischen Volksrechte.[46]

Religiöse Auseinandersetzungen veranlassten Sichard, 1530 nach Freiburg zurückzukehren.[47] Als Schüler von Ulrich Zasius, der für den Rückgriff der Rechtswissen-

---

34 SCHNURRER, Kirchen-, Reformations- und Gelehrten-Geschichte (wie Anm. 29), S. 351.
35 Universitätsarchiv Tübingen, 2/1a: Acta Senatus Ia, 1524–1541, fol. 236ʳ–241ᵛ.
36 PILL-RADEMACHER, Visitationen (wie Anm. 6), S. 474.
37 SCHNURRER, Kirchen-, Reformations- und Gelehrten-Geschichte (wie Anm. 29), S. 351.
38 Bartholomäus AMANTIUS, Flores celebriorum sententiarum Graecarum ac Latinarum, Basel 1556; Bartholomäus AMANTIUS (Verf.) / Fr. SYLVIUS (Hrsg.), Florilegii magni, seu polyantheae floribus novissimis sparsae, libri XX [...], Straßburg 1645.
39 ZEITLER, Liber conductionum (wie Anm. 27), S. 62, Nr. 169 (fol. 65ᵛ).
40 Hagen HOF, Johann Sichardt (1499–1552), in: Gerd KLEINHEYER / Jan SCHRÖDER (Hrsg.), Deutsche und Europäische Juristen aus neun Jahrhunderten. Eine biographische Einführung in die Geschichte der Rechtswissenschaft, Heidelberg ⁴1996, S. 371–374, hier S. 372.
41 [Gustav] MANDRY, Johannes Sichardt. Eine academische Rede, in: Württembergische Jahrbücher für Statistik und Landeskunde (1872, ersch. 1874), S. 18–52, hier S. 30.
42 PILL-RADEMACHER, Visitationen (wie Anm. 6), S. 518.
43 Zu Sichards Lehrauftrag in Basel siehe SCHNURRER, Kirchen-, Reformations- und Gelehrten-Geschichte (wie Anm. 29), S. 347; das Anstellungsdatum nach PILL-RADEMACHER, Visitationen (wie Anm. 6), S. 518.
44 Zu Sichards Editionstätigkeit siehe HOF, Johann Sichardt (wie Anm. 40), S. 371f.
45 Sextus Julius FRONTINUS / Lucius Volusius MAECIANUS / Agennius URBICUS (Bearb.) / Johannes SICHARD (Beitr.), Codicis Theodosiani libri XVI. Quibus sunt ipsorum principum autoritate adiectae novellae [...], Basel 1528.
46 Johannes SICHARD (Bearb.), Leges Riboariorum, Baioariorum[que], quas vocant, a Theoderico rege Francorum latae [...], Basel 1530.
47 PILL-RADEMACHER, Visitationen (wie Anm. 6), S. 518.

schaft auf die Quellen eintrat und mit führenden europäischen Humanisten wie Erasmus bekannt war,[48] studierte er bürgerliches Recht; bereits Ende des Jahres 1531 wurde er zum Doktor promoviert.[49] Die Reformationskommissare Ambrosius Blarer und Simon Grynäus empfahlen Sichard für einen Ruf als Rechtslehrer nach Tübingen.[50] In seinen Vorlesungen las er über den privatrechtlichen Teil des Kodex.[51] Seine Aufgaben als Professor und Rechtsgutachter nahmen ihn so sehr in Anspruch, dass er in Tübingen an seine humanistischen Studien nicht anknüpfte.[52]

Melchior Volmar (1497 bis 1560) nahm 1535 einen Ruf von Herzog Ulrich nach Tübingen an,[53] wo er am 27. März 1536 in die juristische Fakultät aufgenommen wurde.[54] In Tübingen hatte er bereits am 1. März 1516 den Grad eines *Baccalaureus artium* erworben.[55] In Paris erlangte er 1522 als Erster von hundert Kandidaten die Magisterwürde.[56] Er hörte Vorlesungen bei dem Humanisten Guillaume Budé und edierte auf seinen Rat hin die Grammatik des Demetrius Chalcondylas.[57] Nach dreijähriger Lehrtätigkeit in Paris musste er die Stelle aufgrund seiner protestantischen Neigung aufgeben. Volmar errichtete eine Privatschule in Orléans, wo ihm auch Théodore de Bèze für den Unterricht anvertraut wurde. Später unterrichtete er an der Universität Bourges Johannes Calvin, studierte dort die Rechtswissenschaft und wurde zum Doktor promoviert.[58]

Volmars Zeit an der Tübinger Juristenfakultät war geprägt von der Auseinandersetzung um seine Promotion. Bald nach seiner Anstellung wurde er aufgefordert, sich einen rechtmäßigen Doktortitel zu verschaffen.[59] Volmar war wahrscheinlich nicht von der juristischen Fakultät der Universität Bourges zum Doktor promoviert worden, sondern von Alciat allein. Als Pfalzgraf war Alciat dazu befugt, Doktoren zu ernennen. Solche *doctores bullati* wurden allerdings von den meisten Universitäten nicht anerkannt.[60] Volmar kam der Aufforderung, sich einen rechtmäßigen Doktortitel zu verschaffen, jahrelang nicht nach und wurde spätestens 1543 auf eine vakante Professur an der Artistenfakultät abgeschoben.[61]

---

48 Bernhard PAHLMANN / Jan SCHRÖDER, Ulrich Zasius (1461–1535), in: KLEINHEYER/ SCHRÖDER, Deutsche und Europäische Juristen (wie Anm. 40), S. 455–459, hier S. 456.
49 SCHNURRER, Kirchen-, Reformations- und Gelehrten-Geschichte (wie Anm. 29), S. 347.
50 PILL-RADEMACHER, Visitationen (wie Anm. 6), S. 518.
51 PILL-RADEMACHER, Visitationen (wie Anm. 6), S. 373.
52 MANDRY, Johannes Sichardt (wie Anm. 41), S. 26.
53 PILL-RADEMACHER, Visitationen (wie Anm. 6), S. 510.
54 HERMELINK, Matrikeln Tübingen (wie Anm. 33), Anm. zu Nr. 121,29.
55 HERMELINK, Matrikeln Tübingen (wie Anm. 33), Anm. zu Nr. 65,53.
56 SCHNURRER, Kirchen-, Reformations- und Gelehrten-Geschichte (wie Anm. 29), S. 361.
57 Ebd., S. 361 f. Eine 1546 gedruckte Ausgabe ist erhalten: Demetrius CHALCONDYLAS / Melchior VOLMAR (Beitr.) / Manuel MOSCHOPULUS, Demetrij Chalcondylae erotemata, sive institutiones grammaticae [...], Basel 1546.
58 SCHNURRER, Kirchen-, Reformations- und Gelehrten-Geschichte (wie Anm. 29), S. 362 f.
59 SCHNURRER, Kirchen-, Reformations- und Gelehrten-Geschichte (wie Anm. 29), S. 363 f.
60 Barbara ZELLER-LORENZ, Melchior Volmar Rot (1497–1560), in: Friedrich EBEL u. a. (Hrsg.), Ferdinandina. Herrn Professor Dr. iur. Ferdinand Elsener zum sechzigsten Geburtstag am 19. April 1972, Tübingen ²1973, S. 142–158, hier S. 154, Anm. 72.
61 ZELLER-LORENZ, Melchior Volmar Rot (wie Anm. 60), S. 155 f.

Ludwig Gremp von Freudenstein (1509 bis 1583) wurde am 22. Juni 1537 von der Universität auf eine außerordentliche Professur der Rechte berufen.[62] Er war bereits 1525/26 in Tübingen immatrikuliert.[63] 1535 setzte er seine Studien in Orléans fort, am 19. September 1536 war er in Ingolstadt eingeschrieben.[64] Dort blieb er nicht lange, wahrscheinlich weil er sich damals dem Luthertum zuwandte. Aus der Vorrede seiner 1567 in Straßburg erschienenen *Analysis* geht hervor, dass seine Vorlesungen das gesamte römische Recht umfassten. Am 3. März 1539 bat ihn der Senat, auch über das kanonische Recht zu lesen. 1541 folgte er einem Ruf der Stadt Straßburg, in deren Namen er in den Jahrzehnten bis zu seinem Tod am 11. oder 13. Mai 1583 als Advokat bekannt wurde. Sein Wegzug aus Tübingen stand auch im Zusammenhang mit der Entlassung des Theologen Johann Forster an der Jahreswende 1541/42.[65] Als überzeugter Lutheraner hatte sich Forster geweigert, das Abendmahl von seinem Kollegen Paul Constantin Phrygio zu empfangen, der verdächtigt wurde, mit dem Zwinglianismus zu sympathisieren.[66]

Die Anstellung von Caspar Volland (1501 bis 1554) am 15. Dezember 1538 erfolgte unter der Bedingung, dass er möglichst bald den Doktortitel erwerbe.[67] Er war der Neffe von Ambrosius Volland, der um 1500 an der Tübinger Juristenfakultät gelehrt, von 1517 bis 1519 das Kanzleramt bekleidet hatte und mit Herzog Ulrich vertrieben worden war.[68] Er wurde am 26. April 1517 in Tübingen immatrikuliert,[69] im September 1518 zum *Baccalaureus artium* und im Januar 1520 zum *Magister artium* promoviert.[70] Am 22. Oktober 1543 erhielt er für zwei Jahre die außerordentliche Professur im Zivilrecht,[71] doch bereits vom 21. August 1544 an besetzte er mindestens drei Jahre lang den ordentlichen Lehrstuhl für kirchliches Recht.[72] Wahrscheinlich 1553, im Jahr vor seinem Tod, wurde er erneut darum gebeten, das Ordinariat für das kanonische Recht zu übernehmen.[73] Offenbar stand er in einem besonderen persönlichen Verhältnis zu Philipp Melanchthon, der ihn 1540 und 1543 als *affinis* bezeichnete.[74] Dass er sein Schüler war, lässt sich jedoch nicht nachweisen.[75]

---

62 ZEITLER, Liber conductionum (wie Anm. 27), S. 71, Nr. 191 (fol. 71ʳ).
63 HERMELINK, Matrikeln Tübingen (wie Anm. 33), Nr. 86,2.
64 Zu Ludwig Gremp von Freudenstein siehe im Folgenden FEINE, Ludwig Gremp von Freudenstein (wie Anm. 33), S. 200–203, 218.
65 KLÜPFEL, Universität Tübingen (wie Anm. 17), S. 40; zu Forsters Entlassung siehe BRECHT/EHMER, Südwestdeutsche Reformationsgeschichte (wie Anm. 3), S. 258f.
66 BRECHT/EHMER, Südwestdeutsche Reformationsgeschichte (wie Anm. 3), S. 258f.
67 ZEITLER, Liber conductionum (wie Anm. 27), S. 75, Nr. 205 (fol. 75ᵛ).
68 Für eine Kurzbiographie von Ambrosius Volland siehe FINKE, Tübinger Juristenfakultät (wie Anm. 25), S. 353–360.
69 HERMELINK, Matrikeln Tübingen (wie Anm. 33), Nr. 69,66.
70 HERMELINK, Matrikeln Tübingen (wie Anm. 33), Anm. zu Nr. 69,66.
71 ZEITLER, Liber conductionum (wie Anm. 27), S. 78, Nr. 211 (fol. 77ʳ).
72 ZEITLER, Liber conductionum (wie Anm. 27), S. 79, Nr. 216 (fol. 79ʳ).
73 Aus dem Jahr 1553 ist eine Auflistung seiner Bedingungen für eine Übernahme erhalten (Universitätsarchiv Tübingen, 13/1: Professorum Vocationes et Electiones, Bd. 1: 1526–1592, Nr. 26).
74 Reinhold RAU, Philipp Melanchthons Tübinger Jahre, in: Tübinger Blätter 47 (1960), S. 16–25, hier S. 18f. und S. 25, Anm. 17.
75 RAU, Melanchthons Tübinger Jahre (wie Anm. 74), S. 18.

Im Überblick zeigt sich, dass alle fünf nach der Reform der Universität berufenen Professoren dem Protestantismus nahestanden.[76] Bartholomäus Amantius und vermutlich auch Caspar Volland kannte Philipp Melanchthon persönlich. Im Werk von Amantius, Johannes Sichard und Melchior Volmar spiegelt sich zudem ein deutliches humanistisches Interesse.

Rechtswissenschaftliche Neuerungen in Tübingen nach 1534

Neben der Glaubenshaltung und der humanistischen Einstellung der neu berufenen Juristen interessiert im Zusammenhang mit der Reform der Juristenfakultät insbesondere die Frage nach der wissenschaftlichen Entwicklung. Erst in den letzten Jahren wurde der besondere Beitrag, den protestantische Juristen zur Rechtswissenschaft leisteten, näher untersucht. Einen wichtigen Anstoß lieferte Harold J. Berman mit dem 2006 erschienenen zweiten Band der Reihe *Law and revolution*.[77] Die protestantischen Juristen bauten Berman zufolge auf den Vorarbeiten der Humanisten auf. Andreas Alciat, Ulrich Zasius und andere hätten damit begonnen, besondere Rechtssätze auf allgemeine Prinzipien zurückzuführen.[78] Erst im 16. Jahrhundert sollen Protestanten den Weg zu einer neuen rechtswissenschaftlichen Systematik eingeschlagen haben.[79] Seit den späten 1520er- und den 1530er-Jahren leiteten überwiegend deutsche Juristen wie Johann Apel, Konrad Lagus und Johannes Althusius nicht nur einzelne Rechtssätze, sondern das gesamte Recht aus den zugrunde liegenden Prinzipien und Anschauungen ab und übertrafen dadurch ihre humanistischen Vorgänger. Die protestantischen Juristen des 16. Jahrhunderts ergründeten die Prinzipien des Rechts, indem sie sie von der Vernunft und dem Gewissen ableiteten, und verdeutlichten sie mithilfe von Rechtssätzen.[80]

Zu den Vertretern dieses wissenschaftlichen Ansatzes zählt auch Ludwig Gremp von Freudenstein, der in Tübingen von 1537 bis 1541 lehrte.[81] Anschließend an Gremp von Freudensteins Vorlesungstätigkeit in Tübingen entstanden zwei später gedruckte Werke, nämlich die *Analysis*,[82] ein Grundriss der Institutionen, sowie die *Codicis Iustinianaei methodica tractatio*,[83] ein Lehrbuch über den Kodex.[84]

---

76 Auch für Joachim Kegel, der am 5. Juli 1534 die Professur für die Institutionen erhalten hatte (ZEITLER, Liber conductionum [wie Anm. 27], S. 59, Nr. 155 [fol. 64ʳ]), kann angenommen werden, dass er den protestantischen Glauben annahm, denn seine Anstellung wurde am 4. Juli 1537 um ein Jahr verlängert (ZEITLER, Liber conductionum [wie Anm. 27], S. 68 f., Nr. 184 [fol. 69ᵛ–70ʳ]). Spätestens 1548, als er außerordentlicher Beisitzer am Reichskammergericht wurde (FINKE, Tübinger Juristenfakultät [wie Anm. 25], S. 161), verließ er die Universität.

77 BERMAN, Law and revolution (wie Anm. 2).

78 BERMAN, Law and revolution (wie Anm. 2), Kapitel „The Principled Stage of Humanist Legal Science" (S. 104–108), bes. S. 104 f.

79 BERMAN, Law and revolution (wie Anm. 2), Kapitel „The Systematic Stage of Legal Science: Usus modernus protestantorum" (S. 108–130).

80 BERMAN, Law and revolution (wie Anm. 2), S. 109 f.

81 Zu Gremps Anstellung siehe ZEITLER, Liber conductionum (wie Anm. 27), S. 71, Nr. 191 (fol. 71ʳ); zu seinem Wegzug aus Tübingen siehe FEINE, Ludwig Gremp von Freudenstein (wie Anm. 33), S. 203.

82 Ludwig GREMP VON FREUDENSTEIN, Analysis. Resolutio dialectica quatuor librorum Institutionum Imperialium, Straßburg 1567.

Nach Gremp von Freudensteins Angaben in der Vorrede der 1567 gedruckten *Analysis* hatte er in Tübingen über das gesamte *Corpus Iuris civilis* gelesen. Schon damals habe er den Lehrstoff durch Fragen gegliedert, die auch noch nach etwa 30 Jahren unter einigen Studenten im Umlauf seien. Mithilfe des Buches lasse sich eine Grundlage aneignen, auf der man zu schwierigeren Stoffen fortschreiten könne. Das Buch könne aber nicht nur den Studenten nützen, sondern auch allen, die mit Staats- und Regierungsgeschäften zu tun haben, denn die Aneignung des Stoffes erleichtere es, sich in vielen Situationen ein Urteil zu bilden.[85]

Der Inhalt des 1593 herausgegebenen Kodexlehrbuchs beschränkt sich auf die wichtigsten Titel aus den ersten neun Büchern des *Codex Iustinianus*. Die Glossatoren hatten diese Bücher zum vierten der fünf Bände des *Corpus Iuris* zusammengefasst.[86] Der Inhalt der einzelnen Titel wird durch kurze Fragen zergliedert; zur Beantwortung der Fragen werden die jeweiligen Gesetze zitiert. Diese Methode hatte vor allem einen großen didaktischen Nutzen. Jakob Schegk würdigt in seiner Vorrede daneben auch die Klarheit der Deutungen und die Verbindung von Theorie und Praxis,[87] die durch die einprägsame Darstellung ermöglicht wird.

Unter den wissenschaftlichen Werken, die während oder infolge einer Anstellung an der Tübinger Juristenfakultät in den 1530er- und 1540er-Jahren entstanden, stellen die *Tractatio* und die *Analysis* des Gremp von Freudenstein Ausnahmen dar. Auch sein bekannter Kollege Johannes Sichard wandte keine innovativen Lehrmethoden an.[88] In seinen mehrfach gedruckten Vorlesungen über den *Codex Iustinianus*[89] wird deutlich, dass er sich an die schematische Methode hielt, die den *mos italicus* kennzeichnete. Der *mos italicus*, der sich zunächst in Italien und in weiten Teilen Mitteleuropas ausgebreitet hatte, galt bis zum Ende des 16. Jahrhunderts vor allem an den deutschen Universitäten

---

83 Ludwig GREMP VON FREUDENSTEIN, Codicis Iustinianaei methodica tractatio, Frankfurt [am Main] 1593.

84 Hans Erich FEINE, Gremp von Freudenstein, Ludwig, in: Neue Deutsche Biographie 7 (1966), S. 44f., hier S. 44.

85 GREMP VON FREUDENSTEIN, Analysis (wie Anm. 82), Praefatio, Bl. 2^{r-v}.

86 Peter WEIMAR, Zweiter Abschnitt. Die legistische Literatur der Glossatorenzeit, in: Helmut COING (Hrsg.), Handbuch der Quellen und Literatur der neueren europäischen Privatrechtsgeschichte, Bd. 1: Mittelalter (1100–1500). Die gelehrten Rechte und die Gesetzgebung (Veröffentlichung des Max-Planck-Instituts für Europäische Rechtsgeschichte), München 1973, S. 129–260, hier S. 156.

87 Jacob SCHEGK, Epistola dedicatoria, in: GREMP VON FREUDENSTEIN, Codicis Iustinianaei methodica tractatio (wie Anm. 83), fol. 3^r–6^v, hier fol. 5^r.

88 Vgl. Karl Heinz BURMEISTER, Das Studium der Rechte im Zeitalter des Humanismus im deutschen Rechtsbereich, Wiesbaden 1974, S. 255.

89 Johannes SICHARD (Verf.) / Johannes Michael FICKLER (Hrsg.), Praelectionum Clarissimi Iureconsulti, Domini Ioannis Sichardi, in libros Codicis Sacratissimi Principis Iustiniani, quantum earundem extat, 2 Bde., Basel 1565; Johannes SICHARD (Verf.) / Franz MODIUS (Hrsg.), D. Ioannis Sichardi iurisconsulti clarissimi, et in alma tubingensi academia quondam antecessoris celeberrimi, in Codicem Iustinianeum Prælectiones, Frankfurt am Main 1586; Johannes SICHARD (Verf.) / Samson HERTZOG (Hrsg.), Sichardus rediuiuus. Clarissimi viri Ioannis Sichardi, celeberrimi iureconsulti germani, et in alma tubingensi academia quondam Ordinarii Iuris Ciuilis, Dictata & Prælectiones in Codicem Iustinianeum, 2 Bde., Frankfurt [am Main] 1598.

als verbindlich.⁹⁰ Idealtypisch lassen sich in einer *more italico* gehaltenen Vorlesung acht Schritte der Abhandlung unterscheiden. Besonders beim letzten Schritt, bei der Bestimmung einer *communis opinio*, bestand die Gefahr, durch das Anführen zu vieler Lehrmeinungen die Erläuterungen unnötig in die Länge zu ziehen.⁹¹ Offenbar war Sichard sich dieses Problems bewusst. Statt die Postglossatoren ausführlich zu zitieren, beschränkte er sich darauf, die Ergebnisse ihrer Schriften anzuführen. So stellte er nicht die Kommentare, sondern die Gesetzestexte in den Vordergrund seiner Lehre.⁹²

Ludwig Gremp von Freudenstein und Johannes Sichard achteten bei ihren Vorlesungen besonders darauf, den Rechtsstoff in einer einprägsamen Weise zu vermitteln, die die Anwendung des Wissens in der Praxis erleichterte. Sie vertraten zwar keinen deutlich innovativen Ansatz von Wissenschaftlern wie Guillaume Budé und Andreas Alciat, die zu den Wegbereitern des *mos gallicus* gehörten.⁹³ Die Hinwendung zu den Quellen, die Abkehr von der Legalordnung und eine synthetische Behandlung des Stoffes gehörten aber zu den wichtigsten Forderungen der humanistischen Jurisprudenz.⁹⁴

Mangelnde personelle Kontinuität nach der Reform der Juristenfakultät

Die Nachhaltigkeit der Reform der Tübinger Juristenfakultät lässt sich wesentlich daran ermessen, inwieweit es gelang, eine Kontinuität im Lehrbetrieb herzustellen. Von den fünf Professoren, die zwischen 1535 und 1538 angestellt wurden, behielten jedoch nur Johannes Sichard und Caspar Volland ihre Stelle bis in die 1550er-Jahre. Auch nachdem 1541 Bartholomäus Amantius und Ludwig Gremp von Freudenstein und 1543 Melchior Volmar vorzeitig aus der Fakultät ausgeschieden waren, kam es im Zusammenhang mit den Anstellungsverhältnissen zu Unregelmäßigkeiten.

So entstanden 1543 Probleme, als Jakob Cappelbeck als ordentlicher Rechtslehrer angenommen wurde. Ähnlich wie Melchior Volmar wurde auch ihm seine Anstellung bald streitig gemacht, weil Andreas Alciat ihm die Doktorwürde verliehen hatte. Cappelbeck ritt nach Italien und kehrte nach weniger als zwei Monaten mit einem Titel zurück, der in Tübingen anerkannt wurde.⁹⁵ Ein Eintrag im Doktorandenverzeichnis der Universität Ferrara belegt allerdings, dass Alciat, der 1542 in Ferrara Professor geworden war, am 19. November 1543 Cappelbeck zum Doktor promoviert hatte.⁹⁶ So konnte Cappelbeck die Auflage der Fakultät in seinem Sinne erfüllen.⁹⁷

---

90 K[laus] LUIG, Mos gallicus, mos italicus, in: Handwörterbuch zur deutschen Rechtsgeschichte 3 (1984), Sp. 691–698, hier Sp. 692; zur Bedeutung des *mos italicus* an mitteleuropäischen Universitäten siehe Guido KISCH, Der Einfluß des Humanismus auf die Jurisprudenz, in: DERS., Studien zur humanistischen Jurisprudenz, Berlin/New York 1972, S. 17–61, hier S. 19.

91 Vgl. BURMEISTER, Studium der Rechte (wie Anm. 88), S. 249.

92 Vgl. MANDRY, Johannes Sichardt (wie Anm. 41), S. 26.

93 Zu Budé und Alciat siehe Gerhard WESENBERG (Verf.) / Gunter WESENER (Bearb.), Neuere deutsche Privatrechtsgeschichte im Rahmen der europäischen Rechtsentwicklung (Böhlau-Studien-Bücher: Grundlagen des Studiums), Wien/Köln/Graz ⁴1985, S. 63.

94 Vgl. BURMEISTER, Studium der Rechte (wie Anm. 88), S. 255–258.

95 SCHNURRER, Kirchen-, Reformations- und Gelehrten-Geschichte (wie Anm. 29), S. 364.

96 Giuseppe PARDI, Titoli dottorali conferiti dallo studio di Ferrara nei sec. XV e XVI (Athenaeum. Biblioteca di storia della scuola e delle università, Bd. 6), Lucca 1900 (Nachdruck

Für den Zeitraum bis 1560 ist in mehreren Fällen klar zu erkennen, dass Tübinger Juristen ihre Stellen nach wenigen Jahren aufgaben. Joachim Kegel, der bereits 1534 die Professur für die Institutionen erhalten hatte,[98] verließ spätestens 1548 die Universität, als er außerordentlicher Beisitzer am Reichskammergericht wurde.[99] Christoph Wiest wurde am 4. April 1544 die Vorlesung über die Institutionen von Melchior Volmar übertragen;[100] bereits 1551 schied er mit der Aussicht auf eine einträglichere Beschäftigung aus der Fakultät.[101] 1560 trat Gebhard Brastberger, den Herzog Christoph 1554 zum ordentlichen Professor für kanonisches Recht ernannt hatte,[102] von seiner Professur zurück.[103]

Herzog Christoph bemühte sich in den 1550er-Jahren, das Ansehen seiner Universität durch die Berufung angesehener ausländischer Professoren zu erhöhen. 1553 folgte der bekennende Kalvinist Charles Dumoulin einem Ruf nach Tübingen,[104] wo er die Nachfolge des 1552 verstorbenen Johannes Sichard antrat.[105] Schwierigkeiten kennzeichneten von Anfang an Dumoulins Verhältnis zu seinen Kollegen. Calvin, der Dumoulin persönlich kannte, mahnte seinen Freund zur Besonnenheit.[106] Probleme bereitete etwa die Frage, welche Wohnung seinen Ansprüchen gerecht werden könnte.[107] 1554 kritisierte er in einem Schreiben an den Herzog die kleinlichen Verhältnisse an der Tübinger Universität.[108] Nachdem er sich offenbar bei einer Vorlesung beleidigend geäußert hatte, verhandelte der Senat am 16. Oktober 1554 über einen Nachfolger.[109] Im Frühjahr 1555 wurde Dumoulin entlassen.[110]

Bologna o. J.), S. 135: „Promotori: Andr. Alc. cesareus consiliarius secretus"; zu Alciats Professur in Ferrara siehe Axel KRAUSS, Andreas Alciatus (1492–1550), in: KLEINHEYER/SCHRÖDER, Deutsche und Europäische Juristen (wie Anm. 40), S. 16–19, hier S. 17.

97 Allgemein standen die in Ferrara erlangten Promotionen jedoch in schlechtem Ansehen, vgl. BURMEISTER, Studium der Rechte (wie Anm. 88), S. 67.

98 ZEITLER, Liber conductionum (wie Anm. 27), S. 59, Nr. 155 (fol. 64ᵛ).

99 FINKE, Tübinger Juristenfakultät (wie Anm. 25), S. 161.

100 Norbert HOFMANN, Die Artistenfakultät an der Universität Tübingen 1534–1601 (Contubernium, Bd. 28), Tübingen 1982, S. 155.

101 Andreas Christoph ZELLER, Ausführliche Merckwürdigkeiten der Hochfürstl. Württembergischen Universität und Stadt Tübingen, Tübingen 1743, S. 447: „Discessit aliorsum rebus suis melius consulturus, 1551."

102 Universitätsarchiv Tübingen, 13/1: Professorum Vocationes et Electiones, Bd. 1: 1526 bis 1592, Nr. 23.

103 ZELLER, Ausführliche Merckwürdigkeiten (wie Anm. 101), S. 444; Brastberger erscheint in den Jahresrechnungen der Universität „ad Angariam Luciae Anno 60" ein letztes Mal: Universitätsarchiv Tübingen, 6/8: Jahresrechnungen II, 1558–1680, fol. 66ʳ: „ultimum Salarium 40 fl."

104 August Ritter von EISENHART, Molinaeus, Carolus, in: Allgemeine Deutsche Biographie 22 (1885), S. 99; zu Dumoulins Übertritt zum Kalvinismus siehe Gert MEYER, Charles Dumoulin. Ein führender französischer Rechtsgelehrter (Rechts- und Sozialwissenschaftliche Vorträge und Schriften, Bd. 4), S. 17–19.

105 Dumoulins Ernennung im Januar 1554 belegt Universitätsarchiv Tübingen, 13/1: Professorum Vocationes et Electiones, Bd. 1: 1526–1592, Nr. 23.

106 Zu Dumoulins Briefwechsel mit Calvin in seiner Tübinger Zeit siehe W. BUDER, Calvins Beziehungen zu Tübingen, in: Tübinger Blätter 11 (1908/09), S. 11–18, hier S. 14–17.

107 BUDER, Calvins Beziehungen (wie Anm. 106), S. 15, Anm. 17.

108 KLÜPFEL, Universität Tübingen (wie Anm. 17), S. 78f.

Auch sein Nachfolger, der Italiener Matteo Gribaldi, blieb nicht lange an der Juristenfakultät.[111] Vor seinem Eintreffen in Tübingen am 22. Mai 1555 lud ihn Calvin zu einer Aussprache ein, von der er sich erwartete, dass Gribaldi von seiner antitrinitarischen Haltung abrückte, doch Gribaldi ließ sich nicht auf ein Glaubensbekenntnis festlegen.[112] Am 1. April 1557 wurden Gribaldis problematische theologische Ansichten im Senat diskutiert.[113] In einem Brief vom 17. Juni desselben Jahres berichtete Pietro Paolo Vergerio, der sich für Gribaldis Berufung eingesetzt hatte, Herzog Christoph von der religiösen Haltung Gribaldis.[114] Der vom Herzog veranlassten Untersuchung entzog sich Gribaldi vor ihrem Abschluss am 4. August, indem er nach Zürich floh. Mithilfe eines Briefes vom 6. Mai 1558,[115] dem er ein Glaubensbekenntnis beifügte, versuchte er seine Wiederaufnahme in Tübingen zu erreichen, doch sein Anliegen scheiterte an Vergerios Widerstand.

Dass die Berufungen von Dumoulin und Gribaldi erfolglos blieben, lag teilweise an deren religiöser Gesinnung. Wahrscheinlich trugen auch ihre hohen Ansprüche dazu bei, dass sie sich nicht in den Lehrkörper integrieren konnten. Die Rechtslehrer in Frankreich und Italien wurden im 16. Jahrhundert allgemein besser bezahlt.[116]

Die Wende in der Anstellungspolitik unter Herzog Christoph

Die Berichte von Visitatoren und Kommissaren über Mängel im Lehrbetrieb bewogen Herzog Christoph dazu, 1557 eine neue Ordnung der Universität zu erlassen.[117] Darin wird von allen Professoren verlangt, dem Augsburgischen und dem Württembergischen Bekenntnis zuzustimmen.[118] In einem besonderen Abschnitt wird auf den Verbesserungsbedarf an der Juristenfakultät hingewiesen.[119] Nachdem die Ordnung von 1536 die Lehraufträge der Juristen weitgehend offengelassen hatte,[120] wurden diese

---

109 BUDER, Calvins Beziehungen (wie Anm. 106), S. 16 f.
110 EISENHART, Molinaeus, Carolus (wie Anm. 104), S. 100.
111 Zur Nachfolge Gribaldis für Dumoulin siehe PILL-RADEMACHER, Visitationen (wie Anm. 6), S. 489.
112 Reinhold RAU, Matteo Gribaldi in Tübingen, in: Alemannisches Jahrbuch 1968/69, hrsg. vom Alemannischen Institut Freiburg/Breisgau, S. 38–87, hier S. 39 f.; zum Datum von Gribaldis Eintreffen siehe ebd., S. 42.
113 PILL-RADEMACHER, Visitationen (wie Anm. 6), S. 489.
114 Zu diesem Absatz siehe im Folgenden RAU, Gribaldi in Tübingen (wie Anm. 112), S. 39 f. Ebd., S. 46 f., ein Abdruck des Briefs vom 17. Juni 1557.
115 Abgedruckt in: RAU, Gribaldi in Tübingen (wie Anm. 112), S. 61 f.
116 BURMEISTER, Studium der Rechte (wie Anm. 88), S. 165 f.
117 Herzog Christophs Ordnung der Universität zu Tübingen, vom 15. Mai 1557, abgedruckt in: Th[eodor] EISENLOHR, Sammlung der württembergischen Schul-Geseze. Dritte Abtheilung, enthaltend die Universitäts-Gesetze bis zum Jahr 1843 (Vollständige, historisch und kritisch bearbeitete Sammlung der württembergischen Geseze, Bd. 11), Tübingen 1843, S. 127–141, hier S. 127.
118 Herzog Christophs Ordnung der Universität zu Tübingen, vom 15. Mai 1557, abgedruckt in: EISENLOHR, Universitäts-Gesetze (wie Anm. 117), S. 128.
119 Herzog Christophs Ordnung der Universität zu Tübingen, vom 15. Mai 1557, abgedruckt in: EISENLOHR, Universitäts-Gesetze (wie Anm. 117), S. 129 f.
120 Siehe dazu Herzog Ulrichs zweite Ordnung vom 3. November 1536, abgedruckt in: ROTH, Urkunden (wie Anm. 11), S. 185–198, hier S. 188 f.

nun genau festgelegt: Demnach gab es künftig jeweils einen Lehrstuhl für das kanonische Recht, für den Kodex, die Institutionen sowie für das Lehn- und Strafrecht, außerdem zwei Lehrstühle für die Pandekten. Ausdrücklich wird gefordert, dass die wichtigsten Rechtsstoffe innerhalb eines Zeitraums von höchstens fünf Jahren einmal gelehrt werden sollten. Die Professoren sollten sich durch ihre „nebengeschäfft", sofern sie nicht unvermeidlich waren, nicht von ihren Vorlesungen abhalten lassen.[121]

Die Unbeständigkeit des Lehrbetriebs an der Juristenfakultät veranlasste Herzog Christoph in seiner Ordnung vom 16. September 1561 zu deutlicher Kritik.[122] Infolge der häufigen Personalwechsel sei die Zahl der Studenten so weit gesunken, dass neben hohen Verwaltungsämtern auch die Professorenstellen nicht mehr mit dem eigenen Nachwuchs besetzt werden könnten. Die außerhalb von Tübingen berufenen Professoren hätten häufig vorzeitig ihre Anstellungen aufgegeben. Dadurch sei es schwer gefallen, alle Rechtsmaterien in dem fünfjährigen Kursus, der für das Erreichen des Doktorgrads vorgesehen war, zu unterrichten, was dem Ansehen der Universität geschadet habe. Daher forderte Christoph nachdrücklich, dass der fünfjährige Kursus wieder eingehalten werde. Außerdem sollte anstelle irgendeiner Professur mittelfristig ein zweiter Lehrstuhl für die Institutionen geschaffen werden, dessen Inhaber Titel und Materien insbesondere für Bedienstete der Stadtschreiberei und für junge Adlige öffentlich erläutern sollte. Dieser Institutionenlehrer sollte in Tübingen studiert haben.

Diese Forderung entsprach der Tendenz, als Konsequenz aus der jahrzehntelangen Unstetigkeit des Lehrbetriebs verstärkt einheimische Kräfte zu berücksichtigen. Alle seit 1560 und bis in die 1570er-Jahre angestellten Rechtslehrer wiesen schon für die Zeit vor ihrer Berufung einen deutlichen biographischen Bezug zu Tübingen auf. Johannes Hochmann, der spätestens 1560 die ordentliche Professur des kanonischen Rechts erhielt, hatte bei Johannes Sichard, Nikolaus Varnbühler und Matteo Gribaldi Rechtswissenschaft studiert.[123] Valentin Volz, seit 1560 Professor für Lehn- und Strafrecht,[124] wurde nach Studienaufenthalten in Ingolstadt, Freiburg im Breisgau und Heidelberg zuletzt am 28. März 1553 in Tübingen immatrikuliert, 1555 folgte seine Doktorpromotion.[125] Von 1561 an war Samuel Hornmold elf Jahre lang Professor an der Juristenfakultät.[126] Wahrscheinlich erhielt er den Lehrstuhl für die Institutionen,

---

121 Herzog Christophs Ordnung der Universität zu Tübingen, vom 15. Mai 1557, abgedruckt in: EISENLOHR, Universitäts-Gesetze (wie Anm. 117), S. 129 f. (Zitat S. 130).
122 Herzog Christophs zweite Ordination der Universität, vom 16. September 1561, abgedruckt in: EISENLOHR, Universitäts-Gesetze (wie Anm. 117), S. 143–168, zum Folgenden S. 156–159.
123 Universitätsarchiv Tübingen, 13/1: Professorum Vocationes et Electiones, Bd. 1: 1526–1592, Nr. 71; zu Sichards Lehrern siehe Albert WESTERMAYER / Emil WAGNER / Theodor DEMMLER, Die Grabdenkmäler der Stiftskirche zu St. Georg in Tübingen, Tübingen 1912, S. 183.
124 WESTERMAYER, Grabdenkmäler (wie Anm. 123), S. 182 f.
125 Gudrun EMBERGER, Biographische und genealogische Notizen zu den Angehörigen des Lehrkörpers der Universität Tübingen, die Erhard Cellius in seinem Werk abgebildet hat, in: Erhard CELLIUS (Verf.) / Hansmartin DECKER-HAUFF (Hrsg.) / Wilfried SETZLER (Hrsg.), Imagines Professorum Tubingensium 1596, Bd. 2: Kommentar und Text in Übersetzung, Sigmaringen 1981, S. 127–157, hier S. 156; HERMELINK, Matrikeln Tübingen (wie Anm. 33), Nr. 139,95 mit Anm.
126 ZELLER, Ausführliche Merckwürdigkeiten (wie Anm. 101), S. 446.

nachdem sich sein Vater, der einflussreiche württembergische Rat Sebastian Hornmold, um 1560 in einem Bittschreiben dafür eingesetzt hatte.[127] Andreas Laubmaier, seit 1574 Professor für die Institutionen,[128] hatte sich zuletzt am 15. September 1571 in Tübingen immatrikuliert und wurde am 23. November 1573 zum Doktor promoviert.[129] Dagegen empfahl 1580 Herzog Ludwig auf das Ersuchen des Italieners Alberico Gentili, in Tübingen angestellt zu werden, der Universität eine Ablehnung, wobei er darauf hinwies, dass alle Stellen besetzt seien.[130]

Die Bemühungen um einen kontinuierlichen Lehrbetrieb waren erfolgreich: Zwischen 1560 und 1581 lehrten durchgehend Johannes Hochmann, Nikolaus Varnbühler (der Ältere), Anastasius Demmler, Kilian Vogler, Valentin Volz und Jakob Cappelbeck in Tübingen die Rechte.[131] Zu ihrem Bleiben trug wahrscheinlich unter anderem eine Verringerung der Rangunterschiede bei. In den Ordnungen der Universität von 1557 und 1561 werden keine Ordinarien mehr von den anderen Professoren des Rechts unterschieden, wie dies noch 1536 der Fall gewesen war.[132] Zudem wurde die Besoldungshöhe allmählich nivelliert. Im Rechnungsjahr 1551/52 bezogen die fünf damals angestellten Professoren Gehälter in jeweils unterschiedlicher Höhe: Für ein Vierteljahr wurden zwischen 32,5 und 50 Gulden ausgezahlt.[133] Elf Jahre später waren die Unterschiede deutlich geringer. Mit Ausnahme des in der Ordnung von 1561 vorgesehenen zusätzlichen Professors für die Institutionen[134] verdienten 1562/63 die sieben Professoren der Juristenfakultät vierteljährlich zwischen 37,5 und 45 Gulden, wobei drei von ihnen das Höchstgehalt von 45 Gulden bezogen.[135] 1579/80 betrug die vierteljährliche Besoldung für den zusätzlichen Institutionenlehrer wie schon 1562/63 jeweils 20 Gulden. Von den übrigen sechs Juristen bezog 1579/80 Valentin Volz vierteljährlich 42,5 Gulden, seine fünf Kollegen erhielten jeweils 45 Gulden.[136]

In konfessioneller Hinsicht gelang es Herzog Ludwig zu Beginn der 1580er-Jahre, zumindest formal eine weitgehende Einigkeit des Lehrkörpers herzustellen. Am 19. Juli 1577 erließ er einen Befehl zur Einführung der Konkordienformel in Württem-

---

127 Universitätsarchiv Tübingen, 44/152 I: Professoren der Juristischen Fakultät (1648–1720), Nr. 249.
128 EMBERGER, Notizen (wie Anm. 125), S. 145.
129 HERMELINK, Matrikeln Tübingen (wie Anm. 33), Nr. 145,59 mit Anm.
130 Universitätsarchiv Tübingen, 13/1: Professorum Vocationes et Electiones, Bd. 1: 1526–1592, Nr. 80.
131 Auch ZELLER, Ausführliche Merckwürdigkeiten (wie Anm. 101), S. 449, weist auf diesen bemerkenswerten Umstand hin. Zusätzlich besetzten Samuel Hornmold 1561–1571/72 und Andreas Laubmaier, von 1574 an den neu eingerichteten Lehrstuhl für die Institutionen.
132 Herzog Ulrichs zweite Ordnung vom 3. November 1536, abgedruckt in: ROTH, Urkunden (wie Anm. 11), S. 185–198, hier S. 188.
133 Universitätsarchiv Tübingen, 6/7ᶜ: Acta Universitatis, Jahresrechnungen I c, 1551–1557, fol. 42ʳ, 43ᵛ, 45ʳ, 46ʳ.
134 Herzog Christophs zweite Ordination der Universität, vom 16. September 1561, abgedruckt in: EISENLOHR, Universitäts-Gesetze (wie Anm. 117), S. 143–168, hier S. 158 f.
135 Universitätsarchiv Tübingen, 6/8: Acta Universitatis, Jahresrechnungen II, 1558–1568, fol. 94ᵛ, 96ʳ, 97ᵛ, 99ʳ.
136 Universitätsarchiv Tübingen, 6/9: Acta Universitatis, Jahresrechnungen III, 1569–1580, fol. 153ᵛ, 155ʳ, 156ᵛ, 158ʳ.

berg.¹³⁷ Darin bekundete er seinen Willen, alle Theologen, Kirchen- und Schuldiener die Formel unterzeichnen zu lassen.¹³⁸ In einem 1580 in Tübingen gedruckten Exemplar des Konkordienbuches sind unter anderem die Professoren der Tübinger theologischen Fakultät aufgelistet, die die Konkordienformel infolge des Befehls von 1577 unterschrieben hatten.¹³⁹ 1582 soll Herzog Ludwig das 1580 in Tübingen gedruckte Konkordienbuch selbst nach Tübingen gebracht haben.¹⁴⁰ An diesen Band ist eine Liste mit 202 Unterschriften von 197 Personen angebunden, die sich schriftlich auf die Grundsätze des Konkordienbuchs verpflichteten.¹⁴¹ Mit einer Ausnahme unterschrieben sämtliche Professoren, die von 1582 an bis zum Ende des 16. Jahrhunderts eine besoldete Stelle an der Tübinger Juristenfakultät erhielten, eigenhändig auf der Liste.¹⁴² Nur die Eintragung über den 1516 geborenen Kilian Vogler stammt als einzige von allen nicht von dem Betreffenden selbst.¹⁴³ An seiner Stelle notierte Jakob Andreae, dass Vogler sich zu einer Unterschrift aufs Deutlichste bereit gezeigt habe.¹⁴⁴ Am 9. März 1583 forderte der Herzog Vogler in einem Schreiben nachdrücklich zur Unterschrift auf.¹⁴⁵ Ob er die Unterschrift nachholte, ist nicht geklärt.¹⁴⁶ Womöglich verhinderte sein baldiger Tod am 16. März 1585 eine weitere Zuspitzung des Konflikts.

---

137 Ulrich KÖPF, Die Unterschriften unter das Konkordienbuch an der Universität Tübingen (1582–1781). Erster Teil: Historische Voraussetzungen, in: Ulrich KÖPF / Sönke LORENZ / Dieter R. BAUER (Hrsg.), Die Universität Tübingen zwischen Reformation und Dreißigjährigem Krieg. Festgabe für Dieter Mertens zum 70. Geburtstag (Tübinger Bausteine zur Landesgeschichte, Bd. 14), Ostfildern 2010, S. 41–50, hier S. 47.
138 Sabine AREND (Bearb.), Herzogtum Württemberg, in: Die evangelischen Kirchenordnungen des XVI. Jahrhunderts, Bd. 16: Baden-Württemberg II, bearb. von Sabine AREND und Thomas BERGHOLZ (Die evangelischen Kirchenordnungen des XVI. Jahrhunderts), Tübingen 2004, S. 15–476, hier S. 445, Sp. 1.
139 Siehe dazu näher KÖPF, Unterschriften (wie Anm. 137), S. 49 f.
140 EISENLOHR, Universitäts-Gesetze (wie Anm. 117), S. 365, Anm. 215.
141 Zur Edition und Analyse der Liste siehe ausführlich Volker SCHÄFER, Die Unterschriften unter das Konkordienbuch an der Universität Tübingen (1582–1781). Zweiter Teil: Edition, in: KÖPF/LORENZ/BAUER, Universität Tübingen (wie Anm. 137), S. 51–99.
142 Siehe dazu die Edition: SCHÄFER, Unterschriften (wie Anm. 141), S. 61 f., sowie die Übersicht über die Lehrstuhlbesetzung an der Tübinger Juristenfakultät 1534–1601 in der Examensarbeit: Oliver HALLER, Die Tübinger Juristenfakultät 1534–1601. Charakteristika der Organisation, des Rechtsunterrichts und des Lehrkörpers von der Reformation des Herzogtums Württemberg bis zur Neuordnung der Universität durch Herzog Friedrich I., Zulassungsarbeit masch. Tübingen 2007, S. 115 f.
143 SCHÄFER, Unterschriften (wie Anm. 141), S. 56; eine Kurzbiographie von Kilian Vogler: PILL-RADEMACHER, Visitationen (wie Anm. 6), S. 529.
144 Siehe in der Edition bei SCHÄFER, Unterschriften (wie Anm. 141), S. 61: „ad subscriptione⟨m⟩ se paratissimum obtulit" (Hervorhebung ebd.). Der Professor für Mathematik Philipp Apian verweigerte dagegen die Unterschrift und wurde entlassen, siehe dazu ausführlich Barbara MAHLMANN-BAUER, Philipp Apians Berufung auf sein Gewissen, in: KÖPF/LORENZ/BAUER, Universität Tübingen (wie Anm. 137), S. 299–345.
145 SCHÄFER, Unterschriften (wie Anm. 141), S. 56.
146 Vgl. SCHÄFER, Unterschriften (wie Anm. 141), S. 56.

Ergebnisse und Konsequenzen der Reformphase 1534 bis 1557

Der Ausblick in die zweite Hälfte des 16. Jahrhunderts zeigt, dass sich die Phase der Reform der Tübinger Juristenfakultät auf die Jahre zwischen 1534 und 1557 eingrenzen lässt. In den beiden Ordnungen, die 1535 und 1536 in Kraft traten, wurde jeweils als Reformziel formuliert, dass künftig gelehrte und „geschickte" Professoren, die sich der rechten evangelischen Lehre verpflichtet fühlten, angestellt werden sollten.[147] Mit anderen Worten: Die Anforderungen bestanden in den fachlichen Fähigkeiten, in der Möglichkeit, sie zu integrieren, und in der Rechtgläubigkeit. Die fachlichen Fähigkeiten der zunächst häufig von außerhalb von Tübingen berufenen Gelehrten lassen sich kaum bestreiten. Ludwig Gremp von Freudenstein, Johannes Sichard, Matteo Gribaldi und Charles Dumoulin sind bis heute unter Rechtshistorikern bekannte Namen. Sie konnten in Tübingen zwar keine völlige methodische Neuorientierung in der Rechtswissenschaft herbeiführen, da die Methode des *mos italicus* es am einfachsten ermöglichte, den für die Praxis wichtigen Rechtsstoff zu vermitteln. Die Statuten der Juristenfakultät von 1539 verlangten, dass Kandidaten für die Lizenz im Zivilrecht über die *loci ordinarii* zu prüfen waren.[148] Immerhin aber lassen sich Ansätze zu einer systematischen Lehre erkennen, bei deren Ausübung die Kommentare eine geringere Rolle spielten als in der mittelalterlichen Rechtswissenschaft.

Ein lange Zeit ungelöstes Problem bestand jedoch darin, die Neuzugänge dauerhaft in Tübingen zu halten. Die Möglichkeit einer attraktiven Beschäftigung außerhalb von Tübingen spielte sicherlich für einige der Professoren, die Tübingen schon nach wenigen Jahren verließen, eine gewisse Rolle bei ihrem Ausscheiden aus der Juristenfakultät, so bei Bartholomäus Amantius, Ludwig Gremp von Freudenstein, Joachim Kegel und Christoph Wiest. Zum Wegzug von Amantius, Dumoulin und Gribaldi aus Tübingen führten aber auch Streitigkeiten mit den Kollegen oder mit der Universität. Im Falle von Dumoulin und Gribaldi trug die religiöse Einstellung dazu bei, dass sie nicht in den Lehrkörper integriert werden konnten. Für das Jahr 1557, in dem Matteo Gribaldi entlassen wurde, lässt sich im Hinblick auf die Reformziele der Jahre 1535 und 1536 feststellen, dass es einerseits gelungen war, fachkundige Gelehrte nach Tübingen zu berufen. Andererseits jedoch war in mehreren Fällen zum Schaden der Fakultät versäumt worden, auf ihre Fähigkeit zur Integration und auf ihre Glaubenshaltung zu achten. So erscheint es verständlich, dass nach 1557 die in Tübingen bekannten Juristen bei der Vergabe der Lehrstühle begünstigt wurden. Zwar wurde damit auf die Berufung namhafter auswärtiger Persönlichkeiten verzichtet, doch es entstand die für einen geregelten Lehrbetrieb notwendige Kontinuität.

---

147 Herzog Ulrichs Ordnung vom 30. Januar 1535, abgedruckt in: ROTH, Urkunden (wie Anm. 11), S. 176–185, hier S. 184 („die gelerten geschickten vnd Cristenlich Männer"); Herzog Ulrichs zweite Ordnung vom 3. November 1536, abgedruckt in: ROTH, Urkunden (wie Anm. 11), S. 185–198, hier S. 193 („gelerte geschickte vnd Cristenliche männer").

148 Statuten von 1539. Libellus statvtorvm facvltatis ivridicae, abgedruckt in: ROTH, Urkunden (wie Anm. 11), S. 286–300, hier S. 294: „[...] qui subit examen in Jure Ciuili, respondebit ad duos tractatus, quorum alter ex Codice, alter ex Digesto veteri ipsi designetur, sumptis ad hoc tantum locis ordinariis."

Die Anfänge einer evangelischen Dogmatik in Tübingen

Zugleich ein Beitrag zur Wirkungsgeschichte der theologischen *Loci* Philipp Melanchthons

Ulrich Köpf

1. Vorgeschichte

Als die Universität Tübingen gegründet wurde, bestand an den Theologischen Fakultäten der Universitäten noch immer ein Studiensystem, das sich in der ersten Hälfte des 13. Jahrhunderts an der um 1200 entstandenen Pariser Universität ausgebildet hatte.[1] Voraussetzung für die Aufnahme eines Theologiestudiums war ein erfolgreich abgeschlossenes Studium an der Artistenfakultät. Wer sogleich nach der Graduierung zum *Magister artium* an einer Theologischen Fakultät zu studieren begann, der mußte in der Regel noch für einige Zeit bei den Artisten lehren. Nach wenigen Jahren des Theologiestudiums hatte er bereits selbst an der theologischen Lehre mitzuwirken. Als *Baccalaureus biblicus* las er ein oder zwei Jahre hindurch kursorisch, ohne tiefer eindringende Erklärungen und Problemdiskussionen, über biblische Bücher (deshalb auch der Name *Cursor*). Danach hatte er als *Baccalaureus sententiarius* in der Regel zwei Jahre lang die Sentenzen des Petrus Lombardus zu kommentieren. Dieses etwa um die Mitte des 12. Jahrhunderts von dem Pariser Magister verfaßte Werk war eine Sammlung von Kurztexten (*sententiae*) aus der Bibel, Kirchenvätern und mittelalterlichen Theologen, Dekreten von Konzilien und Päpsten sowie vereinzelt auch profanen Autoren, die – in vier Bücher gegliedert – von der Gotteslehre bis zur Eschatologie führte und zugleich eine Ethik in Gestalt der Tugendlehre enthielt. An den Disputationen wirkte der Baccalar unter der Leitung des *Magisters* (Doctors) mit. Hatte er sein Studium vollendet und war er selbst zum *Magister* (Doctor) *theologiae* promoviert, so hatte er drei Aufgaben: die Vorlesung, in der er biblische Bücher gründlich und ausführlich kommentierte, die Leitung von Disputationen, deren Fragen oder Thesen er formulierte und deren Lösungen er vortrug, und – als Besonderheit der Theologischen Fakultät – die Predigt über biblische Texte. Das, was wir heute als „Dogmatik" bezeichnen, d. h. eine umfassende und geordnete Darstellung der christlichen Lehre, hatte seinen Ort in

---

[1] Zum Folgenden vgl. den Überblick bei Ulrich KÖPF, The Institutional Framework of Christian Exegesis in the Middle Ages, in: Magne SÆBØ (Hrsg.), Hebrew Bible / Old Testament. The History of Its Interpretation. Vol. I From the Beginnings to the Middle Ages (Until 1300), Part 2 The Middle Ages, Göttingen 2000, S. 148–179, bes. S. 161–178; DERS., Aus den Anfängen der Tübinger Theologischen Fakultät, in: Sönke LORENZ / Dieter R. BAUER / Oliver AUGE (Hrsg.), Tübingen in Lehre und Forschung um 1500. Zur Geschichte der Eberhard Karls Universität Tübingen. Festgabe für Ulrich Köpf (Tübinger Bausteine zur Landesgeschichte 9), Ostfildern 2008, S. 223–239, bes. S. 235–239.

der Sentenzenvorlesung des Baccalars. Daneben diente die Disputation den Magistern zur gründlichen systematischen Erörterung einzelner dogmatischer Fragen oder ganzer Fragenkomplexe.² Schriftlicher Niederschlag der Sentenzenvorlesung war der Sentenzenkommentar: eigentlich eine Arbeit des Anfängers. Viele Magistri überarbeiteten jedoch später den Text ihrer Sentenzenvorlesungen, zuweilen sogar in mehreren Redaktionen, und reicherten sie dabei auch mit Ergebnissen ihrer Disputationen an. Der Begriff „Dogmatik", der dem mittelalterlichen Lehrbetrieb, den theologischen Summen und Sentenzenkommentaren durchaus entspricht, ist als Bezeichnung einer theologischen Disziplin allerdings erst im 17. Jahrhundert aufgekommen.³

Der hier skizzierte theologische Lehrbetrieb mit seinem literarischen Ertrag hielt sich in Grundzügen bis ins ausgehende Mittelalter. Er wurde freilich zu allen Zeiten, besonders aber im 15. Jahrhundert, an der einen oder anderen Stelle durchbrochen und verändert – auch in Tübingen. Die Zahl der theologischen Lehrstühle schwankte hier früh zwischen drei⁴ und vier,⁵ während die der Baccalare naturgemäß nicht festgelegt war, sondern sich nach dem Angebot richtete. Von Anfang an werden in den Statuten die Sententiare erwähnt, die im Verlauf von zwei Jahren alle vier Sentenzenbücher zu lesen hatten.⁶ Eine Neuerung gegenüber dem, was nach dem im 13. Jahrhundert entstandenen Studienplan üblich war, bildeten jedoch die *Resumptionen*. Dabei handelte es sich um eine Einübung des Stoffes durch Wiederholung (*repeticiones siue resumpciones*).⁷ Zu dieser Art der Lehre waren die theologischen Ordinarien verpflichtet, sofern ihre Zahl vollständig war.⁸ Weshalb die *Magistri regentes* diese Lehrtätigkeit nicht den Bac-

---

2 Die Begriffe „System" und „systematisch" sind zwar erst im 17. Jahrhundert mit der Theologie verbunden worden (Otto RITSCHL, System und systematische Methode in der Geschichte des wissenschaftlichen Sprachgebrauchs und der philosophischen Methodologie. Programm zur Feier des Gedächtnisses des Stifters der Universität König Friedrich Wilhelms III. zugleich mit dem Bericht über die akademische Preisverleihung am 3. August 1906 hrsg. von Rektor und Senat der Rheinischen Friedrich-Wilhelms-Universität, Bonn 1906; dazu die Rezension von August MESSER, in: Göttingische gelehrte Anzeigen 169 [1907], S. 659–666; ergänzend: Alois VON DER STEIN, Der Systembegriff in seiner geschichtlichen Entwicklung, in: Alwin DIEMER [Hrsg.], System und Klassifikation in Wissenschaft und Dokumentation. Vorträge und Diskussionen im April 1967 in Düsseldorf [Studien zur Wissenschaftstheorie, Bd. 2], Meisenheim am Glan 1968, S. 1–14). Aber da die Sache wesentlich früher erscheint, mag hier auch schon der treffende Begriff erlaubt sein.
3 Otto RITSCHL, Das Wort *dogmaticus* in der Geschichte des Sprachgebrauchs bis zum Aufkommen des Ausdrucks *theologia dogmatica*, in: Festgabe für D. Dr. Julius Kaftan zu seinem 70. Geburtstage dargebracht von Schülern und Kollegen, Tübingen 1920, S. 260–272, hier S. 271f.
4 Graf Eberhards Bekanntmachung über die Eröffnung der Universität vom 3. Juli 1477: [Rudolph von ROTH (Hrsg.),] Urkunden zur Geschichte der Universität Tübingen aus den Jahren 1476 bis 1550, Tübingen 1877 (Reprint Aalen 1973), S. 29: [*decem doctores*] *quorum tres sacris theologie libris atque scripturis intenderent.*
5 Ordinatio Facultatis theologiae 1496: ROTH, Urkunden (wie Anm. 4), S. 264–265, hier S. 264: *in nostra facultate theologica predicta quatuor habeantur Magistri theologie ordinarii.*
6 Statuten der Theologischen Fakultät 1480: ROTH, Urkunden (wie Anm. 4), S. 257–259.
7 ROTH, Urkunden (wie Anm. 4), S. 347.
8 Ordinatio Facultatis theologiae 1496: ROTH, Urkunden (wie Anm. 4), S. 264–269, hier S. 267f.: *Item quod presentes tres ordinarii ad huiusmodi resumptiones non astringantur, nisi cum quartus accesserit eis ordinarius.*

calaren überließen, sondern selbst durchführten, geht aus den Statuten der Artisten hervor: Ihren Gegenstand bildeten jene grundlegenden Bücher, deren Kenntnis zur Erlangung eines Grades nötig war.⁹ Die Statuten der Theologen gehen ausführlich auf den Inhalt der Resumptionen ein: Die Magistri sollen in der Regel den Sentenzenkommentar eines Doctors der Theologie oder seine Quodlibeta oder eine Summa resumieren (resumare), die den Inhalt der Sentenzen behandelt. Falls der resumierende Magister aber wegen der Beschaffenheit eines Themas, das dabei auftaucht, dies für nötig oder nützlich hält, darf er zu seiner Bearbeitung gleichsam in einem Exkurs einen Abschnitt aus dem Werk eines anderen Verfassers aufnehmen. Darüber hinaus darf er, wenn es sinnvoll ist, je nach den Umständen eine nützliche Abhandlung mit einbeziehen. In der Regel soll sich die Resumption auf die eingangs genannten Bücher beziehen und nicht nur bei spekulativen und schulmäßigen Spitzfindigkeiten verweilen, sondern die Hörer auch über moralische und praxisbezogene Stoffe unterrichten.¹⁰

Wie der dogmatische Lehrbetrieb in Tübingen tatsächlich aussah, können wir nur erahnen, da nur wenige Zeugnisse davon erhalten sind. Der einzige Sentenzenkommentar eines Tübinger Theologen, den wir kennen – Gabriel Biels *Collectorium circa quattuor libros Sententiarum* – sind die von seinem Schüler Wendelin Steinbach herausgegebenen Aufzeichnungen dessen, was Biel in hohem Alter teils an der Universität, teils im (Tübinger) Haus der Brüder vom gemeinsamen Leben vorgetragen haben soll.¹¹ Für eine der üblichen *resumptiones* ist das vierbändige Werk freilich viel zu umfangreich. Vermutlich hat Biel den Text der Sentenzenvorlesung, die er als Baccalar an der Universität Köln 1453/54 gehalten hatte, in Tübingen überarbeitet und erweitert. Es mag auch sein, daß er sie dann unter dem Titel der *resumptio* in Teilen oder gar im ganzen vorgetragen hat. Auf jeden Fall ist dieses Werk ein Zeugnis dafür, wie sich im ausgehenden Mittelalter der traditionelle dogmatische Lehrbetrieb verändert hat.

---

9 Statuta Facultatis Artisticae 1477: ROTH, Urkunden (wie Anm. 4), S. 347 f.: *Statuit facultas, vt quilibet Scolaris a Magistro regente quocunque voluerit, Conuentoribus duntaxat exceptis, audire possit repeticiones siue resumpciones omnium vel aliquorum librorum formalium gradum, ad quem anhelat, concernencium in vltimo medio anno.*

10 Ordinatio Facultatis theologiae 1496: ROTH, Urkunden (wie Anm. 4), S. 266: *Item Magistri resumentes debebunt resumere regulariter scriptum alicuius doctoris theologie circa Sententiarum libros digestum aut quotlibeta vel summam alicuius doctoris theologie ea pertractantem, que in Sententiarum libris memorantur. Si tamen Magister ipse resumens ob materie qualitatem, que circa predicta scripta quotlibeta vel summas doctorum emergit, necessarium iudicauerit vel vtile, ad aliquantulum temporis interserendo et quasi pro ampliatione digrediendo resumere titulum aliquem de summa alicuius collectoris, id eius arbitrio relinquendum duximus, eo quod collectores in certis titulis nonnumquam materias saltem agibilium et casualium rerum particularius, quam qui maiestatem Sententiarum commentati sunt, digesserunt. Quin imo si interdum vtilitas aut rationabilis poposcerit causa, posset resumptor ad tempus alium vtilem tractatulum resumere, dummodo eciam auditores eundem sibi comparandum inuenirent. Regularis tamen resumptio et regulariter loquendo fieri debet in scriptis et summis atque quotlibetis supra memoratis, neque tantum in apicibus speculatiuis et scholasticis, verum etiam in materia moralium casualium atque agibilium suos curent instituere in resumptionibus auditores.*

11 Gabriel Biel, Collectorium circa quattuor libros Sententiarum. Prologus et Liber primus, hrsg. von Wilfrid WERBECK / Udo HOFMANN, Tübingen 1973, S. 6,3–5: *in almo et florigero Tubingensi gymnasio editum et partim ordinarie in theologorum scholis, partim in aedibus ab eodem lectum et elucidatum.*

Der einzige weitere vorreformatorische Beleg über den dogmatischen Unterricht in Tübingen ist die detaillierte neue Ordnung, die König Ferdinand 1525 erließ. Sie geht von vier Professoren der Theologie aus, deren Hauptaufgabe die Auslegung des Alten und Neuen Testaments sein soll. Jedem der Professoren wird sein exegetisches Pensum genau vorgeschrieben, woraus sich auch die Wertschätzung der einzelnen biblischen Bücher erkennen läßt. Die „außerordentlichen Vorlesungen, die gewöhnlich Resumptionen heißen", sollten aufgehoben werden.[12] Dagegen sollte nun jeder der vier Professoren über eines der vier Sentenzenbücher lesen, wodurch die Sentenzenvorlesung der Baccalare überflüssig wurde. Bei der Erklärung der Sentenzen sollten lediglich jene Probleme erörtert werden, die sich aus dem Text ergaben, und zwar möglichst kurz und klar. Das wird damit begründet, daß wir durch den Glauben Kinder Gottes würden und nicht durch leere und wertlose Fragen.[13] Aus all diesen Bestimmungen läßt sich wohl der Schluß ziehen, daß in der Lehrpraxis die von der alten Ordnung inhaltlich sehr frei gefaßten, mit allerlei inhaltlichen Abschweifungen und spekulativen Erörterungen angereicherten Resumptionen inzwischen in einer Weise überhand genommen hatten, die einen regelrechten Lehrbetrieb gefährdete.

2. Die Reformation als Zäsur

Die Reform der Universität Tübingen gehörte zu jenen Maßnahmen, die Herzog Ulrich von Württemberg sogleich nach seiner siegreichen Rückkehr im Mai 1534 im Rahmen der Reformation seines Landes ins Auge faßte. Als Reformatoren berief er zunächst Ambrosius Blarer und Simon Grynaeus, die allerdings im Lehrkörper auf Widerstände stießen, denen sie nicht gewachsen waren. Wie die Reform unter Schwierigkeiten fortging und schließlich durch Johannes Brenz vollendet wurde, muß hier nicht im einzelnen dargestellt werden.[14] Wichtig ist in unserem Zusammenhang vor allem, daß in der ersten von Herzog Ulrich am 30. Januar 1535 erlassenen Ordnung der Universität die beiden noch vorgesehenen theologischen Ordinarien ausschließlich die Heilige Schrift auslegen sollten, während die dogmatische Vorlesung ersatzlos wegfiel.[15] Neu wurde dagegen festgelegt, daß der Theologe, der über das Neue Testament las, zugleich regelmäßig öffentlich den Katechismus auslegen sollte. Doch handelte es sich dabei nicht um einen Ersatz für die frühere Sentenzenvorlesung, sondern um eine Einführung in evangelischen Glauben und Lehre als Pflichtveranstaltung für die Artisten, die aber allen Interessenten offenstehen sollte.[16]

---

12 Ordinatio Regis Ferdinandi: ROTH, Urkunden (wie Anm. 4), S. 143: *Legentes sint quatuor Theologiae Magistri, Licentiatus uel ad Licentiae gradum idoneus. Qui omissis et extinctis iam extraordinarijs Lectionibus, quas uulgato nomine Resumptiones appellarunt, publice legant ordine subscripto.*

13 Ebd., S. 143: *Interpretando tamen textum Magistri Sententiarum difficultates duntaxat ex isto textu emergentes quanto breuius et lucidius absoluant, quoniam per fidem efficimur Filij Dei et non per inanes et friuolas questiones, quæ sunt inflantis et in æternum exitium ædificantis Carnis et Doctrinæ, quæ spiritui Dei aduersatur.*

14 Vgl. ROTH, Urkunden (wie Anm. 4), S. 161–175; Ulrich KÖPF, Johannes Brenz in Tübingen oder Wie reformiert man eine Universität?, in: Blätter für württembergische Kirchengeschichte 100 (2000), S. 282–296.

15 ROTH, Urkunden (wie Anm. 4), S. 183 f.

Bei diesen Regelungen im Zeichen der Reformation hätte man es in Tübingen belassen können. Die reformatorische Bewegung hatte ja im Zusammenhang mit der Forderung nach einer Erneuerung von Kirche und Theologie von Anfang an auch eine grundlegende Reform der Universitäten verlangt. Im Blick auf die theologischen Fakultäten hatte Martin Luther in seiner programmatischen Schrift An den christlichen Adel deutscher Nation 1520 nachdrücklich die Stellung der Sentenzen im Lehrbetrieb seiner Zeit gerügt und dagegen eine Konzentration auf die Auslegung der Heiligen Schrift gefordert: „Szo wir den haben den namen und titel, das wir lerer der heyligen schrifft heyssenn, solten wir warlich gezwungen sein dem namen nach, die heyligen schrifft und kein andere leren".[17] Philipp Melanchthon hatte bereits im Herbst 1519 darauf verzichtet, seine theologische Laufbahn – wie es einst Luther selbst noch getan hatte – mit einer Sentenzenvorlesung fortzusetzen und hatte sich damit begnügt, die Schrift kraft seiner Lehrbefugnis als Baccalaureus biblicus und als Professor der griechischen Philologie auszulegen. Doch zeigte sich in Wittenberg schon früh, daß eine Schriftauslegung ohne vorbereitende und begleitende systematische Reflexionen bestenfalls eine Nacherzählung der Heilsgeschichte mit vielen Abschweifungen, Wiederholungen und Überschneidungen ergab, wenn sie nicht gar zu Verirrungen führte, wie sie bei den radikalen Reformatoren zu beobachten waren. Die Reformation machte die Erfahrung, die schon in der Kirchengeschichte vor ihr oft gemacht worden war: daß ein reiner Biblizismus zu Verwirrung und zur Bildung einseitiger Positionen führt, die in Abwegigkeiten und Streitigkeiten enden. In der Alten Kirche hatte man lange um eine Glaubens- und Lehrnorm (regula fidei) gerungen, die man schließlich in den articuli fidei der mehrheitskirchlichen Bekenntnisse zu finden meinte. Auch die Reformation hat rasch wieder auf den Gedanken der Normierung durch Bekenntnisse zurückgegriffen. Einerseits hielt man an den altkirchlichen Bekenntnissen (Apostolicum, Nicaenum [d. h. Nicaeno-Constantinopolitanum] und Chalcedonense) fest, andererseits bemühte man sich um die Formulierung neuer Lehren und Bekenntnisse, die das spezifisch reformatorische Gedankengut festhalten und im Pluralismus der Richtungen und Strömungen Einheit schaffen sollten. Zum grundlegenden Bekenntnis des Luthertums sollte das von Melanchthon auf dem Augsburger Reichstag 1530 erarbeitete Augsburger Bekenntnis (Confessio Augustana) werden.

Offenbar empfand man in Württemberg schon bald den Mangel der ersten Ordnung Herzog Ulrichs. Intensive Beratungen, an denen auch Melanchthon beteiligt war,[18] führten bereits am 3. November 1536 zu einer zweiten Ordnung für die Uni-

---

16 Ebd., S. 181f.: „was [...] sonderlich den Catechismum belangen thut, haben wir für nutz, gut vnd notwendig angesehen vnd wöllen auch das derselbig alle Sonntag, Festo Jouis vnd ander festen zu gelegner stund im publico Lectorio, Von dem ainen vß den Teologys, vnd sonderlich, So New Testament list, gelesen vnd profitiert werden. Wölche dann alle, So in Artibus complieren, zuhören als ordinariam schuldig oder verpunden sein sollen. Es soll auch vnd mag wer da will diser Lection zuhören, vnd niemandt davon abgesondert sein."

17 An den christlichen Adel deutscher Nation von des christlichen Standes Besserung, in: D. Martin Luthers Werke, Kritische Gesammtausgabe [Weimarer Ausgabe], Bd. 6., Weimar 1888, S. 404–469, hier S. 460,20–22; vgl. dazu den ganzen Abschnitt S. 460,6–40.

18 Ulrich KÖPF, Melanchthon und die Reform der Universität Tübingen, in: Vom Schüler der

versität Tübingen,[19] die nun auch wieder mindestens drei theologische Ordinarien voraussetzte.[20] Ihre wichtigste Aufgabe waren weiterhin Vorlesungen über das Alte und Neue Testament. Daneben wurde jetzt aber auch das Bedürfnis nach einer stärker systematischen Darstellung der christlichen Lehre ausgesprochen. Der Professor, der über das Neue Testament las, sollte „ain materia fürnemen, darinn er in ainem Jar oder zwaien, ainmal ordenlich ein gantze Summa der Cristenlichen leer vnd alle articulos des gloubens handel vnd verclere".[21] Unklar ist, ob sich darin der Einfluß Melanchthons bemerkbar macht oder ob diese Vorlesung die Übertragung der im Vorjahr eingeführten, weiterentwickelten Katechismuserklärung an die Theologen darstellt, da die Studiosi Artium jetzt eine Vorlesung über das Neue Testament erhalten sollen.[22] Freilich bleibt ungewiß, wie weit die Forderung an den dritten Theologen tatsächlich erfüllt wurde. 1540 erfahren wir erstmals von der tatsächlich erbrachten Lehre, die erheblich von dem 1536 Bestimmten abweicht: Die beiden ersten Theologieprofessoren (Paul Constantin Phrygio und Balthasar Käuffelin) lasen über neutestamentliche Bücher, der dritte (der 1539 hinzugekommene Johannes Forster) dagegen über ein alttestamentliches Buch und über das Hebräische, während eine Lehrveranstaltung von systematischem Charakter fehlte.[23] Die von der Ordnung abweichende Verteilung der biblischen Bücher hängt damit zusammen, daß nur Forster so gut Hebräisch konnte, daß er die schon 1535 gewünschte[24] und 1536 noch dringlicher geforderte[25] Auslegung des Alten Testaments auf der Grundlage des hebräischen Urtexts leisten konnte.

Fragen wir uns, ob man in Tübingen tatsächlich jahrelang ohne zusammenhängende Behandlung der christlichen Lehre auskam, so müssen wir bedenken, daß ja auch die Schriftauslegung Raum für systematische Reflexionen auf solche Themen bot – ganz abgesehen von den Disputationen, die in besonderem Maße zur Erörterung von Sachfragen dienten. Natürlich war die Schriftauslegung zu allen Zeiten zuerst Exegese des biblischen Texts nach philologischen und historischen Gesichtspunkten. Doch schon immer haben die theologischen Ausleger auch die Gelegenheit benutzt, bei der Interpretation einzelner biblischer Texte, Textstücke und Begriffe Reflexionen auf Sachverhalte und Probleme anzustellen, die in den Texten enthalten waren oder sich mit ihnen verbinden ließen. Das führte in den mittelalterlichen Kommentaren

---

Burse zum „Lehrer Deutschlands". Philipp Melanchthon in Tübingen, hrsg. von Sönke LORENZ / Reinhold RIEGER / Ernst SEIDL / Karlheiz WIEGMANN (Tübinger Kataloge Nr. 88), Tübingen 2010, S. 186–195.

19 ROTH, Urkunden (wie Anm. 4), S. 185–198.
20 Ebd., S. 187.
21 Ebd., S. 188.
22 Ebd., S. 190.
23 Carl von WEIZSÄCKER, Lehrer und Unterricht an der evangelisch-theologischen Facultät der Universität Tübingen von der Reformation bis zur Gegenwart, in: Zur vierten Säcularfeier der Universität Tübingen im Sommer 1877. Festprogramm der evangelisch-theologischen Facultät (Beiträge zur Geschichte der Universität Tübingen. Festgabe bei der vierten Säcularfeier ihrer Gründung, im Jahre 1877), Tübingen 1877, S. 11 (ohne Beleg).
24 ROTH, Urkunden (wie Anm. 4), S. 178.
25 Ebd., S. 187 f.

zuweilen sogar dazu, daß thematische Erörterungen in Quaestionenform die Auslegung des Texts überwucherten. Solche exkursartigen Erweiterungen finden sich aber auch noch in einer eher philologischen, vom Humanismus geprägten reformatorischen Exegese, wie wir an Luther sehen, der zeitlebens nur Vorlesungen über biblische Bücher gehalten hat, und es setzt sich in der nachreformatorischen protestantischen Exegese fort. So können wir vermuten, daß auch die Tübinger Theologen, die nur über biblische Bücher lasen, dabei zumindest sporadisch dogmatische und ethische Probleme behandelten. Eine zusammenhängende Behandlung der christlichen Lehre konnte dabei allerdings nicht entstehen.

3. Melanchthon und seine Wirkungen

Nun hat aber die Reformation die Tradition dogmatischer Werke keineswegs für längere Zeit unterbrochen. Schon kurz nach Beginn seiner Lehrtätigkeit entwickelte Philipp Melanchthon mit Hilfe des aus der humanistischen Rhetorik eines Rudolf Agricola und Erasmus von Rotterdam übernommenen Begriffs *locus*[26] eine neuartige Weise des Zugriffs auf sachliche Themen und Fragen. Als er 1519 und wieder 1520/21 über den Römerbrief las, entdeckte er darin zentrale Allgemeinbegriffe des christlichen Glaubens und der christlichen Lehre, die man nicht an den Text herantragen mußte, sondern ihm mit den Methoden des Auslegers entnehmen konnte. Zugleich gewann er den Eindruck, der Römerbrief enthalte geradezu ein Kompendium christlicher Gedanken. Er hatte nun die geniale Idee, dieses Kompendium mit Hilfe des *loci*-Begriffs aus dem Brief herauszuarbeiten. 1521 veröffentlichte er die erste Fassung seiner lehrbuchmäßig zusammengestellten *Loci communes rerum theologicarum seu hypotyposes theologicae* – zugleich als eine Anleitung zur Beschäftigung mit der Heiligen Schrift[27] und eine Gesamtdarstellung (Summa) der christlichen Theologie.[28] Mit guten Gründen hat man dieses Werk als erste evangelische Dogmatik bezeichnet.[29] Es wurde von Melanchthon laufend überarbeitet, so daß man seit jeher von drei Fassungen oder Redaktionen seiner *Loci* spricht: einer *Prima aetas* von 1521, einer *Secunda aetas* von 1535 und einer *Tertia aetas* von 1543/44.

---

26 Locus ist einerseits der Ort, von dem man bei der Findung des Stoffes Argumente holen kann, andererseits das Argument bzw. der Allgemein- oder Grundbegriff für das Argumentieren. Diesen allgemeinen Begriff kann man nach der humanistischen Rhetorik auf alle Wissenschaften anwenden.

27 Philipp Melanchthon, Loci communes rerum theologicarum seu hypotyposes theologicae, Vorrede, in: Melanchthons Werke in Auswahl, hrsg. von Robert STUPPERICH, Gütersloh 1951ff., Bd. II/1, ²1978, S. 17, 19–22: *Non hoc ago, ut ad obscuras aliquas et impeditas disputationes a scripturis avocem studiosos, sed ut, si quos queam, ad scripturas invitem.*

28 Ebd., S. 19,4.

29 Ulrich KÖPF, Melanchthons „Loci" und ihre Bedeutung für die Entstehung einer evangelischen Dogmatik, in: Philipp Melanchthon. Lehrer Deutschlands, Reformator Europas, hrsg. von Irene DINGEL / Armin KOHNLE (Leucorea-Studien zur Geschichte der Reformation und der Lutherischen Orthodoxie 13), Leipzig 2011, S. 129–152.

Melanchthon selbst hielt über seine *Loci* wiederholt Vorlesungen, durch die er sie jeweils weiterentwickelte. Die Vorlesung von 1533 führte zur zweiten Fassung von 1535, die von 1542 zur dritten Fassung von 1543/44. Im übrigen empfahl er seinen Studenten, beim Studium der Heiligen Schrift die wichtigsten Stellen unter gewissen Gesichtspunkten *(loci communes)* festzuhalten, die zusammen eine *summa doctrinae christianae* darstellten. Die Bezeichnung dieser Gesichtspunkte könne man seinen eigenen *Loci communes* entnehmen, in denen freilich vieles noch unzureichend sei. Daneben solle man sich eine Ordnung *(methodus)* einprägen, nach der diese Gesamtdarstellung gegliedert sei. Sie entspreche dem Römerbrief, der fast ein Kompendium der ganzen Heiligen Schrift bilde, weil er von den hauptsächlichen *loci doctrinae christianae* handle.[30] Ein wichtiges Beispiel dafür, wie man sich tatsächlich auf Grund von Melanchthons Ratschlägen und mit Hilfe seiner *Loci* selbständig eine eigene Sammlung von Materialien anlegen und aus ihnen später eigene *Loci theologici* erarbeiten konnte, bietet Martin Chemnitz, dessen Werk allerdings erst 1591/92 postum herausgegeben wurde.[31]

Durch viele Drucke seiner *Loci* wie durch die Hörer seiner Vorlesungen und die Leser seiner Ratschläge erreichte Melanchthon binnen weniger Jahre die ganze von der Reformation beeinflußte Welt und die Universitäten weit über Deutschland hinaus. Um so erstaunlicher ist es, wie langsam seine *Loci* als Lehrbuch an Theologischen Fakultäten rezipiert wurden.[32] Wittenberg konnte dabei kein Vorbild sein. Melanchthon selbst hat in die von ihm 1545 neu verfaßten Statuten der Wittenberger Theologischen Fakultät keine Vorlesung über irgendwelche *Loci* aufgenommen. Hier forderte er neben der Auslegung biblischer Schriften, in denen nach seiner Meinung bereits die hauptsächlichen Artikel der kirchlichen Lehre vorlagen, eine vollständige Darstellung dieser Lehre und empfahl, zu ihrer geordneten Wiedergabe zuweilen das Nicaenum zu erklären, während die Auslegung von Augustins *De spiritu et littera* den Studenten die Übereinstimmung zwischen der Lehre der evangelischen Kirchen und der reinen Kirche des Altertums zeigen sollte.[33] Nachdem seit Ende der vierziger Jahre mehrere

---

30 Nach Melanchthons Briefwechsel (abgekürzt: MBW), hrsg. von Heinz SCHEIBLE, 854; Textband 3, S.(665) 669–677. Dieser Plan für einen unbekannten Theologiestudenten von Ende 1529 oder Anfang 1530 war in mindestens zehn Abschriften und in ebensovielen Drucken verbreitet. Vgl. auch den kürzeren Studienplan von 1542 für den Spanier Franciscus Dryander: MBW 3123.

31 Thomas KAUFMANN, Martin Chemnitz (1522–1586). Zur Wirkungsgeschichte der theologischen Loci, in: Heinz SCHEIBLE (Hrsg.), Melanchthon in seinen Schülern (Wolfenbütteler Forschungen 73), Wiesbaden 1997, S. 183–254, bes. S. 201–205, 214–231.

32 KAUFMANN, Martin Chemnitz (wie Anm. 31), S. 185 Anm. 4 (auf S. 185–190); Helmar JUNGHANS, Philipp Melanchthons Loci theologici und ihre Rezeption in deutschen Universitäten und Schulen, in: Günter WARTENBERG (Hrsg.) unter Mitarbeit von Markus HEIN, Werk und Rezeption Philipp Melanchthons in Universität und Schule bis ins 18. Jahrhundert. Tagung anläßlich seines 500. Geburtstages an der Universität Leipzig (Herbergen der Christenheit. Sonderband 2), Leipzig 1999, S. 9–30; DERS., Philipp Melanchthons Loci theologici als Lehrbuch während seiner Lebenszeit, in: DINGEL/KOHNLE, Philipp Melanchthon (wie Anm. 29), S. 153–161.

33 Walter FRIEDENSBURG (Bearb.), Urkundenbuch der Universität Wittenberg. Teil 1 (1502–1611) (Geschichtsquellen der Provinz Sachsen und des Freistaates Anhalt N. R. Bd. 3, Teil 1),

jüngere Magistri zuerst privatim und später offiziell Melanchthons Loci in ihrer dritten Fassung ausgelegt hatten,³⁴ wurde erst durch die neue Ordnung Kurfürst Christians I. 1588 eine Vorlesung über diese Loci fest in den Statuten der Universität verankert.³⁵ Dagegen sprachen die Greifswalder Statuten bereits 1545 und die Marburger Studienordnung für die Stipendiaten 1546 von Melanchthons Loci communes als einem von mehreren möglichen außerbiblischen Textbüchern für theologische Vorlesungen. In Greifswald wurde freilich betont, solche Schriften sollten nur kurz behandelt werden, um nicht den Anschein zu erwecken, sie wollten als Kommentare (zur Heiligen Schrift) neue Kommentare hervorrufen,³⁶ während in Marburg ihr Nutzen für Anfänger hervorgehoben wurde.³⁷

Magdeburg 1926, Nr. 272, S. 262 f.: *Cum praecipue hi doctores et custodes propheticorum et apostolicorum voluminum et interpretes esse debeant, semper a duobus aliqui libri Novi Testamenti et ab aliis duobus aliqui libri Veteris Testamenti enarrentur. ac saepissime repetatur enarratio epistolae Pauli ad Romanos, evangelii Joannis, psalmorum, genesis, Esaiae; nam in his libris praecipui articuli doctrinae ecclesiasticae proponuntur. et lectores integram doctrinam explicare studebunt; quam ad rem, ut ordine singulos articulos enarrent, adjungent interdum symboli Niceni explicationem. interdum et Augustini librum de spiritu et litera enarrabunt, ut juniores videant doctrinam ecclesiarum nostrorum consensum esse purioris antiquitatis et verae ecclesiae dei;* vgl. dazu Philipp Melanchthon, Enarratio secundae tertiaeque partis Symboli Nicaeni (1550), hrsg. von Hans-Peter HASSE (Quellen und Forschungen zur Reformationgeschichte 64), Gütersloh 1996, hier S. 14–23: Die Auslegung des Nizänischen Glaubensbekenntnisses an der Universität Wittenberg 1546 bis 1557.

34 1548/49: David Chytraeus (KAUFMANN, Martin Chemnitz [wie Anm. 31], S. 218 Anm. 130; JUNGHANS, Philipp Melanchthons Loci theologici und ihre Rezeption [wie Anm. 32], S. 158); 1552/53: Tilemann Heshusius (Peter F. BARTON, Um Luthers Erbe. Studien und Texte zur Spätreformation. Tilemann Heshusius [1527–1559] [Untersuchungen zur Kirchengeschichte 6], Witten 1972, S. 35); 1554: Martin Chemnitz (KAUFMANN, Martin Chemnitz [wie Anm. 31], S. 217–220; JUNGHANS, Philipp Melanchthons Loci theologici und ihre Rezeption [wie Anm. 32], S. 159f.); 1555: Konrad Becker (JUNGHANS, Philipp Melanchthons Loci theologici und ihre Rezeption [wie Anm. 32], S. 157f.).

35 FRIEDENSBURG, Urkundenbuch (wie Anm. 33), Nr. 449, S. 558 f.: „dieweil wir aber vormarkt, das die loci communes Philippi Melanchtonis, unangesehen daß es in den neuen ordenungen ausdrucklich bevohlen, bißhero wenig gelesen worden und solch buch des herren doctoris Martini Lutheri zeugnus nach ein vortrefflich und dergleichen werk ist, als in theologia bishero nicht viel geschrieben, so wollen und ordnen wir, daß bemeltes buch hinfuhro durch D. Heinricum Majum oder wem wir es kunftig sonsten bevehlen möchten, offentlich gelesen, bei der studirenden jugend mit allem vleiße getrieben und derselben nach rechtem vorstande, wie es der author selbesten gemeinet und in seinen anderen buchern ercleret, auch ohne einmischung der frembden ergerlichen streite expliciret und sonsten in den lectionibus und disputationibus die scripta Lutheri et Philippi vleißig inculciret und die jugend an des herren Philippi art zu reden gewohnet werde."

36 Die neuen Statuten von 1545 (Johann Friedrich Wilhelm KOCH, Die Preussischen Universitäten. Eine Sammlung der Verordnungen, welche die Verfassung und Verwaltung dieser Anstalten betreffen. Bd. 1: Die Verfassung der Wissenschaften im Allgemeinen, Berlin / Posen / Bromberg 1839, S. 358–393, hier S. 368 Tit. XII. De Facultate Theologica) sahen drei Professoren der Theologie vor, die vor allem Schriften des Alten und Neuen Testaments erklären sollten. Auf Anweisungen über ihr Vorgehen (vgl. u. Anm. 54) folgt die Bestimmung: *Poterint quoque sacris lectionibus addere Doctorum libros, eosque breviter percurrere, ne commentariis commentaria subjungere videantur, ut sunt Augustini, de spiritu et litera, loci communes Philippi Melanctonis, et quaedam commentaria Martini Lutheri. Sed statim redeundum est ad sacras literas, ut ad fontes.*

4. Die Loci in Tübingen

Die Aufnahme und Wirkung der Loci Melanchthons in Tübingen läßt sich nur sehr lückenhaft nachvollziehen.[38] Das liegt zum einen am höchst fragmentarischen Zustand der Zeugnisse über die Lehrpraxis wie an den unzureichenden Aussagen der Statuten über die vorgeschriebenen Lehrinhalte. Zum andern ist der Begriff der loci, wo er in den Quellen auftaucht, keineswegs immer eindeutig. Wenn von loci ohne einen Verfassernamen die Rede ist, kann nur aus dem Kontext geschlossen werden, ob das Lehrbuch Melanchthons oder nur die von ihm begründete Methode gemeint ist. Wie wir noch sehen werden, hatte sich der loci-Begriff schon früh als Bezeichnung einer – freilich durch Melanchthon eingeführten – Methode wieder von dessen Werk gelöst. Ist aber Melanchthon als Verfasser genannt, so fehlt jeder Hinweis auf die gebrauchte Auflage. Bei Angaben über Lehrveranstaltungen von Professoren dürfen wir wohl voraussetzen, daß sie die jüngste Fassung in Händen hatten. Das war in allen erkennbaren Fällen die dritte von 1543/44. Geistliche dagegen, die vor dem Erscheinen dieser Fassung in Wittenberg studiert hatten und anschließend in ihre Heimat zurückgekehrt waren, benutzten in der Regel lebenslang die während ihres Studiums erworbene Fassung. Dauerhaft gewirkt hat Melanchthon vor allem durch die dritte Fassung, während die erste, epochemachende, längst in Vergessenheit geraten war und erst im 19. Jahrhundert wiederentdeckt wurde.

Das früheste Zeugnis für die Verwendung von Melanchthons Loci im Tübinger Lehrbetrieb, das ich kenne, betrifft Erhard Schnepff. Der württembergische Mitreformator, der zuvor Prediger und Superattendent in Stuttgart gewesen war, wirkte von 1544 bis zu seiner Vertreibung durch das Interim 1548 als Professor an der Theologischen Fakultät, Pfarrer an der Tübinger Stiftskirche und Superattendent am herzoglichen Stipendium.[39] Weizsäcker meinte: „Gelesen hat Schnepff sicher nichts als Exegese."[40] Offenbar war er ein guter Kenner des Hebräischen und ein tüchtiger Exeget.[41] Doch in

---

37 Bruno HILDEBRAND (Hrsg.), Urkundensammlung über die Verfassung und Verwaltung der Universität Marburg unter Philipp dem Grossmüthigen, Marburg 1848. In der Studienordnung der Stipendiaten vom 20. Mai 1546 (S. 42–48) ist S. 44 die Rede von einem Theologieprofessor, „welcher locos communes Philippi oder einen andern authoren der den anfengern nuz ist, liesset vnd Interpretiret".

38 Zum Folgenden vgl. den Überblick bei Ulrich KÖPF, Die Tübinger Theologische Fakultät zwischen Reformation und Dreißigjährigem Krieg, in: Ulrich KÖPF / Sönke LORENZ / Dieter R. BAUER (Hrsg.), Die Universität Tübingen zwischen Reformation und Dreißigjährigem Krieg. Festgabe für Dieter Mertens zum 70. Geburtstag (Tübinger Bausteine zur Landesgeschichte 14), Ostfildern 2010, S. 101–118.

39 WEIZSÄCKER, Lehrer und Unterricht (wie Anm. 23), S. 13 f.; Stefan KÖTZ, Die Matrikel der Theologischen Fakultät der Universität Tübingen von der Reformation bis zum Ende des 17. Jahrhunderts (1536–1683/84), in: KÖPF/LORENZ/BAUER, Die Universität Tübingen zwischen Reformation und Dreißigjährigem Krieg (wie Anm. 38), S. 387–472, hier S. 418 (Nr. 62).

40 WEIZSÄCKER, Lehrer und Unterricht (wie Anm. 23), S. 13.

41 Vgl. die Würdigung nach seinem Tod am 1. November 1558 in: Johannes ROSA, Oratio de vita clarissimi et venerandi viri Doctoris Erhardi Schnepfii, Leipzig 1562, bes. f. D8ᵛ; ferner Julius HARTMANN, Erhard Schnepff, der Reformator in Schwaben, Nassau, Hessen und Thüringen, Tübingen 1870, bes. S. 62, 161–163.

einem Brief an Caspar Löner vom 7. Oktober 1545 berichtet der Student Leonhard Kastner aus Tübingen, er höre gerade bei Schnepff eine Vorlesung über die *Loci communes* Melanchthons.[42] Diese Vorlesung, die in keiner Ordnung vorgesehen ist, zeigt, daß sich Statuten und tatsächlicher Lehrbetrieb durchaus voneinander unterscheiden konnten. Das nächste Zeugnis gilt Jakob Beuerlin, der als erster Absolvent der reformierten Tübinger Fakultät zum Wintersemester 1551/52 nach Tübingen berufen wurde und 1561 in Paris starb.[43] Nach seiner von Dietrich Schnepff verfaßten Leichenrede soll Beuerlin neben verschiedenen neutestamentlichen Schriften „die goldene Weise, das Heil zu erlangen, die im Römerbrief dargelegt ist, nämlich die *Loci theologici* Melanchthons, mit größter Sorgfalt und einzigartiger Rechtschaffenheit gelehrt" haben.[44]

Im Zusammenhang mit dem offiziellen Lehrplan werden *Loci* erstmals bei der Visitation von 1556 erwähnt, die Weizsäcker „eine förmliche Reorganisation der Universität" nennt.[45] In seiner Instruktion für die Visitatoren vom 1. August 1556 sah Herzog Christoph zunächst eine tägliche Vorlesung über *loci communes theologici* vor, d. h. doch wohl über Melanchthons *Loci* in ihrer dritten Fassung.[46] Diese Vorlesung sollte die jungen Theologiestudenten auf das Kennenlernen der Heiligen Schrift und auf den Kirchendienst vorbereiten. In ihrem *Memoriale* vom August an Rektor und Theologische Fakultät sprachen die Visitatoren davon, daß Magister Samuel (Heiland) inzwischen im Stipendium über die *Loci communes Theologie* gelesen habe.[47] Samuel Heiland, 1554 *Magister artium*, seit 1559 Professor für Ethik, war als Nachfolger seines Lehrers Georg Liebler, des Professors der Physik, von 1556 bis zu seinem Tod 1592 zugleich *Magister Domus* des herzoglichen Stipendiums.[48] Daß hier ein Artist die *Loci* erklärte, war offenbar eine Zwischenlösung, bis ein Theologe für diese Aufgabe ge-

---

42 Ludwig ENDERS, Casp. Löner's Briefbuch (Schluß), in: Beiträge zur bayerischen Kirchengeschichte 3 (1897), S. 134–147, hier S. 138: *audio lectionem Schnepfii pastoris nostri proxime finitam, videlicet locos Com[munes] Phil[ippi]*.

43 WEIZSÄCKER, Lehrer und Unterricht (wie Anm. 23), S. 16 f.; KÖTZ, Matrikel (wie Anm. 39), S. 419 (Nr. 64).

44 Dietrich SCHNEPFF, Jacobus Beurlinus redivivus & immortalis, hoc est oratio funebris de pia vita Jacobi Beurlini, Tübingen 1613, S. 24: *Auream methodum salutis consequendae in Epistola ad Romanos expressam; Locos Theologicos Philippi, summa cura, dexteritate singulari docuit*.

45 WEIZSÄCKER, Lehrer und Unterricht (wie Anm. 23), S. 18.

46 HStA Stuttgart A 274 Bü 16, Unterfaszikel Instruktion 1556, f. 1–14ᵛ, ediert in: Irene PILL-RADEMACHER, „...zu nutz und gutem der loblichen universitet" Visitationen an der Universität Tübingen. Studien zur Interaktion zwischen Landesherr und Landesuniversität im 16. Jahrhundert (Werkschriften des Universitätsarchivs Tübingen. Reihe 1: Quellen und Studien 18), Tübingen 1992, S. 428–444, hier S. 434: „Das auch einer aus unsern oder andern stipendiariis umb ein järliche pension uff dreissig gulden ungevarlich bestellt würde, locos communes theologicos denn jungen auditoribus theologiae all tag ein stundt zu lesen, darmit sie hernach dest mit mehrer frucht der hailligen schrifft kundig unnd der kirchen Gottes mit merer beförderung zu gebrauchen wurden."

47 Universitätsarchiv Tübingen (im folgenden: UAT) 6/25 Nr. 6 (S. 40ʳ): In der Anfrage an die Fakultät, wie „Magister Samuel im Stipendio zu den *Locis communibus Theologiae* das *Hebraeum* geläßen hette".

48 Martin LEUBE, Die Geschichte des Tübinger Stifts im 16. und 17. Jahrhundert (Blätter für württembergische Kirchengeschichte, 1. Sonderheft), Stuttgart 1921, S. 16, 214 u. ö.

funden war, der zugleich das Hebräische unterrichten konnte, wie es der Herzog gefordert hatte.[49]

In seiner Instruktion entwickelte Herzog Christoph auch bereits sehr konkrete Vorstellungen über die künftigen Vorlesungen der Professoren an der Theologischen Fakultät, die er zunächst an die geltenden Statuten von 1538 erinnerte. Da die Studenten der Theologie vornehmlich dazu ausgebildet werden sollten, nicht allein die Heilige Schrift für sich allein zu verstehen, sondern auch anderen vorzutragen und sie anzuleiten, daraus ihr Heil zu gewinnen, sei es notwendig, daß die Professoren bei ihrer Schriftauslegung folgendes Verfahren anwandten: Sie sollten von Kapitel zu Kapitel vorangehen und zunächst den Text sorgfältig auslegen, in einem zweiten Schritt sogleich nach der Exegese die wichtigsten Lehrpunkte (loci) des Kapitels angeben und in einem dritten Schritt darlegen, wie diese Lehrpunkte in der Kirche behandelt und in nutzbringender und verständlicher Anordnung den Predigthörern vorgestellt werden sollten.[50] Die herzogliche Instruktion wurde von den Visitatoren in ihrem *Memoriale* fast wörtlich weitergegeben[51] und schließlich weitgehend unverändert in Herzog Christophs erste Ordnung vom 15. Mai 1557 aufgenommen.[52] In dieser Bestimmung sind unter Berufung auf den Zweck theologischer Lehrtätigkeit – die Ausbildung der Studenten zum Kirchendienst mit seinem Mittelpunkt in der Predigt – erstmals drei Tätigkeiten des Theologen klar unterschieden und mit innerer Logik in eine Abfolge gesetzt: die Exegese biblischer Texte, ihre systematische Auswertung und ihre praktische Anwendung. Eine eigene dogmatische Vorlesung wurde bei dieser ganz an der Auslegung und Anwendung der Heiligen Schrift orientierten Ordnung

---

49 Instruktion vom 1. August 1556, bei PILL-RADEMACHER, Visitationen (wie Anm. 46), S. 434 (unmittelbar vor der oben Anm. 46 zitierten Bestimmung): „Es sollt auch dahin gesehen und verordnet werden, das ein geschickter, gelerter haebreus zuwegen gebracht und bestellt, dargegen Magister Hiltbrand derselbigen erlassen werde, alle tag ein stund in haebreo ordennlich zu lesen."

50 Ebd., S. 435.

51 UAT 6/25 Nr. 6d (S. 45ʳ); ebd. S. 449; auch bei WEIZSÄCKER, Lehrer und Unterricht (wie Anm. 23), S. 20.

52 Ordinatio nova vom 15. Mai 1557 bei Theodor EISENLOHR, Sammlung der württembergischen Schul-Geseze. Dritte Abtheilung, enthaltend die Universitäts-Gesetze bis zum Jahr 1843 (= August Ludwig REYSCHER [Hrsg.], Vollständige, historisch und kritisch bearbeitete Sammlung der württembergischen Geseze, 11. Bd., 3. Abth.), Tübingen 1843, S. 129: „Weil auch die Studiosi *Theologiae* fürnemlich zue denn Kirchendiennsten auferzogen werden, vnnd nit allein die haillig schrifft für sich selbs zu uersteen lernen, Sonnder auch dieselb anndern fürtragen, Vnnd sie daraus Ir hail, durch Gotes gnad Zuerholen Vnnderweisen vnnd leren sollen, Demnach So soll hinfürter, ain Jettlicher *Professor theologiae* nach dem er ein Capitell, Es sey Im alten oder newnn Testament, seines besten Vleiß interpretiert, Vnd ausgelegt, gleich darauf denn Auditoribus die fürnembsten Locos desselbig Capitels anzeigen, vnnd sie iuxta praecepta docendi berichten, wie vnnd welcher gestalt, die bemelten Loci Inn den kirchen zu tractiern, Vnnd den Predigkindern nutzlich fürzuhalten seien, Damit also die Studiosi *theologiae* zur den kirchen Diennsten beraitet, Vnd In Iren Predigen ain fruchtbarliche verstenndtliche Disposition vnnd Methodum zu halten angefuert vnnd geübet werden, Vnnd soll daneben Auch sonnderlich fleiß fürgewenndt werden, Vnnd sie die Professores Theologiä darann vnnd darob sein, vff daß die disputationes vnd *declamationes* Theologiae getriben, vnnd Jedes Jars zue etlichen malen angericht, vnnd volnbracht werden, vnnd keins wegs vnderbleiben [...]."

eigentlich überflüssig. Man kann in der neuen Ordnung den Versuch sehen, das Rad der Theologiegeschichte zurückzudrehen und statt einer selbständigen systematischen Erörterung des Lehrstoffes die alte Art der Schriftauslegung – Exegese mit eingestreuten thematischen Exkursen – wiederzubeleben. Die Herausarbeitung von loci aus den einzelnen Kapiteln nach deren Exegese entsprach aber durchaus auch den Empfehlungen Melanchthons für das Theologiestudium. Allerdings werden seine Loci hier nicht als Arbeitshilfe genannt, und es muß offen bleiben, wie weit sie von den Tübinger Professoren für ihre Vorlesungen verwendet wurden.

Weit wahrscheinlicher als um die Benutzung seines Lehrbuchs handelt es sich dabei jedoch um die Herausarbeitung von loci als eine zwar durch Melanchthon begründete, aber von seinem Werk losgelöste Methode, wie das längst vor Tübingen von anderen Universitäten bekannt ist. So schlug bereits am 22. November 1545 Johannes Lange in seinem Reformentwurf für die Universität Heidelberg vor, der dritte von drei Theologieprofessoren, der „lector euangeliorum", der die Evangelien des Johannes und Matthäus sowie die Petrus- und Johannesbriefe auszulegen hatte, „soll dabei locos communes aus des heil. Augustin Lehre behandeln".[53] Meist wurden diese loci jedoch aus der Heiligen Schrift gewonnen. So verlangten die neuen Greifswalder Statuten von 1545 von den drei Theologieprofessoren, sie sollten regelmäßig zu bestimmten Zeiten die loci communes wiederholen, die sie bei ihrer Auslegung biblischer Bücher in gebotener Kürze herausgearbeitet hatten. Die loci communes wurden hier ganz nach Absicht und Vorbild des frühen Melanchthon weniger als selbständige dogmatische Lehrstücke denn als methodische Anleitung zur Schriftauslegung betrachtet.[54] Es ist aber aufschlußreich, daß in Greifswald daneben eine Vorlesung über nichtbiblische Schriften, unter anderem über Melanchthons Loci communes, vorgesehen war.[55] Offenbar empfand man es als nützlich, zumindest den Anfängern einen knappen Überblick über das Ganze der kirchlichen Lehre an Hand von Melanchthons Lehrbuch zu geben.

Von ähnlichen Überlegungen geleitet und vielleicht sogar vom Marburger Vorbild beeinflußt forderte Herzog Christoph für Tübingen eine solche Veranstaltung für Anfänger. Doch Melanchthons umfangreiche und anspruchsvolle Loci scheinen sich in dieser Funktion nicht bewährt zu haben. Bereits vier Jahre nach der ersten erließ Herzog Christoph eine neue Ordnung (am 16. September 1561), in der neben den

---

53 Entwurf vom 22. November 1545 in: August THORBECKE (Bearb.), Statuten und Reformationen der Universität Heidelberg vom 16. bis 18. Jahrhundert, Leipzig 1891, S. 355–360, hier S. 359.
54 KOCH, Die Preussischen Universitäten (wie Anm. 36), S. 368 (unmittelbar vor dem oben wiedergegebenen Abschnitt): *Praeterea diebus Mercurii et Saturni hora nona repetant locos communes, quos ea septimana inter legendum tractarunt. Nam ita lectiones a Professoribus sunt instituendae, ut ex illis omnia in certos locos communes redigantur, idque breviter, sine otiosis ambagibus, quae auditoribus nauseam pariunt. – Neque vero studiosis Theologiae recentioribus prodest longius uni loco inhaerere ingenii ostentandi gratia, sed simpliciter, candide et pure sensum scripturae reddere, indicata textus, qui exponitur, dispositione, qui sit scopus, quae propositio, quae argumenta, quae partes orationis, quae circumstantiae, ex quibus loci communes sunt colligendi et explicandi, ut auditores hoc pacto ad literas sacras, certo modo tractandas, adsuescant, et justam rationem docendi in ecclesia discant. – Atqui ita novi Theologi citius et rectius ad ministerium praeparentur.*
55 Vgl. oben Anm. 36.

bestehenden drei theologischen Lehrstühlen eine vierte Professur geschaffen wurde: ein Extraordinariat, dessen Inhaber zugleich Superintendent des herzoglichen Stipendiums sein sollte. Schon in der Ordnung „Von dem Stipendio zů Tüwingen" innerhalb der Großen Kirchenordnung von 1559 war ein Abschnitt über die theologischen Vorlesungen eingefügt, der die Aufgaben der Superintendenten genau beschrieb. Sie sollten vor allem jede Woche am Donnerstag zu festgesetzter Stunde eine dogmatische Vorlesung halten, die im Vortrag und der Erklärung der *Margarita theologica* bestand.[56] Diese Bestimmung wurde in der zweiten Ordnung Herzog Christophs von 1561 auf den neu geschaffenen Extraordinarius (und Superintendenten) übertragen.[57]

Bei der *Margarita theologica* handelt es sich um ein Werk des Reformators der Stadt Nordhausen in Thüringen und des südlichen Harzes Johannes Spangenberg (1484–1550). Spangenberg war ein tüchtiger Schulmann, der unter anderem zahlreiche didaktische Schriften etwa zur Grammatik und zur Musik verfaßt hat. Seine *Margarita theologica* von 1540 wird schon im Titel als Lehrbuch vorgestellt: Sie sollte die wichtigsten *loci* der christlichen Lehre erstens in Frageform, zweitens kurz und drittens der Reihe nach vortragen, um dadurch den Geistlichen von Nutzen zu sein.[58] In seiner Widmungsvorrede an Herzog Philipp von Braunschweig-Grubenhagen betonte der Verfasser vorweg die Bestimmung des 170 Seiten in Kleinoktav umfassenden Werks für Anfänger in der Theologie und im kirchlichen Dienst.[59] Es ist verständlich, daß die Erklärung dieses Büchleins im herzoglichen Stipendium durch eine Auslegung der dem kirchlichen Dienst gewidmeten Paulusbriefe an Timotheus und Titus während der *tempores vacationum* ergänzt werden sollte.[60]

---

56 Die evangelischen Kirchenordnungen des XVI. Jahrhunderts, begründet von Emil SEHLING, Bd. XVII/1: Baden-Württemberg III, bearb. von Sabine AREND, Tübingen 2007, S. 559: „Lectiones theologicae. Es solle in unserm Stipendio die Margarita Theologica von einem Superintendenten unsers Stipendii alle Wochen am Donnerstag zů gewisser Stund mit fleiß gelesen und expliciert werden. Und demnach unsere Stipendiaten zů dem Kirchendienst und Mynisterio gezogen unnd der Kirchendiener Ampt in den Epistolas Pauli ad Timotheum et Titum nach notturfft begriffen, sollen sie, unsere Superintendenten, solche Epistolas temporibus vacationum für die Margaritam Theologicam cursim lesen und dociern. Und sich hierunder allwegen vereinigen und vergleichen, wie sie umb ein ander obgerürte Lectiones versehen wöllen."

57 EISENLOHR, Universitäts-Gesetze (wie Anm. 52), S. 153: Der „*quartus professor* Theologiä" soll verpflichtet sein, „alle wochen am Donnerstag Inn Vnnserm Stipendio die *Margaritam Theologicam et Epistolas Pauli ad Timotheum et Titum temporibus Vacationum*, für die *Margaritam* cursim, Vermög vnnsers Stipendii Ordination mit Vleiß zu lesen vnnd zu explicieren, Darzu nebenn vnnd mit dem Decano, Allß seinem mit Superintendenten, das Jarlich vnnd zuuorderst, Wann Feriä gehalten werden, etliche Disputationen, vnnd Declamationes *Theologiae* nebenn *publicis disputationibus* sonder mit denn Stipendiaten zu nuzlich Vbung aingericht vnnd getriben werden."

58 Johannes SPANGENBERG, Margarita theologica, continens praecipuos locos doctrinae Christianae, per quaestiones, breuiter & ordine explicatos, omnibus Pastoribus, uerbi preconibus & ecclesiae ministris summe utilis & necessaria. Cum praefatiuncula D. Casparis Crucigeri, Leipzig 1540 (VD16, S 7842) u. ö.; ich verwende die in der UB Tübingen vorhandene Ausgabe Wittenberg 1541 (VD16, S 7845) und berichtige stillschweigend mißverständliche Interpunktionen des Drucks.

59 Ebd., S. aij^r: *Quo sacrarum literarum cultores, nunc primum sacris initiatis, & in pastorum gregem adscripti, haberent breuem quandam sui officij formulam.*

Spangenberg stützte sich auf Melanchthons *Loci communes*, die zur Zeit der Abfassung der *Margarita theologica* in zweiter Fassung vorlagen.[61] Auf der Grundlage von Melanchthons Ausführungen hat er sein Werk aber durchaus selbständig in didaktischer Absicht gestaltet. Dem Zweck eines Lehrbuchs dient die Frageform, die er auch in anderen Schulschriften angewandt hat.[62] Er reiht 44 nicht durchgezählte Hauptfragen aneinander, die häufig wieder eine oder mehrere Unterfragen umfassen. Die Antworten sind so kurz formuliert, daß sie leicht auswendiggelernt werden können. Sachliche Argumentationen oder gar Erörterungen fehlen; dagegen werden zuweilen Bibelstellen als Belege beigegeben oder ausdrücklich abgefragt. Die Absicht, künftige Geistliche über ihr Berufsziel zu unterrichten, zeigt sich an den ersten vier Hauptfragen: Was ist ein Hirte der Kirche? Was ist eine rechtmäßige Berufung [in ein geistliches Amt]? Ist es erlaubt, ein Amt zu erstreben? Mit welchem Zeugnis [aus der Schrift] beweist man, daß es erlaubt ist, ein Amt zu erstreben?[63] Aus der Begründung des Predigtamts folgt die fünfte Frage nach dem Inbegriff der christlichen Lehre, die in der Kirche weitergegeben werden soll.[64] Unter Berufung auf Lk. 24,47 faßt Spangenberg die Summe der kirchlichen Amtstätigkeit in der Lehre von Buße und Vergebung der Sünden zusammen.[65] Darauf folgt als Begründung eine *partitio summaria* der ganzen Heiligen Schrift. Diese bestehe aus zwei Teilen: einerseits der Lehre von dem, was zu tun ist, die zugleich der Sünden überführt, andererseits der Lehre von der Vergebung der Sünden – kurz gesagt: aus Gesetz und Evangelium.[66] Die folgenden Ausführungen, die man mit einer späteren Formulierung als Entfaltung der materialen Dogmatik bezeichnen könnte, beginnen ganz im Sinne der frühesten *Loci* Melanchthons mit einer Reihe von Fragen, die an den zentralen Begriffen des Römerbriefs orientiert sind: über das Gesetz, das Evangelium, die Verheißungen, Sünde, Gnade und Rechtfertigung. Als Beispiel für die Aufteilung in Teilfragen soll aus dieser ersten Gruppe kurz die Hauptfrage „De iustificatione" vorgestellt werden. Sie ist in ein Dutzend Teilfragen gegliedert, die nach dem Begriff der Rechtfertigung, ihrem Umfang, ihrem Verlauf, ihren Ursachen, der Rolle des menschlichen Willens, dem Sinn der Aussage: „Wir werden durch Glauben gerechtfertigt", dem ausschließenden Charakter des

---

60 Vgl. oben Anm. 56.
61 Vgl. Caspar Crucigers Empfehlung an die Studenten, in: Spangenberg, Margarita theologica (wie Anm. 58), S. b7ᵛ: *Ac bonam operam nauauit IOANNES Spangebergus, qui ut adiuuaret imperitiorum studia, praecipua capita & partes doctrinae ex locis communibus editis a uiro doctissimo D. PHILIPPO Melanthone, contraxit in quaestiones, ut in prompto sit, unde petant studiosi quid de singulis respondendum sit.*
62 Z.B. Quaestiones musicae in usum scholae Northusianae, Nürnberg 1536 (VD 16, S 8029) u. ö.; Computus ecclesiasticus in pueriles questiones redactus [...], Wittenberg 1539 (VD 16, S 7764) u. ö.; Trivii erotemata. Hoc est, grammaticae. Dialecticae. Rhetoricae. Quaestiones, Wittenberg 1542 (VD S 7769) u. ö.
63 SPANGENBERG, Margarita theologica (wie Anm. 58), S. 1–4: *Quid est pastor Ecclesiae?* [...] *Quae est legitima vocatio?* [...] *Estne licitum petere ministerium?* [...] *Quo Testimonio probas, quod sic ministerium petere, sit licitum?* [...].
64 Ebd., S. 5: *Quae est Summa Doctrinae Christianae tradendae in Ecclesia?*
65 Ebd., S. 5: *Est ergo summa ministerij Ecclesiae in hoc, ut doceatur poenitentia & remißio peccatorum.*
66 Ebd., S. 5: *Est enim aut doctrina praecipiens quid sit faciendum & arguens peccata. Aut est doctrina de remißione peccatorum, Hae duae partes uocantur Lex & Euangelium.*

!z-(30) Wortes „umsonst" *(gratis)*, der Notwendigkeit dieser Ausschließlichkeit, den biblischen Zeugnissen für sie, der Wahrheit der Exklusivpartikel „allein" *(sola)*, der Notwendigkeit guter Werke und der Rechtfertigung des Paulus nach seiner Bekehrung fragen.[67] Auf die besonders ausführliche Entwicklung der Rechtfertigungslehre folgen Hauptfragen nach den guten Werken, der nichtsakramentalen Buße[68] und der Absolution sowie nach dem Glauben. Daß die letztere Frage nach Erörterung von fünf Unterfragen[69] auf die Wiedergabe der drei altkirchlichen Glaubensbekenntnisse Apostolicum, Nicaenum (d. h. Nicaeno-Constantinopolitanum) und Athanasianum hinausläuft,[70] liegt am didaktischen Charakter des Büchleins, das elementarstes Glaubenswissen vermitteln möchte. Es folgen zunächst Fragen zu jenen Themen, die Melanchthon in den frühen *Loci* übergangen, aber schon in der zweiten Fassung wieder aufgenommen und an den Anfang gestellt hatte: zu Gott und zur Schöpfung. In der Hauptfrage „De deo" sind in 13 Teilfragen allgemeine Gotteslehre und Trinitätslehre erfaßt. Sie fragen nach dem Wesen Gottes und nach seiner Wahrhaftigkeit, nach der Zahl der göttlichen Personen und der Bedeutung des Personbegriffs, nach dem Beweis für die Dreizahl der Personen, dem Wesen des Vaters und des Sohnes, der Bedeutung des Wortes Joh. 1,1 „Am Anfang war das Wort", dem Sinn des Begriffs „Logos", dem Beweis dafür, daß die als „Logos" bezeichnete Person von Natur Gott ist, nach dem Wesen des Heiligen Geistes sowie Zeugnissen für seine Personhaftigkeit und Göttlichkeit, schließlich nach dem Beweis für sein Hervorgehen aus Vater und Sohn.[71] Es folgen zahlreiche Fragen, die zumeist auch bei Melanchthon in der entsprechenden Reihenfolge begegnen, ergänzt durch einige die kirchliche Praxis betreffende Punkte: Fragen nach den menschlichen Kräften oder dem freien Willen, der Prädestination, dem Unterschied zwischen Altem und Neuem Testament, der Abschaffung des Geset-

---

67 Ebd., S. 32–41: DE IUSTIFICATIONE. *Quid significant uocabula Iustificari & iustificatio?* [...]. *Quid complectitur Iustificatio?* [...]. *QVomodo fit iustificatio?* [...]. *Quae sunt causae iustificationis?* [...]. *Agit ne aliquid nostra uoluntas?* [...]. *QVAE est sententia huius dicti, Fide iustificamur?* [...]. *Quid excludit particula Gratis?* [...]. *Quare necesse est tenere hanc exclusiuam?* [...]. *Dic testimonia huius exclusiuae?* [Fünf Belege aus Röm. 3 und 4, Eph. 2, Gal. 2, Tit. 3]. EST NE VERA PROPOSITIO, *Sola fide iustificamur?* [...]. *Si non sumus iusti propter opera, quorsum opus est bene operari?* [...]. *Quaero de Paulo iam conuerso seu renato. Estne Paulus post conuersionem iustus sola fide, an fide & operibus, seu noua obedientia simul?* [...].

68 Ebd., S. 65: *Quid est poenitentia? Est qua uera contritione morimur peccatis & fide erigimus nos, ad accipiendum remiß[ionem] peccatorum. Quot sunt partes poenitentiae? Duae. Contritio & fides.*

69 Ebd., S. 66–70: *Quid est Fides?* [...] *Quomodo existit haec fides in animis?* [...] *Proba, quod fides significet fiduciam misericordiae?* [...] *Quae est sententia huius dicti, Iustus fide sua uiuet?* [...] *Quid? excludenda ne est a fide historiae notitia?* [...].

70 Ebd., S. 70–76.

71 Ebd., S. 77–83: DE DEO. *Quid est Deus? Deus est substantia intelligens, spiritualis, aeterna, creatrix & conseruatrix omnium rerum, infinitae sapientiae, bonitatis, iustitiae & misericordiae.* – *Dic testimonium de veritate Dei* [sechs biblische Belege]. *Quot sunt personae diuinitatis?* [...]. *Quid hic significat persona?* [...]. *Vnde probas esse tres personas?* [das Apostolicum und vier biblische Belege]. *Quis est pater?* [...]. *Quis est filius?* [...]. *Quid significat, In principio erat Verbum?* [...]. *Quare vocatur λόγος seu verbum?* [...]. *Proba quod λόγος seu Verbum significat personam, quae sit natura Deus?* [Johannes-Prolog und weitere 12 Belege]. *Quid est spiritus sanctus?* [...]. *Dic testimonia, quae probant spiritum sanctum esse personam & natura deum* [Belege]. *Vnde probas, quod spiritus sanctus pariter procedat a patre et filio?* [Joh. 14].

zes, der christlichen Freiheit, den evangelischen Räten, der Rache, Armut und Keuschheit, der Kirche und ihrer Gewalt (*potestas*), dem Ärgernis (*scandalum*), den Sakramenten,[72] Taufe mit Kindertaufe und Herrenmahl, und den Opfern, Kreuz und Leiden, Erniedrigung, Gebet und Herrengebet, dem weltlichen Amt und der Kirchenleitung (*politia Ecclesiastica*), Ehe, Heiligenanrufung und Bilderverehrung, Bestattung, Auferstehung der Toten, dem Ende der Welt im Jüngsten Gericht und dem Ewigen Leben.

Diese Dogmatik in Frageform ist mit ihren kurzen Fragen und Antworten ein Schulbuch zwar aus dem Geiste Melanchthons, aber in ihrer Kürze ohne Vertiefung in die theologische Problematik. Ihr ausgesprochener Bezug auf die Tätigkeit des Geistlichen und die über Melanchthon hinausgehende Einbeziehung von Themen der Frömmigkeit machten sie besonders geeignet für die Ausbildung von Kirchendienern, die vom vierten Professor und Superintendenten am herzoglichen Stipendium erwartet wurde.

5. Die erste Tübinger Dogmatik

Die Vorlesung des vierten Professors über die *Margarita theologica* war nicht von Dauer. Das Bedürfnis nach einem gediegeneren dogmatischen Unterricht war stärker. Aus dem Jahre 1576 liegt noch ein verhältnismäßig ausführlicher Bericht über die augenblicklichen Tübinger Verhältnisse vor. Unter den Bedingungen der neuen Ordnung von 1561, nach welcher der erste Professor der Theologie zugleich Kanzler der Universität und Propst der Stiftskirche, der zweite Dekan und der dritte Pfarrer der Stiftskirche sein sollten,[73] standen damals an erster Stelle Jakob Andreae (seit 1562), an zweiter Jakob Heerbrand (seit 1557), an dritter Dietrich Schnepff (seit 1557). Erster Inhaber der 1561 neu geschaffenen vierten Professur, der zusammen mit dem Dekan die Superintendenz des Stipendiums versehen sollte, war seit 1562 Johannes Brenz der Jüngere, der Sohn des Reformators.[74] Der tatsächliche Lehrbetrieb unterschied sich allerdings von der in der Ordnung vorgesehenen Verteilung der Aufgaben. Da der Kanzler Andreae als bedeutender Kirchenpolitiker häufig für längere Zeit von Tübingen abwesend war,[75] wurde der Fakultät im Juli 1576 als Lehrstuhlvertreter (*Supernumerarius*) Johannes Vesenbeck zur Verfügung gestellt. Aus dem von Heerbrand und Schnepff verfaßten Bericht geht hervor, daß Heerbrand gerade über Genesis las und Schnepff über die Propheten, Andreae – sofern er in Tübingen war – über die Paulusbriefe und die *Loci communes*, Brenz aber über andere Bücher des Alten und des Neuen Testament. In Abwesenheit Andreaes übernahm Brenz die Paulinen, und der *Supernumerarius* Vesenbeck las an Stelle des Kanzlers die *Loci communes* oder das *Compendium*

---

72 Ebd., S. 116 nennt Spangenberg wie Melanchthon drei Sakramente: die Taufe, das Herrenmahl und die bereits zuvor – nach der Buße – behandelte Absolution.
73 EISENLOHR, Universitäts-Gesetze (wie Anm. 52), S. 146f.
74 KÖPF, Theologische Fakultät (wie Anm. 38), S. 108.
75 Vgl. Christoph WEISMANN, Auf Kanzeln, Kathedern und in Kutschen. Jakob Andreae als Universitäts- und Kirchenpolitiker, in: KÖPF/LORENZ/BAUER, Die Universität Tübingen zwischen Reformation und Dreißigjährigem Krieg (wie Anm. 38), S. 119–140.

Theologiae.[76] Der Schwerpunkt von Andreaes Tätigkeit lag freilich auch während seiner Zeit als Professor viel mehr auf seiner Rolle in der Kirchenpolitik und bei den innerlutherischen Einigungsverhandlungen als auf wissenschaftlich-theologischer Arbeit.

Von der *Margarita theologica* war jetzt nicht mehr die Rede. Anscheinend war man zunächst wieder zu Melanchthons *Loci* zurückgekehrt, die in sinnvoller Verbindung mit den Paulusbriefen behandelt wurden. Daß der Kanzler über sie las, verleiht der dogmatischen Vorlesung jedoch kein besonderes Gewicht; denn in dem Bericht erscheint sein Name erst an dritter Stelle. Offenbar hat er wegen häufiger Verhinderung die gewichtigeren biblischen Vorlesungen seinen Kollegen überlassen und jenes Lehrpensum übernommen, das in früheren Zeiten dem dritten Professor aufgetragen gewesen war. Unklar ist, wieviel er tatsächlich gelesen hat. Bezeichnenderweise hebt Jakob Heerbrand in seinem Nachruf auf Andreae an dessen Lehrtätigkeit besonders die „praktische Theologie" hervor.[77] Aufschlußreich ist auch, daß in seiner Vertretung nicht etwa der vierte Professor, wie nach der geltenden Ordnung zu vermuten, sondern nur der *Supernumerarius* die dogmatische Vorlesung hielt – ein Beweis dafür, wie gering das Gewicht dieser Vorlesung im Ganzen des damaligen Lehrbetriebs war. Im Bericht der Fakultät von 1576 taucht nun aber neben den *Loci communes* erstmals in den erhaltenen Dokumenten ein *Compendium Theologiae* auf. Dabei handelt es sich um das erste dogmatische Lehrbuch eines Tübinger Professors: Jakob Heerbrands drei Jahre zuvor erschienenes *Compendium Theologiae, Quaestionibus methodi tractatum*.[78] Es wurde der Nachfolger der *Margarita theologica* in der Lehre der theologischen Fakultät.

Nun möchten wir gerne wissen, wie das *Compendium Theologiae* entstanden ist, das mit 608 Seiten in Kleinoktav fast den fünffachen Umfang seines Vorgängers hat. Dazu können im folgenden nur einige Beobachtungen und Überlegungen vorgetragen werden.[79] Wie der Verfasser selbst im Vorwort an den Leser berichtet, begann er die Ausarbeitung des Werks im Jahre 1571, als die Universität Tübingen wegen der damals

---

76 WEIZSÄCKER, Theologische Fakultät (wie Anm. 23), S. 31 nach dem Konzept Heerbrands mit Zusätzen Schnepffs in UAT 16/7, Nr. 3.

77 Jacob HEERBRAND, Oratio funebris de vita, & obitu, reverendi et clarissimi viri, pietate, eruditione, sapientia, et usu atque experientia rerum, praestantissimi, D. Iacobi Andreae [...] habita, Tübingen 1590, f. D2r: *In Schola quoque [...] fideliter docuit: maxime autem practicam Theologiam, cum magnum, rerum Theologicarum plurimarum, vsum haberet & experientiam, studiosis Theologiae proposuit, quibus ad Ministerium Ecclesiasticum accessuros praeparauit. Disputationes hic in Schola nostra proposuit plurimas [...]*.

78 Jacob HEERBRAND, Compendium Theologiae, Quaestionibus methodi tractatum, Tübingen 1573.

79 Heerbrand ist bis heute von der Forschung vernachlässigt. Noch nicht überholt ist Julius August WAGENMANN / Gustav BOSSERT, Art. Heerbrand, Jakob, in: Realencyclopädie für protestantische Theologie und Kirche, 3. Aufl., Bd. 7, 1899, S. 519–524, auch nicht von dem allzu kurzen Artikel von Siegfried RAEDER, Art. Heerbrand, Jakob (1521–1600), in: Theologische Realenzyklopädie, Bd. 14, 1985, S. 524–526. Ausführlicher DERS., Jakob Heerbrand, in: Friederich HERTEL (Hrsg.), In Wahrheit und Freiheit. 450 Jahre Evangelisches Stift in Tübingen (Quellen und Forschungen zur württembergischen Kirchengeschichte 8), Stuttgart 1986, S. 81–98. Über das *Compendium Theologiae* ausführlicher: Christoph KOLB, Die Kompendien der Dogmatik in Altwürttemberg, in: Blätter für württembergische Kirchengeschichte 51 (1951), S. 3–77, hier S. 4–19.

Jacob Heerbrand. Holzschnitt aus Erhard Cellius: Imagines Professorum Tubingensium, Tubingae 1596

wieder einmal grassierenden Pest – wie schon 1555/56 nach Calw – in die Reichsstadt Esslingen ausgewichen war,[80] und wurde danach durch Beifall und Bitten anderer, die davon wußten, zu seiner Vollendung veranlaßt.[81] In dieses Werk hat Heerbrand verschiedene Anregungen und Vorarbeiten aufgenommen. Als seine Grundlage nennt er das Studium der Heiligen Schrift, die altkirchlichen Bekenntnisse, die *Confessio Augustana* und ihre *Apologie*, die *Confessio Wirtembergica* und anderes.[82] Die Berufung auf die *Confessio Wirtembergica* zeigt, daß Heerbrand auch unter dem Einfluß der Theologie ihres Verfassers, des Reformators Johannes Brenz des Älteren, stand; mit ihm, Jakob Beuerlin und Valentin Vannius zusammen war er 1552 nach Trient gereist, um auf dem Konzil das Württembergische Bekenntnis zu erläutern und zu begründen.

An erster Stelle unter den Quellen seiner Theologie steht die Heilige Schrift, die Heerbrand auf der zweiten Tübinger Professur seit 1557 ausgelegt hatte. Sein Lehrpensum in den Vorlesungen war der Pentateuch, den er nach dem Bericht des Erhard Cellius, der wichtigsten Quelle für das Leben und Wirken Heerbrands, während der vierzig Jahre seiner Lehrtätigkeit viermal ausgelegt hat.[83] Der äußerst langsame und gründliche Vorlesungsstil war damals üblich; Martin Luther hatte seine letzte große Vorlesung über die Genesis gut zehn Jahre hindurch – vom 3. Juni 1535 bis zum 17. November 1545 – gehalten. Bei ihm wie bei Heerbrand handelte es sich keineswegs um alttestamentliche Vorlesungen im heutigen Sinne. Cellius weist – ganz in der Tradition des antiken und mittelalterlichen Schriftverständnisses – ausdrücklich darauf hin, im Pentateuch sei wie in einem unergründlichen Meer alles religiöse und irdische Wissen enthalten.[84] Die Auslegung des Pentateuch mußte demnach die Gelegenheit bieten, alles dem Theologen wichtige Wissen zu entfalten. Der Ort dafür waren jene Teile der Vorlesung, in denen im Anschluß an die philologisch-historische Auslegung des Urtexts seine Inhalte sachlich erklärt und erörtert wurden. Nach der Ordnung von 1561 war das die Herausarbeitung der im Text enthaltenen *Loci*. Die Bestimmungen von 1561 über die Methode der Schriftauslegung hatten noch lange Bestand, wie sich aus den

---

80 Vgl. Max EIFERT / Karl KLÜPFEL, Geschichte und Beschreibung der Stadt Tübingen, Tübingen 1849, S. 139, 141. Zur Bedeutung dieses Aufenthalts für Esslingen vgl. Tilman Matthias SCHRÖDER, Das Kirchenregiment der Reichsstadt Esslingen. Grundlagen – Geschichte – Organisation (Esslinger Studien. Schriftenreihe 8), Esslingen 1987, S. 157–159.

81 HEERBRAND, Compendium 1573 (wie Anm. 78), f.)()(5^r: *Initio ante biennium fere in hanc formam & sententiam, vt vides in Compendio Lector optime, quaedam, Schola nostra Eslingae propter saeuissimam hic pestem tum grassantem exulante, pro nostris auditoribus, in gratiam tyronum tradere coepi. Postea cum viderem alijs etiam institutum hoc nostrum probari, qui me vt pergerem incoepto opere hortabantur: officio & illorum petitioni, quam honestam esse iudicabam, deesse nolui.*

82 Widmungsvorrede an die Stadt Ulm, ebd., f. 3$^{r/v}$.

83 Erhard CELLIUS, Oratio funebris: De vita, studiis, laboribus, officiis, & morte reverendi & clarißimi viri, Dn. Iacobi Heerbrandi […], Tübingen 1600, f. 42^{v}f.: *Doctoris Professoris nostri Lectio ordinaria fuit Pentateuchum Moisis, quem in suae Profeßionis annorum quadraginta curriculo quater absoluit.*

84 Ebd., f. 43^r: *In eo* [d. h. im Pentateuch] *rerum omnium res maxime coelo terraque contentae comprehenduntur: tractatur de Deo, & eius omnipotentia, maiestate, sapientia, bonitate, clementia, iustitia, ira &. de Angelis, de coelo, de astris, de terra, de mari, de homine, de animalibus, de plantis. – Quid multis? Pentateuchus hic omnis religionis, rituum Mosaicarum, omnium humanarum actionum, omnium Historiarum fons est & quasi Oceanus profundißimus.*

erhaltenen Nachschriften von Heerbrands Vorlesungen erkennen läßt.[85] Seine durch Anfangs- und Schlußvermerke auf die Zeit vom 24. Juni 1582 bis 29. April 1584 datierte Auslegung des Deuteronomiums enthält innerhalb der Kapitel meist mehrere Abschnitte über Loci oder Loci communes.[86] Offenbar wurden hier einzelne Abschnitte oder gelegentlich sogar ein einzelnes Wort[87] nach der Exegese in einem Locus behandelt. Diese datierte Vorlesung beweist aber auch, daß die Erörterung von Loci innerhalb der Schriftauslegung selbst nach Vorliegen eines Tübinger Lehrbuchs nicht durch dogmatische Vorlesungen verdrängt wurde.

Heerbrand war ebenfalls ein guter Kenner der altkirchlichen Literatur. Cellius berichtet, er habe aus den Vätern Material über alle Teile der Theologie gesammelt und in loci communes zusammengefügt, um für die Auseinandersetzung mit theologischen Gegnern gerüstet zu sein. Er habe auch oft daran gedacht, jene theologischen loci aus den Vätern herauszugeben und sei nur durch die Fülle seiner Arbeiten an der Ausarbeitung dieses Werks gehindert worden.[88] Seine Kenntnis der Tradition gehört zum Hintergrund des Compendium Theologiae, hat sich aber noch stärker in seinen zahlreichen gedruckten Disputationen und anderen Werken niedergeschlagen, die sich mit gegnerischen Positionen auseinandersetzten, vor allem mit dem Römischen Katholizismus.[89]

Die Grundlage seines eigenen Standpunkts hat sich Heerbrand durch sein Studium erworben. Als Siebzehnjähriger ging er 1538 nach Wittenberg und hörte dort fünf Jahre hindurch Philipp Melanchthon und Martin Luther, aber auch die Theologen Johannes Bugenhagen, Caspar Cruciger und Georg Maior. In seiner Widmungsvorrede zum Compendium Theologiae bekennt er selbst, wie viel er zu seinem Heil und zu seiner Freude von Melanchthon und Luther empfangen habe und daß er beide als seine

---

85 Die Universitätsbibliothek Tübingen bewahrt noch Nachschriften von vier seiner Vorlesungen über den Pentateuch auf: über Genesis mit Vermerk über den Beginn am 29. April 1582 (Signatur: Mc 36), über Exodus 19 (Mc 37, f. 1–127) und Leviticus 1–6 (Mc 37, f. 128–193), über Deuteronomium mit Anfangs- und Schlußvermerk vom 27. Juni 1582 und 10. April 1584 (Mc 24). In den Vorlesungen über Exodus, Leviticus und Deuteronomium ist die Darstellung der Loci innerhalb der einzelnen Kapitel durch Überschriften – meist in Versalien – deutlich hervorgehoben. Mc 24 ist von einem Unbekannten geschrieben, Mc 36 und Mc 37 von Vitus Müller. Vgl. Die lateinischen Handschriften der Universitätsbibliothek Tübingen. Teil 1: Signaturen Mc 1 bis Mc 150, beschrieben von Hedwig RÖCKELEIN (Handschriftenkataloge der Universitätsbibliothek Tübingen, Bd. 1), Wiesbaden 1991, S. 105, 130 f.

86 Mc 24 f. 5^r: caput I; f. 6^v, 12^r, 14^v: LOCI; f. 18^v: CAP. II; f. 20^v: LOCI; f. 26^r: CAPUT III; f. 27^v: Loci; f. 29^v: Loci communes; f. 33^v: CAPUT IIII; f. 38^r, 43^v: LOCI; f. 47^v: LOCVS; f. 48^r (am Rand): Locus; f. 50^r: LOCVS; f. 51^r: Locus est; f. 52^v, 56^v, 60^v: LOCI; usw.

87 Mc 24 f. 11^r: Locus Botri.

88 CELLIUS, Oratio funebris (wie Anm. 83), f. 41^r: Sic doctor noster ex Patribus testimonia de omnibus Theologicae doctrinae partibus excerpta, in locos communes congeßit: vt ijs tanquam fortis miles ad pugnam armatus [...] vteretur. Sicut enim vtrumque postea contra Aduersarios disputando scribendoque magno ipsi vsui fuit et adiumento. Et quidem Locos illos Patrum Theologicos edere saepe cogitauit, ac constituit, [...].

89 Überblick über die gedruckten Disputationen bei Ludwig Melchior FISCHLIN, Memoria theologorum Wirtembergensium resuscita, h. e. Bibliographia praecipuorum virorum, qui a tempore Reformationis usque ad hanc nostram aetatem partim in Ducatu Wirtembergico Verbum Domini docuerunt, partim extra suam hanc Patriam vocati Ecclesiae Christi aliis in terris inservierunt [...], Pars 1, Ulm 1709, S. 77–80, über die Werke S. 76 f.

Lehrer betrachte und sie nachahme.[90] In inhaltlichen Fragen neigte er stärker zur Auffassung Luthers, etwa bei der Frage nach der Zahl der Sakramente, die er mit Luther gegen Melanchthon für die Zweizahl (Taufe und Herrenmahl) entschied.[91]

Für die Abfassung seines *Compendium Theologiae* berief er sich auf das Vorbild Melanchthons, der in der Tradition von in allen Wissenschaften üblichen Gesamtdarstellungen eines „quasi corpus doctrinae" [scil. artis] stehend seine *Loci communes Theologici* geschaffen habe.[92] Auch Heerbrand wollte, wie er sagt, das, was er sich aus der Heiligen Schrift, den verschiedenen kirchlichen Bekenntnissen und anderen Quellen erarbeitet hatte, gleichsam in ein solches *corpus* wie in eine griffbereite Materialsammlung zusammentragen.[93] Ähnlich wie Melanchthon[94] versichert er, keine neuen Lehren zu ersinnen und keine fremd- oder neuartigen Begriffsbestimmungen zu gebrauchen.[95] Doch auch wenn Heerbrand bei seinem *Compendium* Melanchthons *Loci* als großes Vorbild vor Augen gestanden haben mögen – in der Durchführung weicht er in manchem von ihnen ab. Der auffälligste Unterschied besteht darin, daß er anders als Melanchthon, doch in offenkundiger Anlehnung an Spangenberg, den er zwar nicht erwähnt, aber natürlich gekannt hat, sein Werk nicht in argumentierend fortschreitenden *Loci* entwickelt, sondern daß er unter thematischen Überschriften zahlreiche Fragen stellt, die er thetisch, zuweilen auch argumentativ und mit Belegen aus der Heiligen Schrift sowie aus der kirchlichen Tradition beantwortet. Die Anlage in Fragen kündigt ja schon der Titel an, und der Verfasser begründet sein Vorgehen in der Widmungsvorrede ausdrücklich damit, daß methodisches Fragen in allen Disziplinen das didaktisch passendste Verfahren sei.[96] Seine Arbeit wolle Studenten der Theologie nützen, um ihr Urteil über fast alle Gegenstände der Theologie zu bilden.[97] Die Themen nennt er im Index[98] wie in den Seitentiteln nach dem Vorbild Melanchthons *Loci*.

---

90 HEERBRAND, Compendium 1573 (wie Anm. 78), f.)(2ᵛf.: *Hunc [d. h. Melanchthon] vna cum Reuerendo viro D. D. Martino Luthero, syncerae Religionis instauratore, quinquennium audiui. Quod magnae foelicitatis loco aestimo. Non enim ita mihi sordent, vt illorum me pudeat: sed ab ijs me accepisse plurima & salutaria, eosque imitari ingenue fateor & agnosco Præceptores, adeo, vt post Deum, plaeraque mea illis accepta feram.*

91 Ebd., S. 313 f.

92 Ebd., f.)(2ᵛ.

93 Ebd., f.)(3ʳ: *quae ex his omnibus [...] sum assequutus: in vnum quasi corpus redigens, breuiter in hunc libellum tanquam promptuarium congessi.*

94 Vgl. Philipp Melanchthon, Loci communes theologici von 1535, Widmungsvorrede an König Heinrich VIII. von England, in: Corpus Reformatorum 21, Sp. 333 f.; Loci theologici von 1543/44, Praefatio, in: Melanchthons Werke in Auswahl (wie Anm. 27), Bd. II/1, ²1978, S. 193,8–13.

95 HEERBRAND, Compendium 1573 (wie Anm. 78), f.)(3ᵛ: *Non noua aut portentosa configo dogmata: sed vsitatam in Scholis & Ecclesijs nostris sequor [...]. Non peregrinas, aut nouas gigno Definitiones, sed consuetas [...].*

96 Ebd., f.)(3ᵛ: *Adhibui quaestiones Methodi, qua nulla est docendi et discendi ratio accomodatior in omnibus artibus et disciplinis, quam quae interrogationibus istis Methodicis constat. Praecipue cum tales proponuntur Quaestiones, quae summas rerum vtilium continent. Sic enim ordine, breuiter, & nude, Materiae integrae ob oculos quasi spectandae exhibentur.*

97 Ebd., f.)(4ʳ: *[hunc laborem] vtilem [...] fore spero discentibus Theologiam, ad formandum iudicium de omnibus propemodum materijs Theologicis [...].*

98 Ebd., vor S. 1: *Index Locorum in hoc Compendio Theologiae contentorum.*

Eine gewisse Gemeinsamkeit mit Melanchthon besteht darin, daß Heerbrand seine einzelnen Abschnitte ohne weitere Gliederung aneinanderreiht. Ihr innerer Zusammenhang erschließt sich zuweilen erst längerem Nachdenken, gelegentlich – vor allem gegen Ende des Werks – auch gar nicht. Im Groben folgt der Autor der dritten Fassung der Loci. Von Melanchthon abweichend und in einer gewissen Anlehnung an Spangenberg schickt er aber der materialen Dogmatik einige grundsätzliche Fragen voraus – die Anfänge der Prolegomena, die in der nachreformatorischen Dogmatik bald große Bedeutung gewinnen sollten. Im Unterschied zu Spangenberg verzichtet er aber auf Fragen zum kirchlichen Amt und beginnt sogleich mit dem Ziel und dem Gegenstand der Theologie sowie der Bestimmung ihres zentralen Themas und der wichtigsten Teile der christlichen Lehre. Bezeichnenderweise setzt er dabei wie noch die Reformatoren Theologie und Heilige Schrift gleich.[99] Einzelne Formulierungen erinnern dabei an Spangenberg; sie sind reformatorisches Gemeingut, in didaktisch einprägsame Formeln gebracht. Im Unterschied zu Spangenberg begnügt sich Heerbrand aber nicht mehr mit kurzen Definitionen und Sätzen, sondern formuliert wesentlich ausführlichere Erklärungen von Begriffen und Sachverhalten. Dazu gibt er ebenfalls biblische Belege, doch nicht mehr bloß als reine Aufzählung. Im übrigen bietet er nur sparsame Hinweise auf die kirchliche Überlieferung. Auf Luther beruft er sich verhältnismäßig selten, doch an besonders gewichtigen Stellen wie bei der für Luther zentralen Unterscheidung von Gesetz und Evangelium, für die er seine Erinnerung an mündliche Aussagen des Reformators heranzieht.[100] Vermutlich meint er dabei vor allem die Disputationen gegen die Antinomer, die 1537 bis 1540 in Wittenberg stattfanden und viel zur Festigung der Lehrautorität Luthers beitrugen.

Die materiale Dogmatik beginnt jetzt nicht mehr wie bei Spangenberg im Sinne der frühen Loci Melanchthons mit den zentralen Themen aus dem Römerbrief, sondern wie in den späteren Loci mit der Gotteslehre und endet mit einer besonders ausführlichen Eschatologie. Gemäß der eingangs[101] formulierten Behauptung, das wichtigste Thema der Theologie seien Gott und die Kenntnis Gottes, beginnt er seine Gotteslehre mit der Frage nach Gottesbeweisen, die er aus dem Buch der Natur und dem Buch der Schrift nehmen möchte; dies zieht wieder Fragen nach diesen Büchern und nach den näheren Umständen der Gotteserkenntnis nach sich. Erst jetzt folgt die Definition Gottes, aus der Fragen nach der Einheit, den Teilen und Wirkungen Gottes hervor-

---

99 Ebd., S. 1f.: *Quis est scopus Theologiae, & totius Sacrae Scripturae? [...] Quid est subiectum Theologiae? Homo peccator, coram Deo per fidem in Christum iustificandus. [...] Quis est principuus locus in tota Theologia? De Deo, eiusque notitia, in qua consistit uita aeterna, teste Christo. [...] Quae sunt principales doctrinae Christianae partes? Lex, & Euangelium, quae Christus summatim complexus est, ab effectu describens, cum ablegaret Apostolos suos, data instructione de officio ipsorum, & doctrina, dicens: Oportet praedicari in nomine eius poenitentiam, & remißionem peccatorum in omnes gentes.*

100 Ebd., S. 170f.: *De discrimine Legis & Euangelij. Memini reuerendum virum D. D. Martinum Lutherum, syncerae Religionis instauratorem, quem honoris causa nomino, saepe dicere, diligenter haec duo doctrinarum genera, quae sunt coniungenda, discernenda esse, et studiosissime cauendum, ne diuersißima confundantur. Hinc enim totius Theologiae confusionem sequi: nec unquam conscientias perturbatas erigi posse. Et nisi teneatur discrimen inter Legem & Euangelium, Articulum iustificationis obscurari & poenitus amitti, miserisque peccatoribus desperandum: quae in regno Pontificio acciderint.*

101 Oben Anm. 99.

gehen, unterbrochen durch weitere Fragen zur biblischen Rede von Gott. Den Abschluß macht die Erörterung von Gegenpositionen verschiedener Art.[102] Es schließen sich Abschnitte über die Trinität mit der Unterscheidung der drei Personen, über Christus und über den Heiligen Geist an. In der Christologie wird neben der personalen Einheit durch Vereinigung der beiden Naturen[103] auch die typisch lutherische Auffassung vom Austausch der jeweiligen spezifischen Eigenschaften zwischen den Naturen (Communicatio idiomatum) behandelt,[104] die vier Jahre später in der Konkordienformel von 1577 verbindlich festgehalten wurde.[105] Heerbrands Lösung der Frage nach der in Phil. 2,7 erwähnten „Entäußerung" (exinanitio) Christi ist im Blick auf den erst nach seinem Tod (seit 1616) geführten Streit zwischen den Tübinger und den Gießener Theologen[106] von der Forschung unterschiedlich interpretiert worden.[107]

Es folgen Teile über den Willen Gottes und die Schöpfung mit selbständigen loci über die Engel, die Teufel und das Bild Gottes im Menschen.[108] Ausführungen über die Vorsehung Gottes, die sachlich eigentlich zur Gotteslehre gehören, stehen hier im Zusammenhang mit der Frage nach der menschlichen Freiheit, die im anschließenden Abschnitt über den freien Willen oder die menschlichen Kräfte unter anderem Gesichtspunkt behandelt und im Blick auf den wiedergeborenen Menschen fortgeführt wird. Eine allgemeinere Betrachtung von Kontingenz und Notwendigkeit der Dinge

---

102 HEERBRAND, Compendium 1573 (wie Anm. 78), S. 3–9: DE DEO. Quibus modis probatur esse Deum? [Antwort:] Duobus. Primum ex libro naturae. Secundo ex libro scripturae. [...] Quid est liber naturae? [...] Quid est liber scripturae? [...] Quomodo testatur Scriptura sacra esse Deum? [...] Quae requiruntur ad veram Dei agnitionem? [...] Quid est Deus? [...] Proba vnum esse Deum? [Schriftbeweis aus Dt. 6,4; Mk. 12,29; 1. Kor. 8,6]. Quomodo vnus Deus? [...] Cur igitur sacra scriptura vtitur plurali numero אלהים? [...] Quomodo sacra scriptura vtitur vocabulo Deus? [...] Proba hoc sacrae scripturae testimonio? [...] Quae partes, & species Dei? [...] Qui sunt effectus Dei? [...] Quae sunt contraria?; an dieser Stelle geht Heerbrand auf Einwände der Epikuräer und der Häretiker am Beispiel der Valentinianer sowie auf allgemein menschliche Zweifel an Gott im Unglück ein.

103 Ebd., S. 28–32.

104 Ebd., S. 32–38.

105 Vgl. Formula concordiae Solida Declaratio VIII, bes. 32–35, in: Die Bekenntnisschriften der evangelisch-lutherischen Kirche. Herausgegeben im Gedenkjahr der Augsburgischen Konfession 1930, 12. Aufl. Göttingen 1998, bes. S. 1027,8–1028,12.

106 Dazu Jörg BAUR, Auf dem Wege zur klassischen Tübinger Christologie. Einführende Überlegungen zum sogenannten Kenosis-Krypsis-Streit, in: Martin BRECHT (Hrsg.), Theologen und Theologie an der Universität Tübingen (Contubernium 15), Tübingen 1977, S. 195–269, bes. S. 227–258; Reinhold RIEGER, Streitigkeiten der Tübinger Theologen mit auswärtigen Theologen im 16. und 17. Jahrhundert, in: KÖPF/LORENZ/BAUR, Die Universität Tübingen zwischen Reformation und Dreißigjährigem Krieg (wie Anm. 38), S. 141–164, hier S. 155–159.

107 Während KOLB, Kompendien (wie Anm. 79), S. 7, Heerbrand als Vorläufer der Tübinger „Kryptiker" versteht, meint BAUR, Tübinger Christologie (wie Anm. 106), bes. S. 216–218, hier S. 218, er müsse „unter die Ahnen der Gießener gerechnet werden", die als „Kenotiker" in die Theologiegeschichte eingegangen sind. RAEDER, Heerbrand, 1986 (wie Anm. 79), S. 93 f., wägt beide Interpretationen gegeneinander ab, um am Ende Kolb zuzustimmen, während RIEGER, Streitigkeiten (wie Anm. 106), S. 155, Baurs Interpretation aufnehmend „die Gießener nicht weit von den Württembergern entfernt" sieht.

108 HEERBRAND, Compendium 1573 (wie Anm. 78), S. 44–87: DE VOLUNTATE DEI. [...] DE CREATIONE. [...] DE ANGELIS. [...] DE DIABOLIS. [...] DE IMAGINE DEI IN HOMINE. [...].

schließt diesen Komplex ab[109] und leitet zugleich zur Sünde über, die Heerbrand konsequent von jeder Wirksamkeit Gottes trennt. Die Sündenlehre selbst ist ausführlich und differenziert.[110] Im Zusammenhang der selbstverständlich behaupteten Erbsünde fragt der Verfasser auch danach, ob diese Substanz oder nur Akzidens des Menschen sei, schließt gleich eingangs das Verständnis als Substanz aus und behauptet die Überlegenheit von Zeugnissen der Schrift über die philosophische Argumentation.[111] Eingehend fragt er nach den verschiedenen Arten von Sünde: der Tatsünde, Todsünde und läßlicher Sünde, Sünde der Unterlassung (gegenüber der Forderung des Gesetzes) und aus gekünstelter Unwissenheit, schließlich nach der schlimmsten, der unverzeihlichen Sünde wider den Heiligen Geist, die aus Haß gegen den erkannten Willen Gottes hervorgeht.[112] Wie Melanchthon läßt Heerbrand auf die Sündenlehre die Lehre vom Gesetz folgen.[113] Anders als jener verzichtet er aber darauf, in diesem Zusammenhang – etwa aus dem Dekalog – eine Ethik zu entwickeln, sondern konzentriert sich auf die religiöse Bedeutung des Gesetzes für den Christen. In der von Luther nicht vertretenen Behauptung eines dreifachen Gebrauchs des Gesetzes folgt Heerbrand dagegen Melanchthon.[114] Unbefangen spricht er von drei Aufgaben oder Gebrauchsweisen des Gesetzes: der Disziplinierung aller Menschen, der anklagenden, die der Sünde überführt, und der normativen für die Wiedergeborenen.[115]

Wie bei Melanchthon schließt sich die Lehre vom Evangelium an,[116] das unter Berufung auf Luther streng vom Gesetz unterschieden wird.[117] Der folgende *locus* handelt von einem zentralen Thema des Evangeliums: vom Reich (Herrschaft und Priestertum) Christi.[118] Die bei Melanchthon in einem Komplex behandelten Themen von Gnade, Glaube, Rechtfertigung und guten Werken gliedert Heerbrand in getrennte gleichrangige *loci*. Die anschließende Behandlung der Erwählung oder Prädestination

---

109 Ebd., S. 87–117: DE PROVIDENTIA DIVINA. [...] DE LIBERO ARBITRIO, SEU VIRIBUS HUMANIS. [...] [Unterfrage:] De homine regenerato. [...] DE CONTINGENTIA, ET RERUM NECESSITATE. [...].
110 Ebd., S. 117–139.
111 Ebd., S. 121–123: *Est ne peccatum originis Substantia, vel Accidens?*; S. 122: *Et facile, cum ex definitione Substantiae, & Accidentis, si Philosophice quis uelit disserere, sicut uocabula sunt Philosophica: tum etiam quod ad rem ipsam attinet, sacrae scripturae testimonijs perspicuis, & illustribus refutari potest.*
112 Ebd., S. 131 f.: *De Peccato Actuali*, S. 132–135: *De peccato mortali & veniali*, S. 135 f.: *De peccato omißionis & affectatae ignorantiae*, S. 136–139: *De peccato in Spiritum sanctum*.
113 Ebd., S. 140–161.
114 Melanchthon redet erstmals in der zweiten Fassung der Loci von 1535 von den drei *legis officia* (Corpus Reformatorum 21, 405 f.); in der dritten Fassung von 1543/44 führt er dafür den Begriff *usus* ein: *Hic sciendum est tria esse Legis officia seu triplicem usum.* (Melanchthons Werke in Auswahl [wie Anm. 27], II/1, ²1978, S. 354,27 f.).
115 HEERBRAND, Compendium 1573 (wie Anm. 78), S. 151 f.: *Vsitate autem tria recensentur Legis Moralis, uel Decalogi officia.* Das *officium* wird im folgenden auch als *usus* bezeichnet. Über drei Arten des Gebrauchs wird gesagt: *tradita est Lex 1. propter disciplinam, qua uult Deus omnes homines etiam non renatos cohercere, 2. ut ostendat, arguat & accuset peccata, & propter illa perterrefaciat conscientias et damnet, 3. in renatis, ut doceat, qui cultus, quae opera Deo placeant, quibus oboedientiam suam, gratitudinem & fidem declarare debeant.*
116 Ebd., S. 161–170.
117 Ebd., S. 170–175: *De discrimine Legis & Euangelij*. Oben Anm. 100.
118 Ebd., S. 175–183.

hat ihren Zusammenhang mit der Rechtfertigung im Heilswillen Gottes. Dagegen sind die guten Werke keine Voraussetzung für das Heil, wohl aber nach Gottes Gebot notwendig. Daß nun ein Abschnitt über die nichtsakramentale, aus Reue und Glauben bestehende Buße folgt,[119] dürfte mit ihrer katholischen Auffassung als verdienstliches Werk zusammenhängen – einer Auffassung, die Heerbrand ausdrücklich bekämpft.[120]

Auf seine Darstellung der inneren Zueignung des Heils läßt der Verfasser eine Behandlung der äußeren Heils- oder Gnadenmittel folgen, die sich nachdrücklich mit der traditionellen, von der Katholischen Kirche aufrechterhaltenen Lehre auseinandersetzt. Zunächst aber kommt die Rolle der kirchlichen Amtsträger als Diener des Wortes zur Sprache, die Spangenberg an den Anfang seiner Margarita theologica gestellt hatte.[121] Hier wird auch die Ordination behandelt.[122] Sodann folgt eine ausgedehnte Sakramentenlehre. Sie führt von der neutestamentlichen Grundlegung[123] über die Festlegung der Zahl der Sakramente – abweichend von Melanchthon im Sinne Luthers: nur zwei – und die Auseinandersetzung mit den in der mittelalterlich-katholischen Lehre behaupteten weiteren fünf (Firmung, Buße, Ehe, Ordination und letzte Ölung) zu den beiden als biblisch begründet bewahrten: Taufe und Herrenmahl. Sinnvollerweise handelt ein weiterer Abschnitt über die alttestamentlichen Opfer (sacrificia) und das Opfer Christi; das Herrenmahl ist kein Meßopfer, sondern ein Dankopfer. Da hier von alt- und neutestamentlichen Opfern die Rede war, fügt Heerbrand Ausführungen über den Unterschied von Altem und Neuem Testament an. Erst jetzt folgt ein längerer Abschnitt über die Kirche[124] und ihre Schlüsselgewalt.[125] Ein weiterer locus über die Wunder[126] schließt sich an, um das Fehlen von Wundertaten in den evangelischen Kirchen[127] gegen die Lehre vom Wunder und die Wunderpraxis der Katholischen Kirche abzugrenzen.[128]

Es folgt eine Reihe von Abschnitten über die Verwirklichung des christlichen Lebens. Grundlegend ist der locus über die christliche Freiheit,[129] an den sich der über das Ärgernis anschließt, das man empfängt und das man gibt.[130] In innerer Beziehung dazu stehen das Kreuz und die Leiden, die auch die Frommen zu tragen haben und die bestimmte christliche Verhaltensweisen wünschenswert machen.[131] Im Unterschied zu Spangenberg und selbst zu Melanchthon[132] begrenzt Heerbrand seine Ausführungen

---

119 Ebd., S. 254–289 mit großer Lücke in der Paginierung (S. 257–276). S. 256 Die poenitentia hat zwei Teile: Contritio & Fides.
120 Ebd., S. 280–289: Doctrina Papistica de Poenitentia.
121 Ebd., S. 289–304: DE MINISTERIO ECCLESIAE, VERBI DEI MINISTRIS, eorumque vocatione.
122 Ebd., S. 304–306.
123 Ebd., S. 306–313: DE SACRAMENTIS NOVI TESTAMENTI.
124 Ebd., S. 389–411.
125 Ebd., S. 412–427: DE CLAVIBUS ECCLESIAE, VEL Regni Caelorum.
126 Ebd., S. 427–438.
127 Ebd., S. 434: Cur nos Miracula non facimus? Non est necesse.
128 Ebd., S. 436 f.: Wahre Wunder werden allein auf Gott zurückgeführt, falsche seien diabolica, so auch die der Papstkirche.
129 Ebd., S. 438–446.
130 Ebd., S. 446–453: DE SCANDALO.
131 Ebd., S. 457–469: DE CRVCE SEV AFFLICTIONIBVS & calamitatibus piorum.

zur christlichen Frömmigkeitspraxis auf das Gebet.¹³³ Vom äußeren Leben werden sodann das weltliche Amt, das auch Verpflichtungen im Blick auf die Religion hat, und die Ehe behandelt.

Den Abschluß des *Compendium theologiae* bilden neun *loci* über die letzten Dinge: über den Antichrist, den Heerbrand dem Papst gleichsetzt,¹³⁴ den Tod, das Begräbnis, den Zustand der Seelen, das Ende der Welt, die Auferstehung der Toten, das Jüngste Gericht, die Hölle und das Ewige Leben. Mit dieser ausführlichen Eschatologie übertrifft Heerbrand Melanchthon und selbst Spangenberg bei weitem; die Entwicklung von der reformatorischen Zurückhaltung zu der nachreformatorischen Spekulation über die künftigen Verhältnisse ist deutlich erkennbar.

Ich habe versucht, durch eine Skizze des Aufbaus und einige Hinweise auf Heerbrands Vorgehen einen flüchtigen Eindruck von dieser ersten Tübinger Dogmatik zu vermitteln. Das Werk wurde bald den dogmatischen Vorlesungen in Tübingen zu Grunde gelegt und verdrängte auch Melanchthons *Loci communes*, die noch im Fakultätsbericht von 1576 erwähnt sind, aus dem Unterricht. Die Tübinger Fakultät selbst gab dem Buch bereits in der ersten Auflage eine Empfehlung bei, in der sie nicht nur das didaktische Geschick seines Verfassers hervorhob,¹³⁵ sondern auch seine Rechtgläubigkeit rühmte.¹³⁶ Nach dem weitgehenden Abklingen der innerlutherischen Auseinandersetzungen schuf Heerbrand eine neue, wesentlich vermehrte Ausgabe,¹³⁷ in der er auch die Ergebnisse jener Verhandlungen berücksichtigte, an denen sein Kollege Jakob Andreae maßgebend beteiligt gewesen war. Die Konkordienformel bildete jetzt neben den reformatorischen Bekenntnissen eine weitere Autorität und Quelle für die überarbeitete Fassung.

Es ist nicht möglich, hier einen Vergleich der beiden Auflagen im einzelnen anzustellen. Die Anlage der Ausgabe von 1578 folgt weitgehend der von 1573: sowohl im Aufbau als auch in der durch Fragen geprägten Binnenstruktur. Der stark vermehrte Umfang des Werks geht vor allem auf Erweiterungen innerhalb der einzelnen *loci* zurück: Der Stoff ist stärker differenziert, die Zahl der Fragen, der Argumente, der Autoritäten und Belege ist vermehrt. Philosophische Elemente hatte Heerbrand schon

---

132 Er hatte in der dritten Fassung seiner *Loci* noch einen Abschnitt über die Askese gehabt: Melanchthons Werke in Auswahl (wie Anm. 27), II/1, ²1978, S. 747–751.

133 Ebd., S. 469–488: DE ORATIONE.

134 Ebd., S. 516–526; S. 519: *Quis est igitur Antichristus ille? Pontifex Romanus*. Dazu S. 519–524 ein ausführlicher Beweis aus den biblisch bezeugten Merkmalen des Antichrist.

135 Ebd., S.)()(3ᵛf.: *Praeclare ergo de Ecclesia & Scholis meretur clariß. & doctißimus Theologus collega noster honorandus, D. D. Jacobus Heerbrandus, qui pro sua excellenti doctrina non solum in hac celebri Academia sacras literas luculenter, & cum admiratione profitetur: verum etiam vt alios quam plurimos iuuaret, singulari industria, fundamenta doctrinae Christianae hoc libello accurate, & breuiter complexus est. Et quidem tanta foelicitate, eo in genere & versatus, vt adolescentes quasi in tabella omnes disputationes Theologicas, familiari quodam genere docendi, quo docti semper delectati sunt, propositas habeant.*

136 Ebd., S. 4ʳ: *Huic & studio et industriae accedit pulcherrimus ille consensus, quem Author cum vere Orthodoxa & Catholica Ecclesia, Confessione Augustana & Wirtembergensi, & pijs Doctoribus omnibus habet, ac ad omnem posteritatem testatum relinquere voluit.*

137 Jacob HEERBRAND, Compendium Theologiae, Nunc paßim AVCTVM, & Methodi Quaestionibus tractatum, Tübingen 1578, 1013 S. Kleinoktav.

1573 verwendet – etwa die Zergliederung einzelner Sachverhalte mit Hilfe des Schemas der *causae*, die aber nicht auf die klassischen vier *causae* beschränkt waren.¹³⁸ In der Neuauflage finden sich vermehrt solche philosophischen und rationalen Elemente. So wird zum Beispiel innerhalb des *locus* über die Rechtfertigung eine Definition geboten, in der die konkrete Bestimmung des Christusglaubens durch einen allgemeinen Begriff des Glaubens als Fürwahrhalten von Lehren erläutert wird.¹³⁹

Der Aufbau der Ausgabe von 1578 folgt weitgehend jenem von 1573. Die Widmung ist jetzt an Kurfürst August von Sachsen gerichtet, übernimmt allerdings viele Partien aus der von 1573 an die Stadt Ulm. Das Vorwort an den Leser fehlt nun. Die einschneidendste Neuerung betrifft jedoch den Beginn des Werks, der jetzt deutlich in Richtung auf die späteren *Prolegomena* weiterentwickelt ist. Aus den kurzen Vorbemerkungen über Theologie und Schrift von 1573 ist jetzt ein erster *locus* von 36 Seiten geworden: *De Sacrosancta Scriptura*. In ihm zeigt sich, wie Heerbrand die traditionelle Gleichsetzung von Heiliger Schrift und Theologie fortführt, die uns bereits in der ersten Auflage begegnet ist. Seine durchweg in Fragen und Antworten gekleideten Ausführungen beginnen mit der Heiligen Schrift, die ihren Namen daher habe, daß sie unmittelbar vom Heiligen Geist ausgegangen sei.¹⁴⁰ Mehrere Fragen zielen auf das Prädikat *Canonica Scriptura* und den Begriff des *Canon*; ihre Autorität habe die kanonische Schrift hauptsächlich von Gott als ihrem Urheber.¹⁴¹ Die Kirche spiele dabei nur die Rolle des Zeugen.¹⁴² Der Urheber (*author*) sei Gott.¹⁴³ Im folgenden werden weitere Eigenschaften oder Bedingungen der Schrift entwickelt: ihre Würde aus ihrer Gewißheit (*certitudo*), ihre Vollkommenheit und ihr Genügen für das Heil, ihre Notwendigkeit und ihr Nutzen. Daran schließen sich Fragen zum Verstehen der Schrift und seinen Bedingungen an: Auf welche Weise muß die Schrift interpretiert werden? Ist sie dunkel oder allen verständlich? Ist alles in ihr allen Gläubigen verständlich?¹⁴⁴ Schließlich wird nach der Beurteilung der Religionsstreitigkeiten gefragt. Mit der Betrachtung des *scopus* der Theologie wie der ganzen Heiligen Schrift und ihres Gegenstandes (*subiectum*), der hauptsächlichen Teile der Theologie (Gesetz und Evangelium) und ihres wichtigsten *locus* (Gott) werden die Fragen von 1573 wieder aufgenommen, die zur materialen Dogmatik hinführen.

Über den weiteren Gebrauch von Heerbrands *Compendium Theologiae* im Lehrbetrieb haben wir nur spärliche Nachrichten. Wann die erste Auflage von 1573 im Unterricht durch die Neuausgabe von 1578 ersetzt wurde, wissen wir nicht, da die Quellen dar-

---

138 So unterscheidet HEERBRAND, Compendium 1573 (wie Anm. 78), S. 211–215, an der Iustificatio die „Ursachen" *causa efficiens, causa impulsiva, causa formalis, medium vel causa instrumentalis, causa finalis* und *effectus*.

139 HEERBRAND, Compendium 1578 (wie Anm. 137), S. 438: Die *causa instrumentalis: respecti nostri, vel in nobis, est Fides*. Doch was ist die Fides? *Fides est in Christum credere, quod vere & natura sit Deus, & vere homo*. [...] *Item in genere, Fides est firmo assenso amplecti totam doctrinam de Christo traditam, & in hac promissionem gratuitae reconciliationis propter Christum donatam*. [...].

140 Ebd., S. 1: *quia immediate a Spiritu sancto est profecta*.

141 Ebd., S. 8: *principaliter a suo authore Deo*.

142 Ebd., S. 8: *An ne ab Ecclesia non habent authoritatem?* Antwort: *Habent, sed vt a Teste*.

143 Ebd., S. 18.

144 Ebd., S. 24–29.

über nicht berichten. Sicher ist aber, daß die dogmatische Vorlesung bis zu Jakob Andreaes Tod 1590 weiterhin vom Supernumerarius gehalten wurde. 1580 wurde Johannes Vesenbeck durch Stephan Gerlach als Supernumerarius ersetzt, der auch nach seiner Ernennung zum Extraordinarius am 22. Februar 1585 noch über Heerbrands Compendium las, diese Vorlesung aber 1587 beim locus über die Rechtfertigung abbrechen mußte, um als Ordinarius die Auslegung der Propheten zu übernehmen.[145] Als Supernumerarius wurde der Fakultät 1587 der schon seit dem vorigen Jahr amtierende Stiftskirchenpfarrer Johann Georg Sigwart zur Verfügung gestellt; er las nun über Heerbrands Compendium.[146] Die dogmatische Vorlesung nach Heerbrands Lehrbuch war nun fest etabliert, lag freilich noch immer am Rande der Lehrveranstaltungen.

Im Rückblick zeigt sich, daß sich die Entstehung einer evangelischen Dogmatik in Tübingen über Jahrzehnte hingezogen hat und in mehreren nicht klar voneinander abgrenzbaren Schritten erfolgt ist. Nach dem reformatorischen Verzicht auf die bisherige systematische Vorlesung dauerte es ein Vierteljahrhundert, bis der Gebrauch eines dogmatischen Lehrbuchs – der Margarita theologica – in den Statuten an untergeordneter Stelle verankert wurde. Spärliche Zeugnisse weisen darauf hin, daß in dieser Zeit einzelne Professoren über Melanchthons Loci (wohl nach der dritten Fassung) lasen. Inzwischen hatte sich allerdings die Methode der loci bei der Schriftauslegung von Melanchthons Lehrbuch gelöst und wurde 1561 in die Tübinger Vorlesungsordnung aufgenommen. Die Verpflichtung, in der Schriftauslegung solche loci herauszuarbeiten, blieb noch lange bestehen. Doch erst nachdem Jakob Heerbrand 1573 sein Compendium Theologiae geschaffen hatte, lag eine eigene umfassende Tübinger Dogmatik vor, die bald zur Grundlage der Vorlesungen wurde. Mit diesem Werk, das in zweiter Auflage 1578 die Konkordienformel rezipierte und in der Einleitung die ausführliche Erörterung grundsätzlicher theologischer Fragen wie im Schlußteil eine ausdifferenzierte Eschatologie etablierte, war der Weg der Tübinger Theologie in die altprotestantische Orthodoxie gewiesen.

Die Vorgänge an der Theologischen Fakultät, die sich wegen der lückenhaften Quellen nur sehr fragmentarisch darstellen ließen, bestätigen den Titel unserer Tagung: „Eine Universität zwischen Scholastik und Humanismus". Im Blick auf die Anfänge einer evangelischen Dogmatik in Tübingen könnte man noch treffender sagen: von der Scholastik (des Spätmittelalters) über den Humanismus (Melanchthons) zu einer neuen Scholastik (der beginnenden altprotestantischen Orthodoxie).

---

145 Matthias HAFENREFFER, Oratio funebris in obitum reverendi et clarissimi viri D. Stephani Gerlachii [...], Tübingen 1614, S. 49 zum 22. Februar 1585: *Doctor Gerlachius noster Locorum Theologicorum, secundum descriptionem ac Methodum D. D. Heerbrandi sanctae memoriae, Professor extraordinarius constitutus fuit: sed ejus explicatione nondum finita (locum enim de Justificatione orsus quidem fuerat, sed non finierat) sub finem Augusti, anni labentis octogesimi septimi* [nach dem Tod Dietrich Schnepffs] *in Propheticorum Scriptorum Ordinarium Professorem, Ecclesiae quoque Tubingensis Decanus, & collegam Senatus Academici adlectus est.*

146 Matthias HAFENREFFER, Oratio funebris, in reverendum & clariſſimum virum, Dn. Johannem-Georgum Sigwartum [...], Tübingen 1619, S. 19: *Academiae porro Professor SS. Theologiae studiosis explicuit Compendium Theol. Dn. D. Heerbrandi.*

Der Gegenstand der Metaphysik

Jakob Schegks Begründung der Einheit und Allgemeinheit der Metaphysik

Günter Frank

I.

Jakob Schegk hat ein umfangreiches, ja monumentales Œuvre zu nahezu allen Fragen der Medizin, Theologie und Philosophie seiner Zeit hinterlassen.[1] Mit einer gewissen Verwunderung liest man bei dem letzten Schegk-Biographen, dem Tübinger Philosophen Christoph Sigwart, es sei „die Rede auf(ge)kommen" [...], „Schegk sei dunkel".[2] Verwunderung erweckt diese Bemerkung nicht nur, weil sie von Sigwart nicht belegt wird, sondern weil Schegk selbst – so zeigen jedenfalls seine Schriften – in den Diskursen der wichtigsten Fragen seiner Zeit stand – und insofern von seinen Kontrahenten gelesen und wohl auch verstanden wurde.

Gegenstand der ersten Welle der Auseinandersetzungen seiner Zeit waren die christologischen Streitigkeiten, genauer: die Frage der Präsenz Christi im Abendmahl, die nicht nur zwischen der römischen und Wittenberger Seite strittig war, sondern darüber hinaus auch mit den eidgenössischen Reformatoren. Luthers Ubiquitätslehre wurde bekanntlich zu einem bleibenden Dissens mit den reformierten Theologen. In diesen Streit griff Schegk mit seiner Schrift „De una persona & duabus naturis Christi" aus dem Jahr 1565 sowie mit seiner ein Jahr später publizierten Schrift „Responsio [...] ad libellum anonymi interpretis libri" ein, die beide gegen den norditalienischen Gelehrten Simon Simonius gerichtet waren und die insofern von philosophischem Interesse sind, als Schegk – ob geglückt, sei dahingestellt – die lutherische Ubiquitätslehre in aristotelischer Diktion auszulegen und zu begründen versuchte. Diese christologische Debatte wurde jedoch – und das ist die zweite Welle der Auseinandersetzungen seiner Zeit – insofern auch für die Metaphysik von Bedeutung, als sie sich – je länger sie währte – ausweitete zu einer allgemeinen Diskussion um die Gegenstandsbestimmung der aristotelischen Metaphysik und die Frage ihrer Einheit und Allgemeinheit, wie sie Schegk in seinen Schriften „Anatome responsi Simonii ad prodromum" des Jahres 1572 sowie dem „Antisimonius" des Jahres 1573 unternahm.

---

1 Eine vollständige Bibliographie seiner Schriften findet sich bei Günter FRANK: Die Vernunft des Gottesgedankens. Religionsphilosophische Studien zur frühen Neuzeit (Quaestiones. Themen und Gestalten der Philosophie 13), Stuttgart-Bad Cannstatt 2003, S. 349–353 (zu Schegk vgl. bes. S. 89–128); DERS., Humanismus, Reformation und Philosophie, in: Der neue Ueberweg (hrsg. von Enno RUDOLPH), erscheint: Basel 2012.

2 Christoph SIGWART, Jakob Schegk, Professor der Philosophie und Medicin. Ein Bild aus der Geschichte der Universität Tübingen im sechszehnten Jahrhundert, in: DERS., Kleine Schriften. Erste Reihe. Zur Geschichte der Philosophie. Biographische Darstellungen, Stuttgart ²1889, S. 256–291, hier S. 269.

Die dritte Welle der Auseinandersetzungen seiner Zeit wurde ausgelöst durch die polemischen, antiaristotelischen Schriften des französischen Reformierten Petrus Ramus. Ramus hatte sich schon in seiner Magisterprüfung zu der These verleiten lassen: „Alles von Aristoteles Gesagte ist falsch" (Quaecumque ab Aristotele dicta essent, commentitia esse), und diese Polemik dann in seinen frühen antiaristotelischen Schriften des Jahres 1543 „Dialecticae institutiones" und „Aristotelicae Animadversiones" ausgeführt; mit seinen eigenen, außerordentlich erfolgreichen dialektischen Schriften hatte er dann ein an der Topik orientiertes Wissenschaftsverständnis entwickelt.[3] Schegk legte mit seiner 1570 publizierten Schrift „Hyperaspistes responsi ad quattuor epistolas Petri Rami contra se aeditas" eine umfangreiche Verteidigungsschrift des aristotelischen Philosophie- und Wissenschaftsverständnisses vor. In die Debatte um den Antitriniarismus im 16. Jahrhundert geriet Schegk wiederum – das ist die vierte Welle der Auseinandersetzungen seiner Zeit – durch die Vorwürfe des Pariser Theologen Gilbert Génébrard (1537–1597), der Kritik an der Trinitätslehre der Tübinger Theologen geübt hatte und Schegk insbesondere eine sabellianistische Trinitätslehre vorwarf. In drei großen Kommentaren in den Jahren zwischen 1566 und 1573 – „Contra Antitrinitarios",[4] „Antilogia"[5] und „Apologeticus"[6] – entfaltete Schegk seine Trinitätslehre vor dem Hintergrund der aristotelischen Philosophie.

Der folgende Beitrag bezieht sich auf die Debatte um die Gegenstandsbestimmung der Metaphysik und die Frage ihrer Einheit und Allgemeinheit, in die Schegk durch den norditalienischen Aristoteliker Simon Simonius geriet. Zunächst werden einige Erläuterungen zum „status quaestionis" dieser Problematik vorangestellt, die insbesondere durch die Rezeption der Metaphysik, wie sie durch islamische Gelehrte im Mittelalter überliefert wurde, bedeutsam wurde. Daraufhin werde ich einige Hinweise auf die Vorgeschichte dieser Debatte zwischen Schegk und Simonius geben, um schließlich ausführlich auf die Begründung der Einheit und Allgemeinheit der Metaphysik einzugehen, wie sie Schegk in seiner monumentalen Erwiderung an seinen Gegner, dem „Antisimonius" von 1573, vorgelegt hat.[7]

II.

Zunächst einige Bemerkungen zum „status quaestionis" der Problematik der Gegenstandsbestimmung der Metaphysik: diese Problematik resultiert aus einer doppelten

---

3 Ausführliche Hinweise bei FRANK, Humanismus (wie Anm. 1).
4 Contra Antitrinitarios negantes, Patrem, Filium, & Spiritum S. Unum numero & essentia esse Deum: libri Duo, Tübingen 1566.
5 Antilogia Iacobi Schegkii [...] qua refellit XXVII propositiones Servetianae haeresos, quibus impie statuitur solius Patris essentia & persona Deus esse verus exclusive, Tübingen 1568.
6 Iacobi Schegkii Apologeticus, oppositus calumniae G. Genebrardi, Parisiensis Theologi, qua Schegkium in quodam scripto iniquißime Sabellianismi accusat, Tübingen 1573.
7 Der ausführliche Titel lautet: Iacobi Schegkii Schorndorffensis Antisimonius, Quo Refelluntur Supra Trecentos Errores Simonij, quibus suum librum putidissimum Antischegkianorum refersit, & universam Philosophiam conspurcavit, male disputando [...], Tübingen 1573.

Fragestellung, die aus der Metaphysik selbst sowie den Analytiken des Aristoteles hervorging.[8] Einerseits hing diese Fragestellung der Gegenstandsbestimmung der Metaphysik mit dem Postulat zusammen, dass diese die allgemeinste Wissenschaft sei, in der die letzten Prinzipien der Wirklichkeit aufgesucht werden. Aristoteles selbst hatte diesen Gegenstand der Metaphysik in einer zweifachen Weise bestimmt: Sofern Gegenstand der Metaphysik als allgemeinster Disziplin die Ursachen des Seienden als Seienden sind, die letztlich identisch sind mit dem Göttlichen, ist der höchste Gegenstand der Metaphysik die Theologie.[9] Andererseits hatte Aristoteles die Metaphysik jedoch auch bestimmt als Wissenschaft von den Gründen und Prinzipien des Seins im Sinne einer universalen Ontologie.[10] Für das aristotelische Konzept der Metaphysik ist charakteristisch, dass ihr höchster Gegenstand immer zugleich Theologie wie auch Ontologie ist. Diese zweifache Gegenstandsbestimmung der Metaphysik kommt deutlich zum Ausdruck in den sogenannten Theologie-Kapiteln von Metaphysik XII (6, 7, 9), in denen diese insofern an ihren Höhepunkt gelangt, als hier der Nachweis eines ersten, ewigen und unbewegten Wesens erbracht wird, das gleichzeitig mit dem Göttlichen identifiziert wird. Aufbauend auf die Kapitel 2–5, welche die wahrnehmbaren Wesen (οὐσίαι) zum Gegenstand haben, wendete sich Aristoteles der Untersuchung der nicht wahrnehmbaren, ewigen und unbeweglichen Wesen zu. Dabei verläuft sein Beweis der Existenz des ersten, unbewegten Bewegers über drei Stufen: die erste Argumentation zielt auf den Beweis einer ewigen Bewegung (und zwar des Fixsternhimmels), aus der – zweitens – Aristoteles auf ein ewiges, bewegtes Wesen schließt, das wiederum – drittens – zur Annahme eines ewigen, unbewegten Bewegers führt.[11]

---

8 Vgl. zu diesen beiden systematischen Aspekten Ludger HONNEFELDER, Der zweite Anfang der Metaphysik. Voraussetzungen, Ansätze und Folgen der Wiederbegründung der Metaphysik im 13./14. Jahrhundert, in: Philosophie im Mittelalter (hrsg. von Jan P. BECKMANN u. a.), Hamburg ²1996, S. 166–171; grundlegend zur mittelalterlichen Diskussion Albert ZIMMERMANN, Ontologie oder Metaphysik? Die Diskussion über den Gegenstand der Metaphysik im 13. und 14. Jahrhundert, Leiden / Köln 1965.

9 Metaphysik V, 1, 1025 b 1–1026 a 23: „Die Prinzipien und Ursachen des Seienden, und zwar insofern es Seiendes ist, sind der Gegenstand der Untersuchung [...] Nun müssen notwendig alle Ursachen ewig sein, vor allem aber diese; denn sie sind die Ursachen des Sichtbaren von den göttlichen Dingen. Hiernach würde es also drei betrachtende philosophische Wissenschaften geben: Mathematik, Physik, Theologie. Denn unzweifelhalt ist, wenn sich irgendwo das Göttliche findet, dass es sich in einer solchen Natur findet, und die würdigste Wissenschaft die würdigste Gattung des Seienden zum Gegenstande haben muss."

10 Metaphysik III, 1, 1003 a: „Es gibt eine Wissenschaft, welche das Seiende als Seiendes untersucht und das demselben an sich Zukommende. Diese Wissenschaft ist mit keiner der einzelnen Wissenschaften identisch; [...] Daher müssen auch wir die ersten Ursachen des Seienden als Seienden erfassen."

11 Die Theologie des Aristoteles hat in den vergangenen Jahrzehnten beträchtliches Interesse in der Forschung gefunden. Zur Frage der Überlieferung und Datierung der einzelnen Schriften vgl. die Zusammenstellung bei Helmut FLASHAR, Aristoteles, in: Grundriss der Geschichte der Philosophie, Bd. 3: Ältere Akademie. Aristoteles-Peripatos (hrsg. von Helmut FLASHAR), Basel / Stuttgart 1983, S. 256–262, bes. S. 257; zur Theologie selbst vgl.: Fritz-Peter HAGER, Metaphysik und Theologie des Aristoteles (Wege der Forschung 206), Darmstadt 1969; Enno RUDOLPH, Zum Verhältnis von Zeit und erstem Beweger bei Aristoteles, in: Philosophia naturalis 20 (1983), S. 98–107; DERS., Zeit und Gott bei Aristoteles aus der Perspektive der

Die lateinischen Autoren des Mittelalters schreckten jedoch vor einer solchen theologischen Deutung der Metaphysik zurück. Der Grund dafür lag in ihrem christlichen Glauben. Denn dann würde die Vernunft des Menschen genügen, um Gott als höchstes Ziel so zu erkennen, wie es zu seiner Erreichung nötig ist. Um eine solche Krise zu vermeiden, die auch im Umkreis der Lehrverurteilungen von 1277 virulent war,[12] mussten die lateinischen Autoren nicht nur erweisen, dass eine Offenbarung möglich, sondern dass sie sogar notwendig ist. Möglichkeiten und Grenzen der Vernunft mussten also auf metaphysischem Boden neu bestimmt werden.

Die zweite Fragestellung der Gegenstandsbestimmung der Metaphysik hängt mit dem Postulat der Analytiken zusammen, dass jeder Wissenschaft eine Subjekt-Gattung zugrunde liegt, die aus Prinzipien konstituiert ist.[13] Verbunden damit ist jedoch der etwa im Mittelalter vorausgesetzte Grundsatz, dass keine Wissenschaft ihre eigene Subjekt-Gattung beweisen könne. Wissenschaft ist danach dasjenige begründete Wissen, dass ihre Subjekt-Gattung durch die dieser eigentümlichen Prinzipien konstituiert ist. Für die Metaphysik als erster und allgemeiner Wissenschaft bedeutete dies, dass nur ein schlechthin Erstes Subjekt sein kann, und das bedeutete ein durch sich selbst Bekanntes, wozu gerade das göttliche Seiende – wie etwa Avicenna angenommen hatte – nicht zählen kann. Aus diesen beiden Gründen hatte dann Thomas von Aquin, den ich hier im Blick auf Jakob Schegk nennen muss, als Subjekt-Gattung das „Ens commune" als das den Geschöpfen gemeinsame Sein bezeichnet, das als das Erste der geschaffenen Dinge zu betrachten ist, wobei gleichzeitig nach dem subsistierenden Sein als dessen Ursache oder Prinzip-Sein gefragt werden muss. Um schließlich das aristotelische Postulat der Gattungseinheit der Metaphysik einzulösen, deutete er die sich im Sein zeigende Einheit als eine Analogie im Sinne einer „attributio ad unum", die schon Aristoteles veranlasst hatte, in Überwindung einer bloßen Namensgleichheit (Homonymität) des Seinsbegriffs von einer Hinordnung auf Eines und auf eine einzige Natur zu sprechen (Paronymität).[14] Thomas hatte darüber hinaus in seinem Kommentar zu Boethius' „De trinitate" als Gegenstand der Metaphysik, die er hier philosophische Theologie nannte, nicht Gott als solchen bezeichnet, sondern sofern er Prinzip ihres Gegenstandes (principium subiecti) ist.[15]

---

protestantischen Wirkungsgeschichte, Stuttgart 1986; Klaus OEHLER, Der Unbewegte Beweger des Aristoteles (Philosophische Abhandlungen 52), Frankfurt am Main 1984; Günther PATZIG, Theologie und Ontologie in der „Metaphysik" des Aristoteles, in: DERS., Aufsätze zur antiken Philosophie, Göttingen 1996, S. 141–174; Michael FREDE / David CHARLES (Hrsg.), Aristotle's Metaphysics Lambda. Symposium Aristotelicum, New York / Oxford 2000 (ND: 2007); Michael BORDT, Aristoteles' ›Metaphysik XII‹, Darmstadt 2006.

12 So z. B. in den Thesen 145–147, 154 und 176; vgl. hierzu Kurt FLASCH, Aufklärung im Mittelalter? Die Verurteilung von 1277 (excerpta classica VI), Kempten 1989.
13 Analytica posteriora I 28. Vgl. hierzu ZIMMERMANN, Ontologie oder Metaphysik? (wie Anm. 8), bes. S. 95–117.
14 Metaphysik III, 2, 1003 a.
15 Expositio super librum Boethii de Trinitate 5, 4. Vgl. hierzu ausführlich: ZIMMERMANN, Ontologie oder Metaphysik? (wie Anm. 8), S. 173–179; HONNEFELDER, Metaphysik (wie Anm. 8), S. 172–177. Allgemein hierzu: Gustav SIEWERT, Die Metaphysik der Erkenntnis nach Thomas von Aquin, Darmstadt 1968; Walter PATT, Metaphysik bei Thomas von Aquin. Eine Einführung, London ²2007.

III.

Die Hinweise auf die Vorgeschichte der Debatte um die Frage des Gegenstandes der Metaphysik und ihrer Einheit und Allgemeinheit zwischen Schegk und Simonius muss ich mit einigen historischen Streiflichtern auf den norditalienischen Gelehrten beginnen. Denn anders als bei Schegk, dessen Leben in diesem Kreise eher bekannt und mit Ausnahme des Streites mit der Universitätsleitung um die Ubiquitätslehre[16] das eines Gelehrten ist und daher wenig spektakulär verlief, zeigen uns die Quellen in Simonius ein „enfant terrible" des 16. und beginnenden 17. Jahrhunderts.[17] Der in Lucca 1532 geborene Simonius hatte in Bologna, Pavia und Padua u. a. bei Francesco Piccolomini (1520–1604) Medizin und Philosophie studiert, floh jedoch aus religiösen Gründen – möglicherweise wegen seiner Sympathie für die antitrinitarische Bewegung – 1564 nach Genf und schloss sich hier den Reformierten an. Seit 1565 hatte er in Genf eine Professur in Philosophie und Medizin inne, bis er bereits zwei Jahre später in einen Konflikt mit der kirchlichen Autorität in Genf geriet, der ihn zum erneuten Verlassen zwang. In seiner äußerst polemischen, gegen Schegk gerichteten Schrift „Antischegkiana" aus dem Jahr 1571 schilderte er ausführlich die Umstände seiner Flucht.[18] Nur durch ein Wunder – so Simonius – sei er den Tumulten in Gallien – gemeint sind wohl die Verfolgungen der Hugenotten – entkommen, während sein Bruder der Religion wegen ermordet wurde. Auch sei seine Bibliothek auf königliche Anordnung beschlagnahmt worden. Schließlich brach in Genf die Pest aus, der nicht nur seine Frau Angela, sondern auch die Hebamme seiner Tochter und deren Vater zum Opfer fielen. Nur durch ein göttliches Wunder sei er unversehrt geblieben und schließlich auf Einladung des Pfalzgrafen Christoph nach Heidelberg gekommen.

So dramatisch die Umstände seiner Flucht auch geschildert sind, die Wirklichkeit sah freilich ein wenig anders aus.[19] Schon am 29. Januar 1565, also kurz nach seiner Ankunft in Genf, äußerte der Gemeinderat Zweifel, of Simonius wirklich „reformiert" (réformé) sei. Im Juli des gleichen Jahres überzog er einen Reisetermin, den ihm der Gemeinderat eingeräumt hatte, um Familienangelegenheiten zu klären. Vor allem aber hegten er und der ebenfalls aus Lucca stammende Pfarrer der italienischen Flüchtlingsgemeinde Nicolas Balbani starke Animositäten. So zog Simonius die Lektüre von Schriften den sonntäglichen Gottesdiensten vor, wurde deswegen vor das Konsistorium geladen und erhielt Abendmahlsverbot. Nach dem 16. Juni 1567 überschlugen sich die Ereignisse. Nach Gefängnisaufenthalt mit Verhör, in dem er seinen

---

16 Zu dieser für Schegk tragischen Kontroverse vgl. die Hinweise bei FRANK, Vernunft des Gottesgedankens (wie Anm. 1), S. 100, bes. Anm. 48.
17 Vgl. zum Folgenden ausführlich den Beitrag von Günter FRANK: „Averroistischer Aristotelismus" und die Dissoziierung von Philosophie und Theologie in der frühen Neuzeit. Der Fall „Simon Simonius" (1532–1602). Mit einer Bibliografie, in: Konversion im Mittelalter und in der Frühneuzeit (hrsg. von Friedrich NIEWÖHNER, Fidel RÄDLE), Hildesheim / Zürich / New York 1999, S. 133–152, bes. S. 134–139 (mit entsprechenden Belegen und Literatur).
18 Antischegkianorum liber unus correctus & auctus, Basel 1571, Prolegomena, S. 36 f.
19 Vgl. zum Folgenden: Registres de la Compagnie des pasteurs de Genève (hrsg. von Olivier FATIO, Olivier LABARTHE), Bd. 3, Genève 1969, S. 4, 15, 118, 225 f., 285 f.

Pfarrer einen „Ignoranten" und „Ochsen" genannt hatte, wurde er am 19. Juni verurteilt, Gott um Verzeihung zu bitten. Gleichzeitig verlor er seinen Lehrstuhl. Glücklicherweise wurde Simonius daraufhin von Kurfürst Friedrich III. an die Heidelberger Universität eingeladen, wo er jedoch keinen Lehrstuhl bekam, da alle Stellen besetzt waren. Nach zwei weiteren Wanderjahren erhielt er schließlich durch die Vermittlung des Schwiegersohns Melanchthons, Kaspar Peucer, eine Professur für aristotelische Philosophie an der Leipziger Universität. Obwohl Simonius immerhin 11 Jahre in Leipzig blieb, dauerte es auch hier nicht allzu lange, bis er nahezu mit allen Fakultäten in heftige Auseinandersetzung geriet. So überwarf er sich etwa mit der philosophischen Fakultät, als einige seiner Schüler Spottgedichte auf Joachim Camerarius, den Freund und Biographen Melanchthons, verfassten, der im Sommersemester 1573 zum letzten Mal Dekan dieser Fakultät war. Verhängnisvoll für ihn wurde jedoch der Krach mit den Theologen der Leipziger Universität. Auch hier gab es übrigens immer Zweifel an seiner Rechtgläubigkeit – hier des Luthertums, zu dem er natürlich in Leipzig übergetreten war. Zum Bruch mit den Theologen kam es jedoch im November 1579, als Simonius seine jüngste Tochter taufen lassen wollte, unter Anwesenheit von fünf Paten, was jedoch durch die Generalartikel von 1557 nicht zugelassen war. Es folgten gegenseitige Beschimpfungen und Verunglimpfungen vor dem Kurfürsten. Simonius kappte daraufhin das Wasser, das aus seinem Haus in das benachbarte Pfarrhaus Nikolaus Selneckers floss, mit den Worten: „Ich wil und kan das wasser dem Pfaffen nicht lassen, ich bin Herr meines Hauses und mag mit dem Abfall machen, was ich will".[20] Ein Jahr später spitzte sich der Konflikt nochmals zu, als Selnecker zu einer Disputation über die Ubiquität eingeladen und auch Simonius aufgefordert hatte, dazu Stellung zu beziehen. Nach einigem Drängen äußerte er sich gegen die Ubiquität: „Si Christus est ubique, erit etiam in cloaca".[21] Dieser Affront gegen die Theologen brachte ihm natürlich die sofortige Entlassung von seiner Professur ein. Kurz darauf finden wir Simonius jedoch schon in Krakau, wo er als Leibarzt Stefan Bators angestellt wurde. Die Spuren der letzten Lebensjahre verlieren sich in Polen, aber auch hier scheint Simonius in neue, vielfältige Kontroversen verwickelt, die ihm den Vorwurf des Atheismus, Materialismus und Epikureismus einbrachten.[22] Obwohl sich Simonius in

---

20 Zitiert nach Frank LUDWIG, Dr. Simon Simonius in Leipzig. Ein Beitrag zur Geschichte der Universität von 1570 bis 1580, in: Neues Archiv für Sächsische Geschichte und Altertumskunde 30 (1909), S. 209–290, hier S. 278.
21 LUDWIG, Dr. Simon Simonius (wie Anm. 20), S. 288.
22 Schon 1588 erschien in Krakau die später verschollene, von Pierre Bayle jedoch noch gekannte Schrift „Simonis Religio", die Simonius ohne jegliche religiöse Bindung darstellte und ihm abstruse religiöse Vorstellungen unterschob. Vgl. hierzu Pierre BAYLE, Dictionnaire historique et critique, Bd. 4, Genève 1740, S. 216. Vgl. zu dieser Schrift auch die Hinweise im Atheismuskatalog: Scrutinium Atheismi Historico-Aetiologicum, Augustae Vindelicorum 1663, S. 43 f.: „Sic de ATHEISMO in POLONIA ex Atheo libello, Cracoviae anno 1588. tit.: Simonis Religio, authore incerto edito, iudicium fieri poterit, in quo praeter portenta innumera haec quoque verba reperiuntur." In einer anderen Schrift „Simonis Simonii Lucensi, primum Romani, tum Calviniani, deinde Lutherani denuo Romani, semper autem Athei, summa religio" auctore D.M.S., Krakau 1588, wurde Simonius vorgeworfen, er sei ein leichtfertiger Bösewicht und Atheist gewesen. Das Urteil der religiösen Unstetigkeit findet sich auch bei dem Philo-

den Quellen als Unruhestifter und Grenzgänger (zwischen den werdenden Konfessionen) zeigt, darf jedoch nicht übersehen werden, dass er durchaus ein anerkannter Gelehrter war. Seine Resonanz etwa bei den Leipziger Studenten war erstaunlich groß, wie Friedrich Ludwig in seiner Lebensgeschichte der Leipziger Jahre Simonius' gezeigt hatte.

Die eigentliche Debatte um die Metaphysik zwischen Schegk und Simonius wurde ausgelöst durch das „Stuttgarter Ubiquitätsbekenntnis" des Jahres 1559.[23] Johannes Brenz (1499-1570), Propst in Stuttgart, der am Zustandekommen dieser Erklärung maßgeblich Anteil hatte, sowie der Kanzler der Tübinger Universität Jakob Andreä (1528-1590) waren konsequente Vertreter der lutherischen Ubiquitätslehre. Diese Lehre wurde infolge der Stuttgarter Erklärung heftig von dem Genfer Theologen und Nachfolger Calvins Theodor Beza (1519-1605) angegriffen. Während von theologischer Seite aus Andreä gegen Beza schrieb, suchte Brenz gleichzeitig auch einen Philosophen, der von seiner Seite aus in die Kontroverse eingreifen sollte. Die erste Veröffentlichung zu dieser Debatte stellte die Schrift Schegks „De una persona, & duabus naturis Christi" dar, die 1565 erschien. Aufgrund dieser Streitschrift suchte nun auch Beza einen Philosophen als Verbündeten. Die Wahl fiel auf den gerade aus Norditalien geflohenen Aristoteliker Simon Simonius. Anlass der Auseinandersetzung war das in beiden Abendmahlsstreitigkeiten heftig diskutierte Problem, ob die beiden Naturen in Christus – die göttliche und die menschliche – überall gegenwärtig seien (Ubiquität), ein Problem, das sich jedoch im Verlauf des Streites zu einer Generaldebatte über die Gegenstandsbestimmung der Metaphysik und ihres Verhältnisses zur Theologie ausweitete.

Schegk hatte die Abendmahlslehre in seiner Schrift des Jahres 1565 in Anlehnung an die klassische Christologie dargestellt.[24] Zwar betonte er die personale Einheit der beiden Naturen in Christus. Aufgrund dieser personalen Union komme auch seiner menschlichen Natur die höchste Vollkommenheit zu, nicht jedoch hinsichtlich ihrer Menschheit, sondern ihrer Gottheit. Und insofern ist für Schegk zwar die Trinität als ganze omnipräsent, nicht jedoch die menschliche Natur Christi, da diese an Quantität, also an Ausdehnung gebunden ist. Insofern ist – wie Schegk schließlich betont – eine Ubiquität der menschlichen Natur Christi absurd,[25] eine Position wiederum, die genau derjenigen Bezas und der Genfer entsprach.

---

sophiehistoriker Johann Jacob BRUCKER, Historia critica philosophiae a mundi incunabulis ad nostram usque aetatem deducta, Bd. 1, Leipzig 1742, S. 265 f., 286–291.

23 Vgl. hierzu: SIGWART, Jacob Schegk (wie Anm. 2), S. 274–284; Joachim STAEDTKE, Art. Abendmahl. III/3. 1. Protestantismus, in: TRE 1 (1977), S. 107–122; Albrecht PETERS, Art. Abendmahl. III/4. Von 1577 bis zum Beginn des 20. Jahrhunderts, in: TRE 1 (1977), S. 131–145, hier 132; Friedrich Wilhelm KANTZENBACH, Johann Brenz und der Kampf um das Abendmahl, in: Theologische Literaturzeitung 89 (1964), S. 561–581; Olivier FATIO, Theodor Beza, in: Gestalten der Kirchengeschichte, Bd. 6 (hrsg. von Martin GRESCHAT), Stuttgart / Berlin / Mainz 1981, S. 255–276; Jill RAITT, Art. Beza, Theodor (1519–1605), in: TRE 5 (1980), S. 765–774.

24 Vgl. zum Folgenden ausführlich FRANK, Humanismus (wie Anm. 1), S. 93–100.

25 De una persona & duabus naturis Christi, Frankfurt am Main 1565, S. 50: „Rursus, qui sic disputant, ut putant, ubicunque sit Dextera Dei, illic absolute humanitatem quoque esse, & eodem modo humanitatem ubique esse, quo modo Divinitas sit ubique hi toto coelo, ut

Noch von Genf aus, also vor seiner Flucht aus der Stadt Calvins, griff Simonius in seiner anonym publizierten Schrift „Declaratio"[26] in die Debatte ein und spitzte Schegks Position auf die polemische Frage zu, wie dann Christus, wenn er nicht aufgrund seines göttlichen Wesens oder seiner Substanz überall präsent sein kann, in gleicher Weise im Brot sein könne, um aus der Hand eines Gottesdienstvorstehers in die Münder der Menschen mit dem Brot zu gelangen?[27] Die Omnipräsenz Christi könne man allenfalls nach der Position des Tübingers „per accidens", nicht jedoch, da diese Christus lediglich seiner Gottheit nach zukomme, „per se" begründen. Unabhängig davon, dass Simonius' Diktion Anklänge an die antitrinitarische Theologie aufweist, legt er in dieser Schrift dar, dass der Tübinger im Grunde mit der Lehre der Genfer übereinstimme und gerade keine Begründung für die lutherische Ubiquitätslehre geliefert habe. Noch im gleichen Jahr legte schließlich Schegk in seiner „Responsio"[28] nochmals seine Position in der Abendmahlsfrage dar, ohne jedoch – was hier nicht weiter verfolgt werden kann – die von Simonius aufgeworfenen Fragen befriedigend klären zu können.

Bereits zwei Jahre später ging Schegk in seinem „Responsum"[29] jedoch direkt gegen seinen Kontrahenten Simonius vor. Anlass waren nunmehr nicht nur dessen „Declaratio" aus dem Jahr 1566, sondern eine Fülle von Reden, die in der Zwischenzeit unter Gelehrten und auf Kanzeln gehalten worden waren, durch die sich Schegk unmittelbar angegriffen fühlte. Zu diesen Vorwürfen gehörte auch Schegks Metaphysik-Verständnis. In seinem „Responsum" legte dieser nun ein an Thomas von Aquin angelehntes Konzept der Metaphysik und ihres Verhältnisses zur Theologie vor. Hier betont er zunächst, dass die Metaphysik oder philosophische Theologie, die alle übrigen Wissenschaften unter sich hat, die höchste Subjekt-Gattung umfasse. So wie die höchste Subjekt-Gattung aller Subjekt-Gattungen das Sein ist, so ist die Metaphysik als Wissenschaft vom Sein die höchste Disziplin.[30] Schegk unterscheidet hier also im Anschluss an Thomas zwischen einer „Theologia philosophica" und einer „Theologia revelata" oder „religiosa" und wirft Simonius vor, er lehre eine völlige Verschiedenheit

---

dicitur, errant, & ipsum per se est absurdum hac quantitate coextensam fingere humanitatem Christi, qua ne fingi quidem posset quicque monstrosius."

26 Declaratio eorum, quae in libello D.D. Jacobi Scheckij. Summi et clarissimi Philosophi, De una Persona et duabus Naturis Christi, nonnullis obscuriora et Ubiquitati corporis Christi patrocinari sunt visa, Genf 1566.

27 Declaratio (wie Anm. 26), S. 2–6.

28 Responsio […] ad libellum anonymi interpretis libri sui de una persona et duabus naturis in Christo, Tübingen 1566.

29 Responsum […] ad Simonis Simonii libellum vanissimum, quo conatus est veritatem libri de una persona et duabus naturis in Christo refellere, Tübingen 1568.

30 Responsum (wie Anm. 29), S. 8f.: „Propositum tibi est, quod velis probare, Metaphysicen, seu Theologiam philosophicam nihil coniunctum habere cum Theologia verbo divino revelata, nec fundamentis eisdem utramque niti. Astruis hanc dissimilitudinem, quia scilicet philosophica Theologia, humanas reliquas omnes scientias sub se, tanquam supremum genus comprehendat, quas constet nihil cum religiosa Theologia habere coniunctum, quod ex singularum scientiarum subiectis facile intelligatur. Et ut horum omnium subiectorum generum, genus supremum sit ENS, ita ENTIS quoque scientiam, tanquam supremum, nempe Metaphysicen, tanquam genus complecti, & tanquam genus dividi eam in inferiores statuit."

zwischen Theologie und Metaphysik. So wie Thomas deutet Schegk jedoch auch den Gegenstand der Metaphysik: Gott ist insofern Gegenstand der Metaphysik, als er als Prinzip aller Prinzipien betrachtet wird. Die Metaphysik sei deshalb die allgemeine Wissenschaft, weil sie den Begriff des Zieles und der Vollkommenheit hinsichtlich aller Wissenschaften beinhaltet, indem sie in ihr das Prinzipiierte der Betrachtung des Wahren, gewissermaßen die höchsten aller Prinzipien betrachtet und alles auf ein einziges Ziel, nämlich Gott selbst, der das Prinzip der Prinzipien ist, zurückführt.[31]

IV.

Erst drei Jahre nach dem „Responsum" erschienen die „Antischegkiana",[32] in denen Simonius seine eigene Position in der Frage der Gegenstandsbestimmung der Metaphysik und ihres Verhältnisses zur Theologie darlegte. Wie Schegk übrigens kurz darauf erwähnte, soll Simonius sogar die Dreistigkeit besessen haben, ihm diese polemische Schrift von Leipzig aus mit der Bitte zugesandt zu haben, ihm einen Verleger zu suchen.[33] Bereits in seiner Vorrede legte Simonius die Grundzüge seines Verständnisses von Metaphysik vor, die grundverschieden von Schegk und der thomasischen Tradition sind. Zwar geht auch Simonius davon aus, dass alle Wissenschaften auf Prinzipien basierten.[34] Diese Prinzipien würden jedoch nicht erkannt, weil – so seine These von einer „Schwachheit des menschlichen Geistes" – der Geist des Menschen durch jenen „habitus" hinters Licht geführt werde, der „intelligentia" genannt werde.[35] Um deshalb tatsächlich vollkommen erkennen zu können, müsse der menschliche Geist durch denjenigen „habitus" vervollkommnet werden, der durch Induktion, durch Argumentationen, durch Wirkungen und durch folgerichtige und probable Vernunftgründe von außen herangezogen und erworben wird.[36]

Diese These Simonius' vom Erfahrungsbezug aller Wissenschaft verweist auf eine Problematik, die mit der Rolle der Induktion innerhalb der aristotelischen Wissenschaftstheorie zusammenhängt. Für Aristoteles war klar, dass alles Wissen auf Prin-

---

31 Responsum (wie Anm. 29), S. 10: „Metaphysicen, non hoc modo καθόλου scientiam, respectu inferiorum, aut non eo scientiam scientiarum, appellari, quia se tanquam genus communicet reliquis scientijs, sed quo tanquam principatum hunc contemplationis veri, omnium principiorum quasi fastigia considerans, & ad unum principium, nempe Deum ipsum (qui sit principium principiorum) omnia revocans, finis cuiusdam rationem & perfectionis, respectu omnium Scientiarum, obtineat."
32 Antischegkianorum liber unus correctus & auctus, Basel 1571.
33 Jacobus Schegkius Simoni Simonio meliorem mentem precatur. Prodromus Antisimonii, Tübingen 1571, S. A 2 f.
34 Antischegkianorum liber (wie Anm. 32), Praefatio, S. 3: „Caeterum scientiarum principia, multis quidem infuscari modi ipsa possunt, sed nihilominus plerunque principia clarissima, quaeque per se, ac nullius rei interventu, perfecte nota sunt [...]"
35 Antischegkianorum liber (wie Anm. 32), Praefatio, S. 3: „[...] non cognoscuntur tamen: culpa est in mente nostra, quae habitu illo destituitur, qui vocatur Intelligentia."
36 Antischegkianorum liber (wie Anm. 32), Praefatio, S. 3: „[...] illustranda igitur, si perfecte inspici debent: perficiendaque habitu, qui opera Inductionis, Argumentationis, ab effectibus, consequentibus ac probabilibus rationibus, extrinsecus assumitur acquiriturque."

zipien und daraus abgeleiteten Schlussfolgerungen basiert, wobei die Prinzipien selbst immer mit größerer Sicherheit erkannt werden müssen als das daraus Gefolgerte.[37] Nun hatte Aristoteles jedoch wiederholt auch auf die Rolle der Induktion beim Zustandekommen von Wissen hingewiesen, ohne insgesamt eine zusammenhängende Theorie der Erfahrung entwickelt zu haben. So verwies er in der „Nikomachischen Ethik" darauf, dass jede Lehre von vorher Erkanntem ausgehe, sei es, dass sie sich der Induktion oder des Syllogismus bedient. Während der Syllogismus vom Allgemeinen ausgeht, ist die Induktion das Prinzip des Allgemeinen; mithin gibt es Prinzipien als Prämissen des Syllogismus, die nicht wieder durch einen Syllogismus gewonnen werden. Und hier trete dann – so Aristoteles – die Induktion ein.[38] In den „Zweiten Analytiken" hatte er sogar postuliert, dass selbst die ersten Prinzipien durch Induktion erworben würden.[39] Es gibt gute Gründe für die Annahme, dass die erfahrungsbezogene Erkenntnisposition Simonius' auf Diskussionen verweist, die in der Schule der Aristoteliker in Padua geführt wurden und die in der Forschung als „Paduaner Reformaristotelismus" bezeichnet werden. Dieser geht bekanntlich auf die These Randalls zurück, in Padua sei infolge einer gewachsenen Besinnung auf die Rolle der Induktion beim Zustandekommen des Wissens eine Methodologie experimenteller Wissenschaften entwickelt worden, die für die neuzeitliche Wissenschaft von großer Bedeutung werden sollte.[40]

Was dieser grundlegende Erfahrungsbezug des Wissens für die Metaphysik selbst bedeutet, entwickelte Simonius im 1. Buch seiner „Antischegkiana" im Kapitel über die Einheit und Allgemeinheit der Metaphysik (de communitate Metaphysicae).[41] Zunächst bekräftigt er seine These vom grundlegenden Erfahrungsbezug allen Wissens, d. h. von der Notwendigkeit, aufgrund der Schwächung des „habitus" des menschlichen Geistes die Prinzipien des Wissens aus der Sinneserfahrung mittelbar oder unmittelbar zu gewinnen, mit dem Hinweis auf die von hier aus einzige Methode der Wissensgewinnung: dem Weg der aus der Sinneserfahrung gewonnenen Prinzipien und daraus resultierender Schlussfolgerungen.[42] Dieser grundlegende Erfahrungsbe-

---

37 Nikomachische Ethik VI 2, 1139 b 32–35; Analytica posteriora I 2, 71 b 9–13, 17–22. Vgl. hierzu ausführlich ZIMMERMANN, Ontologie oder Metaphysik? (wie Anm. 8), S. 92–101; HONNEFELDER, Metaphysik (wie Anm. 8), S. 169 f.
38 Nikomachische Ethik VI 3, 1139 b 31–35.
39 Analytica posteriora II 19, 100 b 3–6.
40 John Herman RANDALL, The Development of Scientific Method in the School of Padua, in: Journal of the History of Ideas 1 (1940), S. 177–206; Hendrik Floris COHEN, The Scientific Revolution. A Historical Inquiry, Chicago / London 1994, S. 279–285; Jürgen MITTELSTRASS, Galilei als Methodologe, in: Berichte zur Wissenschaftsgeschichte 18 (1995), S. 15–25. Vgl. hierzu nunmehr auch den kritischen Beitrag von Heinrich GANTHALER, Weiterbildung der aristotelischen Wissenschaftslehre bei Jacopo Zabarella (1533–1589), in: Der Aristotelismus an den europäischen Universitäten der frühen Neuzeit (hrsg. von Rolf DARGE, Emmanuel J. BAUER, Günter FRANK), Stuttgart 2010, S. 99–110.
41 Antischegkianorum liber (wie Anm. 32), Prolegomena, S. 34.
42 Antischegkianorum liber (wie Anm. 32), Prolegomena, S. 54 f.: „[…] id vero summum atque altissimum, quo aliae disciplinae dare possunt, totum a sensu pendet, & lumine mentis nostrae peculiari: imo nihil usquam vel unquam concludere volunt, quod cum principiis sensu acquisitis pugnet, aut ex iis necessario non sequatur, quanquam id alio qui se ipso verissimum

zug allen Wissens – und das ist hier entscheidend – führt jedoch folgerichtig dazu, die Theologie prinzipiell aus einer solchen Wissenschaftsvorstellung auszuschließen. Denn „wahr ist, dass jede Disziplin mit Ausnahme der christlichen Theologie aus der Sinneserfahrung hervorgeht, wie Aristoteles an vielen Stellen gelehrt hat und insbesondere dort, wenn er sagt: wenn die Sinneserfahrung fehlt, fehlt auch notwendigerweise die Wissenschaft, so wie beim Mangel an Sehfähigkeit auch die Wissenschaft von Farben und alles Farbige verschwindet. Wenn also die Sinneserfahrungen fehlen [...], gehen alle Wissenschaften zugrunde."[43] Eine solche erfahrungsbezogene Erkenntnisposition hat freilich weitreichende Konsequenzen für das Verhältnis von Metaphysik und Theologie, die zu einer Dissoziierung von Theologie und Philosophie führen. Zwar behauptet auch Simonius die Einheit und Allgemeinheit der Metaphysik, sofern sie die grundlegenden Prinzipien behandelt und ihr Gegenstand ein allgemeiner Begriff vom Sein und dessen Ursachen oder seinen Kategorien bildet.[44] Gott selbst jedoch gehört nicht zu den Subjekten der Metaphysik, im Gegenteil: die Theologie wird aus der Metaphysik herausgelöst. Deshalb sind die drei Arten der spekulativen Wissenschaften, wie Simonius wiederholt behauptet, die Metaphysik, Physiologie und Mathematik[45] und nicht die Theologie.

V.

Der Tübinger Kontrahent nahm die „Antischegkiana" zum Anlass, in drei weiteren Schriften nunmehr ausführlich zum Thema der „communitas Metaphysica" Stellung zu beziehen. Schon in seinem „Prodromus",[46] dem Vorläufer zum späteren „Antisimonius", wandte sich Schegk erneut der Frage der Gegenstandsbestimmung der Metaphysik zu. Zwar behaupte Simonius – wie er einräumt – die Einheit und Allgemeinheit der Metaphysik, aber er baue sie auf falschen Argumenten auf.[47] Auch wenn er das Sein als Gegenstand der Metaphysik bestimme, so verfehle er doch die eigentliche Intention des Aristoteles, der das Sein nicht als Subjekt-Gattung dieser Disziplin bezeichnet hatte.

---

esset. Praeceptum est siquidem, ut cum in qualibet disciplina quaecunque sunt, vel sint principia, vel a principiis ducta, eo usque tantum in conclusionibus progrediamur, quosque ex principiis positis duci aliquid possit."

43 Antischegkianorum liber (wie Anm. 32), Prolegomena, S. 55: „Verum autem esse, omnem disciplinam praeter Theologiam Christianam a sensu oriri, docuit Aristoteles multis in locis, atque ibi praesertim cum ait, Deficiente aliquo sensu, scientiam quoque deficere aliquam necesse esse, ut deficiente visu, scientia quoque colorum & coloratorum omnium peribit: ergo deficientibus omnibus sensibus [...] omnes perirent scientiae [...]" Im Hintergrund dieser These steht die Äußerung des in den „Zweiten Analytiken" (I 18, 81a37-b9).
44 Antischegkianorum liber (wie Anm. 32), S. 75.
45 So etwa Antischegkianorum liber (wie Anm. 32), S. 91, 103.
46 Vgl. Anm. 33.
47 Prodromus (wie Anm. 33), S. B 1: „De Communitate Metaphysicae, in prima sectione scribens, affirmas eam esse generalem, idque contentiose & pertinaciter admodum, sed nullis tamen argumentis veris, astruis."

Die Überlegungen zur Gattungseinheit der Metaphysik gehen dabei auf die Diskussionen um das von Aristoteles aufgestellte Postulat in den „Zweiten Analytiken"[48] zurück, dass es das „subiectum" ist, welches die Einheit einer Wissenschaft und ihrer Unterscheidung von anderen Wissenschaften bestimmt. Auf die Metaphysik angewandt bedeutete dieser Wissenschaftsbegriff: Wenn das Subjekt dieser ersten Wissenschaft nur ein schlechthin Erstes sein kann, kann nur das erste allgemeine Seiende Subjekt dieser Wissenschaft sein. Darüber hinaus kann dieses erste allgemeine Seiende – wie Aristoteles im 11. Buch der Metaphysik ausgeführt hatte – nicht nur dem Namen nach gemeinsam sein. Denn wenn es sonst nichts gemeinsam hätte, würde es nicht einer einzigen Wissenschaft angehören, da das nur dem Namen nach Gleiche nicht einer einzigen Gattung angehört.

Thomas von Aquin führten diese Überlegungen dazu, vom „Ens commune" als Gegenstand der Metaphysik zu sprechen, deren Einheit sich darin zeige, dass die sich im „Esse" zeigende Einheit sich als eine von Aristoteles geforderte „attributio ad unum" erwies.[49] Für Thomas wird das Seiende ebenfalls „per respectum ad unum" oder „analogice" ausgesagt.[50] Das Seiende kommt in der Definition alles dessen vor, was unter seinen Umfang fällt. Analoge Namen haben mehrere Definitionen, in denen aber Eines vorkommt, auf welches hin der Name ausgesagt wird. Und das war auch nach Aristoteles das „Ens", auf das hin alles ausgesagt wird (πρὸς ἕν, pros hen). Das Seiende wird in Thomas' Metaphysik von allem gesagt, was ist, also Gott und den geschaffenen Dingen, es hat aber nicht die Einheit einer Subjekt-Gattung, sondern bezieht seine Einheit auf die Bezogenheit auf Eines, auf das hin alles ausgesagt wird. Deshalb folgte Thomas dem Stagiriten auch in dessen metaphysischem Kernsatz, dass das Seiende in mannigfacher Bedeutung ausgesagt werde, d. h., es fällt nicht unter die Einheit einer Subjekt-Gattung, weil das Seiende selbst keine Gattung (genus) oder Art (species) ist.[51]

---

48 Ausführlich hierzu: ZIMMERMANN, Ontologie oder Metaphysik? (wie Anm. 8), bes. S. 95–103; HONNEFELDER, Metaphysik (wie Anm. 8), S. 169 f. In den „Zweiten Analytiken" (I 28) gebrauchte Aristoteles den Begriff „Gattung" (γένος) zur Bezeichnung des Gegenstandsbereiches einer Wissenschaft. In der Metaphysik (B 2, 997 a 20; K 4, 1061 b 31) nannte er diesen Gegenstandsbereich der Wissenschaft auch deren Subjekt (ὑποκείμενον). In der mittelalterlichen Diskussion verband man häufig beide Begriffe und sprach von der Subjekt-Gattung als dem Subjekt einer Wissenschaft, wobei kontrovers blieb, inwiefern das Subjekt mit der Gattung einer Wissenschaft identisch sei.

49 Metaphysik IV 2, 1003 a-b: „Das Seiende wird in mehrfacher Bedeutung ausgesagt, aber immer in Beziehung auf *Eines* und auf eine einzige Natur und nicht nach bloßer Namensgleichheit (homonym); sondern wie alles, was gesund genannt wird, auf Gesundheit hin ausgesagt wird, indem es dieselbe erhält oder hervorbringt, oder ein Anzeichen derselben, oder sie aufzunehmen fähig ist, [...] ebenso wird auch das Seiende zwar in vielfachen Bedeutungen ausgesagt, aber doch alles in Beziehung auf *ein* Prinzip. Denn einiges wird als seiend bezeichnet, weil es Wesen (Substanzen), anderes, weil es Eigenschaften eines Wesens sind, anderes, weil es der Weg zu einem Wesen [...] ist [...]."

50 S. Th. I, q. 13 a. 6 r.d.

51 Vgl. zur thomasischen Seinsanalogie Peter SCHULTHESS / Ruedi IMBACH, Die Philosophie im lateinischen Mittelalter. Ein Handbuch mit einem bio-bibliographischen Repertorium, Zürich / Düsseldorf 1996, S. 187–193.

1. Analogie des Seinsbegriffs

Ganz im Sinne dieser thomasischen Deutung hält auch Schegk daran fest, dass die Einheit des Seins nicht hinsichtlich der Gattung ausgesagt, sondern allgemeines Sein (Ens commune) genannt werde, weil es grundsätzlich „Eines" bezeichnet, das im πρὸς ἕν zum Ausdruck kommt.[52] Wichtig ist, dass Schegk hier auf die thomasische Seinsanalogie hinweist, die ihre Einheit als eine analoge „attributio ad unum" erweist. Diese analoge Interpretation des Seins war auch für Thomas deshalb von schöpfungstheologischer Bedeutung, weil sonst die grundlegende Differenz zwischen Schöpfer und Geschöpf nicht festgehalten werden kann. Genau diese Grundlage – so Schegk – ignoriere jedoch Simonius, indem er die Einheit und Allgemeinheit der Metaphysik lediglich in der Subjekt-Gattung „Ens" begreife. Entscheidend ist für Schegk die Frage nach dem „modus communitatis" der Metaphysik. Denn das Sein als Gegenstand der Metaphysik kann im Sinne des Aristoteles niemals im Sinne einer Gattungseinheit (unitas generis) begriffen werden, die folglich nur dem Namen nach gleich wäre, sondern müsse hinsichtlich eines Allgemeinen und Gemeinsamen ausgesagt werden, genau wie dies Aristoteles mit seiner πρὸς-ἕν-Relation gefordert hatte, und zwar hinsichtlich seines Wesens.

2. Die Philosophie als „praeambula fidei" der Theologie

Schegk hatte von sich aus die ganze Diskussion noch einmal in seinem monumentalen Traktat des „Antisimonius" aus dem Jahr 1573 aufgegriffen, in dem er dreihundert Irrtümer des Simonius diskutierte und zurückwies. In der gesamten „Sectio prima" behandelte er dabei die Frage der Einheit der Metaphysik (De Communitate Metaphysicae) und ihres Verhältnisses zur Theologie. In seiner „introductio" begründete er, weshalb die Theologie gerade die Philosophie als einer Art „praeambula fidei" bedürfe: die Philosophie – dabei ist immer auch die Metaphysik mitgemeint – habe für die Theologie eine verifikatorische Funktion, um Lehrstücke zu kritisieren, die im Widerspruch zur Theologie erscheinen. Daneben finde sich in der Philosophie auch die wissenschaftliche Methode – Schegk bezieht sich hier auf die aristotelische Beweislehre im Sinne der „Zweiten Analytiken" –, um sogar die Wahrheit des Göttlichen zu erfassen.[53]

---

52 Prodromus (wie Anm. 33), S. 1f: „ENTIS enim communitas, nec generis rationem habet, [...] sed commune ENS dicitur ab Aristotele, quia unum aliquid principaliter significet, quod πρὸς ἕν dicitur."

53 Antisimonius (wie Anm. 7), S. 6: „[...] primum, quibus a contradictione vindicari possunt sententiae, quae in speciem dissentire videntur in Theologia. Deinde quorum notissima est veritas, ut quae sic dividunt amplitudinem totam Entis, ut ex necessitate alterum sit verum [...] illa ad primam pertinent Philosophiam, quae omnium verissimorum profitetur scientiam principiorum, quoad mens humana veritatem assequitur divinorum. Totam autem Dialecticam, & inprimis Apodicticam, quisquam ne tam impudens & rudis est, qui adversari eam veritati Theologicae arbitretur, cum expers Methodi Dialecticae Theologia & scriptura, Chaos quoddam sit omnibus haeresibus quodammodo obnoxium?"

3. Die Gotteserkenntnis in der Metaphysik

Im 9. Irrtum diskutiert Schegk die Frage, inwiefern Gott in der Erkenntnis der Ursachen der Dinge erkannt werden könne. Zwar sind die Ursachen der Dinge die ihnen eigenen Prinzipien, der vollkommenste Ursprung aller Ursachen könne jedoch allein Gott zugeschrieben werden, sofern er Quelle, Prinzip und Wahrheit aller Seienden ist, nicht nur indem er alles erkenne, sondern auch die Ursache aller Ursachen ist und durch die geschaffenen Ursachen aller Wirkungen als „causa prima" alles auf sich gewissermaßen als das eine, beste Ziel in geschaffener Weise hinordnet.[54] Genau dies entspricht der thomasischen Vorstellung, dass Gott selbst nicht Gegenstand der Metaphysik ist, jedoch als „principium subiecti", d. h. als Prinzip der letzten Prinzipien der Dinge, sozusagen miterkannt werden kann.

4. Die Analogie des Seinsbegriffs als Grund der Einheit und Allgemeinheit der Metaphysik

Im 12. Irrtum entfaltet Schegk noch einmal die Analogie des Seinsbegriffs, die der aristotelischen Vorstellung der Einheit und Allgemeinheit der Metaphysik zugrunde liegt. Mit Aristoteles lehnt er die Vorstellung ab, dass das Sein die Gattung (der Metaphysik) sei oder gewissermaßen eine einzige Natur bezeichne. Das Sein könne nicht in univoker Weise von den Prädikamenten ausgesagt werden. Auch ist das Sein selbst nicht die Gattung der zehn Prädikamente, weil der Seinsbegriff nicht univok sei.[55] Mit Aristoteles versteht Schegk unter dem „Ens commune" das überkategorial Gemeinsame. Die Einheit der Metaphysik gründet darin, dass die vielfältige Rede vom Seienden nicht univok ist, sondern immer Bezug auf eine Natur, auf ein Wesen nimmt (πρὸς ἕν). Deshalb besteht die Einheit und Allgemeinheit der Metaphysik als Betrachtung des „ens inquantum ens" in zwei Aspekten: sofern in ihr die Prinzipien betrachtet werden und sofern sie einen allgemeinen (überkategorialen) Begriff von Sein als ihren Gegenstand hat.[56]

Simonius hatte die Einheit und Allgemeinheit der Metaphysik darin gesehen, dass das in ihr betrachtete Sein die Subjekt-Gattung ist, die unter sich die niederen Wissenschaften umfasse, und die drei kontemplativen Wissenschaften als Arten (species) der Gattung bezeichnet.[57] Und da – wie Simonius in seinen „Antischegkiana" dargelegt

---

54 Antisimonius (wie Anm. 7), S. 33: „Causae enim rerum sunt principia: & principatus perfectissimus omnium causarum, quibus res extra esse dicuntur, soli Deo adscribitur, ut qui sit fons, & principium, & Veritas omnium τῶν ὄντων, non tantum intelligens omnia: sed etiam causa causarum omnium existens, & per causas creatas omnium Effectuum, causa prima, omnia ad seipsum, tanquam ad Finem UNUM optimum, [...] creata ordinans."

55 Antisimonius (wie Anm. 7), S. 39 f.: „Ergo Aristot. etiam desipit, qui idem sentit, & univoce negat ENS dici de praedicamentis. [...] Genus, decem praedicamentorum, Aristoteles negat esse ipsum ENS, quia non sit univocum."

56 Antisimonius (wie Anm. 7), S. 40: „Concludamus Metaphysicam etiam, communem, & generalem scientiam dici, &c. affirmat, propter duas causas Metaphysicam, generalem scientiam dici, quia videlicet, principia contempletur. Deinde [...] secundum rationem quandam universalem, ac secundum rationem ENTIS, [...]."

57 Antisimonius (wie Anm. 7), S. 40 f.: „[...] quibus probare vult Simonius, Scientiam, considerantem ENS, quia ENS, tanquam Genus, complecti sub se scientias inferiores omnes, [...]."

hatte – alle Wissenschaften (auch die niederen Wissenschaften) ihren Ursprung in den Sinneserfahrungen haben, ist danach auch die Metaphysik auf die Sinneserfahrung gegründet – mit der Konsequenz, dass die Theologie aus dem Kreis der kontemplativen Wissenschaften im Sinne des Aristoteles herausfiel. Aristoteles habe jedoch – so Schegk – die erste und die zweite Philosophie, Metaphysik und Physik, nicht hinsichtlich der Gattung und der Art der Gattung (species) eingeteilt, sondern hinsichtlich des „Früher" ihrer Gegenstände. Denn die Seienden in der ersten Philosophie sind von Natur aus früher als dasjenige, was in der Physik betrachtet wird.[58] Deshalb habe Aristoteles die Einheit der Metaphysik nicht in der Gattungseinheit hinsichtlich der niederen Wissenschaften gesehen, sondern sofern sie umgekehrt ihre Vollkommenheit darstellt, indem sie alles hinsichtlich des Ursprungs der vollkommensten Wahrheit betrachtet, d. h. – wie Schegk ergänzt – nicht indem die Einheit der Metaphysik in einer bestimmten Subjekt-Gattung besteht, sondern aufgrund der Einheit der Erkenntnis jener von allem getrennten Prinzipien.[59] Die Metaphysik ist deshalb die Vervollkommnung aller Wissenschaft, indem sie als Ganzes überhaupt die Vervollkommnung der Teile genannt wird.[60] Die Prinzipien der Metaphysik sind also nicht Prinzipien einer Gattung, sondern die Prinzipien aller gemeinsamsten Prinzipien.[61]

5. Die Metaphysik als Wissenschaft vom Allgemeinsten

In welcher Weise ist nun aber die Metaphysik die Wissenschaft vom Allgemeinen und keine Wissenschaft wie die niederen Einzelwissenschaften? Die in den niederen Wissenschaften betrachteten Verstandesbegriffe (νοητά) sind auch nach Schegk an die Sinneserfahrung gebunden und insofern den universalen Verstandesbegriffen entgegengesetzt, die von dieser Sinneserfahrung am weitesten entfernt sind und die Aristoteles in den „Zweiten Analytiken" die Allgemeinsten genannt hatte, die in keinerlei Sinneserfahrung, sondern allein durch die Vernunft erfasst werden.[62] Die Allgemeinsten sind aber die (allein) in der Vernunfterkenntnis bekannten, die nicht aufgrund eines Ortes oder einer Zeit für wahr gehalten würden, sondern die als Sein schlechthin

---

58 Antisimonius (wie Anm. 7), S. 41: „Sed in prima Philosophia: seu Metaphysica, τὰ ὄντα, φύσει priora sunt his: quae considerantur in Physicis."
59 Antisimonius (wie Anm. 7), S. 42: „Huius vero communitatem (nempe Metaphysicae) non genere quodam subiecti describit Aristoteles, sed quoad perfectrix inferiorum scientiarum existens, ipsa sibi principatum ἀκριβείας, & perfectissimae veritatis vendicat in omnibus scientijs, considerans omnia [...] Aristot. in Elenchis, Metaphysicum, καθόλου contemplatorem appellat, non propter communitatem certi Generis, & Subiecti, [...]. Sed communis dicitur Metaphy. propter communitatem cognitionis secretissimorum principiorum illorum [...]"
60 Antisimonius (wie Anm. 7), S. 43 f.: „Metaphysica Scientia, perfectionem totius Epistimonice generis inferioribus omnibus Scientijs conciliat, eo modo, quo, Totum συνόλου perfectio dicitur esse partium."
61 Antisimonius (wie Anm. 7), S. 45: „Ergo Metaphysica principia, non unius Generis, sed omnium communissima erunt principiorum principia, & horum communissimorum."
62 Antisimonius (wie Anm. 7), S. 45: „Sunt enim huiusmodi νοητά, cum sensu rerum commercium habentia, opposita his universalibus, quae remotissima sunt a sensibus, & ab Aristot. in posterioribus Analyticis, appellantur, μάλιστα καθόλου, quae sensu nullo, sed Intelligentia sola percipiuntur [...]."

erkannt werden.⁶³ Und nach Aristoteles werde das Sein schlechthin dasjenige genannt, was eine erste Natur bezeichnet, die allem Übrigen innewohnt, ohne die alle übrigen Gattungen nicht existieren könnten. Ihre logische Aussageform findet dieses Allgemeine in der bereits mehrfach erwähnten relationalen Analogie, die Aristoteles mit der sogenannten πρὸς-ἕν-Relation im Blick hatte.⁶⁴ Zur Erläuterung dieser logischen Aussageformen des Allgemeinen fügt Schegk jenes Beispiel aus der Metaphysik (IV 2, 1003 a-b) an, wo Aristoteles darauf hingewiesen hatte, dass das Seiende in mehrfacher Bedeutung ausgesagt werde, aber immer in Beziehung auf *Eines* und auf eine einzige Natur und nicht nach bloßer Namensgleichheit (homonym); sondern wie alles, was gesund genannt wird, auf Gesundheit hin ausgesagt wird, indem es die Gesundheit entweder erhält oder hervorbringt. Ebenso wird auch das Seiende zwar in vielfältigen Bedeutungen ausgesagt, aber doch immer in Beziehung auf *ein* Prinzip.⁶⁵

Versuchen wir eine Bilanz: Worum also ging es im Kern in dieser Debatte um die Einheit und Allgemeinheit der Metaphysik zwischen Simon Simonius und Jakob Schegk? Sieht man einmal von der folgenreichen Neubewertung der Rolle der Induktion beim Zustandekommen des Wissens ab, wie sie das Metaphysikverständnis des Simonius kennzeichnete, so scheint mir doch in der Betonung der Analogie des Seinsbegriffs eines der wesentlichen Interessen Schegks darin zu bestehen, die Theologie als Gegenstand der Metaphysik zu sichern. In der konkreten Ausführung dieses Programms, in der Überzeugung, dass Gott nicht Gegenstand der Metaphysik schlechthin ist, sondern als Prinzip ihres Gegenstandes (principium subiectum) sozusagen miterkannt wird, erweist er sich als erster und getreuer thomasischer Lutheraner.

---

63 Antisimonius (wie Anm. 7), S. 46: „At καθόλου sunt, & intelligendo nota, quae non loci, aut temporis causa pro veris habentur, sed ea quae nulla determinatione Loci, aut temporis, vera ἁπλῶς esse intelliguntur, [...]."

64 Antisimonius (wie Anm. 7), S. 48: „Generale illud & logicum commune, καθ' ἕν (more Aristotelis) appellabimus, sed expers communitatis Generis logici ἁπλῶς, & καθόλου ὂν Subiectum, nominabimus πρὸς ἕν."

65 Antisimonius (wie Anm. 7), S. 50.

Aristoteles und die Scholastik

Die Logik bei Jakob Schegk

Walter Redmond

Als Forscher der Geschichte der Logik habe ich mich bisher eher auf die Tradition der iberischen Länder konzentriert. Dank der Einladung, an dieser Tagung teilzunehmen, habe ich mich dem Studium der Logik von Jakob Schegk widmen können. Ich habe natürlich viele Ähnlichkeiten sowie Unterschiede zwischen den beiden Denkweisen entdecken können. Kurz zusammengefasst lässt sich Folgendes feststellen: Während Schegk eine Art von Humanismus und aristotelischen Purismus vertrat, verharrten die Scholastiker an den mittelalterlichen Traditionen der Aussagen- und Prädikatenlogik.

Zuerst werde ich etwas zu Schegks Vorlesungen über Aristoteles' *Organon* sagen, dann werde ich die logische Welt aufzeichnen, in der er lebte. E. J. Ashworth hat über die Studien über die Formallogik des 15., 16. und 17. Jahrhunderts bemerkt, dass sie im Vergleich zur großen Menge der Logikbücher und trotz der Bedeutung der Logik in den Lehrplänen der Zeit sehr spärlich ist. Weiterhin bemerkte sie, dass diese Studien den *Inhalt* der Formallogik sowie die *Leistungen* selbst der Repräsentanten zu wenig beachteten.[1] Ich möchte also, als eine Art Nahaufnahme, Schegks Lehre der „nichtaristotelischen Schlüsse" erörtern; dadurch hoffe ich, einen bedeutsamen Unterschied zwischen Schegks Ansatz zur Logik und den Ansätzen der „schoolmen" aufzeigen zu können.

Schegk und die *Erste Analytik*

Jakob Schegk von Schorndorf (1511–1587), „der deutsche Aristoteles", verbrachte seine gesamte berufliche Laufbahn an der Universität Tübingen, zuerst als Student und dann als Professor der Philosophie und der Medizin.[2] Schegk war ein *polymath*, dessen Werke seine vielseitigen Interessen widerspiegeln: Abhandlungen über Medizin und Theologie, lateinische Übersetzungen aus dem Griechischen, Kommentare zum aristotelischen Korpus, unter denen der wichtigste seine Erklärung der *Ersten Analytik* ist.[3] Unter anderem veröffentlichte er auch zwei Werke zu seinen Auseinandersetzungen mit Petrus Ramus über die „neue" Logik.

---

1 Earline Jennifer Ashworth. *Language and Logic in the Post-Medieval Period*. Dordrecht/Boston: Reidel, 1974, S. ix.
2 Joseph Duchesne Quercetanus; zitiert von James A. Hinz. „Schegk, Jacob", in: *The Oxford Encyclopedia of the Reformation*, vol. 4 (New York/Oxford: Oxford University Press, 1996), S. 2.
3 *Commentaria in organi Aristotelis libros ad artis partem analyticam pertinentes*. Tübingen: 1570.

Jacob Schegk. Ölgemälde, 1578. Universität Tübingen, Professorengalerie

Im Jahre 1532 ersetzte Schegk auf dem Lehrstuhl der Logik Johannes Mendlin, der über Melanchthons Logik doziert hatte, aber „allthers vnnd verdruss halb, die dialecticam, nit mehr mit frucht lißt".⁴ Schegk begann seine Vorlesungen über Aristoteles' *Organon* 1564. Sein Nachfolger, Andreas Planer, scheint sich wenig für Logik interessiert zu haben (in seinem Kommentar zur *Ersten Analytik* zitierte er wortwörtlich Passagen aus Schegks Logik oder machte Umschreibungen) und trat jedenfalls bald in die medizinische Fakultät über.⁵

Schegk kommentierte das *Organon* (ohne die *Topik*) ganze vier Jahre lang, und in Esslingen (wohin sich die Professoren und Studenten wegen der Pest geflüchtet hatten) hat er sich zwei Jahre lang, von November 1565 bis November 1567, der *Ersten Analytik* gewidmet. Eine detaillierte Nachschrift seiner damaligen Vorträge befindet sich in der Bibliothek der Universität; sie wurde von Martin Crusius aufgezeichnet, der als Professor Vorlesungen seiner Kollegen hörte, die ihn interessierten. Exzerpte daraus wurden von Christoph Sigwart 1890 veröffentlicht, um „Ton und Haltung des Lehrers gegenüber den Zuhörern, [sowie] den ganzen Verlauf des Unterrichtes im Hörsaal" zu zeigen; sie geben uns tatsächlich einen höchst eigenartigen Einblick in die Art und Weise, wie Schegk Logik lehrte.⁶ Crusius arbeitete „*raptim*" (eilends), konnte aber anscheinend jedes von Schegk ausgesprochene Wort getreu aufschreiben. Man findet sogar griechische Fachausdrücke und lange griechische Passagen aus Aristoteles und Platon, ja sogar beiläufige Bemerkungen auf Lateinisch („Paulo serius veni", „cras absolvemus") und auf Deutsch („Ich kans nit mit eim traechter eingiessen").⁷ Am Ende der Handschrift, als Schegk im Begriff war, seine Vorlesung über die *Zweite Analytik* zu beginnen, machte er Werbung für sein Buch über die *Erste Analytik*:

> *Cras incipiemus ipsa posteriora Analytica. nihil, nisi forte necesse erit, dictabo. Ideo emite vobis eorum commentaria, Tybingae impressa. Sparet das gaelt ein waenig, et emite illum librum.*⁸

Schegks Lehrmethode war höchst anspruchsvoll. Er setzte seinen Studenten den griechischen Text vor und wählte die schwierigeren Teile zur ausführlichen Untersuchung

---

4 *Ordination unser Uniuersitet zue Tüwingen*, 16. Sept. 1561; zitiert von Christoph SIGWART. *Ein Collegium Logicum im XVI. Jahrhundert. Mittheilungen aus einer Handschrift der k. Universitätsbibliothek in Tübingen.* Freiburg i. Br.: J. C. B. Mohr (Paul Siebeck), 1890 (beigefügt an: Verzeichnis der Doctoren welche die philosophische Facultät der königlich württembergischen Eberhard-Karls-Universität in Tübingen im Dekanatsjahr 1889–1890 ernannt hat (Tübingen: Laupp, 1890), S. 3.

5 Andreas PLANER, *Organi Aristotelis analytica priora*. Tübingen: 1583; z. B. im Abschnitt über ἀπαγωγή.

6 Handschrift: UB Tübingen, Mc 221. SIGWART, *Collegium Logicum* (wie Anm. 4), S. 12–14 (Zitat ebd., S. 1). Ein Rezensent hat kommentiert: „Nothing has ever been put in print which brings us so directly face to face with the best academic work of the closing middle age." *Mind*, vol. XV, n. 60 (Oktober, 1890), S. 577–578, hier S. 577.

7 SIGWART, *Collegium Logicum* (wie Anm. 4), S. 6; Übersetzung der lateinischen Zitate: „Ich bin ein bisschen spät gekommen"; „morgen machen wir fertig".

8 „Morgen beginnen wir mit der *Letzten Analytik*. Ich werde nur das Notwendige diktieren. Kauft also die in Tübingen gedruckten Kommentare. *Sparet das gaelt ein waenig* und kauft das Buch", SIGWART, *Collegium Logicum* (wie Anm. 4), S. 42. Zur *Zweiten Analytik* siehe Charles H. LOHR. „Renaissance Latin Aristotle Commentaries (Pi-Sm)", *Renaissance Quarterly*, vol. 33 (Winter, 1980), S. 719.

aus. Für seine Zuhörer war es natürlich schwierig, vier Jahre lang mit Schegks Exegesen Schritt zu halten. Tatsächlich besuchten nur wenige Studenten die ganze Vorlesungsreihe bis zum Ende, und da sie unregelmäßig erschienen, musste Schegk oft wiederholen, was er vorher diktiert hatte. Das Interesse der Zuhörer war anscheinend mit dem Eifer des Lehrers schwer zu vereinbaren.[9]

Die logische Welt von Schegk

Die grundlegende Formallogik besteht bekanntlich aus zwei Teilen: der Aussagenlogik (in der die Beziehungen zwischen den „unanalysierten" Sätzen untersucht werden, d. h. Sätzen, die durch die Junktoren „und", „oder", „wenn ... so" und dergleichen verbunden sind) und der Prädikatenlogik (in der man die Sätze analysiert, in denen Prädikate zu- oder abgesprochen werden). Aristoteles hat die Prädikatenlogik in seiner Syllogistik (in erster Linie in der *Ersten Analytik*) ausgearbeitet, aber über die Junktorenlogik hatte er sehr wenig zu sagen. Diese wurde von den Megarikern und Stoikern erörtert; und zwar so leidenschaftlich, dass „sogar die Raben auf den Dächern krächzten: ‚Wie beschaffen ist der Konditionalsatz?'".[10]

Die beiden Teile der Logik wurden in der Spätantike miteinander kombiniert. Später, im Mittelalter, behandelten die Logiker die Aussagenlogik in ihren Abhandlungen über *consequentiae* und die Prädikatenlogik unter der Rubrik *proprietates terminorum*. Die von Petrus Hispanus im 13. Jahrhundert verfassten und sehr oft kopierten und gedruckten *Summulae logicales* enthalten die beiden Aspekte der Logik. Die mittelalterliche Formallogik kam zu ihrem Höhepunkt in der ersten Hälfte des 14. Jahrhunderts (bei Ockham, Buridan, Burleigh, Albertus de Saxonia ...) und wurde in der *Logica Magna* von Paulus Venetus (Venedig, 1499) zusammengefasst. Um 1500 (1481–1520) wurde die Universität Paris zum größten Zentrum der Formallogik in Europa. Im internationalen Kreise von Vertretern dieser Bewegung war der Schotte Johannes Major begleitet von einer Anzahl von Spaniern, wie dem Dominikaner Domingo Soto, die später an der Universität Salamanca und in der vor kurzem gegründeten Universität Alcalá tätig waren.

Diese in Paris entwickelte „moderne" (oder „nominalistische") Formallogik wurde an Subtilität und Formalismus im 16. und 17. Jahrhundert nie übertroffen.[11] Da sie aber für Studenten und Professoren sehr anstrengend und spezialisiert war, ist es kaum verwunderlich, dass es bald zu einer Rebellion kam. Die Kritiker der Schullogik – unter pädagogischem und humanistischem Druck – fanden ihre Lehren belanglos und ihre Sprache künstlich und barbarisch. Sie erhoben Einwände gegen den scholastischen (mittalterlichen bzw. nichtaristotelischen) Inhalt der Logik. Manche kritisierten auch die aristotelische Logik; andere verteidigten sie. Es ist hier zu betonen, dass die Re-

---

9 SIGWART, Collegium Logicum (wie Anm. 4), S. 10.
10 *Epigrammatum fragmenta*, 303; zitiert von SEXTUS EMPIRICUS, *Pros mathēmatikous*, Buch I (Adversus grammaticos), n. 309.
11 Siehe ASHWORTH, Language and Logic (wie Anm. 1), S. xi, 7.

bellion gegen die sogenannten scholastischen „Zusätze" zur aristotelischen Logik die Aussagenlogik ausschalten konnte.

Bald erschien eine vereinfachte Logik, die mit der Rhetorik vermischt war. Die wichtigsten Verbreiter der Rhetorischen Logik waren Rudolphus Agricola, der die Logik mit den ersten zwei Teilen der traditionellen Rhetorik (*inventio* und *judicium*) gleichsetzte, und sein Anhänger Petrus Ramus; dessen *Dialectique* (1572), die ein Minimum an Logik enthielt, wurde von vielen Deutschen, auch von Calvinisten, herzlich begrüßt. Der Lutheraner Philipp Melanchthon, der auch von Agricola beeinflusst wurde, verzichtete in seinen populären Lehrbüchern auf die berühmten mittelalterlichen „Zusätze".

Der Kampf zwischen diesem „Philippismus" und dem „Ramismus" führte zu einem engeren Festhalten an Aristoteles' *Organon*. Schegk wurde 1569 in einen stürmischen Briefwechsel mit Ramus über Aristoteles' Ansicht über die Logik verwickelt (anscheinend hat Ramus einmal ein von Schegk verfasstes Buch wütend zerrissen); dann wurde Ramus aus Leipzig und Tübingen verbannt. Schegk bemühte sich sehr, Aristoteles dem lutherischen Denkens näherzubringen. Bald aber entfaltete sich eine protestantische Scholastik, in der die Logik nötig wurde, um die zunehmend komplizierten theologischen Auseinandersetzungen zu behandeln. Schließlich tauchten in der Diskussion nicht nur Philippisten und Ramisten, sondern auch Semi-Ramisten, Philippo-Ramisten, Aristoteliker auf.[12]

Auch in den iberischen Ländern rebellierte man gegen die „dummen nutzlosen Fragen" der „modernen" Logiker, die in Paris studiert hatten und ihre Werke im ersten Drittel des 16. Jahrhunderts veröffentlichten. Gegen diese anspruchsvolle Logik verbreitete sich rasch eine Reform des Logikunterrichts, der zufolge Lehrbücher gekürzt und vereinfacht wurden. Selbst Soto, der früher ein eifriger Vertreter der „schwierigen" Logik gewesen war, wandte sich jetzt dagegen. Seine Bekehrung zur Reform kommentierte einer seiner Schüler, der Augustinermönch Alonso Gutiérrez de la Vera Cruz (der die ersten Werke der Logik 1554 in Amerika veröffentlichte) wie folgt: Es war, „als ob Aristoteles selbst von den Toten auferstanden wäre". Für Fray Alonso war die Reform ein „goldenes Zeitalter", ein „saturnisches Reich"; er bezeichnete Agricola, dessen *De inventione dialectica* 1554 in Spanien veröffentlicht wurde, als „den zweiten Aristoteles".[13]

Es gab aber eine auffallende Differenz zwischen den Lehrtexten der Logik, die in den iberischen Ländern, und denen, die nördlich von den Pyrenäen veröffentlicht wurden: Diese, nicht aber jene, wurden von den religiösen Konflikten stark beeinflusst. Andererseits, was die iberische Logik betrifft, muss man nicht denken, dass sie – trotz der Vereinfachung der Lehrbücher – „leicht" war. Ihre technische Schwierigkeit könnte die heutigen Professoren der Logik überraschen. Auch die „vereinfachte" Logik behielt die Aussagen- und Prädikatenlogik im Gleichgewicht. Auf jeden

---

12 Ramus hat übrigens die *Technologia* von Samuel Johnston stark beeinflusst, der das erste Lehrbuch der Philosophie in den englischen Kolonien Amerikas veröffentlichte (bei Benjamin Franklin, Philadelphia: 1752).

13 GUTIÉRREZ DE LA VERA CRUZ, Fray Alonso. *Dialectica resolutio*, 41B und 11A, 46A (Ausgabe Salamanca: 1573), 1:43ʳA (Ausgabe Mexiko: 1553–54).

Fall sind die strengen Urteile über die Formallogik der damaligen Humanisten (als auch der heutigen Philosophen, die einen Groll gegen die Formallogik haben) nicht die Urteile der Historiker der Logik heute, für die die „nutzlosen" Fragen hochinteressant sein können.

Schegk war also in seinen logischen Werken ein aristotelischer Purist. Er hatte zwar die scholastische Theologie studiert: „die einzige, die damals blühte", besonders Thomas von Aquin und Johannes Duns Scotus.[14] Er hat sich jedoch anscheinend nur einmal, in der Lehre der „hypothetischen" Schlüsse, vom Texte des Aristoteles entfernt. Bezüglich der Aussagenlogik wollte er weiterhin die aristotelische Position unterstützen, stieß aber auf Probleme. Diese Schwierigkeiten möchte ich hier erörtern.

Der apagogische Syllogismus

Als ich begann, Schegks Logik zu lesen, hat es mich überrascht, wie Schegk das griechische Wort „ἀπαγωγή" in einem für mich unbekannten Sinn benutzt hat. Für mich bedeutete es nämlich „*reductio*" (ad impossibile); für ihn aber war es auch eine Art unvollkommener Syllogismus. Ich werde die reductio ad impossibile unten, im Kontext der nichtaristotelischen Schlüsse, behandeln, zuerst möchte ich aber diesen zweiten Sinn kurz beschreiben.[15] So können wir ein wenig in Schegks Hörsaal hineinschauen.

Schegk definiert „ἀπαγωγή" als einen Syllogismus, in dem der Obersatz (die größere Prämisse, *praemissa major*) „bekannt", „ganz offensichtlich" ist und demnach „keinen Beweis braucht"; der Untersatz aber (die kleinere Prämisse, *praemissa minor*) ist „dunkel", nicht „offensichtlich", „unsicher", nicht „ganz bewiesen", nur „wahrscheinlich" oder „möglich", und „vermischt" (d. h. weder „ganz bekannt noch ganz unbekannt"). Der Schlusssatz (*conclusio*) muss diese Unzulänglichkeiten entweder in gleichem oder in geringerem Maße zeigen als die kleinere Prämisse; d. h., um über einen echten apagogischen Syllogismus sprechen zu können, darf der Schlusssatz epistemisch nicht schwächer sein als der Untersatz. Auf diese Weise unterscheidet sich solch ein mangelhafter Schluss vom *ostensiven* Beweis, d. h. von der strengen *demonstratio*.[16]

Schegk führt hier gewisse Aspekte der Argumentation ein: epistemische Logik, Modalität, Wahrscheinlichkeit. In Bezug auf Aristoteles spricht er von „Graden der Erkenntnis, in denen wir der Wahrheit näherkommen oder uns davon entfernen". Wir

---

14 „Theologiae scholasticae, quae tum sola florebat, diligentem operam dedit, Thomam Aquinatem et Scotum, ejus disciplinae principes, plerumque conjungens, quibus ut sincerioris Theologiae cognitionem, propter iniquitatem temporum et Romani Pontificis tyrannidem, defuisse non ignoramus; ita in philosophia ad miraculum usque doctos fuisse, non negant ii qui judicare possunt." Georg LIEBLER. *Oratio funebris de vita, moribus, et studiis nobilissimi et clarissimi viri d. Jacobi Schegkii Schorndorffensis*. Tübingen: 1587, S. 16.

15 In Crusius' Nachschrift (Teil II, Lectio 55, Kapitel 25, „De apagoge", und Lectiones 56–57; SIGWART, *Collegium Logicum* [wie Anm. 4], S. 35–39) und im gedruckten Kommentar (SCHEGK, *Commentaria* [wie Anm. 3], Kapitel XXV, S. 391–395).

16 Demonstratio, ἀπόδειξις; ostensivus, „dicticus" δεικτικός.

können daher nicht immer befriedigende Argumente erwarten; er fügt auf Deutsch hinzu: „Man kans nit alles zu böltzen trehen". Es kommt auch vor, dass sich ein Grundsatz, den wir in einem Argument vorausgesetzt haben, als ungültig herausstellt („Er kans nit lang beharren").[17]

Wir können Schegks griechische Buchstaben für die syllogistischen Termini und die üblichen scholastischen Symbole gebrauchen, um die logische Form des apagogischen Syllogismus („Barbara") zu veranschaulichen:[18]

β a α
γ a β   wenigstens so schwach wie der Schlusssatz
[also]
γ a α   syllogistische Regel (für die Figur „Barbara")

Schegk bietet zwei Beispiele des apagogischen Syllogismus an. Das erste wird problematisch, wenn man versucht, zu beweisen, dass die Gerechtigkeit lernbar (διδακτόν) ist (γ a α). Denn obwohl der Obersatz „Jede Wissenschaft ist lernbar" (β a α) „ganz bekannt" ist, ist der Untersatz „Die Gerechtigkeit ist eine Wissenschaft" (γ a β) umstritten (Aristoteles leugnet, dass die Tugend eine Wissenschaft ist, und Platon behauptet bald, es sei eine Tugend, bald, ein Geschenk der Götter).[19]

Das zweite Beispiel ist das Argument von Sokrates, das besagt: „Die Menschenseele ist vom Körper trennbar" (γ a α), also ist sie unsterblich.[20] Schegk meint, dieses Argument sei glaubhaft, obwohl der Schlusssatz nicht „ganz und gar demonstriert wird". Der Obersatz „Was allein tun und leiden kann, kann auch vom Körper getrennt werden und für sich da sein" (β a α) liege in der Natur vor Augen. Der Untersatz aber, „Die Seele kann allein ohne Hilfsmittel des Körpers wirken" (γ a β), ist, obwohl er nicht evident ist, doch „glaubwürdiger als seine Verneinung". Dann schreibt der Kopist Crusius auf Griechisch und Lateinisch: „Reliqua Tybingae, quo postridie πανοικί rediit (σπεῦδε βραδέως) se absoluturum dixit."[21]

---

17 SIGWART, Collegium Logicum (wie Anm. 4), S. 35–37.
18 SIGWART, Collegium Logicum (wie Anm. 4), S. 37; „a" (jedes α ist γ), „i" (ein α ist γ), „e" (kein α ist γ) und „o" (ein α ist nicht γ).
19 SIGWART, Collegium Logicum (wie Anm. 4), S. 36–37.
20 SIGWART, Collegium Logicum (wie Anm. 4), S. 38.
21 Schegk „sagte, er führe den Rest in Tübingen zu Ende, wohin er am folgenden Tag mit dem ganzen Hause zurückgekehrt ist (eile mit Weile)". Wortlaut des Zitats nach SIGWART, Collegium Logicum (wie Anm. 4), S. 38, Zitat S. 39. Crusius, der die lateinische und griechische Sprache seit 1559 in Tübingen unterrichtete, war ein eifriger Förderer dieser Sprache; er nahm Verbindung mit griechischen Gelehrten im Orient auf und hatte die Gewohnheit, die von ihm gehörten Predigten in griechischer Übersetzung nachzuschreiben! Die 6588 erhaltenen Predigtnachschriften sind verzeichnet bei Thomas WILHELMI: Die griechischen Handschriften der Universitätsbibliothek Tübingen, Sonderband Martin Crusius, Wiesbaden 2002, S. 25–172.

Hypothetische Syllogismen bei Schegk

Der zweite Sinn des Wortes „ἀπαγωγή" erschien im Kontext der nichtaristotelischen Schlüsse, d. h. in der Aussagenlogik. Der Ausdruck bedeutete seit Zenon von Elea (ca. 490–430 v. Chr.) die Reduktion ad absurdum; d. h. die Widerlegung (ἔλεγχος) einer These dadurch, dass man etwas Unmögliches daraus folgert (wie so oft bei der „sokratischen Methode").[22] Diese Schlussform wurde vom Stoiker Chrysippus untersucht und von den Logikern des Mittelalters „modus (tollendo) tollens" genannt. Die logische Form des Arguments ist einfach:

p ⊃ q
~q
[also]
~p   modus tollens, reductio ad absurdum

(falls, wenn p so q, und nicht-q, dann nicht-p). Die Reduktion ist eine der zwei Grundformen eines aus einem einzigen Konditionalsatz bestehenden Arguments; die andere ist „modus (ponendo) ponens". Für Aristoteles ist die Reduktion eine der Schlussformen ἐξ ὑποθέσεως (aufgrund einer Hypothese). Es ist interessant, zu sehen, wie Schegk, da er bei Aristoteles bleiben will, solche Schlüsse erörtert.[23] Er erkennt an, dass sich die „hypothetischen" Syllogismen von den üblichen unterscheiden.[24] Der ostensive Syllogismus ist vollkommen, einfach und natürlich; der hypothetische dagegen ist unvollkommen und komplizierter und auf den ostensiven zurückzuführen. Schegk definiert den hypothetischen Schluss als einen, in dem „das, was dadurch zu beweisen ist, außerhalb des Syllogismus liegt", und unterscheidet drei Spezies davon.[25] Ich skizziere kurz die erste, bei der es sich um eine aristotelische Lehre handelt,[26] dann, im folgenden Abschnitt, die dritte, bei der er die Aussagenlogik ausdrücklich berücksichtigt.

Die erste Spezies ist die reductio ad absurdum.[27] Genauso wie Aristoteles, will Schegk die Satzlogik auf die Syllogistik reduzieren. Um zu zeigen, dass der hypothetische „ohne dem *dicticus* [ostensiven Syllogismus] nicht sein kann", vergleicht er zwei Fassungen des alten Beweises bezüglich der Inkommensurabilität des Durchmessers mit der Seite eines Quadrats. Die übliche Form des Arguments, die dem Modus-tollens-Schema folgt, ist einfach:

---

22 Crusius' Handschrift, Lectio 85, „De hypotheticis syllogismis", und Lectiones 86, 87; SIGWART, *Collegium Logicum* (wie Anm. 4), S. 25–33.

23 ARISTOTELES, *Erste Analytik*, 40 b 25, 45 b 15, 50 a 32; Aristoteles aber behandelt andere Schlussformen, die Kontraposition (53 b 12) und die Transitivität (57 b 6 ff.).

24 „De aliis hypotheticis syllogismis nihil dicam: nec Aristoteles de iis scribit. Boethius, et alii, de iis scribunt. Illi hypothetici, non sunt syllogismi", SIGWART, *Collegium Logicum* (wie Anm. 4), S. 25.

25 „... habet id, quod probatur, extra. Si id, quod probatur, est extra complexum syllogismi, vocatur hypotheticus syllogismus", SIGWART, *Collegium Logicum* (wie Anm. 4), S. 25.

26 ARISTOTELES, *Erste Analytik*, 41 a 21–41 b 1; siehe William und Martha KNEALE, *The Development of Logic*. Oxford: Clarendon Press, 1968, S. 98–99.

27 Auch ἀπαγὼν εἰς τὸ ἀδύνατον, per absurdum concludens, conclusio ἡ δι' ἀδύνατον, διὰ τοῦ ἀδυνάτου, concludens impossibile, ἐξ ὑποθέσεως.

ist der Durchmesser eines Quadrats kommensurabel mit der Seite, so gleicht eine gerade Zahl einer ungeraden Zahl
keine gerade Zahl gleicht einer ungeraden Zahl
[also]
der Durchmesser eines Quadrats ist mit der Seite inkommensurabel.

Schegk aber vergleicht zwei komplizierte Beweise von dieser These: einen ostensiven Syllogismus und die ἀπαγωγή, eine reductio ad absurdum.

Im ostensiven Argument schiebt Schegk den Konditionalsatz in den Mittelbegriff des Syllogismus ein, wo der Terminus „eine Linie (falls sie kommensurabel mit der Seite ist, so gleicht eine gerade Zahl einer ungeraden)" ist. Er selbst ist sich der Seltsamkeit des Ausdruckes bewusst, aber er besteht darauf: „Ein Satz besteht oft aus vielen Wörtern, nicht nur aus zwei oder drei".[28] Der Konditionalsatz also, wie er sagt, liegt „außerhalb des Syllogismus". Der Wortlaut des Syllogismus („Celarent") ist wie folgt:[29]

1	LeK	keine Linie (falls sie kommensurabel mit der Seite ist, so gleicht eine gerade Zahl einer ungeraden Zahl) ist mit der Seite kommensurabel
2	DaL	jeder Durchmesser des Quadrats ist eine Linie (falls sie kommensurabel mit der Seite ist, so gleicht eine gerade Zahl einer ungeraden Zahl)
	[also]	
3	DeK	kein Durchmesser eines Quadrats ist mit der Seite kommensurabel.

Dann bringt er das zweite Argument vor, die ἀπαγωγή, wo der Konditionalsatz auch „außerhalb des Syllogismus" liegt. Der Beweis besteht aus einem normalen Syllogismus („Disamis") und einem Modus-ponens-Zusatz. Im Syllogismus ist der Vordersatz eine Negation der Konklusion des ostensiven Syllogismus; da aber der Schlusssatz unmöglich ist, sagt Schegk, muss der Vordersatz verneint werden. Das Argument kann folgendermaßen veranschaulicht werden:

1	DiK	Negation der Konklusion DeK	⎫
2	DaL		⎬ Syllogismus („Disamis")
	[also]		
3	LiK	unmögliche Konklusion	⎭
4	DiK⊃LiK	durch den Syllogismus 1–3 bewiesen	⎫
5	LeK	Negation von LiK	⎬ „außerhalb des Syllogismus"
	[also]		
6	DeK	Negation von DiK, folgt als ἀπαγωγή	⎭

Die beiden Syllogismen sind tatsächlich, wie Schegk behauptet, äquivalent.[30]

---

28 „... saepe propositio constat multis verbis, non tantum 2 aut tribus", SIGWART, Collegium Logicum (wie Anm. 4), S. 26.

29 Die Begriffe (termini): D: „Durchmesser des Quadrats", K: „kommensurabel mit der Seite", L: „Linie (falls sie kommensurabel mit der Seite ist, so gleicht eine gerade Zahl einer ungeraden Zahl)".

30 „... permutabiles i. e. alter in alterum mutari potest"; [LeK ∧ DaL]⊃DeK und [DiK ∧ DaL] ⊃LiK sind gültig. „Quaedam διάμετρος quadrati, est commensurabilis lateri quadrati. Huic subiiciatur ex prius concessis haec, tanquam minor praemissa: omnis διάμετρος quadrati, est linea, gratia cuius par numerus est aequalis impari, si commensuretur lateri. (conclusio est impossibilis) ergo quaedam linea, gratia cuius par numerus est aequalis impari, si commensuretur lateri quadrati, (praedicatum) est commensurabilis lateri quadrati ... Quod cum sit impossibile: necesse erit, maiorem propositionem (quae est contradicens prioris syllogismi δεικτικοῦ conclusionis) esse falsam. Qua existente falsa, concluditur alterius verae et conces-

Das Argument ist doch ein großer Hammer für einen kleinen Nagel. Es ist evident, dass Schegk, genauso wie Aristoteles, auf den Konditionalsatz nicht ganz verzichten kann.[31] Aristoteles scheint tatsächlich kein Wort für „Konditionalsatz" zu haben. Schegk scheint eigentlich nicht zu wissen, was er mit dem Konditionalsatz tun soll; das ist auch klar, wenn er von den „hypothetischen" Schlüssen der Scholastiker spricht, die wir jetzt beschreiben.

Schegks Aussagenlogik

Die Schlussformen der dritten Spezies „gehören zu denen, die gewöhnlich in den Schulen ‚hypothetisch' heissen"; nur diesbezüglich verweist Schegk auf die Scholastik. Er deutet die scholastischen Ausdrücke auf eine eigenartige Weise um. Wenigstens seit Galen (131–201 n. Chr.) bedeutete „hypothetischer Schluss" zusammengesetzte bzw. molekulare Sätze: konditional, disjunktiv, konjunktiv und dergleichen. Schegk jedoch behauptet:

> Jeder hypothetische Syllogismus ist konditional ... Zwei Arten also reichen aus: die kopulative und die disjunktive; es ist nicht nötig, die konditionale hinzuzufügen.[32]

„Konditional" ist für ihn mit „molekular" gleichzusetzen: „es gibt also nur zwei Arten hypothetische Sätze, und die dritte, d. h. die konditionale, ist deren Gattung".[33] Ja, Schegk will sogar die Konditionalsätze irgendwie *auf Konjunktionen zurückführen*: im Satz

> „Wenn man kauft, zahlt man den Preis" liegt der kopulative Satz „Man kauft und man zahlt den Preis" verborgen.[34]

In diesem Zusammenhang verweist er auf die Ciceros *Topik* und auf eine (unklare) Textstelle in der *Ersten Analytik* zwischen Argumenten κατὰ μετάληψιν und κατὰ ποιότητα.[35] Trotzdem gibt er zu, dass nicht alle folgerichtigen Schlüsse Syllogismen sind.

Die Quelle dieser Verwirrung liegt natürlich in der Verschiedenheit der aristotelischen Prädikatenlogik von der stoischen Aussagenlogik. Schegk folgt hier der Lehre der „unbeweisbaren" Sätze, die von Chrysippus eingeleitet, dann von Cicero, Boethius und vielen anderen Philosophen fortgeführt wurde. Die alte Einteilung erfolgte in *konditionale* (nicht konjunktive!) und *disjunktive* Schlussformen. Chrysippus selbst hat

---

sae praemissae contradictoria: cuius falsitas manifestior sit, quam prioris conclusionis δεικτικοῦ syllogismi veritas", SIGWART, *Collegium Logicum* (wie Anm. 4), S. 26.

31 ARISTOTELES, *Erste Analytik*, 50a29.
32 „Omnis syllogismus hypotheticus est conditionalis. Ideo sufficiunt 2 species, copulativa et disiunctiva: nec opus est addi conditionalem", SIGWART, *Collegium Logicum* (wie Anm. 4), S. 29.
33 „Ita sunt tantum 2 species hypotheticorum: et tertia, sc. conditionalis, est earum genus", SIGWART, *Collegium Logicum* (wie Anm. 4), S. 29.
34 „Si emit, persolvit precium. ibi latet copulativa: et emit, et persolvit precium. Si mortuus est, non vivit i. e. et mortuus est, et non vivit. ergo Cicero recte facit, quod 2 tantum species fecerit hoc loco", SIGWART, *Collegium Logicum* (wie Anm. 4), S. 29.
35 ARISTOTELES, *Erste Analytik*, 45b17.

fünf Unbeweisbare anerkannt: die zwei ersten waren konditional (modus ponens und modus tollens) und die übrigen disjunktiv. Später wurden zwei andere hinzugefügt, und die sieben wurden zur normalen Lehre.

Schegks Aussagenlogik besteht wesentlich in Ciceros Fassung der sieben Unbeweisbaren bzw. „modi". Schegk hält die ersten drei modi für „Konjunktionen" (συνημμένοι) und die übrigen für „Disjunktionen" (διεζευγμένοι). Seine Beschreibung des ersten Modus, modus ponens, ist wegen der eingeführten Konjunktion kompliziert:

> Es gibt den ersten Modus, συνημμένον [Konjunktion] (sie sind kopulative Syllogismen), wenn unter Behauptung des Vordersatzes nötig ist, auch den Nachsatz zu behaupten.

Er gibt dennoch eine schlichte Beschreibung des zweiten Modus, modus tollens, an: „Aus der Negation des Nachsatzes schließt man die Negation des Vordersatzes".[36]

Er erklärt den dritten Modus anhand eines Beispieles:

> Es ist falsch: Jedes Lebewesen ist (z. B. schmerzempfindlich) und kein Mensch ist (schmerzempfindlich); aber jedes Lebewesen ist (schmerzempfindlich); daher ist der Mensch auch (schmerzempfindlich).

Die erste Prämisse ist hier eine verneinte Konjunktion, ~[p∧~q], und da sie einem Konditionalsatz, p⊃q, äquivalent ist, kommt dieser dritte Modus einer Neuformulierung des ersten gleich; deshalb ist er in Verbindung mit den Konditionalschlüssen gebracht worden.[37]

In den übrigen fünf Unbeweisbaren benutzt Schegk sowohl Ciceros Ausdrücke für Aussagen („hoc", „illud") als auch die traditionellen stoischen Beispiele „Tag" und „Nacht". Das vierte lautet: „Entweder dies oder das; aber dies (Tag) ist; also nicht das (Nacht)"; diese Schlussform, samt der fünften, ist disjunktiv. Der molekulare Satz, der sechste, ist, wie in der dritten Schlussform, eine verneinte Konjunktion, die eine inklusive Disjunktion ausmacht.[38] Leider gibt Schegk das siebte Unbeweisbare in der Form, wie Cicero es überliefert hat; denn die Form ist ungültig.[39]

---

36 (1) „Proinde συνημμένον primus modus est (sunt copulativi syllogismi) cum affirmato antecedente, necesse est consequens etiam affirmari"; d. h.: p⊃q, p ∴ q. (2) „Secundus est quo argumentamur a negatione consequentis et negationem antecedentis inferimus"; p⊃q, ~q ∴ p. SIGWART, Collegium Logicum (wie Anm. 4), S. 29, 30.

37 (3) „Tertius est, in quo est repugnantia antecedentis et consequentis: ut, si quae coniuncta sunt, negaveris esse coniuncta ... Vera igitur erit haec repugnantiae istius negatio: Non et omne animal est (ut, verbi gratia, doloris capax) et homo non est (doloris capax). Sed omne animal est (doloris capax) ergo homo etiam est (doloris capax)"; ~[p∧~q], p ∴ q. SIGWART, Collegium Logicum (wie Anm. 4), S. 30.

38 (4) „Aut hoc est, aut illud. Sed hoc (dies) est. ergo illud (nox) non est"; p≠q, p ∴ ~q (wobei „≠" die exklusive Disjunktion bedeutet). (5) „... aut hoc est, aut illud. Sed illud non est. ergo hoc est"; p≠q, ~q ∴ p. (6) „... non est [et?] hoc, et illud. Hoc autem est, non igitur illud"; ~[p∧q], p ∴ ~q. SIGWART, Collegium Logicum (wie Anm. 4), S. 33.

39 (7) „Non hoc et illud. non autem hoc. illud igitur", SIGWART, Collegium Logicum (wie Anm. 4), S. 33; Fehlschluss: ~[p∧q], ~p ∴ q. Wenn aber die Konjunkte negiert würden (vielleicht wie in der Originalfassung), wäre der Satz einer inklusiven Disjunktion äquivalent: ~[~p∧~q], ~p ∴ q.

Envoi

Schegk in Tübingen und die Scholastiker in der Tradition der Universität Paris hatten in ihrer Logik etwas Gemeinsames: sie führten in der Formallogik gewissenhafte, mühsame Untersuchungen aus. Sie arbeiteten jedoch an teilweise verschiedenen Gebieten der Logik und auf unterschiedliche Arten. Schegk beschäftigte sich mit Aristoteles, daher mit der Prädikatenlogik, durch sorgfältige, ja „humanistische" Lesung des Originaltextes. Die *schoolmen* widmeten sich durch detaillierte formale Analyse den beiden Teilen, der Prädikaten- und Aussagenlogik, indem sie in erster Linie ihren eigenen Autoren folgten.

Bald brach aber eine Rebellion aus: gegen den Formalismus – vielleicht auch gegen den Humanismus (Sigwart bemerkt: Nach Schegk war „[d]ie Blütezeit der humanistischen Richtung [an der Universität] vorbei").[40] Dennoch, für den Unterricht war die Rebellion gegen die Formallogik nicht so schlimm. Die Methoden sowohl von Schegk als auch von den Scholastikern waren nämlich allzu anstrengend, und man kann durchaus Mitleid für die armen Logikstudenten empfinden: sie sollten Griechisch beherrschen (bei Schegk) oder sehr komplizierten Gedankengängen folgen (bei den Scholastikern). Der Konflikt bestand zwischen Wissenschaft und Pädagogik, Denken und Nutzen, Theorie und Praxis – schließlich zwischen Logik als *scientia* und Logik als *ars*. Und wir Professoren der Logik haben heute dieselben Probleme.

BIBLIOGRAPHIE

ANONYMUS, Rezension von Christoph SIGWART, *Ein Collegium Logicum im XVI. Jahrhundert*, in: Mind, vol. XV, n. 60 (Oktober, 1890), S. 577–578.

ASHWORTH, Earline Jennifer. *Language and Logic in the Post-Medieval Period*. Dordrecht/Boston: Reidel, 1974.

GUTIÉRREZ DE LA VERA CRUZ, Fray Alonso. *Dialectica resolutio*. Mexiko: 1553–54 und Salamanca: 1562, 1569, 1573, 1593.

HINZ, James A. „Schegk, Jacob", in: *The Oxford Encyclopedia of the Reformation*, vol. 4 (New York/Oxford: Oxford University Press, 1996), S. 2.

KNEALE, William und Martha. *The Development of Logic*. Oxford: Clarendon Press, 1968.

LIEBLER, Georg. *Oratio funebris de vita, moribus, et studiis nobilissimi et clarissimi viri d. Jacobi Schegkii Schorndorffensis*. Tübingen: 1587.

LOHR, Charles H. „Renaissance Latin Aristotle Commentaries (Pi-Sm)", *Renaissance Quarterly*, vol. 33 (Winter, 1980); zu Schegk S. 718–720.

MUÑOZ DELGADO, Vicente. *Lógica hispano-portuguesa hasta 1600/ Notas Bibliográfico-doctrinales*. Salamanca: 1972.

PLANER, Andreas. *Organi Aristotelis analytica priora*. Tübingen: 1583.

---

40 SIGWART, *Collegium Logicum* (wie Anm. 4), S. 3.

SCHEGK, Jakob. *De demonstratione libri XV*. Basel: 1564.

– *Commentaria in organi Aristotelis libros ad artis partem analyticem pertinentes*. Tübingen: 1570.

SIGWART, Christoph. *Ein Collegium Logicum im XVI. Jahrhundert. Mittheilungen aus einer Handschrift der k. Universitätsbibliothek in Tübingen*. Freiburg i. Br.: J. C. B. Mohr (Paul Siebeck), 1890 (beigefügt an: Verzeichnis der Doctoren welche die philosophische Facultät der königlich württembergischen Eberhard-Karls-Universität in Tübingen im Dekanatsjahr 1889–1890 ernannt hat (Tübingen: Laupp, 1890).

WALLACE, William A. „Scholasticism", in: *Europe 1450–1789: Encyclopedia of the Early Modern World*, vol. 5 (New York: Charles Scribner's Sons, 2004), S. 327–330; zu Schegk S. 329.

WEBER, Hans Emil. *Die Philosophische Scholastik des deutschen Protestantismus im Zeitalter der Orthodoxie*. Leipzig: 1907.

WHEELIS, Samuel H. „Nicodemus Frischlin's *Julius Redivivus* and Its Reflections on the Past", in: *Studies in the Renaissance*, vol. XX (1973), S. 106–117.

Georg Liebler's Textbook on Physics (1561) in the Context of His Academic Career

Joseph S. Freedman

Instruction in the academic discipline of physics during the sixteenth century has received relatively little attention.¹ The textbook on physics first published by Georg Liebler in 1561 – and subsequently republished in expanded form in the year 1573 – appears to have been widely disseminated during the last four decades of the sixteenth century.² The 1561 edition of Liebler's textbook – in the context of his own career and of writings published by his own contemporaries – serves as the focus of the current study.

Table A provides a summary of the life and academic career of Georg Liebler.³ Liebler appears to have rarely ventured (if at all) from his native Swabia.⁴ Born in Neckartenzlingen (near Nürtingen), he attended school in his home town prior to enrolling at the University of Tübingen on August 19, 1537.⁵ After receiving the Bachelor of Arts (in March of 1541) and the Master of Arts (on August 6, 1544) degrees

---

1 The 1561 edition of Liebler's textbook on physics (*Epitome philosophiae naturalis*) will be referred to here as Liebler (1561).

This edition of Liebler's textbook on physics contains two separate paginations. The first pagination comprises the title page, the dedication, and a page of verse; the second pagination (pages 1 through 301) contains the actual text. In citing the text, the appropriate page numbers (without reference to the fact that they are contained within the second pagination) are given.

A copy of this 1561 edition owned by the Bayerische Staatsbibliothek München has been used to prepare the text, footnotes, and tables of this article; a copy hereof owned by the Universitätsbibliothek Tübingen is the source of the four pages from that same work that have been reproduced as illustrations in this article.

Refer to the following literature (cited in full in G of the Bibliography): Des Chene (1996); Freedman, "Professionalization" (2001); Freedman, "Mylaeus" (2008); Grafton and Siriasi (1999); Leinsle (2006).

2 Refer to α. A.-B. in Table B as well as A. 1.–2. in the Bibliography.

3 The two main sources for the biographical information presented in Table A are Liebler's funeral sermon (Zieglerus, *Oratio de vita et morte ... Georgii Liebleri*) and Hofmann, *Artistenfakultät Universität Tübingen*, which are cited in E. β. 5. and in G of the Bibliography, respectively. Hofmann's excellent monograph has been especially helpful. Additional primary sources pertaining to Liebler and his family are cited in C, D, and E of the Bibliography.

4 The biographical research done in preparation of this article did not produce any evidence that Liebler resided – or even travelled – outside of Swabia. The four (known) extant letters written by him were all addressed from Tübingen; see C. α. 1.–4. of the Bibliography.

5 According to Zieglerus, *Oratio de vita et morte ... Georgii Liebleri* [Bibliography, E. β. 5.], fol. 2ʳ, Georg Liebler was born on October 3, 1524. His enrollment at the University of Tübingen on August 9, 1537 is recorded in Matricula universitatis [Bibliography, E. α. 2.]; this enrollment is listed in Hermelink, *Matrikeln der Universität Tübingen* [Bibliography, E. β. 2.], p. 288, where some additional biographical information concerning Liebler is also given.

Georg Liebler, Oil Painting. University of Tübingen, Professorengalerie

from the University of Tübingen, he then studied theology there for three additional years.[6] Apart from one year as a Lutheran minister in Derendingen (1547–1548), Liebler apparently resided in Tübingen thereafter for the remainder of his life.[7]

During his tenure as professor of physics at the University of Tübingen from 1552 to 1594, Liebler also had numerous additional responsibilities within as well as outside of the University.[8] He served as head administrator (*magister domus*) of the Lutheran Foundation (*Theologisches Stift*) in Tübingen (1552–1557) and subsequently (1558–1592) as principal (*Paedagogarcha*) of the preparatory school (*Paedagogium*) at the University.[9] Liebler also taught rhetoric in the third grade (*classis tertia*) of that same preparatory school from 1575 until 1594.[10] And in addition to conducting visitations at specified schools in Württemberg (1560–1592) he intermittently also served in some additional administrative capacities.[11]

---

6 Refer to the documentation of Liebler's Bachelor of Arts and Master of Arts degrees given in E. α. 3. of the Bibliography. Concerning Liebler's further study of theology, see Zieglerus, *Oratio de vita et morte ... Georgii Liebleri* [Bibliography, E. β. 5.], fol. 10^r.

7 Concerning Liebler's year (1547–1548) as minister in Derendingen see Zieglerus, *Oratio de vita et morte ... Georgii Liebleri* [Bibliography, E. β. 5.], fol. 11^v–12^r. While it appears virtually certain that Liebler was associated with the *Contubernium* dormitory and/or the University of Tübingen preparatory school from 1548 and 1552, it is not clear where he was employed during this four-year period; see Hofmann, *Artistenfakultät Universität Tübingen* [Bibliography, G], p. 239.

8 With regard to the beginning (December 31, 1552) and the end (February 23, 1594) of Liebler's tenure as professor of physics (*Lectio philosophiae sive physices Aristotelis*), see Tübingen UA: 15/1, 12a and 5/14, p. 11 [Bibliography, E. α. 5. and E. α. 8.] as noted in Hofmann, *Artistenfakultät Universität Tübingen* [Bibliography, G], p. 246. The fact that Liebler did not publish any monograph-length treatises apart from his textbook on physics (and its revised version in 1573) may have been due in part to these additional responsibilities.

9 Concerning Liebler's years as *magister domus* in the *Evangelisches Stift* see Leube, Martin. *Geschichte des Tübinger Stifts* [Bibliography, G], pp. 14–15 and Besch, Verzeichnis der Studenten [Bibliography, E. α. 9.], Vol. 2, p. 28, right column. The beginning (January 25, 1588) and end (November 5, 1592) of Liebler's service as principal of the University of Tübingen's preparatory school is documented in Tübingen UA, 2/1b, fol. 243 and 2/4, fol. 307 [Bibliography, E. α. 4.] as noted in Hofmann, *Artistenfakultät Universität Tübingen* [Bibliography, G], p. 238.

10 Concerning the dates during which Liebler taught rhetoric in the third grade-level at the University of Tübingen's preparatory school refer to UA, 2/2, fol. 41^v and 2/4, fol. 351 [Bibliography, E. α. 4.] as noted in Hofmann, *Artistenfakultät Universität Tübingen* [Bibliography, G], p. 243.

11 Liebler served as Dean (*decanus*) of the University of Tübingen Arts Faculty (for one year terms) in 1555–1556, 1559–1560, 1567–1568, 1573–1574, 1578–1579, 1583–1584, 1589–1590 and as (Arts Faculty) Counselor (*consiliarius rectoris*) in 1563–1564, 1565–1566, 1571–1572, 1576–1577, 1580–1581, 1582–1583, 1585–1586, 1587–1588, and 1591–1592. Concerning Liebler's service as Dean refer to Tübingen UA: 15/11, fol. 39^v, 43^r; 15/12, fol. 9^v, 19^r, 28^r, 35^r, 44^r [Bibliography, E. α. 8.]; his service as Counselor is mentioned in Tübingen UA: 15/15a [Bibliography, E. α. 8.]. All of these above given archival citations are to be found in Hofmann, *Artistenfakultät Universität Tübingen* [Bibliography, G], pp. 232–236. Concerning Liebler's additional administrative responsibilities refer to the discussion and documentation given within Pill-Rademacher, *Visitationen an der Universität Tübingen* [Bibliography, G], pp. 210, 215, 217, 253, 257–258, 286. With regard to Liebler's duties as a school inspector (from 1560 until 1592), see Hofmann, *Artistenfakultät Universität Tübingen* [Bibliography, G], p. 238.

Liebler's wife (Maria) died in 1591.¹² Due to his deteriorating health in the early 1590s, he could not longer continue his administrative and teaching responsibilities, all of which ended in the year 1594.¹³ His health apparently worsened further in the years leading up to his death on January 30, 1600.¹⁴

Table B presents an abbreviated bibliography of Georg Liebler's published and manuscript writings.¹⁵ His major publication was his textbook on physics. It was first published in the year 1561 and was subsequently reprinted in 1563 and 1566.¹⁶

The second edition of this textbook – first published in the year 1573 – apparently was expanded in response to a treatise on physics by Petrus Ramus first published in the year 1565.¹⁷ Ramus's treatise on physics discussed all eight books of Aristotle's physics; the 1561 edition of Liebler's physics textbook only examined books one through four of Aristotle's physics, while the 1573 edition discussed all eight books thereof.¹⁸ And commentary by Liebler pertaining to Ramus is added within many component sections of his 1573 edition.¹⁹ This expanded version of Liebler's textbook on physics was reprinted at least seven times through the year 1620.²⁰ A treatise written in defense of Ramus's treatise on physics – and in opposition to the expanded edition of Liebler's textbook on physics – was published in 1582.²¹

---

12 In the funeral sermon for Georg Liebler it is noted that he and his wife Maria were married on January 18, 1548 and that she died on November 29, 1591; see Zieglerus, *Oratio de vita et morte ... Georgii Liebleri* [Bibliography, E. β. 5.], fol. 12ʳ, 22ʳ; also refer to the funeral sermon for Maria Liebler cited in E. β. 4. of the Bibliography.
13 Concerning Liebler's deteriorating health refer to Zieglerus, *Oratio de vita et morte ... Georgii Liebleri* [Bibliography, E. β. 5.], fol. 23ʳ; concerning Liebler's resignation from all of his administrative and teaching responsibilities by the year 1594 refer to the discussion and archival citations – Tübingen UA: 2/4, fol. 216ʳ, 259ᵛ, 307ʳ, 349ᵛ, 351ʳ, 360ʳ [Bibliography, E. α. 4.] and 15/7a, D 9ᶜ [Bibliography, E. α. 8.]; 5/14, p. 11 [Bibliography, E. α. 5.] given in Hofmann, *Artistenfakultät Universität Tübingen* [Bibliography, G], pp. 211–212.
14 Zieglerus, *Oratio de vita et morte ... Georgii Liebleri* [Bibliography, E. β. 5.], title page and fol. 28ʳ; the date of Liebler's death is also noted in Göz and Conrad, *Diarium Martini Crusii 1600–1605* [Bibliography, E. β. 1ᶜ.), p. 20 (s. 24, lines 17–18)]. The *Diarium Martini Crusii* [Bibliography, E. β. 1a.–1d.] contains additional documentation concerning the final years (1596–1600) of Georg Liebler's life; refer to the passages within this diary cited in Göz and Conrad, *Diarium Martini Crusii. Gesamtregister* [Bibliography, E. β. 1d.], p. 118, left column.
15 Research done in connection with this article has been undertaken with the intent to produce a bibliography of Georg Liebler's writings that approaches completeness; poems by Liebler found in printed writings by other authors have not been included in this bibliography.
16 See α. A. in Table B as well as A. 1. in the Bibliography.
17 Ramus, *Scholarum physicarum libri octo* (1565) as cited within F of the Bibliography. Walter Ong cites this 1565 edition as well as a subsequent, expanded edition that appeared in 1583 and 1606; Ong, *Ramus and Talon Inventory* [Bibliography, G], pp. 354–355 (nos. 592–594); also refer to footnote 127 below as well as to the corresponding passages in the text of this article.
18 This is evident in the 1573 edition – as well as in the 1575, 1586, 1589, 1594, 1596, 1600, and 1620 imprints – of Liebler's textbook on physics.
19 Refer to the text of 1573 edition – as well as to the text of the seven subsequent editions – of Liebler's textbook on physics.
20 Refer to α. B. in Table B as well as A. 2. in the Bibliography. The 1620 imprint has a completely new title but is otherwise apparently identical in content to the 1600 edition.
21 See Kragius, *Rameae scholae et, defensio Petri Rami: contra Georgii Liebleri* (1582) as cited in α. C. in Table B as well as in E. β. 3. of the Bibliography.

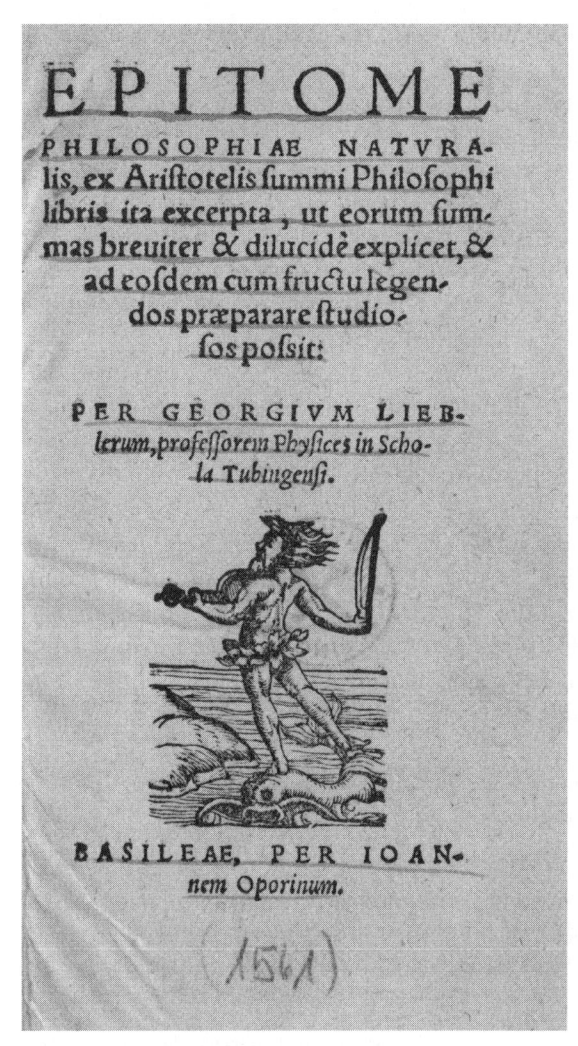

Georg Liebler, Epitome philosophiae naturalis, Basileae 1561. Title page

Liebler also published a number of academic orations and funeral sermons.[22] He presided over at least four published disputations.[23] And at least two manuscripts originating from Liebler's academic instruction in physics are extant.[24]

Textbooks published (as well as manuscript treatises written) in the sixteenth century on philosophical disciplines sometimes contain – often in an introductory section – a discussion of the philosophy concept.[25] The 1561 edition of Liebler's textbook on physics contains such a discussion, which includes the presentation of five different classifications of philosophical disciplines. These five classifications of philosophical disciplines are outlined in Table C.[26]

Referring to Table C, Liebler rejects classifications 1 and 2 as too narrow and classification 5 as too broad. However, he appears to suggest that the reader of his textbook can accept either classification 3 or classification 4.[27] He notes that

---

22 Refer to β. A.-B. in Table B as well as to A. 3. and A. 4. in the Bibliography.
23 See the four published disputations cited in A. 5. in the Bibliography.
24 Refer to the two manuscripts cited in B of the Bibliography.
25 Classifications of philosophical disciplines during the 16th and 17th centuries is the focus of Freedman, "Classifications of Philosophy" [Bibliography, G], pp. 44 (footnotes 62 and 63), 46–47.
26 Liebler (1561), pp. 1–6. Elsewhere in his textbook on physics Liebler briefly classifies mathematical disciplines: Liebler (1561), p. 44, lines 9–17 as summarized in C of Table C. It is quite possible that Liebler – like some other 16th century authors – equated astrology with astronomy; for example, see Camenerus, Compendium dialectice (1513) [Bibliography, F], fol. A5^v-A6^v and Sanflorus, Aristotelis ... Thesaurus commentariolis (1576) [Bibliography, F], fol. 523^v–524^r.
27 "Sed hac postrema significatione, ut nimis late sese diffundente, et duabus primis, ut nimis in

"Peripatetics" consider the disciplines falling within the parameters of what he refers to as in *disserendi subtilitatem* (which in Liebler's time normally comprised logic, rhetoric, and grammar, sometimes also including poetics) as instruments – and not parts – of philosophy.[28] In the early sixteenth century, classifications of philosophical disciplines normally included (what was frequently referred to as) rational philosophy (*philosophia rationalis*), that is, the disciplines falling within the parameters of *in disserendi subtilitatem* (A. 4. a. [ii.] in Table C); from about 1550 onwards, it became a point of contention – expressed well by what appears to have been Liebler's own uncertain or ambivalent position (B. 2. in Table C) – as whether those same disciplines should be considered as parts of philosophy or as instruments thereof.[29]

This same point – the question of whether or not logic, rhetoric, grammar, and poetics should be considered as parts of philosophy or as instruments of the same – also appears to be unclear within the context of Table D.[30] Table D lists the disciplines and subject matters taught in the Faculty of Arts during Georg Liebler's tenure (1548–1594); during that period, Arts Faculty members were responsible (α.) for teaching in the Tübingen's university preparatory school (*paedagogium*) as well as (β.) for offering more advanced instruction (including subject matters clearly falling within the parameters of philosophy.[31] As it evident from Table D, Latin grammar, Greek grammar, rhetoric, and logic are taught in the preparatory school (α. in Table D) while logic, poetics, and Hebrew language (which probably also included Hebrew grammar) were taught at the higher level (β. in Table D) together with instruction in ethics, physics, mathematics, and astronomy.

The parameters of – and subject matters discussed within – the 1561 edition of Georg Liebler's textbook on natural philosophy are outlined in Tables E and F. Liebler

---

angustum contractis, retineatur vel tertiam, quae est Peripateticoru[m]: vel quartam, quae est Stoicorum et Ciceronis." Liebler (1561), p. 6, lines 8–12 as excerpted in B of Table C.

28 Liebler (1561), p. 3, lines 21–27 as excerpted in A. 4. of Table C.

29 For example, the following two classifications of philosophy place grammar, rhetoric, and logic within the parameters of philosophy: Wildenbergius, *Totius philosophiae humanae ... digestio* (1555) [Bibliography, F], p. 114. Velcurio, *Commentarii in universam physicam Aristotelis* (1557) [Bibliography, F], fol. 1^v. In the year 1567, Joannes Beverus does the same but also notes with regard to grammar, rhetoric, and logic that "Has alii non partes, sed ministras et organa seu instrumenta philosophiae esse malunt." Beverus, *In Aristotelis de rebus naturalibus ... commentarius* (1567) [Bibliography, F], p. 290. Also refer to the discussion given in Freedman, "Classifications of Philosophy" [Bibliography, G], pp. 44 (footnotes 62 and 63), 46–47.

30 Table D has been constructed directly from pages 238–250 of the appendix to Hofmann, *Artistenfakultät Universität Tübingen* [Bibliography, G]; Hofmann cites the relevant primary sources – housed at the Tübingen University Archive – throughout.

31 At the University Tübingen during the late 16th century, several subjects – Greek and logic – were taught not only in its preparatory school, but also in more advanced, university-level instruction. This practice was not unique to Tübingen during that period; two subjects – logic and rhetoric – were taught both at the lower level and the upper level at an Academy in Lauingen in 1579 and at the University of Freiburg (Breisgau) in the year 1593. See *Panegyris verna illustris scholae Lauinganae* (1579) [Bibliography, F] and *Synopsis, ordo, et catalogus ... Archigymnasii Friburgensis* (1593) [Bibliography, F] as well as the discussion thereof given in Freedman, "Encyclopedic Philosophical Writings" [Bibliography, G], pp. 224–225, 246–248.

did not provide a table of contents for this textbook. The title page, dedication, a page of verse are numbered as pages 1 and 3–23; a separate pagination (1–301) is given for the text. The text of the second pagination – except for pages 1 through 33 thereof – is divided into main sections and sub-sections, all of which are demarcated using captions. The sections correspond to Latin-language titles of writings by Aristotle; the "Books" (*libri*) contained in those writings generally serve as sub-sections. In the case of Book Four of Aristotle's *Physics*, the three chapters comprising that Book are given captions within the text. Table E has been constructed on the basis of these sections and sub-sections.

The organization of the text within these individual sub-sections can be examined with the aid of Table F. The individual pages of the text are organized into "questions", which consist of a caption (usually presented as an actual question) followed by text (in which the question is answered and/or discussion thereof is provided). The captions of the "questions" presented on pages 1 through 22 of the text are listed in Table F. Some of Liebler's captions are quite lengthy, while the text passages corresponding thereto can range in length from a single word up to a number of pages.[32] A total of 447 questions – each containing a caption followed by accompanying text – are contained in the 301 pages of text within this work.[33]

Table G presents Liebler's own classification of the contents of his own textbook, which does not exactly match its actual contents.[34] On the basis of the discussion given with the aid of Tables E, F, and G, one could conclude that Liebler's textbook on physics is not exceptionally well organized. And the organization of his textbook does not facilitate the examination of its contents.

Table H provides an overview concerning Liebler's discussion of the three basic principles (*principia*) of natural philosophy: matter (*materia*), form (*forma*), and privation (*privatio*). Matter (B1 in Table H) is either prime matter (*materia prima*) or secondary matter (*materia secunda*).[35] In his discussion of prime matter, he states that it cannot be

---

32 The following examples can be given here. A long caption followed by a short text is given in Liebler (1561), p. 11; a very short caption (*Argumenta physica*) is followed by a four-page text in Liebler (1561), pp. 72–76. The first question in Book (Liber) 4 of Chapter (Cap[ut]) 1 reads as follows (caption and text): "Est ne locus? Est." Liebler (1561), p. 81.

33 In arriving at a total number of questions, it is difficult to decide whether or not to count individual prefatory sections (found at the beginning of individual books or chapters in this textbook) as captions. For example, my tabulation of the number of questions, the preface to his Book Four (*Liber Quartus*) has been counted (pages 80 and 81) while the prefatory section to Book Three (*Compendium in librum tertium physicorum*) on pages 59 and 60 has not been counted. Depending on how one counts these prefatory sections, the count of 447 might be increased or reduced by up to about 5 questions.

34 Liebler's outline of the content of his textbook on physics mentions inanimate mixtures, which are hardly discussed by him at all in that same textbook; pages 268 through 301 of his textbook (Table E) are not mentioned in his outline (Table G). Also not mentioned in this outline are Liebler's classification of philosophical disciplines (pp. 1–7), which has been discussed here; see footnotes 25 through 29 – and the corresponding passages in the text of this article – as well as Table C.

35 "Quot modis materia in physicis usurpari solet? Duobus. Est enim materia propinqua, seu secunda quaedam: alia remota, quam primam dicunt." Liebler (1561), p. 25. Matter (*materia*) is

defined; furthermore, it cannot even be understood.[36] Liebler himself poses the question of why we should discuss prime matter even though it cannot be understood.[37] In answering his own question, Liebler cites Plato in support of his own position: we are not able to understand all concepts, but we can discuss them if we can draw an analogy between them and some other concept(s) that can be understood (to some greater extent); accordingly, an analogy can be drawn between prime (remote) matter and secondary (proximate) matter.[38]

In his discussion of forms, Liebler distinguishes between substantial and accidental forms. Liebler adds that accidental forms are able to be infinite; he also notes that his discussion of forms focuses "properly and principally" (proprie et praecipue) on substantial forms.[39] Yet even within the context of substantial forms, he distinguishes between incorporal (substantial) forms and corporal (substantial) forms; discussion of the former lies outside parameters of (the discipline of) physics.[40] Liebler concludes the very brief discussion of forms in his textbook on physics by

Georg Liebler, Epitome philosophiae naturalis, Basileae 1561. Page 11 (second pagination)

---

defined as follows: "Materia est subiectum cuiusque mutationis primum, cum sit per se, & non secundum accidens." Liebler (1561), p. 24. On the following page (p. 25) Liebler clarifies this latter definition by posing and addressing the following question: "Quare in definitione adiungis hanc particulam, Non secundum accidens?"

36 Liebler (1561), p. 26 (as quoted in a. of B2 of Table H).
37 "Quid igitur de ea disputamus, si cognosci a nobis non potest?" Liebler (1561), p. 26.
38 Liebler (1561), pp. 26–27 (as quoted in b. of B2 of Table H).
39 Liebler (1561), p. 30 as diagrammed and quoted in C1 and C2 of Table H.
40 Liebler (1561), p. 30 as diagrammed and quoted in C3 of Table H.

> **12   PHILOS. NATVRALIS**
> *Sunt'ne infinita principia?*
>
> Dupliciter principia infinita dici possunt : aut numero, aut magnitudine. & utraq; opinio nō ca ruit claris assertoribus. Sed neutro modo principia infinita dici possunt. nam quæ ex eis nascerentur res, infinitæ quoq; essent : suis enim principijs uacare cōposita res nulla potest. Quare cum cernamus definitam esse molem omnium naturalium corporum, principia quoq; eorundem & numero & magnitudine finita esse statuamus. Pluribus uerbis istæ opiniones confutantur ab Aristotele : cuius argumenta & rationes ex ipso melius, quàm ex talibus libellis cognosci possunt.
>
> *Cum ergo numero & magnitudine finita sint principia, restat ut inquiramus, quótnam ea, & quæ sint?*
>
> Id sanè restat. Sed ut hoc commodius facere queamus, rursum à nobis notioribus incipiendū erit, ut per ea quæ scimus, ad ea etiam quæ nō scimus, perueniamus.
>
> *Quid igitur de principijs preterea mihi notum putas?*
>
> Rudis quædā notio, & qualiscunq; descriptio. Si enim hoc mihi concedis, esse quædam rerum naturalium principia: certè & illud non inuitus dabis, Principia esse talia quæ non fiant ex alijs, neq; ex se mutuò, sed ex quibus alia omnia fiant & oriantur.

Georg Liebler, Epitome philosophiae naturalis, Basileae 1561. Page 12 (second pagination)

noting that all further discussion of forms needs to take place within the domain of metaphysics (prima philosophia).[41]

D in Table H presents seven passages (1 through 7) pertaining to the complex relationship between Liebler's three basic principles: matter, form, and privation.[42] Form and privation are considered as contraries (contraria) while matter serves at the "subject" (subiectum) – roughly analogous to a conceptual and physical location – to which both form and privation are referred.[43] While privation is contrary to form, the former does not completely negate the latter; the latter still has the "capability" (habilitas) to receive (that is, to fully receive back its own) form.[44] Liebler distinguishes between "non entity" (non ens) which is absolute negation (non ens per se; absoluta negatio) and that which is not absolute negation (non ens per accidens); matter and privation fall into this latter (that is, into the "not absolute") category.[45]

---

41 Liebler (1561), p. 30 as quoted in C4 of Table H. Metaphysics was sometimes referred to as prima philosophia by Liebler's contemporaries. For example, see the following writings: Flaminius, Paraphrasis in duodecim Aristotelis librum de prima philosophia (1547) [Bibliography, F]; Schegk, In reliquos naturalis Aristotelis libros commentaria … in X libris ethicorum annotationibus (1550) [Bibliography, F], pp. 334, 450. When referring further discussion of forms to the realm of metaphysics, Liebler almost certainly knew that such discussion probably would not take place (at least officially) at any Protestant university in Central Europe at that time. Metaphysics was not taught at Tübingen as a separate subject during Liebler's years there; refer to Table D. It also apparently was not taught as a separate subject matter at any Central European, Protestant universities during Liebler's tenure (1552–1594) as a professor of physics; refer to Freedman, "Philosophy Instruction" [Bibliography, G] and Freedman, "Encyclopedic Philosophical Writings" [Bibliography, G].

Among the most difficult concepts mentioned within academic writings on physics – and also within other philosophical subject matters – during the sixteenth and early seventeenth centuries is the concept of nature. The terms "nature" (*natura*) and "natural" (*naturalis*) had a wide range of different meanings within individual academic writings during this period; individual authors sometimes did not explain all, some, or any of the ways in which they used these two terms.

In a broadsheet largely devoted to natural philosophy that was published in the year 1557 by Christophorus Mylaeus (Table I), a central distinction is made between "natura itself" (*natura ipsa*) and *natura altera*.[46] The latter is apparently equivalent (or: roughly equivalent) to human nature; the former – which is not directly defined or described – serves as the subject matter of his broadsheet. However, the terms nature and natural

Georg Liebler, Epitome philosophiae naturalis, Basileae 1561. Page 13 (second pagination)

---

42 Refer to the following text passages in the 1561 edition of Liebler's textbook on physics that correspond to 1 through 7 in D of Table H: **1** and **2**: page 13; **3**: page 14, lines 5–8, 14–16; **4**: page 15; **5**: page 16, lines 3–8 and page 17, lines 24 and 26; **6**: page 17, lines 26–27 and page 18, lines 7–11; **7**: pages 23–24.
43 Refer to Liebler (1561), pp. 16 (lines 3–8) and 17 (lines 24 and 26) as quoted in D. 5. of Table H.
44 See Liebler (1561), pages 17 (lines 26–27) and 18 (lines 7–11) as quoted in D. 6. of Table H.
45 Liebler (1561), p. 23 and D. 7. of Table H.
46 Mylaeus, *Theatrum universitatis rerum* (1557) [Bibliography, F] as cited fully in Freedman, "Mylaeus" [Bibliography, G], p. 245, footnote 29; the relevant texts from this broadsheet are quoted there on pages 302–312. The 1551 edition of Christophorus Mylaeus's treatise on historiography consists of five "Books" (libri); Book 1 is devoted to *natura ipsa* (which also is the subject matter of his *Theatrum universitatis rerum*). *Natura altera* is the focus of the remaining four Books; Books 2, 3, 4, and 5 discusses prudentia, principatus, *sapientia*, and literatura,

appear to have been utilized in (at least) eleven additional ways by Mylaeus in this broadsheet (C in Table I).[47]

A through F in Table J presents an outline and summary of the highly diverse ways in which these same two terms are within the writings of Clemens Timpler (1563/4–1624); he juxtaposes that which confirms to "the ordinary course of nature" (*ordinarium naturae cursum*) with (A in Table J) all of that which is "above" (*supra*), "apart from" (*praeter*), and "against" (*contra*) the ordinary course of nature.[48] Timpler sometimes equates the "nature" of a given thing with its definition; more often, however, the "nature" of a given thing is only "known" when its definition is taken together with additional knowledge (D in Table J).[49] And when equating nature with the essence of rational substance, that essence can be either universal or can refer only to a given human being.[50]

Georg Liebler states that no one correctly understands how nature is to be defined.[51] Yet he nonetheless does attempt to define and explain it.[52] He states that nature is the "principle and cause" (*principium et causa*) of motion and rest.[53] D1 through D7 in α. of Table K outline the various ways in which Liebler uses the terms nature (*natura*) and natural (*naturalis*) within the 1561 edition of his textbook on natural philosophy; many of these uses are similar to ways in which these same terms are utilized by Mylaeus (Table I) and Timpler (Table J).[54]

Detailed discussion of causality is not given by Liebler; β. in Table K provides his brief definition of cause and his distinction between *causa per se* and *causa per accidens* (A. in β.) as well as his brief discussion (B. in β.) of cause when considered in respect to principle (*principium*). Here the following two points can be made. *Causa per se* can be understood to mean, "that which, properly speaking, is a cause."[55] Accidental cause (*causa per accidens*) is directly equated with that which is caused "by (good or bad) fortune" (*fortuito; fortuna*) and "by chance" (*casu*).[56] In Liebler's textbook on physics,

---

respectively. See Mylaeus, *De scribenda universitatis scribendae* (1551) [Bibliography, F]. Concerning *natura altera* also refer to relevant texts as discussed, cited, and quoted in Freedman, "Mylaeus" [Bibliography, G], pp. 245, 282 (Table B), 312 (Table L, nos. 48–51).

47 Mylaeus, *Theatrum universitatis rerum* (1557) [Bibliography, F] as cited fully in Freedman, "Mylaeus" [Bibliography, G], pp. 268–269, footnote 182.

48 Freedman, *European Academic Philosophy* [Bibliography, G], pp. 240–242, 622–623.

49 Freedman, *European Academic Philosophy* [Bibliography, G], pp. 243, 624.

50 Freedman, *European Academic Philosophy* [Bibliography, G], pp. 243, 625.

51 Liebler (1561), p. 59, lines 7–8.

52 Refer to α. B. in Table K and the corresponding passages cited in footnote 54.

53 Liebler (1561), p. 35 as quoted in α. C. in Table K.

54 Refer to the following passages in the 1561 edition of Liebler's textbook on physics (α. D. 1.–7. in Table K): **1. a.** (*secundum naturam*): pages 42, 130, 134, 135, 147; **1. b.** (*praeter naturam*): pages 42, 147; **1. c.** (*contra naturam*): 130, 134 135, 147; **2.** pages 38–39; **3.** pages 34–35, 42, 46, 142–143, 167; **4.** pages 38, 41; **5.–5a.** page 42; **5b.** pages 39, 99, 106, 150, 161, 224, 244; **6.** page 232; **7a.** page 36; **7b.** page 232.

55 "Quid est causa per se? Ad quam per se & proprie sequitur effectus. Quid est causa per accidens? Cui per accidens effectus quidam adiungitur." Liebler (1561), p. 45.

56 Liebler (1561), pp. 45–46 as quoted in β. A. 2. of Table K; also see Liebler (1561), pp. 49, 50, 51–52, 54. Liebler considers *casus* as the genus of *fortuna*; these two concepts – and their connection – are discussed in Liebler (1561), p. 54.

accidental causes are considered to be infinite.[57] And second, while Liebler equates principle *(principium)* and cause, he also notes that nothing in nature exists prior to principle; this apparently means that despite the close similarity between principle and cause, the former is ontologically prior (and more fundamental) than the latter.[58]

As in the case of nature, Liebler states that motion cannot be defined but then gives a definition thereof.[59] In one passage in his textbook on natural philosophy he presents six "species" *(species)* of motion: generation, corruption, "increase" *(augmentatio)*, "decrease" *(diminutio)*, alteration, and change of place.[60] But in a different passage Liebler says that there are three species of motion: a given thing is moved [1] by reason of quantity, [2] by reason of quality, or [3] as caused by [change of] place.[61]

Table L presents outlines of discussions of the heavens *(coelum)*, the elements *(elementa)*, and the soul *(anima)* given within the 1561 edition of Liebler's textbook on physics.[62] Liebler differentiates the four elements – fire, air, water, and earth – from each other with the use of 1. gravity and "lightness" *(levitas)* as well as 2. "the qualities, and especially the four primary qualities" *(qualitatibus, praesertim primis)*.[63] He refers to gravity and lightness as the "vigor and life" *(vigor & quasi vita)* of elements; he uses them to differentiate between the four elements by noting that [1.] the fire is completely light (that is, it has no gravity), [2.] air and water both have gravity as well as lightness, but air is lighter than water and [3.] earth only has gravity (with no lightness).[64]

Liebler has noted that earth is the "lowest and most contemptible" *(infimum & abiectissimum)* element; it is "nearly a non-entity" *(prope non ens)*.[65] It also has "almost no form" *(ipsa propemodum omni forma destituta)*.[66] However, the earth is also "the domicile

---

[57] Liebler (1561), pp. 45–46 as quoted in β. A. 2. of Table K. Liebler links infinity to accidental cause in Liebler (1561), p. 54 (as quoted in footnote 107). Although Liebler does not directly say that *per se* causes are finite, he almost certainly believed so (except when God is considered as a cause). Liebler links *per se* causes to nature and he argues at length that nature is finite; see Liebler (1561), pp. 47, 76–80.

[58] See Liebler (1561), p. 37 as quoted in β. B. 1.–3. of Table K. The fact that three of the most basic concepts used within Liebler's textbook on natural philosophy – matter, form, and privation – are principles underscores that ontological importance of principle in the context of his textbook.

[59] See Liebler (1561), p. 59, line 6 and p. 63 as quoted in α. A. and γ. A. of Table K, respectively.

[60] Liebler (1561), p. 65 as quoted in γ. B. of Table K.

[61] Liebler (1561), p. 145 as quoted in γ. C. of Table K.

[62] The following are among the possible English language translations for *coelum* here: 1. heavens; 2. heaven; 3. celestial sky.

[63] Liebler (1561), p. 142, lines 15–20 as quoted in α. A. of Table L. Concerning Liebler's uses of the terms *perpessiones* and *proficiscuntur* – including their use in α. A. of Table L – refer to footnote 103 and the corresponding passages in the text of this article. The four elements – fire, air, water, and land – are listed in Liebler (1561), p. 179.

[64] Liebler (1561), pp. 148–149 and p. 179, lines 3–4 as excerpted in α. C. of Table L.

[65] Liebler (1561), p. 161, lines 23–26 as quoted in α. D. of Table L.

[66] Liebler (1561), p. 161, lines 23–26 as quoted in α. D. of Table L.

for almost all remaining forms" (*reliquarum fere formarum omnium domicilium*) and is "at the center of the universe" (*in medio totius universi*).[67]

Liebler clearly differentiates the heavens from the four elements; however, he also refers to the heavens (*coeleste ... corpus*) and to each of the four elements as a "simple body" (*simplex corpus*).[68] By putting the heavens at the same ontological level as the four elements while also differentiating the former from the latter, he appears to equate the heavens with "the fifth essence" (*essentia quinta*).[69] Constellations and stars are said to be contained within the heavens and are briefly discussed in that context.[70]

The "whole universe" (*totum universum*) is mentioned three times within Liebler's textbook on physics. In one passage he appears to equate it with the heavens (*coelum sive totum universum*).[71] In a second passage he states – as already noted earlier – that "earth" (*terra*) is at the center of the universe.[72] And in a third passage, he notes that the "concord and harmony of the whole universe" (*harmonia et concordia totius universi*) will be disturbed unless that is a "mean" (*medium*) between extremes.[73]

---

67 Liebler (1561), p. 161, lines 25–26 as quoted in α. D. of Table L. "De coelo satis dictum existimo: nunc de terra quoque audire aliquid cupio. Tria potissimum nobis consideranda de ea veniunt. Primum de loco terrae, qua parte totius universi si collocata: ... Initio igitur statuendum, terram in medio totius universi quiescere, neque circa medium ut stellae solent, neque in medio circa suum axem moveri." Liebler (1561), pp. 128 (bottom of page), 130 (lines 17–20, as excerpted in β. D. 2. of Table L). Liebler's views on earth generally appear to have been in accord with those by his own contemporaries. For example, see the following works: Melanchthon, *Doctrinae physicae elementa* (1550) [Bibliography, F], fol. Z6^r-Z6^v; Schegk, *In reliquos naturalis Aristotelis libros commentaria ... in X libris ethicorum annotationibus* (1550) [Bibliography, F], fol. Aa6^v-Aa7^r; Pantaleon, *In Aristotelis universam naturalem philosophiam ... Paraphrasis* (1562), [Bibliography, F], fol. C3^r.

68 Liebler (1561), p. 61 and excerpted and quoted β. A.-B. of Table L. *Coelum, coeleste corpus*, and *quinta essentia* (see footnote 69) are apparently used to denote the heavens; more than one English translation of these Latin terms is possible (refer back to footnote 62).

69 "De his ergo docet quatuor libris, De coelo inscriptis: prioribus quidem duobus De quinta essentia, et proprie vocato Caelo, inter caetera sempiternum ipsum esse demonstrare volens: ..." Liebler (1561), pp. 8–9. The heavens are also equated with *quinta essentia* in the title of manuscript notes – taken by one of Liebler's students – on his lectures on the heavens (*De coelo*); see B. 2. of the Bibliography. In one of his publications, Christophorus Mylaeus refers to ether (*aether*) as "the fifth element" (*quintum hoc elementum*); refer to Mylaeus, *De scribenda universitatis scribendae* (1551) [Bibliography, F], p. 19, lines 22–25; the pertinent quotation is given in Freedman, "Mylaeus" [Bibliography, G], p. 253. In a disputation published anonymously in 1557, reference is made to a fifth simple body in addition to the elements: "Praeter quatuor elementa, quintum constituendum est corpus simplex, coelum nimirum, ..." *Assertiones* (1557) [Bibliography, F], fol. B1^v (no. 18).

70 Liebler (1561), pp. 124–127 and β. C. of Table L.

71 "Qua figura est coelum, seu totum universum?" Liebler (1561), p. 122.

72 With regard to the earth constituting the center of the universe, see Liebler (1561), p. 130 as excerpted in β. D. of Table L; also refer to footnote 67 and to the corresponding passage in the text of this article.

73 Liebler (1561), p. 179 as quoted in γ. B. 2. in Table M. Liebler also mentions the "universe" "(*mundus universus*); in arguing that it is not infinite, he appears to refer to it as a "celestial / heavenly body" (*coeleste corpus*); refer to Liebler (1561), pp. 128 (Question title), 129, lines 9–10. In another passage, simple generation "within the universe" (*in universum*) is mentioned; refer

Excerpts from Liebler's discussion of the soul (*de anima*) are presented in γ. of Table L. In his brief discussion of Book 1 of Aristotle's *De Anima* it is stated that the soul will be defined; but he then notes the difficulty of doing so.[74] He begins as discussion of Book 2 of Aristotle's *De anima* by giving three classifications of the soul followed by a description of the same.[75] Liebler states that there are four faculties (*facultates sive ... potentiae*) of the soul and then lists them: vegetative, sensory, locomotive, and rational.[76]

In discussing the sensory faculty of the soul, Liebler notes that both "sense" (*sensio*) and "sense object" (*sensile*) are required for sensory perception (*sensio*).[77] Sense objects are either "proper" (*proprium*) or "common" (*commune*), each of which has five sub-categories.[78] The five "proper" sense objects are color, sound, odor, flavor, and the "tactile qualities" (*qualitates tactiles*); they correspond to the five external senses: sight, hearing, smell, taste, and touch (*tactus*).[79]

Liebler's views pertaining to the sense of touch can be discussed with the help of Table M. He states that touch is the "lowest" (*infimus*) of all the senses.[80] On the other hand, he makes four other comments that point to the fundamental importance given to touch within his textbook on physics.

First, touch differs from the other four external senses insofar as it is not confined to a certain part of the body, but rather is found within the entire body.[81] Second, touch

---

to Liebler (1561), p. 224 as quoted on γ. C. 2. Also see footnote 99 as well as the corresponding passage in the text of this article. In his broadsheet on natural philosophy, Christophorus Mylaeus also appears to have not always used the term "universe" (*orbis*) consistently; concerning his use of the terms "universe" (*orbis*) and "world" (*mundus*) refer to the passages in Mylaeus, *Theatrum universitatis rerum* (1557) [Bibliography, F] that are cited in Freedman, "Mylaeus" [Bibliography, G], pp. 251–252 (footnotes 60–61).

74 "... ut de anima ... definitione explicemus. ... Est vero in quo pacto animae definitio investiganda sit, cognitu sit difficilimum." Liebler (1561), p. 232, lines 8, 10–11 and p. 233, lines 7–10.

75 Liebler's three classifications of the soul are given in Liebler (1561), pp. 235–236 and is subsequently described – as quoted in γ. A. of Table L – in Liebler (1561), p. 237.

76 Liebler (1561), p. 239 as quoted in γ. B. of Table L.

77 Liebler (1561), p. 242 as excerpted in γ. C. of Table L.

78 Liebler (1561), p. 243 as excerpted in γ. D. of Table L.

79 Liebler (1561), p. 243 as excerpted in γ. D. (i.) and E. of Table L. Liebler does not juxtapose his five "common sense object[s]" (*Sensile commune*) – listed in γ. D. (ii.) of Table L – with the five sub-categories of common sense. Following his discussion of the five proper senses – in Liebler (1561), pp. 242–252 – he appears to be referring to common sense when addressing the following Question: "Hactenus de singulis sensibus ordine dictum est. Sed est ne aliquid reliquum, quod de ijs in genere dici possit? Est sane. Et primum illud omnibus sensibus commune est, quod species sensiles sine materia percipiunt, quemadmodum cera annuli ferrei vel aurei signum, absque ferro vel auro. Secundo, quod sensus sive vis sentiendi non ea ratione intelligatur, qua corpus est, et quantitas: sed qua est species et ratio efformans corpus, et habile ipsum reddens ad sentiendum. Ex quo etiam illud intelligitur, cur ea quae movent sensus, si qualitatibus excelleant, sensus labefactent. Nam immodiae perpessiones sensum facultatem et λόγῳ, qui sensus organum informat, interimunt." Liebler (1561), pp. 252–253.

80 Liebler (1561), p. 253 as quoted in α. A. 3. of Table M.

81 Liebler (1561), p. 250 as quoted in α. A. 2. of Table M.

is the sense by means of which the four primary qualities – which underlie the four elements – are perceived.[82] Third, when discussing the touch organism (*organon tactus*), Liebler notes that man alone – among all the animals – has the "very sharpest" (*acutissimum*) perception of touch; he links the sharpness and ingeniousness in judgment of some individual humans to their especially subtle use of the sense of touch.[83]

And fourth, contact (*contactus*) – which occurs when bodies (*corpora*) with "definite magnitudes" (*definitas magnitudines*) touch (*tangere*) each other – has fundamental importance within the context of the 1561 edition of Liebler's textbook on physics.[84] Contact is stated to pertain to those (bodies) that are able to act and to be acted upon.[85] Action (the result of act) and passion (the result of being acted upon) – and also, as a consequence, motion (*motus*) – cannot occur without contact.[86] And mixtures cannot be made without the occurrence of both action and passion.[87]

The sense of touch – via contact, action, and passion – is necessary for the making of mixtures. Liebler's statements to this effect are paralleled by the central role given to "the four tactile primary qualities" (*quatuor qualitatum tactilium primarum*) – also referred to by him as "primary qualities" (*qualitates primae*) – for the making of mixtures.[88] The four elements themselves are basically "mixtures" – without actually being referred as such – of the four primary qualities: fire (heat and dryness), air (heat and humidity), water (coldness and humidity), and earth (cold and dryness).[89] Heat and cold are

---

82 Liebler (1561), p. 249 as excerpted in α. A. 1. of Table M.
83 The question "Quod est organon tactus?" is addressed in Liebler (1561), pp. 250–252. In that context, Liebler connects taste with human judgment as follows: "Hinc etiam est, quod homo, cum in reliquis sensibus a multis animalibus longe superetur, hunc solum obtinuerit, acutissimum. Et inter ipsos etiam omnes de ingenio iudicium ex tactu sumamus, ingeniosos et acutos eos iudicantes, qui hunc subtiliorem: contra stupidos et hebetes, qui carnem et cutim duriorem, ac proinde tactum obtusiorem sortiti sint." Liebler (1561), pp. 251–252.
84 "Proprie enim vocabulum contactus usurpatur in iis rebus quae positum habent: quod absque loco non intelligitur. … Quamobrem si tangere nihil aliud est, quam, quemadmodum in Physicis definitum est, extrema habere simul iuncta: ea sese mutuo tangere dicenda erunt, quae definitas magnitudines habent, ac positum etiam, extremitates simul iunctas retinent." Liebler (1561), pp. 168–169. Liebler notes, however, that his use of the term *contactus* pertains primarily to what he refers to as "lower" bodies (*inferioribus corporibus*) as opposed to "mathematical and celestial bodies" (*ma[t]hematicis atque coelestibus etiam corporibus*); see Liebler (1561), pp. 169–170.
85 Liebler (1561), p. 169, lines 22–24 as quoted α. B. 1. of Table M.
86 Liebler (1561), p. 168, lines 8–9 as quoted in α. B. 2. of Table M. With regard to the motion refer to footnotes 59, 60, and 61 as well as to the corresponding paragraph in the text of this article; also see α. A. and γ. A. of Table K.
87 Liebler (1561), p. 168, lines 6–8 as quoted in α. B. 2. of Table M.
88 Liebler (1561), pp. 182–183 as quoted in β. A. 1. of Table M.
89 Liebler (1561), p. 178 as quoted in β. A. 2. of Table M. Refer to the mention of *qualitatibus, praesertim primis* in Liebler (1561), p. 142 as quoted in α. A. of Table L. It can be postulated here that Liebler – and probably all or most of his contemporaries – did not refer to (the four) elements as mixtures. In Liebler's time, authors of writings on physics wanted to assign some amount of ontological primacy to the elements; it would have been difficult to do this if elements were to be referred to as mixtures (resulting from the four primary qualities). Concerning the use of the term *creabitur* in β. A. 2. of Table M refer to footnote 99 as well as to the corresponding passage in the text of this article.

"active" (*agentes*) primary qualities insofar as they bring about movement, while dryness and humidity are "passive" (*patientes*) primary qualities.⁹⁰

Liebler's views pertaining to touch and the four primary qualities apparently were accepted within writings on physics by many of his contemporaries.⁹¹ However, discussion of vegetative life – Liebler refers in this connection to plants (*plantae*) – does not appear to fall neatly within the parameters of the four primary (tactile) qualities. Insofar as plants have life (*sint animatae*) they are linked – according to Liebler – to the (four) tactile (primary) qualities.⁹² But plants do not have sense-perception; as a result, they are said to lack "reason" (λόγῳ), "balance" (*mediocritate*) and "harmony" (*harmonia*).⁹³ It could be argued that plants might be able to be regarded in a more positive light if they were not assessed solely or mainly from the vantage points of sense perception or the four primary tactile qualities.

Liebler begins his discussion of generation by arguing at length that there is no simple generation; that which is generated is made through the interaction of contraries.⁹⁴ He distinguishes between generation that it is easier and generation which is more difficult. It is easier to generate air from water than it is to generate fire from water; this can be explained to due the presence of specific primary qualities within each of these three elements.⁹⁵ Water has coldness while air has heat. However, both water and air have humidity, which facilitates the generation of the air from water.

On the other hand, fire is hot and dry; it shares no primary qualities with water, making the generation of fire from water more difficult.⁹⁶ In this connection, Liebler notes that a medium between two contraries is needed; the lack of such a medium between two highly contrary qualities (*iunctis pugnacissimis qualitatibus*) will disturb "the harmony and concord of the whole universe" (*harmonia et concordia totius universi*).⁹⁷

---

90 Liebler (1561), p. 223 as quoted in β. B. 3. of Table M.
91 For example, refer to the following writings: Schegk, *In reliquos naturalis Aristotelis libros commentaria ... in X libris ethicorum annotationibus* (1550) [Bibliography, F], fol. Aa5ʳ (*qualitates primae*), Aa6ᵛ (*tactus; tactiles qualitates*); Wildenbergius, *Totius philosophiae humanae ... digestio* (1555) [Bibliography, F], pp. 168–169 (*qualitates tactiles*), 208–209 (*tactus*); Pantaleon, *In Aristotelis universam naturalem philosophiam ... paraphrasis* (1562) [Bibliography, F], fol. C1ᵛ (*qualitates agentes et patientes*), C3ʳ (*tactus*).
92 Liebler (1561), p. 253 as quoted in β. B. of Table M. Liebler obliquely makes this connection when he notes that "innate heat" (*calor innatus*) is the "main instrument" (*praecipium instrumentum*) of vegetative life (which he refers to in this context as *animae nutrientis*); see Liebler (1561), p. 241. Insofar as the four primary qualities serve as a central foundation for all mixtures – as well as for the four elements themselves – it would follow that the component parts of plants are ultimately derived therefrom. In his broadsheet on natural philosophy, Christophorus Mylaeus also addresses the issue of the applicability of the four primary tactile qualities to (an understanding of) plants; see Freedman, "Mylaeus" [Bibliography, G], pp. 257–258, 290 (Table I).
93 Liebler (1561), p. 253 as quoted in β. B. of Table M.
94 Liebler (1561), p. 156–160 and p. 160 as quoted in γ. A. 1. and in γ. A. 2. of Table M, respectively.
95 Concerning earth – the only element not mentioned here – and the generation of fire refer to footnote 98 as well as to the corresponding passage in the text of this article.
96 Liebler (1561), pp. 179–180 as quoted in in γ. B. 1 of Table M.
97 Liebler (1561), p. 179 and p. 151 as quoted in γ. B. 2. [a] and B. 2. [b] of Table M, respectively.

Liebler's statements to the contrary, simple generation (*simplex generatio*) is mentioned within several passages in Liebler's textbook on physics. It has already been noted that air is generated from water easier than fire is; when fire is produced from earth, however, this is simple generation.[98] And the generation and corruption that result from the four primary qualities is also referred to as simple generation.[99]

Liebler's discussion of generation does not fit well into the framework which he has provided for it. He states that generation is not simple, yet then he mentions specific cases of simple generation. Liebler has similar problems when examining causality and with respect to his views concerning infinity; he also struggles when attempting to define basic concepts.[100] These problems can be discussed with the aid of A, B, and C in Table N, respectively.

Not all "causal" relationships fall clearly within the parameters of Liebler's own discussion of cause (*causa*) and effect (*effectus*). It has already been noted that while he at one point equates principle (*principium*) with cause, the former is ontologically prior (and more fundamental) than the latter.[101] Cause (*causa*) "considered properly" (*per se*) is fourfold: material cause (i. e., matter), formal cause (i. e., form), efficient cause, and final cause.[102] Yet it is (only) matter and form – together with privation – that constitute Liebler's three basic principles; efficient cause and final cause are excluded therefrom (A. 1. in Table N). Generation from contraries is apparently causal; simple generation, however, apparently occurs beyond causality – when *perpessiones* (roughly analogous to "effects") emanate from the four primary qualities.[103] And while accidental cause (*causa per accidens*) does not fall within the scope of *causa per se*, Liebler also notes that he considers chance and fortune – which are equated by him with accidental cause – as needed for a perfect understanding of causality.[104]

With regard to mentions of "the whole universe" within Liebler's textbook on physics refer to footnotes 71, 72, and 73 as well as to the corresponding passages in the text of this article. However, in another passage in Liebler's textbook on physics tension between such contraries is deemphasized; see Liebler (1561), p. 180. In lines 10–12 on page 180 the phrase "common symbol" (*symbolum commune*) is used – apparently in order to refer to a medium connecting two contraries that have a shared quality.

98 Liebler (1561), p. 161 as quoted in γ. C. 1 of Table M.

99 Liebler (1561), p. 224 as quoted in γ. C. 2. b. of Table M. Liebler goes so far as to state that earth "will be created" (*creabitur*) from (the combination of) the four primary qualities; see Liebler (1561), p. 178 as quoted in β. A. 2. of Table M. It is likely that "created" is meant here to be synonymous (or roughly so) with simple generation.

100 Refer to footnotes 52, 59, and 74 as well as to the corresponding passages in the text of this article.

101 Liebler (1561), p. 45.

102 Refer to D in Table H as well as to footnote 43 and the thereto corresponding passage in the text of this article.

103 Liebler (1561), p. 224 as quoted in γ. C. 2. a. of Table M. *Perpessiones* are also mentioned (with the same meaning – or roughly so) in Liebler (1561), pp. 107–108, 142, 252–253. It would appear that the term *proficiscuntur* – as used in Liebler's textbook on physics – can be understood to mean "emanate"; refer to Liebler (1561), p. 242, lines 16–20 and pp. 242–243 as quoted in α. A and α. B of Table L, respectively.

104 Refer to the following passage: "Hinc quid casus & fortuna sit, ignorandum non est. Multorum

Similarly, Liebler's stated view that there is no infinity in the realm of physics (B. 1. in Table N) must be set side by side with several of other statements found in his textbook on physics.[105] As noted earlier, Liebler states that there are in infinite number of possible accidental causes.[106] He links fortune to an infinite number of causes and effects.[107] And when distinguishing substantial form from accidental form, he notes that there can be an infinite number of forms associated with any given thing.[108]

Definitions also appear to have provided some challenges for Liebler. Definition theory (and classification theory) were regularly included in logic instruction and in logic textbooks during the sixteenth century.[109] As a textbook author, Liebler most probably wanted – and/or felt obligated – to define basic concepts discussed therein.[110] But in the case of many of these concepts, he was not able to find satisfactory definitions; he frequently ends up describing them and/or classifying their component parts.[111]

---

enim, cur facta sint, rationes, ad has ceu causa referre vulgo consuevimus: ut perfecta causarum cognitio sine horum intelligentia haberi nequeat." Liebler (1561), p. 34, lines 17–22.

105 Concerning Liebler's denial of infinity in physics, see Liebler (1561), p. 71 as quoted in B. 1. of Table N as well as Liebler (1561), pp. 71–77.

106 See Liebler (1561), pp. 45–46 as quoted in β. A. 2. of Table K as well as footnote 57 and the corresponding passage in the text of this article.

107 See Liebler (1561), p. 54 as excerpted in B. 2. a. of Table N and as quoted here: "Quae consequuntur definitionem fortunae? ... Secundo, Fortunae posse infinitas causas existere: uni enim infinita possunt accidere." Liebler (1561), p. 54.

108 Refer to footnote 39, to the corresponding passage in the text of this article, and to b. in B. 2. of Table N.

109 For example, see the following writings in which definition and/or classification are examined: Winellus, *Compendiosa librorum Aristotelis de arte dialectica isagoge* (1551) [Bibliography, F], fol. B5^v-B8^r; Rhodolphus, *Ad praescriptum Organi Aristotelis ... tractata* (1555) [Bibliography, F], pp. 25^v–30^v, 141^v–143^v; Wildenbergius, *Totius philosophiae humanae ... digestio* (1555) [Bibliography, F], pp. 37–41; Schegk, *De demonstratione* (1564) [Bibliography, F], fol. S4^v-S5^v.

110 Liebler's attempts to define the soul serve as a case in point. He states that the soul will be defined but then notes the difficulty in doing so. It was noted earlier, Liebler states the soul will be defined and then notes this difficulty in doing so; see footnote 74 and the corresponding passage in the text of this article. These statements – concerning the difficulty of defining the soul – are followed by seven questions in which the soul is discussed; see Liebler (1561), pp. 235–237. On the following page (238) Liebler adds to his previous attempt to define the soul, then (on page 239) ends up describing the component parts of that which he is again attempting to define. In this connection, also refer to the following related comment made by one of Liebler's contemporaries: "Officium professoris artium. Praecepta perpetuis definitionibus et divisionib[us] omnino pingui, ut aiunt, Minerva explicare, no[n] alia alijs cumulare." Copius, *Partitiones dialecticae ex Platone et Aristotele* (1560) [Bibliography, F], fol. B4^v.

111 Some of Liebler's contemporaries specifically indicated the importance of classification for arriving at definition; refer to the following two excerpts: "Divisio principio conducit ad definiendum. Est enim definire nihil aliud nisi ex genere per differentias diviso in species descendere. In primis autem conducit divisio ad disserendi orationisque copiam, ut unum quidpiam, quod multa ambitu suo complectitur, in partes spargas." Rhodolphus, *Ad praescriptum Organi Aristotelis ... tractata* (1555) [Bibliography, F], p. 30^v; "De via ac ratione investigandi definitionem. ... Duas methodos ponebat Plato, quibus omnis rerum cognitio, et scientia contineretur, Divisam scilicet et collectivam. Aristoteles vero etsi non omnino hoc probat, docet tamen hisce duobus modis investigari posse definitionem, divisione, inquam, et collectione." Fonseca, *Institutionum dialecticarum libri octo* (1572) [Bibliography, F], p. 185.

One additional factor should be mentioned when commenting on Liebler's attempts to define, describe, and classify basic concepts. In his day, most – or almost all – of these basic concepts were utilized not only within writings on physics, but also within writings on one or more additional academic disciplines. Liebler himself provides some examples – three of which can be examined with the help of D, E, and F in Table N – of such interdisciplinary use of basic concepts.

D in Table N highlights basic differences in the way that writings on mathematics and writings on physics (are supposed to) examine the component parts of natural body.[112] In mathematics, natural bodies are considered without motion and as abstract from matter. In physics, on the other hand, natural bodies cannot be conceived without motion and are always considered as form combined with matter.

E in Table N outlines the brief discussion of necessity within Liebler's textbook on physics.[113] In the discipline of physics, there is no absolute necessity, but only hypothetical necessity. In the discipline of logic, however, absolute necessity is possible.

The excepted passages from Liebler's textbook on physics that are quoted in F of Table N provide an example of how necessity – considered with respect to the concept of substance – is understood by him within the context of those same two disciplines.[114] In logic, substance is considered as "perfect and absolute in all its parts."[115] On this basis, substance in logic is said not to have contrariness. In physics, on the other hand, substances arise from three basic principles: matter, form, and privation; form and privation are contrary to one another. Liebler also notes that this opposition between form and privation – in the realm of physics – is contrariness and not contradiction.[116] Contradiction postulates absolute necessity, which – according to Liebler – does not occur within the realm of physics.[117] But Liebler does state that there is absolute necessity within the domain of logic, and the principle of contradiction – while not mentioned in Liebler's textbook on physics – clearly denotes absolute necessity within the domain of logic.[118]

---

112 Liebler (1561), p. 43 as excerpted in D of Table N.
113 Liebler (1561), pp. 57–58 as summarized in E of Table N.
114 Liebler (1561), pp. 17–18.
115 "Dialecticus enim de substantia perfecta et omnibus numeris absoluta loquitur ..." Liebler (1561), p. 17.
116 "Formae vero contraria est privatio: ut musico immusicus, et homine non homo ... Cum vero in Physicis hominem et non hominem, verbi gratia, opponi dicimus: oppositio haec contradictoria censenda non est, sed privativa." Liebler (1561), pp. 17–18.
117 "Est ne in rebus naturalibus absoluta necessitas? Non defuerunt qui censerent, res naturales necessario generatas esse: quod ex materia non possint non fieri. Caeterum talis necessitas in rebus naturalibus non est: nam impediri actus rerum, etiam existente materia, possunt." Liebler (1561), p. 58; also refer to the passage quoted in the following footnote. Concerning absolute necessity – as discussed in the latter half of the 16th century and the beginning years of the 17th century – refer the following articles (in Bibliography, G): Freedman, "Necessity ... Timpler" and Freedman, "The Godfather of Ontology?". Contradiction is discussed in works on logic published by Liebler's contemporaries; for example, see the following: Winellus, *Compendiosa librorum Aristotelis de arte dialectica isagoge* (1551) [Bibliography, F], fol. C3^r-C3^v; Schegk, *De demonstratione* (1564) [Bibliography, F], fol. S3^v-S4^r.
118 "Quomodo haec necessitas differt a syllogistica necessitate, quae etiam est ex hypothesi? In

As noted earlier, Liebler spent almost all of his academic career at the University of Tübingen. It can be postulated that the contents of his textbook on physics were inspired at least in part by the physics instruction and writings of his teacher (and subsequently, his colleague) Jakob Schegk.[119] Barring a single citation of one fifteenth century author, however, only ancient authorities are cited by name within Liebler's textbook on physics.[120] Both Aristotle and Plato (and their writings) are occasionally cited and utilized eclectically by Liebler; he agrees or disagrees with each one when presenting his own views concerning specific points of philosophical doctrine.[121] However, Liebler appears to agree consistently with what he refers to as "the consensus and authority of ancient and recent authorities" (*omnium physiologorum cum veterum tum recentium consensus et authoritas*) as well as with "the common consensus of all nations and peoples" (*omnium gentium ac populorum consensus*).[122]

The following general comments concerning the 1561 edition of Liebler's textbook on physics can be ventured here. First, Liebler appears to adopt a rather rigid disciplinary approach in his textbook on physics; he appears to avoid discussion of issues

---

natura posterioribus existentibus, priora necessario antegressa putantur. In demonstrationibus necessario antegressa putantur. In demonstrationibus vero, prioribus, hoc est praemissis positis, posteriora, hoc est conclusiones necessario consequuntur." Liebler (1561), p. 58.

119 Liebler also lived in the *Contubernium* dormitory in Tübingen while Schegk was Rector there; see Zieglerus, *Oratio de vita et morte ... Georgii Liebleri* [Bibliography, E. β. 5.], fol. 7ʳ–7ᵛ, 9ᵛ and Hofmann, *Artistenfakultät Universität Tübingen* [Bibliography, G], p. 236. Liebler was Schegk's successor as Professor of Physics there and Liebler held Schegk's funeral oration; see Hofmann, *Artistenfakultät Universität Tübingen* [Bibliography, G], p. 236 and Lieblerus, *Oratio funebris ... Jacobi Schegkii* (1587) [Bibliography, A. 3. d.]. Schegk published on a wider range of philosophical subject matters (physics, ethics, and logic) than Liebler apparently did; refer to the works by Schegk mentioned in F of the Bibliography. Liebler appears to have had a larger amount of administrative responsibility than Schegk; this possibly may have affected Liebler's ability to publish as profusely as Schegk did. Concerning Schegk's career at the University of Tübingen refer to Hofmann, *Artistenfakultät Universität Tübingen* [Bibliography, G], p. 259.

120 That 15th century author mentioned once in connection with Liebler's classifications of philosophical disciplines is Angelus Politianus (1454–1494); see Liebler (1561), p. 5.

121 For example, in the 1561 edition of his textbook on physics Liebler cites Sacred Scripture – and opposes Aristotle – when discussing matter and creation (pages 28–29); when discussing the organism of sight (on pages 270–271) Liebler disagrees with a passage in the *Timaeus* of Plato while agreeing with Aristotle as well as with "the mind of Aristotle" (*a mente Aristotelis*). Liebler supports the view of Aristotle as opposed to "Plato in (his) *Timaeus*" (*Plato in Timaeo*) and he supports this view on the basis of "the correct interpretation of Aristotle" (*a mente Aristotelis*). On page 142, Liebler both agrees with and disagrees with passages from Plato's *Timaeus* when discussing the generation of elements from one another. Liebler also mentions Plato and/or Plato's *Timaeus* in pages 102, 115–118, 133, and 143; Aristotle is mentioned on pages 52, 115–118, 124, 133, 250, and 253 (concerning this reference to Aristotle on page 253 refer to footnote 125 below). Liebler also refers to "nec Peripateticis nec Platonicis" in lines 18–19 on page 53. Concerning the use of Plato's *Timaeus* in the 16th century refer to Hankins, "Plato's psychogony in the later Renaissance" [Bibliography, G].

122 Refer to the following passages: Liebler (1561), p. 14 (as quoted in G. 3. of Table N) as well as Liebler (1561), p. 108, lines 2–3. A similar comment – "our position is in agreement with ... ancient opinion" (*Nostra vero sententia ... congruit ... vetustissima opinione*) – is made in Liebler (1561), p. 118.

and questions that are interdisciplinary in scope.[123] Second, he seems constrained by – or at least conscious of – the need to avoid too much discussion of detailed subject matter in his textbook.[124] And third, it would appear that he sometimes struggles with the task of writing his textbook, which – as mentioned earlier – could be described as not being particularly well organized.[125]

Any real or perceived problems with Liebler's textbook on physics notwithstanding, his textbook was republished – in its original or expanded version – at least ten times following its initial publication in the year 1561.[126] And the expanded version of this textbook – published for the first time in 1573 – may have been the only extant textbook containing extensive commentary on the physics of Petrus Ramus.[127] An examination of this expanded, 1573 version of Liebler's textbook on physics, however, falls beyond the scope of the present study.

---

[123] It would appear that relatively few philosophical interdisciplinary monograph-length treatises were published in Central Europe during the mid–16th century; refer to the 16th century writings discussed in Freedman, "Encyclopedic Philosophical Writings" [Bibliography, G]. However, the following interdisciplinary treatise is discussed in the above-cited article and is also used and cited in this article: Wildenbergius, *Totius philosophiae humanae ... digestio* (1555) [Bibliography, F].

[124] "Quod est organon visus [?] ... Sed prolixior hoc loco fui, quam instituti Compendii ratio ferebat. Revoco ergo me ad propositum." Liebler (1561), p. 270 and p. 272, lines 1–2.

[125] The following passage would appear to suggest that Liebler felt overwhelmed when attempting to discuss simple natural bodies: "Hactenus de primis et simplicibus naturae corporibus disseruimus: nunc ad ea quae ex illis componuntur, nostra sese convertet oratio: ... Quorum omnium causas brevissime, sequentes vestigia Aristotelis, explicare conabimur." Liebler (1561), p. 253. A very brief, single-page table of contents was included in the 1563 imprint (and all subsequent extant imprints) of Liebler's textbook on physics; a (longer) subject-index accompanied all extant imprints thereof from 1586 onwards; refer to α. in Table B as well as to A. 1.–2. in the Bibliography.

[126] See α. in Table B as well as A. 1.–2. in the Bibliography.

[127] The writings – mainly on logic, rhetoric, grammar, geometry, and arithmetic – of Petrus Ramus and Omer Talon appear to have spread most widely in Central Europe from 1570 onwards; refer to the documentation and discussion given in the following article: Freedman, "The Diffusion of the Writings of Petrus Ramus" [Bibliography, G].

Table A
The Life and Career of Georg Liebler (1524–1600): A Brief Biography

α. A. (3 October 1524): Born in Neckartenzlingen near Nürtingen; entered school in Neckartenzlingen at the age of seven

B. (10 August 1537): Enrolled at the University of Tübingen; received a fellowship at the Theologische Stift in Tübingen

C. (March 1541): Awarded the Baccalaureus artium degree at the University of Tübingen

D. (6 August 1544): Awarded the Magister artium degree at the University of Tübingen; Jakob Schegk (1511–1587) and Johannes Benignus were prominent among his teachers

E. (1544–1547): Studied theology at the University of Tübingen

F. (1547–1548): Liebler as a Protestant minister in Derendingen; he was forced to leave Derendingen when it was re-catholicized as a result of the Augsburg Interim

G. (18 January 1548): marriage with Maria, daughter of Johannes Knodel, Dr. jur. and consiliarius to the Duke of Württemberg

β. A. (1548–1552): apparently taught at the Paedagogium and/or at the Contubernium at the University of Tübingen

B. (1552–1594): Professor of Physics at the University of Tübingen

C. (1555–1593): intermittently served in administrative capacities in the Faculty of Arts (e. g., as decanus and as consiliarius decani) and for the University of Tübingen Rector (as consiliarius rectoris)

D. (1552–1557): Magister domus of the Theologische Stift in Tübingen

E. 1. (1558–1592): Principal (Paedagogarcha) of the Paedagogium at the University of Tübingen
2. Liebler also taught at the University of Tübingen Paedagogium
   a. (1560): Liebler briefly taught Latin grammar in the classis secunda
   b. (1577–1578): Liebler taught dialectice Melanchthonis in the classis tertia
   c. (1575–1594): Liebler taught rhetorice Melanchthonis in the classis tertia

F. (1560–1592): Liebler was in charge of conducting visitations of certain schools (ob der Steig) in Württemberg

γ. Georg Liebler's wife (Maria) died in 1591. Due to his deteriorating health, Liebler resigned from the University of Tübingen in 1594: he died on 30 January 1600.

Table B
Georg Liebler (1524–1600): An Abbreviated Bibliography

α. A. **Physics Textbook: First Edition**

    1. EPITOME || PHILOSOPHIAE NATVRA-||lis, ex Aristotelis summi Philosophi || libris ita excerpta, ut eorum sum-||mas breuiter & dilucidè explicet, & || ad eosdem cum fructu legen-||dos praeparare studio-||sos possit:|| PER GEORGIVM LIEB- ||lerum, professorem Physices in Scho-||la Tubingensi.|| BASILEAE, PER IOAN-||nem Oporinum.|| [colophon]: BASILEAE, EX OFFICINA || Arnoldi Gymnici, sumptibus Ioannis Oporini, Anno Salutis huma-||nae M. D. LXI. Mense || Augusto.||

    2. (Subsequent imprints): Basileae 1563 – Basileae 1566

B. **Physics Textbook: Expanded Edition** – supplemented mainly with extensive criticism of the *Scholarum physicarum libri octo* (first published in 1565) by Petrus Ramus:

    1. EPITOME || PHILOSOPHIAE NATV-||ralis, ex Aristotelis Summi Philosophi li-||bris ita excerpta, ut eorum Capita bre-||uiter & dilucidè explicet ... || multis locis auctior & emen-||datior: quae etiam Scholarum Petri Ra-||mi in octo libros Acroamaticos || Aristotelis, errores pas-||sim detegit: || PER GEORGIVM LIEB-||lerum, professorem Physices in Scho-||la Tubingensi. || ... || BASILEAE, EX OFFI-||cina Oporiniana. 1573.

    2. (Subsequent imprints): Basileae 1575 – Basileae 1586 – Basileae 1589 – Basileae 1594 – Lipsiae 1596 – Basileae 1600 – Basileae 1620

C. [The following treatise – published in response to Liebler's extensive criticism of *Scholarum physicarum libri octo* by Petrus Ramus – is also extant]:

Kragius, Andreas. *Rameae scholae et, defensio Petri Rami: contra Georgii Liebleri Calumnias, in epitomen octo librorum Acromaticon aspersas ... caussam dicente Andrea Kragio Ripensi Dano.* Basileae: Per Sebastianum Henricpetri, 1582 (mense Martio).

β. A. Liebler published a number of funeral orations – including funeral orations for Princ. Sabinae ... Huldrichi, Ducis Wuirtembergensis ... coniugis (1564) and for Jakob Schegk (1587).

  B. Liebler also published a number of orations on philosophical and pedagogical topics, including the following (listed here with their dates of publication.)

    1. *Oratio philosophica de tribus motibus animi humani.* 1575.

    2. *Oratio de causis corruptae iuventutis.* 1576.

3. *Oratio de vero gaudio ... Oratio de lauro.* 1583.

C. Liebler presided over at least four published disputations.

γ. **Extant Manuscripts Originating from Georg Liebler's Academic Instruction**

A. *Quaestiones in duos Aristotelis de anima, a Lieblero dictatae,* Tübingen, 2. November 1565.

B. *De caelo et mundo.* [undated]

Table C
Philosophy and Philosophical Disciplines as Discussed in the Textbook on Physics (1561) by Georg Liebler

A. In his preface to this textbook, Liebler presents five classifications of philosophy:

1. Philosophia: prima (= divina; metaphysica) and secunda (= naturalis)
2. Philosophia: mathematica + physica + theologica (= metaphysica; philosophia prima)
3. Philosophia: theoretica + practica
4. a. Philosophia: [i.] in naturae obscuritatem [= philosophia theoretica],
    [ii.] in disserendi subtilitatem [= philosophia rationalis], and
    [iii.] in vita et mores [= philosophia practica]
   b. [4. a. ii]: ... Peripatetici non partem, sed instrumentum philosophiae usurpant, praesertim Dialecticam, quatenus ... quoque artificium comprehenditur.
5. Philosophia: [i.] **inspiratum** (= doctrina de religione Christiana)
    [ii.] **inventum** (= philosophia [theoretica, rationis, and practica] as well as artes mechanicae)
    [iii.] **ex his duobus mixtum** (comprehendit Astrologiam, & omnes divinatrices)

B. 1. Liebler rejects classifications 1 and 2 (as too narrow) as well as 5 (as too broad).
   2. Liebler does not express a specific preference for 3 or 4: ... retineamus vel tertiam [3], quae est Peripateticorum: vel quartam [4], quae est Stoicorum, & Ciceronis.

- - - - - - -

C. Liebler elsewhere distinguishes between [1] disciplinae purae mathematicae (Arithmetica & Geometria) and [2] (disciplinae mathematicae) mixtae (ut Musica, Astrologia, Optica)

Table D
Disciplines / Subject Matters Taught in the Faculty of Arts during Georg Liebler's Tenure at the University of Tübingen (1548–1594)

α. Disciplines and Subject Matters taught in grades 1 [lowest], 2, 3, and 4 [highest] (classis prima, secunda, tertia, quarta) in the Paedagogium at the University of Tübingen:
A. Grammatica Latina (prima); B. Cicero's *De officiis liber 1* (prima); C. Terence (prima); D. Vergil's *Bucolica* (prima); E. Xenophon and grammatica graeca (prima et secunda); F. Cicero's *De officiis libri II et III* (secunda); G. Cicero's *Epistolae* and his *Orationes* (secunda); H. *Grammatica Latina Linacri* (secunda); I. *Lectio rhetorices Melanchthonis* (tertia); J. Cicero's *Orationes* (tertia); K. Demosthenes' *Orationes* and *grammatica graeca* (tertia); L. *Lectio dialectices Melanchthonis* (tertia); M. Cicero's *Orationes* and Melanchthon's *Rhetorica* (quarta)

β. [A] Lectio organi Aristotelis; [B] Lectio ethices Aristotelis; [C] Lectio philosophiae sive physices Aristotelis; [D] Lectio physices sive compendii physices; [E] Lectio mathematices et astronomiae; [F] Lectio poetices Latinae et historiae; [G] Lectio linguae Graecae sive poetices Graecae; [H] Lectio linguae Hebraicae; [I] Lectio Euclidis arithmeticae et geometriae; [J] Lectio musices

Table E
Contents of Georg Liebler's Textbook on Natural Philosophy (1561)

[first pagination, pp. 1–24]: Title Page [1]; empty [2]; Dedication [3–22]; Verse (in Greek) [23]; empty [24]

[second pagination, pp. 1–301]: Text

[pp. 1–33]: Philosophiae divisio [1–6]; De physica [6–7]; Divisio totius operis [7–10]; (Compendium in librum primum Physicorum Aristoteles; principia rerum naturalium: materia, forma, privatio) [10–33]

[pp. 33–58]: Compendium in librum secundum Physicorum Aristotelis, qui est de Natura & causis

[pp. 59–80]: Compendium in librum tertium physicorum

[pp. 80–104]: Libri quarti Epitome (= Compendium in quartum Physicorum)
    [80–81]: Praefatio
    [81–90]: De loco. Cap. 1.
    [90–98]: De inani. Cap. 2.
    [98–104]: De tempore. Cap. 3.

[pp. 105–152]: Epitome in IIII. Libros de Caelo
    [105–106]: Praefatio; [106–118]: Compendium in librum primum de Caelo
    [118–132]: Compendium in librum secundum de Caelo

[132–142]: Compendium libri tertii de Caelo
[142–152]: Compendium libri IIII. de Caelo

[pp. 153–185]: Compendium in duos de ortu et interitu libros
    [153–176]: Liber primus
    [176–185]: Compendium in librum secundum De ortu & interitu Aristotelis

[pp. 186–231]: (Compendium in libros I, II, III, & IV Meteorum)
    [186–202]: Compendium in librum primum De Meteoris
    [203–212]: Compendium in librum secundum Meteororum Aristotelis
    [212–222]: Compendium in librum tertium Meteororum
    [222–231]: Compendium in librum quartum Meteororum

[pp. 232–268]: Compendium trium librorum Aristotelis de Anima
    [232–234]: Praefatio, breviter complectens capita disputationum primi libri
    [235–253]: Compendium in librum secundum Aristotelis de Anima
    [253–268]: Compendium in librum tertium de Anima

[pp. 268–301]: Compendium in libellos Aristotelis Parva naturalia vulgo appellatos {1.–7.}
    [268–276] {1} De sensu, et iis quae sensibus percipiuntur
    [276–279] {2} De Memoria et recordatione
    [279–283] {3} Compendium in libellum de somno & vigilia
    [283–286] {4} Compendium in libellum de insomnijs
    [287–290] {5} Compendium in libellum de divinatione quae in somno existit
    [290–297] {6} Compendium in libellum de motu animalium
    [297–301] {7} Compendium in libellum Aristotelis de longa & brevi vita

Table F
Titles of the Individual "Questions" Contained on Pages 1 through 22 (text) of Liebler's Textbook on Natural Philosophy (1561)

De philosophiae divisione [1–6]; De physica [6–7]: Quod est subjectum Physices? [7]; Qui fuerunt eius primi inventores? [7]; Quis est eius finis? [7]; Divisio totius operis [7–10]; Harum vero rerum omnium, quum sint singulares, individuae, sensibusque percipiantur, ac quotidie oriantur & occidant, quomodo potest esse demonstratio & scientia, quum & quae per demonstrationem cognoscuntur, individua non sint, nec sensibilia, & perpetuo eodem modo sese habeant? [10]; Quo ordine, qua ve methodo Aristoteles hanc scientiam tradidit? [10–11]; Quum vero naturalium rerum principia inventu sint admodum difficilia, adeoque ut pleriq; veterum philosophorum in illorum inquisitione a vero aberrarint: quanam via incendendum nobis erit, ut no[n] & ipsi ad eosdem scopulos impingamus? [11]; Quid igitur de principijs notum est nobis? [11]; Est ne unum tantum rerum naturalium principium? [11]; Sunt ne infinita principia? [12]; Cum ergo numero & magnitudine finita sint principia, restat ut inquiramus, quotnam ea, & quae sint? [12]; Quid igitur de principijs praeterea mihi notum putas? [12–13]; Quot sunt rerum naturalium principia? [13]; Quare dicis principia esse contraria? [13–15]; Quare sunt tantum duo contraria? [15]; Num igitur contraria sola sunt rerum naturalium principia? [15–16]; Sed quare unum tantum est subiectum, non plura? [16]; Cum Aristoteles rerum naturalium principia, quae in nullo alio quam in substantiae genere describi possunt, contraria dicit esse, an non sibimetipsi repugnantia statuisse videtur, cum in Categorijs substantiae nihil esse contrarium prodiderit? [17–18]; An vero elementa quatuor vulgo nota, non sunt omnium rerum naturalium principia? [18]; Quare? [18–19];
Hactenus ex sententia Philosophi tria esse rerum proprietas, quod munus & officium, quum idem omnium non videatur, audire cupio.

Table G
Divisio totius operis: Georg Liebler's Schematic Summary of his own Textbook on Natural Philosophy (1561)

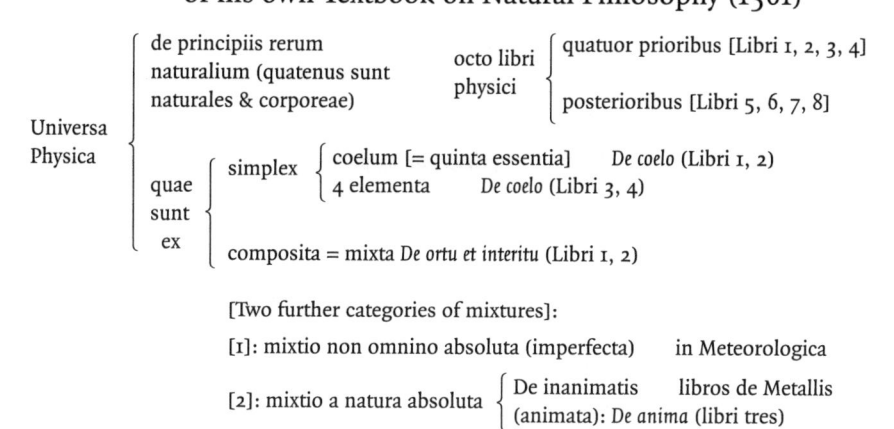

Universa Physica
- de principiis rerum naturalium (quatenus sunt naturales & corporeae) — octo libri physici
  - quatuor prioribus [Libri 1, 2, 3, 4]
  - posterioribus [Libri 5, 6, 7, 8]
- quae sunt ex
  - simplex
    - coelum [= quinta essentia]   *De coelo* (Libri 1, 2)
    - 4 elementa   *De coelo* (Libri 3, 4)
  - composita = mixta *De ortu et interitu* (Libri 1, 2)

[Two further categories of mixtures]:

[1]: mixtio non omnino absoluta (imperfecta)   in Meteorologica

[2]: mixtio a natura absoluta
- De inanimatis   libros de Metallis
- (animata): *De anima* (libri tres)

Table H
Basic Principles (*principia*) in Liebler's Textbook on Physics (1561)

A **principia** { materia [= subjectum] / forma / privatio } contraria

B1 **materia** (in physicis usurpari solet) { remota, seu **prima** / propinqua, seu **secunda** }

B2 a. Quid est materia remota? ... Cum res qualibet definitione explicetur, cognoscaturque definitio vero speciem & formam cuiusvis rei propriam ostendat, qua materia prima caret: sequitur certe, ipsam ut nec definiri, ita etiam neque cognosci posse.
   b. (i.):Non omnia de quibus disserere aliquo modo possumus, propria & genuina notione sese menti nostrae offerunt: sed in quibusdam satis est, si analogiam quandam venari possumus. (ii.): Materia certe prima propter causam modo expositam, propriam notionem nullam habet: sed analogia & comparatione tum ad res artificio constitutas, tum ad materiam secundam seu propinquam cognosci et intelligi aliquo modo potest, ut non immerito notio eius spuria dicitur a Platone.

C1 **forma** { substantialis: forma hominis, leonis, ursi, etc. / accidentalis: haec ut res accidente aliquo sit insignita, praestat: ut scientia, virtus, sanitas, morbus: quarum *formarum infinitae in qualibet re possunt esse* }

C2 Porro de substantiali forma proprie & praecipue nobis hic sermo est.

C3 forma { **incorporea, & a materia separata**: ut forma angeli, aut intelligentiae coelestis **(de qua forma Physicus nihil disserit)** / corporea { naturalis / artificialis } }

C4 Plura de forma disserere, Physici non est: sed **primo philosopho** totum hoc negotium relinquitur.

D 1. Quot sunt rerum naturalium principia? Tria: Materia, forma, & privatio.
   2. Quare sunt tantum tria principia, & non plura, neque pauciora? Quia sunt tantum duo contraria, & unum subiectum.
   3. Ratione autem magis in habitu, id est forma & privatione deprehenditur: quae prima est, & latissime patens oppositio, & contraria etiam sub se complectitur. ... neque quivis habitus qualibet privatione deleatur, sed sibi opposita: sicut etiam actio & passio tantum inter contraria existit.
   4. Quare sunt tantum duo contraria? Quia uniuscuiusque generis physici est tantum una contrarietas, quae non potest nisi inter duo consistere.
   5. Cum igitur prima omnium naturalium principia quaeramus, contrarijs certe solis non poterimus contenti esse: sed tertio nobis erit opus principio, quod, cum utriusque contrarij sit capax, **materia vel subiectum** nominari solet. ... (Materia) ... instar generis sese habet.
   6. Formae vero contraria est privatio: ... Neque enim est absoluta negatio, sed negatio cum habilitate quadam, ad formam quae negatur, recipiendam. Id quod in contradictione, quae absoluta est negatio, non fit. ... cuiusmodi sit ea contrarietas quae in principijs locum habet.
   7. Liebler distinguishes between *non ens per se* [= *absoluta est negatio*] and *non ens per accidens*. He notes that both *materia* and *privatio* are *non ens* (and that both are *non ens per accidens*).

Table I
References to *natura* and *naturalis* in the *Theatrum universitatis rerum* (1557) of Christophorus Mylaeus

A. In the *Theatrum universitatis rerum* (published as a broadsheet, almost 5 meters in width), Mylaeus makes the basic distinction between *natura ipsa* and *natura altera*.

B. *Natura ipsa* comprises *prudentia*, *principatus*, *sapientia*, and *literatura*.
On the basis of Mylaeus's description of *natura altera*, it could be understood as equivalent to – or: roughly equivalent to – human nature.

C. The *Theatrum universitatis rerum* is devoted to *natura ipsa* (which is not directly defined or described). The terms *natura* and *naturalis* are also used within this broadsheet in order to refer to the following:
1. God; 2. the order of things / the course of nature; 3. all of the universe; 4. the sub-celestial realm; 5. the nature (i. e., essential properties) of beasts; 6. the nature (essential properties) of male humans and of female humans; 7. the nature (i. e., characteristics) of people living in a certain geographical area or region; 8. the nature of each individual human being; 9. essential properties (of inanimate bodies and of plants); 10. the four primary qualities (hot, cold, humid, and dry); 11. philosophy of nature (*philosophia naturae*), i. e., theoretical philosophy, within which Mylaeus apparently includes metaphysics, physics, and mathematics.

Table J
References to *natura* and *naturalis* in the Writings of Clemens Timpler (1563/64–1624)

Timpler's uses of the terms *natura* and *naturalis* fall roughly into the following 6 categories (A.–F.):

A. That which conforms to the ordinary course of nature (*ordinarium naturae cursum*), The following additional uses of the term natura are connected thereto:
   1. That which is above (the ordinary course of) nature (*supra naturam*)
   2. That which is apart from (the ordinary course of) nature (*praeter naturam*)
   3. That which is contrary to (the ordinary course of) nature (*contra naturam*)

B. Creation

C. Physical cause(s)

D. The definition and/or explanation of something
   1. Occasionally, Timpler directly equates "nature" with definition
   2. More often within his writings, however, the nature of a given thing is "known" only when its definition is taken together with knowledge of one or more of the following: **a.** its principles, **b.** its causes, **c.** its subject(s), **d.** its parts, **e.** its origin, **f.** some other pertinent factor(s)

E. The essence of rational substance
   1. This essence is either universal (e. g., humanity) or singular (e. g., Plato-ness).
   2. For Timpler, human nature means man's essence.
   3. When referring to divine nature, he seems to equate this with God's essence.

F. Some potency or potencies which are innate in man

Table K
Nature (α), Causality (β), and Motion (γ) in the Textbook on Physics by Georg Liebler (1561)

α. A. **Naturae** namque definitionem nemo recte intellexerit, **motus** definitione non cognita.

   B. Nonetheless, Liebler does attempt to explain and define the concept of nature.

   C. ... licet, naturam esse principium & causam motus et quietis eius in quo est, primo per se, et non secundum per accidens.

   D. Liebler uses the terms *natura* and *naturalis* in order to refer to the following:
   1. That which conforms to the course of nature; the following additional uses of the term *natura* are connected thereto:
      a. that which is above (the ordinary course of) nature (*supra naturam*)
      b. that which is apart from (the ordinary course of) nature (*praeter naturam*)
      c. that which is contrary to (the ordinary course of) nature (*contra naturam*)
   2. All of the universe
   3. The physical realm
   4. Habitus; habilitas
   5. Naturae vocabulum materiae & formae accommodari solet: ita tamen, ut forma potior nobiliorque natura dicatur esse quam materia.
      a. Here *natura* apparently is used to refer to essence; b. Elsewhere, Liebler frequently uses *natura* to refer to essence (understood more broadly or narrowly).
   6. (The discipline of) natural philosophy (*philosophia naturalis*)
   7. a. ... Aristoteles tamen naturam pro eo ut commune est vocabulum, ad utraque, hoc est animata & inanimata definit. Nam animata & inanimata naturam habent ...
      b. Reliquum est, ut de ijs quoque disseramus corporibus, quae non modo naturalia, sed etiam animata dicuntur, ab anima, praestantiore ... causa quam sit natura.

β. A. Causa est, ad quam effectus sequitur. Causa is either 1. per se [OR] 2. per accidens
   1. Quid est causa **per se**? Ad quam per se & proprie sequitur effectus.
   2. **Per accidens** causae dici possunt, omnia quae causis per se dictis accidunt: atque ita cuiuscunque rei **infinitae** possunt esse causae per accidens. Sed nos iam causas per accidens praecipue vocamus, **casum** & **fortunam**: ...

B. 1. Licet vero **principium** & **causa** idem fere significent, frustra tamen alterum positum esse non est censendum: rationes enim diversas utraque haec vocabula obtinent.

2. Ratione quippe ordinis natura **principium** dicitur: quoniam in eo genere natura nihil prius existit, quo mediante res aptae sunt & idoneae ad motus statusque sustinendos.

3. Sicut enim **causam** appellamus, qua existente aliud, effectus nimirum, sequitur: eodem quoque modo naturam sequuntur motiones & quietes rerum naturalium.

γ. A. Quid est motus? Est actus rei existentis in potentia, quatenus in potentia est.

B. Quot sunt species motus? Species motus vulgo numerantur sex:
1. generatio; 2. corruptio; 3. augmentatio; 4. diminutio; 5. alteratio; 6. secundum locum mutatio.

C. Tres porro esse species motus, in Physicis demonstratum est. Nam movetur res aut (i.) ratione quantitatis, aut (ii.) ratione qualitatis, aut (iii.) causa loci.

Table L
Coelum (α), Elementa (β), and Anima (γ) in the Textbook on Physics by Georg Liebler (1561)

α. A. Differunt elementa inter sese, non figuris, ut Timaeo visum est: se proprijssime eorum differentiae sumuntur a facultatibus [(margin): Facultates dicit, gravitatem & levitatem.] & **qualitatibus, praesertim primis**, & rationibus atque perpessionibus quae ab hisce proficiscuntur.

B. Quot sunt elementa? (Quatuor: ignis, aer, aqua, terra.) Antequam hoc ostendamus, de gravitate & levitate quaedam ab hisce enim habitibus [= facultatibus] motus naturalium corporum proficiscuntur, suntque vigor & quasi vita elementorum.

C. 1. Ita sane ignis simpliciter levis est: ... & terra simpliciter gravis: ...

2. Aqua autem & aer nec levia nec gravia simpliciter sunt: ... aqua enim aeri subijicitur, aer autem supra aquam effertur.

3. ... igni & aeri superum, terrae autem & aquae inferum tribuens locum: ...

D. Terra enim omnium elementorum est infimum & abiectissimum, & prope non ens, reliquarum fere formarum omnium domicilium: ipsa propemodum omni forma destituta, ...

β. A. Est'ne praeter ... elementa, alius quoddam simplex corpus substantia ab illis diversum? Est. ... Hoc vero coeleste est corpus, quod solum ... in orbem sua natura movetur.

B. Quibus id [**Coelum**] conditionibus a quatuor elementis discrepat?

Quod nec grave sit, nec leve, ut elementa: quodque non solum ipsum totum, sed & omnes partes ortus & interitus, incrementi ac decrementi, & omnium qualitatum quibus alterari res solent, sit expers.

C. Liebler briefly discusses *astra*, *sidera*, and *stellae*, which are all contained within *coelum*.

D. 1. Qua figura est coelum, seu totum universum? Globosa ac rotunda: ...; Liebler also refers to the mundus universus which he appears to equate with a coeleste corpus.

2. It is noted that: Initio igitur statuendum, terram in medio totius universi quiescere ...

γ. A. Nihil aliud ergo est anima, quam forma, perfectio, species, ἐντελέχεια, adeoque substantia talis corporis, quale descripsimus, sine qua illud ipsum corpus subsistere nequit.

B. Quot sunt facultates sive gradus, sive potentiae animae? Quatuor, ... [1] vegetandi seu vivendi (infimus est), [2] sentiendi, [3] movendi, & [4] intelligendi (summus est) ... semper inferiores absque superioribus esse possint, superiorum autem nulla absque inferioribus subsistat.

C. Quot requiruntur ad sensionem?

Duo: [1] **Sensus**, & [2] obiectum quod sentitur, quod vocamus **Sensile**

D. **Sensile**: is either **proprium** or **commune** [each of which has five sub-categories]:

(i.) Sensile proprium: [1] color; [2] sonus; [3] odor; [4] sapor; [5] **qualitates tactiles**

(ii.) Sensile commune: [1] motus; [2] status; [3] numerus; [4] figura; [5] magnitudo

E. Quot sunt sensus externi? Quinque:

[1] visus, [2] auditus, [3] olfactus, [4] gustus, et [5] **tactus**.

Table M
Touch and Contact (α), The Four Primary Qualities (β), and Generation (γ), in the Textbook on Physics by Georg Liebler (1561)

α. A. 1. Quis est sensus tactus? Est, quo qualitates primae elementorum ... percipiuntur.

      2. Organon tactus (qui non ut reliqui sensus, in una aliqua corporis parte haesit, sed per universum corpus fusus est) ...

      3. Si enim tactu, qui omnium sensuum est infimus, tactiles qualitates omnes percipimus (nam primas omnes percipimus, quare etiam ex his ortas secundas) verisimile est, reliquos etiam sensus suas qualitates omnes percipere.

   B. 1. Quare contactus de iis proprijssime dicitur, quae agere & pati possunt.

      2. Concretio autem nihil aliud est quam mixtio, quae absque actione & passione quadam fieri non potest. Actio vero & passio absque contactu nulla existit.

β. A. 1. Nos vero dicimus, tota elementa per tota ita misceri, ut nulla sit pars mixti, ex qua non omnia elementa, secretione regenerari possint. Sed quonam istud pacto fieri potest? Ope & beneficio quatuor qualitatum tactilium primarum.

      2. Etenim [i.] si iungatur calidum cum sicco, ignis: [ii.] si calidum cum humido, aer: [iii.] si frigidum cum humido, aqua: [iv.] si frigidum cum sicco, terra creabitur.

      3. Quomodo igitur dividuntur qualitates primae? In agentes & patientes.
         a. Agentes sunt, calidas & frigiditas: quod vim ad movendum habent.
         b. Patientes sunt reliquae duae, siccitas nimirum & humiditas.

   B. Nec non & illus intelligitur, quare plantae, quamvis sint animatae, a qualitatibus tactilibus afficiantur, eas tamen non sentiant. Sunt enim isto λόγῳ, sive ista mediocritate, & harmonia, in qua vis percipiendi species consistit, destitutae.

γ. A. 1. Generationem simplicem non esse, videtur hac ratione ostendi posse.

      2. Quicquid generatur, fit et generatur ex contrario.

   B. 1. [a.] ... quae una duntaxat qualitate communicant et conveniunt inter se, in his generatio est expeditior & facilior: [b.] quae autem utrisque repugnant qualitatibus contrarijs, in his tam prompta & expedita transmutatio non est ... [c.] ut aqua facilius in aerem quam in ignem convertitur. Frigore enim ex aqua sublato, quod efficitur calidum est & humidum, quod ipsum aer est.

      2. [a.] Estque terra aeri, aqua igni maxime contraria. Prudens enim & sagax natura duo contraria sine medio iungere noluit, ne videlicet harmonia &

concordia totius universi iunctis pugnacissimis qualitatibus turbaretur: sed ut dissociata locis ipsa contraria, concordi pace iungerentur. [b.] ... nam extrema sine medio cohaerere non possunt.

3. ... confusi & debilitati unius mixti actui sese subijciunt, eoque uniuntur, qui est quasi vinculum & compago quaedam contrariarum naturarum.

C. 1. Ita ipsis elementis, cum ignis reliquorum quasi forma sit, quando ex terra ignis nascitur, generatio est simplex: at si ignis in terram convertatur, interitus potius dicendus erit.

2. a. Quae igitur ab huiusmodi efficientibus qualitatibus perpessiones solent **emanere**?
   b. Primum etet in universum simplex generatio, naturalis mutatio, ei opposita corruptio, ab his qualitatibus efficitur: materia autem ratione humiditatis siccitatisque obnoxia est & capax calidi frigidique actionum.

Table N
Causality, Principles, and Emanation (A), Infinity (B), Definitions (C), Mathematics and Physics (D), Necessity (E), Logic and Physics (F), and Authorities Cited (G) in the Textbook on Physics by Georg Liebler (1561)

A. In Liebler's textbook on physics, not all "causal" relationships fall within the parameters of "cause" (*causa*) and "effect" (*effectus*)
   1. At one point Liebler appears to equate cause and principle (*principium*), but he also states that nothing exists prior to principle; matter (= material cause) and form (= form cause) constitute – together with privation – his three basic principles; efficient cause and final cause – his remaining two sub-categories of cause – are excluded therefrom.
   2. Generation from contraries is apparently causal; simple generation, however, apparently occurs beyond causality – when *perpessiones* emanate from the four primary qualities.

B. 1. Primum ergo demonstrat, nullum esse actu infinitum in rerum natura.
   2. a. ... Fortunae posse infinitas causas existere: uni enim infinita possunt accidere.
      b. Alia forma dicitur accidentalis. Haec ut res accidente aliquo sit insignita, praestat: ut scientia, virtus, sanitas ... quarum formarum infinitae in qualibet re possunt esse.

C. Definitions posed problems for Liebler. He attempts to define important terms for the readers of his textbook on physics. But in the case of many basic concepts – for example, prime matter and nature – he is not able to arrive at satisfactory definitions.

D. Cum mathematicus & Physicus considerent ea quae insunt corpori naturali, quae nam inter utrumque est discrepantia? Haec est.
   1. Mathematicus species quantitatis, quae suae scientiae sunt subiectae, sine motu considerat: & proinde a materia abstrahit ...
   2. Physicae vero res quia sine motu intelligi non possunt ... quapropter ita definiuntur & considerantur a Physico, ut forma cum materia semper copulata intelligatur esse.

E. Necessity (*necessitas*) is **absolute** (*simplex sive absoluta*) or **hypothetical** (*ex hypothesi*).
   1. That which is eternal and divine is absolutely necessary.
   2. In the realm of physics, necessity is never absolute; it is only hypothetical.
   3. In the realm of logic, however, syllogisms can have absolute necessity.

F. Longo namque intervallo genus Physicum & genus Dialecticum different.

   [i.] Ita quoque Dialecticus substantiae hoc dicit esse proprium, quod in toto illo genere nulla reperiatur contrarietas. [ii.] Physico autem generi substantiae contrarietas, ut diximus, inest. [iii.] ... Cum vero in Physicis hominem et non hominem, verbi gratia, opponi dicimus, oppositio haec contradictoria censenda non est, sed privativa.

G. 1. With the exception of one citation of a single author (Angelus Politianus), Liebler only cites ancient Greek and Roman authorities in the 1561 edition of his textbook on physics.

2. Aristotle and Plato are both occasionally cited. Liebler argues or disagrees with each when presenting his own views concerning specific points of philosophical doctrine.

3. Quare dicis principia esse contraria? ... Quam sententiam confirmat etiam omnium physiologorum cum veterum tum recentium consensus & authoritas: ...

Bibliography

A.   Georg Liebler: Published Writings
    1. Textbook on Physics: First Edition (1561) and Subsequent Imprints (1563; 1566)
    2. Textbook on Physics: Expanded Edition (1573) and Subsequent Imprints (1575; 1586; 1589; 1594; 1596; 1600; 1620)
    3. Funeral Orations (by Georg Liebler)
    4. Academic Orations
    5. Disputations presided over by Georg Liebler

B.   Georg Liebler: Manuscript Treatises on the Subject Matter of Physics

C.   Georg Liebler: (α.) Manuscript Correspondence and (β.) Student Album entries *(Stammbucheinträge)*

D.   Georg Liebler: Portraits

E.   Primary Source Materials, Editions, and Auxiliary Writings pertaining to Georg Liebler and his Family:
(α.) Manuscript; (β.) Published

F.   Primary Source Materials (pre–1700): Other

G.   Secondary Literature

Abbreviations

Library / Archive locations and call numbers are given for all published and manuscript materials that appeared prior to the year 1700; the following abbreviations are used for that purpose.

BSB	Bayerische Staatsbibliothek (München) / Bavarian State Library (Munich)
FB	Forschungsbibliothek (Gotha)
SLUB	Staats-, Landes-, und Universitätsbibliothek / State, Province, and University Library (Dresden)
HAB	Herzog August Bibliothek / Duke August Library (Wolfenbüttel)
LB	Landesbibliothek / Province Library
StB	Stadtbibliothek / Municipal Library
SUB	Staats- und Universitätsbibliothek / State and University Library
UA	Universitätsarchiv / University Archive
UB	Universitätsbibliothek / University Library
ULB	Universitäts- und Landesbibliothek / University and Province Library (Halle)
UFB	Universitäts- und Forschungsbibliothek (Erfurt / Gotha)
ZB	Zentralbibliothek / Central Library (Zürich)

A.   Georg Liebler: Published Writings

A. 1.   Textbook on Physics: First Edition (1561) and Subsequent Imprints (1563; 1566)

Lieblerus, Georgius. *Epitome philosophiae naturalis.* Basileae: Per Joannem Oporinum (Ex officina Arnoldi Gymnici sumptibus Johannis Oporini), (1561 mense Augusto). [München BSB: Phys.g.254 (digitally accessible); Tübingen UB: Aa 829]
Lieblerus, Georgius. *Epitome philosophiae naturalis.* Basileae: Per Joannem Oporinum (Ex officina Joannis Oporini), 1563 (mense Augusto). [Tübingen UB: Aa 831]
Lieblerus, Georgius. *Epitome philosophiae naturalis.* Basileae: Per Joannem Oporinum (Ex officina Joannis Oporini), (1566 mense Maio). [München BSB: Phys. g. 630]

A. 2.   Textbook on Physics: Expanded Edition (1573) and Subsequent Imprints (1575; 1586; 1589; 1594; 1596; 1600)

Lieblerus, Georgius. *Epitome philosophiae naturalis. ... multis locis auctior & emendatior: quae etiam Scholarum Petri Rami in octo libros Acroamaticos Aristotelis, errores passim detegit.* Basileae: Ex officina Oporiniana, 1573. [Freiburg/Breisgau UB: D 1581, gh]
Lieblerus, Georgius. *Epitome philosophiae naturalis. ... multis locis auctior & emendatior: quae etiam Scholarum Petri Rami in octo libros Acroamaticos Aristotelis, errores passim detegit.* Basileae: Ex officina Oporiniana, 1575. [München BSB: Phys.g. 254 h]
Lieblerus, Georgius. *Epitome philosophiae naturalis ... Multis locis auctior et emendatior: quae etiam scholarum Petri Rami in octo libros Acroamaticos Aristotelis errores passim detegit ... Accessit locuples rerum et verborum index.* Basileae: Ex officina Oporiniana (per Hieronymum Gemusaeum, et Balthasarum Han), 1586 (mense Februario). [Halle ULB: Ce 1873 b (digitally accessible)]
Lieblerus, Georgius. *Epitome philosophiae naturalis ... Multis locis auctior et emendatior: quae etiam scholarum Petri Rami in octo libros Acroamaticos Aristotelis errores passim detegit ... Accessit locuples rerum et verborum index.* Basileae: Ex officina Oporiniana (per Hieronymum Gemusaeum et Balthasarum Han), 1589 (mense Augusto). [München BSB: Phys.g. 255]
Lieblerus, Georgius. *Epitome philosophiae naturalis ... Multis locis auctior et emendatior: quae etiam scholarum Petri Rami in octo libros Acroamaticos Aristotelis errores passim detegit ... Accessit locuples rerum et verborum index.* Basileae: Ex officina Oporiniana per Hieronymum Gemusaeum, 1594. [Halle ULB: Cë 1873 c]
Lieblerus, Georgius. *Epitome philosophiae naturalis ... Multis locis auctior et emendatior: quae etiam scholarum Petri Rami in octo libros Acroamaticos Aristotelis errores passim detegit ... Accessit locuples rerum et verborum index.* Lipsiae: (Imprimebat Michael Lantzenberger), 1596. [Berlin SB: Nk 11753⟨a⟩]

Lieblerus, Georgius. *Epitome philosophiae naturalis ... Multis locis auctior et emendatior: quae etiam scholarum Petri Rami in octo libros Acroamaticos Aristotelis errores passim detegit ... Accessit locuples rerum et verborum index*. Basileae: Per Hieronymum Gemusaeum, 1600. [Dresden SLUB: Lit. Graec. 3189^h (1)]

Lieblerus, Georgius. *Margarita. Ex vastissmo illo Aristotelis oceano excerpta, qua naturalis philosophiae infula exornatur quam splendidissime*. Basileae: Per Ludovicum König, 1620. [Paris, Bibliothèque Mazarine: 8° 28568]

A. 3. Funeral Orations (by Georg Liebler)

a. Lieblerus, Georgius. *Oratio funebris de vita et morte ... Sabinae ... Huldrichi ... Ducis ... conjugis optimae, quae pie in Christo defuncta est III. Cal. Septembr. ... 1564.* Tubingae: 1564. [München BSB: 4 Or. fun. 44 (Beibd. 4)]

b. Lieblerus, Georgius. *Oratio funebris de vita, studiis, moribus, rebus gestis, et morte ... Hieronymi Gerhard, Jurium Doctoris, et Procancellarij ... Principum Wirtembergensium ... Habita in honorem praeceptoris ... Accessit alia ejusdem oratio philosophica, de motibus animi humani.* Tubingae: Excudebat Georgius Gruppenbach, 1575. [Tübingen UB: L XVI 97]

c. Lieblerus, Georgius. *Oratio funebris de vita, studiis, moribus, et morte ... Casparis Wildii ... Accesserunt etiam quaedam epicedia.* Tubingae: Apud Georgium Gruppenbachium, 1584. [München BSB: 4° Diss. 1773]

d. Lieblerus, Georgius. *Oratio funebris de vita, moribus, et studiis ... Jacobi Schegkii ... in qua studiosis philosophiae praeponitur illustre recte dicendi & vivendi exemplum.* Tubingae: Excudebat Georgius Gruppenbachius, 1587. [Tübingen UB: L XVI 83]

A. 4. Academic Orations

a. Lieblerus, Georgius. *Oratio philosophica de tribus motibus animi humani.* 1575. [pp. 20–29 in Lieblerus, Georgius. *Oratio funebris de vita, studiis, moribus, rebus gestis, et morte ... Hieronymi Gerhardi* (cited in A. 3. b. in the Bibliography)]

b. Lieblerus, Georgius. *Oratio de causis corruptae iuventutis, habita in Academia Tubingensi: cum primae laureae honores, 49 Adolescentibus conferrentur: die 28. Septemb. Anno 1576.* Tubingae: 1576. [Wolfenbüttel HAB: 171.5 Quodl. 4° (6)]

c. Lieblerus, Georgius. *Oratio de vero gaudio, recitata in festo anniversario Collegii Philosophici Academiae Tubingensis. ... Accessit altera oratio, quae fuit funebris: tertia de lauro.* Tubingae: Excudebat Alexander Hockius, 1583. [Stuttgart LB: Philos. Diss.829]

(1): Oratio de vero gaudio (pp. 3–16)

(2): Oratio funebris in honorem ... Hieronymi Gerhardi, Jurium doctoris, et Procancellarij ... Principum Wirtembergensium (pp. 17–38)

(3): Oratio de lauro habita in promotione quinquaginta unius Baccalaureorum (pp. 38–44)

A. 5. Disputations presided over by Georg Liebler

a.-c. Lieblerus, Georgius, praes. and Salzhuberus, Georgius, resp. *Disputatio philosophica de unione hypostatica animae et corporis et communicatione idiomatum. Item de anima seorsim, eiusque facultatibus, proprietatibus et actionibus.* Tubingae: Excudebat Georgius Gruppenbachius, 1581. [Stuttgart LB: Philos.Diss.829]

d. Lieblerus, Georgius, praes., Enenckel, Georgius Acatius, resp., Hohenfelderus, Wolfgangus, resp. and Hohenfelderus, Ludovicus, resp. *Disputationes physicae tres de anima ... diebus 28. Junii, 5. et 12. Julii, horis pomeridianis ... conabuntur ...* Tubingae: Apud Georgium Gruppenbachium, 1593. [Wolfenbüttel HAB: 227 Quodl. (3) (4)]

B. Georg Liebler: Manuscript Treatises on the Subject Matter of Physics

1. *Quaestiones in duos Aristotelis de animae libros dictatae a Lieblero Tubingensis professore ... Finis 2di [Secundi] Libri de a[n]i[m]a. Tubingae 1565 2. Novemb[ris].* [Erfurt / Gotha UFB, Gotha FB: Chart. B 495, fol. 1^r–67^r.]

2. *Annotationes in libros de Coelo Aristotelis Stagiritae, exceptae ex ore D. Viri D. Georgii Liebleri praeceptoris mei omni observantia colendi, incipit illa explicatio a capite nono primi libri de coelo ... Sequitur annotationes in secundum librum de Caelo, Aristotelis summi philosophi (qui est de quintae essentiae proprietatis, motu, & figura totius & earum partium,) exceptae ex ore D. Liebleri p[rae]ceptoris mei colendi Anno [15]70.* [München UB, Manuscripts Dept.: 2° Cod. ms. 575, fol. 53^r–60^r; 60^r–73^r]

C. Georg Liebler: (α.) Manuscript Correspondence and (β.) Student Album entries (*Stammbucheinträge*)

α. 1. Liebler, Georg (Tübingen, 18 August 1569) to Ludwig Duke of Württemberg. [Stuttgart, Landeskirchliches Archiv: A 29 (Ortsakten der Kirchenleitung, Württemberg), 4679 [I, 1], Tuttlingen, 1/4, fol. 1^r–1^v]

α. 2. Liebler, Georg (Tübingen, 12 July 1588) to Gerlach, Stephan (Bebenhausen). [Erfurt / Gotha UFB, FB Gotha: Chart. A 703, fol. 62^r–62^v]

α. 3. Liebler, Georg (Tübingen, 11 August [1592? or 1594?]) to Papp, Johannes. [Basel UB, Manuscripts Dept.: G I 27, fol. 27]

α. 4. Liebler, Georg (Tübingen, 10 June, sine anno / no year given) to Bauhin, Caspar. [Basel UB, Manuscripts Dept.: G I 5, fol. 199]

β. 1. Student Album entry for Johann Heinrich Heinzelius [undated: in 1569, 1570, or 1571]. [Wolfenbüttel HAB: Cod. Guelf. 68.6 (Johann Heinrich Heinzelii Stammbuch von 1569 bis 1571), fol. 73^r]

β. 2. Student Album entry for K. Lobmüller together with portrait (undated, in color) of Georg Liebler (9 June 1593). [Stuttgart LB, Manuscripts Dept.: Cod. Hist. 2° 912,2, 17^r–17^v]

D. Georg Liebler: Portraits

1. Georg Liebler (1590), Oil Painting, Color, reproduced on the second page of this article in black and white. University of Tübingen, Professorengalerie.
2. [Portrait of Georg Liebler, Woodcut, black and white.] Imago ... Georgii Liebleri Physices in inclyta Tubingensi Academia Professoris, & Paedagogarchae Württembergici rude donati: Anno Christiano 1596. Aetatis 70. Zieglerus, Michael. *Oratio de vita et morte ... Georgii Liebleri ... 1600. Die 30, Januarii ... defuncti.* Tubingae: Typis Cellianis, 1601. [cited in full in E. of the Bibliography], fol. A1^v [= Title Page, Verso]. This same portrait was published in the following portrait collection: Cellius, Erhardus. *Imagines professorum Tubingensium.* Tubingen: Typis auctoris, 1596. [Dresden SLUB: Hist. acad. 554 (digitally accessible)]
The caption of this portrait suggests (most likely erroneously) that Georg Liebler was born in 1525 or 1526; refer to the documentation provided in footnote 5.
3. [Portrait of Georg Liebler, Woodcut, Color] together with Student Album entry (recipient not identified) Georg Liebler (9 June 1593). [Stuttgart LB, Manuscripts Dept.: Cod. Hist. 2° 912,2, fol. 17^r–17^v]

E. Primary Source Materials, Editions, and Auxiliary Writings pertaining directly to Georg Liebler and his Family: (α.) Manuscript; (β.) Published

α. 1 Wischnath, Michael, ed. *Universitätsarchiv Tübingen. Bestandsrepertorium UAT 1–86. Inventar zu den Altbeständen des 15. bis 19. Jahrhunderts.* Tübingen: 2011. [Tübingen UA: http://www.uni-tuebingen.de/UAT/inventar.pdf (accessed on July 10, 2011)]

α. 2 Tübingen UA: 5/25: Matricula Universitatis (1477–1945), vol. 2 (1520–1545) fol. 35^v–36^r: 9 August 1537: Georg Liebler enrolled at the University of Tübingen

α. 3 Tübingen UA: 15/11: Matricula fac[ultatis] artium (1477–1562)
fol. 34^r: Georg Liebler awarded the Magister artium degree (6 August 1544)
fol. 115^r: Georg Liebler awarded the Baccalaureus artium degree (11 March 1541)

α. 4 Tübingen UA: 2/1b through 2/5: Protokolle (Acta senatus) der Universität Tübingen
2/1b: 1541–1573; 2/2: 1574–1581; 2/4: 1588–1596

α. 5 Universitätssekretariat, Ältere vermischte Sachakten [und Amtsbücher]
5/13: Liber conductionum, 1503–1544, 1587–1588
5/14: Conductiones et receptiones professorum, 1576–1603

α. 6 Tübingen UA: 6/3 through 6/5: Professores, catalogi und consignatores 1540–1722
6/3: 1540–1618

α. 7 Tübingen UA: 6/7b through 6/9: Rechnungen alles Einnehmens und Ausgebens der Universität vom Supremus deputatus
6/7b: 1544–1580; 6/7ᶜ: 1551–1557; 6/8: 1558–1568; 6/9: 1569–1580

α. 8 Tübingen UA: 15: Artistenfakultät / Philosophische Fakultät (1477–1958)
15/1:   Professorum vocationes, electiones (1510–1599)
15/7a: Varia
15/11: Matricula fac[ultatis] art[ium] (1477–1563)
15/12: Matricula fac[ultatis] art[ium] (1563–1639)
15/15a: Statuta (1544–1611)

α. 9 Besch, Dorothea. Verzeichnis der Studenten des Evangelischen Stifts Tübingen 1537–1930. Auf der Grundlage der Sammlung von Martin Leube. (Bestand D 20 im Landeskirchlichen Archiv Stuttgart). 2 Volumes. Redaktion Harald Müller-Bauer. [Tübingen; Archiv des Evangelischen Stifts: AEV ST E1-E4 (typescript)]

β. 1a Göz, Wilhelm and Conrad, Ernst, eds. *Diarium Martini Crusii 1596–1597.* Tübingen: Verlag der H. Laupp'schen Buchhandlung, 1927.

β. 1b Göz, Wilhelm and Conrad, Ernst, eds. *Diarium Martini Crusii 1598–1599.* Tübingen: Verlag der H. Laupp'schen Buchhandlung, 1931.

β. 1c Göz, Wilhelm and Conrad, Ernst, eds. *Diarium Martini Crusii 1600–1605.* Tübingen: Verlag der H. Laupp'schen Buchhandlung, 1958.

β. 1d Göz, Wilhelm and Conrad, Ernst, eds. *Diarium Martini Crusii. Gesamtregister.* Tübingen: Verlag der H. Laupp'schen Buchhandlung, 1961.

β. 2 Hermelink, Heinrich, ed. *Die Matrikeln der Universität Tübingen.* Vol. 1. *Die Matrikeln von 1477–1600.* Stuttgart: Druck und Verlag von W. Kohlhammer, 1906.

β. 3 Kragius, Andreas. *Rameae scholae et, defensio Petri Rami: contra Georgii Liebleri Calumnis, in epitomen octo librorum Acromaticon aspersas … caussam dicente Andrea Kragio Ripensi Dano.* Basileae: Per Sebastianum Henricpetri, 1582 (mense Martio). München BSB: A. gr. b. 708, Beibd. 1 (digitally accessible)]

β. 4 Sigwart, Joannes Georgius. *Leichpredigt bey der Begräbnis der Frawen Mariae Magistri Georgii Liebleri … Haußfrawen.* Gedruckt zu Tübingen: Bey Georgen Gruppenbach, 1592. [Tübingen UB: 38 A 10506 R (13)]

β. 5 Zieglerus, Michael. *Oratio de vita et morte … Georgii Liebleri, Denzlingensis … Professoris in Academia Tybingensi … Anno 1600, die 30. Januarii, pie in Christo defuncti.* Tubingae: Typis Cellianis, 1601. [Tübingen UB: L XVI 131.4–2 (16)]

F. Primary Source Materials (pre–1700): Other

[Aristoteles.] *In Aristotelis universam naturalem philosophiam.* (1562)   Pantaleon, Henricus.

Assertiones logicae, physicae, metaphysicae, atque ethicae, disputandae pro more ante studiorum instaurationem in templo Societatis Jesu, propugnatoribus discipulis, qui hoc anno curriculum philosophiae in Collegio eijsdem societatis confecerunt; praeside vero eorum praeceptore. Romae: In aedibus Societatis Jesu, 1557. [München BSB: Ph. u. 644 l]

Beverus, Joannes. In Aristotelis Stagiritae, philosophorum omnium principis, de rebus naturalibus libros brevis ac dilucidus commentarius. Lovanii: Ex officina Bartholomaei Gravii, 1567. [Trier StB: R 4° VI 21]

Camenerus, Timannus. Compendium dialectice seu commentariolus in tractatus Petri Hispani. (Coloniae): (In officina literaria ingenuorum filiorum Quenteli), (1513 pridie Idus Septembres). [Soest StB: 4 P 11.2 (4 an)]

Copius, Bernhardus. Partitiones dialecticae ex Platone et Aristotele, coniunctis interpretum quorundam, Ciceronis praesertim, Rodolfi Agricolae, Philippi Melanchthonis verbis ac sententijs. Lemgoviae: Per Ioannem Schuchenum, 1560. [München BSB: A lat. b. 755 (2) (digitally accessible)]

Flaminius, Antonius. Paraphrasis in duodecimum Aristotelis librum de prima philosophia. Lutetiae Parisiorum: Per Nicolaum Divitem, 1547. [München BSB: A. gr. 801 (1)]

Fonseca, Petrus a. Institutionum dialecticarum libri octo. Coloniae: Apud Maternum Cholinum, 1572. [München BSB: Ph.sp. 282 (digitally accessible)]

Melan[ch]thon, Philippus. Doctrinae physicae elementa, sive initia, dictata in Academia Witebergensi ... ex postrema autoris recognitione. Basileae: Per Joannem Oporinum, (Ex officina Joannis Oporini), (1550 mense Maio). [München BSB: Phys. g. 281 (digitally accessible)]

Mylaeus, Christophorus. De scribenda universitatis rerum historia. Basileae: Ex officina Joannis Oporini, 1551. [München UB: 4° H. lit. 367]

Mylaeus, Christophorus. Theatrum universitatis rerum. Basileae: Ex officina Johannis Oporini, 1557 mense Martio. [München BSB: 2° Enc. 19m Res]

Panegyris verna illustris scholae Lauinganae rectore Nicolao Reusnero ... 1579. IX. Kal. Maia, in progressionibus solennibus celebrata. Lauingae: Per Leonhardum Reinmichaelium typographum Palatinum excusa. [Göttingen SUB: 8° Hist. lit. part. I, 4640]

(Pantaleon, Henricus, ed.) In Aristotelis universam naturalem philosophiam, quae in gymnasiis optime institutis praelegi solet. Theodori Metochitae paraphrasis longe doctissima: quae prolixi commentarij vicem explicere queat. Basileae: Per Nicolaum Bryling, 1562. [München BSB: 4 A.gr.b. 383 (digitally accessible)]

Ramus, Petrus. Scholarum physicarum libri octo, in totidem acroamaticos libros Aristotelis. Parisiis: Apud Andream Wechelum, 1565. [Zürich ZB: Gal Tz 838 91)]

Rhodolphus, Chasparus. Ad praescriptum Organi Aristotelis ex interpretibus Graecis congesta, multo, quam hactenus, tractata. Marp(urgi): Andreas Colbius excudebat ac impensis haeredum Chr. Egenolphi, 1555. [Basel UB: K. f. V 20]

Sanflorus [Sainct-Fleur], Petrus. Aristotelis Stagiritae Thesaurus commentariolis ... In quo universae philosophiae praeceptiones explicantur. Parisiis: Apud Martinum Juvenum, 1576. [University of Toronto, Fisher Library: ari / smb / AC / 1576]

[Schegk, Jacob]. Schegkius, Jacobus. Philosophiae naturalis ... omnes disputationes ac universa tractatio, duobus libris comprehensa. ... Eiusdem quoque in loca obscura scholia annotationes, cum erotematis huius scientiae proprijs, eorum gratia qui primum physicis operam clare incipiunt. Tubingae: Ex officina Ulrici Morhardi, 1538. [München BSB: Phys. g. 409 (digitally accessible)]

[Schegk, Jacob]. Scheggius, Jacobus. In reliquos naturalium Aristotelis libros commentaria plane philosophica, nunc primum in lucem edita: ... Item ejusdem in X. libros ethicorum annotationes longe doctissimae. Basileae: Per Joannem Hervagium, 1550 mense Maio. [München BSB: 2 A. gr. b. 338 (digitally accessible)]

[Schegk, Jacob]. Schegkius, Jacobus. De demonstratione libri XV. Basileae: Per Joannem Oporinum, 1564. [München BSB: 2 Ph. sp. 164, Beibd. 1 (digitally accessible)]

Synopsis, ordo, et catalogus praelectionum, et exercitationum faculta(tis) artium, et classium eidem coniunctarum ... et auctorum, qui hoc anno 1593 in eadem faculta(te) artium & classibus Archigymnasii Friburgensis Brisgo(iae) docebuntur. Friburgi Brisgoiae: Apud Martinum Becklerum, 1593. [Freiburg (Breisgau) UB: B 8980]

Velcurio, Joannes. Commentarii in universam physicam Aristotelis, distincti libris IIII. iam recens accuratissime recogniti. Tubingae: Ex officina typographica viduae Ulrichi Morhardi, 1557. [München BSB: A. gr. b 775 (digitally accessible)]

Wildenbergius, Hieronymus. Totius philosophiae humanae in tres partes, rationem, naturalem, et moralem, digestio. Basileae: Per Joannem Oporinum (ex officina Joannis Oporini), (1555 Mense Augusto). [München BSB: Ph. u. 551 (digitally accessible)]

Winellius, Petrus. Compendiosa librorum Aristotelis de arte dialectica isagoge pueritiae accommodatissima. Coloniae: Melchior Soter excudebat, 1551. [München BSB: A.gr.b. 596 (digitally accessible)]

G. Secondary Literature

Des Chene, Dennis. Physiologia: Natural Philosophy in late Aristotelian and Cartesian Thought. Ithaca, New York [et alia]: Cornell Univ. Press, 1996.

Freedman, Joseph S. "Philosophy Instruction within the Institutional Framework of Central European Schools and Universities during the Reformation Era," History of Universities. Vol. 5 (Oxford: Oxford University Press, 1985): 117–166. Reprinted in Freedman, Joseph S. Philosophy and the Arts (1999), II.

Freedman, Joseph S. European Academic Philosophy in the Late Sixteenth and Early Seventeenth Centuries: The Life, Significance, and Philosophy of Clemens Timpler, 1563/64–1624. 2 Vols. Studien und Materialien zur Geschichte der Philosophie. 27. Hildesheim, Zürich, and New York: Georg Olms, 1988.

Freedman, Joseph S. "Aristotle and the Content of Philosophy Instruction at Central European Schools and Universities during the Reformation Era (1500–1650)," Proceedings of the American Philosophical Society. Vol. 137, No. 2 (June 1993): 213–253. Reprinted in Freedman, Joseph S. Philosophy and the Arts (1999), V.

Freedman, Joseph S. "The Diffusion of the Writings of Petrus Ramus in Central Europe, c. 1570 – c. 1630," Renaissance Quarterly. Vol. 46, No. 1 (Spring 1993): 98–152. Reprinted in Freedman, Joseph S. Philosophy and the Arts (1999), IV.

Freedman, Joseph S. "Encyclopedic Philosophical Writings in Central Europe during the High and Late Renaissance (c. 1500 – c. 1700)," Archiv für Begriffsgeschichte. Vol.

37 (1994): 212–256. Reprinted in Freedman, Joseph S. *Philosophy and the Arts* (1999), V.

Freedman, Joseph S. "Classifications of Philosophy, the Arts, and the Sciences in Sixteenth- and Seventeenth- Century Europe," *The Modern Schoolman*. Vol. 72, No. 1 (November 1994): 37–65. Reprinted in Freedman, Joseph S. *Philosophy and the Arts* (1999), VII.

Freedman, Joseph S. "Introduction – The Study of Sixteenth- and Seventeenth- Century Writings on Academic Philosophy: Some Methodological Considerations." Freedman, Joseph S. *Philosophy and the Arts in Central Europe, 1500–1700: Teaching and Texts at European Schools and Universities*. Variorum Collected Studies Series, CS626. Aldershot, UK and Brookfield, Vermont: Ashgate Publishing Company, 1999, I (pp. 1–40).

Freedman, Joseph S. "'Professionalization' and 'Confessionalization': The Place of Physics, Philosophy, and Arts Instruction at Central European Academic Institutions During the Reformation Era," *Early Science and Medicine*. Vol. 6, No. 4 (2001): 334–352.

Freedman, Joseph S. "An Extraordinary Broadsheet on Natural Philosophy: The Theatrum universitatis rerum (1557) by Christophorus Mylaeus," Ebbersmeyer, Sabrina, Pirner-Pareschi, Helga, and Ricklin, Thomas, eds. *Sol et homo. Mensch und Natur in der Renaissance. Festschrift zum 70. Geburtstag für Eckhard Kessler*. Humanistische Bibliothek: Texte und Abhandlungen. Reihe I: Abhandlungen. Vol. 59 (München: Wilhelm Fink, 2008), pp. 241–315.

Freedman, Joseph S. "Necessity, Contingency, Impossibility, Possibility, and Modal Enunciations within the Writings of Clemens Timpler (1563/64–1624)." Mulsow, Martin, ed. *Spätrenaissance-Philosophie in Deutschland 1570–1650*. Frühe Neuzeit. Vol. 24 (Tübingen: Max Niemeyer Verlag, 2009), pp. 293–317.

Freedman, Joseph S. "The Godfather of Ontology? Clemens Timpler, "All that is Intelligible", Academic Disciplines during the Late 16th and Early 17th Centuries, and Some Possible Ramifications for the Use of Ontology in Our Time," *Quaestio. Yearbook on the History of Metaphysics* 9 (2009): 3–40.

Grafton, Anthony and Siraisi, Nancy G., eds. *Natural particulars : nature and the disciplines in Renaissance Europe*. Dibner Institute studies in the history of science and technology. Cambridge, Mass.: MIT Press, 1999.

Hankins, James. "Plato's psychogony in the later Renaissance: changing attitudes to the christianization of pagan philosophy." Leinkauf, Thomas and Steel, Carlos, eds. *Platons Timaios als Grundtext der Kosmologie in Spätantike, Mittelalter und Renaissance. Plato's Timaeus and the Foundations of Cosmology in Late Antiquity, the Middle Ages, and Renaissance*. Ancient and Medieval Philosophy. De Wulf Mansion Centre. Series 1. XXXIV. (Leuven University Press, 2005), pp. 387–406.

Hofmann, Norbert. *Die Artistenfakultät an der Universität Tübingen 1534–1601*. Tübingen: C. B. Mohr (Paul Siebeck), 1982.

Krekler, Ingeborg. *Die Autographensammlung des Stuttgarter Konsistorialdirektors Friedrich Wilhelm Frommann (1707–1783). Die Handschriften der Württembergischen Landesbibliothek Stuttgart*. Sonderreihe. Vol. 2. Wiesbaden: Harrassowitz Verlag, 1992.

Leinsle, Ulrich G. *Dilinganae disputationes. Der Lehrinhalt der gedruckten Disputationen an der Philosophischen Fakultät der Universität Dillingen, 1555–1648*. Jesuitica. Vol. 11. Regensburg: Schnell und Steiner, 2006.

Leube, Martin. *Geschichte des Tübinger Stifts. Erster Teil: 16. und 17. Jahrhundert*. Stuttgart: Druck und Verlag von Chr. Scheufele, 1921.

Ong, Walter. *Ramus and Talon Inventory*. Cambridge, Massachusetts: Harvard University Press, 1958.

Pill-Rademacher, Irene. *"... zu Nutz und gutem der loblichen universitet." Visitationen an der Universität Tübingen. Studien zur Interaktion zwischen Landesherr und Landesuniversität im 16. Jahrhundert*. Tübingen: Attempto Verlag, 1993.

The Teaching of Moral Philosophy in Sixteenth-Century Protestant Universities and Aristotle's *Nicomachean Ethics*: The Case of Tübingen*

Marco Toste

1. Introduction

From the second half of the thirteenth century to the middle of the seventeenth century, university teaching of moral philosophy was principally based on Aristotle's *Nicomachean Ethics*. In addition to the *Nicomachean Ethics*, moral or, as it was also called, practical philosophy consisted of Aristotle's *Politics* and *Economics* and later, in the sixteenth century, was on occasion supplemented by Cicero's *De officiis* and Plato's *Republic*. However, despite the attention paid to these other works of moral philosophy, none had the same significance as the *Ethics*. Its importance was reflected in the curricula of medieval and early modern universities, as the reading of the *Ethics* was required in order to obtain a master's degree at the faculty of arts,[1] and also in the sheer number of commentaries and textbooks on the *Ethics*, which exceeds the number of commentaries on all the other works of moral philosophy and makes the *Ethics* one of the most commented on Aristotelian works.[2] Significantly, there is continuity between

---

* I wish to thank the editors for their invitation to participate in the conference (which I was not able to attend) and later in the volume, especially Professor Joseph S. Freedman who suggested the subject for this article and provided me with a bibliography and valuable advice before the conference. This article is dedicated to my wife Lidia, who encouraged me and helped me with this research.

1 On this see the overview in David A. LINES, Aristotle's Ethics in the Italian Renaissance (ca. 1300–1650): The Universities and the Problem of Moral Education (Education and Society in the Middle Ages and Renaissance, 13), Leiden, Boston, Köln 2002, pp. 65–91. This overview was later developed in David A. LINES, Moral Philosophy in the Universities of Medieval and Renaissance Europe, in: History of Universities 22 (2005), pp. 38–80, especially pp. 45–48. Although Lines dwells principally on the Southern European and English universities, he also gives a brief account of the late sixteenth-century Protestant universities on pages 45–48. For the place of the *Ethics* in fourteenth and fifteenth-century curricula of central Europe universities see Sönke LORENZ, Libri ordinarie legendi: Eine Skizze zum Lehrplan der mitteleuropäischen Artistenfakultät um die Wende vom 14. zum 15. Jahrhundert, in: Argumente und Zeugnisse, ed. by Wolfram HOGREBE (Studia Philosophica et Historica, Bd. 5), Frankfurt a. M. 1985, pp. 204–258. For the same geographical area but in the sixteenth and seventeenth centuries see Joseph S. FREEDMAN, Deutsche Schulphilosophie im Reformationszeitalter (1500–1650). Ein Handbuch für den Hochschulunterricht, Münster 1985, pp. 34–37, 44–45.

2 In his review of Charles H. LOHR, Latin Aristotle Commentaries: Renaissance Authors (Corpus Philosophorum Medii Aevi, Subsidia, 6), Firenze 1988, Christoph Flüeler took the trouble to count the number of Renaissance commentaries on every Aristotelian work. The review is published in: Freiburger Zeitschrift für Philosophie und Theologie 36 (1989), pp. 512–519, and

medieval and early modern university statutes regarding the importance of the *Ethics*, the only major differences between these periods being increasing attention from the sixteenth century on to the question of which Latin translations should be used in the classroom together with the explicit use of Latin commentaries to help in the understanding of the Aristotelian text. (Sometimes the commentary replaced the original text of the *Ethics*).[3]

The importance of the *Ethics* is clearly linked to the fact that during those centuries philosophy and its teaching were chiefly based on the *Corpus Aristotelicum*. But despite the initial rejection of Aristotelian ethics by Luther and Melanchthon, moral philosophy and the *Ethics* grew in importance with the Reformation. This might be explained on the grounds that a considerable number of the issues at stake during the Reformation were related to Aristotelian ethics, issues such as free will, natural law, and the ultimate end of man. But the *Ethics* was by no means the principal source, either for Reformed or early modern authors. It is sufficient to recall the importance of the Bible, Augustine and the 'rediscovery' of Stoicism.[4] Furthermore, the discussion was framed within a theological perspective, which is not that of the *Ethics*.[5] The relevance of the *Ethics* can better be explained by the emphasis that Philipp Melanchthon placed on Aristotle as the doctrinal and textual basis of the arts curricula of the Reformed universities. This emphasis is plainly apparent in moral philosophy, as Melanchthon focused more on this domain than any other. Not only did he lecture on the *Ethics* in eight different academic years,[6] but he also put it at the core of his published exegetical

---

the results are as follows: the *De anima* is the most commented on text, as there are 322 surviving Renaissance and early modern commentaries. It is followed by the *Metaphysics* with 286 and the *De generatione et corruptione* with 255 commentaries. The *Ethics* is the fifth work most commented on with 200 commentaries in this period, after the *De caelo et mundo*, with 204 commentaries. For the sake of comparison, there are 'only' 72 extant commentaries on the *Politics*, which means a number less than the half that of the *Ethics*.

3 See Joseph S. FREEDMAN, Aristotle and the Content of Philosophy Instruction at Central European Schools and Universities during the Reformation Era (1500–1600), in: Proceedings of the American Philosophical Society 137 (1993), pp. 213–253 [reprinted in: ID., Philosophy and the Arts in Central Europe, 1500–1700: Teachings and Texts at Schools and Universities (Variorum Collected Studies Series, CS626), Aldershot 1999, item V], especially p. 246.

4 For a survey of moral philosophy from the fifteenth to the seventeenth century see Jill KRAYE, Moral Philosophy, in: The Cambridge History of Renaissance Philosophy, ed. by Charles B. SCHMITT (general ed.), Quentin SKINNER (ed.), Eckhard KESSLER (ed.), Jill KRAYE (associate ed.), Cambridge 1988, pp. 303–386.

5 For the ethics debate during the Reformation see Christoph STROHM, Ethik im frühen Calvinismus. Humanistische Einflüsse, philosophische, juristische und theologische Argumentationen sowie mentalitätsgeschichtliche Aspekte am Beispiel des Calvin-Schülers Lambertus Danaeus (Arbeiten zur Kirchengeschichte, Bd. 65), Berlin, New York 1996. An English synthesis of the theses of this volume is found in: ID., Ethics in Early Calvinism, in: Jill KRAYE, Risto SAARINEN (eds.), Moral Philosophy on the Threshold of Modernity (The New Synthese Historical Library, 57), Dordrecht 2005, pp. 255–281.

6 Cf. Karl HARTFELDER, Philipp Melanchthon als Praeceptor Germaniae (Monumenta Germaniae Paedagogica, Bd. 7), Berlin 1889, pp. 555–565. Melanchthon lectured on the *Ethics* in 1527 or 1528, 1532, 1533, 1537 (twice), 1543, 1544, 1545, 1546. Hartfelder points out two other occasions on which Melanchthon lectured on the *Ethics*, but of which the date is uncertain, cf. ibidem, pp. 565–566.

work. In addition to a commentary on Aristotle's Politics and Cicero's De officiis, Melanchthon commented on some of the books of the Ethics more than once, his commentaries having considerable publishing success.⁷ The importance of the Ethics in the sixteenth century is related to the increasing specialisation in university teaching, which led to the attribution of specific chairs and professorships to different domains of philosophy. Accordingly, moral philosophy also became an autonomous chair, and the text of the Nicomachean Ethics was the most natural option as the textbook of this discipline.⁸

But even before university specialisation, the institutional setting determined the way in which the Ethics was taught and commented on. Since it was read in the faculty of arts, which, on the one hand, was predominantly a faculty of philosophy and, on the other, was preparatory to the higher faculties of law, theology and medicine, the text of the Ethics, at least from the 1270s on, was considered from an exclusively philosophical point of view with no use of theological categories. As is well known, this could imply both a limitation – philosophy was merely preparatory to theology and could not tackle theological issues – and a degree of autonomy – philosophical inquiry did not draw on or depend on theology. These considerations applied to philosophy and hence also to the specific discipline of moral philosophy. Though the reading of the Nicomachean Ethics was mandatory at university level, its reading was undertaken at a preparatory stage of the university curriculum. So, once a student was enrolled at the faculty of theology, he would have to deal with other works, the Ethics being only one among other significant sources for the study of moral thought. Given that the commentaries on the Ethics resulted from university lectures at the faculty of arts, it is understandable that there was an absence of theological issues in their theorisation. And this began as

---

7 On Melanchthon's commentaries on the Ethics see Jill KRAYE, Melanchthons ethische Kommentare und Lehrbücher, in: Jürgen LEONHARDT (ed.), Melanchthon und das Lehrbuch des 16. Jahrhunderts, Rostock 1997, pp. 195–214 [an English version is found in EAD., Melanchthon's Ethics Commentaries and Textbooks, in: EAD., Classical Traditions in Renaissance Philosophy, Aldershot 2002 (Variorum Collected Studies Series, CS743), item VII]; Günter FRANK, Die Vernunft des Handelns – Melanchthons Konzept der praktischen Philosophie und die Fragen nach der Einheit und Einheitlichkeit seiner Philosophie, in: ID., Sebastian LALLA (eds.), Fragmenta Melanchthoniana, Bd. 1, Heidelberg 2003, pp. 163–178 [English version: The Reason of Acting: Melanchthon's Concept of Practical Philosophy and the Question of the Unity and Consistency of His Philosophy, in: Jill KRAYE, Risto SAARINEN (eds.), Moral Philosophy (as in note 5), pp. 217–233]; ID., Praktische Philosophie unter den Bedingungen reformatorischer Theologie. Die Intellektlehre als Begründung der Willensfreiheit in Philipp Melanchthons Kommentaren zur praktischen Philosophie des Aristoteles, in: ID., Sebastian LALLA (eds.), Fragmenta Melanchthoniana, Bd. 1, Heidelberg 2003, pp. 243–254; Elisa CUTTINI, Unità e pluralità nella tradizione europea della filosofia pratica di Aristotele: Girolamo Savonarola, Pietro Pomponazzi e Filippo Melantone (Saggi e Testi, nuova serie, 2), Soveria Mannelli 2005, pp. 133–188. I thank Günter Frank for sending me his articles.
8 For a list of the holders of the chair of moral philosophy in sixteenth and seventeenth-century German universities see Horst DENZER, Moralphilosophie und Naturrecht bei Samuel Pufendorf: eine geistes- und wissenschaftsgeschichtliche Untersuchung zur Geburt des Naturrechts aus der Praktischen Philosophie (Münchener Studien zur Politik, Bd. 22), München 1972, pp. 300–307.

early as the thirteenth century. Hence Melanchthon's programmatic separation between the domains of theology and ethics was somewhat in line with the earlier medieval Scholastic institutional and doctrinal background.[9]

As yet no full-length inquiry into how the *Nicomachean Ethics* was taught during the Reformation era and which examines the Protestant commentary tradition has been carried out. While numerous studies have dealt either with the importance of Aristotelian philosophy and medieval Scholasticism for Reformation thought[10] or with Melanchthon's commentaries on the *Nicomachean Ethics*, there are hardly any studies on the German Protestant commentaries on the *Ethics*.[11] In fact, scholarship has mostly focused on Melanchthon's *Ethics* commentaries, though neglecting the question of their reception and the possible influence of his texts on later commentators and even in the teaching content of sixteenth-century universities in Germany.[12] The current state of

---

9 This has recently been acknowledged in: Kees MEERHOFF, Some XVIth-Century Readings of Aristotle's 'Ethics', in: Der Aristotelismus in der Frühen Neuzeit – Kontinuität oder Wiederaneignung?, ed. by Günter FRANK, Andreas SPEER (Wolfenbütteler Forschungen, Bd. 115), Wiesbaden 2007, pp. 291–324, especially pp. 298–310.

10 For an assessment of this influence see the articles in: Willem J. VAN ASSELT, Eef DEKKER (eds.), Reformation and Scholasticism: An Ecumenical Enterprise (Texts and Studies in Reformation and Post-Reformation Thought), Grand Rapids, MI 2001. See also the case study of the Reformed teaching of Aristotle's *Physics* in Donald SINNEMA, Aristotle and Early Reformed Orthodoxy: Moments of Accommodation and Antithesis, in: Christianity and the Classics: The Acceptance of a Heritage, ed. by Wendy E. HELLEMAN (Christian Studies Today), Lanham, New York, London 1990, pp. 119–148.

11 However, see also the study by Jill Kraye listed in note 4, René-Antoine GAUTHIER, L'Éthique à Nicomaque, Tome I: première partie; introduction, Louvain 1970², pp. 165–173, 185–189, 196–210, 219–229. Further to this, some articles have dealt with a number of Protestant commentaries, cf. Norman FIERING, Moral Philosophy at Seventeenth-Century Harvard: A Discipline in Transition, Chapel Hill 1981, pp. 62–79, 86–103; Donald SINNEMA, The Discipline of Ethics in Early Reformed Orthodoxy, in: Calvin Theological Journal 28 (1993), pp. 10–44, especially pp. 14–21, where the author studies the teaching in the Geneva Academy and the Universities of Heidelberg and Leiden; Hans W. BLOM, The Rise of Naturalism in Dutch Seventeenth-Century Political Thought, Ridderkerk 1995, pp. 69–88; Christia MERCER, Leibniz, Aristotle, and Ethical Knowledge, in: The Impact of Aristotelianism in Modern Philosophy, ed. by Riccardo POZZO (Studies in Philosophy and the History of Philosophy, 33), Washington D. C. 2003, pp. 113–147, especially pp. 115–123; Günter FRANK, Fragmentierung und topische Neuordnung der aristotelischen Ethik in der frühen Neuzeit: Ethik bei Viktorin Strigel und Abraham Scultetus, in: Späthumanismus und reformierte Konfession. Theologie, Jurisprudenz und Philosophie in Heidelberg an der Wende zum 17. Jahrhundert, ed. by Christoph STROHM, Joseph S. FREEDMAN, Herman J. SELDERHUIS (Spätmittelalter und Reformation, Neue Reihe, Bd. 31), Tübingen 2006, pp. 153–167; Risto SAARINEN, Weakness of Will in the Renaissance and the Reformation, in: Das Problem der Willensschwäche in der mittelalterlichen Philosophie, ed. by Tobias HOFFMANN, Jörn MÜLLER, Matthias PERKAMS (Recherches de Théologie et Philosophie Médiévales. Bibliotheca, 8), Leiden 2006, pp. 331–353; Luca BASCHERA, Tugend und Rechtfertigung: Peter Martyr Vermiglis Kommentar zur Nikomachischen Ethik im Spannungsfeld von Philosophie und Theologie (Zürcher Beiträge zur Reformationsgeschichte, Bd. 26), Zürich 2008; Risto SAARINEN, Weakness of the Will in Renaissance and Reformation Thought, Oxford 2011, pp. 132–163, 174–209; and David A. Lines's articles quoted in note 17 of this article.

12 The exception is: Christoph STROHM, Melanchthon-Rezeption in der Ethik des frühen Cal-

scholarship does not allow us to answer questions such as: whether Melanchthon's commentaries spawned a new commentary tradition distinct from the medieval one; whether his distinction between the realms of theology and ethics was later followed or rejected; whether his commentaries became the standard textbooks in Protestant universities and specifically whether they replaced the original text of Aristotle, as occurred in Southern European universities, such as Salamanca and Coimbra, where Aquinas's Ethics commentary and the Summa theologiae were used instead of Aristotle or whether they were overtaken by other early authoritative commentaries, such as that of Peter Martyr Vermigli; whether the supercommentaries made by Viktorin Strigel in Leipzig and by Christoph Pezel in Bremen, on Melanchthon's Philosophia moralis doctrina and on the Ethicae doctrinae elementa respectively, became a standard practice among German Protestant authors.

Given the huge number of Protestant commentaries on the Ethics, these questions cannot all be addressed in a single article. But a study limited to the commentaries produced in a single university during a certain period might help us to understand how moral philosophy was taught in sixteenth-century German Protestant universities. To this end, the Faculty of Arts of the University of Tübingen seems an interesting case: first, because the number of Ethics commentaries and compendia related to the Ethics produced here is considerably high;[13] secondly, because the role played by Melanchthon in the reformation of the Arts curriculum of Tübingen[14] makes it arguably more likely that his works might have been read there; thirdly, because the texts produced in Tübingen span the period from the middle of the sixteenth century to the early 1610s, and are thus concomitant with the beginning and ending of the Protestant Aristotelian commentary tradition. For these reasons, a diachronic study of the Tübingen texts on the Ethics allows us both to assess the possible influence of different commentaries and ideas in the texts written there and also to determine whether the Ethics texts of Tübingen gave rise to a homogeneous and unitary corpus, from which an earlier text might have been chosen for use by a later professor. Moreover, Tübingen produced one of the most important commentaries, at least from a publishing point of view, of the whole Reformation era, the commentary of Samuel Heiland, which was published fourteen times, and was probably the most widely available Ethics Protestant commentary of the period.[15] More than a commentary, Heiland's work is a textbook, so analysis of his work might tell us how Protestant professors summarised Aristotelian ideas and which points they highlighted the most.

---

vinismus, in: Melanchthon und der Calvinismus, ed. by Günter FRANK, Herman J. SELDERHUIS (Melanchthon-Schriften der Stadt Bretten, Bd. 9), Stuttgart-Bad Cannstatt 2005, pp. 135–157.

13 The only Protestant universities which produced a similar high number of works on the Ethics are Marburg and Strasbourg.

14 On this see Richard L. HARRISON Jr., Melanchthon's Role in the Reformation of the University of Tübingen, in: Church History 47 (1978), pp. 270–278.

15 It was printed in Germany and also abroad (see below note 31). Its importance is also attested by the fact that one exemplar was extant in the library of John English, a fellow of St. John's College in Oxford, cf. Mordechai FEINGOLD, The Humanities, in: The History of the University of Oxford, volume IV: Seventeenth-Century Oxford, ed. by Nicholas TYACKE, Oxford 1997, pp. 211–357, see p. 324.

For these reasons, analysis of the texts produced by the Faculty of Arts of Tübingen might tell us how the subject of ethics was taught there. The printed works are not direct results of the university lectures and none of them was ever adopted as the official schoolbook of the Faculty of Arts; yet, as we shall see, some of them are somewhat related to the oral teaching, because some were written by professors who held the chair of moral philosophy. With regard to the number of extant records of the lectures in the classroom for the period previous to the Reformation, Tübingen does not compare favourably with other central European universities,[16] but despite this, its library contains manuscripts which are probably *reportationes* of lectures on moral philosophy.

Up to now, the small number of studies which have appeared on the Ethics Protestant commentaries have focused on the themes of the first book. It is true that some subjects in the first book are significant, the methodology of ethical inquiry, for example, but these are not of great help if we wish to make sense of the way in which the commentator deals with the entire text of the Ethics or at least some of its main topics.[17] For this reason, I focus here on happiness, which Aristotle discusses in the first and in the tenth book, and on the fifth book of the Ethics. This option is easily justified. First, the way in which a commentator deals with the topic of happiness immediately reveals his approach. If he limits himself to dealing with happiness in this life, with no regard for the afterlife and with no reference to a postlapsarian status, it is clear that he favours the autonomy of ethics and its inquiry with regard to theology.[18] Secondly, the

---

16 This is the case for the commentaries which result from the direct 'reportatio' of different students in the classroom in the University of Vienna in the fifteenth century, see Christoph FLÜELER, Teaching Ethics at the University of Vienna: The Making of a Commentary at the Faculty of Arts (A Case Study), in: Virtue Ethics in the Middle Ages: Commentaries on Aristotle's 'Nicomachean Ethics', 1200–1500, ed. by István P. BEJCZY (Brill's Studies in Intellectual History, 160), Leiden 2007, pp. 277–346.

17 This is the case for some of the scholarship carried out by David A. Lines. Lines has dwelt exclusively on topics from the first book, highlighting issues such as the subordination of politics to ethics or the debate over the discussion of the proper method of ethics. In doing so, Lines does not illustrate how these discussions of the very first pages of the Ethics might have influenced the topics discussed in all the other books of the commentaries. This is apparent, for instance, in: David A. LINES, Il metodo dell'etica nella scuola padovana e la sua ricezione nei paesi d'oltralpe: M. Piccart e B. Keckermann, in: La presenza dell'aristotelismo padovano nella filosofia della prima modernità. Atti del Colloquio internazionale in memoria di Charles B. Schmitt, Padova, 4–6 settembre 2000, ed. by Gregorio PIAIA (Miscellanea Erudita N. S., 64), Roma 2002, pp. 319–348; ID., Theodor Zwinger's Vision of Ethics: Three Unpublished Writings, in: Ethik – Wissenschaft oder Lebenskunst? Modelle der Normenbegründung von der Antike bis zur Frühen Neuzeit, ed. by Sabrina EBBERSMEYER, Eckhard KESSLER (Pluralisierung & Autorität, Bd. 8), Berlin 2007, pp. 243–265.

18 Scholarship tends to repeat the idea that medieval and early modern authors distinguished between the terms *beatitudo* and *felicitas*. See, for instance, Anthony J. CELANO, Act of Intellect or Act of the Will: The Critical Reception of Aristotle's Ideal of Human Perfection in the 13th and Early 14th Centuries, in: Archives d'Histoire Doctrinale et Littéraire du Moyen Age 57 (1990), pp. 93–119, especially p. 105; Coloman VIOLA, Table ronde: intervention de Coloman Viola, in: L'idée de Bonheur au moyen âge. Actes du colloque d'Amiens de mars 1984, ed. by Danielle BUSCHINGER (Göppinger Arbeiten zur Germanistik, Bd. 44), Göppingen 1990,

fifth book, devoted to the theorisation of justice, contains a number of issues that were pregnant for Protestant authors, at the core of many Reformed writings, such as

---

pp. 17–29, especially pp. 18–21. This position is well expressed by David Lines, for whom "using *felicitas* often suggested that the import of Aristotle's teachings was limited to the earthly sphere, in which case the reconciliation with Christian teachings was fairly straightforward, since the discussion of heavenly and eternal happiness would fall to Christianity. A translation such as *beatitudo*, however, often implied that Aristotle's moral teaching might be relevant for both present and future happiness; in this case, the tensions with Christianity would need to be addressed at both levels", David LINES, Humanistic and Scholastic Ethics, in: The Cambridge Companion to Renaissance Philosophy, ed. by James HANKINS, Cambridge 2007, pp. 304–318 (314). While this might be true with regard to medieval texts – and even this is open to discussion, as authors such as Albert the Great and Thomas Aquinas at times use the two terms indistinctly – there is no justification for it with regard to early modern commentaries on the *Ethics*. What distinguishes a commentator is not the use he makes of these terms, but how he conceives both happiness and the relationship between happiness in this life and in the afterlife. It is enough to consult the sixteenth-century Latin translations of the *Ethics* to note that the translators could translate the three different Greek words used by Aristotle to refer to happiness (εὐδαιμονία, μακαρία, εὐημερία) as either *felicitas* or *beatitudo*, and used no precise criterion to distinguish the two. For instance, while Giovanni Bernardo Feliciano always uses the term *felicitas*, Denys Lambin and Nicolas de Grouchy often prefer *beatitudo* though at times they use *felicitas*. Significantly, Joachim Perion nearly always uses *beatitudo*, but occasionally uses the two Latin words randomly: "Hoc igitur iam apparet foelicitatem perfectum quiddam esse … Sed fortasse summum bonum esse in beatitudine inter omnes constat …" (Aristotelis De moribus quae Ethica nominantur ad Nicomachum filium libri decem, a Ioachimo Perionio ita nunc demum latinitate … donati, Basileae 1542, p. 15). But what is more, this same attitude is traceable in many *Ethics* commentaries, in which the terms *felicitas* and *beatitudo* are either interchangeable or the authors use only terms derived from *beatitudo*, even with regard to political happiness. Some striking examples are: Simon Simonius, Commentariorum in Ethica Aristotelis ad Nicomachum liber primus, Genevae: apud Ioannem Crispinum, 1567, p. 178: "Aliter theologia Christi de beatitudine loquitur … Beatus vir cui non imputauit Dominus peccatum. Et sane si causam foelicitatis Christianae efficientem primam & internam, qualem fere Aristoteles suae foelicitatis inuestigauit, reddere philosophice …"; Obertus Giphanius, Commentarii in decem libros Ethicorum Aristotelis ad Nicomachum, Francofurti: impensis Lazari Zetzneri, 1608, p. 58: "Sic physicus, medicus, politicus in homine omnes versantur, sed ratione dispari: physicus explicat quid sit homo; medicus quis sit sanus homo; politicus, quis beatus sit homo"; Theophilus Golius, Epitome doctrinae moralis, Oxonii: excudebat W. Baxter, 1823, p. 35: "… ut nunquam homo aliquid certi sibi de sua felicitate polliceri possit: ideo a multis dubitatum fuit, utrum homo possit in hac vita beatus dici"; Johannes Casus, Speculum quaestionum moralium in universam Aristotelis Philosophi summi Ethicen, Francofurti: ex officina Egenolfi Emmelij, 1615, p. 58: "… sed his omissis dico beatum in hac vita dicendum esse … Si enim non esset in hac vita dicendus felix …", p. 656: "ergo ea, quae in mente sapientis reperitur, est verissima habenda beatitudo. A proprietate haec ratio petitur: nihil expeti debet in vera felicitate praeter ipsam felicitatem". In a different context see also Christianus Matthias Dithmarsus, Systema Ethicum in tres libros distributum, Marpurgi: typis & sumptibus Casparis Chemlini, 1635, an author who clearly separates theology and philosophy, p. 13: "Ethicae finis est beatitudo civilis: Theologiae autem finis est beatitudo spiritualis quae in agnitione Jesu Christi consistit". Finally, see the same in a Tübingen author, who even uses *felicitas* for afterlife happiness and *beatitudo* for happiness in this life: "Tantum proinde Christianorum differt respublica a caeterorum rebuspublicis quantum antistes illius a praesidibus harum, & foelicitas illius quantum discrepant ab harum beatitudine", Iacobus Scheggius Schorndorffensis, In reliquos Naturalium Aristotelis libros

natural law, the notion of *epieikeia*, the *lex talionis*, the difference between public and private spheres, obedience to unjust laws and the condemnation of suicide. Thirdly, it became one of the key books of the *Ethics* in Protestant Aristotelianism: it was Melanchthon who initially drew attention to the fifth book by commenting on it and lecturing on it a number of times,[19] but later authors, such as Veit Amerbach and Peter Gilken, either commented exclusively on it[20] or, like Hector Forest, published their commentary on the fifth book separately from their commentaries on the other books of the *Ethics*.[21]

2. Works on the *Ethics* Produced in Tübingen

Between the 1535 reformation of the University of Tübingen and the end of the sixteenth century, the chair of moral philosophy of the Faculty of Arts was occupied by seven different professors.[22] In the first eight years after the Reformation there were four incumbents – Konrad Schott, Sebald Hawenreuter, Kilian Vogler and Johann Sechel – and none of these wrote anything related to the *Nicomachean Ethics*. The instability in the professorship changed after the appointment of Matthias Garbitius, who held the chair for fifteen years, between 1544 and 1559. This professor, too, did not write any commentaries. However, the two subsequent professors would compose

---

commentaria plane philosophica, nunc primum in lucem edita: uidelicet, In libros II De coelo, De ortu et interitu lib. II, Meteoron lib. III, De sensu et sensili I, De memoria et recordatione I, De somno et euigilatione I, De insomnijs I, De praedictionibus in somno I, De motu animalium I, De longa et breui vita, item de adolescentia et senecta, uita et morte I, De causa continente, Item in X libros Ethicorum annotationes longe doctissimae, Basileae: per Ioannem Heruagium, 1550, pp. 422–539 (454).

19 Melanchthon lectured at least five times on the fifth book of the *Ethics*, namely in the academic years 1532, 1533, 1537 (after June), 1543 and 1544, cf. Karl HARTFELDER, Philipp Melanchthon (as in note 6), pp. 555–563. As he lectured on the *Ethics* in seven academic years, we can conclude that the book of Aristotle's *Ethics* that he commented on the most was the fifth book.

20 Vitus Amerbach, Magnarum Ethicarum disputationum Aristotelis duo libri ... cum enarrationis additae ab eodem liberioris totidem libris ... et uno brevioris explicationis quinti libri Nicomachiorum Ethicorum ac disputatione ... de usuris ..., Basileae: per Ioannem Oporinum, 1554, pp. 441–516; Petrus Gilkenius, In Ethicorum Aristotelis librum V commentaria absolutissima, quibus omnia eiusdem philosophi praecepta, nedum ad leges et constitutiones Iustiniani, nec non canonum exiguntur, sed exemplis illustrata ad rationis et aequitatis limites reuocantur, cum necessaria multarum quaestionum eodem pertinentium decisione, prostat in nobilis Francofurti Paltheniano, 1605. This is, however, a very peculiar work due to Gilken's approach, since he reads Aristotle through the lens of legal thought. René-Antoine GAUTHIER, L'Éthique à Nicomaque (as in note 11), p. 199 also quotes Johannes Ludwig Hawenreuter, Analysis libri quinti Ethicorum Aristotelis ad Nicomachum: de iustitia et iure, Argentorati: excudebat Antonius Bertramus, 1595, but this is merely an academic disputation presided over by Hawenreuter, professor at Strasbourg.

21 Hector Forest, In quintum Ethicorum Aristotelis domesticae praelectiones, Lugduni: apud Sebastianum Gryphium, 1550.

22 For the list of the holders of the chair of moral philosophy see Norbert G. HOFMANN, Die Artistenfakultät an der Universität Tübingen 1534–1601 (Contubernium, Bd. 28), Tübingen 1982, p. 245. A table with the holders can also be found in: Charlotte METHUEN, Kepler's Tübingen. Stimulus to a Theological Mathematics (St Andrews Studies in Reformation History), Brookfield, VT 1998, p. 227.

works on the Ethics and would hold the chair for three decades each, the first being Samuel Heiland, between 1559 and 1592, and the second Veit Müller, who held the position between 1592 and 1626.

Since at least two of the early professors, Vogler and Sechel, graduated in law and given the fact that the compulsory reading of the Ethics was established officially only in the Ordinatio of 1557, one can easily accept Hofmann's claim that it is doubtful that the text of the Ethics was read in the chair of moral philosophy before the professorship of Garbitius.[23] And if Garbitius taught the Ethics, he was required to do so only in the last two years of his professorship, which ended in 1559. It is not difficult to guess what his teaching might have been like. Since his output is mostly devoted to Latin translations, academic orations and poems, we can assume that he had a more historical and philological approach to the texts he read in his lectures on moral philosophy, including the Ethics, rather than a philosophical approach to the texts.

The dearth of texts related to the Ethics in Tübingen was perhaps the motive for the writing of the first Tübingen commentary on the Ethics. Significantly, it was written by the then holder of the chair of physics, Jakob Schegk, who had the position between 1536 and 1552, after which he became Professor of Organon (1564–1577).[24] The absence of an Aristotelian commentary for the chair of moral philosophy might have been felt as a pressing need, at least by some professors, as sixteenth-century Tübingen was plainly Aristotelian in many domains.[25]

Schegk's work is not really a commentary; as the title indicates,[26] it consists of annotations of the Nicomachean Ethics, though some of these annotations are quite lengthy. Schegk does not follow the typical technique used in literal commentaries, which comment on the text step-by-step. Instead, he skips over long sections of the text and for each book the lemmata are not so numerous. This work is relevant, however, because it is one of the first Protestant commentaries to cover all the books of the Ethics.[27] For this reason one might have expected this work to have had some success, yet it was printed only once. The Annotationes were issued in a volume that contains commentaries on a great part of the Corpus Aristotelicum, which means that the Ethics was not a very relevant text for Schegk's exegetical undertaking.

---

23 Cf. Norbert G. HOFMANN, Die Artistenfakultät (as in note 22), p. 140.
24 For Schegk's biography see Christoph SIGWART, Jacob Schegk, Professor der Philosophie und Medizin. Ein Bild aus der Geschichte der Universität Tübingen im 16. Jahrhundert, in: Besondere Beilage des Staats-Anzeigers für Württemberg 5 (1883), pp. 65–79; Gudrun EMBERGER-WANDEL, Ein Professorenleben im 16. Jahrhundert. Jakob Schegk gen. Degen aus Schorndorf, in: Heimatblätter. Jahrbuch für Schorndorf und Umgebung 5 (1987), pp. 16–28.
25 See, for instance, Charlotte METHUEN, The Teaching of Aristotle in Late Sixteenth-Century Tübingen, in: Philosophy in the Sixteenth and Seventeenth Centuries: Conversations with Aristotle, ed. by Constance BLACKWELL, Sachiko KUSUKAWA, Aldershot 1999, pp. 189–205.
26 See above the end of note 18.
27 The first seems to be the compendium by Johann Lonicer, a professor at Marburg. This is found in: Johannes Lonicerus, Librorum Aristotelis de Physica auscultatione, Generatione et corruptione, Longitudine et breuitate uitae, Vita et morte animalium, Anima, compendium, Marpurgi: in officina Christiani Egenolphi, 1540, pp. 85^r–130^v. Lonicer's work is followed by Otho Vuerdmullerus, De dignitate usu et methodo philosophiae moralis quam Aristoteles ad Nicomachum filium conscripsit, libri duo, Basileae: per Hieronymum Curionem, 1544, pp. 208–317. Despite its title, the second book of this work is a paraphrase of the Ethics.

For the context of the Tübingen University, this work is also singular due to its approach. The Ethics is seen in conjunction with other Aristotelian texts and on occasion Schegk dwells on details of the Ethics which are more closely related to other fields than to moral philosophy. Although Schegk at times approaches the Ethics as a natural philosopher, he also gives attention to philological, literary and historical aspects related to the text.

It is possible that these annotations might have had some impact in Tübingen. Not only are they quoted in one later academic disputation, as we shall see, but when the first holder of the chair of moral philosophy to write a textbook on the Ethics decided to print his volume, he asked Schegk to write the preface.[28]

This professor was Samuel Heiland (1533–1592), who replaced Matthias Garbitius and held the chair between 1559 and 1592. Heiland was a native of Basel, but he spent the whole of his career in Tübingen. He became a bachelor there in 1553 and a master in the following year. Before his appointment to the chair of moral philosophy, he participated in public disputations in theology in 1556.[29] Heiland's career is in line with the procedures at Tübingen, as professors of moral philosophy were supposed to have studied theology,[30] which did not necessarily imply, however, a theological approach to the texts of philosophy. The fact that Heiland was a Tübingen product and his lengthy professorship – more than thirty years – make him a key figure for the study of the teaching of moral philosophy in sixteenth-century Tübingen. In addition, his importance is underlined by the editorial success of his textbook on the Ethics, entitled *Aristotelis Ethicorum ad Nicomachum libri decem, in gratiam et usum studiosorum breviter et perspicue per quaestiones expositi*, first published in Tübingen in 1579, and republished (with slight changes) more than ten times, the last of which was in 1605.[31] Despite this, Heiland's importance for the present study comes first from the fact that his approach, both catechetical and fully Aristotelian, determined the teaching of moral philosophy for more than sixty years – both while he held the chair himself and after this during the time of his successor, who continued to follow his approach. In addition to this, his lectures on the Ethics are extant in manuscript form and can be considered as reflecting his teaching in the chair of moral philosophy. Heiland's notes survive in two

---

28 Of course, this can also be interpreted as an academic diplomatic move.
29 This information is taken from Erhardus Cellius, Oratio de vita et morte clarissimi viri, eximia pietate, multiplici doctrina, et omni excellenti virtute ornatissimi Dn. M. Samuelis Heilandi, Basiliensis Ethices in Academia Tubingensi Professoris, Tübingen: Georgius Gruppenbachius, 1592, pp. 12 and 15.
30 See Charlotte METHUEN, Kepler's Tübingen (as in note 22), p. 50.
31 Here the list of the editions of this work: Aristotelis Ethicorum ad Nicomachum libri decem, in gratiam et usum studiosorum breviter et perspicue per quaestiones expositi, Tubingae: excudebat Georgius Gruppenbachius, 1579; ibidem per eundem, 1580; Londini: ex officina H. Bunneman, 1581 [digitised in Early English Books Online (EEBO)]; Tubingae: excudebat Georgius Gruppenbachius, 1585 [digitised in BSB München]; ibidem 1588; Londini: impensis I. Harrison, 1590; Lipsiae: ex officina typographica Abrahami Lambergi, 1590; Lipsiae: imprimebat Michael Lantzenberger, 1591 (?); Tubingae: excudebat Georgius Gruppenbachius, 1592; Lipsiae: imprimebat Michael Lantzenberger, 1594 [digitised in BSB München]; Lubecae: per Laurentium Albertum, 1601; Tubingae: per Georgium Gruppenbachium, 1605.

Samuel Heiland, 1590. Ölgemälde. Universität Tübingen, Professorengalerie

manuscripts: the first is entitled *Quaestiones in libros VIII–X Ethicorum Aristotelis* and dates from the academic year 1562–1563; it was copied by the student Caspar Herter[32] and can thus be considered as testimony to the early years of Heiland's teaching; the second bears the title *Annotationes in VI–X Ethicam Nicomachiam Aristotelis*, dates from the academic year 1579–1580 and was copied by Veit Müller.[33]

It was Veit Müller who later replaced Heiland, holding the chair of moral philosophy between 1592 and 1626. The fact that Müller is the copyist of one manuscript containing Heiland's notes on the Ethics dating from 1579–80 could suggest that there was some form of collaboration between the two men prior to Müller's appointment to the chair in 1592. This hypothesis is strengthened by the fact that Erhard Cellius, in his funeral oration for Samuel Heiland, tells us that Müller gradually replaced Heiland in his teaching duties after Heiland became ill.[34] Nevertheless, the manuscript dates from 1579–1580, only one year after Müller's arrival in Tübingen,[35] and it is therefore unlikely that Müller had transcribed Heiland's lectures as his assistant. The relationship between the two men did nevertheless produce a published outcome, as Müller edited another commentary by Heiland in 1613, after his death. Although its title, *Quaestiones Ethicae breves et perspicuae*, is similar to Heiland's famous textbook, this text is distinct from the earlier work.[36] The question of whether this text, or part of it, can be identified with one of Heiland's works extant in manuscript will be examined later in this paper.

Müller can thus be seen as the continuator of Heiland. Like Heiland, Müller is a Tübingen product, but, unlike Heiland, his success seems to have been limited to Tübingen, as he remains a relatively unknown author.[37] Born in 1561, Müller had been a shopkeeper before he came to Tübingen in 1578, where he became *magister* in 1581.

---

[32] This is the manuscript Tübingen, Universitätsbibliothek, Mc 22, 137 ff.; it is described in: Hedwig RÖCKELEIN, Die lateinischen Handschriften der Universitätsbibliothek Tübingen. Teil 1: Signaturen Mc 1 bis Mc 150 (Handschriftenkataloge der Universitätsbibliothek Tübingen, Bd. 1), Wiesbaden 1991, pp. 103–104.

[33] This is the manuscript Tübingen, Universitätsbibliothek, Mc 53, 190 ff.; it is described in: Hedwig RÖCKELEIN, Die lateinischen Handschriften (as in note 32), pp. 149–150.

[34] Erhardus Cellius, Oratio (as in note 29), p. 34: "... Vitus Müller ... adiunctus illi fuit parastates fidelissimus, in cuius humeros paulatim istius officii gravitatem subsidere passus est, quandoquidem ipse propter morbum tam gravem, totiesque recurrentem, amplius sustinere non posset".

[35] See the next few lines for an outline of Müller's biography and career.

[36] Its full title is: Quaestiones Ethicae breves et perspicuae, hactenus non editae, conscriptae olim a Samuele Hailando, professore ethices, nunc vero relectae, cum textu Aristotelico ad marginem adjecto & versibus distincto, collatae, auctae argumentis, capitum partibus brevibus (praeter generalem dispositionem) & axiomatibus Philosophi ipsius munitae, ut vicem prolixi commentarii philosophiae moralis complere possint. Per Vitum Müllerum, ejusdem Academiae Tubingensis professorem. Accessit index rerum & tabula generalis librorum & capitum, Tubingae: typis Johannis Alexandri Cellii, 1613. I have consulted the exemplar extant in the Tübingen University Library.

[37] For this reason I provide here an outline of his biography. In the following lines I draw principally on his funeral oration, cf. Zacharias Schäffer, Oratio de vita atq[ue] obitu Viti Mülleri, philosophi et professoris Tubingensis quondam clarissimi, Tubingae 1627.

According to Schäffer, his dedication to learning while a student moved Heiland.³⁸ He was also elected *moderator disputationum*, and due to his diligence and dexterity the *collegium philosophorum* assigned him the conduct of academic disputations at the Faculty of Arts. As a consequence, in the first year of his appointment he was *praeses* of fifty academic disputations on all fields of philosophy; in the second year he directed forty disputations on ethics; in the third year, forty on mathematics and in the fourth year sixty disputations on Aristotelian logics and rhetoric.³⁹ This information is noteworthy since, apart from his edition of Heiland's notes in 1613, Müller's output in moral philosophy is extant in a considerable number of academic disputations. In fact, Müller's production in the domain of philosophy, with the exception of a handbook on Aristotle's *Organon*,⁴⁰ consists exclusively of disputations, some of which are presented as textbooks on an entire Aristotelian text.⁴¹ We can therefore assume that he concentrated more on his academic duties than on literary production. This also explains his desire to edit the notes of his predecessor in the chair of moral philosophy. In 1586 Müller became a doctor of theology and pastor to Leopold Karl von Stein in Bühl, while at the same time he presided over a number of theological disputations.⁴² His teaching career at the Faculty of Arts started in the same year, as in January 1586 Müller was appointed substitute professor for the two chairs in Cicero's speeches and Demosthenes's speeches, which he would hold between 1587 and 1592.⁴³ In 1591, Müller was first assigned to assist Heiland (*in cura stipendii ducalis collegae D. Heilando*), who by then was suffering from kidney stones, and in the following year he succeeded to the chair of moral philosophy.⁴⁴ In 1606, after the death of Andreas Planer, he was appointed Professor of *Organon*, though he also continued to hold the chair of moral philosophy until his death, which occurred in 1626 due to kidney stones, as with Heiland.⁴⁵

After Müller's death, the chair of moral philosophy was occupied by professors who did not produce any commentary or textbook on the *Ethics*, such as the Frenchman Petrus Scaturigius, who replaced Müller in 1629, and Philipp Raumaier, who held the chair in 1640. The last textbook related to the *Nicomachean Ethics* produced in Tübingen was published in 1613 by Johann Heinrich Hiemer, a professor of theology and former

---

38 Ivi, p. 18.
39 Ivi, p. 23.
40 Vitus Müller, Organum Aristotelis per quaestiones breves et perspicuas explicatum, Tubingae: per Georgium Gruppenbachium, 1603.
41 This is the case of: Vitus Müller, Analysis Isagoges Porphyry per quaestiones breves et perspicuas, Tubingae: per Georgium Gruppenbachium, 1602; Vitus Müller, Aristotelis De longitudine et brevitate vitae: liber per quaestiones et theses breves expositus, Tubingae: Typis Johannis Alexandri Cellii, 1617. Both these works are merely disputations presided over by Müller. In the former the *respondens* was Johannes Wild and in the latter Isaac Brunner. The same occurs with one of his disputations on the *Ethics*, though this, however, has an extremely short text, cf. Vitus Müller (praes.), Philippus Henricus Zeschlin, Neuburgo-Palatinus (resp.), Disputatio de ethica in genere, ex decem libris Ethicorum Aristotelis desumpta, Tubingae: Typis Theodorici Werlini, 1616 [UB Augsburg: 02/V.1.4.39].
42 Zacharias Schäffer, Oratio (as in note 37), p. 24.
43 Cf. Norbert G. HOFMANN, Die Artistenfakultät (as in note 22), p. 244.
44 Zacharias Schäffer, Oratio (as in note 37), p. 39.
45 Ivi, p. 52.

student there.[46] Unlike Heiland, Hiemer did not focus exclusively on moral philosophy. For this reason, his compendium on the Ethics[47] is just one part of a comprehensive collection of textbooks on the different fields of Aristotle's philosophy.[48]

A last work that deserves to be included here is the *Clavis philosophiae Aristotelicae* of Jonas Höcker, a professor at Tübingen. As its full title indicates, it is a philosophical dictionary, similar to a textbook, based on the *Corpus Aristotelicum*.[49] It has a number of entries related to moral philosophy.

After these works, the *Nicomachean Ethics* continued to be revelant in Tübingen for at least two decades, as many academic disputations were still based on Aristotle's work. However, in Tübingen as elsewhere, the Aristotelian commentaries started to fade away and the next work on moral philosophy produced in Tübingen was no longer exclusively Aristotelian.[50]

2.1. Jakob Schegk's Annotationes in libros Ethicorum

This work consists of annotations on the *Ethics*. Schegk does not comment on every chapter of Aristotle's work and the criteria according to which he chose sections on which to comment often relate not to moral, but to natural philosophy.[51] This is apparent, for instance, in chapter 6 of the first book, where Schegk dwells on Aristotle's rebuttal of the Platonic theory of Ideas;[52] in the last chapter of the same book,

---

46 Hiemer was enrolled at the Faculty of Arts in 1594, cf. Heinrich HERMELINK, Die Matrikeln der Universität Tübingen. Erster Band: Die Matrikeln von 1477–1600, Stuttgart 1906, p. 711, no. 53.

47 Johannes Heinrichus Hiemer, Synopsis seu epitome librorum Ethicorum Nicomachicorum ex summi illius philosophi Aristotelis philosophia morali, Tubingae: Typis Theodorici Vuerlini, 1613. The work is available in digitised form at the website of the Digitalisierungszentrum of the Niedersächsische Staats- und Universitätsbibliothek Göttingen.

48 For this reason the work was also issued in one volume with other compendia on Aristotle's works. This is the case for the volume extant in Basel, Universitätsbibliothek [shelf mark: kf V 8:3], where the textbook on the *Ethics* is the last text of the volume, being bound with an epitome on the *Organon* (277 pages) and another on the entire Aristotelian natural philosophy (150 pages).

49 Ioannes Höckerus, Clavis philosophiae Aristotelicae, continens dilucidas Graecorum terminorum explicationes, & utiles aequiuocorum Vocabulorum in praecipua significata distinctiones; quibus studiosa iuuentus adiuta, veram Peripateticae Philosophiae ianuam aperire, eiusdemque penetralia facile adire potest, Tubingae: apud Philippum Gruppenbachium, 1606. This work was reprinted in Frankfurt am Main in 1613, which attests that it had a certain degree of diffusion.

50 It was by Johan Geilfus (1592–1654), professor of logics and metaphysics in Tübingen for three decades. The work is: Johannes Geilfusius, Ethica exemplaris, in qua universa moralis doctrina succincte traditur, Tubingae: Typis Johan. Alexandri CellI 1653.

51 On Schegk's approach in natural philosophy see Sachiko KUSUKAWA, Lutheran Uses of Aristotle: a Comparison between Jacob Schegk and Philip Melanchthon, in: Philosophy in the Sixteenth and Seventeenth Centuries: Conversations with Aristotle, ed. by Constance BLACKWELL, EAD., Aldershot 1999, pp. 169–205; EAD., Uses of Philosophy in Reformation Thought: Melanchthon, Schegk and Crellius, in: The Medieval Heritage in Early-Modern Metaphysics and Modal Theory, 1400–1700, ed. by Russell L. FRIEDMAN, Lauge O. NIELSEN (The New Synthese Historical Library, 53), Dordrecht 2003, pp. 143–163.

where Aristotle speaks of the faculties of the soul;[53] and in the tenth book where he skips over happiness and deals with the subject of pleasure from a natural philosophical point of view with almost no regard for its relationship with happiness.[54] Thus Schegk does not deal with many key points of the *Ethics* and it is extremely unlikely that this work would have been used in the teaching of moral philosophy.

In other sections of the work, however, Schegk has a 'humanist' approach, as he brings the Aristotelian text closer to other classical authors, among others Xenophon, Tacitus, Horace, Isocrates, Sophocles and Plautus. Quite often he compares Plato's dialogues with the *Ethics*. He also narrates stories from classical antiquity[55] and on one occasion he introduces a *lemma* to suggest an emendation of the Greek text.[56] A further characteristic of this work is the tendency to relate the *Ethics* to Aristotle's *Politics*. On many occasions he integrates passages from the *Ethics* into the broader frame of political philosophy.[57] For instance, Aristotle's sentence at the beginning of the second book "for legislators make the citizens good by forming habits in them" (1103 b 3–4) is the occasion for a lengthy comment on education within the political community.[58] This is coherent with Schegk's view – in accordance with Aristotle but not with all the previous commentators – of the subordination of the ethical to political science. This implies that politics, because it is the 'architectonic science' within the practical sciences, provides the principles for ethics.[59]

From this brief description we can detect points of contact and divergences between Melanchthon and Schegk. Both authors read the *Ethics* with a 'humanist' approach, displaying knowledge of classical sources. Yet, while Melanchthon uses the *Ethics* to present his own moral philosophy, for Schegk the Aristotelian text is just one of a number of texts to comment on. This might also explain their opposing positions regarding the relationship between ethical and political philosophy, as for Melanchthon the architectonic practical science is ethics.[60] Regardless of their ap-

---

52 Cf. Iacobus Scheggius Schorndorffensis, In X libros Ethicorum annotationes longe doctissimae (as in note 18), pp. 431–434.
53 Cf. ivi, pp. 454–458.
54 Cf. ivi, pp. 535–537. It is evident that Schegk is far more interested in the discussion tackled by Aristotle in chapter 4 of the tenth book concerning the nature of pleasure, and whether pleasure is a movement or a coming into being, than in the description of intellectual pleasure inherent to happiness provided in the following chapters by Aristotle.
55 Cf. ivi, p. 535 where he tells a story taken from Strabo.
56 Cf. ivi, p. 454.
57 Cf. ivi, for instance, pp. 442, 536.
58 Cf. ivi, pp. 459–461.
59 Cf. ivi, pp. 423–425. The identification of the architectonic science within the practical sciences was a much debated topic in medieval and Renaissance commentaries, the two major positions being that of Albert the Great, for whom ethics was the architectonic science, and that of Aquinas, who instead argued for the subordination of ethics to politics. On this debate see David A. LINES, Aristotle's 'Ethics' in the Italian Renaissance (as in note 1), pp. 145–149; ID., Sources and Authorities for Moral Philosophy in the Italian Renaissance: Thomas Aquinas and Jean Buridan on Aristotle's 'Ethics', in: Jill KRAYE, Risto SAARINEN (eds.), Moral Philosophy (as in note 5), pp. 7–29, especially pp. 13, 24–26.
60 "Finis ethicae, videlicet, bene et beate vivere, complectitur omnium aliarum fines. Ideo hanc

proach and interests, the principles on which the two authors base their works are very similar.

Schegk's annotations on the fifth book offer a good example of his approach. The first two *lemmata* are not related to moral thought. The first *lemma* is taken from Aristotle's sentence "if good condition is known" (1129a19), a sentence which in the *Ethics* is followed by an analogy with the good bodily condition defined there as "firmness of flesh", in contrast to the bad condition ("flabbiness of flesh"). This *lemma* is the occasion for Schegk to quote Galen regarding the causes of health and illness. The second *lemma* is devoted to the homonymy of the term justice (1129a24–31), and allows Schegk to explain what homonymy is.[61] Yet, the best example of Schegk's approach is chapter 7, on natural law. There Schegk starts by defining natural law. His definition is close to Melanchthon's idea of innate natural law, though, unlike Melanchthon, he does not identify the first principles of natural law with the Decalogue.[62] After this, to substantiate the idea that natural law is immutable, he quotes Hippocrates, Pindar and Greek verses from Sophocles's *Antigone*, which he afterwards translates into Latin verses.[63] His genuine thought comes in the next *lemma*, which corresponds to 1135a4–5 of the *Ethics* ("constitutions are also not the same, though there is but one which is everywhere by nature the best"). Commenting on this, Schegk justifies the existence of different political regimes not in terms of men's variability and their differing capabilities for virtue, as Aristotle did, but in terms of the necessity to accommodate laws to man's sinful and corrupted nature.[64]

---

vocat architectonicam, id est, gubernatricem et principalem artem", Philippus Melanchthon, Enarrationes aliquot librorum Ethicorum Aristotelis, in: Scripta Philippi Melanthonis ad ethicen et politicen spectantia, et dissertationes iis annexae, ed. by Heinrich Ernst BINDSEIL (Corpus Reformatorum, 16), Halle (Saale) 1850, cols. 277–416, see col. 283.

61 Cf. Iacobus Scheggius Schorndorffensis, In X libros Ethicorum annotationes longe doctissimae (as in note 18), pp. 479–480.

62 "Ius naturale est, quod rectum & aequum intelligimus esse naturae quodam tacito instinctu: ut, Quod tibi non uis fieri, alteri ne feceris, ita opinio quaedam insita est omnibus ... leges illae sunt conscientiarum quibus se accusant & excusant conscientiae, uigente in animis nostris naturali nomothesia ... Etenim, ut ex primis notitijs omnia demonstrantur, ita ueritas legum ciuilium legibus naturalibus consentiat necesse est", ivi, p. 485. Compare this with Melanchthon's Enarrationes aliquot librorum Ethicorum Aristotelis (as in note 60): "Principia practica sunt notitiae a Deo mentibus insitae ... Est igitur lex naturae illa ipsa notitia principiorum practicorum et conclusionum ... divinitus insita mentibus humanis ... primum de agnitione Dei, et obedientia Deo debita ... Ac summa proposita est in decalogo", col. 384, and with the Philosophiae moralis epitomes, in: Scripta Philippi Melanthonis ad ethicen et politicen spectantia (as in note 60), cols. 21–164, see cols. 70–71: "Ius naturae significat naturales notitias de moribus, hoc est, principia practica et conclusiones recta et necessaria consequentia ex illis principiis ortas. Quae sint illae notitiae, decalogus optime et aptissime ostendit ... Omnes enim illae notitiae sunt quoddam vestigium Dei impressum mentibus".

63 The verses from the Antigone came probably to Schegk's mind because in chapter 15 of the first book of the Rhetoric (1375b1–2), Aristotle quotes verses from Sophocles's tragedy in order to illustrate natural law and *epieikeia*.

64 "Simpliciter iustum est prorsus immutabile, atque etiam suapte natura iustum. Suum quoque deprauatae & corruptae naturae ius est ad naturam societatis ciuilis accomodatum, & pro uarietate rerumpublicarum ipsum quoque uarium & multiplex. Nam qua parte imperfecta

Reference to a postlapsarian state is a constant throughout Schegk's annotations and marks his approach. In some passages, Schegk avows the difference between theological and philosophical principles and in these cases he sticks to philosophy and leaves aside any consideration of the issue at stake for theologians, to use his own expression.[65] Indeed, this acknowledgment of the separation of philosophical and theological levels is affirmed on almost every occasion when a problematic issue arises in the Aristotelian text, and on some of these occasions Schegk underlines the absolute superiority of the theological level.[66] By itself, this attitude does not challenge the autonomy of philosophical inquiry – and of the autonomous interpretation of Aristotle's text with regard to theology. This had been the approach of the medieval commentators, from Albert the Great onwards, who dealt solely with philosophical categories while commenting on the *Ethics*. It was not unusual for the medieval commentators to introduce the restrictive clause of *philosophice loquendo* to describe their treatment of a subject from an exclusively philosophical point of view, which of course did not exclude their acknowledgement of the superiority of the theological level.[67] Yet, Schegk's approach is different, irrespective of his claim regarding the distinction between philosophical and theological domains.[68] By grounding all his moral considerations in postlapsarian anthropology, he subsumes Aristotle's ethics into theology. Any theorisation of the Aristotelian notion of virtue turns into a theological exposition of Christian virtue which, given man's fallen nature, needs grace.[69]

---

est natura nostra, hac etiam iuris rationem mutari necesse est", Iacobus Scheggius Schorndorffensis, In X libros Ethicorum annotationes longe doctissimae (as in note 18), pp. 486–487.

[65] Cf. ivi, p. 440: "Proinde unde deprauatio haec naturae humanae ac corruptela sit orta, non philosophi nobis, sed theologi demonstrant. In praesentia satis est intelligi, a foelicitate, id est ab actione uirtutis non est esse separatam uoluptatem ..."; p. 451: "de miseria quidem ac felicitate, quae post obitum contingit homini, huius philosophiae non est disserere, sed theologiae potius, quae nos etiam talibus praeceptis & moribus instituit, quibus immortalis uitae ac felicitatis compotes fiamus, quae infinitis modis melior atque optabilior hac uita ciuili, & quae sola etiam sit, ut theologi disputant, pro fine hominis amplexanda: cuius autorem nos & architectum Christum agnoscimus & colimus".

[66] This is apparent, for instance, in the last chapter of the first book, where he distinguishes between Christian and civil happiness, asserting that he intends to avoid any confusion between them: "Tantum proinde Christianorum differt respublica a caeterorum rebuspublicis quantum antistes illius a praesidibus harum, & foelicitas illius quantum discrepat ab harum beatitudine, & quantum uirtus a uirtute: quum nulla maior & perfectior possit esse uirtus, quam ea sit suis ciuibus quam Christus praecepit, cuius pedagogus non est lex, sed spiritus Dei ... Sed de hac plura non uidentur hoc loco dicenda, ne diuina humanis & sacra profanis confundam, quo ego quidem nihil ineptius atque absurdius fieri solere opinor", p. 454.

[67] On this see Luca BIANCHI, 'Loquens ut naturalis', in: ID., Eugenio RANDI, Le verità dissonanti, Roma-Bari 1990 (Biblioteca di Cultura Moderna Laterza, 991), pp. 33–56.

[68] "Foelicitas porro eius ⟨scilicet hominis⟩ penditur aliter ab ethico, aliter a theologo", Iacobus Scheggius Schorndorffensis, In X libros Ethicorum annotationes longe doctissimae (as in note 18), p. 457.

[69] Take this lengthy passage as an example: "Eiusmodi Idea, quae illic exprimitur [that is, in the first book of Plato's *Republic*] perfectae virtutis, in nullo unquam homine, praeterquam Christo Seruatore nostro, in hoc mundo eluxit, quem nos confitemur esse viam, veritatem & vitam virtutis diuinae; cuius equidem iustitia & virtus ex spiritu Dei renatis applicatur per fidem,

All this is patent in his annotations on chapter 9 of the first book, where Aristotle raises the question of whether happiness is a divine gift, a product of chance or is acquired by human acts. Melanchthon had tackled this question within a theological framework, stressing the impossibility of dealing with it if one ignores Christian doctrine. For Melanchthon, even though man achieves happiness through his virtuous acts, by virtue of his postlapsarian nature, the cause of his happiness relies upon God, who impels man and to whom he owes recognition and obedience in order to acquire happiness.[70] A similar position is found in Schegk, who, though admitting happiness in this life, insists on the flawed nature of man and the consequent need for obedience to God. Some of his words, such as the reference to heroic virtue and to obedience to God, are reminiscent of Melanchthon's *Enarrationes aliquot librorum Ethicorum*.[71]

Günter Frank has stated that Melanchthon's moral writings, as they "are based on resolutely theological, not philosophical, arguments" lead not to a "*practical philosophy* at all, but rather [to] a *practical theology*".[72] We can apply this statement to Schegk's *Annotationes in libros Ethicorum*. In fact, despite his frequent distinction between theology and philosophy, his emphasis on the postlapsarian nature of man leads him to carry out a theological commentary on the philosophical text of the *Ethics*. However, this would not be the main trend for the chair of moral philosophy in Tübingen.

---

quemadmodum iniustitia & malitia primi hominis propagata in omnes, nocet uniuersis & nocuit, unde etiam diuortium illud rectae rationis & appetitus ortum est primum, cum propter peccatum integrum hominem quasi medium diuideret Deus, non solum a Deo, sed ipsum a seipso quodammodo separatum ... Sed profecto cum integritas uitae nullius hominis esse possit tanta, ut nullis maculetur uitijs, nec legi diuinae ... ex omni, imo aliqua saltem ex parte respondere possit, non est ut possimus criminum nostrorum ultionem effugere, si gratia non anticiparit iustitiam ... Non enim valemus ipsi nostris viribus ac virtute in coelum ascendere praesectis perfecte iustitiae alis, ac praeterea clauo peccati animis nostris mortali & caduco corpori affixis pleno uanis cupiditatibus ... Nascimur & procreamur in lucem hac naturali corruptela ...", ivi, pp. 456–457.

70 "Non est facilis responsio, ignaris doctrinae christianae, quae causas humanae infirmitatis monstrat ... Est igitur causa retinendae virtutis et foelicitas agnitio et timor Dei, ad haec opus est doctrina, Deo impellente mentes, homine obtemperante, et disciplina. Est igitur virtus et foelicitas in cursu rerum gerendarum, a Deo gubernante et impellentes animos, et ab humana obedientia ... Causam vero beatitudinis constituit esse humanam mentem et voluntatem incitatam ad virtutem. De heroica virtute adiungitur Deus ...", Philippus Melanchthon, Enarrationes aliquot librorum Ethicorum Aristotelis (as in note 60), col. 301.

71 "Consideranda haec sunt paulo diligentius, partim ut quae uires sint naturae nostrae exploratum habeamus: partim quod nos debeamus, quantum in nobis est, praestare: & quantum possimus non ex nobis, sed Deo effectore assequi foelicitatis, praesertim eius quae vere divina est & coelestis beatitudo. Esse quandam virtutem eximiam & heroicam superiorem humanis viribus, sacrarum literarum autoritate confirmatur, cuius nos tamen autores non simus, sed spiritus Dei ... Corpus enim animae paret, anima appetitioni, appetitus rationi ... cuius ductu & imperio foelices simus, ei tanquam Deo obtemperantes ... Non deest itaque homini facultas etiam naturalis perueniendi ad id quod optimum ei in hac vita largita est natura, quantumuis mutilata ...", Iacobus Scheggius Schorndorffensis, In X libros Ethicorum annotationes longe doctissimae (as in note 18), pp. 443–445.

72 Günter FRANK, The Reason of Acting (as in note 7), p. 230.

2.2. Heiland's Published Textbook on the Ethics

The first peculiarity of this work, published in 1579, is its format. It is not a philosophical commentary on the *Nicomachean Ethics*, but rather a rearrangement of the Aristotelian text for pedagogical purposes. The volume opens with a foreword by Jakob Schegk, who perfectly defines the aim of Heiland's work: a compendium able to explain Aristotle in a succinct way through definitions and clear divisions of the text.[73] Each chapter is structured in terms of questions and answers which are arranged as definitions or short explanations. Gauthier defined this work as "une sorte de petit catéchisme"[74] and indeed it is a handbook that can serve as an 'easy to learn' introduction to Aristotle's moral philosophy. It is thus different from the medieval Aristotelian commentaries in question form, which presented arguments pro and contra followed by the solution of the commentator and replies to the arguments. Some sixteenth-century works on the *Ethics* in question form were still structured in a similar way to the medieval commentaries, like the famous *Speculum moralium* by John Case (1585), where the author raises questions and then, in the answer, formulates objections which are interpolated with the replies. As Heiland systematises his answers in the form of definitions and short explanations, with no objections and lengthy argumentation, his work seems a novelty in the field of moral philosophy. Naturally, this work has to be seen against the background of the textbooks which came after Melanchthon in Central Europe[75] and, consequently, in the University of Tübingen. This is acknowledged by Jakob Schegk in his foreword to Heiland's compendium, as he brings Heiland's work closer to previous textbooks on the physics.[76] Nevertheless, Heiland's textbook is probably the first compendium on Aristotle's *Ethics* produced in

---

[73] "Rudimenta haec vulgo appellantur Compendia … & Graeci propria appellatione Synopsin nominant. Sunt autem quibus multa paucis comprehenduntur, & obscurius proposita, argumentisque multifariam demonstrata, in breuem summam contrahuntur definitionibus & diuisionibus in disciplina cognoscendis", in: Samuel Heilandus, Aristotelis Ethicorum ad Nicomachum libri decem, in gratiam et usum studiosorum breuiter et perspicue per quaestiones expositi, Londini: ex officina H. Bunneman, 1581. As this is the earliest edition to which I have had access, I shall quote Heiland's work from it. For other editions see note 31 above.

[74] René-Antoine GAUTHIER, L'Éthique à Nicomaque (as in note 11), p. 187.

[75] On the early modern textbook see Charles B. SCHMITT, The Rise of the Philosophical Textbook, in: The Cambridge History (as in note 4), pp. 792–804 and the articles present in: Scholarly Knowledge: Textbooks in Early Modern Europe, ed. by Emidio CAMPI, Simone DE ANGELIS, Anja-Silvia GOEING, Anthony T. GRAFTON (Travaux d'Humanisme et Renaissance, 447), Genève 2008.

[76] "Quod genus methodi compendiarium, in Physicis multi hactenus utiliter nobis exhibuerunt", in: Samuel Heilandus, Aristotelis Ethicorum ad Nicomachum libri decem (as in note 73) (the foreword is not paginated). Schegk is here referring to the *Epitome philosophiae naturalis* by his fellow Georg Liebler, holder of the chair of Physics of the Tübingen Faculty of Arts between 1552 and 1594. Liebler's epitome was first published in 1561 with success parallel to that of Heiland's work on the *Ethics*. On Liebler's work see the article by Joseph S. Freedman in this volume. For the relationship between teaching and textbooks in Tübingen, see HOFMANN, Die Artistenfakultät (as in note 22), p. 138.

question and answer form and after its publication there was an increase in the number of German textbooks on the Ethics made in question form (though not necessarily as a result of this influence).[77] It is true that just two years earlier, the Calvinist Lambert Daneau had published his Ethica Christiana, which is also in question form, but Daneau's work is not on Aristotle and is much closer to medieval scholastic argumentation than Heiland's textbook. A further feature of Heiland's textbook is the absence of diagrams to render the Aristotelian text clear, and this reveals that it was not influenced by Peter Ramus. This is noteworthy, as some early modern textbooks can be entirely composed of diagrams which schematise the content of the Aristotelian text.[78]

I have consulted six of the thirteen editions of Heiland's textbook, those of 1580, 1581, 1585, 1590, 1592 and 1594.[79] Comparison of these editions shows that there are minor differences in the text. The changes were made for the 1585 edition, as on the front page below the title this edition bears the indication "Nunc iterum emendatius in lucem editi". All the succeeding editions, at least those listed above, present the text of 1585. The alterations involve negligible aspects of style, such as changes in punctuation or the replacement of single words, and do not affect the content.[80]

---

77 This is, for instance, the case of Guilielmus Adolphus Scribonius, Philosophia ethica ex Aristotele et aliis methodice repetita, Lemgoviae: apud Conradum Grothenium, 1584; Guilielmus Hildenius, Succinctae et breves e textu Aristotelis desumptae Quaestiones ethicae, ad faciliorem decem librorum Ethicorum Nicomachiorum intellectum conscriptae, Berlini: typis ac impensis autoris, 1585. I have compared both these texts with Heiland's work and there is no textual resemblance. A further textbook in question form is the work of Theophilus Golius, see notes 18 and 92 for the list of editions.

78 With regard to the Ethics, we can point out Johannes Stier, whose work consists merely of 21 pages of diagrams and tables with no single comment on the text, cf. Johannes Stier, Praecepta ethicae sive philosophiae moralis ex Aristotele aliisque probatis auctoribus collecta, & adjuvandae memoriae causa tabulis synopticis inclusa a Johanne Stierio, editio secunda, Schleusingae: excusa typis Petri Faber, 1635. Outside the German-speaking area, the works of Jason Denores are noteworthy for their numerous and extensive diagrams. On the moral philosophy of Denores see Marco TOSTE, Evolution within Tradition: The Vernacular Works on Aristotle's 'Politics' in Sixteenth-Century Italy, in: Thinking Politics in the Vernacular. From the Middle Ages to the Renaissance, ed. by Gianluca BRIGUGLIA, Thomas RICKLIN (Dokimion, Bd. 36), Fribourg 2011, pp. 189–211, especially pp. 200–202.

79 For the editions, see above note 31.

80 Here are examples from one chapter of the fifth book: I have indicated in italics the different words. In the third question of the first chapter, the 1581 edition has "Quot sunt iustitiae species? Totidem, & *quidem modo dictis oppositae*. Altera enim, particularis est: qua suum cuique tribuimus: nobis vero de externis *tum* bonis *tum* malis ..." (pp. 66–67), while the 1585 edition runs "Quot sunt iustitiae species? Totidem. Altera enim particularis est: qua suum cuique tribuimus: nobis vero de externis *vel* bonis *vel* malis" (p. 104). Again in the following question in the same chapter, the 1581 text has "De quibus rebus publicae leges praecipiunt? Primum, de ijs rebus, quae communiter prosunt, vel uniuersis, vel optimatibus, *vel* ijs, qui rerum potiuntur ... Et hinc in genere legitima videntur: quae vel ad publicam honestatem morum, vel ad Reipublicae *foelicitatem conducunt*" (p. 67), whereas the 1585 edition has "De quibus rebus publicae leges praecipiunt? Primum de ijs rebus, quae communiter prosunt vel uniuersis, vel optimatibus, & ijs, qui rerum potiuntur ... Et hinc in genere legitima videntur: quae vel ad publicam honestatem morum, vel ad Reipublicae *salutem, opes, libertatem, aut dignitatem pertinent*" (pp. 104–105). However, for the remaining text of this chapter the editions are identical.

By virtue of its pedagogical purpose, the interest of this text lies not in its philosophical originality, but rather its instrumentality for the transmission of Aristotelian ideas and the ways in which that transmission is achieved. In this regard, Heiland more explains the Aristotelian text than comments on it; in a very succinct way he presents the main points of the Aristotelian doctrine. Unsurprisingly, he includes a number of practical examples, for instance, to explain what is meant by distributive justice or arithmetic proportion.[81] Here too, Heiland is in line not only with Melanchthon's moral works, but also with the pedagogical methods of the Reformation, as academic directives exhorted scholars to use examples (sometimes from the Bible or classical literature) to explain Aristotle's texts.[82]

All through the textbook Heiland holds to the realm of philosophy. This is apparent when he deals with happiness in the first book, where he never mentions afterlife happiness and admits the loss of "civil happiness" with death.[83] Most significantly, Heiland unambiguously excludes the domain of theology from philosophy and therefore from his textbook. In chapter 9 of the first book Aristotle asserts that although happiness is the result of human virtue, it can nevertheless be considered a divine gift. This is because if we presuppose that the gods have bestowed something on man, it is all the more reasonable to presuppose that they gave happiness, as it is the best of all human goods. In the corresponding passage, Heiland elucidates this position further. As for Aristotle, for Heiland too, happiness is the reward for man's virtuous actions and thus results from these actions. But as regards the notion that happiness can be a divine gift, Heiland makes it clear that God can be considered as the first cause (*causa prima*) of human happiness; yet, for him, this assumption is to be admitted in a superior ambit to that of philosophy. From the philosophical point of view, which deals only with the second causes, happiness is achieved only by virtue of man's activity.[84] Though far from the position taken by Schegk and Melanchthon, this approach can be found in the later compendia of Golius and Scribonius.[85] Any

---

81 Cf. the examples in pp. 72, 76 of the 1581 edition.
82 See Joseph S. FREEDMAN, Aristotle and the Content (as in note 3), pp. 225, 245 (nos. 18, 20) and, regarding the ethics, p. 246 (nos. 4, 11b, 12, 13).
83 Cf. pp. 14–17 of the 1581 edition.
84 "Hoc ergo bonum, Deine donum est, an nostra paratur industria, an vero fortuito nobis obtingit? Si foelicitatem Deo acceptam ferendam putas, tanquam causae primae, vere ac pie sentis. Qui enim caetera largitur bona, multo magis dabit id, quod est optimum. Cum autem sua largiatur, non immediate (vt vocant) sed per causas secundas, circa quas nostra versatur Philosophia, puto aliam huic secundam causam assignari non posse quam hominis industriam, vel ob hoc ipsum, quod diuinum bonum est. Quae enim nostra parantur industria diuina videntur, tum quia nostrae virtutis praemia sunt, tum quia communicantur cunctis ad colendam virtutem non ineptis", p. 13 of the 1581 edition.
85 Golius's text is quite similar to Heiland's: "Quoniam Deus omnium aliorum, etiam minimorum bonorum est autor et largitor, ideo statuendum est, eum quoque felicitatis, tanquam summi boni esse primam et summam causam. Quia autem hic de hominis felicitate quaeritur, existimo humanam industriam, ad eam comparandam, tanquam causam secundam, plurimum valere", Theophilus Golius, Epitome doctrinae moralis (as in note 18), p. 32. Scribonius somehow distorts Aristotle's doctrine by asserting that God is the principal cause of happiness: "Aristoteles definit primam & praecipuam felicitatis causam esse Deum omnium bo-

consideration of God is thus removed from philosophical speculation. A similar stance is taken in medieval commentaries on the *Ethics*, as the thirteenth-century commentators exclude the notion that the first cause can be the direct cause of human happiness, admitting it only from a theological point of view. However, while the Protestant and the medieval commentators both exclude God from philosophy, their doctrinal justifications for this are quite different: for medieval commentators God cannot bestow happiness on man directly because this would involve a change in God's nature.[86]

Again in the tenth book, although Heiland implicitly refers to grace, he avows that this is a subject belonging to theology.[87] Happiness is thus treated in strict Aristotelian terms, that is, as the activity of an intellectual virtue. The same is true of the ninth book with regard to the Aristotelian theory of the self-love of wise men for their superior part, that is the intellect, which Heiland endorses without reservation.[88] In addition, there is no reference to a postlapsarian state. In this matter, Heiland's approach is identical to that of all the medieval commentators of the Arts Faculty. Moreover, as we shall see later, in Heiland's textbook edited by Veit Müller, happiness is identified with the study of philosophy, which is one of the main characteristics of the medieval *Ethics* commentaries.

---

norum fontem, secundariam vero & inferiorem causam ait esse doctrinam & consuetudinem sive exercitationem hominis", Guilielmus Adolphus Scribonius, Philosophia ethica (as in note 77), pp. 9–10. On this work, see later in this paper, especially note 93.

[86] Take, for instance, the commentary of Radulphus Brito, written in the 1290s in the Paris Faculty of Arts, where we read: "... ergo intellectus nostri inferiores debent recipere suas perfectiones ab intellectibus primis, et maxime a primo intellectu, qui est prima causa. Et propter hoc dicit Philosophus quod si est aliquod donum hominibus a deo immissum, rationale est quod sit donum optimum, cuiusmodi est felicitas. Hoc tamen secundum Philosophum non est immediate sed mediate, quia secundum Philosophum a deo nihil nouum potest produci immediate ... Sed secundum fidem et veritatem aliquibus sanctis hominibus cognitio prime cause potest esse missa immediate per reuelationem diuinam; sed de tali felicitate Philosophus non loquitur", Iacopo Costa, Le 'questiones' di Radulfo Brito sull'Ethica Nicomachea'. Introduzione e testo critico (Studia Artistarum, 17), Turnhout 2008, p. 253. See also René-Antoine Gauthier, Trois commentaires 'averroïstes' sur l'Éthique à Nicomaque", in: Archives d'Histoire Doctrinale et Littéraire du Moyen Age 22–23 (1947–48), pp. 187–336, especially pp. 269–278.

[87] "Et naturam quidem aliquid ad eam [that is, to virtue] conferre, non eo inficias. Ad eam enim accipiendam hominem disponit &, si maxime non habitum, attamen habilitatem confert, sine qua habitus acquiri nequit. Caeterum, εὐφυΐα haec, seu naturae bonitas, in nostra potestate non est posita, sed Dei donum est, de quo disserere ad theologiam pertinet", p. 185 of the 1581 edition.

[88] Ivi, pp. 163–165. Note that the Aristotelian idea that every kind of friendship has its foundation on the self-love was problematic for Christian authors, not only because it seemed to jeopardise the idea of neighbourly love but also because the self-love was not founded on the love for God. On this see Thomas M. Osborne, Jr., Love of Self and Love of God in Thirteenth-Century Ethics, Notre Dame, IN 2005; Marco Toste, 'Utrum felix indigeat amicis'. The Reception of the Aristotelian Theory of Friendship at the Arts Faculty of Paris, in: Virtue Ethics in the Middle Ages: Commentaries on Aristotle's 'Nicomachean Ethics', 1200–1500, ed. by István P. Bejczy (Brill's Studies in Intellectual History, 160), Leiden 2007, pp. 173–195, especially pp. 178–185.

Heiland's brief description of natural law and *epieikeia* in the fifth book are perhaps the only passages in which it is possible to trace an influence other than an Aristotelian one. There he defines natural law as the *notitia* engraved in man by God, which suggests his acknowledgment of Melanchthon's definition, though Heiland does not add any reference to the Decalogue nor to obedience to God as the first principle of natural law.[89] Likewise, *epieikeia* is conceived not as a guiding principle of law, as in Aquinas, but as a correction and mitigation of the law, which echoes Melanchthon's own definition.[90] The influence of Melanchthon is limited to these examples, however. And even though Melanchthon's moral writings are full of definitions, there are no further traces of them in Heiland's work.

The extreme editorial success of this textbook can be explained by its clarity and adherence to the Aristotelian text. In fact, it is neither a rearrangement of the *Ethics*, a work that departs from the text and presents its own interpretation or dwells on philological and historical aspects – for this a literal commentary would be more useful.[91] Nor is it a compendium, whose text is so succinct that it requires a further reading of the original. Heiland's textbook could serve as a substitute for the *Ethics* because it summarises its doctrine very well. If we look at German textbooks contemporary with Heiland's, we note that the other extremely successful textbook of the Reformation era is Theophilus Golius's *Epitome doctrinae moralis*, which was printed at least fifteen times.[92] The reason for its success may be that this work renders the *Ethics* quite accurately in an abridged form very similar to that of Heiland. Note also that in the textbooks by Heiland and Golius, the authors stick to philosophy and hence provide a good representation of the *Ethics*. In contrast, textbooks that reformulated Aristotle's text with an approach which was at times theological, leading the authors to depart from the Aristotelian text, were not nearly so successful. This is the case for the works by Johann Lonicer, Wilhelm Adolf Scribonius and Wilhelm Hilden, and the reason for their lesser success might well be a lesser degree of fidelity to the *littera* of the *Ethics*.[93]

---

89 "Iura quidem, quae nos naturalia vocamus, per se mutari nequeunt. Apud Deum enim, qui est τό αὐτοδίκαιον & notitias istas nobis impressit: idem semper iustum est, idemque iniustum perpetuo", p. 82 of the 1581 edition. For Melanchthon's texts see above note 62.

90 "Quid ergo est ἐπιείκεια? Est emendatio seu mitigatio quaedam legis, qua parte ipsa deficit", p. 89 of the 1581 edition; cf. Philippus Melanchthon, Enarrationes aliquot librorum Ethicorum Aristotelis (as in note 60), cols. 404–405 and Philosophiae moralis epitomes (as in note 62), col. 74.

91 On the sixteenth-century literal commentaries on the *Ethics* see Jill KRAYE, Renaissance Commentaries on the 'Nicomachean Ethics', in: The Vocabulary of Teaching and Research between Middle Ages and Renaissance. Proceedings of the Colloquium: London, Warburg Institute, 11–12 March 1994, ed. by Olga WEIJERS (CIVICIMA: Études sur le vocabulaire du moyen âge, 8), Turnhout 1995, pp. 96–117.

92 Epitome doctrinae moralis ex decem libris Ethicorum Aristotelis ad Nicomachum collecta, Argentorati: typis Iosiae Rihelii, 1592; ibidem per eundem: 1595, 1597, 1598, 1606, 1614; Francofurti: apud J. Thumium, typis N. Voltzii, 1617; Argentorati: typis Iosiae Rihelii, 1621; ibidem per eundem: 1631; Cantabrigiae: apud Thomam & Joannem Buck, ac Rogerum Danielem, 1634; Argentorati: typis Iosiae Staedelii, 1652; Argentorati, 1653; Londini: ex officina Rogeri Danielis, 1662; Oxonii: Nathaniel Bliss, 1814; ibidem: excudebat W. Baxter, 1823 (see note 18).

It is possible that a sort of semi-official status was granted to Heiland's textbook at the Tübingen Faculty of Arts. In fact, not only was it reprinted in Tübingen no less than seven times, but it was even explicitly quoted, as late as 1634,[94] or silently copied in contemporary academic disputations made there at the Faculty of Arts.[95]

2.3. Heiland's Manuscripts and the Textbook Edited by Veit Müller

The *Annotationes in Ethicam Nicomachiam Aristotelis*, extant in the manuscript Mc 53 of the Tübingen University Library,[96] cover Books VI to X only. The cursive handwriting, which has been attributed to Veit Müller, is difficult to read. The text is most likely the

---

[93] For Lonicer see note 27. Lonicer provides a good account of the *Ethics*, though he skips over some chapters. Sometimes he deals with issues absent from the Aristotelian text. This is the case for the eighth book, where he quotes Cicero and Plato (pp. 121^v, 123^v–124^r) and where he regards the best political regime as something divine (p. 124^r). At the end of the ninth book, Lonicer introduces a theological note to state the superiority of charity over human friendship, where he gives the example of the friendship between Christ and the apostles (p. 128^v). This last example is quoted in Ullrich LANGER, Perfect Friendship: Studies in Literature and Moral Philosophy from Boccaccio to Corneille (Histoire des Idées et Critique Littéraire, 331), Genève 1994, p. 101, n. 23. As for Guilielmus Adolphus Scribonius, Philosophia ethica (as in note 77), the work had several reprints, but not as many as Golius's compendium. It is also a textbook in question and answer form, but shorter and with some references to Cicero. Scribonius's approach is not exclusively philosophical. In the fifth book, he quotes the Bible to refute the "lex Talionis" (this occurs, however, only in the edition Francofurti: apud Joannem Wecheleum, 1589, where Scribonius adds the reference to Matthew's Gospel on page 29. In the first edition he only quotes Valerius Maximus and Eusebius on page 52) and identifies natural law with the Decalogue (p. 54). Moreover, contemplative happiness is not understood in Aristotelian terms and identified with the activity of the highest intellectual virtue, but is said to belong to the domain of theology: "Intellectualis felicitas ab omnibus hominibus conjunctis affectibus est separata, & de ea proprium est theologorum disserere. Civilis autem & moralis felicitas, quia est secundum prudentiam, quae cum virtutibus moralibus est conjuncta, ab affectibus humanis non prorsus est aliena: virtutes enim morales affectibus sunt annexae" (p. 82). As for the work of Guilielmus Hildenius, Quaestiones ethicae (as in note 77), this is a succinct text in question and answer form, too. In the question on suicide, the author considers suicide to be an injury against God (p. F5^v). In any event, the lesser success of this work can also be explained by the fact that it is an author's edition.

[94] It is quoted and copied in: Wilhelmus Schikhardus (praes.), Abrahamus Schwarz, Lyncensis Austriacus (resp.), Dissertatio ethica de justitia, Tubingae: typis Theodorici Werlini, 1634 [Stuttgart, WLB: Philos.Diss.191-1; Philos.Diss.1349], thesis 54, p. 13, where the beginning of chapter 4 of the fifth book of Heiland's textbook is cited.

[95] Heiland is copied in several sections of: Michael Zieglerus (praes.), Elias Bayr iunior Austrius (resp.), Disputatio ethica de justitia, Tubingae: apud Georgium Gruppenbachium, 1598 [UB Bern: ZB EB V 246: 26; WLB Stuttgart: Philos.Diss.1675]. For instance, the second question of chapter 5 of the fifth book of Heiland's work is copied in the thesis 57 of Ziegler's disputation (p. 13) and the second question of chapter 10 of the same book is partly copied in the thesis 67 (p. 17), as can be seen in the following example: "Ac inde fit ut, si singularibus quibusdam casibus accommodetur, de quibus ipsa locuta non est, nimis rigida videatur & iniqua pronunciare" (Heiland, ed. 1581, p. 88); "Inde postea ut, si singularibus quibusdam casibus accommodetur, de quibus ipsa expresse locuta non est, iniqua pronunciare, aut defectu laborare videatur" (Ziegler's disputation, thesis 67, p. 17).

[96] See above note 33.

result of a *reportatio* of the lectures given by Heiland between December 1579 and November 1580.[97] Unlike Heiland's textbook, the text is structured here as a traditional literal commentary on the *Ethics*, with the *lemmata* presented in Greek. This suggests that the Aristotelian text was read in Greek in the classroom. Furthermore, no questions are raised at the beginning of each chapter and the arguments are discussed as in a philosophical commentary. Although this text is contemporary with the first edition of Heiland's textbook (1580), it is not simply a warm-up for the edition. Regrettably, this text does not cover either the first or the fifth book of the *Nicomachean Ethics* and I shall not dwell on it further. A similar problem applies to the other manuscript with Heiland's lectures, the Mc 22 which contains questions only on the last three books of the *Ethics* (it starts only in chapter 5 of the eighth book). However, this text is far more important for this inquiry.

The text corresponds to the lectures given by Heiland in 1562.[98] The format of the text resembles Heiland's textbook, but although this manuscript dates from nearly twenty years before the first edition of the textbook, here too we can hardly consider it as preparatory for the edition. Not only are the two texts different, but in the manuscript, alongside the typical textbook definitions, there are sections in which arguments are advanced. But these sections are arranged in such a way that they seem more likely to have had a pedagogical purpose. In fact, the Aristotelian text is not commented on section by section or paragraph by paragraph as in a literal commentary, neither are there comments on Aristotle's possible intentions nor discussions of philological details of the text; in fact, there is no reference at all to the original text of the

---

97 Of course, further investigation is required to support this claim. Nevertheless, the manuscript's text has two features that might be hints of *reportatio*, such as the difficult cursive hand and the fact that sometimes there are references in the first person (for instance in f. 173^r: "ut superius docui") which can be considered as references to previous lessons in the academic year (note that the reference is "docui" and not "dixi"). Moreover, the manuscript dates from 1579–1580 and was copied by Veit Müller, who in that academic year was a student in his second year at the faculty of arts (he was enrolled on the 26th April 1578; cf. Heinrich HERMELINK, Die Matrikeln (as in note 46), p. 567, no. 106). As is well known, the *reportationes* were usually made by students, and especially by penurious students, as was the case for Müller.

98 The catalogue of the Latin manuscripts of the Tübingen Universitätsbibliothek indicates that this manuscript contains the lectures given between 2.6.1562 and 31.3.1563 (cf. Hedwig RÖCKELEIN, Die lateinischen Handschriften (as in note 32), p. 103), but this is not correct. The lectures on the eighth book started well before the 2nd June. The date assumed by Röckelein does not correspond to the beginning of the eighth book, but to its end, because on f. 36^r, where the eighth book ends, we can read "finis 2. Iunij 1562". The lectures on the ninth book started on the 10 June and ended on the 18 November (cf. f. 37^r: "Sequantur iam quaestiones in caput primum libri 9 Ethicorum Aristotelis 10 Junij Anno humanae salutis 1562" and f. 89^v, where the ninth book ends: "finis 18 Novemb. 62") and those on the tenth book started on the 21 November and finished at the end of March 1563 (cf. f. 90^r: "Quaestiones ut braeuissimae, ita et nobilissimae dictatae à V.S.N. Samuele Hayland in X lib. Ethicorum Aristotelis, 21 Novemb. 1562"; f. 135^v: "Finis. absoluit ultima Martii 1563"), so we can assume that Heiland used to take something like four months for each book of the *Ethics*. Accordingly, the eighth book must have started four months earlier than Röckelein has supposed, that is, in February 1562.

Ethics. Instead, the Aristotelian ideas have been organised into main points to be easily digested. It is thus possible to trace not only Heiland's teaching method, but probably even his oral teaching. That this manuscript is not a later transcript but is likely to have resulted from notes taken in the classroom is inferred from the note "Quaestiones ut braeuissimae, ita et nobilissimae dictatae" written down on f. 90ʳ indicating the beginning of the lectures on the ninth book of the Ethics. Dictation was a normal procedure in European universities,[99] including in Tübingen.[100] It is thus quite probable that Heiland slowly dictated his lectures. This might also help to explain the easily legible handwriting in the manuscript.

Manuscript Mc 22 has further relevance because it probably served as the source for Books VIII.5-X of the 1613 Veit Müller edition of Heiland's textbook.[101] As we shall see, the content of the 1613 edition is not the same as in the previous thirteen editions of Heiland's textbook. Müller did not limit himself to copying the manuscript text for the edition, but reworked it to such an extent that he can be considered as its co-author. This is what Zacharias Schäffer asserts in his oration for Müller's funeral.[102] Comparison of the text of the manuscript Mc 22 with the 1613 edition clearly shows the similarity between the two. In this regard, three samples of sections, two from the tenth and one from the eighth book of the Ethics, suffice to make the point. The first example is brief and with no doctrinal significance, but allows us to grasp how Müller used and changed Heiland's notes. The opening words are the same, but Müller prefers to make the text smooth. These are the closing words of the tenth book. I indicate in bold the words which are identical:

Mc 22 with Heiland's text, f. 135ᵛ.	Müller's 1613 edition, p. 593
Unde tandem scientiam hanc accipimus? **Ex** libris **politic**orum iam **proxime sequentibus**, siquidem ad moralem philosophiam pertinent. **In illis enim primum exponuntur opiniones ueterum, et quae** bene dixerunt confirmantur; **deinde, ex** uarijs **rerumpublicarum formis collectis, ostenditur** quae reipublicae prosint quaeque **obsint**, et haec ex ipsis ⟨sed del.⟩ his ipsis **quis sit optimus reipublicae status et quibus legibus** qualibusque moribus illam **regere** et gubernare conueniat.	Vnde ergo hanc scientiam addiscemus? **Ex proxime sequentibus politic**is. **In illis enim** primum recensentur **opiniones** veterum, & quae praeclare in ipsis statuerunt **exponuntur**. **Deinde ex** jam **collectis rerumpublicarum formis ostenditur** quid singulis ad tranquillitatem, pacem, & ocium cum prosit, tum **obsit**. Ac tandem ex hoc ipso docetur **quis reipublicae status optimus sit & quibus legibus** unamquamque reipublicae formam **regere** oporteat, ut quam maxime stabilis & diuturna sit.

The second example refers to chapter 10 of the eighth book, where the different political regimes are enumerated. Here, Müller is freer. Apparently, he made a selection from the text and reduced it.

---

99 Cf. Ann BLAIR, Student Manuscripts and the Textbook, in: Scholarly Knowledge (as in note 75), pp. 39–73, especially pp. 47–50.
100 Cf. HOFMANN, Die Artistenfakultät (as in note 22), p. 142.
101 See above note 36.
102 Zacharias Schäffer, Oratio (as in note 37), p. 42: "… quam graviter vero et docte … Ethica … quae, etsi ⟨ab⟩ Hailando olim erat conscripta, tanta tamen accessione aucta et locupletata, tanta fide adornata fuit a Mullero nostro, ut ipsius partus censeri merito debeat".

Mc 22 with Heiland's text, ff. 16ᵛ–18ʳ	*Müller's 1613 edition, pp. 435–436*

<table>
<tr><td>

Quot duplices sunt societates hominum?
Societates omnes referri ad 2 genera possunt: alterum reipublicae, alterum reifamiliaris.

Quot sunt species reipublicae?
Tres: βασιλεία, ἀριστοκρατία, τιμοκρατία.

Quid est βασιλεία?
Βασιλεία siue regnum est enim ⟨in qua⟩ preest unus tantum, qui Βασιλεύς et rex dicitur, qualis est politia Galliae, Angliae, Hispaniae.

Quid est ἀριστοκρατία?
Est respublica cuius imperium est penes eos qui caeteris prudentia, aequitate, et rerum gerendarum dexteritate praestant.

Quid est τιμοκρατία?
Est respublica ad cuius gubernacula sedent qui praefinitum censum praestare possunt.

Quaenam ex hiis est praestantissima?
Illa quam βασιλείαν diximus; ignobilissima uero timocratia.

Non sunt etiam aliquae reipublicae formae, quae pravae sunt?
Imo. Sunt enim tres iam dictis tribus oppositae, in quos illae, cum corrumpuntur, degenerare solent. Tales autem sunt τιραννίς, ὀλιγαρχία, δημοκρατία.

In quam harum regnum degenerat?
In tyrannidem: sunt enim formae admodum finitimae, siquidem in utraque unus tantum praeest.

Quomodo ergo differunt?
Qui regno praeest ut rex non suum, sed subditorum suorum commodum spectat. Tyrannus autem, subditorum commodis neglectis, omnia ad se refert.

An non et reges sua commoda spectant?
Non. Veri enim reges omnibus bonis abundant, ideoque, sibi ipsis sufficientes, a subditis aliquid conquirere opus non habent.

</td><td>

Quandoquidem amicitia secundum civilis societatis species est distinguenda, scire cupio: quot & quae sint species reipublicae?

Tres sunt ipsius species: scilicet Βασιλεία, ἀριστοκρατία, τιμοκρατία, id est regnum, optimatum (*ed.*: optima v. i. tum) potestas & census potentia.

Quid est Βασιλεία?
Est reipublicae species in qua ⟨omnium⟩ summa (*ed.*: sumunt) rerum penes unum est, qui graece Βασιλεύς dicitur. Talis est respublica Gallorum, Hispanorum & similes.

Quid est ἀριστοκρατία?
Est reipublicae species, quae regitur ab iis, qui caeteris virtute, prudentia & rerum gerendarum dexteritate antecellunt. Talis est Noricorum respublica, multarum item civitatum imperialium.

Quid est τιμοκρατία?
Est reipublicae ⟨species⟩ in qua dominantur ij qui caeteris censu & opibus praestant. Haec species vulgo generis nomine πολιτεία appellatur.

Num hae species omnes bonae sunt?
Sunt quidem omnes bonae: tamen alia alij praestat. Regnum enim omnium praestantissimum & optimum; censu vero potentia pessima & ignobilissima videtur.

Nullaene respublicae malae sunt?
Imo sunt. Quas enim bonas esse diximus saepenumero corrumpuntur, ut in pravas quasdam degenerent. Itaque, ut tres sunt bonae reipublicae species, ita quoque tres sunt corruptae atque illis bonis oppositae. Est autem tyrannis, ὀλιγαρχία (latine paucorum potentia) & δημοκρατία, id est populi dominatio.

</td></tr>
</table>

Atque historiae testantur id a regibus
quibusdam fieri?
Qui veri reges sunt, id est aut reges nati aut communi consensu populi reges uecti, census suos habent, uectigalia tributa et redditus, quibus, qui aut destituunt aut contenti ijs non sunt, ueri reges dici non debent: usus etiam docet tales aut sorte electos, aut per uim tyrrannidem (sic) occupasse.

The third sample is taken from the tenth book, where Aristotle defines happiness. Once again, it is clear how Müller bases his own text on Heiland but departs from it too. For the sake of simplicity, Müller rearranges the chapter's introduction in a numbered list, which allows the reader to have an idea of the chapter's subject immediately. Some words are the same in the two texts, though placed in different parts (for example, the expression "contemplamur res divinas", which in Mc 22 appears in the chapter's summary and in the 1613 edition is placed later in the answer to the first question). Finally, Müller lengthens the text in the section between the third and the fourth arguments.

Mc 22 with Heiland's text, ff. 118ᴸ–120ʳ	Müller's 1613 edition, pp. 567–569
Quod est argumentum capituli 7	Caput VII
	De operatione felicitatis
Aristoteles postea quam ostendit foelicitatem esse operationem secundum uirtutem, docet jam quenam uirtus illa sit duplex: altera moralis, qua genimus, altera intellectiua, qua contemplamur res diuinas. Primum hoc capitulum probat foelicitatem esse operationem secundum uirtutem intellectiuam, ipsamque in contemplando consistere; deinde etiam ostendit quanta sit huius foelicitatis dignitas, docens ipsam esse bonum quoddam diuinum, et qui eius fiant participes, diuinam uitam agere, itaque etiam hortatur nos, ut pro se quisque studeat huius tanti tamque excellentis boni fieri particeps.	1. Docet felicitatem esse operationem secundum sapientiam, id est, contemplationem rerum divinarum. 2. Felicitatem definit. 3. Praestantiam ejus commendat & ad studium ejus omnes hortatur.
Recapitulatio	
Si ergo foelicitate (sic) est operatio secundum uirtutem, dic mihi quotuplex uirtus sit?	Cum ergo felicitas sit operatio secundum virtutem, scire nunc cupio qualis illa virtus esse debeat?
Dictum est superius ipsam distingui secundum animae nostrae potentias: alia enim est uirtus intellectus, in qua operatio est contemplatio; alia uero uirtus appetitus. Hec operatio in rebus gerendis est posita. Vtrius operatione foelicitatem definis?	Hic primum sciendum est virtutes alias esse intellectuales, quarum princeps est sapientia, alias morales, quas prudentia regit [...] Cum autem perfectam felicitatem consequi voles opus erit ut exerceantur illae priores, ut mens tua per sapientiam res divinas contempletur. In hoc enim veram felicitatem esse positam sex argumentis probari potest.
Operatione intellectus, quam dixi esse contemplationem. Id enim 6 argumentis probare potero.	
Da primum argumentum?	Quod est primum?
Foelicitas, quandoquidem est bonum optimum, definiri debet optima operatione; sed talis est contemplatio: prodit enim a potentia nobilissima;	Felicitas, cum sit summum bonum, oportet ut sit operatio optima. Sic ergo argumentamur: operationi optimae competit summum bonum; con-

insuper etiam habet nobilissimum obiectum, res scilicet diuinas, vt recte foelicitas in ipsa dicamur posita.

A quanam potentia prodit?

Aut, ut modo dictum est, ab intellectu (intellectus *sed corr.*) et mente, quae est portio nostra diuinissima, aut a principio aliquo extrinseco proprio diuino, quo homines consilio et uitam moderatur et regit.

Da secundum argumentum?

Operatio quae est maxime (*iterauit sed deleuit:* quae est maxime) continua est foelicitati conuenientissima; sed nulla operatio est quae magis continua sit: ad nullam enim diutius uires diutius suppetunt; ergo et cetera.

Da tertium argumentum?

Dictum est in superioribus foelicitatem habere coniunctam uoluptatem; sed inter omnes operationes nulla est quae maiorem uoluptatem offert; ergo et cetera.

Proba argumentum hoc?

Primum certum est, contemplationis uoluptate caeteris praeest, et synceritate et stabilitate, deinde sciente⟨s⟩ suauius afficiuntur quam quaerente⟨s⟩. Contemplando autem scimus caetera, agendo nil nisi quaerimus; ergo recte contemplationi maior uoluptas tribuitur.

Da quartum argumentum?

Foelicitas est bonum sibi ipsi sufficiens; sed inter omnium uirtutum operationes contemplatio sibi ipsi maxime sufficit; ergo et cetera.

Proba argumentum hoc?

Vitae quidem necessariis indigent contemplantes et res gerente⟨s⟩ pariter; praeter, ille tamen qui res gerit, indiget etiam ijs, quorum auxilio res gerat, item erga quos uirtutem exerceat; sed contemplator contemplari sine his potest, et quo sapientior fuerit eo magis poterit.

templatio est operatio optima: proficiscitur enim ab optima potentia, mente nimirum, quae divinum quiddam est & circa optima quoque versatur. Nam objectum contemplationis est Deus & res divinae. Merito ergo illi summum bonum tribuitur.

Dic secundum.

Operationes maxime continuae sunt felicitati aptissimae. Contemplatio est talis: nulla enim operatio est, qua minus defatigamur, quamque diutius persequi possumus. Ergo.

Dic tertium.

Communis operatio philosophorum est felicitatem habere conjunctam voluptati. Nulla autem operatio est, cui major voluptas insit, quam contemplatio. Ergo.

Num ergo illi maior voluptas inest quam iis actionibus, quae civilibus virtutibus insignes sunt? Maxime. Primum enim contemplatio est operatio sapientiae. Manifestum vero est sapientiam voluptates adferre & stabilitate & puritate admirandas. Deinde patet, scientes jucundius affici quam modo quaerentes. Contemplantes autem scientes sunt, cum vicissim, qui civiles virtutes exercent, sint quaerentibus similes: agendo enim petun⟨t⟩, & quaerunt aliquod bonum. Itaque, sine dubio, contemplatio suavior est.

Dic quartum argumentum.

Felicitas (ut lib. I. diximus) est bonum αὐταρκες, id est seipso contentum, nulloque penitus indigens. Tale autem bonum magis est contemplatio quam civilis actio. Etsi enim vitae necessariis ad utramque opus sit, virtus tamen civilis praeter illa requirit homines etiam, erga quos honesta agat, item alios, quorum opera & auxilio faciat. Contemplator autem & solitarius & in eremo contemplari potest: nec illum unquam etiam vel instrumenta deficiunt.

Ergo contemplanti adiutoribus opus non erit? Siquidem habeat cum quibus de rebus diuinis conferat, contemplatur eo foelicius. Sed, si maxime talis defuerint, nihilominus contemplari poterit.

Da quintum argumentum?
Foelicitas est bonum per se expetendum; sed inter omnes operationes sola contemplatio per se expetitur (cod.: experitur); ergo et cetera.

Proba argumentum hoc?
Equidem ex coeteris operationibus aliquid quaerimus, ut ex fortibus actionibus uictoriam, ex liberalibus commoda amicorum, ex mansuetis pacem et concordiam. Contemplatio uero talis operatio est, ut ex illa, praeter ipsam operatione⟨m⟩ quaeri nihil possit.

Da ultimum argumentum?
Foelicitas consistit in otio et quiete, sed, excepta contemplatione, omnes ⟨operationes⟩ negotiosae sunt, et occupationibus plenae, ergo.

Dic quintum argumentum.
Felicitas est bonum quod per se expetitur. Contemplatio per se magis expetitur quam actio civilis. Cum enim ex contemplatione aliud bonum peti non possit, ex civilibus tamen actionibus aliud quaerimus: per eas enim quaerimus aut a malo aliquo liberari aut bonum aliquod consequi. In contemplando ergo, potius quam in agendo, est posita felicitas.

Dic sextum argumentum.
Felicitas in quiete consistit & otio. Contemplatio inter omnes operationes sola consistit in quiete & otio. Ergo in illa sola & vera & perfecta consistit felicitas.

At this point we have to ask whether the same reworking occurs in the other books of the Ethics. Unfortunately, there are no extant manuscripts of Heiland's lectures on the first seven books. In the foreword, dedicated to Andreas Osiander and Philipp Heiland, Müller states that his text is built upon written lectures (Quaestiones) that had been put up for sale in July 1595 and whose author he had recognised as Samuel Heiland.[103] Yet, those Quaestiones were, again according to Müller, briefer than the textbook already printed, the text sometimes being corrupt and faulty, which induced him to rearrange the whole material.[104] Unfortunately, Müller does not inform us whether the Quaestiones on sale covered the whole of the Nicomachean Ethics. The only Quaestiones extant in

---

103 "Prostiterunt anno 1595 mense Julii, venales publice, conscriptae quaedam Quaestiones ex Ethicis Aristotelis. Illas enim, & legi, atque ex stylo ... cognovi, à praeclarissimo viro domino Samuele Hailando, professore Ethices eminentissimo, praeceptore & patrono meo ... conscriptas." In: Quaestiones Ethicae breves (ed. Vitus Müller 1613) (as in note 36), præfatio (no pagination).

104 "... sed breuiores quam quas olim, cum quibusdam auditoribus suis, communicauit, prolixiores tamen iis, quae hactenus impressae fuerunt. Quia vero praedictas quaestiones, in plerisque locis, mutilate & mendose scriptas deprehendi, scriptum exemplar resumpsi, examinaui &, quantum potui ex contextu colligere, integritati restitui, asyllogisticum & erroneum, quod per incuriam scriptoris irrepsit, emendaui: cum ipso aristotelico textu contuli, textum eundem ad marginem annotaui, versibus distinxi; methodi uniuersalis, & cohaerentiae omnium & singulorum librorum rationem, quique esset generalis hujus totius doctrinae finis, & qua ratione reliqua omnia ad eundem referrentur, ostendi; quin etiam argumenta, dispositiones partium totius operis & singulorum librorum atque capitum, sicut & axiomata, quae, digito quasi, locos & doctrinas capitum monstrant, ut illorum usus in disputationibus & lectionibus esse possit, breuissimis excerpsi." In: Quaestiones Ethicae breves (ed. Vitus Müller 1613) (as in note 36), præfatio (no pagination).

manuscript form known to us nowadays is the manuscript Mc 22, which starts at chapter 5 of the eighth book. Can this manuscript be identified with the *Quaestiones* put on sale in July 1595? If so, we would have to assume that Müller had a text only for the three last books of the *Ethics* and that he had to create a text for the first seven books. We can take Müller's comment that the *Quaestiones* were defective in many passages as referring to the whole text of the *Ethics*, except for the second book, which is made up of an academic disputation presided over by Veit Müller in the year prior to the publication of the volume.[105] The fact that Müller explicitly indicates that the second book is a disputation arguably implies that he used one of his disputations to supplement a part that was missing in the manuscript that had been acquired in July 1595. Hence, for the remaining books Müller had Heiland's texts, either the manuscript of July 1595 or the manuscript Mc 22. It is quite possible that he used more than one manuscript, though he does not say so. Further, we can assume that Müller had texts for all the books of the *Ethics* but the second, because in effect, and as Müller states in the foreword, the style of the 1613 work is very similar to Heiland's printed textbook.

As we have seen, the texts are not identical; yet, both are arranged in terms of questions and answers comprising concise definitions. The 1613 textbook has questions that are unique to this work. The titles of many of the questions are the same in both works, but here the answer texts, though related, do not coincide. It is impossible to provide a full account in this paper, but some examples can offer a glimpse of the relationship between the two works. The first is taken from the second chapter of the fifth book. The ideas are basically the same in both works, but Müller reorganises the text by dividing it into numbered arguments. Note that the same argument can be found in different places in the two works, as Müller's third argument corresponds to Heiland's second argument.

Heiland's textbook, ed. 1581, p. 68	Müller's 1613 edition, pp. 194–195
Num etiam a particulari iustitia distinguitur?	Num illa altera iustitiae species, quae particularis dicitur, a legitima modo explicata diversa est?
Maxime. Siquidem & iniustitiae species illis oppositae, παρανομία & πλεονεξία, hoc est legum transgressio & iniquitas, inter se differunt.	Maxime. Nam etiam ipsarum contraria diuersa sunt. Legum enim transgressionem & iniquitatem a se inuicem differre, author 4. argumentis probat.
Atqui putabam eas plane idem esse?	Quae sunt illa argumenta?
Si idem essent, certe quicunque contra leges peccaret etiam πλεονέκτης esset. Multi autem reperiuntur, leges sine πλεονεξία transgredi, ut blasphemi, ebriosi, prodigi.	Primum est: si idem essent, tum quicunque aliquod vitiorum moralium committeret aut in legem aliquam peccaret, etiam plus sibi tribueret. Sed multi varie peccant qui non plus sibi tribuunt, ut qui per ignauiam aciem deserunt aut per iram maledicunt. Ergo.

---

105 The first page of the second book bears the indication: Quaestiones ex libro secundo Ethicorum, quas D.D. Praeside Vito Müllero Professore, defendere conabitur M. David Schmidlin, S. Th. In Illustr. Stip. Stud. 24 Iulii, hora et loco solitis, Tubingae: Typis Philippi Gruppenbachii, 1612.

Et si idem essent, haberent etiam eundem finem, quem tamen diuersum habent, saepe in eodem peccato. Nam in uno eodemque adulterio, intemperans, qui παράνομος est uoluptatem, πλεονέκτης vero lucrum spectat.
Denique, nisi differrent, iniuria lucrandi referri posset ad aliquod morale vitium. Eo enim refertur etiam legum transgressio.

Videmus autem eam nec ad intemperantiam, nec timiditatem, nec iracundiam, nec denique ad ullum aliud refferi posse: ut satis pateat, πλεονεξίαν a παρανομία distenguendam (sic) esse.

Secundum est: si idem essent, tum πλεονέκτης sibi plus tribuere non posset, quin aliquo vitio peccaret. Sed saepe nobis plus tribuimus ita ut nullo tali vitio, aut certe non omnibus, peccemus. Ergo.
Tertium est: si idem essent, tum finis πλεονεξίας cum caeterorum vitiorum finibus etjam idem esset, quemadmodum & παρανομίας. Sed idem finis illi non est, saepe etiam in eodem facinore, ut in adulterio, illud enim πλεονέκτης, non libidinis explendae gratiam, sed quaestus causa suscepit. Ergo.
Quartum est: si idem essent, tum injuria lucrandi semper ad aliquod moralium vitiorum referri posset. Sed ad nullum plane referri potest, nisi ad solam πλεονεξίαν. Quare manifestum est παρανομίαν & πλεονεξίαν idem non esse.

A second example from the same chapter of the fifth book confirms Müller's statement, that the text of the *Quaestiones* sold in 1595 was briefer than the printed text of Heiland's textbook.[106] This example might also explain why Müller's textbook was never reissued and seems to have had no success outside Tübingen. (I have found no exemplars in other libraries.) The truth is that Müller's textbook does not add anything new to the very successful textbook by Heiland.

Heiland's textbook, ed. 1581, p. 69	Müller's 1613 edition, p. 197
Contractus quotuplices sunt?	Quotuplices sunt contractus hominum?
Duplices: sunt enim quidam voluntarij, ut venditio, emptio, mutuum, fideiussio, commodatum, depositum, locatio, conductio. Quidam vero inviti, & horum alij clandestini, ut furtum, adulterium, veneficium, lenocinium, seruorum seductio, dolosa caedes, falsum testimonium; alij vero violenti, ut verbera, vincula, mors, rapina, mutilatio, conuitium, contumelia.	Duplices: quidam enim voluntarij sunt, quidam inuiti.
Quomodo definis contractus voluntarios?	Quos vocas voluntarios?
Voco voluntarios, quorum principium est voluntarium: hoc est, qui tum, cum primum instituerentur, sponte fiebant.	Quorum principium est voluntarium, i. e. voluntarij erant tum, cum primum instituerentur, quales sunt venditio, emptio, mutuatio, sponsio, locatio, depositio.

However, it would be mistaken to think of Müller's edition as identical to Heiland's textbook. The former has many questions which are absent from the latter. And the same question in the two works may have answers which only partially correspond. Take the case of the question on the immutability of natural law, where the text is very similar in the first half and distinctly different in the second half.

---

106 See above note 104.

Heiland's textbook, ed. 1581, pp. 81–82	Müller's 1613 edition, p. 224
Videtur autem nullum esse ius naturale. Cum enim naturalia sint immutabilia: iura omnia mutari videmus?	Atqui naturalia omnia sunt immobilia: iura vero omnia mutantur: itaque nulla iura videntur esse naturalia?
Iura quidem, quae nos naturalia vocamus, per se mutari nequeunt. Apud Deum enim, qui est τό αὐτοδίκαιον & notitias istas nobis impressit, idem semper iustum est idemque iniustum perpetuo. Quod autem alijs aliud videtur esse ius & alibi aliud iniustum esse putatur, id hominum vitio fit, qui illud naturae dictamen non satis intelligunt, aut aliter, quam oportebat, accipiunt. Nec per omnia verum est, naturalia cuncta esse immutabilia. Quae enim ratione formae insunt, mutari quidem non possunt; quae vero ratione materiae, illa certe mutantur. Et ita naturae praecepta, in genere considerata, idem semper sonant. Cum autem ad speciem descenderis & materiae praesenti accomodaris, ubi iam στοχασμῷ uti oportet: mirum non est, si alij aliud visum fuerit.	Quod hic dicis, absolute verum non est. Nam jura quae naturalia vocamus per se nunquam mutantur. Apud Deum enim, qui humanae menti tales notitias impressit, idem semper sonant. Quod autem aliis aliud videtur, nostro vitio fit, qui naturae dictamen saepe non intelligimus. Deinde, ne apud nos quidem omnia jura mutantur, siquidem illud naturae dictamen in genere apud omnes idem semper est, ut illud: suum cuique tribuendum, magistratum colendum esse. Vbi autem ad speciem peruentum fuerit, ibi demum dissensio oritur. Hosti enim sua eripere, quocumque modo id fiat, justum putant. Tyrannum vero tollere, & justum & pulchrum esse existimant.

All in all, these are two different texts. In Müller's edition, there is a tendency to eliminate Greek words and to organise the text in a clearer way, at times by numbering the arguments or the sections in the initial presentation of the chapter. In any case, Müller worked with a text – the manuscript sold in July 1595 – whose style and content were very close to other Heiland texts, such as his printed textbook and the manuscript Mc 22. It is of course impossible to establish beyond any doubt whether Müller made use of Mc 22, or whether he drew exclusively on the manuscript sold in 1595 – admitting that this manuscript's text covered the entire Ethics, except the second book. It is quite possible that there were several manuscripts circulating in Tübingen with Heiland's lectures copied by different students and in different academic years. But since all the texts related to Samuel Heiland are more or less similar, we can assume that the manuscript Mc 22, the manuscript sold in 1595 and the textbook all reflect Heiland's teaching in the chair of moral philosophy, which might have been uniform during the three decades in which he held the chair of moral philosophy.

With regard to the doctrine, there are no differences between the two texts. Arguably, from a history of ideas point of view, the most significant feature of these two texts is that happiness is still conceived of as the contemplation of God and divine things, which can be achieved in this life, though not in an utterly perfect way, through the study of philosophy.[107] And in this regard there is no difference between these texts and the medieval commentaries on the Ethics produced at the Faculty of Arts. To some

---

107 "Nam objectum contemplationis est Deum, & res diuinae … Communis operatio Philosophorum est, felicitatem habere conjunctam uoluptati. Nulla autem operatio est, cui major uoluptati insit: quam contemplatio … Felicitas illa nil aliud est; quam divini nominis, rerumque divinarum continua quaedam et indefessa meditatio: quam quidam homo in hac vita consequitur; cum per verae Philosophiae studium sapientiam sibi parauerit: in futura autem perfectius; cum Deum de facie ad faciem intueri & contemplari poterit", Quaestiones Ethicae breves (ed. Vitus Müller 1613) (as in note 36), pp. 568 and 570.

extent this is unsurprising, as medieval moral writings, such as those of Aquinas, continued to be a major source for Protestant authors.[108]

2.4. Johann Heinrich Hiemer's and Jonas Höcker's Works

In the same year in which Veit Müller, holder of the chair of moral philosophy, edited Heiland's notes, Johann Heinrich Hiemer, a Tübingen professor of theology, published a *Synopsis seu Epitome Librorum Ethicorum*.[109] Obviously, two publications by professors of the same university on the same subject could be a delicate problem. Nevertheless, Hiemer not only acknowledges the publication of Müller's work, but even recommends it. In his preface, Hiemer openly explains that his purpose is far more modest than presenting a commentary or a compendium on the *Ethics*. Hiemer intends his volume as a simple guide (*manuductio*), an accompaniment to Aristotle's text, rather than as an interpretation of it.[110] In fact, Aristotle's text is reduced to the bone. Much more than in Heiland's works, here the text is reduced to definitions followed by very short explanations.[111] Unlike Heiland's textbook, this work cannot substitute for the reading of the *Ethics*; its purpose is simply mnemonic.

A different work is the *Clavis philosophiae Aristotelicae* of Jonas Höcker, published in 1606. Although presented as a philosophical dictionary, this work does not always stick to the limits of Aristotelian philosophy. This work was probably intended to be read exclusively within the Tübingen University, since, with a few exceptions, the only Aristotelian works referred to in the volume are Jakob Schegk's and Veit Müller's works on the *Organon*.

---

108 Cf. Christoph STROHM, Ethik im frühen Calvinismus (as in note 5), pp. 521–523, where the author calls attention to the numerous occasions on which Daneau quotes Aquinas in his *Ethica Christiana*.
109 See above note 47.
110 "quia ... speraui, aliquid quoque utilitatis ex hoc meo labore ad vos redundare posse, utique nec hac in parte votis vestris deesse debui: hac addita constanti admonitione, ne huic συνόψει saltem inhaeratis (hic enim finis in hoc opusculo mihi simpliciter non fuit propositus) sed eadem, ceu manuductione quadam, ad ipsum textum Aristotelicum utamini. Tutius namque, ut aiunt, ex ipso fonte bibuntur aquae. Qua in re vobis utilissimam operam praestitit magnus ille Samuel Hailandus, pijssimae & gratissimae recordationis, cuius quaestiones in textum Aristotelis olim ab ipso conscriptas nuper nobiscum communicauit communis noster Praeceptor Vitus Müllerus, &c. quod opus vobis animitus commendo", Johannes Heinrichus Hiemer, Synopsis (as in note 47), pp. 1–2.
111 I present here two chapters of the fifth book to provide an idea of the style of this work: "Caput VI: De Jure. Ius est duplex: simpliciter dictum & secundum quid. Illud vocatur jus civile, quod inter liberos & aequales valet; hoc vocatur oeconomicum, estque triplex: herile, inter herum & servum; maritale, inter maritum & vxorem; paternum, inter patrem & filium. [Nota. Dicuntur haec non simpliciter iura, quia hic nullus est locus legibus. Lex enim tantum inter aequales locum habet. Ad haec, ubi simpliciter ius est, ibi quoque iniuria: sed inter herum & servum, tanquam inter potestatem & rem possessam, patrem & filium non emancipatum, tanquam inter totum & partem, inter maritum & uxorem, tanquam inter totum & dimidium, nulla est iniuria], ivi, pp. 39–40.

The *Clavis* is worthy of note here because it has a number of entries related to ethics[112] revealing the moral writings used by the professors who were not holders of the chair of moral philosophy. The majority of the entries related to ethics are on the moral virtues. Yet, there is no overall listing of the Aristotelian vices and virtues. Many entries are made in absolute Aristotelian terms, such as those on fortitude, virtue (though Höcker refers to the cardinal virtues), deliberation, will and *ius*. In others, there is reference to authors such as Cicero, as in the entry on *mansuetudo*. Significantly, in others Höcker goes beyond Aristotle's philosophy. On occasion he quotes the Bible[113] and in some entries his approach is at the same time Aristotelian and theological. This is the case for the entry on prudence, where he refers to divine prudence, and principally in the entry on happiness, where he first defines happiness in Aristotelian terms and then from a Lutheran perspective.[114]

As for the moral works used in the *Clavis*, they are limited to four works, two which were widely known at the beginning of the seventeenth century – Golius's *Epitome doctrinae moralis* and Francesco Piccolomini's *Universa philosophia de moribus* –[115] and two from Tübingen, the *Ethics* commentary of Jakob Schegk and Veit Müller's disputations. Each one of these works is mentioned only once. Schegk's work is referred to in the entry on accident (p. 283), which confirms that his work is not so much a writing of moral philosophy and was indeed perceived by his contemporaries in this way. In contrast, the reference to Veit Müller occurs in an entry related to ethics, on happiness.[116]

---

112 The number of entries that can be somehow related to ethical issues is very small. I indicate here between brackets the corresponding pages in the volume: intemperantia (18), arrogantia (20), fortitudo (32–33), assentatio (57–58), virtus (62–63), αὐτάρκεια (68), αὐτόχειρες (69), βαρυθυμία (75), βίαιον (75–76), βούλευσις (76), βούλησις (76–77), solertia (88), ius (102–103), dissimulatio (114), spontaneum (117), rectitudo consilii (156), felix, felicitas, summum bonum (157–158), iucundum (167), feritas (177), appetitus (245–246), amarulentia (259), πολιτική quid et quare praestantissima ἐπιστήμη (261), mansuetudo (261), sapientia (276–277), prudentia (304–305), χρήματα (306).

113 Cf. pp. 68, 118, 127, 162, 171–174, 197, 218.

114 "In hac vita summum bonum consideratur vel philosophice & vel in ciuilibus actionibus, & vocatur practicum, estque functio animi secundum iustitiam & prudentiam; vel in contemplatione, & dicitur felicitas theoretica, quae est functio animi secundum sapientiam. Vtraque in summo gradu est heroica. Vel theologice. Theologica felicitas hominis consistit in Iustificatione coram Deo, qua Deus ex mera gratia & misericordia propter solius Christi Mediatoris obedientiam & satisfactionem, homini peccatori hanc Christi obedientiam vera fide amplectenti, gratis sine operibus peccata remittit & iustitiam imputat", pp. 157–158.

115 Golius is mentioned on page 75 and Piccolomini on page 105.

116 There, in the outer margin we can find two references: "Müller tract. Eth. Synopt" (p. 157) and "Müll. Disp. de grad: Felic.". This second reference seems to be to a disputation on happiness. We can tentatively identify it with one of these two disputations: Vitus Müller (praes.), Thomas Lansius (resp.), Disputatio ethica de felicitate, Tubingae: Georgius Gruppenbachius, 1597 [Stuttgart, WLB: Philos.Diss.953]; Vitus Müller (praes.), Christoph Hohenfelder (resp.), Disputatio ethica de felicitate in genere, Tubingae: Georgius Gruppenbachius, 1599 [Stuttgart, WLB: Philos.Diss.191-10]. However, as the title mentions "grad." it could also refer to: Vitus Müller (praes.), Iohannes Pregitzer (resp.), Disputatio de virtutis gradibus, Tubingae 1603 [Stuttgart, WLB: Philos.Diss.191-10]. As for the first reference, we can surely identify it as the

3. Conclusions

As we have seen, moral philosophy at the chair in Tübingen was taught in absolute Aristotelian terms from the middle of the sixteenth century up to the 1620s. The *Nicomachean Ethics* continued to be the basic text, and was probably read in Greek. Yet, the text was no longer dissected, whether from a historical, philological or even philosophical point of view, but presented by the professor in a schematised way with no arguments pro and contra. This is apparent in the textbooks and in the manuscripts containing Heiland's lectures; the two are in fact closely related.

Samuel Heiland marked the teaching of moral philosophy for more than sixty years, by virtue both of his long professorship and his influence on Veit Müller, who seems to have continued Heiland's teaching approach, as his output is limited to disputations, one compendium and the edition of Heiland's notes. Both men were more interested in highlighting the main ideas of the Aristotelian text than in presenting a personal interpretation of it. In this they were quite aware of their position within the institutional setting, as they were teaching in a faculty that was preparatory for the higher faculties. Unsurprisingly then, they stuck to philosophy, their aim being to simply teach the doctrines contained in the text of Aristotle. Nevertheless, this does not mean that other professors, who were not holders of the chair of moral philosophy, had the same approach. In fact, Jakob Schegk and later Jonas Höcker looked at the *Ethics* as a significant work, but one which was read within a broader theological framework.

Given the role of Melanchthon in the reformation of the University of Tübingen, where some chairs were devoted to teaching not Aristotle but Melanchthon's texts (the chairs of rhetoric and dialectics), it would be unsurprising to find his influence in the chair of moral philosophy, too. This influence is indeed traceable, but only to a small extent. This is because Heiland, and later Müller, preferred to explain Aristotle in proper Aristotelian terms; hence Melanchthon's works on the *Ethics* necessarily had a secondary role. In contrast, it is clear that Schegk, though he made no explicit reference to Melanchthon, nevertheless followed his approach. Schegk's case is interesting: although he constantly recalls the separation between the principles and domains of philosophy and theology, he does not avoid using theological categories in a philosophical text.

Heiland's focus on the original text of the *Ethics* and, even more, his catechetical approach arguably led him to stick to philosophy both in his oral teaching and in his textbook, and for this reason his teaching shows no major differences from the medieval commentary tradition. And this is probably a distinctive mark of Tübingen in the Reformed teaching of moral philosophy. If we consider another Protestant University with more than one work on the *Ethics*, such as Marburg, we find that theological principles at times penetrated the interpretation of the *Ethics*. This is the case for the works composed by the Marburg professors Andreas Gheeraerdts (Hyperius), Johannes Magirus and Rudolf Göckel (Goclenius). Further research is needed to assess the

---

disputation: Vitus Müller (praes.), Albertus Bauhovius (resp.), *Synopsis seu epitome librorum Ethicorum ad Nicomachum*, Tubingae: Georgius Gruppenbachius, 1601.

impact of Melanchthon on the teaching of moral philosophy in the Protestant universities. What Tübingen shows, is that this influence concerns more the form – the catechetical approach reflected in the textbooks and lectures – than the content of moral philosophy.

Musik an der Universität Tübingen um 1600

Reichard Mangons wieder aufgefundene *Gratulatio ad Pulcheriam Augustam* im bildungsgeschichtlichen Kontext

Joachim Kremer

1. Musik und Universität

Musik ist im Bildungskonzept der Universitäten seit dem Mittelalter stets präsent gewesen.[1] Als ein mit vielen anderen Wissensgebieten verknüpftes Lehrfach[2] gehörte sie seit dem 12. Jahrhundert zum Quadrivium der Artes liberales, wobei allerdings konkrete Belege hinsichtlich des Lehrbetriebs oft fehlen. Selbst für eines der größten Bildungszentren des 13. Jahrhunderts nördlich der Alpen gilt dies, nämlich für Paris. Dort wurde mit der mehrstimmigen Musik an der Kathedrale Notre-Dame in zunächst einzigartiger Weise der Schritt zur mehrstimmigen Komposition vollzogen, was durch einen englischen Mönch dokumentiert wurde. Er besuchte Paris gegen Ende des 13. Jahrhunderts und überliefert, was er damals von der mehrstimmigen Musik erfahren konnte. Damit ist dieser heute sogenannte „Anonymus IV" einer der wichtigsten Zeugen der hochmittelalterlichen Mehrstimmigkeit geworden.[3] Im folgenden 14. Jahrhundert haben namhafte Musiktheoretiker wie Johannes de Garlandia und Johannes de Muris an der Pariser Universität gelehrt, wobei die *Musica speculativa* des Johannes de Muris als musiktheoretisches Standardlehrwerk den Anonymus IV bis in die Frühzeit der Tübinger Universität überlebte, vor allem an den deutschsprachigen Universitäten: In Prag (1390), Krakau (1409), Leipzig (1410), Erfurt (1412), Rostock (1419) und Ingolstadt (1492) war dieses Werk das musiktheoretische Standardwerk. Die Inhaber der Musikprofessur waren indes oft keine Spezialgelehrten. Die quadriviale Verankerung

---

[1] Einen historischen Überblick vermittelt Emil PLATEN, Universität und Musik, in: Ludwig FINSCHER (Hrsg.), Die Musik in Geschichte und Gegenwart, Sachteil Bd. 9, Kassel [u. a.] 1998, Sp. 1165–1186. Zu den Verhältnissen in Jena vgl. Rainer BAYREUTHER, Musik als Unterrichtsgegenstand an der Artistenfakultät der Universität Jena zwischen 1550 und 1650, in: Ekkehard OCHS/Peter TENHAEF/Walter WERBECK/Lutz WINKLER (Hrsg.), Universität und Musik im Ostseeraum (= Greifswalder Beiträge zur Musikwissenschaft 17), Berlin 2009, S. 23–34 und zu Leipzig Eszter FONTANA (Hrsg.), 600 Jahre Musik an der Universität Leipzig. Studien anlässlich des Jubiläums, Wettin 2010.

[2] Vgl. dazu: Frank HENTSCHEL (Hrsg.), Musik – und die Geschichte der Philosophie und Naturwissenschaften im Mittelalter. Fragen zur Wechselwirkung von „musica" und „philosophia" im Mittelalter (= Studien und Texte zur Geistesgeschichte des Mittelalters 62), Leiden/Boston/Köln 1998.

[3] Andreas TRAUB, Paris. Die Musik von Notre Dame um 1200, in: Matthias SCHNEIDER/Beate BUGENHAGEN (Hrsg.), Zentren der Kirchenmusik (= Enzyklopädie der Kirchenmusik 2), Laaber 2011, S. 43–54, hier S. 45 f.

der Disziplin führte vielmehr dazu, dass die Lehrstuhlinhaber auch Bücher über Arithmetik oder Astronomie verfassten oder diesbezügliche *Lectiones* erteilten: Johannes de Muris war den Zeitgenossen deshalb auch als bedeutender Astronom und Mathematiker im Bewusstsein; auf Veranlassung des Papstes Clemens VI. sollte er an der Errechnung des *numerus aureus*, also der Festlegung des Osterfestes, mitwirken.[4] Noch im frühen 16. Jahrhundert unterrichtete an der Wiener Universität der Primus Mathematicus neben Arithmetik und Geometrie auch die *musica* nach den Lehrschriften von Ptolemäus, Boethius und Johannes de Muris,[5] und auch noch der Leipziger Thomaskantor Sethus Calvisius (1556–1615) war seiner Zeit als Astronom, Chronologe, Musiker und Poet bekannt.[6]

Indem universitäre Musik also eine Schnittstelle zwischen den verschiedenen Disziplinen des Quadriviums darstellte und weniger zur praktischen Musikausübung diente, war ihr Verhältnis zum klingenden Gegenstand stets ein besonderes, auf das schon der spätantike Philosoph und Musiktheoretiker Boethius mit seinem Hinweis auf das Gehörsurteil, das „iudicium aurium", hingewiesen hatte.[7] Die Disziplin Musik stand einerseits in der Tradition der antiken Musiktheorie, widmete sich aber andererseits konkreten aus der mehrstimmigen Musikpraxis entstandenen und sinnlich wahrnehmbaren Problemen.[8] Die Musiktheorie von Johannes de Garlandia bis zu de Muris befand sich damit in einem Spannungsfeld, das die Illumination der Notre-Dame-Handschrift F (um 1250 in Paris entstanden) mit einer ganzseitigen Miniatur andeutet: Sie stellt die Musica in ihrer von Boethius beschriebenen Gestalt als „musica

---

[4] Frank HENTSCHEL, Johannes de Muris, in: Ludwig FINSCHER (Hrsg.), Die Musik in Geschichte und Gegenwart, Personenteil Bd. 9, Kassel [u. a.] 2003, Sp. 1102–1107, hier Sp. 1102. Ähnlich war auch Prosdocimus de Beldemandis als Professor für Mathematik und Astronomie in Padua angestellt.

[5] Franz GRAF-STUHLHOFER, Humanismus zwischen Hof und Universität. Georg Tannstetter (Collimitius) und sein wissenschaftliches Umfeld im Wien des frühen 16. Jahrhunderts (= Schriftenreihe des Universitätsarchivs 8), Wien 1996, S. 67 f.

[6] Werner BRAUN, Calvisius, Sethus, in: Ludwig FINSCHER (Hrsg.), Die Musik in Geschichte und Gegenwart, Personenteil Bd. 3, Kassel [u. a.] 2000, Sp. 1720–1725, hier Sp. 1722.

[7] TRAUB, Paris (wie Anm. 3), S. 43.

[8] Vgl. hierzu ausführlich: Frank HENTSCHEL, Sinnlichkeit und Vernunft in der mittelalterlichen Musiktheorie. Strategien der Konsonanzwertung und der Gegenstand der musica sonora um 1300 (= Beihefte zum Archiv für Musikwissenschaft 47), Stuttgart 2000. – Es ist kein Zufall, dass der außeruniversitäre Musiktheoretiker Johannes Tinctoris mit bestimmten Teilelementen der wissenschaftlichen Musiktheorie kritisch umging, als er schon 1477 mit der auf Pythagoras zurückgehenden Idee der Sphärenharmonie mehr als haderte, diese Vorstellung sogar als unzutreffend verwarf. Gleichwohl lebte diese Idee wissenschaftlich und künstlerisch noch lange fort, bis etwa zu Mozarts Einakter *Il sogno di Scipione* KV 126, in dem Scipio die Sphärenmusik zu hören vermag. Für die Hochzeit Ferdinandos I. de' Medici (1589) komponierten Emilio Cavalieri und Christofano Malvezzi das Intermedium *L'armonia delle sfere*, Sigmund Theophil Staden komponierte 1645 den Aufzug *Der sieben Tugenden Planeten, Töne oder Stimmen* und in Dresden ist folgendes Ballett nachweisbar: *Ballett Von Zusammenkunft und Wirckung derer VII. Planeten*, Dresden 1678, das noch immer das geozentrische Weltbild des Ptolemäus, das auch Grundlage jeder astrologischen Deutung darstellte, transportierte; vgl. Uta DEPPE, Die Festkultur am Dresdner Hofe Johann Georgs II. von Sachsen (1660–1679) (= Schleswig-Holsteinische Schriften zur Kunstgeschichte 13), Kiel 2006, S. 295.

mundana", als „musica humana" und „musica quae in quibusdam constituta est instrumentis" dar.⁹ In wesentlichem Maße generierte die Musik also spätestens seit dieser Zeit – und dafür war die Entwicklung der Mehrstimmigkeit ein äußerst förderliches Element – ihre Probleme aus der Praxis, etwa mit der Frage der erlaubten Zusammenklänge, der Beschreibung des Tonsystems und der Tonarten und der Klärung der zeitlichen (also auch der rhythmischen) Organisation der Musik. Damit machte sie musikalische Phänomene erklärbar und erlaubte zunehmend, unabhängig von philosophischen Kontexten über diese musikalischen Sachverhalte gewissermaßen ‚fachintern' zu sprechen (wobei dieses ‚Fach' früher ein Teilbereich der Gesamtdisziplin *musica* gewesen war).¹⁰ Einerseits bewirkte dies, dass die Musikpraxis integrativer Teil im Lehrsystem oder im universitären Leben werden konnte: Seit dem 16. Jahrhundert sind an verschiedenen Universitäten Zuwendungen oder konkrete Aufgaben für Musiker nachweisbar, so ab 1590 Zahlungen an den Leipziger Universitäts-Organisten. Auch die Bezeichnung „musicus ordinarius", die in Basel seit etwa 1590 gebräuchlich war, deutet wie auch der Titel *professor musices* (Frankfurt/Oder 1545) auf Institutionalisierung und Spezialisierung musikbezogener Tätigkeiten hin. Schon die ersten Statuten für die Tübinger Universität von 1477 hatten von der Besoldung des Organisten Ambrosius gesprochen, der in der für die Tübinger Universität typischen Weise das Amt nebenberuflich übernahm.¹¹

Andererseits ist zu bedenken, dass die Musik angesichts der zunehmenden musikalischen Ausdifferenzierung im Konzept der quadrivialen Disziplinen nicht auf Dauer integrationsfähig blieb. Während auf der einen Seite die für die Disziplin *musica* relevanten wissenschaftshistorischen Hintergründe nicht immer lückenlos zu erschließen sind, ist seit der Mitte des 16. Jahrhunderts auf der anderen Seite, nämlich außerhalb der universitären Musikbeschäftigung, ein in die kompositorische Praxis wirkendes neuartiges Affektverständnis festzustellen, das nun weniger ethische oder philosophische als vielmehr ästhetische und gestalterische Fragen aufwarf: Im Kontext des Auslotens der affekthaften Möglichkeiten der Tonalität ist Carlo Gesualdo, Fürst von Venosa, sicher ein Extremfall: Seine Musik zeigt, was an affektorientierter Neuartigkeit möglich war, ohne dabei das tonartliche und musiktheoretische System zu sprengen.¹² Damit war aber die grundlegende und auf 1600 zu datierende Zäsur der europäischen Musikgeschichte vorbereitet: Diese Wende von einer polyphonen zu einer akkordisch-homophonen Musikauffassung knüpfte zwar an die Erweiterung der traditionellen Musiktheorie im 16. Jahrhundert an, doch wurde mit der heftigen Kritik des Musiktheoretikers Giovanni Artusi diese Wende nun öffentlich verhandelt, und

---

9 TRAUB, Paris (wie Anm. 3), S. 47.
10 Max HAAS, Arabische und lateinische Musiklehre – Ein Vergleich von Strukturen, in: Albert ZIMMERMANN/Ingrid CREMER-RUEGENBERG (Hrsg.), Orientalische Kultur und europäisches Mittelalter (= Miscellanea mediaevalia 17), Berlin 1985, S. 358–375, hier S. 363.
11 Georg STOLL, Zur Musikgeschichte Tübingens (1477–1600), in: Württembergische Vierteljahrshefte für Landesgeschichte 37 (1931), S. 308–327, hier S. 309 und 311–315.
12 Vgl. dazu Joseph WILLIMAN (Hrsg.), Chromatische und enharmonische Musik und Musikinstrumente des 16. und 17. Jahrhunderts (= Schweizer Jahrbuch für Musikwissenschaft, Neue Folge 22/2002), Bern 2003.

zwar vor dem Hintergrund der tradierten Musiktheorie: Artusi kritisierte in seinem Traktat L'Artusi overo delle imperfettioni della musica moderna (Venedig 1600) einige Madrigale von Claudio Monteverdi, und zwar vor allem hinsichtlich der Verstöße im Bereich der Dissonanzbehandlung.[13] Der unvorbereitete Einsatz einer dissonierenden None in Monteverdis Cruda Amarilli ist musikalisch sinnvoll, weil es um die Klage eines verliebten Hirten geht, dessen Angebetete jedoch einem anderen versprochen ist. In einer von Artusi kritisierten Weise springt diese None aber in eine weitere unvorbereitete Dissonanz, und die so erreichte Septime löst sich erst danach regelkonform auf. Während diese Neuigkeit aber noch vor dem Hintergrund des tradierten Systems der Analyse verhandelt werden kann, nämlich vor dem Hintergrund der polyphonen Satztechnik, hatte Monteverdi in seinem vierten Madrigalbuch dieses Prinzip in Frage gestellt und durch eine affektorientierte Deklamation ersetzt. In seinem Madrigal Ohimè se tanto ist nicht die Kunst der Polyphonie (oder der freizügige Umgang damit) das gestaltende Prinzip, sondern der tausendfache Klageruf Ohimè. Um Regelverstöße solcher Art entzündete sich schnell und sogar noch vor der Publikation der betreffenden Madrigale Monteverdis ein heftiger Streit. Während aber Artusi stets rasch reagierte, entzog sich Monteverdi jeder Rechtfertigung, was die Abfolge der Ereignisse erkennen lässt: 1603 publizierte er sein viertes Madrigalbuch, das ein von Artusi kritisiertes Madrigal enthält. Sofort lässt Artusi den zweiten Teil seines Traktats erscheinen. Erst 1605 wendet sich Monteverdi im Vorwort seines fünften Madrigalbuchs gegen den Vorwurf des Dilettantismus und kündigt eine Abhandlung über die „Seconda Prattica oder die Vollkommenheit der modernen Musik" an (die er aber niemals schrieb). Ohne zu zögern, publizierte Artusi seinen Discorso musicale di Antonio Braccino (nicht erhalten). Erst zwei Jahre später verteidigte Monteverdis Bruder Giulio Cesare die neue Musik im Vorwort zu den Scherzi musicali, und schon 1608 erschien Artusis Discorso secondo musicale mit einer Kritik dieser Scherzi musicali. Das Besondere an diesem Streit war das Aufeinanderprallen unterschiedlicher Bezugssysteme: musiktheoretisch legitimierte und theoretisch seit langem festgeschriebene Dissonanzbehandlung stand der Darstellung und der Erregung der Affekte gegenüber. Mit Blick auf die Folgen für das Universitätsfach Musik könnte angenommen werden, dass es zur Entwicklung einer musikbezogenen Affektenlehre gekommen sei. Dazu gibt es auch Ansätze, denn bis ins frühe 18. Jahrhundert wird auch über Affekte, deren Umsetzung in Musik und eine sich daraus entwickelnde Musica poetica geschrieben. Der praeceptor classicus der Rostocker Stadtschule, Joachim Burmeister, knüpfte bewusst an die Tradition der Rhetorik an, um in seiner Schrift Musica poetica (Rostock 1606) die Möglichkeiten der musikalischen Gestaltung zu systematisieren; dass er diesen Versuch der Systematisierung aber im Bereich der Gelehrtenschule leistete, ist ein Indiz für die verstärkte Ausbildung einer im Dienste der Musikpraxis stehenden Musiktheorie: Gerade das 16. und vor allem das 17. Jahrhundert brachte nämlich infolge der Etablierung

---

13 Vgl. hierzu: Joachim KREMER, Madrigal und Kulturtransfer zur Zeit Friedrichs I. von Württemberg. Zu einem Konzert mit Werken von Schütz, Monteverdi, Grabbe, Lechner und Zeitgenossen, in: DERS./Sönke LORENZ/Peter RÜCKERT (Hrsg.), Hofkultur um 1600. Die Hofmusik Herzog Friedrichs I. von Württemberg und ihr kulturelles Umfeld, Ostfildern 2010, S. 315–334, hier S. 320–322.

der Musik in den Lehrplan der Gelehrtenschulen viele solcher Unterrichtslehren hervor, fast mehr als aus dem universitären Bereich.[14] Zeitweise erfolgt die Diskussion der Affektwirkungen auch auf dem Terrain der tradierten Musiktheorie (also weniger im Bereich der musikalischen Gestaltung), indem Tonalitätsfragen diskutiert wurden. Nicola Vicentino (1511–1576) wollte unter Berufung auf antike Autoren Mikrotöne einführen, um möglichst viele Möglichkeiten der Affektdarstellung zu erschließen und dabei auch auf die Einheit der Tonart zu verzichten.[15] Wie sehr das Thema des Affekts sowohl Praxis wie auch Theorie beschäftigte, wird auch an der Instrumentalmusik erkennbar: Vincenzo Ruffo (1508–1587) veröffentlichte 1564 erstmals in der Musikgeschichte eine Komposition mit dem Titel El Melancolico, und seine ganze Sammlung der Capricci in musica a tre voci (Mailand 1564) zeigt mit ihren Charakterstücken die Tendenzen zur Auslotung der instrumentalen Darstellungsmöglichkeiten. Auch Musikinstrumente wurden erfunden, die auf die chromatischen und enharmonischen Überlegungen Bezug nahmen. Und dennoch bleibt festzuhalten, dass es dabei insgesamt um die Ausdrucksmöglichkeiten der Musik oder – im Falle der Stimmungsprobleme – um aufführungspraktische Fragen ging, weniger um eine theoretisch-wissenschaftliche Erfassung oder Systematisierung der Musik; antike Autoren und antike Musiktheorie (auch in ihrer frühchristlichen oder mittelalterlichen Weiterentwicklung) dienten dennoch bis weit ins 17. und sogar 18. Jahrhundert als legitimatorischer Ausgangspunkt und wurden auf die moderne Praxis bezogen: Vicentinos Traktat L'antica musica ridotta alla moderna prattica (Rom 1555) ist für diese Art der außeruniversitären Musikreflexion ein treffendes Beispiel. Mit der Einrichtung der Ämter von Universitäts-Musikdirektoren und Universitäts-Konzertmeistern im 18. Jahrhundert erfolgte eine weitere Verlagerung zur Praxis, und die Musik fiel noch stärker aus dem universitären Fächerkanon. Das Wirken des Hallenser Universitätsmusikdirektors Daniel Gottlob Türk (ab 1779) für das Musikleben der Universität und der Stadt Halle ist wie auch das Wirken des Kieler Universitätsdirektors Johann Christian Apel hierfür ein treffliches Beispiel, während der Göttinger Universitätsmusikdirektor Johann Nikolaus Forkel vergleichsweise stark auch die wissenschaftlichen Aspekte gewichtete, nämlich Musiktheorie, Analyse, Musikgeschichte, Biographik und Editorik.[16] Dass in

---

14 Klaus Wolfgang NIEMÖLLER, Deutsche Musiktheorie im 16. Jahrhundert: Geistes- und institutionsgeschichtliche Grundlagen, in: Theodor GÖLLNER/Klaus Wolfgang NIEMÖLLER/Heinz von LOESCH, Deutsche Musiktheorie des 15. bis 17. Jahrhunderts, Erster Teil: Von Paumann bis Calvisius (= Geschichte der Musiktheorie 8,1), Darmstadt 2003, S. 69–98, hier S. 90f. Zu den universitären Schriften vgl. ebd. S. 85.

15 Werner BRAUN, Affekt, in: Ludwig FINSCHER (Hrsg.), Die Musik in Geschichte und Gegenwart, Sachteil Bd. 1, Kassel [u. a.] 1994, Sp. 31–41, hier Sp. 37f.

16 Kathrin EBERL, Daniel Gottlob Türk – Universeller Organisator des hallischen Musiklebens, in: Musikkonzepte – Konzepte der Musikwissenschaft: Bericht über den Internationalen Kongreß der Gesellschaft für Musikforschung Halle (Saale) 1998, hrsg. von Kathrin EBERL und Wolfgang RUF, Bd. 2: Freie Referate, Kassel 2000, S. 99–106 und Michael KUBE, Musikkultur in Personalunion. Zu Georg Christian Apels Wirken in Kiel (1804–1841), in: Ekkehard OCHS/Nico SCHÜLER/Lutz WINKLER (Hrsg.), Musica Baltica: Interregionale musikkulturelle Beziehungen im Ostseeraum. Konferenzbericht Greifswald 1994 und 1995, Frankfurt am Main 1997, S. 233–242. Zu Forkels umfassendem Wirken liegt gegenwärtig keine aktuelle zusam-

Tübingen 1817 der erste akademische Musikdirektor angestellt wurde, nämlich Friedrich Silcher, und dass das Musikwissenschaftliche Institut erst 1921 begründet wurde, zeigt die verhältnismäßig späte Institutionalisierung der Disziplin Musikwissenschaft, nun aber in neuen wissenschaftsgeschichtlichen Zusammenhängen.[17]

Musik existierte an den Universitäten auch außerhalb des universitären Fächerkanons, indem die praktische Musik zur Rekreation empfohlen (und geduldet) wurde, als Ausgleich für die geistige Arbeit. Diese Praxis hat seit dem 16. Jahrhundert offenbar entscheidend zugenommen, indem vermehrt Instrumentalwerke für eigens dafür bestimmte Musizierzirkel komponiert wurden. Seit 1530 sind besondere Vereinigungen, die *Collegia musica*, nachweisbar, zuerst in Frankfurt/Oder, wo 12 Personen weltliche Musik aufführten und auch Fragen der Musik diskutierten, ab 1570 in Görlitz, und 1598 ist ein solcher Zirkel in Hannover nachweisbar.[18] Vor allem aber, wenn die studentischen *Collegia* allzu sehr den Charakter eines *Convivium* oder einer *Gasterey* annahmen, wurde der Verfall der Sitten befürchtet und der Erfolg des Studiums bezweifelt. Auch in Tübingen ist dieses Problem während des gesamten 16. Jahrhunderts virulent: Eberhard II. erließ schon 1498 eine Verfügung wegen des üppigen Lebenswandels der Studenten, der Senat veröffentlichte 1524 eine in den folgenden Jahren (nämlich 1529, 1532 und 1533) erneuerte Bekanntmachung gegen jede nächtliche Ruhestörung, und Herzog Ulrich beklagte im April 1546, „das by vnsern Stipendiaten, ouch etlichen andern Studenten by Euch grosse leichtuertigkeit seye mit tantzen, onordenlichem gassen louffen, vberflüssigem trinken vnd anderm".[19] Ungezügeltes Musizieren wurde bestraft, vor allem wenn es außerhalb institutionell legitimierter Kontexte Aufsehen erregte. Für den 26. November 1597 vermerkt Martin Crusius in seinem Diarium: „Iste Eggensp(erger) cum aliis 4 est a Senatu coniectus in carcerem, propter nocturnam diuagationem, et turpissimas cantiones".[20] Auch der Stuttgarter Kapellmeister Leon-

---

menfassende Darstellung vor; vgl. zur Musik in Göttingen Klaus HORTSCHANSKY, Die Academia Georgia Augusta zu Göttingen als Stätte der Musikvermittlung in der 2. Hälfte des 18. Jahrhunderts, in: Wolf FROBENIUS/Nicole SCHWINDT/Thomas SICK (Hrsg.), Akademie und Musik. Erscheinungsweisen und Wirkungen des Akademiegedankens in Kultur- und Musikgeschichte: Institutionen, Veranstaltungen, Schriften. Festschrift für Werner Braun zum 65. Geburtstag (= Saarbrücker Studien zur Musikwissenschaft 7), Saarbrücken 1993, S. 233–253.

17 Gabriela ROTHMUND-GAUL, Vom Universitätsmusikdirektor zum Ordinarius. Zur Geschichte der Musikwissenschaft an der Universität Tübingen, in: Musik in Baden-Württemberg 5 (1998), S. 45–56 und DIES., Zwischen Taktstock und Hörsaal. Das Amt des Universitätsmusikdirektors in Tübingen 1817–1952 (= Quellen und Studien zur Musik in Baden-Württemberg 3), Stuttgart 1998.

18 Vgl. die Widmung von Wolfgang Striccius in *Neue teutsche Gesänge* (1593); in: Katharina BRUNS, Das deutsche weltliche Lied von Orlando di Lasso bis Johann Hermann Schein, Kassel 2008, S. 32–46.

19 Rudolph ROTH (Hrsg.), Urkunden zur Geschichte der Universität Tübingen aus den Jahren 1476 bis 1550, Tübingen 1877, S. 99 f. [Erlass Eberhards II betr. das üppige Leben der Studenten vom 6. Februar 1498], S. 135–140 [Bekanntmachung vom 25. Jan. 1524 gegen nächtliche Ruhestörung] und S. 251 [Zitat aus der S. 249–252 edierten Bekanntmachung: Herzog Ulrich rügt allerlei Mängel der Universitet 13. April 1546].

20 Georg REICHERT, Martin Crusius und die Musik in Tübingen um 1590, in: Archiv für Musikwissenschaft 10 (1953), S. 185–212, hier S. 203.

hard Lechner kannte dieses moralische Problem, als er 1589 dem Herzog Ludwig seine Lieder zur „Ergötzung" bei der Tafelmusik widmete und dabei gewisse Rücksichten nahm, „da doch E.F.G. nach dero Christlichem gemüt / [...] vnzüchtige vnd leichtfertige Lieder nicht leiden mögen".[21] Seine Verteidigung weltlicher Lieder leistet Lechner mit einem umfangreichen Hinweis auf das zweite Buch Samuel (19,35 f.), wo eine Tafelmusik des Königs David belegt ist. Lechners Vorrede setzt sich damit von jeder Form der „Unehrbarkeit" ab, spricht sich dennoch für „recreation und Ergötzung" aus und führt diese Funktion sogar auf göttliche Bestimmung zurück.[22] Diese Positivbelegung weltlicher Musik ist auch an zahlreichen Sammlungen von Vokal- und Instrumentalwerken ablesbar, die ab 1600 für studentische Anlässe entstanden.[23] Von „Wald-Liederlein" bis „Hirten-Lust", vom „Studenten-Schmauss" bis zum „Venus Kräntzlein" reichen die Titel der Druckpublikation des Leipziger Thomaskantors Johann Hermann Schein, und sie zeigen die unterhaltsame Funktion dieser ohne universitär-studentischen Hintergrund nicht denkbaren Musikdrucke an.[24] Collegia waren aber nicht nur studentischer Art: In Nürnberg wurde 1586 ein *Convivium* gegründet,

---

21 Vgl. Lechners Widmungsvorrede in: Leonhard LECHNER, Neue Geistliche und Weltliche Teutsche Lieder mit fünff und vier Stimmen 1589 (= Konrad Lechner: Werke 11, hrsg. von Konrad AMELN), Kassel u. a. 1980, S. XII und BRUNS, Das deutsche weltliche Lied (wie Anm. 18), S. 24.

22 „Auß welchen worten genugsam erscheinet/ das der König David nicht allein ein Geistliche Music beim Gottesdienst / sondern auch sonsten bey der Königlichen Tafel ein Music zu seiner recreation vnd ergetzung gehabt: da ohne zweifel nicht allein geistliche / sondern auch weltliche lieder (jedoch solche / inn denen kein vnerbarkeit) singen lassen. Dann weil Gott der HERR die liebliche kunst der Music nicht allein zu lob vnnd preiß seines Göttlichen Namens / sondern auch zu ehrlicher ergetzligkeit der Menschen / vnd sonderlich seiner lieben Kinder / gegeben: warumb wolt man selbige nicht auch zu weltlichen sachen vnd liedern gebrauchen?" BRUNS, Das deutsche weltliche Lied (wie Anm. 18), S. 26.

23 Um 1607 gab Johann Jeep, damals Kapellmeister beim Grafen zu Hohenlohe in Weikersheim, unter dem Titel *Studentengärtlein* drei- bis fünfstimmige Lieder heraus, dem Titel zufolge den „Music Kunst Liebhabern, Besonders aber den Edlen Studenten/vnnd Züchtigen Jungfrauen" gewidmet, und 1622 publizierte Erasmus Widmann, damals Kantor in Rothenburg, die Liedsammlung „Musicalischer Studentenmuht: Darinnen gantz newe mit lustigen vnd fröhlichen Texten belegte Gesänglein lieblich zu singen vnd auff allerley musicalischen Instrumenten zu gebrauchen, mit 4 vnd 5 Stimmen componiert" (Nürnberg 1622). Zahlreiche weitere Drucke des frühen 17. Jahrhunderts nehmen auf die studentische und unterhaltsame Funktion von Musik Bezug, etwa Paul Rivanders *Studenten Frewd* (1621), Johann Hermann Scheins *Studenten-Schmauß* (1626) und Friedrich Melchior Dedekinds *Studentenleben* (1627). Vgl. zum Repertoire BRUNS, Das deutsche weltliche Lied (wie Anm. 18), S. 142–193 und Alfred WENDEL, Eine studentische Musiksammlung der Reformationszeit. Die Handschrift Misc. 236 a-d der Schermar-Bibliothek in Ulm (= Sammlung musikwissenschaftlicher Abhandlungen 85), Baden-Baden 1993.

24 Musica boscareccia, oder Wald-Liederlein auff italian-villanellische Invention [...] mit lebendiger Stimm [...] auch auff musicalischen Instrumenten zu spielen, Leipzig 1621 [und weitere Auflagen bis 1643]; [dass.] Ander Theil, Leipzig 1626 [weitere Auflagen bis 1641]; [dass.] Dritter Theil, Leipzig 1628 [weitere Auflagen bis 1643]; Diletti pastorali, Hirten Lust, auff Madrigal-Manier componirt, Leipzig 1624; Studenten-Schmauss: einer löblichen Compagni de la Vinobiera, Leipzig 1626; Venus Kräntzlein [...] oder Newe weltliche Lieder, Wittenberg 1609.

und zwar vom Stadtphysikus und dem Bürgermeister, dem Kantor, einem Organisten und zwei Lehrern. Solche Zirkel waren also auch Formen bürgerlicher Musikpflege, die im semi-öffentlichen Raum auch sogenannte Gelegenheitsmusiken zu Hochzeiten und Begräbnissen aufführten. Seit dem späten 16. Jahrhundert nahmen diese Musikanlässe, die Kompositionen und damit verbunden auch die Gelegenheit zu Nebeneinkünften stark zu.

Mit den genannten institutionsgeschichtlichen Aspekten und den musiktheoretischen und kompositionsgeschichtlichen Wandlungen wird verständlich, dass um 1600 die quadriviale Verankerung der Disziplin „Musik" nicht mehr selbstverständlich war. Damit ist auch das historische Spannungsfeld umrissen, in dem sich die Musik an der Universität Tübingen zur Zeit von Martin Crusius befand. Der historische Ort der Musik als Disziplin lag im Spannungsfeld von quadrivialer Tradition, außeruniversitärer und repräsentativ-bürgerlicher und auch studentischer Gelegenheitsmusik; die Aufgaben und Fragestellungen bewegten sich also im Bereich philosophisch-mathematischer Weltbetrachtung und musikimmanenter Ausdrucksstärke bzw. musikalischer Situationsangemessenheit.

2. Musik an der Universität Tübingen – Die *professio musices*

In der Frühzeit der Tübinger Universität ist Musik zwar nachweisbar, doch ergibt sich im Grunde ein heterogenes und auch diskontinuierliches Bild der Disziplin. 1477 waren keine Vorlesungen in Musik vorgesehen, in der auf 1506 datierten Praefatio seines *Opusculum de institutione puerorum* (Straßburg 1513) empfahl Heinrich Bebel, Tübinger Professor für Poetik und Rhetorik, sowohl Gesang als auch Instrumentalspiel als Ausgleich für das Studieren. Als Magister Artium der Universität Rostock bereiste Andreas Ornitoparch (Vogelsang oder Vogelhofer) Deutschland, Österreich, Böhmen und Ungarn und hielt 1515 in Tübingen Vorlesungen über seinen Musiktraktat *Music[a]e activ[a]e micrologus*. Der Autor bezeugt selbst, dass das Werk an drei berühmten Universitäten entwickelt und öffentlich gelesen worden sei, und zwar in Mainz, Heidelberg und Tübingen. Anders aber als die Empfehlung Bebels, gründet Ornitoparch fest in der antiken Tradition: Musiktheorie hat sich seit der Antike den Proportionen gewidmet, nicht nur den Proportionen der Planeten, des Tonsystems und damit der Tonarten, sondern mit der Entwicklung der Mehrstimmigkeit auch der Beziehung der Tonhöhen und der Tondauern zueinander. Die zahlengesetzliche Fundierung aller Parameter der Musik ist damit die essentielle Schnittstelle zu den anderen Disziplinen des Quadriviums. Sie ist auch in Ornitoparchs Traktat erkennbar, z. B. in einem Kapitel *De proportione* (Buch 2, Kapitel 13). Ausführungen zur Sphärenharmonie (von deren Existenz Ornitoparch überzeugt ist) und dem Instrument, das Proportionen anschaulich machen kann, also dem Monochord (im ersten Buch des Traktats), knüpfen an die seit der Antike tradierten Fragestellungen und Methoden an; auch die Kategorien der *musica mundana* und der *musica humana* führen die Kategorien des Boethius fort. Dass sich aber das vierte Buch dem Kontrapunkt, der Komposition und verschiedenen Gesangsweisen widmet und dabei zehn Gesangsregeln formuliert, deutet auf eine Weitung des Konzepts hin. Schon der Titel des Traktats Music[a]e activ[a]e micrologus verweist auf die praktische Seite der Musik, und indem Ornitoparch auch Kontrapunkt und Komposition einbezieht, stellt er nicht nur die Frage nach dem System ‚Musik', sondern erläutert zudem, wie man sich in diesem System musikalisch – und das heißt auch kompositorisch und aufführungspraktisch – verhalten kann. Im Grunde bedeutet dies eine fundamentale Erweiterung der quadrivialen musica, die auf die damals moderne Musikentwicklung Bezug nahm, die sich in der Zusammenarbeit des Autors Ornitoparch mit Musikern zeigt und die zu einer Fülle von Musikbeispielen in den Traktaten führte. Klaus Wolfgang Niemöller fasst diese Entwicklung wie folgt zusammen: „Die entsprechenden Bücher des Traktats sind dem Heidelberger Kapellmeister Philipp Surus und dem Organisten Arnolt Schlick gewidmet, das Buch über die musica mensuralis arbeitete er mit Hilfe des Stuttgarter Kapellmeisters Georg Brack aus. Hier bietet sein Lehrbuch eine bis dahin unbekannte Fülle von Notenbeispielen. Zugleich imponiert die umfangreiche Liste exzellenter Musiker seiner Zeit: Ockeghem, Ghiselin, Alexander Agricola, Obrecht, Josquin, La Rue, Isaac, Heinrich Finck, Brumel und Lapicida. Neben musiktheoretische Autoritäten wie Tinctoris und Gaffurius treten die bedeutenden Komponisten als Autoritäten der praktischen Musiklehre, ihre Kompositionen als Musterbeispiele für alle Aspekte der Figuralmusik."[25] Ornitoparch nennt nicht weniger als 16 vorbildliche Komponisten, darunter auch Heinrich Finck, der vom 5. November 1510 bis ins Jahr 1514 „Singemeister" der herzoglichen Kapelle in Stuttgart gewesen war und der offenbar hier seine sechs- bis siebenstimmige Missa in summis komponierte (vermutlich zur Hochzeit Herzog Ulrichs mit Sabina von Bayern am 22. März 1511). Ähnlich – und unter Verweis auf den methodischen Dreischritt anderer universitärer Disziplinen – fasste Adrianus Petit Coclico, ehemals Mitglied im Frankfurter Collegium, in seinem 1552 publizierten Traktat Compendium musices (Nürnberg 1552) die Rolle der universitären Musiktheorie zusammen: „Die Musik steht nicht außerhalb der freien Künste, aber nun [nicht mehr als quadriviale Zahlenwissenschaft, sondern] in Nachbarschaft zur Rhetorik und anderen ‚artes' [auch der Poetik] und ihrer Methodik von praecepta, exempla und imitatio".[26] Ornitoparchs Abhandlung schließt deshalb im Sinne dieses Dreischritts mit Ausführungen zu verschiedenen Gesangsweisen und „decem canendi mandata". Sein Konzept übertrifft hinsichtlich der stofflichen Breite alle anderen musiktheoretischen Konzepte seiner Zeit und war deswegen weit verbreitet. John Dowland gab 1609 sogar eine englische Übersetzung heraus; mehrere Neuauflagen zeigen den Erfolg des Traktats an, zu dem vielleicht auch die ungewöhnlich starke Mobilität des Autors beigetragen hat: Tübingen war für ihn 1515 nur eine Zwischenstation, nachweisbar ist er auch in Rostock (1512), Münster (1514), Wittenberg (1516), Leipzig (1516) und in Greifswald (1518). Mit Blick auf die universitäre musica in Tübingen ist dies aufschlussreich: Mit Ornitoparchs Wirken in Tübingen scheint nämlich keine Professur verbunden gewe-

---

25 NIEMÖLLER, Deutsche Musiktheorie im 16. Jahrhundert (wie Anm. 14), S. 82.
26 „Nec Musica extra liberalium artium numerum posita est, ideo eadem quaque via, qua vel Rhetorica, vel alia ars addiscitur. Arte nimirum, exercitatione, et imitatione." So Adrianus Coclico in seinem Compendium musices (Nürnberg 1552, fol. B ij'); zitiert nach NIEMÖLLER, Deutsche Musiktheorie im 16. Jahrhundert (wie Anm. 14), S. 82.

sen zu sein, die Professur für Musik ist vielmehr die jüngste der Tübinger Artistenfakultät. Zwar schrieben die Ordinationen von 1535 und 1536 das „Üben der Musik" vor, doch erst die Ordination von 1544 verordnete, was für die Geschichte der Musikprofessur folgenträchtig wurde: „So soll auch der iung Stipendiat von Nürnberg verordnet werden, das er die Music nach ordnung vnd rath der Facultet lesen welle, damit die Jungen auch im singen geiebt vnd gebraucht werden megen, Vnd wann er magister werden, Soll er auch von der facultet Rath sein vnd ime auch etwas zu Besoldung geraicht werden".[27]

Aus den Tübinger Besoldungslisten, den Informationen zu den Stipendiaten und der Bursenrechnung geht nicht hervor, wer dieser namentlich nicht genannte und kurz vor Erlangung des Magistergrades stehende künftige Professor war.[28] Die diesbezüglichen Meinungen gehen bis heute auseinander: Bossert hatte den Theologen Johann Ulstetter im Blick, Stoll bringt den Dauerstudenten Georg Forster ins Spiel, dessen Einschreibung in dieses Jahr der Neuordnung fällt. Diese bis heute nicht gelöste Frage ist unter Umständen nicht unerheblich, weil ein großer Unterschied darin besteht, ob der Stelleninhaber eine Nähe zur Theologie aufwies oder zu dem geselligen Liedgut der Zeit, das Forster mit der Publikation seiner *Frische[n] teutsche[n] Liedlein* (Nürnberg 1539–1556, mit Titelvarianten) ausgiebig vermehrte.[29] Noch bemerkenswerter als die Identifikation dieses *professor musices* mit Sitz im Senat der Artistenfakultät ist der damit begründete Usus der engen Verbindung dieser Professur mit dem Stift. Wer auch immer die Person 1544 gewesen sein mag, lange war sie nicht im Amt, denn schon 1546 wurde Johann Krapner angestellt, und zwar „ad professionem musicae [...] ut legat feriatis diebus, Jouis, sabbati, et solis, item temporibus vacationum, praecipue autem ut artis vsum tradat et eius in templo edat specimina."[30] Er musste also die Musik lesen, insbesondere den „usum" pflegen und Proben davon im Gottesdienst ablegen. Nach Norbert Hofmann blieb diese Regelung während des ganzen 16. Jahrhunderts bestehen, so für seine fünf Nachfolger; darunter war ab 1549 der auch als Musiktheoretiker hervorgetretene Gregor Faber (um 1525-nach 1554), der wegen der Studienbelastung 1552, also ein Jahr vor seiner Promotion zum Doktor der Medizin, resignierte. Auch Fabers vier direkte Nachfolger resignierten und übernahmen zum Teil schon vor der Resignation eine *lectio classica*; ihnen folgte bis 1563 erneut Krapner. Das rasche Ausscheiden der Professoren, das Überwechseln des Professors Wilhelm Bidembach in den Kirchendienst und der letztlich erfolgte Wechsel Krapners in den Schuldienst weisen darauf hin, dass die *lectio musices* in Tübingen nur eine Durchgangs-

---

27 Vgl. die Ordination von 1544 [H. Ulrichs Ordnung der Artisten Facultät, vom 20. Juli 1544] in: ROTH, Urkunden (wie Anm. 19), S. 232–241, Zitat S. 237.

28 Zu den in Frage kommenden Personen vgl. Norbert HOFMANN, Die Artistenfakultät an der Universität Tübingen 1534–1601 (= Contubernium 28), Tübingen 1982, S. 135, Anm. 222.

29 Zur Frage der Identität des Stipendiaten vgl. Gustav BOSSERT, Die Hofkapelle unter Eberhard III. 1628–1657. Die Zeit des Niedergangs, der Auflösung und der ersten Versuche der Wiederherstellung, in: Württembergische Vierteljahrshefte für Landesgeschichte, Neue Folge XXI (1912), S. 69–137, hier S. 112 f. und STOLL, Zur Musikgeschichte Tübingens (wie Anm. 11), S. 318.

30 HOFMANN, Die Artistenfakultät an der Universität Tübingen (wie Anm. 28), S. 135, Anm. 227 (nach: UAT 15/11, fol. 35).

station und damit ein ‚Sprungbrett' war, ebenso wie es bei den Universitätsorganisten die Regel war.[31]

Dieser Zustand ändert sich teilweise mit Sebastian Mockel, einem ehemaligen Diskantisten der Stuttgarter Hofkapelle, der 1558 wie andere ihm nachfolgende und in den Stimmbruch geratene Singknaben der Hofkapelle zunächst eine Klosterschule[32] besuchte (nämlich Maulbronn), der danach ab 1559 in Tübingen studierte, kurz vor der Erlangung des Magistergrades 1563 die *professio musices* erhielt und zugleich als *repetens musicus* am Stift wirkte. Zwar wechselte auch er später als Diakon in Göppingen bzw. als Pfarrer und Superintendent in Ofterdingen in den Kirchendienst, so dass die *professio musices* immer noch nicht eine Dauerstellung geworden war. Die enge Verbindung dieser Professur mit dem Stift war aber seither etabliert: Von den 17 bis zur Jahrhundertwende nachweisbaren *musici* waren alle auch *repetens musicus* im Stift, 13 von ihnen waren ehemalige Diskantisten und bis auf eine Ausnahme gingen alle in den Kirchendienst über.

Ein gewisser Automatismus in der Erlangung der Professur durch den *repetens musicus* hatte sich im 16. Jahrhundert offenbar eingebürgert,[33] doch trug die geringe Besoldung mit nur 20 Gulden – neben der Professur für Poetik die geringste Besoldung – und auch die Verpflichtung, „an den sonst vorlesungsfreien Tagen [zu] lesen",[34] dazu bei, das Amt vorzugsweise als eine Durchgangsstation zu verstehen: Der Repetent Valentin Leber erhielt 1576 der Gehaltsliste zufolge das niedrigste Gehalt der *professores artium*,[35] und es war offenbar schon zum Zeitpunkt der Bewerbung um die *professio musices* bekannt, dass diese Tätigkeit nur eine nebenamtliche war. Dies lassen Stoll zufolge die Bewerbungsschreiben erkennen,[36] eine vergleichende Sichtung aller

---

31 Die Stelleninhaber seit 1546 sind namentlich bekannt; vgl. die Aufstellung der Inhaber der *Lectio musices* in Klaus Wolfgang NIEMÖLLER, Untersuchungen zu Musikpflege und Musikunterricht an den deutschen Lateinschulen vom ausgehenden Mittelalter bis um 1600 (= Kölner Beiträge zur Musikforschung 54), Regensburg 1969, S. 543, Anm. 422 und HOFMANN, Die Artistenfakultät an der Universität Tübingen (wie Anm. 28), S. 249 f. Beide Listen weichen in Details voneinander ab.

32 Auch die württembergischen Klosterschulen, deren Organisation und Aufgaben in der Klosterordnung von 1555 und in der Kirchenordnung von 1559 geregelt waren, unterrichteten Musik, und zwar auf solch einem Niveau, dass sich die Stuttgarter Hofkapellmeister Ludwig Daser und Balduin Hoyoul dorthin begaben, um begabte Sänger zu rekrutieren; NIEMÖLLER, Untersuchungen zu Musikpflege und Musikunterricht (wie Anm. 31), S. 538.

33 Vgl. den Beleg von 1574 in: HOFMANN, Die Artistenfakultät an der Universität Tübingen (wie Anm. 28), S. 137.

34 NIEMÖLLER, Untersuchungen zu Musikpflege und Musikunterricht (wie Anm. 31), S. 540 und Michael ZYWIETZ, Faber, Gregor, in: Ludwig FINSCHER (Hrsg.), Die Musik in Geschichte und Gegenwart, Personenteil Bd. 6, Kassel [u. a.] 2001, Sp. 616.

35 NIEMÖLLER, Untersuchungen zu Musikpflege und Musikunterricht (wie Anm. 31), S. 541, Anm. 404.

36 Stoll beruft sich auf die Vokationsakten im Tübinger Universitätsarchiv; vgl. STOLL, Zur Musikgeschichte Tübingens (wie Anm. 11), S. 317. In Frage kommen die unter der Signatur UAT 15/1 und 15/2 befindlichen Unterlagen, die den Zeitraum 1510–1649 abdecken, sowie die unter den Signaturen vorhandenen Schriften, die Hofmann in seiner Auflistung der Inhaber der *Lectio musices* genannt hat; vgl. Irmela BAUER-KLÖDEN/Johannes Michael WISCHNATH, Universitätsarchiv Tübingen. Bestandsrepertorium 1–86. Inventar zu den Altbeständen des 15. bis

erhaltenen Bewerbungsschreiben ist aber bisher noch nicht erfolgt: Dabei wären die Selbstdarstellung und die spezifischen Qualifikationen der Bewerber im Vergleich zu den Bewerbern um andere Professuren aufschlussreich. Auffallend ist nämlich, dass die 1578 eingegangene Bewerbung von Wolfgang Philipp Berre mit einer Anspielung auf die hohe Autorität der Musik und auf Pindar beginnt: „Et cum a multis prima Philosophia dicta sit, quis dubitat, summam eius fuisse tum temporis auctoritatem".[37] Dass solche Bewerbungsschreiben wesentliche Hinweise auf das Verständnis der Disziplin geben könnten, wird auch aus dem undatierten, vermutlich aus den 1550er Jahren stammenden Bewerbungsschreiben des Joseph Hürnbach deutlich, der seine Kenntnisse in Theorie und Praxis anbietet und zugleich auf die Wertschätzung der Musik durch Aristoteles hinweist.[38] Inwieweit diese in der Antike fundierte Erinnerung der Nobilität der Musik als Erbe, Relikt oder nur als argumentativer Vorwand zu verstehen ist, können aber nur vergleichende Auswertungen vor dem Hintergrund der akademischen und musikpraktischen Verhältnisse ergeben.

Die in Tübingen institutionalisierte Verbindung von Ämtern trug dazu bei, die Musikprofessur als universitäre Stelle und die *musica* als universitäres Fach empfindlich zu schwächen, so effizient jede Multiprofessionalität auch als eine Form der Existenzsicherung gewesen sein mag: Rechnerisch verblieb jeder der Musikprofessoren durchschnittlich 24 Monate im Amt – Johann Walter, der Sohn des gleichnamigen Torgauer Kantors, blieb sogar nur von Februar bis August 1548. Oft wurden die *professores* durch einen Substituten vertreten, wie etwa der Professor Jacob Kraus, den sein späterer Nachfolger Abel Vinarius „in Musico choro regendo" vertrat.[39] Aber noch mehr als jede strukturelle Schwächung der Musikprofessur und des Amtes scheint die inhaltliche Mischung musikpraktischer und musiktheoretischer Tätigkeiten für die Tübinger Verhältnisse typisch gewesen zu sein. Dies hat weit über die Universität und weit über das universitäre Fach hinaus Bedeutung: Die enge Verbindung von Stift, Universität und späterem Schul- bzw. Kirchendienst passt zu einer in Württemberg nur schwach erfolgten Etablierung des Kantorats an den Gelehrtenschulen. Hier war im 16. Jahrhundert in den Schulen „nur in Ausnahmefällen ein ‚Cantor' als speziell für die Musik verantwortlicher Lehrer mit einer festen Position im Lehrerkollegium verankert".[40] Und ganz in diesem Sinne verfügte auch die Württembergische Kirchenord-

---

19. Jahrhunderts, Tübingen 2011, S. 123 und HOFMANN, Die Artistenfakultät an der Universität Tübingen (wie Anm. 28), S. 249 f. Eine punktuelle Sichtung der Schreiben von Valentin Leber (1574), Abel Vinarius (1588), Erasmus Grieninger (1590), Samuel Mageirus (1591), Johannes Hutzelin (1596) und Ludwig Caboy (1597) deutet auf ein vorwiegend an der Musikpraxis ausgerichtetes Amtsverständnis hin; UAT 15/1, fol. 33 (Leber), fol. 43 (Vinarius), fol. 45 (Grieninger), fol. 49a (Mageirus), fol. 50 (Hutzelin) und fol. 51 (Caboy).

37 UAT 15/1, fol. 40. Berre hatte die Musikpflege „et in templo, et in Cathedra" im Blick; ebd. fol. 40ᵛ. Auch Mageirus kommt in seiner Bewerbung auf die Theorie zu sprechen, doch wäre zu klären, ob damit die humanistisch-philosophische Tradition gemeint war oder musiktheoretische Grundkenntnisse, im Stile der Unterrichtslehren der Zeit, die stets auf die praktische Anwendung abzielten. Zu Mageirus vgl. ebd. fol. 49a.

38 STOLL, Zur Musikgeschichte Tübingens (wie Anm. 11), S. 320.

39 UAT 15/1, fol. 43 und HOFMANN, Die Artistenfakultät an der Universität Tübingen (wie Anm. 28), S. 137.

MVSICES
PRACTICAE EROTE-
matum Libri II,

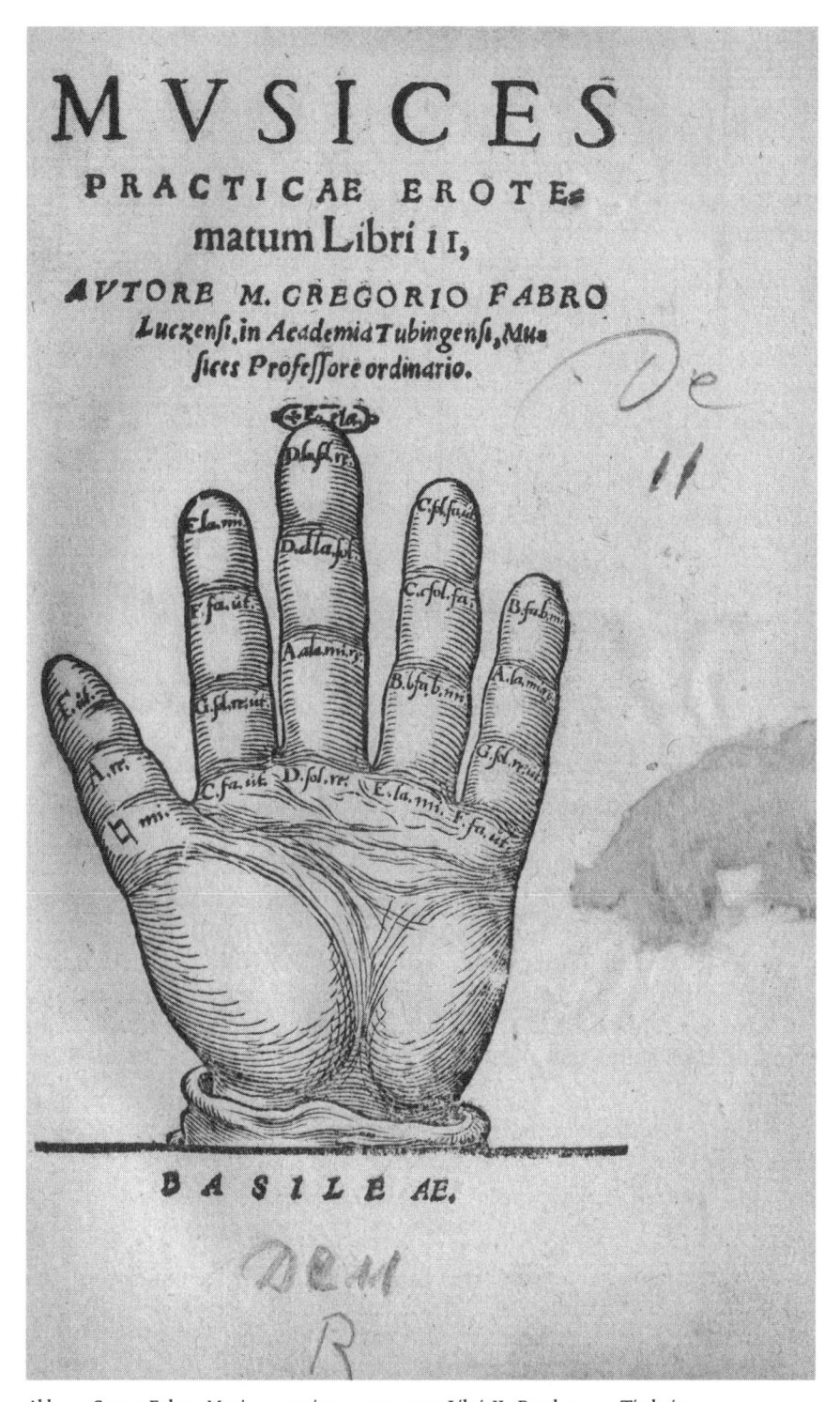

AVTORE M. GREGORIO FABRO
Luczensi, in Academia Tubingensi, Mu-
sices Professore ordinario.

BASILEAE.

Abb. 1. Gregor Faber: Musices practicae erotematum Libri II, Basel 1553, Titelseite

nung von 1559, dass „die Praecepta gantz kurtz, unnd fürnämlich nach notwendigen gegebnen praeceptis, usus getriben wird."⁴¹ Eine geringe schulische Profilierung des Kantorats im 16. Jahrhundert, die Musik kaum als klingende Konkretion einer wissenschaftlich-theoretischen Universitätsdisziplin verstand, passte somit zu einer geringen universitären Profilierung. Letztere wird auch an dem im 17. Jahrhundert offenbar am stärksten in Tübingen auf das Wissenschaftssystem ausgerichteten *professor musices* erkennbar, an Gregor Faber, der wegen seiner Promotion im Fach Medizin die Musikprofessur aufgab: Faber war von 1549 bis 1553 Professor der Fakultät und ließ im Jahre seiner Resignation in Basel ein musiktheoretisches Kompendium drucken, seine *Musices practicae erotematum libri II* (Basel 1553). Im Vorwort des bereits im Juli 1552 abgeschlossenen Traktats verweist er auf Tübingen und nennt sich auf dem Titelblatt entgegen der Realität „Musices Professor ordinarius".⁴² Fabers Traktat stützt sich auf die Musiktheoretiker Franchinus Gafur, Nicolaus Listenius und Sebald Heiden und verortet die Musik im System der mathematischen Künste; dabei unterstreicht er auch die ethische Wirkung der Musik: „Etenim cum omnis Matheseos disciplina, non solum propter finem aliquem in vita utilem, verum etiam quod per se honorabilis atque expetenda sit, disci debeat, quid est, quod in hoc genere praeclarius, iucundius aut magis necessarium existere mortalibus, quodque ingenuos homines magis decorare, oblectare, eorumque mores formare possit quam Musica?"⁴³ Er ordnet damit die Musik ins System des Quadriviums ein, beschreibt musiktheoretisch die Elemente der Musik und zudem die Mensuralnotation: Signalhaft deutet das der Hinweis auf Guido von Arezzo auf dem Titelblatt an: Diese zur Solmisation und der Memorierung des gesamten Tonsystems dienende sogenannte Guidonische Hand (Abb. 1) hat auch zu jener Zeit schon eine enorme zeitliche Tiefe, weil die älteste Zuschreibung dieser Memorierhilfen an Guido von Arezzo von ca. 1100 stammt, nämlich von Sigebert von Gembloux. Fabers Traktat versteht die Musik sowohl als „ars" wie auch als „scientia"; er ist damit auch stark auf die Praxis ausgerichtet, worauf die tabellarische Aufbereitung von Sachverhalten hinweist, z. B. die Darstellung der Notenwerte (Abb. 2), die tabellarische Aufstellung aller Notenwerte, deren Dauer und der Hinweis auf Kolorierung und Verwendbarkeit für Ligaturen im *Liber primus* (Abb. 3). Und noch deutlicher belegen umfangreiche Notenbeispiele die Ausrichtung auf die Praxis. Auf Seite 116 und 117 des *Liber primus* findet sich der Beginn einer Motette: auf Seite 116 die Stimmen Discantus und Vox quinta und auf Seite 117 Contratenor, Tenor und Bassus (Abb. 4). Leicht ist zu erkennen, dass Josquin Desprez' *Stabat mater* wiedergegeben ist, eine Cantus-firmus-Komposition mit weltlichem Cantus firmus. Die Tenorstimme dieser

---

40 NIEMÖLLER, Untersuchungen zu Musikpflege und Musikunterricht (wie Anm. 31), S. 549.
41 NIEMÖLLER, Untersuchungen zu Musikpflege und Musikunterricht (wie Anm. 31), S. 566.
42 ZYWIETZ, Faber (wie Anm. 34), Sp. 616.
43 „Auch wenn die gesamte mathematische Disziplin nicht nur wegen einer gewissen Nützlichkeit im Leben gelernt werden muß, vielmehr auch weil sie an und für sich ehrenwert und erstrebenswert ist, was gibt es, was auf diesem Gebiet vortrefflicher, angenehmer und notwendiger für die Sittenbildung ist, und was geistreiche Menschen mehr zu schmücken, zu erfreuen und szittlich zu bilden vermag als die Musik?" Zitiert nach NIEMÖLLER, Deutsche Musiktheorie im 16. Jahrhundert (wie Anm. 14), S. 83.

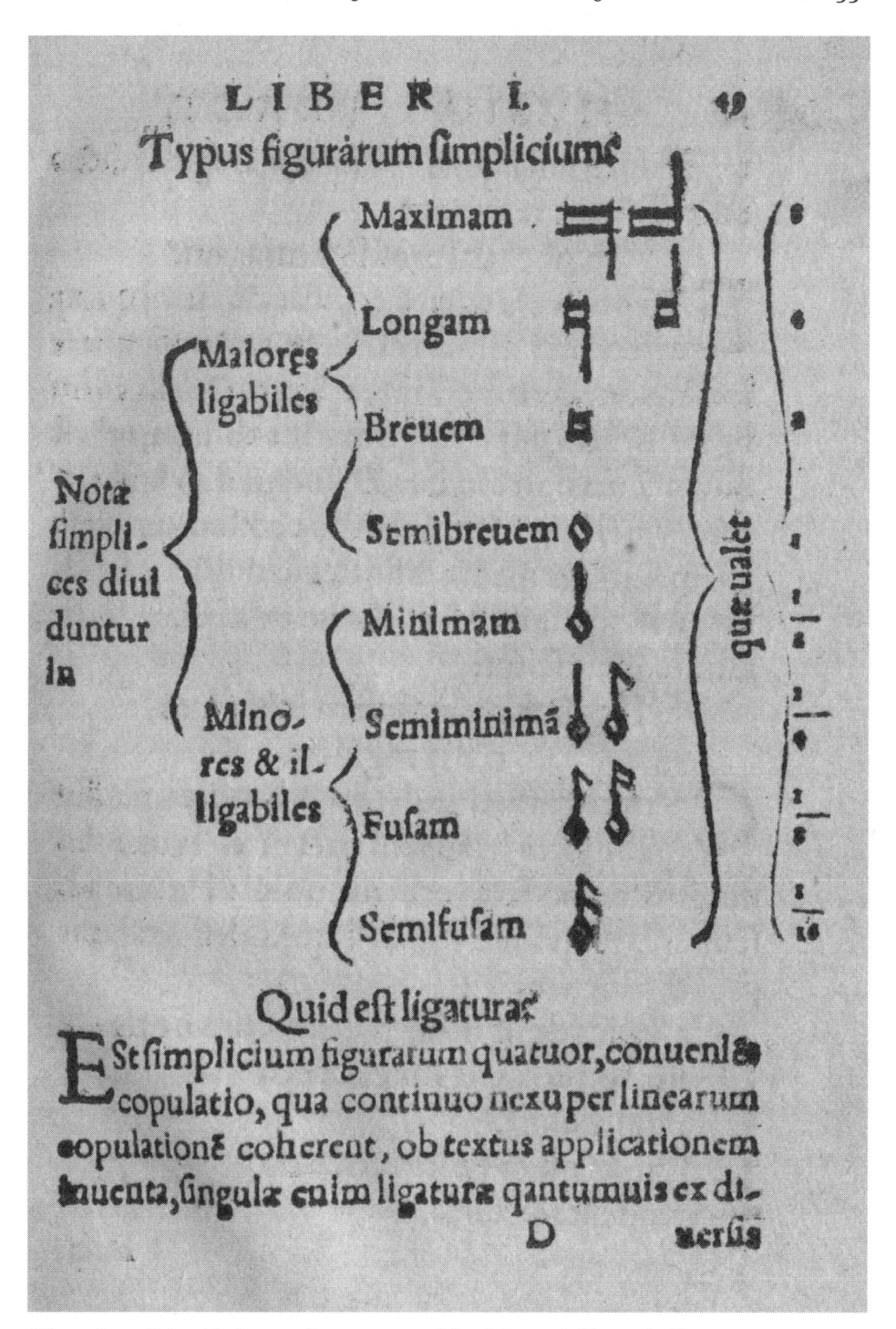

Abb. 2. Gregor Faber: Musices practicae erotematum Liber I, S. 49: Auflistung der Notenwerte

LIBER I.

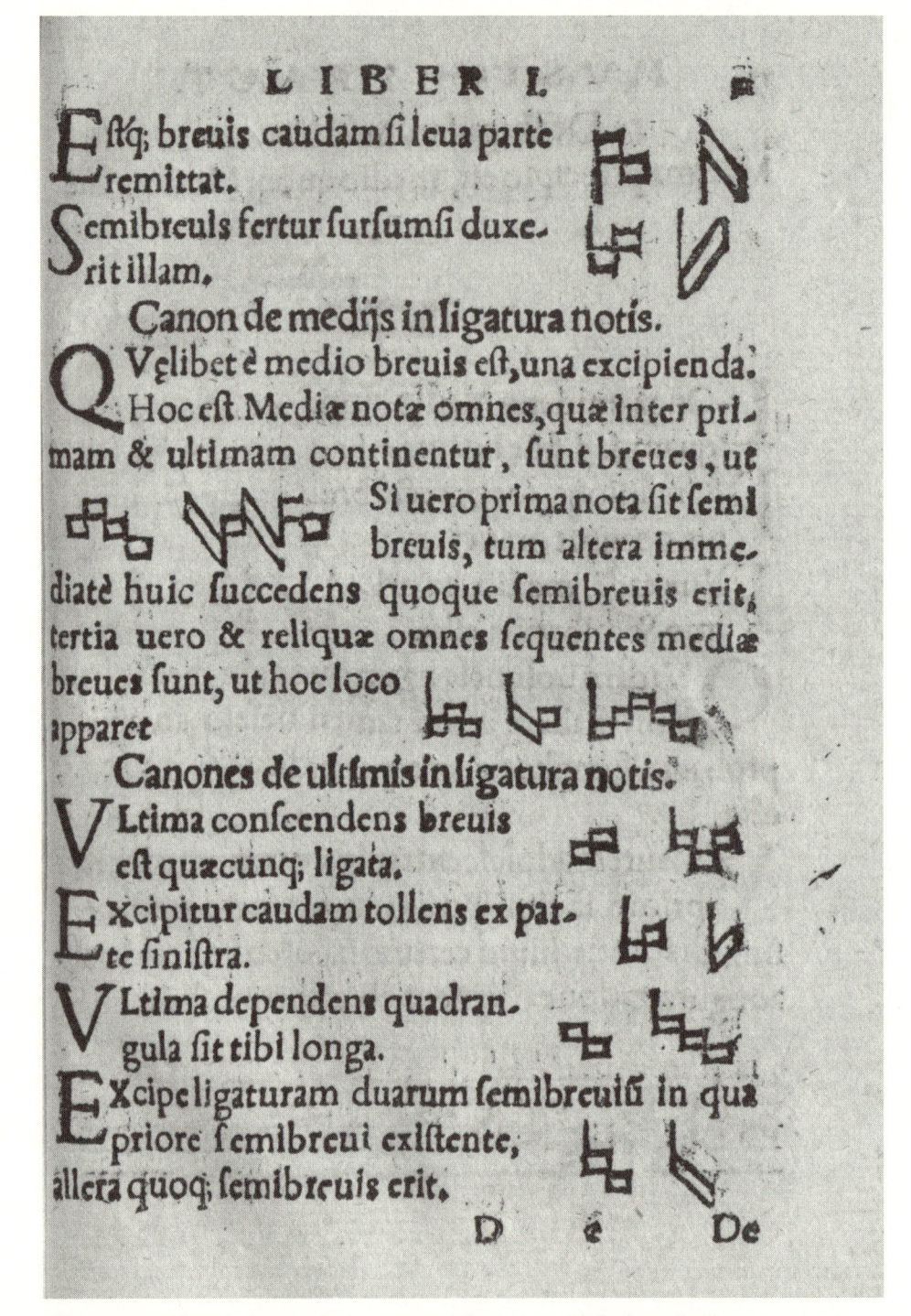

Estq; breuis caudam si leua parte
remittat.

Semibreuis fertur sursum si duxe-
rit illam.

    Canon de medijs in ligatura notis.

Qvelibet è medio breuis est, una excipienda.
Hoc est. Mediæ notæ omnes, quæ inter primam & ultimam continentur, sunt breues, ut
                    Si uero prima nota sit semi
                    breuis, tum altera imme-
diatè huic succedens quoque semibreuis erit,
tertia uero & reliquæ omnes sequentes mediæ
breues sunt, ut hoc loco
apparet

    Canones de ultimis in ligatura notis.

Vltima conscendens breuis
est quæcunq; ligata.

Excipitur caudam tollens ex parte sinistra.

Vltima dependens quadran-
gula sit tibi longa.

Excipe ligaturam duarum semibreuiũ in qua
priore semibreui existente,
altera quoq; semibreuis erit.

                            D   è   De

Abb. 3. Gregor Faber: Musices practicae erotematum Liber I, S. 51: Beschreibung der Ligaturen

Komposition entspricht dabei der Tenorstimme einer weltlichen Komposition, nämlich der Chanson *Comme femme desconfortée*, die wahrscheinlich von dem burgundischen Komponisten Gilles Binchois stammt. Sie ist heute mehrfach und europaweit in Handschriften des 16. Jahrhunderts überliefert, z. B. im Chansonnier Uppsala Ms 76a (dort fol. 19ᵛ–20) und in dem berühmten Chansonnier Cordiforme (fol. 38ᵛ–40). Das kompositorische Verfahren ist kaum außergewöhnlich. Bemerkenswert ist vielmehr das hohe Alter der Komposition und auch der Vorlage: Binchois war bereits 1460 gestorben, und Josquin hatte sein *Stabat mater* schon um 1495 an den Erzherzog Philippe le Beau geschickt. Aber dennoch ist festzuhalten: Im Basler Druck des Tübinger Professors Faber wird damaliges musikalisches Weltniveau rezipiert, denn Josquin Desprez war der bekannteste und renommierteste Komponist seiner Zeit gewesen; als er 1521 starb, wurden mehrere Trauerkompositionen auf ihn komponiert. Fabers Praxisorientierung wird aber nicht nur an den Notenbeispielen aus Werken von Antoine Brumel, Matthäus Greiter, Sebald Heiden, Josquin Desprez oder Johannes Ockeghem erkennbar, sondern auch an der Gattung Bicinium als didaktischem Anschauungsmaterial. An der kanonischen Faktur solcher zweistimmiger Kompositionen konnte wie an einem reduzierten Elementarsatz das jeweilige musikalische Problem gezeigt und auch geübt werden, weswegen sich Spuren des sogenannten Schulbiciniums bis ins 18. Jahrhundert erhalten haben. Aber Fabers Buch unterscheidet sich dennoch von den Schulkompendien seiner Zeit, und zwar weitgehend durch die sprachlich anspruchsvolle Diktion. Die Überlieferung eines Drucks in der Bibliothek der Heilbronner Ratsschule ist gleichwohl ein Indiz für die Verquickung universitärer und schulischer Musikausbildung im 16. Jahrhundert.[44]

3. Martin Crusius und die Musikausübung im Umfeld der Tübinger Universität

Martin Crusius ist zweifelsohne der wichtigste universitäre Förderer der Musik in Tübingen um 1600. Annähernd 50 Jahre lang wirkte er dort, und sein 1573 einsetzendes Diarium, das er bis September 1604 führte und das einige Ergänzungen bis Mai 1605 aufweist, ist die ergiebigste Quelle zum Tübinger Musikleben an und im Umfeld der Universität. Mit seinen Notizen, Briefen, Anmerkungen (ab 1. Januar 1595 in Tagebuchform) gibt es auch Einblick in die vielfältigen Musikinteressen seines Verfassers, in seine persönlichen Vorlieben sowie seine praktische Beschäftigung als Instrumentalist und Sänger. Letzteres wurde von seinen Schülern offenbar deutlich kommentiert, was Crusius selbst überliefert: „vocant me […] Brummhummel, et Dolp-Hans".[45] Crusius besaß das 1541 in Bern gedruckte *Compendium musices* des Auctor Lampadius, der an Kompositionen Josquin Desprez' *suavitas* und *subtilitas* der

---

44 Exemplare sind heute in Tübingen, Dresden, Berlin, Kiel, Wolfenbüttel, Trier, München, Augsburg und Mainz nachweisbar.
45 So Crusius in seinem Diarium (30.12.1594); zitiert nach REICHERT, Martin Crusius und die Musik (wie Anm. 20), S. 189.

MVSIC. PRACT.

Sequitur exemplum quod partim ligaturarum causa adscripsi, partim ad unicum genus tactus demonstrandum. Nemo enim alteram huius exempli partem sine illius debita obseruatione canere poterit.

Iosquinus.

Abb. 4a. Gregor Faber: Musices practicae erotematum Liber I, S. 116: Josquin Desprez: Stabat mater [Beginn]

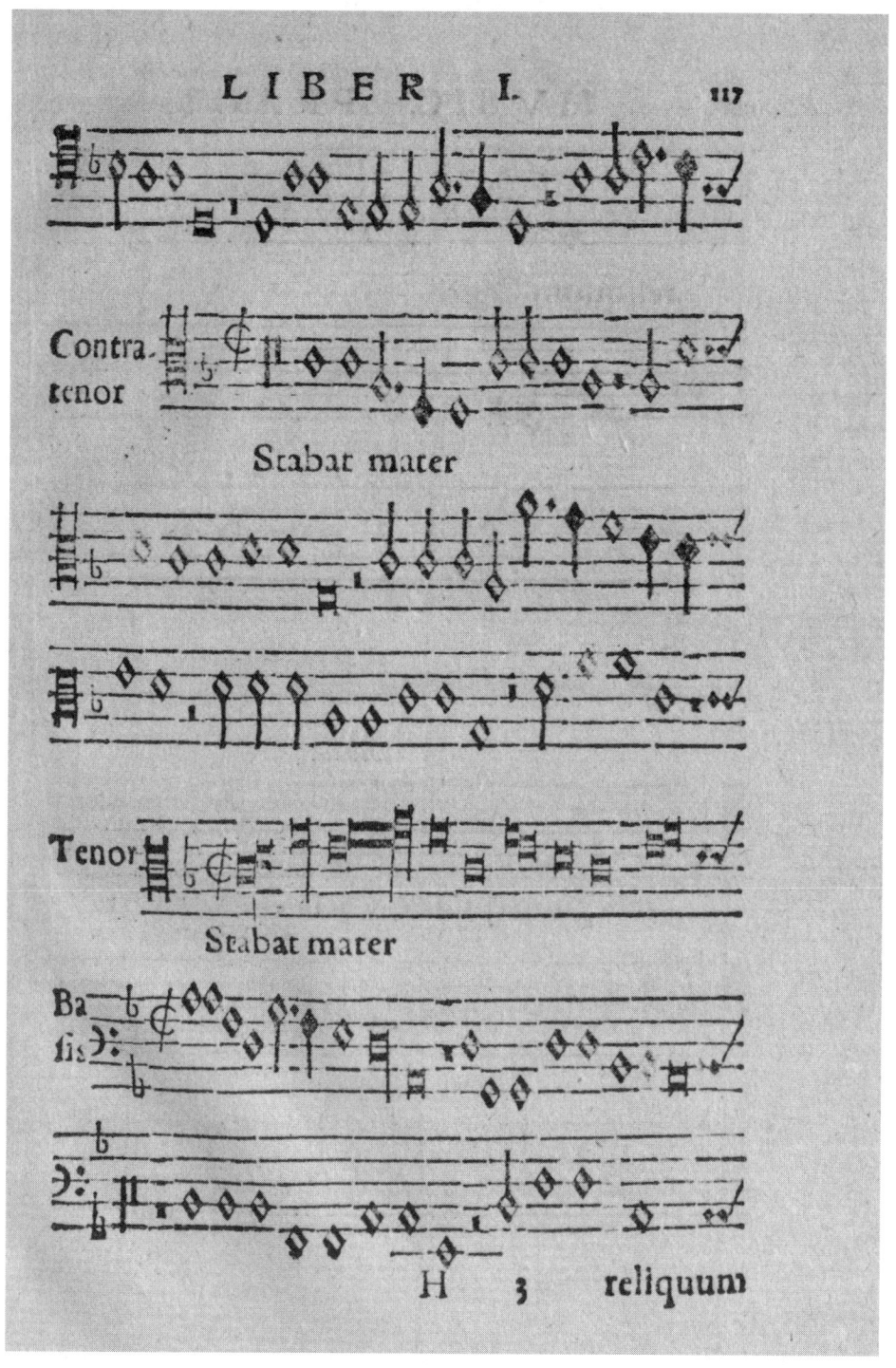

Abb. 4b. Gregor Faber: Musices practicae erotematum Liber I, S. 117: Josquin Desprez: Stabat mater [Beginn]

damaligen Musik aufzeigt. Dieses Exemplar weist Annotationen des Besitzers auf, nach Reichert „Seite für Seite zahllose Eintragungen von seiner Hand".[46] Wenn man bedenkt, in welchem Maße die Eintragungen Johann Sebastian Bachs in seine Calovius-Bibel seitens der Forschung beachtet wurden, so wäre auch die systematische Sichtung dieser handschriftlichen Einträge in das *Compendium* ein lohnendes Unterfangen, das die Rezeption der musiktheoretischen Schrift durch Crusius erhellen könnte. Er besaß zudem auch ein Virginal, ein als „cithara" bezeichnetes Instrument und zwei Lauten, suchte sich im November 1582 einen Orgellehrer (nämlich den aus Calw stammenden und seit 1580 amtierenden Universitätsorganisten Georg Fleck), begann 1583 nach längerer Pause wieder das Lautenspiel, nahm im selben Jahr Orgelunterricht bei einem Stipendiaten und notiert im Jahre 1595 einen „Catalogus cantionum, quas jam a multis annis cantare soleo, praesertim post preces matutinas, item post defatigationem ex studiis."[47] Im Hause Crusius' verkehrten überregional wirkende Musiker, so im Jahre 1575 der zuvor in Thüringen, dann in Linz, Heidelberg und Altenburg tätige Nicolaus Rosthius und in den folgenden Jahren (vor 1596) der italienische Organist, Lautenist und Komponist Giulio Cesare Barbetta. Persönlich bekannt war Crusius auch mit Angehörigen der Stuttgarter Hofkapelle, etwa mit Leonhard Lechner (ab 1589 Hofkomponist, ab 1594 Hofkapellmeister).

Bemerkenswert ist an Crusius' Interesse weniger die Rolle der Musik als Mittel zur Rekreation – Gregor Faber berichtet, sein Musiktraktat sei zur Erholung von den „gravioribus studiis" entstanden –, sondern vielmehr das starke Gewicht geistlicher Lieder, die gänzliche Absenz der genannten instrumentalen Sammeldrucke und auch weltlicher Liedkompositionen, wie etwa der Liedsammlungen des Stuttgarter Hofkapellmeisters Lechner, insbesondere seiner *Neue[n] Geistliche[n] und Weltliche[n] Teutsche[n] Lieder*, die er 1589 dem Herzog Ludwig gewidmet hatte (nachdem er schon 1586 seine *Neuen lustigen Teutschen Lieder / nach art der Welschen Canzonen* dem Herzog gewidmet hatte). Einige der von Crusius aufgeführten mehrstimmigen Kompositionen werden in einem von ihm erstellten Katalog namentlich genannt: Neben den von ihm in Auftrag gegebenen Motetten werden von Orlando di Lasso die Motetten *Deus misereatur nostri* und *Deus misereatur*, zudem *In me transierunt* aufgeführt. Möglicherweise handelt es sich bei der letztgenannten Komposition um die 1575 von Lechner in seinen *Motectae Sacrae* veröffentlichte, vielleicht ist es aber auch die Vertonung von Orlando di Lasso, die schon damals die wissenschaftliche Welt bewegte: Der Rostocker Musiktheoretiker Joachim Burmeister analysierte sie in seiner 1606 erschienenen *Musica poetica* und unter dem Vorsitz des Tübinger Rhetorikprofessors Christoph Kaldenbach verteidigt noch

---

46 REICHERT, Martin Crusius und die Musik (wie Anm. 20), S. 187. Das Exemplar befindet sich in der Universitätsbibliothek Tübingen; heutige Signatur laut OPAC De 4-OR. Vgl. Gerd BRINKHUS/Arno MENTZEL-REUTERS, Handschriftenkataloge der Universitätsbibliothek Tübingen, Teil 2, Wiesbaden 2001, S. 300. Blatt 60b und 61a sind abgebildet in: Thomas WILHELMI, Die griechischen Handschriften der Universitätsbibliothek Tübingen. Sonderband Martin Crusius. Handschriftenverzeichnis und Bibliographie, Wiesbaden 2002, S. 323.

47 NIEMÖLLER, Untersuchungen zu Musikpflege und Musikunterricht (wie Anm. 31), S. 546, Anm. 436; vgl. die Wiedergabe in: REICHERT, Martin Crusius und die Musik (wie Anm. 20), S. 188.

1664 Elias Walther seine *Dissertatio musica*, die auch Lassos Motette analysierte.[48] Das von Crusius aufgelistete Repertoire ist damit stärker von den beiden bei Lampadius genannten Kategorien des *docere* und *movere* bestimmt als von denjenigen, die die zahlreichen zeitgenössischen Instrumentalsammlungen der Studentenmusiken bestimmt hatten. Für Crusius ist zudem festzuhalten, dass eine eigene musiktheoretische Produktivität nicht nachweisbar ist, weder für den schulischen noch für den universitären Bereich. Die zuweilen in der Literatur zu findende Angabe, Martin Crusius habe 1592 in Nürnberg einen Traktat herausgegeben, trifft nicht zu: Die *Isagoge ad artem musicam ex variis auctoribus collecta, pro Tyronibus: Huic adiectae sunt fugae aliquot suaviores* (Nürnberg 1592, 2. Auflage 1593) wurde nämlich durch einen Johann Crusius (Krauß) herausgegeben. Auch das drei Jahre später erschienene *Compendiolum musices* (Nürnberg 1595) stammt von diesem Johann Crusius, der sich dem Titel des Drucks zufolge als „Halensem" bezeichnet und der von 1580 bis zu seiner Resignation 1591 als Kantor und Collaborator an der Lateinschule in Schwäbisch Hall tätig war. Das *Compendiolum* stellt, wie der Autor selbst in der Vorrede vermerkt, eine Verkürzung und Übersetzung seiner *Isagoge* dar. Bei dieser Schrift handelt es sich um eine Elementarlehre, die in ihrem Anspruch weit unter dem universitären Niveau anzusiedeln ist.[49] Martin Crusius' Beschäftigung mit Musik ist also primär praktischer und rezeptiver Art, was auch zu der Ausrichtung passt, die ohnehin die Tübinger *professio musices* auszeichnete: Die anlässlich der Anstellung Krapners formulierte Verpflichtung, „ut artis vsum tradat et eius in templo edat specimina,"[50] weist nämlich auf praktische Musikausübung hin, die auch in weiteren Verordnungen unterstrichen wurde: Bei den Ausführenden dieser Musikdarbietungen handelte es sich offenbar vorwiegend um Studierende des Stifts, doch bestanden auch direkte und indirekte Verbindungen zur Hofkapelle: Crusius beschreibt solche Aufführungen und bezeugt, dass in einem Falle „M. Samuel Magirus, cum plurimis adolescentibus" gesungen habe.[51] Die Repetenten bzw. Professoren waren ehemalige Diskantisten der Hofkapelle, der Hofkapellmeister Leonhard Lechner hatte zeitweise Kontakt mit dem Professor Samuel Magirus, als er während eines

---

48 Vgl. Burmeisters Analyse von Orlando di Lassos In me transierunt in: Joachim BURMEISTER, Musica Poetica, Rostock 1606; Faksimile mit deutscher Übersetzung: Laaber 2004, S. 71–74, 153–156 und Elias WALTHER, Dissertatio Musica, Exhibens Analysin Harmoniae Orlandi Di Lasso […], Tübingen 1664.

49 SL [Schriftleitung]/(Klaus Wolfgang NIEMÖLLER), Crusius, Johannes, in: Ludwig FINSCHER (Hrsg.), Die Musik in Geschichte und Gegenwart, Personenteil Bd. 5, Kassel [u. a.] 2001, Sp. 153 f. Zur Zuschreibung an Martin Crusius vgl. NIEMÖLLER, Deutsche Musiktheorie im 16. Jahrhundert (wie Anm. 14), S. 94. Dieses Buch steht damit in der Tradition der engen Verbindung der universitären Musikpflege und praktischer Musikausbildung, doch ist dies auch außerhalb Tübingens nachweisbar: 1589 hatte Henning Dedekind in Erfurt „Eine Kinder Music Für die jetzt allererst anfangende[n] Knaben" zum Druck gebracht und 1592 bestimmte Cyriacus Schneegass seine *Deutsche musica* (Erfurt 1592) dem Titel zufolge „für die Kinder und andere, so nicht sonderlich Latein verstehen", namentlich „für die Schülerlein auf dem Lande".

50 HOFMANN, Die Artistenfakultät an der Universität Tübingen (wie Anm. 28), S. 135, Anm. 227 (nach: UAT 15/11, fol. 35).

51 REICHERT, Martin Crusius und die Musik (wie Anm. 20), S. 198 f. Die Ausführenden bei der Feier von Crusius' 74. Geburtstag am 19. September 1600 waren ebenfalls aus dem Stift; vgl. ebd. S. 202.

Spaziergangs in Tübingen mit diesem über das System der Tonarten disputierte.[52] Auch wenn es dabei um die Frage des antiken Tonsystems ging, dessen acht Tonarten von Heinrich Glarean, dem Musiktheoretiker und Freiburger Professor für Poetik, erweitert worden waren, ist damit nur ein schwacher Widerhall der akademischen Disziplin *musica* anzunehmen. Zwar sprach sich Magirus für das moderne System Glareans aus, doch ist kaum jener Anspruch nachweisbar, der die Schriften Glareans prägte: unter Berufung auf Boethius und Augustinus das seit der Antike erworbene Wissen der Zeit zusammenzufassen.[53] Zeitweise scheint der Kontakt mit der Stuttgarter Hofkapelle sogar eng gewesen zu sein: Der Kapellmeister Ludwig Daser holte aus Tübingen 1575 je einen Altisten und Bassisten, die beiden Brüder Zacharias und Michael Schäffer und der spätere Musikrepetent Adam Salomo wurden zur Verstärkung der Hofkapelle herangezogen und Zacharias war wie sein Bruder Michael vor dem Stimmbruch Singknabe in der Hofkantorei gewesen.[54]

4. Akademische Anlässe und Kompositionsaufträge: Reichard Mangons wieder aufgefundene *Gratulatio ad Pulcheriam Augustam*

Crusius veranlasste 1589, 1592/93, 1599 und 1600 die Komposition von Motetten, deren Texte er selbst verfasst hatte. Sie stehen thematisch in Zusammenhang mit den in diesen Jahren gehaltenen Reden und bringen – offenbar zum Abschluss der Rede – eine klingende Quintessenz zu Gehör.[55] Schon die Platzierung des Notendrucks innerhalb der Drucke der Reden deutet darauf hin. Damit sind diese Kompositionen klingende Memorien und stellen musikpraktische Bestandteile einer akademischen Erinnerungskultur dar. Obwohl sie sich auf historische Persönlichkeiten beziehen, sind sie nicht losgelöst vom Genre der seit dem 16. Jahrhundert verbreiteten Gelegenheitsdichtung und der Gelegenheitskomposition zu sehen. Für Württemberg dürften diese akademischen Kompositionen eine Schnittstelle zwischen akademisch-historischer und bürgerlich-anlassgebundener Memoria darstellen. Die seit etwa 1550 nachweisbaren Leichenreden für Tübinger Professoren haben sicher ein Modell für die Reden Crusius' abgegeben, die politisch motivierten Staatsmotetten lieferten das Modell für die Kompositionen, das sofort nach der Promotion 1593 (nämlich im folgenden Jahr 1594 und mit der Motette auf den Tod der Pulcheria Crusius) in den bürger-

---

[52] REICHERT, Martin Crusius und die Musik (wie Anm. 20), S. 206.

[53] Beat FÖLLMI/Laurenz LÜTTEKEN, Glareanus, Henricus Loriti, in: Ludwig FINSCHER (Hrsg.), Die Musik in Geschichte und Gegenwart, Personenteil Bd. 7, Kassel [u. a.] 2002, Sp. 1044 f. Zu Lechners Argumentation vgl. seinen Brief an Mageirus in REICHERT, Martin Crusius und die Musik (wie Anm. 20), S. 210–212.

[54] Zur im Folgenden genannten Stuttgarter Hofkapelle vgl. Gustav BOSSERT, Die Hofkapelle unter Herzog Friedrich 1593–1608, in: Württembergische Vierteljahrshefte für Landesgeschichte, Neue Folge XIX (1910), S. 317–374.

[55] Zu dieser Funktion vgl. das unten wiedergegebene Zitat, also Crusius' Verteidigung der Musikaufführungen im Zuge der *orationes* im Jahre 1590.

lichen Bereich transferiert wurde.⁵⁶ Auffallend sind dabei die landeskundlichen Bezüge: Indem sich eine der von Crusius gehaltenen Reden und die dazu gehörige Komposition Zacharias Schäffers dem Herzog Eberhard im Bart widmet, liegt eine spezifisch territoriale Memoria vor. Anlässlich der Magisterpromotion 1593 präsentierte sich Schäffer auch mit einem Gratulationsdruck, in dem Apoll die akademische Jugend ermahnt und sich mit den neun Musen am Ufer des Neckars trifft.⁵⁷ Sowohl die Gartenarchitektur wie die raumgestalterischen Programme zahlreicher Schlossbauten kennen solche territorialen bzw. regionalen Elemente. Im Bereich der politisch motivierten Staatsmotette waren die Texte stets mit konkreten politischen oder dynastischen Anlässen verbunden. Indes weist Schäffers Motette für den ersten württembergischen Herzog auf eine dynastische Verortung hin: eine historische Rückversicherung in der Gründungsphase des Herzogtums Württemberg. Diese Erinnerungsfunktion ist aber nicht zwingend auf den akademischen Aufführungsrahmen angewiesen: Die von Crusius in Auftrag gegebenen Motetten wurden nämlich auch außerhalb des Kontextes akademischer Reden aufgeführt. Anlässlich der Feier seines 74. Geburtstages wurden unter der Mitwirkung des Stadtorganisten Reichard Mangon folgende Werke aufgeführt: Wolfgang Rhaus (Rauchius, Rauch) *Epitaphivm, Avgvstae Irenae Hohenstavffae*, vermutlich Zacharias Schäffers Kompositionen auf Eberhard im Bart, Mangons Komposition auf Pulcheria Augusta sowie Wolfgang Rhaus *Carmen lugubre* auf den Tod der Pulcheria Crusius (1594).⁵⁸ Besonders die Tatsache, dass bei dieser Gelegenheit auch die Komposition auf die sechs Jahre zuvor verstorbene Tochter Pulcheria zur Aufführung kam, deutet auf eine Memorialkultur hin, in der sich persönliche, soziale, historische und akademische Anliegen vermischt haben.

In einigen Fällen sind die Entstehungsumstände der Crusius-Motetten überliefert; im Falle der Komposition auf Irene und Philipp ist bemerkenswert, dass sie schon 1589 erfolgte⁵⁹ und dass Crusius sie sofort nach Fertigstellung durch den Musikrepe-

---

56 Vgl. Horst SCHMIDT-GRAVE, Leichenreden und Leichenpredigten Tübinger Professoren (1550–1750) (= Contubernium 6), Tübingen 1974 und Albert DUNNING, Die Staatsmotette 1480–1555, Utrecht 1970.

57 Vgl. hierzu: Friedrich SECK, Keplers zweites Gedicht für Zacharias Schäffer. Ein Fund in der Universitätsbibliothek Freiburg, in: Tubingensia. Impulse zur Stadt- und Universitätsgeschichte. Festschrift für Wilfried Setzler zum 65. Geburtstag, hrsg. von Sönke LORENZ und Volker SCHÄFER, Ostfildern 2008, S. 285–292, hier S. 289. Dort finden sich auch Titel und Nachweis des Gratulationsdrucks.

58 Vgl. die Auszüge aus dem Diarium in: REICHERT, Martin Crusius und die Musik (wie Anm. 20), S. 202. Ein Druck des *Carmen lugubre* befindet sich in der Thüringer Universitäts- und Landesbibliothek Jena unter der Signatur: 4 Art.lib.IX,19(8). Zur Komposition auf Pulcheria Crusius vgl. Joachim KREMER, Funeralkompositionen für Frauen. Ausgewählte Beispiele städtischer Musikgeschichte des 16. und 17. Jahrhunderts aus Tübingen, Hamburg und Nördlingen, in: Susanne RODE-BREYMANN (Hrsg.), Orte der Musik. Kulturelles Handeln von Frauen in der Stadt, Köln/Weimar/Wien 2007, S. 141–156, hier S. 147f. und DERS., Die ‚Verbürgerlichung' der Staatsmotette? Zur protestantischen Funeral- und Hochzeitsmotette im 16. Jahrhundert, in: Christine SIEGERT [u. a.] (Hrsg.), Gattungsgeschichte als Kulturgeschichte. Festschrift für Arnfried Edler (= Ligaturen 3), Hildesheim [u. a.] 2008, S. 39–52, insbesondere S. 40–45.

59 Die Komposition erfolgte damit relativ bald nach der Wanderung Crusius' auf den Hohen-

tenten Abel Weinlin beim Abendessen im Stift zur Aufführung brachte, dass sie aber wie auch Rhaus *Epitaphivm, Imp. Philippi* erst zur Rede beim Catharinenfest des Jahres 1592 in den akademischen Zusammenhang gerückt und im folgenden Jahr in einer stattlichen Auflage von 600 Exemplaren gedruckt wurde. Als Crusius für seine Rede über die Ostgotenkönigin Amalasuntha 1598 wieder einen Musikbeitrag vorsah, mussten die Vorbereitungen schnell erledigt werden. Den Text hatte Crusius am 5.11. fertig, Schäffer komponierte so rasch, dass die sechsstimmige Komposition am 21.11. vorlag und Crusius sie am 23.11. erstmals hören konnte. In der Senatssitzung vom 23. November 1598 gab es aber unter anderem wegen der daraus entstehenden Länge der Veranstaltung Einsprüche gegen eine Aufführung, über die Crusius in seinem Diarium berichtete[60] und auf die er mit einer Petition reagierte: „Ego postea (.monitu benigno eius.) scripsi Petitionem, tum ad Rectorem, tum ad ampliss. Senatum." Dabei führt er einige Gründe an, denen zufolge die Aufführung der Komposition keine Neuerung darstelle und als ein Ornament analog zur Kirchenmusik zu bewerten sei: „Ratio 1. quia etiam Irene est cantata ante annos sex. 2. Amalasunthae carmen meum, quod est cantilenae Textus, est tanquam περιοχή et ἐπίλογος totius orationis. 3. Magister Zacharias Schaeffer in Nouo Collegio composuit cantilenas. 4. Hodie in Stip. illustri sunt decantatae. Iam in utroque res est nota, eas satis cantatum iri. Quod si non fieret: ego leuis existimarer, aut non sine magna causa prohibitus. Quod non esset ex honore meo. 5. In Ecclesia ornamento est Musica. Ergo et in Theol. Auditorio, quod est tanquam Ecclesia. 6. Insigne dependens de aurea catena, eam ornat. Sic et haec cantio, orationem. 7. Erit ultima mihi, homini agenti LXXIII[m] annum, cantio. Non viuam sex post annos." Crusius rekurriert mit seinem fünften Argument nur ansatzweise auf die im 17. Jahrhundert ausdifferenziert formulierte theologische Begründung der evangelischen Kirchenmusik,[61] weil im Falle der akademischen Rede das Argument des „divinum mandatum" nicht gegriffen hätte. Dennoch zeigte der Hinweis auf die Funktion dieser Musiken als Ornament und als bisher übliche Gepflogenheit rasch Wirkung bezüglich der Aufführung am 25. November; „Amala est grauissimè et suauissimè cantata", und Crusius überliefert sogar in einem „Catalogus eorum, qui Amalasuntham cecinerunt" die Namen der Sänger.[62]

---

staufen an Pfingsten 1588, um dort schwäbische Altertümer kennenzulernen; aber doch schmerzte Crusius die gänzliche Absenz einer „griechischen Irene"; vgl. das Crusius-Zitat in: Franz BRENDLE, Martin Crusius. Humanistische Bildung, schwäbisches Luthertum und Griechenlandbegeisterung, in: Franz BRENDLE [u. a.] (Hrsg.), Deutsche Landesgeschichtsschreibung im Zeichen des Humanismus (= Contubernium 56), Stuttgart 2001, S. 145–163, hier S. 163.

60 Martin CRUSIUS, Diarium Martini Crusii 1598–1599, hrsg. von Wilhelm Göz und Ernst CONRAD, Bd. II, Tübingen 1931, S. 138. Zum Vortrag akademischer Reden und auch der Amalasuntha-Rede vgl. SCHMIDT-GRAVE, Leichenreden und Leichenpredigten Tübinger Professoren (wie Anm. 56), S. 48 f.

61 Zur Kirchenmusik als „1. divinum mandatum, 2. sanctorum exemplum, 3. nostrum debitum, 4. insigne commodum, 5. consequens damnum" vgl. Christian BUNNERS, Kirchenmusik und Seelenmusik. Studien zu Frömmigkeit und Musik im Luthertum des 17. Jahrhunderts, Göttingen 1966, S. 29.

62 CRUSIUS, Diarium (wie Anm. 60), S. 139.

Die von Crusius in Auftrag gegebenen Motetten sind mittels der Datenbanken VD 16 und VD 17 bzw. über die Online-Kataloge der besitzenden Bibliotheken nachweisbar. Es handelt sich um die folgenden:[63]

1. Wolfgang RHAU, I. EPITAPHIVM, || IMP. PHILIPPI, SEX VOCIBVS, WOLF. RAVHI, MVSICI APVD IL-||lustrissimum Principem Wirtemberg. D. LV.||DOVICVM, 26. Aug. 1589, in: Martin CRUSIUS, Oratio de Regina Rom. Au-||gusta IRENA, vel MARIA GRAECA: Philippi || Sueui, quondam Romani Caesaris, cha-||rissima vxore, Tübingen 1593 [ohne Seitenzählung, nach S. 34, 8 Druckseiten]

Nachweisbares Exemplar: Württembergische Landesbibliothek: R 16 Cru 1; weitere Nachweise in: WILHELMI, Die griechischen Handschriften der Universitätsbibliothek Tübingen (wie Anm. 46), S. 234, Nr. 77.

2. Wolfgang RHAU, II. EPITAPHIVM, AVGVSTAE | IRENAE HOHENSTAVFFAE 1208. AETA-||tis circiter 36. anno defunctae. Quinq; vocibus WOLF.||RAVHI, 7. Iul. 1589, in: Martin CRUSIUS, Oratio de Regina Rom. Au-||gusta IRENA, vel MARIA GRAECA: Philippi || Sueui, quondam Romani Caesaris, cha-||rissima vxore, Tübingen 1593 [ohne Seitenzählung, nach S. 34, dort nach dem Epitaph für Philipp, 8 Druckseiten]

Nachweisbare Exemplare: Württembergische Landesbibliothek: R 16 Cru 1; weitere Nachweise in: WILHELMI, Die griechischen Handschriften der Universitätsbibliothek Tübingen (wie Anm. 46), S. 234, Nr. 77.

3. Zacharias SCHÄFFER, I. DVCIS EBER-||HARDI, in: Eadem Epita-||phia ||MVSICIS || MODIS QVI-||NARVM VOCVM, AB HONE-||STO ET DOCTO IVVENE ZACHARIA || SCHAEFFERO, Petricellano, Harcynio, Illu-||stris Stipendij alumno, com-||posita, in: Martin CRUSIUS, Oratio de Illustriss. Principe EBERHARDO BARBATO || BARBATO, primo Wirtember-||gensi Duce. HABITA IN XXXIII. || MAGISTRORUM CREA-||tione 9. Cal. Mart. 1593. || Tübingen 1593 [ohne Seitenzählung, nach S. 38, 10 Druckseiten]

Nachweisbare Exemplare: Württembergische Landesbibliothek: W.G.qt.K.136; weitere Exemplare ebd. Signatur: HBF 677, Fam.Pr.qt.22 [Nr. 9] und weitere Nachweise in: WILHELMI, Die griechischen Handschriften der Universitätsbibliothek Tübingen (wie Anm. 46), S. 233, Nr. 76. – Abb. in : Die Universität Tübingen von 1477 bis 1977 in Bildern und Dokumenten, hrsg. von Hansmartin Decker-Hauff und Wilfried Setzler, Tübingen 1977, S. 91.

4. Zacharias SCHÄFFER, II. DOMINAE || MECHTILDIS, in: Eadem Epita-||phia || MVSICIS || MODIS QVI-||NARVM VOCVM, AB HONE-||STO ET DOCTO IVVENE ZACHARIA || SCHAEFFERO, Petricellano, Harcynio, Illu-||stris Stipendij alumno, com-||posita, in: Martin CRUSIUS, Oratio de Illustriss. Principe EBERHARDO BARBATO || BARBATO, primo Wirtember-||gensi Duce. HABITA IN XXXIII. || MAGISTRORUM CREA-||tione 9. Cal. Mart. 1593. || Tübingen 1593 [ohne Seitenzählung, nach Schäffers Epitaph auf Herzog Eberhard, 8 Druckseiten]

---

63 Wiedergabe der Titel nach den in der WLB vorhandenen Drucken, im Falle Mangons nach dem Exemplar der Herzog August Bibliothek. Die Drucke werden auch genannt in: Heinrich HÜSCHEN, Tübinger Musikdrucker im 16. und 17. Jahrhundert, in: Thomas KOHLHASE/Volker SCHERLIESS (Hrsg.), Festschrift Georg von Dadelsen, Neuhausen-Stuttgart 1978, S. 167–178, hier S. 169 und 173 und REICHERT, Martin Crusius und die Musik (wie Anm. 20), S. 203–208.

Nachweisbare Exemplare: Württembergische Landesbibliothek W.G.qt.K.136; weitere Exemplare ebd. Signatur: HBF 677, Fam.Pr.qt.22 [Nr. 9] und weitere Nachweise in: WILHELMI, Die griechischen Handschriften der Universitätsbibliothek Tübingen (wie Anm. 46), S. 233, Nr. 76.

5. Leonhard LECHNER, IVstitiae cultor prudens, in: Eadem Epita-‖phia, ‖ MVSICIS ‖ MODIS SENA-‖RVM VOCVM, A CLARISSI-‖MO WIRTEMBERGICI PRINCIPIS ‖ Musico, D. Leonhardo Lechnero Athesino, mihi ‖ composita, Accepi 28. Iul. 1593. Crusius, in: Martin CRUSIUS, DE ‖ IMP. ROM. FRIDERICO AHENOBARBO, vel ‖ BARBAROSSA, & Studiosorum pri-‖uilegijs officijsque, Ora-‖tio. ‖ HABITA IN XXXXI. MAGISTRO-‖RVM CREATIONE XI. Cal. Septemb. ‖ CIƆ IƆ XCIII. Ty-‖bingae. ‖ Tübingen 1593 [ohne Seitenzählung, nach S. 66, 6 Druckseiten]

Nachweisbare Exemplare: Württembergische Landesbibliothek Fam.Pr.qt.22 [Nr. 10] und HBF 8331 [Separatdruck, ohne die dazugehörige Rede]; weiteres Exemplar in: Bayerische Staatsbibliothek Res/4 Germ. g. 111; weitere Nachweise in: WILHELMI, Die griechischen Handschriften der Universitätsbibliothek Tübingen (wie Anm. 46), S. 233, Nr. 74.

Neudruck in: Leonhard LECHNER, Werke, Bd. 14: Werke für besondere Anlässe, hrsg. von Uwe MARTIN, Kassel/Basel/London [u. a.] 1998, S. 154–156.

6. Leonhard LECHNER, Formosa facie praestans, in: Eadem Epita-‖phia, ‖ MVSICIS ‖ MODIS SENA-‖RVM VOCVM, A CLARISSI-‖MO WIRTEMBERGICI PRINCIPIS ‖ Musico, D. Leonhardo Lechnero Athesino, mihi ‖ composita, Accepi 28. Iul. 1593. Crusius, in: Martin CRUSIUS, DE ‖ IMP. ROM. FRIDERICO AHENOBARBO, vel ‖ BARBAROSSA, & Studiosorum pri-‖uilegijs officijsque, Ora-‖tio.‖HABITA IN XXXXI. MAGISTRO-‖RVM CREATIONE XI. Cal. Septemb. ‖ CIƆ IƆ XCIII. Ty-‖bingae.‖Tübingen 1593 [ohne Seitenzählung, nach IVstitiae cultor prudens, 8 Druckseiten]

Nachweisbare Exemplare: Württembergische Landesbibliothek Fam.Pr.qt.22 [Nr. 10] und HBF 8331 [Separatdruck, ohne die dazugehörige Rede]; weiteres Exemplar in: Bayerische Staatsbibliothek Res/4 Germ. g. 111; weitere Nachweise in: WILHELMI, Die griechischen Handschriften der Universitätsbibliothek Tübingen (wie Anm. 46), S. 233, Nr. 74.

Neudruck in: Leonhard LECHNER, Werke, Bd. 14: Werke für besondere Anlässe, hrsg. von Uwe MARTIN, Kassel/Basel/London [u. a.] 1998, S. 157–160.

7. Zacharias SCHÄFFER, Cantio ‖ EIVSDEM EPICE-‖DII, DE REGINA OSTRO-‖gotthica Italiae, D. Amalasuenta, ‖ sex Vocum. ‖ COMPOSI-‖TA A DOCTIS-‖SIMO ET ORNATISSIMO ‖ VIRO, M. ZACHARIA SCHAEFFERO, ‖ Petricellano, Harcynio: Illustrium Schuuanbergio-‖rum Boëmorum Baronum Praeceptore, ‖ 21. Nou. 98. Tybingae. ‖ in: Martin CRUSIUS, DE EXCEL-‖LENTISSIMA QVON-‖DAM OSTROGOTHICA ‖ Italiae Regina AMALASVENTA, & de ‖ liberalibus atque Regijs Stu-‖dijs, ‖ Oratio. ‖ Tübingen 1599 [ohne Seitenzählung, nach S. 42, insgesamt 22 Druckseiten, Prima Pars 10 Seiten, Secunda Pars 12 Seiten]

Nachweisbare Exemplare: Württembergische Landesbibliothek Theol. qt.1714; laut VD 16 je ein weiteres Exemplar in der Bayerischen Staatsbibliothek und in der Herzog August Bibliothek Wolfenbüttel und weitere Nachweise in: WILHELMI, Die griechischen Handschriften der Universitätsbibliothek Tübingen (wie Anm. 46), S. 235, Nr. 88.

8. Reichard MANGON, Gratulatio ‖ AD ‖ PVLCHERIAM AV-‖gustam, 6. Vocum ‖ COMPOSI-‖TA A REICHAR-‖DO MANGON AQVISGRA-‖nensi Belga, Tybingae Organista. ‖ 24. Iul. [1]600 („Pulcheria exulta pia, pulchro nomine clara"), in: Martin CRUSIUS, PARTHENOS ‖ PULCHERIA AY-‖GUSTA. ‖ MARTINI CRVSII, ‖ GRAECOLATINI ET ORA-‖TORII IN ACADEMIA TV-‖bingensi Professoris, ‖ DE VIRGI-‖NE SERENIS-‖SIMA AVGVSTA PVL-‖CHERIA, IMPERATORIS ORI-‖ENT. ARCADII F. THEO-‖dosij Maioris N. ‖ ORATIO [...], Tübingen 1600, S. 97–109, insgesamt 12 Druckseiten

Nachweisbares Exemplar: Herzog August Bibliothek Wolfenbüttel, Signatur: 44.15 Rhet. (3) und weitere Nachweise in: WILHELMI, Die griechischen Handschriften der Universitätsbibliothek Tübingen (wie Anm. 46), S. 235 f., Nr. 94.

Ganz neuartig waren solche Huldigungsmotetten in Tübingen nicht: Schon 1575 hatte Jacobus Meiland in seinen *Sacrae aliquot cantiones latinae et germanicae* (Frankfurt 1575) ein Preislied auf die Tübinger Universität publiziert, dessen Entstehen wahrscheinlich auf die Bekanntschaft des Komponisten mit dem Tübinger Professor für Poetik und Geschichte, Nikodemus Frischlin, zurückzuführen ist.[64] Jedenfalls lieferte Frischlin für Meilands Druck ein Epigramm, in dem er den Komponisten Meiland mit den überaus bekannten Komponisten Orlando di Lasso und Clemens non Papa verglich. Wie auch im Falle der zweiteiligen Motette Meilands, handelt es sich in der Regel bei den von Crusius in Auftrag gegebenen Kompositionen um zweiteilige Musikdarbietungen, um die Abfolge zweier Motetten, denen separate Texte zugrunde liegen: Die oben aufgeführten Kompositionen 1 und 2, die Kompositionen 3 und 4 und auch 5 und 6 ergeben somit ein Paar. Zacharias Schäffers Cantio wird zwar auf dem Titelblatt wie eine Komposition angekündigt („Cantio"), auf Seite 11 setzt aber die Secunda Pars ein.[65] Einzig Mangons Motette aus dem Jahr 1600 ist durchkomponiert und einteilig (siehe Abb. 6–18 am Ende des Beitrags).

Diese letztgenannte Komposition Mangons gilt der immer noch geltenden Forschungslage nach als verschollen. Reichert hatte sie 1953 ausdrücklich als „noch nicht aufgefunden" bezeichnet. Allerdings listet sie das 1975 erschienene internationale Quellenlexikon RISM auf, und auch der schon 1967 erschienene Katalog der Musikdrucke der Wolfenbütteler Herzog August Bibliothek führt sie auf. Der Katalog ist aber offenbar nie daraufhin gesichtet worden, obwohl er sogar die Seitenzahlen angibt, auf denen der Musikdruck in der Druckpublikation Crusius' zu finden ist. Indes hätte die Beachtung dieses Nachweises eine spezifische Suchstrategie erfordert, weil die Komposition im Bibliothekskatalog unter dem Titel der Gesamtpublikation verzeichnet ist und sich folglich in der Abteilung „Rhetorica" befindet.[66] Nur Heinrich Hüschen weist

---

64 Albert DUNNING, Ein vierhundert Jahre altes Preislied auf die Alma Mater Tubingensis, in: Attempto 31/32 (1969), S. 3–11, hier S. 5.

65 Dies wirft die bisher ungeklärte Frage nach der Aufführungspraxis auf, konkret nach dem Ablauf und der Platzierung der Musikaufführungen innerhalb der Festveranstaltungen.

66 REICHERT, Martin Crusius und die Musik (wie Anm. 20), S. 209. Der Druck ist als Unikat verzeichnet in: Karlheinz SCHLAGER, Einzeldrucke vor 1800 (= Répértoire international des sources musicales A I), Bd. 5: KAA-Monsigny, Kassel-Basel-Tours-London 1975, S. 406 [dort Sigel-Nummer M 358] und Wolfgang SCHMIEDER/Gisela HARTWIEG, Musik. Alte Drucke bis

in seiner Studie zu den Tübinger Musikdruckern (1978) auf diese Komposition hin, aber auch sein Hinweis ist bisher nicht aufgenommen worden.[67] Das liegt wohl auch daran, dass Reichard Mangon ein in der Musikgeschichte bislang weitgehend übersehener und nicht lexikalisch erfasster Komponist ist. Auch gehören akademische Gelegenheitskompositionen nicht zu den Schwerpunkten musikwissenschaftlicher Quellenrecherche, obgleich doch ihre kulturgeschichtliche Einbindung gerade der Musikforschung reichhaltige Fragehorizonte eröffnen könnte.[68] Über das Werk hinaus belegt zudem Mangons Pulcheria-Komposition mit ihrem Titel die Nähe von Organistenamt und akademischer Tätigkeit, wobei der Stadtorganist zum Ärger des Universitätsorganisten Andreas Senger in neue Tätigkeitsfelder vorgestoßen war.[69] Mangon war offenbar kurz vor der Komposition der Pulcheria-Motette in Tübingen angekommen, wirkte als Musiklehrer des dritten Sohnes von Herzog Friedrich im *Collegium illustre* und ist über seinen auf 1600–1603 zu datierenden Eintrag im Stammbuch des Johann Burkhard von Anweil in Tübingen nachweisbar.[70] Wegen der guten Fortschritte des Zöglings wurde Mangon vom Kanzler Enzlin als Organist empfohlen, doch wurde dieser in einer Eingabe heftig verunglimpft: „Der sei ihnen aber gar zu neidisch, schlag nichts gut, führ ein ärgerlich Leben, verderb die Orgel."[71] Mangon war Crusius offenbar bis zur Komposition der Pulcheria-Motette unbekannt gewesen: „Carmen meum de Pulcheria, sex vocibus compositum (binthelio ei committente) à Reichardo Mangon, mihi ignoto, ab Aquisgrania Belga, apud nos facto nuper Organista, recepi."[72] In Tübingen ist der Komponist noch 1609 nachweisbar, und zwar als „Musikus u. Organist an dem fürstl. Württembergischen Kollegium und an der Kirche zu Tübingen".[73]

Mangons Komposition ist im Oktavformat überliefert und umfasst die Seiten 97–109 der Publikation, die Martin Crusius unter dem Titel *Parthenos Pulcheria Augusta* im Jahre 1600 herausgab. Der Notendruck gleicht dem der anderen Crusius-Motetten: Sie sind in Art eines Chorbuchs gedruckt, also in nach Stimmen getrennte Lesefelder

---

etwa 1750 (= Kataloge der Herzog-August-Bibliothek Wolfenbüttel, Die Neue Reihe, 12), Bd. 1: Textband, Frankfurt am Main 1967, S. 207.

67 HÜSCHEN, Tübinger Musikdrucker im 16. und 17. Jahrhundert (wie Anm. 63), S. 173.

68 Bernhard SCHRAMMEK, Zweimal Hoheslied, in: Concerto. Das Magazin für Alte Musik, Nr. 210 (Oktober/November 2006, Jg. 23), S. 35 und Joachim KREMER, Artikel „Gelegenheitskomposition", in: Friedrich JAEGER (Hrsg.), Enzyklopädie der Neuzeit, Bd. 4: Friede-Gutsherrschaft, Stuttgart 2006, Sp. 362–367, hier Sp. 362 f.

69 Zu den Vorgängen um Mangons Organistenamt vgl. STOLL, Zur Musikgeschichte Tübingens (wie Anm. 11), S. 313.

70 Ingeborg KREKLER, Stammbücher bis 1625 (= Die Handschriften der Württembergischen Landesbibliothek Stuttgart, Sonderreihe 3), Wiesbaden 1999, S. 5. Mangons Eintrag befindet sich in: Stammbuch Johann Burchard von Anweyl und des Johann Michael Wekkerlin, 1556–1603, fol. 232ᵛ (WLB Stuttgart, Signatur: Cod. hist. 8° 256).

71 STOLL, Zur Musikgeschichte Tübingens (wie Anm. 11), S. 313.

72 So Crusius in seinem Diarium; vgl. REICHERT, Martin Crusius und die Musik (wie Anm. 20), S. 208.

73 Robert EITNER, Biographisch-Bibliographisches Quellen-Lexikon, Bd. 5: Hainglaise-Kytsch, 2., verbesserte Auflage, Graz 1959, S. 301. Zu Mangon siehe auch BOSSERT, Die Hofkapelle unter Herzog Friedrich (wie Anm. 54), S. 320.

eingeteilt, und zwar im Falle der Komposition Mangons in der Anordnung: [verso] Discantus I, Discantus II, Altus, [recto] Quinta Vox, Tenor, Bassus (Anordnung von links oben nach rechts unten). Der saubere, in allen Fällen technisch anspruchsvolle Typendruck weist im Falle Mangons einige Wasserränder auf und misst 14 auf 18,7 Zentimeter. Er befindet sich heute in mehreren Bibliotheken, aber die Exemplare enthalten nach den Auskünften der Bibliotheken nicht immer den Musikdruck: Das Exemplar der Berliner Staatsbibliothek (Signatur: an: 4" Sh 934) ist nach Auskunft als Kriegsverlust zu beklagen, der in der Rostocker Universitätsbibliothek vorhandene Druck (Signatur: Rc–325) enthält nicht den Notendruck. Mangons Komposition vervollständigt die Gruppe der von Crusius in Auftrag gegebenen Kompositionen, die als Vokalkompositionen universitäre Redeübungen umrahmten oder begleiteten. Dass auch diese Komposition von Crusius angeregt worden war, belegt sein Diarium, in dem er zu Mangon vermerkt: „qui cantionem de Pulcheria Aug. (quarti toni) mihi composuerat".[74] Der sechsstimmigen Komposition liegt folgender Text zugrunde:

>Pulcheria exulta pia, pulchro nomine clara,
>Foemina non facile est felicior ante nec vltra,
>Ante quidem, Regina potens venerandaq[ue] virgo
>Stelligeri vero nunc fulgens incola coeli
>mica quidem iam nulla tuo de corpore restat,
>Nomen inextinctum, sed durat in omnia secla.

Mangons Motette gehört wie auch die anderen Crusius-Motetten der kontrapunktischen Tradition an, deren Stil angesichts der sich um 1600 durchsetzenden Neuerungen als *prima prattica* bezeichnet wurde. Zuweilen finden sich aus einem musikalischen ‚Normsatz' herausfallende Figuren: In Wolfgang Rhaus *Epitaphium* auf König Philipp von Schwaben schließt der Bass mit einem diatonischen Lauf über der ersten Silbe des Schlusswortes „astra", der eine Sexte aufsteigt und dann wieder diatonisch eine Dezime absteigt.[75] Angesichts der in den anderen Stimmen liegenden längeren Notenwerte fällt diese Schlussfloskel deutlich aus dem musikalischen Kontext heraus. Auch Lechner nutzt die Möglichkeiten der *prima prattica*: „Die Schönheit der Kaiserin wird beispielsweise gerühmt von Oberstimmen, ihr Geist bewundert durch Männerstimmen. Selbstverständlich gibt es bildhafte Figurationen, so wird vor allem der Schrecken der Päpste und Türken in vier Stimmen durch langgedehnte, fallende Melismen dargestellt. Eine reiche, aszendierende Figuration in der Altstimme erhält dagegen die schöne Nachkommenschaft."[76] Solche musikalische Gestalten stehen analog zu den Gestaltungsmitteln der rhetorischen Tradition in direktem Bezug zum Wort- und zum Textsinn. Dieses seit Jahrzehnten ausführlich diskutierte Feld der „musikalischen Rhetorik" hat die musikwissenschaftliche Diskussion zeitweise einigermaßen belebt, und als Grundkonsens kann die Unterscheidung in grammatikalisch-formale und in emphatische Figuren gelten.[77] Vor diesem Hintergrund bieten die Crusius-Motetten einen

---

74 Zitiert nach REICHERT, Martin Crusius und die Musik (wie Anm. 20), S. 202.
75 Vgl. den Notendruck Nr. 1, dort handschriftlich paginiert S. 39ʳ.
76 Vgl. die Erläuterungen des Herausgebers in: Leonhard LECHNER, Werke, Bd. 14: Werke für besondere Anlässe, hrsg. von Uwe MARTIN, Kassel/Basel/London [u. a.] 1998, S. 151.

interessanten stilistischen Befund, auch wenn die Tübinger Universität um 1600 kein ausgewiesener Hort der theoretischen Reflexion über die *musica poetica* war. In der Regel liegen den Motetten Texte zugrunde, die Bezug auf die zu feiernden Personen oder die württembergischen Beziehungen nehmen. Leonhard Lechners Motette auf Friedrich Barbarossa nennt ihn „Suevorum lux clara". Ausdrücklich wird in Zacharias Schäffers Motette Herzog Eberhard als württembergischer Herzog besungen und als „Gymnasijq. Tubingensis celeberrimus auctor" gepriesen. Diese Textpassage wird musikalisch hervorgehoben, indem „Gymnasijq. Tubingensis" in der *Proportio tripla* notiert ist und dieses Dreiermetrum aus dem musikalischen Gesamtkontext herausfällt. Und auch im Falle der Mechthild, der „primi ducis optima mater", wird die Gründertätigkeit hervorgehoben: „hortatu cuius duo sunt constructa Lycea Vnum Brisgoiae post quod schola clara Tybingae". Auch hier wechselt der Komponist ins Dreiermetrum, und zwar bei der Textstelle „hortatu cuius", wodurch beide Motetten in ihrer formalen Gesamtanlage aufeinander Bezug nehmen. Auch Reichard Mangon greift in seiner Motette zu diesem Mittel der Texthervorhebung: Das Metrum wechselt in seiner Motette bei der Textstelle „de corpore restat" in die *Proportio tripla*, um das folgende „nomen inextinctum" wieder in geradem Metrum zu deklamieren. Dieses beschwingte Dreiermetrum auf die Worte „de corpore restat" zu beziehen und eine Ausdeutung des Wortsinnes zu vermuten, schiene indes wegen des Fehlens einer ikonographischen Darstellungstradition der physischen Erscheinung überinterpretiert; in formaler Hinsicht unterbricht aber dieses Metrum den Fluss der Musik und hebt damit diese Textstelle hervor. Sie befindet sich unmittelbar vor einer Schlusssteigerung, die mittels der Imitation eines Skalenmotivs in Discantus I, Discantus II, Altus und Bassus (im Tenor wird das Motiv sowohl steigend wie auch fallend verwendet) in eine plagale Schlusskadenz mündet. Gegenüber der zögerlichen und sukzessiven Anrufung der Pulcheria zu Beginn der Motette weist diese klangvolle Schlusswirkung mit ihrer Vorbereitung durch den kurzen Tripla-Abschnitt auf eine planmäßige Anlage der Komposition und eine bewusst intendierte Schlusssteigerung hin. In ihrer Schlusswirkung erinnert diese Motette an Wolfgang Rhaus *Epitaphium* auf König Philipp von Schwaben.[78]

Allem Gestaltungswillen zum Trotz fällt aber auf, dass die eben beschriebenen Qualitäten der Motetten eher strukturelle, gewissermaßen „grammatikalische" Figuren darstellen und nicht affektiv-emphatischer Natur sind. Crusius selbst war die Bedeutung der im Dienste einer affektvollen *pronuntiatio* stehenden Gestaltung einer Rede durchaus bewusst: Die Leichenreden sollten eine seelische Erschütterung hervorrufen, und Crusius äußert sich zuweilen zur Art seines Vortrags und erwähnt dabei auch seine eigene, tränenreiche Ergriffenheit.[79] Dies weist aber nicht unbedingt auf die

---

77 Hartmut KRONES, Musik und Rhetorik, in: Ludwig FINSCHER (Hrsg.), Die Musik in Geschichte und Gegenwart, Sachteil Bd. 6, Kassel [u. a.] 1997, Sp. 814–852.
78 Auch in Wolfgang Rhaus EPITAPHIVM, AVGVSTAE ‖ IRENAE HOHENSTAVFFAE fällt ein Skalenmotiv auf, das an der Textstelle „Romani Regis" in allen Stimmen aufscheint und diese hervorhebt.
79 SCHMIDT-GRAVE, Leichenreden und Leichenpredigten Tübinger Professoren (wie Anm. 56), S. 50 f.

eingangs erwähnte Zunahme affekthaften Komponierens um 1600 hin, denn alle Crusius-Motetten sind eher in geringem Maße affekthaft oder wortausdeutend; sie haben wenig von den affektiven Qualitäten der zeitgenössischen Madrigalkompositionen und sind daher deutlich als traditionell zu bezeichnen. Zu fragen wäre aber auch, über welche Wege man damals in Tübingen oder Württemberg affekthafte Musik hätte rezipieren können. Die Hofkapelle unter Herzog Friedrich I. war aller Ambition zum Trotz kein Ort intensivster Pflege des italienischen Madrigalrepertoires.[80] Umso bemerkenswerter ist deshalb, dass Reichard Mangon 1609 als Tübinger Organist unter dem Titel *Canticum canticorum Salomonis* 16 doppelchörige Motetten aus dem *Hohen Lied* veröffentlichte. Die Vertonung der ersten beiden Kapitel erfolgt durch je acht Motetten, die planmäßig angeordnet sind: Beide Reihen beginnen in klanglicher Opulenz achtstimmig und enden vierstimmig, die erste Gruppe steht im ersten Kirchenton, die zweite im zweiten. Bemerkenswert ist aber der stilistische Umgang mit der Mehrchörigkeit, die auf neueste Entwicklungen des Konzerts Bezug zu nehmen scheint: „Blockhafte, doppelchörige Passagen wechseln mit kleiner besetzten Phrasen ab, es finden sich polyphone Ansätze, aber auch bereits sehr konzertant wirkende Abschnitte."[81] Angesichts der Nobilität der akademischen Promotionen und der in den Reden bedachten Personen ist die Stillage der Crusius-Motetten aber kaum als ‚Rückschritt' oder als ‚altmodisch' zu bewerten: Vielmehr ist die Nobilität des *stile antico* dem situativen Anlass durchaus angemessen, nämlich im Sinne der rhetorischen Kategorie des *aptum*.

5. Musikalisches Umfeld in Tübingen

Friedrich Seck stellte dar, dass die 1593 entstandenen Crusius-Motetten die unter dem Dekanat von Crusius gehaltene Frühjahrs-Magisterpromotion umrahmt haben und dass in dieses Umfeld weitere Kompositionen gehören. Nicht nur die Funeralmotette auf Pulcheria Crusius ergänzt den Bestand der klingenden Memorien, die mit Crusius verbunden sind; Seck verweist vielmehr auf eine weitere Schrift zur Promotion von 1593, Zacharias Schäffers *Laurus philosophica* (Tübingen 1593), die neun der neuen promovierten Magister gratulierte und der eine vier- und dreistimmige Komposition Schäffers vorangestellt ist.[82] Im Grunde waren die Anlässe für musikalisches Wirken in der Universität außerhalb der in der Württembergischen Kirchenordnung von 1559

---

80 KREMER/LORENZ/RÜCKERT, Hofkultur um 1600 (wie Anm. 13), passim.
81 So SCHRAMMEK, Zweimal Hoheslied (wie Anm. 68), S. 35. Eine detaillierte Untersuchung dieses ersten Befunds steht noch aus und würde wegen des Wirkungsortes des Komponisten einen nicht unwichtigen Beitrag zur württembergischen Musikgeschichtsschreibung darstellen.
82 SECK, Keplers zweites Gedicht (wie Anm. 57), S. 289. Seck nennt noch als weitere Komposition des Jahres 1593 „Ein teutsch Lied mit vier Stimmen" zur Hochzeit des Tübinger Gastwirts Johannes Mockel am 11.09.1593. Sie wurde gedruckt in: In nvptias ornatissimi et doctissimi viri, D. Ioannis Mockelii [...], Tübingen 1595. Laut Secks Angabe befindet sich das einzige nachweisbare Exemplar in der Bibliothek der Harvard University.

formulierten Verpflichtung, während des Gottesdienstes „zu helffen mit der gemeinen Kirchen zu singen", unterschiedlicher Art. Die Kirchenordnung von 1559 verfügte auch das Singen von Motetten nach den Mahlzeiten im Stift, beim Besuch auswärtiger Gäste und bei besonderen Anlässen.[83] Sie stand in diesem Punkt den zahlreichen lutherischen Schulordnungen nahe, die die praktische Musikausübung oft in zeitlicher Nähe zum mittäglichen Essen platzierten. Weitere Anlässe sind im universitären Umfeld zumindest nachweisbar: 1590 wurde das Musizieren in der Kirche bei Hochzeiten von Professoren und von Adligen gestattet. Magister Johann Wilibald Bintel, Spross einer Hofmusikerfamilie, leitet 1599 bei einer Prunkmahlzeit junger Adliger die Aufführung lateinischer Gesänge, für 1599 überliefert Crusius das Musizieren des Musikrepetenten anlässlich der Hochzeit einer Tochter Crusius': „M. Bintel figuravit."[84] Crusius selbst war häufiger zu Gast im Stift, wobei nach den Mahlzeiten musiziert wurde; überliefert ist in diesem Zusammenhang auch das Mitwirken von Abel Weinlin, Samuel Mag[e]irus, Ludwig Caboy.[85] Die bei solchen Anlässen zur Aufführung gelangten Kompositionen sind kaum als reine Tafelmusik zu verstehen. Sie vereinen vielmehr mehrere Funktionen, die nicht nur in der sozialen Rückversicherung der Teilnehmer oder dem Moment der Unterhaltung bestand. Indem diese Motetten teilweise auch bei den öffentlichen Reden aufgeführt wurden, sind sie konkret auf akademische Veranstaltungen und Sujets zu beziehen; sie sind damit akademische Gelegenheitskompositionen, deren akademischer Charakter aber auch außerhalb der konkreten Aufführungssituation erinnert werden kann. Auch die Trauermotette für die verstorbene Tochter Pulcheria, die Motette *Filia quo properas* des Stuttgarter Hofmusikers Wolfgang Rhau, konnte deshalb eine über den konkreten situativen Kontext hinausreichende Erinnerungsfunktion übernehmen. Aus dem *Diarium* wird ersichtlich, dass Crusius diese Komposition bei einem privaten Essen am 3. Dezember 1598 und auch im Rahmen seiner Geburtstagsfeier im Jahre 1600 gesungen hat. Die als *Carmen lugubre* bezeichnete Komposition wurde 1594 nach dem Tod der Crusius-Tochter Pulcheria komponiert, die im Alter von noch nicht einmal 19 Jahren am 16. April des Jahres verstorben war. Der Vater hielt sich kurz darauf, vom 13. bis 26. Mai, im Thermalbad Wildbad auf und traf dort den herzoglichen Musiker Wolfgang Rhau, der rasch die zweiteilige Motette für Crusius komponierte. Schon am 19.5. berichtet Crusius vom Erhalt der Komposition. Sie wurde der Leichenpredigt beigefügt, und am 25.8. bedankt sich Rhau für die Übersendung eines Belegexemplars dieses Druckes, der einer der ältesten württembergischen Funeralmusikdrucke dieser Art ist.

Die Komposition besteht wie auch die Mehrheit der anderen Crusius-Motetten aus zwei Teilen, wobei der zweite Teil ausdrücklich als ‚Antwort der Tochter' bezeichnet wird („Secunda Pars: Respondet filia."). Der von Crusius verfasste lateinische Text stellt ein Zwiegespräch zwischen den trauernden Eltern und der verstorbenen Tochter dar. Die Frage der betrübten Eltern „Filia quo properas" – „Tochter, wohin eilst du?" –

---

83 Vgl. die diesbezüglichen Auszüge in: STOLL, Zur Musikgeschichte Tübingens (wie Anm. 11), S. 317.
84 NIEMÖLLER, Untersuchungen zu Musikpflege und Musikunterricht (wie Anm. 31), S. 545.
85 REICHERT, Martin Crusius und die Musik (wie Anm. 20), S. 202 und 207 f.

eröffnet die Komposition. Im zweiten Teil beantwortet die Tochter in direkter Rede die Frage der Eltern und tröstet diese: „Ad Christum propero: ne me retinete" – „Zu Christus eile ich, haltet mich nicht zurück". Beide Teile wirken wie eigenständige Kompositionen; der Neueinsatz des zweiten Teils ist aber wie der Beginn des ersten Teils so gestaltet, dass alle fünf Stimmen nacheinander einsetzen. Dies ist für eine motettische Komposition dieser Zeit nicht außergewöhnlich. Im vorliegenden Fall ist dies aber als ein sinnträchtiger Parallelismus zu werten: Wie die Anfänge beider Teile als Frage und Antwort korrespondieren, so korrespondiert auch deren Vertonung in musikalisch-satztechnischer Hinsicht. Die drückende Frage der Eltern wird fünffach gestellt und auch fünffach beantwortet.

Die an die verstorbene Pulcheria gerichtete Frage und deren Antwort bilden ein Motiv, das zum Repertoire der Funeralmusiken zählt: das fiktive Gespräch mit einem Toten, ein Gespräch über die unüberwindliche Grenze zwischen Leben und Tod hinweg. In Kompositionen des 17. Jahrhunderts ist dieser Topos häufiger zu finden, etwa als Gespräch zwischen einem Sünder und Christus oder zwischen der verstorbenen Frau und dem „betrübten Wittwer". In einem 1658 in Schwäbisch Hall gedruckten „Langenburgischen Klag- und Trauerhauß" wird die Trauer des Ehemanns von einer „tröstenden Stimme" kommentiert: Diese „vox consolans" stellt die Verstorbene dar, die in Sopranlage dem klagenden Bass antwortet. Zudem ergänzt sie – gewissermaßen als Sinnbild der Vollendung des Lebenskreises – die unvollständige Verszeile des Basses und somit den Reim zur Vollständigkeit.[86] Dieses Beispiel zeigt deutlich, wie sich in dieser Komposition verschiedene musikalische Modelle durchdringen. Es sind die Echos, wie sie aus der Bühnenmusik stammen, die aus den mythologisch inspirierten frühen Intermedien und Opern stammen und in die geistliche Musik drangen (etwa in Monteverdis Marienvesper) und die unvollständige Verszeilen komplettieren können. Es ist aber auch die Gattung des Dialogs, die seit etwa 1600 Christus und eine gläubige Seele in ein musikalisches Gespräch treten lässt, oft auch mit Fragen und Trost spendenden Antworten, wobei die gläubige Seele meist in Sopranlage agiert. Auch die Quis-dabit-Vertonungen, die einen Text aus den Klageliedern Jeremiä (9,1 ff.) paraphrasieren, sind als Vorbild denkbar, die mit der Häufung von Fragen den Tod beklagen; es gibt solche Kompositionen unter anderem von Heinrich Isaac und Pierre de la Rue. Die Komposition von Costanzo Fest, die er 1514 auf den Tod der Anne de Bretagne komponierte, wurde 1538 gedruckt und zu einer Nänie auf den Tod Kaiser Maximilians umgearbeitet.

6. Die ‚Anwendbarkeit' der ehemals universitären Disziplin

Die Hinwendung zur musikalischen und zur unterrichtlichen Praxis, die auch darin zu sehen ist, dass musiktheoretische Schriften seit dem 16. Jahrhundert in Deutschland vorrangig außeruniversitärer Natur waren, führte letztlich zu einer Randständigkeit

---

86 Diese Technik findet sich auch in zeitgenössischen Echokompositionen, etwa den Florentiner Intermedien von 1589.

der Musik im universitären Fächerkanon, nicht nur in Tübingen. Zeitweise wurde versucht, sie wieder als universitäre Disziplin einzuführen, doch sind nur wenige auf die Musik bezogene Dissertationen aus der Zeit zwischen 1680 und 1730 nachweisbar, z. B. aus Uppsala, Rostock, Leipzig und Kiel. Sie widmen sich Fragen der Musiktheorie, etwa den Wesensarten des Taktes, dem Berufsstand der Kantoren, der Musik im Erziehungssystem oder der Musikmedizin, insbesondere der Behandlung von Tarantelstichen mit Musik.[87] Auch die Abhandlung *Monochordon symbolico-biomanticum. Abstrusissimam pulsuum doctrinam, ex harmoniis musicis [...] demonstrans* (Ulm 1640) des Arztes und ab 1648 als Tübinger Medizinprofessor wirkenden Samuel Hafenreffer ist in diesem Zusammenhang zu sehen, weil sie Parallelitäten zwischen Musik und dem menschlichen Körper annimmt und ganz im Sinne einer für das 17. Jahrhundert typischen Vorstellung mechanischer Wirkungen der Musik den menschlichen Puls als die „vitae Melodiam suavissimam" betrachtete (so in der Widmungsvorrede seiner Abhandlung, fol. A 3ʳ): Ganz im Einklang mit anderen medizinischen Schriften, die „den Einfluß der Intervalle, des Tempos, der Dynamik und anderer musikalischer Mittel auf den Puls und damit auf den Lebenssaft und auf die Muskeln"[88] beschrieben, strebt Hafenreffer an, „tractare musicaliter, eò, quòd cordis motum, tactus Musicus graphicè depingat, ac manus Musici Elevatio & depressio, cum cordis Systole ac Diastole, maximè correspondeat".[89] Seine graphische Darstellung verschiedener Pulsarten mittels der Notenschrift steht in einem größeren wissenschaftsgeschichtlichen Kontext: Hafenreffers Ansatz blieb nämlich nicht singulär, ist in der Folgezeit in Württemberg und auch überregional nachweisbar: Konkrete Versuche, den menschlichen Puls mittels der Notenschrift darzustellen, sind außer von Hafenreffer von Athanasius Kircher (1650), vom württembergischen und durch Hafenreffer angeregten Arzt Rosinus Lentilius (1711) und von François Nicolas Marquet (1747) vorgelegt worden. Noch 1782 übernahm der Leipziger Professor für Medizin Johann Georg Friedrich Franz Beispiele aus Hafenreffers Pulsdarstellungen. Aber es gab auch seit der Mitte des 17. Jahrhunderts grundlegende Einwände, die die musikalische Pulslehre als unnütz und spekulativ betrachteten.[90] Zu den medizingeschichtlichen Vorbehalten kommen

---

87 Vgl. Werner BRAUN, Aspekte des Klingenden in lutherischen Universitätsschriften zwischen 1600 und 1750, in: OCHS/TENHAEF/WERBECK/WINKLER, Universität und Musik im Ostseeraum (wie Anm. 1), Berlin 2009, S. 11–22, insbesondere zum thematischen Spektrum S. 16–18.

88 Susanne HAHN, Artikel „Puls", in: Werner E. GERABEK [u. a.] (Hrsg.), Enzyklopädie Medizingeschichte, Berlin/New York 2005, S. 1202 f., hier S. 1202 und Werner BRAUN, Deutsche Musiktheorie des 15. bis 17. Jahrhunderts, Zweiter Teil: Von Calvisius bis Mattheson (= Geschichte der Musiktheorie 8,2), Darmstadt 1994, S. 56.

89 So die Widmung in: Samuel HAFENREFFER, Monochordon symbolico-biomanticum. Abstrusissimam pulsuum doctrinam, ex harmoniis musicis [...] demonstrans, Ulm 1640, Dedicatio, A 2ᵛ und A 3; vgl. BRAUN, Deutsche Musiktheorie des 15. bis 17. Jahrhunderts (wie Anm. 88), S. 56 und Werner Friedrich KÜMMEL, Musik und Medizin. Ihre Wechselbeziehungen in Theorie und Praxis von 800 bis 1800 (= Freiburger Beiträge zur Wissenschafts- und Universitätsgeschichte 2), Freiburg/München 1977, S. 38–44.

90 KÜMMEL, Musik und Medizin (wie Anm. 89), S. 50 f. Besonders für die württembergische Perspektive ist das folgende, 1711 in Stuttgart gedruckte Werk interessant: Rosinus LENTILIUS, Eteodromus medico-practicus anni MDCCIX, Stuttgart 1711.

noch innermusikalische Gründe, die diesen Ansatz der musikalischen Pulslehre nicht unterstützten: Werner Braun deutet die Darstellung auf der Titelseite von Hafenreffers Buch eines männlichen Engels, der eine über eine Kartusche gespannte Saite anzupft (Abb. 5), als Indiz für den Abstand zur eigentlichen Musiktheorie der Zeit, wobei das Instrument allerdings – das wäre zu bedenken – an das aus antiker Tradition stammende einsaitige Monochord erinnert. Kümmel verweist zudem auf die Entwicklung von einer „stabilen Grundzählzeit" der mensuralen Musik hin zur affektbedingten, variablen Tempogestaltung. Tatsächlich hat die bestimmende Rolle der Affektdarstellung, die ja auch – wie oben erwähnt – die Dissonanzbehandlung veränderte, auch die musikalischen Tempi zunehmend als relativ und als relational verstanden und damit das Bewusstsein für jedes musikalische Tempo verändert. Claudio Monteverdi unterscheidet deshalb in seinem achten Madrigalbuch (Venedig 1638) ausdrücklich zwischen einem „tempo de la mano" und einem neuen „tempo dell'affetto del animo e non a quello de la mano".[91] Die medizinischen Abhandlungen sind also einerseits Beleg für die große Bedeutung der an der Musik aufgezeigten Prinzipien, aber andererseits auch Beleg für deren Unzulänglichkeit. Dies bedeutet auch eine zunehmende Abkehr von der *musica speculativa* und eine Hinwendung zur praxisorientierten Musikanwendung, zu der gleichermaßen die Medizin wie auch die praktische Musikausübung gehörten, folgerichtig auch die Tübinger *Dissertatio musica* über Lassos Harmonik des ordentlichen Professors der Eloquenz Christoph Kaldenbach, die der Respondent Elias Walther 1664 verteidigte. Kümmel hatte deshalb unterstrichen, dass im 18. Jahrhundert „der quadriviale musica-Gedanke [...] immer mehr in den Hintergrund trat";[92] das 17. Jahrhundert scheint für diese Entwicklung eine grundlegende Phase des Umbruchs gewesen zu sein, für die Hafenreffers Abhandlung und auch die Crusius-Motetten aussagekräftige Belege darstellen.

Der verstärkte Zug zur Praxis in der universitären Disziplin *musica* lässt sich um 1600 auch an den mit Tübingen verbundenen musiktheoretischen Schriften nachweisen. Der Theologe Daniel Hi[t]zler, jüngerer Brüder des württembergischen Hofsängers Johann Wolfgang Hitzler (tätig um 1590), publizierte 1628 in Tübingen seine Newe MUSICA Oder Singkunst in zweiter Auflage, und zwar dem Titel zufolge „Zu fürderlichem und doch gründlichem Unterricht Der Jugendt".[93] Diese Schrift geht wohl auf Hitzlers handschriftliche und heute verschollene *Neue Musica* (um 1615) und auf seinen *Extract Auß der Neuen Musica Oder Singkunst* (Nürnberg 1623) zurück.[94] Der zum Zeitpunkt

---

91 Vgl. KÜMMEL, Musik und Medizin (wie Anm. 89), S. 57 und Claudio MONTEVERDI, Madrigali Guerrieri et amorosi con alcuni opuscoli in genere rappresentativo [...] Libro ottavo, Venedig 1638, Neudruck hrsg. von Anna Maria VACCHELLI (= Instituta e Monumente, Serie 1, Vol. 15, T. 14,2), Cremona 2004, Vorrede. Zum Tempo vgl. ausführlich Klaus MIEHLING, Das Tempo in der Musik von Barock und Vorklassik. Die Antwort der Quellen auf ein umstrittenes Thema, Wilhelmshaven ³2003, S. 19–29.

92 KÜMMEL, Musik und Medizin (wie Anm. 89), S. 47.

93 Daniel HI[T]ZLER, Newe Musica Oder Singkunst. M. Danielis Hizleri Heydenheimii Wirtembergici. Zu fürderlichem und doch gründlichem Unterricht Der Jugendt, Editio Secunda, Tübingen 1628. Ein Exemplar befindet sich in der Staatsbibliothek Preußischer Kulturbesitz Berlin (Signatur: Mus. ant. theor. H 65); zu Hi[t]zler siehe auch Othmar WESSELY, Tubingensia, in: Die Musikforschung 7 (1954), S. 397 f.

Abb. 5. Samuel Hafenreffer: Monochordon symbolico-biomanticum. Abstrusissimam pulsuum doctrinam, ex harmoniis musicis demonstrans, Ulm 1640, Titelseite

der Zweitauflage in Bebenhausen als Spezialsuperintendent und Abt wirkende Hitzler propagiert in seiner Druckschrift eine neue Methode des Musiklernens, die er Bebisation nannte. Wie die schon um 1550 erfundene Bocedisation oder die kurz zuvor erfundene Bobisation sollte auch sie die tradierte Solmisation ersetzen. Das Verfahren besteht in der Anwendung der Tonsilben „la-be-ce-de-me-fe-ge-la" und zeigt die vorrangige Ausrichtung an der unterrichtspraktischen Verwendbarkeit. Eine frühe, vielleicht sogar die erstmalige Rezeption dieser Methode dokumentiert Nicolaus Gengenbachs Musica Nova (Leipzig 1626), die ähnlich wie Hitzlers Schrift auch für jugendliche Leser bestimmt ist: „Der lieben Jugend/ so noch wenig zum Latein gewehnet/ vnd Simplicioribus zum besten gestellet".[95] Gengenbach beschreibt in seiner Musica Nova die schon vor wenigen Jahren bekannt gewordene Erfindung Hitzlers: „Hernach vor wenig Jahren ist noch neher kommen M. DANIEL HIZLERUS, Heydenheimii Wirttenbergicus, welcher zu förderlichen Unterricht der Music [...] eine newe Bebisation erfunden hat".[96] Wie sehr diese Methode der Musikpraxis diente, geht auch aus Gengenbachs Hitzler-Zitat hervor, dass der Schüler unter Zuhilfenahme eines Musikinstruments, z. B. einer „Geygen oder Lauten" oder einem anderen „Seytenspiel", üben könne. Gegenüber der Modernität der Bebisation ist Gengenbach die Herkunft der Solmisation bekannt: „Die voces musicales ut re mi fa sol la, sollen genommen seyn (vor sechshundert Jahren) aus dem Hymno in Festo Johannis Baptistae", worauf als Beleg der Textanfang des Ut queant laxis, resonare fibris (Paulus Diaconus, 8. Jh.) zitiert wird. Das Bewusstsein für die Tiefendimension der Solmisation ist damit als wissenschaftsgeschichtliches Relikt erkennbar, der Verweis auf den Hymnus zeigt die Verwendung der Herkunft als rein propädeutischen Akt.

Gerade die Transformation hin zur Anwendbarkeit konnte also – wie der medizingeschichtliche Bezug erkennen lässt – neuen Verankerungen der Disziplin musica im Wissenschaftssystem förderlich sein. Infolge des Fehlens einer überregionalen Vergleichsstudie kann aber nur mit Vorsicht behauptet werden, dass das Erbe der quadrivialen musica in der akademischen Welt noch lange Spuren hinterlassen habe, nämlich mit den Dissertationen zu Zahlenspekulationen nach Pythagoras (Jena 1673, Wit-

---

94 SL [Schriftleitung]/(Othmar WESSELY), Hitzler, Daniel, in: Ludwig FINSCHER (Hrsg.), Die Musik in Geschichte und Gegenwart, Personenteil Bd. 9, Kassel [u. a.] 2003, Sp. 70–72, hier Sp. 71.

95 Nicolaus GENGENBACH, Musica Nova. So wol Nach der alten Solmisation, als auch newen Bobisation und Bebisation der Jugend so leicht vorzugeben/ als zuvor noch nie an Tag kommen. Und begreifft in sich drey Theil: 1. Theoreticam, Was in der Musica zu wissen von nöthen. 2. Practicam, Wie nach diesem die Musica anzugreiffen/ und ad usum zu transferiren. 3. Technologicam, Wie die nothwendigsten Lateinischen/ Griechischen vnd jetzo ublichen Italienischen Termini Musici zu verstehen, Leipzig 1626, Titelblatt. Zu Sethus Calvisius und Johannes Lippius und dem Gebrauch der „Belgicas voces septem" als Grundlage zur „Bobisatio" in deren Traktaten Musicae artis Praecepta (Jena 1612; es handelt sich um eine Neuausgabe des Compendium musicae pro incipientibus, Leipzig 1594 bzw. 1602) und Synopsi Musicae novae (Straßburg 1612) vgl. GENGENBACH, Musica Nova (wie oben), Pars Prima, S. 20 und zu Hitzler ebd. S. 24–28.

96 GENGENBACH, Musica Nova (wie Anm. 95), S. 24 bzw. S. 28 und zum folgenden Hinweis auf die Solmisation S. 131. Zur Tonbezeichnung im System der Bebisation vgl. BRAUN, Deutsche Musiktheorie des 15. bis 17. Jahrhunderts (wie Anm. 88), S. 83.

tenberg 1672 und 1681, Leipzig 1690 und Uppsala 1716) und zur Glockenkunde mit ihren Proportionen (Jena 1684/85, Leipzig 1692).[97] Die 1664 von Elias Walther verteidigte Tübinger Dissertation über Lassos Harmonik des Professors Christoph Kaldenbach ist in diesem Kontext ein interessanter Mosaikstein, indem sie „unter Analyse ebenfalls [also wie der Rostocker Kantor Joachim Burmeister; d. Verf.] eine Art von angewandter Rhetorik" versteht.[98] Damit reagiert sie auf eine am Beispiel der Crusius-Motetten aufgezeigte ‚Rhetorisierung' der Komposition (unabhängig davon, ob sich diese im Stil der *prima* oder der *seconda prattica* bewegt) und ist zugleich ein Indiz für die Umorientierung der akademischen Disziplin, die nun eher zu einer musikpraktischen Disziplin mutiert, und zwar in Anlehnung an die Poetik (darauf deuten Begriffe wie *musica poetica* hin). Ein interessantes Unterfangen wäre, vor dem Hintergrund dieser Entwicklungen die Strategien außermusikalischer Kontextualisierungen und der wissenschaftsgeschichtlichen Referenzpunkte (oder den Verzicht darauf) der Disziplin „Musiktheorie" darzustellen, da doch beispielsweise die Geschichte der kirchlichen Musik als permanente Diskursgeschichte verstanden werden kann. Insbesondere könnte für die Position der Musik im universitären Gefüge in Tübingen aufschlussreich sein, Darstellungsweise, Argumentation und Kontextualisierung von Elias Walthers *Dissertatio Musica* (Tübingen 1664) näher zu untersuchen.

Trotz der Breite der musiktheoretischen Schriften, die Crusius' Wirken zeitlich gesehen umrahmen – Ornitoparch, Faber, Hitzler und Walter – und trotz des Musikinteresses des Tübinger Gräzisten und der durch ihn und für ihn entstandenen Kompositionen hat dieser musikalische Reichtum eine Kehrseite: das Herausfallen der (ohnehin in Tübingen als Wissenschaft nur schwach verankerten) *musica* aus dem universitären Fächerkanon.[99] Das wiederum steht möglicherweise im Kontext der allgemeinen Entwicklung des Quadriviums und wirft die Frage nach der generellen universitären Verfassung der artistischen Fächer auf. Zu fragen wäre deshalb nach einer Rhetorisierung und Trivialisierung der Fächer der Artistenfakultät und damit auch nach dem sprachlichen Niveau der musiktheoretischen Abhandlungen, ihrer Abhängigkeit von einer methodischen Unterrichtsliteratur des 16. und 17. Jahrhunderts im Gefolge einer neuen Pädagogik und ihren argumentatorischen Strategien. Der Musik war indes zwischenzeitlich im Vergleich zu den anderen Fächern ein starker, außeruniversitärer Konkurrent erwachsen: Die offenkundige Intensivierung der Musikpflege unter der Ägide des Martin Crusius, die als eine Blütezeit verstanden werden könnte, kann nämlich auch als dezidierte Hinwendung zur *musica practica* und als Verabschiedung von der *musica theoretica vel speculativa* verstanden werden, wie sie Emil Platen schon für das ausgehende 16. Jahrhundert allgemein festgestellt hat.[100]

---

97 BRAUN, Aspekte des Klingenden (wie Anm. 87), S. 17. Zur Fortdauer antiker Zuordnung von Himmelskörpern und Tönen bis in die frühe Neuzeit vgl. Lukas RICHTER, Struktur und Rezeption antiker Planetenskalen, in: Die Musikforschung 52 (1999), S. 289–306.
98 BRAUN, Deutsche Musiktheorie des 15. bis 17. Jahrhunderts (wie Anm. 88), S. 9.
99 Ein weiteres Indiz dafür scheint auch der enge Kontakt Hitzlers zum Lautenisten Paul Jenisch zu sein, den sein Eintrag in Jenischs Stammbuch belegt, in: WLB, Cod. hist. 4° 299, 169ʳ.
100 PLATEN, Universität und Musik (wie Anm. 1), Sp. 1169.

Abschließend muss aber deutlich unterstrichen werden, dass dieser Befund nur als ein vorläufiger gelten kann: In Einklang mit der von Rainer Bayreuther aufgeworfenen Frage, inwieweit die Musik als ein Subthema anderer Wissenschaften erhalten geblieben sein kann,[101] wäre nämlich danach zu fragen, inwieweit auch in Tübingen und besonders in Tübinger Lehrbüchern anderer Disziplinen musikalische Aspekte berücksichtigt wurden, etwa in philosophischen, ethischen, politischen[102] und metaphysischen Ausführungen, und inwieweit sie auch im Bereich der Mathematik, der Astronomie und der Physik als ein Subthema existierte. Auch in Georg Lieblers Abhandlung über die Physik von 1561 wird die *musica* als Teil der *disciplinae mathematicae* genannt, inwieweit dies aber als rudimentär oder als ‚interdisziplinär' zu werten ist, können nur detaillierte und auch vergleichende Untersuchungen aufzeigen.[103] Ein offensichtlicher Mangel an akademischen Lehrveranstaltungen aus dem Bereich der *musica* muss also nicht zwingend auf ihre vollkommene Abwesenheit hindeuten. Gerade weil in Tübingen im Gegensatz zu Freiburg oder Erfurt die Musik als eigenständige Wissenschaft in Statuten und sonstigen Urkunden des 16. und 17. Jahrhunderts nicht belegt ist,[104] könnte diese Existenzform als Subthema von ausschlaggebender Bedeutung sein. Samuel Hafenreffers *Monochordon symbolico-biomanticum* (1640) und auch noch Rosinus Lentilius' *Eteodromus medico-practicus* (1711) weisen deutlich auf eine solche – nun als eine Form der (heute sogenannten) ‚angewandten Musikwissenschaft' zu bezeichnende – Daseinsform der *musica* im Wissenssystem des 17. und des beginnenden 18. Jahrhunderts hin.

---

101 BAYREUTHER, Musik als Unterrichtsgegenstand (wie Anm. 1), S. 23.
102 Zur politischen Bedeutung der Musik und zum Vergleich der politischen Gemeinschaft mit einer gestimmten Leier durch Hippodamos von Milet vgl. Paul MORAUX, Der Aristotelismus bei den Griechen. Von Andronikos bis Alexander von Aphrodisias, Bd. II: Der Aristotelismus im I. und II. Jahrhundert n. Chr. (= Peripatoi 6), Berlin 1984, S. 678 f.
103 Vgl. zu Liebler insbesondere Joseph S. Freedmans Beitrag in diesem Band. Auf die Notwendigkeit, Politik und Physik näher zu untersuchen, verweist BAYREUTHER, Musik als Unterrichtsgegenstand (wie Anm. 1), S. 32.
104 STOLL, Zur Musikgeschichte Tübingens (wie Anm. 11), S. 315.

Gratulatio
A D
PVLCHERIAM AV-
guftam, 6. Vocum
COMPOSI-
TA A REICHAR-
DO MANGON AQVISGRA-
nenſi Belga, Tybingæ Organiſta.
24. Iul. 600.

N   *Pulcheria*

Abb. 6. Reichard Mangon: Gratulatio ad Pulcheriam Augustam, in: Martin Crusius: Parthenos Pulcheria Augusta, Tübingen 1600, Titelseite

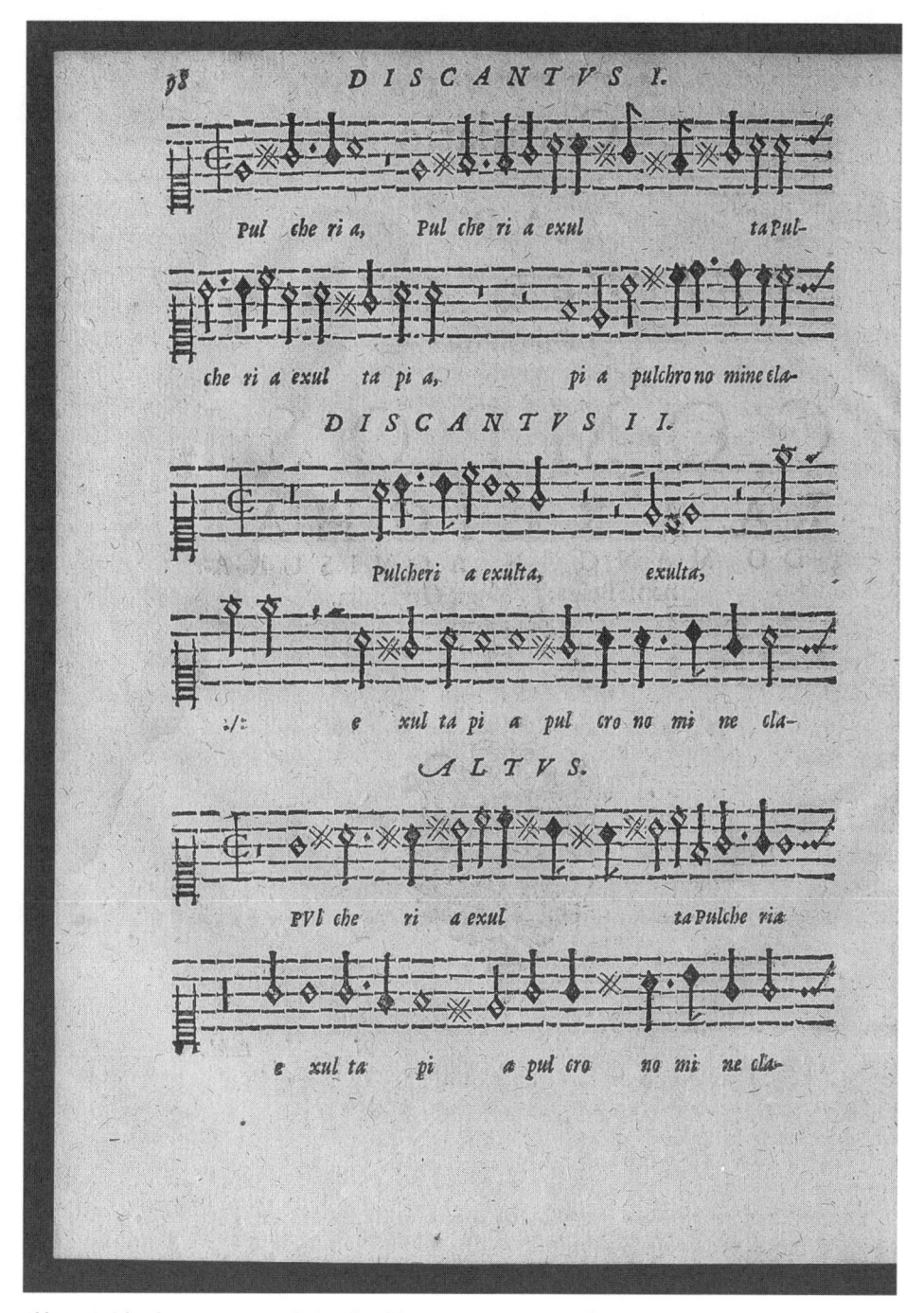

Abb. 7. Reichard Mangon: Gratulatio ad Pulcheriam Augustam, S. 98

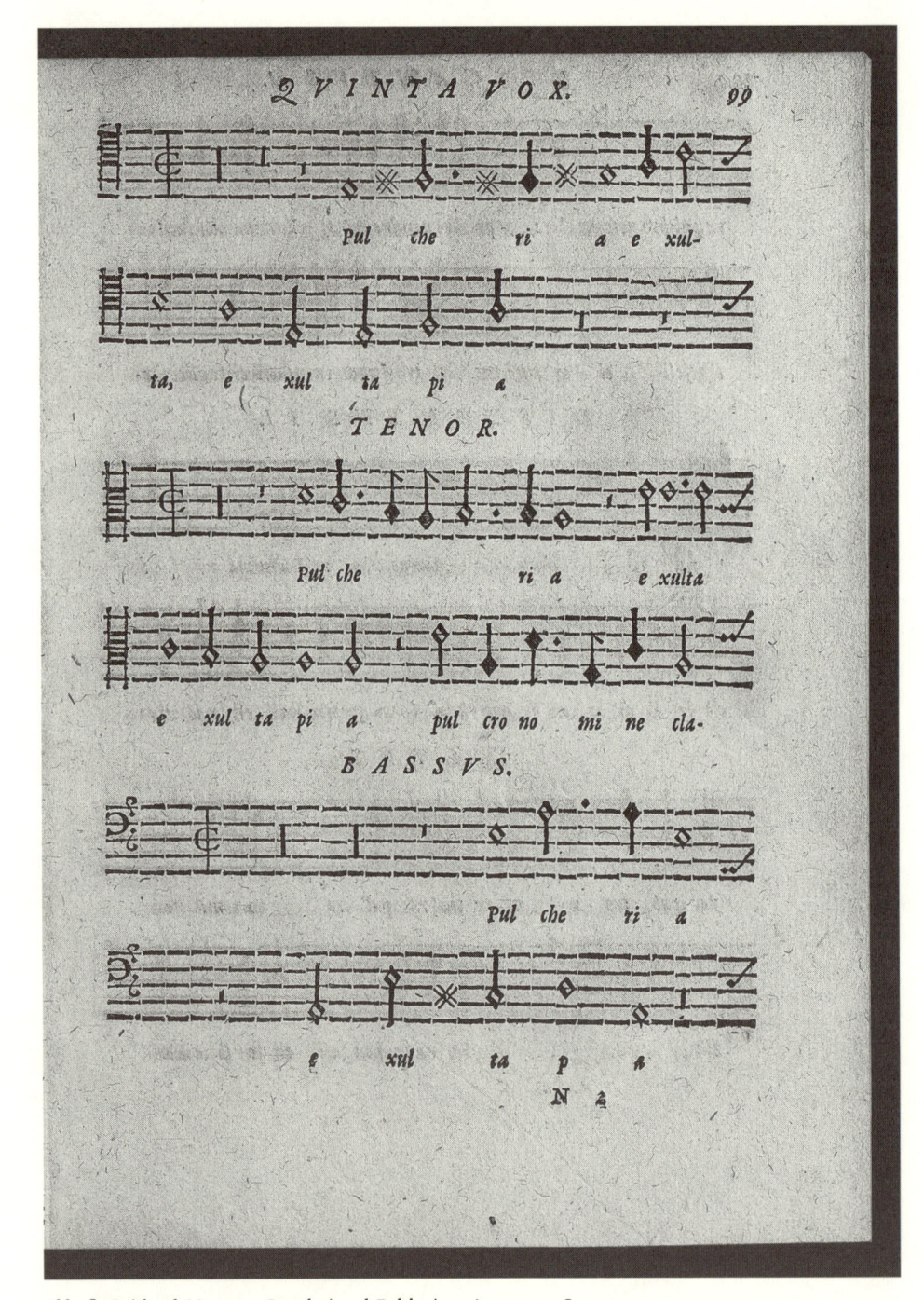

Abb. 8. Reichard Mangon: Gratulatio ad Pulcheriam Augustam, S. 99

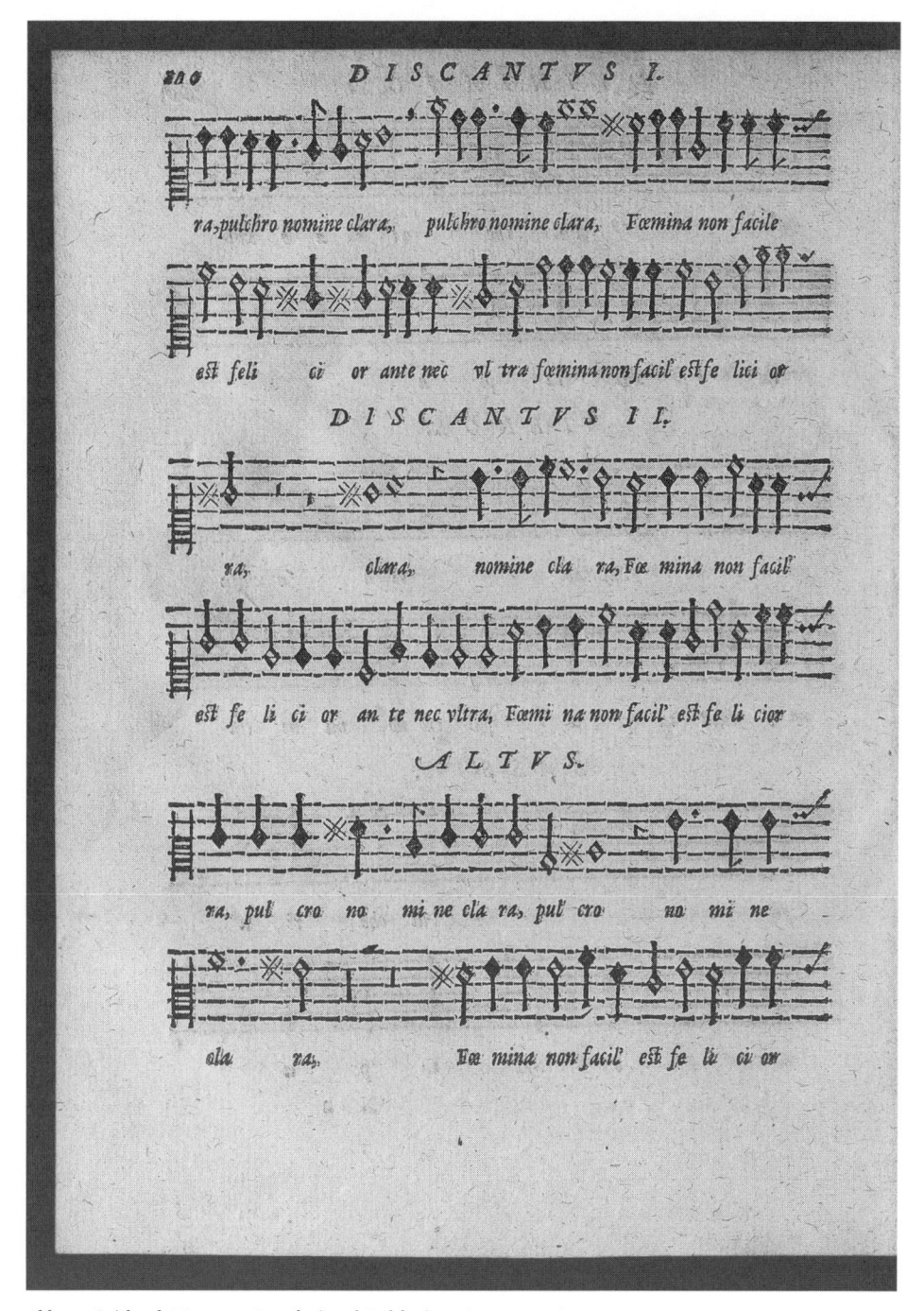

Abb. 9. Reichard Mangon: Gratulatio ad Pulcheriam Augustam, S. 100

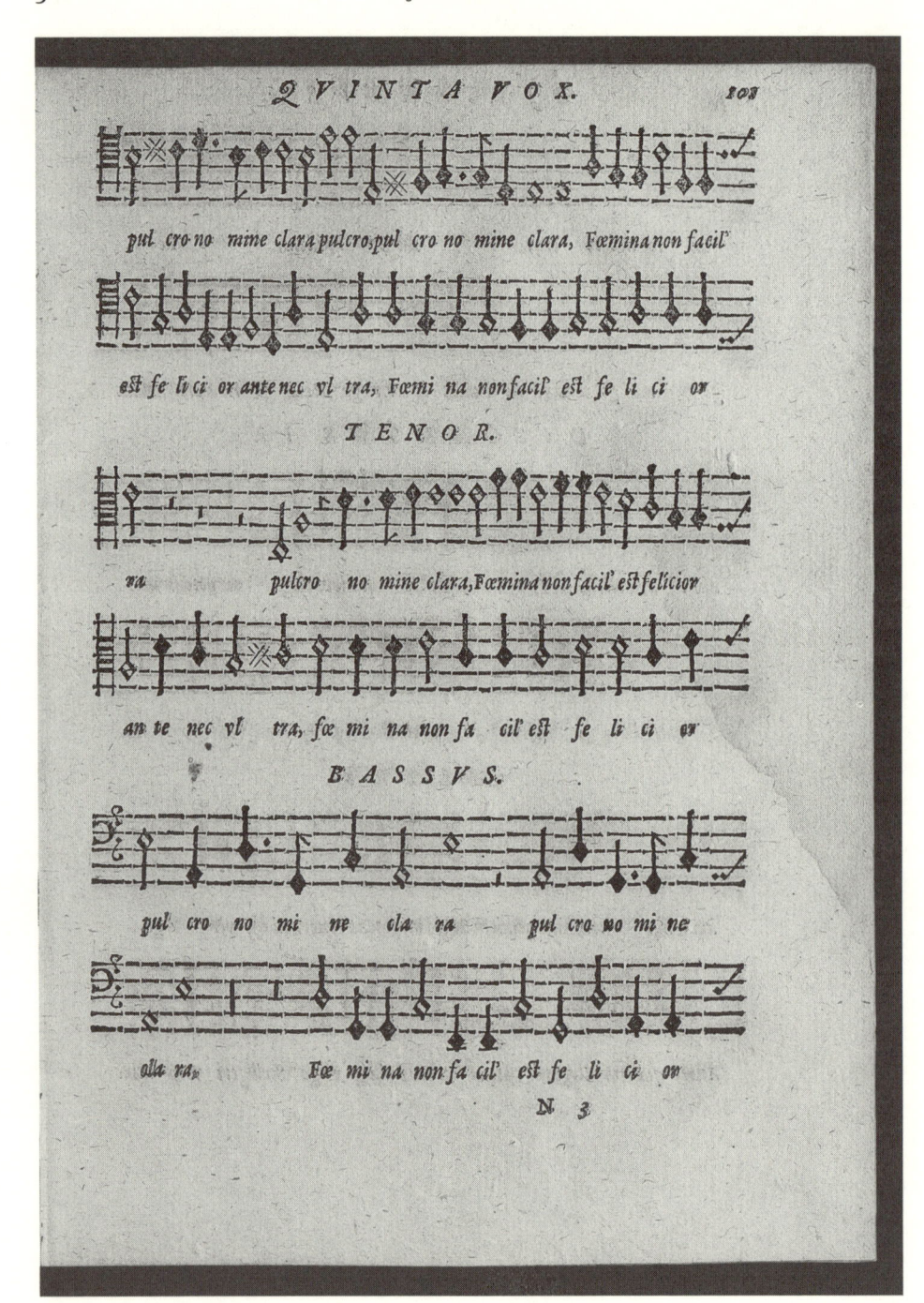

Abb. 10. Reichard Mangon: Gratulatio ad Pulcheriam Augustam, S. 101

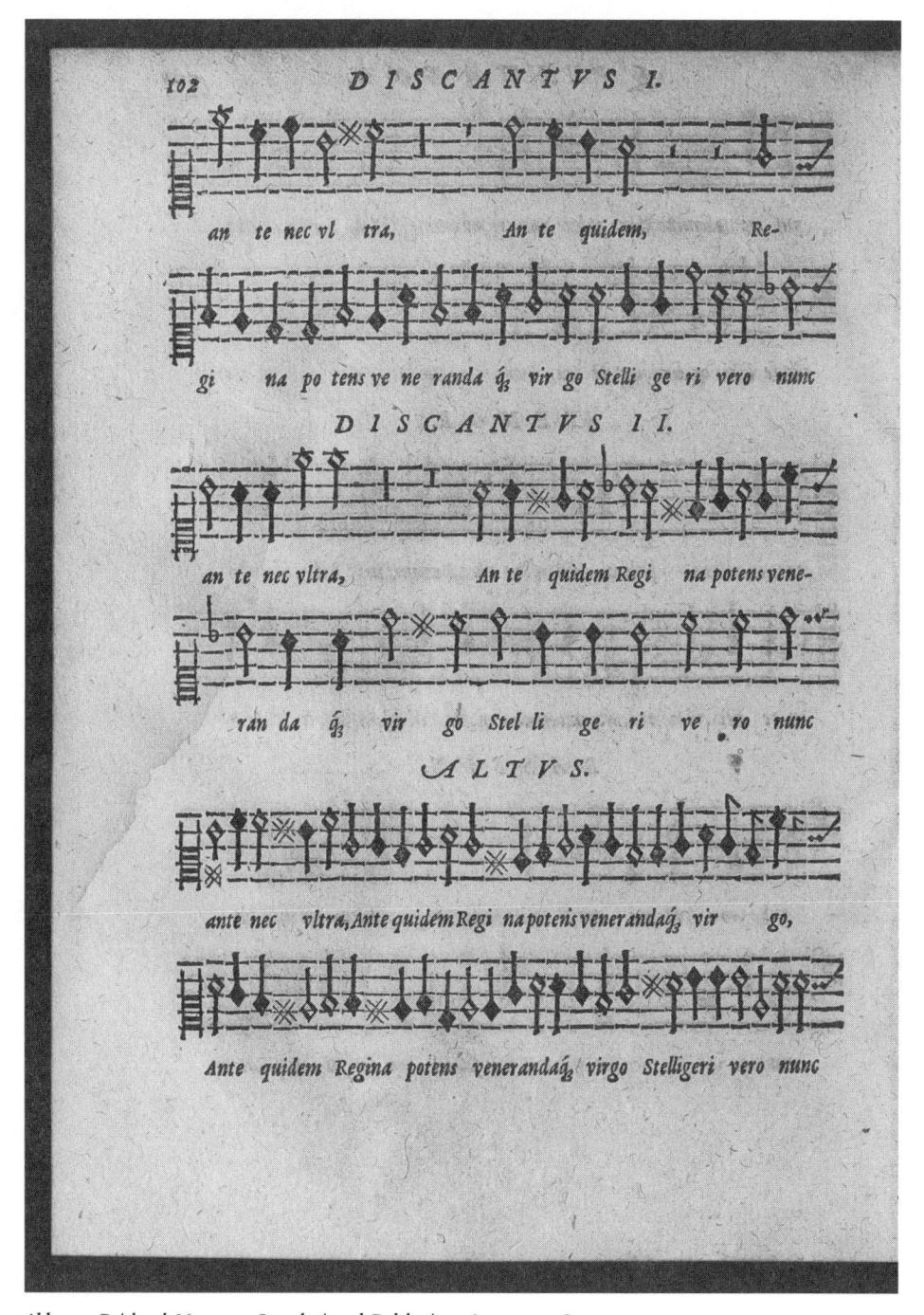

Abb. 11. Reichard Mangon: Gratulatio ad Pulcheriam Augustam, S. 102

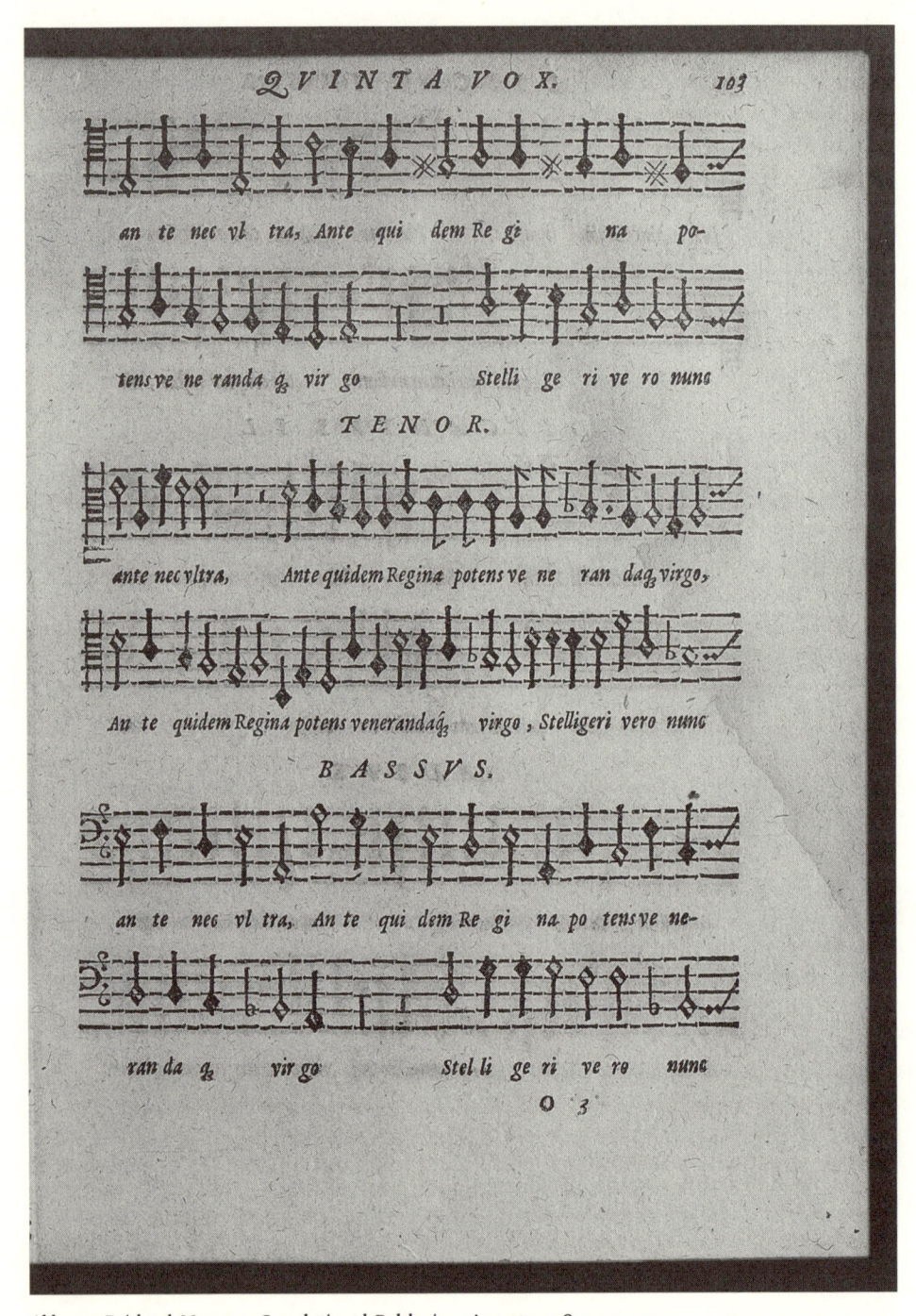

Abb. 12. Reichard Mangon: Gratulatio ad Pulcheriam Augustam, S. 103

Abb. 13. Reichard Mangon: Gratulatio ad Pulcheriam Augustam, S. 104

Abb. 14. Reichard Mangon: Gratulatio ad Pulcheriam Augustam, S. 105

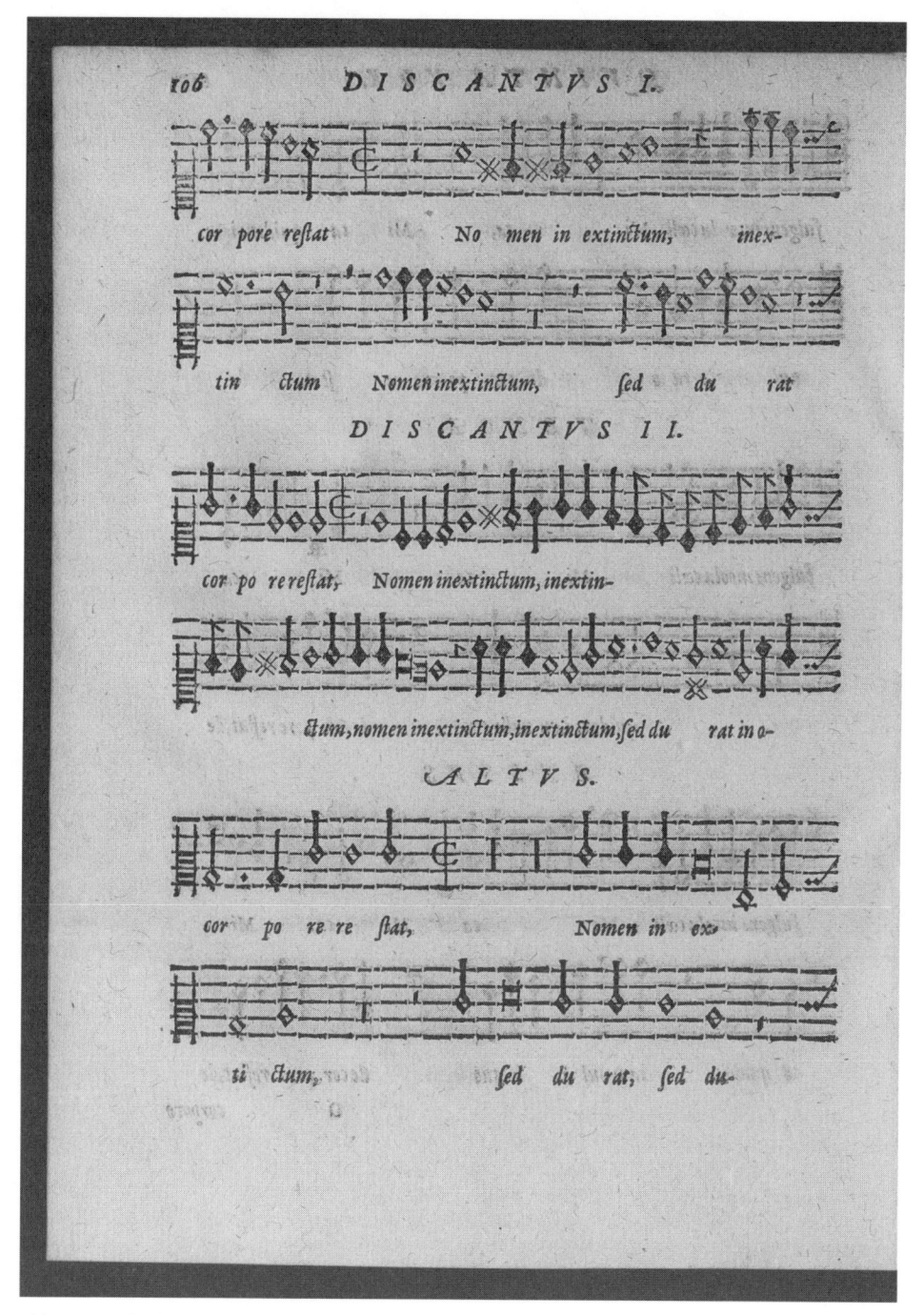

Abb. 15. Reichard Mangon: Gratulatio ad Pulcheriam Augustam, S. 106

Abb. 16. Reichard Mangon: Gratulatio ad Pulcheriam Augustam, S. 107

Abb. 17. Reichard Mangon: Gratulatio ad Pulcheriam Augustam, S. 108

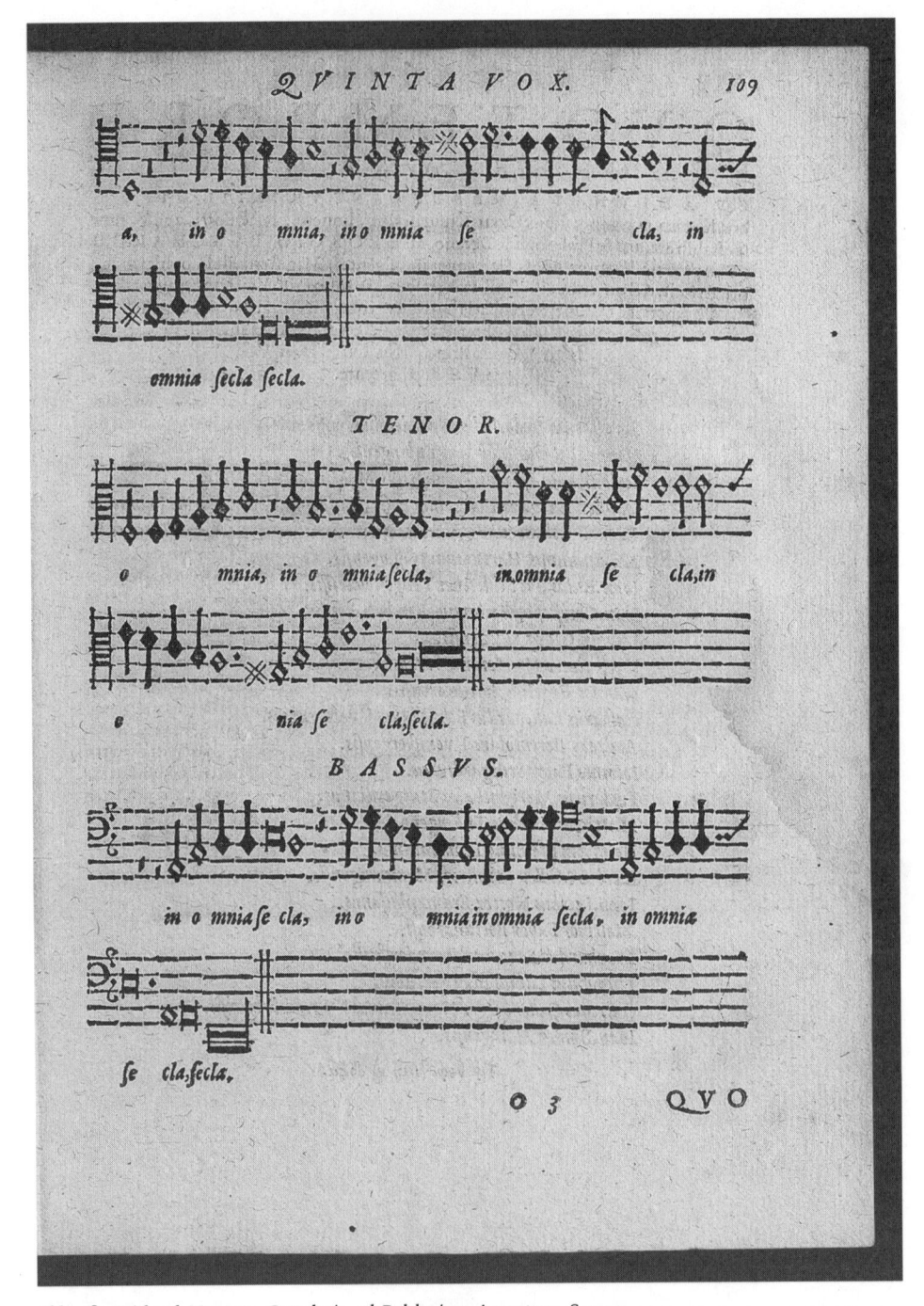

Abb. 18. Reichard Mangon: Gratulatio ad Pulcheriam Augustam, S. 109

... ein Schatz der nit allweg zubekhommen

Überlegungen zur Rekonstruktion der Bibliothek des Ludwig Gremp von Freudenstein

Silke Schöttle, Gerd Brinkhus

Ludwig Gremp wurde 1509 in Stuttgart geboren. Er stammte aus einer dem württembergischen Herzogshaus und der Universität Tübingen sehr nahestehenden Familie. Sein Vater, Onophrius (um 1487–1554), war württembergischer Rat und Kammermeister in Stuttgart, seine Familie erlangte 1552 den erblichen Adelsstand. Im Wintersemester 1525/26 wurde Ludwig Gremp in Tübingen als Student der Rechtswissenschaften immatrikuliert. Im Jahr 1535 war er in Orléans, 1536 als *legum licentiatus* in Ingolstadt inskribiert. 1537 folgte seine Berufung als Professor an einen Lehrstuhl der Juristenfakultät in Tübingen, wo die Umgestaltung der Universität im Sinne der Reformation und des Humanismus im Gange war.[1] Diesen Lehrstuhl gab Ludwig Gremp aber bereits 1541 zugunsten einer Stellung als Rechtsberater der Reichsstadt Straßburg auf. Der Grund für diesen Wechsel lag wohl in der strengen Ausrichtung der Theologie in Tübingen zu dieser Zeit, die dem überzeugten Lutheraner Gremp nicht genügend Freiraum zu geben vermochte. In die Straßburger Zeit fällt der systematische Ausbau seiner heute zu den größeren vollständig erhaltenen Renaissancebüchersammlungen zählenden Privatbibliothek, die er, nachdem sein Sohn als einziger männlicher Erbe 1578 verstorben war, im Jahr 1583 als Teil einer Studienstiftung zugunsten der männlichen Nachkommen seiner Familie testamentarisch der Universität Tübingen vermachte. Wenige Wochen nach Abfassung seines Testaments verstarb Ludwig Gremp. Er wurde nördlich von Straßburg in Brumath beigesetzt.

Zur Person Ludwig Gremps existieren einige biographische Artikel,[2] zuletzt insbesondere die grundlegenden Beiträge von Hans Feine und Marcel Thomann, die zudem Aufschluss über das Wirken Gremps in Straßburg geben,[3] auch wenn Feine

---

1 Hans Erich FEINE: „Gremp v. Freudenstein", in: Neue Deutsche Biographie 7 (1966), S. 44f., hier: S. 44.
2 Hans Erich FEINE: „Gremp v. Freudenstein", in: Neue Deutsche Biographie 7 (1966), S. 44f.; Martin SCHÄFER: „Zur Genealogie der Familie Gremp von Freudenstein", in: Genealogie 7 (1966), S. 241–261; Alfred KLEMM: „Die Familie Gremp von Freudenstein in ihrer ältesten Entwicklung", in: Württembergische Vierteljahrshefte für Landesgeschichte 8 (1885), S. 174–180; [A.] TEICHMANN: „Gremp", in: Allgemeine Deutsche Biographie 9 (1874), S. 637f.; Christian Gottlieb JÖCHER: Lexicon, darinne die Gelehrten aller Stände ... beschrieben werden, Leipzig 1750–1751, Bd. 2, S. 1170; Melchior ADAMUS: Vitae Germanorum Jureconsultorum Et Politicorum: Qui Superiori Seculo, Et Quod Excurrit, Floruerunt..., Haidelbergae 1620, S. 261–263; Heinrich PANTALEON: Teutscher Nation Warhafften Helden, Basel 1578, Bd. 3, S. 324f.
3 Marcel THOMANN: „Gremp von Freudenstein, Ludwig von", in: Christian BAECHLER / Jean-

vermerkt, dass für seine Artikel die Akten des Stadtarchivs Straßburg noch nicht zugänglich waren.[4] Thomann weist darauf hin, dass Ludwig Gremp aufgrund seiner herausgehobenen Stellung als Rechtsberater in Straßburg auch in allgemeinen Werken zur Geschichte der Reichsstadt im 16. Jahrhundert und in Studien über Jakob Sturm Erwähnung findet.[5] Die Bedeutung Ludwig Gremps als Vertreter der reichsstädtischen Belange zusammen mit Jakob Sturm in und außerhalb der Stadt belegt die Studie von Anton Schindling zu Gymnasium und Akademie in Straßburg.[6]

Die Gremp'sche Büchersammlung stellt mit ihren Drucken und Handschriften in mehr als 3000 Bänden[7] zweifellos den wichtigsten geschlossenen Buchbestand des 16. Jahrhunderts in der Universitätsbibliothek Tübingen dar. Ein wichtiger Grund für die Stiftung der umfangreichen Sammlung an die Universität Tübingen, der einstigen Studien- und Wirkungsstätte Ludwig Gremps, und die Bereitstellung eines Stiftungskapitals ist wohl im Bestreben des humanistisch gelehrten Renaissancemenschen zu sehen, den Nachkommen seiner Familie ein universitäres Studium zu ermöglichen, dessen hohe Kosten Gremp aus eigener Erfahrung kannte.[8] Ein weiterer Grund könnte gewesen sein, dass er den desolaten Zustand der universitären Bibliothek in Tübingen selbst kannte, die 1534 durch den Brand des Universitätshauses völlig zerstört worden war.

Ludwig Gremp von Freudenstein. Lavierte Federzeichnung(?). Österreichische Nationalbibliothek Wien, Bildarchiv

---

Pierre KINTZ (Hrsg.): Nouveau dictionnaire de biographie alsacienne, Bd. 3, Strasbourg 1988–1989, S. 1280 f.; Hans Erich FEINE: „Ludwig Gremp von Freudenstein", in: Schwäbische Lebensbilder 3 (1942), S. 199–218.

4 FEINE: Ludwig Gremp von Freudenstein (wie Anm. 3), hier: S. 218.
5 THOMANN: Gremp von Freudenstein, Ludwig von (wie Anm. 3), hier: S. 1281.
6 Anton SCHINDLING: Humanistische Hochschule und freie Reichsstadt. Gymnasium und Akademie in Strassburg 1538–1621 (Veröffentlichungen des Instituts für Europäische Geschichte Mainz Bd. 77), Wiesbaden 1977.
7 Monika HAGENMAIER: Das Vorbild im kleinen. Die Grempsche Bibliothek in Tübingen 1583–1912 (= Werkschriften des Universitätsarchivs Tübingen, hrsg. von Volker SCHÄFER, Reihe 1: Quellen und Studien Bd. 15), Tübingen 1992, S. 31 und Anm. 161. Hagenmaier geht von mindestens 2700 Bänden aus.
8 HAGENMAIER: Das Vorbild im kleinen (wie Anm. 7), S. 12 f. Zur Geschichte der Gremp'schen Bibliothek innerhalb der Universitätsbibliothek Tübingen und ihrer Bedeutung für deren Entwicklung und Bestandsaufbau vgl. ebd., S. 11–70.

Die Büchersammlung Ludwig Gremps zählt heute zu den größeren erhaltenen privaten Renaissancebibliotheken.⁹ Eine besondere Bedeutung erhält diese Bibliothek dadurch, dass sie an ihrem jetzigen Standort in der Universitätsbibliothek Tübingen komplett erhalten ist. Sie erlitt keine größeren Verluste und wurde nicht zerstreut, wie es mit anderen kostbaren Buchbeständen der Renaissance geschah.¹⁰ Zwar besteht der Großteil der Büchersammlung des Juristen und Syndikus Ludwig Gremp aus juristischen und theologischen Werken und diente ihm damit als Arbeitsbibliothek, bemerkenswert ist jedoch die große Zahl an philologischen, historischen, philosophischen, medizinischen und naturwissenschaftlichen Werken, die das breite Interessensspektrum des gelehrten Büchersammlers sichtbar macht.

Ludwig Gremp von Freudenstein. Kupferstich. Österreichische Nationalbibliothek Wien, Bildarchiv

Der Wert, den die Bibliothek auch in den Augen der Zeitgenossen gehabt zu haben scheint, zeigt sich in dem Umstand, dass sich die Erben Ludwig Gremps der Durchführung des Testaments zunächst widersetzten und die Übergabe der deutschsprachigen Bücher nach Tübingen fast ein Jahrzehnt lang verhinderten.¹¹ Für die Tübinger Universitätsbibliothek war die Gremp'sche Schenkung jedoch von immenser Bedeutung, denn nachdem die erste Büchersammlung der Universität 1534 verbrannt war, stellten die Gremp'schen Bände neben der Stiftung der Büchersammlung Konrad Hagers aus dem Jahr 1539/1541,¹² kleineren privaten Bücherschenkungen und wenigen nach Tübingen überwiesenen Buchbeständen aus säkularisierten Klöstern den bedeutendsten Beitrag zum Wiederaufbau der universitären Bibliothek in der zweiten Hälfte des 16. Jahrhunderts dar. Gleichzeitig kam es durch die Gremp'sche Stiftung des Jahres 1583 in der Folge zu einem organisatorischen Impuls, unter anderem zur Anstellung eines ständigen Bibliothekars, der eine Neuaufstellung und Neukatalogisie-

---

9 Zum Vergleich: Die Bibliothek Konrad Peutingers umfasste 2200 Bände mit 6000 Einzeltiteln, die Bibliothek Johannes Reuchlins 350 Bände. Vgl. Isabel GRESCHAT (Hrsg.): Johannes Reuchlins Bibliothek gestern & heute. Schätze und Schicksal einer Büchersammlung der Renaissance. Ausstellung im Stadtmuseum Pforzheim, 9. September–11. November 2007, aus Anlass der Wiedererrichtung des Reuchlinkollegs an der Pforzheimer Schloss- und Stiftskirche St. Michael, Katalog bearbeitet von Matthias DALL'ASTA und Gerald DÖRNER im Auftrag der Stadt Pforzheim, Ubstadt-Weiher 2007, S. 16.

10 Die privaten Büchersammlungen Johannes Reuchlins, Johannes von Dalbergs und Konrad Peutingers sind auf mehrere Bibliotheken in Europa und Übersee zerstreut. GRESCHAT: Johannes Reuchlins Bibliothek (wie Anm. 9), S. 9, 16.

11 HAGENMAIER: Das Vorbild im kleinen (wie Anm. 7), S. 16 und Anm. 36.

12 Gerd BRINKHUS: „Die Bücherstiftung Konrad Hagers für die Universitätsbibliothek Tübingen im Jahr 1539/41. Eine Studie zum ältesten erhaltenen Bestand der Tübinger Universitätsbibliothek", in: Bibliothek und Wissenschaft 14 (1980), S. 1–109.

rung aller Buchbestände vornahm. Von seiner Tätigkeit profitierte die ganze Tübinger Bibliothek in ihrer Entwicklung als zentrale Institution der Universität.[13]

Die vom Stifter festgelegte Separierung der Gremp'schen Bände von den übrigen Buchbeständen der Universitätsbibliothek wurde nicht immer eingehalten,[14] ein weiterer Beleg dafür, dass der Bestand von vergleichsweise großem Interesse war und rege genutzt wurde. Noch im 19. Jahrhundert erfuhr der Wert und Nutzen der Gremp'schen Büchersammlung, der inzwischen aus Stiftungskapital ständig angereichert worden war, positive und besondere Erwähnung neben den regulären Beständen.[15] Die vorgesehene selbstständige Stellung der Büchersammlung wurde zunächst durch die von Herzog Karl Eugen betriebene systematische Bestandserweiterung der Universitätsbibliothek im Jahr 1744 aufgeweicht und endete vermutlich 1912 mit ihrer Integrierung in den Gesamtbestand, in welchem sie heute – jedoch nicht mehr als geschlossene Büchersammlung aufgestellt – weiter existiert und rekonstruierbar bleibt.[16]

Wird die Gremp'sche Bibliothek buchwissenschaftlich betrachtet, so ist eine wichtige Zäsur zu beachten. Es muss einerseits zwischen den von Ludwig Gremp im Lauf seines Lebens persönlich zusammengetragenen und nach seinem Tod 1583 an die Universität übergebenen Büchern und andererseits den nach diesem Datum aus Mitteln der Gremp'schen Stiftung erworbenen Beständen unterschieden werden. Des Weiteren wurde die persönliche Büchersammlung des Straßburger Syndikus mit ihrer Transferierung nach Tübingen einem Funktions- und Bedeutungswandel unterworfen. Zu Lebzeiten Gremps stellte die Bibliothek ein persönlich gepflegtes und im Laufe eines Gelehrtenlebens organisch gewachsenes und abgerundetes Büchercorpus dar, welches in seiner Funktion als Arbeits- und Privatbibliothek die Interessen, Erfahrungen und Arbeitsweisen seines Besitzers als Einzelperson widerspiegelte. Das Testament Ludwig Gremps machte den privaten Buchbestand 1583 dagegen zu einem – wenn auch zunächst noch separat aufgestellten – Teilstück der größeren, auf Zuwachs und Öffentlichkeit ausgerichteten und wissenschaftlichen Zwecken dienenden Tübinger Universitätsbibliothek. Die Vermehrung des einstigen Buchbestandes des 16. Jahrhunderts aus Stiftungsgeldern in den folgenden Jahrhunderten, die Fürsorge durch die Körperschaft der Stiftungsverwaltung und die Benutzung durch fremde Bibliotheksbesucher, deren Verhältnis zu den Büchern kein persönliches mehr war – auch wenn die Benutzung zunächst den Gremp'schen Familienmitgliedern vorbehalten blieb –,[17] das Durchbrechen der einstigen Systematik und Aufstellung sowie das Fehlen der originären und persönlichen Provenienz veränderten die Ausrichtung sowie das physische und inhaltliche Gesicht der ursprünglichen Privatbibliothek. Dieser Funktions- und Bedeutungswandel stellt die Zäsur überhaupt in der Existenz der Büchersammlung dar, welcher stets besondere Rechnung getragen werden muss.

---

13 BRINKHUS: Die Bücherstiftung Konrad Hagers (wie Anm. 12), S. 13.
14 HAGENMAIER: Das Vorbild im kleinen (wie Anm. 7), S. 19 f.
15 Vgl. HAGENMAIER: Das Vorbild im kleinen (wie Anm. 7), S. 11 und Anm. 2. Noch im 19. Jahrhundert schätzte Robert von Mohl den Wert der Gremp'schen Büchersammlung als sehr hoch im Vergleich zu den übrigen Buchbeständen der Tübinger Universitätsbibliothek ein.
16 HAGENMAIER: Das Vorbild im kleinen (wie Anm. 7), S. 66–68.
17 HAGENMAIER: Das Vorbild im kleinen (wie Anm. 7), S. 13 f.

Die von Ludwig Gremp eingerichtete Studienstiftung, zu der die Bibliothek gehört, fand bisher häufige, aber nur kurze Erwähnung in Überblicksdarstellungen zur Geschichte der Universitätsbibliothek Tübingen,[18] den Tübinger Studienstiftungen,[19] in Quellensammlungen[20] oder in knappen Überblicksartikeln.[21] Insbesondere aber war die Gremp'sche Büchersammlung bisher im Kontext ihrer Bedeutung als posthume Studienstiftung, als Teilstück der Tübinger Universitätsbibliothek, Gegenstand von Untersuchungen. Der nur wenige Jahre in Tübingen lehrende Jurist Ludwig Gremp, der die Universitätsbibliothek Ende des 16. Jahrhunderts mit seinem Vermächtnis aus ihrem „Schattendasein"[22] holte, trat dementsprechend in der Literatur bisher hauptsächlich in seiner Rolle als Stifter auf. Der Verbleib der Gremp'schen Büchersammlung nach ihrem Funktions- und Bedeutungswandel, dessen Dreh- und Angelpunkt das

---

18 Gerd BRINKHUS: „Stadt – Universität – Bibliotheken: zur Tübinger Bibliotheksgeschichte im 16. Jahrhundert", in: Herbert G. GÖPFERT (Hrsg.): Beiträge zur Geschichte des Buchwesens im konfessionellen Zeitalter, Wiesbaden 1985 (= Wolfenbütteler Schriften zur Geschichte des Buchwesens Bd. 11), S. 179–188, hier: S. 183; Gudrun EMBERGER: „In alten vigor undt guten standt zu bringen...": Studien zum Wiederaufbau der Universität Tübingen nach dem Dreißigjährigen Krieg, Tübingen 1977 (= Werkschriften des Universitätsarchivs Tübingen: Reihe 1, Quellen und Studien Bd. 1), S. 48, 50; Gerd BRINKHUS: „450 Jahre im Dienst der Universität", in: Attempto 51/52 (1974), S. 37–40; BRINKHUS: Die Bücherstiftung Konrad Hagers (wie Anm. 12), S. 13; Hans WIDMANN: „Aus der älteren Geschichte der Universitätsbibliothek Tübingen", in: Tübinger Hochschulführer für das Jahr 1949, S. 27–33, hier: S. 28; DERS.: Die Universitätsbibliothek Tübingen in Vergangenheit und Gegenwart, Tübingen 1948, hier: S. 4; Ludwig ZOEPF: „Aus der Geschichte der Tübinger Universitätsbibliothek (1477–1607)", in: Zentralblatt für Bibliothekswesen 52 (1935), S. 471–483, hier: S. 478 f.; Karl KLÜPFEL: Die Universität Tübingen in ihrer Vergangenheit und Gegenwart, Leipzig 1877, S. 114.

19 Robert SCHEYHING: „Die Gremp'sche Stiftung 1584–1984", in: Zeitschrift der Savigny-Stiftung für Rechtsgeschichte, Germanistische Abteilung 103 (1986), S. 254–262; Volker SCHÄFER: „‚Zu Beförderung der Ehre Gottes und Fortpflanzung der Studien'. Bürgerliche Studienstiftungen an der Universität Tübingen zwischen 1477 und 1750", in: Erich MASCHKE / Jürgen SYDOW (Hrsg.): Stadt und Universität im Mittelalter und in der früheren Neuzeit, Sigmaringen 1977, S. 99–111, hier: S. 107; Albert RIENHARDT: Die Tübinger Studienstipendien und ihre Verwaltungs- und Verleihungsvorschriften nebst Erläuterungen, Tübingen 1919, S. 30; Die Württembergischen Familien-Stiftungen: nebst genealogischen Nachrichten über die zu denselben berechtigten Familien, hrsg. von Ferdinand Friedrich FABER, Heft 14, Stuttgart 1856 (Nachdruck Stuttgart 1940), S. 16–18; Karl KLÜPFEL: Geschichte und Beschreibung der Universität Tübingen (= Germanistische Lehrbuchsammlung Bd. 52), Tübingen 1849, hier: S. 115 f.; Peter-Christoph STORM: „Friedrich von Thudichum 1831–1913: Germanist und Publizist in Tübingen 1862–1902", in: Lebensbilder zur Geschichte der Tübinger Juristenfakultät, hrsg. von Ferdinand ELSENER, Tübingen 1977 (= Contubernium Bd. 17), S. 53–83, hier: S. 63 und Anm. 55.

20 Friedrich SECK: „Die Quellen zur Geschichte der Universitätsbibliothek", in: Bausteine zur Tübinger Universitätsgeschichte 1 (1981) (= Werkschriften des Universitätsarchivs Tübingen: Reihe 1, Quellen und Studien Bd. 6), S. 28–42, hier: S. 33–35; DERS.: „Eine Zeittafel zur Geschichte der Universitätsbibliothek Tübingen", in: Bausteine zur Tübinger Universitätsgeschichte 1 (1981) (= Werkschriften des Universitätsarchivs Tübingen: Reihe 1, Quellen und Studien Bd. 6), S. 43–90, hier: S. 50 f.

21 Friedrich SECK: „Stiftete Bücher für die Bibliothek. Ein Mäzen der Universität, Vor 400 Jahren starb Ludwig Gremp", in: Tübinger Universitätszeitung 11 (Sommersemester 1983), o.S.

22 BRINKHUS: Stadt – Universität – Bibliotheken (wie Anm. 18), S. 183.

Testament Ludwig Gremps und die Transferierung der Bibliothek als Teil einer Studienstiftung in die Universitätsbibliothek nach Tübingen darstellt, ist Thema der Studie von Monika Hagenmaier aus dem Jahr 1992 „Das Vorbild im kleinen. Die Grempsche Bibliothek in Tübingen 1583–1912". Hagenmaier behandelt in einem diachronen Längsschnitt von der Bekanntgabe des Testaments Ludwig Gremps bis zum Jahr 1912 die Verwaltungsgeschichte der Gremp'schen Stiftung und als ihr Teilstück den Verbleib der Büchersammlung und ihre Bedeutung für die institutionelle Entwicklung der Universitätsbibliothek bis zur offiziellen Integrierung der Gremp'schen Bücher in die übrigen universitären Buchbestände. Schwerpunktthemen sind die Handhabung und Verteilung des Stiftungskapitals, die Erwerbspolitik aus Stiftungsgeldern, die Rahmenbedingungen der Unterbringung, Benützung und personellen Ausstattung, die Katalogisierung und die entsprechenden Verwaltungsbestimmungen in Bezug auf die Büchersammlung innerhalb der Universitätsbibliothek Tübingen. Hagenmaier konzentriert sich dabei auf die Stiftungsakten und weitere Provenienzen des Universitätsarchivs in Tübingen, lässt die Akten der Stiftungsaufsicht beim württembergischen Herzogshaus noch aus und legt den Schwerpunkt ihrer Untersuchung nach eigenen Angaben auf die Grundzüge der Gremp'schen Stiftungsverwaltung, die – wie angegeben wird – als Teilaspekt des größeren, noch nicht aufgearbeiteten Komplexes der Gesamtstiftungsverwaltung der Universität zu sehen ist.[23]

Eine inhaltliche Untersuchung, Beschreibung und Analyse der von Ludwig Gremp im Laufe seines Lebens zusammengetragenen Büchersammlung vor ihrem Übergang an die Universitätsbibliothek Tübingen und unabhängig von ihrer Bedeutung für den späteren Verwahrungs- und Benutzungsort in Tübingen, also der Gremp'schen Privatbibliothek bis 1583, ist bisher noch nicht Gegenstand einer Untersuchung gewesen. Es fehlt insbesondere eine Betrachtung, welche der durchaus bedeutenden privaten Renaissancebibliothek Ludwig Gremps aus dem Blickwinkel des persönlichen Büchersammlers und Gelehrten zu Lebzeiten Rechnung trägt und das Verhältnis zu seinen Büchern näher beleuchtet. Desiderat ist eine Rekonstruktion des organisch gewachsenen Büchercorpus in seiner ursprünglichen Zusammenstellung sowie eine inhaltliche und physische Untersuchung dieses einzigartigen Bestandes unabhängig von seiner Bedeutung für die Tübinger Universitätsbibliothek sowie eine daran anschließende historisch-kritische Analyse und Einordnung der Bibliothek als auch des Büchersammlers Ludwig Gremp in die Gelehrtenkultur des 16. Jahrhunderts. Die noch kaum erforschte historische Bedeutung Ludwig Gremps als Gelehrter, Jurist und Berater der württembergischen Herzöge und als Syndikus einer der größten Reichsstädte im deutschen Südwesten bietet die historische Ausgangslage für eine nähere Untersuchung seiner einzigartigen und in sich geschlossen erhaltenen Büchersammlung. Wird die Bibliothek als Arbeitsinstrument des Gelehrten gesehen, so ergeben sich Einblicke in sein Interessensspektrum und das geistige Umfeld, in dem er tätig war.

Die Bücherschenkung Ludwig Gremps und die mit dem Büchercorpus überlieferten buchwissenschaftlichen Quellen bilden vielfältige Forschungsanreize: Inhalte und Gebrauchsspuren der Büchersammlung ebenso wie Analysen zu Bucheinband und Buch-

---

23 HAGENMAIER: Das Vorbild im kleinen (wie Anm. 7), S. 16, Anm. 40.

handel können für eine historische Analyse nutzbar gemacht werden.[24] So entsteht die Möglichkeit einer auf der Quellenbasis „Bibliothek" basierenden und am konkreten Beispiel Ludwig Gremps vollzogenen Erforschung der Arbeitsweisen, Interessen, Wissensspektren und gelehrten Kontakte eines Bücher kaufenden, lesenden und kommentierenden Menschen des 16. Jahrhunderts. Die Rekonstruktion, Erfassung und anschließende Analyse der Privatbibliothek Ludwig Gremps könnte einen wertvollen Beitrag für die Bibliotheks- und Bildungsgeschichte leisten und gleichzeitig eine Grundlage für weitere Studien zur Tübinger Universitätsgeschichte, zur Straßburger Stadtgeschichte sowie zur Buchhandelsgeschichte des Südwestens und der „Bibliothekspolitik" des württembergischen Herzogshauses bilden, mit dem Gremp viele Jahre in Beziehung stand.[25]

Wissenschaftliche Relevanz liegt auch in der Einordnung der Gremp'schen Bibliothek in den Kontext anderer Renaissancebüchersammlungen. Was die Peutinger-Bibliothek als eine der größten Privatbibliotheken nördlich der Alpen und ihre wissenschaftliche Relevanz für Augsburg und andere Städte ist, kann die Gremp'sche Bibliothek mit ihrem lokalen Bezug zu Tübingen und Straßburg leisten, denn sie bietet einen authentischen Zugang zu Leben und Denken des Büchersammlers in seiner Zeit und seinem örtlichen Umfeld. Die Erforschung der Gremp'schen Bibliothek ist daher sowohl in der Mikroperspektive als Beitrag zur lokalen Buch- und Bildungsgeschichte Tübingens und Straßburgs als auch in der Makroperspektive als Komplettierung des konkreten Bildes über die Gelehrtenkultur des 16. Jahrhunderts unter den Vorzeichen von Renaissance und Humanismus zu sehen.

Monika Hagenmaier hat in ihrer Studie bereits die zeitgenössischen Inventare und Kataloge der Universitätsbibliothek[26] sowie die einschlägigen Verzeichnisse und Akten

---

24 Die neuere bibliothekshistorische Forschung hat immer wieder darauf hingewiesen, dass neben der Rekonstruktion und Erschließung einer historischen Büchersammlung auch eine anschließende Analyse kein Postulat bleiben sollte, insbesondere wenn es sich um eine so geschlossene und vollständig erhaltene Büchersammlung wie im Falle Ludwig Gremps handelt. Rekonstruktion und Erschließung werden gleichzeitig die Grundlagen zu Anschlussforschungen im Bereich der Rechts-, Reformations- und Bildungsgeschichte legen. Vgl. hierzu: Jochen BRÜNING / Helmut GIER / Jan-Dirk MÜLLER / Bernhard SCHIMMELPFENNIG (Hrsg.): Die Bibliothek Konrad Peutingers. Edition der historischen Kataloge und Rekonstruktion der Bestände, bearbeitet von Hans-Jörg KÜNAST und Helmut ZÄH, 2 Bände (= Studia Augustana Bd. 11 u. 14), Tübingen: Niemeyer 2003, 2005, hier: Bd. 1, S. 1–12, und der Aufsatz zur Vorstellung des Projektes: Klaus A. VOGEL / Thomas HAYE: „Die Bibliothek Konrad Peutingers. Überlegungen zu ihrer Rekonstruktion, Erschließung und Analyse", in: Werner ARNOLD (Hrsg.): Bibliotheken und Bücher im Zeitalter der Renaissance, Wiesbaden 1997, S. 113–128.

25 Ludwig Gremp vermittelte Bücher aus Italien an die herzogliche Bibliothek. Vgl. Klaus SCHREINER: „Württembergs Buch und Bibliothekswesen unter Herzog Christoph (1550–1568)", in: Zeitschrift für Württembergische Landesgeschichte 31 (1972), S. 121–193, hier: S. 140f., S. 174, S. 185f.

26 HAGENMAIER: Das Vorbild im kleinen (wie Anm. 7), S. 35–39 und Anm. 191–192, S. 59–64 und Anm. 376. Die Kataloge sind zum Teil inzwischen in die Handschriftenbestände der Universitätsbibliothek integriert und umsigniert beziehungsweise erstmals signiert worden: „Catalogus librorum bibliothecae Grempianae", um 1600 (Signatur: UBT Mh III 112); „Cata-

des Universitätsarchivs[27] Tübingen zur Gremp'schen Bibliothek zusammengestellt und beschrieben. Grundlage für die Rekonstruktion der von Gremp zusammengetragenen und nach Tübingen überstellten Bibliothek sind die beiden Teile des Inventars, das Jeremias von Odratzheim vor 1586 für die Überführung der Bibliothek nach Tübingen anfertigte.[28] Dieses Inventar enthält circa 2500 Kurztiteleinträge, die als buchbinderische Einheiten zu interpretieren sind, dazu kommen weitere 300 zusätzlich vermerkte Bände. Außerdem sind noch zwei Kisten mit deutschen Büchern zu berücksichtigen, die erst 1591 nach Tübingen gelangten. Hagenmaier geht von weiteren circa 200 Bänden aus.[29] Die nachgelieferten deutschen Bücher sind in dem vor 1604 entstandenen und von Georg Burckhard angefertigten „Catalogus librorum bibliothecae Grempianae"[30] verzeichnet und dort leicht zu verifizieren.[31] Eine Zählung der deutschsprachigen Titel ergab 187 Eintragungen. Für eine zuverlässige Identifikation der ursprünglichen Büchersammlung Ludwig Gremps sind also unbedingt diese beiden frühen Bücherkataloge heranzuziehen, da im Katalog Burckhards auch Neuerwerbungen vermerkt und möglicherweise Verluste nicht aufgenommen wurden. Insgesamt dürfte mit diesen Bücherverzeichnissen jedoch eine sichere Identifikation der ursprünglichen Privatbibliothek möglich sein, zumal das Ergebnis immer am Original überprüft werden kann. Ein wichtiges Kriterium dafür, Bände als spätere Stif-

---

logus librorum omnium ad Grempianam bibliothecam pertinentium iuxta seriem, quam in huius inclytae academiae bibliothecae, collocati sunt", 1658/59 (Signatur: UBT Mh III 110). Weitere Kataloge zur Gremp'schen Bibliothek aus dem 18. und 19. Jahrhundert finden sich in den Handschriftenbeständen der Universitätsbibliothek unter den Signaturen: Mh 523, Mh III 75, Mh III 107 und Mh III 108. Akten über das Gremp'sche Stipendium von Ferdinand Friedrich Faber finden sich ebenfalls hier unter der Signatur Mh 848 Bd. 9; des Weiteren beherbergt die Handschriftensammlung Werke und Dokumente Ludwig Gremps unter den Signaturen Mc 109 und Mi VII 32.

27 HAGENMAIER: Das Vorbild im kleinen (wie Anm. 7), S. 71 f. Im Universitätsarchiv befindet sich insbesondere das Inventar der lateinischen Büchersammlung Ludwig Gremps von vor 1586 (Signatur: UAT 128/16 Nr. 136b) sowie das Originaltestament Gremps und Weiteres über den ursprünglichen Zustand der Gremp'schen Bibliothek und die Transferierung nach Tübingen, insbesondere in den frühen Akten der Gremp'schen Stiftung (UAT 128/16) und in weiteren Beständen. Dort müssen sich auch Nachweise Gremps aus seiner Zeit als Professor der Rechte in Tübingen befinden, etwa in den Matrikeln, Statuten und Berufungen der Juristenfakultät, den Senatsprotokollen und Rektorrechnungen.

28 UAT 128/16 Nr. 136b. Teil I des Inventars enthält 586 Folianten zur Rechtswissenschaft, Teil II verzeichnet 1989 Titel in 2216 Bänden. Es könnte sich bei diesem Inventar um die begleitenden Verzeichnisse zur Übergabe der Bibliothek am 3. Januar 1586 (14 Kisten) und im Sommer 1586 (13 Kisten) handeln. Vgl. HAGENMAIER: Das Vorbild im kleinen (wie Anm. 7), S. 15 f.

29 HAGENMAIER: Das Vorbild im kleinen (wie Anm. 7), S. 31.

30 UBT Mh III 112. Dieser Katalog wurde von Georg Burckhard zwischen 1596 und 1604 angefertigt, er enthält auch bereits Titel, die nicht zum ursprünglichen Bestand der Bibliotheca Grempiana gehören, zum Beispiel die „Biblia regiorum Hebr. Theol. Syr. Graec. Lat. Partes octo" (Signatur: UBT Ga II 1 2°, 2. Ex), die im Inventar (UAT 128/16 Nr. 136b) nicht verzeichnet ist. Vgl. Gerd BRINKHUS: Samuel Streler: Ein Tübinger Buchbinder und „Bibliopola" im 16. Jahrhundert, in: Sönke LORENZ / Volker SCHÄFER (Hrsg.): Tubingensia. Impulse zur Stadt- und Universitätsgeschichte. Festschrift für Wilfried Setzler zum 65. Geburtstag (Tübinger Bausteine zur Landesgeschichte Bd. 10), Ostfildern 2008, S. 247–255, hier: S. 253.

31 Die deutschen Titel fallen auf, weil sie in „deutscher Schrift" verzeichnet sind.

tungserwerbungen vom ursprünglichen Gremp'schen Bestand auszuschließen, sind auch die Bucheinbände. Die Neuerwerbungen aus Mitteln der Stiftung wurden über Tübinger Buchführer abgewickelt und tragen deswegen in der Regel Einbände von Tübinger Buchbindern. In der ursprünglichen Privatbibliothek Ludwig Gremps sind aber Tübinger Einbände nur bis etwa 1541 zu erwarten, Ausnahmen sind leicht identifizierbare Schenkungen Tübinger Autoren.

Ernst Kyriss hat die Bände der Gremp'schen Bibliothek in der Universitätsbibliothek Tübingen bereits zu einer Studie über den Bucheinband im 16. Jahrhundert genutzt.[32] Kyriss berücksichtigte für seine Untersuchung alle mit Stempeln versehenen Originaleinbände der Gremp'schen Bibliothek, die Drucke bis zum Erscheinungsjahr 1583 enthalten. Er zählte 1788 Bände in zeitgenössischen Ledereinbänden mit den für die Renaissance üblichen Rollen- und Plattenstempeln und ordnete 1450 dieser Einbände Straßburger Buchbindern zu, die er zum Teil mit Namen nennen konnte, wie im Fall von Hans Klein (63 Bände), Christoph Riedlinger (82 Bände), Philipp Hofott (12 Bände), oder in Gruppen einordnete, die den Untersuchungen von Konrad Haebler und Ilse Schunke folgen und durch eigene Beobachtungen ergänzt wurden.

Die von Hans Feine erwähnten und von der bisherigen Forschung noch nicht herangezogenen Akten des Straßburger Stadtarchivs zur Büchersammlung Ludwig Gremps enthalten einen Faszikel mit Abrechnungen des Buchbinders und Buchführers Christoph Riedlinger,[33] das neue interessante Aspekte bietet. Aus einer Abrechnung, die den Zeitraum 1557 bis 1564 umfasst, geht hervor, dass Ludwig Gremp dem Buchführer jeweils zu den Messterminen in Frankfurt Geld zukommen ließ, über welches dieser dann 1564 eine Schlussabrechnung erstellte, die in sechs Jahren ein Auftragsvolumen von 157 Pfund 14 Batzen und 5 Pfennig ausweist. Die Einzelabrechnungen enthalten jeweils den Kurztitel der gekauften Bände, gelegentlich mit dem Zusatz „gebunden", was aber offenlässt, ob Riedlinger selbst den Einband angefertigt hat oder ein bereits gebundenes Werk auf der Messe erworben hatte. Weiter gibt es Posten wie: *2 Bücher in fol: bunden binderlohn 10ß* (Batzen/Schilling)[34] oder *2 stuck in 8° in Copert bunden 3ß* (Batzen/Schilling). Insgesamt sind 214 Titel genannt, davon 51 mit dem Zusatz „gebunden". Riedlinger stellte außerdem 343 Einbände ohne Angabe von Titeln in Rechnung, unterschieden nach Format: *Regal, Folio, Quart, Oktav* oder mit dem Zusatz *in Copert bunden*. Ein Folioband kostete je nach Größe 5 bis 7 Batzen/Schilling, ein Quartband 30 Pfennige und ein Oktavband 20 Pfennige.[35] Außerdem versorgte Riedlinger seinen Gönner auch mit Papier, das er im Ries lieferte und mit 9ß (Batzen/Schilling) berechnete.[36]

---

32 Ernst KYRISS: „Die Bibliothek des Ludwig Gremp von Freudenstein", in: Börsenblatt für den deutschen Buchhandel 10 (1954), Nr. 102, S. 757–759.

33 Hellmuth HELWIG: Handbuch der Einbandkunde, Bd. 2: Bio-Bibliographie der Buchbinder Europas bis etwa 1850, Hamburg 1954, S. 44, s. v. „Rudlinger".

34 Die Abkürzung ß ist nicht eindeutig aufzulösen, in Straßburg wurde sie – wie das Straßburger Stadtarchiv brieflich mitteilte – als Schilling gelesen; Riedlinger selbst aber schreibt in seiner Rechnung von 1579 von ... Gulden zu 15 Batzen. Siehe unten S. 398.

35 Gerechnet wird mit dem Straßburger Pfund zu 20 Batzen/Schilling, der Batzen zu 12 Pfennig.

36 Zum Beispiel Stadtarchiv Straßburg V 132/123 Bl. 3ᵛ *1 Reyss klein Stadtschild papyr*.

Dieser Faszikel des Straßburger Stadtarchivs gewährt nicht nur einen Einblick in die Erwerbungsschwerpunkte Ludwig Gremps in den Jahren 1557 bis 1564, er zeigt auch Straßburger Buchpreise und Binderlöhne in einem durchaus repräsentativen Überblick. Aus dem Jahr 1579 ist leider nur eine lapidare Quittung Riedlingers über 20 Gulden erhalten:

Ich Christoffel Riedlinger Buchbinder bekenn mich mit dieser Meiner Handgeschrifft, das ich vff heut Dato entpfangen hab von wegen des Ehrnuesten vnnd hochgelerten hern doctor Ludwigen Grempen von Freidenstein, der Rechten doctor gunstigen liben hern geuattern,[37] Zwenzigc gulden zu 15 batzen vff rechnung meiner Schulden, so er mir noch zu thon ist, vonwegen der bücher, so ich im vor diser Zeit gebunden hab. Das zu warer verkund hab ich mein Betscheir hierunden vffgetruck, den 23 Augusti Anno 1579.[38]

Diese Quittung lässt durchaus die Vermutung zu, dass die Geschäftsverbindungen zwischen Gremp und Riedlinger bis 1579 andauerten. Einen wesentlich früheren Hinweis auf Riedlingers Tätigkeit[39] als Buchbinder und Buchführer Ludwig Gremps gibt ein Brief des Dekans Bartholomäus Bauer aus Reutlingen an Gremp aus dem Jahr 1544. Bauer bezieht sich darin auf einen Brief des Büchersammlers, in dem dieser ihn bittet, gegerbte Schweinshäute an seinen Buchbinder Riedlinger nach Straßburg zu schicken. Bauer schreibt: Dann es ist mir einer vor kumen, wölcher auff kofft hat vnd will sy doch auch gen Straßburg einem buchfierer mit namen Christoff Ryedlinger[40] zu schicken. [...] Darumb ist mein meinung, yr wöllend zu demselbigen buchbinder schicken, ob er euch soviel zu gevallen thäte, vnd euch auch von den heutten ettlich lesse zu ston.[41] Den Preis einer Haut gibt Bauer mit 6 bis 7 Batzen an, je nach Qualität. Zudem schreibt er, dass der Weißgerber nach Martini wieder liefern könne. Die Quellenlage für eine Untersuchung der privaten Büchersammlung, die Ludwig Gremp bis 1583 zusammengetragen hatte, ist also recht gut. Die Bände sind weitgehend vollständig im Bestand der Gremp'schen Stiftung in der Universitätsbibliothek Tübingen erhalten und können anhand der einschlägigen zeitgenössischen Inventare identifiziert werden. Ein erster wichtiger Schritt dabei ist die Verifizierung des Buchbestandes und die Verzeichnung der schätzungsweise 3300 Titel,[42] die Gremp im Laufe seines Lebens gesammelt hat. Grundlage dafür ist das Inventar aus der Zeit unmittelbar vor 1586 (UAT 128/16 Nr. 136b) und der Katalog, den Georg Burckhard vor 1604 angefertigt hat (UBT Mh III 112). Aus den Katalogdaten der Drucke des 16. Jahrhunderts[43] sollte eine Datei zusammengestellt werden, in der wie-

---

37 Diese vier Worte sind am linken Rand nachgetragen.
38 Stadtarchiv Straßburg V 132/104.
39 HELWIG: Handbuch der Einbandkunde, Bd. 2 (wie Anm. 33), S. 44 gibt zu Christoffel Rudlinger an: „Straßburg 1552–87".
40 Die Schreibweise Ryedlinger und die Beziehungen zu Reutlingen, die in diesem Schreiben sichtbar werden, legen nahe, den Namen als Herkunftsbezeichnung „Reutlinger" zu lesen.
41 Stadtarchiv Straßburg V 132/14.
42 HAGENMAIER: Das Vorbild im kleinen (wie Anm. 7), S. 32.
43 Die Katalogdaten der Drucke des 16. Jahrhunderts der UB Tübingen stehen in einer TUSTEP-Datei zur Verfügung, in der nach unterschiedlichen Teilen des Titels gesucht werden kann. Ein großer Teil der Titel kann über die Signatur identifiziert werden, indem die Signaturenliste von Ernst Kyriss genutzt wird, die dieser 1950/51 für seine Untersuchung zum Renaissanceeinband zusammengestellt hat (WLB Stuttgart, Nachlass Kyriss). Auch im Standortkatalog der UB sind

derum bei unklaren Fällen auch nach „fragmentarischen" Angaben aus dem Inventar von vor 1586 gesucht werden kann. Ist die Bibliothek rekonstruiert, ist eine inhaltliche Analyse der Büchersammlung in all ihren Facetten möglich. „Arbeitsbibliothek" und „Bildungsbibliothek" sind die beiden Schlagworte, unter denen der Bestand genauer untersucht werden sollte. Vielleicht ergibt sich daraus auch eine Antwort auf die Frage, warum die Erben sich so lange der Abgabe der deutschsprachigen Bücher nach Tübingen widersetzten. Im Katalog Burckhards vor 1604 konnten 187 „deutsche" Titel identifiziert werden, darunter mehrere Chroniken, zahlreiche erbauliche, katechetische und paränetische Schriften sowie praktische Ratgeber für Gesundheit und Haushalt. Von den unter „Recht" im Burckhard'schen Katalog aufgeführten Schriften tauchen einige bereits im Inventar von vor 1586[44] auf, sind also mit den lateinischen Werken nach Tübingen transferiert worden. Es könnte durchaus interessant sein, den deutschen Titeln besondere Aufmerksamkeit zu widmen. Einen umfangreichen Komplex, der eingehender Untersuchung bedarf, bilden die buchbinderische Ausstattung und die Bucheinbände, die Ludwig Gremp in Auftrag gegeben hat. Dank der Rechnung Riedlingers und möglicherweise auch durch die Akten der Buchbinderzunft Straßburg wird es möglich sein, Werkstätten genauer zu identifizieren und festzustellen, in welchem Umfang einfachere Einbandformen im Bestand der Gremp'schen Bibliothek Verwendung gefunden haben. Den 1788 erhaltenen originalen Renaissanceeinbänden mit Rollen- und Plattenprägungen, die Kyriss 1950/51 untersucht hat, stehen etwa 1200 Bände gegenüber, über deren ursprüngliche Einbandform bisher keine Erkenntnisse vorliegen. Leider wird man den Anteil der flexiblen Einbände (Koperte) kaum mehr annähernd genau feststellen können. Alle Neubindungen des 19. Jahrhunderts[45] auf diese flexible, aber von den Bibliothekaren als unbequem und nicht bibliothekstauglich geltende Einbandform zurückzuführen, ist sicher nicht möglich. Der Anteil der original erhaltenen flexiblen Einbände ist nicht sehr groß, weshalb anzunehmen ist, dass zahlreiche Titel umgebunden wurden. Die Zahl der wegen der Neusystematisierung im 19. Jahrhundert aufgelösten Sammelbände lässt sich einigermaßen sicher anhand der Einträge im Katalog Burckhards (UBT Mh III 112) ermitteln. Die Rechnung Riedlingers bietet keinen sicheren Anhaltspunkt dafür, dass „gebunden" gleichzusetzen ist mit „Schweinslederband mit Holzdeckeln". Der stabile Holzdeckelband dürfte bei den Großformaten (Folio) vorgeherrscht haben. Bei den Klein- und Mittelformaten (Oktav und Quart) sind zahlreiche Kalbslederbände mit Vergoldung erhalten und einfache Pergamenteinbände über Pappdeckeln, wie sie von Riedlinger in der Abrechnung ausdrücklich erwähnt werden. Ein ausgesprochen interessanter Aspekt, der sich allerdings auch erst nach der „Rekonstruktion" genauer klären lässt, ist der Umfang

    die Bände der Bibliothek Gremp durch den Zusatz „Gp" oder „Grp" gekennzeichnet. Da aber im Standortkatalog alle späteren Erwerbungen ebenfalls gekennzeichnet sind, ist die Identifizierung über diesen Katalog vor allem in den umfangreichen Bestandsgruppen Recht und Theologie sehr mühsam.

44 Zum Beispiel UAT 128/16 Nr. 136b S. 21ᵛ: VD 16 P 2163 (UBT Ha III 279. 4°); ebd. S. 22ʳ: VD 16 C 5238 (UBT Ha I 56. 2°).

45 Es handelt sich durchweg um gelb-braun gesprenkelte Pappbände, die einheitlich von der Universitätsbibliothek bei verschiedenen Tübinger Buchbindern in Auftrag gegeben wurden.

der buchhändlerischen und buchbinderischen Aktivitäten Riedlingers, dem Ludwig Gremp über Jahre hinweg Mittel zum Erwerb neuer Werke zur Verfügung stellte. Wie groß war die Buchbinderwerkstatt Riedlingers? Hat er Bindeaufträge an Kollegen vergeben? Hat Riedlinger auch die Drucke aus Südfrankreich (Lyon) und Italien (Venedig) vermittelt oder nutzte Gremp für diese Literatur andere Wege? Zur Beantwortung dieser Frage müssen auch die Akten des Hauptstaatsarchivs in Stuttgart herangezogen werden, in denen von einer Vermittlertätigkeit Ludwig Gremps beim Erwerb von Büchern für das Württembergische Herzogshaus berichtet wird.[46] Die in diesem Beitrag zusammengestellten Quellennachweise, die Zusammenfassung des aktuellen Forschungsstandes,[47] die vorläufigen Überlegungen zur Auswertung der Bibliothek Ludwig Gremps und die damit in Zusammenhang stehenden und noch nicht ausgewerteten Archivalien in Tübingen,[48] seine Korrespondenz in Straßburg,[49] weitere Quellen in Stuttgart und Karlsruhe[50] sowie die Porträts in der Österreichischen Nationalbibliothek Wien[51] zeigen insgesamt ein großes Potential und bieten zusammen mit der Privatbibliothek lohnende Forschungsansätze zu dem Juristen und an allgemeinen wissenschaftlichen Erkenntnissen interessierten Renaissancemenschen Ludwig Gremp von Freudenstein.

---

46 HStA Stuttgart A 247 Bü 21.
47 Das macht den größten Anteil dieses Beitrags aus und wurde von Silke Schöttle erarbeitet.
48 Im Nachlass von Reinhold Rau im Stadtarchiv Tübingen findet sich eine Materialsammlung zu Ludwig Gremp von Freudenstein: „Über bedeutende Tübinger Wissenschaftler des 16. Jahrhunderts, insbesondere über Ludwig Grempp († 1583) und seine Familie" (StA Tübingen E 200 Kasten VII Mappe 10). Auf weiteres potentielles Quellenmaterial im Universitätsarchiv Tübingen wurde bereits hingewiesen. Vgl. Anm. 27.
49 Aufgrund seiner wichtigen und langjährigen Funktion als Syndikus der Stadt Straßburg hat Ludwig Gremp im Stadtarchiv der ehemaligen Reichsstadt alleine von Amts wegen sehr viele Spuren hinterlassen. Hervorzuheben sind dabei seine Korrespondenz (Best. IV 106 17 und V 132) sowie die Ratsprotokolle (1 R).
50 Das Hauptstaatsarchiv Stuttgart und das Generallandesarchiv Karlsruhe verwahren verschiedene Quellen zu Ludwig Gremp, etwa von ihm erstellte Rechtsgutachten und Unterlagen über sein Verhältnis zum württembergischen Herzogshaus, dem er Bücher aus Italien vermittelte (HStA Stuttgart A 402 Bü 1; GLA Karlsruhe 119 Nr. 1139; GLA Karlsruhe 216 Nr. 278).
51 Zwei Abbildungen Ludwig Gremps von Freudenstein in der digitalen Porträtsammlung der Österreichischen Nationalbibliothek: http://www.bildarchivaustria.at/, Suche: „Gremp von Freudenstein" (letzter Zugriff: 10.07.2011). Beide Porträts sind in diesem Beitrag reproduziert.

Auswahlbibliographie

ADAMUS, Melchior: Vitae Germanorum Jureconsultorum Et Politicorum: Qui Superiori Seculo, Et Quod Excurrit, Floruerunt ..., Haidelbergae 1620, S. 261–263.

BRINKHUS, Gerd: „Die Bücherstiftung Konrad Hagers für die Universitätsbibliothek Tübingen im Jahr 1539/41. Eine Studie zum ältesten erhaltenen Bestand der Tübinger Universitätsbibliothek", in: Bibliothek und Wissenschaft 14 (1980), S. 1–109.

BRÜNING, Jochen / GIER, Helmut / MÜLLER, Jan-Dirk / SCHIMMELPFENNIG, Bernhard (Hrsg.): Die Bibliothek Konrad Peutingers. Edition der historischen Kataloge und Rekonstruktion der Bestände, bearbeitet von Hans-Jörg KÜNAST und Helmut ZÄH, 2 Bände (= Studia Augustana Bd. 11 u. 14), Tübingen: Niemeyer 2003, 2005.

CONRAD, Ernst: Die Lehrstühle der Universität Tübingen und ihre Inhaber (1477–1927), Tübingen 1960 (masch. Manuskript), S. 20, 100.

FEINE, Hans Erich: „Ludwig Gremp von Freudenstein", in: Schwäbische Lebensbilder 3 (1942), S. 199–218.

GRESCHAT, Isabel (Hrsg.): Johannes Reuchlins Bibliothek gestern & heute. Schätze und Schicksal einer Büchersammlung der Renaissance. Ausstellung im Stadtmuseum Pforzheim, 9. September–11. November 2007, aus Anlass der Wiedererrichtung des Reuchlinkollegs an der Pforzheimer Schloss- und Stiftskirche St. Michael, Katalog bearbeitet von Matthias DALL'ASTA und Gerald DÖRNER im Auftrag der Stadt Pforzheim, Ubstadt-Weiher 2007.

HAGENMAIER, Monika: Das Vorbild im kleinen. Die Grempsche Bibliothek in Tübingen 1583–1912 (= Werkschriften des Universitätsarchivs Tübingen, hrsg. von Volker SCHÄFER, Reihe 1: Quellen und Studien Bd. 15), Tübingen 1992.

JÖCHER, Christian Gottlieb: Lexicon, darinne die Gelehrten aller Stände ... beschrieben werden, Leipzig 1750–1751, Bd. 2, S. 1170.

KYRISS, Ernst: „Die Bibliothek des Ludwig Gremp von Freudenstein", in: Börsenblatt für den deutschen Buchhandel 10 (1954), Nr. 102, S. 757–759.

PANTALEON, Heinrich: Teutscher Nation Warhaften Helden, Basel 1578, Bd. 3, S. 324 f.

SCHEYHING, Robert: „Die Gremp'sche Stiftung 1584–1984", in: Zeitschrift der Savigny-Stiftung für Rechtsgeschichte, Germanistische Abteilung 103 (1986), S. 254–262.

SCHINDLING, Anton: Humanistische Hochschule und freie Reichsstadt. Gymnasium und Akademie in Strassburg 1538–1621 (Veröffentlichungen des Instituts für Europäische Geschichte Mainz Bd. 77), Wiesbaden 1977.

SCHREINER, Klaus: „Württembergs Buch- und Bibliothekswesen unter Herzog Christoph (1550–1568)", in: Zeitschrift für Württembergische Landesgeschichte 31 (1972), S. 121–193.

SECK, Friedrich: „Die Quellen zur Geschichte der Universitätsbibliothek", in: Bausteine zur Tübinger Universitätsgeschichte 1 (1981) (= Werkschriften des Universitätsarchivs Tübingen: Reihe 1, Quellen und Studien Bd. 6), S. 28–42.

– DERS.: „Eine Zeittafel zur Geschichte der Universitätsbibliothek Tübingen", in: Bausteine zur Tübinger Universitätsgeschichte 1 (1981) (= Werkschriften des Universitätsarchivs Tübingen: Reihe 1, Quellen und Studien Bd. 6), S. 43–90.

– DERS.: „Stiftete Bücher für die Bibliothek. Ein Mäzen der Universität, Vor 400 Jahren starb Ludwig Gremp", in: Tübinger Universitätszeitung 11 (Sommersemester 1983), o. S.

Artikel „Gremp de Freudenstein, Louis", in: Édouard SITZMANN (Hrsg.): Dictionnaire de biographie des hommes célèbres de l'Alsace: depuis les temps les plus reculés jusqu'à nos jours, 1. réimpr. de l'éd. Rixheim 1909, Bd. 1, Paris 1973, S. 646f.

THOMANN, Marcel: „Gremp von Freudenstein, Ludwig von", in: Christian BAECHLER / Jean-Pierre KINTZ (Hrsg.): Nouveau dictionnaire de biographie alsacienne, Bd. 3, Strasbourg 1989, S. 1280f.

USHER CHRISTMAN, Miriam: Lay culture, learned culture. Books and Social Change in Strasbourg, 1480–1599, New Haven/London 1982.

VOGEL, Klaus A. / HAYE, Thomas: „Die Bibliothek Konrad Peutingers. Überlegungen zu ihrer Rekonstruktion, Erschließung und Analyse", in: Werner ARNOLD (Hrsg.): Bibliotheken und Bücher im Zeitalter der Renaissance, Wiesbaden 1997, S. 113–128.

Die Matrikel der Medizinischen Fakultät der Universität Tübingen von der Reformation bis zum Ende des Dreißigjährigen Kriegs (1539–1646)

*Stefan Kötz, unter Mitarbeit von Miriam Eberlein**

Matrikeln der Fakultäten der Universität Tübingen liegen ediert bislang nur – dies jedoch inzwischen vollständig – für die Zeit von der Universitätsgründung 1477 bis zur Reformation 1534/35 vor,[1] für die Zeit danach lediglich die der Theologischen Fakultät bis zum Ende des 17. Jahrhunderts.[2] Sind damit neben den längst gedruckten Matrikeln der Gesamtuniversität (bis 1817)[3] zwar die Promotionen der nach zeitgenössi-

---

* Die prosopographischen Annotationen im Rahmen dieser Matrikeledition basieren bis zum Stichjahr 1601 auf umfangreichen Recherchen von Miriam Eberlein M. A. (Heilbronn) (siehe Anm. 4), die ihrerseits auf Vorerhebungen von Prof. Dr. med. Gerhard Fichtner† (Institut für Ethik und Geschichte der Medizin, Universität Tübingen) beruhen und vom Autor um weiteres Material, insbesondere ungedrucktes aus dem Universitätsarchiv Tübingen, ergänzt wurden (siehe Kap. 2.2).

1 Matrikel der Artistenfakultät: Miriam EBERLEIN / Stefan LANG (Bearb.), Die Matrikel der Magister und Bakkalare der Artistenfakultät (1477–1535) (Tübinger Professorenkatalog, Bd. 1,1), Ostfildern 2006. – Matrikel der Theologischen Fakultät: Stefan KÖTZ (Bearb.), Die vorreformatorischen Matrikeln der Theologischen Fakultät (1480–1534) und der Medizinischen Fakultät (1497–1535) der Universität Tübingen, in: Sönke LORENZ / Dieter R. BAUER / Oliver AUGE (Hrsg.), Tübingen in Lehre und Forschung um 1500. Zur Geschichte der Eberhard Karls Universität Tübingen. Festgabe für Ulrich Köpf (Tübinger Bausteine zur Landesgeschichte, Bd. 9), Ostfildern 2008, S. 255–294, hier S. 271–285 (Text) mit S. 291–293 (Register) und S. 259–262 (Beschreibung). – Matrikel der Medizinischen Fakultät: ebd., S. 286–291 (Text) mit S. 294 f. (Register) und S. 263–265 (Beschreibung). – Eine Matrikel der Juristischen Fakultät von vor der Reformation hat sich nicht erhalten, dürfte aber existiert haben (vgl. dazu KÖTZ (wie oben), S. 256 f. mit Anm. 12, 16; Karl Konrad FINKE, Die Tübinger Juristenfakultät 1477–1534. Rechtslehrer und Rechtsunterricht von der Gründung der Universität bis zur Einführung der Reformation (Contubernium. Beiträge zur Geschichte der Eberhard-Karls-Universität Tübingen, Bd. 2), Tübingen 1972, S. 252 f.).

2 Stefan KÖTZ (Bearb.), Die Matrikel der Theologischen Fakultät der Universität Tübingen von der Reformation bis zum Ende des 17. Jahrhunderts (1536–1683/94), in: Ulrich KÖPF / Sönke LORENZ / Dieter R. BAUER (Hrsg.), Die Universität Tübingen zwischen Reformation und Dreißigjährigem Krieg. Festgabe für Dieter Mertens zum 70. Geburtstag (Tübinger Bausteine zur Landesgeschichte, Bd. 14), Ostfildern 2010, S. 387–472.

3 Heinrich HERMELINK (Bearb.), Die Matrikeln der Universität Tübingen, Bd. 1: 1477–1600, Stuttgart 1906, dazu DERS. (Bearb.), Register zu den Matrikeln der Universität Tübingen 1477–1600, Stuttgart 1931; Albert BÜRK / Wilhelm WILLE (Bearb.), Die Matrikeln der Universität Tübingen, Bd. 2: 1600–1710, Bd. 3: 1710–1817, Tübingen 1953, dazu DIES. (Bearb.), Register zu den Matrikeln der Universität Tübingen 1600–1817, Tübingen 1954. Ein Erstabdruck für den Zeitraum 1477 bis 1545 findet sich bei Rudolf ROTH (Bearb.), Urkunden zur Geschichte der Universität Tübingen aus den Jahren 1476 bis 1550, Tübingen 1877, S. 455–693

schem Verständnis ersten der vier Fakultäten für einen Zeitraum von gut zwei Jahrhunderten problemlos zugänglich, so harrt die Matrikel der zweiten der drei oberen Fakultäten, die der Juristischen Fakultät, ebenso wie die Matrikel der dritten oberen Fakultät, die der Medizinischen Fakultät, noch ihrer Bearbeitung. Das größte Desiderat, dem angesichts des immensen Arbeits- und Publikationsumfangs auch hier nicht abgeholfen werden kann, bildet die Fortsetzung der Edition der zweiteiligen Matrikel der Artistenfakultät für Bakkalare und Magister. Freilich muss auch die Matrikel der Juristischen Fakultät jetzt noch zurückstehen, da es hier zunächst gilt, wie schon bei der Theologischen Fakultät 2010 den 2008 begonnenen vorreformatorischen Editionsteil auch für die Medizinische Fakultät in die nachreformatorische Zeit hinein fortzusetzen.[4] Durch den Charakter der Fortsetzungsedition ergibt sich aus dem Endpunkt des ersten Editionsteils – 20 Einträge mit 38 Personen – auch der Anfangspunkt des vorliegenden zweiten Teils,[5] nämlich 1539 als Jahr des ersten Matrikeleintrags nach der Reformation. War diese Zäsur bei der Theologischen Fakultät wie zuvor bei der Artistenfakultät rein universitätsgeschichtlich eben mit der Reformation begründet, so kommt – wie in gewisser Weise auch bei der Juristischen Fakultät – bei der Medizinischen Fakultät jetzt ein überlieferungsmäßiger Aspekt hinzu (siehe Kap. 1). Ein solcher bestimmte bei der Theologischen Fakultät zwar den Schlusspunkt am Ende des 17. Jahrhunderts,[6] während universitätsgeschichtlich sich

---

mit Register S. 694–743. – Die dringend notwendige Fortsetzung des Drucks der Universitätsmatrikel für den Zeitraum nach 1817 ist zwar seit Jahrzehnten geplant, befindet sich aktuell aber noch immer in einem Stadium fern jeglicher Realisierung.

4 Am Tübinger Institut für Geschichtliche Landeskunde und Historische Hilfswissenschaften entsteht derzeit eine Dissertation über die Tübinger Medizinische Fakultät von 1477 bis 1566 (Miriam Eberlein M. A., Heilbronn); eine Edition der Fakultätsmatrikeln ist darin nicht vorgesehen, wie überhaupt der zeitlich weite Ausgriff vorliegender Edition über den Bearbeitungszeitraum der Dissertation hinaus die Fortsetzung der begonnenen Edition erlaubte. Eine an demselben Institut entstehende Dissertation über die Tübinger Juristenfakultät von 1534 bis 1593 (Oliver Haller M. A., Tübingen) wird zwar ebenfalls keine Edition der Fakultätsmatrikeln beinhalten, jedoch soll eine Edition erst in Angriff genommen werden, wenn – wie hier für die Matrikel der Medizinischen Fakultät praktiziert – auch dafür auf das gesammelte prosopographische Material zurückgegriffen werden könnte.

5 Bei einer erneuten Durchsicht des ersten Editionsteils haben sich einige wenige Ergänzungen der prosopographischen Angaben ermitteln lassen (für eine verbesserte quellenkundliche Analyse speziell der Überlieferungssituation der vorreformatorischen Promotionsaufzeichnungen siehe Anm. 14; Datierungsfragen einzelner Einträge können hier nicht diskutiert werden). Anm. 6 (Eintrag Nr. 5): 1494 Stud. med. Basel (MUB Anm.); Anm. 15 (Eintrag Nr. 10): 1509 Nov 14 inscr. Heidelberg (MUHb I, S. 473, Nr. 12: „Mathias Lapicide de Badenn, Spirensis dyocesis") mit 1511 Jan 14 Bacc. art. v. mod. Heidelberg (MUHb Anm.), oder neu: 1509 Feb 17 inscr. Tübingen (MUT I, Nr. 59,76: „Matheus Ort ex Wilpad") mit 1510 Jun 3 Bacc. art. Tübingen (MFAB Nr. 1566: „Matheus Ort ex Wylpad") und 1512 Jan 26 Mag. art. Tübingen (MFAM Nr. 557: „Magister Matheus Ortt Thermopolitanus"); Anm. 23 (Eintrag Nr. 13): evtl. 1523 Mai 12 inscr. Rostock (MUR II, S. 84a, Nr. 5: „Magister Mathias Gobeler de Swevia"); Anm. 36 (Eintrag Nr. 18): evtl. 1523 SS inscr. Wien (MUWi III, S. 33, Nr. R 34: „Martinus ... Staumblin de Stukhart"); Anm. 37 (Eintrag Nr. 19): 1510 Feb 27 inscr. Löwen (MULö III, S. 389, Nr. 237: „Johannes Minter de Gandavo").

6 Vgl. dazu KÖTZ (wie Anm. 2), S. 389–397.

die Zeit des Dreißigjährigen Kriegs mit all ihren Auswirkungen auf den universitären Lehrbetrieb angeboten hätte. Da es einen überlieferungsmäßigen Ansatzpunkt für eine Endzäsur bei der Matrikel der Medizinischen Fakultät nicht gibt (siehe Kap. 1), wurde hier der universitätsgeschichtliche Einschnitt des Dreißigjährigen Kriegs gewählt, der sich unmittelbar auch in der Promotionsfrequenz der Fakultät niederschlug. So haben bis 1637 mit einigen wenigen Fehljahren relativ kontinuierlich Graduierungen stattgefunden, danach allerdings nur noch eine 1641 mit einer Person und eine 1646 mit zwei Personen; erst 1648 folgte dann die nächste, um einen kleinen Aufschwung bis Mitte der 1650er Jahre einzuleiten, der aber nicht allzu lange anhielt. Die beiden Matrikeleinträge nach Abbruch der Kontinuität 1637, was eigentlich einen guten Schlusspunkt abgegeben hätte, wurden hier in die Edition miteinbezogen, um einen möglicherweise dritten Editionsteil mit dem Wiedereinsetzen der Promotionen nach dem Dreißigjährigen Krieg beginnen lassen zu können. Hingewiesen sei an dieser Stelle bereits darauf, dass die vorliegende Edition allein der Promotionsmatrikel der Fakultät gilt, d. h. nur die Doktorpromotionen in der Medizin, nicht auch sämtliche Studenten oder anderweitige Graduierungen erfasst sind. Die Studentenmatrikeln, die an den drei oberen Fakultäten zu unterschiedlichen Zeitpunkten zwischen Reformation und Dreißigjährigem Krieg einsetzten,[7] bedürfen einer gesonderten Edition, auch wenn diese im Fall der Medizinischen Fakultät für die in bekannter Weise konzipierten prosopographischen Annotationen bereits systematisch ausgewertet wurde.[8] Die Fortsetzung der Herausgabe der Tübinger Fakultätsmatrikeln versteht sich – mit Blick auf den allgemeinen Editionsstand[9] – erneut als Vorarbeit zum *Catalogus Professorum Tubingensium*, von dem nach Bd. 1,1 mit den Matrikeln der Artistenfakultät bis zur Reformation kürzlich Bd. 1,2 mit der Professorenschaft der Juristischen Fakultät bis zur Reformation vorgelegt werden konnte.[10]

---

7 Siehe Anm. 74 (mit einer Inhaltsangabe für die Studentenmatrikel der Medizinischen Fakultät).

8 Zur Vorgehensweise bei der prosopographischen Recherche und den dabei gemachten Einschränkungen siehe Kap. 2.2; vgl. dazu auch KÖTZ (wie Anm. 1), S. 266–269 und KÖTZ (wie Anm. 2), S. 410–415.

9 Die Universitätsmatrikeln liegen für die meisten Universitäten gedruckt vor, wenn auch oftmals überaltet und nicht über die Frühe Neuzeit hinaus; die Fakultätsmatrikeln dagegen – sowohl in Form der Studenten- als auch der Promoviertenmatrikeln – sind in größerem Umfang bisher eher selten zur Bearbeitung gelangt. Als aktuellsten quellenkundlichen Beitrag – der allerdings den Typ der Promotionsmatrikel nicht erwähnt, zumal es in dem Sammelband keinen eigenen Beitrag zu den Promotionsunterlagen der Fakultäten oder zu deren Schriftlichkeit insgesamt gibt – vgl. Matthias ASCHE / Susanne HÄCKER, Matrikeln, in: Ulrich RASCHE (Hrsg.), Quellen zur frühneuzeitlichen Universitätsgeschichte. Typen, Bestände, Forschungsperspektiven (Wolfenbütteler Forschungen, Bd. 128), Wiesbaden 2011, S. 243–267 (S. 254–256 knappe Angaben zum Editions- und Forschungsstand).

10 EBERLEIN / LANG (wie Anm. 1); Karl Konrad FINKE (Bearb.), Die Professoren der Tübinger Juristenfakultät (1477–1535) (Tübinger Professorenkatalog, Bd. 1,2), Ostfildern 2011.

1. Beschreibung und Analyse der Matrikelhandschrift

Die Matrikel der Medizinischen Fakultät der Universität Tübingen für den Gesamtzeitraum von 1497 (fol. 2^r) bzw. 1539 (fol. 4^r) bis 1904 (fol. 77^v) – ein weiterführendes Matrikelbuch gibt es nicht – bildet einen Band des Universitätsarchivs Tübingen (UAT) mit der Signatur 14/4.[11] Der Einband besteht vorne und hinten aus einem je ca. 0,5 cm dicken Pappdeckel mit einer Breite von ca. 20,0 cm und einer Höhe von ca. 29,0 cm, wobei weder Kanten noch Ecken besonders bearbeitet sind. Beide Deckel und der ca. 2,0 cm breite Rücken sind mit ungefärbtem, gelblich-beigem Pergament überzogen, das recht dick und darunter mit Makulaturpapier – teilweise beschrieben bzw. bedruckt in Lettern des 17./18. Jahrhunderts – verstärkt, ansonsten sehr verhärtet, bestoßen, abgegriffen und vor allem hinten stark verschmutzt ist. Auffällig sind zudem kreisrunde Eindrücke mit einem Durchmesser von ca. 4,0 cm – einer auf dem Vorderdeckel, drei auf dem Hinterdeckel, vielleicht von einem entsprechenden Siegelstempel –, dazu ein brauner Kaffeetassenhalbkreis hinten und beidseits diverse kleinere Wasser- und wohl Kaffeeflecken. Der Pergamentumschlag ist vorne und hinten am Übergang zum flachen Rücken doppelt eingefalzt und dort auf der Vorderseite oben und unten nicht wenig eingerissen, der Rücken unten auf ca. 6,0 cm sogar ganz aufgerissen, was freilich die Untersuchung des Einbands erst ermöglichte. Im oberen Bereich des Rückens steht in roter Tinte die Signatur „XIV,4" – das dazugehörige moderne weiße Signaturenschild „14/4" klebt auf dem Vorderdeckel unten links –, darunter ein knapper Titel „Medic. / Docto=/ren / von / 1491. / an." in bräunlicher Tinte. Der Schnitt des ca. 1,2 cm dicken Buchblocks, dessen Blätter unterschiedlicher Provenienz allesamt auf ca. 19,0 cm Breite und ca. 28,0 cm Höhe gleichmäßig zugeschnitten wurden, ist allseits gerötet – erkennbar am meisten noch oben, dann seitlich, am wenigsten unten –, ein grün-weiß gestreiftes Kapitalband findet sich oben wie unten. Geheftet wurde der Band mit dünnem Hanffaden auf drei ca. 0,8 bis 0,9 cm breite nicht-erhabene Bünde aus Kunstgewebe, platziert von oben nach ca. 4,0 cm, nach ca. 8,5 cm und nach ca. 8,5 cm, auf den Deckelinnenseiten ca. 4,0 cm weit verankert und insgesamt verstärkt durch weiteres Gewebe sowie ein beidseits die Deckel an den Einfalzungen des Pergamentumschlags durchstoßendes ca. 0,3 cm breites Lederriemchen, platziert jetzt von oben nach ca. 7,5 cm, nach ca. 6,0 cm und nach ca. 6,0 cm. Das Pergament wurde vorne und hinten an sämtlichen Kanten ca. 1,5 bis 2,0 cm weit nach innen um die Deckel umgeschlagen, darauf um je ca. 0,5 cm eingezogen ein Spiegel

---

[11] Eine Beschreibung dieses Bands konnte im ersten Editionsteil (vgl. Kötz (wie Anm. 1), S. 263–265) wegen der ursprünglich von dem Matrikelbuch unabhängigen Überlieferung und erst später pertinenzmäßigen Einbindung in das Matrikelbuch des dort edierten Pergamentdoppelblatts mit den vorreformatorischen Matrikeleinträgen (siehe unten) noch weitestgehend unterbleiben. Die „Beschreibung" bei Hermelink (wie Anm. 3), Registerband zu Bd. 1, S. IX, Nr. V, im Rahmen der Edition der Universitätsmatrikeln ist völlig ungenügend und teils richtiggehend falsch: „Glatter Schweinslederband [!] des 19. Jahrhunderts. 29 cm hoch, 20 cm breit. 2 Pergamentblätter, das übrige Papierblätter, die immer wieder erneuert wurden. Die Einträge auf den Pergamentblättern gehen vom 19. Februar 1520 [!] bis 3. August 1535 [!]. [...] Auf dem ersten Papierblatt steht die Überschrift: [...]. Die Einträge gehen vom 16. Sept. 1539 bis zum Jahr 1904 (zuletzt von der Hand des Professor Dr. Jürgensen)."

aus dünnem, hellbraunem Karton, dessen Rückseite weiß-hellbeige ist, aufgeklebt. Beide Spiegel bestehen aus einem Doppelblatt, wobei die linke Hälfte des Vorderspiegels unten außen mit Bleistift die Signatur „XIV,4" – die „4" ist aus „5a" korrigiert –, die rechte Hälfte unten mittig den Stempel des Tübinger Universitätsarchivs mit der modernen Signatur in Bleistift trägt, während der Hinterspiegel beidseits komplett unbeschrieben bzw. unbestempelt ist. Auf der rechten Hälfte des vorderen Spiegeldoppelblatts (fol. 0^r) klebt ein Papierblatt, das in bläulich-schwarzer Tinte ein Schreiben vermutlich des Dekans der Medizinischen Fakultät vom 5. November 1905 an den Universitäts-Bibliothekar bietet, das den Abschluss der Aufzeichnung der medizinischen Promotionen im vorliegenden Matrikelbuch vermeldet.[12]

Nach dem Spiegel folgt zunächst ein Vorsatzblatt – modern mit Bleistift wie ab hier alle beschriebenen Blätter des Bands foliiert –, das auf der Vorderseite die großzügig angelegte Inhaltsangabe „Verzeichniß / der / von der medicinischen Fakultät zu Tübingen / ernannten Doktoren. / Von 1491 an." – später wurde die Jahreszahl mit Bleistift zu „1497!" korrigiert – bietet. Stammt diese in ihrer bräunlich-schwarzen Tinte von derselben Hand wie der Titel auf dem Bandrücken, so findet sich auf dieser Seite unten links von anderer Hand in dunkelblau-schwarzer Tinte – beide verschieden von der Hand des eingeklebten Schreibens – noch die Verwaltungsnotiz „(dieses buch ist als Univers.-Bibliothekeigenthum eingetragen.)" aus der Zeit nach 1904. Die Rückseite des Vorsatzblatts trägt im oberen Bereich, von der gleichen Tinte wie die Inhaltsangabe, schließlich den Vermerk „Die zwei ersten Blätter dieses Buches befanden sich in den alten ‚Statuta Facultatis Medicinalis Universitatis Tuwingen[sis]' und wurden 1862 hier eingefügt." – zu diesem Pergamentdoppelblatt (fol. 2–3) siehe unten. Hinsichtlich des Lagenwechsels, dessen Bestimmung wegen der recht festen Bindung des Bands schwierig ist, besteht das Buch, ab jetzt ausschließlich Papier, zunächst aus einem Quinio (fol. 4–13), auf den oben das Pergamentdoppelblatt am Innenrand festgeklebt wurde. Die Einbindung der Lagen ist für den gesamten Band heute noch weitestgehend intakt, zwischen fol. 7 und 8 ist der Buchblock allerdings im unteren

---

12 Das weiß-hellbeige Blatt (Breite ca. 13,5 cm, Höhe ca. 21,0 cm) ist Briefpapier und trägt in der oberen linken Ecke in Blau eine vorgedruckte Initiale „J" mit davorgesetztem „D^r": „Ew[er] Hochwohlgeb[oren] theile ich ergebens mit, dass die medicinische Fakultät auf die Weiterführung ihres Doctorenverzeichnisses in der bisherigen Form kein Gewicht mehr legt. Es ist also die Teilung des auf der Bibliothek befindlichen [scil. des Matrikelbuchs] nicht nötig. – Hochachtungsvoll Dr. [Theodor] Jürgensen / Ew[er] Hochwohlgeb[oren] Herrn Oberbibliothekar Dr. [Karl] Geiger." Die Medizinische Fakultät hatte sich also entschlossen, mit Beginn des Wintersemesters 1904/05 (der letzte Eintrag des Matrikelbuchs stammt vom 24. Oktober 1904) die medizinischen Promotionen anderweitig – und das heißt wohl auf modernere Art, zumindest in einer neuen, nicht über 400 Jahre zurückgehenden Matrikelhandschrift – aufzuzeichnen, obwohl noch ausreichend freie Blätter im Matrikelbuch vorhanden waren. Daraufhin hatte die Fakultät den Band offenbar an die Universitätsbibliothek zur Archivierung – ein eigenes Universitätsarchiv existierte noch nicht – abgegeben (siehe die Verwaltungsnotiz auf fol. 1^r unten), woraufhin der Oberbibliothekar allerdings die Aufteilung des erst 1862 in der heutigen Form geschaffenen Matrikelbands (siehe unten) vorgeschlagen zu haben scheint, um dessen ältere Teile zu archivieren – wo genau dann der Schnitt gemacht worden wäre, ist unklar –, die neueren dagegen weiterhin für die Matrikelführung zur Verfügung zu stellen, was den Vorstellungen der Fakultät von einem Neuanfang freilich nicht entsprochen hat.

Bereich aufgebrochen; restauratorisch wurde die Bindung auf der Vorderseite von fol. 11 insofern verstärkt, als dort ein ca. 0,5 cm breiter Streifen aus festem Karton auf der ganzen Blattlänge aufgeklebt wurde. Nach dieser ersten Lage – allein diese ist größtenteils Bestandteil vorliegender Edition – folgt ein Ternio (fol. 14–19), danach ein Einzelblatt (fol. 20), bis hierher alles das gleiche Papier von nicht sehr hochwertiger Qualität.[13] Es handelt sich um ein ziemlich bräunliches und zumal durchgehend in unterschiedlicher Intensität feinstrukturig fleckiges Papier, an den Rändern finden sich die üblichen Abgreifungen und Verfärbungen, manchmal auch Wasserflecken, vor allem bei fol. 13–20 ist der Außenrand, da unbeschnitten, sehr morsch. Ein anderes, jedoch nur minimal besseres Papier beginnt mit der nächsten Lage, einem Ternio (fol. 21–26), und setzt sich über einen Binio (fol. 27–32) – fol. 27 und fol. 29 sind spätere dünne Durchschussblätter, die auf das jeweils nachfolgende Blatt aufgeklebt wurden –, einen Septimio (fol. 33–46), eine kaum mehr genau zu rekonstruierende Lage aus drei Blättern (fol. 47–49), die an die Rückseite von fol. 46 geklebt sind, bis zu einem Binio (fol. 50–53) fort. Nach dem letzten Eintrag auf altem Papier am 8. Dezember 1860 (fol. 53^v) folgt der nächste Eintrag am 22. Dezember 1860 (fol. 54^r) auf neuerem, weiß-hellbeigem Papier, und auf diesem Material stehen auf zwei Sexternionen (fol. 54–65, 66–77) die Einträge bis zum letzten Eintrag des gesamten Matrikelbuchs am 24. Oktober 1904 (fol. 77^v). Die letzten drei Lagen, zwei Sexternionen (fol. 78–89, 90–101) und ein Quinio (fol. 102–110), bestehen ebenfalls aus diesem modernen Papier guter Qualität – so auch das Vorsatzblatt (fol. 1) –, sind allesamt unbeschrieben und unfoliiert, die rechte Hälfte des äußersten Doppelblatts des Quinio, also das letzte Blatt, wurde allerdings herausgeschnitten.

Der Vermerk auf der Rückseite des Vorsatzblatts gibt indirekt mit 1862 auch das Jahr der Entstehung des vorliegenden Matrikelbands insgesamt – zumindest in dessen heutiger Form –, wozu auch die Art des Einbands bzw. der Bindung passt, an. Denn der erste Eintrag zu 1862 vom 3. Januar befindet sich auf fol. 54^r und damit bereits auf dem ersten Blatt des moderneren weiß-hellbeigen Papiers, auf dem auch alle folgenden Einträge zu 1862 bis zum 29. Dezember Platz fanden, und obwohl auf zwei Dekanate verteilt, wurden diese Einträge – wie zahlreiche weitere davor und danach – allesamt von einer Hand ohne Absetzen geschrieben. Bei diesem Schreiber handelt es sich also nicht um den jeweiligen Dekan, sondern um einen allgemeinen (Fakultäts-) Schreiber, der gesammelt für mehrere Dekane/Semester die Promotionen als Reinschrift in das Matrikelbuch eingetragen hat. Als sich nun abzeichnete, dass der dafür

---

13 Bei den Blättern der hier ausschließlich interessierenden ersten Lage – die weiteren Lagen aus altem Papier wurden nicht daraufhin untersucht – findet sich einzig bei fol. 4 kopfstehend ein Wasserzeichen; trotz intensiver und breit angelegter Suche (es handelt sich um die Gruppe „Ochsenkopf, Mit Augen und Nasenlöchern, Darüber Eichel, Auf einkonturiger Stange") konnte jedoch in der Wasserzeichendatenbank (http://www.piccard-online.de) keine exakte Übereinstimmung gefunden werden. Insbesondere die Maße – Höhe 67 mm, Breite 44 mm, Abstand der Bindedrähte (senkrecht) 69 mm – passen in den allermeisten Fällen nicht, und auch allein von der Zeichnung her gibt es keinerlei direkte Übereinstimmungen; die in beiderlei Hinsicht immerhin annähernd passenden Wasserzeichen haben laut Piccard-Wasserzeichendatenbank Belegzeiten von 1539/41 bis 1554.

verfügbare Raum in dem bestehenden Band für die nächste Reinschriftcharge nicht mehr ausreichte, wurde dieser irgendwann 1862 um neues Papier – bei fünf Lagen mit insgesamt ursprünglich 58 Blättern angelegt auf lange Zeit – ergänzt. Der Schreiber füllte dann das alte Papier (bis fol. 53) aus und schrieb unmittelbar auf dem neuen (ab fol. 54) weiter, nachdem er in derselben Tinte bereits auf dem jetzt ebenfalls beigebundenen Vorsatzblatt vorderseitig die Inhaltsangabe und rückseitig den Einbindungsvermerk notiert sowie mit anderer Tinte den Bandrücken mit dem Titel versehen hatte. Entsprechend den Abmessungen des neuen Papiers wurde dabei ein pergamentüberzogener Pappband gewählt und das alte Papier mehrerer Lagen auf die Größe des neuen Papiers, das für sich unbeschnitten ist, einheitlich zugeschnitten; erkennbar ist dies im hier edierten Matrikelteil besonders auf fol. 7ʳ unten, wo es am Außenrand und unten teils zu geringem Schriftverlust gekommen ist. Angelegentlich der Ergänzung des bestehenden Matrikelbuchs – das bis dahin mit der ersten Papierlage (fol. 4–13), deren oberstes Blatt auch leicht dunkler und abgegriffener als die folgenden Blätter erscheint, begann –, was ohnehin ein Aufbinden des Bands notwendig machte, wurde an den Anfang pertinenzmäßig zuletzt das Pergamentdoppelblatt mit den vorreformatorischen Promotionsaufzeichnungen dazugebunden. Dies belegt unmissverständlich der Vermerk auf dem Vorsatzblatt, und dieser gibt ebenso unmissverständlich auch an, dass sich dieses Doppelblatt zuvor im ältesten Statutenbuch der Medizinischen Fakultät (UAT 14/5) befunden hat. Kürzlich ist dies und wohl auch die daraus gezogene Schlussfolgerung über das Wesen der frühen Schriftlichkeit der Tübinger Fakultät(en) in Frage gestellt worden; eine erneute Prüfung des Sachverhalts konnte die Herkunft des Pergaments jedoch bestätigen, argumentatorisch stützen und weiter präzisieren.[14] Stärker noch als bisher konnte dabei die Vergesellschaftung von Statuten

---

14 Arno MENTZEL-REUTERS, Medizin in der Frühzeit der Universität Tübingen, in: Franz FUCHS (Hrsg.), Medizin, Jurisprudenz und Humanismus in Nürnberg um 1500 – Akten der gemeinsam mit dem Verein für Geschichte der Stadt Nürnberg, dem Stadtarchiv Nürnberg und dem Bildungszentrum der Stadt Nürnberg am 10./11. November 2006 und 7./8. November 2008 in Nürnberg veranstalteten Symposien (Pirckheimer Jahrbuch für Renaissance- und Humanismusforschung, Bd. 24), Wiesbaden 2010, S. 91–127, hier S. 92, Anm. 3: „Die ... angestellten Spekulationen, das Blatt sei aus dem Statutenbuch der Fakultät herausgetrennt worden ..., bedarf näherer Prüfung" (zur bisherigen, zugegebenermaßen unvollständigen Argumentation vgl. KÖTZ (wie Anm. 1), S. 263). – Das älteste Statutenbuch der Medizinischen Fakultät – eine vollständige kodikologische Beschreibung ist hier nicht möglich – besteht zunächst aus einem Quaternio (fol. 1–7), von dem die rechte Hälfte des zweitinnersten Doppelblatts (zwischen fol. 5 und 6) bis auf einen ca. 1,0 bis 1,5 cm breiten Streifen herausgeschnitten wurde, danach aus einem Binio (fol. 8–10), von dem erneut die rechte Hälfte des äußersten Doppelblatts (zwischen fol. 10 und 11) bis auf einen ca. 0,5 bis 1,0 cm breiten Streifen herausgeschnitten wurde, und schließlich aus einem Doppelblatt (fol. 11), von dem die linke Hälfte (zwischen fol. 10 und 11) bis auf einen noch etwas kleineren verbliebenen Streifen herausgeschnitten wurde. Die erste Lage enthält auf fol. 2ʳ–6ᵛ die ältesten Fakultätsstatuten vom 14. August 1497 (ediert bei ROTH (wie Anm. 3), S. 301–309) mit einem kurzen Zusatz vom 1. Oktober 1531 (fol. 6ʳ), dann auf fol. 6ᵛ–7ᵛ einen Fakultätsbeschluss vom 18. Januar 1509, teils annotiert vom Medizinprofessor Bernhard Rohrbach, der danach noch selbst einen weiteren knappen Fakultätsbeschluss von 1517 aufgeschrieben hat. Das Pergament dieser ersten Lage ist von einheitlicher Beschaffenheit, und zwar relativ dick, gelblich-dunkelbeige gefärbt und

und Matrikel gleichsam in einem ersten allgemeinen fakultären Amtsbuch auch für die
Medizinische Fakultät erwiesen werden – sehr ausgeprägt liegt dies, erhalten noch

fast überall noch samtig weich, während das ebenfalls in sich gleichartige Pergament der
zweiten und dritten Lage, beide gänzlich unbeschrieben, etwas dünner, gelblich-hellbeige
gefärbt und nicht mehr samtig weich ist. Diese Beschaffenheit, auch mit der charakteristischen
Maserung der Tierhaut (bes. fol. 9), entspricht exakt der des Pergaments des 1862 dem Matrikelbuch vorgebundenen Doppelblatts, so dass dieses – da zumal unversehrt eben als Doppelblatt erhalten – aus dem Verbund dieser beiden Lagen des Statutenbuchs stammen muss.
Weil das Pergamentdoppelblatt auf der Vorderseite und den beiden Hälften der Innenseite
beschrieben ist (fol. 2^r–3^r, fol. 3^v ist leer) und der Übergang von fol. 2^v zu fol. 3^r ohne erkennbaren Tintenwechsel geschieht, kann es sich zudem nur um das innere Doppelblatt einer
dieser zwei Lagen – gegebenenfalls noch um ein einzelnes, früher zusätzlich eingebundenes
Doppelblatt – handeln; für eines der zwei abgeschnittenen Einzelblätter kommt es selbstverständlich nicht in Frage. Im Gegensatz zur Bindung der zweiten Lage, die noch heute sehr fest
und intakt ist, sind bei der dritten Lage die Heftungsfäden eindeutig aufgetrennt worden; und
es gibt noch einen letzten Beweis dafür, dass das Pergamentdoppelblatt mit den frühesten
Promotionsaufzeichnungen ursprünglich das innere Doppelblatt dieser letzten Lage (zwischen fol. 10 und 11) und somit diese Lage selbst zunächst ein Binio war. Denn sowohl am
Innenrand der Vorderseite des Doppelblatts im Matrikelband (fol. 2^r) als auch am Innenrand
des verbliebenen Streifens der herausgeschnittenen linken Hälfte der dritten Lage des Statutenbuchs – eventuell zuordenbare Abklatsche der Beschriftung des Matrikeldoppelblatts auf
der gegenüberliegenden Seite wären, wenn überhaupt, auf dem fehlenden Blatt festzustellen
gewesen – findet sich oben eine Art Tintenkleckserei in Form eines jeweils ca. 6,5 cm langen
und nach ca. 3,0 cm nochmals eines ca. 2,5 cm langen schwarzen Streifens von einigen
Millimetern Breite, die ganz exakt zueinander passen. Zudem sind die Heftungseinstiche an
dieser Lage und am Pergamentdoppelblatt, die für dessen Einbindung in das Matrikelbuch nur
teilweise wiederverwendet wurden, deckungsgleich; wenn im Matrikelbuch zum untersten,
heute unbenutzten Einstich nurmehr ca. 1,0 cm frei sind und im Statutenbuch noch ca. 2,0 cm,
so rührt dies daher, dass das ursprünglich wie die anderen Blätter des Statutenbuchs eine
einheitliche Größe von ca. 20,0 cm Breite und ca. 29,5 cm Höhe aufweisende Matrikeldoppelblatt 1862 auf die Abmessungen des damals ergänzten modernen Papiers von ca. 19,0 cm
Breite und ca. 28,0 cm Höhe hauptsächlich neben dem äußeren am unteren Rand zugeschnitten wurde. Doch selbst wenn zweifelsfrei feststeht, dass die frühesten Promotionsaufzeichnungen bis 1862 mit den ältesten Statuten in einem gemeinsamen Band standen, so ist
vorerst noch unklar, ob die von ihrer Pergamentbeschaffenheit her zwei verschiedenen Teile
des Statutenbuchs auch bereits bei dessen Anlage bzw. bei Anlage der Matrikel miteinander
verbunden gewesen waren oder ob die darauf beruhende Vergesellschaftung von Statuten und
Matrikel erst später geschaffen wurde. Eine Analyse des reich verzierten spätgotischen Einbands aus lederüberzogenen Holzdeckeln, dessen Zuweisung an eine Werkstatt und eine
dementsprechende Datierung ist hier zwar nicht möglich, allerdings ist der Zeitpunkt der
Einbindung der Lage(n) in den Einband durch das Wasserzeichen des Spiegelpapiers, das nicht
kopfstehend auf dem hinteren Spiegel deutlich erkennbar ist und eine Belegzeit von 1498/99
hat, ungefähr bestimmbar (es handelt sich unter http://www.piccard-online.de um Piccard
Nr. 62937 oder Nr. 62938, Gruppe „Ochsenkopf, Ohne Gesichtsmerkmale, Darüber Stange,
Darüber Blume oder Blatt, Auf einkonturiger Stange, Ohne Beizeichen", Maße: Höhe 71 mm,
Breite 46 mm, Abstand der Bindedrähte (senkrecht) 57 mm). Offenbar steht die Entstehung
des Einbands und damit des ältesten Statutenbuchs in unmittelbarem zeitlichen Zusammenhang mit der erst kurz zuvor erfolgten Ratifizierung der Statuten, die daraufhin unter einem
repräsentativen Titelblatt (fol. 1^r, fol. 1^v ist leer) mit dem in großen Lettern schwarzer Tinte
ausgeführten Titel „Statuta facultatis medicinalis universitatis Tuwingensis" auf einer qualitativ hochwertigen, von Anfang an aber ein Blatt (zwischen fol. 5 und 6) enbehrenden Per-

heute, bei der Theologischen Fakultät vor[15] –, so dass dies durchaus als ein Charakteristikum der frühen Schriftlichkeit der Tübinger Fakultäten insgesamt angesehen werden kann.

gamentlage kodifiziert und sogleich ebenso repräsentativ eingebunden wurden. Jedoch scheint der Band auch einmal aufgebunden worden zu sein, da zwischen Vorderdeckel und Buchblock die Bindung sehr stark gelockert ist; dass sich gerade hier früher einmal eine weitere Lage befunden hätte – wie bislang vermutet etwa sogar das Matrikeldoppelblatt (vgl. KÖTZ (wie Anm. 1), S. 263) – ist freilich völlig ausgeschlossen, allein wegen des Titelblattcharakters des obersten Blatts und auch dessen etwas dunklerer Färbung als die folgenden Blätter. Die Aufbindung könnte allerdings stattgefunden haben, um die zwei weiteren Lagen zusammen hinten einzubinden, die untereinander zumal noch heute eng geheftet sind, während die Bindung zwischen erster und zweiter/dritter Lage leicht gelockert ist. Wann diese Ergänzung um die zwei Lagen geschah, bleibt ungewiss, selbst wenn die völlige Gleichartigkeit der heutigen Heftung aller drei Lagen mit normalem Hanffaden – mit dem ursprünglich ebenso die erste Lage in den Einband eingebunden war, da am Bruch zwischen Vorderdeckel und Buchblock um diesen Hanffaden einige Leim- und kleinere Pergamentreste, wohl von der Verstärkung der ersten Heftung, sichtbar sind – auf eine noch spätmittelalterliche Zeitstellung hindeuten dürfte. Am ehesten ist doch an den Zeitpunkt der Entstehung der ersten Promotionsaufzeichnungen selbst zu denken, die nämlich nicht gleich nach der ersten Promotion am 20. August 1497 oder kurz davor – auf jeden Fall nur wenige Tage nach der Bestätigung der Statuten, deren Aufstellung mit den genauen Regelungen zum Promotionswesen vielleicht überhaupt erst durch das Anstehen von Promotionen erforderlich wurde – vorgenommen wurden. Vielmehr sind die ersten sieben Einträge, die in chronologisch nicht stimmiger Reihenfolge insgesamt neun Promotionen – ob vollständig oder nicht, kann hier nicht diskutiert werden – bis zur zweiten Jahreshälfte 1512 (Eintrag Nr. 4, datiert auf nach Ende Juni bzw. Mitte September 1512; Eintrag Nr. 7 wurde bisher auf ca. 1509/13–1518 angesetzt, ist aber vor November 1509 und wohl nach Mai 1508 zu datieren (ich danke Frau Miriam Eberlein M. A. (Heilbronn) für die Diskussion der Datierung)) bieten, gesammelt von einem noch unidentifizierten (Fakultäts- bzw. Universitäts-)Schreiber ausgeführt worden. Je nach Blickwinkel kann deshalb auf die zweite Jahreshälfte 1512 (Eintrag Nr. 4) – wenn der Block anlässlich der letzten Graduierung innerhalb dieses Blocks notiert worden wäre – oder auf den Zeitraum von der zweiten Jahreshälfte 1512 bis spätestens Anfang 1518 (Eintrag Nr. 8) – wenn der Block kurz vor der ersten Graduierung außerhalb dieses Blocks notiert worden wäre –, auf jeden Fall auf die Jahre 1512 bis 1518 als Niederschriftszeitpunkt geschlossen und so eventuell auch die Einbindung der Lagen datiert werden. Als man sich angesichts zu erwartender regelmäßigerer Promotionen also entschloss, eine Matrikel mit der Absicht zu kontinuierlicher Weiterführung anzulegen (siehe Anm. 25), sollte man sich wohl ebenso dazu entschlossen haben, das ursprünglich alleinige Statutenbuch um zwei qualitativ gute, jedoch nicht ganz so hochwertige Pergamentlagen zu ergänzen, um darin zu Beginn die bisherigen Promotionen, für die man wahrscheinlich Notizen auf Handzetteln oder provisorischen Listen zur Verfügung hatte, in Reinschrift festzuhalten. Diese Schaffung eines fakultären Amtsbuchs – es gab zu diesem Zeitpunkt auch schon Nachträge von Fakultätsbeschlüssen im Statutenbuch – konnte übrigens auf exakt gleiche Weise auch für die Theologen erwiesen werden (siehe Anm. 15), wo ebenfalls eine ursprünglich alleinige Statutenlage später um mehrere in sich zusammengehörige Pergamentlagen für geplante Promotionsaufzeichnungen und gleichzeitig Statutenerweiterungen ergänzt, hier dies alles allerdings erst dann gemeinsam mit einem Einband versehen wurde. Und auch, dass man sich inmitten einer der ergänzten Lagen ein Blatt durch Einzeichnen eines Textspiegels für die Aufnahme der Matrikel vorbereitete, findet seine Parallele bei den Theologen, wo vor den ältesten Matrikeleinträgen – ebenfalls gesammelt für die ersten fünfzehn Einträge von einer Hand ausgeführt – auch ein paar Seiten Platz für hier wie dort letztlich freilich unterbliebene Fakultätsbeschlüsse blieb.

15 Vgl. dazu KÖTZ (wie Anm. 1), S. 259–261, ausführlicher und verbessert KÖTZ (wie Anm. 2),

Die acht Blätter bzw. sechzehn Seiten des im Folgenden ausschließlich interessierenden Matrikelteils von der Reformation bis zum Ende des Dreißigjährigen Kriegs (fol. 4–11)[16] wurden nicht gleichmäßig für die Beschriftung vorbereitet und auch nicht gleichmäßig beschriftet. Auf fol. 4 wurde durch Blindritzung von der Rückseite her ein Textspiegel vorgezeichnet – ca. 11,5 cm breit und ca. 20,0 cm hoch, also innen ca. 2,0 cm, oben ca. 2,0 cm, außen ca. 5,0 cm und unten ca. 6,0 cm vom Rand eingezogen –, an den sich die Einträge auf Vorder- und Rückseite auch jeweils recht genau gehalten haben. Während die Begrenzung oben und unten exakt beachtet wird und über die linke Linie nur die meist vergrößerte Anfangsversalie eines Eintrags hinausreicht, überschreitet der Text die rechte Linie häufiger, selbst wenn man sich insgesamt um etwa gleichlange Zeilenenden bemüht hat. Auf fol. 5^r findet sich dann anstatt eines allseits umrissenen Textspiegels nurmehr eine Vorritzung des Innenrands, die seltsamerweise oben ca. 3,0 cm vom Rand entfernt bereits mit mehreren Linien im Abstand von wenigen Millimetern einsetzt und sich bis unten zu vier Linien im Abstand von maximal ca. 1,5 cm auffächert. Teils so stark, dass das Papier im unteren Bereich regelrecht zerschnitten wurde und deshalb von hinten geklebt werden musste, halten sich die Einträge der Vorderseite durchweg an diese Linie, wohingegen sie für die Rückseite irrelevant ist. Es ist davon auszugehen, dass – wie die Textfeldeinrichtung auf fol. 4 (siehe unten) – auch die Vorritzung auf fol. 5^r erst kurz vor der Beschriftung vorgenommen wurde und dies deshalb nicht auf Makulaturpapier hindeutet, auch wenn auf fol. 5^r unten Reste wohl von einer Nota-Bene-Hand und einzelnen Buchstaben in unbekannter brauner Tinte zu erkennen sind, deren Ursprung ebenso wie der eines großen verschmierten Tintenkleckses gleicher Färbung rätselhaft bleibt. Bereits auf fol. 5^r ist zudem die Auflösung des festen Textspiegels zu bemerken, indem auf der unteren Blatthälfte die Einträge fast bis an den rechten – heute freilich beschnittenen – Blattrand reichen und der freibleibende Platz unten etwas verringert wurde. Diese Tendenz setzt sich auf den folgenden Seiten, abhängig vom jeweiligen Schreiber, fort, so dass die Seiten schon ab fol. 6^r mit einem noch einigermaßen breiten Rand oben und besonders links jetzt rechts und unten mehr oder weniger bis zu den heutigen Blatträndern beschrieben sind, bevor ab fol. 7^r und vor allem dann ab fol. 9^r auch die verbliebenen Ränder oben und schließlich links fast immer weitestgehend wegfielen. Befördert wurde dies dadurch, dass ab fol. 6 keinerlei Vorritzung oder Vorzeichnung eines Textspiegels mehr festzustellen ist, wie überhaupt eine etwaige Zeilenliniierung niemals ausgeführt wurde. Erneut zu weiten Teilen natürlich abhängig von der individuellen Handschrift des jeweiligen Schreibers, macht die Matrikelführung etwa seit Beginn des 16. Jahrhunderts insgesamt kaum mehr den

---

S. 393–395. Bei den Artisten war eine Trennung von Matrikelbuch und Statutenbuch aufgrund der weitaus größeren Anzahl an Graduierungen von vornherein klar durchgeführt; bei den Juristen ist wegen des Verlusts der vorreformatorischen Matrikel keine Aussage möglich, in deren Statutenbuch befinden sich aber keinerlei Matrikeleinträge.

16 Das Pergamentdoppelblatt mit den vorreformatorischen Matrikeleinträgen ist bei Kötz (wie Anm. 1), S. 263 f., ausführlich quellenkundlich beschrieben; eine Beschreibung der anderen Blätter bzw. Seiten des Matrikelbands für die Zeit nach Ende des Dreißigjährigen Kriegs muss einer Fortsetzung der Edition vorbehalten bleiben.

Eindruck besonderer Sorgfalt oder gar Repräsentativität. Anfangs war dies anders, da die Einträge innerhalb des vorgegebenen Textspiegels und teils auch noch später recht großzügig platziert wurden und die Trennung zwischen den Einträgen durch Absätze und Leerzeilen klar markiert war. Später dann rückten die Einträge zunehmend zusammen und erwecken mit den schwindenden bzw. fast ganz verschwundenen Rändern den Anschein eines fortlaufenden Texts. Dazu passt, dass sich keinerlei graphisches Element und außer der Überschrift zu Beginn auch kaum kalligraphische Gestaltung – etwa Initialen, verzierte Versalien oder Rubrizierungen, abgesehen von der Hervorhebung einzelner Namen durch Majuskeln oder Sperrung – findet. Die Schrift ist mit einer Ausnahme allerdings stets gut lesbar und eben bis auf Hand 12, die eine sehr große, ausladende Kursive pflegt, in sauberer Buchschrift, die nur wenige kleinere Korrekturen, Ergänzungen, wirkliche Fehler oder Lücken aufweist, ausgeführt worden. Eindeutig gibt sich die Matrikel damit als internes Gebrauchsschriftgut der Fakultätsverwaltung und nicht etwa – wie das Statutenbuch – als öffentliches, repräsentatives Rechtsdokument zu erkennen.

Das Matrikelbuch in seiner ursprünglichen Form vor der Erweiterung 1862 setzte auf fol. 4ʳ (Abb. 1) mit der in den vorgegebenen Textspiegel eingepassten Überschrift „CATALOGVS EORVM, | QVIBVS DOCTOREA INSIG|NIA A COLLEGIO MEDI|CO VNIVERSITATIS | SCHOLÆ TVBING|ENSIS COLLATA | SVNT" ein. Mit der Anordnung der sieben Zeilen nach Art eines auf der Spitze stehenden Dreiecks und den schönen Kapitalis-Majuskeln in roter Tinte wirkt das erste Blatt sehr feierlich-repräsentativ, und der Textspiegel dürfte eben entsprechend der so geplanten Überschrift eingerichtet worden sein. Der Zeitpunkt der Anlage dieses Matrikelbands – des ersten eigenständigen der Fakultät – ist durch den letzten Eintrag auf dem Pergamentdoppelblatt zum 18. August 1535 (Eintrag Nr. 20, ohne den dazugehörigen Nachtrag) und den ersten Eintrag im Matrikelbuch zum 16. September 1539 (Eintrag Nr. 21) vorgegeben. Dieses Zeitfenster verweist auf die Reformation der Universität 1534/35, die mit Blick auf die Medizinische Fakultät zumal direkt mit der Person des eben am 18. August 1535 als Medizinprofessor in die Fakultät rezipierten und sogleich das Dekanat des Wintersemesters 1535/36 übernehmenden Leonhard Fuchs († 1566) verbunden ist. Nicht nur war dieser selbstverständlich Anhänger der neuen Lehre, vielmehr reformierte er in gewissen Bereichen auch den Lehrplan – wobei er freilich auf durchaus existente, von Fuchs selbst allerdings negierte Vorleistungen aus vorreformatorischer Zeit aufbauen konnte[17] – und setzte, wohl bis Anfang Mai 1538, neue Statuten auf. Dieser Konnex von Reformation und Reform lässt sich aber eben auch in der fakultären Schriftlichkeit – natürlich nicht nur der Medizinischen, sondern zumindest teilweise auch der anderen Fakultäten und der Universität insgesamt[18] – feststellen. So legte

---

17 Vgl. dazu und zu den Neuerungen durch Leonhard Fuchs MENTZEL-REUTERS (wie Anm. 14), S. 91–96, 101 f.
18 Bei der Theologischen Fakultät, wo spätestens seit 1492 bzw. 1494 Statuten- und Matrikelbuch in einem ersten allgemeinen Amtsbuch vergesellschaftet waren, ist anlässlich der Reformation 1534/35 kein Bruch in der fakultären Schriftlichkeit festzustellen, da sowohl die Matrikelaufzeichnungen absatzlos weiterliefen als auch die nachreformatorischen Statuten in demselben Band niedergeschrieben wurden (vgl. dazu KÖTZ (wie Anm. 2), S. 393–395, 398). Bei der

Fuchs erstmals ein Rechnungsbuch an, in dessen Vorwort schon vom 25. Oktober 1535 er explizit und in nicht gerade untendenziöser, der aktuellen theologisch-politischen Situation geschuldeter Weise auf die groben Nachlässigkeiten aller seiner Vorgänger, die ihm kaum etwas schriftlich hinterlassen hätten, hinweist.[19] Was die Schriftlichkeit –

Juristischen Fakultät war ein Neubeginn freilich schon deshalb notwendig geworden, weil die – wohl existenten – vorreformatorischen Promotionsaufzeichnungen 1534 verbrannt sind (vgl. dazu Kötz (wie Anm. 1), S. 257 mit Anm. 16, 18, 19). Bei der Artistenfakultät und der Gesamtuniversität wurden die Matrikeln ebenfalls unmittelbar fortgesetzt, während die Situation mit dem Statutenbuch sowohl der Juristischen und der Artistenfakultät als auch der Gesamtuniversität einer eigenständigen Betrachtung überlassen bleiben muss.

19 UAT 14/18, fol. 2^{r-v} (eigenhändig): „Leonardus Fuchsius, medicæ professionis doctor, lectori S. P. D. – Quam negligenter hactenus res collegii medici celeberrimæ huius scholæ Tubingensis administratæ sint, vel hinc colligere potissimum licebit, quod ne verbum quidem ullum, quod posteritatem de iis, quæ per illos, qui superioribus annis huic collegio præfuerunt, gesta sunt, admonere posset, reliquum esse voluerint. Taceo, quod multis nescio quid mali suspicandi occasionem dederint, quandoquidem nunquam subductas esse rationes appareat, neque enim ullum eius rei superest vestigium. Proinde, ne et deinceps pari ut antea incuria res per nos [per nos links unmittelbar eingefügt] administrarentur et ut a nobis sinistræ [sinistræ wohl auf Rasur] suspitionis ac negligentiæ notam propulsaremus, hunc libellum, in quem non tantum rationes, verum etiam, quid in præsentia pecuniarum ac censuum adsit, notarentur, adornandum esse duximus. Ideoque hoc nomine testatum omnibus esse volumus a priorum negligentia nos immunes prorsus fuisse. Cæterum, præter ærarii pecuniam, ∥ quam ex sequentibus deprehendes, duas esse in arca census annui quatuor aureorum testes literas [literas rechts unmittelbar eingefügt] scito; deinde alias nescio quod privilegium continentes; sigillum præterea argenteum, librum decretorum et hunc ipsum. Si quid denique [denique rechts unmittelbar eingefügt] præter hæc iam memorata posthac accesserit, a decano eius tempori diligenter annotabitur. – Tu vale et studium nostrum æqui bonique consule. XXV octobris anno domini MDXXXV." Bei Fuchs' Amtsantritt befanden sich in der Fakultätstruhe demnach neben einer Summe Bargelds nurmehr zwei Zinsbriefe über insgesamt vier Gulden, eine unbestimmte Anzahl weiterer Urkunden mit irgendwelchen Rechtstiteln, das (Fakultäts-)Siegel aus Silber, das Beschlussbuch der Fakultät (liber decretorum) und das von Fuchs jetzt selbst dazugelegte Rechnungsbuch. Mit dem Beschlussbuch kann nur das älteste Statutenbuch UAT 14/5 (siehe Anm. 14), das nach dem eigentlichen Statutentext tatsächlich auch einige Fakultätsbeschlüsse (decreta) der nachfolgenden Zeit enthält, gemeint sein, mit dem bekanntlich das Doppelblatt mit den vorreformatorischen Promotionsaufzeichnungen vergesellschaftet war. Das Zitat von Mentzel-Reuters (wie Anm. 14), S. 91, Fuchs habe in der Truhe „einige Pfandbriefe, das silberne Amtssiegel, das Statutenbuch der Fakultät und ein Doppelblatt mit den Namen von in Tübingen promovierten Medizinern" vorgefunden, ist mit Blick auf die spezifische Überlieferungssituation des Matrikeldoppelblatts zumindest missverständlich (das ebenfalls in Anlehnung an Johannes Haller, Die Anfänge der Universität Tübingen 1477–1537, Bd. 1: [Text], Stuttgart 1927, Bd. 2: Nachweise und Erläuterungen, Stuttgart 1929, Bd. 1, S. 134 f., Bd. 2, S. 45*f., entstandene Inhaltsreferat für dieses Doppelblatt – „Das Bifolium verzeichnet neun Promotionen für die Jahre 1497 bis 1512" – ist falsch, ebenso die S. 91 f., Anm. 3, vorgenommene Neuauszählung der Promotionen). – Der kleine Quartband trägt auf fol. 1^r in roter Tinte – allerdings von anderer Anlage, Tinte und Schreiberhand als im Matrikelbuch, und zwar von Fuchs selbst – die Überschrift „CODEX ACCEPTI ET / EXPENSI"; auf dem Vorderdeckel kleben innen zwei Zettel mit Rechnungsnotizen aus vorreformatorischer Zeit, so dass das Verdikt Fuchs', es wären bisher niemals Rechnungen geführt worden bzw. es würde sich davon keinerlei Spur finden, nicht ganz zutreffend ist. Mit demselben Datum wie die Vorrede setzen ab fol. 3^r für das Wintersemester 1535/36 die semesterweise vom jeweiligen

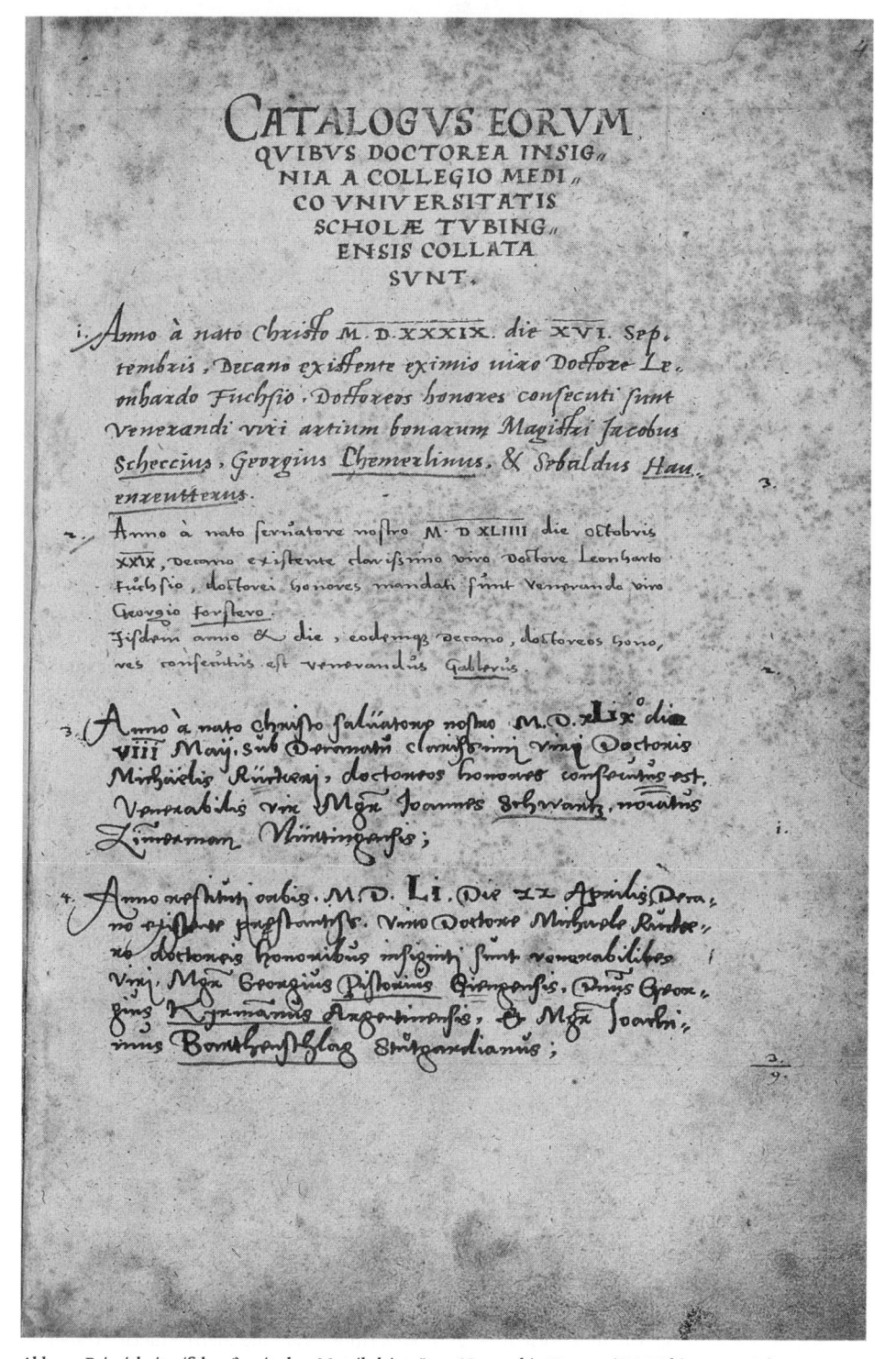

CATALOGVS EORVM QVIBVS DOCTOREA INSIGNIA A COLLEGIO MEDICO VNIVERSITATIS SCHOLÆ TVBINGENSIS COLLATA SVNT.

1. Anno à nato Christo M.D.XXXIX. die XVI. Septembris, Decano existente eximio viro Doctore Leonhardo Fuchsio, Doctoreos honores consecuti sunt Venerandi viri artium bonarum Magistri Iacobus Scheccius, Georgius Chemerlinus, & Sebaldus Hauenreutterus.

2. Anno à nato servatore nostro M.D.XLIIII die octobris XXIX, decano existente clarissimo viro doctore Leonharto Fuchsio, doctorei honores mandati sunt Venerando viro Georgio forstero.
   Eisdem anno & die, eodemq3 decano, doctoreos honores consecutis est venerandus Gablerus

3. Anno à nato Christo saluatore nostro M.D.xLix die VIII Maij, sub decanatu clarissimi vnj Doctoris Michaelis Ruckerj, doctoreos honores consecutus est Venerabilis vir Mgr Ioannes Schwantz, vocatus Zimerman Nurnbergensis;

4. Anno restituti orbis M.D.LI. Die XX Aprilis, Decano existente prestantiss. viro Doctore Michaele Ruckero, doctoreis honoribus insigniti sunt venerabiles vnj, Mgr Georgius Pistorius Giengensis, Dnus Georgius Kymanus Argentinensis, & Mgr Ioachimus Bombachschlag Stipendianus;

Abb. 1: Beispielseite (fol. 4ʳ) mit den Matrikeleinträgen Nr. 21 bis Nr. 24 (UA Tübingen, 14/4)

nicht die medizinische Leistung – der Fakultät vor der Reformation betrifft, so hatte Fuchs wohl durchaus recht, und auch wenn einiges dem Überlieferungszufall geschuldet sein mag, so wird es an (Verwaltungs-)Schriftgut kaum mehr als das heute Bekannte gegeben haben. Neben dem Rechnungsbuch ließ Fuchs wenige Jahre darauf zudem einen neuen Band für die von ihm reformierten Statuten, das später auch als neues Beschlussbuch der Fakultät fungierte, eröffnen, und das eigene Matrikelbuch. Beide unterscheiden sich von ihrer gesamten Anlage her eindeutig vom Rechnungsbuch, sind untereinander aber völlig gleichartig,[20] so dass eine gemeinsame Entstehung anzunehmen ist. Da der erste Eintrag im Matrikelbuch vom 16. September 1539 nicht von der Hand des damaligen Dekans Fuchs, sondern höchstwahrscheinlich von derselben Hand wie die Überschrift stammt, kann die Anlage des Matrikelbuchs – und damit des Statutenbuchs, das seinerseits einen *terminus post quem* von Mai 1538 hat – auf die Zeit recht bald nach der ersten nachreformatorischen Promotion angesetzt werden.[21] Offensichtlich erachtete Fuchs das bisherige Vorgehen, die Promotionen auf

---

Dekan vorgenommenen Abrechnungen ein, der vorerst letzte Eintrag auf fol. 82ᵛ–83ᵛ datiert vom 31. Oktober 1625 – unterbrochen ohne erkennbaren Grund von einem Fakultätsbeschluss vom 16. Juni 1598 (fol. 76ʳ) –, bevor zwei lose beiliegende Doppelblätter (fol. 83aʳ–dᵛ) noch Niederschriften für das Sommersemester 1626 (ohne genaues Datum) bis zum Sommersemester 1628 (datiert 12. Mai 1628) bringen. Fortgesetzt werden die Rechnungen dann nicht mehr in diesem Band – die zweite Hälfte enthält ab fol. 84ʳ die Studentenmatrikel (siehe Anm. 74) –, sondern in einem sogenannten *Liber decanatus* (UAT 14/15), der nach einem Verzeichnis der Fakultätsunterlagen von 1628 – die Nr. 6 auf fol. 7ʳ ist der vorliegende Matrikelband – und einer Dekanliste 1535–1756 ab fol. 32ʳ die Rechnungen für den Zeitraum 1628 bis 1762 bietet.

20 Auf fol. 2ʳ des neuangelegten Statutenbuchs (UAT 14/9, zur Datierung auf den Zeitraum bis zum 4. Mai 1538 vgl. ROTH (wie Anm. 3), S. 319) findet sich von gleicher Hand, in gleicher Tinte und von gleicher graphischer Gestaltung wie im Matrikelbuch die Überschrift „LEGES ET CONSTI|TVTIONES COLLEGII | MEDICI VNIVER|SITATIS SCHO|LÆ TVBING|GENSIS [!].". Die den Statutentext (ediert bei ROTH (wie Anm. 3), S. 309–319) schreibende Hand (ab fol. 3ʳ) – wohl eines speziellen Fakultäts- bzw. allgemeinen Universitätsschreibers, jedenfalls nicht die Hand Fuchs', der den Text stellenweise vielmehr selbst annotiert hat – ist genau dieselbe wie die des ersten Eintrags nach der Überschrift im neuangelegten Matrikelbuch und zudem höchstwahrscheinlich identisch mit der Überschriftshand. Nach den Statuten von 1538 folgen noch im Anlageteil von verschiedenen Händen einige wenige Fakultätsbeschlüsse, danach eine Abschrift der erneuerten Fakultätsstatuten von 1601 (das Original UAT 14/7 enthält allein den Statutentext), hinten angebunden noch ein paar Einzelzettelchen bzw. -blätter unterschiedlichen Inhalts, dabei auch Rechnungsnotizen. Der Band besteht nach Ausweis von Wasserzeichen und Papierbeschaffenheit aus dem gleichen Beschreibstoff wie das Matrikelbuch, und auch die Maße des Buchblocks passen exakt, weshalb anzunehmen sein dürfte, dass auch der ursprüngliche Einband des Matrikelbuchs, der vielleicht spätestens 1862 entfernt wurde und von dem sich offenbar nichts erhalten hat – freilich kann dies auch bereits geschehen sein, als der Band vermutlich frühneuzeitlich aufgebunden wurde, um das noch alte Ergänzungspapier (fol. 21–53) einzubinden –, dem des Statutenbuchs vergleichbar, wenn nicht sogar vollkommen gleich war, nämlich ein reich verzierter Renaissance-Einband eben aus der Zeit der zweiten Hälfte der 1530er Jahre.

21 Unter den in der zweiten Hälfte der 1530er Jahre im Rechnungsbuch der Fakultät (UAT 14/18) verzeichneten Ausgaben findet sich direkt zwar kein Hinweis auf das Matrikelbuch, so aber im Sommersemester 1538 (fol. 4ᵛ) „pro papyro" der Posten von 2 Kreuzern, dem sogleich 4

freie Seiten im Statutenbuch in optisch zudem nicht gerade ansprechender Form zu notieren, als nicht mehr passend für seinen programmatischen reformatorischen Neuanfang. Wie der alte Statutenband, der auf Johannes Widmann (†1524), Hauptprotagonist der vorreformatorischen Tübinger Medizin und somit Hauptziel der Polemik Fuchs', zurückgeht, sollte auch die formal ebenfalls dieser Zeit verhaftete Art der Promotionsaufzeichnung rigoros ersetzt werden.[22] Seine erste Promotion 1539 sollte in einem neuen, eigenständigen und wahrscheinlich entsprechend eingebundenen Band unter einer kalligraphisierten Überschrift samt großzügigem Textspiegel festgehalten werden, bevor er eigenhändig seine nächste Promotion 1544 unter seinem Dekanat aufschrieb.

Die Matrikel der Medizinischen Fakultät der Universität Tübingen verzeichnet zwischen Reformation (erster Eintrag 1539) und Ende des Dreißigjährigen Kriegs (letzter Eintrag 1646) in 94 Einträgen insgesamt 177 Promotionen zum Doktor der Medizin; vor der Reformation waren es von 1497 bis 1535 in 20 Einträgen insgesamt 36 Doktorpromotionen, eine Lizentiatspromotion und eine Rezeption gewesen. Während Vollständigkeit für die Zeit vor der Reformation seit dem Einsetzen der Promotionsaufzeichnungen unsicher und davor sogar unwahrscheinlich ist, ist diese für den hier edierten Zeitraum anzunehmen, auch wenn dies durch fakultätsgeschichtliche Detailforschung noch zu beweisen wäre. Immerhin aber ist auch eine vermutliche Promotion in einer besonderen universitätsgeschichtlichen Situation, dem Pestexil in Esslingen zwischen November 1566 und Ende 1567, zumindest als knappes Namensstichwort nachgetragen worden (Eintrag Nr. 33a, siehe Anm. x). Für jeden Promotionstermin gibt es – in chronologisch stets richtiger Reihenfolge – einen eigenen Eintrag, etwa zur Hälfte mit nur einer Person, häufig auch mit zweien, weniger schon mit dreien, sehr selten mit vier (Eintrag Nr. 40, 54, 59, 83), fünf (Eintrag Nr. 33, 57, 65), sechs (Eintrag Nr. 32) oder gar neun (Eintrag Nr. 34) Promovierten. Die Matrikeleinträge wurden in

---

Batzen „pro compaginatione libri legum" folgen; damit kann nur das neue Statutenbuch UAT 14/9 gemeint sein, und da Statuten- und Matrikelbuch aus dem gleichen Papier bestehen, dürfte der Posten „pro papyro" für beide neuen Bände in Anspruch genommen werden können. Ob das Fehlen einer Notiz über die Einbindung des Matrikelbuchs darauf hindeutet, dass dieses entweder doch nicht mit einem dem des Statutenbuchs gleichartigen Einband versehen war oder aber ursprünglich sogar mit diesem Statutenbuch in einem einzigen Band vereint gewesen sein sollte – möglicherweise wäre dann eine Trennung erst erfolgt, als dem Matrikelband das noch alte Ergänzungspapier beigefügt wurde –, wird wohl nie zu entscheiden sein. Übrigens ist auch die Anlage des Rechnungsbuchs selbst vermerkt, da gleich im ersten Eintrag zum 25. Oktober 1535 für das Wintersemester 1535/36 (fol. 3ʳ) von Fuchs sich 10 Pfennige „pro papyro ad libellum hunc rationum conficiendum" und 10 Kreuzer „pro eodem compaginando" verzeichnet finden.

22 Freilich hat Fuchs selbst seine Rezeption in die Medizinische Fakultät noch auf diesem Pergamentdoppelblatt vermerkt (KÖTZ (wie Anm. 1), S. 291, Eintrag Nr. 20 mit Anm. 38), wo später dann Venerandus Gabler (Dekan im Wintersemester 1565/66) – nicht der aktuelle Dekan im Sommersemester 1566, Jacobus Scheck – auch das Todesdatum (10. Mai 1566) und eine Kurzwürdigung Fuchs' ergänzt hat; Fuchs hat in sein neues Matrikelbuch die vorreformatorischen Promotionsaufzeichnungen allerdings nicht etwa kopiert oder zumindest dort darauf verwiesen, geschweige denn schon damals das Doppelblatt pertinenzmäßig mit dem Matrikelbuch vereinigt.

den allermeisten Fällen von dem jeweiligen Dekan persönlich vorgenommen,[23] in der Regel jeder für sich in wohl direktem Zusammenhang mit einem Promotionstermin. Gab es mehrere Termine in demselben Semester, wurde entweder auch dann gesondert eingetragen (Eintrag Nr. 41, 42; Nr. 51, 52, ein Sonderfall ist Nr. 106, 107–110) oder gesammelt (Eintrag Nr. 84–85; Nr. 86–87; Nr. 92–93; Nr. 94–95; Nr. 98–99; Nr. 100–101). Letzteres passierte gelegentlich auch bei unterschiedlichen Semestern, wenn der Dekan gleich war (Eintrag Nr. 23–24; Nr. 39–40; Nr. 75, 76–77), selten hat ein Dekan Termine des Vorgängers mitverzeichnet (Eintrag Nr. 55–57; Nr. 63–65, Nr. 107–110). Nach Ursachen für diese Abweichungen – besonders bei dekanfremden Aufzeichnungen (so auch Eintrag Nr. 27, 44, 50) – zu suchen, wäre Aufgabe weiterer Detailforschung; interessant ist etwa die Zeit des Dreißigjährigen Kriegs, als nach der Schlacht von Nördlingen (1634) gerade auch Württemberg massiv betroffen war. Denn wahrscheinlich nicht zufällig sind hier die Promotionen von März 1634 bis März 1636 (Eintrag Nr. 107–110) gesammelt aufgeschrieben worden, ebenso – zumal nicht vom Dekan der letzten Promotion – die zwei Promotionen im Januar 1641 und August 1646 (Eintrag Nr. 113–114) aus der Endphase des Kriegs. Auf jeden Fall müssen bei gesammelter Eintragung irgendwie provisorische Aufzeichnungsformen existiert haben,[24] die dann als Reinschrift in die Matrikel überführt wurden – und auch die vorreformatorischen Promotionsaufzeichnungen müssen, zumindest zum Teil, so entstanden

---

23 In der Edition findet sich die Handzuweisung unmittelbar zu Beginn eines jeden Eintrags nach der Ordnungsnummer und der Stellenangabe (fol.); bei aufeinanderfolgenden Einträgen von derselben Hand ist eine gesammelte Eintragung nicht, eine gesonderte durch {TW} (Tintenwechsel) markiert. Die Hände – zweifelsfrei identifizierbar nicht zuletzt an den nachweislich eigenhändigen Einträgen im Rechnungsbuch UAT 14/18 (siehe Anm. 19) – entsprechen folgenden Personen: H4 Michael Rücker († 1561) (KÖTZ (wie Anm. 1), Anm. 30); H5 Leonhard Fuchs († 1566) (KÖTZ (wie Anm. 1), Anm. 38); H6 unidentifizierter (Fakultäts- bzw. Universitäts-)Schreiber (siehe Anm. 20); H7 Jakob Degen gen. Schegk († 1587) (Edition Anm. 39); H8 Johannes Vischer († 1587) (Edition Anm. *3); H9 Georg Hamberger († 1599) (Edition Anm. 61); H10 Andreas Planer († 1606) (Edition Anm. 78); H11 Daniel Mögling († 1603) (Edition Anm. 84); H12 Sebastian Bloss († 1627) (Edition Anm. *7); H13 Johann Fabri († 1620) (Edition Anm. 126); H14 Johann Jakob Haug († 1616) (Edition Anm. 122); H15 Johann Ludwig Mögling († 1625) (Edition Anm. 158); H16 Matthäus Müller († nach 1636) (Edition Anm. 148); H17 Johannes Gerhard († 1657) (Edition Anm. 189); H18 Balthasar Simon († 1635) (Edition Anm. *24); H19 Karl Bardili († 1647) (Edition Anm. *28). Zu den Personen vgl. die knappe Datensammlung bei Ernst CONRAD, Die Lehrstühle der Universität Tübingen und ihre Inhaber (1477–1927), Zula. masch. Tübingen 1960, S. 66–188 (Lehrstuhlgefüge S. 27–29); für Degen, Vischer, Hamberger, Planer und Mögling jetzt ausführlich Miriam EBERLEIN, Leonhart Fuchs' Erben. Die Medizinische Fakultät im späten 16. Jahrhundert, in: KÖPF / LORENZ / BAUER (wie Anm. 2), S. 249–298.

24 Durchgesehen wurde das gesamte einschlägige Akten- bzw. Amtsbuchmaterial der Tübinger Medizinischen Fakultät bis ca. zur Mitte des 17. Jahrhunderts in den Beständen des Universitätsarchivs Tübingen (Signaturengruppe 14 und 20); irgendwelche provisorischen Aufzeichnungsformen wie etwa Namensstichpunkte oder Vorgangsnotizen konnten allerdings ebenso wie anderweitige Nebenüberlieferungen (Konzepte, Exzerpte), wie es bei der Theologischen Fakultät, wo diese zum Teil durchaus interessante Zusatzinformationen über den eigentlichen Matrikeltext hinaus bieten, der Fall ist (vgl. KÖTZ (wie Anm. 2), S. 395–397), nicht gefunden werden.

sein.²⁵ Alle graphisch kompakt ohne Gliederung ausgeführten Matrikeleinträge sind bis auf den einzigen Nachtrag in Textform gehalten und nach einem festen Formular, das freilich in Reihenfolge und/oder Formulierung der Bestandteile – speziell die Ausdrücke für den Promotionsakt sind sehr mannigfaltig – variiert werden konnte, gestaltet. Nach dem Promotionsdatum – das nur für den Nachtrag fehlt und viermal (Eintrag Nr. 44, 69, 107, 108) nicht den Tag angibt, der zweimal (Eintrag Nr. 54, 77) nachgetragen wurde, was einmal (Eintrag Nr. 99) unterblieb – kommt in der Regel in syntaktisch meist eigener Block mit Funktionsträgern. Lückenlos bietet dieser die Dekane, bald meist auch die Promotoren, ab Eintrag Nr. 81 mehr oder weniger regelmäßig zudem Rektor und Kanzler, als gestandene Amtspersonen mit den verschiedensten Epitheta versehen. Die Nennung des Promovierten beinhaltet fast immer eine Herkunftsangabe, manchmal gibt es biographische Notizen wie Verwandtschaftsverhältnisse – einmal für mehrere Einträge (Nr. 31, 36, 60) zusammen nachgetragen –, wobei verstorbenen Personen und Fakultätskollegen auch mit „piae memoriae" gedacht wurde. Historiographische Elemente finden sich einzig bei den zwei Promotionen am 11. August und 18. Oktober 1628 (Eintrag Nr. 100, 101), wo mit „Nota bene" auf den Ausfall des öffentlichen Doktormahls hingewiesen wurde – „ob illustrissimi principis luctum" bzw. „ob insignem temporum iniuriam", also wegen des Tods Herzog Johann Friedrichs (1608–1628) am 28. Juli. Eine Statistik zur Promotionsfrequenz, zu Konjunktionen, Kontinuitäten und Depressionen, ist hier unmöglich, scheint aber schon die Zeitgenossen interessiert zu haben, da von einigen Dekanen in mehreren Tranchen die Einträge nicht nur links durchnummeriert und rechts die Personen ausgezählt, sondern dies zweimal auch aufsummiert wurde.²⁶

---

25 Nach der geschlossenen Niederschrift der ersten sieben Einträge (Nr. 1–7) mit neun Promotionen von 1497 bis 1512 unter drei verschiedenen Dekanen durch einen noch unidentifizierten (Fakultäts- bzw. Universitäts-)Schreiber (H1) (siehe Anm. 14) hat Bernhard Rohrbach, († 1530) (H2, KÖTZ (wie Anm. 1), Anm. 1) die nächsten drei Einträge (Nr. 8–10) mit neun Promotionen von 1518 bis 1520 gesammelt vorgenommen, wobei zwischen zwei Dekanaten Rohrbachs (Eintrag Nr. 8 und 10) ein Dekanat Rudolf Ungers (Eintrag Nr. 9) lag. Unger († 1535/36) (H2, KÖTZ (wie Anm. 1), Anm. *2) hat dann selbst die nächsten acht Einträge ausgeführt, und zwar zunächst gesondert einen Eintrag (Nr. 11) mit einer Promotion von 1524 unter seinem Dekanat, dann gesammelt drei Einträge (Nr. 12–14, der bisher vermutete Tintenwechsel bei Eintrag Nr. 14 ist zu streichen) mit sieben Promotionen von 1521 (!) bis 1526, wobei auch hier zwischen zwei Dekanaten Ungers (Eintrag Nr. 12 und 14) ein Dekanat Rohrbachs (Eintrag Nr. 13) lag, danach gesammelt zwei Einträge (Nr. 15–16) mit vier Promotionen von 1528 und 1529, vor dem Dekanat Ungers (Eintrag Nr. 16) erneut ein Dekanat Rohrbachs (Eintrag Nr. 15), und zuletzt gesammelt zwei Einträge (Nr. 17–18) mit sechs Promotionen von 1531 und 1533, wo erstaunlicherweise nach einem eigenen Dekanat (Eintrag Nr. 17) auch ein Dekanat Michael Rückers inbegriffen ist. Rücker († 1561) (H4, KÖTZ (wie Anm. 1), Anm. 30) schrieb daraufhin selbst einen Eintrag (Nr. 19) mit einer Promotion von 1535 unter seinem Dekanat, bevor Leonhard Fuchs († 1566) (H5, KÖTZ (wie Anm. 1), Anm. 38) seine Rezeption in die Fakultät – dazu der Nachtrag Venerandus Gablers († 1579) – festgehalten hat (Eintrag Nr. 20) (siehe Anm. 22).

26 Die erste Tranche der Nummerierung geht von Eintrag Nr. 21 (hier Nr. 1, fol. 4ʳ) bis einschließlich Eintrag Nr. 75 (hier Nr. 55, fol. 8ʳ) – sämtliche Zahlen auf fol. 7ʳ (Eintrag Nr. 65–69, hier Nr. 45–49) waren zunächst um eins zu niedrig, was jedoch unmittelbar korrigiert wurde – und wurde geschlossen von H13 im Zusammenhang mit Eintrag Nr. 76 vorgenom-

2. Editionsgrundsätze und Hinweise zur Benutzung der Edition

2.1. Text

Die Textgestaltung des vorliegenden Fortsetzungsteils der Edition der Matrikel der Medizinischen Fakultät der Universität Tübingen ist größtenteils identisch mit den Grundsätzen des ersten Editionsteils und orientiert sich im Wesentlichen an den

---

men. Zwar ist dieser Eintrag selbst unnummeriert geblieben, doch hat H13 gleichzeitig für alle Einträge bis einschließlich Eintrag Nr. 76 (hier Nr. 56, fol. 8^r) – der Nachtrag Nr. 33a (fol. 5^r) ist unnummeriert und ungezählt – auch die Zählung durchgeführt, nachdem diese bei Eintrag Nr. 75 bereits direkt notiert worden war. Dabei hat H13 zusätzlich auf jeder Seite unten in roter Tinte die jeweilige Seitensumme – auf fol. 7^r ist diese infolge der Beschneidung des Blatts fast weggefallen – gebildet, ebenso bei Eintrag Nr. 76 rechts daneben für die bis dahin halbe Seite und links daneben die Gesamtsumme aller Promovierten von Eintrag Nr. 21 bis Nr. 76, die im Gegensatz zu den stets richtigen Seitensummen mit „106" aus unerfindlichen Gründen nicht den tatsächlich 124 Graduierungen entspricht, sondern der Anzahl bis September 1601 (Eintrag Nr. 66, hier Nr. 46, fol. 7^r) und damit bezeichnenderweise bis zum Erlass der neuen Fakultätsstatuten (siehe Anm. 20). Die zweite Tranche der Nummerierung stammt dann von Eintrag Nr. 76 (hier Nr. 56, fol. 8^r) bis einschließlich Eintrag Nr. 80 (hier Nr. 60, fol. 8^v) geschlossen von H14 im Zusammenhang mit Eintrag Nr. 80, gleichzeitig bis dorthin auch die Zählung ab Eintrag Nr. 77 (hier Nr. 57, fol. 8^r). Bei Eintrag Nr. 81 (hier Nr. 61, fol. 8^v) setzte H15 daraufhin die eingeführte Nummerierung direkt fort und notierte die – falsche – Zahl „70", während alle nachfolgenden Einträge von Eintrag Nr. 82 (hier Nr. 62, fol. 8^v) bis einschließlich Eintrag Nr. 87 (hier Nr. 67, fol. 9^v) vorerst unnummeriert blieben. Erst H16 ergänzte dies in einer dritten Tranche geschlossen im Zusammenhang mit Eintrag Nr. 88, und zwar zunächst aufgrund der falschen Ausgangszahl mit „71" bis „76", korrigierte dies mitsamt der Ausgangszahl jedoch unmittelbar und gab Eintrag Nr. 88 (hier Nr. 68, fol. 9^r) direkt die richtige Zahl; gleichzeitig hat H16 für die selbst nummerierten Einträge die Zählung durchgeführt und in schwarzer Tinte die Seitensummen auf fol. 8^r und fol. 8^v gezogen. Im Zusammenhang mit den zwei gemeinsam niedergeschriebenen Einträgen Nr. 100/101 hat wiederum H16 in einer vierten Tranche dann die Einträge Nr. 89 (hier Nr. 69, fol. 9^r) bis einschließlich Nr. 101 (hier Nr. 81, fol. 11^r) geschlossen nummeriert und gleichzeitig die Zählung vorgenommen – Eintrag Nr. 90–92 weisen rechts eine zusätzliche Zählung von derselben Hand, aber anderer Tinte auf –, allerdings ohne Eintrag Nr. 101. Auf fol. 9^r, 9^v, 10^r und 10^v wurden zudem die jeweiligen Seitensummen korrekt gebildet und auf fol. 10^v unten daraufhin eine neue Gesamtsumme errechnet; in diesem Zusammenhang wurde auf fol. 9^r und fol. 9^v die bisherige Seitensumme entsprechend der jetzt gewechselten Verrechnung des den Seitenumbruch überschreitenden Eintrags Nr. 89 korrigiert, die bestehende Seitensumme auf fol. 10^r wie bereits die neue auf fol. 9^v („nro. 6") mit „et nro. 6" erneut und auf fol. 10^v die Seitensumme mit „latus nro. 5" erstmals notiert. Schließlich wurde die neue – diesmal korrekte – Gesamtsumme aller bisher im Matrikelbuch verzeichneten Graduierungen mit „summarum huc usque – 161", die freilich schon Eintrag Nr. 101 auf fol. 11^r miteinbeziehet, angegeben und die alte Gesamtsumme auf fol. 8^r gestrichen. Die fünfte und letzte Tranche für Eintrag Nr. 102 (hier Nr. 82, fol. 11^r) bis einschließlich Eintrag Nr. 107 (hier Nr. 88, fol. 11^r) – für Eintrag Nr. 103 (hier Nr. 83/84) wurden ebenso wie für Eintrag Nr. 114 (hier Nr. 95/96) zwei Nummern vergeben, da die Nummerierung ab hier nicht mehr den Eintrag, sondern die darin enthaltenen Personen betrifft – wurde geschlossen von H17 im Zusammenhang mit der gemeinsamen Niederschrift von Eintrag Nr. 107–110 durchgeführt, bevor im Folgenden die Nummerierung direkt von der Hand des jeweiligen Eintrags stammt, ab fol. 16^v allerdings ganz aufhört. Die Zählung der Graduierten in einem Eintrag war bereits ab fol. 16^r eingestellt worden; für den hier edierten

einschlägigen Editionsrichtlinien.[27] Die Transkription der Vorlage erfolgt grundsätzlich buchstabengetreu, doch steht – angesichts einer weitgehenden Uneinheitlichkeit bzw. trotz vermehrter Großschreibung vieler Wörter im 16. und 17. Jahrhundert – prinzipiell Kleinschreibung, Großschreibung aber bei sämtlichen Satzanfängen und Eigennamen samt ihren adjektivischen Formen. Getrennt- bzw. Zusammenschreibung von Wörtern geschieht in der Vorlage meist nach heutigem Gebrauch und wurde somit auch bei den wenigen Abweichungen konsequent danach durchgeführt. Die sparsam vorgenommene Zeichensetzung wurde gemäß heutigen grammatikalisch-syntaktischen Gesichtspunkten normiert, die Blöcke mit den Funktionsträgern stehen in Gedankenstrichen. Die Kürzungen wurden stillschweigend gemäß Textgebrauch bzw. allgemein zeitgemäßen sprachlichen Gegebenheiten aufgelöst; Datumsangaben sind immer originalgetreu entweder als ausgeschriebene Wörter, als römische Zahlzeichen in Großbuchstaben oder als arabische Ziffern wiedergegeben, Punkte vor und/ oder nach Zahlen wurden weggelassen, Wochentagszeichen in spitzen Klammern (⟨ ⟩) ausgeschrieben. Bei U/u und V/v – in der Vorlage beide vokalisch bzw. konsonantisch verwendet, doch tendenziell nach heutigem Gebrauch – wurde entsprechend dem Lautwert vereinheitlicht, auch bei Eigennamen und *uu*, *uv*, *vu* oder *vv* für *w*, bei I/i und J/j im Anlaut bei Kleinschreibung aber *i* gesetzt und bei Großschreibung J beibehalten. Diakritische Zeichen und Überschreibungen wurden – soweit es sich nicht bloß um Häkchen über u zur Scheidung von n oder um Längenbezeichnungen von Flexionsendungen handelt – graphisch möglichst genau übernommen. Zur besseren Orientierung und Zitierbarkeit wurden die Absätze der Vorlage für die einzelnen Matrikeleinträge – aber nur, wenn es Absätze zwischen Einträgen sind, nicht Absätze innerhalb eines Eintrags – exakt bewahrt und durchgängig mit einer Ordnungszahl zu Eintragsbeginn versehen. Da es sich hier um den zweiten Teil einer Fortsetzungsedition handelt, beginnt die Zählung der Matrikeleinträge nach 20 Einträgen im ersten Teil jetzt mit Nr. 21, was sich auch auf die textkritischen Buchstaben-Anmerkungen (beginnend mit Anm. o) und die prosopographischen Zahlen-Anmerkungen (beginnend mit Anm. 39) auswirkt. Unmittelbar nach der Ordnungszahl findet sich dann die Folio-Stelle des Eintrags zwischen jeweils einem Senkrechtstrich und – hier kursiv gesetzt – die Angabe der jeweils schreibenden Hand (H) in geschweiften Klammern, für Tinten-

---

Matrikelteil hat dies ab dem noch ungezählt gebliebenen Eintrag Nr. 101 (hier Nr. 81, fol. 11^r) geschlossen bis fol. 13^v eine spätere, noch unidentifizierte Hand getan und am Seitenende auch jeweils die Seitensummen – im edierten Teil korrekt – gezogen. Neben dieser zeitgenössischen Nummerierung und Zählung mit Tinte finden sich ab fol. 4^v noch moderne Nummerierungen ganz schwach mit Bleistift, ab und zu auch ein Fragezeichen, die ohne bisher erkennbares System zahlreichen Einträgen beigegeben wurden und vielleicht mit den ebenfalls in Bleistift ausgeführten Unterstreichungen fast aller Nachnamen und manchmal auch der Ortsnamen zu korrellieren sind.

27 Walter HEINEMEYER (Bearb.), Richtlinien für die Edition landesgeschichtlicher Quellen, Marburg / Köln 1978, S. 17–23; Johannes SCHULTZE (Bearb.), Richtlinien für die äußere Textgestaltung bei Herausgabe von Quellen zur neueren deutschen Geschichte, in: Blätter für deutsche Landesgeschichte NF 98 (1962), S. 1–11 (modifiziert als: Empfehlungen zur Edition frühneuzeitlicher Texte, in: Jahrbuch der historischen Forschung in der Bundesrepublik Deutschland (1980), S. 85–96, hier bes. S. 89 f.).

wechsel innerhalb derselben Hand steht {TW}. Die Nummerierung der Hände setzt erneut die des ersten Editionsteils fort; die bisherige Differenzierung von anlegender Hand (aH) und nachtragender Hand (nH) wurde jedoch aufgegeben, die Handidentifizierung der Nachträge erfolgt in den textkritischen Anmerkungen (zur Personenidentifikation siehe Anm. 23). Sämtliche Zusätze des Bearbeiters, vor allem die Ergänzung von Namen oder Namensbestandteilen, erscheinen in eckigen Klammern, auf Versehen der Vorlage bzw. ungewöhnliche Schreibungen wird mit [!] verwiesen, Lücken sind durch ..., Absätze innerhalb eines Eintrags durch {Abs.} gekennzeichnet und wie auch alle sonstigen textkritischen Elemente (siehe unten) in einer Buchstaben-Anmerkung erläutert; der originale Seitenwechsel wird durch fol. zwischen je einem Senkrechtstrich markiert.

2.2. Anmerkungen

Der Anmerkungsapparat besteht wie bereits im ersten Editionsteil einerseits aus Buchstaben-Anmerkungen und andererseits aus Zahlen-Anmerkungen, die in einem gemeinsamen Apparat zusammengefasst wurden. Buchstaben-Anmerkungen (kursiv) dienen zur Aufnahme von textkritischen Elementen jedweder Art, also Marginalien, Einfügungen, Lücken, Streichungen, Korrekturen, Verschreibungen, Unterstreichungen, Hervorhebungen. Zahlen-Anmerkungen (recte) – bei jedem Vorkommen der Person in der Matrikel wiederholt; Personen, die nicht in der Matrikel als promoviert erscheinen, erhalten eine Sternchen-Anmerkung (*) – enthalten dann die jeweiligen personenrelevanten Angaben, und zwar nach einem einheitlichen Schema. Zuerst werden die aus der Matrikel unmittelbar zu entnehmenden medizinischen Promotionen notiert, samt Auflösungen der Datumsangaben nach GROTEFEND, wobei auf etwaige Fehler oder gar deren Fehlen in den Editionen der Tübinger Universitätsmatrikeln (MUT) hingewiesen wird.[28] Es ist zu beachten, dass in Württemberg bis 1700 auch nach der Datumsreform von 1582 der alte Datierungsstil beibehalten wurde und die Datumsangaben hier nicht umgerechnet wurden; Inskriptions- und Promotionsdaten von anderen Universitäten können sich je nach Gebrauch also entweder auf den neuen

---

28 Die Matrikel der Medizinischen Fakultät ist – wie die anderen Fakultätsmatrikeln auch – von HERMELINK bzw. BÜRK / WILLE für den Anmerkungsapparat ihrer Editionen der Universitätsmatrikeln bereits recht systematisch ausgewertet und sicher auch anderweitig immer wieder einmal für die verschiedensten Fragestellungen herangezogen worden. Eine fachgerechte Edition können diese zumal ganz verstreuten Auszüge allerdings nicht ersetzen (vgl. dazu HERMELINK (wie Anm. 3), Registerband zu Bd. 1, S. XIII: „Aus den Fakultätsmatrikeln sind im Apparat zu den Inskribierten Tatsache und Datum der Promotion mitgeteilt; dazu auch Abweichungen in der Wiedergabe von Personen- und Ortsnamen. Die ganzen oft sehr umständlichen Eintragungen, wie sie namentlich in den Matrikeln der oberen Fakultäten sich finden, mit aufzunehmen erschien zwecklos [!]." Vgl. aber ebd., S. IX, Nr. V (zur Matrikel der Medizinischen Fakultät; die Aussage zu deren Nichtheranziehung ist freilich falsch): „Der Band befand sich bei Herstellung der Matrikelausgabe noch nicht im Universitätsarchiv und wurde deshalb vom Herausgeber übersehen. Die Doktoren der Medizin sind also in Matrikel I nicht vermerkt."

oder den alten Stil beziehen. Gegebenenfalls folgt danach nach einem Punkt die – aus der Vorlage zu entnehmende – Funktion der Person in der Fakultät (Dekan und/oder Promotor) bzw. manchmal an der Universität (Rektor). Nach einem Gedankenstrich kommt dann die Darstellung des – ausschließlich universitären – Bildungsgangs der hier promovierten Person, nicht jedoch sämtlicher etwaiger Funktionen an der Tübinger oder einer anderen Universität, ebensowenig wie sonstiger Lebensdaten und -stationen. Zur Rekonstruktion des universitären Bildungsgangs wurden etwa bis zur Mitte des 17. Jahrhunderts die Matrikeln aller Universitäten bzw. quasi-universitären Akademien Deutschlands in den heutigen Grenzen herangezogen.[29] Dabei musste sich – je nach Überlieferungssituation und Editionsstand – meist auf die eigentlichen Universitätsmatrikeln beschränkt werden, teils sind Fakultätsmatrikeln aber auch Teil der Universitätsmatrikeleditionen bzw. in deren Anmerkungen ausgewertet worden. Es handelt sich um folgende Institute: Altdorf (MUA),[30] Bamberg (ohne Belege),[31] Dillingen (ohne Belege),[32] Erfurt (MUE),[33] Frankfurt (MUFf),[34] Freiburg (MUFb),[35] Gießen (MUGi),[36] Greifswald (MUGr),[37] Heidelberg (MUHb),[38] Helmstedt (MUHs),[39]

---

29 Für die Mithilfe bei der prosopographischen Recherche danke ich sehr herzlich Frau Dr. des. Stefanie Albus-Kötz (Rottenburg a. N. / Freiburg i. Br.).

30 Die Matrikel der Universität Altdorf, bearb. von Elias VON STEINMEYER (Veröffentlichungen der Gesellschaft für fränkische Geschichte, Reihe 4, Bd. 1), Bd. 1: Text, Würzburg 1912, Bd. 2: Register, Würzburg 1912.

31 Die Matrikeln der Akademie und Universität Bamberg, bearb. von Wilhelm HESS, Bd. 1: Text, Bamberg 1923, Bd. 2: Personen- und Ortsregister, Aschaffenburg 1924.

32 Die Matrikel der Universität Dillingen, bearb. von Thomas SPECHT (Archiv für die Geschichte des Hochstifts Augsburg, Bd. 2, 3/1,2), Bd. 1: 1551–1645, Dillingen a. d. Donau 1909–1911, Bd. [3]: Registerband, bearb. von Alfred SCHRÖDER, Dillingen a. d. Donau 1914/15.

33 Acten der Erfurter Universitaet (Geschichtsquellen der Provinz Sachsen und angrenzender Gebiete, Bd. 8), Bd. 2: […] Allgemeine Studentenmatrikel 1492–1636, bearb. von J. C. Hermann WEISSENBORN, Halle a. d. Saale 1884, Bd. 3: Register zur allgemeinen Studentenmatrikel 1392–1636, bearb. von DEMS. / Adalbert HORTZSCHANSKY, Halle a. d. Saale 1899; Namensverzeichnis zur allgemeinen Studentenmatrikel der ehemaligen Universität Erfurt für die Zeit von 1637 bis 1816, bearb. von Fritz WIEGAND, Tl. 1: A–K, in: Beiträge zur Geschichte der Universität Erfurt 9 (1962), S. 9–161, Tl. 2: L–Z, in: ebd. 10 (1963), S. 13–165.

34 Aeltere Universitäts-Matrikeln, Tl. 1: Universität Frankfurt a. O., bearb. von Ernst FRIEDLÄNDER (Publicationen aus den K. Preußischen Staatsarchiven, Bd. 32, 49), Bd. 1: 1506–1648, Leipzig 1887, Bd. 3: Personen- und Ortsregister, Stuttgart 1891.

35 Die Matrikel der Universität Freiburg i. Br. von 1460–1656, bearb. von Hermann MAYER, Bd. 1: Einleitung und Text, Freiburg i. Br. 1907, Bd. 2: Tabellen, Personen- und Ortsregister, Freiburg i. Br. 1910.

36 Die Matrikel der Universität Gießen 1608–1707, bearb. von Ernst KLEWITZ / Karl EBEL, Gießen 1898.

37 Aeltere Universitäts-Matrikeln, Tl. 2: Universität Greifswald, bearb. von Ernst FRIEDLÄNDER (Publicationen aus den K. Preußischen Staatsarchiven, Bd. 52), Bd. 1: 1456–1645, Leipzig 1893.

38 Die Matrikel der Universität Heidelberg von 1386 bis 1662, bearb. von Gustav TOEPKE, Bd. 1: von 1386 bis 1553 nebst einem Anhange, Heidelberg 1884, Bd. 2: von 1554 bis 1662 nebst einem Anhange, Heidelberg 1886, Bd. 3: Personenregister, Ortsregister, Sach- und Wörterregister, Heidelberg 1893.

39 Album Academiae Juliae (Veröffentlichungen der Historischen Kommission für Hannover

Herborn (MUHn),[40] Ingolstadt (MUI),[41] Jena (MUJ),[42] Kassel (ohne Belege),[43] Köln (MUKö),[44] Leipzig (MULe),[45] Mainz (ohne Belege),[46] Marburg (MUM),[47] Osnabrück (keine Literatur), Paderborn (ohne Belege),[48] Rinteln (ohne Belege),[49] Rostock (MUR),[50] Trier (ohne Belege),[51] Wittenberg (MUWb, dazu KÖSTLIN)[52] und Würzburg

---

bzw. Niedersachsen und Bremen, Bd. 9/1), Bd. 1: Studenten und Professoren der Universität Helmstedt von 1574–1636, bearb. von Paul ZIMMERMANN, Hannover 1926, Personen- und Ortsregister (1572–1636), bearb. von Werner SPIESS, Hannover 1955; Die Matrikel der Universität Helmstedt, Bd. 2: 1636–1685, bearb. von Werner HILLEBRAND, Hildesheim 1981.

40 Die Matrikel der Hohen Schule und des Paedagogiums zu Herborn, bearb. von Gottfried ZEDLER / Hans SOMMER (Veröffentlichungen der Historischen Kommission für Nassau, Bd. 5), Wiesbaden 1908.

41 Die Matrikel der Ludwig-Maximilians-Universität Ingolstadt-Landshut-München, Tl. 1: Ingolstadt, Bd. 1: 1472–1600, bearb. von Götz FREIHERR VON PÖLNITZ / Georg WOLFF, München 1937, Bd. 2: 1600–1700, bearb. von Götz FREIHERR VON PÖLNITZ, München 1939/40, Bd. 4: Personenregister, bearb. von DEMS. / Laetitia BOEHM / Ladislaus BUZAS, München 1981, Bd. 5: Ortsregister, bearb. von DENS., München 1984.

42 Die Matrikel der Universität Jena, Bd. 1: 1548 bis 1652, bearb. von Georg MENTZ / Reinhold JAUERNIG (Veröffentlichungen der Thüringischen Historischen Kommission, Bd. 1), Jena 1944.

43 Die Annalen und die Matrikel der Universität Kassel, bearb. von Wilhelm FALCKENHEINER, in: Zeitschrift des Vereins für hessische Geschichte und Landeskunde 28 NF 18 (1893), S. 190–326, hier S. 283–308, 309–326.

44 Die Matrikel der Universität Köln (Publikationen der Gesellschaft für Rheinische Geschichtskunde, Bd. 8), Bd. 2: 1476–1559, bearb. von Hermann KEUSSEN, Bonn 1919, Bd. 3: Nachträge 1389–1559 und Register zu Bd. I und II, bearb. von DEMS., Bonn 1931, Bd. 4: 1559–1675, bearb. von DEMS. / Ulrike NYASSI / Mechthild WILKES, Düsseldorf 1981, Bd. 8: Register 1559–1797, bearb. von Hermann KEUSSEN / Philipp NOTTBROCK / Manfred GROTEN / Manfred HUISKES, Düsseldorf 1981.

45 Die Matrikel der Universität Leipzig, bearb. von Georg ERLER (Codex Diplomaticus Saxoniae Regiae, Hauptll. 2, Bd. 16–18), Bd. 1: Die Immatrikulationen von 1409–1559, Leipzig 1895, Bd. 2: Die Promotionen von 1409–1559, Leipzig 1897, Bd. 3: Register, Leipzig 1902; Die jüngere Matrikel der Universität Leipzig 1559–1809, als Personen- und Ortsregister bearb. von Georg ERLER , Bd. 1: Die Immatrikulationen vom Wintersemester 1559 bis zum Sommersemester 1634, Leipzig 1909, Bd. 2: Die Immatrikulationen vom Wintersemester 1634 bis zum Sommersemester 1709, Leipzig 1909.

46 Verzeichnis der Studierenden der alten Universität Mainz (Beiträge zur Geschichte der Universität Mainz, Bd. 13), Wiesbaden 1982.

47 Catalogus studiosorum scholae Marpurgensis per annos MDXXVII–MDCXXVIII descriptus, bearb. von Julius CAESAR, Bd. 1: 1527–1547, Marburg 1875, Bd. 2: 1547–1571, Marburg 1877, Bd. 3: 1571–1604, Marburg 1882, Bd. 4: 1605–1628, Marburg 1887; Catalogi studiosorum Marpurgensium [...] ab 1629 usque ad 1636, bearb. von Wilhelm FALCKENHEINER, Marburg 1888; Personen- und Ortsregister zu der Matrikel und den Annalen der Universität Marburg 1527–1652, bearb. von Wilhelm FALCKENHEINER, Marburg 1904.

48 Die Matrikel der Universität Paderborn. Matricula Universitatis Theodorianae Padibornae 1614–1844, bearb. von Joseph FREISEN, Bd. 1: Die immatrikulierten Studenten und immatrikulierten Universitäts-Professoren, Würzburg 1931.

49 Die Studenten der Universität zu Rinteln (Academia Ernestina), bearb. von August WORINGER (Mitteilungen der Zentralstelle für Deutsche Personen- und Familiengeschichte, Bd. 59), Leipzig 1939.

50 Die Matrikel der Universität Rostock, bearb. von Adolph HOFMEISTER, Bd. 2: Mich. 1499–Ost.

(ohne Belege),⁵³ ergänzt um ein paar ausgewählte Universitäten bzw. Akademien innerhalb des alten Reichs: Basel (MUB),⁵⁴ Franeker (ohne Belege),⁵⁵ Genf (ohne Belege),⁵⁶ Graz (ohne Belege),⁵⁷ Königsberg (MUKb),⁵⁸ Lausanne (ohne Belege),⁵⁹ Leyden (ohne Belege),⁶⁰ Löwen (MULö),⁶¹ Salzburg (ohne Belege),⁶² Straßburg (MUS, dazu MEYER),⁶³ Utrecht (ohne Belege)⁶⁴ und Wien (MUWi),⁶⁵ dazu – wegen des häu-

---

1611, Rostock 1891, Bd. 3: Ost. 1611–Mich. 1694, Rostock 1895, Bd. 6/7: Personen- und Ortsregister zur Matrikel der Universität Rostock, bearb. von Ernst SCHÄFER, Schwerin 1919/22.

51 Leonhard KEIL (Bearb.), Die Promotionslisten der Artisten-Fakultät von 1604–1794, nebst einem Anhang: Verzeichnis der an der juristischen Fakultät von 1739–1794 immatrikulierten Studenten und einiger an derselben Fakultät wirkenden Professoren (Akten und Urkunden der Geschichte der Trierer Universität, Heft 2; Trierer Archiv, Erg.-Heft 18), Trier 1926, hier S. 26–193.

52 Album Academiae Vitebergensis, Ältere Reihe 1502–1602, Bd. 1: 1502–1560, bearb. von Karl Eduard FÖRSTEMANN, Leipzig 1841, Bd. 2: 1560–1602, bearb. von Otto HARTWIG, Halle a. d. Saale 1894, Bd. 3: Indices, bearb. von Gotthold NAETEBUS / Karl GERHARD, Halle a. d. Saale 1905; Album Academiae Vitebergensis, Jüngere Reihe, Bd. 1: 1602–1660 [...], bearb. von Bernhard WEISSENBORN (Geschichtsquellen der Provinz Sachsen. Neue Reihe, Bd. 14), Magdeburg 1934. – Dazu: Die Baccalaurei und Magistri der Wittenberger Philosophischen Fakultät 1503–1560, bearb. von Julius KÖSTLIN, Halle a. d. Saale 1887–1891.

53 Die Matrikel der Universität Würzburg (Veröffentlichungen der Gesellschaft für fränkische Geschichte. Reihe 4, Bd. 5), Bd. 1: Text, bearb. von Sebastian MERKLE, München / Leipzig 1922, Bd. 2: Personen- und Ortsregister 1582–1830, bearb. von Alfred WENDEHORST / Christa WENDEHORST, Berlin 1982.

54 Die Matrikel der Universität Basel, Bd. 1: 1460–1529, bearb. von Hans Georg WACKERNAGEL, Basel 1951, Bd. 2: 1532/33–1600/01, bearb. von DEMS. / Marc SIEBER / Hans SUTTER, Basel 1956, Bd. 3: 1601/02–1665/66, bearb. von DENS. / Andreas TAMMANN, Basel 1962.

55 Album studiosorum Academiae Franekerensis (1585–1811, 1816–1844), Bd. 1: Naamlijst der studenten, bearb. von S. J. FOCKEMA ANDREAE / Th. J. MEIJER, Franeker [ca. 1968].

56 Le Livre du Recteur de l'Académie de Genève (1559–1878), bearb. von S. STELLING-MICHAUD (Travaux d'Humanisme et Renaissance, Bd. 33), Bd. 1: Le texte, Genf 1959.

57 Die Matrikeln der Universität Graz, bearb. von Johann ANDRITSCH (Publikationen aus dem Archiv der Universität Graz, Bd. 6), Bd. 1: 1586–1630, Graz 1977, Bd. 2: 1630–1662, Graz 1980.

58 Die Matrikel und die Promotionsverzeichnisse der Albertus-Universität zu Königsberg i. Pr., bearb. von Georg ERLER (Publikationen des Vereins für die Geschichte von Ost- und Westpreußen), Bd. 1: Die Immatrikulationen von 1544–1656, Leipzig 1910, Bd. 3: Personenregister und Heimatsverzeichnis, bearb. von Clara LEHMANN / E. JOACHIM, Leipzig 1917.

59 Album studiosorum Academiae Lausannensis 1537–1837, Bd. 2: 1602–1837, bearb. von Louis JUNOD, Lausanne 1937.

60 Album studiosorum Academiae Lugduno-Batavae MDLXXV–MDCCCLXXV, bearb. von Guillaume DU RIEU, Den Haag 1875.

61 Matricule de l'Université de Louvain, bearb. von Arnold SCHILLINGS (Collection de chroniques belges inédites, Bd. 33), Bd. 4: Février 1528–Février 1569, Brüssel 1961/66, Bd. 5: 19 février 1616–3 février 1651, Brüssel 1962/67.

62 Die Matrikel der Universität Salzburg 1639–1810, bearb. von Virgil REDLICH (Salzburger Abhandlungen und Texte aus Wissenschaft und Kunst, Bd. 5), Bd. 1: Text der Matrikel, Salzburg 1933.

63 Die alten Matrikeln der Universität Straßburg 1621 bis 1793, bearb. von Gustav C. KNOD (Urkunden und Akten der Stadt Strassburg, Abtl. 3), Bd. 1: Die allgemeinen Matrikeln und die Matrikeln der philosophischen und theologischen Fakultät, Straßburg 1897, Bd. 2: Die Matrikeln der Medizinischen und Juristischen Fakultät, Straßburg 1897, Bd. 3: Personen- und

figen Auslandsstudiums speziell deutscher wohlhabender Mediziner und Juristen – die in dieser Hinsicht wichtigsten französischen und italienischen Universitäten mit ihren deutschen Nationen: Bologna (MNGB, dazu KNOD),[66] Bourges (ohne Belege),[67] Montpellier (ohne Belege),[68] Padua (MNGPa),[69] Perugia (MNGPe)[70] und Siena (MNGS).[71] Auf eine Auswertung von anderen Universitäten innerhalb und außerhalb des alten Reichs sowie die Heranziehung eventuell weiterer Editionen und Ergänzungen zu den Matrikeleditionen musste hier ebenso verzichtet werden wie auf eine Berücksichtigung der sub-, semi- oder para-universitären Gymnasien bzw. verwandten Institutionen. All dies – von 1477 bis 1566 zur Zeit in Bearbeitung (siehe Anm. 4) – wäre Aufgabe einer breitangelegten Untersuchung zur Geschichte der Tübinger Medizinischen Fakultät und speziell der Bildungs- und Sozialgeschichte ihrer Absolventen, zu der hier immerhin erste prosopographische Ansatzpunkte gegeben werden sollten. Dazu wurden für Tübingen auch sämtliche Promotionen der Artistenfakultät in den einschlägigen Matrikelhandschriften des Tübinger Universitätsarchivs (Signatur: 15/11–13, Sigle: MFAB/MFAM, bis 1535 ediert bei EBERLEIN / LANG)[72] und die Zugehörigkeit zum Theologischen Stipendium/Evangelischen Stift (nach LEUBE)[73]

Ortsregister, Straßburg 1902. – Dazu: Gerhard MEYER, Die Baccalaurei und Magistri der Straßburger Akademie zwischen 1585 und 1621, in: DERS., Zu den Anfängen der Straßburger Universität. Neue Forschungsergebnisse zur Herkunft der Studentenschaft und zur verlorenen Matrikel. Aus dem Nachlaß des Verfassers hrsg. und bearb. von Hans Georg ROTT / Matthias MEYER (Historische Texte und Studien, Bd. 11), Hildesheim / Zürich / New York 1989, S. 31–134, hier S. 36–77.

64 Album studiosorum Academiae Rheno-Traiectinae MDCXXXVI–MDCCCLXXXVI ..., Utrecht 1886.

65 Die Matrikel der Universität Wien (Publikationen des Instituts für Österreichische Geschichtsforschung, Reihe 6: Quellen zur Geschichte der Universität Wien, Abt. 1), Bd. 3: 1518/II–1579/I, bearb. von Franz GALL / Willy SZAIVERT, Wien / Köln / Graz 1971, Bd. 4: 1579/II–1658/59, bearb. von Franz GALL / Hermine PAULHART, Wien / Köln / Graz 1974.

66 La matricola – Die Matrikel 1573–1602, 1707–1727, bearb. von M. Luisa ACCORSI unter Mitwirkung von Claudia ZONTA (Natio germanica Bononiae, Bd. 1), Bologna 1999. – Dazu: Gustav C. KNOD (Bearb.), Deutsche Studenten in Bologna (1289–1562). Biographischer Index zu den Acta nationis Germanicae universitatis Bononiensis, Berlin 1899.

67 Deutsche Studenten an der Universität Bourges. Album et liber amicorum, bearb. von Winfried DOTZAUER, Meisenheim am Glan 1971.

68 Matricule de l'Université de Médicine de Montpellier (1503–1599), bearb. von Marcel GOURON (Trauvaux d'Humanisme et Renaissance, Bd. 25), Genf 1957.

69 Matricula nationis Germanicae artistarum in gymnasio Patavino (1553–1721), bearb. von Lucia ROSSETTI (Fonti per la storia dell'università de Padova, Bd. 10), Padua 1986.

70 Die Matrikel der Deutschen Nation in Perugia (1579–1727). Ergänzt nach den Promotionsakten, den Consiliarwahllisten und der Matrikel der Universität Perugia im Zeitraum von 1489–1791, bearb. von Fritz WEIGLE (Bibliothek des Deutschen Historischen Instituts in Rom, Bd. 21), Tübingen 1956.

71 Die Matrikel der Deutschen Nation in Siena (1573–1738), bearb. von Fritz WEIGLE (Bibliothek des Deutschen Historischen Instituts in Rom, Bd. 22/23), 2 Bde., Tübingen 1962.

72 EBERLEIN / LANG (wie Anm. 1).

73 Martin LEUBE, Geschichte des Tübinger Stifts, Bd. 1: 16. und 17. Jahrhundert, Stuttgart 1921, Bd. 2: 18. Jahrhundert (1690–1770), Stuttgart 1930, Bd. 3: Von 1770 bis zur Gegenwart, Stuttgart 1936 [Bd. 3 auch als Das Tübinger Stift 1770–1950, Stuttgart 1954]. – Stipendiatenlisten in

erhoben. Systematisch durchgesehen wurde zudem die Matrikel der Studenten der Medizinischen Fakultät (Sigle: MFM), die für 1561 bis 1628 zwar nicht alle in Tübingen promovierten Mediziner verzeichnet, für diese jedoch komplett in den Anmerkungen verwertet wurde.[74] Eine Berücksichtigung weiterer gedruckter oder ungedruckter Quel-

---

Bd. 3 (alt), S. 381–392, hier S. 381–384, und Bd. 3 (neu), S. 692–719, hier S. 692–696 und 716 f.; Ämterlisten in Bd. 1, S. 214 f., und Bd. 3 (neu), S. 354 f.

[74] Eine Edition dieser die vorliegende Edition der Promoviertenmatrikel ergänzenden Quelle, die natürlich auch viele Tübinger Medizinstudenten, die nicht in Tübingen promoviert haben, umfasst, steht noch aus, ebenso deren eingehende quellenkundliche Untersuchung, die auch Datierungs- und Kompositionsfragen für die ersten Abschnitte der Matrikelhandschrift zu klären hat. Bereits 1537 war im Rahmen einer Neufassung der Universitätsstatuten seitens der Universität der Versuch unternommen worden, auch bei den Fakultäten eine Studentenmatrikel zu etablieren; dies scheint jedoch bei keiner der vier Fakultäten realisiert worden zu sein und hat auch keinerlei Eingang in die nachreformatorischen Fakultätsstatuten gefunden (vgl. dazu Kötz (wie Anm. 1), S. 257 mit Anm. 17). Bei den Artisten überhaupt nicht, wurde bei den Juristen eine für bald nach 1534 wohl tatsächlich geplante Studentenmatrikel jedoch erst ab 1596 verwirklicht (vgl. dazu Kötz (wie Anm. 1), S. 257 mit Anm. 16, 18, 19), bei den Theologen ist erst für den kurzen Zeitraum von 1686 bis 1710 in dem Statuten- und Examiniertenbuch der Fakultät eine Art von Studentenmatrikel enthalten, bevor dann für die Jahre ab 1712 ein eigenes Matrikelbuch überliefert ist (vgl. dazu Kötz (wie Anm. 2), S. 407, Anm. 27). Die Studentenmatrikel der Medizinischen Fakultät für die Zeit von 1561 bis 1628 nimmt die zweite Hälfte des von 1535 bis ebenfalls 1628 reichenden Rechnungsbuchs der Fakultät (UAT 14/18, siehe Anm. 19) ab fol. 84^r ein, wird allerdings nicht im Liber decanatus (UAT 14/15), wo sich seinerseits die Fortsetzung der Fakultätsrechnungen bis 1762 findet (siehe Anm. 19), fortgesetzt. Bevor auf fol. 88^v unter der Überschrift „Anno 1571" die kontinuierliche Verzeichnung der Medizinstudenten einsetzt, bietet die Matrikel für die Jahre 1561 bis 1570 zunächst eine Reihe von acht besonderen Abschnitten mit eigener Überschrift: erstens (fol. 84^r, fol. 84^v–85^v ist leer) Inskriptionen vom Wintersemester 1561/62 bis zum Wintersemester 1563/64 in mehreren Chargen unter der ursprünglichen Überschrift „Nomina eorum, qui se indicarunt sub meo Jacobi Schegkii decanatu, quem gessi anno [15]62"; zweitens (fol. 86^r) eine Bestandsaufnahme der Medizinstudenten am Ende des Sommersemesters 1564 – oft mit Angabe des Studienbeginns – unter der Überschrift „Nomina studiosorum, qui lectiones medicas frequentarunt sub decanatu meo Venerandi Gableri, cui anno 1564 æstivo semestri præfui"; drittens (fol. 86^v) zuerst eine Bestandsaufnahme der Medizinstudenten am Ende des Wintersemesters 1563/64 unter der Überschrift „Complentium nomina sub fine decanatus Jacobi Schegkii, professoris medicinæ, anni [15]64" – innerhalb derer dann im Zusammenhang mit den Inskriptionen des Sommersemesters 1566 (siehe nächster Abschnitt) einige aktualisierte Zeitangaben und wohl auch zwei Namen für die nachfolgenden Semester nachgetragen wurden, wie aus einer Randbemerkung „Inspectio facta anno [15]66 iunii 13" sicher hervorgeht –, gefolgt von Inskriptionen des Sommersemesters 1565 und des Wintersemesters 1565/66 in mehreren Chargen ohne eigene Überschrift; viertens (fol. 87^r oben) Inskriptionen des Sommersemesters 1566 unter der Überschrift „Complentium nomina consignata in publico conventu facultatis et discipulorum 13 iunii anni [15]66 decano Jacobo Schegkio doctore"; fünftens (fol. 87^r unten und fol. 87^v oben) eine Bestandsaufnahme der Medizinstudenten am 13. Januar 1568 nach der Rückkehr von Universität und Fakultät aus dem Pestexil in Esslingen – stets mit Angabe des Studienbeginns – unter der Überschrift „Conscripta nomina studiosorum medicinæ decreto senatus post reditum nostrum ex Esslinga, quo adfugeramus propter pestem etcætera; actum illum censuræ doctor Jacobus Schegkius præstitit, cum solus et unus ipse decanus et facultas esset, 13 die ianuarii anno a Christo nato 1568"; sechstens (fol. 87^v unten) Inskriptionen des Wintersemesters 1568/69 unter der Überschrift „Nomina dederunt sua me decano Johanne

len jedweder Art, aber auch der ganzen universitätsgeschichtlichen Literatur, selbst wenn dort sich manche prosopographische Ergänzung würde finden lassen, war hier ebenfalls nicht möglich. Bei einer individuelleren Recherche würden sich so Fehlstellen im Bildungsgang mit Sicherheit schließen lassen und – bedingt durch die Namensvariationen – weitere Belege in den bereits durchgesehenen Quellen einstellen.

An Abkürzungen neben den Siglen für die Quellenwerke finden in den Zahlen-Anmerkungen Verwendung: *inscr.* = inscriptus, *Stip. (hosp. / opp.)* = Stipendiarius (hospitalis / oppidanus), *Bacc. art.* = Baccalaureus artium, *Mag. art.* = Magister artium, *rec. ad fac. art.* = receptus ad facultatem artisticam, *Stud. med.* = Studiosus medicinae – so nur bei Inskription in medizinische Studentenmatrikeln – und *Dr. med.* = Doctor medicinae. Dazu: *Prof. med. (ord., publ. / pract.)* = Professor medicinae (ordinarius, publicus / practicae) und *Prof. iur. (utr.) / ling. lat. / phil. / phys. / theol. (mit Dec. / Past. / Praep. eccl.)* = Professor iuris (utriusque) / linguae Latinae / philosophiae / physices / theologiae (mit Decanus / Pastor / Praepositus ecclesiae). Weiterhin: *(Pro-)Rect. univ.* = (Pro-)Rector universitatis, *(Pro-)Canc. univ.* = (Pro-)Cancellarius universitatis, *Dec. fac. med.* = Decanus facultatis medicae und *Prom. med.* = Promotor medicinae. Alle Datumsangaben werden nach dem Schema Jahr Monat (Jan, Feb, Mrz, Apr, Mai, Jun, Jul, Aug, Sep, Okt, Nov, Dez) Tag gebildet – manchmal mit < bzw. > –, WS heißt Winter- und SS Sommersemester. Vom Bearbeiter festgestellte Berichtigungen oder Präzisierungen von Datumsangaben stehen unmittelbar hinter dem betreffenden Datumsteil in eckigen Klammern, jedwede Unsicherheit im prosopographischen wie im textkritischen Apparat wird durch *evtl.* und ? markiert, auf fehlende Belege im Bildungsgang stets nach dem Muster ? *(wann) Bacc. art.* ? *(wo)* verwiesen.

Viscero anno 1568 a mense octobri"; siebtens (fol. 88ʳ oben) Inskriptionen des Sommersemesters 1569 und als Nachtrag des Wintersemesters 1569/70 unter der Überschrift „Nomina studiosorum medicinæ conscripta me Georgio Hambergero decano anno etcætera [15]69 a festo Philippi et Jacobi"; achtens (fol. 88ʳ unten) Inskriptionen des Sommersemesters 1570 unter der Überschrift „Nomina studiosorum medicinæ notata Georgio Hambergero decano anno [15]70 a festo Philippi et Jacobi etcætera". Die darauf folgende chronologisch meist richtige Eintragung der Medizinstudenten – jeweils in Textform ähnlich wie die Promoviertenmatrikel – ohne Zwischenüberschriften geht von fol. 88ᵛ (Februar 1571) bis fol. 104ᵛ (April 1625), bevor zwei lose beiliegende Doppelblätter (fol. 105ʳ–108ᵛ) noch Inskriptionen von Mai 1625 bis September 1628 bringen. Gleichfalls beiliegend findet sich als fol. 109–111 (fol. 110ᵛ–111ᵛ ist leer) schließlich ein Einzel- und ein Doppelblatt mit dem Titel „Nomina inscriptorum in facultate medica ab anno 1565, quorum vita describenda", die insgesamt 75 Medizinstudenten mit ihren Namen und selten kürzesten biographischen Angaben bieten; von der Anlage mit vorgezeichnetem Textspiegel her gehören diese beiden Blätter – Exzerpte der Studentenmatrikel – in den Entstehungszusammenhang des *Liber decanatus* und sind wohl später pertinenzmäßig der Matrikel beigegeben worden.

3. Die Matrikel der Medizinischen Fakultät der Universität Tübingen
(1539–1646)

|4ʳ| °CATALOGVS EORVM,
QVIBVS DOCTOREA INSIG-
NIA A COLLEGIO MEDI-
CO VNIVERSITATIS
SCHOLÆ TVBING-
ENSIS COLLATA
SVNT.°

21. |4ʳ| {H6} Anno a nato Christo MDXXXIX die XVI septembris – decano existente eximio viro doctore Leonhardo Fuchsio[38] – doctoreos honores consecuti sunt venerandi viri, artium bonarum magistri, Jacobus Scheccius[39], Georgius Chemerlinus[40] et Sebaldus Hauenreutterus[41].

22. |4ʳ| {H5} Anno a nato servatore nostro MDXLIIII die octobris XXIX – decano existente clarissimo viro doctore Leonharto Fuchsio[38] – doctorei honores mandati sunt venerando viro Georgio Forstero[42]. {Abs.} Iisdem anno et die – eodemque decano – doctoreos honores consecutus est Venerandus Gablerus[43].

---

o Mit roter Tinte wohl von H6 in Kapitalis-Majuskeln nach Art eines auf der Spitze stehenden Dreiecks.
38 Siehe KÖTZ (wie Anm. 1), S. 291, Nr. 20 mit Anm. 38. – Dec. fac. med. 1539 SS (Nr. 21), 1544 SS (Nr. 22), 1552 SS (Nr. 25), 1558 SS (Nr. 30), 1562 SS (Nr. 32), 1564/65 WS (Nr. 33); Prom. med. zu 1562 Okt 5 (Nr. 32).
39 1539 Sep 16 Dr. med. (Nr. 21). Dec. fac. med. 1554 SS (Nr. 27, 28), 1561/62 WS (Nr. 31), 1571 SS (Nr. 35); Prom. med. zu 1562 Feb 4 (Nr. 31), 1564 Okt 31 (Nr. 33). – 1527 Jan 25–Feb 10 inscr. Tübingen (MUT I, Nr. 88,38: „Jacobus Schöck de Schorndorff"); 1528 Jun 3–6 Bacc. art. Tübingen (MFAB Nr. 2367: „Jacobus Scheck ex Schorndorff [Zusatz: doctor medicus et professor]"); 1530 Jan 26 Mag. art. Tübingen (MFAM Nr. 809: „Jacobus Schegk ex Schorndorff").
40 1539 Sep 16 Dr. med. (Nr. 21). – 1526 Mrz 1–Apr 16 inscr. Tübingen (MUT I, Nr. 86,26: „Georgius Kimerlin de Urach"); 1527 Okt 18–21 [!] Bacc. art. Tübingen (MFAB Nr. 2353: „Georius Kimerlin de Urach"); 1530 Jul 13 Mag. art. Tübingen (MFAM Nr. 812: „Georgius Kymerlin ex Uraco; nihil facultati dedit, sed daturum se sub chirographo promisit a die promotionis post quadriennium [Zusatz: doctor medicus]").
41 1539 Sep 16 Dr. med. (Nr. 21). – 1531 Mai 23 inscr. Wittenberg (MUWb I,1, S. 143b, Z. 8f.: „Sebaldus Hauenreyther Nurmbergensis"); ? Bacc. art. ? (Wittenberg?); 1534 Aug 28 Mag. art. Wittenberg (KÖSTLIN II, S. 22a, Nr. 4: „Sebaldus Hauffenryth/Hauenreutter Nurinbergensis") (vgl. MFAM); 1535 Sep 27 inscr. Tübingen (MUT I, Nr. 105,42: „Magister Sebaldus Hawenreiter Nierbergensis"); 1537 Jun 29 (nicht 1535 nach MUT Anm.) rec. ad fac. art. Tübingen (MFAM Bd. 1, fol. 31ʳ: „Sebaldus Hauenreuter Noricus, magister Wittenbergensis").
42 1544 Okt 29 Dr. med. (Nr. 22). – 1528 Jan 7 inscr. Heidelberg (MUHb I, S. 542, Nr. 3: „Georgius Tinctoris de Amberg, diocesis Ratisponensis ... intitulatus, cum multo tempore antea visitasset"); 1528 Jul 7 Bacc. art. Heidelberg (MUHb Anm.); 1531 Aug 17 inscr. Ingolstadt (MUI I, Sp. 507, Z. 7f.: „Georgius Forster Ambergensis [Zusatz: doctor medicine]"); ? Mag. art. ? (Ingolstadt/Wittenberg?); 1534 Okt 15 inscr. Wittenberg (MUWb I,1, S. 154b, Z. 6: „Georgius Forster Ambergensis"); 1544 Sep 25 inscr. Tübingen (MUT I, Nr. 122,46: „Magister Georgius Forsterus Hambergensis").
43 1544 Okt 29 Dr. med. (Nr. 22). – 1536 Nov 2 inscr. Tübingen (MUT I, Nr. 108,4: „Venerandus

23. |4ʳ|{H4} Anno a nato Christo salvatore nostro MDXLIXo die VIII maii – sub decanatu clarissimi viri doctoris Michaëlis Rückeri³⁰ – doctoreos honores consecutus est venerabilis vir magister Joannes Schwartz nominatus Zimmerman Nürttingensis⁴⁴.ᵖ

24. |4ʳ|{H4} Anno restituti orbis MDLI die 22 aprilis – decano existente prestantissimo viro doctore Michaele Ruckero³⁰ – doctoreis honoribus insigniti sunt venerabilesᵠ viri magister Georgius Pistorius Giengensis⁴⁵, dominus Georgius Kyrmannus Argentinensis⁴⁶ et magister Joachimus Barthenschlag Stutgardianus⁴⁷.ʳ|fol. 4ᵛ|

25. |4ᵛ|{H5} Anno a nato Christo liberatore nostro MDLII die maii XI – sub decanatu Leonharti Fuchsii³⁸ – doctorales honores mandati sunt Wuilielmo Mœgling Tubingensi⁴⁸ et Sebastiano Ungaro Isnino⁴⁹.

   Gablerus Nurtingensis"); 1538 Jun 12–15 (nicht 1538 Mrz nach MUT Anm.) Bacc. art. Tübingen (MFAB Bd. 1, fol. 113ʳ, Nr. 12: „Venerandus Gabler"); ? Mag. art. ?; 1550 Dez 31 inscr. Tübingen (MUT I, Nr. 135,18: „Venerandus Gabler, medicinae doctor, se rursus indicavit").

30 Siehe KÖTZ (wie Anm. 1), S. 289, Nr. 16 mit Anm. 30 auf S. 290. – Dec. fac. med. 1533/34 WS (Nr. 18), 1535 SS (Nr. 19), 1549 SS (Nr. 23), 1550/51 WS (Nr. 24), 1552/53 WS (Nr. 26), 1557 SS (Nr. 29).

44 1549 Mai 8 Dr. med. (Nr. 23). – 1541 Apr 29 inscr. Tübingen (MUT I, Nr. 116,46: „Joannes Faber Lignarius Nürtingensis"); 1541 Stip. Tübingen (LEUBE 1954, S. 692 mit MUT Anm.); 1542 Sep 20–23 Bacc. art. Tübingen (MFAB Bd. 1, fol. 116ᵛ, Nr. 9: „Joannes Zimerman [Zusatz: ducis Wirtenbergensis Christopheri medicus]"); 1544 Aug 6 Mag. art. Tübingen (MFAM Bd. 1, fol. 34ʳ, Nr. 14: „Joannes Schwartz Nurtingensis [Zusatz: doctor medicus, ducis Wyrtembergici archiatrus]").

p Als Schlusszeichen ein Semikolon.

q In der Vorlage venerabilibes.

45 1551 Apr 22 Dr. med. (Nr. 24). – 1535 Mai 4 inscr. Tübingen (MUT I, Nr. 105,1: „Georgius Pistor de Genga"); 1537 Feb 21–24 (nicht 1536 Dez nach MUT Anm.) Bacc. art. Tübingen (MFAB Bd. 1, fol. 112ʳ, Nr. 1: „Georgius Pistor de Giengen [Zusatz: doctor medicinæ]"); 1538 ca. Dez 25 (nicht 1539 Jan nach MUT Anm.) Mag. art. Tübingen (MFAM Bd. 1, fol. 31ᵛ, Nr. 7: „Georgius Pistor Giengensis [Zusatz: doctor medicus]").

46 1551 Apr 22 (nicht 1551 Apr 27 nach MUT Anm.) Dr. med. (Nr. 24). – ? Bacc. art. ?; ? Mag. art. ?; 1547 Okt 7 inscr. Tübingen (MUT I, Nr. 128,82: „Georgius Kirmanner Argentoratensis").

47 1551 Apr 22 Dr. med. (Nr. 24). – 1535 Sep 9 inscr. Tübingen (MUT I, Nr. 105,36: „Joachimus Bartenschlag ex Stutgardia"); 1538 Sep 18–21 (nicht 1538 Jun nach MUT Anm.) Bacc. art. Tübingen (MFAB Bd. 1, fol. 113ʳ, Nr. 2: „Joannes Bartenschlag ... Studgardienses"); 1541 Jul 13 (nicht Jul 3 nach MUT Anm.) Mag. art. Tübingen (MFAM Bd. 1, fol. 32ᵛ, Nr. 3: „Joachimus Bartenschlag Studgardiensis [Zusatz: doctor medicus]").

r Als Schlusszeichen ein Semikolon.

48 1552 Mai 11 Dr. med. (Nr. 25). – 1541 Jan 19 inscr. Tübingen (MUT I, Nr. 116,29: „Wilielmus Meglin Tubingensis"); 1543 Sep 19–22 Bacc. art. Tübingen (MFAB Bd. 1, fol. 117ʳ, Nr. 3: „Guilielmus Megling Tubingensis"); 1546 Aug 2 (nicht Aug 4 nach MUT Anm.) Mag. art. Tübingen (MFAM Bd. 1, fol. 35ʳ, Nr. 3: „Guilhelmus Megelin Tubingensis [Zusatz: doctor medicus]"); 1563 Mai 14 inscr. Tübingen (MUT I, Nr. 159,15: „Dominus doctor Wilhelmus Möglin se iterum indicavit").

49 1552 Mai 11 Dr. med. (Nr. 25). – 1524 Sep 13 inscr. Tübingen (MUT I, Nr. 83,28: „Sebastianus Unger ex Isna"); ? Bacc. art. ?; ? Mag. art. ?.

26. |4ᵛ|{H4} Anno ab orbe restituto MDLIII decima nona mensis aprilis – sub decanatu doctoris Michaelis Ruckeri³⁰ – honores doctoreos consecuti sunt viri venerandi Joannes Kobolt Donaverdensis⁵⁰ et Joannes Josua Boschar Constantiensis⁵¹.ˢ

27. |4ᵛ|{H5} Anno a nato servatore nostro MDLIIII die maii nona – sub decanatu Jacobi Scheckii³⁹ – doctor creatus est Georgius Faber Lutzensis⁵².

28. |4ᵛ|{H7} Sub eiusdem decanatu [Jacobus Scheckius³⁹] – eodemque anno [1554] die 26 octobris promoti in doctores fuerunt magister Sebastianus Mayer de Stainen prope Hailpron⁵³ et Joannes Schigkius Rotenburgensis ad Tuberim⁵⁴.

29. |4ᵛ|{H4} Anno domini et salvatoris nostri Jesu Christi MDLVII 2a die augusti – sub decanatu Michaëlis Rückeri³⁰ – doctoreis honoribus ornati sunt venerabiles viri magister Jacobus Ortheus Northusanus Thuringius⁵⁵ et magister Petrus Jonas sive Jonianus Balagerius natione Gallus⁵⁶.

---

50 1553 Apr 19 Dr. med. (Nr. 26). – 1546 Apr inscr. Wittenberg (MUWb I,1, S. 230b, Z. 38: „Johannes Kobel Tonewerdensis"); ? Bacc. art. ? (Wittenberg/Leipzig?); 1547 SS inscr. Leipzig (MULe I,1, S. 666, Nr. B 20: „Joannes Cobolt Donawerdensis"); ? Mag. art. ? (Leipzig?); 1552 Jun 11 inscr. Tübingen (MUT I, Nr. 138,19: „Joannes Kobolt Donowerdensis").

51 1553 Apr 19 Dr. med. (Nr. 26). – 1546 Mai 31 inscr. Wittenberg (MUWb I,1, S. 233b, Z. 13: „Josua Bosthar Constantiensis"); ? Bacc. art. ? (Wittenberg?); ? Mag. art. ? (Wittenberg?); 1549 Aug 22 inscr. Tübingen (MUT I, Nr. 132,49: „Josua Boschar Constantiensis").

s Als Schlusszeichen ein Semikolon.

52 1554 Mai 9 Dr. med. (Nr. 27). – 1544 Aug inscr. Wittenberg (MUWb I,1, S. 215a, Z. 14: „Gregorius Schmidt Lutzensis"); 1545 SS inscr. Leipzig (MULe I,1, S. 655, Nr. M 26: „Gregorius Faber Lutzensis"); 1546 Mrz 10 Bacc. art. Leipzig (MULe I,2, S. 686, Nr. 27: „Gregorius Faber Lucensis"); 1547/48 WS Mag. art. Leipzig (MULe I,2, S. 702, Nr. 10: „Gregorius Faber Lůczensis"); 1549 Aug 20 inscr. Tübingen (MUT I, Nr. 132,47: „Gregorius Faber Lucensis, dioecesis Morsburgensis").

53 1554 Okt 26 Dr. med. (Nr. 28). – 1548 Okt 3 inscr. Tübingen (MUT I, Nr. 130,41: „Sebastianus Meier Stainensis prope Marpach"); 1549 Sep 25 Bacc. art. Tübingen (MFAB Bd. 1, fol. 121ʳ, Nr. 12: „Sebastianus Meyer Stainhaimensis"); 1551 Aug 5 Mag. art. Tübingen (MFAM Bd. 1, fol. 37ʳ, Nr. 2: „Sebastianus Maior Staynhaymensis").

54 1554 Okt 26 Dr. med. (Nr. 28). – 1548 Jul 28 inscr. Freiburg (MUFb I, S. 370, Nr. 60: „Joannes Schenck de Rotenburgo ad Tubarim, clericus dioecesis Herbipolensis"); 1549 Jun 7 inscr. Tübingen (MUT I, Nr. 132,23: „Joannes Schenck Rotenburgensis ad Tubarum"); 1549 Sep 25 Bacc. art. Tübingen (MFAB Bd. 1, fol. 121ʳ, Nr. 13: „Joannes Schenck Rotenburgensis ad Tuberum"); ? Mag. art. ?.

55 1557 Aug 2 Dr. med. (Nr. 29). – 1546 Apr 25–1547 Apr 10 inscr. Erfurt (MUE II, S. 365a, Z. 2: „Jacobus Othenius Northusianus"); 1546 SS inscr. Leipzig (MULe I,1, S. 661, Nr. S 19: „Jacobus Othenius Northusanus"); ? Bacc. art. ? (Erfurt/Leipzig?); 1549 Jul 6 inscr. Heidelberg (MUHb I, S. 604, Nr. 12: „Jocobus [!] Aetheus Northosanus, diocesis Moguntinae"); 1550 Feb 11 Mag. art. Heidelberg (MUHb II, Anh. II, S. 459, Nr. 3: „Jacobus Aethęus Northusianus"); 1551 Jan–Jun inscr. Marburg (MUM III, S. 11: „Jacobus Ceteus [!] Northusanus"); 1555 Jul 15 inscr. Wittenberg (MUWb I,1, S. 309a, Z. 30: „Jacobus ... Oethei, fratres, Northusani"); 1555 Sep 24 inscr. Tübingen (MUT I, Nr. 143,50: „Jacobus a Theos [!] Northusanus"); 1568 Feb 21 inscr. Ingolstadt (MUI I, Sp. 912, Z. 18–22: „Jacobus Oetheus Northusanus, medicinae doctor, qui paulo post hic in profeßorem medicinae receptus est").

56 1557 Aug 2 Dr. med. (Nr. 29). – ? Bacc. art. ?; ? Mag. art. ?; 1557 Jul 22 inscr. Tübingen (MUT I, Nr. 147,62: „Petrus Jonas vel Jonianus Balaguarius Gallus").

30. |4ᵛ|{H5} Anno a nato^t Christo redemptore nostro MDLVIII die ultima augusti – sub decanatu Leonharti Fuchsii³⁸ – doctores creati sunt magistri Nicolaus Winclerus Forchemius⁵⁷, Laurentius Phronto Kittingensis⁵⁸ et Bernhardus Metellus Pfinensis⁵⁹.

31. |4ᵛ|{H7} Anno salutis nostræ recuperatæ MDLXII februarii die quarta – promotore et decano Jacobo Schegkio³⁹ – creati sunt doctores magister, ᵘWilhelmi [Mögling]⁴⁸ fraterᵘ, Nicolaus Mögling Tubingensis⁶⁰ et magister Georgius Hamberger Dinckelspulensis⁶¹. |fol. 5ʳ|

32. |5ʳ|{H5} Anno domini Jesu Christi servatoris nostri MDLXII octobris die quinta – decano et promotore Leonharto Fuchsio³⁸ – creati sunt doctores medicinæ magister Melchior Haindelius⁶² et Andreas Dierntzel Straubingenses⁶³, magister Joachimus

---

t Über der Zeile von aH im Zusammenhang mit Nr. 32 ergänzt.
57 1558 Aug 31 Dr. med. (Nr. 30). – 1546 SS inscr. Leipzig (MULe I,1, S. 659, Nr. B 12: „Nicolaus Winckler Vorchemensis"); ? Bacc. art. ? (Leipzig/Erfurt?); 1547 Apr 10–Sep 29 inscr. Erfurt (MUE II, S. 366b, Z. 16: „Nicolaus Winckeler … de Forcheim"); 1551 Mai 15 inscr. Wittenberg (MUWb I,1, S. 265a, Z. 35: „Nicolaus Winckler Forcheymensis"); 1552 Feb 22 Mag. art. Wittenberg (KÖSTLIN IV, S. 12b, Nr. 30: „Nicolaus Winckler Forcheimensis"); 1553 Aug 22 inscr. Tübingen (MUT I, Nr. 140,63: „Magister Nicolaus Winckler Forcheimensis").
58 1558 Aug 31 Dr. med. (Nr. 30). – 1548 Mrz 30–Apr 3 inscr. Wittenberg (MUWb I,1, S. 238b, Z. 9: „Laurentius Pfrundt Kitzingensis"); ? Bacc. art. ? (Wittenberg?); 1552 Feb 22 Mag. art. Wittenberg (KÖSTLIN IV, S. 12a, Nr. 11: „Laurentius Phronto Kittingensis") (vgl. ebd., S. 15 („Pfronto"), S. 27: „Pfrandro")); 1556 Mai 31 inscr. Tübingen (MUT I, Nr. 145,9: „Magister Laurentius Phronto Kitzingensis").
59 1558 Aug 31 Dr. med. (Nr. 30) (fehlt MUT Anm., Verweis fälschlich bei MUT I, Nr. 144,3). – 1550 Mrz 4 inscr. Freiburg (MUFb I, S. 380, Nr. 31: „Bernhardus Mettelin de Pfyn Durganiae, laicus dioecesis Constantiensis"); 1551 Mrz 11 inscr. Tübingen (MUT I, Nr. 135,26: „Bernhardus Mettelin ex Pfirpago Turgauiae"); 1551 Sep 23 (nicht Sep 24 nach MUT Anm.) Bacc. art. Tübingen (MFAB Bd. 1, fol. 123ʳ, Nr. 19: „Bernhardus Mettelinn Pfinnensis"); 1553 Feb 8 (nicht 1552 nach MUT Anm.) Mag. art. Tübingen (MFAM Bd. 1, fol. 38ʳ, Nr. 4: „Bernhardus Metellus Phinensis [Zusatz: medicinæ doctor, Pomeraniæ ducis medicus]").
u Links von H11 (mit Anm. z und u) im Zusammenhang mit Nr. 65 ergänzt.
60 1562 Feb 4 Dr. med. (Nr. 31). – 1547 Mrz 9 inscr. Tübingen (MUT I, Nr. 127,19: „Nicolaus Megle Tubingensis"); 1551 Sep 23 (nicht Sep 24 nach MUT Anm.) Bacc. art. Tübingen (MFAB Bd. 1, fol. 123ʳ, Nr. 1: „Nicolaus Mogling Tubingensis"); 1554 Jul 24 Mag. art. Tübingen (MFAM Bd. 1, fol. 39ʳ, Nr. 1: „Nicolaus Möglin Tubingensis").
61 1562 Feb 4 Dr. med. (Nr. 31). Dec. fac. med. 1572/73 WS (Nr. 36), 1574/75 WS (Nr. 37), 1576 SS (Nr. 39), 1580/81 WS (Nr. 40), 1582 SS (Nr. 44), 1583/84 WS (Nr. 46), 1589 SS (Nr. 54), 1590/91 WS (Nr. 56), 1593/94 WS (Nr. 59), 1596/97 WS (Nr. 62), 1598 SS (Nr. 64); Prom. med. zu 1571 Jul 24 (Nr. 35), 1574 Dez 15 (Nr. 37), 1581 Jan 18 (Nr. 40), 1581 Sep 13 (Nr. 42), 1582 Jan 10 (Nr. 43), 1583 Dez 11 (Nr. 46), 1586 Jul 5 (Nr. 49), 1588 Sep 4 (Nr. 52), 1594 Okt 17 (Nr. 60). – 1553 Apr 22 inscr. Tübingen (MUT I, Nr. 139,109: „Georgius Hamberger ex Dünckelspuhel"); 1555 Mrz 27 Bacc. art. Tübingen (MFAB Bd. 1, fol. 126ᵛ, Nr. 6: „Georgius Hamberger Dunckelspuhlensis [Zusatz: iam 1568 medicinæ professor ordinarius Tübingæ]"); 1556 Aug 12 Mag. art. Tübingen (MFAM Bd. 1, fol. 40ᵛ, Nr. 2: „Georgius Hamberger Dinckelspuhelensis [Zusatz: medicinæ doctor et eiusdem in schola nostra professor]").
62 1562 Okt 5 Dr. med. (Nr. 32). – 1548/49 WS inscr. Wien (MUWi III, S. 85, Nr. R 20: „Melchior Handel"); ? Bacc. art. Wien (MFAB); 1553 Sep 5 rec. ad fac. art. Tübingen (MFAB Bd. 1, fol. 124ᵛ, Nr. 6: „… Melchior Handelius Straubingenses, baccalarei [Zusatz: Vienenses]"); 1553 Sep 6 inscr. Tübingen (MUT I, Nr. 140,76: „Melchior Hantelius Straubingensis"); 1554

Querntenus Vinariensis⁶⁴, magister Sebastianus Kienlin Tubingensis⁶⁵, magister Hermannus Cæsarius Tiberiacensis⁶⁶ et Joannes Hupertus Streitterus Spirensis⁶⁷.

33.ᵛ |5ʳ| {H5} {TW} Anno a nato Christo mediatoreʷ et servatore nostro 1564 die octobris ultima – decano Leonharto Fuchsio³⁸ et promotore Jacobo Schegkio³⁹ – creati sunt doctores medicinæ magister Samuel Isenmenger⁶⁸, magister Wilielmus Upilio⁶⁹, Philippus Grauerus⁷⁰, Georgius Winclerus⁷¹, Henricus Austriacus⁷².

    Jul 24 Mag. art. Tübingen (MFAM Bd. 1, fol. 39ʳ, Nr. 5: „Melchior Handelius Straubingensis").
63 1562 Okt 5 Dr. med. (Nr. 32). – 1550 SS inscr. Leipzig (MULe I,1, S. 681, Nr. B 33: „Andreas Thurnitzel Straubingensis"); ? Bacc. art. ? (Leipzig/Wittenberg?); 1551 Jan 8 inscr. Wittenberg (MUWb I,1, S. 262a, Z. 8: „Andreas Turtzl Strubingensis"); 1556 Feb 27 Mag. art. Wittenberg (KÖSTLIN IV, S. 17b, Nr. 24: „Andreas Tornicelius Straubingensis"); 1561 Nov 10 inscr. Tübingen (MUT I, Nr. 156,10: „Magister Andreas Dirtzel Straubingensis").
64 1562 Okt 5 Dr. med. (Nr. 32). – 1552/53 WS inscr. Jena (MUJ I, S. 246b: „Joachimus Queratenius Vinariensis"); ? Bacc. art. ? (Jena/Wittenberg?); 1555 Okt 22 inscr. Wittenberg (MUWb I,1, S. 314a, Z. 17: „Joachimus Quernten Vinariensis"); 1557 Aug 5 Mag. art. Wittenberg (KÖSTLIN IV, S. 19b, Nr. 24: „Joachimus Quertenus Jenensis"); 1560 Okt 9 inscr. Tübingen (MUT I, Nr. 153,109: „Joachimus Guerntinus Vinavensis, artium magister"); 1563 Sep 29–1564 Sep 29 inscr. Erfurt (MUE II, S. 406a, Z. 14 f.: „Joachimus Querntenus, artis medicae doctor").
65 1562 Okt 5 Dr. med. (Nr. 32). – 1552 Jun 11 inscr. Tübingen (MUT I, Nr. 138,17: „Sebastianus Kenlin Tubingensis"); 1554 Sep 19 Bacc. art. Tübingen (MFAB Bd. 1, fol. 125ᵛ, Nr. 3: „Sebastianus Kienlin Tubingensis"); 1558 Jul 27 Mag. art. Tübingen (MFAM Bd. 1, fol. 42ʳ, Nr. 7: „Sebastianus Kienlin Tubingensis").
66 1562 Okt 5 Dr. med. (Nr. 32). – 1557 Jul 12 inscr. Köln (MUKö II, Nr. 672,118: „Hermannus Roterdus Borckensis, artium ..."); 1557 Nov 12 Bacc. art. Köln (MUKö Anm.); 1559 Mrz 13 Mag. art. Köln (MUKö Anm.) (vgl. MUE); 1559 Sep 29–1560 Apr 14 inscr. Erfurt (MUE II, S. 397a, Z. 39 f.: „Hermannus Caesarius Berckensis, Coloniensis magister"); 1560 Okt 14 inscr. Tübingen (MUT I, Nr. 153,111: „Hermannus Caesarius, artium magister, Tyberiacensis prope Coloniam").
67 1562 Okt 5 Dr. med. (Nr. 32). – 1550 Jun 9 inscr. Tübingen (MUT I, Nr. 134,19: „Joannes Hupertus Striter Spirensis"); 1553 Sep 14 Bacc. art. Tübingen (MFAB Bd. 1, fol. 124ᵛ, Nr. 1: „Johannes Hupertus Streitter Spirensis"); ? Mag. art. ?.
v *Vgl. dazu den Eintrag in MFM fol. 86ʳ: „Ex præscriptis quinque ad doctoreos honores post habita examina privata et publica admissi sunt, quibus hi in vigilia omnium sanctorum publice conferentur: magister Samuel Isenmenger, magister Wilhelmus Upilio, Georgius Wincklerus, Philippus Grawer et Hainricus Austriacus."*
w *Davor servatore von aH unmittelbar gestrichen.*
68 1564 Okt 31 Dr. med. (Nr. 33) (vgl. Anm. v). – 1551 Nov 24 inscr. Wittenberg (MUWb I,1, S. 272b, Z. 2 f.: „Samuel Eisenmenger, natus in urbe Palatini Bretta"); 1552 Feb 25 Bacc. art. Wittenberg (KÖSTLIN IV, S. 4, Nr. 7: „Samuel Siderocrates Brettanus") (vgl. MFAB); 1552 Aug 17 inscr. Heidelberg (MUHb I, S. 615, Nr. 17: „Samuel Eisenmanger Brettanus, Spirensis diocesis"); 1552 Nov 14 inscr. Tübingen (MUT I, Nr. 139,26: „Daniel Eysenmanner Brettensis"); 1552 Nov 14 rec. ad fac. art. Tübingen (MFAB Bd. 1, fol. 124ᵛ, Nr. 2: „... Samuel Isimänger Brettani et baccalaurei Wittebergenses"); 1553 Stip. opp. Tübingen (LEUBE 1954, S. 717); 1554 Jan 31 Mag. art. Tübingen (MFAM Bd. 1, fol. 38ᵛ, Nr. 4: „Samuel Eisenmenger Brettanus [Zusatz: mathematum professor designatus postea]"); 1558 Jun 30 (nicht Jan 30 nach MUT Anm.) rec. ad fac. art. Tübingen (MFAM Bd. 1, fol. 41ᵛ: „Magister Samuel Isenmenger"); ? Stud. med. Tübingen (MFM fol. 86ʳ, Bestandsaufnahme Ende 1564 SS: „Magister Samuel Isenmenger, Siderocrates dictus, noster mathematicus, Brettanus").
69 1564 Okt 31 Dr. med. (Nr. 33) (vgl. Anm. v). – 1552 Mai 1–1553 Apr 30 inscr. Basel (MUB II, S. 76, Nr. 5: „Guilielmus Opilio Wintzheimensis ... pauper"); 1556 Aug 30 inscr. Tübingen (MUT I, Nr. 145,57: „Wilhelmus Scheffer Wintzhemius"); 1557 Apr 7 Bacc. art. Tübingen

33a.ˣ |5ʳ| {H9} Balthasar Loser⁷³.

34. |5ʳ| {H8} Anno domini 1569 die decima nona decembris – decano et promotore Joanne Viscero Wembdingeno*³ – creati sunt doctores medicinę magister Georgius Pistorius Eßlingensis⁷⁴, magister Thobias Baltzius Kirchensis⁷⁵, magister Gutbertus

---

(MFAB Bd. 1, fol. 128ᵛ, Nr. 2: „Guilhelmus Opilio Winsemus"); 1558 Feb 16 Mag. art. Tübingen (MFAM Bd. 1, fol. 41ᵛ, Nr. 3: „Wilhelmus Opilio Winsheymensis [Zusatz: doctor medicus]"); 1564 Mai 15 Stud. med. Tübingen (MFM fol. 86ʳ, Bestandsaufnahme Ende 1564 SS: „Magister Wilhelmus Upilio Winshemius …").

70 1564 Okt 31 Dr. med. (Nr. 33) (vgl. Anm. v). – 1548 Mrz 21 inscr. Tübingen (MUT I, Nr. 129,58: „Philippus Grůer Tubingensis"); 1553 Apr 6 Bacc. art. Tübingen (MFAB Bd. 1, fol. 124ᵛ, Nr. 2: „Philippus Grawer Tubingensis"); ? Mag. art. ?; ? Stud. med. Tübingen (MFM fol. 86ʳ, Bestandsaufnahme Ende 1564 SS: „Philippus Grawer Tubingensis"); 1584 Mrz 14 inscr. Tübingen (MUT I, Nr. 200,72: „Dominus doctor Philippus Grauwer Tubingensis rursus nomen suum indicavit").

71 1564 Okt 31 Dr. med. (Nr. 33) (vgl. Anm. v). – 1554 Apr 24 inscr. Tübingen (MUT I, Nr. 141,93: „Georgius Wincklerus Forcheimensis"); 1554 Sep 19 Bacc. art. Tübingen (MFAB Bd. 1, fol. 126ʳ, Nr. 19: „Georgius Winckler Forchaimensis"); 1555 Sep 28 inscr. Wittenberg (MUWb I,1, S. 311a, Z. 22: „Georgius Winckler Forchheimensis"); ? Mag. art. ? (Wittenberg?); 1561 Dez 31 inscr. Tübingen (MUT I, Nr. 156,24: „Georgius Winckler Forchemius rursus se indicavit"); ? [ca. 1561 Dez 31 nach MUT] Stud. med. Tübingen (MFM fol. 86ʳ, Bestandsaufnahme Ende 1564 SS: „Georgius Wincklerus").

72 1564 Okt 31 Dr. med. (Nr. 33) (vgl. Anm. v). – 1551/52 WS inscr. Wien (MUWi III, S. 95, Nr. A 32: „Hennricus Osterreicher Viennensis"); ? Bacc. art. ? (Wien?); ? Mag. art. ? (Wien?); 1562 Mai 22 inscr. Tübingen (MUT I, Nr. 157,27: „Heinricus Osterreicherus Vienensis"); ? [ca. 1562 Mai 22 nach MUT] Stud. med. Tübingen (MFM fol. 86ʳ, Bestandsaufnahme Ende 1564 SS: „Hainricus Austriacus, Osterreicher dictus, Viennensis").

x Links zwischen Nr. 33 und 34 von H9 wohl ohne Zusammenhang mit einem anderen Eintrag ergänzt (eventuell wegen des Pestexils der Universität in Esslingen zwischen November 1566 und Ende 1567 später nachgetragen).

73 1564 Okt 31–1569 Dez 19 [evtl. 1566 Nov–1567 Dez nach Anm. x] Dr. med. (Nr. 33a) (fehlt MUT Anm.). – 1541 Dez 18 Stip. Tübingen (MUT Anm., fehlt LEUBE 1936/1954); 1541 Dez 19 inscr. Tübingen (MUT I, Nr. 118,10: „Balthasar Lauserus Biningensis"); 1544 Mrz 5–8 Bacc. art. Tübingen (MFAB Bd. 1, fol. 117ᵛ, Nr. 6: „Balthasar Loser Biningensis [Zusatz: doctor medicus]"); ? Mag. art. ?.

*3 Dec. fac. med. 1569/70 WS (Nr. 34), 1575 SS (Nr. 38), 1581/82 WS (Nr. 43), 1583 SS (Nr. 45), 1584/85 WS (Nr. 47), 1586 SS (Nr. 49); Prom. med. zu 1569 Dez 19 (Nr. 34), 1572 Dez 17 (Nr. 36), 1575 Mai 10 (Nr. 38), 1576 Mai 9 (Nr. 39), 1583 Sep 11 (Nr. 45), 1585 Nov 17 (Nr. 48) (MUT I, Nr. 109,43 (1537 Sep 17): „Johannes Fischer Wembdingensis"; MUT I, Nr. 133,17 (1549 Dez 3): „Joannes Vischer Wendingenus se iterum indicavit").

74 1569 Dez 19 (nicht 1569 Dez 10 nach MUT Anm.) Dr. med. (Nr. 34). – 1557 Okt 13 inscr. Heidelberg (MUHb II, S. 12, Nr. 6: „Georgius Pistorius Eslingensis"); 1558 Apr 23 inscr. Tübingen (MUT I, Nr. 148,57: „Georgius Pistorius Thubingensis"); 1559 Mrz 14 (nicht Mrz 15 nach MUT Anm.) Bacc. art. Tübingen (MFAB Bd. 1, fol. 130ʳ, Nr. 12: „Georgius Pistorius Tubingensis"); 1561 Feb 12 Mag. art. Tübingen (MFAM Bd. 1, fol. 43ʳ, Nr. 4: „Georgius Pistorius Esslingensis [Zusatz: doctor medicus]"); 1562 [ca. Mai–Jul nach MFM Zusatz] Stud. med. Tübingen (MFM fol. 86ʳ, Bestandsaufnahme Ende 1564 SS: „Magister Georgius Pistor Esslingensis … incoepit"; MFM fol. 86ᵛ, Bestandsaufnahme Ende 1563/64 WS: „Magister Georgius Pistor Esslingensis [Zusatz 1566 Jun 13: per quadriennium]"); 1567 Apr 9 inscr. Padua (MNGPa Nr. 206: „Georgius Pistorius Esslingensis …"); 1568 Nov 24 inscr. Tübingen (MUT I, Nr. 170,53: „Magister Georgius Pistorius rursus suum nomen indicavit").

Vaius Thubingensis[76], magister Helisieus [!] Rößlin Plieningensis[77], magister Andreas Planerus Athesinus[78], magister Tilemannus Hamelius Brunsvicensis[79], Joannes Erberus Chammensis[80], Theodoricus Aquarius Lubecensis[81], magister Samuel Mullerus Lindauiensis[82].

---

75 1569 Dez 19 (nicht 1569 Dez 10 nach MUT Anm.) Dr. med. (Nr. 34). – 1557 Jun 15 inscr. Tübingen (MUT I, Nr. 147,47: „Thobias Baltz Kirchensis prope Teck"); 1560 Mrz 27 Bacc. art. Tübingen (MFAB Bd. 1, fol. 130^v, Nr. 2: „Tobias Baltz Kirchensis"); 1562 Aug 12 Mag. art. Tübingen (MFAM Bd. 1, fol. 44^r, Nr. 14: „Thobias Baltz Kirchensis [Zusatz: medicinæ doctor]"); 1562 Okt 22 Stud. med. Tübingen (MFM fol. 84^r: „Magister Tobias N. Kirchensis"; MFM fol. 86^r, Bestandsaufnahme Ende 1564 SS: „Magister Tobias Baltz Kirchaimensis"; MFM fol. 86^v, Bestandsaufnahme Ende 1563/64 WS: „Magister Tobias Baltz Kirchensis [Zusatz 1566 Jun 13 (gestr.): per quadriennium]"; MFM fol. 87^r, Bestandsaufnahme 1568 Jan 13: „Magister Tobias Baltz complere coepit, ut supra est annotatum").

76 1569 Dez 19 (nicht 1569 Dez 10 nach MUT Anm.) Dr. med. (Nr. 34). – 1554 Sep 2 inscr. Tübingen (MUT I, Nr. 142,90: „Gubertus ... Vay Thubingenses"); 1561 Sep 17 Bacc. art. Tübingen (MFAB Bd. 1, fol. 131^v, Nr. 3: „Gutbertus Vaius Tubingensis"); 1563 Jul 28 Mag. art. Tübingen (MFAM Bd. 1, fol. 44^v, Nr. 6: „Gubertus Vaius Tubingensis [Zusatz: medicinæ doctor]"); ? [1563 ca. Mai–Jul nach MFM Zusatz, evtl. >Jul 28 nach MFAM] Stud. med. Tübingen (MFM fol. 86^v, Bestandsaufnahme Ende 1563/64 WS: „Magister Gutbertus Vaius Tubingensis [Zusatz 1566 Jun 13: per triennium]").

77 1569 Dez 19 (nicht 1569 Dez 10 nach MUT Anm.) Dr. med. (Nr. 34). – 1561 Jun 5 inscr. Tübingen (MUT I, Nr. 155,25: „Eliseus Rosle Pleningensis"); 1562 Sep 16 Bacc. art. Tübingen (MFAB Bd. 1, fol. 133^r, Nr. 23: „Elisæus Röslin Blöningensis"); 1565 Aug 1 Mag. art. Tübingen (MFAM Bd. 2, fol. 93^r, Nr. 4: „Helisæus Röslinus Plieningensis [Zusatz: doctor medicinæ]"); 1565 Sep 12 Stud. med. Tübingen (MFM fol. 86^v: „... successit magister [Helyseus] Röslin Plieningensis ...; Helyseus [Röslin] incepit complere ..."; MFM fol. 87^r, Bestandsaufnahme 1568 Jan 13: „Magister Helisæus Röslin complere coepit, ut supra est annotatum").

78 1569 Dez 19 Dr. med. (Nr. 34). Dec. fac. med. 1581 SS (Nr. 41, 42), 1585/86 WS (Nr. 48), 1587 SS (Nr. 50), 1588 SS (Nr. 51, 52), 1592/93 WS (Nr. 58), 1594 SS (Nr. 60), 1595/96 WS (Nr. 61), 1603/04 WS (Nr. 68), 1604/05 WS (Nr. 70); Prom. med. zu 1581 Jun 28 (Nr. 41), 1582 Jul (Nr. 44), 1584 Nov 10 (Nr. 47), 1587 Sep 25 (Nr. 50), 1588 Dez 18 (Nr. 53), 1590 Okt 14 (Nr. 55), 1592 Mrz 8 (Nr. 57), 1593 Dez 19 (Nr. 59), 1595 Nov 12 (Nr. 61), [1597 Apr 27 (Nr. 62, vgl. Anm. 84)], 1598 Feb 20 (Nr. 63), 1599 Okt 10 (Nr. 65), 1603 Dez 14 (Nr. 68), 1605 Sep 11 (Nr. 71) [Prof. med. et phil. (Nr. 68, 69)]. – 1563 Okt 9 inscr. Tübingen (MUT I, Nr. 159,113: „Andreas Blanerus ex comitatu Tirolensi"); 1564 Sep 20 Bacc. art. Tübingen (MFAB Bd. 2, fol. 4^v, Nr. 14: „Andreas Planer Wolsenensis [Zusatz: nunc [15]80 professor medicinæ et organi loco Jacobi Schegkii]"); 1566 Feb 20 Mag. art. Tübingen (MFAM Bd. 2, fol. 93^v, Nr. 1: „Andreas Planerus Wolzanensis"); 1566 Mrz 1 Stud. med. Tübingen (MFM fol. 86^v: „... successit ... demum etiam magister Andreas Planer Botzhemus Athesinus; magister Andreas [Planer] incoepit complere ..."; MFM fol. 87^r, Bestandsaufnahme 1568 Jan 13: „Magister Andreas Planerus complere incoepit, ut supra est annotatum"); 1578 Mai 26 inscr. Tübingen (MUT I, Nr. 189,15: „Doctor Andreas Planerus iterum nomen suum dedit").

79 1569 Dez 19 Dr. med. (Nr. 34). – 1554 Apr 11 inscr. Wittenberg (MUWb I,1, S. 290a, Z. 24: „... Tilemannus Hamel ... Brunsvicenses"); ? Bacc. art. ? (Wittenberg?); 1557 Feb 16 Mag. art. Wittenberg (KÖSTLIN IV, S. 18a, Nr. 14: „Tilemannus Hamelius Brunswicensis") (vgl. MULe); 1563 SS inscr. Leipzig (MULe II,1, S. 160b, Nr. S 57: „Tilemannus Hamelius Brunsvicensis, magister Vitebergensis"); 1566 Aug 10 inscr. Tübingen (MUT I, Nr. 165,81: „Magister Tillmannus Amelius Brunsvicensis"); 1566 Aug 11 Stud. med. Tübingen (MFM fol. 87^r: „Tilemannus Hamelius Bronschwitzensis indicavit ..."; MFM fol. 87^r, Bestandsaufnahme 1568 Jan 13: „Tilemannus Hamelius incoepit complere, ut supra est annotatum"); 1571 Sep 29–1573 Sep 29 [!] inscr. Erfurt (MUE II, S. 425a, Z. 36: „Doctor Tilemannus Hamilius Brunsvicensis").

80 1569 Dez 19 Dr. med. (Nr. 34). – 1554 Okt 6 inscr. Wittenberg (MUWb I,1, S. 296b, Z. 2:

35. |5ʳ| {H7} Anno domini 1571 die 24 iulii promotus est in doctorem Christophorus Engel Vratislaviensis⁸³ – decano Jacobo Schegkio³⁹, ʸa promotore Georgio Hambergero⁶¹ doctoreʸ.

36. |5ʳ| {H9} Anno salutis nostræ recuperatæ 1572 decembris 17 – decano Georgio Hambergero⁶¹ et promotore Joanne Viscero*³ – publice renunciati et creati sunt doctores artis medicæ magister, ᶻWilhelmi [Mögling]⁴⁸ et Nicolai [Mögling]⁶⁰ frater tertiusᶻ, Daniel Mögling Tubingensis^{a,84}, magister Laurentius Gualtherus Kuchelius Ulmensis⁸⁵ et Casparus Guttmannus Constantiensis⁸⁶.ᵇ

"Johannes Erbar Camensis"); ? Bacc. art. ? (Wittenberg?); ? Mag. art. ? (Wittenberg?); 1566 Sep 7 inscr. Tübingen (MUT I, Nr. 165,97: „Joannes Erberus Camensis"); 1566 Sep 30 Stud. med. Tübingen (MFM fol. 87ʳ: „Magister Joannes Erwerus Chamensis in Palatinatu ..."; MFM fol. 87ʳ, Bestandsaufnahme 1568 Jan 13: „Magister Joannes Erwerus Chamensis incoepit complere, ut supra").

81 1569 Dez 19 Dr. med. (Nr. 34). – 1561 Jul 9 inscr. Rostock (MUR II, S. 143a, Nr. 99: „Theodoricus Aquarius Lubecensis [Zusatz: doctor, physicus Lubecae]"); ? Bacc. art. ? (Rostock?); ? Mag. art. ? (Rostock?); 1563 Nov 27 Stud. med. Tübingen (MFM fol. 84ʳ: „Theodericus Aquarius Lubecensis"; MFM fol. 86ᵛ, Bestandsaufnahme Ende 1563/64 WS: „Theodericus Aquarius Lubecensis [Zusatz 1566 Jun 13: per biennium cum dimidio]"; MFM fol. 87ʳ, Bestandsaufnahme 1568 Jan 13: „Theodoricus Aquarius complere coepit, ut supra est annotatum"); 1564 Feb 25 inscr. Tübingen (MUT I, Nr. 160,100: „Theodoricus Aquarius Laubeccensis"); ? inscr. ?; 1568 Jan 26 inscr. Tübingen (MUT I, Nr. 168,75: „Theodoricus Aquarius Lubeccensis ... denuo sunt nomina professi et recepti"); evtl. 1595 inscr. Marburg (MUM Register S. 4b, fehlt im Text).

82 1569 Dez 19 Dr. med. (Nr. 34). – 1560 Feb 1 inscr. Tübingen (MUT I, Nr. 152,39: „Samuel Miller Lindauiensis"); 1564 Mrz 22 Bacc. art. Tübingen (MFAB Bd. 2, fol. 3ᵛ, Nr. 3: „Samuel Muller Lindauiensis [Zusatz: medicinæ doctor, 1576 Campiduni]"); 1566 Jul 31 Mag. art. Tübingen (MFAM Bd. 2, fol. 93ᵛ, Nr. 1: „Samuel Millerus Lindauiensis"); 1566 Okt Stud. med. Tübingen (MFM fol. 87ᵛ, Bestandsaufnahme 1568 Jan 13: „Magister Samuel Muller coepit complere ...").

83 1571 Jul 24 Dr. med. (Nr. 35). – 1557 Okt 30 inscr. Wittenberg (MUWb I,1, S. 335b, Z. 15: „Christophorus Engell Wratislaviensis"); ? Bacc. art. ? (Wittenberg?); ? Mag. art. ? (Wittenberg?); 1559 Sep 7 inscr. Tübingen (MUT I, Nr. 151,106: „Christophorus Engel Vratislaviensis ex Silesia"); 1562 Feb 9 inscr. Padua (MNGPa Nr. 136: „Christophorus Engell Vratislaviensis ... [Zusatz: Obiit Posnanie]"); 1571 Apr 22 inscr. Tübingen (MUT I, Nr. 174,76: „Christophorus Engel Vratislaviensis se iterum indicavit").

y Auf neuer Zeile von H9 im Zusammenhang mit Nr. 36 ergänzt.

z Links von H11 (mit Anm. u und u) im Zusammenhang mit Nr. 65 ergänzt.

a Über der Zeile von aH unmittelbar ergänzt.

84 1572 Dez 17 Dr. med. (Nr. 36). Prorect. univ. unter Ehrenrektor Herzog August II. von Braunschweig-Lüneburg († 1666) 1596/97 WS (Nr. 62); Dec. fac. med. 1588/89 WS (Nr. 53), 1590 SS (Nr. 55), 1591/92 WS (Nr. 57), 1597/98 WS (Nr. 63), 1599 SS (Nr. 65), 1601 SS (Nr. 66); Prom. med. zu 1588 Jul 10 (Nr. 51), 1589 Sep 22 (Nr. 54), 1591 Feb 23 (Nr. 56), 1592 Dez 13 (Nr. 58), 1597 Apr 27 (Nr. 62 „vices", vgl. Anm. 78), 1598 Aug 23 (Nr. 64), 1601 Sep 16 (Nr. 66) [Prof. med. (Nr. 71, 74)]. – 1561 Mrz 15 inscr. Tübingen (MUT I, Nr. 154,49: „Daniel Mogling Tubingensis"); 1565 Apr 11 Bacc. art. Tübingen (MFAB Bd. 2, fol. 5ʳ, Nr. 4: „Daniel Meglin Tybingensis"); 1567 Aug 7 Mag. art. Tübingen (MFAM Bd. 2, fol. 95ʳ, Nr. 15: „Daniel Mögling Tubingensis [Zusatz: medicinæ doctor]"); 1568 >Jan 13 Stud. med. Tübingen (MFM fol. 87ʳ, Bestandsaufnahme 1568 Jan 13: „Magister Daniel Möglinus posthac incipiet complere"); 1583 Mai 2 inscr. Heidelberg (MUHb II, S. 106, Nr. 42: „Daniel Mögelinus Tubingensis, medicinae doctor").

37. |5ʳ|{H9} {TW} Anno domini 1574 die 15 decembris – decano et promotore Georgio Hambergero⁶¹ doctore – Petrus Egellius Ravenspurgensis⁸⁷ doctor creatus est.ᶜ

38. |5ʳ|{H8} Anno domini 1575 die 10 maii – decano et promotore Joanne Viscero*³ – doctor medicinę creatus est magister Laurentius Hyperius Hessus⁸⁸.

39. |5ʳ|{H9} Anno salutis recuperatæ MDLXXVI septimo idus maii artis medicæ doctor creatus est magister Alexander Camerarius Tubingensis⁸⁹ – decano Georgio Hambergero⁶¹ doctore et promotore Joanne Viscero*³ doctore.ᵈ

40.ᵉ |5ʳ|{H9} Anno domini MDLXXXI die decimo octavo ianuarii – decano et promotore Georgio Hambergero⁶¹ doctore – creati sunt doctores magister Simon Busius Gerstbachensis⁹⁰, Casparus Meyerus Weiblingensis⁹¹, Joannes Cleesattelius Nordlingensis⁹², Adamus Junius Feuchtwangensis⁹³.ᶠ |fol. 5ᵛ|

---

85 1572 Dez 17 Dr. med. (Nr. 36). – 1565 Mai 4 inscr. Tübingen (MUT I, Nr. 163,3: „Laurentius Waltherus Kuechell Ulmensis"); 1565 Sep 26 Bacc. art. Tübingen (MFAB Bd. 2, fol. 6ʳ, Nr. 15: „Laurentius Waltherus Kiechlin Ulmensis"); 1567 Aug 7 Mag. art. Tübingen (MFAM Bd. 2, fol. 95ʳ, Nr. 16: „Laurentius Gualtherus Kuechell Ulmensis"); 1567 Okt 1 inscr. Wittenberg (MUWb I,2, S. 129a, Z. 26: „Laurentius Qualterus Kichel Ulmensis"); 1568 Sep 25 inscr. Tübingen (MUT I, Nr. 169,112: „Laurentius Gualtherus Küechel Ulmensis nomen suum iterum indicavit"); 1568 Nov 2 Stud. med. Tübingen (MFM fol. 87ᵛ: „Laurentius Gualtherus Kiechel Ulmensis ...").

86 1572 Dez 17 Dr. med. (Nr. 36). – 1564 Nov 12 inscr. Tübingen (MUT I, Nr. 162,55: „Casparus Gutman Constantiensis"); 1566 Mrz 4 Bacc. art. Tübingen (MFAB Bd. 2, fol. 6ᵛ, Nr. 14: „Casparus Gůttman Constantiensis"); ? Mag. art. ?; 1567 Sep 22 Stud. med. Tübingen (MFM fol. 87ᵛ, Bestandsaufnahme 1568 Jan 13: „Casparus Agathander Constantiensis").

b Als Schlusszeichen eine Dreipunktgruppe mit Tilde.

87 1574 Dez 15 Dr. med. (Nr. 37). – 1565 Jan 9 inscr. Tübingen (MUT I, Nr. 162,81: „Petrus Iggelius Ravenspurgensis"); 1565 Sep 26 (nicht 1566 nach MUT Anm.) Bacc. art. Tübingen (MFAB Bd. 2, fol. 6ʳ, Nr. 16: „Petrus Eggellius Ravespurgensis"); ? Mag. art. ?; 1573 Aug 15 inscr. Tübingen (MUT I, Nr. 179,54: „Petrus Egellius Ravenspurgensis"); 1573 Aug 21 Stud. med. Tübingen (MFM fol. 88ᵛ: „Petrus Egelius Ravenspergensis ...").

c Als Schlusszeichen eine Dreipunktgruppe mit gespiegelter Tilde.

88 1575 Mai 10 Dr. med. (Nr. 38). – 1560 Nov 18 inscr. Marburg (MUM IV, S. 13: „Laurentius Hyperius, filius doctoris Andreae Hyperii"); ? Bacc. art. ? (Marburg?); ? Mag. art. ? (Marburg?); 1572 Sep 28 inscr. Tübingen (MUT I, Nr. 177,96: „Laurentius Hipperius Martpurgensis"); 1572 Okt 6 Stud. med. Tübingen (MFM fol. 88ᵛ: „Magister Laurentius Hyperius Marpurgensis ..."); ? inscr. ?; 1575 Apr 5 inscr. Tübingen (MUT I, Nr. 182,80: „Laurentius Hyperius rursus nomen suum indicavit").

89 1576 Mai 9 Dr. med. (Nr. 39) [Arzt (*physicus*) in Reutlingen (Nr. 68 mit Anm. 149)]. – 1565 Mai 25 inscr. Tübingen (MUT I, Nr. 163,27: „Alexander Cammerer Tubingensis"); 1569 Mrz 30 (nicht Mrz 15 nach MUT Anm.) Bacc. art. Tübingen (MFAB Bd. 2, fol. 11ʳ, Nr. 2: „... Alexander Kammerer Tubingenses"); 1570 Jun 26 [!] Stud. med. Tübingen (MFM fol. 88ᵛ, Eintrag zu 1572 Okt 24: „Magister Alexander Camerarius Tubingensis ... completionem incepisse, sed serius se comparere dixit, quod mos huius inscriptionis ipsum latuerit; recepi ipsius nomen ..."); 1570 Aug 2 [!] Mag. art. Tübingen (MFAM Bd. 2, fol. 99ʳ, Nr. 13: „Alexander Camerarius Tubingensis [Zusatz: medicinæ doctor [15]78 [!]]").

d Als Schlusszeichen eine Dreipunktgruppe mit gespiegelter Tilde.

e Links über dem Eintrag von unbekannter Hand Reste wohl von einer Nota-Bene-Hand, rechts unter dem Eintrag in gleicher Tinte einige Buchstabenreste, die nicht mehr zu einem Wort rekonstruiert werden können.

90 1581 Jan 18 Dr. med. (Nr. 40). – 1567 Jul 23 inscr. Tübingen (MUT I, Nr. 167,42: „Simon Buhss

41. |5ᵛ| {H10} Anno domini MDLXXXI vicesimo octavo iunii – decano et promotore Andrea Planero⁷⁸ doctore – artis medicæ doctor creatus est magister Mathias Anomoeus Wonsidlensis⁹⁴.

42. |5ᵛ| {H10} {TW} Anno domini MDLXXXI decimo tertio die septembris – decano Andrea Planero⁷⁸, promotore vero doctore Joanne Viscero*³ – artis medicæ doctor creatus est Israel Spach Argentinensis⁹⁵.

43. |5ᵛ| {H8} Anno 1582ᵍ decima die ianuarii – promotore doctore Georgio Hambergero⁶¹, sub decanatu Joannis Visceri*³ doctoris – medicinę doctores promoti sunt Jeremias Seng Nördlingensis⁹⁶ et Hieronymus Viscerus Wembdingensis⁹⁷.

Gerspacensis"); 1569 Mrz 30 Bacc. art. Tübingen (MFAB Bd. 2, fol. 11ʳ, Nr. 12: „Simon Busius Gernspachensis"); 1571 Aug 1 Mag. art. Tübingen (MFAM Bd. 2, fol. 100ᵛ, Nr. 14: „Simon Busius Gernspachensis"); 1572 Nov 21 Stud. med. Tübingen (MFM fol. 88ᵛ: „Magister Simon Busius Gernspachensis ... suum nomen dedit").

91 1581 Jan 18 Dr. med. (Nr. 40). – ? Bacc. art. ?; ? Mag. art. ?; 1565 Jun 16 inscr. Tübingen (MUT I, Nr. 163,38: „Casparus Maier Waiblingensis"); 1568 >Jan 13 Stud. med. Tübingen (MFM fol. 87ᵛ, Bestandsaufnahme 1568 Jan 13: „Chasparus Mayer Waiblingensis posthac incipiet complere").

92 1581 Jan 18 Dr. med. (Nr. 40) [Arzt (*physicus*) in Ulm (Nr. 81)]. – 1562 Jun 23 inscr. Tübingen (MUT I, Nr. 157,62: „Johannes Kleesattel Nordlingensis"); ? Bacc. art. ?; ? Mag. art. ?; 1574 Jun 9 Stud. med. Tübingen (MFM fol. 88ᵛ: „Johannes Klesattel Norlingensis nomen suum dedit ...").

93 1581 Jan 18 Dr. med. (Nr. 40). – ? Bacc. art. ?; ? Mag. art. ?; 1573 Aug 10 Stud. med. Tübingen (MFM fol. 88ᵛ: „Adamus Junius Feuchwangensis ... suum nomen dedit") (vgl. MUT); 1573 Aug 15 inscr. Tübingen (MUT I, Nr. 179,51: „Adamus Junius Feuchtwnsis [!], ante inscriptus, privilegia petiit"); ? inscr. ?; 1576 Dez 24 inscr. Tübingen (MUT I, Nr. 186,51: „Adamus Junius Feichtwangensis denuo nomen suum professus est"); ? inscr. ?; 1579 Feb 26 inscr. Tübingen (MUT I, Nr. 190,59: „Adamus Junius Feuchtwangensis, prius inscriptus").

f Als Schlusszeichen eine Dreipunktgruppe mit *gespiegelter Tilde*.

94 1581 Jun 28 Dr. med. (Nr. 41). – 1568 Mai 1–1569 Apr 30 inscr. Basel (MUB II, S. 188, Nr. 170: „Mathias Anomeus Variscus"); ? Bacc. art. ? (Basel?); 1572 Jul 3 inscr. Tübingen (MUT I, Nr. 177,52: „Matthaeus Anomaeus Wonsiglensis ex Variscis, praeceptor"); 1572 Sep 29 [!] Stud. med. Tübingen (MFM fol. 88ᵛ, Eintrag zu 1574 Feb 21: „Magister Mathias Anomœus Bonsidlensis [korr. zu Wohnsidlensis Variscus] nomen suum ... profitetur, at se completionem incepisse asserit a ...; excusavit sese, quod mos ille inscribendi ipsum hactenus fugerit"); 1573 Aug 5 [!] Mag. art. Tübingen (MFAM Bd. 2, fol. 103ᵛ, Nr. 1: „Mathias Anomæus Wohnsidlensis Variscus"); 1577 Okt 30 inscr. Padua (MNGPa Nr. 348: „Magister Matthias Vugleich condictus Anomoeus de Bernstain Wohnsidlensium Variscus ... [Zusatz: Doctor. Medicus provincialis Austriae superioris [...]. Nunc professor mathematum Witembergensis]"); 1579 Jan 30 inscr. Siena (MNGS Nr. 604: „Matthias Anomaeus de Bernstain Wohnsidlensium Variscus"); 1579 Aug 24 inscr. Bologna (MNGB Nr. 707: „Matthias Anomaeus de Bernstein Wohnsidlensium Variscus, medicinæ et philosophiæ licentiatus"); 1581 Mai 28 inscr. Tübingen (MUT I, Nr. 195,23: „Magister Mathias Anomoeus Variscus denuo se indicavit").

95 1581 Sep 13 Dr. med. (Nr. 42). – ? Bacc. art. ?; ? Mag. art. ?; 1577 Okt 4 inscr. Tübingen (MUT I, Nr. 187,77: „Israel Spach Argentinensis"); 1577 Okt 29 Stud. med. Tübingen (MFM fol. 89ʳ: „... Israhel Spach Argentoratensis"); ? inscr. ?; 1580 Jul 27 inscr. Tübingen (MUT I, Nr. 193,55: „Israhel Spach Argentoratensis iterum professus est nomen suum").

g Ziffer [158]2 aus [158]4 von aH (mit Anm. h) im Zusammenhang mit Nr. 45 korrigiert.

96 1582 Jan 10 (nicht 1582 Jan 12 nach MUT Anm.) Dr. med. (Nr. 43). – ? Bacc. art. ?; ? Mag. art. ?;

44. |5ᵛ| {H10} Anno domini 1582ʰ mense iulio – promotore Andrea Planero⁷⁸ doctore, sub decanatu Georgii Hambergeri⁶¹ doctoris – honores doctoreos publice consequtus [!] est magister David Grienblat Pannonius⁹⁸.

45. |5ᵛ| {H8} Anno domini 1583 die undecimo septembris – decano et promotore Joanne Viscero*³ – insignia et gradum doctoris assecutus est Helias Waldner Memmingensis⁹⁹.

46. |5ᵛ| {H9} Anno domini 1583 die decembris undecima – decano et promotore Georgio Hambergero⁶¹ doctore – artis medicæ doctor magister Josephus Brentius Studtgardianus¹⁰⁰ renunciatus est.

  1571 Mrz 5 inscr. Tübingen (MUT I, Nr. 174,58: „Hieremias Seng Nordlingensis"); 1575 Mai 21 Stud. med. Tübingen (MFM fol. 89ᵛ: „Jeremias Seng Nordlingensis nomen suum est professus ..."); 1579 Sep 29 inscr. Padua (MNGPa Nr. 391: „Jeremias Seng Nördlingensis ... [Zusatz: Doctor. Physicus Roteburgi ad Tubarim et practicus felicissimus]"); 1581 Okt 25 inscr. Tübingen (MUT I, Nr. 196,4: „Hieremias Seng Nördlingensis nomen suum iterum indicavit").
97 1582 Jan 10 (nicht 1582 Jan 12 nach MUT Anm.) Dr. med. (Nr. 43). – 1569 Aug 6 inscr. Tübingen (MUT I, Nr. 171,102: „Hieronimus Fischer Wendingensis"); 1573 Mrz 11 Bacc. art. Tübingen (MFAB Bd. 2, fol. 18ʳ, Nr. 2: „Hieronymus Viscerus Wembdingensis"); ? Mag. art. ?; 1575 Jan 25 Stud. med. Tübingen (MFM fol. 88ᵛ: „Filium suum Hieronymum Viscerum dominus doctor Joannes [Viscerus] non inscripserat, qui cępit audire lectiones ..., sicut mihi retulit et se asscribi petiit"); 1578 Jun 30 inscr. Basel (MUB II, S. 258, Nr. 11: „Hieronymus Vischerus Wemdingensis, Joannis Vischeri, apud Thubingenses professoris, filius"); 1579 Mai 7 inscr. Heidelberg (MUHb II, S. 86, Nr. 26: „Hieronymus Viscerus Wendingensis"); 1579 Sep 29 inscr. Padua (MNGPa Nr. 390: „Hieronymus Viscerus Wemdingensis ... [Zusatz: Doctor. Norinbergensis reipublicae medicus. Obiit Noribergae anno 1596]"); 1580 Nov 23 inscr. Bologna (MNGB Nr. 810: „Hieronymus Viscerus Wemdingensis").
h Über der Zeile von H8 (mit Anm. g) im Zusammenhang mit Nr. 45 ergänzt.
98 1582 Jul Dr. med. (Nr. 44). – 1573/74 WS inscr. Wien (MUWi III, S. 163, Nr. H 5: „David Gruenbald Rosnauiensis Pannonicus"); 1577 Mai 8 inscr. Tübingen (MUT I, Nr. 187,2: „David Grüenblat Rosenauiensis"); 1578 Mrz 19 Bacc. art. Tübingen (MFAB Bd. 2, fol. 26ᵛ, Nr. 5: „David Grienblat Rosnauiensis"); 1578 ca. Jul–Sep [!] Stud. med. Tübingen (MFM fol. 89ʳ, Eintrag zu 1579 Aug 8: „Magister David Gronblat Rosenauiensis Pannonius nomen suum professus est, et affirmavit se hic ante annum lectiones medicas frequentasse ..."); 1579 Feb 25 [!] Mag. art. Tübingen (MFAM Bd. 2, fol. 109ʳ, Nr. 3: „David Grienplatt Rosenauiensis Pannonius").
99 1583 Sep 11 Dr. med. (Nr. 45). – 1575 Apr 29 inscr. Tübingen (MUT I, Nr. 182,98: „Elias Waldnerus Memmingensis"); 1575 Sep 28 Bacc. art. Tübingen (MFAB Bd. 2, fol. 22ʳ, Nr. 13: „... Helias Waldner ... Memmingenses"); 1577 Aug 14 Mag. art. Tübingen (MFAM Bd. 2, fol. 107ᵛ, Nr. 13: „Helias Waldner Memmingensis"); 1578 ca. Mrz–Mai Stud. med. Tübingen (MFM fol. 89ᵛ, Eintrag zu 1579 Okt: „Magister Helias Waldnerus Memmingensis nomen suum professus est ..., et affirmavit se hic ante annum et dimidium lectiones medicas frequentasse"); 1580 Sep 17 inscr. Padua (MNGPa Nr. 417: „Helias Sylvius Waldner Memmingensis ... [Zusatz: Doctor]").
100 1583 Dez 11 Dr. med. (Nr. 46). – 1570 Dez 19 inscr. Tübingen (MUT I, Nr. 174,40: „Josephus Brentius Stutgardianus"); 1573 Sep 23 Bacc. art. Tübingen (MFAB Bd. 2, fol. 18ᵛ, Nr. 15: „Josephus Brentius Stutgardianus"); 1576 Feb 15 (nicht Feb 16 nach MUT Anm.) Mag. art. Tübingen (MFAM Bd. 2, fol. 106ʳ, Nr. 8: „Josephus Brentius Stutgardianus [Zusatz: postea doctor artis medendi et physicus Suevo-Halensis]"); 1576 Apr 24 Stud. med. Tübingen (MFM fol. 89ʳ: „Josephus Brentius, Johannis [Brentii] filius ...").

47. |5ᵛ|{H8} Anno domini 1584 die novembris decima – sub decanatu doctoris Joannis Visceri*³, promotore doctore Andrea Planero⁷⁸ – artis medicę doctor publice renunciatus est Ulricus Andreę Göppingensis¹⁰¹, doctoris Jacobi Andreę*⁴ cancellarii filius.

48. |5ᵛ|{H10} Anno domini 1585 17 novembris – sub decanatu doctoris Andreæ Planeri⁷⁸, promotore doctore Joanne Viscero*³ – artis medicæ doctores publice renunciati sunt magister Christophorus Schwartz Stutgardianus¹⁰², magister Joannes Morhardus Tubingensis¹⁰³ et Petrus Henerus Lindauiensis¹⁰⁴, patre Renato [Henero]*⁵, avo autem Joanne [Henero]*⁶, doctoribus medicis, prognatus. |fol. 6ʳ|

49. |6ʳ|{H8} Anno domini 1586 quinta die iulii – sub decanatu doctoris Joannis Vischeri*³, ⁱpromotore vero domino doctore [Georgio] Hambergero⁶¹,ⁱ – doctores me-

---

101 1584 Nov 10 (nicht 1584 Nov 12 nach MUT Anm.) Dr. med. (Nr. 47). – 1570 Jan 16 inscr. Tübingen (MUT I, Nr. 172,54: „Ulricus Andreae Göppingensis"); 1578 Okt inscr. Wittenberg (MUWb I,2, S. 277b, Z. 9: „Ulricus Andreae Tuebingensis"); ? Bacc. art. ? (Wittenberg?); ? Mag. art. ? (Wittenberg?).

*4 Canc. univ. 1562–1590 (Nr. 47) (MUT I, Nr. 117,18 (1541 Jun 1): „Jacobus Faber Waiblingensis"; MUT I, Nr. 131,25 (1549 Jan 17): „Jacob Andreas Fabri Waiblingensis nomen suum rursus indicavit").

102 1585 Nov 17 Dr. med. (Nr. 48). – 1570 Nov 11 inscr. Tübingen (MUT I, Nr. 174,19: „Christophorus Schwartzt"); 1573 Sep 23 Bacc. art. Tübingen (MFAB Bd. 2, fol. 18ᵛ, Nr. 16: „Christophorus Schwartz Stutgardianus"); 1575 Aug 10 Mag. art. Tübingen (MFAM Bd. 2, fol. 105ᵛ, Nr. 10: „... Christophorus Schwartz Studtgardiani"); 1576 Jan 25 Stud. med. Tübingen (MFM fol. 89ʳ: „Christophorus Schwartz Studgardianus ..."); 1580 Mrz 29 inscr. Padua (MNGPa Nr. 408: „Christophorus Schwartz Stutgardianus ... [Zusatz: Serenissimi Ludovici Wirtembergiae ducis medicus]"); 1582 Mrz 19 inscr. Bologna (MNGB Nr. 884: „Christophorus Schwarz Suevus"); 1585 Nov 3 inscr. Tübingen (MUT I, Nr. 204,8: „Magister Christophorus Schwartz iterum nomen suum professus est").

103 1585 Nov 17 Dr. med. (Nr. 48). – 1569 Apr 16 inscr. Tübingen (MUT I, Nr. 170,135: „Johannes Morhardt Tubingensis"); 1573 Sep 23 Bacc. art. Tübingen (MFAB Bd. 2, fol. 18ᵛ, Nr. 7: „Joannes Morhardus Tubingensis"); 1576 Feb 15 (nicht Feb 16 nach MUT Anm.) Mag. art. Tübingen (MFAM Bd. 2, fol. 106ʳ, Nr. 4: „Joannes Morhardus Tubingensis [Zusatz: postea doctor medicus et civitatis Halensis-Suevicæ physicus]"); 1576 Jun 4 Stud. med. Tübingen (MFM fol. 89ʳ: „... magister Joannes Morhartus Tubingensis ..."); 1582 Okt 20 inscr. Padua (MNGPa Nr. 464: „Magister Joannes Morhardus Tubingensis ... [Zusatz: Doctor. Medicus Halae Suevorum]"); 1585 Nov 7 inscr. Tübingen (MUT I, Nr. 204,11: „Magister Joannes Morhardus Tubingensis iterum nomen professus est"); 1603 Jan 30 inscr. Tübingen (MUT II, Nr. 17133: „Dominus doctor Joannes Morhardt iterum nomen suum professus est et iuramentum repetiit").

104 1585 Nov 17 Dr. med. (Nr. 48). – ? Bacc. art. ?; ? Mag. art. ?; 1579 Mai 26 inscr. Tübingen (MUT I, Nr. 191,24: „Petrus Henerus Lindauiensis"); 1579 Mai 26 Stud. med. Tübingen (MFM fol. 89ᵛ, Eintrag zu 1580 Okt 16: „... Petrus Henerus ... incepit audire lectionem praxeios, sed domini doctoris [Johannis] Vischeri 11 aprilis [1580] explicationem [...], domini doctoris [Andreæ] Planeri lectiones [...] anno [15]79 maii 26 visitavit"); 1581 Jun 22–1582 Apr 30 inscr. Basel (MUB II, S. 301, Nr. 94: „Petrus Henerus Lindauiensis"); 1582 Okt 4 inscr. Heidelberg (MUHb II, S. 104, Nr. 174: „Petrus Henerus Lindauiensis"); 1584 Nov 9 inscr. Tübingen (MUT I, Nr. 202,24: „Petrus Henerus Lindauiensis iterum indicavit nomen suum").

*5 Dr. med. (Nr. 48) (MUT I, Nr. 130,31 (1548 Sep 3): „Renatus Hener Lindauiensis").

*6 Dr. med. (Nr. 48) (MUT fehlt).

i Links von H10 im Zusammenhang mit Nr. 51 ergänzt.

dicinæ creati sunt magister Johannes Ludovicus Hauenreuter Argentoratensis[105], doctoris Sebaldi [Hauenreuteri][41] filius, et Marcus Hirscherus Coronensis Transsylvanus[106].

50. |6r| {H9} Anno domini 1587 septembris 25 die – decano et promotore doctore Andrea Planero[78] – doctoreos honores consecuti sunt Thomas Schleyer Tubingensis[107] et Sebastianus Mylius Grönstadiensis Vangio[108].

51. |6r| {H10} Anno domini 1588 10 die iulii – decano Andrea Planero[78], promotore autem clarissimo viro domino doctore Daniele Mögling[84] – doctoreos honores sunt consequti [!] Petrus Paulus Hochstetter[109] et Andreas Scholl Tubingenses[110].

52. |6r|{H10} {TW} Eodem anno [1588] quarto septembris doctoreos honores a nostro collegio accepit Henricus Schroederus Lubecensis[111] – conferente illos ei clarissimo viro domino doctore Georgio Hambergero[61], sub decanatu doctoris Andreæ Planeri[78].

---

105 1586 Jul 5 Dr. med. (Nr. 49). – 1568 Mai 1 inscr. Tübingen (MUT I, Nr. 168,111: „Joannes Ludovicus Hawenreuterus Argentinensis"); ? Bacc. art. ?; ? Mag. art. ?; 1586 Mai 24 inscr. Tübingen (MUT I, Nr. 205,12: „Doctor Joannes Ludovicus Hawenreutterus, Argentinensis professor").

106 1586 Jul 5 Dr. med. (Nr. 49). – 1581 Aug 8 inscr. Wittenberg (MUWb I,2, S. 300a, Z. 36 f.: „Marcus Hirscher Coronensis Transylvanus"); ? Bacc. art. ? (Wittenberg?); ? Mag. art. ? (Wittenberg?); 1584 Aug 18 Stud. med. Tübingen (MFM fol. 90v: „Marcus Hirscherus Transylvanus nomen suum professus est ..."); 1584 Sep 22 inscr. Tübingen (MUT I, Nr. 201,126: „Marcus Hirscher Transylvanus").

107 1587 Sep 25 Dr. med. (Nr. 50). – 1578 Mrz 11 inscr. Tübingen (MUT I, Nr. 188,73: „Thomas Schlair Tubingensis"); 1580 Sep 28 Bacc. art. Tübingen (MFAB Bd. 2, fol. 30r, Nr. 12: „Thomas Schlayer Tubingensis"); ? Mag. art. ?; 1582 Jun 9 Stud. med. Tübingen (MFM fol. 90r: „... Thomas Schleyer Tubingensis professus est suum nomen").

108 1587 Sep 25 Dr. med. (Nr. 50). – 1581 Mai 4 inscr. Wittenberg (MUWb I,2, S. 298a, Z. 11: „Sebastianus Mylius Grunstadiensis"); ? Bacc. art. ? (Wittenberg?); ? Mag. art. ? (Wittenberg?); 1583 Mai 3 inscr. Tübingen (MUT I, Nr. 199,2: „Sebastianus Milius Grunstattensis Vangio"); 1583 Jun 26 Stud. med. Tübingen (MFM fol. 90r: „... Sebastianus Mylius von Grienstadt bey Wurmbs"); 1586 Apr 12 inscr. Heidelberg (MUHb II, S. 124, Nr. 65: „Sebastianus Mylius Grünstadianus Vangio"); 1587 Mai 5 inscr. Tübingen (MUT I, Nr. 207,2: „Sebastianus Mylius Gronstadianus Vangio"); 1587 Dez 14 inscr. Padua (MNGPa Nr. 609: „Sebastianus Mylius Grunstadiensis Vangio, medicinae doctor ... [Zusatz: Doctor]").

109 1588 Jul 10 Dr. med. (Nr. 51). – ? Bacc. art. ?; ? Mag. art. ?; 1583 Jun 3 Stud. med. Tübingen (MFM fol. 90r: „... Petrus Paulus Höchsteter nomen suum dedit"); 1586 Mrz 7 inscr. Padua (MNGPa Nr. 554: „Petrus Paulus Höchstetter Tübigensis ... [Zusatz: Doctor. Medicus Phorcensis. Mortuus est Phorcenae, cum felicissime praxim exercuisset 1600]"); 1586 Okt 4 inscr. Siena (MNGS Nr. 1320: „Petrus Paulus Höchstetter Tübingensis"); 1588 Jun 17 inscr. Tübingen (MUT I, Nr. 209,36: „Petrus Paulus Höchstetterus Tubingensis iterum indicavit nomen").

110 1588 Jul 10 Dr. med. (Nr. 51). – ? Bacc. art. ?; ? Mag. art. ?; 1580 Okt 10 inscr. Tübingen (MUT I, Nr. 193,98: „Andreas Scholl Tubingensis"); 1582 Mai 10 inscr. Tübingen (MUT I, Nr. 197,5: „Andreas Schol Tubingensis iterum se indicavit"); 1584 Apr Stud. med. Tübingen (MFM fol. 90v, Eintrag zu 1584 Nov 14: „... Andreas Scholl Haganöensis dedit suum nomen, qui ante menses septem exarsus fuisset studium medicum"); 1586 Nov 30 inscr. Padua (MNGPa Nr. 589: „Andreas Scholl Tubingensis ... [Zusatz: Obiit Argentinae]"); 1588 Mai 30 inscr. Tübingen (MUT I, Nr. 209,21: „Andreas Scholl Tubingensis iterum est professus nomen suum").

111 1588 Sep 4 Dr. med. (Nr. 52). – 1574 Dez inscr. Rostock (MUR II, S. 184a, Nr. 32: „Henricus

53. |6ʳ| {H11} Eodem anno [1588] die 18 decembris – promotore clarissimo viro domino doctore Andrea Planero[78], decano Daniele Mögling[84] doctore – medicinæ doctor creatus et[j] publice renunciatus est singulariter doctus vir magister Joannes Hartmannus Beyer Francofurtensis[112].

54. |6ʳ| {H9} Anno domini 1589 [k]septembris 22[k] – decano Georgio Hambergero[61] doctore, promotore vero clarissimo viro doctore Daniele Mögling[84] – docturæ honores consecuti sunt magister Bartholomæus Merclinus Lauinganus[113], Jacobus Ebersberger Badensis Austriacus[114], Balthasarus Bruno Feuchtwangensis[115], magister Oswaldus Hæberlin Ravenspurgensis[116].

Schröder Lubecensis"); ? Bacc. art. ? (Rostock?); ? Mag. art. ? (Rostock?); 1583 Jun 24 Stud. med. Tübingen (MFM fol. 90ᵛ, Eintrag zu 1584 Mai 2: „... Heinricus Schroederus Lubecensis professus est suum nomen, et cum consuetudinem academiæ ignoraret, dixit se audivisse lectiones medicas a ..."); 1583 Jun 26 inscr. Tübingen (MUT I, Nr. 199,71: „... Heinricus Schreder Lubeccenses"); 1586 Okt 24 inscr. Padua (MNGPa Nr. 576: „Henricus Schröder Lubecensis Saxo ... [Zusatz: Doctor. Medicinam in patria faeliciter exercet]"); 1587 Okt 5 inscr. Bologna (MNGB Nr. 1291: „Henricus Schröder Lubecensis"); 1588 Jul 4 inscr. Tübingen (MUT I, Nr. 209,40: „Henricus Schröderius Lubeccensis iterum professus est nomen").

j   Davor est von aH unmittelbar gestrichen.
112 1588 Dez 18 Dr. med. (Nr. 53). – ? Bacc. art. ?; ? Mag. art. ?; 1584 Jan 28 inscr. Tübingen (MUT I, Nr. 200,45: „Magister Joannes Hartmannus Beyer Francofurtensis"); 1584 Jan 29 Stud. med. Tübingen (MFM fol. 90ᵛ: „... magister Joannes Hartmannus Beyer Francofortensis"); 1587 Jun 10 inscr. Padua (MNGPa Nr. 596: „Johannes Hartmannus Beier Francofurtensis, philiatros ... [Zusatz: Doctor. Ibidem medicus celeberrimus. Obiit peste Francofurti ad Moenum. Practicus excellentissimus ibidem]"); 1588 Apr 12 inscr. Siena (MNGS Nr. 1538: „Johannes Hartmannus Beyer Francofurtensis"); 1588 Nov 19 inscr. Tübingen (MUT I, Nr. 210,17: „Joannes Hartmann Beyer iterum professus est nomen").
k   Über der Zeile von aH unmittelbar ergänzt.
113 1589 Sep 22 Dr. med. (Nr. 54). – 1580 Sep 20 inscr. Tübingen (MUT I, Nr. 193,89: „Bartholomeus Mercklinus Lauinganus"); 1581 Mrz 15 Bacc. art. Tübingen (MFAB Bd. 2, fol. 30ᵛ, Nr. 1: „Bartolomæus Mercklinus Lauinianus"); 1582 Aug 8 Mag. art. Tübingen (MFAM Bd. 2, fol. 112ᵛ, Nr. 1: „Bartholomeus Merclinus Lauinganus"); 1582 Okt 24 Stud. med. Tübingen (MFM fol. 90ʳ: „... nomen suum dedit Bartholomeus Mercklinus Lauinganus"); 1588 Okt 27 inscr. Padua (MNGPa Nr. 639: „Magister Bartholomaeus Merclinus Lauinganus ... [Zusatz: Doctor. Ibidem medicus felicissimus et clarissimus anno 1618]"); 1589 Jul 25 inscr. Tübingen (MUT I, Nr. 211,48: „Bartholomaeus Mercklinus Lauinganus iterum nomen professus").
114 1589 Sep 22 Dr. med. (Nr. 54). – ? Bacc. art. ?; ? Mag. art. ?; 1577 SS [</>Jul 11] inscr. Wien (MUWi III, S. 171, Nr. 2: „... Jacobus Ebersperger Badensis ... Austriaci"); 1577 Jul 11 inscr. Tübingen (MUT I, Nr. 187,49: „Jacobus Obersperger Padensis Austriacus"); 1578 ca. Sep–Nov Stud. med. Tübingen (MFM fol. 89ᵛ, Eintrag zu 1579 Okt: „Jacobus Ebersperger Austriacus nomen suum professus est ..., et affirmavit se hic ante annum lectiones medicas audivisse"); 1584 Nov 6 inscr. Padua (MNGPa Nr. 527: „Jacobus Ebersperger, bacchalaureus, Austriacus ... [Zusatz: Doctor. Medicus Argentinensium celeberrimus]"); 1589 Sep 2 inscr. Tübingen (MUT I, Nr. 211,67: „Jacobus Ebersperger iterum nomen professus").
115 1589 Sep 22 Dr. med. (Nr. 54). – 1580/81 WS inscr. Jena (MUJ I, S. 31a: „Balthasar Braun Feuchtwangensis"); ? Bacc. art. ? (Jena?); ? Mag. art. ? (Jena?); 1584 Nov 2 inscr. Tübingen (MUT I, Nr. 202,17: „Balthasar Bruno Feuchtwangensis"); 1585 Jan 11 Stud. med. Tübingen (MFM fol. 90ᵛ: „... Balthasar Bruno Feuchtwangensis dedit nomen suum").
116 1589 Sep 22 Dr. med. (Nr. 54). – 1581 Sep 18 inscr. Tübingen (MUT I, Nr. 195,94: „Oswaldus Heberlin Ravenspurgensis"); 1582 Sep 26 Bacc. art. Tübingen (MFAB Bd. 2, fol. 32ʳ, Nr. 4:

55. |6ʳ| {H11} Anno salutis 1590 14 octobris – promotore clarissimo viro domino doctore Andrea Planero[78], decano Daniele Mögling[84] doctore – publice et solemniter medicinæ doctor renunciatus est magister Martinus Sollfleisch Aldenburgensis Misnicus[117].

56. |6ʳ| {H11} Anno 1591 23 februarii – decano clarissimo viro domino[l] Georgio Hambergero[61] doctore[m], promotore vero Daniele Mögling[84] doctore – doctor creatus est Paulus Manlich Augustanus[118].

57. |6ʳ| {H11} Anno 1592 8 die martii – promotore clarissimo viro domino Andrea Planero[78] doctore, decano Daniele Mögling[84] doctore – solemniter proclamati sunt medicinæ doctores magister Wolffgangus Schillerus Stuttgardianus[119], magister Abrahamus Schopffius Nürttingensis[120], magister Bernhardus Stiberus Rottenburgotube-

---

„Osvaldus Heberlinus Ravespurgensis"); 1585 Aug 11 Mag. art. Tübingen (MFAM Bd. 2, fol. 115ᵛ, Nr. 22: „Osswaldus Heberlin Ravenspurgensis"); 1587 Mrz 7 inscr. Tübingen (MUT I, Nr. 206,39: „Magister Osswaldus Heberlin Ravenspurgensis nomen suum iterum indicavit"); 1587 Jun 16 Stud. med. Tübingen (MFM fol. 91ʳ: „... nomina sua dederunt ... magister Oswaldus Heberlinus Ravenspurgensis ...").

117 1590 Okt 14 Dr. med. (Nr. 55). – 1566/67 WS inscr. Leipzig (MULe II,1, S. 438a, Nr. M 43: „Martinus Solsfleisch Aldenburgensis"); 1569/70 WS inscr. Jena (MUJ I, S. 310a: „Martinus Solfleisch Altenburgensis, gratis"); 1574 Jan 5 Bacc. art. Jena (MUJ I, S. 574a: „Martinus Sultzfleisch Aldenburgensis"); ? Mag. art. ? (Jena/Altdorf?); 1580 Sep 7 inscr. Altdorf (MUA S. 12, Nr. 313: „Martinus Solflaisch Altenburgensis"); 1584 Jun 1 Stud. med. Tübingen (MFM fol. 90ᵛ: „... nomen suum professus est Martinus Solfleisch Altenburgensis Misnius"); 1584 Jun 5 inscr. Tübingen (MUT I, Nr. 201,34: „Martinus Sollflesch, paedagogus"); ? inscr. ?; 1588 Aug 1 inscr. Tübingen (MUT I, Nr. 209,49: „Martinus Solfleisch Altenburgensis iterum professus est nomen"); 1588 Aug 14 rec. ad fac. art. Tübingen (MFAM Bd. 2, fol. 120ʳ, Nr. 1: „Martinus Solfleisch Altenburgensis [Zusatz: ... rector contubernii et professor in pædagogio factus est magister Martinus Solfleisch Altenburgensis]").

l In Wortzwischenraum von aH unmittelbar (mit Anm. m) ergänzt.
m In Wortzwischenraum von aH unmittelbar (mit Anm. l) ergänzt.

118 1591 Feb 23 Dr. med. (Nr. 56). – 1582 Apr 19 inscr. Ingolstadt (MUI I, Sp. 1106, Z. 9–11: „Paulus Manlich Augustanus, philosophiae studiosus"); ? Bacc. art. Ingolstadt? (vgl. MUI); ? Mag. art. Ingolstadt? (vgl. MUI); 1585 Dez 5 inscr. Tübingen (MUT I, Nr. 204,23: „Paulus Manlich Augustanus"); 1585 Dez 5 Stud. med. Tübingen (MFM fol. 91ʳ, Eintrag zu 1586 Nov 5: „... nomen suum professus est Paulus Manlich Augustanus, qui dixit se completionem inchoasse et lectiones medicas audivisse ab ..."); 1587 Jun 19 inscr. Padua (MNGPa Nr. 598: „Paulus Manlichius Augustanus ..."); 1590 Okt 31 inscr. Tübingen (MUT I, Nr. 214,11: „Paulus Manlich Augustanus iterum professus est suum nomen"); 1590 Okt 31 Stud. med. Tübingen (MFM fol. 92ᵛ: „Paulus Manlichius Augustanus iterum professus est suum nomen ...").

119 1592 Mrz 8 Dr. med. (Nr. 57). – 1580 Feb 18 inscr. Tübingen (MUT I, Nr. 192,59: „Guolfgangus Schiler Malschensis"); 1581 Sep 26 Bacc. art. Tübingen (MFAB Bd. 2, fol. 31ᵛ, Nr. 24: „Wolphgangus Schillerus Malchensis"); 1582 Sep 17 Stip. Tübingen/Maulbronn (MUT Anm., fehlt LEUBE 1936/1954); 1584 Aug 5 Mag. art. Tübingen (MFAM Bd. 2, fol. 114ᵛ, Nr. 3: „Wolfgangus Schiller Studtgardianus"); 1586 Sep 19 Stud. med. Tübingen (MFM fol. 91ʳ, Eintrag zu 1586 Nov 23: „... suum nomen professus est magister Wolfgangus Schiller Studtgardianus, inchoavit autem completionem ..."); 1588 Aug 14 inscr. Padua (MNGPa Nr. 627: „Magister Wolfgangus Schillerus Stuttgardianus Wirtenbergensis, medicinae studiosus ... [Zusatz: Medicus Calvensis]"); 1592 Jan 13 inscr. Tübingen (MUT I, Nr. 216,39: „... Wolffgangg Schillerus, ambo candidati medicinae, repetierunt inscriptionem").

ranus[121], Joannes[n] Jacobus Haug Augustanus[122] et [o]Jacobus Schmidlapp Schorndorffensis[o,123]. |fol. 6[v]|

58. |6[v]| {H10} Anno 1592 13 decembris – promotore clarissimo viro domino doctore Daniele Meglingo[84], decano vero doctore[p] Andrea Planero[78] – medicinæ doctor publice creatus est magister Jacobus Zwingerus Schorndorffensis[q,124].

---

120 1592 Mrz 8 Dr. med. (Nr. 57). – 1584 Mrz 4 inscr. Tübingen (MUT I, Nr. 200,60: „Abrahamus Schopffius Stutgardianus"); 1585 Mrz 31 Bacc. art. Tübingen (MFAB Bd. 2, fol. 36[v], Nr. 8: „Abrahamus Schopffius Nürtingensis"); 1586 Aug 3 Mag. art. Tübingen (MFAM Bd. 2, fol. 117[r], Nr. 21: „Abrahamus Schopffius Nürthingensis"); 1587 ca. Jan–Mrz Stud. med. Tübingen (MFM fol. 92[r], Eintrag zu 1588 Aug 16: „... nomen suum dedit magister Abrahamus Schopfius Nurtingensis, et affirmavit se ante annum et dimidium cœpisse lectiones medicas audire; nomen autem non indicasse ob causam paulo antea ascriptam"); 1589 Okt 17 inscr. Padua (MNGPa Nr. 669: „Magister Abrahamus Schopffius Wirttembergicus ... [Zusatz: Doctor. Tubingae professor. Medicus serenissimi Ludovici Wirtembergiae ducis]"); 1592 Jan 13 inscr. Tübingen (MUT I, Nr. 216,38: „Abrahamus Schopffius ..., ambo candidati medicinae, repetierunt inscriptionem").

121 1592 Mrz 8 Dr. med. (Nr. 57). – 1585 Mai 17 inscr. Tübingen (MUT I, Nr. 203,19: „Bernhardus Stiber Rottenburgo Tuberanus"); 1585 Sep 28 Bacc. art. Tübingen (MFAB Bd. 2, fol. 37[v], Nr. 12: „Bernhardus Stiberus Roteburgo Tuberanus"); 1587 Aug 2 Mag. art. Tübingen (MFAM Bd. 2, fol. 118[v], Nr. 8: „Bernhardus Stiber Rotenburgo Tuberanus"); 1587 Dez 5 Stud. med. Tübingen (MFM fol. 91[v]: „... professus est suum nomen Bernhardus Stieber Rotenburgensis ad Tubarim"); evtl. 1614 Sep 10 inscr. Königsberg (MUKb I, S. 215, Nr. 69: „Bernhardus Stieberus Rotenburgensis ad Tuberin Francus iuravit").

n Über der Zeile von unbekannter Hand ergänzt.

122 1592 Mrz 8 Dr. med. (Nr. 57) (vgl. MNGPa). Dec. fac. med. 1609 SS (Nr. 74), 1613/14 WS (Nr. 78), 1615 SS (Nr. 80); Prom. med. zu 1612 Nov 19 (Nr. 76), 1614 Jul 4 (Nr. 79) [Prof. med. (Nr. 94)]. – ? Bacc. art. ?; ? Mag. art. ?; 1584 Aug 20 inscr. Tübingen (MUT I, Nr. 201,77: „Joannes Jacobus Haug ... Augustani"); 1585 Jul 6 Stud. med. Tübingen (MFM fol. 90[v]: „... Johannes Jacobus Haug Augustanus"); 1588 Jun 22 inscr. Padua (MNGPa Nr. 623: „Johannes Jacobus Haug Augustanus, philiatros ... [Zusatz: Doctor. Tubingae doctoris insignia consecutus anno 1592. Professor Tubingensis. Obiit Tubingae anno 1616 mense novembris]"); 1590 Mai 3–1591 Mai 3 inscr. Basel (MUB II, S. 388, Nr. 86: „Johannes Jacobus Haug Augustanus"); 1591 Sep 12 inscr. Tübingen (MUT I, Nr. 215,97: „Johannes Jacobus Haug Augustanus, ante inscriptus sub comite Tubingensi, doctore [Theodorico] Snepffio prorectore, repetiit suum nomen"); 1607 Dez 6 inscr. Tübingen (MUT II, Nr. 18035: „Clarissimus vir dominus doctor Johannes Jacobus Haug, medicinae professor, repetiit inscriptionem").

o Auf neuer Zeile nach Lücke (ca. 4,0 cm am Zeilenende, dort y-artiges Zeichen) von aH unmittelbar fortgesetzt.

123 1592 Mrz 8 Dr. med. (Nr. 57). – ? Bacc. art. ?; ? Mag. art. ?; 1582 Okt 24 inscr. Tübingen (MUT I, Nr. 198,15: „Jacobus Schmidlap Schorndorffensis"); 1584 Okt 27 Stud. med. Tübingen (MFM fol. 90[v]: „... nomen dedit et Jacobus Schmidlapp Schorndorffensis").

p Davor itidem clarissimo viro domino doctore Georg[io Hambergero] von aH unmittelbar gestrichen.

q Buchstabe [Schor]n[dorffensis] über der Zeile von aH unmittelbar ergänzt.

124 1592 Dez 13 Dr. med. (Nr. 58). – 1580 Nov 28 inscr. Tübingen (MUT I, Nr. 194,26: „Jacobus Zwincker Schorndorffensis"); 1582 Sep 26 Bacc. art. Tübingen (MFAB Bd. 2, fol. 32[v], Nr. 14: „Jacobus Zwincker Schorndorffensis"); 1584 Aug 5 Mag. art. Tübingen (MFAM Bd. 2, fol. 114[v], Nr. 12: „Jacobus Zwincker Schorndorffensis"); 1584 Okt 27 Stud. med. Tübingen (MFM fol. 90[v]: „... Jacobus Zwingker Schorndorffensis nomen suum est professus, cum inciperet audire lectiones medicas"); 1587 Jul 11 inscr. Helmstedt (MUHs I, Nr. 21,52: „Magister Jacobus Zwingerus Schorndorfensis"); 1588 Mai 5 inscr. Wittenberg (MUWb I,2, S. 356a, Z. 20:

59. |6ᵛ| {H9} Anno 1593 decembris 19 – decano Georgio Hambergero⁶¹, promotore vero clarissimo viro doctore Andrea Planero⁷⁸ – medicinæ doctores publice renunciati sunt magister Johann Conradus Rhummelius Nordlingensis^(r,125), Joannes Fabri Tubingensis¹²⁶, magister Johann Rinck Eybingensis Rhenegauus^(s,127), Johann Harderus Ulmensis¹²⁸.

60. |6ᵛ| {H10} Anno 1594 octobris 17 – decano Andrea Planero⁷⁸, promotore vero clarissimo viro doctore Georgio Hambergero⁶¹ – medicinæ doctores publice renunciati sunt magister^t, ᵘDanielis [Mögling]⁸⁴ filiusᵘ, Joannes Rudolphus Mögling Tubingensis¹²⁹ et Joannes Durr Stutgardianus¹³⁰.

"Magister Jacobus Zwingerus Schorndorfensis"); 1591 Nov 7 inscr. Tübingen (MUT I, Nr. 216,18: "Magister Jacobus Zwinckerus Schorndorffensis, ... paedagogus, repetiit nomen"); ? inscr. ?; 1592 Jul 1 inscr. Tübingen (MUT I, Nr. 217,34: "Magister Jacobus Zwinckerus ..., repetierunt nomina").

r   Über der Zeile von aH unmittelbar (mit Anm. s) ergänzt.
125 1593 Dez 19 Dr. med. (Nr. 59). – ? Bacc. art. ?; ? Mag. art. ?; 1590 SS inscr. Jena (MUJ I, S. 271a: "Johannes Conradus Rum(m)el(ius)"); 1592 Aug 25 inscr. Tübingen (MUT I, Nr. 217,81: "Magister Joannes Conrad Raumelius Nörlingensis"); 1592 Sep 19 Stud. med. Tübingen (MFM fol. 93ʳ, Eintrag zu 1592 Sep 28: "Magister Johannes Conradus Rhummelius Nordlingensis ... professus est suum nomen, sed incepit complere ...").
126 1593 Dez 19 Dr. med. (Nr. 59). Dec. fac. med. 1607 SS (Nr. 73), 1611/12 WS (Nr. 75), 1612/13 WS (Nr. 76), 1613 SS (Nr. 77), 1619/20 WS (Nr. 82); Prodec. fac. med. 1606 SS (Nr. 72); Prom. med. zu 1605 Apr 24 (Nr. 70), 1607 Aug 25 (Nr. 73), 1611 Nov 6 (Nr. 75), 1614 Feb 16 (Nr. 78). – 1587 Okt 5 inscr. Tübingen (MUT I, Nr. 207,84: "Joannes Fabri Tubingensis"); 1588 Sep 25 Bacc. art. Tübingen (MFAB Bd. 2, fol. 43ʳ, Nr. 41: "Joannes Fabri Tubingensis"); ? Mag. art. ?; 1591 Apr 1 Stud. med. Tübingen (MFM fol. 92ᵛ: „... Johannes Fabri nomen suum indicavit, quod in posterum medicas lectiones audire velit"); 1599 Jul 30 inscr. Tübingen (MUT I, Nr. 231,61: "Joannes Fabri Tubingensis, medicinae doctor, nomen repetiit, inscriptus sub rectore [Johanne] Hochmanno anno 1587").
s   Über der Zeile von aH unmittelbar (mit Anm. r) ergänzt.
127 1593 Dez 19 Dr. med. (Nr. 59). – 1585 inscr. Herborn (MUHn Nr. 34: "Johannes Renck Ibingensis"); ? Bacc. art. ? (Herborn?); ? Mag. art. ? (Herborn?); 1593 Mai 18 inscr. Heidelberg (MUHb II, S. 167, Nr. 92: "Johannes Ringk Ybingensis Reingauus"); 1593 Nov 4 inscr. Tübingen (MUT I, Nr. 220,9: "Magister Johannes Rinck Eybingensis Rheingauus").
128 1593 Dez 19 Dr. med. (Nr. 59). – ? Bacc. art. ?; ? Mag. art. ?; 1590 Apr 1 inscr. Tübingen (MUT I, Nr. 212,64: "Joannes Harder Ulmensis"); 1590 Apr 1 Stud. med. Tübingen (MFM fol. 92ʳ: „... nomen suum professus est Joannes Harder Ulmensis").
t   In Wortzwischenraum von H9 wohl im Zusammenhang mit Nr. 62 ergänzt.
u   Links von H11 (mit Anm. u und z) im Zusammenhang mit Nr. 65 ergänzt.
129 1594 Okt 17 Dr. med. (Nr. 60). – 1584 Dez 10 inscr. Heidelberg (MUHb II, S. 114, Nr. 210: "Rudolphus Mögling Tubingensis, gratis, non iuravit propter aetatem"); 1587 Mrz 27 inscr. Tübingen (MUT I, Nr. 206,57: "Joannes Rodolphus Mögling Tubingensis"); 1588 Sep 25 Bacc. art. Tübingen (MFAB Bd. 2, fol. 43ʳ, Nr. 24: „... Joannes Rudolphus Megling ... Tubingenses"); 1590 Aug 12 Mag. art. Tübingen (MFAM Bd. 2, fol. 122ᵛ, Nr. 14: "Joannes Rudolphus Möglingus Tubingensis"); 1590 Okt 16 Stud. med. Tübingen (MFM fol. 92ᵛ: „... medicas lectiones audire cœpit filius magister Joannes Rudolphus Mögling Tubingensis").
130 1594 Okt 17 Dr. med. (Nr. 60) (fehlt MUT Anm.). – 1587 Jul 11 inscr. Tübingen (MUT I, Nr. 207,43: "Joannes Dirr Stutgardianus"); 1589 Mrz 19 Bacc. art. Tübingen (MFAB Bd. 2, fol. 43ᵛ, Nr. 8: "Joannes Dürr Stutgardianus"); ? Mag. art. ?; 1591 Mai 28 Stud. med. Tübingen (MFM fol. 92ᵛ: „... nomen suum professus est Joannes Durr Stutgardianus, quod in posterum lectiones medicas audire velit").

61. |6ᵛ| {H10} {TW} Anno 1595 12 novembris – decano et promotore doctore Andrea Planero⁷⁸ – medicinæ doctores declarati sunt Georgius Rentzius Weinspergensis¹³¹, magisterᵛ Joannes Gartnerus Labacensis Carniolanus¹³² et magister Vitus Isenmannus Halensis Suevusʷ,¹³³.

62. |6ᵛ| {H9} Anno 1597 aprilis 27 – decano Georgio Hambergero⁶¹ doctore et promotore clarissimo viro Andrea Planero⁷⁸ doctore, ˣqui propter adversum casum promovere non potuit, cuius vices gessit clarissimus vir dominus doctor Daniel Mögling⁸⁴, ʸpro tempore prorectorʸ,ˣ – artis medicæ doctores renunciati sunt publice magister Michael Zieglerus Groningensis¹³⁴, noster professor physicus, magister Johannes Conradus Gerhardus Horenheymensis¹³⁵ et Udalricus Friderici Lauginganus¹³⁶.

---

131 1595 Nov 12 Dr. med. (Nr. 61) [Arzt (*physicus*) in Kirchheim unter Teck und Stuttgart (Nr. 97 mit Anm. 195)]. – 1580 Apr 18 inscr. Heidelberg (MUHb II, S. 90, Nr. 51: „Georgius Rentzius Vinimontanus, qui propter minorem aetatem iuramentum corporale non praestitit"); 1583 Mai 28 Bacc. art. Heidelberg (MUHb Anm.) (vgl. MFAB); 1584 Nov 24 inscr. Tübingen (MUT I, Nr. 202,29: „Georgius Rentz Winspergensis"); 1584 Nov 24 rec. ad fac. art. Tübingen (MFAB Bd. 2, fol. 35ᵛ: „... Georgius Rentius Vinimontanus, factus Heidelbergæ baccalaureus ..."); ? Mag. art. ? (Tübingen?) (vgl. MFAM); 1586 >Jul–Aug Stud. med. Tübingen (MFM fol. 91ᵛ, Eintrag zu 1587 Jan 10: „... nomen suum dedit Georgius Rentz Weinspergensis, sed dicit se completionem inchoasse ..."); 1590 Nov 9 inscr. Padua (MNGPa Nr. 703: „... Georgius Rentzius Winspergensis Wirtembergicus ..."); 1595 Mai 19 inscr. Tübingen (MUT I, Nr. 223,17: „Georgius Rentzius nomen suum professus est, antea inscriptus sub rectore [Georgio] Hambergero anno 1585").

v *Über der Zeile von aH unmittelbar ergänzt.*

132 1595 Nov 12 Dr. med. (Nr. 61). – 1580 Sep 15 inscr. Tübingen (MUT I, Nr. 193,85: „Joannes Gardnerus Labacensis"); 1583 Mrz 20 Bacc. art. Tübingen (MFAB Bd. 2, fol. 33ʳ, Nr. 18: „Joannes Garttnerus Labacensis"); 1585 Aug 11 Mag. art. Tübingen (MFAM Bd. 2, fol. 115ᵛ, Nr. 26: „Joannes Gartnerus Labacensis"); 1586 ca. Jun–Aug Stud. med. Tübingen (MFM fol. 91ᵛ, Eintrag zu 1588 Jul 20: „... magister Joannes Gertnerus Labacensis professus est suum nomen, et affirmavit se ante biennium lectiones medicas audire cępisse; cæterum nomen non signifecasse, quod existimavit non neccessarie requiri in eo, qui in stipendio Martiniano vixerit et inspectionem collegii professorum medicorum habuerit").

w *Infolge Platzmangels am Zeilenende hälftig über der Zeile von aH fortgesetzt.*

133 1595 Nov 12 Dr. med. (Nr. 61). – 1587 Feb 10 inscr. Marburg (MUM VII, S. 22: „Vitus Isemannus Hallensis Suevus"); ? Bacc. art. ? (Marburg?); ? Mag. art. ? (Marburg/Rostock?); 1590 Mai inscr. Rostock (MUR II, S. 232b, Nr. 8: „Vitus Eiserman ... Hallenses Suevorum"); ? [1591 ca. Mai–Jul nach MFM] inscr. ? (MFM); 1592 Sep 12 inscr. Tübingen (MUT I, Nr. 217,116: „Magister Vitus Isenmannus Hallensis"); ? [ca. 1592 Sep 12 nach MUT] Stud. med. Tübingen (MFM fol. 93ʳ, Eintrag zu 1593 Jun 18: „... nomen dedit magister Vitus Isemannus Hallensis Suevorum, qui tamen iam pridem hic et alibi per biennium medicinæ operam dedit").

x *Links von aH später (mit Anm. z) ergänzt.*

y *In der Ergänzung von H9 (siehe Anm. x) fortlaufend von H11 im Zusammenhang mit Nr. 63 ergänzt.*

134 1597 Apr 27 Dr. med. (Nr. 62) [Prof. phys. (Nr. 62)]. – 1582 Mai 1 inscr. Tübingen (MUT I, Nr. 196,80: „Michael Ziegler Gröningensis"); 1583 Mrz 20 (nicht Sep 18 nach MUT Anm.) Bacc. art. Tübingen (MFAB Bd. 2, fol. 33ᵛ, Nr. 28: „Michael Ziegler Grieningensis"); 1585 Aug 11 Mag. art. Tübingen (MFAM Bd. 2, fol. 115ᵛ, Nr. 2: „Michaël Ziegler Grieningensis"); 1585 Nov Stud. med. Tübingen (MFM fol. 91ʳ: „Magister Michael Ziegler Grienningensis cœpit lectiones medicas audire ..."); ? inscr. ?; 1589 Okt 31 inscr. Tübingen (MUT I, Nr. 212,19: „Michael Ziegler Grieningensis").

135 1597 Apr 27 Dr. med. (Nr. 62). – 1586 Feb 19 inscr. Tübingen (MUT I, Nr. 204,59: „Joannes

63. |6ᵛ| {H11} Anno 1598 februarii 20 – decano Daniele Mögling⁸⁴ doctore et promotore clarissimo viro domino doctore Andrea Planero⁷⁸ – medicinæ doctores publice renunciati sunt magister Joann Philippus Grauerus, doctoris Philippi [Graueri]⁷⁰ filius, Marchiobadensis^(z,137) et magister David Hetzelius Geislingensis¹³⁸.

64. |6ᵛ| {H11} Eodem anno [1598] die 23 augusti – decano clarissimoᵃ viro domino doctore [Georgio] Hambergero⁶¹ et promotore Daniele Mögling⁸⁴ doctore – promotus est in doctorem Casparus Beussius Francobergensis Hassus¹³⁹. |fol. 7ʳ|

65. |7ʳ| {H11} Anno 1599 die 10 octobris – decano Daniele Mögling⁸⁴ doctore et promotore clarissimo viro domino doctore Andrea Planero⁷⁸ – medicinæ doctores publice renunciati sunt magister Israël Mögling Sebusianus¹⁴⁰, alter filius doctoris Danielis

---

Conradus Gerhardt Horensis"); 1586 Sep 28 Bacc. art. Tübingen/Bebenhausen (MFAB Bd. 2, fol. 40ʳ, Nr. 37/8: „Johannes Conradus Gerhardus Horrhaimius"); 1588–1593 Okt Stip. Tübingen (MUT Anm., fehlt LEUBE 1936/1954); 1590 Aug 12 Mag. art. Tübingen (MFAM Bd. 2, fol. 122ᵛ, Nr. 6: „Joannes Conradus Gerhardus Horensis"); 1592 ca. Aug–Okt Stud. med. Tübingen (MFM fol. 93ᵛ, Eintrag zu 1594 Mrz 26: „... suum nomen indicavit magister Johann Conradus Gerhardt Hornheimensis, et subiecit se fere per sesquiennum audivisse lectiones medicas").

136   1597 Apr 27 Dr. med. (Nr. 62). – 1580 Jul 19 inscr. Tübingen (MUT I, Nr. 193,53: „Ulricus Friderici Layngensis [!]"); 1584 Jun inscr. Rostock (MUR II, S. 213a, Nr. 49: „Ulricus Friderici Lauinganus"); ? Bacc. art. ? (Rostock?); ? Mag. art. ? (Rostock?); 1592 Okt 9 inscr. Tübingen (MUT I, Nr. 217,136: „Ulricus Friderici Lauinganus nomen repetiit"); 1592 Okt 9 Stud. med. Tübingen (MFM fol. 93ʳ: „Ulricus Friderici Lauinganus, offerens mihi literas commendatitias ab illustrissimo principi [!] Philippo Ludovico Palatino Rheni, professus est suum nomen ...").

z   Aus Tubingensis von H9 (mit Anm. x) korrigiert.

137   1598 Feb 20 Dr. med. (Nr. 63). – 1588 Okt 15 inscr. Tübingen (MUT I, Nr. 209,93: „Joannes Philippus Grawer Badensis"); 1591 Sep 28 Bacc. art. Tübingen (MFAB Bd. 2, fol. 46ᵛ, Nr. 8: „Johannes Philippus Grawer Badensis"); 1593 Feb 21 Mag. art. Tübingen (MFAM Bd. 2, fol. 126ʳ, Nr. 6: „Joannes Philippus Grawer Marchiobadensis, Philippi [Graweri], medicinae doctoris, filius"); 1593 Mrz 7 Stud. med. Tübingen (MFM fol. 93ʳ: „... inscripsi Joannem Philippum Grauerum Tubingensem, domini doctoris [Philippi] Graueri filium").

138   1598 Feb 20 Dr. med. (Nr. 63). – 1593 Jun 15 inscr. Tübingen (MUT I, Nr. 219,25: „David Hötzel Geisslingensis"); 1593 Sep 26 Bacc. art. Tübingen (MFAB Bd. 2, fol. 51ʳ, Nr. 3: „David Hetzelius Geißlingensis"); 1595 Aug 13 Mag. art. Tübingen (MFAM Bd. 2, fol. 129ʳ, Nr. 1: „David Hetzelius Geislingensis"); 1595 Okt 24 Stud. med. Tübingen (MFM fol. 94ʳ: „... nomen suum professus est magister David Hetzelius Geislingensis").

a   Buchstabe c[larissimo] aus d[omino] von aH unmittelbar korrigiert.

139   1598 Aug 23 Dr. med. (Nr. 64) (fehlt MUT Anm., vgl. MUT I, Nr. 228,86a). – 1586 inscr. Marburg (MUM Register S. 11b, fehlt im Text: „Beus"); ? Bacc. art. ? (Marburg?); ? Mag. art. ? (Marburg?); ? [1592 ca. Jun–Aug nach MFM] inscr. Marburg (MFM); ? inscr. Wittenberg (MFM); 1595 Jul 14 inscr. Tübingen (MUT I, Nr. 223,54: „Casparus Beuss Francofordensis Hessus, praeceptor ..."); 1595 Jul 16 Stud. med. Tübingen (MFM fol. 93ᵛ: „... professus est suum nomen Casparus Betis Francobergensis Hassus, qui affirmavit se Marburgi et Witebergæ per triennium audivisse lectiones medicas").

140   1599 Okt 10 Dr. med. (Nr. 65). – 1585 Feb 17 inscr. Heidelberg (MUHb II, S. 116, Nr. 19: „Israël Moglinus Weissenbergensis ..., iniurati propter aetatem et gratis"); 1588 Okt 31 inscr. Tübingen (MUT I, Nr. 210,9: „Israel Mögling"); 1591 Mrz 24 Bacc. art. Tübingen (MFAB Bd. 2, fol. 45ᵛ, Nr. 3: „... Israhel Mögling Sebusiani"); 1593 Feb 21 Mag. art. Tübingen (MFAM Bd. 2,

[Mögling]⁸⁴, magister Joann Conradus Grammerus Brackenheimensis¹⁴¹, Johann Georgius Hambergerus Tubingensis^(b,142), doctoris Georgii [Hambergeri]⁶¹ filius, magister Johannes Conradus Sinapius Swinphordianus Ostrofrancus¹⁴³, magister Joannes Ziegler Merchingensis¹⁴⁴.

66. |7ʳ| {H11} {TW} Anno 1601 die 16 septembris – decano et promotore Daniele Mögling⁸⁴ – medicinę doctor publice renunciatus est Joannes Hildebrandus^c Heldenfingensis Wirttembergicus¹⁴⁵.

67. |7ʳ|{H12} Anno 1602 die 11 maii – decano et promotore doctore Sebastiano Blossio*⁷ – in medicinæ doctores promoti fuerunt Johannes Andreas Senger Stutgardianus¹⁴⁶,

---

fol. 126ʳ, Nr. 4: „... Israël Moeglingi, Danielis [Moeglingi], medicinae doctoris et professoris, filii, Sebusiani"); 1593 Mrz 6 Stud. med. Tübingen (MFM fol. 93ʳ: „... nomen suum professus est, clarissimi viri domini doctoris [Danielis] Moglini filius, optimæ spei magister Israel Moglinus Tubingensis").

141 1599 Okt 10 Dr. med. (Nr. 65). – 1586 Aug 1 inscr. Tübingen (MUT I, Nr. 205,58: „Joannes Conradus Grammer Göppingensis"); 1587 Apr 5 Bacc. art. Tübingen/Hirsau (MFAB Bd. 2, fol. 41ʳ, Nr. 44/1: „Joann Conradus Grammer Göppingensis"); 1588 Okt Stip. Tübingen (MUT Anm., fehlt LEUBE 1936/1954); 1590 Aug 12 Mag. art. Tübingen (MFAM Bd. 2, fol. 122ᵛ, Nr. 4: „Joannes Conradus Grammer Göppingensis"); 1593 ca. Jan–Mrz Stud. med. Tübingen (MFM fol. 93ᵛ, Eintrag zu 1594 Feb 27: „... professus est suum nomen magister Johannes Conradus Grammer, qui dicit se fere annum complevisse"); 1596 Okt 17 inscr. Padua (MNGPa Nr. 880: „Magister Johannes Conradus Grammer Göppingensis ..."); 1599 Aug 13 inscr. Tübingen (MUT I, Nr. 231,67: „Magister Joannes Conradus Grammer Brackhenheimensis nomen repetiit, inscriptus sub rectore domino doctore [Andrea] Planero").

b Über der Zeile von aH unmittelbar ergänzt.

142 1599 Okt 10 Dr. med. (Nr. 65). – 1587 Jan 7 inscr. Tübingen (MUT I, Nr. 206,28: „Joannes Georgius Hamberger Tubingensis"); 1589 Sep 24 Bacc. art. Tübingen (MFAB Bd. 2, fol. 44ʳ, Nr. 4: „Joannes Georgius Hamberger Tubingensis"); ? Mag. art. ?; 1593 ca. Apr–Jun Stud. med. Tübingen (MFM fol. 93ᵛ, Eintrag zu 1594 Nov 25: „... nomen suum dedit, clarissimi viri domini doctoris Georgii Hambergeri filius, Joannes Georgius Hambergerus, idque factum in parentis pręsentia; faxit deus, ut insistat paternis vestigiis; cęterum ante hoc tempus complevit medicas lectiones audiendo per sesquiennum").

143 1599 Okt 10 Dr. med. (Nr. 65). – 1592 Sep 6 inscr. Tübingen (MUT I, Nr. 217,112: „Joannes Conradus Senfft"); 1593 Apr 4 Bacc. art. Tübingen (MFAB Bd. 2, fol. 50ʳ, Nr. 12: „Joann Conradus Senff Schwinfordianus"); 1595 Mrz 14 [!] Stud. med. Tübingen (MFM fol. 93ᵛ: „... nomen dedit et complere cępit Joannes Conradus Sinapius Schwinfordianus"); 1597 Aug 10 [!] Mag. art. Tübingen (MFAM Bd. 2, fol. 131ᵛ, Nr. 14: „Joann Conradus Synapius Schvinfordianus").

144 1599 Okt 10 Dr. med. (Nr. 65). – 1592 Okt 1 inscr. Tübingen (MUT I, Nr. 217,133: „Joannes Ziegler Melchingensis Francus"); 1593 Sep 26 Bacc. art. Tübingen (MFAB Bd. 2, fol. 51ʳ, Nr. 6: „Joannes Ziegler Merchingensis"); 1595 Aug 13 Mag. art. Tübingen (MFAM Bd. 2, fol. 129ʳ, Nr. 2: „Joannes Ziegler Merchingensis"); 1595 Sep 3 Stud. med. Tübingen (MFM fol. 93ᵛ: „... dedit nomen Johannes Zieglerus Merchingensis ..., famulus").

c Mit Rotstift angestrichen.

145 1601 Sep 16 Dr. med. (Nr. 66) (fehlt MUT Anm.). – 1589 Mai inscr. Wien (MUWi IV, S. 24, Nr. R 9: „Joannes Hildebrand Heldenfingensis Wirtenbergicus"); ? Bacc. art. ? (Wien?); ? Mag. art. ? (Wien?); 1599 Jul 27 inscr. Padua (MNGPa Nr. 958: „Johannes Hildebrandus Alemanus ex agro Wirtembergico ... [Zusatz: Doctor]"); 1601 Sep 9 inscr. Tübingen (MUT II, Nr. 16980: „Johannes Hiltenbrandus Gusenstadiensis Württembergicus").

*7 Dec. fac. med. 1602 SS (Nr. 67), 1604 SS (Nr. 69), 1605 SS (Nr. 71), 1614 SS (Nr. 79), 1620/21

magister Henricus Brasperger Wylosylvanus[147] et Matthæus Müllerus Campidonensis[148].

68. |7ʳ|{H10} Anno domini millesimo sexcentesimo tertio decimo quarto decembris – ab Andrea Planero[78] doctore, medicinæ et philosophiæ professore ac pro tempore decano – laudatissimæ artis medicæ doctor creatus, proclamatus et designatus est Joannes Rudolphus Camerarius Tubingensis[149], clarissimi viri doctoris Alexandri Camerarii[89] piæ memoriæ, physici Reutlingensium, filius.

WS (Nr. 83), 1621/22 WS (Nr. 84, 85), 1623 SS (Nr. 89), 1625 SS (Nr. 92, 93), 1626 SS (Nr. 96); Prom. med. zu 1602 Mai 11 (Nr. 67), 1604 Mai (Nr. 69), 1606 Sep 22 (Nr. 72), 1609 Mai 8 (Nr. 74), 1613 Sep 13 (Nr. 77), 1615 Sep 19 (Nr. 80), 1619 Mrz 15 (Nr. 81), 1621 Feb 26 (Nr. 83), 1622 Jan 9 (Nr. 84), 1622 Sep 30 (Nr. 87), 1624 Aug 16 (Nr. 90), 1625 Okt 24 (Nr. 93), 1626 Jan 25 (Nr. 95), 1626 Nov 8 (Nr. 97) [Prof. med. (Nr. 69, 92, 95), Prof. med. et phil. (Nr. 97)] (MUT I, Nr. 190,30 (1578 Dez 15): „Sebastianus Blosius Minssingensis"; MUT II, Nr. 16776: „Dominus doctor Sebastianus Blossius, in ordinem professorum receptus, nomen denuo in hunc album referri petiit").

146 1602 Mai 11 Dr. med. (Nr. 67). – 1592 Jun 5 inscr. Tübingen (MUT I, Nr. 217,22: „Joannes Andreas Singerus Onotzspachensis, domini doctoris Ludovici [Singeri] filius"); 1593 Apr 4 Bacc. art. Tübingen (MFAB Bd. 2, fol. 50ᵛ, Nr. 18: „Joannes Andreas Senger Stutgardianus"); ? Mag. art. ?; 1596 Jul 1 Stud. med. Tübingen (MFM fol. 94ʳ: „... completorias lectiones audire cœpit Joannes Andreas Senger Onoltzachensis, clarissimi viri domini doctoris Ludovici Sengeri filius").

147 1602 Mai 11 Dr. med. (Nr. 67). – 1595 Mrz 13 inscr. Tübingen (MUT I, Nr. 222,28: „Heinricus Brasperger Wilesylvanus"); 1596 Mrz 31 Bacc. art. Tübingen (MFAB Bd. 2, fol. 53ᵛ, Nr. 4: „Henricus Brasperger Wilosylvanus"); 1597 Aug 10 Mag. art. Tübingen (MFAM Bd. 2, fol. 131ᵛ, Nr. 17: „Heinricus Brastperger Wilensis"); 1601 Sep 17 Stud. med. Tübingen (MFM fol. 95ʳ: „... complere incepit Heinricus Brasperger Wilosylvanus, qui in antea privatim medico studio operam dedit"); 1601 Okt 6 inscr. Tübingen (MUT II, Nr. 16991: „Henricus Braspergerus Westosylvanus repetiit nomen suum").

148 1602 Mai 11 Dr. med. (Nr. 67). Dec. fac. med. 1622/23 WS (Nr. 88), 1624/25 WS (Nr. 91), 1625/26 WS (Nr. 94, 95), 1626/27 WS (Nr. 97), 1627 SS (Nr. 98, 99), 1628 SS (Nr. 100, 101); Prom. med. zu 1622 Feb 6 (Nr. 85), 1623 Jul 14 (Nr. 89), 1625 Sep 26 (Nr. 92), 1626 Jan 18 (Nr. 94), 1626 Sep 13 (Nr. 96), 1627 Mai 30 (Nr. 98), 1628 Aug 11 (Nr. 100), 1628 Nov 19 (Nr. 102) [Prof. med. (Nr. 97, 98, 100: publ., 101, 102)]. – 1595 Dez 13 inscr. Tübingen (MUT I, Nr. 224,25: „Matthaeus Müller Campidonensis"); 1598 Apr 5 Bacc. art. Tübingen (MFAB Bd. 2, fol. 58ᵛ, Nr. 5: „Matthæus Myller Campidonensis"); ? Mag. art. ? (vgl. MNGS); 1599 Aug 15 Stud. med. Tübingen (MFM fol. 94ᵛ: „... nomen suum dedit magister Matthęus Miller Campidonensis, doctoris Samuelis [Milleri] filius"); 1621 Jan 21 inscr. Tübingen (MUT II, Nr. 20303: „Dominus doctor Matthaeus Müller, professor medicus designatus"); 1638 Sep 20 inscr. Siena (MNGS Nr. 6773: „Matthaeus Müller, medicinae et philosophiae doctor, sacri caesarei palatii comes, eiusdem aulae nec non et laudatissimi ordinis Austriae inferioris medicus et professor academiae Tubingensis"); 1639 Mrz 10 inscr. Padua (MNGPa Nr. 2086: „Matthaeus Müller, medicinae doctor, sacri caesarei palatii comes, invictissimae laudatissimae memoriae Caesaris Ferdinandi II medicus et laudatissimorum ordinum provinciae Austriae inferioris physicus, professor Academiae Tubingensis publicus ...").

149 1603 Dez 14 Dr. med. (Nr. 68). – 1593 Nov 14 inscr. Tübingen (MUT I, Nr. 220,18: „Johannes Rudolphus Chammerer Reutlingensis"); 1597 Sep 28 Bacc. art. Tübingen (MFAB Bd. 2, fol. 56ᵛ, Nr. 7: „Joannes Rudolphus Cammerer [Zusatz: Reutlingensis]"); 1599 Aug 15 Mag. art. Tübingen (MFAM Bd. 2, fol. 135ʳ, Nr. 7: „Joann Rudolfus Camerarius Tybingensis [Zusatz: gratias carmine egit]"); 1599 Dez 12 Stud. med. Tübingen (MFM fol. 94ᵛ: „... nomen suum professus est magister Joannes Rudolphus Camerarius, doctoris Alexandri Camerarii piæ memoriæ, physici Reutlingensis, filius").

69. |7ʳ| {H12} Anno 1604 mense maio – a Sebastiano Blossio[*7], medicinæ doctore et professore ac pro tempore inclyti collegii medici decano – medicinæ doctor creatus, proclamatus et designatus est publice magister Johannes Planerus Tubingensis[150], clarissimi et eximii viri, academiæ huius professoris et doctoris medicinæ ac philosophiæ olim celeberrimi, collegæ nostri pie colendi, Andreæ[d] Planeri[78] filius. |fol. 7ᵛ|

70. |7ᵛ| {H10} Anno domini millesimo sexcentesimo quinto vicesimo quarto aprilis – decano doctore Andrea Planero[78], promotore vero clarissimo viro domino doctore Joanne Fabri[126] – laudatissimæ artis medicæ doctor creatus, proclamatus et designatus est ornatissimus vir Petrus a Molsdorf[e] dictus Weller Norimbergensis[151].

71. |7ᵛ| {H12} Anno 1605 die 11 mensis septembris – decano doctore Sebastiano Blossio[*7], promotore vero clarissimo viro domino doctore Andrea Planero[78] – artis medicæ doctores creati et publice designati sunt ornatissimi et doctissimi viri dominus magister David Mögling[152], clarissimi viri domini doctoris Danielis Mögling[84], olim professoris medicinæ celeberrimi, filius, Jacobus Eggelius[f] Lindauiensis[153] et Johannes Jerelius[g] Oppawiensis Silesius[154].[h]

---

150 1604 Mai Dr. med. (Nr. 69). – 1594 Mrz 6 inscr. Tübingen (MUT I, Nr. 220,49: „Johannes Planerus Tubingensis, doctoris [Andreae] Planeri filius"); 1596 Sep 28 Bacc. art. Tübingen (MFAB Bd. 2, fol. 54ᵛ, Nr. 3: „Johannes Planerus Tubingensis"); 1598 Aug 9 Mag. art. Tübingen (MFAM Bd. 2, fol. 133ᵛ, Nr. 6: „Johannes Planer Tybingensis"); 1598 Sep Stud. med. Tübingen (MFM fol. 94ᵛ: „… statim cœpit lectiones medicas audire magister Joannes Planer Tubingensis [Zusatz: doctoris Andreæ Planeri filius]").

d Davor filius von aH unmittelbar gestrichen.

e Mit Rotstift angestrichen.

151 1605 Apr 24 (nicht 1605 Apr 14 nach MUT Anm.) Dr. med. (Nr. 70). – 1597 SS [</>Jul 7] inscr. Jena (MUJ I, S. 357b: „Petrus Wellerus Hittenheimensis Francus"); 1597 Jul 7 inscr. Wittenberg (MUWb I,2, S. 441b, Z. 1f.: „Petrus Wellerus Hitenscimensis Francus"); ? Bacc. art. ? (Jena/Wittenberg?); ? Mag. art. ? (Jena/Wittenberg?); 1600 Sep Stud. med. Tübingen (MFM fol. 95ʳ: „… nomen Petri Belleri [korr. zu Welleri], medici Norici, inscripsi"); 1600 Nov 20 inscr. Tübingen (MUT II, Nr. 16854: „Petrus Weller Hittenheimensis Francus").

152 1605 Sep 11 Dr. med. (Nr. 71). – 1585 Feb 17 inscr. Heidelberg (MUHb II, S. 116, Nr. 21: „Joannes David Mögling Weissenbergensis…, iniurati propter aetatem et gratis"); 1592 Okt 14 inscr. Tübingen (MUT I, Nr. 217,137: „Joannes David Mögling Weissenburgensis"); 1598 Sep 27 Bacc. art. Tübingen (MFAB Bd. 2, fol. 59ᵛ, Nr. 3: „Johannes David Mögling Sebusianus"); ? Mag. art. ?; 1600 Sep Stud. med. Tübingen (MFM fol. 95ʳ: „… nomen suum professus est Joannes David Mogling, domini doctoris Danielis [Moglingi] filius").

f Mit Rotstift angestrichen.

153 1605 Sep 11 (nicht 1605 Sep nach MUT Anm.) Dr. med. (Nr. 71). – ? Bacc. art. ?; ? Mag. art. ?; 1601 Nov 26 inscr. Tübingen (MUT II, Nr. 17013: „Jacobus Eckholdt Lindauiensis"); 1602 Jun 1 Stud. med. Tübingen (MFM fol. 95ᵛ: „… nomen suum professus est Jacobus Eggelius, doctoris Petri [Eggelii] filius").

g Mit Rotstift angestrichen.

154 1605 Sep 11 Dr. med. (Nr. 71). – ? Bacc. art. ?; ? Mag. art. ? (vgl. MNGS); ? inscr. Tübingen (fehlt MUT); 1603 Nov 15 Stud. med. Tübingen (MFM fol. 95ᵛ: „… nomen suum professus est Joannes Jennelius [korr. aus Genuelius] Oppawiensis in Silesia"); evtl. 1617 Apr 23 inscr. Siena (MNGS Nr. 5178: „Johannes Jessenius, philosophiae et medicinae doctor").

h Als Schlusszeichen auf neuer Zeile ein Semikolon.

72. |7ᵛ| {H13} Anno domini[i] millesimo sexcentesimo sexto vicesima secunda septembris – prodecano Johanne Fabri[126], promotore vero clarissimo domino doctore Sebastiano Blossio[*7] – honoribus doctoriis solemniter insigniti sunt magister Johann Glotzeyss Lauinganus[155] et Johann Cottwitz[j] Swidnicensis Silesius[156].

73. |7ᵛ| {H13} {TW} Anno 1607 25 augusti – decano et promotore Johanne Fabri[126] doctore – medicinæ doctor creatus est magister Josephus Thaler Owensis Teccius[157]. |fol. 8ʳ|

74. |8ʳ| {H14} Anno domini[k] millesimo[l] sexcentissimo [!] nono octavo maii – decano doctore Johanne Jacobo Haug[122], promotore vero clarissimo domino doctore Sebastiano[m] Blossio[*7] – laudatissimæ artis medicæ doctores creati, proclamati et designati sunt [n]doctissimi viri[n] [o]dominus magister[o] Joannes Ludovicus Mögling[158], clarissimi et

---

i In Auszeichnungsschrift (Majuskeln).
155 1606 Sep 22 (nicht 1606 Sep 20 nach MUT Anm.) Dr. med. (Nr. 72). – 1600 Apr 9 inscr. Tübingen (MUT I, Nr. 232,50: „Johannes Glotseisius Lauinganus"); 1601 Sep 23 Bacc. art. Tübingen (MFAB Bd. 2, fol. 63ʳ, Nr. 1: „Joannes Glotseisius Lauinganus"); 1602 Feb 10 Mag. art. Tübingen (MFAM Bd. 2, fol. 137ᵛ, Nr. 5: „Johannes Glotzeisen Lauinganus"); 1602 Mrz Stud. med. Tübingen (MFM fol. 95ᵛ: „... suum nomen professus est magister Joann Klotzeysiu[s] Lauinganus").
j Mit Rotstift angestrichen.
156 1606 Sep 22 Dr. med. (Nr. 72) (fehlt MUT Anm.). – Evtl. 1601 SS inscr. Leipzig (MULe II,1, S. 239a, Nr. P 5: „Johannes Kottwitz Schemnicensis"); 1601 Apr 23–Okt 16 inscr. Frankfurt (MUFf I, S. 455b, Z. 24f.: „Johannes Cottwitz Schvidnicensis Silesius"); ? Bacc. art. ? (evtl. Leipzig/Frankfurt?); ? Mag. art. ? (evtl. Leipzig/Frankfurt?); 1603 Mai 21 inscr. Helmstedt (MUHs I, Nr. 53,9: „Johannes Kottwitz Schweidnicensis"); 1603 >Jan 12 [evtl. >Mai 21] Stud. med. Helmstedt (MUHs I, Nr. 52d,5: „Johannes Kottwitz Silesius Swidnicensis"); 1606 Jun 25 inscr. Tübingen (MUT II, Nr. 17720: „Johannes Gottwitzius Schwinicensis Silesius").
157 1607 Aug 25 Dr. med. (Nr. 73). – 1596 Apr 29 inscr. Tübingen (MUT I, Nr. 224,56: „... Josephus Dalerus, fratres Owenses, quia minorennes fidem manu dederunt"); 1597 Sep 28 Bacc. art. Tübingen (MFAB Bd. 2, fol. 57ʳ, Nr. 18: „Josephus Daler Gendingensis"); 1600 Aug 13 Mag. art. Tübingen (MFAM Bd. 2, fol. 136ʳ, Nr. 5: „Josephus Daler Owensis"); ? [1600 ca. Mai–Jul nach MFM] inscr. ? (MFM); ? inscr. ? (MFM); ? inscr. ? (MFM); 1607 Jun 6 inscr. Tübingen (MUT II, Nr. 17910: „Magister Josephus Thaler Owensis, praeceptor"); 1607 Jun 16 Stud. med. Tübingen (MFM fol. 96ʳ: „... nomen suum apud me est professus magister Josephus Thaler Owensis Wurttembergicus, qui antea per septennium studio medico variis in academiis et locis vacaverat"); 1609 Okt 4 inscr. Padua (MNGPa Nr. 1218: „Josephus Dalerus Owensis Teccius..."); 1610 Mai 19 inscr. Siena (MNGS Nr. 4427: „Josephus Dalerus Owensis Teccius, medicinae doctor").
k In Auszeichnungsschrift (Majuskeln).
l Buchstabe m[illesimo] (Majuskel) aus m[illesimo] (Minuskel) von aH unmittelbar korrigiert.
m Rechts von aH unmittelbar (mit Anm. n, o, p und q) ergänzt.
n Links von aH unmittelbar (mit Anm. m, o, p und q) ergänzt.
o Links von aH unmittelbar (mit Anm. m, n, p und q) ergänzt.
158 1609 Mai 8 Dr. med. (Nr. 74). Dec. fac. med. 1618/19 WS (Nr. 81), 1622 SS (Nr. 86, 87), 1624 SS (Nr. 90); Prom. med. zu 1620 Jan 19 (Nr. 82), 1622 Jul 29 (Nr. 86), 1625 Mrz 23 (Nr. 91) [Prof. ling. lat. (Nr. 74), Prof. med. (Nr. 113)]. – 1585 Feb 17 inscr. Heidelberg (MUHb II, S. 116, Nr. 22: „Joannes Ludovicus Mögling Heidelbergensis ..., iniurati propter aetatem et gratis"); 1598 Dez 19 inscr. Tübingen (MUT I, Nr. 230,12: „Johannes Ludovicus ... Möglingi, domini doctoris Danielis [Möglingi] filii"); 1602 Sep 22 Bacc. art. Tübingen (MFAB Bd. 2, fol. 64ʳ,

experientissimi viri domini doctoris Danielis Mögling[84], olim professoris medicæ artis celeberrimi et experientissimi optime de collegio medico et tota universitate nostra meriti bonæ memoriæ, filius, [p]Latinæ linguæ professor[p], nec non Tobias Eysengreinn Stutgardianus[159], clarissimi consultissimique viri domini doctoris Balthazaris Eysengreinii[*8], illustrissimi et clementissimi principis nostri[q] consiliarii prudentissimi etcætera, filius.

75. |8[r]| {H13} Anno domini[r] 161.[s] 6to novembris[t] – decano [u]et promotore[u] Johanne Fabri[126] – doctores facti sunt Johann Ulianus[v] Ravenspurgensis[160] et Hieronymus Walch[w] Tybingensis[161].

76. |8[r]| {H13} {TW} Anno 1612 19 novembris clarissimus vir dominus doctor [Johannes] Jacobus Haug[122] doctores medicinæ creavit dominum magistrum Abrahamum Michaëlem Egranum[162] et dominum Sebastianum Strohmeyern Ulmanum[163] – decano doctore Johanne Fabri[126].

    Nr. 5: „Johann Ludovicus Mögling Haidelbergensis"); 1605 Feb 6 Mag. art. Tübingen (MFAM Bd. 2, fol. 141[r], Nr. 5: „Joannes Ludovicus Mögling Heydelbergensis"); 1605 Apr 16 Stud. med. Tübingen (MFM fol. 95[v]: „... nomen suum professus est Joannes Ludovicus Mogling Tubingensis, domini doctoris Danielis Moglegi [!] piæ memoriæ, collegæ nostri, filius").
p   Links von aH unmittelbar (mit Anm. m, n, o und q) ergänzt.
159 1609 Mai 8 Dr. med. (Nr. 74). – 1600 Apr 14 inscr. Tübingen (MUT I, Nr. 232,62: „Tobias Eisengrein Studtgardianus"); ? Bacc. art. ?; ? Mag. art. ?; 1604 Jun 1 Stud. med. Tübingen (MFM fol. 95[v]: „... nomen suum professus est Tobias Eysengrein Stutgardianus"); 1610 Mrz 18 inscr. Tübingen (MUT II, Nr. 18324: „Tobias Eisegrein, medicinae doctor, nomen repetiit").
*8 Rat (consiliarius) in Württemberg (Nr. 74) (MUT I, Nr. 160,56 (1563 Dez 9): „Balthasar Eisengrien Stutgardianus").
q   Über der Zeile von aH unmittelbar (mit Anm. m, n, o und p) ergänzt.
r   In Auszeichnungsschrift (Majuskeln).
s   Letzte Ziffer unklar (Form der linken Hälfte einer Null); 1611 nach UAT 14/18, fol. 59[r–v] zu 1611 SS („candidati").
t   Wortteil nov[embris] aus dec[ano] von aH unmittelbar korrigiert.
u   Links von aH unmittelbar ergänzt.
v   Mit Rotstift angestrichen.
160 1611 Nov 6 [siehe Anm. s] (nicht 1610 Nov 6 nach MUT Anm.) Dr. med. (Nr. 75). – ? Bacc. art. ?; ? Mag. art. ?; 1602 Jul 8 inscr. Tübingen (MUT II, Nr. 17078: „Johannes Ullianus Ravenspergensis"); 1603 Nov 17 Stud. med. Tübingen (MFM fol. 95[v]: „... nomen suum dedit Joannes Ulianus Ravenspurgensis").
w Mit Rotstift angestrichen.
161 1611 Nov 6 [siehe Anm. s] (nicht 1610 Nov 6 nach MUT Anm.) Dr. med. (Nr. 75). – 1603 Mai 18 inscr. Tübingen (MUT II, Nr. 17178: „Hieronymus Walch Tubingensis, quia pater ipsius notarius bene de universitate est meritus, nihil dedit"); 1605 Mrz 20 Bacc. art. Tübingen (MFAB Bd. 2, fol. 67[r], Nr. 15: „Hieronymus Walch Tubingensis"); ? Mag. art. ?; 1606 Okt 18 Stud. med. Tübingen (MFM fol. 96[r]: „... Hieronymus Walch, Andreæ Walcher, notarii universitatis, filius, medicinæ sese dedit").
162 1612 Nov 19 Dr. med. (Nr. 76). – 1601 SS inscr. Jena (MUJ I, S. 206b: „Abrahamus Michael Egranus"); ? Bacc. art. ? (Jena?); ? Mag. art. ? (Jena?); ? [ca. 1607 Nov–1608 Jan nach MFM] inscr. ? (MFM); 1610 Jun 15 inscr. Padua (MNGPa Nr. 1239: „... magister Abrahamus Michael Egranus"); 1611 Okt 19 inscr. Basel (MUB III, S. 128, Nr. 50: „Magister Abrahamus Michael Egranus"); 1611 Nov 21 inscr. Tübingen (MUT II, Nr. 18578: „Magister Abrahamus Michaëlis Egranus"); 1611 Dez 6 Stud. med. Tübingen (MFM fol. 98[r]: „... Abrahamus Michaël Egranus nomen suum apud me professus est; alibi per quadriennium medicinam se addidicisse eum

77. |8ʳ| {H13} Anno domini˟ 1613 ʸ13 septembrisʸ dominus Marcus Widemannus Augustanus¹⁶⁴ doctorios honores a clarissimo viro doctore Sebastiano Blossio*⁷ accepit – decano Johanne Fabri¹²⁶.

78. |8ʳ| {H14} Anno dominiᶻ MDCXIV 16 februarii – promotore clarissimo viro domino doctore Joanne Fabri¹²⁶ – dominus magister Samuël Hafenrefferus¹⁶⁵, reverendi et clarissimi viri domini doctoris Matthiæ Hafenrefferi*⁹, sacrosanctæ theologiæ doctoris eminentissimi et eiusdem professoris celeberrimi, pro tempore rectoris magnifici, filius, doctor factus est – decano doctoreᵃ Joanne Jacobo Haug¹²².

---

    dixit").
163 1612 Nov 19 Dr. med. (Nr. 76). – ? Bacc. art. ?; ? Mag. art. ?; 1611 Mai 7 inscr. Tübingen (MUT II, Nr. 18469: „Sebastianus Strohmaier Ulmensis"); 1611 Mai [</>7] Stud. med. Tübingen (MFM fol. 97ᵛ: „... sua nomina professi sunt Sebastianus Stromaierus Ulmensis ...").
  x In Auszeichnungsschrift (Majuskeln).
  y Über der Zeile von aH unmittelbar ergänzt.
164 1613 Sep 13 Dr. med. (Nr. 77) (fehlt MUT Anm.) (vgl. MNGPa). – ? Bacc. art. ?; ? Mag. art. ?; 1604 Mai 21 inscr. Altdorf (MUA S. 87, Nr. 2558: „Marcus Widman Augustanus") (vgl. MFM); 1606 Sep 30 inscr. Tübingen (MUT II, Nr. 17790: „Marcus Widemann Augustanus"); 1606 Okt 1 Stud. med. Tübingen (MFM fol. 96ʳ: „... Marcus Widemann Augustanus, Altorffio huc veniens, nomen suum professus est"); 1611 Jun 20 inscr. Padua (MNGPa Nr. 1274: „Marcus Widemannus Augustanus, medicinae studiosus ... [Zusatz: Doctor Tubingae creatus]") (vgl. MFM); 1612 Jun 28 inscr. Siena (MNGS Nr. 4682: „Marcus Widemannus Augustanus") (vgl. MFM); 1613 Jun 17 inscr. Tübingen (MUT II, Nr. 18858: „Marcus Widemannus Augustanus nomen repetiit"); 1613 Jun 18 Stud. med. Tübingen (MFM fol. 98ᵛ: „... Marcus Widmannus Augustanus, ex Italia redux, nomen suum repetiit").
  z In Auszeichnungsschrift (Majuskeln).
165 1614 Feb 16 Dr. med. (Nr. 78). – 1600 Apr 21 inscr. Tübingen (MUT I, Nr. 232,70: „Samuel Haffenreffer Herrenbergensis"); 1601 Apr 1 Bacc. art. Tübingen (MFAB Bd. 2, fol. 62ᵛ, Nr. 8: „Samuel Hafenreffer Tubingensis"); 1604 Feb 15 Mag. art. Tübingen (MFAM Bd. 2, fol. 139ᵛ, Nr. 2: „Samuel Hafenreffer Herrenbergensis"); 1607 Jan 20 Stud. med. Tübingen (MFM fol. 96ʳ: „Nomen suum dedit magister Samuel Haffenrefferus ..."); ? [1607 ca. Apr–Jun nach MFM] inscr. ? (MFM); 1608 Mai 8 inscr. Tübingen (MUT II, Nr. 18068: „Magister Samuel Hafenreffer Tubingensis"); 1608 Mai [</>8] Stud. med. Tübingen (MFM fol. 96ᵛ: „... repetiit inscriptionem magister Samuel Haffenrefferus, quando per annum fere abfuit"); 1612 Mai inscr. Wittenberg (MUWb II,1, S. 131a, Nr. 354: „Magister Samuel Hafenreffer, medicinae studiosus, Tubingensis"); 1612 Sep 15 inscr. Tübingen (MUT II, Nr. 18731: „Magister Samuel Hafenreffer Tubingensis repetiit inscriptionem"); 1613 [ca. 1612 Dez–1613 Feb nach MFM] Stud. med. Straßburg (MUS II, S. 2, Nr. 15/5: „Magister Samuel Hafenrefferus Tubingensis") (vgl. MFM); 1614 Jan 10 inscr. Tübingen (MUT II, Nr. 18963: „Magister Samuel Hafenrefferus Tubingensis repetiit inscriptionem"); 1614 Jan 16 Stud. med. Tübingen (MFM fol. 98ᵛ: „... tertia vice nomen suum dedit magister Samuel Hafenrefferus, reverendi et summi theologi domini doctoris Matthiæ Hafenrefferi, pro tempore rectoris magnifici, filius, per totum annum propter alias suas completiones medico studio operam dans in academia Argentinensi"); 1620 Mai 15 inscr. Tübingen (MUT II, Nr. 20117: „Samuel Hafenreffer, medicinae doctor"); 1648 Mai 15 inscr. Tübingen (MUT II, Nr. 23361: „Doctor Samuel Hafenreffer, professor medicus designatus, repetiit nomen").
★9 Rect. univ. 1613/14 WS (Nr. 78); Canc. univ. 1618–1619 (Nr. 81) [Prof. theol. (Nr. 78)] (MUT I, Nr. 187,43 (1577 Jun 18): „Matthias Haffenreffer Lorchensis"; MUT I, Nr. 217,65 (1592 Aug 2): „Dominus magister Matthias Hafenreffer repetiit nomen").
  a In Wortzwischenraum von aH unmittelbar ergänzt.

79. |8ʳ| {H12} Anno domini 1614 iulii die 4 solemniter honoribus doctoreis insigniti sunt – decano Sebastiano Blossio*⁷, promotore vero domino doctore Johanne Jacobo Haugio¹²² – magister Julius Abdias Wicnerusᵇ Heilsbronensis Francus¹⁶⁶ et Johann David Camerariusᶜ Reittlingensis¹⁶⁷. |fol. 8ᵛ|

80. |8ᵛ| {H14} ᵈAnno dominiᵈ MDCXV 19 septembris – promotore clarissimo viro domino doctore Sebastiano Blossio*⁷, decano vero doctore Joanne Jacobo Haugio¹²² – gradum doctoreum assumserunt dominusᵉ magister Samuël Stephani Grüningensis Würtembergicus¹⁶⁸ et dominusᶠ Moses Heldt Ulmensis¹⁶⁹.

81. |8ᵛ| {H15} Anno domini MDCXIX 15 martii – rectore magnifico domino doctore Andrea Bayero*¹⁰ et cancellario domino doctore Matthia Haffenreffero*⁹, qui primus hoc tempore examinibus utrisque interfuit, ac promotore clarissimo excellentissimoque viro domino doctore Sebastiano Blossio*⁷, decano veroᵍ Johanne Ludovico Möglingo¹⁵⁸ – summos in medicina honores doctoreos impetravit et publica solemnitate celebravit dominus magister Johannes Georgius Kleesattelius Ulmensis¹⁷⁰, clarissimi

---

b Unter dem Eintrag mit Lilastift Transkription Wickhnerus (siehe auch Anm. c).
166 1614 Jul 4 Dr. med. (Nr. 79). – 1609 Apr 7 inscr. Tübingen (MUT II, Nr. 18193: „Julius Abdias Wickhnerus"); 1609 Okt 23 inscr. Wittenberg (MUWb II,1, S. 91a, Nr. 596: „Julius Abdias Wicknerus Colmbergensis Francus"); ? Bacc. art. ? (Wittenberg?); 1612 Sep 22 Mag. art. Wittenberg (MUWb Anm.: „... abbatis Heilsbrunnensis filius"); 1613 Mai 25 Stud. med. Tübingen (MFM fol. 98ᵛ: „... magister Julius Abdias Wickhner Colnburgensis Francus nomen suum facultati nostræ dedit"); 1613 Mai 27 inscr. Tübingen (MUT II, Nr. 18843: „Magister Julius Abdias Wicknerus Colnbergensis Franco").
c Unter dem Eintrag mit Lilastift Transkription Camerarius (siehe auch Anm. b).
167 1614 Jul 4 (nicht 1614 Jul 14 nach MUT Anm.) Dr. med. (Nr. 79). – 1604 Jan 12 inscr. Tübingen (MUT II, Nr. 17290: „... Johannes David Camerarius Tubingenses, fratres, et quia prior annorum 15, posterior autem tantum 11, loco iuramenti fidem dederunt manu"); 1606 Apr 9 Bacc. art. Tübingen (MFAB Bd. 2, fol. 68ʳ, Nr. 22: „... Johann David Camerarius ... Tubingensis"); ? Mag. art. ?; 1610 Jan 22 Stud. med. Tübingen (MFM fol. 97ʳ: „... Johann David Camerarius Reuttlingensis").
d In Auszeichnungsschrift (Majuskeln).
e In Wortzwischenraum von aH unmittelbar (mit Anm. f) ergänzt.
168 1615 Sep 19 Dr. med. (Nr. 80). – 1603 Okt 21 inscr. Tübingen (MUT II, Nr. 17239: „Samuel Stephanus Grüningensis, annorum 13, loco iuramenti dedit fidem"); 1607 Mrz 24 Bacc. art. Tübingen (MFAB Bd. 2, fol. 69ᵛ, Nr. 11: „Samuel Stephani Grieningensis"); 1609 Aug 16 [Sep nach MFM] Mag. art. Tübingen (MFAM Bd. 2, fol. 147ʳ, Nr. 9: „Samuel Stephani Grieningensis") (vgl. MFM); 1609 Okt 14 Stud. med. Tübingen (MFM fol. 97ʳ: „... in album medicorum inscribi petiit magister Samuël Stephani Grüenningensis, cum præterito mense septembri gradum magistri assumsisset in hac universitate").
f In Wortzwischenraum von aH unmittelbar (mit Anm. e) ergänzt.
169 1615 Sep 19 Dr. med. (Nr. 80). – ? Bacc. art. ?; ? Mag. art. ?; 1608 Jun 7 inscr. Tübingen (MUT II, Nr. 18081: „Moyses Heldt Ulmensis"); 1608 Jul 2 Stud. med. Tübingen (MFM fol. 96ᵛ: „... nomen suum dedit Moses Heldt Ulmensis").
*10 Rect. univ. 1618/19 WS (Nr. 81), 1626/27 WS (Nr. 97) (MUT I, Nr. 196,67 (1582 Apr 22): „Andreas Bayr Stutgardianus"; MUT I, Nr. 217,5 (1592 Mai 6): „Magister Andreas Beyer Stutgardianus ... nomen repetiit").
g Danach Lücke (ca. 1,0 cm), wohl wegen schadhafter Stelle im Papier.
170 1619 Mrz 15 Dr. med. (Nr. 81). – 1604 Aug 28 inscr. Tübingen (MUT II, Nr. 17401: „Johannes

et experientissimi quondam viri domini doctoris Johannis Kleesattelii⁹², physici Ulmani, filius.

82. |8ᵛ| {H13} Anno domini^h MDCXX XIV calendas februarii – rectore magnifico doctore Johanne Halbrittero*¹¹ iureconsulto, cancellario doctore Luca Osiandro*¹², promotore doctore Johanne Ludovico Möglingo¹⁵⁸, ⁱdecano Johanne Fabriⁱ,¹²⁶ – doctor medicinæ renunciatus est Fridericus Heintz Cellensis Würtembergicus¹⁷¹, Viti Heintzen*¹³, hospitis olimʲ Cellensis, optimi viri, filius.

83. |8ᵛ| {H12} Anno domini 1621 medicinæ doctores creati et designati sunt, et quidem die 26 februarii – me Sebastiano Blossio*⁷ et decano et promotore – clarissimi viri

---

Georgius Kleesattel Ulmensis, contubernii famulus"); 1605 Mrz 20 Bacc. art. Tübingen (MFAB Bd. 2, fol. 67ʳ, Nr. 11: „Joannes Georgius Kleesattel Ulmensis"); 1608 Feb 3 Mag. art. Tübingen (MFAM Bd. 2, fol. 144ᵛ, Nr. 12: „Johann Georgius Kleesattelius Ulmensis"); 1608 Mai Stud. med. Tübingen (MFM fol. 96ᵛ: „... nomen suum professus est magister Johann Georgius Kleesattelius Ulmensis") (vgl. unten); ? [1609 ca. Okt–Dez nach MFM] inscr. Straßburg (MFM); 1610 Mai 1 Stud. med. Tübingen (MFM fol. 97ʳ⁻ᵛ: „Tandem inscriptionem repetiit ... magister Johann Georgius Kleesattelius Ulmensis, quando per semestre fere abfuit et Argentorate abiit"); ? [1611 ca. Jan–Mrz nach MFM] inscr. ? (MFM); 1611 Aug Stud. med. Tübingen (MFM fol. 97ᵛ: „Sua nomina professi sunt ... et magister Johann Georgius Kleesattelius Ulmensis; iterum inscriptionem repetiit, quando per semestre alibi medico studio incubuisset"); 1611 Sep 16 inscr. Tübingen (MUT II, Nr. 18533: „Magister Johann Georgius Kleesattel Ulmensis"); 1613 [ca. Aug–Okt nach MFM] Stud. med. Straßburg (MUS II, S. 2, Nr. 21/11: „Magister Joannes Georgius Kleesattel Ulmensis") (vgl. MFM); 1615 Sep 3 Stud. med. Tübingen (MFM fol. 99ᵛ: „... tertia vice nomen suum professus est Joannes Georgius Kleesattelius Ulmensis, per biennium absens"); 1615 Sep 23 inscr. Tübingen (MUT II, Nr. 19287: „Johann Georgius Kleesattelius, candidatus medicinae, repetiit nomen"); ? inscr. ?; 1618 Jun 18 inscr. Tübingen (MUT II, Nr. 19782: „Magister Johannes Georgius Kleesattel Ulmensis, medicinae candidatus, repetiit nomen"); 1618 Jun 18 Stud. med. Tübingen (MFM fol. 100ᵛ: „... Johann Georgius Kleesattelius inscriptionem nominis sui, primum anno 1608 factam, repetiit").

h *In Auszeichnungsschrift (Majuskeln).*

*11 Rect. univ. 1619/20 WS (Nr. 82), 1622/23 WS (Nr. 88) [Prof. iur. (Nr. 82)] (MUT fehlt).

*12 Canc. univ. 1620–1638 (Nr. 82, 86, [87], 88, 90, 91, 94, [95], 97, 98, [99], 100, 101, [102], 103, 104, 105, 106, 107, 108, [109], [110], 111, 112) [Prof. theol. und Praep. eccl. (Nr. 94, 100), Prof. theol. (Nr. 112)] (MUT I, Nr. 202,86 (1585 Apr 20): „Lucas Osiander Studtgardianus"; MUT II, Nr. 19904 (1619 Feb 24): „Reverendus et clarissimus vir dominus Lucas Osiander, sacrosanctae theologiae candidatus, designatus professor et ecclesiae Tubingensis decanus").

i *Links von aH unmittelbar (mit Anm. j) ergänzt.*

171 1620 Jan 19 (nicht 1620 Feb 14 nach MUT Anm.) Dr. med. (Nr. 82). – 1610 Nov 3 inscr. Tübingen (MUT II, Nr. 18430: „... Fridericus Heintz Liebenzellensis ..., hi tres, quia minorennes, agentes nimirum singuli annum XV, stipulata manu promiserunt"); 1612 Sep 28 Bacc. art. Tübingen (MFAB Bd. 2, fol. 77ᵛ, Nr. 19: „Fridericus Heintz Philocellensis"); ? Mag. art. ?; 1615 Jun 12 Stud. med. Tübingen (MFM fol. 99ʳ: „... nomen suum professus est Fridericus Heinzius Philocellensis, incipit demum operam dare medicinæ"); 1615 [>Jun 12] Stud. med. Straßburg (MUS II, S. 2, Nr. 50/14: „Fridericus Heintzius Würtenbergicus") (vgl. MFM); 1618 Nov 24 Stud. med. Tübingen (MFM fol. 100ᵛ: „... nomen suum reddidit Fridericus Heintzius Philocellensis, medicinam Argentorati pro tempus antea addiscens"); 1619 Apr 14 inscr. Tübingen (MUT II, Nr. 19926: „Fridericus Heintz Cellensis nomen repetiit").

*13 Gastwirt (hospes) in (Bad) Liebenzell (Nr. 82).

j *Über der Zeile von aH unmittelbar (mit Anm. i) ergänzt.*

Nicolaus Möglingus Tubingensis[172], magister Daniel Möglingus Celvensis[173] [!], magister Georgius Burckardus Bucherus Tubingensis[174] et magister Johann Gualtherus Zieglerus Tubingensis[175]. |fol. 9ʳ|

84. |9ʳ| {H12} {TW} Anno etcætera [1]622 ianuarii die 9 – a Sebastiano Blossio[*7], doctore ac pro tempore facultatis medicæ decano – medicinæ doctor creatus est Martinus Solfleis Eßlingensis[176].

---

172 1621 Feb 26 Dr. med. (Nr. 83) (fehlt MUT Anm.). – 1606 Jan 22 inscr. Tübingen (MUT II, Nr. 17629: „Johannes Nicolaus Mögling Tubingensis, 14 annorum"); 1608 Sep 28 (nicht Sep 25 nach MUT Anm.) Bacc. art. Tübingen (MFAB Bd. 2, fol. 71ᵛ, Nr. 5: „Nicolaus Mögling Tubingensis"); ? Mag. art. ?; 1611 Mai Stud. med. Tübingen (MFM fol. 97ᵛ: „... sua nomina professi sunt ... et Nicolaus Möglinus, domini doctoris Danielis [Möglini] piæ memoriæ, olim nostri collegæ, filius"); 1617 [<Nov 23] Stud. med. Straßburg (MUS II, S. 3, Nr. 69/4: „Nicolaus Möglin Tubingensis"); 1617 Nov 23 inscr. Padua (MNGPa Nr. 1462: „Johannes Nicolaus Moegling Tubingensis ...").

173 1621 Feb 26 Dr. med. (Nr. 83) (fehlt MUT Anm.). – 1611 Apr 17 inscr. Tübingen (MUT II, Nr. 18448: „Daniel Mögling, domini doctoris Danielis Möglingi, professoris quondam piae memoriae, nepos"); 1612 Sep 28 Bacc. art. Tübingen (MFAB Bd. 2, fol. 77ᵛ, Nr. 4: „Daniel Mögling Böblingensis"); 1615 Feb 15 Mag. art. Tübingen (MFAM Bd. 2, fol. 155ʳ, Nr. 11: „Daniel Mögling Böblingensis"); 1615 Jun 13 [ca. Okt–Dez nach MFM] Stud. med. Tübingen (MFM fol. 99ʳ: „... in album studiosorum medicinæ se inscribi petiit magister Daniel Mögling, clarissimi et experientissimi viri domini doctoris Danielis Möglingi etcætera, præceptoris mei colendissimi piæ memoriæ, nepos et domini doctoris Joannis Rudolphi Mœglingi piæ memoriæ filius") (vgl. unten); 1616 Jan 25 inscr. Altdorf (MUA S. 139, Nr. 4157: „Magister Daniel Mögling Böblingensis Wirtembergicus"); 1617 Okt 6 inscr. Wittenberg (MUWb II,1, S. 205b, Nr. 424: „Magister Daniel Mögling Böblinga Wirtembergensis") (vgl. MFM); 1618 Nov ca. 24 Stud. med. Tübingen (MFM fol. 101ʳ: „... Wütteberga rediit et de novo inscribi petiit magister Daniel Mögling Bäblingensis, medicinæ studiosus triennis"); 1618 Dez 22 inscr. Tübingen (MUT II, Nr. 19886: „Daniel Mögling Böblingensis nomen repetiit").

174 1621 Feb 26 Dr. med. (Nr. 83). – 1605 Okt 23 inscr. Tübingen (MUT II, Nr. 17603: „Georgius Burckhardus Bucher Tubingensis, 12 annorum"); 1608 Mrz 16 Bacc. art. Tübingen (MFAB Bd. 2, fol. 70ᵛ, Nr. 9: „Georgius Burckhardus Buocher Tubingensis"); 1613 Mrz 3 Mag. art. Tübingen (MFAM Bd. 2, fol. 151ᵛ, Nr. 4: „Georgius Burckhardus Bucher Tubingensis").

175 1621 Feb 26 Dr. med. (Nr. 83). – 1607 Okt 15 inscr. Tübingen (MUT II, Nr. 18011: „Johannes Walther Ziegler Tubingensis, clarissimi domini doctoris [Michaelis] Ziegleri professoris filius"); ? Bacc. art. ?; 1616 Feb 7 Mag. art. Tübingen (MFAM Bd. 2, fol. 156ᵛ, Nr. 2: „Joann Waltherus Ziegler Tubingensis"); 1616 Mai 23 Stud. med. Tübingen (MFM fol. 100ʳ: „... Johann Gualtherus Ziegler, clarissimi viri domini Michaëlis Ziegleri, doctoris medici et professoris physici etcætera, senatoris optimi, filius, inscriptus est").

176 1622 Jan 9 Dr. med. (Nr. 84). – 1613 Jan 21 inscr. Altdorf (MUA S. 123, Nr. 3660: „Martinus Solfleisch Eslingensis Charitinus"); ? Bacc. art. ? (Altdorf?); 1613 Mai 21 inscr. Tübingen (MUT II, Nr. 18841: „Martinus Solfleisch Esslingensis"); 1615 Jun 19 [!] Stud. med. Tübingen (MFM fol. 99ʳ: „... nomen suum in album medicorum referri petiit Martinus Sollflaisch Esslingensis, clarissimi viri domini doctoris Martini Sollflaisch, medici Ratisbonensis piæ memoriæ, filius"); 1616 Feb 7 [!] Mag. art. Tübingen (MFAM Bd. 2, fol. 156ᵛ, Nr. 8: „Martinus Solfleiß Esslingensis"); 1618 Stud. med. Straßburg (MUS II, S. 3, Nr. 78/1: „Magister Martinus Sollfleis Eslingensis"); 1621 Dez 23 inscr. Tübingen (MUT II, Nr. 20500: „Magister Martinus Solfleis Esslingensis, medicinae candidatus, nomen repetiit"); 1652 Aug 3 inscr. Tübingen (MUT II, Nr. 23893: „Dominus doctor Martinus Solfleis, professor medicinae ordinarius").

85. |9ʳ| {H12} Eodem anno [1622], die vero 6 februarii – decano Sebastiano Blossio*⁷, promotore vero clarissimo viro domino Matthæo Millero¹⁴⁸ – medicinæ doctor est designatus Johann Ludovicus Medingerus Stutgardianus¹⁷⁷.

86. |9ʳ| {H15} Eiusdem anni [1622] die 29 iulii – rectore magnifico domino doctore Heinrico Bocero*¹⁴ et cancellario domino doctore Luca Osiandro*¹² ac promotore et decano facultatis huius Johanne Ludovico Mœglingo¹⁵⁸ doctore – medicinæ doctores publice proclamati et constituti sunt magister Johannes Fridericus Sigwartus Tubingensis¹⁷⁸ et Johannes Jacobus Furtembachius Leükirchensis¹⁷⁹.

87. |9ʳ| {H15} Eiusdem anni [1622] die 30 septembris – eodem rectore [Heinricus Bocerus*¹⁴], cancellario [Lucas Osiander*¹²] et decano [Johannes Ludovicus Mœglingus¹⁵⁸], promotore vero viro excellentissimo domino doctore Sebastiano Blossio*⁷ – honoribus doctoreis publice exornatus et mox ab actu eo finito matrimonii legibus nuptialiter submissus est Josaphat Weinlinus Suevo-Halensis¹⁸⁰, duorum pharmacopæorum ibidem [Jacobus Casparus Weinlinus*¹⁵] subsequenter filius.

88. |9ʳ| {H16} Eodem hoc anno [1622], die vero 20 mensis novembris – rectore magnifico domino doctore Johanne Halbrittero*¹¹ et cancellario domino doctore Luca Osiandro*¹², decano Matthæo Müllero¹⁴⁸, promotore vero viro clarissimo atque excellentissimo domino doctore Joanne Ludovico Möglingo¹⁵⁸ – doctor medicinæ renunciatus est Fridericus Monavius Vratislaviensis¹⁸¹, patritius.

---

177 1622 Feb 6 Dr. med. (Nr. 85). – 1609 Sep 26 inscr. Tübingen (MUT II, Nr. 18285: „Johannes Ludovicus Medinger Stuttgardianus"); 1612 Sep 28 Bacc. art. Tübingen (MFAB Bd. 2, fol. 77ᵛ, Nr. 3: „Joann Ludovicus Medinger Stutgardianus"); 1615 Feb 15 Mag. art. Tübingen (MFAM Bd. 2, fol. 155ʳ, Nr. 14: „Johannes Ludovicus Medinger Stutgardianus"); 1618 Jan [korr. aus Mrz] Stud. med. Tübingen (MFM fol. 100ʳ: „... facultati nomen dedit magister Johann Ludovicus Medinger Stutgardianus").

*14 Rect. univ. 1622 SS (Nr. 86, [87]), 1625/26 WS (Nr. 94, [95]) [Prof. iur. utr. (Nr. 94)] (MUT I, Nr. 201,17 (1584 Mai 12): „Heinricus Bocerus Westphalus ...").

178 1622 Jul 29 Dr. med. (Nr. 86). – 1610 Jun 12 inscr. Tübingen (MUT II, Nr. 18384: „Johann Fridericus Sigwart... Tubingenses"); 1610 Dez–1615 [evtl. <Aug 16] Stip. (<1611 Apr 23 hosp.) Tübingen (MUT Anm., fehlt LEUBE 1936/1954); 1612 Sep 28 Bacc. art. Tübingen (MFAB Bd. 2, fol. 77ᵛ, Nr. 8: „Fridericus Sigwart Tybingensis"); 1615 Aug 16 Mag. art. Tübingen (MFAM Bd. 2, fol. 156ʳ, Nr. 8: „Johannes Fridericus Sigwardt Tubingensis"); 1615 Okt Stud. med. Tübingen (MFM fol. 99ᵛ: „... professi sunt apud me sua nomina ... Johann Fridericus Sigwarthus ...").

179 1622 Jul 29 Dr. med. (Nr. 86). – 1615 Jul 1 inscr. Tübingen (MUT II, Nr. 19241: „Johann Jacobus Furtenbachius Leutkirchensis"); ? Bacc. art. ?; ? Mag. art. ?; 1618 Nov 24 inscr. Tübingen (MUT II, Nr. 19878: „Johann Jacobus Furttenbach Leitkirchensis nomen repetiit"); 1618 Dez 4 Stud. med. Tübingen (MFM fol. 100ᵛ: „... inscribi petiit Johannes Jacobus Furtenbachius Leovinensis").

180 1622 Sep 30 Dr. med. (Nr. 87). – 1618 Mrz 5 inscr. Tübingen (MUT II, Nr. 19688: „Josaphat Weinlin Suevo-Hallensis"); 1618 Sep 23 Bacc. art. (MFAB Bd. 2, fol. 86ᵛ, Nr. 7: „Josaphat Weinlin Suevo-Halensis"); ? Mag. art. Tübingen? (vgl. MFM); 1619 Mai 2 Stud. med. Tübingen (MFM fol. 101ʳ: „... inscriptionem nominis sui petiit, philosophiæ antea studiosus, Josaphat Weinlinus, Jacobi Caspari Weinlini, physici Halensis Suevorum ordinarii quondam, filius relictus").

*15 Apotheker (pharmacopaeus) bzw. Arzt (physicus) in (Schwäbisch) Hall (Nr. 87 mit Anm. 180).

89. |9ʳ⁻ᵛ| {H12} Anno domini 1623, die vero 14 iulii – decano Sebastiano Blossio*⁷, promotore autem clarissimo viro domino Matthæo Müllero¹⁴⁸ – medicinæ doctor renunciatus est | fol. 9ᵛ | dominus Elias Waldnerus Memmingensis¹⁸².

90. |9ᵛ| {H15} Anno 1624 die 16 augusti – sub rectoratu domini doctoris Christophori Besoldi*¹⁶ et cancellariatu domini doctoris Lucæ Osiandri*¹² ac decanatu Johannis Ludovici Möglingi¹⁵⁸ promotioneque nobilis et consultissimi viri domini doctoris Sebastiani Blossii*⁷ – honores suos in arte medica summos acceperunt Johannes Georgius Agricola Ambergensis in Palatinatu superiore¹⁸³ et Joachimus Langenawer Augustanus¹⁸⁴, patricius.

---

181   1622 Nov 20 Dr. med. (Nr. 88). – 1608 Aug inscr. Wittenberg (MUWb II,1, S. 73b, Nr. 293: „Fridericus Monavius, Jacobi [Monavii] filius, Vratislaviensis"); ? Bacc. art. ? (Wittenberg?); 1612 SS [<Sep 29] inscr. Leipzig (MULe II,1, S. 299c, Nr. P 55: „Fridericus Monau/Monavius Vratislaviensis"); ? Mag. art. ? (Leipzig/Erfurt?); 1612 Sep 29–1613 Sep 29 inscr. Erfurt (MUE II, S. 515a, Z. 13 f.: „Fridericus Monavius Vratislaviensis"); 1614 Jul 13 inscr. Altdorf (MUA S. 131, Nr. 3891: „Fridericus Monavius, Jacobi Friderici [Monavii] [filius], Vratislaviensis"); 1616 [</>Okt] Stud. med. Straßburg (MUS II, S. 3, Nr. 52/1: „Fridericus Monavius Vratislaviensis Silesius"); 1616 Okt inscr. Basel (MUB III, S. 185, Nr. 45: „Fridericus Monavius Vratislaviensis Silesius"); 1617 Mai 10 inscr. Padua (MNGPa Nr. 1444: „... Fridericus Monavius Wratislavius"); 1617 Sep 19 inscr. Siena (MNGS Nr. 5215: „Fridericus Monavius Wratislawiensis"); 1617 Nov 20 inscr. Perugia (MNGPe Nr. 893: „Fridericus Monacus [!] di Vratislavia Silesius"); 1622 Sep 26 inscr. Tübingen (MUT II, Nr. 20717: „Fridericus Monavius Vratislaviensis"); 1622 Okt 3 Stud. med. Tübingen (MFM fol. 103ʳ: „... nomen quoque recepi Friderici Manavii Vratislaviensis [...]"); 1641 Sep 15 inscr. Königsberg (MUKb I, S. 425 f., Nr. 277: „Fridericus Monavius, praeclarissimi medici [Jacobus Monavius] filius, quondam Coronae et Bistriciae in Dacia physicus ordinarius et professor extraordinarius. Hic professionem facturus gratis inscriptus"); 1649 Okt 5 inscr. Greifswald (MUGr II, S. 27b, Z. 9–11: „Fridericus Monavius, doctor, Breslaviensis, iuravit"); 1654 Okt 11 inscr. Rostock (MUR III, S. 182a, Nr. 160: „Fridericus Monavius, Jacobi [Monavii] filius, doctor et professor regius in academia Gryphiswaldensi").

182   1623 Jul 14 Dr. med. (Nr. 89). – ? Bacc. art. ?; ? Mag. art. ?; 1617 ca. Mai–Jul Stud. med. Tübingen (MFM fol. 100ᵛ, Eintrag zu 1618 Jun 5: „... Helias Waldner Memmingensis, Heliæ Waldneri, medici Memmingensis, filius, inscriptus est; annum unum studio medico se vacasse eum significavit"); 1618 Jun 1 inscr. Tübingen (MUT II, Nr. 19748: „Elias Waldner Memmingensis"); ? inscr. ?; 1623 Apr 28 inscr. Tübingen (MUT II, Nr. 20804: „Elias Waldner Memmingensis").

*16   Rect. univ. 1624 SS (Nr. 90), 1628 SS (Nr. 100) [Prof. iur. publ. (Nr. 100), Rat (consiliarius) in Württemberg (Nr. 100)] (MUT I, Nr. 214,58 (1591 Mrz 12): „Christophorus Besoldus Tubingensis").

183   1624 Aug 16 Dr. med. (Nr. 90). – 1616 Mrz 17 inscr. Altdorf (MUA S. 139, Nr. 4166: „Johannes Georgius Agricola Ambergensis"); ? Bacc. art. ? (Altdorf?); ? Mag. art. ? (Altdorf?); 1619 Dez 14 inscr. Tübingen (MUT II, Nr. 20073: „Johannes Georgius Agricola Ambergensis"); 1619 Dez 15 Stud. med. Tübingen (MFM fol. 101ʳ: „... Johannes Georgius Agricola Ambergensis nomen suum apud me est professus"); ? inscr. ?; 1623 Okt 8 Stud. med. Tübingen (MFM fol. 103ᵛ: „... repetiit inscriptionem Johannes Georgius Argicola [!] Ambergensis").

184   1624 Aug 16 Dr. med. (Nr. 90). – 1619 Aug 23 inscr. Straßburg (MEYER S. 145, Nr. 4: „Joachimus Langenauenus Augustanus"); ? Bacc. art. ? (Straßburg?); ? Mag. art. ? (Straßburg?); 1621 Stud. med. Straßburg (MUS II, S. 6, Nr. 1/2: „Joachimus Langenauer Augustanus"); 1622 Apr 28 inscr. Tübingen (MUT II, Nr. 20565: „Joachimus Langenauer Augustanus"); 1623 Sep 19 inscr. Padua (MNGPa Nr. 1623: „Joachimus Langenauer Augustanus, medicinae studiosus ..."); 1624 Mai 13 inscr. Tübingen (MUT II, Nr. 21026: „Joachim Langenawer Augustanus").

91. |9ᵛ| {H16} Anno 1625 die 23 martii – rempublicam academicam administrante reverendo admodum viro domino doctore Theodoro Thummio*¹⁷ ac domino doctore Luca Osiandro*¹² cancellario, decano facultatis Matthæo Müllero¹⁴⁸, promotore vero viro excellentissimo domino doctore Joanne Ludovico Möglingo¹⁵⁸ – doctoreos honores, titulos et privilegia consequuti sunt iisdemque ornati Joannes ᵏReinhardus Ritterusᵏ Hallensis Swevus¹⁸⁵ et ˡMichael Merckiusˡ Ulmanus¹⁸⁶.

92. |9ᵛ| {H12} Eodem anno [1625], die vero 26 septembris – decano doctore Sebastiano Blossio*⁷, promotore vero clarissimo viro domino doctore Matthæo Müllero¹⁴⁸ – scientiæ medicæ doctores creati et publiceᵐ designati sunt viri optimi dominus Franciscus Zückmesser Spirensis¹⁸⁷ et Johann Sebastianus Blossius Tubingensis¹⁸⁸, Sebastiani Blossii*⁷ professoris alter generi hic filius.

93. |9ᵛ–10ʳ| {H12} Nec non anno eodem [1625], die vero 24 octobris – doctore Sebastiano Blossioⁿ,*⁷ et decano et promotore – doctor |fol. 10ʳ| medicus creatus est clarissimus vir dominus Johannes Gerhardus Stuttgardianus¹⁸⁹, summi illius Johannis Conradi Gerhardi¹³⁵, medici doctoris, filius.

---

*17   Rect. univ. 1624/25 WS (Nr. 91), 1628/29 WS (Nr. 101, [102]) [Prof. theol. (Nr. 101)] (MUT I, Nr. 232,38 (1600 Feb 18): „Theodorus Thum Husanus"; MUT II, Nr. 19727 (1618 Mai 10): „Reverendus et clarissimus vir dominus magister Theodorus Thumm, sacrosanctae theologiae candidatus, designatus professor et ecclesiae Tubingensis pastor").

k   In Auszeichnungsschrift (gesperrt, kalligraphiert).

185   1625 Mrz 23 Dr. med. (Nr. 91). – ? Bacc. art. ?; ? Mag. art. ?; 1621 Nov 24 inscr. Tübingen (MUT II, Nr. 20487: „Johann Reinhardus Ritter Halensis Suevus"); 1621 Nov 30 Stud. med. Tübingen (MFM fol. 102ʳ: „... nomen dedit Johann Reinholdus Ritter Halensis Suevus"); ? inscr. ?; 1623 Jul 29 inscr. Tübingen (MUT II, Nr. 20862: „Johann Reinhardus Ritter Suevo-Halensis nomen repetiit").

l   In Auszeichnungsschrift (gesperrt, kalligraphiert).

186   1625 Mrz 23 Dr. med. (Nr. 91). – 1617 Jun 20 inscr. Wittenberg (MUWb II,1, S. 202b, Nr. 268: „Michael Merckh Ulmensis Suevus"); ? Bacc. art. ? (Wittenberg/Leipzig?); ? Mag. art. ? (Wittenberg/Leipzig?); 1617 SS [</>Jun 20] inscr. Leipzig (MULe II,1, S. 290a, Nr. B 24: „Michael Merck Ulmensis"); 1622 Okt 22 inscr. Tübingen (MUT II, Nr. 20729: „Michaël Merck Ulmensis").

m   Endung [public]e aus [public]æ von aH unmittelbar korrigiert.

187   1625 Sep 26 Dr. med. (Nr. 92). – 1614 Jul 12 inscr. Gießen/Pädagogium (MUGi S. 197: „Franciscus Zugmesser Spirensis"); ? Bacc. art. ? (Gießen?); ? Mag. art. ? (Gießen/Heidelberg?); 1617 Jun 21 inscr. Heidelberg (MUHb II, S. 284, Nr. 118: „Franciscus Ziegmesser Spirensis"); 1623 Aug 13 inscr. Tübingen (MUT II, Nr. 20869: „Franciscus Zückmesser Spirensis"); 1623 Aug 14 Stud. med. Tübingen (MFM fol. 103ʳ: „... nomen suum inscribi curavit Franciscus Zickmesser Spirensis").

188   1625 Sep 26 Dr. med. (Nr. 92). – 1619 Mai 18 inscr. Tübingen (MUT II, Nr. 19960: „Sebastianus Blossius, 13 annorum, Tubingensis"); 1620 Sep 27 Bacc. art. Tübingen (MFAB Bd. 2, fol. 88ᵛ, Nr. 2: „Joann Sebastianus Bloss Tubingensis"); ? Mag. art. ?; 1624 Feb 10 Stud. med. Tübingen (MFM fol. 103ᵛ: „... nomen suum dedit Sebastianus Blossius, clarissimi viri domini doctoris Sebastiani Blossii, collegæ et præceptoris, nunc diu senioris in facultate medica, filius clarissimus").

n   Über der Zeile von aH unmittelbar ergänzt.

189   1625 Okt 24 Dr. med. (Nr. 93). Rect. univ. 1633/34 WS (Nr. 106); Dec. fac. med. 1628/29 WS (Nr. 102), 1629 SS (Nr. 103), 1630/31 WS (Nr. 104), 1633/34 WS (Nr. 106, vgl. Anm. *24), 1635 SS (Nr. 108), 1635/36 WS (Nr. 109, 110), 1637 SS (Nr. 112), 1640/41 WS (Nr. 113); Prom. med.

94. |10ʳ| {H16} Anno 1626 die 18 ianuarii <die Mercurii> – magistratu supremo academico nobili et amplissimo viro domino Henrico Bocero*14, utriusque iuris doctore et professore, et facultatem concedente reverendo admodum et excellentissimo viro domino Luca Osiandro*12, sacræ theologiæ doctore et professore, academiæ cancellario et ecclesiæ præposito, decano et promotore Matthæo Müllero148, medicinæ doctore – medicæ facultatis doctores creati sunt viri clarissimi dominus Castolus Haug Augustanus190, præclarissimi atque excellentissimi viri domini Joannis Jacobi Haugii122, medicinæ doctoris et professoris quondam huius academiæ, filius, et dominus °Guilielmus Raiger° Viennensis Austrius191.

95. |10ʳ| {H16} Eodem anno [1626], die vero 25 ianuarii <die Mercurii> – eodem rectore [Henricus Bocerus*14] et cancellario [Lucas Osiander*12] – nobilis et excellentissimus vir dominus Sebastianus Blossius*7, medicinæ doctor et professor – decano Matthæo Müllero148 –, in medicinæ doctorem promovit virum clarissimum dominum magistrum ᵖIsaacum Brunnerumᵖ Ratisbonensem192.

---

  zu 1627 SS (Nr. 99), 1628 Okt 18 (Nr. 101), 1629 Okt 29 (Nr. 103), 1632 Dez 12 (Nr. 105), 1634 Mrz (Nr. 107), 1636 Feb 21 (Nr. 109), 1636 Mrz 6 (Nr. 110), 1636 Okt 26 (Nr. 111), 1641 Jan 24 (Nr. 113), 1646 Aug 9 (Nr. 114) [Prof. med. (Nr. 99, 101, 102, 103, 105: publ.), Prof. med. pract. (Nr. 110: ord., 111, 112, 113, 114)]. – 1617 Mrz 14 inscr. Tübingen (MUT II, Nr. 19501: „Johann Gerhardus Stuttgardianus, philosophiae studiosus"); ? Bacc. art. Tübingen? (vgl. MUT); ? [1619 ca. Jul–Sep nach MFM] inscr. Heidelberg (MFM); ? Mag. art. Heidelberg (MFM); 1621 Aug 8 inscr. Tübingen (MUT II, Nr. 20400: „Johannes Gerhardus Öringensis"); 1621 Aug 11 Stud. med. Tübingen (MFM fol. 101ᵛ: „… inscriptionem sui petiit Johannes Gerhardus Öringensis, domini doctoris Johannis Conradi Gerhardi, comitum Hohenloensium constituti ibidem medici et physici, filius, qui binos propemodum iam annos in Heydelbergensi præsertim academia philosophiæ partim, partim medicinæ operam vacavit"); 1626 Mai 5 inscr. Tübingen (MUT II, Nr. 21338: „Johannes Gerhardt, medicinae doctor et ad professionem medicam cooptatus, repetiit nomen").
190 1626 Jan 18 Dr. med. (Nr. 94). – 1612 Okt 15 inscr. Tübingen (MUT II, Nr. 18746: „Castolus Haug Haylbronnensis, 15 annorum, domini doctoris Johannis Jacobi Haugii professoris filius"); 1614 Sep 28 Bacc. art. Tübingen (MFAB Bd. 2, fol. 81ᵛ, Nr. 1: „Castolus Houg Haylbronnensis"); ? Mag. art. ?; 1616 Feb Stud. med. Tübingen (MFM fol. 99ᵛ: „… professi sunt apud me sua nomina … Castolus Haugius, clarissimi viri et collegæ nostri Johannis Jacobi Haugii, professoris celeberrimi, filius"); ? inscr. ?; 1620 Jun 23 inscr. Tübingen (MUT II, Nr. 20155: „Castolus Haug Tubingensis repetiit nomen").
 o In Auszeichnungsschrift (gesperrt, kalligraphiert).
191 1626 Jan 18 Dr. med. (Nr. 94). – 1615 SS inscr. Wien (MUWi IV, S. 96, Nr. 43: „Wilhelmus Rayger Viennensis Austriacus"); ? Bacc. art. ? (Wien?); ? Mag. art. ? (Wien?); 1620 Jun 23 inscr. Tübingen (MUT II, Nr. 20153: „Wilhelmus Raiger Viennensis"); 1621 Mrz 1 Stud. med. Tübingen (MFM fol. 101ᵛ: „In album studiosorum nomina sua inscribi curaverunt … Guilielmus Rayger Viennensis").
 p Unter dem Eintrag mit Bleistift Transkription Isaacum Brunner (von verschiedenen Händen).
192 1626 Jan 25 Dr. med. (Nr. 95). – 1614 Mai 23 inscr. Wittenberg (MUWb II,1, S. 155b, Nr. 280: „… Isaacus Brunnerus Ratisbonensis, ambo pueri"); ? Bacc. art. ? (Wittenberg?); 1616 Mai 8 inscr. Tübingen (MUT II, Nr. 19361: „Isaac Bronner Ratisbonensis"); 1618 Mrz 4 Mag. art. Tübingen (MFAM Bd. 2, fol. 158ʳ, Nr. 3: „Isaacus Brunnerus Ratisbonensis"); 1618 [>Mrz 4] Stud. med. Straßburg (MUS II, S. 3, Nr. 80/3: „Magister Isaacus Brunner Ratisponensis"); 1620 Aug 14 inscr. Altdorf (MUA S. 163, Nr. 4880: „Magister Isaacus Brunner Ratisponensis, ephorus"); 1621 Okt 25 inscr. Tübingen (MUT II, Nr. 20461: „Magister Isaacus Bronnerus

96. |10ʳ⁻ᵛ| {H12} Anno itidem hoc [1626], die vero 13 septembris – promotore viro nobili et præclarissimo Matthæo Müllero¹⁴⁸, decano vero Sebastiano Blossio*⁷ – medicinæ doctores creati sunt publice dominus Johann ۹Erhardus Cellius۹,¹⁹³, magni illius viri et profes|fol. 10ᵛ|soris Tubingensis Erhardi Cellii*¹⁸ nepos, et magister Matthæus Bener Waiblingensis¹⁹⁴.

97. |10ᵛ| {H16} Anno 1626 die 8 mensis novembris – rectore magnifico, nobili et amplissimo viro domino Andrea Baiero*¹⁰, utriusque iuris doctore et antecessore eminentissimo, cancellario domino doctore Luca Osiandro*¹², promotore viro nobili atque excellentissimo domino Sebastiano Blossio*⁷, medicinæ et philosophiæ doctore et professore celeberrimo, collegii seniore venerando, decano facultatis Matthæo Müllero¹⁴⁸, medico et professore – publica solemnitate doctor medicinæ creatus est dominus ʳGeorgius Balthasarus Renziusʳ Kircho-Teccensis¹⁹⁵, clarissimi viri domini Georgii Renzii¹³¹, medicinæ doctoris et Kürcho-Teccensis primo, postmodum Stuttgardiensis physici ordinarii, filius.

98. |10ᵛ| {H16} {TW} Anno 1627, die vero 30 maii – rectore magnifico, reverendo admodum et excellentissimo viro domino Joanne Ulrico Pregizero*¹⁹, sacrosanctæ theologiæ doctore, professore et ecclesiæ pastore, cancellario vero domino doctore

---

    Ratisponensis"); ? inscr. ?; 1625 Nov 23 inscr. Tübingen (MUT II, Nr. 21284: „Isaacus Brunner Ratisbonensis").

q *Darüber von unbekannter Hand mit schwarzer Tinte Transkription Erhardus Cellius.*

193 1626 Sep 13 (nicht 1626 Jun 13 nach MUT Anm.) Dr. med. (Nr. 96). – 1619 Feb 3 inscr. Tübingen (MUT II, Nr. 19898: „Johann Erhardus Cellius Tubingensis"); 1619 Sep 13 Bacc. art. Tübingen (MFAB Bd. 2, fol. 87ʳ, Nr. 3: „Johannes Erhardus Cellius Tubingensis"); ? Mag. art. ?; 1622 Mai 22 Stud. med. Tübingen (MFM fol. 102ᵛ: „… inscriptionem sui petiit quoque Johannes Erhardus Cellius Tubingensis, domini Johannis Erhardi Cellii, professoris et rectoris hic quondam in contubernio, filius"); 1625 Mai 23 Stud. med. Straßburg (MUS II, S. 8, Nr. 8/3: „Johan-Erhart Cellius Tubingensis"); 1626 Jun 20 inscr. Tübingen (MUT II, Nr. 21367: „Johann Erhardus Cellius Tubingensis, medicinae candidatus, repetiit nomen").

*18 Prof. phil. (Nr. 96) (MUT I, Nr. 161,48 (1564 Jun 14): „Erhardus Horn Cellius prope Moguntiam").

194 1626 Sep 13 Dr. med. (Nr. 96). – 1614 Jun 25 inscr. Tübingen (MUT II, Nr. 19083: „Matthaeus Biner Waiblensis fidem dedit"); 1616 Sep 4 Bacc. art. Tübingen (MFAB Bd. 2, fol. 83ʳ, Nr. 14: „Matthæus Bener Wayblingensis"); 1619 Feb 3 Mag. art. Tübingen (MFAM Bd. 2, fol. 159ᵛ, Nr. 12: „Matthæus Bener Waiblingensis"); 1620 Stud. med. Tübingen (MFM fol. 101ʳ: „… magister Matthæus Bener [Zusatz: Marci Beneri, Chemici exsilio, nepos] studio medico nomen suum dedit"); ? inscr. ?; 1626 Aug 27 inscr. Tübingen (MUT II, Nr. 21399: „Matthaeus Bener Waiblingensis, medicinae candidatus, nomen repetiit").

r *In Auszeichnungsschrift (Majuskeln).*

195 1626 Nov 8 Dr. med. (Nr. 97). – 1616 Mai 5 inscr. Tübingen (MUT II, Nr. 19360: „Georg Balthasar Rentz Kirchoteccensis"); 1618 Sep 23 Bacc. art. Tübingen (MFAB Bd. 2, fol. 86ᵛ, Nr. 13: „Georgius Balthasar Renz Kircho-Teccensis"); ? Mag. art. ?; 1622 Jul 27 Stud. med. Tübingen (MFM fol. 102ᵛ: „… inscribi petiit Georgius Balthasarus Rentzius, domini doctoris Georgii Rentzii, physici olim Stuttgardiensis piæ memoriæ, filius unicus").

*19 Rect. univ. 1627 SS (Nr. 98, [99]), 1630/31 WS (Nr. 104), 1635 SS (Nr. 108) [laut MUT II, S. 209: David Magirus], 1635/36 WS (Nr. [109], [110]), 1640/41 WS (Nr. 113), 1646 SS (Nr. 114) [Prof. theol. und Past. eccl. (Nr. 98, 104), Prof. theol. (Nr. 113)] (MUT I, Nr. 223,99 (1595 Sep 22): „Johannes Ulricus Bregenzer Custerdingen …, Bebenhusani").

Luca Osiandro*¹², promotore Matthæo Müllero¹⁴⁸, medicinæ professore et decano – solemniter et publice doctores medicinæ creati sunt dominus ˢDaniel Rezerus Tubingensis¹⁹⁶ et dominus Joann Christophorus Osianderˢ Adelbergensis¹⁹⁷, domini doctoris Andreæ Osiandri*²⁰, cancellarii piæ memoriæ, filius.

99. |10ᵛ|{H16} Anno eodem [1627], die vero ...ᵗ – rectore [Joannes Ulricus Pregizerus*¹⁹] et cancellario [Lucas Osiander*¹²] eodem, decano facultatis medicæ Matthæo Müllero¹⁴⁸, promotore vero viro præclarissimo doctore Joanne Gerhardo¹⁸⁹, medico et professore – honores et privilegia doctoralia collata sunt domino Joanni Ranzenbachioᵘ Laureacensi Austrio¹⁹⁸, genero domini doctoris Joannis Harpprechti*²¹, iuris utriusque doctoris et professoris etcætera.

100. |10ᵛ|{H16} {TW} Anno 1628 die 11 augusti – rectore magnifico domino Christophoro Besoldo*¹⁶, utriusque iuris doctore et illustrissimi principis ac ducis Württembergici consiliario etcætera, professore publico, cancellario vero domino doctore Luca Osiandro*¹², sacræ theologiæ doctore, professore et præposito etcætera, promotore et decano facultatis medicæ ᵛMatthæo Müllero¹⁴⁸, medico et professore publicoᵛ – dominus ᵂGottlieb Breiningᵂ Hedelfingensis¹⁹⁹ publica et solenni auctoritate medicinæ doctor creatus est. Nota bene: Sine prandio ob illustrissimi principis luctum. |fol. 11ʳ|

---

s In Auszeichnungsschrift (Majuskeln).

196 1627 Mai 30 Dr. med. (Nr. 98). – 1615 Mrz 30 inscr. Tübingen (MUT II, Nr. 19198: „Daniel Rezer Tubingensis, 14 annorum"); ? Bacc. art. ?; ? Mag. art. ?; 1621 Jan 10 Stud. med. Tübingen (MFM fol. 101ᵛ: „In album studiosorum nomina sua inscribi curaverunt ... Daniel Retzer Tubingensis"); 1623 Jul 8 Stud. med. Straßburg (MUS II, S. 7, Nr. 4/12: „Daniel Retzer Tubingensis"); 1623 Sep inscr. Basel (MUB III, S. 262, Nr. 26: „Daniel Rezer Tubingensis"); 1626 Feb 20 inscr. Tübingen (MUT II, Nr. 21304: „Daniel Rezer, medicinae candidatus").

197 1627 Mai 30 Dr. med. (Nr. 98). – 1617 Apr 7 inscr. Tübingen (MUT II, Nr. 19505: „Johann Christophorus Osiander Tubingensis, philosophiae studiosus"); 1620 Apr 5 Bacc. art. Tübingen (MFAB Bd. 2, fol. 88ʳ, Nr. 7: „Joann Christophorus Osiander Tubingensis") (vgl. MUT); 1620 Aug 16 Mag. art. Tübingen (MFAM Bd. 2, fol. 161ᵛ, Nr. 17: „Christophorus Osiander Stutgardianus"); 1622 Jan 18 Stud. med. Tübingen (MFM fol. 102ʳ: „... nomen dedit Johann Christophorus Osiander"); 1623 Sep 3 Stud. med. Straßburg (MUS II, S. 7, Nr. 4/15: „Johannes Christophorus Osiander Adelbergensis"); 1626 Mai 26 inscr. Tübingen (MUT II, Nr. 21350: „Johannes Christophorus Osiander, morum magister"); 1626 Mai 27 Stud. med. Tübingen (MFM fol. 106ᵛ: „... inscriptionem repetiit Joannes Christophorus Osiander").

*20 Canc. univ. 1605–1617 (Nr. 98) (MUT I, Nr. 184,80 (1576 Mrz 28): „Andreas Osiander Stutgardianus").

t Lücke (ca. 2,5 cm), nichts nachgetragen.

u In Auszeichnungsschrift (Majuskeln).

198 1627 [SS >Mai 30 wegen Dekangleichheit mit Nr. 98] Dr. med. (Nr. 99). – ? Bacc. art. ?; ? Mag. art. ?; 1624 Apr 25 inscr. Tübingen (MUT II, Nr. 21007: „... Johannes Rantzenbach ... Austrii"); 1625 Apr 16 Stud. med. Tübingen (MFM fol. 104ᵛ: „... Joannes Ranzenbachius Laureacensis Austrius nomen suum professus est et medicum studiuum [!] aggressus est").

*21 Prof. iur. utr. (Nr. 99) (MUT I, Nr. 198,66 (1582 Dez 14): „Joannes Hartbrecht Walheimensis"; MUT I, Nr. 209,2 (1588 Mai 3): „Joannes Harprecht Walheimensis ... iterum professi sunt nomina").

v Über der Zeile von aH unmittelbar ergänzt.

w In Auszeichnungsschrift (gesperrt, kalligraphiert).

199 1628 Aug 11 Dr. med. (Nr. 100). – 1621 Aug 28 inscr. Tübingen (MUT II, Nr. 20405: „Gottlieb Breüning Hedelfingensis"); 1622 Sep 18 Bacc. art. Tübingen (MFAB Bd. 2, fol. 90ᵛ, Nr. 10:

101. |11ʳ| {H16} Anno eodem [1628], die vero 18 octobris – rectore magnifico, reverendo admodum et excellentissimo viro domino Theodoro Thummio*17, sacrosanctæ theologiæ doctore et professore, cancellario reverendo et docto viro domino Luca Osiandro*12 etcætera, decano facultatis medicæ Matthæo Müllero148, medico et professore, promotore vero viro nobili et experientissimo domino Joanne Gerhardo189, medico et professore – doctorei honores et privilegia solemniter collata sunt domino Danieli Hainzio Lieben-Cellensi200. Condonato ob insignem temporum iniuriam publico doctorali prandio: Nota bene.

102. |11ʳ| {H17} Anno eodem [1628], die vero mensis novembris 19 – rectore [Theodorus Thummius*17] et cancellario [Lucas Osiander*12] eodem, decano Johanne Gerhardo189, medicinæ doctore et professore, promotore viro nobili et experientissimo domino Matthæo Müllero148, medicinæ doctore et professore seniori – creatus est publice medicinæ doctor dominus Jacobus Hezelius Ulmensis201, domini Danielis Hezelii*22, physici quondam Ulmæ celebris, filius.

103. |11ʳ| {H17} {TW} Anno 1629 die mensis octobris 29 – rectore magnifico Davide Magiro*23, iureconsulto acutissimo, cancellario domino doctore Luca Osiandro*12, promotore decano medicæ facultatis Johanne Gerhardo189, medicinæ doctore et professore – publica solennitate doctores medicinæ creati sunt dominus ˣGeorgius Listius Stutgardianusˣ,202 et dominus ʸJohan-Georgius Gockeliusʸ Ulmensis203.

„Gotlieb Breuning Hedelfingensis"); 1624 Aug 18 Mag. art. Tübingen (MFAM Bd. 2, fol. 165ʳ, Nr. 3: „Gottlieb Breüning Hedelfingensis"); 1625 Aug 26 Stud. med. Tübingen (MFM fol. 105ʳ: „Idem petierunt ... magister Gottlieb Breining Hedelfingensis"); 1626 Jan 12 Stud. med. Straßburg (MUS II, S. 8, Nr. 9/3: „Gottlieb Breining Hedelfingensis Wirtembergicus"); 1626 Mai inscr. Basel (MUB III, S. 284, Nr. 88: „Gottlieb Breiningen Hedelfingensis Wirttembergicus"); 1626 Dez 11 inscr. Padua (MNGPa Nr. 1754: „Gottlieb Breining Hedelfensis Wirtembergicus, medicinae studiosus ...").

200 1628 Okt 18 Dr. med. (Nr. 101). – 1617 Mai 30 inscr. Tübingen (MUT II, Nr. 19548: „Daniel Haintz Zellensis, philosophiae studiosus"); 1619 Sep 13 Bacc. art. Tübingen (MFAB Bd. 2, fol. 87ᵛ, Nr. 16: „Daniel Heintz Zellensis") (vgl. MUT); 1622 Feb 20 Mag. art. Tübingen (MFAM Bd. 2, fol. 162ᵛ, Nr. 25: „Daniel Heinz Philo-Zellensis"); 1623 Nov 8 Stud. med. Tübingen (MFM fol. 103ᵛ: „... inscripsit magister Daniel Heintz Philocellensis, hospitis in Thermis Cellianis [Vitus Heintz], filius"); 1627 Jun 15 inscr. Padua (MNGPa Nr. 1765: „... Daniel Heintz Zellensis Wirtembergicus, medicinae studiosus") (vgl. MFM); 1628 Mai 3 inscr. Tübingen (MUT II, Nr. 21665: „Daniel Heinz Zellensis, medicinae candidatus, repetiit nomen"); 1628 Mai 8 Stud. med. Tübingen (MFM fol. 108ʳ: „... magister Daniel Hainz Liebenzellensis, ex Italia rediens, repetiit inscriptionem").

201 1628 Nov 19 Dr. med. (Nr. 102). – 1621 Mai 15 inscr. Tübingen (MUT II, Nr. 20356: „Jacobus Hetzel Ulmensis"); ? Bacc. art. Tübingen? (vgl. MFM); ? Mag. art. Tübingen? (vgl. MFM); 1625 Jun 28 [ca. 1622 Dez–1623 Feb nach MFM] Stud. med. Straßburg (MUS II, S. 8, Nr. 8/9: „Jacobus Hetelius Ulmensis") (vgl. MFM); 1626 Dez 18 inscr. Tübingen (MUT II, Nr. 21456: „Jacobus Hetzel Ulmensis"); 1627 Jan 22 Stud. med. Tübingen (MFM fol. 107ᵛ: „... inscriptus est albo medicorum studiosorum Jacobus Hezel Ulmanus, medicinæ candidatus; hic anno 1621 philosophiæ studio apud nos operam dedit, postea vero Argentinam sese contulit ibidemque per quadriennium medicinæ studio invigilarit").

*22 Arzt (physicus) in Ulm (Nr. 102).

*23 Rect. univ. 1629/30 WS (Nr. 103) [Prof. iur. (Nr. 103)] (MUT I, Nr. 195,47 (1581 Jul 14): „David Mageirus Vayhingensis"; MUT I, Nr. 212,24 (1589 Nov 10): „David Mageirus Stutgardianus inscriptionem suam repetiit").

x In Auszeichnungsschrift (gesperrt, kalligraphiert).

104. |11ʳ|{H17} {TW} Anno 1631 decimo sexto die mensis ianuarii – rectore magnifico, reverendo et præclarissimo viro domino Joan-Ulrico Pregizero*19, sacrosanctæ theologiæ doctore, professore et ecclesiæ pastore, cancellario vero domino doctore Luca Osiandro*12 etcætera, decano medicæ facultatis domino doctore Johanne Gerhardo189, promotore viro præclarissimo domino Balthasaro Simonio*24, medico professore – solenniter et publice medicinæ doctor designatus est dominus Ludovicus Roth Ulmensis204.

105. |11ʳ|{H18} Anno 1632 12 decembris – rectore magnifico, reverendo admodum et excellentissimo viro domino Melchiore Nicolai*25, sacrosanctæ theologiæ doctore, professore et ecclesiæ decano, cancellario vero domino doctore Luca Osiandro*12 etcætera, decano medicæ facultatis Balthasaro Simone*24 doctore et promotore viro præclarissimo domino doctore Johanne Gerhardo189, professore publico – solenniter et publice medicinæ doctor creatus et proclamatus est ᶻJohann-Adamus Glotseisiusᶻ Lauinga-Palatinus205.

---

202 1629 Okt 29 Dr. med. (Nr. 103). – 1621 Okt 1 inscr. Tübingen (MUT II, Nr. 20423: „Georgius Philippus List Stutgardianus"); ?–1630 Stip. hosp. Tübingen (MUT Anm., fehlt LEUBE 1936/1954); 1622 Sep 18 Bacc. art. Tübingen (MFAB Bd. 2, fol. 90ᵛ, Nr. 9: „Georgius Philippus List Stutgardianus"); ? Mag. art. ?; 1625 Mrz 12 Stud. med. Tübingen (MFM fol. 104ᵛ: „... inscripsit Georgius Philippus List Stuttgardianus").

y *In Auszeichnungsschrift (gesperrt, kalligraphiert).*

203 1629 Okt 29 Dr. med. (Nr. 103). – 1623 Apr 23 inscr. Tübingen (MUT II, Nr. 20797: „Johann Georgius Gockelius Niderstotzingensis"); 1623 Sep 17 Bacc. art. Tübingen (MFAB Bd. 2, fol. 91ʳ, Nr. 6: „Johannes Georgius Gockel Nider-Stotzingensis"); 1625 Aug 10 Mag. art. Tübingen (MFAM Bd. 2, fol. 166ʳ, Nr. 18: „Johann Georgius Gockelius Niderstotzingensis"); 1626 Jan 2 Stud. med. Tübingen (MFM fol. 105ᵛ: „... nomen suum albo studiosorum medicinæ inscribi petiit, a quo tempore etiam medico studio operam dare cepit, magister Georgius Gockelius Niderstozingensis, alumnus stipendii Gockeliani") (vgl. unten); ? inscr. ?; 1626 Nov 15 Stud. med. Tübingen (MFM fol. 107ʳ: „... dominus magister Georgius Gockelius, qui eodem hoc anno ... nomen suum inscribi petierat, hoc tempore inscriptionem repetiit").

*24 Dec. fac. med. 1632/33 WS (Nr. 105), 1633/34 WS (Nr. 107, vgl. Anm. 189); Prom. med. zu 1631 Jan 16 (Nr. 104), 1633 Dez 10 (Nr. 106), 1635 Jun (Nr. 108) [Prof. med. (Nr. 104, 106)] (MUT II, Nr. 21691 (1628 Jul 13): „Balthasar Simon Smalcaldensis Francus, medicinae doctor et designatus professor").

204 1631 Jan 16 Dr. med. (Nr. 104). – 1623 Apr 23 inscr. Tübingen (MUT II, Nr. 20796: „... Ludovicus Roth Lauingani"); 1623/24 WS inscr. Jena (MUJ I, S. 268a: „Ludovicus Roth(ius) Lauinga Palatinus"); ? Bacc. art. ? (Jena?); ? Mag. art. ? (Jena?); 1625 Aug 30 Stud. med. Tübingen (MFM fol. 105ᵛ: „... nomen suum professus est Ludovicus Roth Lauinganus"); 1625 Sep 4 inscr. Tübingen (MUT II, Nr. 21252: „Ludovicus Roth Lauinganus Palatinus"); 1627 Jun 15 inscr. Padua (MNGPa Nr. 1764: „Ludovicus Roth Lauinga-Palatinus ad Istrum, medicinae licentiatus ..."); 1628 Aug 21 Stud. med. Straßburg (MUS II, S. 10, Nr. 14/6: „Ludovicus Roth Lauinga-Palatinus, medicinae licentiatus").

*25 Rect. univ. 1632/33 WS (Nr. 105); Procanc. univ. 1639–1650 (Nr. 113, 114) [Prof. theol. und Dec. eccl. (Nr. 105)] (MUT I, Nr. 224,30 (1596 Jan 16): „Melchior Nicolaus Schorndorff"; MUT II, Nr. 19929 (1619 Apr 18): „Reverendus et clarissimus vir dominus magister Melchior Nicolai, designatus professor extraordinarius et sacrosanctae theologiae candidatus"; MUT II, Nr. 22083 (1630 Sep 30): „Melchior Nicolai, theologiae doctor, designatus professor academiae, repetiit nomen").

z *In Auszeichnungsschrift (gesperrt, kalligraphiert).*

106. |11ʳ| {H17} Anno 1633 die decembris decimo – rectore magnifico domino doctore Johanne Gerhardo[189], collegii medici seniore et decano, cancellario vero domino doctore Luca Osiandro[*12], promotore viro præclarissimo domino doctore Balthasaro Simonio[*24], professore medico – medicinæ doctor creatus et designatus est magister Wolffgangus Mœgling Lomersheimensis Wurttembergicus[206].

107. |11ʳ| {H17} {TW} Anno 1634 mense martio – rectore magnifico domino Cunrado Cellario[*26], cancellario domino doctore Luca Osiandro[*12], promotore domino doctore Johanne Gerhardo[189], decano vero domino doctore Balthasaro Simonio[*24] – medicinæ doctor publice creatus et renunciatus fuit magister Georgius Eberhardus Schreinerus Halis-Saxo[a,207]. |fol. 11ᵛ|

108. |11ᵛ| {H17} Anno 1635 mense iunio – magnifico rectore domino doctore [Joanne Ulrico] Pregizero[*19], cancellario domino doctore Luca Osiandro[*12], decano domino doctore Johanne Gerhardo[189] et promotore domino doctore Balthasaro Simonio[*24] – doctoreos honores, insignia et immunitates adeptus est magister Erhardus Wucherer[208], pastoris in Gomaringen filius.

---

205 1632 Dez 12 Dr. med. (Nr. 105). – ? Bacc. art. ?; ? Mag. art. ?; 1626 Apr 11 inscr. Tübingen (MUT II, Nr. 21315: „Johannes Adamus Glutseius/Glotzeysin Lauingensis, modo Nördlingensis"); 1627 Feb 12 Stud. med. Tübingen (MFM fol. 108ʳ: „... nomini sui inscriptionem petiit Joann Adamus Glozeysinn Lauinganus, domini doctoris [Johannis] Glozeysin filius"); 1628 Mrz 30 inscr. Altdorf (MUA S. 203, Nr. 6558: „Johannes Adamus Glotseisius Lauinganus"); 1630 Jul 1 Stud. med. Straßburg (MUS II, S. 11, Nr. 18/5: „Johannes Adamus Glotseisius Lauinganus Palatinus"); 1630 Jul 21 inscr. Tübingen (MUT II, Nr. 22025: „Johannes Adamus Klozeysin Lauinganus").

206 1633 Dez 10 Dr. med. (Nr. 106). – 1621 Nov 5 inscr. Tübingen (MUT II, Nr. 20473: „Johann Wolffgangus Mögling Lammersheimensis"); 1626 Mrz 29 Bacc. art. Tübingen (MFAB Bd. 2, fol. 178ᵛ, Nr. 5: „Joann Wolfgang Mögling Lammershaim"); 1628 Feb 20 Mag. art. Tübingen (MFAM Bd. 2, fol. 168ᵛ, Nr. 4: „Johannes Wolffgangus Mögling Lommersheimensis"); 1628 Mai 17 Stud. med. Tübingen (MFM fol. 108ʳ: „... nomen suum professus est magister Joann Wolffgangus Mögling Lommershaimensis, magistri Wolffgangi [Möglingi], pastoris ibidem, filius, nepos domini doctoris Danielis Möglingi, olim professoris academiæ huius celeberrimi, ætate annorum 18").

*26 Rect. univ. 1633/34 WS (Nr. 107) [laut MUT II, S. 204: Johannes Gerhardus] (MUT I, Nr. 217,73 (1592 Aug 21): „... Conradus Cellarius Hegaeus ..., stipendiarii Bebenhusani"; MUT II, Nr. 19628 (1617 Sep 20): „Magister Cunradus Cellarius Hegoius in professorem physices receptus repetiit nomen ...").

a Wortteil [Hal]is aus [Hal]us (?) von unbekannter Hand korrigiert.

207 1634 Mrz Dr. med. (Nr. 107). – 1624 SS inscr. Leipzig (MULe II,1, S. 415a, Nr. S 38: „Georgius Eberhardus Schreiner Hallensis"); ? inscr. ?; 1629/30 WS inscr. Leipzig (MULe II,1, S. 415a, Nr. S 17: „Georgius Eberhardus Schreiner Hallensis Saxo"); ? Bacc. art. ? (Leipzig?); 1632 Okt 29 inscr. Tübingen (MUT II, Nr. 22389: „Georgius Eberhardus Schreiner Hala Saxoniae"); 1633 Feb 13 Mag. art. Tübingen (MFAM Bd. 2, fol. 173ʳ, Nr. 1: „Georgius-Eberhardus Schreiner Hala-Saxo").

208 1635 Jun Dr. med. (Nr. 108). – 1624 Apr 12 inscr. Tübingen (MUT II, Nr. 20994: „Erhardus Wucherer Reuttlingensis"); 1626 Mrz 29 Bacc. art. Tübingen (MFAB Bd. 2, fol. 178ᵛ, Nr. 10: „Erhardus Wucherer Reutlingensis"); 1628 Feb 20 Mag. art. Tübingen (MFAM Bd. 2, fol. 168ᵛ, Nr. 7: „Erhardus Wucherer Gomeringensis"); 1630 Jul 21 inscr. Marburg (MUM XV, S. 18: „Erhardus Wucherer Reuttlingensis"); 1631 Nov 19 inscr. Tübingen (MUT II, Nr. 22246: „Magister Erhardus Wuecherer Reuttlingensis repetiit nomen").

109. |11ᵛ| {H17} Anno 1636 mensis februarii die 21 – eodem rectore [Joannes Ulricus Pregizerus*¹⁹] et cancellario [Lucas Osiander*¹²], decano vero et promotore domino doctore Johanne Gerhardo¹⁸⁹ – doctor medicinæ creatus et renunciatus est magister Johann David Wieland Cnittlingensis²⁰⁹.

110. |11ᵛ| {H17} Anno 1636 die sexto martiᵇ [!] – eodem rectore [Joannes Ulricus Pregizerus*¹⁹] et cancellario [Lucas Osiander*¹²], decano et promotore doctore Johanne Gerhardo¹⁸⁹, medicinæ practicæ professore ordinario – honores, insignia doctoralia ac immunitates publice ac solenniter in medicina suscepit ac indeptus estᶜ magister Johann Cunradus Osiander Marpacensis²¹⁰.

111. |11ᵛ| {H19} Anno 1636 26 octobris – rectore magnifico domino Martino Neuffero*²⁷, cancellario academiæ doctore Luca Osiandro*¹², promotore vero domino Johanne Gerhardo¹⁸⁹, practicæ medicinæ professore, decano vero Carolo Bardili*²⁸, medicinæ doctore et professore – doctoreos in medicina honores consecutus est sollenni proclamatione dominus Johann-Daniel Horstius Giessa Hassus²¹¹, magni illius medici domini Gregorii Horstii*²⁹, Ulmensium archiatri nuper defuncti, filius.

209 1636 Feb 21 (nicht 1636 Feb nach MUT Anm.) Dr. med. (Nr. 109). – 1622 Aug 15 inscr. Tübingen (MUT II, Nr. 20676: „Johann David Wielandt Knittlingensis"); 1625 Apr 6 Bacc. art. Tübingen (MFAB Bd. 2, fol. 91ᵛ, Nr. 10: „Johann David Wieland Knittlingensis"); ? Mag. art. Tübingen? (vgl. MFM); 1626 Nov 28 Stud. med. Tübingen (MFM fol. 107ʳ: „... dominus Joann David Wielandus Knittlingensis, reverendi admodum domini præsulis Maulbrunnensis filius, domini parentis voluntate medicinæ studio animum addixit et vel ipsius nomen albo studiosorum facultatis medicæ inscribere velim modeste petiit; absolvit iam in hac academia cursum philosophicum").

b Endung [mart]i als stark vergrößertes Minuskel-i.
c In der Vorlage ist.

210 1636 Mrz 6 Dr. med. (Nr. 110). – 1626 Mrz 21 inscr. Tübingen (MUT II, Nr. 21312: „Johannes Conradus Osiander Marpacensis"); 1626 Aug 30 Bacc. art. Tübingen (MFAB Bd. 2, fol. 178ᵛ, Nr. 2: „Joann Cunradus Osiander Adelbergensis"); 1628 Aug 15 [!] Stud. med. Tübingen (MFM fol. 108ᵛ: „... magister Joannes Osiander Marbaccensis, reverendissimi domini magistri Joannis [Osiandri], abbatis Adelbergensis piæ memoriæ, filius, stipendii Martiniani alumnus, patrui et reliquorum cognatorum consilio facultati medicæ operam dare cœpit et nomen suum professus est"); 1628 Aug 23 [!] Mag. art. Tübingen (MFAM Bd. 2, fol. 169ʳ, Nr. 8: „Johann Conradus Osiander Marpacensis").

*27 Rect. univ. 1636/37 WS (Nr. 111) (MUT II, Nr. 18201 (1609 Apr 23): „Martinus Neüffer Mynsingensis"; MUT II, Nr. 20253 (1620 Nov 10): „Martinus Neuffer Mynsingensis, utriusque iuris candidatus, repetiit nomen"; MUT II, Nr. 20389 (1621 Jun 25): „Martinus Neuffer, utriusque iuris doctor, nomen repetiit"; MUT II, Nr. 22080 (1630 Sep 22): „Martinus Neuffer, iuris utriusque doctor, designatus professor iuris academiae huius").

*28 Dec. fac. med. 1636 SS (Nr. 111), 1646 SS (Nr. 114); Prom. med. zu 1637 Mai 31 (Nr. 112) [Prof. med. (Nr. 111, 112, 114)] (MUT II, Nr. 19803 (1618 Aug 17): „Carolus Bardili Stutgardianus"; MUT II, Nr. 22710 (1636 Jan 23): „Dominus Carolus Bardili, medicinae doctor et professor").

211 1636 Okt 26 Dr. med. (Nr. 111). – 1633 Mai inscr. Rostock (MUR III, S. 89a, Nr. 37: „Johan-Daniel Horstius Gissenus Hassus"); ? Bacc. art. ? (Rostock?); 1635 Okt 15 Mag. art. Rostock (MUR III, S. 103, Nr. 10: „... Johanni Danieli Horst Giessensi"); evtl. 1635 [>Okt 15] Stud. med. Straßburg (MUS II, S. 13, Nr. 28/2: „Johann Georgius Horstius Giessa-Hassus"); 1636 Aug 3 inscr. Marburg (MUM XV, S. 65: „Magister Johan Daniel Horstius Gissensis"); 1636 Okt 4 inscr. Tübingen (MUT II, Nr. 22749: „Johannes Daniel Horstius Giessa-Hassus, medicinae candidatus").

112. |11ᵛ| {H17} Anno 1637 ultimo maiᵈ [!] – rectore magnifico domino Johanne Ulrico Rümelino*³⁰ iureconsulto, cancellario vero academiæ domino Luca Osiandro*¹² theologo, decano facultatis Johanne Gerhardo¹⁸⁹, practicæ medicinæ professore, promotore autem domino doctore et professore Carolo Bardili*²⁸ – doctor creatus et promotus est dominus ᵉMichael Ascanius Solnensis Pannoniusᵉ,²¹².

113. |11ᵛ| {H17} {TW} Anno 1641 die 24 ianuarii – rectore magnifico domino Johanne Ulrico Pregitzero*¹⁹, sacrosanctæ theologiæ doctore et professore, pro-cancellario vero domino doctore Melchiore Nicolai*²⁵, decano et promotore domino doctore Joanne Gerhardo¹⁸⁹, medicinæ practicæ professore – vir-iuvenis magister Johannes Ludovicus Möglingus Tubingensis²¹³, nobilis et excellentissimi viri domini Joannis Ludovici Möglingi¹⁵⁸, philosophiæ et medicinæ doctoris et professoris medici in academia nostra olim celeberrimi, filius, doctoreos honores ac immunitates publice ac solenniter accepit.

114. |11ᵛ| {H17} Anno 1646 9 augusti – rectore Johanne Ulrico Pregizero*¹⁹, pro-cancellario domino doctore Melchiore Nicolai*²⁵, decano facultatis Carolo Bardili*²⁸, doctore et professore, promotore autem domino doctore Johanne Gerhardo¹⁸⁹, practicæ medicinæ professore – dominus Johann Cunradus Brottbeck Tubingensis²¹⁴ et dominus Johann Hieronymus Glotseis Nördlingensis²¹⁵ doctores in medicina publice creati sunt.

---

*29 Arzt (archiatrus) in Ulm (Nr. 111).
  d Endung [ma]i als stark vergrößertes Minuskel-i.
*30 Rect. univ. 1637 SS (Nr. 112) [Prof. iur. (Nr. 112)] (MUT II, Nr. 19341 (1616 Mrz 22): „... Johann Ulricus Rimmelin iureconsultus, progener domini doctoris Jacobi Heerbrandi piae recordationis"; MUT II, Nr. 22307 (1632 Mai 8): „Johannes Ulricus Rümelin Tubingensis, utriusque iuris doctor, professor iuris designatus").
  e In Auszeichnungsschrift (gesperrt, kalligraphiert).
212 1637 Mai 31 (nicht 1637 Mai 30 nach MUT Anm.) Dr. med. (Nr. 112). – 1630 SS inscr. Leipzig (MULe II,1, S. 11b, Nr. B 11: „Michael Asconius a Solna Ungarus, quondam rector in Veteri Praga"); ? Bacc. art. ? (Leipzig/Jena?); 1630/31 WS inscr. Jena (MUJ I, S. 8a: „Michael Asconius Solnensis"); ? Mag. art. ? (Jena?); 1636 Jun 24–1637 Jun 24 [<Mai 19 nach MUT] inscr. Basel (MUB III, S. 377, Nr. 46: „Michael Ascanius Solnensis Pannonius"); 1637 Mai 19 inscr. Tübingen (MUT II, Nr. 22776: „Michaël Ascanius Solnensis Pannonius, medicinae candidatus").
213 1641 Jan 24 Dr. med. (Nr. 113). – 1626 Sep 7 inscr. Tübingen/Maulbronn (MUT II, Nr. 21404: „Johann Ludovicus Mögling Tubingensis"); 1628 Apr 2 Bacc. art. Tübingen (MFAB Bd. 2, fol. 180ʳ, Nr. 4: „Johann Ludovicus Mögling Tubingensis"); 1630 Aug 11 Mag. art. Tübingen (MFAM Bd. 2, fol. 170ᵛ, Nr. 3: „Johann Ludovicus Möglingus Tubingensis"); 1660 Mai 4 inscr. Tübingen (MUT II, Nr. 25143: „Ludovicus Mögling, medicinae doctor et professor extraordinarius designatus").
214 1646 Aug 9 Dr. med. (Nr. 114). – 1633 Nov 18 inscr. Tübingen (MUT II, Nr. 22557: „Johannes Cunradus Brotbeckh ... Tubingenses"); 1636 Aug 31 Bacc. art. Tübingen (MFAB Bd. 2, fol. 188ʳ, Nr. 2: „Johan-Conradus Brottbeck Tubingensis"); ? Mag. art. ?; 1641 Jan 15 inscr. Tübingen (MUT II, Nr. 22893: „Johann Conradt Brodtbeckh, illustris stipendii procurator").
215 1646 Aug 9 Dr. med. (Nr. 114). – ? Bacc. art. ?; ? Mag. art. ?; 1640 Jun 27 Stud. med. Straßburg (MUS II, S. 14, Nr. 38/1: „Johannes Hieronymus Glotzcius Nordlinganus"); 1643 Mai 20 inscr. Altdorf (MUA S. 258, Nr. 8278: „Johannes Hieronymus Globseis Nördlingensis"); 1644 Okt 30 inscr. Tübingen (MUT II, Nr. 23102: „Johannes Hieronymus Klotzeysin Nördtlingensis").

4. Register für die Matrikel der Medizinischen Fakultät der Universität Tübingen (1497–1646)

Um eine geschlossene Benutzung der Promoviertenmatrikel der Medizinischen Fakultät der Universität Tübingen zu gewährleisten, umfasst das Register sowohl nochmals den ersten Editionsteil für die Zeit vor der Reformation (1497–1535) als auch jetzt den zweiten Editionsteil für die Zeit von der Reformation bis zum Ende des Dreißigjährigen Kriegs (1539–1646). Das Register gliedert sich in ein Personenregister und ein Ortsregister, welch letzteres im Gegensatz zum ersten Editionsteil hier wegen der Vielzahl an Herkunftsbezeichnungen der Personen erforderlich erscheint und die wenigen vorreformatorisch genannten Orte miteinbezieht. Das Personenregister enthält sämtliche in den Matrikeleinträgen vorkommende Namen; jeder Registereintrag erfolgt dabei strikt nach der Schreibweise in der Vorlage – mehrere Belege sind mit Schrägstrich getrennt –, wobei die diakritischen Zeichen in die entsprechenden Umlaute umgesetzt und die Vornamen gemäß der lateinischen Form vereinheitlicht wurden. In eckigen Klammern sind zusätzlich alle abweichenden Namensformen und auch nur minimal andere Schreibungen der Namen aus den in den prosopographischen Zahlen-Anmerkungen verarbeiteten Quellen vermerkt; diese wurden ebenfalls in das Register eingeordnet, nicht jedoch bei einem unmittelbaren Zusammentreffen mit dem eigentlichen Registereintrag, und gegebenenfalls von dort auf diesen verwiesen. Nach dem Personennamen findet sich dann deren Herkunftsangabe, und zwar innerhalb runder Klammern, wenn diese der Vorlage zu entnehmen ist, innerhalb eckiger Klammern, wenn diese nur in den Zahlen-Anmerkungen aufscheint, bei beidseits keiner Ortsangabe steht [o. O.]. Die Stellennachweise erfassen für jede Person jedwede Nennung in den Matrikeleinträgen, bei erschlossenen Belegen in eckigen Klammern, bei der Nummer des Haupteintrags wird in Klammern zudem die entsprechende Zahlen-Anmerkung angegeben; ein komplett in runden Klammern stehender Registereintrag bedeutet, dass diese Person zwar direkt in der Matrikel genannt ist, jedoch nicht als promoviert erscheint. Das Ortsregister ist unterteilt in einen Block für die Herkunftsbezeichnungen und selten einen weiteren – eingerückt mit Lemmata – für die Wirkungsorte der Personen und erfasst ebenfalls jedwede Nennung, außer *Tübingen* im Sinne der Universität, mit den jeweiligen Klammerregelungen; die Ortsidentifikation orientiert sich an den aktuellen Verwaltungszugehörigkeiten. Ist ein Ort direkt in der Vorlage erwähnt, ist am Ende aller Belege für dieselbe Person auch die entsprechende Zahlen-Anmerkung angegeben, ist ein Ort dagegen nur in den prosopographischen Fußnoten erwähnt, kommt erst die Zahlen-Anmerkung und danach der zugehörige Matrikelhaupteintrag in Klammern.

4.1. Personenregister

Agathander, Casparus (Konstanz)	siehe Guttmannus
Agricola, Johannes Georgius (Amberg)	90 (Anm. 183)
Amelius, Tilemannus (Braunschweig)	siehe Hamelius
(Andreae [Faber/Fabri, Jacobus (Andreas)], Jacobus [Waiblingen]	47 (Anm. *4))
Andreae, Ulricus (Göppingen) [Tübingen]	47 (Anm. 101)
Anomoeus [de Bernstain, de Bernstein] [Anomaeus, Anomeus, Vugleich], Matthias [Matthäus] (Wunsiedel) [Vogtland]	41 (Anm. 94)
Aquarius, Theodoricus (Lübeck)	34 (Anm. 81)
Ascanius [Asconius], Michael (Sillein/Slowakei)	112 (Anm. 212)
Atheos/Aetheus, Jacobus (Nordhausen)	siehe Ortheus
Austriacus [Osterreicher(us)], Heinricus [Wien/Österreich]	33 (Anm. 72) mit Anm. v
(Baierus, Andreas [Stuttgart]	siehe Bayerus)
Baltzius [Baltz], Tobias (Kirchheim unter Teck)	34 (Anm. 75)
(Bardili, Carolus [Stuttgart]	111 (Anm. *28), 112, 114)
Barthenschlag [Bartenschlag], Joachimus [Johannes] (Stuttgart)	24 (Anm. 47)
(Bayerus/Baierus [Bayr, Beyer], Andreas [Stuttgart]	81 (Anm. *10), 97)
Beichner, Matthias (Tübingen)	siehe Byechler
Beier, Johannes Hartmannus (Frankfurt am Main)	siehe Beyer
Bener [Biner], Matthäus (Waiblingen)	96 (Anm. 194)
Beringer, Thomas (Veringen)	siehe Bernher
Berlin, Johannes [Plieningen]	siehe Pleninger
Bernher [Beringer, Berner, Perner], Thomas (Veringen)	3 (Anm. 3)
Bernstain/Bernstein de, Matthias [Matthäus] (Wunsiedel) [Vogtland]	siehe Anomoeus
(Besoldus, Christophorus [Tübingen]	90 (Anm. *16), 100)
Betis, Casparus (Frankenberg an der Eder) [Frankfurt am Main]	siehe Beussius
Beur, Johannes [Leutkirch im Allgäu]	siehe Pŭr
Beussius [Betis, Beus, Beuss], Casparus (Frankenberg an der Eder) [Frankfurt am Main]	64 (Anm. 139)
(Beyer, Andreas [Stuttgart]	siehe Bayerus)
Beyer [Beier], Johannes Hartmannus (Frankfurt am Main)	53 (Anm. 112)
Biechner, Matthias (Tübingen)	siehe Byechler
Biner, Matthäus (Waiblingen)	siehe Bener
Blanerus, Andreas (Südtirol) [Bozen/Italien]	siehe Planerus
(Blosius, Sebastianus [Münsingen]	siehe Blossius)

Blossius [Bloss], Johannes Sebastianus [Sebastianus] (Tübingen)   92 (Anm. 188)
(Blossius [Blosius], Sebastianus [Münsingen]
    67 (Anm. *7), 69, 71, 72, 74, 77, 79, 80, 81, 83, 84, 85, 87, 89, 90, 92 (2x) mit Anm. 188, 93, 95, 96, 97)
(Bocerus, Heinricus [Westfalen])   86 (Anm. *14), [87], 94, [95])
Boni, Jacobus [Linsenhofen]   16 (Anm. 28)
Boschar [Bosthar], Johannes Josua [Josua] (Konstanz)   26 (Anm. 51)
Brasperger [Braspergerus, Brastperger], Heinricus (Weil im Schönbuch)
    67 (Anm. 147)
Braun, Balthasarus (Feuchtwangen)   siehe Bruno
(Bregenzer, Johannes Ulricus [Kusterdingen]   siehe Pregizerus)
Breining [Breinging, Breiningen, Breuning], Gottlieb (Hedelfingen)   100 (Anm. 199)
Brentius, Josephus (Stuttgart)   46 (Anm. 100)
Breuning, Gottlieb (Hedelfingen)   siehe Breining
Brodtbeckh, Johannes Conradus (Tübingen)   siehe Brottbeck
Bronner(us), Isaacus (Regensburg)   siehe Brunnerus
Brottbeck [Brodtbeckh, Brotbeckh], Johannes Conradus (Tübingen)   114 (Anm. 214)
Brunnerus [Bronner(us), Brunner], Isaacus (Regensburg)   95 (Anm. 192)
Bruno [Braun], Balthasarus (Feuchtwangen)   54 (Anm. 115)
Bucherus [Bucher, Buocher], Georgius Burkhardus (Tübingen)   83 (Anm. 174)
Buchler?, Matthias (Tübingen)   siehe Byechler
Buer, Johannes [Leutkirch im Allgäu]   siehe Půr
Buhss, Simon (Gernsbach oder Gersbach)   siehe Busius
Buocher, Georgius Burkhardus (Tübingen)   siehe Bucherus
Bur, Johannes [Leutkirch im Allgäu]   siehe Půr
Busius [Buhss], Simon (Gernsbach oder Gersbach)   40 (Anm. 90)
Byechler [Beichner, Biechner, Buchler?], Matthias (Tübingen)   10 (Anm. 14)

Caldeatoris [Keßler, Scolastici], Simon (Biberach an der Riß)   4 (Anm. 4)
Camerarius [Cammerer, Kammerer], Alexander (Tübingen)
    39 (Anm. 89), 68 mit Anm. 149
Camerarius, Johannes David (Reutlingen) [Tübingen]   79 (Anm. 167)
Camerarius [Cammerer, Chammerer], Johannes Rudolphus (Tübingen) [Reutlingen]
    68 (Anm. 149)
Cammerer, Alexander (Tübingen)   siehe Camerarius
Cammerer, Johannes Rudolphus (Tübingen) [Reutlingen]   siehe Camerarius
(Cellarius, Conradus [Hegau]   107 (Anm. *26))
(Cellius [Horn], Erhardus [Johannes Erhardus] [Zell im Zellertal]
    96 (Anm. *18) mit Anm. 193)

Cellius, Johannes Erhardus [Tübingen]	96 (Anm. 193)
Caesarius [Roterdus], Hermannus (Bergheim)	32 (Anm. 66)
Ceteus, Jacobus (Nordhausen)	siehe Ortheus
Chammerer, Johannes Rudolphus (Tübingen) [Reutlingen]	siehe Camerarius
Chemerlinus [Kimerlin, Kymerlin], Georgius [Urach]	21 (Anm. 40)
Cleesattelius/Kleesattelius [Kleesattel, Klesattel], Johannes (Nördlingen)	
	40 (Anm. 92), 81
Cobolt, Johannes (Donauwörth)	siehe Kobolt
Cottwitz [Gottwitzius, Kottwitz], Johannes (Schweidnitz/Polen)	72 (Anm. 156)
Coturninus [Wachtel], Leonhardus (Kirchheim unter Teck)	9 (Anm. 13)
Daler(us), Josephus (Owen) [Gönningen]	siehe Thaler
Dierntzel [Dirtzel, Thurnitzel, Tornicelius, Turtzl], Andreas (Straubing)	
	32 (Anm. 63)
Dirr, Johannes (Stuttgart)	siehe Durr
Dirtzel, Andreas (Straubing)	siehe Dierntzel
Durr [Dirr, Dürr], Johannes (Stuttgart)	60 (Anm. 130)
Ebersberger [Ebersperger(us), Obersperger], Jacobus (Baden/Österreich) [Österreich]	
	54 (Anm. 114)
Ebinger, Georgius [Tübingen]	16 (Anm. 29)
Eckholdt, Jacobus (Lindau am Bodensee)	siehe Eggelius
Egellius [Egelius, Eggellius, Iggelius], Petrus (Ravensburg)	
	37 (Anm. 87), Anm. 153 (71)
Eggelius [Eckholdt], Jacobus (Lindau am Bodensee)	71 (Anm. 153)
Eggelius, Petrus (Ravensburg)	siehe Egellius
Eisegrein/Eisengrein, Tobias (Stuttgart)	siehe Eysengreinn
(Eisengrien, Balthasarus [Stuttgart]	siehe Eysengreinius)
Eisenmanger/Eisenmenger, Samuel [Daniel] [Bretten]	siehe Isenmenger
Eiserman, Vitus (Schwäbisch Hall)	siehe Isenmannus
Engel [Engell], Christophorus (Breslau/Polen)	35 (Anm. 83)
Erberus [Erbar, Erwerus], Johannes (Cham)	34 (Anm. 80)
Esslinger [Eßlinger, Esszlinger], Nicolaus [Schwäbisch Gmünd]	12 (Anm. 20)
Eysengrein, Tobias (Stuttgart)	siehe Eysengreinn
(Eysengreinius [Eisengrien], Balthasarus [Stuttgart]	74 (Anm. *8))
Eysengreinn [Eisegrein, Eisengrein, Eysengrein], Tobias (Stuttgart)	74 (Anm. 159)
Eysenmanner, Samuel [Daniel] [Bretten]	siehe Isenmenger
Faber [Schmidt], Georgius [Gregorius] (Lützen)	27 (Anm. 52)

(Faber, Jacobus (Andreas) [Waiblingen]   siehe Andreae)
Faber, Johannes (Nürtingen)   siehe Schwartz
(Fabri, Jacobus (Andreas) [Waiblingen]   siehe Andreae)
Fabri, Johannes (Tübingen)   59 (Anm. 126), 70, 72, 73, 75, 76, 77, 78, 82
Fischer, Hieronymus (Wembding)   siehe Viscerus
(Fischer, Johannes (Wembding)   siehe Viscerus)
Foixling, Leonhardus [Wembding]   siehe Fuchsius
Forsterus [Forster, Tinctoris], Georgius [Amberg]   22 (Anm. 42)
Friderici, Ulricus (Lauingen an der Donau)   62 (Anm. 136)
Fuchs [Fuchß], Balthasarus [Suppingen]   14 (Anm. 26)
Fuchsius [Foixling, Füchsel, Fuchßlin, Fuxlein], Leonhardus [Wembding]
                                    20 (Anm. 38), 21, 22, 25, 30, 32, 33
Furtembachius [Furtenbachius, Furttenbach], Johannes Jacobus (Leutkirch im Allgäu)
                                                            86 (Anm. 179)
Fuxlein, Leonhardus [Wembding]   siehe Fuchsius

Gabler [Gobeler?], Matthias [Schwaben?, Stuttgart]
                                    13 (Anm. 23) [vgl. Einleitung Anm. 5]
Gablerus [Gabler], Venerandus [Nürtingen]   22 (Anm. 43)
Gartnerus [Gardnerus, Garttnerus, Gertnerus], Johannes (Laibach/Slowenien)
                                                            61 (Anm. 132)
Gerhardt, Johannes (Stuttgart) [Öhringen]   siehe Gerhardus
Gerhardt, Johannes Conradus (Horrheim)   siehe Gerhardus
Gerhardus [Gerhardt], Johannes (Stuttgart) [Öhringen]
        93 (Anm. 189), 99, 101, 102, 103, 104, 105, 106, 107, 108, 109, 110, 111, 112, 113, 114
Gerhardus [Gerhardt], Johannes Conradus (Horrheim)
                                            62 (Anm. 135), 93 mit Anm. 189
Gertnerus, Johannes (Laibach/Slowenien)   siehe Gartnerus
Glotseis [Globseis, Glotzcius, Klotzeysin], Johannes Hieronymus (Nördlingen)
                                                            114 (Anm. 215)
Glotseisius, Johannes (Lauingen an der Donau)   siehe Glotzeyss
Glotseisius [Glotzeysin, Glozeysinn, Glutseius, Klozeysin], Johannes Adamus
    (Lauingen an der Donau) [Nördlingen]   105 (Anm. 205)
Glotzcius, Johannes Hieronymus (Nördlingen)   siehe Glotseis
Glotzeisen, Johannes (Lauingen an der Donau)   siehe Glotzeyss
Glotzeysin, Johannes Adamus (Lauingen an der Donau) [Nördlingen]
                                                           siehe Glotseisius
Glotzeyss [Glotzeisen, Glotseisius, Glozeysin, Klotzeysius], Johannes
    (Lauingen an der Donau)   72 (Anm. 155), Anm. 205 (105)

Glozeysinn/Glutseius, Johannes Adamus (Lauingen an der Donau) [Nördlingen]
　　　　　　　　　　　　　　　　　　　　　　　　　　　　siehe Glotseisius
Gobeler?, Matthias [Schwaben?, Stuttgart]　　　　　　　　　siehe Gabler
Gockelius [Gockel], Johannes Georgius [Georgius] (Ulm) [Niederstotzingen]
　　　　　　　　　　　　　　　　　　　　　　　　　　　　103 (Anm. 203)
Gottwitzius, Johannes (Schweidnitz/Polen)　　　　　　　　siehe Cottwitz
Grammerus [Grammer], Johannes Conradus (Brackenheim) [Göppingen]
　　　　　　　　　　　　　　　　　　　　　　　　　　　　65 (Anm. 141)
Grauerus [Grawer], Johannes Philippus (Baden-Baden) [Tübingen]　63 (Anm. 137)
Grauerus [Grauwer, Grawer(us), Grůer], Philippus [Tübingen]
　　　　　　　　　　　　　33 (Anm. 70) mit Anm. v, 63 mit Anm. 137 (2x)
Grawer, Johannes Philippus (Baden-Baden) [Tübingen]　　siehe Grauerus
Grawer(us), Philippus [Tübingen]　　　　　　　　　　　　siehe Grauerus
Grienblat [Grienplatt, Gronblat, Gruenbald, Grüenblat], David (Ungarn)
　[Rosenau/Slowakei]　　　　　　　　　　　　　　　　　44 (Anm. 98)
Grůer, Philippus [Tübingen]　　　　　　　　　　　　　　siehe Grauerus
Guerntinus, Joachimus (Weimar) [Jena]　　　　　　　　　siehe Querntenus
Guttmannus [Agathander, Gutman, Gůttman], Casparus (Konstanz)　36 (Anm. 86)

Häberlin [Heberlin(us)], Oswaldus (Ravensburg)　　　　　　54 (Anm. 116)
(Hafenreffer, Matthias [Lorch]　　　　　　　　　　　　siehe Hafenrefferus)
Hafenreffer, Samuel [Herrenberg, Tübingen]　　　　　　siehe Hafenrefferus
(Hafenrefferus/Haffenrefferus [Hafenreffer, Haffenreffer], Matthias [Lorch]
　　　　　　　　　　　　　　　　　　　　　78 (Anm. *9) mit Anm. 165, 81)
Hafenrefferus [Hafenreffer, Haffenreffer(us)], Samuel [Herrenberg, Tübingen]
　　　　　　　　　　　　　　　　　　　　　　　　　　　　78 (Anm. 165)
(Haffenreffer(us), Matthias [Lorch]　　　　　　　　　　siehe Hafenrefferus)
Haffenreffer(us), Samuel [Herrenberg, Tübingen]　　　　siehe Hafenrefferus
Haindelius [Handel(ius), Hantelius], Melchior (Straubing)　　32 (Anm. 62)
Hainzius [Haintz, Hainz, Heintz, Heinz], Daniel (Liebenzell)　101 (Anm. 200)
(Halbritterus, Johannes [o. O.]　　　　　　　　　　　　82 (Anm. *11), 88)
Hamberger(us), Georgius (Dinkelsbühl)
　31 (Anm. 61), 35, 36, 37, 39, 40, 43, 44, 46, 49, 52, 54, 56, 59, 60, Anm. 131 (61),
　62, 64, 65 mit Anm. 142
Hambergerus [Hamberger], Johannes Georgius (Tübingen)　　65 (Anm. 142)
Hamelius [Amelius, Hamel, Hamilius], Tilemannus (Braunschweig)　34 (Anm. 79)
Handel(ius)/Hantelius, Melchior (Straubing)　　　　　　　siehe Haindelius
Harderus [Harder], Johannes (Ulm)　　　　　　　　　　　59 (Anm. 128)
(Harpprechtus [Harprecht, Hartbrecht], Johannes [Walheim]　　99 (Anm. *21))

Hauenreuter [Hawenreuterus, Hawenreutterus], Johannes Ludovicus
(Straßburg/Frankreich)   49 (Anm. 105)
Hauenreutterus [Hauenreuter(us), Hauenreutter, Hauenreyther, Hauffenryth,
Hawenreiter], Sebaldus [Nürnberg]   21 (Anm. 41), 49
Haug [Haugius, Houg], Castolus (Augsburg) [Heilbronn, Tübingen]   94 (Anm. 190)
Haug(ius), Johannes Jacobus (Augsburg)
     57 (Anm. 122), 74, 76, 78, 79, 80, 94 mit Anm. 190 (2x)
Haugius, Castolus (Augsburg) [Heilbronn, Tübingen]   siehe Haug
Hawenreiter, Sebaldus [Nürnberg]   siehe Hauenreutterus
Hawenreuterus/Hawenreutterus, Johannes Ludovicus (Straßburg/Frankreich)
     siehe Hauenreuter
Heberlin(us), Oswaldus (Ravensburg)   siehe Häberlin
Heintz, Daniel (Liebenzell)   siehe Hainzius
Heintz [Heintzius, Heinzius], Fridericus (Liebenzell) [Württemberg]   82 (Anm. 171)
(Heintz, Vitus [o. O.]   82 (Anm. *13), Anm. 200 (101))
Heintzius, Fridericus (Liebenzell) [Württemberg]   siehe Heintz
Heinz, Daniel (Liebenzell)   siehe Hainzius
Heinzius, Fridericus (Liebenzell) [Württemberg]   siehe Heintz
Heldt, Moses (Ulm)   81 (Anm. 169)
([Henerus], Johannes [o. O.]   48 (Anm. *6))
Henerus, Petrus (Lindau am Bodensee)   48 (Anm. 104)
([Hener(us)], Renatus [Lindau am Bodensee]   48 (Anm. *5))
Hetelius/Hetzel, Jacobus (Ulm)   siehe Hezelius
Hetzelius [Hötzel], David (Geislingen an der Steige)   63 (Anm. 138)
Hezel, Jacobus (Ulm)   siehe Hezelius
(Hezelius, Daniel [o. O.]   102 (Anm. *22))
Hezelius [Hetelius, Hetzel, Hezel], Jacobus (Ulm)   102 (Anm. 201)
Hildebrandus [Hiltenbrandus], Johannes (Heldenfingen)
[Gussenstadt, Württemberg]   66 (Anm. 145)
Hipperius, Laurentius (Hessen) [Marburg]   siehe Hyperius
Hirscherus [Hirscher], Marcus (Kronstadt/Rumänien) [Siebenbürgen]
     49 (Anm. 106)
Hochstetter [Höchsteter, Höchstetter, Höchstetterus], Petrus Paulus (Tübingen)
     51 (Anm. 109)
(Horn, Erhardus [Johannes Erhardus] [Zell im Zellertal]   siehe Cellius)
Horst, Johannes Daniel [Johannes Georgius?] (Gießen)   siehe Horstius
(Horstius, Gregorius [o. O.]   111 (Anm. *29))
Horstius [Horst], Johannes Daniel [Johannes Georgius?] (Gießen)   111 (Anm. 211)

Hötzel, David (Geislingen an der Steige)	siehe Hetzelius
Houg, Castolus (Augsburg) [Heilbronn, Tübingen]	siehe Haug
Hyperius [Hipperius], Laurentius (Hessen) [Marburg]	38 (Anm. 88)
Iggelius, Petrus (Ravensburg)	siehe Egellius
Isenmannus [Eiserman, Isemannus], Vitus (Schwäbisch Hall)	61 (Anm. 133)
Isenmenger [Eisenmanger, Eisenmenger, Eysenmanner, Isimänger, Siderocrates], Samuel [Daniel] [Bretten]	33 (Anm. 68) mit Anm. v
Jerelius [Jennelius, Jessenius?], Johannes (Oppau/Polen oder Troppau/Tschechien)	71 (Anm. 154)
Jonas (Jonianus), Petrus (Balaguères/Frankreich)	29 (Anm. 56)
Junius, Adamus (Feuchtwangen)	40 (Anm. 93)
Kammerer, Alexander (Tübingen)	siehe Camerarius
Kenlin, Sebastianus (Tübingen)	siehe Kienlin
Keßler, Simon (Biberach an der Riß)	siehe Caldeatoris
Kichel/Kiechel/Kiechlin, Laurentius Waltherus (Ulm)	siehe Kuchelius
Kienlin [Kenlin], Sebastianus (Tübingen)	32 (Anm. 65)
Kimerlin, Georgius [Urach]	siehe Chemerlinus
Kirmanner, Georgius (Straßburg/Frankreich)	siehe Kyrmannus
Kleesattel(ius), Johannes (Nördlingen)	siehe Cleesattelius
Kleesattelius [Kleesattel], Johannes Georgius (Ulm)	81 (Anm. 170)
Klesattel, Johannes (Nördlingen)	siehe Cleesattelius
Klotzeysin, Johannes Hieronymus (Nördlingen)	siehe Glotseis
Klotzeysius, Johannes (Lauingen an der Donau)	siehe Glotzeyss
Klozeysin, Johannes Adamus (Lauingen an der Donau) [Nördlingen]	
	siehe Glotseisius
Kobolt [Cobolt, Kobel], Johannes (Donauwörth)	26 (Anm. 50)
Kottwitz, Johannes (Schweidnitz/Polen)	siehe Cottwitz
Krutlin/Krütlin, Jacobus [Degerloch]	siehe Tegerloch
Kuchelius [Kichel, Kiechel, Kiechlin, Küechel, Kuechell], Laurentius Waltherus (Ulm)	
	36 (Anm. 85)
Kymerlin, Georgius [Urach]	siehe Chemerlinus
Kyrmannus [Kirmanner], Georgius (Straßburg/Frankreich)	24 (Anm. 46)
Langenawer [Langenauenus, Langenauer], Joachimus (Augsburg)	90 (Anm. 184)
Lapicide, Matthäus [Matthias] [Baden-Baden]	siehe Thermis
Lauserus, Balthasarus [Binningen]	siehe Loser

Lignarius, Johannes (Nürtingen)	siehe Schwartz
Listius [List], Georgius [Georgius Philippus] (Stuttgart)	103 (Anm. 202)
Loser [Lauserus], Balthasarus [Binningen]	33a (Anm. 73)
(Magirus [Mageirus], David [Stuttgart, Vaihingen])	103 (Anm. *23))
Maier, Casparus (Waiblingen)	siehe Meyerus
Maior, Sebastianus (Steinheim an der Murr)	siehe Mayer
Manavius, Fridericus (Breslau/Polen)	siehe Monavius
Manlich [Manlichius], Paulus (Augsburg)	56 (Anm. 118)
Marckdorff/Marckolff/Margtolff/Martholff, Alexander (Rottenburg am Neckar) [Speyer]	siehe Marttolff
Martinus, Johannes [Stuttgart]	siehe Mertelin
Marttolff [Marckdorff, Marckolff, Margtolff, Martholff, Martolf], Alexander (Rottenburg am Neckar) [Speyer]	10 (Anm. 16)
Mayer, Casparus (Waiblingen)	siehe Meyerus
Mayer [Maior, Meier, Meyer], Sebastianus (Steinheim an der Murr)	28 (Anm. 53)
Medingerus [Medinger], Johannes Ludovicus (Stuttgart)	85 (Anm. 177)
Megelin, Wilhelmus (Tübingen)	siehe Mögling
Megle, Nicolaus (Tübingen)	siehe Mögling
Meglin, Daniel (Tübingen)	siehe Mögling
Meglin, Wilhelmus (Tübingen)	siehe Mögling
Megling, Johannes Rudolphus [Rudolphus] (Tübingen)	siehe Mögling
Megling, Wilhelmus (Tübingen)	siehe Mögling
Meglingus, Daniel (Tübingen)	siehe Mögling
Meier, Sebastianus (Steinheim an der Murr)	siehe Mayer
Merckius [Merck, Merckh], Michael (Ulm)	91 (Anm. 186)
Merclinus [Mercklinus], Bartholomäus (Lauingen an der Donau)	54 (Anm. 113)
Mertelin [Martinus, Johannes], Martinus [Johannes] [Stuttgart]	17 (Anm. 31)
Metellus [Mettelin, Mettelinn], Bernhardus (Pfyn/Schweiz)	30 (Anm. 59)
(Meuchinger [Widman], Johannes [Maichingen])	1 (Anm. *1), [2])
Meyer, Sebastianus (Steinheim an der Murr)	siehe Mayer
Meyerus [Maier, Mayer], Casparus (Waiblingen)	40 (Anm. 91)
Michaelis [Michael], Abrahamus (Eger/Tschechien)	76 (Anm. 162)
Milius, Sebastianus (Grünstadt)	siehe Mylius
Miller(us), Matthäus (Kempten im Allgäu)	siehe Müllerus
Miller(us), Samuel (Lindau am Bodensee)	siehe Mullerus
[Minner], Johannes (Kornwestheim)	6 (Anm. 7)
Minter, Johannes (Gent/Niederlande)	siehe Muntherus

Mögelinus/Moglegus, Daniel (Tübingen)	siehe Mögling
Möglin, Nicolaus (Tübingen)	siehe Mögling
Möglin(us), Nicolaus [Johannes Nicolaus] (Tübingen)	siehe Möglingus
Möglin, Wilhelmus (Tübingen)	siehe Mögling
Mögling, Daniel (Calw) [Böblingen]	siehe Möglingus

Mögling/Meglingus [Meglin, Mögelinus, Moglegus, Mogling(us), Möglingus, Moglinus, Möglinus], Daniel (Tübingen)
  36 (Anm. 84), 51, 53, 54, 55, 56, 57, 58, 60, 62, 63, 64, 65 (2x) mit Anm. 140 (2x), 66, 71 mit Anm. 152, 74 mit Anm. 158 (2x), Anm. 172 (83), Anm. 173 (83) (2x), Anm. 206 (106)

Mögling [Mogling], David [Johannes David] [Weißenburg/Frankreich]
  71 (Anm. 152)

Mögling [Möglingus, Moglinus], Israel (Weißenburg/Frankreich) [Tübingen]
  65 (Anm. 140)

Mögling(us) [Mogling], Johannes Ludovicus [Heidelberg, Tübingen]
  74 (Anm. 158), 81, 82, 86, [87], 88, 90, 91, 113

Mögling, Johannes Ludovicus [Ludovicus] (Tübingen)	siehe Möglingus

Mögling [Megling, Möglingus], Johannes Rudolphus [Rudolphus] (Tübingen)
  60 (Anm. 129), Anm. 173 (83)

Mögling [Megle, Möglin, Mogling], Nicolaus (Tübingen) 31 (Anm. 60), 36

Mögling, Nicolaus [Johannes Nicolaus] (Tübingen)	siehe Möglingus

Mögling [Megelin, Meglin, Megling, Möglin], Wilhelmus (Tübingen)
  25 (Anm. 48), 31, 36

Mögling, Wolfgangus [Johannes Wolfgangus] (Lomersheim)	106 (Anm. 206)
Möglingus [Mögling], Daniel (Calw) [Böblingen]	83 (Anm. 173)
Möglingus, Daniel (Tübingen)	siehe Mögling
Möglingus, Israel (Weißenburg/Frankreich) [Tübingen]	siehe Mögling
Möglingus [Mögling], Johannes Ludovicus [Ludovicus] (Tübingen)	113 (Anm. 213)
Möglingus, Johannes Rudolphus [Rudolphus] (Tübingen)	siehe Mögling

Möglingus [Möglin(us), Mögling], Nicolaus [Johannes Nicolaus] (Tübingen)
  83 (Anm. 172)

Moglinus/Möglinus, Daniel (Tübingen)	siehe Mögling
Moglinus, Israel (Weißenburg/Frankreich) [Tübingen]	siehe Mögling
Molsdorf a (Weller) [Wellerus], Petrus (Nürnberg) [Hüttenheim]	70 (Anm. 151)
Monavius [Manavius, Monacus, Monau], Fridericus (Breslau/Polen)	88 (Anm. 181)
Monterus, Johannes (Gent/Niederlande)	siehe Muntherus
Morhardus [Morhardt, Morhartus], Johannes (Tübingen)	48 (Anm. 103)
Müller, Matthäus (Kempten im Allgäu)	siehe Müllerus

Muller, Samuel (Lindau am Bodensee) siehe Mullerus
Müllerus/Millerus [Miller, Müller, Myller], Matthäus (Kempten im Allgäu)
        67 (Anm. 148), 85, 88, 89, 91, 92, 94, 95, 96, 97, 98, 99, 100, 101, 102
Mullerus [Miller(us), Muller], Samuel (Lindau am Bodensee)
        34 (Anm. 82), Anm. 148 (67)
Muntherus [Minter, Monterus], Johannes (Gent/Niederlande)
        19 (Anm. 37) [vgl. Einleitung Anm. 5]
Mylius [Milius], Sebastianus (Grünstadt) 50 (Anm. 108)
Myller, Matthäus (Kempten im Allgäu) siehe Müllerus

(Neufferus [Neuffer], Martinus [Münsingen]) 111 (Anm. *27))
(Nicolai [Nicolaus], Melchior [Schorndorf] 105 (Anm. *25), 113, 114)
Nufer [Niffer, Nyfer], Martinus [Münsingen] 17 (Anm. 32)

Obersperger, Jacobus (Baden/Österreich) [Österreich] siehe Ebersberger
Opilio, Wilhelmus [Windsheim] siehe Upilio
Ort/Ortt, Matthäus [Baden-Baden, Wildbad] vgl. Einleitung Anm. 5 (zu 10 (Anm. 15))
Ortheus [Atheos, Aetheus, Ceteus, Oeteus, Othenius, Oetheus], Jacobus
    (Nordhausen) 29 (Anm. 55)
Ortt, Matthäus [Baden-Baden, Wildbad] siehe Ort
(Osiander, Andreas [Stuttgart] 98 (Anm. *20))
Osiander, Johannes Christophorus [Christophorus] (Adelberg)
    [Stuttgart, Tübingen] 98 (Anm. 197)
Osiander, Johannes Conradus [Johannes] (Marbach am Neckar) [Adelberg]
    110 (Anm. 210)
(Osiander, Lucas [Stuttgart]
    82 (Anm. *12), 86, [87], 88, 90, 91, 94, [95], 97, 98, [99], 100, 101, [102], 103, 104,
    105, 106, 107, 108, [109], [110], 111, 112)
Osterrat, Wilhelmus (Nastätten) 11 (Anm. 19)
Osterreicher(us), Heinricus [Wien/Österreich] siehe Austriacus
Oeteus/Othenius/Oetheus, Jacobus (Nordhausen) siehe Ortheus

Pannithonsoris?, Matthäus [Matthias] [Baden-Baden] siehe Thermis
Paur, Johannes [Leutkirch im Allgäu] siehe Půr
Perner, Thomas (Veringen) siehe Bernher
Phronto [Pfrandro, Pfronto, Pfrundt], Laurentius (Kitzingen) 30 (Anm. 58)
Piscatoris, Johannes [Neckartailfingen] siehe Talfingen
Pistor, Georgius (Esslingen) [Tübingen] siehe Pistorius
Pistor, Georgius (Giengen an der Brenz oder Gingen an der Fils) siehe Pistorius

Pistorius [Pistor], Georgius (Esslingen) [Tübingen] 34 (Anm. 74)
Pistorius [Pistor], Georgius (Giengen an der Brenz oder Gingen an der Fils)
 24 (Anm. 45)
Planer, Andreas (Südtirol) [Bozen/Italien] siehe Planerus
Planer, Johannes (Tübingen) siehe Planerus
Planerus [Blanerus, Planer], Andreas (Südtirol) [Bozen/Italien]
 34 (Anm. 78), 41, 42, 44, 47, 48 mit Anm. 104, 50, 51, 52, 53, 55, 57, 58, 59, 60, 61,
 62, 63, 65 mit Anm. 141, 68, 69 mit Anm. 150 (2x), 70, 71
Planerus [Planer], Johannes (Tübingen) 69 (Anm. 150)
Pleninger [Berlin], Johannes [Plieningen] 14 (Anm. 25)
(Pregizerus/Pregitzerus [Bregenzer], Johannes Ulricus [Kusterdingen]
 98 (Anm. *19), [99], 104, 108, [109], [110], 113, 114)
Pugil, Rupertus [Ötlingen] siehe Stryter
Pûr [Bwr/Beur, Buer, Bur, Paur], Johannes [Leutkirch im Allgäu] 13 (Anm. 21)

Querntenus [Guerntinus, Queratenius, Quernten, Quertenus], Joachimus
 (Weimar) [Jena] 32 (Anm. 64)

Raiger [Rayger], Wilhelmus (Wien/Österreich) 94 (Anm. 191)
Rämiger, Johannes [Jettingen] siehe Reninger
Ranzenbachius [Rantzenbach], Johannes (Lorch/Österreich) [Österreich]
 99 (Anm. 198)
Raumelius, Johannes Conradus (Nördlingen) siehe Rhummelius
Rayger, Wilhelmus (Wien/Österreich) siehe Raiger
Reckemmer [Rechkemer, Reuchkemer, Richkemer], Quirinus
 [Zimmern ob Rottweil] 15 (Anm. 27)
Reminger, Johannes [Jettingen] siehe Reninger
Renck, Johannes (Eibingen) siehe Rinck
Reninger [Rämiger, Reminger, Röminger], Johannes [Jettingen] 9 (Anm. 12)
Rentius/Rentz, Georgius (Weinsberg) siehe Rentzius
Rentz(ius), Georgius Balthasarus (Kirchheim unter Teck) siehe Renzius
Rentzius/Renzius [Rentius, Rentz], Georgius (Weinsberg)
 61 (Anm. 131), 97 mit Anm. 195
Renz, Georgius Balthasarus (Kirchheim unter Teck) siehe Renzius
Renzius, Georgius (Weinsberg) siehe Rentzius
Renzius [Rentz(ius), Renz], Georgius Balthasarus (Kirchheim unter Teck)
 97 (Anm. 195)
Retzer, Daniel (Tübingen) siehe Rezerus
Reuchkemer, Quirinus [Zimmern ob Rottweil] siehe Reckemmer

Rezerus [Retzer, Rezer], Daniel (Tübingen)   98 (Anm. 196)

Rhummelius [Raumelius, Rummelius], Johannes Conradus (Nördlingen)
    59 (Anm. 125)

Richkemer, Quirinus [Zimmern ob Rottweil]   siehe Reckemmer

(Rimmelin, Johannes Ulricus [Tübingen]   siehe Rümelinus)

Rinck [Renck, Ringk], Johannes (Eibingen)   59 (Anm. 127)

Ritterus [Ritter], Johannes Reinhardus [Johannes Reinholdus]
(Schwäbisch Hall)   91 (Anm. 185)

Röminger, Johannes [Jettingen]   siehe Reninger

Rorbach, Bernhardus (Heilbronn)   1 (Anm. 1), 3, 4, 8, 10, 13, 15

Rößlin [Rosle, Röslin, Röslinus], Eliseus (Plieningen)   34 (Anm. 77)

Roterdus, Hermannus (Bergheim)   siehe Caesarius

Roth, Ludovicus (Ulm) [Lauingen an der Donau]   104 (Anm. 204)

Rücker(us)/Ruckerus [Rucker, Rügker], Michael [Wiesensteig]
    16 (Anm. 30), 18, 19, 23, 24, 26, 29

(Rümelinus [Rimmelin, Rümelin], Johannes Ulricus [Tübingen]   112 (Anm. *30))

Rummelius, Johannes Conradus (Nördlingen)   siehe Rhummelius

Schaup [Schop], Johannes (Besigheim)   10 (Anm. 17)

Scheccius/Scheckius/Schegkius [Scheck, Schegk, Schöck], Jacobus [Schorndorf]
    21 (Anm. 39), 27, [28], 31, 33, Anm. 78 (34), 35

Scheffer, Wilhelmus [Windsheim]   siehe Upilio

Schegk(ius), Jacobus [Schorndorf]   siehe Scheccius

Schigkius [Schenck], Johannes (Rothenburg ob der Tauber)   28 (Anm. 54)

Schillerus [Schiler, Schiller], Wolfgangus (Stuttgart) [Malsch oder Malsch]
    57 (Anm. 119)

Schirpff [Schirff, Schirpf, Schurpf], Johannes (Sankt Gallen/Schweiz)
    5 (Anm. 6) [vgl. Einleitung Anm. 5]

Schleyer [Schlair, Schlayer], Thomas (Tübingen)   50 (Anm. 107)

Schludin [Schlurinus?], Bernhardinus [Bernhardus?] [Lindau am Bodensee?]
    17 (Anm. 33)

Schmidlapp [Schmidlap], Jacobus (Schorndorf)   57 (Anm. 123)

Schmidt, Georgius [Gregorius] (Lützen)   siehe Faber

Schnierlin [Schnierle], Franciscus (Ulm)   10 (Anm. 18)

Schöck, Jacobus [Schorndorf]   siehe Scheccius

Scholl [Schol], Andreas (Tübingen) [Hagenau/Frankreich]   51 (Anm. 110)

Schop, Johannes (Besigheim)   siehe Schaup

Schopffius [Schopfius], Abrahamus (Nürtingen) [Stuttgart, Württemberg]
    57 (Anm. 120)

Schreder, Heinricus (Lübeck)	siehe Schröderus
Schreinerus [Schreiner], Georgius Eberhardus (Halle an der Saale)	107 (Anm. 207)
Schröderus [Schreder, Schröder(ius)], Heinricus (Lübeck)	52 (Anm. 111)
Schurpf, Johannes (Sankt Gallen/Schweiz)	siehe Schirpff
Schwartz [Schwartzt, Schwarz], Christophorus (Stuttgart) [Schwaben]	48 (Anm. 102)
Schwartz (Zimmerman) [Faber, Lignarius, Zimerman], Johannes (Nürtingen)	23 (Anm. 44)
Schwartzt/Schwarz, Christophorus (Stuttgart) [Schwaben]	siehe Schwartz
Scolastici, Simon (Biberach an der Riß)	siehe Caldeatoris
Senff/Senfft, Johannes Conradus (Schweinfurt)	siehe Sinapius
Seng, Jeremias (Nördlingen)	43 (Anm. 96)
Senger [Singerus], Johannes Andreas (Stuttgart) [Ansbach]	67 (Anm. 146)
Siderocrates, Samuel [Daniel] [Bretten]	siehe Isenmenger
Sigmayr [Sigmar, Sigmer], Johannes (Schwäbisch Gmünd)	4 (Anm. 5)
Sigwartus [Sigwardt, Sigwart, Sigwarthus], Johannes Fridericus [Fridericus] (Tübingen)	86 (Anm. 178)
(Simonius/Simon, Balthasarus [Schmalkalden]	104 (Anm. *24), 105, 106, 107, 108)
Sinapius [Senff, Senfft, Synapius], Johannes Conradus (Schweinfurt)	65 (Anm. 143)
Singerus, Johannes Andreas (Stuttgart) [Ansbach]	siehe Senger
Solflaisch, Martinus (Altenburg)	siehe Sollfleisch
Solfleis [Solfleisch, Solfleiß, Sollflaisch, Sollfleis], Martinus (Esslingen) [Liebersbronn]	84 (Anm. 176)
Solfleisch, Martinus (Altenburg)	siehe Sollfleisch
Solfleisch, Martinus (Esslingen) [Liebersbronn]	siehe Solfleis
Sollflaisch, Martinus (Altenburg)	siehe Sollfleisch
Sollflaisch/Sollfleis, Martinus (Esslingen) [Liebersbronn]	siehe Solfleis
Sollfleisch [Solflaisch, Solfleisch, Sollflaisch, Sollflesch, Solsfleisch, Sultzfleisch], Martinus (Altenburg)	55 (Anm. 117), Anm. 176 (84)
Spach, Israel (Straßburg/Frankreich)	42 (Anm. 95)
Spechtzhert [Spetzhart], Lucas (Reutlingen) [Rottenburg am Neckar]	7 (Anm. 8)
Staumblin?, Martinus [Stuttgart]	siehe Stirmlin
Stephani [Stephanus], Samuel (Markgröningen)	80 (Anm. 168)
Stiberus [Stiber, Stieber(us)], Bernhardus (Rothenburg ob der Tauber)	57 (Anm. 121)
Stirmlin [Staumblin?, Sturmlin], Martinus [Stuttgart]	18 (Anm. 36) [vgl. Einleitung Anm. 5]
Stoll, Johannes [Rottenburg am Neckar]	13 (Anm. 22)
Streitterus [Streitter, Striter], Johannes Hupertus (Speyer)	32 (Anm. 67)

Streyter, Rupertus [Ötlingen] — *siehe* Stryter
Striter, Johannes Hupertus (Speyer) — *siehe* Streitterus
Stritter, Rupertus [Ötlingen] — *siehe* Stryter
Strohmeyer [Strohmaier, Stromaierus], Sebastianus (Ulm) — 76 (Anm. 163)
Stryter [Pugil, Streyter, Stritter], Rupertus [Ötlingen] — 18 (Anm. 35)
Sturmlin, Martinus [Stuttgart] — *siehe* Stirmlin
Sultzfleisch, Martinus (Altenburg) — *siehe* Sollfleisch
Synapius, Johannes Conradus (Schweinfurt) — *siehe* Sinapius

Talfingen [Piscatoris, Vischer(us)], Johannes [Neckartailfingen] — 14 (Anm. 24)
Tegerloch [Krutlin, Krütlin], Jacobus [Degerloch] — 2 (Anm. 2), 5, 6, [7]
[Textoris] [Weber], Ciriacus (Weißenhorn) — 7 (Anm. 9)
Textoris, Johannes (Weißenhorn) — *siehe* Weber
Thaler [Daler(us)], Josephus (Owen) [Gönningen] — 73 (Anm. 157)
Thermis [Lapicide, Pannithonsoris?], Matthäus [Matthias] [Baden-Baden]
    10 (Anm. 15) [vgl. Einleitung Anm. 5]
(Thummius [Thum, Thumm], Theodorus [Hausen] — 91 (Anm. *17), 101, [102])
Thurnitzel, Andreas (Straubing) — *siehe* Dierntzel
Tinctoris, Georgius [Amberg] — *siehe* Forsterus
Tornicelius/Turtzl, Andreas (Straubing) — *siehe* Dierntzel

Ulianus [Ullianus], Johannes (Ravensburg) — 75 (Anm. 160)
Ungarus [Unger], Sebastianus (Isny im Allgäu) — 25 (Anm. 49)
Unger, Bernhardus [Tübingen] — 18 (Anm. 34)
(Unger, Rudolfus [Blaubeuren]) — 9 (Anm. *2), 11, 12, 14, 16, 17)
Unger, Sebastianus (Isny im Allgäu) — *siehe* Ungarus
Upilio [Opilio, Scheffer], Wilhelmus [Windsheim] — 33 (Anm. 69) mit Anm. v

Vaius [Vay], Gutbertus (Tübingen) — 34 (Anm. 76)
Viscerus [Fischer, Vischerus], Hieronymus (Wembding) — 43 (Anm. 97)
(Viscerus/Vischerus [Fischer, Vischer], Johannes (Wembding)
    34 (Anm. *3), 36, 38, 39, 42, 43 mit Anm. 97 (2x), 45, 47, 48 mit Anm. 104, 49)
Vischer(us), Johannes [Neckartailfingen] — *siehe* Talfingen
(Vischer, Johannes (Wembding) — *siehe* Viscerus)
Vischerus, Hieronymus (Wembding) — *siehe* Viscerus
(Vischerus, Johannes (Wembding) — *siehe* Viscerus)
Vugleich, Matthias [Matthäus] (Wunsiedel) [Vogtland] — *siehe* Anomoeus

Wachtel, Leonhardus (Kirchheim unter Teck) — *siehe* Coturninus

Walch, Hieronymus (Tübingen)	75 (Anm. 161)
Waldner, Elias (Memmingen)	siehe Waldnerus
Waldner [Waldnerus], Elias [Elias Silvius] (Memmingen)	45 (Anm. 99), Anm. 182 (89)
Waldnerus [Waldner], Elias (Memmingen)	89 (Anm. 182)
Waldnerus, Elias [Elias Silvius] (Memmingen)	siehe Waldner
Weber, Ciriacus (Weißenhorn)	siehe Textoris
Weber [Textoris], Johannes (Weißenhorn)	8 (Anm. 11)
Weinlin, Josaphat (Schwäbisch Hall)	siehe Weinlinus
([Weinlinus, Jacobus Casparus] [o. O.])	87 (Anm. *15) mit Anm. 180)
Weinlinus [Weinlin], Josaphat (Schwäbisch Hall)	87 (Anm. 180)
Weller(us), Petrus (Nürnberg) [Hüttenheim]	siehe Molsdorf
Wicnerus [Wickhner(us), Wicknerus], Julius Abdias (Heilsbronn) [Colmberg]	79 (Anm. 166)
Widdinman, Johannes [Nördlingen]	siehe Widman
Widemannus [Widemann, Widman, Widmannus], Marcus (Augsburg)	77 (Anm. 164)
(Widman, Johannes [Maichingen]	siehe Meuchinger)
Widman [Widdinman, Wydeman, Wydman], Johannes [Nördlingen]	8 (Anm. 10)
Widman/Widmannus, Marcus (Augsburg)	siehe Widemannus
Wieland [Wielandt, Wielandus], Johannes David (Knittlingen)	109 (Anm. 209)
Winckeler, Nicolaus (Forchheim)	siehe Winclerus
Winckler(us), Georgius [Forchheim]	siehe Winclerus
Winckler, Nicolaus (Forchheim)	siehe Winclerus
Winclerus [Winckler(us)], Georgius [Forchheim]	33 (Anm. 71) mit Anm. v
Winclerus [Winckeler, Winckler], Nicolaus (Forchheim)	30 (Anm. 57)
Wucherer [Wuecherer], Erhardus [Gomaringen, Reutlingen]	108 (Anm. 208)
Wydeman/Wydman, Johannes [Nördlingen]	siehe Widman
Zickmesser, Franciscus (Speyer)	siehe Zückmesser
Ziegler [Zieglerus], Johannes (Merchingen)	65 (Anm. 144)
Ziegler, Johannes Waltherus (Tübingen)	siehe Zieglerus
Ziegler, Michael (Markgröningen)	siehe Zieglerus
Zieglerus, Johannes (Merchingen)	siehe Ziegler
Zieglerus [Ziegler], Johannes Waltherus (Tübingen)	83 (Anm. 175)
Zieglerus [Ziegler], Michael (Markgröningen)	62 (Anm. 134), Anm. 175 (83) (2x)
Ziegmesser, Franciscus (Speyer)	siehe Zückmesser
Zimerman/Zimmerman, Johannes (Nürtingen)	siehe Schwartz

Zückmesser [Zickmesser, Ziegmesser, Zugmesser], Franciscus (Speyer)
92 (Anm. 187)
Zwingerus [Zwincker(us), Zwingker], Jacobus (Schorndorf) 58 (Anm. 124)

4.2. Ortsregister

Adelberg (LK Göppingen, Baden-Württemberg) 98 (Anm. 197), Anm. 210 (110)
Altenburg (LK Altenburger Land, Thüringen) 55 (Anm. 117)
Amberg (kreisfrei, Bayern) Anm. 42 (22), 90 (Anm. 183)
Ansbach (kreisfrei, Bayern) Anm. 146 (67)
Augsburg (kreisfrei, Bayern)
56 (Anm. 118), 57 (Anm. 122), 77 (Anm. 164), 90 (Anm. 184), 94 (Anm. 190)

Baden (Niederösterreich, Österreich) 54 (Anm. 114)
Baden-Baden (SK Baden-Baden, Baden-Württemberg)
Anm. 15 (10) [vgl. Einleitung Anm. 5], 63 (Anm. 137)
Balaguères (Dép. Ariège, Frankreich) 29 (Anm. 56)
Bergheim (LK Rhein-Erft-Kreis, Nordrhein-Westfalen) 32 (Anm. 66)
Besigheim (LK Ludwigsburg, Baden-Württemberg) 10 (Anm. 17)
Biberach an der Riß (LK Biberach, Baden-Württemberg) 4 (Anm. 4)
Binningen (Hilzingen, LK Konstanz, Baden-Württemberg) Anm. 73 (33a)
Blaubeuren (LK Alb-Donau-Kreis, Baden-Württemberg) Anm. *2 (9)
Böblingen (LK Böblingen, Baden-Württemberg) Anm. 173 (83)
Bozen/Bolzano (Region Trentino-Südtirol, Italien) Anm. 78 (34)
Brackenheim (LK Heilbronn, Baden-Württemberg) 65 (Anm. 141)
Braunschweig (kreisfrei, Niedersachsen) 34 (Anm. 79)
Breslau/Wrocław (Region Niederschlesien, Polen) 35 (Anm. 83), 88 (Anm. 181)
Bretten (LK Karlsruhe, Baden-Württemberg) Anm. 68 (33)

Calw (LK Calw, Baden-Württemberg) 83 (Anm. 173)
Cham (LK Cham, Bayern) 34 (Anm. 80)
Colmberg (LK Ansbach, Bayern) Anm. 166 (79)

Degerloch (Stuttgart, SK Stuttgart, Baden-Württemberg) Anm. 2 (2)
Dinkelsbühl (LK Ansbach, Bayern) 31 (Anm. 61)
Donauwörth (LK Donau-Ries, Bayern) 26 (Anm. 50)

Eger/Cheb (Region Karlsbad, Tschechien) 76 (Anm. 162)
Eibingen (Rüdesheim am Rhein, LK Rheingau-Taunus-Kreis, Hessen) 59 (Anm. 127)

Esslingen (LK Esslingen, Baden-Württemberg)	34 (Anm. 74), 84 (Anm. 176)
Feuchtwangen (LK Ansbach, Bayern)	40 (Anm. 93), 54 (Anm. 115)
Forchheim (LK Forchheim, Bayern)	30 (Anm. 57), Anm. 71 (33)
Frankenberg an der Eder (LK Waldeck-Frankenberg, Hessen)	64 (Anm. 139)
Frankfurt am Main (kreisfrei, Hessen)	53 (Anm. 112), Anm. 139 (64)
Geislingen an der Steige (LK Göppingen, Baden-Württemberg)	63 (Anm. 138)
Gent (Region Flandern, Niederlande)	19 (Anm. 37) [vgl. Einleitung Anm. 5]
Gernsbach (LK Rastatt, Baden-Württemberg) oder Gersbach (Schopfheim, LK Lörrach, Baden-Württemberg)	40 (Anm. 90)
Giengen an der Brenz (LK Heidenheim, Baden-Württemberg) oder Gingen an der Fils (LK Göppingen, Baden-Württemberg)	24 (Anm. 45)
Gießen (LK Gießen, Hessen)	111 (Anm. 211)
Gomaringen (LK Tübingen, Baden-Württemberg)	Anm. 208 (108)
– Pfarrer (pastor)	108
Gönningen (LK Reutlingen, Baden-Württemberg)	Anm. 157 (73)
Göppingen (LK Göppingen, Baden-Württemberg)	47 (Anm. 101), Anm. 141 (65)
Grünstadt (LK Bad Dürkheim, Rheinland-Pfalz)	50 (Anm. 108)
Gussenstadt (Gerstetten, LK Heidenheim, Baden-Württemberg)	Anm. 145 (66)
Hagenau/Haguenau (Dép. Bas-Rhin, Frankreich)	Anm. 110 (51)
Halle an der Saale (kreisfrei, Sachsen-Anhalt)	107 (Anm. 207)
Hausen (Brackenheim, LK Heilbronn, Baden-Württemberg)	Anm. *17 (91)
Hedelfingen (Stuttgart, SK Stuttgart, Baden-Württemberg)	100 (Anm. 199)
Hegau (Herkunftsangabe)	Anm. *26 (107)
Heidelberg (SK Heidelberg, Baden-Württemberg)	Anm. 158 (74)
Heilbronn (LK Heilbronn, Baden-Württemberg)	1 (Anm. 1), Anm. 190 (94)
Heilsbronn (LK Ansbach, Bayern)	79 (Anm. 166)
Heldenfingen (Gerstetten, LK Heidenheim, Baden-Württemberg)	66 (Anm. 145)
Herrenberg (LK Böblingen, Baden-Württemberg)	Anm. 165 (78)
Hessen (Herkunftsangabe)	38 (Anm. 88)
Horrheim (Vaihingen an der Enz, LK Ludwigsburg, Baden-Württemberg)	62 (Anm. 135)
Hüttenheim (Willanzheim, LK Kitzingen, Bayern)	Anm. 151 (70)
Isny im Allgäu (LK Ravensburg, Baden-Württemberg)	25 (Anm. 49)
Jena (kreisfrei, Thüringen)	Anm. 64 (32)
Jettingen (LK Böblingen, Baden-Württemberg)	Anm. 12 (9)

Kempten im Allgäu (kreisfrei, Bayern) 67 (Anm. 148)
Kirchheim unter Teck (LK Esslingen, Baden-Württemberg)
 9 (Anm. 13), 34 (Anm. 75), 97 (Anm. 195)
 – Arzt (physicus) 97 (Anm. 131)
Kitzingen (LK Kitzingen, Bayern) 30 (Anm. 58)
Knittlingen (LK Enzkreis, Baden-Württemberg) 109 (Anm. 209)
Konstanz (LK Konstanz, Baden-Württemberg) 26 (Anm. 51), 36 (Anm. 86)
Kornwestheim (LK Ludwigsburg, Baden-Württemberg) 6 (Anm. 7)
Kronstadt/Brasov (Region Siebenbürgen, Rumänien) 49 (Anm. 106)
Kusterdingen (LK Tübingen, Baden-Württemberg) Anm. *19 (98)

Laibach/Ljubljana (Region Oberkrain, Slowenien) 61 (Anm. 132)
Lauingen an der Donau (LK Dillingen an der Donau, Bayern)
 54 (Anm. 113), 62 (Anm. 136), 72 (Anm. 155), Anm. 204 (104), 105 (Anm. 205)
Leutkirch im Allgäu (LK Ravensburg, Baden-Württemberg)
 Anm. 21 (13), 86 (Anm. 179)
Liebenzell, Bad (LK Calw, Baden-Württemberg) 82 (Anm. 171), 101 (Anm. 200)
 – Gastwirt (hospes) 82 (Anm. *13)
Liebersbronn (Esslingen, LK Esslingen, Baden-Württemberg) Anm. 176 (84)
Lindau am Bodensee (LK Lindau, Bayern)
 evtl. Anm. 33 (17), 34 (Anm. 82), 48 (Anm. 104), Anm. *5 (48), 71 (Anm. 153)
Linsenhofen (Frickenhausen, LK Esslingen, Baden-Württemberg) Anm. 28 (16)
Lomersheim (Mühlacker, LK Enzkreis, Baden-Württemberg) 106 (Anm. 206)
Lorch (Enns, Oberösterreich, Österreich) 99 (Anm. 198)
Lorch (LK Ostalbkreis, Baden-Württemberg) Anm. *9 (78)
Lübeck (kreisfrei, Schleswig-Holstein) 34 (Anm. 81), 52 (Anm. 111)
Lützen (LK Burgenlandkreis, Sachsen-Anhalt) 27 (Anm. 52)

Maichingen (Sindelfingen, LK Böblingen, Baden-Württemberg) Anm. *1 (1)
Malsch (LK Karlsruhe, Baden-Württemberg) oder Malsch
 (Rhein-Neckar-Kreis, Baden-Württemberg) Anm. 119 (57)
Marbach am Neckar (LK Ludwigsburg, Baden-Württemberg) 110 (Anm. 210)
Marburg (LK Marburg-Biedenkopf, Hessen) Anm. 88 (38)
Markgröningen (LK Ludwigsburg, Baden-Württemberg)
 62 (Anm. 134), 80 (Anm. 168)
Memmingen (kreisfrei, Bayern) 45 (Anm. 99), 89 (Anm. 182)
Merchingen (Ravenstein, LK Neckar-Odenwald-Kreis, Baden-Württemberg)
 65 (Anm. 144)
Münsingen (LK Reutlingen, Baden-Württemberg)
 Anm. 32 (17), Anm. *7 (67), Anm. *27 (111)

Nastätten (LK Rhein-Lahn-Kreis, Rheinland-Pfalz) 11 (Anm. 19)
Neckartailfingen (LK Esslingen, Baden-Württemberg) Anm. 24 (14)
Niederstotzingen (LK Heidenheim, Baden-Württemberg) Anm. 203 (103)
Nordhausen (LK Nordhausen, Thüringen) 29 (Anm. 55)
Nördlingen (LK Donau-Ries, Bayern)
    Anm. 10 (8), 40 (Anm. 92), 43 (Anm. 96), 59 (Anm. 125), Anm. 205 (105), 114 (Anm. 215)
Nürnberg (kreisfrei, Bayern) Anm. 41 (21), 70 (Anm. 151)
Nürtingen (LK Esslingen, Baden-Württemberg)
    Anm. 43 (22), 23 (Anm. 44), 57 (Anm. 120)

Öhringen (LK Hohenlohekreis, Baden-Württemberg) Anm. 189 (93)
Oppau/Opawa (Region Niederschlesien, Polen) oder Troppau/Opava
    (Region Mähren-Schlesien, Tschechien) 71 (Anm. 154)
Österreich (Herkunftsangabe) Anm. 114 (54), Anm. 198 (99)
Ötlingen (Kirchheim unter Teck, LK Esslingen, Baden-Württemberg) Anm. 35 (18)
Owen (LK Esslingen, Baden-Württemberg) 73 (Anm. 157)

Pfyn (Kt. Thurgau, Schweiz) 30 (Anm. 59)
Plieningen (Stuttgart, SK Stuttgart, Baden-Württemberg) Anm. 25 (14), 34 (Anm. 77)

Ravensburg (LK Ravensburg, Baden-Württemberg)
    37 (Anm. 87), 54 (Anm. 116), 75 (Anm. 160)
Regensburg (kreisfrei, Bayern) 95 (Anm. 192)
Reutlingen (LK Reutlingen, Baden-Württemberg)
    7 (Anm. 8), Anm. 149 (68), 79 (Anm. 167), Anm. 208 (108)
 – Arzt (physicus) 68 mit Anm. 149 (Anm. 89)
Rosenau/Rožňava (Region Gemer, Slowakei) Anm. 98 (44)
Rothenburg ob der Tauber (LK Ansbach, Bayern) 28 (Anm. 54), 57 (Anm. 121)
Rottenburg am Neckar (LK Tübingen, Baden-Württemberg)
    Anm. 8 (7), 10 (Anm. 16), Anm. 22 (13)

Sankt Gallen (Kt. Sankt Gallen, Schweiz) 5 (Anm. 6) [vgl. Einleitung Anm. 5]
Schmalkalden (LK Schmalkalden-Meiningen, Thüringen) Anm. *24 (104)
Schorndorf (LK Rems-Murr-Kreis, Baden-Württemberg)
    Anm. 39 (21), 57 (Anm. 123), 58 (Anm. 124), Anm. *25 (105)
Schwaben (Herkunftsangabe) evtl. Anm. 23 (13) [vgl. Einleitung Anm. 5], Anm. 102 (48)
Schwäbisch Gmünd (LK Ostalbkreis, Baden-Württemberg) 4 (Anm. 5), Anm. 20 (12)
Schwäbisch Hall (LK Schwäbisch Hall, Baden-Württemberg)
    61 (Anm. 133), 87 (Anm. 180), 91 (Anm. 185)
 – Apotheker (pharmacopaeus), Arzt (physicus) 87 mit Anm. 180 (Anm. *15)

Schweidnitz/Świdnica (Region Niederschlesien, Polen)   72 (Anm. 156)

Schweinfurt (kreisfrei, Bayern)   65 (Anm. 143)

Siebenbürgen (Herkunftsangabe)   Anm. 106 (49)

Sillein/Žilina (Region Nördliches Waag-Gebiet, Slowakei)   112 (Anm. 212)

Speyer (kreisfrei, Rheinland-Pfalz)   Anm. 16 (10), 32 (Anm. 67), 92 (Anm. 187)

Steinheim an der Murr (LK Ludwigsburg, Baden-Württemberg)   28 (Anm. 53)

Straßburg/Strasbourg (Dép. Bas-Rhin, Frankreich)
    24 (Anm. 46), 42 (Anm. 95), 49 (Anm. 105)

Straubing (kreisfrei, Bayern)   32 (Anm. 62), 32 (Anm. 63)

Stuttgart (SK Stuttgart, Baden-Württemberg)
    Anm. 23 (13) [vgl. Einleitung Anm. 5], Anm. 31 (17), Anm. 36 (18) [vgl. Einleitung Anm. 5], 24 (Anm. 47), 46 (Anm. 100), 48 (Anm. 102), 57 (Anm. 119), Anm. 120 (57), 60 (Anm. 130), 67 (Anm. 146), Anm. *8 (74), 74 (Anm. 159), Anm. *10 (81), Anm. *12 (82), 85 (Anm. 177), 93 (Anm. 189), Anm. *20 (98), Anm. 197 (98), Anm. *23 (103), 103 (Anm. 202), Anm. *28 (111)

– Arzt (physicus)   97 mit Anm. 195 (Anm. 131)

Südtirol (Herkunftsangabe)   Anm. 78 (34)

Suppingen (Laichingen, LK Alb-Donau-Kreis, Baden-Württemberg)   Anm. 26 (14)

Tübingen (LK Tübingen, Baden-Württemberg)
    10 (Anm. 14), Anm. 29 (16), Anm. 34 (18), 25 (Anm. 48), 31 (Anm. 60), 32 (Anm. 65), Anm. 70 (33), Anm. 74 (34), 34 (Anm. 76), 36 (Anm. 84), 39 (Anm. 89), Anm. 101 (47), 48 (Anm. 103), 50 (Anm. 107), 51 (Anm. 109), 51 (Anm. 110), 59 (Anm. 126), 60 (Anm. 129), Anm. 137 (63), Anm. 140 (65), 65 (Anm. 142), 68 (Anm. 149), 69 (Anm. 150), Anm. 158 (74), 75 (Anm. 161), Anm. 165 (78), Anm. 167 (79), 83 (Anm. 172), 83 (Anm. 174), 83 (Anm. 175), 86 (Anm. 178), Anm. *16 (90), 92 (Anm. 188), Anm. 190 (94), Anm. 193 (96), 98 (Anm. 196), Anm. 197 (98), Anm. *30 (112), 113 (Anm. 213), 114 (Anm. 214)

– Sterbeort   20 (Anm. 38)

– Stiftskirche – Dekan (decanus)   105 (Anm. *25)

– Stiftskirche – Pfarrer (pastor)   98 (Anm. *19), 104 (Anm. *19)

– Stiftskirche – Propst (praepositus)   94 (Anm. *12), 100 (Anm. *12)

Ulm (SK Ulm, Baden-Württemberg)
    10 (Anm. 18), 36 (Anm. 85), 59 (Anm. 128), 76 (Anm. 163), 81 (Anm. 169), 81 (Anm. 170), 91 (Anm. 186), 102 (Anm. 201), 103 (Anm. 203)

– Arzt (physicus)   81 (Anm. 92), 102 (Anm. *22), 111 (Anm. *29)

Ungarn (Herkunftsangabe)   44 (Anm. 98)

Urach, Bad (LK Reutlingen, Baden-Württemberg)   Anm. 40 (21)

Vaihingen (Stuttgart, SK Stuttgart, Baden-Württemberg)   Anm. *23 (103)

Veringen (Veringenstadt, LK Sigmaringen, Baden-Württemberg) 3 (Anm. 3)
Vogtland (Herkunftsangabe) Anm. 94 (41)
Waiblingen (LK Rems-Murr-Kreis, Baden-Württemberg)
 40 (Anm. 91), Anm. *4 (47), 96 (Anm. 194)
Walheim (LK Ludwigsburg, Baden-Württemberg) Anm. *21 (99)
Weil im Schönbuch (LK Böblingen, Baden-Württemberg) 67 (Anm. 147)
Weimar (kreisfrei, Thüringen) 32 (Anm. 64)
Weinsberg (LK Heilbronn, Baden-Württemberg) 61 (Anm. 131)
Weißenburg/Wissembourg (Dép. Bas-Rhin, Frankreich)
 65 (Anm. 140), Anm. 152 (71)
Weißenhorn (LK Neu-Ulm, Bayern) 7 (Anm. 9), 8 (Anm. 11)
Wembding (LK Donau-Ries, Bayern) Anm. 38 (20), 34 (Anm. *3), 43 (Anm. 97)
Westfalen (Herkunftsangabe) Anm. *14 (86)
Wien (Wien, Österreich) Anm. 72 (33), 94 (Anm. 191)
Wiesensteig (LK Göppingen, Baden-Württemberg) Anm. 30 (16)
Wildbad, Bad (LK Calw, Baden-Württemberg) Anm. 15 (10) [vgl. Einleitung Anm. 5]
Windsheim, Bad (LK Neustadt an der Aisch-Bad Windsheim, Bayern) Anm. 69 (33)
Württemberg (Herkunftsangabe) Anm. 120 (57), Anm. 145 (66), Anm. 171 (82)
 – Rat (*consiliarius*) 74 (Anm. *8), 100 (Anm. *16)
Wunsiedel (LK Wunsiedel im Fichtelgebirge, Bayern) 41 (Anm. 94)

Zell im Zellertal (Zellertal, Göllheim, LK Donnersbergkreis, Rheinland-Pfalz)
 Anm. *18 (96)
Zimmern ob Rottweil (LK Rottweil, Baden-Württemberg) Anm. 27 (15)

Personen- und Ortsindex

Wegen der häufigen Nennung wurde »Tübingen« nicht in den Index aufgenommen. Das Wort »Bad« am Anfang von Ortsnamen entfällt. Einträge aus Fußnoten sind durch ein [F] hinter der Seitenzahl gekennzeichnet.

Aachen 364
Abū-Maʿšar Ǧaʿfar Ibn-Muḥammad 102
Adler, Johannes → Aquila, Johannes
Adriani, Matthäus 27, 163
Adrianus, Matthias → Adriani, Matthäus
Aegidius ⟨de Columna⟩ → Aegidius ⟨Romanus⟩
– ⟨Romanus⟩ 34, 102, 106
Aernlin, German 84
Aeschines 63
Aeschylus 55
Agricola, Alexander 345
– , Johann Georg 458
– , Rudolf 34, 37, 71–72, 82, 91, 197, 241
Albertus ⟨de Orlamunda⟩ 20, 99–100
– ⟨de Saxonia⟩ 116, 240
– ⟨Magnus⟩ 34, 37, 99–101, 104–108, 305[F], 313[F], 315
Albumasar → Abū-Maʿšar Ǧaʿfar Ibn-Muḥammad
Alcalá 240
Alciati, Andrea 62, 180, 182, 184
Alexander ⟨Aphrodisiensis⟩ 34, 102
– ⟨de Villa Dei⟩ 14, 17
– ⟨Halensis⟩ 102, 142
Algazali → Ġazzālī, Abu-Ḥāmid Muḥammad Ibn-Muḥammad al-
Alonso ⟨de la Vera Cruz⟩ 241
Altdorf 167, 169, 172
Altenburg 356
Althusius, Johannes 182
Amalasuntha ⟨Ostgotenreich, Königin⟩ 360, 362
Amalricus ⟨de Bena⟩ 102, 112
Amantius, Bartholomaeus 178–179, 182, 184, 190
Ambrosius ⟨Mediolanensis⟩ 102
– ⟨Organist in Tübingen⟩ 339
Amerbach, Veit 306
Anaxagoras ⟨Clazomenius⟩ 101, 114
Anaximander ⟨Milesius⟩ 101
Andeli, Henri d' → Henri ⟨d'Andeli⟩
Andreae, Antonius → Antonius ⟨Andreas⟩
– , Jacob 67, 189, 207–208, 217, 219, 227, 440
– , Johannes → Johannes ⟨Andreae⟩
– , Ulrich 440
Angelus ⟨Carletus⟩ 142

– ⟨de Clavasio⟩ → Angelus ⟨Carletus⟩
Anhauser, Johann Gaudens 45
Anna ⟨Frankreich, Königin, 1477–1514⟩ 369
Anne de Bretagne → Anna ⟨Frankreich, Königin, 1477–1514⟩
Anomoeus, Matthias 438
Anselm ⟨von Canterbury⟩ → Anselmus ⟨Cantuarensis⟩
Anselmus ⟨Cantuarensis⟩ 102, 112
Anshelm, Thomas 27–28, 32, 91, 130–131, 133, 135, 161
Antoninus ⟨Florentinus⟩ 142
Antonius ⟨Andreas⟩ 102
– ⟨Veronensis⟩ 102
Antwerpen 80
Anweil, Johann Burkhard von 364
Apel, Johann 182
– , Johann Christian 341
Apian, Petrus 178
– , Philipp 81, 189[F]
Aquarius, Theodoricus 435
Aquila, Johannes 19–20, 117–160
Aquisgrania → Aachen
Aretinus, Leonardus Brunus → Bruni, Leonardo
Arezzo, Guido von → Guido ⟨Aretinus⟩
Argyropulos, Johannes → Johannes ⟨Argyropulus⟩
Aristoteles 11–12, 24, 32–37, 39–40, 46[F]–47[F], 48, 50, 53, 54[F], 56, 60, 72, 76, 78[F], 80, 91–92, 97, 99–102, 104–111, 114, 116, 137, 142, 221–224, 229–237, 239–244, 246, 248, 254, 257, 270, 275, 288, 299–335, 348
Artusi, Giovanni Maria 339–340
Ascanius, Michael 467
Augsburg 68, 195, 395
August ⟨Braunschweig-Lüneburg, Herzog, 1579–1666⟩ 166
– ⟨Sachsen, Kurfürst⟩ 218
Augustinus, Aurelius 97, 101–103, 105, 111, 198, 203, 300, 358
Austriacus, Heinrich → Österreicher, Heinrich
Averroes 11, 34, 101–102, 106, 112, 116
Avicebron → Ibn-Gabirol, Šelomō Ben-Yehûdā
Avicenna 11, 34, 101–102, 106–107, 111, 224

Bach, Johann Sebastian 356
Bacharach 28
Bacon, Rogerus 97
Baden ⟨Aargau⟩ 164
Balbani, Nicolas 225
Baltz, Tobias 434
Barbarus, Hermolaus ⟨Iunior⟩ 36
Barbetta, Giulio Cesare 356
Bardili, Carl 418^F, 466–467
Bartenbach, Johannes 172
Bartenschlag, Joachim 430
Bartholomaeus ⟨Anglicus⟩ 102
Bartolus ⟨de Saxoferrato⟩ 142
Basel 16, 21–22, 38, 47, 53, 62, 64, 68–69, 72, 78, 82, 87^F, 163–164, 166, 171, 174, 179, 308, 339, 350
Basilius ⟨Caesariensis⟩ 81, 102
– ⟨der Große⟩ → Basilius ⟨Caesariensis⟩
Bathory, Stephan → Stephan ⟨Polska, Krol⟩
Bauer, Bartholomäus 398
Bauhin, Caspar 292
Bauhovius, Albert 334^F
Bayer, Andreas 454, 461
Bayle, Pierre 226^F
Bayr, Elias 322^F
Beatus ⟨Rhenanus⟩ → Rhenanus, Beatus
Bebel, Heinrich 21–22, 29–30, 95, 134, 344
Bebenhausen 154, 373
Beda ⟨Venerabilis⟩ 102
Beer, Kaspar 46
Beldemandis, Prosdocimus de 338^F
Bener, Marcus 461^F
– , Matthæus 461
Benignus, Johannes 44–45, 53–56, 62, 65–66, 68, 76, 272
Beringer, Michael 167, 172
Berre, Wolfgang Philipp 348
Besold, Christoph 458, 462
Bessarion 36
Beuerlin, Jakob 201, 210
Beuss, Caspar 447
Bever, Johannes 256^F, 295
Beyer, Johann Hartmann 442
Beza, Theodor → Bèze, Théodore de
Bèze, Théodore de 62, 180, 227
Biberach 75
Bibra, Lorenz von ⟨Würzburg, Bischof⟩ 131
Bidembach, Wilhelm 82, 85, 346
Bietigheimer, Johannes → Stürmlin, Johannes
Bigot, Guillaume 45, 53
Binchois, Gilles 353
Bintel, Johann Wilibald 368

Blarer, Ambrosius 38–39, 41–43, 48, 50, 53, 62, 164, 174–175, 180, 194
Bloss, Johann 80
– , Johann Sebastian 459
– , Sebastian 418^F, 448, 450–451, 453–461
Bocer, Heinrich 457, 460
Boethius, Anicius Manlius Severinus 101–102, 106, 224, 244^F, 246, 338, 344, 358
Bologna 225
Bolzano, Urbanio 63
Bomberg, Daniel 168
Bonaventura ⟨Sanctus⟩ 102
Boninger, Johannes → Benignus, Johannes
Boschar, Johann Josua 431
Bosthar, Johann Josua → Boschar, Johann Josua
Bourges 62, 180
Brack, Georg 345
Brackenheim 31
Brant, Sebastian 21
Brasperger, Heinrich 449
Brassicanus, Johann Alexander 29, 55^F
Brastberger, Gebhard 43, 53–54, 56, 185
Braun, Balthasar → Bruno, Balthasar
– , Jakob 74–75
Breining, Gottlieb → Breuning, Gottlieb
Brentius, … → Brenz, …
Brenz, Johannes ⟨der Jüngere⟩ 207, 439^F
– , Johannes (Theologe, 1499–1570) 48, 194, 210, 227
– , Joseph 439
Brenzlin, Johannes 84
Breuning, Gottlieb 462
Brodhag, Samuel 75
Brotbeck, Johann Conrad 467
Bruchsal 163
Brumath ⟨Elsaß⟩ 389
Brumel, Antoine 345, 353
Bruni, Leonardo 36
Brunner, Isaac 311^F, 460
Bruno, Balthasar 442
– , Jakob → Braun, Jakob
Bucher, Georg Burkhard 456
Budé, Guillaume 180
Bühl ⟨Tübingen⟩ 311
Bugenhagen, Johannes 211
Burckhard, Georg 87–88, 396, 398–399
Buridanus, Johannes → Johannes ⟨Buridanus⟩
Burlaeus, Gualterus 102, 240
Burleigh, Walter → Burlaeus, Gualterus
Burmeister, Joachim 340, 356, 374
Busius, Simon 437
Butzbach 121, 128^F
– , Johannes 29

Buxtorf, Johannes ⟨senior⟩ 166, 170^F, 171
—, Johannes ⟨junior⟩ 171

Caboy, Ludwig 348^F, 368
Caesar, Johannes 98–99
Caesarius, Hermannus 433
—, Johann 38, 40
Calvin, Jean 62, 180, 185–186, 227–228, 300^F
Calvisius, Sethus 338
Calw 95, 210, 356
Calwer, Paul 65, 68–69
Cambridge 28, 163
Camenerus, Timannus → Kemenerus, Timannus
Camerarius, Alexander 437, 449
—, Joachim 41, 47–48, 50, 53, 55–57, 60, 63, 76, 91, 226
—, Johann David 454
—, Johann Rudolph 449
Cannstatt 31
Capito, Wolfgang 98–99
Cappelbeck, Jacob 184, 188
Case, John 305^F, 317
Cassiodorus, Flavius Magnus Aurelius 142
Casus, Johannes → Case, John
Cavalieri, Emilio de 338^F
Cellarius, Conrad 465
—, Johannes 27
Cellius, Erhard 44^F, 80, 88, 210–211, 308^F, 310, 461
—, Johann Erhard 461^F
Celtis, Konrad 21–22
Ceporinus, Jacob 68
Chalkokondylēs, Dēmētrios 62–63, 180
Chartres 13
Chemerlin, Georg 429
Chemnitz, Martin 198
Christian ⟨Sachsen, Kurfürst, I.⟩ 199
Christoph ⟨Pfalz, Kurprinz⟩ 225
— ⟨Pfalz, Pfalzgraf⟩ → Christoph ⟨Pfalz, Kurprinz⟩
— ⟨Württemberg, Herzog⟩ 52, 69, 71, 73, 75–76, 83, 89, 91, 167, 185–187, 201–204
Chrysippus ⟨Solensis⟩ 246
Chrysoloras, Emanuel → Manuel ⟨Chrysoloras⟩
Chytraeus, David 59
Cicero, Marcus Tullius 13, 15, 40, 44, 49, 56, 68, 71, 80–82, 84–87, 88^F, 91, 102, 246–247, 256^F, 274–275, 299, 301, 311, 322^F, 333
Cleber, Theophilus 77, 86
Cleesattel, Johannes → Kleesattel, Johannes
Clemens ⟨Alexandrinus⟩ 102
— ⟨Papa, VI.⟩ 338
Clemens non Papa, Jacobus 363

Coclico, Adrian Petit 345
Coimbra 303
Copius, Bernhard 295
Coriarius, Johannes → Mendlin, Johannes
Corvinus, Laurentius 22
Cottwitz, Johann → Kottwitz, Johann
Creutziger, Caspar 169
Croaria, Hieronymus von 19
Cruciger, Caspar → Creutziger, Caspar
—, Caspar ⟨der Ältere⟩ 211
Crusius, Johann 357
—, Martin 44^F, 68, 70^F, 75^F, 77, 78^F, 81–82, 84^F, 86^F–87^F, 88, 164^F, 165, 239, 243, 294, 342, 344, 353–375
—, Pulcheria 359, 367–368
Culingius, Stephanus 77, 83

Dachtler, Jakob ⟨der Jüngere⟩ 67, 71, 75, 172
Dalberg, Johann von 391^F
Danaeus, Lambertus 300^F
d'Andeli, Henri → Henri ⟨d'Andeli⟩
Daneau, Lambert 318, 332^F
Daser, Ludwig 347^F, 358
Dedekind, Friedrich Melchior 343^F
Degen, Jacob → Schegk, Jacob
Demler, Anastasius 188
Democritus ⟨Abderita⟩ 101
Demosthenes 61, 63, 80, 82, 85, 275, 311
Denger, Jakob 46
Denores, Jason → Nores, Giasone de
Derendingen 253, 272
Desprez, Josquin → Josquin ⟨Desprez⟩
Dierntzel, Andreas 432
Diogenes ⟨Apolloniates⟩ 101
Dionysius ⟨Areopagita⟩ 101–102
Dirr, Johannes → Dürr, Johannes
Dithmarsus, Christian Matthias → Matthiae, Christian
Doleatoris, Johannes → Aquila, Johannes
Donatus, Aelius 14
Dowland, John 345
Du Moulin, Charles 185–186, 190
Dürr, Johannes 445
Duns Scotus, Johannes 34, 97–98, 102–103, 105–106, 109, 111–115, 142, 242
Durr, Johannes → Dürr, Johannes
Dytalus 101–102

Eberhard ⟨im Bart⟩ → Eberhard ⟨Württemberg, Herzog, I.⟩
— ⟨Württemberg, Graf, V.⟩ → Eberhard ⟨Württemberg, Herzog, I.⟩
— ⟨Württemberg, Herzog, I.⟩ 18, 23, 91, 121,

143, 359, 361, 366
- ⟨Württemberg, Herzog, II.⟩ 342
Ebersberger, Jakob 442
Eck, Johannes 36, 95
Eckholdt, Jacob → Eggel, Jakob
Egellius, Petrus 437, 450^F
Eggel, Jakob 450
Eggensperger, Bartholomäus 342
- , Petrus → Eggensperger, Bartholomäus
Egranus, Abraham Michael 452
Ehem, Christoph 80
Einhorn, Werner 28
Einsiedel ⟨Kirchentellinsfurt⟩ 122
Eisengrein, Balthasar 452
- , Tobias 452
Eisenmenger, Samuel 77, 80, 82, 433
Empedocles 101, 109
Enenkel, Georg Achatius 292
Engel, Christoph 436
Engelhart, Leonhard 86, 87^F
English, John 303^F
Enzlin, Matthäus 364
Eppingen 87
Erasmus, Desiderius 40, 163, 174, 179–180, 197
Erber, Johann 435
Erfurt 12, 36, 121, 172, 337, 375
Eriugena, Johannes Scotus → Johannes ⟨Scotus Eriugena⟩
Ernlin, German → Aernlin, German
Esslingen 210, 239, 417, 427^F, 434^F
Euclides 48, 56, 63, 68, 73, 81–82, 275
- ⟨Megarensis⟩ 101
Euripides 61
Eusebius ⟨Caesariensis⟩ 102, 322^F
Eysengrein, Balthasar → Eisengrein, Balthasar
- , Tobias → Eisengrein, Tobias

Faber, Georg → Faber, Gregor
- , Gregor 64, 346, 350, 353, 356, 374, 431
Faber Stapulensis, Jacobus → LeFèvre d'Étaples, Jacques
Fabri, Johannes 418^F, 445, 450–453, 455
Fabricius, Theodor 167
Fabricius Hildanus, Wilhelm 318^F, 321, 322^F
Fäßler, Konrad → Vessler, Konrad
Falcuccius, Nicolaus 102
Feldkirch 28
Felicianus, Johannes Bernardus 305^F
Ferdinand ⟨Römisch-Deutsches Reich, Kaiser, I.⟩ 31, 33, 37, 58, 175^F, 194
- ⟨Römisch-Deutsches Reich, Kaiser, II.⟩ 449^F
Ferdinando ⟨Toscana, Granduca, I.⟩ 338^F
Fergenhans, Johannes → Vergenhans, Johannes

Ferrara 184, 185^F
Fesseler, Konrad → Vessler, Konrad
Fest, Costanzo 369
Finck, Heinrich 345
Fischer, Hieronymus → Vischer, Hieronymus
Flacius, Matthias 167
Flacius Illyricus, Matthias → Flacius, Matthias
Flaminio, Marco Antonio 295
Fleck, Georg 356
Fonseca, Pedro da 295
Forest, Hector 306
Forkel, Johann Nikolaus 341
Forster, Georg 346, 429
- , Johann 57, 62, 164–165, 167, 172, 181, 196
Franciscus ⟨de Maironis⟩ 102
Frankfurt ⟨Main⟩ 118, 397
- ⟨Oder⟩ 58, 172, 339, 342, 345
Franz, Johann Georg Friedrich 370
Frecht, Martin 74
Freiburg ⟨Breisgau⟩ 20–21, 37, 45, 53, 67, 70, 84, 98, 164, 179, 187, 256^F, 358, 375
Friderici, Ulrich 446
Friedrich ⟨Barbarossa⟩ → Friedrich ⟨Römisch-Deutsches Reich, Kaiser, I.⟩
- ⟨Pfalz, Kurfürst, III.⟩ 226
- ⟨Römisch-Deutsches Reich, Kaiser, I.⟩ 362, 366
- ⟨Württemberg, Herzog, I.⟩ 66, 85, 364, 367
Frischlin, Nicodemus 83, 88, 363
Fuchs, Leonhard 78^F, 413, 414^F, 416–417, 418^F–419^F, 429–430, 432–433
Furtenbach, Johann Jacob 457

Gabler, Venerandus 417^F, 419^F, 427^F, 429
Gaetanus ⟨de Thienis⟩ 34
Gaffori, Franchino 345, 350
Gaffurius, Franchinus → Gaffori, Franchino
Gaildorf 124
Galenus 101–102, 246, 314
Gallus, Jodocus 162
Garbitius, Matthias 55–56, 61, 65–66, 68–69, 76, 93, 306–308
Gartner, Johannes 446
Gaza, Theodorus → Theodorus ⟨Gaza⟩
Gazēs, Theodōros → Theodorus ⟨Gaza⟩
Gazzālī, Abu-Ḥāmid Muḥammad Ibn-Muḥammad al- 34, 102, 107
Geiger, Karl 407^F
Geilfus, Johann 312^F
Gelthuß ⟨Familie⟩ 117
Génébrard, Gilbert 222
Genf 225, 228
Gengenbach, Nicolaus 373

Gentili, Alberico 188
Gentner, Johannes → Aquila, Johannes
Georgius ⟨Trapezuntius⟩ 32, 34
Gerardus ⟨Odonis⟩ 102
Gerhard, Hieronymus 74–75, 291
– , Johann Conrad 446, 460^F
– , Johannes 418^F, 459, 462–467
Gerlach, Stephan 219, 292
Gerson, Johannes 102, 112
Gertner, Johannes → Gartner, Johannes
Gesualdo, Carlo 339
Gheeraerdts, Andreas → Hyperius, Andreas
Ghiselin, Johannes 345
Gießen 172, 214
Giffen, Hubert van 305^F
Gilbert ⟨de Poitiers⟩ → Gilbertus ⟨Porretanus⟩
Gilbertus ⟨Porretanus⟩ 102
Gilkens, Pieter 306
Giphanius, Obertus → Giffen, Hubert van
Glarean, Heinrich → Glareanus, Henricus Loriti
Glareanus, Henricus Loriti 358
Glotseisius, Johann 451, 465^F
– , Johann Adam 464
– , Johann Hieronymus 467
Glotzeys, ... → Glotseisius, ...
Gockel, Johann Georg 463
Goclenius, Rudolph 334
Godefridus ⟨de Fontibus⟩ 102
Göckel, Rudolph → Goclenius, Rudolph
Göppingen 347
Görlitz 342
Göttingen 341
Golius, Theophilus 305^F, 318^F, 319, 321, 333
Gottfried von Fontaines → Godefridus ⟨de Fontibus⟩
Gottwitz, Johann → Kottwitz, Johann
Grammer, Conrad 448
Grauer, Johann Philipp 447
– , Philipp 433, 447
Gregor ⟨der Große⟩ → Gregorius ⟨Papa, I.⟩
Gregorius ⟨Papa, I.⟩ 102
Greifswald 59, 172, 179, 199, 203, 345
Greiter, Matthäus → Greiter, Matthias
– , Matthias 353
Gremp von Freudenstein, Ludwig 181–184, 190, 389–402
– , Onophrius 389
Gribaldi, Matteo 186–187, 190
Grienblat, David 439
Grieninger, Erasmus → Grüninger, Erasmus
Grosseteste, Robertus 34, 102
Grouchy, Nicolas de 305^F
Grüninger, Erasmus 348^F

Gruter, Janus 169
Grynaeus, Simon 38–39, 41–42, 47–48, 50, 53, 174–175, 180, 194
Günther, Peter 132–133, 151
Guerntinus, Joachimus → Quernten, Joachim
Guido ⟨Aretinus⟩ 350
Guilelmus ⟨Arvernus⟩ 101–102
Gutiérrez, Alonso → Alonso ⟨de la Vera Cruz⟩
Guttmann, Caspar 436

Hackspan, Theodoricus 170
Haeberlin, Oswald 442
Hafenreffer, Matthias 165, 167, 453–454
– , Samuel 370–371, 375, 453
Hagenau 28, 131
Hager, Konrad 391
Haindelius, Melchior 432
Hainz, Daniel → Heintz, Daniel
Halbritter, Johann 455, 457
Halietus, Johannes → Aquila, Johannes
Halle 341
Hamberger, Georg 77, 82, 86, 418^F, 428^F, 432, 436–443, 445–448
– , Johann Georg 448
Hamelius, Tilemannus 435
Hannover 342
Hantel, Melchior → Haindelius, Melchior
Harder, Johann 445
Harpprecht, Johann 462
Hauenreuter, Sebald 54, 56, 61, 429, 441
Haug, Castolus 460
– , Johann Jakob 418^F, 444, 451–454, 460
Havenreuter, Johann Ludwig 306^F, 441
Hawenreuter, Johann Ludwig → Havenreuter, Johann Ludwig
– , Sebald 306
Heberlin, Oswald → Häberlin, Oswald
Heerbrand, Jacob 67, 207–219
Heidelberg 16, 36, 43, 55, 60, 80, 95, 117–118, 120–121, 125, 131, 135, 172, 187, 203, 225–226, 344, 356
Heiden, Sebald → Heyden, Sebald
Heiland, Philipp 328
– , Samuel 70, 74–75, 77, 80, 82, 201, 303–312, 317–335
Heimerdingen 86
Heinrich ⟨der Teichner⟩ 118
– ⟨England, König, VIII.⟩ → Henry ⟨England, King, VIII.⟩
– ⟨von Gent⟩ → Henricus ⟨Gandavensis⟩
– ⟨von Segusia⟩ → Henricus ⟨de Segusia⟩
Heintz, Daniel 463
– , Friedrich 455

–, Veit 455, 463ᶠ
Heinzel, Johann Heinrich 292
Held, Moses 454
Helmstedt 172
Helwig, Christoph 168
Henerus, Johannes 440
–, Petrus 440
–, Renatus 440
Henri ⟨d'Andeli⟩ 14
Henricus ⟨de Segusia⟩ 102, 142
– ⟨Gandavensis⟩ 102
– ⟨Hostiensis⟩ → Henricus ⟨de Segusia⟩
Henry ⟨England, King, VIII.⟩ 28, 212ᶠ
Heraclitus ⟨Ephesius⟩ 101
Hermes ⟨Trismegistus⟩ 102
Hermolaus ⟨Barbarus Iunior⟩ → Barbarus, Hermolaus ⟨Iunior⟩
Herter, Caspar 310
Herwagen, Johannes 57
Hesiodus 55, 61, 63, 101
Hettler, Bartholomäus 75
Hetzel, David 447
Heyden, Sebald 350, 353
Heynlin, Johannes 95–96
Heynlin von Stein, Johannes → Heynlin, Johannes
Hezel, Daniel 463
–, Jacob 463
Hiemer, Johann Heinrich 311, 332
Hieronymus ⟨Pragensis⟩ 102, 112
–, Sophronius Eusebius 102, 105
Hildebrand, Johannes 448
Hilden, Wilhelm → Fabricius Hildanus, Wilhelm
Hiltbrand, Johannes → Hyltebrant, Johannes
Hiltebrandt, Johannes 132ᶠ
Hipp, Georg 30
Hippocrates 101, 314
Hippodamus ⟨Milesius⟩ 375ᶠ
Hirnbach, Joseph → Hürnbach, Joseph
Hirscher, Marcus 441
Hitzler, Daniel 371, 373–374
–, Johann Wolfgang 371
Hizler, Georg 77–78, 82
Hochmann, Johann 83, 187–188
Hochstetter, Petrus Paulus 441
Höcker, Jonas 312, 332–334
Hofott, Philipp 397
Hohenfelder, Christoph 333ᶠ
–, Ludwig 292
–, Wolfgang 292
Hohenstaufen 360ᶠ
Homerus 57, 61, 63, 81
Hoogstraaten, Jacobus van 161, 163

Horatius Flaccus, Quintus 63, 102–103, 313
Hornmold, Samuel 187, 188ᶠ
–, Sebastian 188
Horst, Gregor 466
–, Johann Daniel 466
–, Johann Georg → Horst, Johann Daniel
Hostiensis, Henricus → Henricus ⟨de Segusia⟩
Hoyoul, Balduin 347ᶠ
Hrabanus ⟨Maurus⟩ 102
Hürnbach, Joseph 80, 348
Hugo ⟨de Novo Castro⟩ 102, 113
– ⟨de Sancto Victore⟩ 102
– ⟨Pisanus⟩ → Hugutio
Hugolinus ⟨de Urbe Vetere⟩ 116
– ⟨von Orvieto⟩ → Hugolinus ⟨de Urbe Vetere⟩
Hugutio 142
Ḥunain Ibn-Isḥāq 102
Hus, Jan 102, 112
Hutter, Elias 168
Huttich, Johann 132
Hutzelin, Johannes 348ᶠ
Hyltebrant, Johannes 27, 53–54, 56, 62–63, 65–66, 68, 70–71, 74, 77, 80, 82, 164, 166, 172, 202ᶠ
Hyperius, Andreas 334, 437ᶠ
–, Lorenz 437

Ibn-ʿEzra, Avraham Ben-Meʾir 168
Ibn-Gabirol, Šelomō Ben-Yehûdā 11, 102
Imsser, Philipp 42–43, 53–54, 56, 62, 65–66, 68, 72, 77, 93, 133
Ingolstadt 21, 27–28, 36, 42, 76, 178, 181, 187, 337, 389
Innocentius ⟨Papa, III.⟩ 102, 112
– ⟨Papa, IV.⟩ 142
Irene ⟨Imperium Byzantinum, Principissa⟩ → Irene ⟨Römisch-Deutsches Reich, Königin⟩
– ⟨Römisch-Deutsches Reich, Königin⟩ 359–361
– ⟨Schwaben, Herzogin⟩ → Irene ⟨Römisch-Deutsches Reich, Königin⟩
Isaac, Heinrich 345, 369
Isenmann, Veit 446
Isenmenger, Samuel → Eisenmenger, Samuel
Isidor ⟨von Sevilla⟩ → Isidorus ⟨Hispaliensis⟩
Isidorus ⟨Hispaliensis⟩ 101, 149
Isocrates 61, 313

Jacobus ⟨de Venetiis⟩ 102
Jeep, Johann 343ᶠ
Jena 167, 169, 172, 337ᶠ, 374
Jenellius, Johannes → Jerelius, Johannes
Jenisch, Paul 374ᶠ
Jerelius, Johannes 450

Jessenius, Johannes → Jerelius, Johannes
Joachim Hektor ⟨Brandenburg, Kurfürst, II.⟩ 58
Johann Friedrich ⟨Pommern-Stettin, Herzog⟩ 85
– ⟨Württemberg, Herzog⟩ 419
Johannes ⟨Andreae⟩ 142
– ⟨Argyropulus⟩ 35–36
– ⟨Buridanus⟩ 115, 240
– ⟨Canonicus⟩ → Johannes ⟨de Sancto Amando⟩
– ⟨Damascenus⟩ 101–102, 111
– ⟨de Garlandia⟩ 337–338
– ⟨de Ianduno⟩ 34
– ⟨de Mirecuria⟩ 34
– ⟨de Muris⟩ 337–338
– ⟨de Nova Domo⟩ 102
– ⟨de Rupella⟩ 101
– ⟨de Sacrobosco⟩ 72
– ⟨de Sancto Amando⟩ 102, 106
– ⟨Maior⟩ → Major, John
– ⟨Scotus Eriugena⟩ 102
– ⟨von La Rochelle⟩ → Johannes ⟨de Rupella⟩
Johannitius → Ḥunain Ibn-Isḥāq
Johnston, Samuel 241[F]
Jonas, Jakob 28–29, 42, 163–164, 165[F], 172
– , Petrus 431
Josephus, Paul 168
Josquin ⟨Desprez⟩ 345, 350, 353
Judex, Matthaeus → Richter, Matthäus
Jürgensen, Theodor von 406[F]–407[F]
Junius, Adam 437
Justingen 22[F]

Kämmerlin, Georg 43, 53, 56, 61, 74
Käuffelin, Balthasar 196
Kalber, Jacobus 65[F]
Kaldenbach, Christoph 356, 371, 374
Karl ⟨Römisch-Deutsches Reich, Kaiser, V.⟩ 26, 67
Karl Eugen ⟨Württemberg, Herzog⟩ 392
Kastner, Leonhard 201
Kegel, Joachim 45, 182[F], 185, 190
Kemenerus, Timannus 295
Kepler, Johannes 81
Kiel 370
Kienlin, Sebastianus 433
Kimchi, David → Qimḥî, Dāwid
Kimerlin, Georg → Chemerlin, Georg
Kimḥī, Dāwid → Qimḥî, Dāwid
Kircher, Athanasius 370
Kirmann, Georg → Kyrmann, Georg
Kleesattel, Johann Georg 454
– , Johannes 437, 455
Klein, Hans 397
Knodel, Johannes 272

– , Maria → Liebler, Maria
Kobolt, Johannes 431
Köbel, Jacob 117–118, 127–135, 144, 149, 156
– , Nikolaus 118
Köln 37, 121, 193
Königsberg 172
Konstanz 102, 112
Kottwitz, Johann 451
Krafft, Ulrich 18
Krag, Anders 273, 294
Kragius, Andreas → Krag, Anders
Krakau 21, 226, 337
Krapner, Johannes 64, 77, 346, 357
Kraus, Jacob 348
Kuchel, Laurentius Walther 436
Kurrer, Kaspar 28, 42
Kymerlin, Georg → Chemerlin, Georg
Kyrmann, Georg 430

La Rue, Pierre de 345, 369
Lagus, Conrad 182
Lambin, Denis 305[F]
Lampadius, Auctor 353, 357
Lamparter, Gregor 19, 132
Lange, Johannes 203
Langenauer, Joachim 458
Lansius, Thomas 333[F]
Lapicida, Johannes 345
Laskaris, Kōnstantinos 63
Lasso, Orlando di 342[F], 356, 357[F], 363, 371, 374
Laubmaier, Andreas 84–85, 188
Lauingen 81, 256[F]
Leber, Valentin 347, 348[F]
Lechner, Leonhard 343, 356–357, 358[F], 362, 365
LeFèvre d'Étaples, Jacques 33–35, 39
Leipzig 35, 57–58, 64, 84, 163, 172, 226, 337–339, 343, 345, 370, 374
Lemp, Jakob 132
Lentilius, Rosinus 370, 375
Leo ⟨der Große⟩ → Leo ⟨Papa, I.⟩
– ⟨Papa, I.⟩ 102
Leonberg 87[F]
Leucippus 101
Liebler, Georg 68, 75, 77–78, 78[F], 82, 201, 251–288, 317[F], 375
– , Maria 254, 272, 294
Linacre, Thomas 68, 71, 82, 91, 275
Linck, Sebastian 45
Linz 356
List, Georg → List, Georg Philipp
– , Georg Philipp 463
Listenius, Nicolaus 350

Livius, Titus 63
Lobmüller, Caspar 292
Locher, Jakob 21
Löffingen 45^F
Löner, Kaspar 201
Löwen 12, 163
Lonicer, Johann 307^F, 321, 322^F
Loriti, Heinrich → Glareanus, Henricus Loriti
Loser, Balthasar 434
Louvain → Löwen
Lucanus, Marcus Annaeus 102–103
Lucca 225
Lucianus ⟨Samosatensis⟩ 40, 44, 63
Luder, Petrus 16
Ludwig ⟨Pfalz, Kurfürst, VI.⟩ 60
– ⟨Württemberg, Herzog⟩ 85, 167, 188–189, 292, 343, 356
Lupfdich, Johannes 19, 132
Lupulus, Sigismundus 74
Luther, Martin 28, 37, 95, 123, 162, 164, 175, 195, 197, 210–213, 215–216, 221, 300
Lyon 400

Macrobius, Ambrosius Theodosius 102
Märklin, Alexander → Marcoleon, Alexander
Magirus, David 463
– , Johannes 334
– , Samuel 348^F, 357–358, 358^F, 368
Maier, Caspar → Meyer, Caspar
Maimonides, Moses 11, 102
Mainz 36, 59, 121, 344
Maior, Georg 211
Major, John 240
Majus, Heinricus 199^F
Malvezzi, Christofano 338^F
Mangon, Reichard 337, 358–367
Manlevelt, Thomas 102
Manlich, Paul 443
Manuel ⟨Chrysoloras⟩ 63
Marburg 48, 51, 58, 172, 199, 203, 303^F, 307^F, 334
Marcoleon, Alexander 55
Markgröningen 30
Marquet, François Nicolas 370
Marsilius ⟨de Ingen⟩ 116, 125
Martin ⟨von Troppau⟩ → Martinus ⟨Oppaviensis⟩
Martinus ⟨Oppaviensis⟩ 102
Matthiae, Christian 305^F
Maulbronn 81, 347
Maximilian ⟨Römisch-Deutsches Reich, Kaiser, I.⟩ 21–22, 29, 151, 369
Mayr, Sebastian 431
Mechthild ⟨Österreich, Erzherzogin⟩ 366

– ⟨von der Pfalz⟩ → Mechthild ⟨Österreich, Erzherzogin⟩
– ⟨Württemberg, Gräfin⟩ → Mechthild ⟨Österreich, Erzherzogin⟩
Medici, Ferdinando I. de' → Ferdinando ⟨Toscana, Granduca, I.⟩
Medinger, Johann Ludwig 457
Megling, Nikolaus → Mögling, Nikolaus
Meier, Sebastian → Mayr, Sebastian
Meiland, Jakob 363
Melanchthon, Philipp 27–28, 32, 35, 38, 40–41, 47–48, 54, 56, 58–59, 68, 71–72, 76, 78, 80–82, 85, 88, 91–92, 133, 135, 161, 164, 169, 178, 181–182, 195–203, 206–217, 226, 239, 241, 263^F, 272, 275, 295, 300–303, 306, 313–314, 316–317, 319, 321, 334–335
Melissus ⟨Samius⟩ 101
Memmingen 82, 84
Mendlin, Johannes 61, 65–66, 68, 76–77, 82, 239
Merck, Michael 459
Mercklin, Bartholomäus 442
Merkling, Alexander → Marcoleon, Alexander
Metellus, Bernhard → Mettelin, Bernhard
Mettelin, Bernhard 85, 432
Meyer, Caspar 437
– , Sebastian → Mayr, Sebastian
Meynberger, Friedrich 130^F
Micyllus, Jakob 43, 54
Miller, Samuel 435, 449^F
Mockel, Johannes 367^F
– , Sebastian 347
Möchinger, Johannes → Widmann, Johannes
Mögling, Daniel ⟨1546–1603⟩ 418^F, 436, 441–448, 450, 452, 456^F, 465^F
– , Daniel ⟨1596–1635⟩ 456
– , David → Mögling, Johann David
– , Israel 447
– , Johann David 450
– , Johann Ludwig ⟨1585–1625⟩ 418^F, 451, 454–455, 457–459, 467
– , Johann Ludwig ⟨1613–1693⟩ 467
– , Johann Nikolaus 456
– , Johann Rudolf 445, 456^F
– , Johann Wolfgang 465
– , Nikolaus 85, 432, 436
– , Nikolaus ⟨der Jüngere⟩ → Mögling, Johann Nikolaus
– , Wilhelm 430, 432, 436
– , Wolfgang 465^F
Mohl, Robert von 392^F
Molendineus, Carolus → Du Moulin, Charles
Molsdorf, Peter von 450

Monau, Friedrich von 457
– , Jakob Friedrich von 458ᶠ
Monavius, Friedrich → Monau, Friedrich von
Moneceras, Werner → Einhorn, Werner
Monster, Melchior 77, 82, 87
Monteverdi, Claudio 340, 369, 371
– , Giulio Cesare 340
Morhard, Johannes 440
Morhart, Magdalena 70
– , Ulrich ⟨der Ältere⟩ 28, 131, 133
Moritz ⟨Sachsen, Kurfürst⟩ 68
Mozart, Wolfgang Amadeus 338ᶠ
Müller, Gallus 130
– , Matthaeus 418ᶠ, 449, 457–463
– , Vitus 80ᶠ, 211ᶠ, 307, 310–311, 320, 322–334
Münster 345
– ⟨Gaildorf⟩ 124
– , Melchior → Monster, Melchior
– , Sebastian 27, 68, 162, 164, 171
Muller, Samuel → Miller, Samuel
Mylaeus, Christophorus 260–261, 263ᶠ–264ᶠ, 266ᶠ, 295
Mylius, Sebastian 441

Nauclerus, Johannes → Vergenhans, Johannes
Naukler, Johannes → Vergenhans, Johannes
Neander, Michael 167
Neckartenzlingen 251, 272
Neuffer, Martin 466
Nicolai, Melchior 464, 467
Nicolaus ⟨de Altricuria⟩ 102
– ⟨de Lyra⟩ 102
– ⟨de Tudeschis⟩ 142
– ⟨Oresmius⟩ 116, 142–143, 160
Nifo, Agostino 35
Nigri, Petrus 162
Nikolaus ⟨von Autrecourt⟩ → Nicolaus ⟨de Altricuria⟩
Nikolaus von Florenz → Falcuccius, Nicolaus
Nördlingen 418
Nordhausen 204
Nores, Giasone de 318ᶠ
Northofer, Gregor 19
Nürnberg 41, 64, 72, 343, 346, 357
Nürnberger, Johannes 64
Nürtingen 251
Nyphus, Augustinus → Nifo, Agostino

Obersperger, Jakob → Ebersberger, Jakob
Obrecht, Jacob 345
Ockeghem, Johannes 345, 353
Ockham, Guilielmus de 34, 98, 102, 114–115, 123, 136, 240

Odo ⟨de Ursicampo⟩ 102
– ⟨von Ourscamp⟩ → Odo ⟨de Ursicampo⟩
Odratzheim, Jeremias von 396
Oecolampadius, Johannes 164
Österreicher, Heinrich 433
Ofterdingen 347
Oheim, Christoph → Ehem, Christoph
Opilio, Wilhelm 433
Oppenheim 117, 120, 127–135, 143–149, 151ᶠ, 156–160
Origenes 102
Orlando ⟨di Lasso⟩ → Lasso, Orlando di
Orléans 13–14, 181, 389
Ornithoparchus, Andreas 344–345, 374
Ortheus, Jacobus 431
Osiander, Andreas ⟨der Ältere⟩ 170
– , Andreas ⟨der Jüngere⟩ 328, 462
– , Johann 466ᶠ
– , Johann Christoph 462
– , Johann Conrad 466
– , Lucas ⟨der Ältere⟩ 165, 167
– , Lucas ⟨der Jüngere⟩ 170, 455, 457–467
Otmar, Johannes 125, 130
Otto, Julius Conrad 169ᶠ
Otto Heinrich ⟨Pfalz, Kurfürst⟩ 60, 80
Ovidius Naso, Publius 68, 102–103
Oxford 102, 163, 171, 303ᶠ

Padua 80, 169, 225, 230, 338ᶠ
Panormitanus → Nicolaus ⟨de Tudeschis⟩
Pantaleon, Heinrich 266ᶠ, 295
Pappus, Johann 292
Paris 11–14, 45, 95, 97–98, 103, 106, 110, 114–115, 163, 171, 180, 191, 201, 240–241, 248, 337–338
Parmenides 101
Passau 68
Paulus ⟨de Venetiis⟩ 240
– ⟨Diaconus⟩ 373
– ⟨Scriptor⟩ 97
– ⟨Venetus⟩ → Paulus ⟨de Venetiis⟩
Pavia 225
Pellicanus, Conrad 40, 162
Périon, Joachim 305ᶠ
Petrarca, Francesco 16
Petrus ⟨Aureoli⟩ 102
– ⟨Hispanus⟩ 24, 33, 37, 102, 105, 240
– ⟨Lombardus⟩ 102, 105, 123, 136, 191
Peucer, Kaspar 226
Peuerbach, Georg von 72
Peutinger, Konrad 391ᶠ, 395
Peypus, Friedrich 162
Pezel, Christoph 303

Pfedersheim, Paul von 162
Pfefferkorn, Johann 161
Pforzheim 27, 130, 162
Philaretus 102
Philipp ⟨Braunschweig-Grubenhagen, Herzog⟩ 204
– ⟨der Großmütige⟩ → Philipp ⟨Hessen, Landgraf, I.⟩
– ⟨Hessen, Landgraf, I.⟩ 58
– ⟨Römisch-Deutsches Reich, König⟩ 365–366
– ⟨von Schwaben⟩ → Philipp ⟨Römisch-Deutsches Reich, König⟩
Philippus ⟨Cancellarius⟩ 101
Phronto, Laurentius 432
Phrygio, Paulus Constantin 47, 181, 196
Piccolomini, Francesco 225, 333
Pico della Mirandola, Giovanni 102–103
Pindarus 314, 348
Piscator, Petrus 169^F
Pistor, Georg 430
Pistorius, Georg 434
Planer, Andreas 239, 311, 418^F, 435, 438–447, 449–450
– , Johannes 450
Plantsch, Martin 19
Plato 12, 97, 101, 113, 134, 239, 243, 258, 270, 288, 299, 312–313, 315^F, 322^F
Plautus, Titus Maccius 313
Plinius Caecilius Secundus, Gaius 40
Plinius Secundus, Gaius 101
Plutarchus 61, 101
Politianus, Angelus 288
Pontanus, Nicolaus → Pruckner, Nicolaus
Porphyrius 311^F
Prag 337
Pregitzer, Johann Ulrich 333^F, 461–462, 464–467
Prenninger, Martinus Uranius 19–20
Priscianus ⟨Caesariensis⟩ 14, 102
Pruckner, Nicolaus 78^F
Prugener, Nikolaus → Pruckner, Nicolaus
Ptolemaeus, Claudius 101, 133^F, 338
Pulcheria ⟨Augusta⟩ 337, 358–366
– ⟨Byzantinisches Reich, Kaiserin⟩ → Pulcheria ⟨Augusta⟩
Pythagoras 101, 338^F, 373

Qimḥî, Dāwid 168
Quernten, Joachim 433
Quintilianus, Marcus Fabius 57, 68

Rabanus ⟨Maurus⟩ → Hrabanus ⟨Maurus⟩
Radulphus ⟨Brito⟩ 320^F
Raiger, Wilhelm 460
Ramus, Petrus 222, 237, 241, 254, 271, 273, 290–291, 294–295, 318
Ranzenbach, Johannes 462
Rashi → Šelomo Ben-Yiṣḥāq
Ratichius, Wolfgangus → Ratke, Wolfgang
Ratke, Wolfgang 168
Raumaier, Philipp 311
Regiomontanus, Johannes 72
Reiner, Thomas 43
Reisch, Gregor 99^F, 103
Reminger, Johannes 46
Remmingsheim 30
Reninger, Johannes → Reminger, Johannes
Rentz, Georg 446, 461^F
– , Georg Balthasar 461
– , Heinrich 75
Reuchlin, Johannes 16–18, 20–21, 26–27, 29, 30^F, 91, 134–135, 161–164, 172, 391^F
Reusner, Nikolaus 295
Reutlingen 86, 125^F, 165, 398
Rezer, Daniel 462
Rhau, Wolfgang 359–361, 365–366, 368
Rhenanus, Beatus 34
Rhumel, Johann Conrad 445
Richardus ⟨de Sancto Victore⟩ 102
Richter, Matthäus 167
Riedlinger, Christoph 397–398, 400
Rinck, Johann 445
Rinteln 168, 172
Ritter, Johann Reinhard 459
– , Johann Reinhold → Ritter, Johann Reinhard
Robertus ⟨Grosseteste⟩ → Grosseteste, Robertus
Rodolph, Caspar 268^F, 295
Röser, Christoph 46
Röslin, Helisaeus 435
Rohrbach, Bernhard 409^F, 419^F
Rom 169, 171
Rosthius, Nicolaus 356
Rostock 36, 59, 172, 337, 340, 344–345, 356, 370, 374
Roth, Ludwig 464
Rothenburg ⟨Tauber⟩ 86, 88, 343^F
Roting, Michael 41
Rottenburg 30, 67, 74^F
Rucker, Michael → Rücker, Michael
Rücker, Michael 418^F–419^F, 430–431
Rümelin, Johann Ulrich 467
Rufach 162
Ruffo, Vincenzo 341
Rummel, Johann Conrad → Rhumel, Johann Conrad

Sabellus, Marcus Antonius → Savelli, Marco An-

tonio
Sabine ⟨Bayern, Prinzessin⟩ → Sabine ⟨Württemberg, Herzogin⟩
– ⟨von Bayern⟩ → Sabine ⟨Württemberg, Herzogin⟩
– ⟨Württemberg, Herzogin⟩ 273, 291, 345
Sacrobosco, Johannes de → Johannes ⟨de Sacrobosco⟩
Sainct-Fleur, Pierre 295
Salamanca 240, 303
Salomo, Adam 358
Salutati, Coluccio 15
Salzhuber, Georg 292
Sanflorus, Petrus → Sainct-Fleur, Pierre
Sankt Georgen 75[F]
Sattler, Gabriel 45, 53–55
Savelli, Marco Antonio 222
Scaturigius, Petrus 311
Schäffer, Michael 358
– , Zacharias 310[F], 311, 324, 358–363, 366–367
Schegk, Jacob 44, 53, 56, 58, 63, 65–66, 68, 76–78, 82, 88, 92–93, 183, 221–249, 263[F], 268[F], 270, 272–273, 291, 295–296, 305[F], 307–308, 312–317, 319, 332–334, 417[F]–418[F], 427[F], 429, 431–433, 436
Schein, Johann Hermann 343
Schenck, Johannes 431
Scherer, Marcus 29
Scheubel, Johann 63, 65–66, 68, 77, 81–82
Schickard, Wilhelm 161, 164–172, 322[F]
Schigkius, Joannes → Schenck, Johannes
Schikhardus, Wilhelmus → Schickard, Wilhelm
Schiller, Wolfgang 443
Schleyer, Thomas 441
Schlick, Arnolt 345
Schmidlapp, Jakob 444
Schmidlin, David 329[F]
Schmidt, Gregor → Faber, Gregor
Schneegass, Cyriacus 357[F]
Schnepf, Dietrich 67, 70, 74–75, 164–165, 172, 201, 207
– , Paul 84
Schnepff, Erhard 174, 200
Scholl, Andreas 441
Schopff, Abraham 443
Schorndorf 64
Schott, Konrad 44, 53–56, 61, 306
Schreckenfuchs, Erasmus Oswald 67, 70, 72, 74, 164
Schreiner, Georg Eberhard 465
Schröder, Heinrich 441
Schütz, Michael → Toxites, Michael
Schwäbisch Hall 48, 87, 124, 126, 131[F], 357

Schwartz, Christoph 440
– , Johannes → Zimmerman, Johannes
Schwarz, Abraham 322[F]
Schweicker, Michael 31, 45, 53–56, 61, 65–66
Schwenckfeld, Caspar 77
Scotus, Johannes Duns → Duns Scotus, Johannes
Scribonius, Wilhelm Adolf 318[F], 319, 321, 322[F]
Scriptoris, Paulus → Paulus ⟨Scriptor⟩
Sechel, Johannes 60–61, 65–66, 306–307
Seckerwitz, Johann 69, 74, 82
Selnecker, Nikolaus 226
Šelomo Ben-Yiṣḥāq 168
Seneca, Lucius Annaeus ⟨Philosophus⟩ 101–103
Senfft, Johann Conrad → Sinapius, Johann Konrad
Seng, Jeremias 438
Senger, Andreas 364, 448
– , Ludwig 449[F]
Sichard, Johann 179–180, 182–185, 187, 190
Siderocrates, Samuel → Eisenmenger, Samuel
Sigebert von Gembloux → Sigebertus ⟨Gemblacensis⟩
Sigebertus ⟨Gemblacensis⟩ 350
Sigwart, Christoph 239
– , Johann Friedrich 457
– , Johann Georg 219, 294
Silcher, Friedrich 342
Simler, Georg 27, 131–132, 133[F]–134[F], 135
Simon, Balthasar 418[F], 464–465
Simoni, Angela 225
– , Simone 221–236, 305[F]
Simplicius ⟨Cilicius⟩ 34, 116
Sinapius, Johann Konrad 448
Singer, Andreas → Senger, Andreas
Socrates 243
Solfleis, Martin ⟨der Ältere⟩ 443, 456[F]
– , Martin ⟨der Jüngere⟩ 456
Solinus, Gaius Iulius 102
Sommenhardt 95
Sophocles 61, 81, 313–314
Soto, Domingo de 240–241
Spach, Israel 438
Spangenberg, Johann 204–208, 212–213, 216–217, 219
Speyer 120, 135, 162
Spiegel, Jacob 31, 33, 132[F]
Staden, Sigmund Theophil 338[F]
Stagirit → Aristoteles
Stahel, Jakob 77, 82, 87
Stapulensis, Jacobus Faber → LeFèvre d'Étaples, Jacques
Staupitz, Johann von 95
Stein, Johannes Heynlin von → Heynlin, Johan-

nes
- , Leopold Karl von 311
Steinbach, Wendelin 18, 95–96, 128^F, 130, 193
Stephan ⟨Polen, König⟩ → Stephan ⟨Polska, Krol⟩
- ⟨Polska, Krol⟩ 226
Stephani, Samuel 454
Stephanus ⟨Parisensis⟩ → Stephanus ⟨Tornacensis⟩
- ⟨Tornacensis⟩ 112
Stiber, Bernhard 443
Stier, Johann 318^F
Stöffler, Johannes 22, 26–27, 42, 131–134, 135^F, 151, 156, 158^F, 159
Stoll, Johannes 30
Strabo 313^F
Straßburg 34, 42, 53, 55, 60, 69, 78, 80, 82, 130^F, 131, 167, 172, 174, 181, 303^F, 389–390, 395–400^F
Streitter, Johann Hupert 433
Striccius, Wolfgang 342^F
Strigel, Victor 303
Strohmeyer, Sebastian → Stromaier, Sebastian
Stromaier, Sebastian 452
Stürmlin, Johannes 46
Sturm, Jakob 390
- , Johannes 69, 82
Stuttgart 27, 29, 39, 52, 55, 87, 161, 165, 174, 200, 227, 342, 345, 347, 358, 368, 370^F, 389
Summenhart, Conrad 19, 95–116, 156, 162
Surus, Philipp 345
Synapius, Johannes Conradus → Sinapius, Johann Konrad

Tacitus, Cornelius 313
Talon, Omer 271^F
Taurus, Eusebius 75
Temperius, Stephanus 102–103, 103^F
Tempier, Étienne → Temperius, Stephanus
Terentius Afer, Publius 40, 44, 49, 68, 71, 82, 84, 87, 275
Thaler, Bernhard 77, 87
- , Joseph 451
Thales ⟨Milesius⟩ 101
Themistius 34
Theodorus ⟨Gaza⟩ 36, 63
Theodosius ⟨Imperium Byzantinum, Imperator, II.⟩ 179
Theophrastus 34
Thomas ⟨de Aquino⟩ 34, 37, 98, 102, 106, 116, 224, 228, 232, 236, 242, 303, 305^F, 313^F, 321, 332
Thoner, David 77, 87
Thumm, Theodor 459, 463

Timpler, Clemens 261
Tinctoris, Johannes 338^F, 345
Tonsor, Marcus → Scherer, Marcus
Toxites, Michael 69, 86
Trient 210
Türk, Daniel Gottlob 341
Turtzl, Andreas → Dierntzel, Andreas

Uelin, Wilhelm 42–43, 163–164, 172
Ulianus, Johann 452
Ulm 74, 81, 218
Ulrich ⟨Württemberg, Herzog⟩ 26, 37, 42–43, 49–50, 52, 60, 66^F, 67, 91, 131, 158–159, 165, 173–176, 178–181, 194–195, 273, 291, 342, 345, 346^F
Ulstetter, Johann 346
Unger, Rudolf 419^F
- , Sebastianus 430
Upilio, Wilhelm → Opilio, Wilhelm
Uppsala 370, 374
Urach 122
Uranius, Martinus → Prenninger, Martinus Uranius

Vaius, Gutbertus → Vay, Gutbert
Valerius ⟨Maximus⟩ 322^F
Valla, Laurentius 36
Vannius, Valentin 210
Varnbüler, Nikolaus 187–188
Vatablus, Franziskus 36
Vay, Gutbert 435
- , Michael 30, 31^F, 45, 53–54, 56, 60, 65–66, 68, 76
Velcurio, Johannes 54^F, 256^F, 296
Venedig 161, 169, 400
Vergenhans, Johannes 18
Vergerio, Pietro Paolo 186
Vergilius Maro, Publius 40, 63, 71, 82, 86–88, 88^F, 102–103, 275
Vermigli, Pietro Martire 303
Vesembeck, Johann 207, 219
Vesenbeck, Johannes → Vesembeck, Johann
Vessler, Konrad 19
Vicentino, Nicola 341
Vinarius, Abel 348, 360, 368
Virdung, Johann 129^F
Vischer, Hieronymus 438
- , Johann 418^F, 428^F, 434, 436–438, 440
Voegelin, Johannes 43
Vogler, Kilian 61, 188–189, 306–307
Volland, Ambrosius 181
- , Erhard 86
- , Johann 167

–, Kaspar 30, 86, 181–182, 184
Volmar, Melchior Rufus 62–63, 65–66, 68–69, 76, 180, 182, 184–185
Voltz, Valentin 187–188

Wagenseil, Johann Christoph 170
Wakefield, Robert 28, 163, 172
Walch, Andreas 452ᶠ
–, Hieronymus 452
Waldner, Elias 439, 458
Walter, Johann 348
Walther, Elias 357, 371, 374
Weigenmeier, Georg 167–169, 172
Weikersheim 343ᶠ
Weinlin, Abel → Vinarius, Abel
–, Jacob Caspar 457
–, Josaphat 457
Weller, Petrus a → Molsdorf, Peter von
Werdmüller, Otto 307ᶠ
Wickner, Julius Abdias 454
Widemann, Marcus 453
Widmann, Ambrosius 29, 67, 75, 128ᶠ
–, Erasmus 343ᶠ
–, Johannes 19, 417
Widmanstetter, Johann Albrecht 163
Wieland, Johann David 466
Wien 12, 43, 58, 84
Wiesensteig 71
Wiest, Christoph 185, 190
Wild, Caspar 291
–, Johannes 311ᶠ
Wildbad 368
Wildenberg, Hieronymus 256ᶠ, 266ᶠ, 268ᶠ, 296

Wilhelm ⟨von Auvergne⟩ → Guilelmus ⟨Arvernus⟩
– ⟨von Ockham⟩ → Ockham, Guilielmus de
Wimpfeling, Jakob 31, 98
Wimpfen 29
Winckler, Georg 433
–, Nicolaus 432
Winellius, Petrus 268ᶠ–269ᶠ, 296
Wirsberg, Johannes von 133
Wittenberg 27–29, 37, 44, 47–48, 54–55, 58, 69, 78, 163–164, 169, 172, 195, 198, 200, 211, 213, 345, 374
Wölflin, Sigmund → Lupulus, Sigismundus
Wolf, Thomas ⟨der Jüngere⟩ 98–99
Worms 135
Wucherer, Erhard 465
Würzburg 131ᶠ

Xenophon 61, 71, 80, 84, 87–88, 275, 313

Zasius, Ulrich 179, 180ᶠ, 182
Zeno ⟨Eleaticus⟩ 101, 244
Zeschlin, Philippus Henricus 311ᶠ
Zickmesser, Franciscus → Zückmesser, Franz
Ziegler, Bernardus 41
–, Johann Walter 456
–, Johannes 448
–, Michael 251ᶠ, 294, 322ᶠ, 446, 456ᶠ
Zimmerman, Johannes 430
Zinck, Johannes 44–45
Zückmesser, Franz 459
Zürich 186
Zwinger, Jacob 444